博兴历代文汇

政协博兴县委员会　编

上册

齐鲁书社
·济南·

图书在版编目（CIP）数据

博兴历代文汇 / 政协博兴县委员会编. -- 济南：齐鲁书社, 2025. 1. -- ISBN 978-7-5333-5066-6

Ⅰ. Z122.524

中国国家版本馆CIP数据核字第2024512NM9号

策划编辑　刘　强
责任编辑　马安钰
装帧设计　亓旭欣

博兴历代文汇
BOXING LIDAI WEN HUI
政协博兴县委员会　编

主管单位	山东出版传媒股份有限公司
出版发行	齊魯書社
社　　址	济南市市中区舜耕路517号
邮　　编	250003
网　　址	www.qlss.com.cn
电子邮箱	qilupress@126.com
营销中心	（0531）82098521　82098519　82098517
印　　刷	济南书来书往印刷有限公司
开　　本	720mm × 1020mm　1/16
印　　张	84.25
插　　页	4
字　　数	1294千
版　　次	2025年1月第1版
印　　次	2025年1月第1次印刷
标准书号	ISBN 978-7-5333-5066-6
定　　价	490.00元（上下册）

《博兴历代文汇》编纂委员会

序

张清华

岁暮将至，吾乡发来一卷书稿，嘱我为序，言为各界所托。展开则大惊，乃一部关于博兴历史人文、地理风物之史料与文章的总集，计有百余万言，名之为《文汇》。如此一部皇皇巨帙，简直如危楼高耸、城垣临顶，一眼望不到边际。料其从浩瀚文献中逐一拣选，寻觅抄录，非经年累月，皓首穷经，水滴石穿，难以玉成。遂诧异，吾乡有志于古籍整理、文脉传承，是吾乡之幸、吾民之幸也。

想此等工程，繁巨如山，能担其任者，定非常人也。因我素无从事古籍研究之经历，是专做新文学的角色，故只作旁观，不予妄言。但我也从中知晓，文汇所录篇章，编次校订，勘误注释，皆精细可靠。所以，不能不吃惊，吾乡有人矣，有志笃之士矣，有不计名利甘做云梯者矣。

吾国自有周以来，即设史官，《尚书》为祖，继有《春秋》，诸子百家，各著其说，中华文脉遂水深而流阔也。继司马子长之后，有皇皇二十五史，正史之外，更有野史杂记，文人著述，不计其数。《春秋》有传，经有注疏，历朝历代，积土成山，遂无边亦无际也。岂不闻倾群言之沥液，漱六艺之芳润，游文章之林府，嘉丽藻之彬彬。非借先人之雅辞而不能言，无以赞也。

故从烟海中寻觅，量华夏之广袤、五千年之典藏，要找出与吾故地有关之文字，谈何容易！从何时而有方志，殊难考据；自何年而见专书，亦未可知。茫茫书卷，好比莽野丛林；浩浩经史，不啻渺渺星空。哪里与吾人有缘，何处与此地相关，层峦叠嶂，云雾相隔，沙中淘金，岂是触手可及、随处可见？终须笃志者孤行，埋首于岁月尘埃，孜孜于古卷青灯，毕其功于十载，方能见其完功。

所以，吾须致敬，也致贺县乡父老，得此籍如得一宝。深信它对有心人与研究者、地方政文各界乃至惯常读者、求学孩童，皆是一部难得的案头资料。要想查阅县域文史，人文掌故，风俗地理，典籍出处，自兹而有专属矣。岂非幸事！

有道吾国典籍传统，纂述章法，自周秦而一以贯之，秩序森然，经史子集，分界明晰。以吾井底之观，此类集百科之编汇，一揽而穷究，未分类属，未尝见也。故欲斗胆妄议得失，终不得分寸。然粗疏通览，观其大旨，益觉驳杂，殊难分类。故按时序排列，古今了然，非不苛求别裁，实不能也，不得已也。观其内容，有写及博兴之事，或博兴历代名人撰著，且亦包括身世有争议者如孙武，不论生于吾土，间或居于吾土，或疑似曾居吾土者，尽行收录，以备查阅。至于真伪存疑，可留于行家后人，再予勘误评判。总括其意，但求资料之全，不至遗漏，而或伪之虑，亦早声明，便未尝不可也。

赞曰：洋洋大观，此文汇也；苦心孤诣，铸文汇也；功德无量，出文汇也。吾一游子书生，夫复何言？惟望择日付梓，及早行世，得其一函，藏于案头。思乡之时，随即捧之；求问之时，信手查之；还乡之时，与诸友共贺之。岂不快哉！幸甚幸甚，吾人有福。善哉善哉，吾乡有据也。

勉以为序。

时二零二四年冬日

记于京城清河居

张清华，1963年生于博兴县湖滨乡（今属锦秋街道）。当代著名文学评论家，诗人，散文作家。现为北京师范大学文学院教授，教育部长江学者特聘教授。兼任中国当代文学研究会会长，中国作家协会诗歌委员会副主任，北京市文艺评论家协会副主席等职。

搜访乡邦文献　赓续文化根脉

郝　波

睹乔木而思故家，考文献而爱旧邦。作为博兴县首部较为全面的文献汇编，《博兴历代文汇》终于付梓，与读者见面了。

文以载道，言以文宣。地方文献承载着人们对故乡的记忆，涵养着地方文化的根脉。博兴县有着丰富的文化资源、优良的文化传承，历届博兴县政协高度重视当地文化的传承、保护和发展，积极做好地方文献的发掘、保护、研究、传承工作，不断开创“存史、资政、团结、育人”新局面。《博兴历代文汇》是继《博兴历代诗汇》之后的又一部文史专著，分门辑录了散见于历代史籍、文集、笔记、类书、史论、方志、文书、宗谱、小说、法帖、绘画中，与博兴、博兴人有关的文章、诏敕、奏议、政论，以及甲骨文、钟鼎文、碑文、墓志铭、题记、游记等，一百二十多万字，是博兴第一部地方文献汇编。

博兴虽是中国九百六十万平方公里土地、五千余年文明历史的林中一叶、海中一勺，但其文献所记皆是研究地方历史文化的重要素材。它不仅记录了地方的历史，也培植了地方的文化。凡所过往，皆成历史。当一个时代过去，后人总是希望通过各种方法探寻前人的踪迹，上至将相王侯、显宦高官之辈，下到引车卖浆、走卒贩夫者流，千百年时光流逝，总有不同的人在历史舞台上留下自己的痕迹，而地方文献所记载的，正是当地先辈们一步一步走来的历史片段。它不仅是历史的记录，更是文化传承的重要载体，能够唤醒人们对故家旧邦的情感，令读者生发出“我从这里来”的感慨，激发起“我向何处去”的思索。

地方文献是连接过去与现在、个人与故土的重要纽带。其社会价值不仅仅局限于一时一地。它将融入我们民族的文化脉络之中，成为我们共同的文化记忆。系统梳理、全面了解、积极保护、广泛传播博兴历史上的优秀文献，既是追寻根脉、继承传统的切实作为，也是宣传博兴文化特色、推动博兴文化建设、为博兴经济建设提供新动力的有效措施。通过对地方文献的整理与出版，我们可以更好地理解和珍惜自己的文化根脉，为地方文化的传承和发展提供坚实的基础。

山高水远，风雨无阻；行程万里，初心如磐。新时代勤劳智慧的博兴人民，根植家乡文化传统却决不抱残守缺，引领创新又能坚守中华优秀传统文化根脉，必能将家乡建设成人事和协、民心和乐的魅力家园。

前 言

《博兴历代文汇》是《博兴历代诗汇》的姊妹篇，是博兴历史上第一部文章总集。

一、该书收录文章的时代上下限为先秦到中华人民共和国成立。个别篇目为完整展现历史面貌、保留历史资料，适当延伸至中华人民共和国成立后。

二、该书收录历代博兴人的文章、历代作家写博兴的文章。博兴地域范围的界定，以当今行政区划为界，区划变更、古今归属不同的，以当今的行政区划为准。

三、该书所收之“文”，不仅立足其文学价值，而且注重发掘地方文史原始资料。

四、该书所说的历代博兴人，既指历代传颂的博兴籍历史人物，也包括长期以博兴为主要活动区域的名人。

五、该书所收历代作家“写博兴”的文章，以以下六类题材为主：①重大史事：指发生在博兴区域内的战争、灾害、变革等重大历史事件；②历史名人：既包括在历史上做出突出贡献并被历代传颂的博兴籍历史人物，也包括传说、神话和有史实依据的小说中的博兴名人，还包括以博兴为主要活动区域的名人；③自然景观；④人文名胜：包括博兴的历代遗址、墓葬、寺庙、建筑、园林等；⑤文化风情：既包括民俗节会、风土乡情、曲艺歌舞、美食风味等非物质文化遗产方面的作品，也包括描述博兴民间信仰活动、人文精神、区域特色文化、博兴人精神风貌等方面的作品；⑥案牍公文：包括与博兴相关的历代官方文档。

六、该书主体部分包含以下八个单元：

①经史钩沉。选录儒家典籍及历代史书中有关博兴的记载。

②兵圣韬略。孙武是博兴史上最具影响力的人物之一，本单元收录《孙子》全书及《孙子》佚文。同时选录历代《孙子》研究文章，以及朝鲜半岛、

日本部分有关《孙子》研究的中文文章。

③志乘选录。以今博兴区域内的历代方志为底本，搜集其所收录的各种体裁的文章。

④案牍探赜。收录与博兴相关的制诰、奏疏、实录、布告、详文、报告等历代官方文档。

⑤金石辑佚。收录与博兴相关的甲骨、钟鼎、碑刻等相关文章。

⑥缀锦集腋。在浩如烟海的历代全集、选集、专著、杂志、博兴以外地方志、域外汉籍的稿本、抄本、出版本中搜集与博兴有关的文章。

⑦邑人文集。在博兴历史上，任昉、任华、魏休庵、李士田四位博兴籍作者的作品数量、质量皆颇为可观，本单元将四人的作品单列收录，使读者更好地了解四人作品的全貌。

⑧附录。为了帮助读者更加深入地了解作者作品及博兴的风土人情，特在附录部分收入部分论文。

七、该书收录作者及其相关作品不分籍贯和地域，有争议的历史名人之作，凡是符合以上第二至第四条内容的皆收入。籍贯有争议而有博兴一说的，也将其作为博兴名人收入。

①注重名人之作，特别是非博兴籍名人任职、游历及怀恋山东景象之作；②广收非名人的优秀之作；③关注此前未公开出版的作品；④关注无名氏之作。

八、本编资料来源：①纸质文献：采用权威整理本、通行文集类总集本。注重新出辑佚文献的整理成果、域外汉籍、古代地方志、文化世家家谱、馆藏及个人私藏的文集等；②非纸质文献：注重收集古遗址、古建筑（包括寺院和道观）等处存录的碑刻及文章。

九、每组作品之下标明作者，并在每位作者首篇文章处附作者小传，小传内容涉及作者姓名、生卒年、主要事业、与博兴相关的主要经历、代表作品等。作者生卒年不详的，多在小传中注明其活动的大致年代。所收作品皆注明出处：纸质材料包括著者、书名、卷次、页码等，非纸质材料则详细标明来源地点、附着物、原存在形式、抄录时间等。个别资料用字、标点有误者，收入本书时加以改正，必要时出注说明。

目 录

经史钩沉

兵圣韬略

志乘选录

案牍探赜

金石辑佚

缀锦集腋

邑人文集

附　录

经史钩沉

博兴历代文汇

《尚书》二则

〔先秦〕佚名

将蒲姑

成王既践奄，将迁其君于蒲姑[①]，周公告召公，作《将蒲姑》[②]。

（选自孔颖达等编定《尚书正义·周书·蔡仲之命》，见《十三经注疏》，第227页，上海古籍出版社1997年版）

亳姑

周公在丰，将没，欲葬成周。公薨，成王葬于毕，告周公，作《亳姑》[③]。

（选自孔颖达等编定《尚书正义·周书·周官》，见《十三经注疏》，第236页，上海古籍出版社1997年版）

《竹书纪年》三则

〔先秦〕佚名

一

（太戊）五十八年，城蒲姑。

---

① 孔安国注：已灭奄，而徙其君及人臣之恶者于蒲姑。蒲姑，齐地，近中国，教化之。

② 孔安国注：言将徙奄新立之君于蒲姑，告召公使此册书告令之。亡。

③ 孔安国注：周公徙奄君于亳姑，因告柩以葬毕之义，斥及奄君已定亳姑，言所迁之功成。亡。孔颖达疏：周公既致政于王，归在丰邑。将没，遗言欲得葬于成周。以成周是己所营，示己终始念之，故欲葬焉。及公薨，成王葬于毕，以文武之墓在毕，示己不敢臣周公，使近文武之墓。王以葬毕之义告周公之柩，又周公徙奄君于亳姑，因言亳姑功成。史叙其事，作《亳姑》之篇。

（选自《竹书纪年》卷五，见《二十二子》，第1064页，上海古籍出版社1986年版）

二

（武王）十六年，箕子来宾。秋，王师灭蒲姑。

（选自《竹书纪年》卷七，见《二十二子》，第1073页，上海古籍出版社1986年版）

三

成王名诵。

元年丁酉春正月，王即位，命冢宰周文公总百官。庚午，周公诰诸侯于皇门。夏六月，葬武王于毕。秋，王加元服。武庚以殷叛。周文王出居于东。

二年，奄人、徐人及淮夷入于邶以叛。秋，大雷电以风。王逆周文公于郊。遂伐殷。

三年，王师灭殷，杀武庚禄父。迁殷民于卫。遂伐奄，灭蒲姑[①]。

四年春正月，初朝于庙。夏四月，初尝麦。王师伐淮夷，遂入奄。

五年春正月，王在奄，迁其君于蒲姑。夏五月，王至自奄。迁殷民于洛邑，遂营成周。

（选自《竹书纪年》卷七，见《二十二子》，第1073~1074页，上海古籍出版社1986年版）

---

① 原注：薄姑氏与四国作乱，故周文公灭之。

《左传》四篇

〔春秋〕左丘明

齐襄公之死

经：

（八年）冬十有一月，癸未，齐无知弑其君诸儿。

传：

齐侯使连称、管至父戍葵丘。瓜时而往，曰："及瓜而代。"期戍，公问不至。请代，弗许。故谋作乱。

僖公之母弟曰夷仲年，生公孙无知，有宠于僖公，衣服礼秩如适。襄公绌之。二人因之以作乱。连称有从妹在公宫，无宠，使间公，曰："捷，吾以女为夫人。"

冬十二月，齐侯游于姑棼，遂田于贝丘[1]。见大豕，从者曰："公子彭生也。"公怒曰："彭生敢见！"射之，豕人立而啼。公惧，坠于车，伤足丧屦。反，诛屦于徒人费。弗得，鞭之，见血。走出，遇贼于门，劫而束之。费曰："我奚御哉！"袒而示之背，信之。费请先入，伏公而出，斗，死于门中。石之纷如死于阶下。遂入，杀孟阳于床。曰："非君也，不类。"见公之足于户下，遂弑之，而立无知。

（选自孔颖达等编定《春秋左传正义·庄公八年》，见《十三经注疏》，第1765页，上海古籍出版社1997年版）

左丘明（生卒年不详），由于先秦及汉代文献记载有限，历代学者对左丘明的姓名、时代、籍贯、官职及著作尚无定论。一说复姓左丘，名明；一说单姓左，名丘明。曾任鲁国史官，相传为解析《春秋》而作《左传》（又称《左

① 杜预注：姑棼、贝丘，皆齐地。田，猎也。乐安博昌县南有地名贝丘。

氏春秋》),又传《国语》亦出其手。被誉为“文宗史圣”“经臣史祖”,孔子、司马迁均尊左丘明为“君子”,历代帝王对其多有敕封。

乾时之战

经:

九年春,齐人杀无知。公及齐大夫盟于蔇。夏,公伐齐,纳子纠。齐小白入于齐。秋七月,丁酉,葬齐襄公。八月,庚申,及齐师战于乾时,我师败绩[①]。九月,齐人取子纠,杀之。

传:

九年春,雍廪杀无知。公及齐大夫盟于蔇,齐无君也。

夏,公伐齐,纳子纠。桓公自莒先入。

秋,师及齐师,战于乾时,我师败绩。公丧戎路,传乘而归。秦子、梁子以公旗辟于下道,是以皆止。

鲍叔帅师来言曰:“子纠,亲也,请君讨之。管、召,仇也,请受而甘心焉。”乃杀子纠于生窦,召忽死之。管仲请囚,鲍叔受之,及堂阜而税之。归而以告曰:“管夷吾治于高傒,使相可也。”公从之。

(选自孔颖达等编定《春秋左传正义·庄公九年》,见《十三经注疏》,第1766页,上海古籍出版社1997年版)

周甘人与晋阎嘉争阎田

周甘人与晋阎嘉争阎田。晋梁丙、张趯率阴戎伐颍。王使詹桓伯辞于晋,曰:“我自夏以后稷,魏、骀、芮、岐、毕,吾西土也。及武王克商,蒲姑、

---

① 杜预注:小白既定而公犹不退师,历时而战,战遂大败。不称公战,公败讳之。乾时,齐地,时水在乐安界,岐流。编者按:民国二十五年《重修博兴县志·杂志》载:“赵马乡庄北有冢,极巍峨,传为齐桓公将死乾时之战者。”赵马乡,今博兴县兴福镇赵马村。

商奄，吾东土也[1]。巴、濮、楚、邓，吾南土也。肃慎、燕、亳，吾北土也。吾何迩封之有？文、武、成、康之建母弟，以蕃屏周，亦其废队是为，岂如弁髦而因以敝之。先王居梼杌于四裔，以御螭魅，故允姓之奸，居于瓜州。伯父惠公归自秦，而诱以来，使逼我诸姬，入我郊甸，则戎焉取之。戎有中国，谁之咎也？后稷封殖天下，今戎制之，不亦难乎？伯父图之。我在伯父，犹衣服之有冠冕，木水之有本原，民人之有谋主也。伯父若裂冠毁冕，拔本塞原，专弃谋主，虽戎狄其何有余一人？”叔向谓宣子曰：“文之伯也，岂能改物？翼戴天子而加之以共。自文以来，世有衰德而暴灭宗周，以宣示其侈，诸侯之贰，不亦宜乎？且王辞直，子其图之。”宣子说。

（选自孔颖达等编定《春秋左传正义·昭公九年》，见《十三经注疏》，第2056~2057页，上海古籍出版社1997年版）

齐侯田于沛

十二月，齐侯田于沛[2]，招虞人以弓，不进。公使执之，辞曰：“昔我先君之田也，旃以招大夫，弓以招士，皮冠以招虞人。臣不见皮冠，故不敢进。”乃舍之。仲尼曰：“守道不如守官，君子韪之。”

齐侯至自田，晏子侍于遄台。子犹驰而造焉。公曰：“唯据与我和夫。”晏子对曰：“据亦同也，焉得为和？”公曰：“和与同异乎？”对曰：“异。和如羹焉，水火醯醢盐梅以烹鱼肉，燀之以薪。宰夫和之，齐之以味，济其不及，以泄其过。君子食之，以平其心。君臣亦然。君所谓可，而有否焉，臣献其否，以成其可。君所谓否，而有可焉，臣献其可，以去其否。是以政平而不干，民无争心。故《诗》曰：‘亦有和羹，既戒既平。鬷嘏无言，时靡有争。’

---

① 杜预注：乐安博昌县北有蒲姑城。孔颖达疏：武王克商，光有天下，外薄四海，皆为周地。上文既言“西土”，故以下唯说三方。其实西方所至，过于上文，自岐以西，犹是周竟，但不复重言之耳。服虔云：蒲姑、商奄，滨东海者也。蒲姑，齐也。商奄，鲁也。二十年传曰：“蒲姑氏因之。”定四年传曰：“因商奄之民，命以伯禽。”

② 杜预注：言疾愈行猎。沛，泽名。沛音贝。编者按：《史记·齐太公世家》以为“沛丘”，即“贝丘”。

先王之济五味，和五声也，以平其心，成其政也。声亦如味，一气，二体，三类，四物，五声，六律，七音，八风，九歌，以相成也。清浊，小大，短长，疾徐，哀乐，刚柔，迟速，高下，出入，周疏，以相济也。君子听之，以平其心。心平德和。故《诗》曰：‘德音不瑕。’今据不然。君所谓可，据亦曰可。君所谓否，据亦曰否。若以水济水，谁能食之？若琴瑟之专壹，谁能听之？同之不可也如是。”

饮酒乐。公曰：“古而无死，其乐若何？”晏子对曰：“古而无死，则古之乐也，君何得焉？昔爽鸠氏始居此地①，季萴因之②，有逢伯陵因之③，蒲姑氏因之④，而后大公因之。古者无死，爽鸠氏之乐，非君所愿也。”

（选自孔颖达等编定《春秋左传正义·昭公二十年》，见《十三经注疏》，第2093~2094页，上海古籍出版社1997年版）

三监叛

〔秦汉〕伏生（传）

武王杀纣，立武庚，而继公子禄父，使管叔、蔡叔监禄父。武王死，成王幼。周公盛养成王，使召公奭为傅。周公身居位，听天下为政。管叔疑周公，流言于国曰：“公将不利于王。”奄君薄姑，谓禄父曰：“武王既死矣，成王尚幼矣，周公见疑矣。此世之将乱也，请举事。”然后禄父及三监叛也。周公以成王之命，杀禄父。遂践奄。践之云者，谓杀其身，执其家，潴其宫。

（选自皮锡瑞撰《尚书大传疏证》，第232~236页，中华书局2022年版）

---

① 杜预注：爽鸠氏，少皞氏之司寇也。

② 杜预注：季萴，虞夏诸侯，代爽鸠氏者。孔颖达疏：此相传说也。以逢伯是殷之诸侯，此在逢伯之前，故以为虞夏时也。爽鸠在少皞之世，至虞夏历代多矣，未必其间更无他姓。据晏之言，云代爽鸠氏。

③ 杜预注：逢伯陵，殷诸侯，姜姓。

④ 杜预注：蒲姑氏，殷周之间代逢公者。

伏生（生卒年不详），亦称“伏胜”，西汉今文《尚书》的最早传授者。孔子弟子宓不齐（字子贱）之后，济南（郡治今山东济南市章丘区西）人。嗜古好学，博览群书，尤精《尚书》，在秦为儒学博士。汉文帝时，欲求能治尚书者，派晁错到他住地学习。西汉的《尚书》学者，都出其门下。今本今文《尚书》二十八篇，即由他传授而存。相传还作有《尚书大传》，疑是其弟子张生、欧阳生或后来的博士们杂录所闻而成。

成王迁殷遗民

〔西汉〕司马迁

成王在丰，使召公复营洛邑，如武王之意。周公复卜申视，卒营筑，居九鼎焉。曰：“此天下之中，四方入贡道里均。”作《召诰》《洛诰》。成王既迁殷遗民，周公以王命告，作《多士》《无佚》。召公为保，周公为师，东伐淮夷，残奄，迁其君薄姑①。成王自奄归，在宗周，作《多方》。既绌殷命，袭淮夷，归在丰，作《周官》。兴正礼乐，度制于是改，而民和睦，颂声兴。成王既伐东夷，息慎来贺，王赐荣伯作《贿息慎之命》。

（选自司马迁撰《史记》卷四，第133页，中华书局1982年版）

司马迁（约前145或前135—？），字子长，夏阳（今陕西韩城南）人，一说龙门（今山西河津）人。司马谈之子，早年受学于孔安国、董仲舒，漫游各地，了解风俗，采集传闻。初任郎中，奉使西南。元封三年（前108）继父职，任太史令，后因替李陵败降之事辩解激怒武帝而受腐刑。后任中书令，发奋继续完成《史记》，被后世尊称为史迁、太史公。

① 裴骃《集解》：“马融曰：‘齐地。’”张守节《正义》：“《括地志》云：‘薄姑故城在青州博昌县东北六十里。薄姑氏，殷诸侯，封于此，周灭之也。’”

齐太公世家（节选）

〔西汉〕司马迁

太公肇基

太公望吕尚者，东海上人。其先祖尝为四岳，佐禹平水土甚有功。虞夏之际封于吕，或封于申，姓姜氏。夏商之时，申、吕或封枝庶子孙，或为庶人，尚其后苗裔也。本姓姜氏，从其封姓，故曰吕尚。

吕尚盖尝穷困，年老矣，以渔钓奸周西伯。西伯将出猎，卜之，曰“所获非龙非彨，非虎非罴；所获霸王之辅”。于是周西伯猎，果遇太公于渭之阳，与语大说，曰：“自吾先君太公曰‘当有圣人适周，周以兴’。子真是邪？吾太公望子久矣。”故号之曰“太公望”，载与俱归，立为师。

或曰，太公博闻，尝事纣。纣无道，去之。游说诸侯，无所遇，而卒西归周西伯。或曰，吕尚处士，隐海滨。周西伯拘羑里，散宜生、闳夭素知而招吕尚。吕尚亦曰“吾闻西伯贤，又善养老，盍往焉”。三人者为西伯求美女奇物，献之于纣，以赎西伯。西伯得以出，反国。言吕尚所以事周虽异，然要之为文武师。

周西伯昌之脱羑里归，与吕尚阴谋修德以倾商政，其事多兵权与奇计，故后世之言兵及周之阴权皆宗太公为本谋。周西伯政平，及断虞芮之讼，而诗人称西伯受命曰文王。伐崇、密须、犬夷，大作丰邑。天下三分，其二归周者，太公之谋计居多。

文王崩，武王即位。九年，欲修文王业，东伐以观诸侯集否。师行，师尚父左杖黄钺，右把白旄以誓，曰：“苍兕苍兕，总尔众庶，与尔舟楫，后至者斩！”遂至盟津。诸侯不期而会者八百诸侯。诸侯皆曰：“纣可伐也。”武王曰：“未可。”还师，与太公作此《太誓》。

居二年，纣杀王子比干，囚箕子。武王将伐纣，卜，龟兆不吉，风雨暴至。群公尽惧，唯太公强之劝武王，武王于是遂行。十一年正月甲子，誓于牧野，伐商纣。纣师败绩。纣反走，登鹿台，遂追斩纣。明日，武王立于社，群公奉明水，卫康叔封布采席，师尚父牵牲，史佚策祝，以告神讨纣之罪。散鹿台之钱，发巨桥之粟，以振贫民。封比干墓，释箕子囚。迁九鼎，修周政，与天下更始。师尚父谋居多。

于是武王已平商而王天下，封师尚父于齐营丘。东就国，道宿行迟。逆旅之人曰："吾闻时难得而易失。客寝甚安，殆非就国者也。"太公闻之，夜衣而行，犁明至国。莱侯来伐，与之争营丘。营丘边莱。莱人，夷也，会纣之乱而周初定，未能集远方，是以与太公争国。

太公至国，修政，因其俗，简其礼，通商工之业，便鱼盐之利，而人民多归齐，齐为大国。及周成王少时，管蔡作乱，淮夷畔周，乃使召康公命太公曰："东至海，西至河，南至穆陵，北至无棣，五侯九伯，实得征之。"齐由此得征伐，为大国。都营丘。

胡公迁都

盖太公之卒百有余年，子丁公吕伋立。丁公卒，子乙公得立。乙公卒，子癸公慈母立。癸公卒，子哀公不辰立。

哀公时，纪侯谮之周，周烹哀公而立其弟静，是为胡公[①]。胡公徙都薄姑[②]，而当周夷王之时。

哀公之同母少弟山怨胡公，乃与其党率营丘人袭攻杀胡公而自立[③]，是为献公。

献公元年，尽逐胡公子，因徙薄姑都，治临菑。

九年，献公卒，子武公寿立。

武公九年，周厉王出奔，居彘。十年，王室乱，大臣行政，号曰"共和"。二十四年，周宣王初立。

二十六年，武公卒，子厉公无忌立。厉公暴虐，故胡公子复入齐，齐人欲立之，乃与攻杀厉公。胡公子亦战死。齐人乃立厉公子赤为君，是为文公，而诛杀厉公者七十人。

---

① 张守节《正义》："《谥法》弥年寿考曰胡。"

② 张守节《正义》："《括地志》云：'薄姑城在青州博昌县东北六十里。'"

③ 司马贞《索隐》："宋忠曰：'其党周马繻人将胡公于贝水杀之，而山自立也。'"

襄桓间事

（釐公）三十三年，釐公卒，太子诸儿立，是为襄公。

襄公元年，始为太子时，尝与无知斗，及立，绌无知秩服，无知怨。

四年，鲁桓公与夫人如齐。齐襄公故尝私通鲁夫人。鲁夫人者，襄公女弟也，自釐公时嫁为鲁桓公妇，及桓公来而襄公复通焉。鲁桓公知之，怒夫人，夫人以告齐襄公。齐襄公与鲁君饮，醉之，使力士彭生抱上鲁君车，因拉杀鲁桓公，桓公下车则死矣。鲁人以为让，而齐襄公杀彭生以谢鲁。

八年，伐纪，纪迁去其邑。

十二年，初，襄公使连称、管至父戍葵丘，瓜时而往，及瓜而代。往戍一岁，卒瓜时而公弗为发代。或为请代，公弗许。故此二人怒，因公孙无知谋作乱。连称有从妹在公宫，无宠，使之间襄公，曰“事成以女为无知夫人”。冬十二月，襄公游姑棼[①]，遂猎沛丘[②]。见彘，从者曰“彭生”。公怒，射之，彘人立而啼。公惧，坠车伤足，失屦。反而鞭主屦者茀三百。茀出宫。而无知、连称、管至父等闻公伤，乃遂率其众袭宫。逢主屦茀，茀曰：“且无入惊宫，惊宫未易入也。”无知弗信，茀示之创，乃信之。待宫外，令茀先入。茀先入，即匿襄公户间。良久，无知等恐，遂入宫。茀反与宫中及公之幸臣攻无知等，不胜，皆死。无知入宫，求公不得。或见人足于户间，发视，乃襄公，遂弑之，而无知自立为齐君。

桓公元年春，齐君无知游于雍林。雍林人尝有怨无知，及其往游，雍林人袭杀无知，告齐大夫曰：“无知弑襄公自立，臣谨行诛。唯大夫更立公子之当立者，唯命是听。”

初，襄公之醉杀鲁桓公，通其夫人，杀诛数不当，淫于妇人，数欺大臣，群弟恐祸及，故次弟纠奔鲁。其母鲁女也。管仲、召忽傅之。次弟小白奔莒，鲍叔傅之。小白母，卫女也，有宠于釐公。小白自少好善大夫高傒。及雍林人

---

① 裴骃《集解》：“贾逵曰：‘齐地也。’”

② 裴骃《集解》：“杜预曰：‘乐安博昌县南有地名贝丘。’”司马贞《索隐》：“《左传》作‘贝丘’也。”张守节《正义》：“《左传》云‘齐襄公田于贝丘，坠车伤足’，即此也。”

杀无知，议立君，高、国先阴召小白于莒。鲁闻无知死，亦发兵送公子纠，而使管仲别将兵遮莒道，射中小白带钩。小白详死，管仲使人驰报鲁。鲁送纠者行益迟，六日至齐，则小白已入，高傒立之，是为桓公。

桓公之中钩，详死以误管仲，已而载温车中驰行，亦有高、国内应，故得先入立，发兵距鲁。秋，与鲁战于乾时[①]，鲁兵败走，齐兵掩绝鲁归道。齐遗鲁书曰："子纠兄弟，弗忍诛，请鲁自杀之。召忽、管仲仇也，请得而甘心醢之。不然，将围鲁。"鲁人患之，遂杀子纠于笙渎。召忽自杀，管仲请囚。桓公之立，发兵攻鲁，心欲杀管仲。鲍叔牙曰："臣幸得从君，君竟以立。君之尊，臣无以增君。君将治齐，即高傒与叔牙足也。君且欲霸王，非管夷吾不可。夷吾所居国国重，不可失也。"于是桓公从之。乃详为召管仲欲甘心，实欲用之。管仲知之，故请往。鲍叔牙迎受管仲，及堂阜而脱桎梏，斋祓而见桓公。桓公厚礼以为大夫，任政。

桓公既得管仲，与鲍叔、隰朋、高傒修齐国政，连五家之兵，设轻重鱼盐之利，以赡贫穷，禄贤能，齐人皆说。

（选自司马迁撰《史记》卷三十二，第1477~1487页，中华书局1982年版）

孙子列传

〔西汉〕司马迁

孙子武者，齐人也。以兵法见于吴王阖庐。阖庐曰："子之十三篇，吾尽观之矣，可以小试勒兵乎？"对曰："可。"阖庐曰："可试以妇人乎？"曰："可。"于是许之，出宫中美女，得百八十人。孙子分为二队，以王之宠姬二人各为队长，皆令持戟。令之曰："汝知而心与左右手背乎？"妇人曰："知之。"孙子曰："前，则视心；左，视左手；右，视右手；后，即视背。"妇人曰："诺。"约束既布，乃设铁钺，即三令五申之。于是鼓之右，妇人大笑。

① 裴骃《集解》："杜预曰：'乾时，齐地也。时水在乐安界，岐流，旱则涸竭，故曰乾时。'"

孙子曰："约束不明，申令不熟，将之罪也。"复三令五申而鼓之左，妇人复大笑。孙子曰："约束不明，申令不熟，将之罪也；既已明而不如法者，吏士之罪也。"乃欲斩左右队长。吴王从台上观，见且斩爱姬，大骇。趣使使下令曰："寡人已知将军能用兵矣。寡人非此二姬，食不甘味，愿勿斩也。"孙子曰："臣既已受命为将，将在军，君命有所不受。"遂斩队长二人以徇。用其次为队长，于是复鼓之。妇人左右前后跪起皆中规矩绳墨，无敢出声。于是孙子使使报王曰："兵既整齐，王可试下观之，唯王所欲用之，虽赴水火犹可也。"吴王曰："将军罢休就舍，寡人不愿下观。"孙子曰："王徒好其言，不能用其实。"于是阖庐知孙子能用兵，卒以为将。西破强楚，入郢，北威齐晋，显名诸侯，孙子与有力焉。

孙武既死，后百余岁有孙膑。膑生阿鄄之间，膑亦孙武之后世子孙也。孙膑尝与庞涓俱学兵法。庞涓既事魏，得为惠王将军，而自以为能不及孙膑，乃阴使召孙膑。膑至，庞涓恐其贤于己，疾之，则以法刑断其两足而黥之，欲隐勿见。

齐使者如梁，孙膑以刑徒阴见，说齐使。齐使以为奇，窃载与之齐。齐将田忌善而客待之。忌数与齐诸公子驰逐重射。孙子见其马足不甚相远，马有上、中、下辈。于是孙子谓田忌曰："君弟重射，臣能令君胜。"田忌信然之，与王及诸公子逐射千金。及临质，孙子曰："今以君之下驷与彼上驷，取君上驷与彼中驷，取君中驷与彼下驷。"既驰三辈毕，而田忌一不胜而再胜，卒得王千金。于是忌进孙子于威王。威王问兵法，遂以为师。

其后魏伐赵，赵急，请救于齐。齐威王欲将孙膑，膑辞谢曰："刑余之人不可。"于是乃以田忌为将，而孙子为师，居辎车中，坐为计谋。田忌欲引兵之赵，孙子曰："夫解杂乱纷纠者不控卷，救斗者不搏撠，批亢捣虚，形格势禁，则自为解耳。今梁赵相攻，轻兵锐卒必竭于外，老弱罢于内。君不若引兵疾走大梁，据其街路，冲其方虚，彼必释赵而自救。是我一举解赵之围而收獘于魏也。"田忌从之，魏果去邯郸，与齐战于桂陵，大破梁军。

后十三岁，魏与赵攻韩，韩告急于齐。齐使田忌将而往，直走大梁。魏将庞涓闻之，去韩而归，齐军既已过而西矣。孙子谓田忌曰："彼三晋之兵素悍勇而轻齐，齐号为怯，善战者因其势而利导之。兵法，百里而趣利者蹶上将，五十里而趣利者军半至。使齐军入魏地为十万灶，明日为五万灶，又明日为三万灶。”庞涓行三日，大喜，曰：“我固知齐军怯，入吾地三日，士卒亡者过半矣。”乃弃其步军，与其轻锐倍日并行逐之。孙子度其行，暮当至马陵。马陵道陕，而旁多阻隘，可伏兵，乃斫大树白而书之曰“庞涓死于此树之下”。于是令齐军善射者万弩，夹道而伏，期曰“暮见火举而俱发”。庞涓果夜至斫木下，见白书，乃钻火烛之。读其书未毕，齐军万弩俱发，魏军大乱相失。庞涓自知智穷兵败，乃自刭，曰：“遂成竖子之名！”齐因乘胜尽破其军，虏魏太子申以归。孙膑以此名显天下，世传其兵法。

太史公曰：世俗所称师旅，皆道《孙子》十三篇，吴起《兵法》，世多有，故弗论，论其行事所施设者。语曰：“能行之者未必能言，能言之者未必能行。”孙子筹策庞涓明矣，然不能蚤救患于被刑。吴起说武侯以形势不如德，然行之于楚，以刻暴少恩亡其躯。悲夫[①]！

（选自司马迁撰《史记》卷六十五，第2161~2165、2168~2169页，中华书局1982年版）

齐负郭之民有孤狐咺者

〔西汉〕刘向

齐负郭之民有孤狐咺者，正议闵王，斫之檀衢，百姓不附。齐孙室子陈举直言，杀之东闾，宗室离心。司马穰苴[②]为政者也，杀之，大臣不亲。以故燕

---

① 司马贞《索隐述赞》：“《孙子兵法》，一十三篇。美人既斩，良将得焉。其孙膑脚，筹策庞涓。吴起相魏，西河称贤；惨礉事楚，死后留权。”

② 编者按：原文如此，有误。司马穰苴非齐闵王时人，实为春秋后期景公时将领。《史记》卷六十四《司马穰苴列传第四》：“司马穰苴者，田完之苗裔也。齐景公时，晋伐阿、甄，而燕侵河上，齐师败绩。景公患之。晏婴乃荐田穰苴曰：‘穰苴虽田氏庶孽，然其人文能附众，武能威敌，愿君试之。’景公召穰苴，与语兵事，大说之，以为将军。”

举兵，使昌国君[1]将而击之。齐使向子将而应之。齐军破，向子以舆一乘亡。达子收余卒，复振，与燕战，求所以偿者，闵王不肯与，军破走。

王奔莒，淖齿数之曰："夫千乘、博昌之间，方数百里，雨血沾衣，王知之乎？"王曰："不知。""嬴、博之间，地坼至泉，王知之乎？"王曰："不知。""人有当阙而哭者，求之则不得，去之则闻其声，王知之乎？"王曰："不知。"淖齿曰："天雨血沾衣者，天以告也；地坼至泉者，地以告也；人有当阙而哭者，人以告也。天地人皆以告矣，而王不知戒焉，何得无诛乎？"于是杀闵王于鼓里。

太子乃解衣免服，逃太史之家为溉园。君王后，太史氏女，知其贵人，善事之。田单以即墨之城，破亡余卒，破燕兵，绐骑劫，遂以复齐，遽迎太子于莒，立之以为王。襄王即位，君王后以为后，生齐王建。

（选自刘向编集《战国策》卷十三，第136~137页，齐鲁书社2005年版）

刘向（约前77—前6），原名更生，字子政，世称刘中垒，沛（今江苏沛县）人。世居汉代楚国彭城，仕于京师长安，刘邦异母弟楚元王刘交五世孙。曾奉命领校秘书，所撰《别录》，是我国最早的图书分类目录。所作辞赋三十三篇，大多亡佚，唯存《九叹》为完篇。另有《新序》《说苑》《列女传》等。其著作《五经通义》有清人马国翰辑本。《楚辞》是刘向编订成书，《山海经》由其与其子刘歆共同编订成书。

《史记》乐安侯李蔡史料集锦

〔西汉〕司马迁

建元以来侯者年表（节选）

国名：乐安。

① 编者按：昌国君，即乐毅。

侯功：以轻车将军再从大将军青击匈奴得王功侯。

元朔：五年四月丁未，侯李蔡元年。

元狩：五年，侯蔡以丞相盗孝景园神道壖地罪，自杀，国除。

（选自司马迁撰《史记》卷二十，第1034页，中华书局1982年版）

汉兴以来将相名臣年表（节选）

（元朔五年）春，长平侯卫青为大将军，击右贤。卫尉苏建为游击将军，属青。左内史李沮为强弩将军，太仆贺为车骑将军，代相李蔡为轻车将军，岸头侯张次公为将军，大行息为将军：皆属大将军，击匈奴。

（元狩元年）御史大夫蔡。

（元狩二年）御史大夫乐安侯李蔡为丞相。

（元狩五年）蔡坐侵园壖，自杀。

（选自司马迁撰《史记》卷二十二，第1136~1139页，中华书局1982年版）

李将军列传（节选）

李将军广者，陇西成纪人也。其先曰李信，秦时为将，逐得燕太子丹者也。故槐里，徙成纪。广家世世受射。孝文帝十四年，匈奴大入萧关，而广以良家子从军击胡，用善骑射，杀首虏多，为汉中郎。广从弟李蔡亦为郎，皆为武骑常侍，秩八百石。

初，广之从弟李蔡与广俱事孝文帝。景帝时，蔡积功劳至二千石。孝武帝时，至代相。以元朔五年为轻车将军，从大将军击右贤王，有功中率，封为乐安侯。元狩二年中，代公孙弘为丞相。蔡为人在下中，名声出广下甚远，然广不得爵邑，官不过九卿，而蔡为列侯，位至三公。

广死明年，李蔡以丞相坐侵孝景园壖地[①]，当下吏治，蔡亦自杀，不对狱，国除。

---

① 张守节《正义》：“《汉书》云：‘诏赐冢地阳陵，当得二十亩，蔡盗取三顷，颇卖得四十余万，又盗取神道外壖地一亩，葬其中。当下狱，自杀。’”

（选自司马迁撰《史记》卷一百九，第2867~2876页，中华书局1982年版）

卫将军骠骑列传（节选）

元朔之五年春，汉令车骑将军青将三万骑，出高阙；卫尉苏建为游击将军，左内史李沮为强弩将军，太仆公孙贺为骑将军，代相李蔡为轻车将军，皆领属车骑将军，俱出朔方；大行李息、岸头侯张次公为将军，出右北平：咸击匈奴。匈奴右贤王当卫青等兵，以为汉兵不能至此，饮醉。汉兵夜至，围右贤王，右贤王惊，夜逃，独与其爱妾一人壮骑数百驰，溃围北去。汉轻骑校尉郭成等逐数百里，不及，得右贤裨王十余人，众男女万五千余人，畜数千百万，于是引兵而还。至塞，天子使使者持大将军印，即军中拜车骑将军青为大将军，诸将皆以兵属大将军，大将军立号而归。天子曰："大将军青躬率戎士，师大捷，获匈奴王十有余人，益封青六千户。"而封青子伉为宜春侯，青子不疑为阴安侯，青子登为发干侯。青固谢曰："臣幸得待罪行间，赖陛下神灵，军大捷，皆诸校尉力战之功也。陛下幸已益封臣青。臣青子在襁褓中，未有勤劳，上幸列地封为三侯，非臣待罪行间所以劝士力战之意也。伉等三人何敢受封！"天子曰："我非忘诸校尉功也，今固且图之。"乃诏御史曰："护军都尉公孙敖三从大将军击匈奴，常护军，傅校获王，以千五百户封敖为合骑侯。都尉韩说从大将军出窳浑，至匈奴右贤王庭，为麾下搏战获王，以千三百户封说为龙额侯。骑将军公孙贺从大将军获王，以千三百户封贺为南窌侯。轻车将军李蔡再从大将军获王，以千六百户封蔡为乐安侯。校尉李朔，校尉赵不虞，校尉公孙戎奴，各三从大将军获王，以千三百户封朔为涉轵侯，以千三百户封不虞为随成侯，以千三百户封戎奴为从平侯。将军李沮、李息及校尉豆如意有功，赐爵关内侯，食邑各三百户。"

将军李蔡，成纪人也。事孝文帝、景帝、武帝。以轻车将军从大将军有功，封为乐安侯。已为丞相，坐法死。

（选自司马迁撰《史记》卷一百一十一，第2925~2926、2943页，中华书局1982年版）

卜式传

〔东汉〕班固

卜式，河南人也。以田畜为事。有少弟，弟壮，式脱身出，独取畜羊百余，田宅财物尽与弟。式入山牧，十余年，羊致千余头，买田宅。而弟尽破其产，式辄复分与弟者数矣。

时汉方事匈奴，式上书，愿输家财半助边。上使使问式："欲为官乎？"式曰："自少牧羊，不习仕宦，不愿也。"使者曰："家岂有冤，欲言事乎？"式曰："臣生与人亡所争，邑人贫者贷之，不善者教之，所居，人皆从式，式何故见冤！"使者曰："苟，子何欲？"式曰："天子诛匈奴，愚以为贤者宜死节，有财者宜输之，如此而匈奴可灭也。"使者以闻。上以语丞相弘。弘曰："此非人情。不轨之臣不可以为化而乱法，愿陛下勿许。"上不报，数岁乃罢式。式归，复田牧。

岁余，会浑邪等降，县官费众，仓府空，贫民大徙，皆卬给县官，无以尽赡。式复持钱二十万与河南太守，以给徙民。河南上富人助贫民者，上识式姓名，曰："是固前欲输其家半财助边。"乃赐式外繇四百人，式又尽复与官。是时富豪皆争匿财，唯式尤欲助费。上于是以式终长者，乃召拜式为中郎，赐爵左庶长，田十顷，布告天下，尊显以风百姓。

初式不愿为郎，上曰："吾有羊在上林中，欲令子牧之。"式既为郎，布衣中蹻而牧羊。岁余，羊肥息。上过其羊所，善之。式曰："非独羊也，治民亦犹是矣。以时起居，恶者辄去，毋令败群。"上奇其言，欲试使治民。拜式缑氏令，缑氏便之；迁成皋令，将漕最。上以式朴忠，拜为齐王太傅，转为相。

会吕嘉反，式上书曰："臣闻主愧臣死。群臣宜尽死节，其驽下者宜出财以佐军，如是则强国不犯之道也。臣愿与子男及临菑习弩、博昌习船者请行死之，以尽臣节。"上贤之，下诏曰："朕闻报德以德，报怨以直。今天下不幸有事，郡县诸侯未有奋繇直道者也。齐相雅行躬耕，随牧蓄番，辄分昆弟，更造，不为利惑。日者北边有兴，上书助官。往年西河岁恶，率齐人入粟。今又首奋，虽未战，可谓义形于内矣。其赐式爵关内侯，黄金四十斤，田十顷，布告天下，使明知之。”

元鼎中，征式代石庆为御史大夫。式既在位，言郡国不便盐铁而船有算，可罢。上由是不说式。明年当封禅，式又不习文章，贬秩为太子太傅，以兒宽代之。式以寿终。

（选自班固撰《汉书》卷五十八，第2585~2587页，浙江大学出版社2023年版）

班固（32—92），字孟坚，扶风安陵（今陕西咸阳东北）人。出身于儒学世家，其父班彪、伯父班嗣，皆为当时著名学者。初继续完成其父班彪所著《史记后传》，被人告发私改国史，下狱。弟超上书力辩，得释。后召为兰台令史、典校秘书。奉诏续成其父所著书，历二十余年。善作赋，有《两都赋》等。所著《白虎通义》，是记录建初四年（79）在白虎观辩论经学的结果。永元元年（89），从大将军窦宪攻匈奴，为中护军。后宪因擅权被杀，他受牵连，死于狱中。《汉书》的八表及《天文志》尚未竟功，由妹昭与马续续成。《汉书》文辞渊雅，叙事详赡；继司马迁之后，整齐了纪传体史书的形式，开创了“包举一代”的断代史体例。后人辑有《班兰台集》。

高昌侯史料集锦[①]

孝昭以来功臣侯者年表（节选）

〔西汉〕褚少孙[②]

高昌[③]：董忠，父故颍川阳翟人，以习书诣长安。忠有材力，能骑射，用短兵，给事期门[④]。与张章相习知，章告语忠霍禹谋反状，忠以语常侍骑郎杨恽，共发觉告反，侯，二千户。今为枭骑都尉，侍中。坐祠宗庙乘小车，夺百户。

（选自司马迁撰《史记》卷二十，第1067页，中华书局1982年版）

褚少孙（生卒年不详），号先生，颍川（治今河南禹州）人，寓居沛县（今属江苏）。西汉梁相褚大弟之孙。宣帝时博士（一说元帝、成帝时博士）。治学不主一家，旁求博采，谨慎所闻，曾补《史记》。明人辑有《褚先生集》。

---

① 编者按：高昌侯董忠—董宏—董武—董永，深入介入了覆灭霍氏家族，呼韩邪单于内附，元帝后族王氏与哀帝母族傅氏丁氏的争斗等一系列西汉后期影响深远的大事件，因覆灭霍氏而封侯，因站队哀帝而屡黜屡起，在王氏王莽专政后堕入谷底，又因光武中兴而恢复爵位。第四代高昌侯董永，西汉末至东汉初人，其前半生正处于父亲董武爵位被免、家族没落之时，应是“二十四孝”故事中卖身葬父的董永的原型人物。至于传说中出现董永流寓南方的情节，且故事发生时间也多移至东汉末年，多是东汉末期北方战乱，大量北人南迁，在口耳相传讲述故事时产生的可以理解的偏差罢了。

② 编者按：今《史记》卷二十《建元以来侯者年表第八》司马迁本表后，附有孝昭以来功臣侯者，曰：“后进好事儒者褚先生曰：太史公记事尽于孝武之事，故复修记孝昭以来功臣侯者，编于左方，令后好事者得览观成败长短绝世之适，得以自戒焉。”

③ 司马贞《索引》：“志属千乘。”

④ 裴骃《集解》：“《汉书·东方朔传》曰：‘武帝微行，出与侍中常侍武骑及待诏陇西北地良家子能骑射者期诸殿门，故有“期门”之号。’”

孝宣功臣表（节选）

〔东汉〕班固

号谥姓名：高昌壮侯董忠。

功状户数：以期门受张章言霍禹谋反，告左曹杨恽，侯。再坐法，削户千一百，定七十九户。

始封：（地节四年）八月乙丑封，十九年，薨。

子：初元二年，炀侯宏嗣，四十一年，建平元年，坐佞邪，免。二年，复封故国，三年，薨。

孙：元寿元年，侯武嗣。二年，坐父宏前为佞邪，免[①]。

曾孙：建武二年五月己巳，侯永绍封。

千乘。

（选自班固撰《汉书》卷十七，第826页，浙江大学出版社2023年版）

霍光传（节选）

〔东汉〕班固

宣帝始立，立微时许妃为皇后。显[②]爱小女成君，欲贵之，私使乳医淳于衍行毒药杀许后，因劝光内成君，代立为后。语在《外戚传》。始许后暴崩，吏捕诸医，劾衍侍疾亡状不道，下狱。吏簿问急，显恐事败，即具以实语光。光大惊，欲自发举，不忍，犹与。会奏上，因署衍勿论。光薨后，语稍泄。于是上始闻之而未察，乃徙光女婿度辽将军未央卫尉平陵侯范明友为光禄勋，次婿诸吏中郎将羽林监任胜出为安定太守。数月，复出光姊婿给事中光禄大夫张朔为蜀郡太守，群孙婿中郎将王汉为武威太守。顷之，复徙光长女婿长乐卫尉

---

① 编者按：据《师丹传》“平帝即位……复免高昌侯宏为庶人”，所载与此处不同，未知孰是。参见本书第27~28页。

② 编者按：显，霍光之妻。

邓广汉为少府。更以禹[①]为大司马，冠小冠，亡印绶，罢其右将军屯兵官属，特使禹官名与光俱大司马者。又收范明友度辽将军印绶，但为光禄勋。及光中女婿赵平为散骑骑都尉光禄大夫将屯兵，又收平骑都尉印绶。诸领胡越骑、羽林及两宫卫将屯兵，悉易以所亲信许、史子弟代之。

禹为大司马，称病。禹故长史任宣候问，禹曰："我何病？县官[②]非我家将军不得至是，今将军坟墓未干，尽外我家，反任许、史，夺我印绶，令人不省死。"宣见禹恨望深，乃谓曰："大将军时何可复行！持国权柄，杀生在手中。廷尉李种、王平、左冯翊贾胜胡及车丞相[③]女婿少府徐仁皆坐逆将军意下狱死。使乐成小家子得幸将军，至九卿封侯。百官以下但事冯子都、王子方等[④]，视丞相亡如也。各自有时，今许、史自天子骨肉，贵正宜耳。大司马欲用是怨恨，愚以为不可。"禹默然。数日，起视事。

显及禹、山、云[⑤]自见日侵削，数相对啼泣，自怨。山曰："今丞相[⑥]用事，县官信之，尽变易大将军时法令，以公田赋与贫民，发扬大将军过失。又，诸儒生多窭人子，远客饥寒，喜妄说狂言，不避忌讳，大将军常仇之，今陛下好与诸儒生语，人人自使书对事，多言我家者。尝有上书言大将军时主弱臣强，专制擅权，今其子孙用事，昆弟益骄恣，恐危宗庙，灾异数见，尽为是也。其言绝痛，山屏不奏其书。后上书者益黠，尽奏封事，辄使中书令出取之，不关尚书，益不信人。"显曰："丞相数言我家，独无罪乎？"山曰："丞相廉正，安得罪？我家昆弟诸婿多不谨。又闻民间欢言霍氏毒杀许皇后，宁有是邪？"显恐急，即具以实告山、云、禹。山、云、禹惊曰："如是，何不早告禹等！县官离散斥逐诸婿，用是故也。此大事，诛罚不小，奈何？"于是始有邪谋矣。

初，赵平客石夏善为天官，语平曰："荧惑守御星，御星，太仆奉车都尉也，不黜则死。"平内忧山等。云舅李竟所善张赦见云家卒卒，谓竟曰："今

① 编者按：禹，即霍禹，霍光子。

② 原注：如淳曰："县官谓天子。"

③ 编者按：车丞相，即车千秋，本姓田，又作田千秋，武帝后期至昭帝时丞相。

④ 原注：服虔曰："皆光奴。"

⑤ 编者按：山、云，即霍光侄霍山、霍云。

⑥ 编者按：丞相，即魏相，宣帝地节四年（前66）为丞相，封高平侯。

丞相与平恩侯[①]用事，可令太夫人言太后[②]，先诛此两人。移徙陛下，在太后耳。”长安男子张章告之，事下廷尉。执金吾捕张赦、石夏等，后有诏止勿捕。山等愈恐，相谓曰：“此县官重太后，故不竟也。然恶端已见，又有弑许后事，陛下虽宽仁，恐左右不听，久之犹发，发即族矣，不如先也。”遂令诸女各归报其夫，皆曰：“安所相避？”

会李竟坐与诸侯王交通，辞语及霍氏，有诏云、山不宜宿卫，免就第。光诸女遇太后无礼，冯子都数犯法，上并以为让，山、禹等甚恐。显梦第中井水溢流庭下，灶居树上，又梦大将军谓显曰：“知捕儿不？亟下捕之。”第中鼠暴多，与人相触，以尾画地。鸮数鸣殿前树上。第门自坏。云尚冠里宅中门亦坏。巷端人共见有人居云屋上，彻瓦投地，就视，亡有，大怪之。禹梦车骑声正欢来捕禹，举家忧愁。山曰：“丞相擅减宗庙羔、菟、蛙，可以此罪也。”谋令太后为博平君置酒，召丞相、平恩侯以下，使范明友、邓广汉承太后制引斩之，因废天子而立禹。约定未发，云拜为玄菟太守，太中大夫任宣为代郡太守。山又坐写秘书，显为上书献城西第，入马千匹以赎山罪。书报闻。会事发觉，云、山、明友自杀，显、禹、广汉等捕得。禹要斩，显及诸女昆弟皆弃市。唯独霍后废处昭台宫。与霍氏相连坐诛灭者数千家。

上乃下诏曰：“乃者，东织室令史张赦使魏郡豪李竟报冠阳侯云谋为大逆，朕以大将军故，抑而不扬，冀其自新。今大司马博陆侯禹与母宣成侯夫人显及从昆弟子冠阳侯云、乐平侯山诸姊妹婿谋为大逆，欲诖误百姓。赖祖宗神灵，先发得，咸伏其辜，朕甚悼之。诸为霍氏所诖误，事在丙申前，未发觉在吏者，皆赦除之。男子张章先发觉，以语期门董忠，忠告左曹杨恽，恽告侍中金安上。恽召见对状，后章上书以闻。侍中史高与金安上建发其事，言无入霍氏禁闼，卒不得遂其谋，皆仇有功。封章为博成侯，忠高昌侯，恽平通侯，安上都成侯，高乐陵侯。”

（选自班固撰《汉书》卷六十八，第2861~2866页，浙江大学出版社2023年版）

---

① 编者按：平恩侯，即许广汉，宣帝许皇后之父。

② 编者按：太后，即昭帝皇后上官氏，上官桀孙女，上官安之女，霍光外孙女。

杨恽传（节选）

〔东汉〕班固

忠弟恽，字子幼，以忠任为郎，补常侍骑。恽母，司马迁女也。恽始读外祖太史公记，颇为《春秋》。以材能称。好交英俊诸儒，名显朝廷，擢为左曹。霍氏谋反，恽先闻知，因侍中金安上以闻，召见言状。霍氏伏诛，恽等五人皆封，恽为平通侯，迁中郎将。

恽居殿中，廉洁无私，郎官称公平。然恽伐其行治，又性刻害，好发人阴伏，同位有忤己者，必欲害之，以其能高人。由是多怨于朝廷。与太仆戴长乐相失，卒以是败。

长乐者，宣帝在民间时与相知，及即位，拔擢亲近。长乐尝使行事肄宗庙，还谓掾史曰："我亲面见受诏，副帝肄，秺侯御。"人有上书告长乐非所宜言，事下廷尉。长乐疑恽教人告之，亦上书告恽罪："高昌侯车奔入北掖门，恽语富平侯张延寿曰：'闻前曾有奔车抵殿门，门关折，马死，而昭帝崩。今复如此，天时，非人力也。'左冯翊韩延寿有罪下狱，恽上书讼延寿。郎中丘常谓恽曰：'闻君侯讼韩冯翊，当得活乎？'恽曰：'事何容易！胫胫者未必全也。我不能自保，真人所谓鼠不容穴衔窭数者也。'又中书谒者令宣持单于使者语，视诸将军、中朝二千石。恽曰：'冒顿单于得汉美食好物，谓之殠恶，单于不来明甚。'恽上观西阁上画人，指桀纣画谓乐昌侯王武曰：'天子过此，一二问其过，可以得师矣。'画人有尧舜禹汤不称，而举桀纣。恽闻匈奴降者道单于见杀，恽曰：'得不肖君，大臣为画善计不用，自令身无处所。若秦时但任小臣，诛杀忠良，竟以灭亡；令亲任大臣，即至今耳。古与今如一丘之貉。'恽妄引亡国以诽谤当世，无人臣礼。又语长乐曰：'正月以来，天阴不雨，此《春秋》所记，夏侯君所言，行必不至河东矣。'以主上为戏语，尤悖逆绝理。"

事下廷尉。廷尉定国考问，左验明白，奏："恽不服罪，而召户将尊，欲令戒饬富平侯延寿，曰'太仆定有死罪数事，朝暮人也。恽幸与富平侯婚姻，今独三人坐语，侯言"时不闻恽语"，自与太仆相触也'。尊曰：'不可。'恽怒，持大刀，曰：‘蒙富平侯力，得族罪！毋泄恽语，令太仆闻之乱余事。’恽幸得列九卿诸吏，宿卫近臣，上所信任，与闻政事，不竭忠爱，尽臣子义，而妄怨望，称引为訞恶言，大逆不道，请逮捕治。”上不忍加诛，有诏皆免恽、长乐为庶人。

（选自班固撰《汉书》卷六十六，第2808~2812页，浙江大学出版社2023年版）

宣帝纪（节选）

〔东汉〕班固

（甘露）三年春正月，行幸甘泉，郊泰畤。

匈奴呼韩邪单于稽侯狦来朝，赞谒称藩臣而不名。赐以玺绶、冠带、衣裳、安车、驷马、黄金、锦绣、缯絮。使有司道单于先行就邸长安，宿长平。上自甘泉宿池阳宫。上登长平阪，诏单于毋谒。其左右当户之群皆列观，蛮夷君长王侯迎者数万人，夹道陈。上登渭桥，咸称“万岁”。单于就邸。置酒建章宫，飨赐单于，观以珍宝。二月，单于罢归之。长乐卫尉高昌侯忠①、车骑都尉昌②、骑都尉虎③将万六千骑送单于。单于居幕南，保光禄城。诏北边振谷食。郅支单于远遁，匈奴遂定。

（选自班固撰《汉书》卷八，第244~245页，浙江大学出版社2023年版）

---

① 原注：晋灼曰：“《功臣表》董忠。”

② 原注：晋灼曰：“韩昌。”

③ 原注：文颖曰：“不知姓。”晋灼曰：“《百官表》唯记三辅郡以上，若此皆不见姓，无从知之。”

师丹传(节选)

〔东汉〕班固

师丹字仲公，琅邪东武人也。治《诗》，事匡衡。举孝廉为郎。成帝末年，立定陶王为皇太子，以丹为太子太傅。哀帝即位，为左将军，赐爵关内侯，食邑，领尚书事，遂代王莽为大司马，封高乐侯。月余，徙为大司空。

上少在国，见成帝委政外家，王氏僭盛，常内邑邑。即位，多欲有所匡正。封拜丁、傅，夺王氏权。丹自以师傅居三公位，得信于上，书数十上，多切直之言。

初，哀帝即位，成帝母称太皇太后，成帝赵皇后称皇太后，而上祖母傅太后与母丁后皆在国邸，自以定陶共王为称。高昌侯董宏上书言："秦庄襄王母本夏氏，而为华阳夫人所子，及即位后，俱称太后。宜立定陶共王后为皇太后。"事下有司，时丹以左将军与大司马王莽共劾奏宏"知皇太后至尊之号，天下一统，而称引亡秦以为比喻，诖误圣朝，非所宜言，大不道"。上新立，谦让，纳用莽、丹言，免宏为庶人。

会有上书言古者以龟贝为货，今以钱易之，民以故贫，宜可改币。上以问丹，丹对言可改。章下有司议，皆以为行钱以来久，难卒变易。丹老人，忘其前语，后从公卿议。又丹使吏书奏，吏私写其草，丁、傅子弟闻之，使人上书告丹上封事行道人遍持其书。事下廷尉，廷尉劾丹大不敬。遂策免丹。

丹既免数月，上用朱博议，尊傅太后为皇太太后，丁后为帝太后，与太皇太后及皇太后同尊，又为共皇立庙京师，仪如孝元皇帝。博迁为丞相，复与御史大夫赵玄奏言："前高昌侯宏首建尊号之议，而为丹所劾奏，免为庶人。时天下衰粗，委政于丹。丹不深惟褒广尊亲之义而妄称说，抑贬尊号，亏损孝道，不忠莫大焉。陛下圣仁，昭然定尊号，宏以忠孝复封高昌侯。丹恶逆暴著，虽蒙赦令，不宜有爵邑，请免为庶人。"奏可。丹于是废归乡里者数年。

平帝即位，新都侯王莽白太皇太后发掘傅太后、丁太后冢，夺其玺绶，更以民葬之，定陶隳废共皇庙。诸造议泠褒、段犹等皆徙合浦，复免高昌侯宏为庶人[①]。征丹诣公车，赐爵关内侯，食故邑。数月，太皇太后诏大司徒、大司空曰："夫褒有德，赏元功，先圣之制，百王不易之道也。故定陶太后造称僭号，甚悖义理。关内侯师丹端诚于国，不顾患难，执忠节，据圣法，分明尊卑之制，确然有柱石之固，临大节而不可夺，可谓社稷之臣矣。有司条奏邪臣建定称号者已放退，而丹功赏未加，殆缪乎先赏后罚之义，非所以章有德报厥功也。其以厚丘之中乡户二千一百封丹为义阳侯。"月余薨，谥曰节侯。子业嗣，王莽败乃绝。

赞曰：何武之举，王嘉之争，师丹之议，考其祸福，乃效于后。当王莽之作，外内咸服，董贤之爱，疑于亲戚，武、嘉区区，以一蒉障江河，用没其身。丹与董宏更受赏罚，哀哉！故曰"依世则废道，违俗则危殆"，此古人所以难受爵位者也。

（选自班固撰《汉书》卷八十六，第3358~3366页，浙江大学出版社2023年版）

杜邺传（节选）

〔东汉〕班固

杜邺，字子夏，本魏郡繁阳人也。祖父及父积功劳皆至郡守，武帝时徙茂陵。邺少孤，其母张敞女。邺壮，从敞子吉学问，得其家书。以孝廉为郎。

是时，帝祖母定陶傅太后称皇太太后，帝母丁姬称帝太后，而皇后即傅太后从弟子也。傅氏侯者三人，丁氏侯者二人。又封傅太后同母弟子郑业为阳信侯。傅太后尤与政专权。元寿元年正月朔，上以皇后父孔乡侯傅晏为大司马卫将军，而帝舅阳安侯丁明为大司马票骑将军。临拜，日食，诏举方正直言。扶阳侯韦育举邺方正，邺对曰：

臣闻禽息忧国，碎首不恨；卞和献宝，刖足愿之。臣幸得奉直言之诏，无二者之危，敢不极陈！臣闻阳尊阴卑，卑者随尊，尊者兼卑，天之道也。

① 编者按：据《汉书》卷十七《景武昭宣元成功臣表第五》（见本书第22页），免为庶人者为宏子董武，时在元寿二年，与此处所载不同，未知孰是。

是以男虽贱，各为其家阳；女虽贵，犹为其国阴。故礼明三从之义，虽有文母之德，必系于子。《春秋》不书纪侯之母，阴义杀也。昔郑伯随姜氏之欲，终有叔段篡国之祸；周襄王内迫惠后之难，而遭居郑之危。汉兴，吕太后权私亲属，又以外孙为孝惠后，是时继嗣不明，凡事多晻，昼昏冬雷之变，不可胜载。窃见陛下行不偏之政，每事约俭，非礼不动，诚欲正身与天下更始也。然嘉瑞未应，而日食地震，民讹言行筹，传相惊恐。案《春秋》灾异，以指象为言语，故在于得一类而达之也。日食，明阳为阴所临，坤卦乘离，明夷之象也。坤以法地，为土为母，以安静为德。震，不阴之效也。占象甚明，臣敢不直言其事！

昔曾子问从令之义，孔子曰："是何言与！"善闵子骞守礼不苟，从亲所行，无非理者，故无可间也。前大司马新都侯莽退伏弟家，以诏策决，复遣就国。高昌侯宏去蕃自绝，犹受封土[①]。制书侍中驸马都尉迁不忠巧佞，免归故郡[②]，间未旬月，则有诏还，大臣奏正其罚，卒不得遣，而反兼官奉使，显宠过故。及阳信侯业，皆缘私君国，非功义所止。诸外家昆弟无贤不肖，并侍帷幄，布在列位，或典兵卫，或将军屯，宠意并于一家，积贵之势，世所希见所希闻也。至乃并置大司马将军之官。皇甫虽盛，三桓虽隆，鲁为作三军，无以甚此。当拜之日，晻然日食。不在前后，临事而发者，明陛下谦逊无专，承指非一，所言辄听，所欲辄随，有罪恶者不坐辜罚，无功能者毕受官爵，流渐积猥，正尤在是，欲令昭昭以觉圣朝。昔诗人所刺，《春秋》所讥，指象如此，殆不在它。由后视前，忿邑非之，逮身所行，不自镜见，则以为可，计之过者。疏贱独偏见，疑内亦有此类。天变不空，保右世主如此之至，奈何不应！

臣闻野鸡著怪，高宗深动；大风暴过，成王怛然。愿陛下加致精诚，思承始初，事稽诸古，以厌下心，则黎庶群生无不说喜，上帝百神收还威怒，祯祥福禄何嫌不报！

邺未拜，病卒。

---

① 原注：师古曰："董宏也。"
② 原注：师古曰："傅迁也。"

（选自班固撰《汉书》卷八十五，第3330~3335页，浙江大学出版社2023年版）

孝元傅昭仪传（节选）

〔东汉〕班固

孝元傅昭仪，哀帝祖母也。

成帝崩，哀帝即位。王太后诏令傅太后、丁姬十日一至未央宫。高昌侯董宏希指①，上书言宜立丁姬为帝太后。师丹劾奏“宏怀邪误朝，不道”。上初即位，谦让，从师丹言止。

（选自班固撰《汉书》卷九十七下，第3799~3801页，浙江大学出版社2023年版）

王莽传（节选）

〔东汉〕班固

成帝崩，哀帝即位，尊皇太后为太皇太后。太后诏莽就第，避帝外家。莽上疏乞骸骨，哀帝遣尚书令诏莽曰：“先帝委政于君而弃群臣，朕得奉宗庙，诚嘉与君同心合意。今君移病求退，以著朕之不能奉顺先帝之意，朕甚悲伤焉。已诏尚书待君奏事。”又遣丞相孔光、大司空何武、左将军师丹、卫尉傅喜白太后曰：“皇帝闻太后诏，甚悲。大司马即不起，皇帝即不敢听政。”太后复令莽视事。

时哀帝祖母定陶傅太后、母丁姬在，高昌侯董宏上书言：“《春秋》之义，母以子贵，丁姬宜上尊号。”莽与师丹共劾宏误朝不道，语在《丹传》。后日，未央宫置酒，内者令为傅太后张幄，坐于太皇太后坐旁。莽案行，责内者令曰：“定陶太后藩妾，何以得与至尊并！”彻去，更设坐。

---

① 原注：师古曰：“希望天子意指也。”

哀帝崩，无子，而傅太后、丁太后皆先薨，太皇太后即日驾之未央宫收取玺绶，遣使者驰召莽。诏尚书，诸发兵符节，百官奏事，中黄门、期门兵皆属莽。太后诏公卿举可大司马者，大司徒孔光、大司空彭宣举莽，前将军何武、后将军公孙禄互相举。太后拜莽为大司马，与议立嗣。安阳侯王舜，莽之从弟，其人修饬，太后所信爱也，莽白以舜为车骑将军，使迎中山王奉成帝后，是为孝平皇帝。帝年九岁，太后临朝称制，委政于莽。莽白赵氏前害皇子，傅氏骄僭，遂废孝成赵皇后、孝哀傅皇后，皆令自杀。

陈崇时为大司徒司直，与张敞孙竦相善。竦者博通士，为崇草奏，称莽功德，崇奏之，曰：

窃见安汉公自初束脩，值世俗隆奢丽之时，蒙两宫厚骨肉之宠，被诸父赫赫之光，财饶势足，亡所忤意，然而折节行仁，克心履礼，拂世矫俗，确然特立；恶衣恶食，陋车驽马，妃匹无二，闺门之内，孝友之德，众莫不闻；清静乐道，温良下士，惠于故旧，笃于师友。孔子曰“未若贫而乐，富而好礼”，公之谓矣。

及为侍中，故定陵侯淳于长有大逆罪，公不敢私，建白诛讨。周公诛管蔡，季子鸩叔牙，公之谓矣。

是以孝成皇帝命公大司马，委以国统。孝哀即位，高昌侯董宏希指求美，造作二统，公手劾之，以定大纲。建白定陶太后不宜在乘舆幄坐，以明国体。《诗》曰“柔亦不茹，刚亦不吐，不侮鳏寡，不畏强圉”，公之谓矣。

深执谦退，推诚让位。定陶太后欲立僭号，惮彼面刺幄坐之义，佞惑之雄，朱博之畴，惩此长、宏手劾之事，上下壹心，谗贼交乱，诡辟制度，遂成篡号，斥逐仁贤，诛残戚属，而公被胥、原之诉，远去就国，朝政崩坏，纲纪废弛，危亡之祸，不隧如发。《诗》云“人之云亡，邦国殄悴”，公之谓矣。

当此之时，宫亡储主，董贤据重，加以傅氏有女之援，皆自知得罪天下，结仇中山，则必同忧，断金相翼，借假遗诏，频用赏诛，先除所惮，急引所附，遂诬往冤，更征远属，事势张见，其不难矣！赖公立入，即时退贤，及其党亲。当此之时，公运独见之明，奋亡前之威，盱衡厉色，振扬武怒，乘其未坚，厌其未发，震起机动，敌人摧折，虽有贲育不及持刺，虽有樗里不及回知，虽有鬼谷不及造次，是故董贤丧其魂魄，遂自绞杀。人不还踵，日不移晷，霍然四除，更为宁朝。非陛下莫引立公，非公莫克此祸。《诗》云“惟师尚父，时惟鹰扬，亮彼武王”，孔子曰“敏则有功”，公之谓矣。

于是公乃白内故泗水相丰、蘩令邯，与大司徒光、车骑将军舜建定社稷，奉节东迎，皆以功德受封益土，为国名臣。《书》曰“知人则哲”，公之谓也。

公卿咸叹公德，同盛公勋，皆以周公为比，宜赐号安汉公，益封二县，公皆不受。传曰申包胥不受存楚之报，晏平仲不受辅齐之封，孔子曰“能以礼让为国乎何有”，公之谓也。

将为皇帝定立妃后，有司上名，公女为首，公深辞让，迫不得已然后受诏。父子之亲天性自然，欲其荣贵甚于为身，皇后之尊侔于天子，当时之会千载希有，然而公惟国家之统，揖大福之恩，事事谦退，动而固辞。《书》曰“舜让于德不嗣”，公之谓矣。

自公受策，以至于今，亹亹翼翼，日新其德，增修雅素以命下国，后俭隆约以矫世俗，割财损家以帅群下，弥躬执平以逮公卿，教子尊学以隆国化。僮奴衣布，马不秣谷，食饮之用，不过凡庶。《诗》云“温温恭人，如集于木”，孔子曰“食无求饱，居无求安”，公之谓矣。

克身自约，籴食逮给，物物印市，日阕亡储。又上书归孝哀皇帝所益封邑，入钱献田，殚尽旧业，为众倡始。于是小大乡和，承风从化，外则王公列侯，内则帷幄侍御，翕然同时，各竭所有，或入金钱，或献田亩，以振贫穷，收赡不足者。昔令尹子文朝不及夕，鲁公仪子不茹园葵，公之谓矣。

开门延士，下及白屋，娄省朝政，综管众治，亲见牧守以下，考迹雅素，审知白黑。《诗》云“夙夜匪解，以事一人”，《易》曰“终日乾乾，夕惕若厉”，公之谓矣。

比三世为三公，再奉送大行，秉冢宰职，填安国家，四海辐凑，靡不得所。《书》曰“纳于大麓，列风雷雨不迷”，公之谓矣。

此皆上世之所鲜，禹稷之所难，而公包其终始，一以贯之，可谓备矣！是以三年之间，化行如神，嘉瑞叠累，岂非陛下知人之效，得贤之致哉！故非独君之受命也，臣之生亦不虚矣。是以伯禹锡玄圭，周公受郊祀，盖以达天之使，不敢擅天之功也。揆公德行，为天下纪；观公功勋，为万世基。基成而赏不配，纪立而褒不副，诚非所以厚国家，顺天心也。

高皇帝褒赏元功，相国萧何邑户既倍，又蒙殊礼，奏事不名，入殿不趋，封其亲属十有余人。乐善无厌，班赏亡遴，苟有一策，即必爵之，是故公孙戎位在充郎，选繇旄头，壹明樊哙，封二千户。孝文皇帝褒赏绛侯，益封万户，赐黄金五千斤。孝武皇帝恤录军功，裂三万户以封卫青，青子三人，或在襁褓，皆为通侯。孝宣皇帝显著霍光，增户命畴，封者三人，延及兄孙。夫绛侯即因汉藩之固，杖朱虚之鲠，依诸将之递，据相扶之势，其事虽丑，要不能遂。霍光即席常任之重，乘大胜之威，未尝遭时不行，陷假离朝，朝之执事，亡非同类，割断历久，统政旷世，虽曰有功，所因亦易，然犹有计策不审过征之累。及至青、戎，摽末之功，一言之劳，然犹皆蒙丘山之赏。课功绛、霍，造之与因也；比于青、戎，地之与天也。而公又有宰治之效，乃当上与伯禹、周公等盛齐隆，兼其褒赏，岂特与若云者同日而论哉？然曾不得蒙青等之厚，臣诚惑之！

臣闻功亡原者赏不限，德亡首者褒不检。是故成王之与周公也，度百里之限，越九锡之检，开七百里之宇，兼商、奄之民，赐以附庸殷民六族，大路大旂，封父之繁弱，夏后之璜，祝宗卜史，备物典策，官司彝器，白牡之牲，郊望之礼。王曰："叔父，建尔元子。"子父俱延拜而受之。可谓不检亡原者矣。非特止此，六子皆封。《诗》曰："亡言不仇，亡德不报。"报当如之，不如非报也。近观行事，高祖之约非刘氏不王，然而番君得王长沙，下诏称忠，定著于令，明有大信不拘于制也。春秋晋悼公用魏绛之策，诸夏服从。郑伯献乐，悼公于是以半赐之。绛深辞让，晋侯曰："微子，寡人不能济河。夫赏，国之典，不可废也。子其受之。"魏绛于是有金石之乐，《春秋》善之，取其臣竭忠以辞功，君知臣以遂赏也。今陛下既知公有周公功德，不行成王之褒赏，遂听公之固辞，不顾《春秋》之明义，则民臣何称，万世何述？诚非所以为国也。臣愚以为宜恢公国，令如周公，建立公子，令如伯禽。所赐之品，亦皆如之。诸子之封，皆如六子。即群下较然输忠，黎庶昭然感德。臣诚输忠，民诚感德，则于王事何有？唯陛下深惟祖宗之重，敬畏上天之戒，仪形虞、周之盛，敕尽伯禽之赐，无遴周公之报，令天法有设，后世有祖，天下幸甚！

太后以视群公。

五年正月，祫祭明堂，诸侯王二十八人，列侯百二十人，宗室子九百余人，征助祭。礼毕，封孝宣曾孙信等三十六人为列侯，余皆益户赐爵，金帛之赏各有数。是时，吏民以莽不受新野田而上书者前后四十八万七千五百七十二人，及诸侯、王公、列侯、宗室见者皆叩头言，宜亟加赏于安汉公。

公卿大夫、博士、议郎、列侯张纯等九百二人皆曰："圣帝明王招贤劝能，德盛者位高，功大者赏厚。故宗臣有九命上公之尊，则有九锡登等之宠。今九族亲睦，百姓既章，万国和协，黎民时雍，圣瑞毕溱，太平已洽。帝者之盛莫隆于唐、虞，而陛下任之；忠臣茂功莫著于伊、周，而宰衡配之。所谓异时而兴，如合符者也。谨以《六艺》通义，经文所见，《周官》《礼记》宜于今者，为九命之锡。臣请命锡。"奏可。策曰：

惟元始五年五月庚寅，太皇太后临于前殿，延登，请诏之曰：公进，虚听朕言。前公宿卫孝成皇帝十有六年，纳策尽忠，白诛故定陵侯淳于长，以弥乱发奸，登大司马，职在内辅。孝哀皇帝即位，骄妾窥欲，奸臣萌乱，公手劾高昌侯董宏，改正故定陶共王母之僭坐。自是之后，朝臣论议，靡不据经。以病辞位，归于第家，为贼臣所陷。就国之后，孝哀皇帝觉寤，复还公长安，临病加剧，犹不忘公，复特进位。是夜仓卒，国无储主，奸臣充朝，危殆甚矣。朕惟定国之计莫宜于公，引纳于朝，即日罢退高安侯董贤。转漏之间，忠策辄建，纲纪咸张。绥和、元寿，再遭大行，万事毕举，祸乱不作。辅朕五年，人伦之本正，天地之位定。钦承神祇，经纬四时，复千载之废，矫百世之失，天下和会，大众方辑。《诗》之灵台，《书》之作雒，镐京之制，商邑之度，于今复兴。昭章先帝之元功，明著祖宗之令德，推显严父配天之义，修立郊禘宗祀之礼，以光大孝。是以四海雍雍，万国慕义，蛮夷殊俗，不召自至，渐化端冕，奉珍助祭。寻旧本道，遵术重古，动而有成，事得厥中。至德要道，通于神明，祖考嘉享。光耀显章，天符仍臻，元气大同。麟凤龟龙，众祥之瑞，七百有余。遂制礼作乐，有绥靖宗庙社稷之大勋。普天之下，惟公是赖，官在宰衡，位在上公。今加九命之锡，其以助祭，共文武之职，乃遂及厥祖。於戏，岂不休哉！

于是莽稽首再拜，受绿韨衮冕衣赏，玚琫玚珌，句履，鸾路乘马，龙旂九旒，皮弁素积，戎路乘马，彤弓矢，卢弓矢，左建朱钺，右建金戚，甲胄一具，秬鬯二卣，圭瓒二，九命青玉珪二，朱户纳陛。署宗官、祝官、卜官、史官，虎贲三百人，家令丞各一人，宗、祝、卜、史官皆置啬夫，佐安汉公。在中府外第，虎贲为门卫，当出入者傅籍。自四辅、三公有事府第，皆用传。以楚王邸为安汉公第，大缮治，通周卫。祖祢庙及寝皆为朱户纳陛。陈崇又奏："安汉公祠祖祢，出城门，城门校尉宜将骑士从。入有门卫，出有骑士，所以重国也。"奏可。

（选自班固撰《汉书》卷九十九上，第3841~3874页，浙江大学出版社2023年版）

光武诏复宗室列侯子孙

〔南朝宋〕范晔

（建武二年）十二月戊午，诏曰："惟宗室、列侯为王莽所废，先灵无所依归，朕甚愍之。其并复故国。若侯身已殁，属所上其子孙见名尚书，封拜。"[①]

（选自范晔撰《后汉书》卷一上，见《二十五史·后汉书》，第8页，上海古籍出版社、上海书店1986年版）

范晔（398—446），字蔚宗，顺阳（今河南淅川南）人。官至左卫将军，太子詹事。宋文帝元嘉九年（432）开始《后汉书》的撰写，至元嘉二十二年末以谋反罪被杀止，成十纪八十列传，原计划作的十志未及完成。今本《后汉书》中的八志三十卷，为南朝梁刘昭从司马彪《续汉书》中补入。

① 顾炎武《日知录》卷二十二《汉王子侯》："建武二年十二月戊午，诏曰：'惟宗室、列侯为王莽所废，先灵无所依归，朕甚愍之。其并复故国。若侯身已没，属所上其子孙见名尚书，封拜。'是皆绝于莽而复封于光武之时。……富平侯张纯以先来诣阙，皆得绍封（按：功臣侯复封者三人，恩泽侯复封者四人。高昌侯董永、归德侯襄、平昌侯王获三人功状无考，而周承休侯常自以周后），而杜宪、赵牧并以先降梁王，不得嗣，光武命功之典如此。"

太和三年秋七月魏明帝诏[1]

〔西晋〕陈寿

（魏明帝太和三年）秋七月，诏曰："礼，王后无嗣，择建支子以继大宗，则当纂正统而奉公义，何得复顾私亲哉！汉宣继昭帝后，加悼考以皇号；哀帝以外藩援立，而董宏等称引亡秦，或误时朝。既尊恭皇，立庙京都；又宠藩妾，使比长信，叙昭穆于前殿，并四位于东宫。僭差无度，人神弗祐。而非罪师丹忠正之谏，用致丁、傅焚如之祸。自是之后，相踵行之。昔鲁文逆祀，罪由夏父；宋国非度，讥在华元。其令公卿有司，深以前世行事为戒。后嗣万一有由诸侯入奉大统，则当明为人后之义；敢为佞邪导谀时君，妄建非正之号以干正统，谓考为皇，称妣为后，则股肱大臣，诛之无赦。其书之金策，藏之宗庙，著于令典。"

（选自陈寿撰《三国志》卷三，第13页，上海古籍出版社、上海书店1986年版）

陈寿（233—297），字承祚，安汉（今四川南充北）人。少好学，师事同郡谯周，在蜀汉时曾任卫将军主簿、东观秘书郎、观阁令史、散骑黄门侍郎等职。西晋时历任著作郎、长广太守、治书侍御史等职。晋灭吴后，他搜集三国时官私著作，著成《三国志》。

① 编者按：第二代高昌侯董宏涉入的元帝后族王氏与哀帝母族傅氏丁氏的冲突，是王氏集权、最终王莽篡汉的重要一步，因此在后世出现皇帝绝嗣、旁支入继而产生涉及皇统的争端时（如宋代"濮议"、明代"大礼议"），言官多引此为戒。本书特从后代史籍中选录两处记载（包括下篇选文）。

赵瞻传（节选）

〔元〕脱脱

赵瞻，字大观，其先亳州永城人。父刚，太子宾客，徙凤翔之盩厔。

（宋英宗治平）二年秋，京师大水，诏百官言事，多留中，瞻请悉出章疏，付两省详择以闻，从之。时议追崇濮安懿王，瞻引汉师丹、董宏事，谓其属薛温其曰："事将类此，吾必以死争，固吾所也。"中书请安懿王称亲，瞻争曰："仁宗既下明诏子陛下，议者顾惑礼律所生所养之名，妄相訾难，彼明知礼无两父贰斩之义，敢裂一字之词，以乱厥真。且文有去妇出母者，去已非妇，出不为母，辞穷直书，岂足援以断大议哉？臣请与之庭辨，以定邪正。"已而皇太后手书尊王为皇，瞻叹曰："向者太后切责大臣，议乃得罢。今邪臣与中官交缔，归过至尊而自为之地，吾与首议之臣，不并生矣！"因复力陈。

会假太常少卿接契丹贺正使，入对，英宗问前事，对曰："陛下为仁宗子，而濮王又称皇考，则是二父，二父非礼。"英宗曰："御史尝见朕欲皇考濮王乎？"瞻曰："此乃大臣之议，陛下未尝自言。"英宗曰："是中书过耳，朕自数岁时，先帝养为子，岂敢称濮考？"瞻曰："臣请退谕中书，作诏以晓天下。"时连日晦冥，英宗指天示瞻曰："天道如此，安敢妄为褒尊。朕意已决，无庸宣告。"瞻曰："陛下只畏天戒，不以私妨公，甚盛德也。"及使还，闻吕诲等谏濮议皆罢去，乞与同贬，不报。趣入对，英宗曰："卿欲就龙逄、比干之名，孰若效伊尹、傅说哉？"瞻皇惧，言："臣不敢奉诏，使朝廷有同罪异罚之讥。"遂通判汾州。

（选自脱脱撰《宋史》卷三百四十一，见《二十五史·宋史》，第1227页，上海古籍出版社、上海书店1986年版）

脱脱（1314—1356），清代改译"托克托"，蔑里乞氏，字大用。幼由伯父伯颜抚养。顺帝至元四年（1338）为御史大夫。时伯颜专权，为顺帝所忌，六年他奉诏罢逐伯颜，次年任中书右丞相，复科举取士。后主修《辽史》

《宋史》《金史》。至正十二年（1352），率军镇压红巾军。十四年（1354），遭弹劾，革职流放。十五年十二月（1356年1月）为中书平章政事哈麻矫诏所杀，年四十二。至正二十二年（1362）昭雪复官。

延乡侯李谭[1]

李谭封侯

〔东汉〕班固

（永始三年）十一月，尉氏男子樊并等十三人谋反，杀陈留太守，劫略吏民，自称将军。徒李谭等五人共格杀并等，皆封为列侯。

（选自班固撰《汉书》卷十，第282页，浙江大学出版社2023年版）

孝成功臣表（节选）

〔东汉〕班固

号谥姓名：延乡节侯李谭。

功状户数：以尉氏男子捕得反者樊并侯，千户。

始封：永始四年七月己巳封，十三年，薨。

子：元始元年，侯成嗣，王莽败，绝。

（选自班固撰《汉书》卷十七，第831页，浙江大学出版社2023年版）

① 编者按：延乡故城址，位于今博兴县锦秋街道安柴村西北约五百米处。

利侯刘刚

〔南朝宋〕范晔

齐武王縯传（节选）

齐武王縯，字伯升，光武之长兄也。

有二子。建武二年，立长子章为太原王，兴为鲁王。十一年，徙章为齐王。十五年，追谥伯升为齐武王。

章少孤，光武感伯升功业不就，抚育恩爱甚笃，以其少贵，欲令亲吏事，故使试守平阴令，迁梁郡太守。立二十一年薨，谥曰哀王。子殇王石嗣。建武二十七年，石始就国。

石立二十四年薨，子晃嗣。

晃及弟利侯刚①与母太姬宗更相诬告。章和元年，有司奏请免晃、刚爵，为庶人，徙丹阳。帝不忍，下诏曰："朕闻人君正屏，有所不听。宗尊为小君，宫卫周备，出有辎軿之饰，入有牖户之固，殆不至如谮者之言。晃、刚愆乎至行，浊乎大伦，《甫刑》三千，莫大不孝。朕不忍置之于理，其贬晃爵为芜湖侯，削刚户三千。於戏！小子不勖大道，控于法理，以堕宗绪。其遣谒者收晃及太姬玺绶。"

（选自范晔撰《后汉书》卷四十四，见《二十五史·后汉书》，第94~95页，上海古籍出版社、上海书店1986年版）

窦宪传（节选）

宪字伯度。父勋被诛，宪少孤。建初二年，女弟立为皇后，拜宪为郎，稍迁侍中、虎贲中郎将；弟笃，为黄门侍郎。兄弟亲幸，并侍宫省，赏赐累积，

① 司马光《资治通鉴》卷四十七《汉纪三十九》下，章和元年"夏六月戊辰"条载有选文中事，注："班《志》：'利县，属齐郡。'"编者按：利县，县治在今博兴县店子镇利城村。

宠贵日盛，自王、主及阴、马诸家，莫不畏惮。

和帝即位，太后临朝，宪以侍中，内干机密，出宣诰命。

宪性果急，睚眦之怨莫不报复。初，永平时，谒者韩纡尝考劾父勋狱，宪遂令客斩纡子，以首祭勋冢。齐殇王子都乡侯畅[①]来吊国忧[②]，畅素行邪僻，与步兵校尉邓叠亲属数往来京师，因叠母元自通长乐宫，得幸太后，被诏召诣上东门。宪惧见幸，分宫省之权，遣客刺杀畅于屯卫之中，而归罪于畅弟利侯刚，乃使侍御史与青州刺史杂考刚等。后事发觉，太后怒，闭宪于内宫。

（选自范晔撰《后汉书》卷五十三，见《二十五史·后汉书》，第117页，上海古籍出版社、上海书店1986年版）

鲁恭传（节选）

〔南朝宋〕范晔

鲁恭，字仲康，扶风平陵人也。其先出于鲁顷公，为楚所灭，迁于下邑，因氏焉。

和帝初立，议遣车骑将军窦宪与征西将军耿秉击匈奴，恭上疏谏。书奏，不从。每政事有益于人，恭辄言其便，无所隐讳。其后拜为《鲁诗》博士，由是家法学者日盛。迁侍中，数召宴见，问以得失，赏赐恩礼宠异焉。迁乐安相[③]。是时，东州多盗贼，群辈攻劫，诸郡患之。恭到，重购赏，开恩信，其渠帅张汉等率支党降，恭上以汉补博昌尉[④]，其余遂自相捕击，尽破平之，州郡以安。

---

① 原注：齐殇王名石，伯升孙章之子。刘攽曰："按，'殇'当作'炀'说在《齐王传》，彼既有子，不得谥'殇'明矣。"

② 原注：章帝崩也。

③ 原注：章帝孙千乘王宠相也，和帝改千乘国为乐安国，故城在今淄州高苑县北。编者按：时在今博兴县辖区内的乐安、博昌等皆属乐安国。

④ 原注：博昌尉，属千乘国，今青州县也。编者按：博昌故城，在今博兴东南。

（选自范晔撰《后汉书》卷五十五，见《二十五史·后汉书》，第122页，上海古籍出版社、上海书店1986年版）

康成弟子

〔南朝宋〕范晔

（郑）玄[①]质于辞训，通人颇讥其繁。至于经传洽孰，称为纯儒，齐、鲁间宗之。其门人山阳郗虑至御史大夫，东莱王基、清河崔琰著名于世。又乐安国渊、任嘏[②]，时并童幼，玄称渊为国器，嘏有道德，其余亦多所鉴拔，皆如其言。

（选自范晔撰《后汉书》卷六十五，见《二十五史·后汉书》，第150页，上海古籍出版社、上海书店1986年版）

陈蕃传（节选）

〔南朝宋〕范晔

陈蕃，字仲举，汝南平舆人也。祖河东太守。蕃年十五，尝闲处一室，而庭宇芜秽。父友同郡薛勤来候之，谓蕃曰："孺子何不洒扫以待宾客？"蕃曰："大丈夫处世，当扫除天下，安事一室乎！"勤知其有清世志，甚奇之。

初仕郡，举孝廉，除郎中。遭母忧，弃官行丧。服阕，刺史周景辟别驾从事，以谏争不合，投传而去。后公府辟举方正，皆不就。太尉李固表荐，征

---

① 编者按：郑玄，字康成，北海高密人，汉末大儒，两汉经学之集大成者。

② 原注：虑字鸿豫；基字伯兴，魏镇南将军安乐乡侯；琰字季圭，魏东西曹掾，迁中尉；渊字子尼，魏司空掾，迁太仆；嘏字昭光，魏黄门侍郎也。编者按：任嘏字昭先（见本书第43页《王昶传》），此处误。

拜议郎，再迁为乐安太守[1]。时李膺为青州刺史，名有威政，属城闻风，皆自引去，蕃独以清绩留。郡人周璆，高洁之士。前后郡守招命莫肯至，唯蕃能致焉。字而不名，特为置一榻，去则县之。璆字孟玉，临济人，有美名。

民有赵宣葬亲而不闭埏隧，因居其中，行服二十余年，乡邑称孝，州郡数礼请之。郡内以荐蕃，蕃与相见，问及妻子，而宣五子皆服中所生。蕃大怒曰：“圣人制礼，贤者俯就，不肖企及。且祭不欲数，以其易黩故也。况乃寝宿冢藏，而孕育其中，诳时惑众，诬污鬼神乎？”遂致其罪。

（选自范晔撰《后汉书》卷九十六，见《二十五史·后汉书》，第231页，上海古籍出版社、上海书店1986年版）

李尤传

〔南朝宋〕范晔

李尤，字伯仁，广汉雒人也。少以文章显。和帝时，侍中贾逵荐尤有相如、杨雄之风，召诣东观，受诏作赋，拜兰台令史。稍迁，安帝时为谏议大夫，受诏与谒者仆射刘珍等俱撰《汉记》。后帝废太子为济阴王，尤上书谏争。顺帝立，迁乐安相。年八十三卒。所著诗、赋、铭、诔、颂、《七叹》、《哀典》，凡二十八篇。尤同郡李胜，亦有文才，为东观郎，著赋、诔、颂、论数十篇。

（选自范晔撰《后汉书》卷一百十上，见《二十五史·后汉书》，第271页，上海古籍出版社、上海书店1986年版）

---

① 原注：《续汉志》曰：“乐安，县名，本名千乘，和帝更名也。”

王昶传（节选）

〔西晋〕陈寿

王昶，字文舒，太原晋阳人也。少与同郡王凌俱知名。凌年长，昶兄事之。文帝在东宫，昶为太子文学，迁中庶子。文帝践阼，徙散骑侍郎，为洛阳典农。时都畿树木成林，昶斫开荒莱，勤劝百姓，垦田特多。迁兖州刺史。明帝即位，加扬烈将军，赐爵关内侯。昶虽在外任，心存朝廷，以为魏承秦、汉之弊，法制苛碎，不大厘改国典以准先王之风，而望治化复兴，不可得也。乃著《治论》，略依古制而合于时务者二十余篇，又著《兵书》十余篇，言奇正之用，青龙中奏之。

其为兄子及子作名字，皆依谦实，以见其意，故兄子默字处静，沈字处道，其子浑字玄冲，深字道冲。遂书戒之曰：

夫人为子之道，莫大于宝身全行，以显父母。此三者人知其善，而或危身破家，陷于灭亡之祸者，何也？由所祖习非其道也。夫孝敬仁义，百行之首，行之而立，身之本也。孝敬则宗族安之，仁义则乡党重之，此行成于内，名著于外者矣。人若不笃于至行，而背本逐末，以陷浮华焉，以成朋党焉；浮华则有虚伪之累，朋党则有彼此之患。此二者之戒，昭然著明，而循覆车滋众，逐末弥甚，皆由惑当时之誉，昧目前之利故也。夫富贵声名，人情所乐，而君子或得而不处，何也？恶不由其道耳。患人知进而不知退，知欲而不知足，故有困辱之累，悔吝之咎。语曰："如不知足，则失所欲。"故知足之足，常足矣。览往事之成败，察将来之吉凶，未有干名要利，欲而不厌，而能保世持家，永全福禄者也。欲使汝曹立身行己，遵儒者之教，履道家之言，故以玄默冲虚为名，欲使汝曹顾名思义，不敢违越也。古者盘杅有铭，几杖有诫，俯仰察焉，用无过行；况在己名，可不戒之哉！夫物速成则疾亡，晚就则善终。朝华之草，夕而零落；松柏之茂，隆寒不衰。是以大雅君子恶速成，戒阙党也。若范丐对秦客，而武子击之，折其委笄，恶其掩人也[①]。夫人有善鲜不自伐，有能者寡不自矜；伐则掩人，矜则陵人。掩人者人亦掩之，陵人者人亦陵之。故三郤为戮于晋，王叔负罪于周，不惟矜善自伐好争之咎乎？故君子不自称，非以让人，恶其盖人也。夫能屈以为伸，让以为得，弱以为强，鲜不遂矣。夫毁誉，爱恶之原而祸福之机也，是以圣人慎之。孔子曰："吾之于人，谁毁谁誉；如有所誉，必有所试。"又曰："子贡方人。赐也贤乎哉，我则不暇。"以圣人之德，犹尚如此，况庸庸之徒而轻毁誉哉？

昔伏波将军马援戒其兄子，言："闻人之恶，当如闻父母之名；耳可得而闻，口不可得而言也。"斯戒至矣[②]。人或毁己，当退而求之于身。若己有可毁之行，则彼言当矣；若己无可毁之行，则彼言妄矣。当则无怨于彼，妄则无害于身，又何反报焉？且闻人毁己而忿者，恶丑声之加人也，人报者滋甚，不如默而自修己也。谚曰："救寒莫如重裘，止谤莫如自修。"斯言信矣。若与是非之士，凶险之人，近犹不可，况与对校乎？其害深矣。夫虚伪之人，言不根道，行不顾言，其为浮浅较可识别；而世人惑焉，犹不检之以言行也。近济阴魏讽、山阳曹伟皆以倾邪败没，荧惑当世，挟持奸慝，驱动后生。虽刑于铁钺，大为炯戒，然所污染，固以众矣。可不慎与！

若夫山林之士，夷、叔之伦，甘长饥于首阳，安赴火于绵山，虽可以激贪励俗，然圣人不可为，吾亦不愿也。今汝先人世有冠冕，惟仁义为名，守慎为称，孝悌于闺门，务学于师友。吾与时人从事，虽出处不同，然各有所取。颍川郭伯益，好尚通达，敏而有知。其为人弘旷不足，轻贵有余；得其

---

① 裴松之注：《国语》曰：范文子暮退于朝，武子曰："何暮也？"对曰："有秦客廋辞于朝，大夫莫之能对也，吾知三焉。"武子怒曰："大夫非不能也，让父兄也。尔童子而三掩人于朝，吾不在，晋国亡无日也。"击之以杖，折其委笄。臣松之案：对秦客者，范燮也。此云范丐，盖误也。

② 裴松之注：臣松之以为援之此诫，可谓切至之言，不刊之训也。凡道人过失，盖谓居室之愆，人未之知，则由己而发者也。若乃行事，得失已暴于世，因其善恶，即以为诫，方之于彼，则有愈焉。然援诫称龙伯高之美，言杜季良之恶，致使事彻时主，季良以败。言之伤人，孰大于此？与其所诫，自相违伐。

人重之如山，不得其人忽之如草。吾以所知亲之昵之，不愿儿子为之[①]。北海徐伟长，不治名高，不求苟得，澹然自守，惟道是务。其有所是非，则托古人以见其意，当时无所褒贬。吾敬之重之，愿儿子师之。东平刘公幹，博学有高才，诚节有大意，然性行不均，少所拘忌，得失足以相补。吾爱之重之，不愿儿子慕之[②]。乐安任昭先，淳粹履道，内敏外恕，推逊恭让，处不避洿，怯而义勇，在朝忘身。吾友之善之，愿儿子遵之[③]。若引而伸之，触类而长之，汝其庶几举一隅耳。及其用财先九族，其施舍务周急，其出入存故老，其论议贵无贬，其进仕尚忠节，其取人务实道，其处势戒骄淫，其贫贱慎无戚，其进退念合宜，其行事加九思，如此而已。吾复何忧哉?

---

① 裴松之注：伯益名弈，郭嘉之子。

② 裴松之注：臣松之以为文舒复拟则文渊，显言人之失。魏讽、曹伟，事陷恶逆，著以为诫，差无可尤。至若郭伯益、刘公幹，虽其人皆往，善恶有定；然既友之于昔，不宜复毁之于今，而乃形于翰墨，永传后叶，于旧交则违久要之义，于子孙则扬人前世之恶。于夫鄙怀，深所不取。善乎东方之诫子也，以首阳为拙，柳下为工，寄旨古人，无伤当时。方之马、王，不亦远哉!

③ 裴松之注：昭先名嘏。《别传》曰：嘏，乐安博昌人。世为著姓，夙智性成，故乡人为之语曰："蒋氏翁，任氏童。"父旐，字子旟，以至行称。汉末，黄巾贼起，天下饥荒，人民相食。寇到博昌，闻旐姓字，乃相谓曰："宿闻任子旟，天下贤人也。今虽作贼，那可入其乡邪?"遂相帅而去。由是声闻远近，州郡并招举孝廉，历酸枣、祝阿令。嘏八岁丧母，号泣不绝声，自然之哀，同于成人，故幼以至性见称。年十四始学，疑不再问，三年中诵五经，皆究其义，兼包群言，无不综览，于时学者号之神童。遂遇荒乱，家贫卖鱼，会官税鱼，鱼贵数倍，嘏取直如常。又与人共买生口，各雇八匹。后生口家来赎，时价直六十匹。共买者欲随时价取赎，嘏自取本价八匹。共买者惭，亦还取本价。比居者擅耕嘏地数十亩种之，人以语嘏，嘏曰："我自以借之耳。"耕者闻之，惭谢还地。及邑中争讼，皆诣嘏质之，然后意厌。其子弟有不顺者，父兄窃数之曰："汝所行，岂可令任君知邪!"其礼教所化，率皆如此。会太祖创业，召海内至德，嘏应其举，为临菑侯庶子、相国东曹属、尚书郎。文帝时，为黄门侍郎。每纳忠言，辄手书怀本，自在禁省，归书不封。帝嘉其淑慎，累迁东郡、赵郡、河东太守，所在化行，有遗风余教。嘏为人淳粹恺悌，虚己若不足，恭敬如有畏。其修身履义，皆沈默潜行，不显其美，故时人少得称之。著书三十八篇，凡四万余言。嘏卒后，故吏东郡程威、赵国刘固、河东上官崇等，录其事行及所著书奏之。诏下秘书，以贯群言。

（选自陈寿撰《三国志》卷二十七，见《二十五史·三国志》，第90页，上海古籍出版社、上海书店1986年版）

孙炎传

〔西晋〕陈寿

初，（王）肃善贾、马之学[①]，而不好郑氏，采会同异，为《尚书》、《诗》、《论语》、“三礼”、《左氏》解，及撰定父朗所作《易传》，皆列于学官。其所论驳朝廷典制、郊祀、宗庙、丧纪、轻重，凡百余篇。时乐安孙叔然[②]，授学郑玄之门，人称东州大儒。征为秘书监，不就。肃集圣证论以讥短玄，叔然驳而释之，及作《周易》《春秋例》《毛诗》《礼记》,《春秋》三传,《国语》《尔雅》诸注，又著书十余篇。

（选自陈寿撰《三国志》卷十三，见《二十五史·三国志》，第51页，上海古籍出版社、上海书店1986年版）

良二千石

〔西晋〕陈寿

自太祖迄于咸熙，魏郡太守陈国吴瓘、清河太守乐安任燠、京兆太守济北颜斐、弘农太守太原令狐邵、济南相鲁国孔乂，或哀矜折狱，或推诚惠爱，或治身清白，或擿奸发伏，咸为良二千石。

（选自陈寿撰《三国志》卷十六，见《二十五史·三国志》，第62页，上海古籍出版社、上海书店1986年版）

---

① 编者按：贾，贾逵，字景伯；马，马融，字季长。俱为汉代经学大家。

② 裴松之注：臣松之案，叔然与晋武帝同名，故称其字。

杜恕传（节选）

〔西晋〕陈寿

恕字务伯，太和中为散骑黄门侍郎。恕推诚以质，不治饰，少无名誉。及在朝，不结交援，专心向公。每政有得失，常引纲维以正言，于是侍中辛毗等器重之。

乐安廉昭以才能拔擢，颇好言事。恕上疏极谏曰：

伏见尚书郎廉昭奏左丞曹璠以罚当关不依诏，坐判问。又云“诸当坐者别奏”。尚书令陈矫自奏不敢辞罚，亦不敢以处重为恭，意至恳恻。臣窃悯然，为朝廷惜之！夫圣人不择世而兴，不易民而治，然而生必有贤智之佐者，盖进之以道，率之以礼故也。古之帝王之所以能辅世长民者，莫不远得百姓之欢心，近尽群臣之智力。诚使今朝任职之臣皆天下之选，而不能尽其力，不可谓能使人；若非天下之选，亦不可谓能官人。陛下忧劳万机，或亲灯火，而庶事不康，刑禁日弛，岂非股肱不称之明效欤？原其所由，非独臣有不尽忠，亦主有不能使。百里奚愚于虞而智于秦，豫让苟容中行而著节智伯，斯则古人之明验矣。今臣言一朝皆不忠，是诬一朝也；然其事类，可推而得。陛下感帑藏之不充实，而军事未息，至乃断四时之赋衣，薄御府之私谷，帅由圣意，举朝称明，与闻政事密勿大臣，宁有恳恳忧此者乎？

骑都尉王才、幸乐人孟思所为不法，振动京都，而其罪状发于小吏，公卿大臣初无一言。自陛下践阼以来，司隶校尉、御史中丞宁有举纲维以督奸宄，使朝廷肃然者邪？若陛下以为今世无良才，朝廷乏贤佐，岂可追望稷、契之遐踪，坐待来世之俊乂乎！今之所谓贤者，尽有大官而享厚禄矣，然而奉上之节未立，向公之心不一者，委任之责不专，而俗多忌讳故也。臣以为忠臣不必亲，亲臣不必忠。何者？以其居无嫌之地而事得自尽也。今有疏者毁人不实其所毁，而必曰私报所憎，誉人不实其所誉，而必曰私爱所亲，左右或因之以进憎爱之说。非独毁誉有之，政事损益，亦皆有嫌。陛下当思所以阐广朝臣之心，笃厉有道之节，使之自同古人，望与竹帛耳。反使如廉昭者扰乱其间，臣惧大臣遂将容身保位，坐观得失，为来世戒也！

昔周公戒鲁侯曰“无使大臣怨乎不以”，不言贤愚，明皆当世用也。尧数舜之功，称去四凶，不言大小，有罪则去也。今者朝臣不自以为不能，以陛下为不任也；不自以为不智，以陛下为不问也。陛下何不遵周公之所以用，大舜之所以去？使侍中、尚书坐则侍帷幄，行则从华辇，亲对诏问，所陈必达，则群臣之行，能否皆可得而知；忠能者进，暗劣者退，谁敢依违而不自尽？以陛下之圣明，亲与群臣论议政事，使群臣人得自尽，人自以为亲，人思所以报，贤愚能否，在陛下之所用。以此治事，何事不办？以此建功，何功不成？每有军事，诏书常曰：“谁当忧此者邪？吾当自忧耳。”近诏又曰：“忧公忘私者必不然，但先公后私即自办也。”伏读明诏，乃知圣思究尽下情，然亦怪陛下不治其本而忧其末也。人之能否，实有本性，虽臣亦以为朝臣不尽称职也。明主之用人也，使能者不敢遗其力，而不能者不得处非其任。选举非其人，未必为有罪也；举朝共容非其人，乃为怪耳。陛下知其不尽力也，而代之忧其职，知其不能也，而教之治其事，岂徒主劳而臣逸哉？虽圣贤并世，终不能以此为治也。

陛下又患台阁禁令之不密，人事请属之不绝，听伊尹作迎客出入之制，选司徒更恶吏以守寺门；威禁由之，实未得为禁之本也。昔汉安帝时，少府窦嘉辟廷尉郭躬无罪之兄子，犹见举奏，章劾纷纷。近司隶校尉孔羡辟大将军狂悖之弟，而有司嘿尔，望风希指，甚于受属。选举不以实，人事之大者也[①]。嘉有亲戚之宠，躬非社稷重臣，犹尚如此；以今况古，陛下自不督必行之罚以绝阿党之原耳。伊尹之制，与恶吏守门，非治世之具也。使臣之言少蒙察纳，何患于奸不削灭，而养若昭等乎！

夫纠擿奸宄，忠事也，然而世憎小人行之者，以其不顾道理而苟求容进也。若陛下不复考其终始，必以违众忤世为奉公，密行白人为尽节，焉有通人大才而更不能为此邪？诚顾道理而弗为耳。使天下皆背道而趋利，则人主

① 裴松之注：臣松之案，大将军，司马宣王也。《晋书》云：“宣王第五弟，名通，为司隶从事。”疑恕所云狂悖者。通子顺，封龙阳亭侯。晋初受禅，以不达天命，守节不移，削爵土，徙武威。

之所最病者，陛下将何乐焉，胡不绝其萌乎！夫先意承旨以求容美，率皆天下浅薄无行义者，其意务在于适人主之心而已，非欲治天下安百姓也。陛下何不试变业而示之，彼岂执其所守以违圣意哉？夫人臣得人主之心，安业也；处尊显之官，荣事也；食千钟之禄，厚实也。人臣虽愚，未有不乐此而喜干迕者也，迫于道，自强耳。诚以为陛下当怜而佑之，少委任焉，如何反录昭等倾侧之意，而忽若人者乎？今者外有伺隙之寇，内有贫旷之民，陛下当大计天下之损益，政事之得失，诚不可以怠也。

恕在朝八年，其论议亢直，皆此类也。

（选自陈寿撰《三国志》卷十六，见《二十五史·三国志》，第60~61页，上海古籍出版社、上海书店1986年版）

夏侯渊传

〔西晋〕陈寿

夏侯渊，字妙才，惇族弟也。太祖居家，曾有县官事，渊代引重罪，太祖营救之，得免。太祖起兵，以别部司马、骑都尉从，迁陈留、颍川太守。及与袁绍战于官渡，行督军校尉。绍破，使督兖、豫、徐州军粮；时军食少，渊传馈相继，军以复振。昌豨反，遣于禁击之，未拔，复遣渊与禁并力，遂击豨，降其十余屯，豨诣禁降。渊还，拜典军校尉。济南、乐安黄巾徐和、司马俱等攻城，杀长吏，渊将泰山、齐、平原郡兵击，大破之，斩和，平诸县，收其粮谷以给军士。

十七年，太祖乃还邺，以渊行护军将军，督朱灵、路招等屯长安，击破南山贼刘雄，降其众。围遂、超余党梁兴于鄠，拔之，斩兴，封博昌亭侯。

渊妻，太祖内妹。长子衡，尚太祖弟海阳哀侯女，恩宠特隆。衡袭爵，转封安宁亭侯。黄初中，赐中子霸，太和中，赐霸四弟，爵皆关内侯。霸，正始中为讨蜀护军右将军，进封博昌亭侯，素为曹爽所厚。闻爽诛，自疑，亡入蜀。以渊旧勋赦霸子，徙乐浪郡。霸弟威，官至兖州刺史。威弟惠，乐安太守[①]。惠弟和，河南尹。衡薨，子绩嗣，为虎贲中郎将。绩薨，子褒嗣。

（选自陈寿撰《三国志》卷九，见《二十五史·三国志》，第33页，上海古籍出版社、上海书店1986年版）

何夔传（节选）

〔西晋〕陈寿

何夔，字叔龙，陈郡阳夏人也。曾祖父熙，汉安帝时官至车骑将军。

太祖[②]始制新科下州郡，又收租税绵绢。夔以郡初立，近以师旅之后，不可卒绳以法，乃上言曰：

自丧乱已来，民人失所，今虽小安，然服教日浅。所下新科，皆以明罚敕法，齐一大化也。所领六县，疆域初定，加以饥馑，若一切齐以科禁，恐或有不从教者。有不从教者不得不诛，则非观民设教随时之意也。先王辨九服之赋以殊远近，制三典之刑以平治乱，愚以为此郡宜依远域新邦之典，其民间小事，使长吏临时随宜，上不背正法，下以顺百姓之心。比及三年，民安其业，然后齐之以法，则无所不至矣。

太祖从其言。征还，参丞相军事。海贼郭祖寇暴乐安、济南界，州郡苦之。太祖以夔前在长广有威信，拜乐安太守。到官数月，诸城悉平。入为丞相东曹掾。

（选自陈寿撰《三国志》卷十二，见《二十五史·三国志》，第46页，上海古籍出版社、上海书店1986年版）

---

① 裴松之注：《文章叙录》曰：惠字稚权，幼以才学见称，善属奏议。历散骑黄门侍郎，与钟毓数有辨驳，事多见从。迁燕相、乐安太守。年三十七卒。

② 编者按：太祖，指曹操。

周宣传

〔西晋〕陈寿

周宣，字孔和，乐安人也。为郡吏。太守杨沛梦人曰："八月一日曹公当至，必与君杖，饮以药酒。"使宣占之。是时黄巾贼起，宣对曰："夫杖起弱者，药治人病，八月一日，贼必除灭。"至期，贼果破。

后东平刘桢梦蛇生四足，穴居门中，使宣占之，宣曰："此为国梦，非君家之事也。当杀女子而作贼者。"顷之，女贼郑、姜遂俱夷讨，以蛇女子之祥，足非蛇之所宜故也。

文帝问宣曰："吾梦殿屋两瓦堕地，化为双鸳鸯，此何谓也？"宣对曰："后宫当有暴死者。"帝曰："吾诈卿耳！"宣对曰："夫梦者意耳，苟以形言，便占吉凶。"言未毕，而黄门令奏宫人相杀。无几，帝复问曰："我昨夜梦青气自地属天。"宣对曰："天下当有贵女子冤死。"是时，帝已遣使赐甄后玺书，闻宣言而悔之，遣人追使者不及。帝复问曰："吾梦摩钱文，欲令灭而更愈明，此何谓邪？"宣怅然不对。帝重问之，宣对曰："此自陛下家事，虽意欲尔，而太后不听，是以文欲灭而明耳。"时帝欲治弟植之罪，逼于太后，但加贬爵。以宣为中郎，属太史。

尝有问宣曰："吾昨夜梦见刍狗，其占何也？"宣答曰："君欲得美食耳！"有顷，出行，果遇丰膳。后又问宣曰："昨夜复梦见刍狗，何也？"宣曰："君欲堕车折脚，宜戒慎之。"顷之，果如宣言。后又问宣："昨夜复梦见刍狗，何也？"宣曰："君家失火，当善护之。"俄遂火起。语宣曰："前后三时，皆不梦也。聊试君耳，何以皆验邪？"宣对曰："此神灵动君使言，故与真梦无异也。"又问宣曰："三梦刍狗而其占不同，何也？"宣曰："刍狗者，祭神之物。故君始梦，当得余食也。祭祀既讫，则刍狗为车所轹，故中梦当堕车折脚也。刍狗既车轹之后，必载以为樵，故后梦忧失火也。"宣之叙梦，凡此类也。十中八九，世以比建平之相矣。其余效故不次列。明帝末卒。

（选自陈寿撰《三国志》卷二十九，见《二十五史·三国志》，第98页，上海古籍出版社、上海书店1986年版）

《三国志》孙邕史料集锦①

〔西晋〕陈寿

管宁传（节选）

管宁，字幼安，北海朱虚人也。年十六丧父，中表愍其孤贫，咸共赠赗，悉辞不受，称财以送终。长八尺，美须眉。与平原华歆、同县邴原相友，俱游学于异国，并敬善陈仲弓。

正始二年，太仆陶丘一、永宁卫尉孟观、侍中孙邕、中书侍郎王基荐宁曰：

臣闻龙凤隐耀，应德而臻，明哲潜遁，俟时而动。是以鸑鷟鸣岐，周道隆兴，四皓为佐，汉帝用康。伏见太中大夫管宁，应二仪之中和，总九德之纯懿，含章素质，冰洁渊清，玄虚澹泊，与道逍遥；娱心黄老，游志六艺，升堂入室，究其阃奥，韬古今于胸怀，包道德之机要。中平之际，黄巾陆梁，华夏倾荡，王纲弛顿。遂避时难，乘桴越海，羁旅辽东三十余年。在乾之姤，匿景藏光，嘉遁养浩，韬韫儒墨，潜化傍流，畅于殊俗。

黄初四年，高祖文皇帝畴谘群公，思求俊乂，故司徒华歆举宁应选，公车特征，振翼遐裔，翻然来翔。行遇屯厄，遭罹疾病，即拜太中大夫。烈祖明皇帝嘉美其德，登为光禄勋。宁疾弥留，未能进道。今宁旧疾已瘳，行年八十，志无衰倦。环堵荜门，偃息穷巷，饭鬻糊口，并日而食，吟咏诗书，不改其乐。困而能通，遭难必济，经危蹈险，不易其节，金声玉色，久而弥彰。揆其终始，殆天所祚，当赞大魏，辅亮雍熙。衮职有阙，群下属望。昔

① 编者按：孙邕，乐安（今博兴）人，部分史料载其为“济南孙邕”（见本书第865页选文曹丕《王和平》），清代孙星衍为其作传，对其里籍作了考证，见本书第1023页选文孙星衍《魏吏部尚书孙邕传》。

高宗刻象，营求贤哲，周文启龟，以卜良佐。况宁前朝所表，名德已著，而久栖迟，未时引致，非所以奉遵明训，继成前志也。陛下践阼，纂承洪绪。圣敬日跻，超越周成。每发德音，动谘师傅。若继二祖招贤故典，宾礼俊迈，以广缉熙，济济之化，侔于前代。

宁清高恬泊，拟迹前轨，德行卓绝，海内无偶。历观前世玉帛所命，申公、枚乘、周党、樊英之俦，测其渊源，览其清浊，未有厉俗独行若宁者也。诚宜束帛加璧，备礼征聘，仍授几杖，延登东序，敷陈坟索，坐而论道，上正璇玑，协和皇极，下阜群生，彝伦攸叙，必有可观，光益大化。若宁固执匪石，守志箕山，追迹洪崖，参踪巢、许。斯亦圣朝同符唐、虞，优贤扬历，垂声千载。虽出处殊涂，俯仰异体，至于兴治美俗，其揆一也。

于是特具安车蒲轮，束帛加璧聘焉。会宁卒，时年八十四。

（选自陈寿撰《三国志》卷十一，见《二十五史·三国志》，第43~44页，上海古籍出版社、上海书店1986年版）

鲍勋传（节选）

鲍勋，字叔业，泰山平阳人也。汉司隶校尉鲍宣九世孙。宣后嗣有从上党徙泰山者，遂家焉。勋父信，灵帝时为骑都尉，大将军何进遣东募兵。后为济北相，协规太祖，身以遇害。

（黄初）六年秋，帝欲征吴，群臣大议，勋面谏曰："王师屡征而未有所克者，盖以吴、蜀唇齿相依，凭阻山水，有难拔之势故也。往年龙舟飘荡，隔在南岸，圣躬蹈危，臣下破胆。此时宗庙几至倾覆，为百世之戒。今又劳兵袭远，日费千金，中国虚耗，令黠虏玩威，臣窃以为不可。"帝益忿之，左迁勋为治书执法。

帝从寿春还，屯陈留郡界。太守孙邕见，出过勋。时营垒未成，但立标埒，邕邪行不从正道，军营令史刘曜欲推之，勋以堑垒未成，解止不举。大军还洛阳，曜有罪，勋奏绌遣，而曜密表勋私解邕事。诏曰："勋指鹿作马，收付廷尉。"廷尉法议："正刑五岁。"三官驳："依律罚金二斤。"帝大怒曰："勋无活分，而汝等敢纵之！收三官已下付刺奸，当令十鼠同穴。"太尉钟繇、司徒华歆、镇军大将军陈群、侍中辛毗、尚书卫臻、守廷尉高柔等并表“勋父信有功于太祖”，求请勋罪。帝不许，遂诛勋。勋内行既修，廉而能施，死之日，家无余财。后二旬，文帝亦崩，莫不为勋叹恨。

（选自陈寿撰《三国志》卷十二，见《二十五史·三国志》，第46~47页，上海古籍出版社、上海书店1986年版）

卢毓传（节选）

卢毓，字子家，涿郡涿人也。父植，有名于世。

青龙二年，入为侍中。在职三年，多所驳争。诏曰：“官人秩才，圣帝所难，必须良佐，进可替否。侍中毓禀性贞固，心平体正，可谓明试有功，不懈于位者也。其以毓为吏部尚书。”使毓自选代，曰：“得如卿者乃可。”毓举常侍郑冲，帝曰：“文和，吾自知之，更举吾所未闻者。”乃举阮武、孙邕，帝于是用邕。

（选自陈寿撰《三国志》卷二十二，见《二十五史·三国志》，第78页，上海古籍出版社、上海书店1986年版）

桓阶传（节选）

〔西晋〕陈寿

桓阶，字伯绪，长沙临湘人也。

后阶疾笃，遣使者即拜太常，薨，帝为之流涕，谥曰贞侯。子嘉嗣。以阶弟纂为散骑侍郎，赐爵关内侯。嘉尚升迁亭公主，会嘉平中，以乐安太守与吴战于东关，军败，没，谥曰壮侯。子翊嗣。

（选自陈寿撰《三国志》卷二十二，见《二十五史·三国志》，第76页，上海古籍出版社、上海书店1986年版）

乐安平王司马鉴传

〔唐〕房玄龄

乐安平王鉴，字大明，初封临泗亭侯。武帝践祚，封乐安王。帝为鉴及燕王机高选师友，下诏曰："乐安王鉴、燕王机并以长大，宜得辅导师友，取明经儒学，有行义节俭，使足严惮。昔韩起与田苏游而好善，宜必得其人。"

泰始中，拜越骑校尉。咸宁初，以齐之梁邹益封，因之国，服侍中之服。元康初，征为散骑常侍、上军大将军，领射声校尉。寻迁使持节、都督豫州军事、安南将军，代清河王遐镇许昌，以疾不行。七年薨，子殇王籍立。薨，无子，齐王冏以子冰绍鉴后。以济阴万一千二百一十九户改为广阳国，立冰为广阳王。冏败，废。

（选自房玄龄等撰《晋书》卷三十八，见《二十五史·晋书》，第131页，上海古籍出版社、上海书店1986年版）

房玄龄（579—648），字乔（一说名乔，字玄龄），齐州临淄（今山东淄博市临淄区北）人。隋朝泾阳令房彦谦之子。隋末举进士，任隰城尉。唐兵入关中，于渭北投李世民，任秦王府记室。屡从秦王出征，参谋划策。武德九年（626），参与策划"玄武门之变"，与杜如晦、长孙无忌、尉迟敬德、侯君集诸人并功第一。太宗即位，为中书令，封梁国公，进位司空。卒，谥文昭，追赠太尉，陪葬昭陵。曾参与制定贞观律，监修国史，主编《晋书》。

任恺传

〔唐〕房玄龄

任恺，字元褒，乐安博昌人也。父昊，魏太常。恺少有识量，尚魏明帝女，累迁中书侍郎、员外散骑常侍。晋国建，为侍中，封昌国县侯。

恺有经国之干，万机大小多管综之。性忠正，以社稷为己任，帝器而昵之，政事多谘焉。泰始初，郑冲、王祥、何曾、荀觊、裴秀等各以老疾归第。帝优宠大臣，不欲劳以筋力，数遣恺谕旨于诸公，谘以当世大政，参议得失。恺恶贾充之为人也，不欲令久执朝政，每裁抑焉。充病之，不知所为。后承间言恺忠贞局正，宜在东宫，使护太子。帝从之，以为太子少傅，而侍中如故，充计画不行。会秦、雍寇扰，天子以为忧。恺因曰："秦、凉覆败，关右骚动，此诚国家之所深虑。宜速镇抚，使人心有庇。自非威望重臣有计略者，无以康西土也。"帝曰："谁可任者？"恺曰："贾充其人也。"中书令庾纯亦言之，于是诏充西镇长安。充用荀勖计得留。

充既为帝所遇，欲专名势，而庾纯、张华、温颙、向秀、和峤之徒皆与恺善，杨珧、王恂、华廙等充所亲敬，于是朋党纷然。帝知之，召充、恺宴于式乾殿，而谓充等曰："朝廷宜一，大臣当和。"充、恺各拜谢而罢。既而充、恺等以帝已知之而不责，结怨愈深，外相崇重，内甚不平。或为充谋曰："恺总门下枢要，得与上亲接，宜启令典选，便得渐疏，此一都令史事耳。且九流难精，间隙易乘。"充因称恺才能，宜在官人之职。帝不之疑，谓充举得其才。即日以恺为吏部尚书，加奉车都尉。

恺既在尚书，选举公平，尽心所职，然侍觐转希。充与荀勖、冯紞承间浸润，谓恺豪侈，用御食器。充遣尚书右仆射、高阳珪奏恺，遂免官。有司收太官宰人检覆，是恺妻齐长公主得赐魏时御器也。恺既免，而毁谤益至，帝渐薄之。然山涛明恺为人通敏有智局，举为河南尹。坐贼发不获，又免官。复迁光禄勋。

恺素有识鉴，加以在公勤恪，甚得朝野称誉。而贾充朋党又讽有司奏恺与立进令刘友交关。事下尚书，恺对不伏。尚书杜友、廷尉刘良并忠公士也，知恺为充所抑，欲申理之，故迟留而未断，以是恺及友、良皆免官。恺既失职，乃纵酒耽乐，极滋味以自奉养。初，何劭以公子奢侈，每食必尽四方珍馔，恺乃逾之，一食万钱，犹云无可下箸处。恺时因朝请，帝或慰谕之，恺初无复言，惟泣而已。后起为太仆，转太常。

初，魏舒虽历位郡守，而未被任遇，恺为侍中，荐舒为散骑常侍。至是舒为右光禄、开府，领司徒，帝临轩使恺拜授。舒虽以弘量宽简为称，时以恺有佐世器局，而舒登三公，恺止守散卿，莫不为之愤叹也。恺不得志，竟以忧卒，时年六十一，谥曰元，子罕嗣。

罕字子伦，幼有门风，才望不及恺，以淑行致称，为清平佳士。历黄门侍郎、散骑常侍、兖州刺史、大鸿胪。

（选自房玄龄等撰《晋书》卷四十五，见《二十五史·晋书》，第148~149页，上海古籍出版社、上海书店1986年版）

《晋书》任恺史料集锦

〔唐〕房玄龄

《晋书·礼志》（节选）

《周官》五礼，吉凶军宾嘉，而吉礼之大，莫过祭祀，故《洪范》八政，三曰祀。祀者，所以昭孝事祖，通于神明者也。汉兴，承秦灭学之后，制度多未能复古。历东、西京四百余年，故往往改变。魏氏承汉末大乱，旧章殄灭，命侍中王粲、尚书卫觊草创朝仪。及晋国建，文帝又命荀觊因魏代前事，撰为新礼，参考今古，更其节文，羊祜、任恺、庾峻、应贞并共刊定，成百六十五篇，奏之。

（选自房玄龄等撰《晋书》卷十九，见《二十五史·晋书》，第64页，上海古籍出版社、上海书店1986年版）

《晋书·职官志》（节选）

太子太傅、少傅，皆古官也。泰始三年，武帝始建官，各置一人，尚未置詹事，官事无大小，皆由二傅，并有功曹、主簿、五官。太傅中二千石，少傅二千石。其训导者，太傅在前，少傅在后。皇太子先拜，诸傅然后答之。武帝后以储副体尊，遂命诸公居之；以本位重，故或行或领。时侍中任恺，武帝所亲敬，复使领之，盖一时之制也。

（选自房玄龄等撰《晋书》卷二十四，见《二十五史·晋书》，第84页，上海古籍出版社、上海书店1986年版）

《晋书·五行志》（节选）

武帝泰始七年五月闰月旱，大雩。八年五月，旱。是时帝纳荀勖邪说，留贾充不复西镇，而任恺渐疏，上下皆蔽之应也。及李熹、鲁芝、李胤等并在散职，近厥德不用之谓也。

（选自房玄龄等撰《晋书》卷二十八，见《二十五史·晋书》，第96页，上海古籍出版社、上海书店1986年版）

王祥传（节选）

王祥，字休徵，琅邪临沂人，汉谏议大夫吉之后也。

武帝践祚，拜太保，进爵为公，加置七官之职。帝新受命，虚己以求说言。祥与何曾、郑冲等耆艾笃老，希复朝见，帝遣侍中任恺谘问得失，及政化所先。祥以年老疲耄，累乞逊位，帝不许。

（选自房玄龄等撰《晋书》卷三十三，见《二十五史·晋书》，第113~114页，上海古籍出版社、上海书店1986年版）

裴楷传（节选）

（楷）与山涛、和峤并以盛德居位。帝尝问曰："朕应天顺时，海内更始，天下风声，何得何失？"楷对曰："陛下受命，四海承风，所以未比德于尧舜者，但以贾充之徒尚在朝耳。方宜引天下贤人，与弘政道，不宜示人以私。"时任恺、庾纯亦以充为言，帝乃出充为关中都督。充纳女于太子，乃止。

（选自房玄龄等撰《晋书》卷三十五，见《二十五史·晋书》，第121页，上海古籍出版社、上海书店1986年版）

荀觊传（节选）

荀觊，字景倩，颍川人，魏太尉彧之第六子也。

及蜀平，兴复五等，命觊定礼仪。觊上请羊祜、任恺、庾峻、应贞、孔颢共删改旧文，撰定晋礼。

（选自房玄龄等撰《晋书》卷三十九，见《二十五史·晋书》，第132~133页，上海古籍出版社、上海书店1986年版）

贾充传（节选）

贾充，字公闾，平阳襄陵人也。父逵，魏豫州刺史、阳里亭侯。

充无公方之操，不能正身率下，专以谄媚取容。侍中任恺、中书令庾纯等刚直守正，咸共疾之。又以充女为齐王妃，惧后益盛。及氐羌反叛，时帝深以为虑，恺因进说，请充镇关中。乃下诏曰："秦凉二境，比年屡败，胡虏纵暴，百姓荼毒。遂使异类扇动，害及中州。虽复吴蜀之寇，未尝至此。诚由所任不足以内抚夷夏，外镇丑逆，轻用其众而不能尽其力。非得心腹之重，推毂委成，大匡其弊，恐为患未已。每虑斯难，忘寝与食。侍中、守尚书令、车骑将军贾充，雅量弘高，达见明远，武有折冲之威，文怀经国之虑，信结人心，名震域外。使权统方任，绥静西夏，则吾无西顾之念，而远近获安矣。其以充为使持节、都督秦凉二州诸军事，侍中、车骑将军如故，假羽葆、鼓吹，给第一驸马。"朝之贤良欲进忠规献替者，皆幸充此举，望隆惟新之化。

充既外出，自以为失职，深衔任恺，计无所从。

初，充伐吴时，尝屯项城，军中忽失充所在。充帐下都督周勤时昼寝，梦见百余人录充，引入一径。勤惊觉，闻失充，乃出寻索，忽睹所梦之道，遂往求之。果见充行至一府舍，侍卫甚盛。府公南面坐，声色甚厉，谓充曰："将乱吾家事，必尔与荀勖，既惑吾子，又乱吾孙。间使任恺黜汝而不去，又使庾纯詈汝而不改。今吴寇当平，汝方表斩张华。汝之暗戆，皆此类也。若不悛慎，当旦夕加罪。"充因叩头流血，公曰："汝所以延日月而名器如此者，是卫府之勋耳。终当使系嗣死于钟虡之间，大子毙于金酒之中，小子困于枯木之下。荀勖亦宜同，然其先德小浓，故在汝后，数世之外，国嗣亦替。"言毕，命去。充忽然得还营，颜色憔悴，性理昏丧，经日乃复。及是，谧[1]死于钟下，贾后[2]服金酒而死，贾午[3]考竟用大杖。终皆如所言。

（选自房玄龄等撰《晋书》卷四十，见《二十五史·晋书》，第134~136页，上海古籍出版社、上海书店1986年版）

和峤传（节选）

和峤，字长舆，汝南西平人也。祖洽，魏尚书令。父逌，魏吏部尚书。

吴平，以参谋议功，赐弟郁[4]爵汝南亭侯。峤转侍中，愈被亲礼，与任恺、张华相善。

（选自房玄龄等撰《晋书》卷四十五，见《二十五史·晋书》，第148页，上海古籍出版社、上海书店1986年版）

庾纯传（节选）

庾纯，字谋甫，博学有才义，为世儒宗。郡补主簿，仍参征南府，累迁黄门侍郎，封关内侯，历中书令、河南尹。初，纯以贾充奸佞，与任恺共举充西镇关中，充由是不平。充尝宴朝士，而纯后至，充谓曰："君行常居人前，今何以在后？"纯曰："且有小市井事不了，是以来后。"世言纯之先尝有伍伯者，充之先有市魁者，充、纯以此相讥焉。充自以位隆望重，意殊不平。及纯行酒，充不时饮。纯曰："长者为寿，何敢尔乎！"充曰："父老不归供养，将何言也！"纯因发怒曰："贾充！天下凶凶，由尔一人。"充曰："充辅佐二世，荡平巴、蜀，有何罪而天下为之凶凶？"纯曰："高贵乡公何在？"众坐

---

① 编者按：谧，韩谧，贾充外孙，韩寿、贾午之子。

② 编者按：贾后，晋惠帝司马衷皇后贾南风，贾充长女。

③ 编者按：贾午，贾充次女。

④ 编者按：郁，和郁，字仲舆，和峤之弟，《晋书》称其"才望不及峤，而以清干称，历尚书左右仆射、中书令、尚书令"。

因罢。充左右欲执纯，中护军羊琇、侍中王济佑之，因得出。

（选自房玄龄等撰《晋书》卷五十，见《二十五史·晋书》，第162页，上海古籍出版社、上海书店1986年版）

任恺贾充之争

〔北宋〕司马光

侍中尚书令车骑将军贾充，自文帝时宠任用事。帝之为太子，充颇有力，故益有宠于帝。充为人巧諂，与太尉行太子太傅荀顗、侍中中书监荀勖、越骑校尉安平冯统相为党友，朝野恶之。帝问侍中裴楷以方今得失，对曰："陛下受命，四海承风，所以未比德于尧舜者，但以贾充之徒尚在朝耳。宜引天下贤人，与弘政道，不宜示人以私。"侍中乐安任恺、河南尹颍川庾纯皆与充不协，充欲解其近职，乃荐恺忠贞，宜在东宫。帝以恺为太子少傅，而侍中如故①。会树机能寇乱秦雍，帝以为忧。恺曰："宜得威望重臣有智略者，以镇抚之。"帝曰："谁可者？"恺因荐充，纯亦称之。秋七月癸酉，以充为都督秦、凉二州诸军事，侍中、车骑将军如故。充患之。

（选自司马光撰《资治通鉴》卷七十九，见《钦定四库全书·史部二·编年类》）

司马光（1019—1086），字君实，号迂叟，陕州夏县（今属山西）涑水乡人，世称涑水先生。宝元元年（1038）进士，累迁龙图阁直学士。神宗时，因反对王安石变法，离开朝廷十五年，主持编纂了《资治通鉴》。历仕仁宗、英宗、神宗、哲宗四朝，官至尚书左仆射兼门下侍郎。元祐元年（1086）卒，追赠太师、温国公，谥号文正。配享宋哲宗庙廷，图形昭勋阁；从祀于孔庙，从祀历代帝王庙。著有《司马文正公集》《稽古录》等。

---

① 原注：《晋志》曰："侍中任恺，帝所亲敬，使领少傅，盖一时之制也。观此则充欲以计疏恺。"

张载传（节选）

〔唐〕房玄龄

张载，字孟阳，安平人也。父收，蜀郡太守。载性闲雅，博学有文章。太康初，至蜀省父，道经剑阁。载以蜀人恃险好乱，因著铭以作诫。益州刺史张敏见而奇之，乃表上其文，武帝遣使镌之于剑阁山焉。

载又为《蒙汜赋》，司隶校尉傅玄见而嗟叹，以车迎之，言谈尽日，为之延誉，遂知名。起家佐著作郎，出补肥乡令。复为著作郎，转太子中舍人，迁乐安相、弘农太守。长沙王乂请为记室督。拜中书侍郎，复领著作。载见世方乱，无复进仕意，遂称疾笃告归，卒于家。

（选自房玄龄等撰《晋书》卷五十五，见《二十五史·晋书》，第176页，上海古籍出版社、上海书店1986年版）

光逸传

〔唐〕房玄龄

光逸，字孟祖，乐安人也。初为博昌小吏，县令使逸送客，冒寒举体冻湿，还遇令不在，逸解衣炙之，入令被中卧。令还，大怒，将加严罚。逸曰：“家贫衣单，沾湿无可代。若不暂温，势必冻死，奈何惜一被而杀一人乎！君子仁爱，必不尔也，故寝而不疑。”令奇而释之。后为门亭长，迎新令至京师。胡母辅之与荀邃共诣令家，望见逸，谓邃曰：“彼似奇才。”便呼上车，与谈良久，果俊器。令怪客不入，吏白与光逸语。令大怒，除逸名，斥遣之。

后举孝廉，为州从事，弃官投辅之。辅之时为太傅越[①]从事中郎，荐逸

① 编者按：越，即东海王司马越。光熙元年（306），惠帝下诏封司马越为太傅，录尚书事，故称“太傅越”。

于越，越以门寒而不召。越后因闲宴，责辅之无所举荐。辅之曰："前举光逸，公以非世家不召，非不举也。"越即辟焉。书到郡县，皆以为误，审知是逸，乃备礼遣之。寻以世难，避乱渡江，复依辅之。初至，属辅之与谢鲲、阮放、毕卓、羊曼、桓彝、阮孚散发裸袒，闭室酣饮已累日。逸将排户入，守者不听，逸便于户外脱衣露头于狗窦中窥之而大叫。辅之惊曰："他人决不能尔，必我孟祖也。"遽呼入，遂与饮，不舍昼夜。时人谓之八达。元帝以逸补军谘祭酒。中兴建，为给事中，卒官。

（选自房玄龄等撰《晋书》卷四十九，见《二十五史·晋书》，第161页，上海古籍出版社、上海书店1986年版）

孙旂传

〔唐〕房玄龄

孙旂，字伯旗，乐安人也。父历，魏晋际为幽州刺史、右将军。旂洁静，少自修立。察孝廉，累迁黄门侍郎，出为荆州刺史，名位与二解相亚。永熙中，征拜太子詹事，转卫尉，坐武库火，免官。岁余，出为兖州刺史，迁平南将军、假节。旂子弼及弟子髦、辅、琰四人，并有吏材，称于当世，遂与孙秀合族。及赵王伦起事，夜从秀开神武门下观阅器杖。兄弟旬月相次为公府掾、尚书郎。弼又为中坚将军，领尚书左丞。辅为上将军，领射声校尉。髦为武卫将军，领太子詹事。琰为武卫将军，领太子左率。皆赐爵开国郡侯。推崇旂为车骑将军、开府。初，旂以弼等受署伪朝，遣小息回责让弼等，以过差之事，必为家祸。弼等终不从，旂制之不可，但恸哭而已。及齐王冏起义，四子皆伏诛。襄阳太守宗岱承冏檄斩旂，夷三族。

弟尹，字文旗，历陈留、阳平太守，早卒。

（选自房玄龄等撰《晋书》卷六十，见《二十五史·晋书》，第190页，上海古籍出版社、上海书店1986年版）

刘毅传(节选)

〔唐〕房玄龄

刘毅，字仲雄，东莱掖人。汉阳城景王章之后。

后司徒举毅为青州大中正，尚书以毅悬车致仕，不宜劳以碎务。陈留相乐安孙尹表曰：

礼，凡卑者执劳，尊者居逸，是顺叙之宜也。司徒魏舒、司隶校尉严询与毅年齿相近，往者同为散骑常侍，后分授外内之职，资涂所经，出处一致。今询管四十万户州，兼董司百僚，总摄机要，舒所统殷广，兼执九品，铨十六州论议，主者不以为剧。毅但以知一州，便谓不宜累以碎事，于毅太优，询、舒太劣。若以前听致仕，不宜复与迁授位者，故光禄大夫郑袤为司空是也。夫知人则哲，惟帝难之。尚可复委以宰辅之任，不可谘以人伦之论，臣窃所未安。昔郑武公年过八十，入为周司徒，虽过悬车之年，必有可用。毅前为司隶，直法不挠，当朝之臣，多所按劾。谚曰：“受尧之诛，不能称尧。”直臣无党，古今所悉。是以汲黯死于淮阳，董仲舒裁为诸侯之相。而毅独遭圣明，不离辇毂，当世之士咸以为荣。毅虽身偏有风疾，而志气聪明，一州品第，不足劳其思虑。毅疾恶之心小过，主者必疑其论议伤物，故高其优礼，令去事实，此为机阁毅，使绝人伦之路也。臣州茂德惟毅，越毅不用，则清谈倒错矣。

于是青州自二品已上凭毅取正。光禄勋石鉴等共奏曰：

谨按陈留相孙尹表及与臣等书如左。臣州履境海岱，参风齐、鲁，故人俗务本，而世敦德让，今虽不克于旧，而遗训犹存，是以人伦归行，士识所守也。前被司徒符，当参举州大中正。佥以光禄大夫毅，纯孝至素，著在乡闾，忠允亮直，竭于事上，仕不为荣，惟期尽节，正身率道，崇公忘私，行高义明，出处同揆。故能令义士宗其风景，州闾归其清流。虽年耆偏疾，而神明克壮，实臣州人士所思准系。诚以毅之明格，能不言而信，风之所动，清浊必偃，以称一州咸同之望也。窃以为礼贤尚德，教之大典，王制夺与，动为开塞，而士之所归，人伦为大。臣等虚劣，虽言废于前，今承尹书，敢不列启。按尹所执，非惟惜名议于毅之身，亦通陈朝宜夺与大准。以为尹言当否，应蒙评议。

由是毅遂为州都，铨正人流，清浊区别，其所弹贬，自亲贵者始。

（选自房玄龄等撰《晋书》卷四十五，见《二十五史·晋书》，第147~148页，上海古籍出版社、上海书店1986年版）

李憙传（节选）

〔唐〕房玄龄

李憙，字季和，上党铜鞮人也。

景帝辅政，命憙为大将军从事中郎，憙到，引见，谓憙曰："昔先公辟君而君不应，今孤命君而君至，何也？"对曰："先君以礼见待，憙得以礼进退。明公以法见绳，憙畏法而至。"帝甚重之。转司马，寻拜右长史。从讨毌丘俭还，迁御史中丞。当官正色，不惮强御，百僚震肃焉。荐乐安孙璞，亦以道德显，时人称为知人。寻迁大司马，以公事免。

（选自房玄龄等撰《晋书》卷四十一，见《二十五史·晋书》，第137页，上海古籍出版社、上海书店1986年版）

刘宣传

〔唐〕房玄龄

刘宣，字士则。朴钝少言，好学修洁。师事乐安孙炎，沉精积思，不舍昼夜，好《毛诗》《左氏传》。炎每叹之曰："宣若遇汉武，当逾于金日磾也。"学成而返，不出门闾盖数年。每读《汉书》，至《萧何》《邓禹传》，未曾不反覆咏之，曰："大丈夫若遭二祖[①]，终不令两公独擅美于前矣。"并州刺史王广言之于武帝，帝召见，嘉其占对，因曰："吾未见宣，谓广言虚耳。今见其进止风仪，真所谓如珪如璋，观其性质，足能抚集本部。"乃以宣为右部都督，特给赤幢曲盖。莅官清恪，所部怀之。元海[②]即王位，宣之谋也，故特荷尊重，勋戚莫二，军国内外靡不专之。

（选自房玄龄等撰《晋书》卷一百一，见《二十五史·晋书》，第310页，上海古籍出版社、上海书店1986年版）

苻朗传（节选）

〔唐〕房玄龄

苻朗，字元达，坚[③]之从兄子也。性宏达，神气爽迈，幼怀远操，不屑时荣。坚尝目之曰："吾家千里驹也。"征拜镇东将军、青州刺史，封乐安男，不得已起而就官。及为方伯，有若素士，耽玩经籍，手不释卷，每谈虚语玄，不觉日之将夕；登涉山水，不知老之将至。在任甚有称绩。

后晋遣淮阴太守高素伐青州，朗遣使诣谢玄于彭城求降，玄表朗许之，诏加员外散骑侍郎。

（选自房玄龄等撰《晋书》卷一百十四，见《二十五史·晋书》，第344页，上海古籍出版社、上海书店1986年版）

---

① 编者按：二祖，指汉高祖刘邦、汉世祖刘秀。

② 编者按：元海，即刘渊，字元海，匈奴人。南匈奴单于于扶罗之孙，左贤王刘豹之子，十六国汉赵政权的开国之君。又按，刘宣为于扶罗单于之弟。

③ 编者按：坚，指苻坚，十六国前秦宣昭帝。

《南齐书·魏虏传》（节选）

〔南朝梁〕萧子显

（永明）九年，遣使李道固、蒋少游报使。少游有机巧，密令观京师宫殿楷式。清河崔元祖启世祖曰："少游，臣之外甥，特有公输之思。宋世陷虏，处以大匠之官。今为副使，必欲模范宫阙。岂可令毡乡之鄙，取象天宫？臣谓且留少游，令使主反命。"世祖以非和通意，不许[①]。少游，安乐[②]人。虏宫室制度，皆从其出。

（选自萧子显撰《南齐书》卷五十七，见《二十五史·南齐书》，第104页，上海古籍出版社、上海书店1986年版）

萧子显（约489—537），字景阳，南兰陵（治今江苏常州西北）人。南朝齐高帝萧道成之孙，豫章文献王萧嶷之子。自幼聪慧好学，齐永明十一年（493）封宁都县侯。梁朝建立后，累官吏部尚书、吴兴太守。博学能文，编修《齐书》六十卷，今称《南齐书》。

任遐史料集锦

光禄勋属官

〔南朝梁〕萧子显

光禄勋，府置丞一人。领官如左：

左右光禄大夫：位从公，开府置佐史如公。

① 编者按：《南史·崔元祖传》亦载有此事。永明九年，魏使李道固及蒋少游至。元祖言："臣甥少游有班、倕之功，今来必令模写宫掖，未可令反。"上不从。少游果图画而归。

② 编者按：原文如此，误，应为"乐安"。

光禄大夫：皆银章青绶，诏加金章紫绶者，为金紫光禄大夫。乐安任遐为光禄，就王晏乞一片金，晏乃启转为金紫，不行。

太中大夫、中散大夫：诸大夫官，皆处旧齿老年，重者加亲信二十人。

（选自萧子显撰《南齐书》卷十六，见《二十五史·南齐书》，第37页，上海古籍出版社、上海书店1986年版）

虞玩之传（节选）

〔南朝梁〕萧子显

虞玩之，字茂瑶，会稽余姚人也。祖宗，晋库部郎。父玫，通直常侍。

太祖镇东府，朝野致敬，玩之犹蹑屐造席。太祖取屐视之，讹黑斜锐，蒵断，以芒接之。问曰："卿此屐已几载？"玩之曰："初释褐拜征北行佐买之，着已二十年，贫士竟不办易。"太祖善之，引为骠骑谘议参军。霸府初开，宾客辐凑，太祖留意简接，玩之与乐安任遐，俱以应对有席上之美，齐名见遇。遐字景远，好学，有义行，兼与太祖素游，褚渊、王俭并见亲爱。官至光禄大夫，永元初卒。

（选自萧子显撰《南齐书》卷三十四，见《二十五史·南齐书》，第67页，上海古籍出版社、上海书店1986年版）

刘祥传（节选）

〔南朝梁〕萧子显

刘祥，字显徵，东莞莒人也。祖式之，吴郡太守。父敳，太宰从事中郎。

祥宋世解褐为巴陵王征西行参军，历骠骑中军二府、太祖太尉东阁祭酒、骠骑主簿。建元中，为冠军征虏功曹，为府主武陵王晔所遇。除正员外。

祥少好文学，性韵刚疏，轻言肆行，不避高下。司徒褚渊入朝，以腰扇鄣日，祥从侧过，曰："作如此举止，羞面见人，扇鄣何益？"渊曰："寒士不逊。”祥曰：“不能杀袁、刘，安得免寒士？”[1]永明初，迁长沙王镇军，板谘议参军，撰《宋书》，讥斥禅代，尚书令王俭密以启闻，上衔而不问。历鄱阳王征虏、豫章王大司马谘议、临川王骠骑从事中郎。

祥兄整为广州，卒官，祥就整妻求还资，事闻朝廷。于朝士多所贬忽。王奂为仆射，祥与奂子融同载，行至中堂，见路人驱驴，祥曰：“驴！汝好为之，如汝人才，皆已令仆。”著《连珠》十五首以寄其怀。

有以祥《连珠》启上者，上令御史中丞任遐奏曰：

祥少而狡异，长不悛徙。请谒绝于私馆，反唇彰于公庭。轻议乘舆，历贬朝望；肆丑无避，纵言自若。厥兄浮榇，天伦无一日之悲；南金弗获，嫂侄致其轻绝。孤舟夐反，存没相捐，遂令暴客掠夺骸柩。行路流叹，有识伤心。摄祥门生孙狼儿列：“祥顷来饮酒无度，言语阑逸，道说朝廷，亦有不逊之语，实不避左右，非可称纸墨。兄整先为广州，于职丧亡，去年启求迎丧，还至大雷，闻祥与整妻孟争计财物瞋忿，祥仍委前还，后未至鹊头，其夜遭劫，内人并为凶人所淫略。”如所列与风闻符同。请免官付廷尉。

上别遣敕祥曰：

卿素无行检，朝野所悉。轻弃骨肉，侮蔑兄嫂，此是卿家行不足，乃无关他人。卿才识所知，盖何足论。位涉清途，于分非屈。何意轻肆口哕，诋目朝士，造席立言，必以贬裁为口实。冀卿年齿已大，能自感厉，日望悛革。如此所闻，转更增甚，喧议朝廷，不避尊贱，肆口极辞，彰暴物听。近见卿影《连珠》，寄意悖慢，弥不可长。卿不见谢超宗，其才地二三，故在卿前，事殆是百分不一。我当原卿性命，令卿万里思愆。卿若能改革，当令卿得还。

狱鞫祥辞。祥对曰：

被问“少习狡异，长而不悛，顷来饮酒无度，轻议乘舆，历贬朝望，每肆丑言，无避尊贱”，迁答奉旨。囚出身入官，二十余年，沈悴草莱，无明天壤。皇运初基，便蒙抽擢祭酒主簿，并皆先朝相府。圣明御寓，荣渥弥隆，

---

① 编者按：此句讽刺褚渊身为宋室重臣，为保住官禄，帮助萧道成篡宋。袁、刘，指袁粲、刘秉。二人知萧道成有异志，合谋欲诛萧道成，事败，被杀。袁粲被杀后，百姓哀之，谣曰：“可怜石头城，宁为袁粲死，不作褚渊生。”

谘议中郎，一年再泽。广筵华宴，必参末列，朝半问讯，时奉天晖。囚虽顽愚，岂不识恩？有何怨望，敢生讥议？囚历府以来，伏事四王：武陵功曹，凡涉二载；长沙谘议，故经少时；奉隶大司马，并被恩拂，骠骑中郎，亲职少日；临川殿下不遗虫蚁，赐参辞华。司徒殿下文德英明，四海倾属。囚不涯卑远，随例问讯，时节拜觐，亦沾眄议。自余令王，未被祗拜，既不经伏节，理无厚薄。敕旨制书，令有疑则启。囚以天日悬远，未敢尘秽。私之疑事，卫将军臣俭，宰辅圣朝，令望当世，囚自断才短，密以谘俭，俭为折衷，纸迹犹存。未解此理云何敢为"历贬朝望"。云囚"轻议乘舆"，为向谁道？若向人道，则应有主甲，岂有事无仿佛，空见罗谤？囚性不耐酒，亲知所悉，强进一升，便已迷醉。

其余事事自申。乃徙广州。

祥至广州，不得意，终日纵酒，少时病卒，年三十九。

（选自萧子显撰《南齐书》卷三十六，见《二十五史·南齐书》，第70~71页，上海古籍出版社、上海书店1986年版）

陆澄传（节选）

〔南朝梁〕萧子显

陆澄，字彦渊，吴郡吴人也。祖邵，临海太守。父瑗，州从事。

宋泰始初，为尚书殿中郎，议皇后讳及下外，皆依旧称姓。左丞徐爰案司马孚议皇后不称姓，春秋逆王后于齐，澄不引典据明，而以意立议，坐免官，白衣领职。郎官旧有坐杖，有名无实，澄在官积前后罚，一日并受千杖。转通直郎，兼中书郎，寻转兼左丞。

泰始六年，诏皇太子朝贺服衮冕九章，澄与仪曹郎丘仲起议："服冕以朝，实著经文。秦除六冕，汉明还备。魏晋以来，不欲令臣下服衮冕，故位公者加侍官。今皇太子礼绝群后，宜遵圣王盛典，革近代之制。"寻转著作正员郎，兼官如故。除安成太守，转刘韫抚军长史，加绥远将军、襄阳太守，并不拜。仍转刘秉后军长史、东海太守。迁御史中丞。

建元元年，骠骑谘议沈宪等坐家奴客为劫，子弟被劾，宪等晏然。左丞任遐奏澄不纠，请免澄官。澄上表自理曰：

周称旧章，汉言故事，爰自河雒，降逮淮海，朝之宪度，动尚先准。若乃任情违古，率意专造，岂谓酌诸故实，择其茂典？

案遐启弹新除谘议参骠骑大将军军事沈宪、太子庶子沈旷并弟息，敕付建康，而宪被使，旷受假，俱无归罪事状。臣以不纠宪等为失。伏寻晋、宋左丞案奏，不乏于时，其及中丞者，从来殆无。王献之习达朝章，近代之宗，其为左丞，弹司徒属王濛惮罚自解，属疾游行，初不及中丞。桓秘不奔山陵，左丞郑袭不弹秘，直弹中丞孔欣时，又云别摄兰台检校，此径弹中丞之谓。唯左丞庾登之奏镇北檀道济北伐不进，致虎牢陷没，蕃岳宰臣，引咎谢愆，而责帅之劾，曾莫奏闻，请收治道济，免中丞何万岁。夫山陵情敬之极，北伐专征之大，秘霸季之贵，道济元勋之盛，所以咎及南司，事非常宪，然秘事犹非及中丞也。今若以此为例，恐人之贵贱，事之轻重，物有其伦，不可相方。

左丞江奥弹段景文，又弹裴方明；左丞甄法崇弹萧珍，又弹杜骥，又弹段国，又弹范文伯；左丞羊玄保又弹萧汪；左丞殷景熙弹张仲仁；兼左丞何承天弹吕万龄。并不归罪，皆为重劾。凡兹十弹，差是宪、旷之比，悉无及中丞之议。左丞荀万秋、刘藏、江谧弹王僧朗、王云之、陶宝度，不及中丞，最是近例之明者。谧弹在今龛蛰之后，事行圣照。远取十奏，近征二案，自宜依以为体，岂得舍而不遵？

臣窃此人乏，谬奉国宪。今遐所纠，既行一时，若默而不言，则向为来准，后人被绳，方当追请，素餐之责，贻尘千载。所以备举显例，引通国典，虽有愚心，不在微躬。请出臣表付外详议。若所陈非谬，裁由天鉴。

诏委外详议。尚书令褚渊奏：

宋世左丞荀伯子弹彭城令张道欣等，坐界劫累发不禽，免道欣等官；中丞王准不纠，亦免官。左丞羊玄保弹豫州刺史管义之谯梁群盗，免义之官；中丞傅隆不纠，亦免隆官。左丞羊玄保又弹兖州刺史郑从之滥上布及加课租绵，免从之官；中丞傅隆不纠，免隆官。左丞陆展弹建康令丘珍孙、丹阳尹孔山士劫发不禽，免珍孙、山士官；中丞何勖不纠，亦免勖官。左丞刘瞟弹青州刺史刘道隆失火烧府库，免道隆官；中丞萧惠开不纠，免惠开官。左丞徐爰弹右卫将军薛安都属疾不直，免安都官；中丞张永结免。澄谀闻肤见，贻挠后昆，上掩皇明，下笼朝识，请以见事免澄所居官。

诏曰："澄表据多谬，不足深劾，可白衣领职。"

（选自萧子显撰《南齐书》卷三十九，见《二十五史·南齐书》，第75页，上海古籍出版社、上海书店1986年版）

褚彦回传（节选）

〔唐〕李延寿

及高帝辅政，王俭议加黄钺，任遐曰："此大事，应报褚公。"帝曰："褚脱不与，卿将何计？"遐曰："彦回保妻子，爱性命，非有奇才异节，遐能制之。"果无违异。

（选自李延寿撰《南史》卷二十八，见《二十五史·南史》，第84页，上海古籍出版社、上海书店1986年版）

李延寿（生卒年不详），字遐龄，相州（治今河南安阳）人，贞观、永徽间，历任东宫典膳丞、崇贤馆学士、御史台主簿、符玺郎兼修国史等官职。参修《隋书》《五代史志》《晋书》，并参与唐朝当代国史的修撰工作。独立撰著《太宗政典》，又继承其父李大师遗志，以一人之力，经十六年努力，修成《南史》《北史》。

任昉传

〔唐〕李延寿

任昉，字彦昇，乐安博昌人也。父遥，齐中散大夫。遥兄遐字景远，少敦学业，家行甚谨，位御史中丞、金紫光禄大夫。始兴永明中，遐以罪将徙荒裔，遥怀名请诉，言泪交下，齐武帝闻而哀之，竟得免。

遥妻河东裴氏，高明有德行，尝昼卧，梦有五色采旗盖四角悬铃，自天而坠，其一铃落入怀中，心悸因而有娠。占者曰："必生才子。"及生昉，身长七尺五寸，幼而聪敏，早称神悟。四岁诵诗数十篇，八岁能属文，自制月仪，辞义甚美。褚彦回尝谓遥曰："闻卿有令子，相为喜之。所谓百不为多，一不为少。"由是闻声藉甚。年十二，从叔晷有知人之量，见而称其小名曰："阿堆，吾家千里驹也。"昉孝友纯至，每侍亲疾，衣不解带，言与泪并，汤药饮食必先经口。

初为奉朝请，举兖州秀才，拜太学博士。永明初，卫将军王俭领丹阳尹，复引为主簿。俭每见其文，必三复殷勤，以为当时无辈，曰："自傅季友以来，始复见于任子。若孔门是用，其入室升堂。"于是令昉作一文，及见，曰："正得吾腹中之欲。"乃出自作文，令昉点正，昉因定数字。俭拊几叹曰："后世谁知子定吾文！"其见知如此。

后为司徒竟陵王记室参军。时琅邪王融有才俊，自谓无对当时，见昉之文，怳然自失。以父丧去官，泣血三年，杖而后起。齐武帝谓昉伯遐曰："闻昉哀瘠过礼，使人忧之，非直亡卿之宝，亦时才可惜。宜深相全譬。"遐使进饮食，当时勉励，回即欧出。昉父遥本性重槟榔，以为常饵，临终尝求之，剖百许口，不得好者，昉亦所嗜好，深以为恨，遂终身不尝槟榔。遭继母忧，昉先以毁瘠，每一恸绝，良久乃苏，因庐于墓侧，以终丧礼。哭泣之地，草为不生。昉素强壮，腰带甚充，服阕后不复可识。

齐明帝深加器异，欲大相擢引，为爱憎所白，乃除太子步兵校尉，掌东宫书记。齐明帝废郁林王，始为侍中、中书监、骠骑大将军、开府仪同三司、扬州刺史、录尚书事，封宣城郡公，使昉具草。帝恶其辞斥，甚愠，昉亦由是终建武中位不过列校。

昉尤长为笔，颇慕傅亮才思无穷，当时王公表奏无不请焉。昉起草即成，不加点窜。沈约一代辞宗，深所推挹。永元中，纡意于梅虫儿，东昏中旨用为中书郎。谢尚书令王亮，亮曰："卿宜谢梅，那忽谢我。"昉惭而退。末为司徒右长史。

梁武帝克建邺，霸府初开，以为骠骑记室参军，专主文翰。每制书草，沈约辄求同署。尝被急召，昉出而约在，是后文笔，约参制焉。

始梁武与昉遇竟陵王西邸，从容谓昉曰："我登三府，当以卿为记室。"昉亦戏帝曰："我若登三事，当以卿为骑兵。"以帝善骑也。至是引昉符昔言焉。昉奉笺云："昔承清宴，属有绪言，提挈之旨，形乎善谑。岂谓多幸，斯言不渝。"盖为此也。梁台建，禅让文诰，多昉所具。

奉世叔父母不异严亲，事兄嫂恭谨。外氏贫阙，恒营奉供养。禄奉所收，四方饷遗，皆班之亲戚，即日便尽。性通脱，不事仪形，喜愠未尝形于色，车服亦不鲜明。

武帝践阼，历给事黄门侍郎，吏部郎。出为义兴太守。岁荒民散，以私奉米豆为粥，活三千余人。时产子者不举，昉严其制，罪同杀人。孕者供其资费，济者千室。在郡所得公田奉秩八百余石，昉五分督一，余者悉原，儿妾食麦而已。友人彭城到溉、溉弟洽从昉共为山泽游。及被代登舟，止有绢七匹，米五石。至都无衣，镇军将军沈约遣裙衫迎之。

重除吏部郎，参掌大选，居职不称。寻转御史中丞、秘书监。自齐永元以来，秘阁四部，篇卷纷杂，昉手自雠校，由是篇目定焉。

出为新安太守，在郡不事边幅，率然曳杖，徒行邑郭。人通辞讼者，就路决焉。为政清省，吏人便之。卒于官，唯有桃花米二十石，无以为敛。遗言不许以新安一物还都，杂木为棺，浣衣为敛。阖境痛惜，百姓共立祠堂于城南，岁时祠之。武帝闻问，方食西苑绿沈瓜，投之于盘，悲不自胜。因屈指曰："昉少时常恐不满五十，今四十九，可谓知命。"即日举哀，哭之甚恸。追赠太常，谥曰敬子。

昉好交结，奖进士友，不附之者亦不称述，得其延誉者多见升擢，故衣冠贵游莫不多与交好，坐上客恒有数十。时人慕之，号曰"任君"，言如汉之"三君"[①]也。在郡尤以清洁著名，百姓年八十以上者，遣户曹掾访其寒温。尝

① 编者按：汉之三君，典出《后汉书》卷六十七《党锢列传第五十七》："海内希风之流，遂共相摽搒，指天下名士，为之称号。上曰'三君'，次曰'八俊'，次曰'八顾'，次曰'八及'，次曰'八厨'，犹古之'八元''八凯'也。窦武、刘淑、陈蕃为'三君'。君者，言一世之所宗也。"

欲营佛斋，调枫香二石，始入三斗，便出教长断，曰："与夺自己，不欲贻之后人。"郡有蜜岭及杨梅，旧为太守所采，昉以冒险多物故，即时停绝，吏人咸以百余年未之有也。为家诫，殷勤甚有条贯。陈郡殷芸与建安太守到溉书曰："哲人云亡，仪表长谢。元龟何寄，指南何托？"其为士友所推如此。

昉不事生产，至乃居无室宅。时或讥其多乞贷，亦随复散之亲故，常自叹曰："知我者亦以叔则，不知我者亦以叔则。"[①]既以文才见知，时人云"任笔沈诗"。昉闻甚以为病。晚节转好著诗，欲以倾沈，用事过多，属辞不得流便，自尔都下士子慕之，转为穿凿，于是有才尽之谈矣。博学，于书无所不见，家虽贫，聚书至万余卷，率多异本。及卒后，武帝使学士贺纵共沈约勘其书目，官无者就其家取之。所著文章数十万言，盛行于时。东海王僧孺尝论之，以为"过于董生[②]、杨子[③]。昉乐人之乐，忧人之忧，虚往实归，忘贫去吝，行可以厉风俗，义可以厚人伦，能使贪夫不取，懦夫有立"。其见重如此。

有子东里、西华、南容、北叟，并无术业，坠其家声。兄弟流离不能自振，生平旧交莫有收恤。西华冬月著葛帔练裙，道逢平原刘孝标，泫然矜之，谓曰："我当为卿作计。"乃著《广绝交论》以讥其旧交曰：

客问主人曰："朱公叔《绝交论》[④]，为是乎，为非乎？"

主人曰："客奚此之问？"

客曰："夫草虫鸣则阜虫跃，雕虎啸而清风起，故絪缊相感，雾涌云蒸，

---

① 编者按：叔则，西晋裴楷字。《晋书》卷三十五《裴楷传》载："楷性宽厚，与物无忤。不持俭素，每游荣贵，辄取其珍玩。虽车马器服，宿昔之间，便以施诸穷乏。尝营别宅，其从兄衍见而悦之，即以宅与衍。梁、赵二王，国之近属，贵重当时，楷岁请二国租钱百万，以散亲族。人或讥之，楷曰：'损有余以补不足，天之道也。'安于毁誉，其行己任率，皆此类也。"

② 编者按：董生，指董仲舒。

③ 编者按：杨子，指扬雄。

④ 编者按：朱公叔，东汉朱穆，因痛感时俗浇薄，作《绝交论》以刺时弊。

嘤鸣相召，星流电激。是以王阳登则贡公喜[①]，罕生逝而国子悲[②]。且心同琴瑟，言郁郁于兰茝，道叶胶漆，志婉娈于埙篪。圣贤以此镂金板而镌盘盂，书玉牒而刻钟鼎。若乃匠石辍成风之妙巧[③]，伯牙息流波之雅引，范、张款款于下泉[④]，尹、班陶陶于永夕[⑤]。骆驿从横，烟霏雨散，巧历所不知，心计莫能测。而朱益州[⑥]汨彝叙，粤谟训，捶直切，绝交游，视黔首以鹰鹯，媲人灵于豺虎。蒙有猜焉，请辩其惑。”

主人听然，曰：“客所谓抚弦徽音，未达燥湿变响，张罗沮泽，不睹鸿雁高飞。盖圣人握金镜，阐风烈，龙骧蠖屈，从道污隆。日月连璧，赞亹亹之

① 编者按：王阳，名吉，字子阳；贡公，贡禹。均西汉时人。登，指登朝做官。《汉书·王吉传》：“吉与贡禹为友，世称‘王阳在位，贡公弹冠’。”

② 编者按：罕生，罕虎，字子皮；国子，名侨，字子产。均春秋时郑国人，为挚友。《左传·昭公十三年》载子产“闻子皮卒，哭，且曰：‘吾已！无为为善矣。唯夫子知我。’”

③ 编者按：匠石，典出《庄子·徐无鬼》，庄子送葬，过惠子之墓，顾谓从者曰：“郢人垩慢其鼻端若蝇翼，使匠石斫之。匠石运斤成风，听而斫之，尽垩而鼻不伤，郢人立不失容。宋元君闻之，召匠石曰：‘尝试为寡人为之。’匠石曰：‘臣则尝能斫之。虽然，臣之质死久矣！’自夫子之死也，吾无以为质矣，吾无与言之矣！”

④ 编者按：范，范式，字巨卿；张，张劭，字元伯。《后汉书》卷八十一《独行列传第七十一》：式仕为郡功曹。后元伯寝疾笃，同郡郅君章、殷子徵晨夜省视之。元伯临尽，叹曰：“恨不见吾死友！”子徵曰：“吾与君章尽心于子，是非死友，复欲谁求？”元伯曰：“若二子者，吾生友耳。山阳范巨卿，所谓死友也。”寻而卒。式忽梦见元伯玄冕垂缨屣履而呼曰：“巨卿，吾以某日死，当以尔时葬，永归黄泉。子未我忘，岂能相及？”式怳然觉寤，悲叹泣下，具告太守，请往奔丧。太守虽心不信而重违其情，许之。式便服朋友之服，投其葬日，驰往赴之。式未及到，而丧已发引，既至圹，将窆，而柩不肯进。其母抚之曰：“元伯，岂有望邪？”遂停柩移时，乃见有素车白马，号哭而来。其母望之曰：“是必范巨卿也。”巨卿既至，叩丧言曰：“行矣元伯！死生路异，永从此辞。”会葬者千人，咸为挥涕。式因执绋而引，柩于是乃前。式遂留止冢次，为修坟树，然后乃去。

⑤ 编者按：尹，尹敏；班，班彪。《东观汉记》卷十八《尹敏传》：“敏与班彪相厚，每相与谈，常晏暮不食，昼即至冥，夜即彻旦。”

⑥ 编者按：朱益州，即朱穆，卒后追赠益州太守。

弘致，云飞雷薄，显棣华之微旨。若五音之变化，济九成之妙曲，此朱生[①]得玄珠于赤水，谟神睿以为言。

“至夫组织仁义，琢磨道德，欢其愉乐，恤其陵夷，寄通灵台之下，遗迹江湖之上，风雨急而不辍其音，霜雪零而不渝其色，斯贤达之素交，历万古而一遇。

“逮叔世[②]人讹，狙诈飙起，溪谷不能逾其险，鬼神无以究其变，竞毛羽之轻，趋锥刀之末。于是素交尽，利交兴，天下蚩蚩，鸟惊雷骇。然利交同源，派流则异，较言其略，有五术焉：

“若其宠均董、石[③]，权压梁、窦[④]，雕刻百工，炉锤万物，吐嗽兴云雨，呼噏下霜露，九域耸其风尘，四海叠其熏灼。靡不望影星奔，藉响川骛。鸡人始唱，鹤盖成阴，高门旦开，流水接轸，皆愿摩顶至踵，隳胆抽肠。约同要离焚妻子，誓殉荆卿湛七族[⑤]。是曰势交，其流一也。

“富埒陶、白，赀巨程、罗[⑥]，山擅铜陵[⑦]，家藏金穴[⑧]，出平原而联骑，居里闬而鸣钟。则有穷巷之宾，绳枢之士，冀宵烛之末光，邀润屋之微泽。鱼贯凫踊，飒沓鳞萃，分雁鹜之稻粱，沾玉斝之余沥。衔恩遇，进款诚，援青松以示心，指白水而旌信。是曰贿交，其流二也。

---

① 编者按：朱生，亦指朱穆。

② 编者按：叔世，末世。

③ 编者按：董，指董贤；石，指石显。二人均为西汉宠臣。

④ 编者按：梁，指梁冀家族；窦，指窦宪家族。二家为东汉外戚权贵。

⑤ 编者按：要离，春秋时刺客，为吴王刺庆忌；荆卿，即荆轲，为燕太子丹刺秦王嬴政。

⑥ 编者按：陶，指范蠡，春秋时越国大夫，助越王勾践灭吴后，归隐至陶（今山东定陶），经商致富，称“陶朱公”；白，指白圭，周时富人；程，指程郑，汉时临邛一带的大富；罗，指罗褒，汉时成都富人，家资巨万。

⑦ 编者按：铜陵，铜山。汉文帝宠爱邓通，赐予铜山，准其铸钱，于是邓氏钱布天下。

⑧ 编者按：金穴，汉光武帝郭皇后之弟郭况，为大鸿胪，屡受赏赐，其富无比，京师称其家为“金穴”。

“陆大夫[①]宴喜西都，郭有道[②]人伦东国，公卿贵其籍甚，搢绅羡其登仙。加以敛颐蹙颎，涕唾流沫，骋黄马之剧谈，纵碧鸡之雄辩[③]。叙温燠则寒谷成暄，论严苦则春丛零叶，飞沉出其顾指，荣辱定其一言。于是有弱冠王孙，绮纨公子，道不挂于通人，声未遒于云阁[④]，攀其鳞翼，丐其余论，附骐骥之旄端，轶归鸿于碣石[⑤]。是曰谈交，其流三也。

“阳舒阴惨，生灵大情，忧合欢离，品物恒性。故鱼以泉涸而呴沫，鸟因将死而鸣哀。同病相怜，缀河上之悲曲，恐惧置怀，昭谷风之盛典，斯则断金由于湫隘，刎颈起于苫盖。是以伍员濯溉于宰嚭[⑥]，张王抚翼于陈相[⑦]。是曰穷交，其流四也。

“驰骛之俗，浇薄之伦，无不操权衡，执纤纩，衡所以揣其轻重，纩所以属其鼻息。若衡不能举，纩不能飞，虽颜、冉龙翰凤雏，曾、史兰薰雪白[⑧]，舒、向金玉渊海，卿、云黼黻河汉[⑨]，视若游尘，遇同土梗，莫肯费其半菽，罕有落其一毛。若衡重锱铢，纩微影撇，虽共工之搜慝，驩兜之掩义[⑩]，荆南

---

① 编者按：陆大夫，指陆贾，汉初为太中大夫。高后时，诸功勋大臣多自污以求自保，“陈平乃以奴婢百人，车马五十乘，钱五百万，遗陆生为饮食费。陆生以此游汉廷公卿间，名声藉甚”（《史记》卷九十七《郦生陆贾列传第三十七》）。

② 编者按：郭有道，指郭泰，字林宗，东汉名士。他通晓典籍，喜欢谈论，曾以“有道”征，辞不就。游洛阳后归乡，与李膺同船而行，众宾客望之，以为神仙。

③ 编者按：黄马、碧鸡，先秦名家公孙龙关于“名”“实”之辩的命题。《公孙龙子》：“黄其马也，其与类乎；碧其鸡也，其与暴乎。”

④ 编者按：云阁，即云台，汉宫中高台，汉明帝曾将中兴功臣三十二人图像画于云阁。

⑤ 编者按：碣石，山名，在河北昌黎。此处泛指，喻远。

⑥ 编者按：伍员，伍子胥；宰嚭，伯嚭，后官至太宰，故称。伯嚭奔吴，因伍子胥举荐而荣显，然日后却向吴王进谗，害死伍子胥。

⑦ 编者按：张王，张耳，归顺项羽后，被封为常山王。陈相，陈余，后来做了赵相。二人曾为刎颈之交，陈余受到张耳扶持而尊贵，发迹得势后反而打击张耳。

⑧ 编者按：颜，颜回；冉，冉求；曾，曾参；史，史鱼。四人均为孔子弟子。

⑨ 编者按：舒，董仲舒；向，刘向；卿，司马相如，字长卿；云，扬雄，字子云。

⑩ 编者按：共工、驩兜，与三苗、鲧同属尧舜时“四罪”。《尚书·舜典》：“流共工于幽洲，放驩兜于崇山，窜三苗于三危，殛鲧于羽山，四罪而天下咸服。”

之跋扈，东陵之巨猾[①]，皆为匍匐委蛇，折枝舐痔。金膏翠羽将其意，脂韦便辟导其诚。故轮盖所游，必非夷、惠[②]之室，包苴所入，实行张、霍[③]之家。谋而后动，芒豪寡忒。是曰量交，其流五也。

“凡斯五交，义同贾鬻，故桓谭譬之于阛阓[④]，林回谕之于甘醴[⑤]。夫寒暑递进，盛衰相袭，或前荣而后悴，或始富而终贫，或初存而末亡，或古约而今泰。循环翻覆，迅若波澜，此则徇利之情未尝异，变化之道不得一。由是观之，张、陈所以凶终，萧、朱[⑥]所以隙末，断焉可知矣。而翟公[⑦]方规规然勒门以箴客，何所见之晚乎？

“然因此五交，是生三衅：败德殄义，禽兽相若，一衅也；难固易携，仇讼所聚，二衅也；名陷饕餮，贞介所羞，三衅也。古人知三衅之为梗，惧五交之速尤，故王丹[⑧]威子以檟楚，朱穆昌言而示绝，有旨哉！有旨哉！

“近世有乐安任昉，海内髦杰，早绾银黄[⑨]，夙昭人誉。遒文丽藻，方驾

① 编者按：荆南，楚国；东陵，齐地。此指楚国大盗庄跻与齐鲁之间大盗盗跖。

② 编者按：夷，伯夷；惠，柳下惠。皆古之廉正之士。

③ 编者按：张，张安世；霍，霍光。皆汉代权贵之家。

④ 编者按：桓谭，汉代学者。阛阓，市场。唐代李善认为此为战国齐人谭拾子之误。《文选》李善注：“谭集及《新论》（编者按：桓谭著作）并无以市喻交之文，《战国策》谭拾子谓孟尝君曰：‘得无怨齐士大夫乎？’孟尝君曰：‘然。’谭拾子曰：‘富贵则就之，贫贱则去之。请以市喻：市朝则满，夕则虚，非朝爱市而夕憎之也，求存故往，亡故去。愿君勿怨然。’此以市喻交，疑拾误为桓，遂居谭上耳。”

⑤ 编者按：林回，战国时人。据《庄子·山木》，林回有“君子之交淡若水，小人之交甘若醴。君子淡以亲，小人甘以绝”之语。

⑥ 编者按：萧、朱，即汉代的萧育、朱博。两人原为好友，后萧为九卿，而朱已先登相位，彼此生隙。

⑦ 编者按：翟公，汉下邽人。《史记》卷一百二十《汲郑列传第六十》：“始翟公为廷尉，宾客阗门；及废，门外可设雀罗。翟公复为廷尉，宾客欲往，翟公乃大署其门曰：‘一死一生，乃知交情。一贫一富，乃知交态。一贵一贱，交情乃见。’”

⑧ 编者按：王丹，东汉人。其子有同门生丧亲，家在中山，欲往慰问，“丹怒而挞之，令寄缣以祠焉”。

⑨ 编者按：银黄，银印黄绶。

曹、王[①]，英跱俊迈，联衡许、郭[②]。类田文[③]之爱客，同郑庄[④]之好贤。见一善则盱衡扼腕，遇一才则扬眉抵掌。雌黄出其唇吻，朱紫由其月旦。于是冠盖辐凑，衣裳云合，辎軿击轊，坐客恒满。蹈其阃阈，若升阙里之堂，入其隩隅，谓登龙门之阪。至于顾盼增其倍价，剪拂使其长鸣，彯组云台者摩肩，趋走丹墀者叠迹。莫不缔恩狎，结绸缪。想慧、庄[⑤]之清尘，庶羊、左[⑥]之徽烈。及瞑目东粤，归骸洛浦，繐帐犹悬，门罕渍酒之彦，坟未宿草，野绝动轮之宾。藐尔诸孤，朝不谋夕，流离大海之南，寄命瘴疠之地。自昔把臂之英，金兰之友，曾无羊舌下泣之仁[⑦]，宁慕郈成分宅之德[⑧]。呜呼！世路崄岐，一至于此！太行孟门，岂云鏁绝。是以耿介之士，疾其若斯，裂裳裹足，弃之长鹜。独立高山之顶，欢与麋鹿同群，皦皦然绝其雰浊，诚耻之也，诚畏之也。”

到溉见其论，抵几于地，终身恨之。

昉撰《杂传》二百四十七卷，《地记》二百五十二卷，文章三十三卷。

东里位尚书外兵郎。

（选自李延寿撰《南史》卷五十九，见《二十五史·南史》，第160~161页，上海古籍出版社、上海书店1986年版）

---

① 编者按：曹、王，曹植、王粲。

② 编者按：许、郭，许劭、郭泰。皆东汉名士。

③ 编者按：田文，战国齐孟尝君，养客三千，以好客闻名天下。

④ 编者按：郑庄，即西汉郑当时，字庄，以好客举贤闻名朝野。

⑤ 编者按：慧、庄，惠子、庄子。

⑥ 编者按：羊、左，指春秋时羊角哀、左伯桃，二人为生死之交，“闻楚王贤，往寻之。道遇雨雪，计不俱全”，于是左伯桃“并衣粮与角哀，入树中死”（《文选》李善注引《烈士传》）。

⑦ 编者按：羊舌，指春秋时晋国大夫，羊舌氏，名肸，字叔向。叔向与司马侯为友，司马侯曾荐举叔向。司马侯死，叔向每见其子，辄抚而哭之。

⑧ 编者按：郈成，春秋时鲁国大夫郈成子。郈成子与卫右宰穀臣为友，后穀臣遭乱而死，郈成子便把他的妻子接来，分出房子给他们居住。

王慈传（节选）

〔梁〕萧子显

王慈字伯宝，琅邪临沂人，司空僧虔子也。

慈以朝堂讳榜，非古旧制，上表曰：

夫帝后之德，绸缪天地，君人之亮，蝉联日月。至于名族不著，昭自方策，号谥聿宣，载伊篇籍。所以魏臣据中以建议，晋主依经以下诏。朝堂榜志，讳字悬露，义非绵古，事殷中世，空失资敬之情，徒乖严配之道。若乃式功鼎臣，赞庸元吏，或以勋崇，或由姓表。故孔悝见铭，谓标叔舅，子孟应图，称题霍氏。况以处一之重，列尊名以止仁；无二之贵，黄冲文而止敬。昔东平即世，孝章巡宫而洒泣；新野云终，和熹见似而流涕。感循旧类，尚或深心；矧观徽迹，能无恻隐？今扃禁嵚邃，动延车盖，若使銮驾纡览，四时临阅，岂不重增圣虑，用感宸衷？愚谓空标简第，无益于匪躬；直述朝堂，宁亏于夕惕。伏惟陛下保合万国，齐圣群生，当删前基之弊轨，启皇齐之孝则。

诏付外详议。博士李抝议："据《周礼》，凡有新令，必奋铎以警众，乃退以宪之于王宫。注'宪，表悬之也'。"太常丞王僩之议："尊极之名，宜率土同讳。目可得睹，口不可言。口不可言，则知之者绝。知之者绝，则犯触必众。"

仪曹郎任昉议：

抝取证明之文，僩之即情惟允。直班讳之典，爰自汉世，降及有晋，历代无爽。今之讳榜，兼明义训，"邦"之字"国"，实为前事之征。名讳之重，情敬斯极，故悬诸朝堂，搢绅所聚，将使起伏晨昏，不违耳目，禁避之道，昭然易从。此乃敬恭之深旨，何情典之或废？尊称霍氏，理例乖方。居下以名，故以不名为重；在上必讳，故以班讳为尊。因心则理无不安，即事则习行已久，谓宜式遵，无所创革。

慈议不行。

（选自萧子显撰《南齐书》卷四十六，见《二十五史·南齐书》，第86页，上海古籍出版社、上海书店1986年版）

《梁书》任昉史料集锦

〔唐〕姚思廉

武帝本纪（节选）

竟陵王子良开西邸，招文学，高祖与沈约、谢朓、王融、萧琛、范云、任昉、陆倕等并游焉，号曰“八友”。

（选自姚思廉撰《梁书》卷一，见《二十五史·梁书》，第3页，上海古籍出版社、上海书店1986年版）

姚思廉（557—637），名简，以字行。本吴兴（今浙江湖州）人，迁居雍州万年（今陕西西安）。其父姚察，南朝陈时任吏部尚书，入隋著梁、陈二史，未成。姚思廉自幼习史，曾任隋朝代王杨侑侍读。李渊称帝后，为李世民秦王府文学馆学士。自玄武门之变，进任太子洗马。贞观初年，又任著作郎，为唐初“十八学士”之一。官至散骑常侍，受命与魏徵同修梁、陈二史。贞观十年（636），成《梁书》五十卷、《陈书》三十卷，均为“二十四史”之一。又著有《文思博要》，已失传。

曹景宗传（节选）

曹景宗，字子震，新野人也。父欣之，为宋将，位至征虏将军、徐州刺史。

天监元年，进号平西将军，改封竟陵县侯。

景宗在州，鬻货聚敛。于城南起宅，长堤以东，夏口以北，开街列门，东西数里，而部曲残横，民颇厌之。二年十月，魏寇司州，围刺史蔡道恭。时魏攻日苦，城中负板而汲，景宗望门不出，但耀军游猎而已。及司州城陷，为御史中丞任昉所奏。高祖以功臣寝而不治，征为护军。既至，复拜散骑常侍、右卫将军。

（选自姚思廉撰《梁书》卷九，见《二十五史·梁书》，第21页，上海古籍出版社、上海书店1986年版）

萧颖达传（节选）

萧颖达，兰陵兰陵人，齐光禄大夫赤斧第五子也。

建康城平，高祖以颖达为前将军、丹阳尹。上受禅，赠颖孚右卫将军。加颖达散骑常侍，以公事免。及大论功赏，封颖达吴昌县侯，邑千五百户。寻为侍中，改封作唐侯，县邑如故。迁征虏将军、太子左卫率。御史中丞任昉奏曰：

臣闻贫观所取，穷视不为。在于布衣，穷居介然之行，尚可以激贪厉俗，惇此薄夫；况乎伐冰之家，争鸡豚之利；衣绣之士，受贾人之服。风闻征虏将军臣萧颖达启乞鱼军税，辄摄颖达宅督彭难当到台辨问。列称“寻生鱼典税，先本是邓僧琰启乞，限讫今年五月十四日。主人颖达，于时谓非新立，仍启乞接代僧琰，即蒙降许登税，与史法论一年收直五十万”。知其列状，则与风闻符同，颖达即主。

臣谨案：征虏将军、太子左卫率、作唐县开国侯臣颖达，备位大臣，预闻执宪，私谒亟陈，至公寂寞。屠中之志，异乎鲍肆之求；鱼飧之资，不俟潜有之数。遂复申兹文二，追彼十一，风体若兹，准绳斯在！陛下弘惜勋良，每为曲法；臣当官执宪，敢不直绳。臣等参议，请以见事免颖达所居官，以侯还第。

有诏原之。转散骑常侍、左卫将军。俄复为侍中，卫尉卿。出为信威将军、豫章内史，加秩中二千石。治任威猛，郡人畏之。

（选自姚思廉撰《梁书》卷十，见《二十五史·梁书》，第22页，上海古籍出版社、上海书店1986年版）

沈约传（节选）

沈约，字休文，吴兴武康人也。

齐初为征虏记室，带襄阳令。迁太子家令，后以本官兼著作郎，迁中书郎，本邑中正，司徒右长史，黄门侍郎。时竟陵王亦招士，约与兰陵萧琛、琅邪王融、陈郡谢朓、南乡范云、乐安任昉等皆游焉，当世号为得人。俄兼尚书左丞，寻为御史中丞，转车骑长史。

约历仕三代，该悉旧章，博物洽闻，当世取则。谢玄晖善为诗，任彦昇工于文章，约兼而有之，然不能过也。自负高才，昧于荣利，乘时借势，颇累清谈。及居端揆，稍弘止足。每进一官，辄殷勤请退，而终不能去，论者方之山涛。用事十余年，未尝有所荐达，政之得失，唯唯而已。

（选自姚思廉撰《梁书》卷十三，见《二十五史·梁书》，第27~28页，上海古籍出版社、上海书店1986年版）

王亮传

王亮，字奉叔，琅邪临沂人，晋丞相导之六世孙也。祖偃，宋右光禄大夫、开府仪同三司。父攸，给事黄门侍郎。

亮以名家子，宋末选尚公主，拜驸马都尉、秘书郎，累迁桂阳王文学，南郡王友，秘书丞。齐竟陵王子良开西邸，延才俊以为士林馆，使工图画其像，亮亦预焉。迁中书侍郎、大司马从事中郎，出为衡阳太守。以南土卑湿，辞不之官，迁给事黄门侍郎。寻拜晋陵太守，在职清公有美政。时齐明帝即位，闻而嘉之，引为领军长史，甚见赏纳。及即位，累迁太子中庶子、尚书吏部郎，诠序著称，迁侍中。

建武末，为吏部尚书，是时尚书右仆射江祏管朝政，多所进拔，为士子所归。亮自以身居选部，每持异议。始亮未为吏部郎时，以祏帝之内弟，故深友祏，祏为之延誉，益为帝所器重；至是与祏昵之如初。及祏遇诛，群小放命，凡所除拜，悉由内宠，亮更弗能止。外若详审，内无明鉴，其所选用，拘资次而已，当世不谓为能。频加通直散骑常侍、太子右卫率，为尚书右仆射、中护军。既而东昏肆虐，淫刑已逞，亮倾侧取容，竟以免戮。

义师至新林，内外百僚皆道迎，其未能拔者，亦间路送诚款，亮独不遣。及城内既定，独推亮为首。亮出见高祖，高祖曰：“颠而不扶，安用彼相。”而弗之罪也。霸府开，以为大司马长史、抚军将军，琅邪、清河二郡太守。梁台建，授侍中、尚书令，固让不拜，乃为侍中、中书监，兼尚书令。高祖受禅，迁侍中、尚书令、中军将军，引参佐命，封豫宁县公，邑二千户。天监二年，转左光禄大夫，侍中、中军如故。元日朝会万国，亮辞疾不登殿，设馔别省，而语笑自若。数日，诏公卿问讯，亮无疾色，御史中丞乐蔼奏大不敬，论弃市刑。诏削爵废为庶人。

四年夏，高祖宴于华光殿，谓群臣曰：“朕日昃听政，思闻得失。卿等可谓多士，宜各尽献替。”尚书左丞范缜起曰：“司徒谢朏本有虚名，陛下擢之如此，前尚书令王亮颇有治实，陛下弃之如彼，是愚臣所不知。”高祖变色曰：“卿可更余言。”缜固执不已，高祖不悦。御史中丞任昉因奏曰：

臣闻息夫历诋，汉有正刑；白褒一奏，晋以明罚。况乎附下讪上，毁誉自口者哉。风闻尚书左丞臣范缜，自晋安还，语人云：“我不诣余人，惟诣王亮；不饷余人，惟饷王亮。”辄收缜白从左右万休到台辨问，与风闻符同。又今月十日，御饯梁州刺史臣珍国，宴私既洽，群臣并已谒退，时诏留侍中臣昂等十人，访以政道。缜不答所问，而横议沸腾，遂贬裁司徒臣朏，褒举庶人王亮。臣于时预奉恩留，肩随并立，耳目所接，差非风闻。窃寻王有游豫，亲御轩陛，义深推毂，情均《湛露》。酒阑宴罢，当扆正立，记事在前，记言在后，轸早朝之念，深求瘼之情，而缜言不逊，妄陈褒贬，伤济济之风，缺侧席之望。不有严裁，宪准将颓，缜即主。

臣谨案：尚书左丞臣范缜，衣冠绪余，言行舛驳，夸谐里落，喧诟周行。曲学谀闻，未知去代；弄口鸣舌，只足饰非。乃者，义师近次，缜丁罹艰棘，曾不呼门，墨缞景附，颇同先觉，实奉龙颜。而今党协叠余，翻为矛楯，人而无恒，成兹奸诐。日者，饮至策勋，功微赏厚，出守名邦，入司管辖，苞篚罔遗，而假称折辕，衣裙所弊，谗激失所，许与疵废，廷辱民宗。自居枢宪，纠奏寂寞。顾望纵容，无至公之议；恶直丑正，有私讦之谈。宜置之徽纆，肃正国典。臣等参议，请以见事免缜所居官，辄勒外收付廷尉法狱治罪。

应诸连逮，委之狱官，以法制从事。缜位应黄纸，臣辄奉白简。

诏闻可。玺书语缜曰：

亮少乏才能，无闻时辈，昔经冒入群英，相与岂薄，晚节谄事江祏，为吏部，末协附梅虫儿、茹法珍，遂执昏政。比屋罹祸，尽家涂炭，四海沸腾，天下横溃，此谁之咎！食乱君之禄，不死于治世。亮协固凶党，作威作福，靡衣玉食，女乐盈房，势危事逼，自相吞噬。建石首题，启靡请罪。朕录其白旗之来，贳其既往之咎。亮反覆不忠，奸贿彰暴，有何可论！妄相谈述，具以状对。

所诘十条，缜答支离而已。亮因屏居闭扫，不通宾客。遭母忧，居丧尽礼。

八年，诏起为秘书监，俄加通直散骑常侍，数日迁太常卿。九年，转中书监，加散骑常侍。其年卒。诏赙钱三万，布五千匹。谥曰炀子。

（选自姚思廉撰《梁书》卷十六，见《二十五史·梁书》，第31页，上海古籍出版社、上海书店1986年版）

宗夬传（节选）

宗夬，字明扬，南阳涅阳人也，世居江陵。祖景，宋时征太子庶子不就，有高名。父繁，西中郎谘议参军。

夬少勤学，有局干。弱冠，举郢州秀才，历临川王常侍、骠骑行参军。齐司徒竟陵王集学士于西邸，并见图画，夬亦预焉。永明中，与魏和亲，敕夬与尚书殿中郎任昉同接魏使，皆时选也。

（选自姚思廉撰《梁书》卷十九，见《二十五史·梁书》，第34页，上海古籍出版社、上海书店1986年版）

陆倕传（节选）

陆倕，字佐公，吴郡吴人也。晋太尉玩六世孙。

倕与乐安任昉友善，为《感知己赋》以赠昉[1]，昉因此名以报之曰：

信伟人之世笃[2]，本侯服于陆乡。缅风流于道素，袭衮衣与绣裳。还伊人而世载，并三骏而龙光。过龙津而一息，望凤条而曾翔。彼白玉之虽洁，此幽兰之信芳。思在物而取譬，非斗斛之能量。匹耸峙于东岳，比凝厉于秋霜。不一饭以妄过，每三钱以投渭。匪蒙袂之敢嗟，岂沟壑之能衣。既蕴藉其有余，又淡然而无味。得意同乎卷怀，违方似乎仗气。类平叔而靡雕，似子云之不朴。冠众善而贻操，综群言而名学。折高、戴于后台，异邹、颜乎董幄。采三《诗》于河间，访九师于淮曲。术兼口传之书，艺广铿锵之乐。时坐睡而梁悬，裁枝梧而锥握。既文过而意深，又理胜而辞缛。咨余生之荏苒，追岁暮而伤情。测徂阴于堂下，听鸣钟于洛城。唯忘年之陆子，定一遇于班荆。余获田苏之价，尔等海上之名。信落魄而无产，终长对于短生。饥虚表于徐步，逃责显于疾行。子比我于叔则，又方余于耀卿。心照情交，流言靡惑。万类暗求，千里悬得。言象可废，蹄筌自默。居非连栋，行则同车。冬日不足，夏日靡余。肴核非饵，丝竹岂娱。我未舍驾，子已回舆。中饭相顾，怅然动色。邦壤既殊，离会莫测。存异山阳之居，没非要离之侧。似胶投漆中，离娄岂能识。

其为士友所重如此。

（选自姚思廉撰《梁书》卷二十七，见《二十五史·梁书》，第45页，上海古籍出版社、上海书店1986年版）

到洽传（节选）

到洽，字茂沿，彭城武原人也。宋骠骑将军彦之曾孙。祖仲度，骠骑江夏王从事中郎。父坦，齐中书郎。

---

① 编者按：文见本书第1171页《感知己赋赠任昉》。

② 编者按：《艺文类聚》卷三十一录有此文，此句前有“原知己之时义，故相知之信然。乃贪廉之异贯，奈勇怯之相悬。贪在物而成累，怯在我而可甄。既自得于为御，又甘心于执鞭。矧相知其如此，独揽涕而潺湲。虽有望于己知，更非谓其知己”十二句。严可均校辑《全梁文》以《艺文类聚》本为底本。

洽年十八，为南徐州迎西曹行事。洽少知名，清警有才学士行。谢朓文章盛于一时，见洽深相赏好，日引与谈论。每谓洽曰：“君非直名人，乃亦兼资文武。”朓后为吏部，洽去职，朓欲荐之，洽睹世方乱，深相拒绝。除晋安王国左常侍，不就。遂筑室岩阿，幽居者积岁。乐安任昉有知人之鉴，与洽兄沼、溉并善。尝访洽于田舍，见之叹曰：“此子日下无双。”遂申拜亲之礼。

天监初，沼、溉俱蒙擢用，洽尤见知赏，从弟沆亦相与齐名。高祖问待诏丘迟曰：“到洽何如沆、溉？”迟对曰：“正清过于沆，文章不减溉；加以清言，殆将难及。”即召为太子舍人。御华光殿，诏洽及沆、萧琛、任昉侍宴，赋二十韵诗，以洽辞为工，赐绢二十匹。高祖谓昉曰：“诸到可谓才子。”昉对曰：“臣常窃议，宋得其武，梁得其文。”

（选自姚思廉撰《梁书》卷二十七，见《二十五史·梁书》，第45页，上海古籍出版社、上海书店1986年版）

殷钧传（节选）

殷钧，字季和，陈郡长平人也。晋太常融八世孙。父睿，有才辩，知名齐世，历官司徒从事中郎。睿妻王奂女。奂为雍州刺史、镇北将军，乃言于朝，以睿为镇北长史、河南太守。奂诛，睿并见害。钧时年九岁，以孝闻。及长，恬静简交游，好学有思理。善隶书，为当时楷法，南郡范云、乐安任昉并称赏之。高祖与睿少旧故，以女妻钧，即永兴公主也。

（选自姚思廉撰《梁书》卷二十七，见《二十五史·梁书》，第46页，上海古籍出版社、上海书店1986年版）

裴子野传（节选）

裴子野，字几原，河东闻喜人，晋太子左率康八世孙。兄黎，弟楷、绰，并有盛名，所谓“四裴”也。曾祖松之，宋太中大夫。祖骃，南中郎外兵参军。父昭明，通直散骑常侍。

子野生而偏孤，为祖母所养，年九岁，祖母亡，泣血哀恸，家人异之。少好学，善属文。起家齐武陵王国左常侍，右军江夏王参军，遭父忧去职。居丧尽礼，每之墓所，哭泣处草为之枯，有白兔驯扰其侧。天监初，尚书仆射范云嘉其行，将表奏之，会云卒，不果。乐安任昉有盛名，为后进所慕，游其门者，昉必相荐达。子野于昉为从中表，独不至，昉亦恨焉。

（选自姚思廉撰《梁书》卷三十，见《二十五史·梁书》，第49页，上海古籍出版社、上海书店1986年版）

徐摛传（节选）

徐摛，字士秀，东海郯人也。

摛文体既别，春坊尽学之，“宫体”之号，自斯而起。高祖闻之怒，召摛加让，及见，应对明敏，辞义可观，高祖意释。因问《五经》大义，次问历代史及百家杂说，末论释教。摛商较纵横，应答如响，高祖甚加叹异，更被亲狎，宠遇日隆。领军朱异不说，谓所亲曰：“徐叟出入两宫，渐来逼我，须早为之所。”遂承间白高祖曰：“摛年老，又爱泉石，意在一郡，以自怡养。”高祖谓摛欲之，乃召摛曰：“新安大好山水，任昉等并经为之，卿为我卧治此郡。”大通三年，遂出为新安太守。至郡，为治清静，教民礼义，劝课农桑，期月之中，风俗便改。

（选自姚思廉撰《梁书》卷三十，见《二十五史·梁书》，第50页，上海古籍出版社、上海书店1986年版）

王僧孺传（节选）

王僧孺，字僧孺，东海郯人，魏卫将军肃八代孙。曾祖雅，晋左光禄大夫、仪同三司。祖准，宋司徒左长史。

初，僧孺与乐安任昉遇竟陵王西邸，以文学友会，及是将之县，昉赠诗，其略曰：

惟子见知，惟余知子。观行视言，要终犹始。敬之重之，如兰如芷。形应影随，曩行今止。百行之首，立人斯著。子之有之，谁毁谁誉。修名既立，老至何遽。谁其执鞭，吾为子御。刘《略》班《艺》，虞《志》荀《录》，伊昔有怀，交相欣勖。下帷无倦，升高有属。嘉尔晨灯，惜余夜烛。

其为士友推重如此。

僧孺好坟籍，聚书至万余卷，率多异本，与沈约、任昉家书相埒。少笃志精力，于书无所不睹。其文丽逸，多用新事，人所未见者，世重其富。

（选自姚思廉撰《梁书》卷三十三，见《二十五史·梁书》，第52~53页，上海古籍出版社、上海书店1986年版）

张率传（节选）

张率，字士简，吴郡吴人。祖永，宋右光禄大夫。父瓌，齐世显贵，归老乡邑，天监初，授右光禄，加给事中。

率年十二，能属文，常日限为诗一篇，稍进作赋颂，至年十六，向二千许首。齐始安王萧遥光为扬州，召迎主簿，不就。起家著作佐郎。建武三年，举秀才，除太子舍人。与同郡陆倕幼相友狎，常同载诣左卫将军沈约，适值任昉在焉，约乃谓昉曰："此二子后进才秀，皆南金也，卿可与定交。"由此与昉友善。

（选自姚思廉撰《梁书》卷三十三，见《二十五史·梁书》，第53页，上海古籍出版社、上海书店1986年版）

刘孝绰传（节选）

刘孝绰，字孝绰，彭城人，本名冉。祖勔，宋司空忠昭公。父绘，齐大司马霸府从事中郎。

孝绰幼聪敏，七岁能属文。舅齐中书郎王融深赏异之，常与同载适亲友，号曰神童。融每言曰："天下文章，若无我当归阿士。"阿士，孝绰小字也。绘，齐世掌诏诰。孝绰年未志学，绘常使代草之。父党沈约、任昉、范云等闻其名，并命驾先造焉，昉尤相赏好。范云年长绘十余岁，其子季才与孝绰年并十四五，及云遇孝绰，便申伯季，乃命季才拜之。天监初，起家著作佐郎，为

《归沐诗》以赠任昉[①]，昉报章曰：

彼美洛阳子，投我怀秋作。讵慰耋嗟人，徒深老夫托。直史兼褒贬，辖司专疾恶。九折多美疹，匪报庶良药。子其崇锋颖，春耕励秋获。

其为名流所重如此。

迁太子舍人，俄以本官兼尚书水部郎，奉启陈谢，手敕答曰："美锦未可便制，簿领亦宜稍习。"顷之即真。高祖雅好虫篆，时因宴幸，命沈约、任昉等言志赋诗，孝绰亦见引。尝侍宴，于坐为诗七首，高祖览其文，篇篇嗟赏，由是朝野改观焉。

（选自姚思廉撰《梁书》卷三十三，见《二十五史·梁书》，第54页，上海古籍出版社、上海书店1986年版）

孔休源传（节选）

孔休源，字庆绪，会稽山阴人也。晋丹阳太守冲之八世孙。

除临川王府行参军。高祖尝问吏部尚书徐勉曰："今帝业初基，须一人有学艺解朝仪者，为尚书仪曹郎。为朕思之，谁堪其选？"勉对曰："孔休源识具清通，谙练故实，自晋、宋《起居注》诵略上口。"高祖亦素闻之，即日除兼尚书仪曹郎中。是时多所改作，每逮访前事，休源即以所诵记随机断决，曾无疑滞。吏部郎任昉常谓之为"孔独诵"。

（选自姚思廉撰《梁书》卷三十六，见《二十五史·梁书》，第58页，上海古籍出版社、上海书店1986年版）

---

① 附：刘孝绰《归沐呈任中丞昉诗》："步出金华省，还望承明庐。壮哉宛洛地，佳丽实皇居。虹霓拖飞阁，兰芷覆清渠。圆渊倒荷芰，方镜写簪裾。白云夏峰尽，青槐秋叶疏。自我从人爵，蟾兔屡盈虚。杀青徒已汗，司举未云书。文昌愧通籍，临邛幸第如。夫君多敬爱，蟠木滥吹嘘。时时释簿领，驺驾入吾庐。自唾诚礵玞，无以俪璠玙。但愿长闲暇，酌醴荐焚鱼。"

江革传（节选）

江革，字休映，济阳考城人也。祖齐之，宋尚书金部郎。

中兴元年，高祖入石头，时吴兴太守袁昂据郡距义师，乃使革制书与昂，于坐立成，辞义典雅，高祖深赏叹之，因令与徐勉同掌书记。建安王为雍州刺史，表求管记，以革为征北记室参军，带中庐令。与弟观少长共居，不忍离别，苦求同行，乃以观为征北行参军，兼记室。时吴兴沈约、乐安任昉，并相赏重，昉与革书云："此段雍府，妙选英才，文房之职，总卿昆季，可谓驭二龙于长途，骋骐骥于千里。"

（选自姚思廉撰《梁书》卷三十六，见《二十五史·梁书》，第59页，上海古籍出版社、上海书店1986年版）

谢举传（节选）

谢举，字言扬，中书令览之弟也。幼好学，能清言，与览齐名。举年十四，尝赠沈约五言诗，为约称赏。世人为之语曰："王有养、炬，谢有览、举。"养、炬，王筠、王泰小字也。

起家秘书郎，迁太子舍人，轻车功曹史，秘书丞，司空从事中郎，太子庶子，家令，掌东宫管记，深为昭明太子赏接。秘书监任昉出为新安郡，别举诗云："讵念耋嗟人，方深老夫托。"其属意如此。

（选自姚思廉撰《梁书》卷三十七，见《二十五史·梁书》，第59页，上海古籍出版社、上海书店1986年版）

司马褧传（节选）

司马褧，字元素，河内温人也。曾祖纯之，晋大司农高密敬王。祖让之，员外常侍。父燮，善《三礼》，仕齐官至国子博士。

褧少传家业，强力专精，手不释卷，其礼文所涉书，略皆遍睹。沛国刘瓛为儒者宗，嘉其学，深相赏好。少与乐安任昉善，昉亦雅重焉。初为国子生，起家奉朝请，稍迁王府行参军。

（选自姚思廉撰《梁书》卷四十，见《二十五史·梁书》，第63页，上海古籍出版社、上海书店1986年版）

到溉传（节选）

到溉，字茂灌，彭城武原人。曾祖彦之，宋骠骑将军。祖仲度，骠骑江夏王从事中郎。父坦，齐中书郎。

溉少孤贫，与弟洽俱聪敏有才学，早为任昉所知，由是声名益广。起家王国左常侍，转后军法曹行参军，历殿中郎。出为建安内史，迁中书郎，兼吏部，太子中庶子。

（选自姚思廉撰《梁书》卷四十，见《二十五史·梁书》，第63页，上海古籍出版社、上海书店1986年版）

刘显传（节选）

刘显，字嗣芳，沛国相人也。父瓛，晋安内史。

显幼而聪敏，当世号曰神童。天监初，举秀才，解褐中军临川王行参军，俄署法曹。显好学，博涉多通，任昉尝得一篇缺简书，文字零落，历示诸人，莫能识者，显云是《古文尚书》所删逸篇，昉检《周书》，果如其说，昉因大相赏异。

（选自姚思廉撰《梁书》卷四十，见《二十五史·梁书》，第64页，上海古籍出版社、上海书店1986年版）

刘之遴传（节选）

刘之遴，字思贞，南阳涅阳人也。父虬，齐国子博士，谥文范先生。

之遴八岁能属文，十五举茂才对策，沈约、任昉见而异之。起家宁朔主簿。吏部尚书王瞻尝候任昉，值之遴在坐，昉谓瞻曰："此南阳刘之遴，学优未仕，水镜所宜甄擢。"瞻即辟为太学博士。时张稷新除尚书仆射，托昉为让表，昉令之遴代作，操笔立成。昉曰："荆南秀气，果有异才，后仕必当过仆。"

（选自姚思廉撰《梁书》卷四十，见《二十五史·梁书》，第64页，上海古籍出版社、上海书店1986年版）

《文学传》序

昔司马迁、班固书，并为《司马相如传》，相如不预汉廷大事，盖取其文章尤著也。固又为《贾邹枚路传》，亦取其能文传焉。范氏《后汉书》有《文苑传》，所载之人，其详已甚。然经礼乐而纬国家，通古今而述美恶，非文莫可也。是以君临天下者，莫不敦悦其义，缙绅之学，咸贵尚其道，古往今来，未之能易。高祖聪明文思，光宅区寓，旁求儒雅，诏采异人，文章之盛，焕乎俱集。每所御幸，辄命群臣赋诗，其文善者，赐以金帛，诣阙庭而献赋颂者，或引见焉。其在位者，则沈约、江淹、任昉，并以文采，妙绝当时。至若彭城到沆、吴兴丘迟、东海王僧孺、吴郡张率等，或入直文德，通宴寿光，皆后来之选也。约、淹、昉、僧孺，率别以功迹论。今缀到沆等文兼学者，至太清中人，为《文学传》云。

（选自姚思廉撰《梁书》卷四十九，见《二十五史·梁书》，第76页，上海古籍出版社、上海书店1986年版）

到沆传（节选）

到沆，字茂瀣，彭城武原人也。曾祖彦之，宋将军。父㧑，齐五兵尚书。

沆从父兄溉、洽，并有才名，时皆相代为殿中，当世荣之。（天监）四年，迁太子中舍人。沆为人不自伐，不论人长短，乐安任昉、南乡范云皆友善。

（选自姚思廉撰《梁书》卷四十九，见《二十五史·梁书》，第76页，上海古籍出版社、上海书店1986年版）

庾肩吾传

肩吾，字子慎。八岁能赋诗，特为兄於陵所友爱。初为晋安王国常侍，仍迁王宣惠府行参军。自是每王徙镇，肩吾常随府。历王府中郎、云麾参军，并兼记室参军。中大通三年，王为皇太子，兼东宫通事舍人，除安西湘东王录事参军，俄以本官领荆州大中正。累迁中录事谘议参军、太子率更令、中庶子。初，太宗[1]在藩，雅好文章士，时肩吾与东海徐摛、吴郡陆杲、彭城刘遵、刘孝仪、仪弟孝威，同被赏接。及居东宫，又开文德省，置学士，肩吾子信、摛子陵、吴郡张长公、北地傅弘、东海鲍至等充其选。齐永明中，文士王融、谢朓、沈约文章始用四声，以为新变，至是转拘声韵，弥尚丽靡，复逾于往时。时太子与湘东王书论之曰：

吾辈亦无所游赏，止事披阅，性既好文，时复短咏。虽是庸音，不能阁笔，有惭伎痒，更同故态。比见京师文体，懦钝殊常，竞学浮疏，急为阐缓。玄冬修夜，思所不得，既殊比兴，正背《风》《骚》。若夫六典三礼，所施则有地；吉凶嘉宾，用之则有所。未闻吟咏情性，反拟《内则》之篇；操笔写志，更摹《酒诰》之作。迟迟春日，翻学《归藏》；湛湛江水，遂同《大传》。

吾既拙于为文，不敢轻有掎摭。但以当世之作，历方古之才人，远则扬、马、曹、王[2]，近则潘、陆、颜、谢[3]，而观其遣辞用心，了不相似。若以今文为是，则古文为非；若昔贤可称，则今体宜弃。俱为盍各，则未之敢许。又时有效谢康乐[4]、裴鸿胪[5]文者，亦颇有惑焉。何者？谢客吐言天拔，出于自然，时有不拘，是其糟粕；裴氏乃是良史之才，了无篇什之美。是为学谢则不届其精华，但得其冗长；师裴则蔑绝其所长，惟得其所短。谢故巧不可阶，裴亦质不宜慕。故胸驰臆断之侣，好名忘实之类，方分肉于仁兽，逞却克于邯郸，入鲍忘臭，效尤致祸。决羽谢生，岂三千之可及；伏膺裴氏，惧两唐之不传。故玉徽金铣，反为拙目所嗤；《巴人》《下里》，更合郢中之听。《阳春》高而不和，妙声绝而不寻。竟不精讨锱铢，核量文质，有异巧心，终愧妍手。是以握瑜怀玉之士，瞻郑邦而知退；章甫翠履之人，望闽乡而叹息。诗既若此，笔又如之。徒以烟墨不言，受其驱染；纸札无情，任其摇襞。甚

① 编者按：太宗，即梁简文帝萧纲。

② 编者按：扬，扬雄；马，司马相如；曹，曹植；王，王粲。

③ 编者按：潘，潘岳；陆，陆机；颜，颜延之；谢，谢灵运。

④ 编者按：谢康乐，即谢灵运，袭封康乐县公。

⑤ 编者按：裴鸿胪，即裴子野，梁大通元年（527）任鸿胪卿，中大通二年（530）卒于任上。

矣哉，文之横流，一至于此！

至如近世谢朓、沈约之诗，任昉、陆倕之笔，斯实文章之冠冕，述作之楷模。张士简之赋，周升逸之辩，亦成佳手，难可复遇。文章未坠，必有英绝；领袖之者，非弟而谁。每欲论之，无可与语，思言子建，一共商榷。辩兹清浊，使如泾、渭；论兹月旦，类彼汝南。朱丹既定，雌黄有别，使夫怀鼠知惭，滥竽自耻。譬斯袁绍，畏见子将；同彼盗牛，遥羞王烈。相思不见，我劳如何。

太清中，侯景寇陷京都；及太宗即位，以肩吾为度支尚书。时上流诸蕃，并据州拒景，景矫诏遣肩吾使江州，喻当阳公大心，大心寻举州降贼。肩吾因逃入建昌界，久之，方得赴江陵，未几卒。文集行于世。

（选自姚思廉撰《梁书》卷四十九，见《二十五史·梁书》，第77页，上海古籍出版社、上海书店1986年版）

周兴嗣传

周兴嗣，字思纂，陈郡项人，汉太子太傅堪后也。高祖凝，晋征西府参军、宜都太守。

兴嗣世居姑孰。年十三，游学京师，积十余载，遂博通记传，善属文。尝步自姑孰，投宿逆旅，夜有人谓之曰："子才学迈世，初当见识贵臣，卒被知英主。"言终，不测所之。齐隆昌中，侍中谢朏为吴兴太守，唯与兴嗣谈文史而已。及罢郡还，因大相称荐。本州举秀才，除桂阳郡丞，太守王嵘素相赏好，礼之甚厚。高祖革命，兴嗣奏《休平赋》，其文甚美，高祖嘉之。拜安成王国侍郎，直华林省。其年，河南献舞马，诏兴嗣与待诏到沆、张率为赋，高祖以兴嗣为工。擢员外散骑侍郎，进直文德、寿光省[①]。是时，高祖以三桥旧宅为光宅寺，敕兴嗣与陆倕各制寺碑。及成俱奏，高祖用兴嗣所制者。自是《铜表铭》《栅塘碣》《北伐檄》《次韵王羲之书千字》，并使兴嗣为文；每奏，高祖辄称善，加赐金帛。九年，除新安郡丞，秩满，复为员外散骑侍郎，佐

---

① 编者按：寿光省，南朝梁文学侍从之臣入直之处所，设于寿光殿。

撰国史。十二年，迁给事中，撰文如故。兴嗣两手先患风疽，是年又染疠疾，左目盲，高祖抚其手，嗟曰："斯人也而有斯疾也！"手疏治疽方以赐之。其见惜如此。任昉又爱其才，常言曰："周兴嗣若无疾，旬日当至御史中丞。"十四年，除临川郡丞。十七年，复为给事中，直西省。左卫率周舍奉敕注高祖所制历代赋，启兴嗣助焉。普通二年，卒。所撰《皇帝实录》《皇德记》《起居注》《职仪》等百余卷，文集十卷。

（选自姚思廉撰《梁书》卷四十九，见《二十五史·梁书》，第78页，上海古籍出版社、上海书店1986年版）

王籍传（节选）

王籍，字文海，琅邪临沂人。祖远，宋光禄勋。父僧祐，齐骁骑将军。

籍七岁能属文。及长，好学博涉，有才气，乐安任昉见而称之。尝于沈约坐赋得《咏烛》，甚为约赏。

（选自姚思廉撰《梁书》卷五十，见《二十五史·梁书》，第80页，上海古籍出版社、上海书店1986年版）

刘杳传（节选）

刘杳，字士深，平原平原人也。祖乘民，宋冀州刺史。父怀慰，齐东阳太守，有清绩，在《齐书·良政传》。

杳少好学，博综群书，沈约、任昉以下，每有遗忘，皆访问焉。尝于约坐语及宗庙牺樽，约云："郑玄答张逸，谓为画凤皇尾娑娑然。今无复此器，则不依古。"杳曰："此言未必可按。古者樽彝，皆刻木为鸟兽，凿顶及背，以出内酒。顷魏世鲁郡地中得齐大夫子尾送女器，有牺樽作牺牛形；晋永嘉贼曹嶷于青州发齐景公冢，又得二樽，形亦为牛象。二处皆古之遗器，知非虚也。"约大以为然。约又云："何承天《纂文》奇博，其书载张仲师及长颈王事，此何出？"杳曰："仲师长尺二寸，唯出《论衡》。长颈是毗骞王，朱建安《扶南以南记》云：古来至今不死。"约即取二书寻检，一如杳言。约郊居宅时新构阁斋，杳为赞二首，并以所撰文章呈约，约即命工书人题其赞于壁。

仍报杳书曰："生平爱嗜，不在人中，林壑之欢，多与事夺。日暮涂殚，此心往矣；犹复少存闲远，征怀清旷。结宇东郊，匪云止息，政复颇寄夙心，时得休偃。仲长游居之地，休琏所述之美，望慕空深，何可仿佛。君爱素情多，惠以二赞。辞采妍富，事义毕举，句韵之间，光影相照，便觉此地，自然十倍。故知丽辞之益，其事弘多，辄当置之阁上，坐卧嗟览。别卷诸篇，并为名制。又山寺既为警策，诸贤从时复高奇，解颐愈疾，义兼乎此。迟此叙会，更共申析。"其为约所赏如此。又在任昉坐，有人饷昉柘酒而作榐字。昉问杳："此字是不？"杳对曰："葛洪《字苑》作木旁旮。"昉又曰："酒有千日醉，当是虚言。"杳云："桂阳程乡有千里酒，饮之至家而醉，亦其例也。"昉大惊曰："吾自当遗忘，实不忆此。"杳云："出杨元凤所撰《置郡事》。元凤是魏代人，此书仍载其赋，云三重五品，商溪擦里。"时即检杨记，言皆不差。王僧孺被敕撰谱，访杳血脉所因。杳云："桓谭《新论》云：'太史《三代世表》，旁行邪上，并效周谱。'以此而推，当起周代。"僧孺叹曰："可谓得所未闻。"周舍又问杳："尚书官著紫荷橐，相传云'挈囊'，竟何所出？"杳答曰："《张安世传》曰'持橐簪笔，事孝武皇帝数十年'。韦昭、张晏注并云'橐，囊也。近臣簪笔，以待顾问'。"范岫撰《字书音训》，又访杳焉。其博识强记，皆此类也。

（选自姚思廉撰《梁书》卷五十，见《二十五史·梁书》，第80页，上海古籍出版社、上海书店1986年版）

臧严传（节选）

臧严，字彦威，东莞莒人也。曾祖寿，宋左光禄。祖凝，齐尚书右丞。父棱，后军参军。

严幼有孝性，居父忧以毁闻。孤贫勤学，行止书卷不离于手。初为安成王侍郎，转常侍。从叔未甄为江夏郡，携严之官，于涂作《屯游赋》，任昉见而称之。又作《七算》，辞亦富丽。性孤介，于人间未尝造请。仆射徐勉欲识之，严终不诣。

（选自姚思廉撰《梁书》卷五十，见《二十五史·梁书》，第80页，上海古籍

出版社、上海书店1986年版）

伏挺传（节选）

伏挺，字士标。父暅，为豫章内史，在《良吏传》。

挺幼敏寤，七岁通《孝经》《论语》。及长，有才思，好属文，为五言诗，善效谢康乐体。父友人乐安任昉深相叹异，常曰："此子目下无双。"齐末，州举秀才，对策为当时第一。

（选自姚思廉撰《梁书》卷五十，见《二十五史·梁书》，第80页，上海古籍出版社、上海书店1986年版）

阮孝绪传（节选）

阮孝绪，字士宗，陈留尉氏人也。父彦之，宋太尉从事中郎。

义师围京城，家贫无以爨，僮妾窃邻人樵以继火。孝绪知之，乃不食，更令撤屋而炊。所居室唯有一鹿床，竹树环绕。天监初，御史中丞任昉寻其兄履之，欲造而不敢，望而叹曰："其室虽迩，其人甚远。"为名流所钦尚如此。

（选自姚思廉撰《梁书》卷五十一，见《二十五史·梁书》，第82~83页，上海古籍出版社、上海书店1986年版）

伏暅传（节选）

伏暅，字玄耀，曼容之子也。幼传父业，能言玄理，与乐安任昉、彭城刘曼俱知名。起家齐奉朝请，仍兼太学博士，寻除东阳郡丞，秩满为鄞令。时曼容已致仕，故频以外职处暅，令其得养焉。

（选自姚思廉撰《梁书》卷五十三，见《二十五史·梁书》，第86页，上海古籍出版社、上海书店1986年版）

《南史》任昉史料集锦

〔唐〕李延寿

崔慰祖传（节选）

崔慰祖，字悦宗，清河东武城人也。父庆绪，永明中为梁州刺史。

慰祖著《海岱志》，起太公迄西晋人物，为四十卷，半成。临卒，与从弟纬书云："常欲更注迁、固二史，采《史》《汉》所漏二百余事，在厨簏，可检写之，以存大意。海岱志良未周悉，可写数本付护军诸从事人一通，及友人任昉、徐寅、刘洋、裴揆，令后世知吾微有素业也。"又令以棺亲土，不须砖，勿设灵坐。

（选自李延寿撰《南史》卷七十二，见《二十五史·南史》，第194页，上海古籍出版社、上海书店1986年版）

到溉传（节选）

溉字茂灌，执弟子也。父坦，齐中书郎。溉少孤贫，与兄沼弟洽俱知名，起家王国左常侍。乐安任昉大相赏好，坦提携溉、洽二人，广为声价。所生母魏本寒家，悉越中之资，为二儿推奉昉。

梁天监初，昉出守义兴，要溉、洽之郡，为山泽之游。昉还为御史中丞，后进皆宗之。时有彭城刘孝绰、刘苞、刘孺，吴郡陆倕、张率，陈郡殷芸，沛国刘显及溉、洽，车轨日至，号曰兰台聚。陆倕赠昉诗云：

和风杂美气，下有真人游，壮矣荀文若，贤哉陈太丘。今则兰台聚，万古信为俦。任君本达识，张子复清修，既有绝尘到，复见黄中刘。

时谓昉为"任君"，比汉之"三君"，"到"则溉兄弟也。除尚书殿中郎。后为建安太守，昉以诗赠之，求二衫段云："铁钱两当一，百易代名实。为惠当及时，无待凉秋日。"溉答云："余衣本百结，闽中徒八蚕。假令金如粟，讵使廉夫贪。"还为太子中舍人。

（选自李延寿撰《南史》卷二十五，见《二十五史·南史》，第76页，上海古籍出版社、上海书店1986年版）

庾杲之传（节选）

杲之幼有孝行，宋司空刘勉见而奇之，谓曰："见卿足使江汉崇望，杞梓发声。"解褐奉朝请，稍迁尚书驾部郎。清贫自业，食唯有韭菹瀹韭生韭杂菜。任昉尝戏之曰："谁谓庾郎贫，食鲑尝有二十七种。"

（选自李延寿撰《南史》卷四十九，见《二十五史·南史》，第132页，上海古籍出版社、上海书店1986年版）

《北史》任昉史料集锦

〔唐〕李延寿

魏收传（节选）

魏收，字伯起，小字佛助，巨鹿下曲阳人也。

始收比温子昇、邢邵稍为后进，邵既被疏出，子昇以罪死，收遂大被任用，独步一时。议论更相訾毁，各有朋党。收每议陋邢文。邵又云："江南任昉，文体本疏，魏收非直模拟，亦大偷窃。"收闻乃曰："伊常于沈约集中作贼，何意道我偷任。"任、沈俱有重名，邢、魏各有所好。武平中，黄门郎颜之推以二公意问仆射祖珽。珽答曰："见邢、魏之臧否，即是任、沈之优劣。"收以温子昇全不作赋，邢虽有一两首，又非所长，常云："会须能作赋，始成大才士。唯以章表碑志自许，此外更同儿戏。"自武定二年以后，国家大事诏命，军国文词，皆收所作。每有警急，受诏立成。或时中使催促，收笔下有同宿构，敏速之工，邢、温所不逮也。其参议典礼，与邢相埒。

（选自李延寿撰《北史》卷五十六，见《二十五史·北史》，第217~218页，上海古籍出版社、上海书店1986年版）

温子昇传（节选）

温子昇，字鹏举，自云太原人，晋大将军峤之后也。

永熙中为侍读，兼舍人、镇南将军、金紫光禄大夫。迁散骑常侍、中军大将军，后领本州大中正。梁使张皋写子昇文笔，传于江外，梁武称之曰：“曹植、陆机复生于北土，恨我辞人，数穷百六。”阳夏守傅摽使吐谷浑，见其国主床头有书数卷，乃是子昇文也。济阴王晖业尝云：“江左文人，宋有颜延之、谢灵运，梁有沈约、任昉，我子昇足以陵颜轹谢，含任吐沈。”杨遵彦作《文德论》，以为古今辞人皆负才遗行，浇薄险忌，唯邢子才、王元景、温子昇彬彬有德素。

（选自李延寿撰《北史》卷八十三，见《二十五史·北史》，第297~298页，上海古籍出版社、上海书店1986年版）

蒋少游传

〔唐〕李延寿

蒋少游，乐安博昌人也。魏慕容白曜之平东阳，见俘，入于平城，充平齐户。后配云中为兵。性机巧，颇能画刻，有文思，吟咏之际，时有短篇。遂留寄平城，以佣写书为业，而名犹在镇。后被召为中书写书生，与高聪俱依高允。允并荐之，与聪俱补中书博士。自在中书，恒庇于李冲兄弟子侄之门。始北方不悉青州蒋族，或谓少游本非人士，又少游微，因工艺自达，是以公私人望，不至相重，唯高允、李冲，曲为体练。孝文、文明太后尝因密宴谓百官曰：“本谓少游作师耳，高允老公乃言其人士。”然犹骤被引命，以规矩刻缋为务，因此大蒙恩赐，而位亦不迁陟也。

及诏尚书李冲与冯诞、游明根、高闾等议定衣冠于禁中，少游巧思，令主其事。亦访于刘昶。二意相乖，时致诤竞，积六载乃成，始班赐百官。冠服之成，少游有效焉。后于平城将营太庙太极殿，遣少游乘传诣洛，量准魏、晋基趾。后为散骑侍郎，副李彪使江南。孝文修船乘，以其多有思力，除都水使者。迁兼将作大匠，仍领水池湖泛戏舟楫之具。及华林殿诏修旧增新，改作金墉门楼，皆所措意，号为妍美。虽有文藻，而不得申其才用。恒以剞劂绳尺，碎剧匆匆，徒倚园、湖、城、殿之侧，议者为之叹慨。而乃坦尔为己任，不告疲耻。又兼太常少卿，都水如故。卒，赠龙骧将军、青州刺史，谥曰质。有文集十卷余。少游又为太极立模范，与董尔、王遇等参建之，皆未成而卒。

（选自李延寿撰《北史》卷九十，见《二十五史·北史》，第319页，上海古籍出版社、上海书店1986年版）

孙惠蔚传

〔北齐〕魏收

孙惠蔚，字叔炳，武邑武遂人也，小字陁罗。自言六世祖道恭[①]为晋长秋卿，自道恭至惠蔚世以儒学相传。惠蔚年十五，粗通《诗》《书》及《孝经》《论语》；十八，师董道季讲《易》；十九，师程玄读《礼经》及《春秋》三传。周流儒肆，有名于冀方。

太和初，郡举孝廉，对策于中书省。时中书监高闾宿闻惠蔚，称其英辩，因相谈，荐为中书博士。转皇宗博士。闾被敕理定雅乐，惠蔚参其事。及乐成，闾上疏请集朝贵于太乐，共研是非。秘书令李彪自以才辩，立难于其间，闾命惠蔚与彪抗论，彪不能屈。黄门侍郎张彝常与游处，每表疏论事，多参访焉。十七年，高祖南征，上议告类之礼。及太师冯熙薨，惠蔚监其丧礼，上书令熙未冠之子皆服成人之服。惠蔚与李彪以儒学相知，及彪位至尚书，惠蔚仍太庙令。高祖曾从容言曰："道固既登龙门而孙蔚犹沉涓浍，朕常以为负矣。"

---

① 编者按：孙道恭，晋乐安（今博兴）人，有子颢，避地河朔，五世孙为惠蔚。唐孙逖《宋州司马先府君墓志铭》："府君讳嘉之，字某，魏郡武水人也。故属安乐，盖齐大夫书之后。至晋长秋卿道恭，有子曰颢，避地河朔，后世居焉。颢五世孙魏光禄大夫惠蔚，为本朝大儒。"

虽久滞小官，深体通塞，无孜孜之望，儒者以是尚焉。

二十二年，侍读东宫。先是七庙以平文为太祖，高祖议定祖宗，以道武为太祖。祖宗虽定，然昭穆未改。及高祖崩，祔神主于庙，时侍中崔光兼太常卿，以太祖既改，昭穆以次而易。兼御史中尉、黄门侍郎邢峦以为太祖虽改，昭穆仍不应易，乃立弹草欲按奏光。光谓惠蔚曰：“此乃礼也，而执法欲见弹劾，思获助于硕学。”惠蔚曰：“此深得礼变。”寻为书以与光，赞明其事。光以惠蔚书呈宰辅，乃召惠蔚与峦庭议得失，尚书令王肃又助峦，而峦理终屈，弹事遂寝。

世宗即位之后，仍在左右敷训经典，自冗从仆射迁秘书丞、武邑郡中正。惠蔚既入东观，见典籍未周，乃上疏曰：

臣闻圣皇之御世也，必幽赞人经，参天贰地，宪章典故，述遵鸿猷。故《易》曰：“观乎天文以察时变，观乎人文以化成天下。”然则六经、百氏，图书秘籍，乃承天之正术，治人之贞范。是以温柔疏远，诗书之教；恭俭易良，礼乐之道。爻象以精微为神，春秋以属辞为化。故大训炳于东序，艺文光于麟阁。斯实太平之枢宗，胜残之要道。有国之灵基，帝王之盛业。安上靖民，敦风美俗，其在兹乎？及秦弃学术，礼经泯绝；汉兴求访，典文载举。先王遗训，灿然复存。暨光武拨乱，日不暇给，而入洛之书二千余两。魏晋之世，尤重典坟，收亡集逸，九流咸备。观其鸠阅史篇，访购经论，纸竹所载，略尽无遗。臣学阙通儒，思不及远，徒循章句，片义无立。而慈造曲覃，厕班秘省，忝官承乏，唯书是司。而观、阁旧典，先无定目，新故杂糅，首尾不全。有者累帙数十，无者旷年不写。或篇第褫落，始末沦残；或文坏字误，谬烂相属。篇目虽多，全定者少。臣请依前丞臣卢昶所撰甲乙新录，欲裨残补阙，损并有无，校练句读，以为定本，次第均写，永为常式。其省先无本者，广加推寻，搜求令足。然经记浩博，诸子纷纶，部帙既多，章篇纰缪，当非一二校书，岁月可了。今求令四门博士及在京儒生四十人，在秘书省专精校考，参定字义。如蒙听许，则典文允正，群书大集。

诏许之。

又兼黄门侍郎，迁中散大夫，仍兼黄门。久之，正黄门侍郎，代崔光为著作郎，才非文史，无所撰著，唯自披其传注数行而已。迁国子祭酒、秘书监，仍知史事。延昌二年，追赏侍讲之劳，封枣强县开国男，食邑二百户。肃宗初，出为平东将军、济州刺史。还京，除光禄大夫。魏初已来，儒生寒官，惠蔚最为显达。先单名蔚，正始[1]中，侍讲禁内，夜论佛经，有惬帝旨，诏使加“惠”，号惠蔚法师焉。神龟元年卒于官，时年六十七。赐帛五百匹，赠大将军、瀛州刺史，谥曰戴。

子伯礼，袭封。伯礼善隶书。拜奉朝请、员外散骑侍郎、宁朔将军、步兵校尉、国子博士。卒，赠辅国将军、巴州刺史。

子产同，袭。少有才学，早亡，时人惜之。

（选自魏收撰《魏书》卷八十四，见《二十五史·魏书》，第214~215页，上海古籍出版社、上海书店1986年版）

魏收（506—572），字伯起，小字佛助，下曲阳（今河北晋州西）人。北魏骠骑大将军魏子建之子。北魏时任散骑常侍，编修国史。北齐时任中书令兼著作郎，受命撰写《魏书》。后迁官特进、尚书右仆射，监修国史。武平三年（572）卒，追赠司空、尚书左仆射，谥文贞。有《魏书》一百三十篇，作品被后人辑为《魏特进集》。

高聪传（节选）

〔北齐〕魏收

高聪，字僧智，本渤海蓚人。曾祖轨，随慕容德徙青州，因居北海之剧县。父法昂，刘骏车骑将军王玄谟甥也。少随玄谟征伐，以军功至员外郎。早卒。

聪生而丧母，祖母王抚育之。大军攻克东阳，聪徙入平城，与蒋少游为云中兵户，窘困无所不至。族祖允视之若孙，大加赒给。聪涉猎经史，颇有文

[1] 编者按：正始，北魏宣武帝元恪年号，对应公元504—508年。

才，允嘉之，数称其美，言之朝廷，云："青州蒋少游与从孙僧智，虽为孤弱，然皆有文情。"由是与少游同拜中书博士。积十年，转侍郎，以本官为高阳王雍友，稍为高祖知赏。

（选自魏收撰《魏书》卷六十八，见《二十五史·魏书》，第177页，上海古籍出版社、上海书店1986年版）

刁双传

〔北齐〕魏收

刁雍，字淑和，渤海饶安人也。高祖攸，晋御史中丞。曾祖协，从司马睿渡江，居于京口，位至尚书令。

雍族孙双，字子山。高祖薮，晋齐郡太守。薮因晋乱，居青州之乐安[①]。父道覆，皇兴初除平原太守。至双始还本乡。双少好学，兼涉文史，雅为中山王英所知赏，拜西河太守。

正光初，中山王熙之诛也，熙弟略投命于双，双护之周年。时购略甚切。略乃谓双曰："我兄弟屠灭已尽，唯我一身漏刃相托。卿虽厚恩，久见容蔽，但事留变生，终恐难保。脱万一发觉，我死分也，无事相累卿。若送吾出境，便是再生之惠，如其不尔，辄欲自裁。"双曰："人生会有一死，死所难遇耳。今遭知己，视死如归，愿不以为虑。"略后苦求南转，双乃遣从子昌送达江左。灵太后返政，知略因双获免，征拜光禄大夫。时略姊饶安公主，刁宣妻也，频诉灵太后，乞征略还朝廷。乃以徐州所获俘江革、祖晅二人易之。以双与略有旧，乃令至境迎接略。

肃宗末，除西兖州刺史。时贼盗蜂起，州人张桃弓等招聚亡命，公行劫掠。双至境，先遣使谕桃弓，陈示祸福，桃弓即随使归罪，双舍而不问。后有盗发之处，令桃弓追捕，咸悉擒获。于是州境清肃。庄帝初，行济州刺史，以

① 编者按：青州之乐安，即今博兴。刁薮居青州之乐安数世。

功封曲城乡男。出帝初，迁骠骑大将军、左光禄大夫。兴和三年卒。赠车骑大将军、仪同三司、齐州刺史，谥曰清穆。

（选自魏收撰《魏书》卷三十八，见《二十五史·魏书》，第101~102页，上海古籍出版社、上海书店1986年版）

朱元旭传

〔北齐〕魏收

朱元旭，字君昇，本乐陵人也。祖霸[①]，真君末南叛，投刘义隆，遂居青州之乐陵[②]。元旭颇涉子史，开解几案。起家清河王国常侍。太学博士、员外散骑侍郎。频使高丽。除尚书度支郎中。神龟末，以郎选不精，大加沙汰。元旭与陇西辛雄、范阳祖莹、泰山羊深、西平源子恭并以才用见留。寻加镇远将军，兼尚书右丞，仍郎中、本州中正。时关西都督萧宝夤启云："所统十万，食唯一月。"于是肃宗大怒，召问所由。录、令以下，皆推罪于元旭。元旭入见，于御座前屈指校计宝夤兵粮乃逾一年，事乃得释。除通直散骑常侍。永安初，加平东将军、尚书左丞、光禄大夫。后转司农少卿。迁卫将军、左光禄大夫。天平中，复拜尚书左丞。既无风操，俯仰随俗，性多机数，自容而已。于时朝廷分汲郡、河内二界挟河之地以立义州，安置关西归款之户，除元旭使持节、骠骑将军、义州刺史。武定三年夏，卒于州，年六十七。赠本将军、幽州刺史。

（选自魏收撰《魏书》卷七十二，见《二十五史·魏书》，第189页，上海古籍出版社、上海书店1986年版）

---

① 编者按：朱元旭弟朱岱林墓志中称"曾祖霸"，云朱霸于刘宋元嘉时降宋，"仍居青州之乐陵郡"，则霸为元旭曾祖，此处"祖"上当脱"曾"字。

② 编者按：南朝宋文帝刘义隆时，侨置乐陵郡于今博兴县城东街道冯吴村附近，乐陵县于今博兴县城东街道康坊村南。高齐时将侨置乐陵郡、县迁至乐安旧城（今博兴城），改乐陵郡为乐安郡。

《魏书·食货志》(节选)

〔北齐〕魏收

自魏德既广，西域、东夷贡其珍物，充于王府。又于南垂立互市，以致南货，羽毛齿革之属无远不至。神龟、正光之际，府藏盈溢。灵太后曾令公卿已下任力负物而取之，又数赉禁内左右，所费无赀，而不能一丐百姓也。自徐杨内附之后，仍世经略江淮，于是转运中州，以实边镇，百姓疲于道路。乃令番戍之兵，营起屯田，又收内郡兵资与民和籴，积为边备。有司又请于水运之次，随便置仓，乃于小平、右门、白马津、漳涯、黑水、济州、陈郡、大梁凡八所，各立邸阁，每军国有须，应机漕引。自此费役微省。三门都将薛钦上言：

计京西水次汾华二州、恒农、河北、河东、正平、平阳五郡年常绵绢及赀麻皆折公物，雇车牛送京。道险人敝，费公损私。略计华州一车，官酬绢八匹三丈九尺，别有私民雇价布六十匹；河东一车，官酬绢五匹二丈，别有私民雇价布五十匹。自余州郡，虽未练多少，推之远近，应不减此。今求车取雇绢三匹，市材造船，不劳采斫。计船一艘，举十三车，车取三匹，合有三十九匹。雇作手并匠及船上杂具食直，足以成船。计一船剩绢七十八匹，布七百八十匹。又租车一乘，官格四十斛成载；私民雇价，远者五斗布一匹，近者一石布一匹。准其私费，一车布远者八十匹，近者四十匹。造船一艘，计举七百石，准其雇价，应有一千四百匹。今取布三百匹，造船一艘并船上覆治杂事，计一船有剩布一千一百匹。又其造船之处，皆须锯材人功，并削船茹，依功多少，即给当州郡门兵，不假更召。汾州有租调之处，去汾不过百里，华州去河不满六十，并令计程依旧酬价，车送船所。船之所运，唯达雷陂。其陆路从雷陂至仓库，调一车雇绢一匹，租一车布五匹，则于公私为便。

尚书度支郎中朱元旭计称：

效立于公，济民为本；政列于朝，润国是先。故大禹疏决，以通四载之宜；有汉穿引，受纳百川之用。厥绩显于当时，嘉声播于图史。今校薛钦之说，虽迹验未彰，而指况甚善。所云以船代车，是其策之长者。若以门兵造舟，便为阙彼防御，无容全依。宜令取雇车之物，市材执作，及仓库所须，悉以营办。七月之始，十月初旬，令州郡纲典各租调于将所，然后付之。十车之中，留车士四人佐其守护。粟帛上船之日，随运至京，将共监慎，如有耗损，其倍征。河中缺失，专归运司。输京之时，听其即纳，不得杂合，违失常体。必使量上数下，谨其受入，自余一如其列。计底柱之难，号为天险，迅惊千里，未易其功。然既陈便利，无容辄抑。若效充其说，则附例酬庸，如其不验，征填所损。今始开创，不可悬生减折，且依请营立。一年之后，须知赢费。岁遣御史校其虚实，脱有乖越，别更裁量。

尚书崔休以为：

刳木为舟，用兴上代；凿渠通运，利尽中古。是以漕挽河渭，留侯以为伟谈；方舟蜀汉，郦生称为口实。岂直张纯之奏，见美东都；陈协之功，事高晋世。其为利益，所从来久矣。案钦所列，实允事宜；郎中之计，备尽公理。但舟楫所通，远近必至，苟利公私，不宜止在前件。昔人乃远通褒斜以利关中之漕，南达交广以增京洛之饶。况乃漳洹夷路，河济平流，而不均彼省烦，同兹巨益。且鸿沟之引宋卫，史牒具存；讨虏之通幽冀，古迹备在。舟车省益，理实相悬；水陆难易，力用不等。昔忝东州，亲径□验，斯损益不可同年而语。请诸通水运之处，皆宜率同此式。纵复五百、三百里，车运水次，校计利饶，犹为不少。其钦所列州郡，如请兴造。东路诸州皆先通水运，今年租调，悉用舟楫。若船数有阙，且赁假充事，比之僦车，交成息耗。其先未通流，宜遣检行，闲月修治，使理有可通，必无壅滞。如此，则发召匪多，为益实广，一尔暂劳，久安永逸。

录尚书、高阳王雍，尚书仆射李崇等奏曰：

运漕之利，今古攸同，舟车息耗，实相殊绝。钦之所列，关西而已，若域内同行，足为公私巨益。谨辄参量，备如前计，庶征召有减，劳止小康。若此请蒙遂，必须沟洫通流，即求开兴修筑。或先以开治，或古迹仍在，旧事可因，用功差易。此冬闲月，令疏通咸讫，比春水之时，使运漕无滞。

诏从之，而未能尽行也。

（选自魏收撰《魏书》卷一百一十，见《二十五史·魏书》，第319~320页，上海古籍出版社、上海书店1986年版）

王琚传

〔北齐〕魏收

王琚，高平人，自云本太原人。高祖始，晋豫州刺史。

琚以泰常中被刑入宫禁，小心守节，久乃见叙用。稍迁为礼部尚书，赐爵广平公，加宁南将军。高祖以琚历奉先朝，志在公正，授散骑常侍。后为侍中、征南将军、冀州刺史，假广平王。征还，进为征南将军，进爵高平王，侍中如故，遣还冀州。高祖、文明太后东巡冀州，亲幸其家，存问周至。还京，以其年老，拜散骑常侍，养老于家。前后赐以车马衣服杂物不可称计。后降爵为公，扶老自平城从迁洛邑。高祖以其朝旧，遣左右劳问之。琚附表自陈初至家多乏，蒙赐帛二百匹。常饮牛乳，色如处子。太和二十年冬卒，时年九十。赠征南将军、冀州刺史，谥曰靖。

养子寄生，未袭而亡。

子盖海，袭祖琚爵。初琚年七十余，赐得世祖时宫人郭氏，本钟离人，明严有母德，内外妇孙百口，奉之肃若严君，家内以治。盖海官至青州乐陵太守。

（选自魏收撰《魏书》卷九十四，见《二十五史·魏书》，第232页，上海古籍出版社、上海书店1986年版）

孙益德传

〔北齐〕魏收

孙益德，乐安人也。其母为人所害，益德童幼为母复仇。还家，哭于殡以待县官。高祖、文明太后以其幼而孝决，又不逃罪，特免之。

（选自魏收撰《魏书》卷八十六，见《二十五史·魏书》，第218页，上海古籍出版社、上海书店1986年版）

陈丰授徒

〔北齐〕魏收

（任城王）云长子澄，字道镇。神龟二年薨，年五十三。第四子彝袭。

彝兄顺，字子和。九岁师事乐安陈丰，初书王羲之小学篇数千言，昼夜诵之，旬有五日，一皆通彻。丰奇之，白澄曰：“丰十五从师，迄于白首，耳目所经，未见此比，江夏黄童，不得无双也。”澄笑曰：“蓝田生玉，何容不尔。”

（选自魏收撰《魏书》卷十九中，见《二十五史·魏书》，第55~57页，上海古籍出版社、上海书店1986年版）

孙搴传

〔唐〕李百药

孙搴，字彦举，乐安人也。少厉志勤学，自检校御史再迁国子助教。太保崔光引修国史，频历行台郎，以文才著称。崔祖螭反，搴预焉，逃于王元景家，遇赦乃出。孙腾以宗情荐之，未被知也。

会高祖西讨，登风陵，命中外府司马李义深、相府城局李士略共作檄文，二人皆辞，请以搴自代。高祖引搴入帐，自为吹火，催促之。搴援笔立成，其文甚美。高祖大悦，即署相府主簿，专典文笔。又能通鲜卑语，兼宣传号令。当烦剧之任，大见赏重。赐妻韦氏，既士人子女，又兼色貌，时人荣之。寻除左光禄大夫，常领主簿。

世宗初欲之邺，总知朝政，高祖以其年少未许。搴为致言，乃果行。恃此自乞特进，世宗但加散骑常侍。时又大括燕、恒、云、朔、显、蔚、二夏州、高平、平凉之民以为军士，逃隐者身及主人、三长、守令罪以大辟，没入其家。于是所获甚众，搴之计也。

骞学浅而行薄，邢邵尝谓之曰：“更须读书。”骞曰：“我精骑三千，足敌君羸卒数万。”尝服棘刺丸，李谐等调之曰：“卿棘刺应自足，何假外求。”坐者皆笑。司马子如与高季式召骞饮酒，醉甚而卒，时年五十二。高祖亲临之。子如叩头请罪，高祖曰：“折我右臂，仰觅好替还我。”子如举魏收、季式举陈元康，以继骞焉。赠仪同三司、吏部尚书、青州刺史。

史臣曰：孙骞便藩左右，处文墨之地，入幕未久，情义已深。及仓卒致殒，高祖折我右臂，虽戎旌未卷，爱惜才子，不然何以成霸王之业。太史公云：“非死者难，处死者难。”“或重于大山，或轻于鸿毛。”斯其义也。

赞曰：彦举驱驰，才高行诐。元康忠勇，舍生存义。印印辅玄，思极谈天，道亡时晦，身没名全。

（选自李百药撰《北齐书》卷二十四，见《二十五史·北齐书》，第37~39页，上海古籍出版社、上海书店1986年版）

李百药（565—648），字重规，安平（今属河北）人，隋内史令李德林子。幼多病，祖母因以百药名之。隋时任建安郡丞，入唐后历任中书舍人、散骑常侍、宗正卿。受诏修五礼，定律令。曾上《封建论》疏，规谏裂土分封，被太宗采纳。贞观十年（636），在其父旧稿基础上，撰成《齐书》五十卷，今称《北齐书》。贞观二十二年（648）卒，谥康。

孙骞史料集锦

《魏书·律历志》（节选）

〔北齐〕魏收

孝静世，壬子历气朔稍违，荧惑失次，四星出伏，历亦乖舛。兴和元年十月，齐献武王入邺，复命李业兴，令其改正，立甲子元历。事讫，尚书左仆射司马子如、右仆射隆之等表曰：

自天地剖判，日月运行，刚柔相摩，寒暑交谢，分之以气序，纪之以星辰，弦望有盈缺，明晦有修短。古先哲王则之成化，迎日推策，各有司存，以天下之至王，尽生民之能事，先天而天弗违，后天而奉天时。及卯金受命，年历屡改，当涂启运，日官变业，分路扬镳，异门驰骛，回互靡定，交错不等。岂是人情浅深，苟相违异？盖亦天道盈缩，欲止不能。

正光之历既行于世，发元壬子，置差令朔。测影清台，悬炭之期或爽；候气重室，布灰之应少差。伏惟陛下当壁膺符，大横协兆，乘机虎变，抚运龙飞，苞括九隅，牢笼万寓，四海来王，百灵受职。大丞相、渤海王降神挺生，固天纵德，负图作宰，知机成务，拨乱反正，决江疏河，效显勤王，勋彰济世。功成治定，礼乐惟新，以履端归余，术数未尽，乃命兼散骑常侍执读臣李业兴，大丞相府东阁祭酒、夷安县开国公臣王春，大丞相府户曹参军臣和贵兴等，委其刊正。但回舍有疾徐，推步有疏密，不可以一方知，难得以一途揆。大丞相主簿臣孙搴，骠骑将军、左光禄大夫臣晔，前给事黄门侍郎臣季景，渤海王世子开府谘议参军事、定州大中正臣崔暹，业兴息国子学生、屯留县开国子臣子述等，并令参预，定其是非。

臣等职司其忧，犹恐未尽。窃以蒙戎为饰，必借众腋之华；轮奂成宇，宁止一枝之用。必集名胜，更共修理。左光禄大夫臣卢道约，大司农卿、彭城侯臣李谐，左光禄大夫、东雍州大中正臣裴献伯，散骑常侍、西兖州大中正臣温子昇，太尉府长史臣陆操，尚书右丞、城阳县开国子臣卢元明，中书侍郎臣李同轨，前中书侍郎臣邢子明，中书侍郎臣宇文忠之，前司空府长史、建康伯臣元仲悛，大丞相法曹参军臣杜弼，尚书左中兵郎中、定阳伯臣李溥济，尚书起部郎中臣辛术，尚书祠部郎中臣元长和，前青州骠骑府司马、安定子臣胡世荣，太史令、卢乡县开国男臣赵洪庆，太史令臣胡法通，应诏左右臣张喆，员外司马督臣曹魏祖，太史丞郭庆，太史博士臣胡仲和等，或器擅民誉，或术兼世业，并能显微阐幽，表同录异，详考古今，共成此历。甲为日始，子实天正，命历置元，宜从此起。运属兴和，以年号为目，岂独太初表于汉代，景初冠于魏历而已。谨以封呈，乞付有司，依术施用。

（选自魏收撰《魏书》卷一百七下，见《二十五史·魏书》，第302页，上海古籍出版社、上海书店1986年版）

温子昇传（节选）

〔北齐〕魏收

温子昇，字鹏举，自云太原人，晋大将军峤之后也。世居江左。祖恭之，刘义隆彭城王义康户曹，避难归国，家于济阴冤句，因为其郡县人焉。家世寒素。父晖，兖州左将军府长史，行济阴郡事。

子昇初受学于崔灵恩、刘兰，精勤，以夜继昼，昼夜不倦。长乃博览百家，文章清婉。为广阳王渊贱客，在马坊教诸奴子书。作侯山祠堂碑文，常景见而善之，故诣渊谢之。景曰："顷见温生。"渊怪问之，景曰："温生是大才士。"渊由是稍知之。

熙平初，中尉、东平王匡博召辞人，以充御史，同时射策者八百余人，子昇与卢仲宣、孙搴等二十四人为高第。于时预选者争相引决，匡使子昇当之，皆受屈而去。搴谓人曰："朝来靡旗乱辙者，皆子昇逐北。"遂补御史，时年二十二。台中文笔皆子昇为之。

（选自魏收撰《魏书》卷八十五，见《二十五史·魏书》，第217页，上海古籍出版社、上海书店1986年版）

慕容绍宗传（节选）

〔唐〕李百药

慕容绍宗，慕容晃第四子太原王恪后也，曾祖腾，归魏，遂居于代。祖都，岐州刺史。父远，恒州刺史。

天平初，迁都邺，庶事未周，乃令绍宗与高隆之共知府库图籍诸事。二年，宜阳民李延孙聚众反，乃以绍宗为西南道军司，率都督库狄安盛等讨破之。军还，行扬州刺史，寻行豫州刺史。丞相府记室孙搴属绍宗以兄为州主簿，绍宗不用。搴谮之于高祖，云："慕容绍宗尝登广固城长叹，谓其所亲云'大丈夫有复先业理不'？"由是征还。

（选自李百药撰《北齐书》卷二十，见《二十五史·北齐书》，第30页，上海古籍出版社、上海书店1986年版）

《北齐书·文苑传》序（节选）

〔唐〕李百药

有齐自霸图云启，广延髦俊，开四门以纳之，举八纮以掩之，邺京之下，烟霏雾集，河间邢子才、巨鹿魏伯起、范阳卢元明、巨鹿魏季景、清河崔长儒、河间邢子明、范阳祖孝徵、乐安孙彦举、中山杜辅玄、北平阳子烈并其流也。复有范阳祖鸿勋亦参文士之列。天保中，李愔、陆卬、崔瞻、陆元规并在中书，参掌纶诰。其李广、樊逊、李德林、卢询祖、卢思道始以文章著名。皇建之朝，常侍王晞独擅其美。河清、天统之辰，杜台卿、刘逖、魏骞亦参知诏敕。自愔以下，在省唯撰述除官诏旨，其关涉军国文翰，多是魏收作之。及在武平，李若、荀士逊、李德林、薛道衡为中书侍郎，诸军国文书及大诏诰俱是德林之笔，道衡诸人皆不预也。

（选自李百药撰《北齐书》卷四十五，见《二十五史·北齐书》，第63页，上海古籍出版社、上海书店1986年版）

陈元康传（节选）

〔唐〕李延寿

陈元康，字长猷，广宗人也。父终德，魏济阴内史，元康贵，赠度支尚书，谥曰贞。

元康颇涉文史，机敏有干用。魏正光中，从李崇北伐，以军功赐爵临清男。普泰中，除主书，累迁司徒高昂记室。初，司马子如、高季式与孙搴剧饮，搴醉死，神武命求好替，子如举魏收。他日，神武谓季式曰：“卿饮杀我孙主簿，魏收作文书，都不称我意。司徒尝道一人谨密，是谁？”季式以元康对，曰：“是能夜暗书，快吏也。”召之，一见便授大丞相功曹，内掌机密。

善陈事意，不为华藻。迁大行台都官郎，封安平子。

（选自李延寿撰《北史》卷五十五，见《二十五史·北史》，第212页，上海古籍出版社、上海书店1986年版）

《北史·文苑传》序（节选）

〔唐〕李延寿

洎乎有魏，定鼎沙朔。南包河、淮，西吞关、陇。当时之士，有许谦、崔宏、宏子浩、高允、高闾、游雅等，先后之间，声实俱茂，词义典正，有永嘉之遗烈焉。及太和在运，锐情文学，固以颉颃汉彻，跨蹑曹丕，气韵高远，艳藻独构。衣冠仰止，咸慕新风，律调颇殊，曲度遂改。辞罕泉源，言多胸臆，润古雕今，有所未遇。是故雅言丽则之奇，绮合绣联之美，眇历岁年，未闻独得。既而陈郡袁翻、河内常景，晚拔畴类，稍革其风。及明皇御历，文雅大盛，学者如牛毛，成者如麟角。孔子曰“才难”，不其然也？于时陈郡袁翻、翻弟跃、河东裴敬宪、弟庄伯、庄伯族弟伯茂、范阳卢观、弟仲宣、顿丘李谐、渤海高肃、河间邢臧、赵国李骞，雕琢琼瑶，刻削杞梓，并为龙光，俱称鸿翼。乐安孙彦举、济阴温子昇，并自孤寒，郁然特起。咸能综采繁缛，兴属清华。比于建安之徐、陈、应、刘①，元康之潘、张、左、束②，各一时也。

（选自李延寿撰《北史》卷八十三，见《二十五史·北史》，第297页，上海古籍出版社、上海书店1986年版）

---

① 编者按：徐、陈、应、刘，即建安七子中徐幹、陈琳、应玚、刘桢。

② 编者按：潘、张、左、束，即西晋潘岳、张华、左思、束皙。元康，西晋惠帝年号。“元康”，原作“元元”，讹。

易衣之交

〔唐〕令狐德棻

张轨，字元轨，济北临邑人也。父崇，高平令。轨少好学，志识开朗。初在洛阳，家贫，与乐安孙树仁为莫逆之友，每易衣而出，以此见称。

（选自令狐德棻等撰《周书》卷三十七，见《二十五史·周书》，第62页，上海古籍出版社、上海书店1986年版）

刘贵传

〔宋〕郑樵

刘贵，秀容阳曲人也。刚格有气断，历尔朱荣府骑兵参军，荣性猛急，贵尤严峻，任使多惬荣心。普泰初行汾州事，弃戍归。神武累迁御史中尉，肆州大中正，加开府西道行台仆射。贵所历，莫不肆其威酷，非理杀害，视下如草芥。性峭直，攻讦无所回避。虽非佐命元功，然与神武布衣旧，特见亲重。卒赠太保、太尉、公录尚书事，谥忠武。齐受禅，诏祭告其墓。皇建中，配享神武庙庭。次子洪徽，嗣乐安县男，卒赠都督燕州刺史。

（选自郑樵撰《通志》卷一百五十二，见《钦定四库全书·史部二·别史类》）

郑樵（1104—1162），字渔仲，自号溪西逸民，兴化军莆田县（今属福建）人。出生于书香之家，少时有“神童”之誉。因不愿应科举而隐居于夹漈山中三十年，因此被称为“夹漈先生”。学识广博，著述丰富，“总天下之大学术”编撰《通志》。绍兴三十二年（1162）卒于临安。著述今存《通志》《夹漈遗稿》《尔雅注》等。

达奚长儒传

〔唐〕魏徵

达奚长儒，字富仁，代人也。祖俟，魏定州刺史。父庆，骠骑大将军、仪同三司。长儒少怀节操，胆烈过人。十五，袭爵乐安公①。魏大统中，起家奉车都尉。周太祖引为亲信，以质直恭勤，授大都督。数有战功，假辅国将军，累迁使持节、抚军将军、通直散骑常侍。平蜀之役，恒为先锋，攻城野战，所当必破之。除车骑大将军、仪同三司，增邑三百户。天和中，除渭南郡守，迁骠骑大将军、开府仪同三司。从武帝平齐，迁上开府，进爵成安郡公，邑千二百户，别封一子县公。宣政元年，除左前军勇猛中大夫。后与乌丸轨围陈将吴明彻于吕梁，陈遣骁将刘景率劲勇七千来为声援，轨令长儒逆拒之。长儒于是取车轮数百，系以大石，沉之清水，连毂相次，以待景军。景至，船舰碍轮不得进。长儒乃纵奇兵，水陆俱发，大破之，俘数千人。及获吴明彻，以功进位大将军。寻授行军总管，北巡沙塞，卒与虏遇，接战，大破之。

高祖作相，王谦举兵于蜀，沙氐上柱国杨永安扇动利、兴、武、文、沙、龙等六州以应谦，诏长儒击破之。谦二子自京师亡归其父，长儒并捕斩之。高祖受禅，进位上大将军，封蕲春郡公，邑二千五百户。

开皇二年，突厥沙钵略可汗并弟叶护及潘那可汗众十余万，寇掠而南，诏以长儒为行军总管，率众二千击之。遇于周槃，众寡不敌，军中大惧，长儒慷慨，神色愈烈。为虏所冲突，散而复聚，且战且行，转斗三日，五兵咸尽，士

---

① 编者按：司马光《资治通鉴》卷第一百七十四："郧州巴蛮多叛，共推渠帅兰雒州为主，以附消难。王谊遣诸将分讨之，旬月皆平。陈纪、萧摩诃攻广陵，周吴州总管于颛击破之。沙州氐帅杨永安聚众应王谦，大将军乐宁公达奚儒讨之。""乐宁公达奚儒讨之"下原注："按《隋书·达奚长儒传》：'沙氐杨永安扇动利、兴、武、文、沙、龙等六州以应谦。'参考《五代志》，独不载沙州，盖沙氐所居之地，就置沙州以授其渠帅也。又，长儒袭父庆爵乐安公。《志》云：北海郡博昌县，旧曰乐安。'宁'当作'安'，'儒'上逸'长'字。"

卒以拳殴之，手皆见骨，杀伤万计，虏气稍夺，于是解去。长儒身被五创，通中者二；其战士死伤者十八九。突厥本欲大掠秦、陇，既逢长儒，兵皆力战，虏意大沮，明日，于战处焚尸恸哭而去。高祖下诏曰：“突厥猖狂，辄犯边塞，犬羊之众，弥亘山原。而长儒受任北鄙，式遏寇贼，所部之内，少将百倍。以昼通宵，四面抗敌，凡十有四战，所向必摧。凶徒就戮，过半不反，锋刃之余，亡魂窜迹。自非英威奋发，奉国情深，抚御有方，士卒用命，岂能以少破众，若斯之伟？言念勋庸，宜隆名器，可上柱国，余勋回授一子。其战亡将士，皆赠官三转，子孙袭之。”

其年，授宁州刺史，寻转鄜州刺史，母忧去职。长儒性至孝，水浆不入口五日，毁悴过礼，殆将灭性，天子嘉叹。起为夏州总管三州六镇都将事，匈奴惮之，不敢窥塞。以病免。又除襄州总管，在职二年，转兰州总管。高祖遣凉州总管独孤罗、原州总管元褒、灵州总管贺若谊等发卒备胡，皆受长儒节度。长儒率众出祁连山北，西至蒲类海，无虏而还。复转荆州总管三十六州诸军事，高祖谓之曰：“江陵要害，国之南门，今以委公，朕无虑也。”岁余，卒官。谥曰威。子嵩，大业时官至太仆少卿。

（选自魏徵等撰《隋书》卷五十三，见《二十五史·隋书》，第161~162页，上海古籍出版社、上海书店1986年版）

魏徵（580—643），字玄成，魏郡馆陶（今属河北）人。早年参加瓦岗起义，武德元年（618）归降唐朝，并说服李密旧部李勣献地归唐。授太子洗马，辅佐太子李建成，献策平定刘黑闼。玄武门之变后，授谏议大夫。贞观三年（629）任秘书监，参预朝政。后任侍中，累授左光禄大夫、太子太师，封郑国公。校定古籍，奉命总撰唐初八史中的《周书》《梁书》《陈书》《北齐书》《隋书》五部。对各史“多所损益，务存简正”，使此“五史”获得了“时称良史”的称誉。卒赠司空、相州都督，谥文贞，名列“凌烟阁二十四功臣”第四位。其言论多见于《贞观政要》，后世辑存有《魏郑公诗文集》。

《旧唐书·哀帝本纪》(节选)

〔后晋〕刘昫

(天祐二年十二月乙酉朔)癸丑，敕光禄大夫、守司空、门下侍郎、平章事、太微宫使、弘文馆大学士、延资库使、诸道盐铁转运使柳璨责授朝议郎，守登州刺史。又敕："太常卿张廷范、太常少卿裴磵温銮、祠部郎中知制诰张茂枢等，蒋玄晖在枢密之时，与柳璨、张廷范共为朋扇，日相往来，假其游宴之名，别贮倾危之计。苟安重位，酷陷朝臣，既此阴谋，难宽大辟。柳璨已从别敕处分，廷范可责授莱州司户。裴磵等常同聚会，固共苞藏，磵可青州北海尉，銮临淄尉，茂枢博昌尉，并员外置。"甲寅，敕："责授登州刺史柳璨，素矜憸巧，每务回邪。幸以庸才，骤居重位，曾无显效，孤负明恩。诡谲多端，苞藏莫测，但结连于凶险，独陷害于贤良。罪既贯盈，理须窜殛。可贬密州司户，再贬长流崖州百姓，委御史台赐自尽。"是日斩于上东门外。又敕："张廷范性唯庸妄，志在回邪，不能保慎宠荣，而乃苞藏凶险。密交柳璨，深结玄晖，昼议宵行，欺天负地。神祇共怒，罪状难原。宜除名，委河南府于都市集众，以五车分裂。温銮、裴磵、张茂枢并除名，委于御史台所在赐自尽。柳璨弟瑀、瑊，送河南府决杀。"

(选自刘昫等撰《旧唐书》卷二十下，见《二十五史·旧唐书》，第107页，上海古籍出版社、上海书店1986年版)

刘昫(888—947)，字耀远，少负文名。后唐庄宗时为太常博士、翰林学士。明宗时，迁端明殿学士，拜同中书门下平章事。末帝时，奉命监修国史。后晋出帝时官拜司空，同中书门下平章事，兼判财政三司事。其监修的《旧唐书》虽然成书仓促，但保存了唐代实录、国史、诏令、行状等大量原始资料，展现了唐朝政治、经济、外交、民族、法律等方面的真实面貌，具有较高的史料价值，是中国现存最早的一部系统记录唐朝历史的著作。

薛平传

〔五代〕刘昫

薛嵩，绛州万泉人。祖仁贵，高宗朝名将，封平阳郡公。父楚玉，为范阳、平卢节度使。

嵩子平，年十二，为磁州刺史。嵩卒，军吏欲用河北故事，胁平知留后务，平伪许之，让于叔父崿，一夕以丧归。及免丧，累授右卫将军，在南衙凡三十年。宰相杜黄裳深器之，荐为汝州刺史、兼御史中丞，理有能名。元和七年，淮西用兵，自左龙武大将军授兼御史大夫、滑州刺史、郑滑节度观察等使，累有战功。滑州城西距黄河二里，每岁常为水患。平询访得古河道，接卫州黎阳县界。平率魏博节度使田弘正同上闻，开古河南北长十四里，决旧河以分水势，滑人遂无水患。居镇六年，入为左金吾大将军。未几，复为郑滑节度观察使。及平李师道，朝廷以东平十二州析为三道，以淄、青、齐、登、莱五州为平卢军，以平为节度、观察等使，仍押新罗、渤海两蕃使。

长庆元年，幽镇叛[①]，杜叔良[②]统横海全军讨伐不胜，王庭凑围牛元翼[③]于深州。棣州为贼所窘，朝廷乃委平以偏师援棣州，平即遣将李叔佐以兵五百救之。居数月，刺史王稷馈给稍薄，兵士怨怒，叔佐不能戢，宵溃而归。仍推突

---

① 编者按：长庆元年（821）七月，成德都知兵马使王廷凑集结牙兵作乱，杀成德节度使田弘正全家及其部属、将吏等三百人。

② 编者按：杜叔良，时任沧州刺史、横海军节度使，与乱军战，大败，七千人陷贼，仅以身免。

③ 编者按：王廷凑叛，穆宗诏授牛元翼为深、冀节度使，以抗其军。廷凑攻元翼无所获。后赦廷凑罪，以深州赐之，徙元翼为山南东道节度使，加检校工部尚书。元翼朝京师，廷凑尽杀元翼亲将一百八十人，元翼闻后，愤恚而亡。

将马狼儿为帅，行及青城镇，劫镇将李自劝，并其众；次至博昌镇[①]，复劫其镇兵，共得七千余人，径逼青州城。城中兵士不敌，平悉府库并家财募二千精卒，逆击之，仍先以骑兵掩其家属辎重，贼众惶惑反顾，因大败。狼儿与其同恶十数辈脱身窜匿，余党降，稍后者斩于鞠场。明日，狼儿亦就擒戮，胁从者放归田里。诏加右仆射，进封魏国公，由是远近畏伏平之威略。

在镇六周岁，兵甲完利，井赋均一。至是入觐，百姓遮道乞留，数日乃得出。时人以为近日节制，罕有其比。宝历元年，归朝，进加检校左仆射，兼户部尚书。逾月，复检校司空，兼河中绛隰节度观察等使。大和二年，复以晋州、慈州隶河中，益兵三千人，加平检校司徒。在河中凡六年，召拜太子太保。明年，上疏乞老，以司徒致仕，居一年卒，册赠太傅。

（选自刘昫等撰《旧唐书》卷一百二十四，见《二十五史·旧唐书》，第425页，上海古籍出版社、上海书店1986年版）

孙伏伽传

〔北宋〕宋祁

孙伏伽，贝州武城人。仕隋，以小史累劳补万年县法曹。高祖武德初，上言三事。

其一：

臣闻“天子有争臣，虽无道不失其天下”。隋失天下者何？不闻其过也。方自谓功德盛五帝、迈三王，穷侈极欲，使天下士肝脑涂地，户口殚耗、盗贼日滋。当时非无直言之臣，卒不闻悟者，君不受谏，而臣不敢告之也。向使开不讳之路，官贤授能，赏罚时当，人人乐业，谁能摇乱者乎？陛下举晋

① 编者按：乾隆《大清一统志》载：“淳化镇，在博兴县北。《金史·地理志》：博兴有博昌、淳化二镇。《县志》：淳化镇在县北四十里；又，博昌镇在县北九十里，近利津、滨州、乐安界；又，有柳桥镇在县南二十里；陈虎店镇在县西二十五里。”博昌镇即今史口镇，后划归东营市东营区。

阳，天下响应，计不旋跬，大业以成。勿以得天下之易，而忘隋失之不难也。天子动则左史书之，言则右史书之。凡搜狩当顺四时，不可妄动。且陛下即位之明日，有献鹞者，不却而受，此前世弊事，奈何行之？相国参军事卢牟子献琵琶，长安丞张安道献弓矢，并被赉赏。以率土之富，何索不致，岂少此物哉？

其二：

百戏散乐，本非正声，隋末始见崇用，此谓淫风，不得不变。近太常假民裙襦五百称，以衣妓工，待玄武门游戏。臣以为非诒子孙之谋。传曰："放郑声，远佞人。"今散妓者，匪《韶》匪《夏》，请并废之，以复雅正。

其三：

臣闻"性相近，习相远"。今皇太子诸王左右执事，不可不择。大抵不义无赖及驰骋射猎歌舞声色慢游之人，止可悦耳目，备驱驰，至拾遗补阙，决不能也。泛观前世，子姓不克孝，兄弟不克友，莫不由左右乱之。愿选贤才，澄僚友之选。

帝大悦，即诏：周、隋之晚，忠臣结舌，是谓"一言丧邦"者。朕惟寡德，不能性与天道，然冀弼谐以辅不逮，而群公卿士罕进直言。伏伽至诚慷慨，据义恳切，指朕失无所讳。其以伏伽为治书侍御史，赐帛三百匹。

初，帝受禅，伏伽最先谏，帝欲尽下情，故不次见拔，以示群臣。

是时，军兴赋敛重，伏伽数请厘损。帝语裴寂曰："隋为无道，主骄于上，臣谄于下，下上蔽蒙，至身死匹夫手，宁不痛哉！我今不然，平乱责武臣，守成责儒臣，程能付事，以佐不逮；虚心尽下，冀闻嘉言。若李纲、孙伏伽，可谓谊臣矣。俯首噤默，岂朕所望哉？"

东都平，大赦天下，又欲责贼支党，悉流徙恶地。伏伽谏曰："臣闻王者无戏言，《书》称'尔无不信，朕不食言'，言之不可不慎也。陛下制诏曰'常赦不免，皆原之'，此非直赦有罪，是亦与天下更新辞也。世充、建德所部，赦后乃欲流徙。《书》曰：'歼厥渠魁，胁从罔治。'渠魁尚免，胁从何辜？且'跖狗吠尧，吠非其主'，今与陛下结发雅故，往为贼臣，彼岂忘陛下哉？壅隔故也。至疏者安得而罪之？由古以来，何代无君，然止称尧、舜者，何也？直由善名难得也。昔天下未平，容应机制变。今四方已定，设法须与人共之。法者陛下自作，须自守之，使天下百姓信而畏也。自为无信，欲人之信，岂可得哉？赏罚之行，无贵贱亲疏，惟义所在。臣愚以为贼党于赦当免者，虽甚无状，宜一切加原，则天下幸甚。”又表置谏官。帝皆钦纳。

太宗即位，封乐安县男，迁大理少卿。帝数出驰射，伏伽谏曰：“臣闻天子之居，禁卫九重，出也警，入也跸，非直尊其居处，为社稷生人计也。比闻陛下走马射帖，娱悦群臣，殆非所以导养圣躬、垂宪后代，此直少年诸王务耳，安得既为天子，尚行之乎？窃为陛下不取。”帝悦，曰：“卿能言朕非，朕能改之，天下庶有瘳乎！”后坐奏囚失，免官。起为刑部郎中。累迁大理卿。时司农市木橦，倍直与民，右丞韦悰劾吏隐没，事下大理讯鞫。伏伽曰：“缘官市贵，故民直贱。臣见司农识大体，不见其罪。”帝悟，顾悰曰：“卿不逮伏伽远矣。”久之，出为陕州刺史，致仕。显庆三年卒。

始，伏伽拜御史时，先被内旨，而制未出，归卧于家，无喜色。顷之，御史造门，子弟惊白，伏伽徐起见之。时人称其有量，以比顾雍云。

（选自欧阳修、宋祁撰《新唐书》卷一百三，见《二十五史·新唐书》，第407~408页，上海古籍出版社、上海书店1986年版）

宋祁（998—1061），字子京，开封雍丘（今河南杞县）人。司空宋庠之弟，二人并有文名，时称“二宋”。天圣二年登进士第，初任复州军事推官，经召试，授直史馆。历官龙图阁学士、史馆修撰。与欧阳修等合修《新唐书》，主笔列传部分，前后长达十余年。书成，进工部尚书，拜翰林学士承旨。嘉祐六年卒，谥景文。后人辑有《宋景文集》及《宋景文公长短句》。另有《宋景文笔记》《益部方物略记》等。

韦思谦传

〔北宋〕宋祁

韦思谦，名仁约，以近武后父讳为嫌，遂以字行。其先出雍州杜陵，后客襄阳，更徙为郑州阳武人。八岁丧母，以孝闻。及进士第，累调应城令，负殿，不得进官。吏部尚书高季辅曰："予始得此一人，岂以小疵弃大德邪？"擢监察御史。常曰："御史出使，不能动摇山岳，震慑州县，为不任职。"中书令褚遂良市地不如直，思谦劾之，罢为同州刺史。及复相，出思谦清水令。或吊之，答曰："吾狷直，触机辄发，暇恤身乎？丈夫当敢言地，要须明目张胆以报天子，焉能录录保妻子邪？"沛王府长史皇甫公义引为仓曹参军，谓曰："公非池中物，屈公为数旬客，以重吾府。"

改侍御史，高宗贤之，每召与语，虽甚倦，徙倚轩槛，犹数刻罢。疑狱剧事，多与参裁。武候将军田仁会诬奏御史张仁祎，帝廷诘，仁祎懦不得对。思谦为辩其枉，因言仁会营罔陷人不测者，词旨详畅，帝善之，仁祎得不坐。累迁右司郎中、尚书左丞，振明纲辖，朝廷肃然。进御史大夫。

性謇谔，颜色庄重不可犯。见王公，未尝屈礼。或以为讥，答曰："耳目官固当特立。雕、鹗、鹰、鹯，岂众禽之偶，奈何屈以狎之？"帝崩，思谦扶疾入临，涕泗冰须，俯伏号绝，诏给扶侍。转司属卿，复为右肃政大夫。故事，大夫与御史钧礼，思谦独不答。或以为疑，思谦曰："班列固有差，奈何尚姑息邪？"垂拱初，封博昌县男，同凤阁鸾台三品。转纳言，辞疾，不许，诏肩舆以朝，听子孙侍。以太中大夫致仕，卒赠幽州都督，子承庆嗣立。

（选自欧阳修、宋祁撰《新唐书》卷一百十六，见《二十五史·新唐书》，第434页，上海古籍出版社、上海书店1986年版）

郝象贤

〔北宋〕司马光

（垂拱四年）夏四月戊戌，杀太子通事舍人郝象贤[1]。象贤，处俊之孙也。

---

① 原注：唐制，太子通事舍人，正七品下，掌导引宫臣辞见及劳问之事。

初太后有憾于处俊[①]，会奴诬告象贤反，太后命周兴鞫之，致象贤族罪。象贤家人诣朝堂，讼冤于监察御史乐安任玄殖，玄殖奏象贤无反状，玄殖坐免官。象贤临刑，极口骂太后，发扬宫中隐慝，夺市人柴以击刑者，金吾兵共格杀之。太后命支解其尸，发其父祖坟，毁棺焚尸。自是终太后之世，法官每刑人，先以木丸塞其口。

（选自司马光撰《资治通鉴》卷二百四，见《钦定四库全书·史部二·编年类》）

张嘉贞传（节选）

〔北宋〕宋祁

张嘉贞，字嘉贞，本范阳旧姓，高祖子吒，仕隋终河东郡丞，遂家蒲州，为猗氏人。

嘉贞子延赏。

延赏子弘靖。

弘靖子文规、次宗。

文规子彦远。

次宗孙茂枢，字休府，及进士第。天祐中，累迁祠部郎中，知制诰。坐柳璨事，贬博昌尉。

（选自欧阳修、宋祁撰《新唐书》卷一百二十七，见《二十五史·新唐书》，第460~461页，上海古籍出版社、上海书店1986年版）

---

① 原注：上元二年谏高宗。编者按：《资治通鉴》卷二百二载，（上元二年）三月丁巳天后祀先蚕于邙山之阳，百官及朝集使皆陪位。上苦风眩甚，议使天后摄知国政。中书侍郎同三品郝处俊曰："天子理外，后理内，天之道也。昔魏文著令，虽有幼主，不许皇后临朝，所以杜祸乱之萌也。陛下奈何以高祖太宗之天下，不传之子孙，而委之天后乎？"中书侍郎昌乐李义琰曰："处俊之言至忠，陛下宜听之。"上乃止。

诸葛爽传

〔北宋〕宋祁

诸葛爽，青州博昌人。为县伍伯，令笞苦之，乃亡命，沈浮里中。庞勋反，入盗中为小校。勋势蹙，率百余人与泗州守将汤群自归，累迁汝州防御使。李琢讨沙陀于云州，表为北面招讨副使。徙夏绥银节度使，检校尚书右仆射。

黄巢犯京师，诏率代北行营兵入卫，次同州，降贼，伪署河阳节度使，代罗元杲。元杲者，本神策将，状短陋，倚中官势，剽财输京师，凡巨万，人怨之。爽至，募州人战，众不从，相率迎爽，元杲奔行在。爽间道奉表僖宗以自明，诏拜节度使。李克用援陈许，道天井关。爽惧，不肯假道，出屯万善。克用自河中趋汝、洛。

爽累授京师东南面招讨诸行营副都统、左先锋使，兼中书门下平章事。朱温为贼守同州，爽率轻兵入之，温偃旗设伏以待，爽谓贼遁，士解甲就舍，伏发，爽悉弃铠马奔还。至修武，为魏博韩简击败之，不敢入。简留将赵文玠戍河阳，自攻郓，时中和二年也。河阳人诱爽，自金、商驰，复入之，厚礼文玠及戍人，还之魏。于是爽攻新乡，简自郓来，战获嘉西。简阴窥关中，其下不悦，裨将乐彦祯间众之隙，引其军先还，故简兵八万自溃，相藉溺清水至不流。明年，诏爽为东南面招讨使，伐秦宗权，表李罕之自副。

爽虽兴庸厮，善吏治，法令澄壹，人无愁咨。擢累检校司空。光启二年卒。其将刘经与泽州刺史张言共立爽子仲方为留后，为蔡贼孙儒所攻，奔于汴，儒取孟州。

（选自欧阳修、宋祁撰《新唐书》卷一百八十七，见《二十五史·新唐书》，第578页，上海古籍出版社、上海书店1986年版）

王师范传

〔北宋〕宋祁

王敬武，青州人。隶平卢军为偏校，事节度使安师儒。中和中，盗发齐、棣间，遣敬武击定。已还，即逐师儒，自为留后。时王铎方督诸道行营军复京师，因承制授敬武平卢节度使，趣其兵使西。及京师平，进检校太尉、同中书门下平章事。龙纪元年卒。

子师范，年十六，自称留后，嗣领军。昭宗自以太子少师崔安潜领节度，师范拒命。时棣州刺史张蟾迎安潜，师范遣部将卢弘攻之，弘与蟾连和。师范以金啖之，曰："君若顾先人，使不绝其祀，君之惠也。不然，愿死坟墓。"弘少之，不为备，师范伏兵迎于路，部将刘鄩斩弘，遂攻棣州。蟾请救于朱全忠，全忠驰使谕解，师范拔其城，斩蟾，而安潜不敢入。

师范喜儒学，谨孝，于法无所私。舅醉杀人，其家诉之，师范厚赂谢，诉者不置，师范曰："法非我敢乱。"乃抵舅罪。母恚之，师范立堂下，日三四至，不得见三年，拜省户外不敢懈。以青州父母所籍，每县令至，具威仪入谒，令固辞，师范遣吏挟坐，拜廷中乃出。或谏不可，答曰："吾恭先世，且示子孙不忘本也。"

全忠已并郓州，遣兵攻师范，师范下之。会全忠围凤翔，昭宗诏方镇赴难，以师范附全忠，命杨行密部将朱瑾攻青州，且欲代为平卢节度。师范闻之，哭曰："吾为国守藩，君危不持，可乎？"乃与行密连盟。遣将张居厚、李彦威以甲椠二百舆绐为献者，及华州，先内十舆，阍人觉，众擐甲噪，杀全忠守将娄敬思。是时崔胤方在华，闭门拒战，执居厚还全忠。

刘鄩袭兖州，入之；师范亦潜兵入河南，徐、沂、郓等十余州同日并发。全忠使从子友宁率军东讨。是时帝还长安，故全忠并魏博军屯齐州。王茂章方以兵二万合师范弟师诲攻密州，破之，以张训为刺史。进攻沂州，败其兵，还青州，半舍而屯。友宁方攻博昌，未下，全忠督战急，友宁驱民十万，负木石，筑山临城中，城陷，屠老少投尸清水，遂围登州。茂章欲啖友宁，不肯救。未几，城破，友宁负胜攻别屯。茂章度汴军怠，与师范合击友宁于石楼，斩其首，传于行密。

全忠怒，悉军二十万倍道至。茂章闭营，伺军懈，毁壁出斗，还与诸将饮，讫，复战。全忠望见，叹曰："吾有将如是，天下不足平！"于是退屯临淄。茂章畏全忠，乃敛军而南，使李虔裕以五百人后拒。茂章解衣寐，虔裕呼曰："追至，将军速去！"茂章曰："吾共决死。"虔裕固请，茂章乃去。已而追至，虔裕一军覆，茂章免。全忠见虔裕，欲释之，瞋目大骂而死。张训召诸将谋曰："汴人至，师少，何以待之？"众请焚城而亡，训曰："不然。"即封府藏，下县门，密引兵去。汴军见府库完，德之，不追。

全忠留杨师厚围青州，败师范兵于临朐，执诸将，又获其弟师克。是时，师范众尚十余万，诸将请决战，而师范以弟故，乃请降。全忠归其弟，假师范知节度留后事，师范献钱二十万缗以谢军。汴将刘重霸执棣州刺史邵播，得其书八百纸，皆教师范战守，全忠惮而杀之。

葛从周围兖州，刘鄩不肯下，从周以师范命招之，乃尽出将士，开门降。从周为办装，使诣汴，鄩但素服乘驴而往。全忠赐冠带，辞曰："囚请就絷。"不许。既见，慰之，饮以酒，固辞，全忠笑曰："取兖州，量何大邪？"擢署都押衙，在诸旧将上。诸将趋入，鄩一无让，全忠奇之。

岁余，徙师范于汴，亦缟素请罪。全忠见以礼，表为河阳节度使。既受唐禅，友宁妻诉仇人于朝，乃族师范于洛阳。先是，有司坎第左，告之故。师范乃与家人宴，少长列坐，语使者曰："死固不免，予惧坑之则昭穆失序，不可见先人地下。"酒行，以次受戮者二百人。

（选自欧阳修、宋祁撰《新唐书》卷一百八十七，见《二十五史·新唐书》，第579页，上海古籍出版社、上海书店1986年版）

朱珍传（节选）

〔北宋〕薛居正

朱珍，徐州丰县雍凤里人也。太祖初起兵，珍与庞师古、许唐、李晖、丁会、氏叔琮、邓季筠、王武等八十余人，以中涓从，摧坚陷阵，所向荡决。

时太祖方谋济师，乃遣珍往淄州募兵，行次任县，东面都统齐克让伏兵于孙师陂以邀珍，珍大破之。进军至牙山，都虞候张仁遇白珍曰："军有不齐者，当先斩本都将，后以状闻，愿许之。"珍怒其专，乃斩仁遇以徇军，由是诸将感惧。兵至乾封，与淄人战于白草口，败之。青人以步骑二万，列三寨于金岭驿，珍与战，连破之，歼其师，尽获军器戎马。是夕，攻博昌，大获兵众。其后破卢瑭、张晊及朱瑄、朱瑾之众，平定曹、濮，未尝不在战中。

（选自薛居正等撰《旧五代史》卷十九，见《二十五史·旧五代史》，第33页，上海古籍出版社、上海书店1986年版）

薛居正（912—981），字子平，北宋开封浚仪（今河南开封）人，后唐清泰二年（935）进士，历仕后晋、后汉、后周、北宋四朝，历官谏议大夫、刑部侍郎、参知政事、门下侍郎、昭文馆大学士、司空等职。主持编撰《五代史》，今称《旧五代史》。太平兴国六年（981）因服丹砂而卒，追赠太尉、中书令，谥文惠。有《文惠集》传世。

刘捍传（节选）

〔北宋〕薛居正

刘捍，开封人。父行仙，宣武军大将。捍少为牙职，太祖初镇夷门，以捍聪敏，擢副典客。唐中和四年夏，太祖以朱珍为淄州刺史，令收兵于淄、青间，命捍监其兵，路逢大敌，皆破之。入博昌，获精兵三万以归。

（选自薛居正等撰《旧五代史》卷二十，见《二十五史·旧五代史》，第35页，上海古籍出版社、上海书店1986年版）

霍存传

〔北宋〕薛居正

霍存，洺州曲周县人。性骁勇，善骑射，在黄巢中已为将领。唐中和四年，太祖大破巢军于王满渡，时存与葛从周、张归霸皆自巢军来降，太祖宥而纳之。其后破王夏寨，击殷铁林，并在战中。寻佐朱珍取滑台，攻淄州，取博昌，皆预战立功。

（选自薛居正等撰《旧五代史》卷二十一，见《二十五史·旧五代史》，第36页，上海古籍出版社、上海书店1986年版）

朱友宁传

〔北宋〕薛居正

安王友宁，字安仁，少习诗礼，长喜兵法，有倜傥之风。太祖镇汴，累署军职，每因出师，多命统骁果以从。及擒秦宗权，太祖令友宁轞送宗权西献于长安，诏加检校右散骑常侍、行右监门卫将军。自是继立军功，累官至检校司空兼龚、柳二州刺史。太祖驻军岐下，遣友宁领所部兵先归梁苑，以备守御。属青帅王师范构乱，以关东诸兵悉在岐、陇，欲乘虚窃发，自齐、鲁至于华下，罗布奸党，皆诈以委输贡奉为名，阴与淮夷、并门结好。会有青人诣裴迪言其状，迪以事告，友宁不俟命乃率兵万余人东讨。师范遣其弟将兵围齐州。友宁引兵救之，青寇大败，夺马四千蹄，斩首数千级。及昭宗归长安，朝廷议迎驾功，友宁授岭南西道节度使，加特进、检校司徒，赐号迎銮毅勇功臣。时青寇数千，越崄潜伏，欲入兖州。友宁知之，伏兵于兖南邀之，大破贼众，竟无免者。自是兖壁危窘，友宁督诸军进逼营兵。首攻博昌县，月余未能拔。太祖怒，遣刘捍督战。友宁乃下俘民众十余万，各领负木石、牵牛驴，于城南为土山。既至，合人畜木石排而筑之，冤枉之声，闻数十里。俄而城陷，尽屠其邑人，清河为之不流。及进迫寇垒，与青人战于石楼，王师小却，友宁旁自峻阜驰骑以赴敌，所乘马蹶而仆，遂没于阵。友宁将战之前日，有大白蛇蟠于帐中，友宁心恶之，既而果遇祸焉。

（选自薛居正等撰《旧五代史》卷十二，见《二十五史·旧五代史》，第23页，上海古籍出版社、上海书店1986年版）

朱友宁传

〔北宋〕欧阳修

友宁字安仁，幼聪敏，喜愠不形于色。太祖以为军校，善用弓剑。迁衙内制胜都指挥使、龚州刺史。太祖围凤翔，遣友宁东备宣武。王师范袭梁，围齐州，友宁引兵击之，夺马千匹，斩首数千级。太祖奉昭宗还京师，拜友宁建武军节度使，赐号迎銮毅勇功臣。太祖复遣攻师范，围博昌，屠之，清河为之不流。战于石楼，兵败，友宁堕马见杀。

（选自欧阳修撰《新五代史》卷十三，见《二十五史·新五代史》，第15页，上海古籍出版社、上海书店1986年版）

欧阳修（1007—1072），字永叔，号醉翁，晚号六一居士，吉州吉水（今属江西）人。四岁丧父，家贫好学。宋仁宗天圣八年（1030）进士，景祐元年（1034）任馆阁校勘，两年后因替被贬的范仲淹申辩而被贬夷陵。后入朝复职，又升知谏院、知制诰等职，赞助推行庆历新政。新政失败后，上疏反对罢免范仲淹等事，被外放知滁、扬、颍及应天等州府。官至翰林学士、枢密副使、参知政事。英宗即位后，卷入濮议之争。神宗即位后力求辞位，出知亳、青、蔡三州，熙宁四年（1071）以太子少师致仕，翌年逝世，谥文忠。其文说理畅达，抒情委婉，为“唐宋八大家”和“千古文章四大家”之一。平生喜好奖掖后进，曾巩、王安石、苏洵父子等都受到他的提携和栽培。诗风雄健清丽，词风婉约有致。在经学、史学、金石学等方面都有卓著的成就，苏轼称其“事业三朝之望，文章百世之师”。主修《新唐书》，并独撰《新五代史》。今有《欧阳文忠公文集》等传世。

朱友宁攻博昌

〔北宋〕司马光

朱友宁攻博昌①，月余不拔，朱全忠怒，遣客将刘捍往督之②。捍至，友宁驱民丁十余万，负木石、牵牛驴，诣城南筑土山。既成，并人畜木石排而筑之，冤号声闻数十里。俄而城陷，尽屠之③。进拔临淄④。抵青州城下，遣别将

① 原注：博昌，汉县，唐属青州。《十三州志》云：“昌水其势平，故曰博昌。后唐避庙讳改曰博兴。”《九域志》：“博兴在青州西北一百二十里，管下有博昌镇。”

② 原注：今阃府州军皆有客将，主赞导宾客，盖古之舍人中涓，汉之铃下威仪之职。唐末藩镇置客将，往往升转至大官，位望不轻。

③ 原注：争城而战，杀人盈城，朱友宁之陨身丧元，未足以谢冤魂也。号，户刀翻。闻，音问。《考异》曰：《唐太祖纪年录》：“师范之举兵也，朱温令朱友宁讨之。三月己酉，朱温至汴州，大举魏博四镇之众十万击师范，朱友宁、杨师厚攻博兴，旬余不下，攻城之众死者大半。俄而朱温至，大怒，斩其主将，复起土山，翌日而拔。城中无少长皆屠之，仍毁其垣。四月，进陷临淄，傅青州。别将攻北海，渡胶水，寇登莱等郡。”《实录》据此而置于四月。《梁太祖实录》：四月丙子，上至郓，领事。辛卯，从子友宁帅师破青州之博昌、临淄二邑，杀戮五千余众，暨北海焉。《编遗录》：五月辛亥，却离历下，宿丰齐驿。甲寅，上到汶阳。乙卯，奏王师范逆状。己未，上又往历下。壬戌，上以兵士攻取博昌。寨下少树木，时当炎毒，却，勒亲从骑兵皆归齐州。因又前行，夜将半，客将刘捍谋曰：“捍请驰赴军前，传谕上意，敦将士，今戮力速攻，必可克也，今请上却归历下。”上悦而从之。便令捍驰骑东往，上乃西归汶阳。丙寅，捷音至，攻拔博昌，尽戮其党矣。据此，则破博昌在五月。今从《朱友宁传》。

④ 原注：临淄，汉古县，久废，隋复置于古齐国城，唐属青州。《九域志》：“在州西北四十里。”

攻登莱。淮南将王茂章会王师范弟莱州刺史师诲攻密州，拔之，斩其刺史刘康乂①。以淮海都游奕使张训为刺史②。六月乙亥，汴兵拔登州，师范帅登莱兵拒。朱友宁于石楼为两栅③。丙子夜，友宁击登州栅，栅中告急，师范趣茂章出战，茂章按兵不动，友宁破登州栅，进攻莱州栅，比明，茂章度其兵力已疲，乃与师范合兵出战，大破之。友宁旁自峻阜驰骑赴敌，马仆，青州将张土枭斩之，传首淮南两镇，兵逐北至米河④。俘斩万计，魏博之兵殆尽。全忠闻友宁死，自将兵二十万，昼夜兼行赴之，秋七月壬子，至临朐⑤，命诸将攻青州。

（选自司马光撰《资治通鉴》卷二百六十四，见《钦定四库全书·史部二·编年类》）

牛存节传

〔北宋〕欧阳修

牛存节字赞正，青州博昌人也。初名礼，事诸葛爽于河阳，爽卒，存节顾其徒曰："天下汹汹，当得英雄事之。"乃率其徒十余人归梁太祖。存节为人木强忠谨，太祖爱之，赐之名字，以为小校。

张晊攻汴，存节破其二寨。梁攻濮州，战南刘桥、范县，存节功多。李罕之围张全义于河阳，全义乞兵于梁，太祖以存节故事河阳，知其间道，使以兵为前锋。是时岁饥，兵行乏食，存节以金帛就民易干葚以食军，击走罕之。太祖攻魏，存节下魏黎阳、临河，杀魏万二千人，与太祖会内黄。迁滑州牢城遏

---

① 原注：《九域志》："莱州，南至密州三百里，东北至登州二百四十里。"刘康乂，朱全忠所用也。

② 原注：杨行密据有淮南，西尽淮源，东暨于海边，而延袤数千里，故置都游奕使，以谨防遏也。

③ 原注：据旧书，石楼近临淄。

④ 原注：王师范以平卢之兵，王茂章以淮南之兵，是两镇兵也。

⑤ 原注：临朐，汉县，唐属青州。《九域志》曰："在州东南四十里。"

后指挥使。

梁兵攻郓，存节使都将王言藏船郓西北隅濠中，期以日午渡兵逾濠急攻之。会营中火起，郓人登城望火，言伏不敢动，与存节失期，存节独破郓西瓮城门，夺其濠桥，梁兵得俱进，遂破朱宣。从葛从周攻淮南，从周败淠河，存节收其散卒八千以归。拜亳、宿二州刺史。朱瑾走吴，召吴兵攻徐、宿，存节谋曰："淮兵必不先攻宿，然宿沟垒素固，可以御敌。"乃夜以兵急趣徐州，比傅徐城下，瑾兵方至，望其尘起，惊曰："梁兵已来，何其速也！"不能攻而去。已而太祖使者至，授存节军机，悉与存节意合，由是诸将益服其能。迁潞州都指挥使。太祖攻凤翔，使召存节。存节为将，法令严整而善得士心，潞人送者皆号泣。累拜邢州团练使、元帅府左都押衙。

太祖即位，拜右千牛卫上将军。从康怀英攻潞州，为行营排阵使。晋兵已破夹城，存节等以余兵归，行至天井关，闻晋兵攻泽州，存节顾诸将曰："吾行虽不受命，然泽州要害，不可失也。"诸将皆不欲救之。存节戒士卒熟息，已而谓曰："事急不赴，岂曰勇乎！"举策而先，士卒随之。比至泽州，州人已焚外城，将降晋，闻存节至，乃稍定。存节入城，助泽人守，晋人穴地道以攻之，存节选勇士数十，亦穴地以应之，战于隧中，敌不得入，晋人解去。迁左龙虎统军、六军都指挥使、绛州刺史，迁鄜州留后。

同州刘知俊叛，奔凤翔，乃迁存节匡国军节度使。友珪立，朱友谦叛附于晋，西连凤翔，存节东西受敌。同州水咸而无井，知俊叛梁，以渴不能守而走，故友谦与岐兵合围持久，欲以渴疲之，存节祷而择地，凿井八十，水皆甘可食，友谦卒不能下。

末帝立，加同中书门下平章事，徙镇天平。蒋殷反徐州，遣存节攻破之，以功加太尉。梁、晋相距于河上，存节病痟，而梁、晋方苦战，存节忠愤弥激，治军督士，未尝言病。病革，召归京师，将卒，语其子知业曰："忠孝，吾子也。"不及其佗。赠太师。

（选自欧阳修撰《新五代史》卷二十二，见《二十五史·新五代史》，第24~25页，上海古籍出版社、上海书店1986年版）

附：奉和御制读五代梁史（其二）

〔北宋〕夏竦

赞贞怀武鸷，转斗历炎凉。
诚感泉源异，兵严士庶康。
临危见忠愤，对敌擅威强。
终始心无改，遗言更可伤。[①]

（选自夏竦撰《文庄集》卷三十一，见《钦定四库全书·集部二·别集类二·宋》）

夏竦（985—1051），字子乔，江州德安（今属江西）人。宝元二年（1039）至庆历元年（1041）间任陕西经略安抚使等职，怯于对西夏用兵，自请解兵柄，改判河中府。三年召为枢密使，以谏官反对，改知亳州，遂指执政范仲淹、富弼与谏官欧阳修等为朋党。七年任枢密使，旋又为御史论罢。皇祐元年（1049）进封郑国公。尚权术，性贪婪，世人目为“奸邪”。著有《文庄集》。

姚恕获罪

〔南宋〕李焘

（开宝四年十一月）庚戌，河决澶州，东汇于郓濮，坏民田。上怒官吏不时上言，遣使按鞫。是日通判司封郎中姚恕坐弃市，知州左骁卫大将军杜审肇

① 原注：牛存节，字赞贞。武鸷有大节，威名闻于敌境，战斗累载有功。初授潞州步军都指挥使，法令严整，士庶安之。为同州节度使，岐人迫城，城中井水咸苦，人不可饮。存节乃肃拜虔祝，择地凿八十余井，味皆甘淡，以为至诚之感，病渴且消。河北用兵，存节忠愤弥笃，未尝言病。将终，戒其子以忠孝，不言及他。

免归私第。恕，博兴人，事皇弟光义于开封，为判官，颇尽裨赞。尝谒宰相赵普，会普宴客，阍者不通。恕怒而去，普闻之，亟使人谢焉，恕遂去不顾，普由是憾恕。及上为审肇择佐贰，普即请用恕，光义留之弗得。居澶州几二年，竟坐法诛，投其尸于河。恕家人初不知也，偶于中流得其尸，朝服故在，后数日乃知恕所以死。人谓恕罪不至此，普实报私怨耳。

（选自李焘撰《续资治通鉴长编》卷十二，见《钦定四库全书·史部二·编年类》）

李焘（1115—1184），字仁甫，号巽岩，眉州丹棱（今属四川）人。绍兴进士，初在川中任地方官多年，乾道三年（1167）任兵部员外郎。后历任内外官职，以主持修史为时最久。淳熙十一年（1184）卒，累赠太师、温国公，谥文简。生平以史家自任，仿照《资治通鉴》体例，以四十年时间撰成《续资治通鉴长编》九百八十卷，保存了北宋一代的丰富史料。

卫融传

〔北宋〕欧阳修

宋兴，昭义节度使李筠叛命，遣其将刘继冲、判官孙孚奉表称臣，执其监军周光逊、李廷玉送于太原，乞兵为援。承钧欲谋于契丹，继冲道筠意，请无用契丹兵。承钧即率其国兵自将出团柏谷，群臣饯之汾水。仆射赵华曰：“李筠举事轻易，陛下不图成败，空国兴师，臣实忧之。”承钧至太平驿，封筠陇西郡王。筠见承钧仪卫不备，非如王者，悔臣之。筠因自陈受周氏恩，不忍背德。而承钧与周世仇也，闻筠言亦不悦。遣宣徽使卢赞监其军，筠心益不平，与赞多不叶，承钧遣宰相卫融和解之。

已而筠败死，卫融被执至京师，太祖皇帝问融承钧所以助筠反状，融言不逊，太祖命以挝击其首，流血被面，融呼曰：“臣得死所矣！”太祖顾左右曰：“此忠臣也。”释之，命以良药傅其疮。遣融致书于承钧，求周光逊等，约亦归融太原，承钧不报，融遂留京师。承钧谓赵华曰："不听公言，几至于败。然失卫融、卢赞，吾以为恨尔。"

（选自欧阳修撰《新五代史》卷七十，见《二十五史·新五代史》，第94页，上海古籍出版社、上海书店1986年版）

卫融传

〔元〕脱脱

卫融字明远，青州博兴人。晋天福初举进士，调南乐主簿，历齐、澶二州从事、忠武军掌书记。汉初，为太原观察支使，刘崇称帝，授中书侍郎、平章事。

太祖立，李筠据上党，遣使降刘钧，钧自将兵至太平驿与筠会，遣宣徽使卢赞入潞州监筠军。赞与筠不协，钧遣融和解之。会筠败，融被擒，太祖责之曰："汝何故劝刘钧举兵助李筠反耶？"融曰："犬吠非其主，臣四十口受刘氏丰衣美食，不忍负之。陛下纵不杀臣，臣亦不为陛下用，终当间道走河东尔。"太祖怒，令左右以铁檛击其首，曳出将戮之。融大呼曰："大丈夫死或重于泰山，或轻于鸿毛，今之死正得其所尔。"太祖闻之曰："此忠臣也。"遽命释之，召坐御前，以良药傅其创，赐袭衣、金带、鞍勒马。既而欲放融归，令融先为书谕钧，言俟周光逊等归朝，即遣融去。钧得书久无报，乃授融太府卿，赐第京城。乾德初，郊祀，融献《郊禋大体赋》，改司农卿，出知陈、舒、黄三州。开宝六年，卒，年六十九。

子偁、倚，孙齐，并进士及第。

（选自脱脱等撰《宋史》卷四百八十二，见《二十五史·宋史》，第1579页，上海古籍出版社、上海书店1986年版）

李成之死

〔元〕脱脱

李觉，字伸明，本京兆长安人。曾祖鼎，唐国子祭酒、苏州刺史，唐末避乱，徙家青州益都。鼎生瑜，本州推官。瑜生成，字咸熙，性旷荡，嗜酒，喜吟诗，善琴奕，画山水尤工，人多传秘其迹。周枢密使王朴将荐其能，会朴卒，郁郁不得志。乾德中，司农卿卫融知陈州，闻其名，召之，成因挈族而往，日以酣饮为事，醉死于客舍。

（选自脱脱等撰《宋史》卷四百三十一，见《二十五史·宋史》，第1454页，上海古籍出版社、上海书店1986年版）

马韶传

〔元〕脱脱

马韶，赵州平棘人，习天文三式。开宝中，太宗以晋王尹京，申严私习天文之禁，韶素与太宗亲吏程德玄善，德玄每戒韶不令及门。九年冬十月十九日，既夕，韶忽造德玄，德玄恐甚，诘其所以来，韶曰："明日乃晋王利见之辰，韶故以相告。"德玄惶骇，止韶一室，遽入白太宗。太宗命德玄以人防守之，将闻于太祖。及诘旦，太宗入谒，果受遗践阼。韶以赦获免。逾月，起家为司天监主簿。太平兴国二年，擢太仆寺丞，改秘书省著作佐郎。历太子中允、秘书丞，出为平恩令。归朝，复守旧任，与楚芝兰同判司天监事，就迁太常博士。淳化五年，坐事，出为博兴令，移长山令。秩满归乡里，卒于家。

（选自脱脱等撰《宋史》卷四百六十一，见《二十五史·宋史》，第1528页，上海古籍出版社、上海书店1986年版）

窦舜卿传

〔元〕脱脱

窦舜卿，字希元，相州安阳人。以荫为三班奉职，监平乡县酒税。有僧欲授以化汞为白金之术，谢曰：“吾禄足养亲，不愿学也。”辟府州兵马监押。夏人犯塞，舜卿欲袭击，举烽求援于大将王凯，凯弗应。舜卿度事急，提州兵出战，胜之。明日，经略使问状，凯惧，要以同出为报。舜卿欢然相许，不自以为功。为青淄路都监。海盗行劫，执博昌镇官吏，肆剽掠，舜卿募士三百，悉擒之。使契丹，主客马祐言：“昔先公客省善射，君当传家法。”置酒请射，舜卿发辄中。祐使奴持二弓示之，一挽皆折。

湖北蛮傜彭仕义叛，徙为钤辖，兼知辰州。建请筑州城，不扰而办。帅师取富州，蛮将万年州据石猗崖。舜卿选壮卒奋击，蛮矢石交下，卒蒙盾直前，发强弩射，万年州毙于崖下，遂拔之。左右欲尽剿其众，舜卿不许，曰：“仕义愿内附，特为此辈所胁，今死矣，何以多杀为？”引兵入北江，仕义降。擢康州刺史，加龙神卫、捧日天武四厢指挥使、马军殿前都虞候，三迁邕州观察使，历邠宁环庆路副都总管。熙宁中，十上章求退，且丐易文阶。改刑部侍郎，提举嵩山崇福宫。以光禄大夫致事，再转金紫光禄大夫，卒，年八十八。谥曰康敏。

（选自脱脱等撰《宋史》卷三百四十九，见《二十五史·宋史》，第1247页，上海古籍出版社、上海书店1986年版）

《宋史·礼志》选

〔元〕脱脱

文宣王庙

至圣文宣王。唐开元末升为中祠，设从祀，礼令摄三公行事。朱梁丧乱，从祀遂废。后唐长兴二年，仍复从祀。周显德二年，别营国子监，置学舍。宋因增修之，塑先圣、亚圣、十哲像，画七十二贤及先儒二十一人像于东西庑之木壁，太祖亲撰先圣亚圣赞，十哲以下命文臣分赞之。建隆中，凡三幸国子监，谒文宣王庙。太宗亦三谒庙。诏绘三礼器物、制度于国学讲论堂木壁。又命河南府建国子监文宣王庙，置官讲说及赐《九经》书。

（真宗大中祥符）二年五月乙卯，诏追封十哲为公，七十二弟子为侯，先儒为伯或赠官。

（政和）五年，太常等言："兖州邹县孟子庙，诏以乐正子配享，公孙丑以下从祀，皆拟定其封爵：乐正子克利国侯，公孙丑寿光伯，万章博兴伯，告子不害东阿伯，孟仲子新泰伯，陈臻蓬莱伯，克虞昌乐伯，屋庐连奉符伯，徐辟仙源伯，陈代沂水伯，彭更雷泽伯，公都子平阴伯，咸丘蒙须城伯，高子泗水伯，桃应胶水伯，盆成括莱阳伯，季孙丰城伯，子叔承阳伯。"大晟乐成，诏下国子学选诸生肄习，上丁释奠，奏于堂上，以祀先圣。

咸淳三年，诏封曾参郕国公，孔伋沂国公，配享先圣。封颛孙师陈国公，升十哲位。复以邵雍、司马光列从祀。其序：兖国公、郕国公、沂国公、邹国公，居正位之东面，西向北上，为配位；费公闵损、薛公冉雍、黎公端木赐、卫公仲由、魏公卜商，居殿上东面，西向北上，郓公冉耕、齐公宰予、徐公冉求、吴公言偃、陈公颛孙师，居殿上西面，东向北上，为从祀；东庑，金乡侯澹台灭明、任城侯原宪、汝阳侯南宫适、莱芜侯曾点、须昌侯商瞿、平舆侯漆雕开、睢阳侯司马耕、平阴侯有若、东阿侯巫马施、阳谷侯颜辛、上蔡侯曹恤、枝江侯公孙龙、冯翊侯秦祖、雷泽侯颜高、上邽侯壤驷赤、成邑侯石作蜀、巨平侯公夏首、胶东侯后处、济阳侯奚容点、富阳侯颜祖、滏阳侯句井疆、鄄城侯秦商、即墨侯公祖句兹、武城侯县成、汧源侯燕伋、俯句侯颜之仆、建成侯乐欬、堂邑侯颜何、林虑侯狄墨、郓城侯孔忠、徐城侯公西点、临濮侯施之常、华亭侯秦非、文登侯申枨、济阴侯颜哙、泗水侯孔鲤、兰陵伯荀况、睢陵伯谷梁赤、莱芜伯高堂生、乐寿伯毛苌、彭城伯刘向、中牟伯郑众、缑氏伯杜子春、良乡伯卢植、荥阳伯服虔、司空王肃、司徒杜预、昌黎伯韩愈、河南伯程颢、新安伯邵雍、温国公司马光、华阳伯张栻，凡五十二人，并西向；西庑，单父侯宓不齐、高密侯公冶长、北海侯公皙哀、曲阜侯颜无繇、共城侯高柴、寿张侯公伯寮、益都侯樊须、巨野侯公西赤、千乘侯梁鳣、临沂侯冉孺、沭阳侯伯虔、诸城侯冉季、濮阳侯漆雕哆、高苑侯漆雕徒父、邹平侯商泽、当阳侯任不齐、牟平侯公良孺、新息侯秦冉、梁父侯公肩定、聊城侯鄡单、祁乡侯罕父黑、淄川侯申党、厌次侯荣旂、南华侯左人郢、朐山侯郑国、乐平侯原亢、胙城侯廉洁、博平侯叔仲会、高堂侯邽巽、临朐侯公西舆如、内黄侯蘧瑗、长山侯林放、南顿侯陈亢、阳平侯琴张、博昌侯步叔乘[①]、中都伯左丘明、临淄伯公羊高、乘氏伯伏胜、考城伯戴圣、曲阜伯孔安国、成都伯扬雄、歧阳伯贾逵、扶风伯马融、高密伯郑玄、任城伯何休、偃师伯王弼、新野伯范宁、汝南伯周敦颐、伊阳伯程颐、郿伯张载、徽国公朱熹、开封伯吕祖谦，凡五十二人，并东向。

武成王庙

昭烈武成王。自唐立太公庙，春秋仲月上戊日行祭礼。上元初，封为武成王，始置亚圣、十哲等，后又加七十二弟子。梁废从祀之祭，后唐复之。太祖建隆三年，诏修武成王庙。

宣和五年，礼部言："武成王庙从祀，除本传已有封爵者，其未经封爵之人，齐相管仲拟封涿水侯，大司马田穰苴横山侯，吴大将军孙武沪渎侯，越相范蠡遂武侯，燕将乐毅平虏侯，蜀丞相诸葛亮顺兴侯，魏西河守吴起封广宗伯，齐将孙膑武清伯，田单昌平伯，赵将廉颇临城伯，秦将王剪[②]镇山伯，汉

① 编者按：清梁国治《钦定国子监志》卷十二："先贤步叔子乘，唐开元二十七年从祀，封淳于伯，宋大中祥符二年加博昌侯。"

② 编者按：原文如此，即王翦。

前将军李广怀柔伯，吴将军周瑜平虏伯。”于是释奠日，以张良配享殿上，管仲、孙武、乐毅、诸葛亮、李勣并西向，田穰苴、范蠡、韩信、李靖、郭子仪并东向。

（选自脱脱等撰《宋史》卷一百五，见《二十五史·宋史》，第351~352页，上海古籍出版社、上海书店1986年版）

沈琯与李纲书论金人兵虚实

〔南宋〕徐梦莘

（靖康元年正月）十一日丁丑，李纲、沈琯与执政同议于东府。

十四日庚辰，皇弟康王、少宰张邦昌使于大金。沈琯与李纲书论金人兵虚实。

沈琯短书投纲：“某自燕山拘执而南，陈讲和之议，意在脱归言其军实。今天与之幸，偶而归，达区区之忠，因右丞归以上闻，似可以无憾矣。虽曰后时尚有图者，彼言国相自太原入，河西自鄜延入，不知二道能遏之使不前否？二道既不能进，则此犹可者也。城下之战固不可轻议，待其回脚，数路要之，前不得还，后以重兵拥之，可一举而歼之。彼之难聚者兵，调发半年，止得如此，若尽灭之，数十年间未能再举。若使之还，其祸未已。彼之难得者马，前日入燕不满万骑，得常胜三千匹，路中所掠不下三五千匹，今又以二万匹与之，不可敌也。彼之所乏者金，载之而归，竭吾帑藏，又取于民，不足以充其欲。二者之外，又割吾要地，其祸可胜言哉！今日彼之兵数不多，必不若契丹犯澶渊之时。是时景德春秋乃未及圣主之盛，一时宰执皆欲避之，陈尧咨数人皆欲之金陵，独寇莱公决策劝之亲征，一战而胜。今城下之战计社稷之安危，不可遽急。至于后图，亦不可缓。右丞忠愤之气，众所共闻，实天以赐我宋，岂不能为寇莱公哉？某冻馁逾月，脱死而归，魂未集体，无仆无马，筋骸解散，不可以步履，此以代面陈，幸不以人微言轻忽。”

又陈三事。一曰：“某昨日步归，憩于茶肆，闻诸人咸有欲战之心，但不令出尔。此固未易轻举，然人心可见。今早又闻昨夜城外小战，与其小战，不若更多与之人马在外以待之。”二曰：“金人之所以有斗志者，意在于金帛，既与之，彼却有爱惜之心。吾之将士要而夺之，以求为军赏，则我之兵欲斗之志如破竹之势矣。”三曰：“金人不多，用兵之时，当分头掩击以分其势。”

是日晚，纲遣人相召，瑄力言金人可破之状。兼今日客主之势不同，多寡之数不侔，若令遂归，既无伤折，又厚有所得，异时人人敢来也。割地之后，彼据要害，我反为客，燕山云中一二十万之兵，不知何以御。若果欲与之战，不可失此时。我重兵拥其后河壖而掩击之，以西兵自怀卫入驻浚州之北当其前，召大名、德、博兴、仁潞南兵由德、博渡河，于邢赵之间等截间道，遣人密约河间、真定、中山、雄、沧会兵于滹河之北迎战，当使匹马只轮不返。若云姑与之更图后举，此妄论也。今既与之，大事去矣，后不可再举，必败，须便甘心为江左之事。右丞能以决策立圣主，又能止之使不迁，盖天以右丞赐我宋。今日之事，何不以死争，岂能作执政而遂爱惜也？纲言：“公之言，宗庙社稷大计，与纲无不合者。但有掣肘处，亦少有所待。”答曰：“愿力为上开陈，断不疑而速行之，免后时噬脐。”

次日，又以七事献纲。一曰：十三日诏出，恐所割州府不肯听从，指挥守臣交割，窃恐守臣亦有畏懦全身保家之人，奉诏弃城而走，密窃遣人，令合兵以战。二曰：杨志昨在燕曾受高托山极赂，志贪财色，今闻在军，可说之要击。三曰：闻西兵有至者，出兵不可缓。金人过河，日驰百里，纵使之归，昔抚定燕山之时，亦迁延不去。大兵既近燕城，苍黄而行，辎重金帛尽为张觉取夺，此机不可失。四曰：大兵拥敌过河，止以万人弓弩守北岸。五曰：大捷之后，全军受赏，其搴旗斩将，有功者、统领者别行保明，优与推恩。六曰：金人兜鍪极坚，止露两目，枪箭所不能入。契丹昔用棍棒击其头、项、面，多有坠马而得之。欲令骑兵半持棍棒。七曰：郭药师将骑兵三千、刘舜仁领兵二千随行，今若以重兵拥之过河，前又有兵截等，其势甚危。因密令人说之，以药师为燕王，以舜仁为平王，许其世袭自置官吏，岁赐官帛，兼令其背金归朝，事自有济。涂中闻常胜恐由澶渊、德、博入沧过河归燕山，当须两道遣人候之，不可后也。

（选自徐梦莘撰《三朝北盟会编》卷三十，见《钦定四库全书·史部三·纪事本末类》）

徐梦莘（1126—1207），字商老，清江（今江西樟树西）人。绍兴间进士。初授南安军教授，后改知湘阴县，寻知宾州。生平嗜学博闻，有感于靖康之乱，于绍熙五年（1194）撰成《三朝北盟会编》二百五十卷。另有《北盟集补》《会录》等，不传。

李孜收日炙盐

〔元〕脱脱

（大定）二十三年七月，博兴县民李孜收日炙盐，大理寺具私盐及刮咸土二法以上。宰臣谓非私盐可比，张仲愈独曰："私盐罪重，而犯者犹众，不可纵也。"上曰："刮碱非煎，何以同私？"仲愈曰："如此则渤海之人恣刮碱而食，将侵官课矣。"力言不已，上乃以孜同刮碱科罪。后犯则同私盐法论。

（选自脱脱等撰《金史》卷四十九，见《二十五史·金史》，第117页，上海古籍出版社、上海书店1986年版）

完颜合达传（节选）

〔元〕脱脱

完颜合达，名瞻，字景山。少长兵间，习弓马，能得人死力。贞祐初，以亲卫军送岐国公主，充护卫。三年，授临潢府推官，权元帅右监军。时临潢避迁，与全、庆两州之民共壁平州。合达隶其经略使乌林答乞住，乞住以便宜授军中都统，累迁提控，佩金符。未几，会燕南诸帅将兵复中都城，行至平州迁安县，临潢、全庆两军变，杀乞住，拥合达还平州，推为帅，统乞住军。合达以计诛首乱者数人。其年六月，北兵大将喊得不遣监战提军至平州城下，以州人黄裳入城招降，父老不从，合达引兵逆战，知事势不敌，以本军降于阵。监战以合达北上，留半岁，令还守平州。已而，谋自拔归，乃遣奉先县令纥石烈布里哥、北京教授蒲察胡里安、右三部检法蒲察蒲女涉海来报。

四年十一月，合达果率所部及州民并海西南归国。诏进官三阶，升镇南军节度使，驻益都，与元帅蒙古纲相应接，充宣差都提控。十二月，大元兵徇地博兴、乐安、寿光，东涉潍州之境，蒙古纲遣合达率兵屡战于寿光、临淄。兴定元年正月，转通远军节度使、兼巩州管内观察使。七月，改平西军节度使、兼河州管内观察使。二年正月，知延安府事、兼鄜延路兵马都总管。

（选自脱脱等撰《金史》卷一百十二，见《二十五史·金史》，第264页，上海古籍出版社、上海书店1986年版）

李全起义

一

〔元〕脱脱

（兴定三年夏六月甲子朔，）李全寇日照、博兴，纥石烈万奴败之；寇即墨，完颜僧寿又败之，复莱州。

（选自脱脱等撰《金史》卷十五，见《二十五史·金史》，第44页，上海古籍出版社、上海书店1986年版）

二

〔元末明初〕陈桱

（宋嘉定七年，金贞祐二年，太祖皇帝九年十二月）金潍州红袄贼李全寇掠山东州县。

全，潍州北海农家子。锐头蜂目，权谲，善下人。弓马趫捷，能运铁枪，人号为“李铁枪”。金主自迁汴，赋敛益横，河北山东遗民保寨阻险，群聚为盗，寇掠州郡，皆衣红衲袄以相识。全与仲兄福亦聚众数千，钞掠山东。刘庆福、国用安、郑衍德、田四、于洋、于潭等皆附之。

（选自陈桱撰《通鉴续编》卷二十，见《钦定四库全书·史部二·编年类》）

陈桱（生卒年不详），字子经，浙江奉化（今属浙江宁波）人。元末流寓长洲，入明为翰林编修，因附杨宪，“以非罪死”。著有《通鉴续编》。

李璮反

〔明〕宋濂

（世祖中统）三年春正月，癸未，宋制置使贾似道以书诱总管张元等，李璮获其书上之。丙戌，李璮质子彦简逃归。

二月丁亥朔，元籍军窜名为民者，命有司还正之。括诸道逃亡军。己丑，李璮反，以涟、海三城献于宋，尽杀蒙古戍军，引麾下趋益都。前宣抚副使王磐脱身走至济南。驿召磐，令姚枢问计，磐对：“竖子狂妄，即成擒耳。”帝然之。庚寅，宋兵攻新蔡。辛卯，始定中外官俸，命大司农姚枢讲定条格。甲午，李璮入益都，发府库犒其将校。辛丑，李璮遣骑寇蒲台。癸卯，诏发兵讨之。以赵璧为平章政事。修深、冀、南宫、枣强四城。甲辰，发诸蒙古、汉军讨李璮，命水军万户解成、张荣实，大名万户王文干及万户严忠范会东平，济南万户张宏、归德万户邸浃、武卫军炮手元帅薛军胜等会滨棣。诏济南路军民万户张宏、滨棣路安抚使韩世安，各修城堑，尽发管内民为兵以备。召张柔及其子弘范率兵二千诣京师。丙午，命诸王合必赤总督诸军，以不只爱不干及赵璧行中书省事于山东，宋子贞参议行中书省事，以董源、高逸民为左右司郎中，许便宜从事。真定、顺天、河间、平滦、大名、邢州、河南诸路兵皆会济南。以中书左丞阔阔、尚书怯烈门、宣抚游显行宣慰司于大名，洺磁、怀孟、彰德、卫辉、河南东西两路皆隶焉。己酉，王文统坐与李璮同谋伏诛，仍诏谕中外。壬子，李璮据济南。癸丑，诏大名、洺磁、彰德、卫辉、怀孟、河南、真定、邢州、顺天、河间、平滦诸路皆籍兵守城。宋兵攻滕州。丙辰，诏拔都抹台将息州戍兵诣济南，移其民于蔡州；东平万户严忠范留兵戍宿州及蕲县，以余兵自随。

三月癸酉，命史枢、阿术各将兵赴济南。遇李璮军，邀击大破之，斩首四千，璮退保济南。乙亥，宋将夏贵攻符离。戊寅，万户韩世安率镇抚马兴、千户张济民，大破李璮兵于高苑，获其权府传珪，赐济民、兴金符。诏以李璮兵败谕诸路。禁民间私藏军器。

夏四月丙戌朔，大军树栅凿堑，围璮于济南。丁亥，诏博兴、高苑等处军民尝为李璮胁从者，并释其罪。丁未，李璮遣柴牛儿招谕部民卢广，广缚以献，杀之。

五月庚申，筑环城围济南，璮不复得出。诏撒吉思安抚益都路百姓，各务农功，仍禁蒙古、汉军剽掠。

六月癸卯，太原总管李毅奴哥、达鲁花赤戴曲薛等领李璮伪檄，传行旁郡，事觉诛之。

秋七月甲戌，李璮穷蹙，入大明湖，投水中不即死，获之，并蒙古军囊家伏诛，体解以徇。

（选自宋濂等撰《元史》卷五，见《二十五史·元史》，第15~16页，上海古籍出版社、上海书店1986年版）

宋濂（1310—1381），字景濂，号潜溪，浙江浦江人。自幼家贫多病，但聪敏好学，号称“神童”。受业于闻人梦吉、吴莱、柳贯、黄溍等人。曾受朱元璋礼聘，为太子朱标讲经。明洪武初，奉命主修《元史》。累官至翰林学士承旨知制诰。致仕后因长孙宋慎牵涉胡惟庸案，谪茂州，中途病死于夔州。以散文创作闻名，有《宋学士文集》等。

元代博兴灾赈

〔明〕宋濂

一

（成宗大德五年）是岁，汴梁、归德、南阳、邓州、唐州、陈州、和州、襄阳、汝宁、高邮、扬州、常州蝗。峡州、随州、安陵、荆门、泰州、光州、扬州、滁州、高邮、安丰霖。汴梁之封丘、阳武[1]、兰阳、中牟、延津，河南渑池，蕲州之蕲春、广济、蕲水旱。大名、宣德、奉圣、归德、宁海、济宁、般阳、登州、莱州、益都、潍州、博兴、东平、济南、滨州、保定、河间、真定、大宁水。

（选自宋濂等撰《元史》卷二十，见《二十五史·元史》，第60页，上海古籍出版社、上海书店1986年版）

二

（泰定帝泰定四年）十二月，保定、济南、卫辉、济宁、庐州五路，南阳、河南二府蝗。博兴、临淄、胶西等县蝗。

（选自宋濂等撰《元史》卷五十，见《二十五史·元史》，第136页，上海古籍出版社、上海书店1986年版）

三

（文宗）至顺元年六月，滹、蓟、固安、博兴等州蝗。

（选自宋濂等撰《元史》卷五十，见《二十五史·元史》，第136页，上海古籍出版社、上海书店1986年版）

四

（文宗至顺二年夏四月）辛酉，以山东盐课钞五千锭赈博兴州饥民九千户，一千锭赈信阳等场盐丁。

（选自宋濂等撰《元史》卷三十五，见《二十五史·元史》，第102页，上海古籍出版社、上海书店1986年版）

---

① 编者按：阳武，底本原作“武阳”，讹。

五

（顺帝至正）十九年，大都霸州、通州，真定，彰德，怀庆，东昌，卫辉，河间之临邑，东平之须城、东阿、阳谷三县，山东益都、临淄二县，潍州、胶州、博兴州，大同、冀宁二郡，文水、榆次、寿阳、徐沟四县，沂、汾二州，及孝义、平遥、介休三县，晋宁潞州及壶关、潞城、襄垣三县，霍州赵城、灵石二县，隰之永和，沁之武乡，辽之榆社、奉元，及汴梁之祥符、原武、鄢陵、扶沟、杞、尉氏、洧川七县，郑之荥阳、汜水，许之长葛、郾城、襄城、临颍，钧之新郑、密县，皆蝗，食禾稼草木俱尽，所至蔽日，碍人马不能行，填坑堑皆盈。饥民捕蝗以为食，或曝干而积之。又罄，则人相食。

（选自宋濂等撰《元史》卷五十一，见《二十五史·元史》，第139~140页，上海古籍出版社、上海书店1986年版）

焦士廉妻

〔明〕宋濂

焦士廉妻王氏，博兴人，养姑至孝。至正十七年，毛贵作乱，官军竞出虏掠。王氏被执，给曰："我家墓田有藏金，可共取也。"信之，随王氏至墓所。王氏哭曰："我已得死所矣，实无藏金，汝可于此杀我。"乃与妾杜氏皆遇害。

（选自宋濂等撰《元史》卷二百一，见《二十五史·元史》，第522页，上海古籍出版社、上海书店1986年版）

都尔弥势传

〔清末民国〕柯劭忞

都尔弥势，初从撒吉思讨李璮，以功授行省郎中，除博兴州、沂州达鲁花赤。

伯颜伐宋，慨然曰："此吾立功报国之日也。"叔父撒吉思嘉其志，乃举以自代。与从子撒里蛮俱隶伯颜麾下。宋丞相贾似道屯于丁家洲，都尔弥势为前锋，败之。与宋殿师孙虎臣战于焦山，又败之。又从破常州。擢断事官。

宋平，授安丰路达鲁花赤，权处州达鲁花赤。时新附之民多阻兵自保，都尔弥势单骑招降，兵不血刃。人以四哥佛子称之。阿合马用事，乃告归。大军征日本，起为征东都元帅，又与丞相阿答海等异议，辞不行。已而大军果无功而返。卢世荣欲荐为参知政事，亦力辞。迁同知浙东宣慰司事，改行省郎中，累迁太平路达鲁花赤、广西道提刑按察使。卒于官。

（选自柯劭忞著《新元史》卷一百三十六，第580页，中国书店1988年版）

柯劭忞（1850—1933），字凤荪，号蓼园，山东胶州人。光绪进士，历任翰林院编修、侍读、侍讲、京师大学堂总监督等职。曾撰《新元史》。1914年后参与《清史稿》的编撰工作，并在赵尔巽死后担任代馆长、总纂，负责整理《清史稿》的《儒林传》《文苑传》《畴人传》，并独撰《天文志》，总成《清史稿》。1925年任东方文化事业总委员会委员长，主持续修四库全书提要。

齐郁传①

〔清末民国〕柯劭忞

齐郁，博兴人。官山东佥事，分守益都。明兵至，诸路望风迎附，郁与宣慰副使于德文、总管胡浚、知行枢密院张俊，协力防守，食尽，众溃，并相约具公服自缢。俊妻子亦自投井中。

（选自柯劭忞著《新元史》卷二百三十二，第901页，中国书店1988年版）

庞安②上书

〔明末清初〕姜宸英

（洪武）二十四年，嘉兴通判庞安获鬻私盐者送京师，而以盐赏获者。户

---

① 编者按：《博兴县志》又作“齐文郁”。嘉靖《青州府志》卷十五《传四·忠义》：“齐郁，博兴人，至正中任山东东西道宣慰使司佥事，与宣慰使普颜不花同领武事。国朝徐达、常遇春兵临益都，力战不支，郁谓子颙曰：‘城陷当死，但吾主尚在，或有后图，吾将与宣慰北矣。’及城陷，宣慰不屈死，郁遂经，皆死之。”康熙十二年《博兴县志》卷六《人物志·忠义》：“齐文郁，《府志》‘齐郁’。至正中任山东宣慰佥事，与宣慰使普颜不花同领武事。明兵徇益都，郁曰：‘城陷当死，但主尚存，吾将与宣慰北矣。’及城陷，不花死，郁自经，藁葬城外，植枣树一株识之，枝干北向。其孙振以墓近民舍，迁葬，植榆树二株，枝干仍北向，人为忠义之感。”

② 编者按：明凌迪知《万姓统谱》卷三：“庞安，博兴人，洪武中为嘉兴府通判，获私鬻盐徒送京师，而以盐赏其获者，户部以其违例罚偿盐入官，且责取罪状。安上言：‘律者，万世之常法；例者，一时之旨意。不当以一时之例坏万世之法。今欲依例而行，则于律内非应捕人给赏之言，自相违背，是失信于天下也。’上然其言，诏论如律。”万历《嘉兴府志》卷十三《名宦》：“是时太师李善长等方赐死，上用法严，群臣震恐，而安独奋身抗言，卒得所请，世皆壮之。”另，《明太祖实录》载有庞安上书全文。

部以其违例，罚偿盐入官，且责取罪状。安言："律者，万世之常法；例者，一时之旨意。今欲依例而行，则于律内非应捕人给赏之言，自相违悖，失信于天下也。"太祖然其言，诏如律。

（选自张廷玉等撰《明史》卷九十三，见《二十五史·明史》，第253页，上海古籍出版社、上海书店1986年版）

姜宸英（1628—1699），字西溟，号湛园，又号苇间，浙江慈溪慈城（今属宁波市江北区）人。明末诸生，康熙十九年以荐入明史馆任纂修官，分撰《刑法志》。年七十始成进士，授翰林院编修。后为顺天乡试副考官，因主考官舞弊，被连累下狱而死。著有《湛园集》《苇间集》等。

侯保传

〔清〕万斯同

侯保，赞皇人。由国子生历知襄城、赣榆、博兴三县，有善政。交阯初设府县，择人抚绥，以保知交州府，迁右参政。永乐十八年，黎利反，保以黄江要害，筑堡守之。贼至，力拒数月，出战，不胜死。

（选自张廷玉等撰《明史》卷一百五十四，见《二十五史·明史》，第441页，上海古籍出版社、上海书店1986年版）

万斯同（1638—1702），字季野，号石园，浙江鄞县（今宁波市）人，万泰第八子。早年受学于黄宗羲，学问益进。康熙十七年（1678），浙江巡抚荐应博学鸿词科，力辞不就。次年，清廷诏修《明史》，以布衣参史事，不署衔，不受俸，入京修明史。于史馆十九年，成《明史稿》。著有《历代宰辅汇考》《历代史表》等。

顾颐传

〔清〕万斯同

顾颐，以右参政分守辽海道。广宁之变，力屈自经。赠太仆少卿，世荫本卫副千户。

（选自张廷玉等撰《明史》卷二百九十一，见《二十五史·明史》，第813页，上海古籍出版社、上海书店1986年版）

黄道周上言北伐

〔清〕温睿临

南渡，起吏部右侍郎。道周不欲出，马士英遣人讽之曰：“人望在公，公而不起，岂欲从史可法拥立潞王乎？”道周不得已，乃趋朝；至则陈进取九策。九月，升礼部尚书，掌詹事府事。寻以祭告禹陵出。临行上言：“今欲东收兖济、北略漳河、西取应安，然后问洛阳之钟虡、扫承德之松楸，上规天寿：此旷日持久，其道诚难。必如臣愚计，得一沉鸷之将，简士三万、赍粮百日，出赣榆、韦桥，东逾破车，度临朐，历博兴，直上盐山，抵沧州。此间千四百里皆荒旷如升虚邑，惟临朐、安丘、乐安、阳信之间稍有屯聚，可因粮而食。尽七昼夜至武清，渡白沟，出其不意，从天而下。然后致陛下哀痛之意，祭告洒扫于十二陵，与长安士民拭泪而觐九庙。还则兵分两道：一下临清，以收兖济；一下邯郸，以收彰卫。其用力甚少，奏功甚巨。此耿弇所发愤于祝阿、刘裕所欢呼于大岘也。”

（选自温睿临撰、李瑶勘定《南疆绎史勘本》卷十一，清道光十年七宝转轮藏仿宋胶泥活字本）

温睿临（生卒年不详），字邻翼，一字令贻，号哂园。浙江乌程（今湖州）人，约生于顺治末年。康熙举人，官内阁中书。擅长诗、古文，且熟于史。与万斯同交善。从万氏嘱以故明南渡而下三朝事迹撰成一史，因录得野史数十种，著成《南疆逸史》。另著有《吾征录》《哂园文集》《哂园别集》等。

《清史稿·河渠志·黄河》选

〔清末民国〕赵尔巽

（咸丰）五年六月，决兰阳铜瓦厢，夺溜由长垣、东明至张秋，穿运注大清河入海，正河断流。上念军务未平，饷糈不继，若能因势利导，使黄流通畅入海，则兰阳决口即可暂缓堵筑。事下河督李钧察奏。钧旋陈三事：

曰顺河筑埝。东西千余里筑堤，所费不赀，何敢轻议。除河近城垣不能不筑堤坝以资抵御，余拟就漫水所及，酌定埝基，劝民接筑，高不过三尺，水小借以阑阻，水大听其漫过。散水无力，随漫随淤，地面渐高，且变沙碛为沃壤矣。

曰遇湾切滩。河性喜坐湾，每至长水，遇湾则怒而横决。惟于坐湾之对面，劝令切除滩嘴，以宽河势，水长即可刷直，就下愈畅，并可免兜滩冲决之虞。

曰堵截支流。见在黄流漫溢，既不能筑坚堤以束其流，又不能挑引河以杀其势，宜乘冬令水弱溜平，劝民筑坝断流，再于以下沟槽跨筑土格，高出数尺。漫水再入，上无来源，下无去路，冀渐淤成平陆。

东抚崇恩亦以为言。上令直隶、山东、河南各督抚妥为劝办。

十一年，御史薛书堂言："南河自黄水改道，下游已无工可修，请省南河总督及厅员。"下廷臣议。侍郎沈兆霖言：

导河始自神禹，九河故道皆在山东，入海处在今沧州，是禹贡之河，固由东北入海。自汉王莽时河徙千乘入海，而禹之故道失。历东汉迄隋、唐，从无变异。宋神宗时，河分南北两派并行，北派由北清河入海。即今大清河。至元至元间，会通河成，惧河北行碍运，而北流塞。历今五六百年，河屡北决，无不挽之使南。说者谓河一入运，必挟泥沙以入海，而运道亦淤，故顺河之性，北行为宜。乾隆朝，孙嘉淦请开减河入大清河一疏，言之甚详，足破北行碍运之疑。夫河入大清，由利津入海，正今黄河所改之道。见在张秋以东，自鱼山至利津海口，皆筑民堰，惟兰仪之北、张秋之南，河自决口而出，夺赵王河及旧引河，泛滥平原，田庐久被淹浸。张秋高家林旧堰残缺过多，工程最巨。如东明、长垣、菏泽、郓城，其培筑较张秋为易。宜乘此时顺水之性，听其由大清河入海，谕令绅民力筹措办，或应开减河，或应筑堤堰，统于水落兴工。河庆顺轨，民乐力田，缺额之地丁可复，历年之赈济可停，就此裁去南河总督及厅员，可省岁帑数十万，而归德、徐、淮一带地几千里，均可变为沃壤，逐渐播种升科，似亦一举而兼数善者矣。

下直督恒福、东抚文煜、豫抚庆廉、东河总督黄赞汤勘议。六月，省南河总督，及淮扬、淮海、丰北、萧南、宿南、宿北、桃南、桃北各道厅，改置淮扬徐海兵备道，兼辖河务。

同治二年，复省兰仪、仪睢、睢宁、商虞、曹考五厅。六月，漫上南各厅属，水由兰阳下注，直、东境内淌出村庄，复被淹没。菏泽、东明、濮、范、齐河、利津等州县，水皆逼城下。署河督谭廷襄上言：

河已北行，拦水惟恃民埝，从未议疏导，恐渐次淤垫，海口稍有捍格阻滞，事更为难。查濮、范一带旧有金堤，前臣任东抚时，设法修筑，未久复被冲缺，上游毗连直隶开州处亦有冲缺。开州不修，濮、范筑亦无益。东、长之埝，开、濮之堤，须设法集赀督民修筑，庶可以卫城池而保庐墓。此外既未专设河员，要在沿河地方官督率修理，并劝助裒集，以助民力之不逮。请饬下直督、东抚迅将兰阳下游漫溢地方，拣员会同该州县妥办。

从之。十二月又言：

今年夏秋阴雨，来源之盛，迥异寻常。一股直下开州，一股旁趋定陶、曹、单。豫省以有堤坝，幸获保全。直、东则无，不能不听其泛滥。迄今半载，直隶未闻如何经画。开州缺口，亦未兴工。至山东被害尤深。或欲培筑堤埝，或欲疏浚支河，议无一定。濮州金堤，亦因开未动工。不能兴办。瞬届春汛，何以御之？臣遣运河道宗稷辰履勘，直至利津之铁门关，测量水势，深至六七丈，去路不为不畅，而上游仍到处旁溢，则大清河身太狭不能容纳之故。如蒲台、齐东、济阳、长清、平阴、肥城民埝缺口，宽数丈或数十丈，不下三四十处，不加修筑，则来岁依然漫淹。是欲求下游永奠，必先开支渠以减涨水，而后功有可施。必将附近徒骇、马颊二河设法疏浚，庶水有分泄，再堵各缺口，并筑坝以护近水各城垣，此大清河下游之当先料理者也。至开、濮金堤及毗连菏泽之史家堤，当先堵筑，并加倍旧堰，择要接修，此大清河上游之当先经画者也。”

复下直督刘长佑、东抚阎敬铭会筹。明年三月，以濮州当河冲，允敬铭请，移治旧城，并筑堤捍御。

五年七月，决上南厅胡家屯。长佑言：

溜势趋重西北，新修金堤，概被冲刷。开州冲开支河数道，自开、滑之杜家寨至开、濮界之陈家庄，险工五段，长九千六百余丈，均须加厚培高，方资捍御。惟上游在豫，下游在东，非直隶一省所能办理。应会同三省统筹全修，再行设汛，拨款备料，庶可一劳永逸。自河流改道，直隶堤工应并归河督管辖，作为豫、直、东三省河督，以专责成。

疏入，命河督苏廷魁履勘，会同三省督抚筹议。

七年六月，决荥泽十堡，又漫武陟赵樊村，水势下注颍、寿入洪泽湖。侍郎胡家玉言：

不宜专塞荥泽新口、疏兰阳旧口，宜仿古人发卒治河成法，饬各将领督率分段挑浚旧河，一律深通，然后决上游之水，掣溜东行，庶河南之患不移于河北，治河即所以治漕。

下直督曾国藩、鄂督李瀚章、江督马新贻、漕督张之万，及河督，江苏、河南、山东、安徽各巡抚妥议。国藩等言：

以今日时势计之，河有不能骤行规复者三：

兰阳漫决已十四年，自铜瓦厢至云梯关以下，两岸堤长千余里，岁久停修，堤塌河淤，今欲照旧时挑深培高，恐非数千万金不能蒇事。且厅营久裁，兵夫星散，一一复设，仍应分储料物，厢办埽坝，并预筹防险之费，又岁须数百万金。当此军务初平，库藏空虚，安从筹此巨款？一也。

荥泽地处上游，论形势自应先堵荥泽，兰工势难并举。使荥口掣动全黄，则兰工可以干涸。今荥口分溜无多，大溜仍由兰口直注利津入海，其水面之宽，跌塘之深，施工之难，较之荥工自增数倍。荥工堵合无期，兰工更无把握。原奏决放旧河，掣溜东行，似言之太易。且瞬交春令，兴工已难。二也。

汉决酸枣，再决瓠子，为发卒治河之始。元、明发丁夫供役，亦以十数万计。现在直、东、江、豫捻氛甫靖，而土匪游勇在在须防。所留勇营，断难尽赴河干，亦断不敷分挑之用。若再添募数十万丁夫，聚集沿黄数千里间，驾驭失宜，滋生事端，尤为可虑。三也。

应俟国库充盈，再议大举。因时制宜，惟有赶堵荥工，为保全豫、皖、淮扬下游之计。

上然之。八年正月，荥泽塞。

十年八月，决郓城侯家林，东注南旺湖，又由汶上、嘉祥、济宁之赵王、牛朗等河，直趋东南，入南阳湖。时廷魁内召，命新河督乔松年会同东抚丁宝桢勘办。宝桢方以病在告，乃偕护抚文彬至工相度。文彬言：

河臣远在豫省，若往返咨商，恐误要工。一面飞咨河臣遴派掌坝，并管理正杂料厂员弁，及谙习工程之弁兵工匠，带同器具，于年内来东，一面由臣筹购应需料物，以期应手。

上责松年克期兴工，松年言已饬原估委员并熟习工程人员赴东听遣，并饬购备竹缆，及觅雇捆镶船只备提用。惟已交立春，春水瞬生，办工殊无把握。并移书文彬主持其事。文彬不能决。宝桢力疾视事，上言：

河臣职司河道，疆臣身任地方，均责无旁贷。乃松年一概诿之地方，不知用意所在。见在已过立春，若再候其的信以定行止，恐误要工。且此口不堵，必漫淹曹、兖、济十余州县。若再向南奔注，则清、淮、里下河更形吃重。松年既立意诿卸，臣若避越俎之嫌，展转迁延，实有万赶不及之势。惟有力疾销假，亲赴工次，择日开工，俟松年所遣员弁到工，即责成该工员等一手经理，克期完工，保全大局。应请破格保奖，以昭激劝。倘敢阳奉阴违，有心贻误，一经验实，应请便宜行事，即将该员弁正法工次，以为罔上殃民者戒。

上嘉其勇于任事，并谕松年当和衷共济，不遽加责也。

十一年二月，侯家林塞，予宝桢优叙。先是同知蒋作锦条上河、运事宜，朝廷颇韪其议，下河、漕、抚臣议奏。未几，侯家林决，松年、宝桢意见龃龉。及宝桢塞侯家林，松年上言：

作锦所陈，卓然有见，可以采取。并称东境黄水日愈泛滥，运道日愈淤塞，宜筑堤束黄，先堵霍家桥诸口，并修南北岸长堤，俾黄趋张秋以济运。挑浚张秋迤南北淤塞，修建闸坝，以利漕行。

上以松年意在因势利导，不为无见，令宝桢、文彬详议，毋固执己见。旋覆称：

目前治黄之法，不外堵铜瓦厢以复淮、徐故道，与东省筑堤即由利津入海两策。顾谓二者之中，以筑堤束黄为优，而上下游均归缓办，臣实未见其可。自铜瓦厢至牡蛎嘴，计千三百余里，创建南北两堤，相距牵计，约须十里。除见在淹没不计外，尚须弃地数千万顷，其中居民不知几亿万，作何安插？是有损于财赋者一也。东省沿河州县，自二三里至七八里者不下十余。若齐河、齐东、蒲台、利津，皆近在临水，筑堤必须迁避，是有难于建置者二也。大清河近接泰山麓，山阴水悉北注，除小清、溜弥诸河均可自行入海，余悉以大清河为尾闾。置堤束黄以后，水势抬高，向所泄水之处，留闸则虞倒灌，堵遏则水无所归，是有妨于水利者三也。东纲盐场，坐落利津、沾化、寿光、乐安等县，滨临大清河两岸。自黄由大清入海，盐船重载，溯行于湍流，甚形阻滞，而滩地间被漫溢，产盐日绌，海滩被黄淤远，纳潮甚难，东纲必至隳废，私枭亦因而蜂起。是有碍于鹾纲者四也。臣宝桢身任地方，于通省大局所关，固宜直陈无隐。然使于治运漕果有把握，则京仓为根本至计，犹当权利害之轻重，而量为变通。臣等熟思审计，实未见其可恃，而深觉其可虑。似仍以堵合铜瓦厢使复淮、徐故道为正办。

并陈四便。御史游百川亦言河、运并治，宜详筹妥办。疏入，廷议不能决。下直督李鸿章。鸿章因遣员周历齐、豫、徐、海，访察测量，期得要领。十二年六月，上言：

治河之策，原不外恭亲王等“审地势，识水性，酌工程，权利害”四语，而尤以水势顺逆为要。见在铜瓦厢决口宽约十里，跌塘过深，水涸时犹逾一二丈。旧河身高，决口以下，水面二三丈不等。如欲挽河复故，必挑深引河三丈余，方能吸溜东趋。查乾隆间兰阳青龙冈之役，费帑至二千余万。阿桂言引河深至丈六尺，人力无可再施，今岂能挑深至三丈余乎？十里口门进占合龙，亦属创见。国初以来，黄河决口宽不过三四百丈，且屡堵屡溃，常阅数年而不成。今岂能合龙而保固乎？且由兰阳下抵淮、徐之旧河，身高于平地三四丈。年来避水之民，移住其中，村落渐多，禾苗无际。若挽地中三丈之水，跨行于地上三丈之河，其停淤待溃、危险莫保情形，有目者无不知之。岁久堤干，即加修治，必有受病不易见之处。万一上游放溜，下游旋决，收拾更难。议者或以河北行则穿运，为运道计，终不能不强之使南以会清口。臣查嘉庆以后清口淤垫，夏令黄高于清，已不能启坝送运。道光以后，御黄坝竟至终岁不启，遂改用灌塘之法，自黄浦泄黄入湖。湖身顿高，运河水少，灌塘又不便，遂改行海运。今即能复故道，亦不能骤复河运，非河一南行，即可侥幸无事。此淮、徐故道势难挽复，且于漕运无益之实在情形也。至河臣所请就东境束黄济运一节，查清口淤垫，即借黄济运之病。今张秋运河宽仅数丈，两岸废土如山，若引重浊之黄，以闸坝节宣用之，水势抬高，其淤倍速。人力几何，安能挑此日进之沙？且所挑之沙，仍堆积于积年废土之上，雨淋风荡，河底日高，闸亦壅塞，久之黄必难引。明弘治中，荆龙口，铜瓦厢屡次大决，皆因引黄济张秋之运，遂致导隙滥觞。临清地势低于张秋数丈，而必以后无掣溜夺河之害，臣亦不敢信也。至霍家桥堵口筑堤，工尤不易。该处本非决口、乃大溜经行之地，两头无岸，一望浮沙，并无真土可取。勉强堆筑，节节逼溜下注，恐浮沙易塌，实足撄河之怒，而所耗实多。一遭溃决，水仍别穿运道，而不专会张秋，岂非全功尽弃？至作锦拟导卫济运，原因张秋以北无清水灌运，故为此议。查元村集迤南有黄河故道，地多积沙，施工不易。且以全淮之水不能敌黄，尚致倒灌停淤，岂一清浅之卫，遂能御黄济运耶？其意盖袭取山东诸水济运之法。不知泰山之阳，水皆西流，因势利导，十六州县百八十泉之水，源旺派多，自足济运。卫水来源，甚弱最顺，今必屈曲使之南行，势多不便。此借黄济运及筑堤束水均无把握，与导卫济运之实在情形也。惟河既不能挽复故道，则东境财赋有伤，水利有碍，城池难以移置，盐场间被漫淹，如宝桢所陈，诚属可虑。臣查大清河原宽不过十余丈，今已刷宽半里余，冬春水涸，尚深二三丈，岸高水面又二三丈，是不汛时河槽能容五六丈，奔腾迅疾，水行地中，此人力莫可挽回之事，亦祀祷以求而不可得之事。目下北岸自齐河至利津，南岸齐东、蒲台，皆接筑民埝，虽高仅丈许，询之土人，遇盛涨出槽不过数尺，尚可抵御。岱阴、绣江诸河，亦经择要筑堤，汛至则涨，汛过则消，受灾不重。至齐河、济阳、齐东、蒲台、利津各城，近临河岸十九，年来幸防守无患，以后相势设施。若骤议迁徙，经费无筹，民情难喻，无此办法。东省盐场在海口者，虽受黄淤产盐不旺，经抚臣南运胶济之盐时为接济，引地无虞淡食，惟价值稍昂耳。河在东省固不能无害，但得设法维持，尚不至为大患。昔乾隆中，铜山决口不能成功，孙嘉淦曾有分河入大清之疏。其后兰阳大工屡败垂成，嵇璜又有改河大清之请。此外裘曰修、钱大昕、胡宗绪、孙星衍、魏源诸臣议者更多。其时河未北流，尚欲挽之使北。今河自北流，乃欲挽使南流，岂非拂逆水性？大抵南河堵筑一次，通牵约七八百万，岁修约七百余万，实为无底之壑。今河北徙，近二十年未有大变，亦未多费巨款，比之往代，已属幸事。且环拱神京，尤得形胜。自铜瓦厢东决，粤、捻诸逆窜扰曹、济，几无虚日，未能过河一步，而北岸防守有所凭依，更为畿辅百世之利。此两相比较，河在东虽不亟治而后患稍轻，河回南即能大治而后患甚重之实在情形也。近世治河兼言治运，遂致两难，卒无长策。臣愚以为天庾正赋，以苏、浙为大宗，国家治安之道，尤以海防为重。今沿海洋舶骈集，为千古创局，已不能闭关自治。正不妨借海运转输之便，逐渐推广，以扩商路而实军储。苏、浙漕粮，见既统由海运，臣前招致华商购造轮船搭运，渐有成效，由海船解津，较为便速。至海道虽不畅通，河务未可全废，此时治河之法，不外古人“因水所在，增立堤防”一语。查北岸张秋以上，有古大金堤可恃以为固，张秋以下，岸高水深，应由东抚随时饬将民埝保护加培。至侯家林上下民埝应仿照官堤办法，一律加高培厚，更为久远之计。又铜瓦厢决口，水势日向东坍刷，久必泛滥南趋。请饬松年察看形势，量筑堤埝，与曹州之堤相接，俾资周防而期顺轨。至南河故道千余里，居民占种丰收，并请查明升科，以免私垦争夺之患。

疏入，议乃定。

是年夏秋，决开州焦丘、濮州兰庄，又决东明之岳新庄、石庄户民埝，分溜趋金乡、嘉祥、宿迁、沭阳入六塘河。宝桢勘由郓城张家支门筑堤堵塞。旋乞假展墓。十三年春，溜益南趋，溃漫不可收拾，江督累章告灾。九月，宝桢回任，改由菏泽贾庄建坝。十二月兴工。

光绪元年三月，东明决塞，并筑李连庄以下南堤二百五十里。时河督曾国荃请设南岸七厅。部议俟直、东、豫筹有防汛的款再定。二年春，署东抚李元华言：

黄河南堤，自贾庄至东平二百余里均完固，惟上游毗连直、豫，自东明谢寨至考城七十余里，并无堤岸，此工刻不可缓。昔年侯家林塞，后怵于费多，未暇顾问，遂至贾庄决口。此次贾庄以下堤虽完固，上游若不修筑，设有漫决，岂惟前功尽弃，河南、安徽、江苏仍然受害，山东首当其冲无论已。臣拟调营勇，兼雇民夫，筑此七十余里长堤。深恐呼应不灵，已商直督、豫抚协力襄办。至濮、范之民，自黄河改道，昏垫十有余年。贾庄决后，稍有生机，及贾庄塞，受灾如故。查南堤距北面金堤六七十里，以屏蔽京师则可，于濮、范村庄田亩则不能保卫。该处绅民原修北堤，惟力有未支，请酌加津贴，既成以后，派弁勇一律修防，濮、范、阳谷、寿张、东阿五县地亩可涸出千余顷。又查濮、范以上，有黄水二道。拟于寿张、东阿境内新河尾闾，抽挑引河二，冀归并一渠。于南堤之北、黄河之南，再立小堤以束水，又可涸出地亩千余顷。至北堤上游内有八里系开州辖，若不一律修筑，不惟北堤徒劳无功，即畿辅亦难保不受其患。已商直督遣员协助，妥速蒇功。惟所压直、豫地亩，该处居民无甚大益，而山东百姓受益无穷，自应由山东折偿地价。上游收束既窄，下游水溜势急，不可不防。自东平至利津海口九百余里，已饬沿河州县就民堤加培，酌给津贴，以工代赈。各项通计需费二千余万。此黄河大段拟办情形也。

事下所司。

五年，决历城溞沟。明年，复决。八年，决历城桃园，十一月塞。九年，东抚陈士杰创建张秋以下两岸大堤。时山东数遭河患，朝士屡以为言。上遣侍郎游百川驰往会勘。百川言：

自来论河者，分持南行北行二说。臣详察形势，将来遇伏秋盛涨，复折而东，自寻故道，亦未可知。若挽以人力，则势有万难。一则北堤决后，已冲刷净尽，筑堤进占，工已甚巨。且全河正流北行，中流堵御以图合龙，必震骇非常，办理殊无把握。一则故道旁沙岭势难挑动，且徐、海一带河身涸出淤地千余里，民尽垦种，一旦驱而之他，民岂甘心失业？此南行之说应无庸议也。至大清河本汶、济交会，自黄流灌入，初犹水行地中，今则河身淤垫，既患水不能泄，自济河上下，北则济阳、惠民、滨州、利津，南则青城、章丘、历城至邹、长、高、博，漫决十一处。窃惟河入济渎已二十八年，其始误于山东无办河成案，诱民自为堤埝，纵屡开决，未肯形诸奏牍，贻患至斯。今则泛滥数百里，漂没数百村，遍历灾区，伤心惨目。谨拟办法三：

一，疏通河道。黄初入济，尚能容纳，淤垫日高，至海口尤日形淤塞。沙淤水底，人力难施，计惟多用船只，各带铁篦混江龙，上下拖刷，使不能停蓄，日渐刮深。疏导之方，似无逾此。

一，分减黄流。济一受黄，其势岌岌不可终日。查大清河北，徒骇最近，马颊较远，鬲津尤在其北。大清河与徒骇最近处在惠民白龙湾，相距十许里。若由此开筑减坝，分入徒骇河，其势较便。再设法疏通其间之沙河、宽河、屯民等河，引入马颊、鬲津，分疏入海，当不复虞其满溢。

一，亟筑缕堤。民间自筑缕堤，近临河干，多不合法，且大率单薄，又断续相间，屡经塌陷，一筑再筑，民力困竭。今拟自长清抵利津，南北岸先筑缕堤，其顶冲处再筑重堤，约长六百余里，仍借民力，加以津贴，可计日成功，为民捍患，民自乐从。至谓治水不与水争地，其法无过普筑遥堤。然济、武两郡，地狭民稠，多占田亩，小民失业，正非所愿。且其间村镇庐墓不可数计，兼之齐河、济阳、齐东、蒲台、利津皆城临河干，使之实逼处此，民情未免震骇。价买民田，需款不下四五百万，工艰费巨，可作缓图。臣所以请筑缕堤以济急，而不敢轻持遥堤之议者此也。

士杰持异议。会海丰人御史吴峋言徒骇、马颊二引河不可轻开，命直督李鸿章偕士杰会勘，亦如峋言。乃定议筑两岸长堤。

是年决利津十四户，十年三月塞。闰五月，决历城河套圈、霍家溜，齐河李家岸、陈家林、萧家庄，利津张家庄、十四户，先后塞之。是年两岸大堤成，各距河流数百丈，即缕堤也，而东民仍守临河埝，有司亦谕令先守民埝，如埝决再守大堤，而堤内村庐未议迁徙，大涨出槽，田庐悉淹，居民遂决堤泄水，官亦不能禁，嗣是只守埝不守大堤矣。十一年，萧家庄、溞沟再决，又决齐河赵庄。十二月，溜沟、赵庄塞。明年二月，萧家庄塞。六月，再决河套圈，又决济阳王家圈、惠民姚家口、章丘河王庄、寿张徐家沙窝，惟王家圈工缓办，余皆年内塞。东境河虽屡决，然皆分溜少夺溜，每堵筑一次，费数万或数十万，多亦不过一二百万，较南河时所省正多，被淹地亩亦较少，地平水缓故也。

十三年六月，决开州大辛庄，水灌东境，濮、范、寿张、阳谷、东阿、平阴、禹城均以灾告。八月，决郑州，夺溜由贾鲁河入淮，直注洪泽湖。正河断流，王家圈旱口乃塞。郑州既决，议者多言不必塞，宜乘此复故道。户部尚书翁同龢、工部尚书潘祖荫同上言：

河自大禹以后，行北地者三千六百余年，南行不过五百余年，是河由云梯关入海，本不得谓故道。即指为故道，而现在溜注洪泽湖，形北高南下，不能导之使出清口，去故道尚百余里，其势断不能复。或谓山东数被水害，遂以河南行为幸。不知河性利北行。自金章宗后，河虽分流。有明一代，北决者十四，南决者五；我朝顺、康以来，北决者十九，南决者十一。况淮无经行之渠，黄入淮安有归宿之地？下流不得宣泄，上游必将复决，决则仍入东境，山东之患仍未能弭。至黄水南注，有二大患、五可虑。黄注洪泽，而淮口淤垫，久不通水，仅张福口引河，阔不过数丈，大溜东注，以运河为尾闾，仅恃东堤为护，已岌岌可危。今忽加一黄河，必不能保。大患一。洪泽淤垫，高家堰久不可恃，黄河势悍，入湖后难保不立时塌卸。不东冲里下河，即南灌扬州，江、淮、河、汉并而为一，东南大局，何堪设想！大患二。里下河为产米之区，万一被淹，漕米何从措办？可虑一。即令漕米如故，或因黄挟沙垫运，不能浮送。或因积水漫溢，纤道无存，漕艘停滞。且山东本借黄济运，黄既远去，沂、汶微弱，水从何出？河运必废。可虑二。两淮盐场，胥在范公堤东。范堤不保，盐场淹没，国课何从征纳？可虑三。颍、寿、徐、海，好勇斗狠，小民荡析，难保不生事端。可虑四。黄汛合淮，势不能局于湖潴，必别寻入海之道，横流猝至，江乡居民莫保旦夕。可虑五。至入湖之水，亦须早筹宣泄。里下河地势，西北俯、东南仰，宜顺其就下之势，由兴化以北，历艨胧、傅家坞入旧河，避云梯关淤沙，北浚大通口，入潮河以达淮河，海口则取径直，形势便，经费亦不过巨。

上命江督曾国荃、漕督卢士杰筹议。适国荃、士杰亦言：

捍河汇淮东下，其危险百倍寻常。查治水不外宣防二策，而宣之用尤多。洪湖出路二，皆由运入江。今大患特至，不能不于湖之上游多筹出路，分支宣泄，博采群议。桃源有成子河，南接洪湖，北至旧河，又北为中运河。若加挑成子河，使通旧河，直达中运河，两岸筑堤，即可引漫水由杨庄旧河至云梯关入海，此洪湖上面新辟一去路也。清河有碎石河，西接张福口，引河东达旧河，大加挑挖，亦可引漫水由杨庄旧河至云梯关入海，此洪湖下面新辟一去路也。询之耆旧，佥谓舍此别无良法。是以臣等议定即勘估兴工，不敢拘泥成规，往返迁延，致误事机。

上韪之，并遣前山西布政使绍諴、降调浙江按察使陈宝箴、前山东按察使潘骏文迅赴郑工，随同河督成孚、豫抚倪文蔚襄理河务。时工赈需款巨且急，户部条上筹款六事：一，裁防营长夫；一，停购军械船只机器；一，停止京员兵丁米折银；一，酌调附近防军协同工作；一，令盐商捐输给奖；一，预征当商汇号税银。议上，诏裁长夫、捐盐商及预征税银，余不允。九月，命礼部尚书李鸿藻偕刑部侍郎薛允升驰勘，鸿藻留督工。时黄流漫溢，河南州县如中牟、尉氏、扶沟、鄢陵、通许、太康、西华、淮宁、祥符、沈丘、鹿邑多被淹浸，水深四五尺至一二丈，特颁内帑十万，并截留京饷三十万赈抚。而河工需款急，允御史周天霖、李世琨请，特开郑工新捐例，夺成孚职，以李鹤年署河督。

十月，东抚张曜言，山东河淤潮高，黄流实难容纳，请乘势规复南河故道。下鸿藻、鹤年议。鸿藻等遂请饬迅筹合办。上以黄河筹复故道，迭经臣工条奏，但费巨工繁，断难于决口未堵之先，同时并举。此奏于故道宜复，止空论其理，语简意疏。一切利害之轻重，地势之高下，工用之浩大，时日之迫促，并未全局通筹，缕晰奏覆。如此大事，朝廷安能据此寥寥数语，定计决疑？故道一议，可暂从缓。至所称一切工作，先自下游开办，南河旧道现在情形如何，工程能否速办，经费能否立筹，有无滞碍，着国荃、士杰、崧骏迅速估奏。

国荃言：

黄流东注，淮南北地处下游，宜筹分泄之策。请就杨庄以下旧河二百余里挑浚，以分沂、泗之水，腾出中运河，预备洪河盛涨，挟黄北行，堪以容纳，是上游筹有去路。而淮由三河坝直趋而东，则运堤极为吃重，势不能不开坝宣泄，里下河如临釜底，而枝河颇多，若预先疏导，使水能顺轨，则田庐民命亦可保全。同龢、祖荫所言，洵得水性就下之势，业经遣员履勘，并请调熟悉河工之江苏臬司张富年督理。

制可。先是侍郎徐郙有通筹黄河全局之疏。文蔚言：

郙所陈口门北岸上游酌开引河，上南厅以下河内挑川字河，及筑排水坝，三者皆河南必办之事，即前人著效之法。臣前请于河身阔处切滩疏淤，即郙酌开引河及川字河之意。河员以近日河势略变，须更筹办法，且有引河不可挑之说。而此项土夫，皆系应赈之人，无论何工，皆系应办之事，将来或帮挑运河，或帮筑河身，应就商河臣随时调度。

报闻。

十二月，国荃、士杰言：

同龢等所陈二患五虑，不啻身历其境，将臣等所欲言者，代达宸聪。当经派员分投履勘。自傅家坞入旧黄河，过云梯关至大通口，测量地势，北高丈五七尺，揆诸就下之性，殊未相宜。不敢不恪遵圣训，于兴化境内别筹疏淤。查下河入海河道，以新阳、射阳两河为最，斗龙港次之。祇以支河阻塞，未能通畅。查兴化属之大围闸、丁溪场属之古河口小海，均极淤浅。疏浚以后，如果高邮开坝，可冀水皆顺轨，由新阳等河宣畅归海。其闸门窄狭过水不畅者，另于左右开挖越河，俾得滔滔直注。此外干支各河，再接续择要兴挑，以期逐节通畅，核与同龢、祖荫之奏事异功同。

十四年正月，国荃等又言：

徐郙通筹河局疏，称淮扬实无处位置黄河，宜先筹宣泄之方，再求堵合之法，洵属确中肯綮。至请挑天然及张福口引河，本系由淮入黄咽喉，昔人建导淮之议，皆从引河入手。祇以张福淤垫太高，挑不得法，且恐沂、泗倒灌。又顺清河为清江三闸来源，曩时堵筑以资自卫。自河北徙，此坝久废。今既引淮入黄，仍须堵筑顺清坝，庶三闸可保无虞。经臣等派员审度河底，虽北高南低，加工挑深，尚可配平。顺清河虽水深溜急，多备料土，亦可设法堵筑。又经臣士杰履勘，陈家窑可开引河，上接张福口，下达吴城七堡，与碎石河功用相同。已于十月分段兴挑，自张福口、内窑河起，至顺清河止，开深丈四尺至二丈，冀上游多泄一分之水，下河即少受一分之灾。其工段亦间调哨勇帮同挑浚，以补民夫之不足。以上办法，与该侍郎所陈江南数条，不谋而合。

先是上以将来河仍北趋，有“趁湍流骤减，挑浚东明长堤，开州河身，加培堤埝”之谕。至是，鸿章言：

直境黄河长八九十里，一律挑浚，工巨费烦。即酌挑北面数处，亦需二三十万。两岸河滩高于中洪一二丈，河身尚可容水。惟东明南堤历年冲刷，亟应择要修筑，已调派大名练军春融赴工，并募民夫同时力作。开州全堤残缺已甚，亦经派员估修。至长垣南岸小堤，离河较远，尚可缓办。北岸民埝，饬劝民间修培，不得逼束河流，致碍大局。

六月，小杨庄塞。是月，鸿藻言郑工两坝，共进占六百一十四丈，尚余口门三十余丈，因伏秋暴涨，人力难施，请缓俟秋汛稍平，接续举办。上严旨切责，褫鹤年职，与成孚并戍军台。鸿藻、文蔚均降三级留任。以广东巡抚吴大澂署河道总督。大澂言：

医者治病，必考其致病之由，病者服药，必求其对症之方。臣日在河干，与乡村父老咨询旧事，证以前人纪载，知豫省河患非不能治，病在不治。筑堤无善策，镶埽非久计，要在建坝以挑溜，逼溜以攻沙。溜入中洪，河不著堤，则堤身自固，河患自轻。厅员中年久者，佥言咸丰初荥泽尚有砖石坝二十余道，堤外皆滩，河溜离堤甚远，就坝筑埽以防险，而堤根之埽工甚少。自旧坝失修，不数年废弃殆尽，河势愈逼愈近，埽数愈添愈多，厅员救过不遑，顾此失彼，每遇险工，辄成大患。河员以镶埽为能事，至大溜圈注不移，旋镶旋蛰，几至束手。臣亲督道厅赶抛石垛，三四丈深之大溜，投石不过一二尺，溜即外移，始知水深溜激，惟抛石足以救急，其效十倍埽工，以石护溜，溜缓而埽稳。历朝河臣如潘季驯、靳辅、栗毓美，皆主建坝挑溜，良不诬也。现以数十年久废之要工，数十道应修之大坝，非一旦所能补筑竣工。惟有于郑工款内核实撙节，省得一万，即多购一万之石垛，省得十万，即多做十万之坝工，虽系善后事宜，趁此干河修筑，人力易施，否则郑工合龙后，明年春夏出险，必至措手不及。虽不敢谓一治而病即愈，特愈于不治而病日增。果能对症发药，一年而小效，三五年后必有大效。

上嘉勉之。大澂又言：

向来修筑坝垛，皆用条砖碎石，每遇大汛急溜，坝根淘刷日深，不但砖易冲散，重大石块亦即随流坍塌。闻西洋有塞门德土，拌沙黏合，不患水侵。趁此引河未放，各处须筑挑坝，正在河身干涸之时，拟于砖面石缝，试用塞门德土涂灌，敛散为整，可使坝基做成一片，足以抵当河溜，用石少而工必坚，似亦一劳永逸之法。

报闻。十二月，郑工塞，用帑千二百万，实授大澂河督，诏于工次立河神庙，并建黄大王祠，赐扁额，与党将军俱加封号。是年七月，决长垣范庄。未几塞。十五年六月，决章丘大寨庄、金王庄，分溜由小清河入海。又决长清张村、齐河西纸坊，山东滨河州县多被淹浸。是冬塞。

十六年二月，东抚张曜言：

前南总河辖河工九百余里，东总河辖五百余里。自决铜瓦厢，河入山东，遂裁南总河，而东河所辖河工仅二百余里。今东河县长九百里，日淤日高，全恃堤防为保卫。本年臣驻工二百余日，督率修防，日不暇给。请将自菏泽至运河口河道二百余里，归河督辖，与原辖之河道里数相等。

部议以此段工程，向由巡抚督率地方官兼管，河督恐呼应不灵。曜又言：

向来沿河州县，本归河臣兼辖，员缺仍会河臣题补，遇有功过，河臣亦应举劾，尚无呼应不灵之患。请并下河督筹议。

先是，大澂遣员测绘直、东、豫全河，至是图成上之。五月，决齐河高家套，旋塞。

十八年六月，决惠民白茅坟，夺溜北行，直趋徒骇入海。又决利津张家屋、济阳桑家渡及南关、灰坝，俱汇白茅坟漫水归徒骇河。七月，决章丘胡家岸，夹河以内，一片汪洋，迁出历城、章丘、济阳、齐东、青城、滨州、蒲台、利津八县灾民三万三千二百余户。初，河督许振祎请于岁额六十万内，提十二万归河防局，筹添料石，先事预防，由河督主之，至是部令分案题销。振祎言：

河工大险，恃法不如用人。如以恃法论，则从来报销例案，工部知之，河工亦知之，故自每年添款及郑工报销之千数百万，未闻其不合例也。如以用人论，则臣近此改章从事，比年大险横生，亦均次第抢补，幸奏安澜，至添料添石，固有不尽合例者矣。原臣立河防局，意有二端。一则恐厅员遇险推诿，借口无钱无料，故提此巨款先事预防之资。一则恐厅员不实不尽，故添委官绅临时匡救之用，而限十二万纤悉到工，不准丝毫入局，并不准开支薪水。河南官绅吏民罔不知之。即如今岁之得保巨险，就买石一款，已用过十一万数千两，余则补郑工金门沈裂之堤，此不能分案题销者也。又多方买石，随处抢堵，险未平必加抛，险已过即停止，此不能绘图贴说者也。

上如所请行。是年白茅坟各口塞。

二十一年六月，决寿张高家大庙、齐东赵家大堤。未几，决济阳高家纸坊、利津吕家洼、赵家园、十六户。是冬次第塞。明年六月，决利津西韩家、陈家。御史宋伯鲁条上东河积弊：一，冒领朦销，宜严定处分；一，收发各料，宜设法稽查；一，申明赔修旧例，以防随意改名；一，武弁宜认真巡察。诏东抚严除积弊，并令有河务各督抚查察，遇有劣员，严参惩办。二十三年正月，决历城小沙滩、章丘胡家岸，随塞。十一月凌汛，决利津姜家庄、扈家滩，水由沾化降河入海。二十四年六月，决山东黑虎庙，穿运东泄，仍入正河。又决历城杨史道口、寿张杨家井、济阳桑家渡、东阿王家庙，分注徒骇、小清二河入海。遣鸿章偕河督任道镕、东抚张汝梅会勘。未几，省东河总督，寻复置。

二十五年二月，鸿章等言：

山东黄河自铜瓦厢改道大清河以来，时当军兴，未遑修治。同治季年，渐有溃溢，始筑上游南堤。光绪八年后溃溢屡见，遂普筑两岸大堤。乃民间先就河涯筑有小埝，紧逼黄流。大堤成后，复劝民守埝，且有改为官守者。于是堤久失修，每遇泛涨埝决，水遂建瓴而下，堤亦随决，此历来失事病根也。上游曹、兖属南北堤凑长四百余里，两堤相距二十里至四十里，民埝偶决，水由堤内归入正河，大决则堤亦不保。计南北埝工二十四，同治以来，决仅四五见，此上游情形也。中游济、泰属两岸堤埝各半，凑长五百里，南岸上段傍山无堤，下段守埝，北岸上守堤，下守埝，参差不一，无非为堤内村庄难迁，权为保守计。下游武、定属南岸全守堤，北岸全守埝，凑长五百余里，地势愈平，水势愈大，险工七十余处，二十五年来，已决二十三次，此中下游情形也。东省修防事本草创，间有兴作，皆因费绌，未按治河成法。前抚臣李秉衡历陈山东受河之害，治河之难，谓近几无岁不决，无岁不数决。朝廷屡糜巨金，闾阎终无安岁。若不按成规大加修治，何以仰答爱养元元之意？臣等详考古来治河之法，惟汉贾让徙当水冲之民，让地于水，实为上策。前抚臣陈士杰建筑中下游两岸大堤，凑长千里，两堤相距五六里至八九里，就此加培修守，似不失为中策。惟先有弃堤守埝处，如南岸泺口上下，守埝者百一十里，上段近省六十里，商贾辐辏，近险工稍平，暂缓推展；下段要险极多，十余年来，已决九次，拟迁出埝外二十余村，弃埝守堤，离水稍远，防守易固。此南岸酌拟迁民废埝办法也。至北岸堤工，自长清至利津四百六十里，埝外堤内数百村庄。长埝逼近湍流，河面太狭，无处不湾，无湾不险。河唇淤高，埝外地如釜底，各村断不能久安室家。且埝破堤必破，欲保埝外数百村，并堤外数千村同一被灾，尤觉非计。但小民安土重迁，屡被沈灾，不肯远去，非可旦夕议定。今拟北岸自长清官庄至齐河六十余里，河面尚宽，利津至盐窝七十余里，地皆斥卤，不便徙民，均以埝作堤，埝外之民，无庸迁徙。其齐河至利津尚有三百二十里，民埝紧逼河干，竟有不及一里者，势不得不废埝守堤。但北堤残缺多半，无可退守，且需款过巨，迁民更难，应暂守旧埝，此北岸分别守埝作堤，及将来再议废埝守堤办法也。至南北大堤，为河工第一重大关系。既处处卑薄，拟并改埝之堤，及暂定之民埝，照河工旧式，一律修培，总期足御汛涨。至下口入海尾闾，尤关全河大局。查铁门关故道尚有八十余里，愈下愈宽深，直通海口，形势较丝网口、韩家垣为顺，工费亦较省。然建拦河大坝、挑引河、筑两岸大堤，需费颇巨，下口不治，全河皆病，不得不核实勘估，此又加培两岸堤工、改正下口办法也。约估工费需九百三十万有奇，分五六年可告竣。

朝议如所请，先发帑百万，交东抚毓贤督修。毓贤言：

黄河治法，诚如部臣所云，展宽河面、盘筑堤身、疏通尾闾三事为扼要。查尾闾之害，以铁板河为最。全河挟沙带泥，到此无所归束，散漫无力，经以风潮，胶结如铁，流不畅则出路塞而横流多，故无十年不病之河。拟建长堤直至淤滩，防护风潮，纵不能径达入海，而多进一步即多一步之益。至堤埝卑薄，拟修培时，土方必足，夯硪必坚，尤加意保守。其坐湾处，一湾一险，如上游贾庄、孙家楼，中流坰家岸、霍家溜、桑家渡，下游白龙潭、北镇家集盐窝，均著名巨险，余险尤多，固非裁湾取直不可，然亦须相度形势，必引河上口能迎溜势、下口直入河心方得。蒲台迤西魏家口至迤东宋庄，约长四十里，河水分流，纳正河之溜三分之。若就势修堤建坝挑溜，使归北河，正河如淤，蒲台城垣永免水患。此裁湾取直之最有益者，拟即勘估兴办。

报闻。

二十六年，拳匪乱作，未续请款。嗣时局日艰，无暇议及河防矣。是年凌汛，决滨州张肖堂家。明年三月塞。六月，决章丘陈家窑、惠民杨家大堤，随塞。黄河之初北徙也，忠亲王僧格林沁有裁总河之请。嗣东河改归巡抚兼辖，河督乔松年复以为请。至是，河督锡良言：

直、东河工久归督抚管辖，豫抚本有兼理河道之责。请仿山东成案，改归兼理，而省东河总督。

制可。

二十八年夏，决利津冯家庄。秋，决惠民刘旺庄。逾年二月，刘旺庄塞。六月，决利津宁海庄，十二月塞。三十年正月，凌汛，决利津王庄、扈家滩、姜庄、马庄，随塞。六月，河溢甘肃皋兰，淹没沿滩村庄二十余。又决山东利津薄庄，淹村庄、盐窝各二十余。

先是山东屡遭河患，当事者皆就水立堤，随湾就曲，水不畅行。张秋以下，堤卑河窄，又无石工帮护。利津以下，尾闾改向南，形势益不顺。巡抚周馥请帑三百万，略事修培，部臣靳不予。不得已，自筹二十万添购石料，又给赀迁利津下民之当水冲者，而民徙未尽。又于堤南增建大堤，以备旧堤坏、民有新居可归。至薄庄决，水东北由徒骇河入海。馥言：

旧河淤成平陆，若依旧堵合，估须九十万有奇，巨款难筹。且堵合之后，防守毫无把握，漫口以下，水深丈余至二三丈，奔腾浩瀚，就下行疾，入徒骇后，势益宽深，较铁门关、韩家垣、丝网口尤畅达。与其逆水之性，耗无益之财，救民而终莫能救，不如迁民避水，不与水争地，而使水与民各得其所。依此而行，其益有三：尾闾通顺，流畅消速，益一；舟楫便利，商货流通，益二；河流顺直，险轻费省，益三。所省堵筑费犹不计也。然补救之策，费财亦有三：一、迁民之费；二、筑埝之费；三、移设盐垣之费。约需五十万金，较堵筑费省四之三，而受益过之。

制可，遂不堵。嗣是东河安澜，数年未尝一决。

宣统元年，决开州孟民庄。明年塞。三年，东抚孙宝琦言：

自黄入东省，河道深通，初无修防。积久淤溢，始筑民埝，紧逼黄流。嗣经普筑大堤，而复令民守埝。埝有漫决。官无处分，直、东两省，定例皆然。元年开州决，水循东省上游埝外堤内下注，至中游始归正河，濮、范、寿张受灾甚重。臣会商直督，遣员协款堵筑，上年始告成功。如能通筹，分别勘治，改归官守上游横决，为患何堪设想！臣昔随李鸿章来东勘河，时比工程司建议筑堤伸入海深处为最要办法，卒以费巨不果。如由主治者统筹经费，分年筑堤，借束水为攻沙之计，再酌购外洋挖泥轮机，往来疏浚，尾闾可望深通，全局皆受其益。河工为专门之学，非久于阅历，不能得其奥窍。亟宜仿照豫省定章，改定文武额缺为终身官，三省互相迁调。臣上年设立河工研究所，招集学员讲求河务，原为养成治河人材；如设厅汛，此项人员毕业，即可分别试用，于工程大有裨益。以上四端，必应兴办。臣愚以为宜设总河大员，历勘会商，将三省常年经费百数十万，统归应用，俟议定大治办法，随时请拨，俾免掣肘而竟事功。

疏入，诏会商直督、豫抚通筹。未及议覆，而武昌变作，遂置不行。

（选自赵尔巽等撰《清史稿》卷一二六，见《二十五史·清史稿》，第493~497页，上海古籍出版社、上海书店1986年版）

赵尔巽（1844—1927），字公镶，号次珊，别号无补，汉军正蓝旗。同治进士，授翰林院编修。历任安徽、陕西按察使，又任甘肃、新疆、山西布政使，后任湖南巡抚、户部尚书、盛京将军、江西总督、四川总督等职。1911年武昌起义后在奉天（治今辽宁沈阳）任“保安会”会长。民国初，任奉天都督，不久辞职。1914年任清史馆总裁，主编《清史稿》。

《清史稿·河渠志·直省水利》选

〔清末民国〕赵尔巽

（乾隆）十一年，大学士署河督刘于义等疏陈庆云、盐山续勘疏浚事宜，下部议行。青州弥河水涨，冲开百余丈决口，旋堵。博兴、乐安积水，挑引河导入淄河。

二十五年，阿尔泰疏言：

东省水利，以济运为关键，以入海为归宿。济、东、泰、武之老黄河、马颊、徒骇等河，兖、沂、曹之洸、涑等河，共六十余道，皆挑浚通畅。运河民埝计长七百余里，亦修整完固。青、莱所属乐安、平度、昌邑、潍县、高密等州县，应挑支河三十余，俱节次挑竣。莱州之胶莱河，纳上游诸水，高密有胶河，亦趋胶莱，易致漫溢，应导入百脉湖，以分水势。沂州属兰、郯境内应开之武城等沟河二十五道，又续挑之响水等沟河二十五道，引洼地之水由江南邳州入运，并已工竣。

帝嘉之。

（嘉庆）二十二年，章丘民言，长白、东岭二山之水，向归小清河入海。自灰坝被冲，水归引河，章丘等县屡被水灾。命礼部侍郎李鸿宾往勘。次年，巡抚陈预疏言：

小清河以章丘、邹平、长山、新城为上游，高苑、博兴、乐安为下游，正河及支派沟多有淤垫。请先疏浚上游，并将浒山等二泊一湖挑挖宽深，则水势不至建瓴直注，下游亦不骤虞漫溢。

得旨允行。建沔阳石闸，挑引渠，以时启闭。

（光绪）十八年，疏凿福山港、徐六泾二河，及高浦、耿泾、海洋塘、西洋港四河。山东巡抚福润言：

小清河为民田水利所关，年久淤塞。前抚臣张曜筹议疏通，因工长款绌，仅修下游博兴之金家桥至寿光海道，长百余里。其上游工程，应接续兴挑，庶使历城等县所受各水，悉可入海。今拟规复小清河正轨，而不拘牵故道，由金家桥而西取直，择洼区接开正河，历博兴、高苑、新城、长山、邹平至齐东曹家坡，长九十七里，又于金家桥迤下开支河二十四里，至柳桥，以承济麻大湖上游各河之水，引入新河，计长四千二百余丈。

诏从之。

（选自赵尔巽等撰《清史稿》卷一百二十九，见《二十五史·清史稿》，第505~508页，上海古籍出版社、上海书店1986年版）

赍塔传（节选）

〔清末民国〕赵尔巽

赍塔，那穆都鲁氏，满洲正白旗人，康古里第四子。年十四，授三等侍卫。坐事免。崇德时，从伐明，围锦州，击松山、杏山敌兵，屡有斩获。攻新城、高阳、霸州、寿光、博兴，并先登，身中五创。被赏赉，授前锋侍卫。

（选自赵尔巽等撰《清史稿》卷二百五十四，见《二十五史·清史稿》，第1080页，上海古籍出版社、上海书店1986年版）

富明安传

〔清末民国〕赵尔巽

富明安，富察氏，满洲镶红旗人。初授笔帖式。累迁户部郎中。乾隆十一年，授广东惠潮嘉道，历广东高廉、粮驿，广西苍梧诸道，福建、广西按察使。二十六年，迁江西布政使。请以南昌同知、通判二员定一员为满缺，专司翻译清文。上以江西无驻防满洲兵，不允。二十八年，命往巴里坤办事。三十二年，广东巡抚明山劾富明安官粮驿道浮收仓米，夺官，逮京师鞫治。事白，复官，命署山西布政使。三十三年，护巡抚。劾雁平道时廷蔼纵仆扰民，坐夺官。

擢山东巡抚。疏言：

高密百脉湖受五龙河、胶河诸水，夏秋常苦泛溢。请浚引河，引胶河北入胶、莱运河，涸出新地得四百余顷。

上嘉之。太仆寺少卿范宜宾奏请裁减东省闭坝后驿夫工食，富明安疏言：

水驿夫役终岁在驿，闭坝多在十一月，开坝有早至正月者，中间相距两月余，而铜、铅诸船守冻，尚须守护。节省无多，窒碍转甚，非政体所宜。

从之。

三十五年，疏言：

小清河行章丘、邹平、长山、新城、高苑、博兴、乐安七县六百余里。源出章丘，东至新城、高苑间分支，北为支脉沟；又东至博兴分支，南为豫备河。至乐安入淄水归海。比年湖泊淤塞，春夏水涨，民田常被其害。现就乐安境内挑淤培堤，并疏浚南、北支渠，使支干通流，建瓴而下。博兴、乐安可复膏腴。章丘、邹平、长山、新城、高苑诸县附近湖泊涸出，有益于民。民咸愿出力兴工，毋庸动帑。

谕曰："有利于民，事在应为，但不可滋弊耳。"

三十六年，又奏：

济宁西北当运河西岸，受上游曹州境内诸水。以运河势高，不能泄水入运，遂至间段停积。饬浚旧有五渠，使南汇昭阳湖，并同时修治沂水、涑水、墨河、响水诸渠二十余处，及运河东岸徒骇、马颊诸河，泄涨水入海。

上以"知勤民之本"嘉之。三十六年，授闽浙总督，调湖广。三十七年，京山民严金龙父子为乱，捕得置诸法。卒，赠太子太保，谥恭恪。

（选自赵尔巽等撰《清史稿》卷三百二十四，见《二十五史·清史稿》，第1216页，上海古籍出版社、上海书店1986年版）

周元理传（节选）

〔清末民国〕赵尔巽

周元理，字秉中，浙江仁和人。乾隆三年举人。

三十六年，命从尚书裘曰修、总督杨廷璋勘青县、沧州减河。用元理议，请撤闸改用滚水坝，并定每岁测量疏浚，从之。旋授山东巡抚。奏：

小清河发源章丘长白山，至乐安溜河门入海。章丘至博兴，有浒山、清河诸泊为纳水之区。请先将二泊浚深开广，遇水发时，有所停蓄，然后听其入河分注归海。并于每年农隙，疏浚下游各河。

未半载，擢直隶总督。

（选自赵尔巽等撰《清史稿》卷三百二十四，见《二十五史·清史稿》，第1216页，上海古籍出版社、上海书店1986年版）

李清时传

〔清末民国〕赵尔巽

李清时，字授侯，福建安溪人，大学士光地从孙。乾隆七年进士，选庶吉士，授编修。十四年，授浙江嘉兴知府。上南巡，或议自嘉兴至杭州别辟道行民舟，清时于官塘外求得水道相属，上通吴江平望，下达杭州坝子门，号为副河。丁父忧，去官。服除，授山东兖州知府。二十二年，擢运河道。

二十六年，河决孙家集，运河由夏镇至南阳两堤俱溃，清时督修筑。议者或拟用桩埽，费以六十万计；或拟建石堤，费以三百万计。清时少时行濒海间，见筑堤捍海为田者，掷碎石积水中，潮退则以木阑之，填土其上，坚筑成堤；因参用其法，以河东、西两岸皆水，得土难，令以石垒两旁，积葑其中，水涸，募夫起土置积葑上，费帑十四万有奇，而两堤成。曹县溢，水泻入微山湖，出韩庄湖口，闸隘，水不得泄，令于闸北毁石堤，掘地深之以泄水。事上闻，上命于其地建滚水坝，高一丈二尺余。清时请减低为一丈，令湖水落至丈，乃闭闸蓄水。泗水经兖州西流入府河，济宁城东旧有杨家坝，遏水使入马场湖，蓄以济运，遇伏秋水涨不能泄，淹民田，令改坝为闸，视水盛衰为启闭。汶水分流入蜀山、马踏两湖，旧制引水使南行少北行多，后乃反之，漕船经袁口、靳口，浅涩不能进。清时规分水口，令南坝加长，北坝收短，以为节宣，并减低何家坝，使汶水南弱而北增。蜀山湖出口为利运、金线二闸，旧制开金线资南运。清时令移金线在利运北，使蜀山湖水先济北运。寿张境有沙、赵二水，阻运河不得入海。旧于运河东岸建三空五孔桥，又于八里庙建平水三闸，使二水盛涨有所泄。清时议减低三空五孔桥，又于八里庙增建滚水坝，使涨未盛即泄，不为范、濮、寿张、东阿诸县民田害。总督方观承行河，用其议，二水始宣畅。卫水自馆陶至临清与汶会，旧有闸，盛涨不能御。清时令于闸南当汶、卫交流处筑坝，仍岁加高厚；又议拓四女寺滚水坝。尚书裘曰修行河，用其议，卫河得安流。

二十九年，调江南淮徐道。三十年，擢河东河道总督，赐其母大缎、貂皮。清时以河堤岁修，司其事者每不度形势，过高縻帑，而卑薄者不能大有增益，乃饬所司当水涨各具堤高水面尺寸呈报，择堤最薄者培之。迨伏秋水发，耿家寨称十四堡，水及旧堤上，赖豫增新筑以免。清厘河工征料诸弊，岁减派料至千余万斤。三十一年，运河东岸漫口，自请议处，原之。三十二年七月，授山东巡抚。高苑、博兴、乐安三县被水，清时谓小清河下流隘，故上游溢，檄所司勘验。遽疾作，乞解任，不许。三十三年，卒。

清时治水善相度情形，穷源竟委。每乘小舟出入荒陂丛泽、支流断港中，或徒步按行谘访，必得要领，乃见诸建置。

（选自赵尔巽等撰《清史稿》卷三百二十五，见《二十五史·清史稿》，第1219页，上海古籍出版社、上海书店1986年版）

阿尔泰传（节选）

〔清末民国〕赵尔巽

阿尔泰，伊尔根觉罗氏，满洲正黄旗人。雍正间，以副榜贡生授宗人府笔帖式。乾隆中，屡迁至山东巡抚。以山东产山绸，疏请令民间就山坡隙地广植桲椤，免其升科。岁大水，阿尔泰先后浚兖州、沂州支渠三十有九，曹州、单县顺堤河二百余里；培南旺、蜀山湖民埝；导章丘珍珠、麻塘二泉，新城五龙河溉民田；并及高苑、博兴、惠民诸县近水地，皆令蓺稻。筑洸河堤至于马场湖，以卫济宁州城，析白马湖引入独山湖以疏泗水，开汶上稻田数百顷。济东诸州县濒徒骇、马颊两河，支流相贯注，及哨马营、四女寺支河，皆次第疏治。浚卫河自德州至于馆陶凡三百余里。泄寿张积水自沙、赵二河入运，泄东平积水入会泉、大清诸河，泄济南、东昌诸州县积水。开支河三十余，循官道为濠，引水自濠入支河，自支河入徒骇、大清诸河。漳、汶合流，开引河，增子埝，以防盛涨。阿尔泰抚山东七年，治水利有绩，擢四川总督，加太子太保。

（选自赵尔巽等撰《清史稿》卷三百二十六，见《二十五史·清史稿》，第1222页，上海古籍出版社、上海书店1986年版）

李渭传

〔清末民国〕赵尔巽

李渭，字菉涯，直隶高邑人。父兆龄，康熙中官福建闽清知县，以廉能称。渭，康熙六十年进士，授内阁中书，迁刑部主事。雍正二年，出为湖南岳州知府，诏许密折奏事。忤大吏，左迁武昌府同知，未之任，丁母忧。服阕，授四川嘉定知府，复以争冤狱忤上官。渭曰："吾官可弃，杀人媚人不为也。"奉檄赈重庆水灾，多所全活。父忧归。

后补河南彰德，万金渠源出善应山，环府城，入洹河，灌田千数百顷，山水暴发易淤。渭履勘浚治，增开支河，建闸启闭，定各村分日用水，岁以有秋。漳河当孔道，旧设草桥于临漳，道回远，移于丰乐镇，行旅便之。雪武安民班某诬杀族兄狱。林县富室殴人死，赂尸属以病死报。渭验尸腿骨尽碎，治如律。举卓异。

乾隆九年，擢山东盐运使，时议增盐引，渭以增引则商不能赔，必增盐价，商、民且两病，持不可。十二年，山东大水，大吏檄渭勘灾，至益都、博兴、乐安诸县，饿莩载途，而有司先以未成灾报，已入告，难之；乃请以借作赈，异日免追，民乃苏。十三年，就迁按察使，折狱平。尝曰："古人言求其生而不得，今俗吏移易狱词，何求生不得之有？然如死者何！此妇寺之仁，非持法之正。"

寻迁安徽布政使，禁革征粮长单差催法，以杜诡寄。调山东，垦荒，令客民带完旧欠，免邻保代赔逃户之累，民便之。为政持大体，不吝出纳，不轻揭一官，驭吏严而不念旧过。十九年，卒于官。子经芳，乾隆中官至湖北施南知府，亦廉谨守其家风。

（选自赵尔巽等撰《清史稿》卷四百七十七，见《二十五史·清史稿》，第1486页，上海古籍出版社、上海书店1986年版）

盖方泌传

〔清末民国〕赵尔巽

盖方泌，字季源，山东蒲台人。嘉庆初，以拔贡就职州判，发陕西，署汉阴厅通判、石泉知县。三年，署商州州同。治州东百里曰龙驹寨，寨之东为河南，南出武关为湖北。路四通，多林莽山径，易凭匿。时川、楚教匪屡由武关入陕西。方泌始至，民吏扫地赤立，贼酋张汉潮拥众至，乃置药面中，诱贼劫食，多死，遂西走，大军乘之，汉潮由是不振。方泌集众谋曰："贼虽去，必复来。若等逃亦死，守不得耕种亦死。我文官无兵，若能为吾兵，当全活尔。"众曰："惟命。"乃筑堡聚粮，户三丁抽一，得三千人，无丁者以财佐粮糗兵械，亲教之战，辰集午散，无废农事。

四年，贼屯山阳、镇安，将东走河南，迎击败之；又击贼于铁峪铺，贼据山上，而伏其半于沟，乃分兵剪伏，夺据东山上，数乘懈击之，贼宵遁。后贼由雒南东逸，方泌驰至分水岭，间道走铁洞沟出贼前伏待之，贼错愕迎战，遂败，斩首数百，乡兵名由是大振。自武关至竹林关，乡兵皆请隶龙驹寨。

五年，知州困于贼，方泌驰百九十里至北湾，贼惊曰："龙驹寨兵至矣！"时贼屯州西及雒南、山阳各万余人，欲东出。方泌勒乡兵二万，列三大营以待。会官军至，夹攻，贼大败，几尽歼。是役枕戈而寝者五十日。游击某诬以事，解职，大吏直之，得留任。贼遂相戒无过商州。

八年，授盩厔知县，犹时时入山搜贼，又获宁陕倡乱者四十余人。境内甫定，捐俸赈饥，旌死节妇，河滩、马厂、盐法，皆区画久远。擢宁陕厅同知。仁宗召见，问商州事甚悉。擢四川顺庆知府。渠县民变，大吏属以兵。方泌曰："此赛会人众，至各相惊疑，讹言横兴，非叛也。"捕十二人而变息。调成都，母忧归。服阕，授福建延平。寻调台湾，两署台湾道。屡谳大狱，皆聚众汹汹，稍激则变。方泌一以理谕，蔽罪如法。道光十八年，卒。

（选自赵尔巽等撰《清史稿》卷四百七十八，见《二十五史·清史稿》，第1489页，上海古籍出版社、上海书店1986年版）

吕才智妻

〔清末民国〕赵尔巽

吕才智妻王，博兴人。才智病伛偻，杖而行，鬻饼于市。岁祲，才智将鬻王，王曰："汝病废，我去，汝不得生！且我身值几何？汝不过得数日饱。食尽，终当死。等死，不如相依死也。"乃令才智守舍，而出行乞。生一子，才智死，终不嫁。

（选自赵尔巽等撰《清史稿》卷五百九，见《二十五史·清史稿》，第1613页，上海古籍出版社、上海书店1986年版）

兵圣韬略

博兴历代文汇

孙武著作

孙武(生卒年不详),字长卿,春秋末期齐国乐安(今博兴)人。兵家奠基人。其祖父田书(即孙书)为齐国名将,因攻打莒国立了战功,齐景公赐姓孙氏,并食采于乐安。孙武受家庭环境的熏陶,熟读兵书,为其后来走上军事家生涯奠定了基础。

公元前532年夏,齐国发生陈、鲍、栾高四姓之乱。为避内乱,孙武奔波到吴国,隐居乡间,继续刻苦钻研兵法,著书立说。经过多年的努力,终于著成《孙子兵法》十三篇。

公元前512年,大臣伍子胥向吴王阖闾举荐孙武为将。孙武带着兵法十三篇应召晋见吴王。孙武深邃的军事思想和独特见解,引起了一心图霸的吴王的共鸣,获得吴王赞誉。吴王命孙武以180名宫女操演阵法,见证了孙武指挥练兵、作战的卓越的军事才能后,任命孙武为将。

孙武就任后,很快训练出一支纪律严明、战斗力强的部队。公元前506年,在吴楚大战中,孙武指挥的军队五战五捷,攻入楚国的郢都。公元前484年,吴军在齐国艾陵重创齐军。公元前482年黄池会盟,吴国取代了晋国的霸主地位。孙武为吴国的兼并战争立下了赫赫战功。

孙武是我国古代伟大的军事家,也是驰名中外的军事理论家,一生著兵法多篇。流传至今的《孙子兵法》,是我国现存最早、最完整、最系统的兵书,被列为《武经七书》之首。全书共分计、作战、谋攻、形、势、虚实、军争、九变、行军、地形、九地、火攻、用间十三篇,计5900余字,揭示了战争的重要规律,论述了战争论、治军论、制胜论等多方面的法则。

孙子注重分析情况,全面分析敌我、众寡、强弱、虚实、攻守、进退等;提出“兵无常势,水无常形,能因敌变化而取胜者,谓之神”;强调了战略战术上的“奇正相生”和灵活运用,具有朴素的唯物论和辩证法思想。孙武被誉为“兵圣”“兵家鼻祖”,受到国内外学者推崇。

孙子

（选自曹操等注《孙子》，上海古籍出版社1995年版）

计篇

孙子曰：兵者，国之大事，死生之地，存亡之道，不可不察也。

故经之以五事，校之以计，而索其情：一曰道，二曰天，三曰地，四曰将，五曰法。道者，令民与上同意也，故可以与之死，可以与之生，而不畏危。天者，阴阳、寒暑、时制也。地者，远近、险易、广狭、死生也。将者，智、信、仁、勇、严也。法者，曲制、官道、主用也。凡此五者，将莫不闻，知之者胜，不知者不胜。故校之以计而索其情，曰：主孰有道？将孰有能？天地孰得？法令孰行？兵众孰强？士卒孰练？赏罚孰明？吾以此知胜负矣。

将听吾计，用之必胜，留之；将不听吾计，用之必败，去之。

计利以听，乃为之势，以佐其外。势者，因利而制权也。

兵者，诡道也。故能而示之不能，用而示之不用，近而示之远，远而示之近。利而诱之，乱而取之，实而备之，强而避之，怒而挠之，卑而骄之，佚而劳之，亲而离之。攻其无备，出其不意。此兵家之胜，不可先传也。

夫未战而庙算胜者，得算多也；未战而庙算不胜者，得算少也。多算胜，少算不胜，而况于无算乎？吾以此观之，胜负见矣。

作战篇

孙子曰：凡用兵之法，驰车千驷，革车千乘，带甲十万，千里馈粮，则内外之费，宾客之用，胶漆之材，车甲之奉，日费千金，然后十万之师举矣。其用战也胜，久则钝兵挫锐，攻城则力屈，久暴师则国用不足。夫钝兵、挫锐、屈力、殚货，则诸侯乘其弊而起，虽有智者，不能善其后矣。故兵闻拙速。未睹巧之久也。夫兵久而国利者，未之有也。故不尽知用兵之害者，则不能尽知用兵之利也。

善用兵者，役不再籍，粮不三载，取用于国，因粮于敌，故军食可足也。

国之贫于师者远输，远输则百姓贫。近于师者贵卖，贵卖则百姓财竭，财竭则急于丘役。力屈财殚，中原内虚于家。百姓之费，十去其七；公家之费，破军罢马，甲胄矢弩，戟楯蔽橹，丘牛大车，十去其六。故智将务食于敌，食敌一钟，当吾二十钟；萁秆一石，当吾二十石。

故杀敌者，怒也。取敌之利者，货也。故车战，得车十乘已上，赏其先得者，而更其旌旗，车杂而乘之，卒善而养之，是谓胜敌而益强。

故兵贵胜，不贵久。

故知兵之将，生民之司命，国家安危之主也。

谋攻篇

孙子曰：夫用兵之法，全国为上，破国次之；全军为上，破军次之；全旅为上，破旅次之；全卒为上，破卒次之；全伍为上，破伍次之。是故百战百胜，非善之善者也；不战而屈人之兵，善之善者也。

故上兵伐谋，其次伐交，其次伐兵，其下攻城。攻城之法，为不得已。修橹辒辒，具器械，三月而后成，距闉又三月而后已；将不胜其忿，而蚁附之，杀士卒三分之一，而城不拔者，此攻之灾也。

故善用兵者，屈人之兵，而非战也；拔人之城，而非攻也；毁人之国，而非久也。必以全争于天下，故兵不顿，而利可全，此谋攻之法也。

故用兵之法，十则围之，五则攻之，倍则分之，敌则能战之，少则能逃之，不若则能避之。故小敌之坚，大敌之擒也。

夫将者，国之辅也。辅周则国必强，辅隙则国必弱。

故君之所以患于军者三：不知军之不可以进而谓之进，不知军之不可以退而谓之退，是谓縻军；不知三军之事，而同三军之政者，则军士惑矣；不知三军之权，而同三军之任，则军士疑矣。三军既惑且疑，则诸侯之难至矣，是谓乱军引胜。

故知胜有五：知可以战与不可以战者胜；识众寡之用者胜；上下同欲者胜；以虞待不虞者胜；将能而君不御者胜。此五者，知胜之道也。

故曰：知彼知己者，百战不殆；不知彼而知己，一胜一负；不知彼，不知己，每战必殆。

形篇

孙子曰：昔之善战者，先为不可胜，以待敌之可胜；不可胜在己，可胜在敌。故善战者，能为不可胜，不能使敌之可胜。故曰：胜可知，而不可为。

不可胜者，守也；可胜者，攻也。守则不足，攻则有余。善守者，藏于九地之下；善攻者，动于九天之上。故能自保而全胜也。

见胜不过众人之所知，非善之善者也；战胜而天下曰善，非善之善者也；故举秋毫不为多力，见日月不为明目，闻雷霆不为聪耳。古之所谓善战者，胜于易胜者也。故善战者之胜也，无智名，无勇功。故其战胜不忒；不忒者，其所措必胜，胜已败者也。故善战者，立于不败之地，而不失敌之败也。是故胜兵先胜而后求战，败兵先战而后求胜。善用兵者，修道而保法，故能为胜败之政。

兵法：一曰度，二曰量，三曰数，四曰称，五曰胜。地生度，度生量，量生数，数生称，称生胜。故胜兵若以镒称铢，败兵若以铢称镒。胜者之战民也，若决积水于千仞之溪者，形也。

势篇

孙子曰：凡治众如治寡，分数是也。斗众如斗寡，形名是也。三军之众，可使必受敌而无败者，奇正是也。兵之所加，如以碫投卵者，虚实是也。

凡战者，以正合，以奇胜。故善出奇者，无穷如天地，不竭如江河。终而复始，日月是也。死而更生，四时是也。声不过五,五声之变，不可胜听也。色不过五,五色之变，不可胜观也。味不过五,五味之变，不可胜尝也。战势不过奇正，奇正之变，不可胜穷也。奇正相生，如循环之无端，孰能穷之？

激水之疾，至于漂石者，势也；鸷鸟之疾，至于毁折者，节也。是故善战者，其势险，其节短。势如扩弩，节如发机。

纷纷纭纭，斗乱而不可乱也；浑浑沌沌，形圆而不可败也。

乱生于治，怯生于勇，弱生于强。治乱，数也；勇怯，势也；强弱，形也。

故善动敌者，形之，敌必从之；予之，敌必取之；以利动之，以卒待之。

故善战者，求之于势，不责于人，故能择人而任势。任势者，其战人也，如转木石。木石之性，安则静，危则动，方则止，圆则行。故善战人之势，如转圆石于千仞之山者，势也。

虚实篇

孙子曰：凡先处战地而待敌者佚，后处战地而趋战者劳。故善战者，致人而不致于人。

能使敌人自至者，利之也；能使敌人不得至者，害之也。故敌佚能劳之，饱能饥之，安能动之。

出其所不趋，趋其所不意。行千里而不劳者，行于无人之地也。攻而必取者，攻其所不守也；守而必固者，守其所不攻也。故善攻者，敌不知其所守；善守者，敌不知其所攻。

微乎微乎，至于无形，神乎神乎，至于无声，故能为敌之司命。

进而不可御者，冲其虚也；退而不可追者，速而不可及也。故我欲战，敌虽高垒深沟，不得不与我战者，攻其所必救也；我不欲战，画地而守之，敌不得与我战者，乖其所之也。

故形人而我无形，则我专而敌分。我专为一，敌分为十，是以十攻其一也，则我众而敌寡；能以众击寡者，则吾之所与战者约矣。吾所与战之地不可知，不可知，则敌所备者多；敌所备者多，则吾所与战者寡矣。

故备前则后寡，备后则前寡，备左则右寡，备右则左寡，无所不备，则无所不寡。寡者，备人者也；众者，使人备己者也。

故知战之地，知战之日，则可千里而会战。不知战地，不知战日，则左不能救右，右不能救左，前不能救后，后不能救前，而况远者数十里，近者数里乎？

以吾度之，越人之兵虽多，亦奚益于胜败哉？故曰：胜可为也。敌虽众，可使无斗。

故策之而知得失之计，作之而知动静之理，形之而知死生之地，角之而知有余不足之处。

故形兵之极，至于无形；无形，则深间不能窥，智者不能谋。

因形而错胜于众，众不能知；人皆知我所以胜之形，而莫知吾所以制胜之形。故其战胜不复，而应形于无穷。

夫兵形象水，水之形，避高而趋下，兵之形，避实而击虚。水因地而制流，兵因敌而制胜。故兵无常势，水无常形，能因敌变化而取胜者，谓之神。故五行无常胜，四时无常位，日有短长，月有死生。

军争篇

孙子曰：凡用兵之法，将受命于君，合军聚众，交和而舍，莫难于军争。军争之难者，以迂为直，以患为利。故迂其途，而诱之以利，后人发，先人至，此知迂直之计者也。

故军争为利，军争为危。举军而争利，则不及；委军而争利，则辎重捐。是故卷甲而趋，日夜不处，倍道兼行，百里而争利，则擒三将军；劲者先，疲者后，其法十一而至；五十里而争利，则蹶上将军，其法半至；三十里而争利，则三分之二至。是故军无辎重则亡，无粮食则亡，无委积则亡。

故不知诸侯之谋者，不能豫交；不知山林、险阻、沮泽之形者，不能行军；不用乡导者，不能得地利。

故兵以诈立，以利动，以分合为变者也。故其疾如风，其徐如林，侵掠如火，不动如山，难知如阴，动如雷震。掠乡分众，廓地分利，悬权而动。先知迂直之计者胜，此军争之法也。

《军政》曰："言不相闻，故为金鼓；视不相见，故为旌旗。"夫金鼓旌旗者，所以一人之耳目也；人既专一，则勇者不得独进，怯者不得独退，此用众之法也。故夜战多火鼓，昼战多旌旗，所以变民之耳目也。

故三军可夺气，将军可夺心。是故朝气锐，昼气惰，暮气归。故善用兵者，避其锐气，击其惰归，此治气者也。以治待乱，以静待哗，此治心者也。

以近待远，以佚待劳，以饱待饥，此治力者也。无邀正正之旗，勿击堂堂之阵，此治变者也。

故用兵之法，高陵勿向，背丘勿逆，佯北勿从，锐卒勿攻，饵兵勿食，归师勿遏，围师必阙，穷寇勿迫。此用兵之法也。

九变篇

孙子曰：凡用兵之法，将受命于君，合军聚众。圮地无舍，衢地交合，绝地无留，围地则谋，死地则战；涂有所不由，军有所不击，城有所不攻，地有所不争，君命有所不受。故将通于九变之利者，知用兵矣；将不通九变之利者，虽知地形，不能得地之利矣。治兵不知九变之术，虽知五利，不能得人之用矣。是故智者之虑，必杂于利害。杂于利，而务可信也；杂于害，而患可解也。

是故屈诸侯者以害，役诸侯者以业，趋诸侯者以利。故用兵之法，无恃其不来，恃吾有以待也；无恃其不攻，恃吾有所不可攻也。

故将有五危：必死，可杀也；必生，可虏也；忿速，可侮也；廉洁，可辱也，爱民，可烦也。凡此五者，将之过也，用兵之灾也。覆军杀将，必以五危，不可不察也。

行军篇

孙子曰：凡处军、相敌：绝山依谷；视生处高；战隆无登。此处山之军也。

绝水必远水；客绝水而来，勿迎之于水内，令半济而击之，利；欲战者，无附于水而迎客；视生处高，无迎水流，此处水上之军也。

绝斥泽，惟亟去无留；若交军于斥泽之中，必依水草而背众树。此处斥泽之军也。

平陆处易，而右背高，前死后生，此处平陆之军也。

凡此四军之利，黄帝之所以胜四帝也。

凡军好高而恶下，贵阳而贱阴，养生而处实；军无百疾，是谓必胜。丘陵堤防，必处其阳，而右背之。此兵之利，地之助也。上雨，水沫至，欲涉者，待其定也。

凡地有绝涧、天井、天牢、天罗、天陷、天隙，必亟去之，勿近也。吾远之，敌近之；吾迎之，敌背之。

军行有险阻、潢井、葭苇、山林、翳荟者，必谨覆索之，此伏奸之所处也。

敌近而静者，恃其险也；远而挑战者，欲人之进也；其所居易者，利也。

众树动者，来也；众草多障者，疑也。鸟起者，伏也；兽骇者，覆也。尘高而锐者，车来也；卑而广者，徒来也；散而条达者，樵采也；少而往来者，营军也。

辞卑而益备者，进也；辞强而进驱者，退也；轻车先出居其侧者，陈[①]也；无约而请和者，谋也；奔走而陈兵车者，期也；半进半退者，诱也。

杖而立者，饥也；汲而先饮者，渴也；见利而不进者，劳也；鸟集者，虚也；夜呼者，恐也；军扰者，将不重也；旌旗动者，乱也；吏怒者，倦也；粟马肉食，军无悬缻，不返其舍者，穷寇也。谆谆翕翕，徐与人言者，失众也；数赏者，窘也；数罚者，困也；先暴而后畏其众者，不精之至也；来委谢者，欲休息也。

兵怒而相迎，久而不合，又不相去，必谨察之。

兵非益多也，惟无武进，足以并力料敌取人而已。夫惟无虑而易敌者，必擒于人。

卒未亲附而罚之，则不服，不服则难用也。卒已亲附而罚不行，则不可用也。故令之以文，齐之以武，是谓必取。令素行以教其民，则民服；令不素行以教其民，则民不服。令素行者，与众相得也。

地形篇

孙子曰：地形有通者，有挂者，有支者，有隘者，有险者，有远者。我可以往，彼可以来，曰通。通形者，先居高阳，利粮道，以战则利。可以往，难以返，曰挂。挂形者，敌无备，出而胜之；敌若有备，出而不胜，难以返，不

① 编者按：陈，同“阵”。本单元选文多有“陈”“阵”混用情况，各从底本，不再注明。

利。我出而不利，彼出而不利，曰支。支形者，敌虽利我，我无出也；引而去之，令敌半出而击之，利。隘形者，我先居之，必盈之以待敌。若敌先居之，盈而勿从，不盈而从之。险形者，我先居之，必居高阳以待敌。若敌先居之，引而去之，勿从也。远形者，势均，难以挑战，战而不利。凡此六者，地之道也。将之至任，不可不察也。

故兵有走者，有弛者，有陷者，有崩者，有乱者，有北者。凡此六者，非天之灾，将之过也。夫势均，以一击十，曰走；卒强吏弱，曰弛；吏强卒弱，曰陷；大吏怒而不服，遇敌怼而自战，将不知其能，曰崩；将弱不严，教道不明，吏卒无常，陈兵纵横，曰乱；将不能料敌，以少合众，以弱击强，兵无选锋，曰北。凡此六者，败之道也。将之至任，不可不察也。

夫地形者，兵之助也。料敌制胜，计险厄远近，上将之道也。知此而用战者必胜，不知此而用战者必败。

故战道必胜，主曰无战，必战可也；战道不胜，主曰必战，无战可也。故进不求名，退不避罪，唯人是保，而利合于主，国之宝也。

视卒如婴儿，故可与之赴深溪；视卒如爱子，故可与之俱死。厚而不能使，爱而不能令，乱而不能治，譬若骄子，不可用也。

知吾卒之可以击，而不知敌之不可击，胜之半也；知敌之可击，而不知吾卒之不可以击，胜之半也；知敌之可击，知吾卒之可以击，而不知地形之不可以战，胜之半也。故知兵者，动而不迷，举而不穷。故曰：知彼知己，胜乃不殆；知天知地，胜乃不穷。

九地篇

孙子曰：用兵之法，有散地，有轻地，有争地，有交地，有衢地，有重地，有圮地，有围地，有死地。诸侯自战其地，为散地。入人之地而不深者，为轻地。我得则利，彼得亦利者，为争地。我可以往，彼可以来者，为交地。诸侯之地三属，先至而得天下之众者，为衢地。入人之地深，背城邑多者，为重地。行山林、险阻、沮泽，凡难行之道者，为圮地。所由入者隘，所从归者迂，彼寡可以击吾之众者，为围地。疾战则存，不疾战则亡者，为死地。

是故散地则无战，轻地则无止，争地则无攻，交地则无绝，衢地则合交，重地则掠，圮地则行，围地则谋，死地则战。

所谓古之善用兵者，能使敌人前后不相及，众寡不相恃，贵贱不相救，上下不相收，卒离而不集，兵合而不齐。合于利而动，不合于利而止。敢问：敌众整而将来，待之若何？曰：先夺其所爱，则听矣。

兵之情主速，乘人之不及，由不虞之道，攻其所不戒也。

凡为客之道：深入则专，主人不克；掠于饶野，三军足食；谨养而勿劳，并气积力；运兵计谋，为不可测。投之无所往，死且不北，死焉不得，士人尽力。兵士甚陷则不惧，无所往则固，深入则拘，不得已则斗。

是故其兵不修而戒，不求而得，不约而亲，不令而信，禁祥去疑，至死无所之。吾士无余财，非恶货也；无余命，非恶寿也。令发之日，士卒坐者涕沾襟。偃卧者涕交颐。投之无所往者，诸、刿之勇也。

故善用兵者，譬如率然；率然者，常山之蛇也。击其首则尾至，击其尾则首至，击其中则首尾俱至。敢问：兵可使如率然乎？曰：可。夫吴人与越人相恶也，当其同舟而济，遇风，其相救也如左右手。是故方马埋轮，未足恃也；齐勇若一，政之道也；刚柔皆得，地之理也。故善用兵者，携手若使一人，不得已也。

将军之事：静以幽，正以治。能愚士卒之耳目，使之无知。易其事，革其谋，使人无识；易其居，迂其途，使人不得虑。帅与之期，如登高而去其梯。帅与之深入诸侯之地，而发其机，焚舟破釜，若驱群羊，驱而往，驱而来，莫知所之。聚三军之众，投之于险，此谓将军之事也。九地之变，屈伸之利，人情之理，不可不察。

凡为客之道：深则专，浅则散。去国越境而师者，绝地也；四达者，衢地也；入深者，重地也；入浅者，轻地也；背固前隘者，围地也；无所往者，死地也。

是故散地，吾将一其志；轻地，吾将使之属；争地，吾将趋其后；交地，吾将谨其守；衢地，吾将固其结；重地，吾将继其食；圮地，吾将进其涂；围地，吾将塞其阙；死地，吾将示之以不活。

故兵之情：围则御，不得已则斗，过则从。

是故不知诸侯之谋者，不能预交；不知山林、险阻、沮泽之形者，不能行军；不用乡导者，不能得地利。四五者，不知一，非霸王之兵也。夫霸王之兵，伐大国，则其众不得聚；威加于敌，则其交不得合。

是故不争天下之交，不养天下之权，信己之私，威加于敌，故其城可拔，其国可隳。

施无法之赏，悬无政之令，犯三军之众，若使一人。犯之以事，勿告以言；犯之以利，勿告以害。

投之亡地然后存；陷之死地然后生。夫众陷于害，然后能为胜败。

故为兵之事，在于顺详敌之意，并敌一向，千里杀将，此谓巧能成事者也。

是故政举之日，夷关折符，无通其使，厉于廊庙之上，以诛其事。敌人开阖，必亟入之。先其所爱，微与之期。践墨随敌，以决战事。是故始如处女，敌人开户；后如脱兔，敌不及拒。

火攻篇

孙子曰：凡火攻有五：一曰火人，二曰火积，三曰火辎，四曰火库，五曰火队。行火必有因，烟火必素具。发火有时，起火有日。时者，天之燥也；日者，月在箕、壁、翼、轸也。凡此四宿者，风起之日也。

凡火攻，必因五火之变而应之。火发于内，则早应之于外。火发兵静者，待而勿攻；极其火力，可从而从之，不可从而止。火可发于外，无待于内，以时发之。火发上风，无攻下风。昼风久，夜风止。凡军必知有五火之变，以数守之。

故以火佐攻者明，以水佐攻者强。水可以绝，不可以夺。

夫战胜攻取而不修其功者凶，命曰费留。故曰：明主虑之，良将修之。非利不动，非得不用，非危不战。主不可以怒而兴师，将不可以愠而致战。合于利而动，不合于利而止。怒可以复喜，愠可以复悦，亡国不可以复存，死者不可以复生。故明君慎之，良将警之，此安国全军之道也。

用间篇

孙子曰：凡兴师十万，出征千里，百姓之费，公家之奉，日费千金；内外骚动，怠于道路，不得操事者，七十万家。相守数年，以争一日之胜，而爱爵禄百金，不知敌之情者，不仁之至也，非人之将也，非主之佐也，非胜之主也。故明君贤将，所以动而胜人，成功出于众者，先知也。先知者不可取于鬼神，不可象于事，不可验于度，必取于人，知敌之情者也。

故用间有五：有因间，有内间，有反间，有死间，有生间。五间俱起，莫知其道，是谓神纪，人君之宝也。因间者，因其乡人而用之。内间者，因其官人而用之。反间者，因其敌间而用之。死间者，为诳事于外，令吾间知之，而传于敌间也。生间者，反报也。

故三军之事，莫亲于间，赏莫厚于间，事莫密于间。非圣智不能用间，非仁义不能使间，非微妙不能得间之实。微哉微哉，无所不用间也！间事未发而先闻者，间与所告者皆死。

凡军之所欲击，城之所欲攻，人之所欲杀，必先知其守将、左右、谒者、门者、舍人之姓名，令吾间必索知之。

必索敌人之间来间我者，因而利之，导而舍之，故反间可得而用也。因是而知之，故乡间、内间可得而使也；因是而知之，故死间为诳事，可使告敌；因是而知之，故生间可使如期。五间之事，主必知之，知之必在于反间，故反间不可不厚也。

昔殷之兴也，伊挚在夏；周之兴也，吕牙在殷。故惟明君贤将，能以上智为间者，必成大功，此兵之要，三军之所恃而动也。

孙子辑佚

（选自《全上古三代文》卷五，见严可均校辑《全上古三代秦汉三国六朝文》，第38～40页，中华书局1958年版）

武，齐人。避乱奔吴，吴王阖庐以为客将军。有《兵法》一卷，《八阵图》一卷，《牝八阵图》一卷，《兵法杂占》四卷，《战斗六甲兵法》一卷。案，《汉志》:《孙子兵法》八十二篇，图九卷，《史记·孙子传》云十三篇，《正义》引《七录》云《孙子兵法》三卷。案：十三篇为上卷，又有中下二卷。如《正义》

说，则唐时故书尚存，故诸家征引多有出十三篇外者，皆中下卷文也。《唐志》别有《孙子三十二垒经》一卷，《隋志》无。《算经》二卷。

令隧长

一鼓皆振，二鼓操进，三鼓为战形。

《算经》序

孙子曰：夫算者，天地之经纬，群生之元用，五常之本末，阴阳之父母，星辰之建号，三光之表里，五行之准平，四时之终始，万物之祖宗，六艺之纲纪。稽群伦之聚散，考二气之降升，推寒暑之迭运，步远近之殊同，观天道精微之兆基，察地理从横之长短，采神祇之所在，极成败之符验，穷道德之理，究性命之情，立规矩，准方员，谨法度，约尺丈，立权衡，平重轻，剖豪氂，折黍累。历亿载而不朽，施八极而无疆。散之不可轻究，敛之不盈掌握。响之者富有余，背之者贫且窭。心开者幼冲而即悟，意闭者皓首而难精。夫欲学之者必务量能，揆己志在所专，如是，则焉有不成者哉？

兵法

孙子曰：凡地多陷曲曰天井。

孙子曰：故曰深草蓊秽者，所以逃遁也；深谷险阻者，所以止御车骑也；隘塞山林者，所以少击众也；沛泽杳冥者，所以匿其形也。

吴王问孙武曰："散地士卒顾家，不可与战，则必固守不出。若敌攻吾小城，掠吾田野，禁吾樵采，塞吾要道，待吾空虚而急来攻，则如之何？"武曰："敌人深入吾都，多背城邑，士卒以军为家，专志轻斗。吾兵在国，安土怀生，以陈则不坚，以斗则不胜，富集人合众，聚谷蓄帛，保城备险，遣轻兵绝其粮道。彼挑战不得，转输不至，野无所掠，三军因馁，因而诱之，可以有功。若欲野战，则必因势依险设伏。无险则隐于天气，阴晦昏雾，出其不意，袭其懈怠，可以有功。"

吴王问孙武曰："吾至轻地，始入敌境，士卒思还，难进易退，未背险阻，三军恐惧，大将欲进，士卒欲退，上下异心，敌守其城垒，整其车骑，或当吾前，或击吾后，则如之何？”武曰：“军至轻地，士卒未专以入为务，无以战为，故无近其名城，无由其道路，设疑佯惑，示若将去。乃选精骑，衔枚先入，掠其牛马六畜，三军见得进，乃不惧。分吾良卒，密有所伏，敌人若来，击之勿疑。若其不至，舍之而去。”

又曰：军入敌境，敌人固垒不战，士卒思归，欲退且难，谓之轻地。当选骁骑伏要路，我退敌追，来则击之也。

吴王问孙武曰：“争地敌若先至，据要保利，简兵练卒，或出或守，以备我奇，则如之何？”武曰：“争地之法，让之者得，争之者失[①]。敌得其处，慎勿攻之，引而佯走，建旗鸣鼓，趣其所爱，曳柴扬尘，惑其耳目，分吾良卒，密有所伏，敌必出救。人欲我与，人弃我取，此争先之道也。若我先至，而敌用此术，则选吾锐卒，固守其所，轻兵追之，分伏险阻，敌人还斗，伏兵旁起，此全胜之道也。”

吴王问孙武曰：“交地吾将绝敌，使不得来，必全吾边城，修其守备，深绝通路，固其隘塞，若不先图之，彼可得而来，吾不得而往，众寡又均，则如之何？”武曰：“既我不有以往，彼可以来，吾分卒匿之，守而易怠，示其不能。敌人且至，设伏隐庐，出其不意，可以有功也。”

吴王问孙武曰：“衢地必先，若吾道远发后，虽驰车骤马，至不能先，则如之何？”武曰：“诸侯参属，其道四通，我与敌相当，而旁有他国。所谓先者，必重币轻使，约和旁国，交亲结恩，兵虽后至，众已属矣。简兵练卒，阻利而处，亲吾军事，实吾资粮，令吾车骑，出入瞻候。我有众助，彼失其党，诸国犄角，震鼓齐攻，敌人惊恐，莫知所当。”

吴王问孙武曰：“吾引兵深入重地，多所逾越，粮道绝塞，设欲归还，势不可过，欲食于敌，持兵不失，则如之何？”武曰：“凡居重地，士卒轻勇，转输不通，则掠以继食，下得粟帛，皆贡于上，多者有赏，士无归意。若欲还出，即为戒备，深沟高垒，示敌且久，敌疑通途，私除要害之道，乃令轻车，衔枚而行，尘埃气扬，以牛马为饵。敌人若出，阴伏吾士，与之中期，内外相应，其败可知也。”

---

① 原注：此二句，何注引作“先据为利”。

吴王问孙武曰："吾入圮地，山川险阻，难从之道，行久卒劳，敌在吾前，而伏吾后，营居吾左，而守吾右，良车骁骑，要吾隘道，则如之何？"武曰："先进轻车，去军十里，与敌相候。接期险阻，或分而左，或分而右，大将四观，择空而取，皆会中道，倦而乃止。"

吴王问孙武曰："吾入围地，前有强敌，后有险难，敌绝粮道，利我走势，敌鼓噪不进，以观吾能，则如之何？"武曰："围地之宜，必塞其阙，示无所往，则以军为家，万人同心，三军齐力，并炊数日，无见火烟，故为毁乱寡弱之形，敌人见我，备之必轻。告厉士卒，令其奋怒，阵伏良卒，左右险阻，击鼓而出，敌人若当，疾击务突，前斗后拓，左右犄角。"又问曰："敌在吾围，伏而深谋，示我以利，萦我以旗，纷纷若乱，不知所之，奈何？"武曰："千人操旌，分塞要道，轻兵进挑，陈而勿搏，交而勿去，此败谋之法。"

吴王问孙武曰："吾师出境，军于敌人之地，敌人大至，围我数重，欲突以出，四塞不通。欲励士激众，使之投命溃围，则如之何？"武曰："深沟高垒，示为守备。安静勿动，以隐吾能。告令三军，示不得已。杀牛燔车，以飨吾士，烧尽粮食，填夷井灶，割发捐冠，绝去生虑，将无余谋，士有死志。于是砥甲砺刃，并气一力，或攻两旁，震鼓疾噪，敌人亦惧，莫知所当，锐卒分行，疾攻其后，此是失道而求生，故曰困而不谋者穷，穷而不战者亡。"吴王曰："若吾围敌，则如之何？"武曰："山峻谷险，难以逾越，谓之穷寇。击之之法，伏卒隐庐，开其去道，示其去路。求生透出，必无斗志。因而击之，虽众必破。"又问曰："吾在死地，粮道已绝，敌伏吾险，进退不得，则如之何？"武曰："燔吾蓄积，尽我余财，激士励众，使无生虑，鼓呼而冲，进而勿顾，决命争强，死而须斗。若敌在死地，士卒气勇，欲击之法，顺而勿抗，阴守其利，绝其粮道，恐有奇兵，隐而不睹，使吾弓弩，俱守其所。"

吴王问孙武曰："敌勇不惧，骄而无虑，兵众而强，图之奈何？"武曰："绌而待之，以顺其意，无令省觉，以益其懈怠。因敌迁移，潜伏候待，前行不瞻，后往不顾，中而击之，虽众可取。攻骄之道，不可争锋。"

吴王问孙武曰："敌人保据山险，擅利而处之，粮食又足，挑之则不出，乘间则侵掠，为之奈何？"武曰："分兵守要，谨备勿懈。潜探其情，密候其怠，以利诱之，禁其樵牧①，久无所得，自然变改。待离其固②，我能破之也。”

孙子曰：强弱长短杂用。

孙子曰：远则用弩，近则用兵，兵弩相解也。

孙子曰：以步兵十人击骑一匹。

孙子曰：人效死而士能用之，虽优游暇誉，令犹行也。

孙子曰：其镇如岳，其渟如渊。

孙子曰：长阵为甄。

孙子八阵，有苹车之陈。

《孙子占》曰：三军将行，其旌旗从容以向前，是为天送，必亟击之，得其大将。三军将行，其旗旌埑然若雨，是为天沾，其帅失。三军将行，旌旗乱于上，东西南北无所主方，其军不还。三军将阵，雨师，是为浴师，勿用阵战。三军将战，有云其上而赤，勿用阵。先阵战者，莫复其迹。三军方行，大风飘起于军前，右以绝军，其将亡。右周中，其师得粮。③

银雀山汉墓竹简《孙子兵法》佚文

（选自银雀山汉墓竹简整理小组编《银雀山汉墓竹简〈孙子兵法〉》，第94～111页，文物出版社1976年版）

吴问

吴王问孙子曰：“六将军分守晋国之地，孰先亡？孰固成？”

孙子曰：“范、中行氏先亡。”

“孰为之次？”

“智氏为次。”

“孰为之次？”

---

① 原注：《御览》作“禁其牧采”。

② 原注：《御览》作“故夺其所爱，敌据险隘”。

③ 原按：《隋志》有《孙子兵法杂占》四卷，此其遗文。

“韩、魏为次。赵毋失其故法，晋国归焉。”

吴王曰：“其说可得闻乎？”

孙子曰：“可。范、中行氏制田，以八十步为畹，以百六十步为亩，而伍税之。其割田狭，置士多，伍税之，公家富。公家富，置士多，主骄臣奢，冀功数战，故曰先亡。智氏制田，以九十步为畹，以百八十步为亩，而伍税之。其割田狭，置士多，伍税之，公家富，置士多，主骄臣奢，冀功数战，故为范、中行氏次。韩、魏制田，以百步为畹，以二百步为亩，而伍税之。其割田狭，其置士多，伍税之，公家富。公家富，置士多，主骄臣奢，冀功数战，故为智氏次。赵氏制田，以百廿步为畹，以二百卌步为亩，公无税焉。公家贫，其置士少，主佥臣收，以御富民，故曰固国。晋国归焉。”

吴王曰：“善。王者之道，宜以厚爱其民者也。”

四变

……途有所不由，军有所不击，城有所不攻，地有所不争，君令有所不行。

途之所不由者，曰：浅入则前事不信，深入则后利不接。动则不利，立则囚。如此者，弗由也。

军之所不击者，曰：两军交和而舍，计吾力足以破其军，獾其将。远计之，有奇势巧权于它，而军……□将。如此者，军虽可击，弗击也。

城之所不攻者，曰：计吾力足以拔之，拔之而不及利于前，得之而后弗能守。若力不足，城必不取。及于前，利得而城自降，利不得而不为害于后。若此者，城虽可攻，弗攻也。

地之所不争者，曰：山谷水□无能生者，□□□而□□……虚。如此者，弗争也。

君令有所不行者，君令有反此四变者，则弗行也。……行也。事……变者，则知用兵矣。

黄帝伐赤帝

孙子曰：黄帝南伐赤帝，至于□□，战于反山之原，右阴，顺术，背冲，大灭有之。□年休民，□谷，赦罪。东伐□帝，至于襄平，战于平□，右阴，顺术，背冲，大灭有之。□年休民，□谷，赦罪。北伐黑帝，至于武隧，战于□□，右阴，顺术，背冲，大灭有之。□年休民，□谷，赦罪。西伐白帝，至于武刚，战于□□，右阴，顺术，倍冲，大灭有之。已胜四帝，大有天下，暴者……以利天下，天下四面归之。汤之伐桀也，至于□□，战于薄田，右阴，顺术，背冲，大灭有之。武王之伐纣，至于葰遂，战牧之野，右阴，顺术，倍冲，大灭有之。一帝二王皆得天之道、□之□、民之情，故……

地形二

□地形东方为左，西方为右……

……首，地平用左，军……

……地也。交□水□……

……者，死地也。产草者□……

……地刚者，毋□□□也□……

……天离、天井、天宛□……

……是谓重利。前之，是谓猷守。右之，是谓天固。左之，是谓……

……所居高曰建堂，□曰□□□遂，左水曰利，右水曰积……

……□五月度□地，七月□……

……三军出阵，不问朝夕，右负丘陵，左前水泽，顺者……

……九地之法，人情之理，不可不□……

见吴王

……□于孙子之馆，曰："不谷好□□□□□□□□□□兵者欤?"孙……乎?不谷之好兵□□□□之□□□也，适之好之也。"孙子曰："兵，利也，非好也。兵，□也，非戏也。君王以好与戏问之，外臣不敢对。"阖庐曰："不谷未闻道也，不敢趣之利与……□孙子曰："唯君王之所欲，以贵者可也，贱者可也，妇人可也。试男于右，试女于左，□□□□……曰："不谷愿以妇人。"孙子曰："妇人多所不忍，臣请代……畏，有何悔乎？"孙子曰：然则请得宫□□……之国左后玺圄之中，以为二阵□□……□曰："阵未成，不足见也。及已成……□也，君王居台上而待之，臣……□至日中请令……阵已成矣，□□听……□□不□不难。”君曰：“诺。”孙子以其御为……参乘为舆司空，告其御、参乘曰：“□□……□妇人而告之曰：“知汝右手？”……之。”“知汝心？”曰：“知之。”“知汝背？”曰：“知之。”“……左手。谓汝前，从汝心。谓汝……人生也，若夫发令而从，不听者诛□□……□不从令者也。七周而释之，鼓而前之……三告而五申之，鼓而前之，妇人乱而□□□金而坐之，又三告而五申之，鼓而前之，妇人乱而笑。三告而五申之者三矣，而令犹不行。孙子乃召其司马与舆司空而告之曰：“兵法曰：弗令弗闻，君将之罪也；已令已申，卒长之罪也。兵法曰：赏善始贱，罚……□请谢之。”孙子曰：“君□……引而圆之，圆中规；引而方之，方中矩。……阖庐六日不自□□□□□……□□□□孙子再拜而起曰：“道得矣。……□□□长远近习此教也，以为恒命。此素教也，将之道也。民……□莫贵于威。威行于众，严行于吏，三军信其将威者，乘其敌。”

……而用之，□□□得矣。若□十三篇所……

……十三篇所明道言功也，诚将闻□……

……孙子曰：姑试之，得而用之，无不□……

……□而试之□得□……

……□□□之孙子曰：外内贵贱得矣。”孙……

……□不谷请学之。为终食而□……

……将军□不谷不敢不□……

……□也。请合之于□□□之于……

……者□□也。孙子……

……孙子曰：□……

……孙子……

历代孙武子资料选

齐高发帅师伐莒

〔春秋〕左丘明

经：秋，齐高发帅师伐莒。

传：秋，齐高发帅师伐莒。莒子奔纪鄣。使孙书伐之。

初，莒有妇人，莒子杀其夫，已为嫠妇。及老，托于纪鄣，纺焉以度而去之。及师至，则投诸外。或献诸子占[①]，子占使师夜缒而登。登者六十人。缒绝。师鼓噪，城上之人亦噪。莒共公惧，启西门而出。七月丙子，齐师入纪。

（选自孔颖达等编定《春秋左传正义·昭公十九年》，见《十三经注疏》，第2087页，上海古籍出版社1997年版）

吴太伯世家（节选）

〔西汉〕司马迁

王阖庐元年，举伍子胥为行人而与谋国事。楚诛伯州犁，其孙伯嚭亡奔吴，吴以为大夫。

三年，吴王阖庐与子胥、伯嚭将兵伐楚，拔舒，杀吴亡将二公子。光谋欲入郢，将军孙武曰："民劳，未可，待之。"四年，伐楚，取六与灊。五年，伐越，败之。六年，楚使子常囊瓦伐吴。迎而击之，大败楚军于豫章，取楚之居巢而还。

九年，吴王阖庐请伍子胥、孙武曰："始子之言郢未可入，今果如何？"二子对曰："楚将子常贪，而唐、蔡皆怨之。王必欲大伐，必得唐、蔡乃可。"阖庐从之，悉兴师，与唐、蔡西伐楚，至于汉水。楚亦发兵拒吴，夹水陈。吴

① 编者按：子占，孙书之字。

王阖庐弟夫概欲战，阖庐弗许。夫概曰：“王已属臣兵，兵以利为上，尚何待焉？”遂以其部五千人袭冒楚，楚兵大败，走。于是吴王遂纵兵追之。比至郢，五战，楚五败。楚昭王亡出郢，奔郧。郧公弟欲弑昭王，昭王与郧公奔随。而吴兵遂入郢。子胥、伯嚭鞭平王之尸以报父仇。

十年春，越闻吴王之在郢，国空，乃伐吴。吴使别兵击越。楚告急秦，秦遣兵救楚击吴，吴师败。阖庐弟夫概见秦越交败吴，吴王留楚不去，夫概亡归吴而自立为吴王。阖庐闻之，乃引兵归，攻夫概。夫概败奔楚。楚昭王乃得以九月复入郢，而封夫概于堂溪，为堂溪氏。

（选自司马迁撰《史记》卷三十一，第1465～1467页，中华书局1982年版）

吴王伐楚①

〔东汉〕赵晔

阖闾元年，始任贤使能，施恩行惠，以仁义闻于诸侯。仁未施，恩未行，恐国人不就，诸侯不信，乃举伍子胥为行人，以客礼事之而与谋国政。

六月，欲用兵，会楚之白喜来奔。

三年，吴将欲伐楚，未行。伍子胥、白喜相谓曰：“吾等为王养士，画其策谋，有利于国，而王故伐楚。出其令，托而无兴师之意，奈何？”有顷，吴王问子胥、白喜曰：“寡人欲出兵于二子，何如？”子胥、白喜对曰：“臣愿用命。”吴王内计二子皆怨楚，深恐以兵往破灭而已。登台向南风而啸，有顷而叹，群臣莫有晓王意者。子胥深知王之不定，乃荐孙子于王。

孙子者，名武，吴人也，善为兵法。辟隐深居，世人莫知其能。胥乃明知鉴辩，知孙子可以折冲销敌，乃一旦与吴王论兵，七荐孙子。吴王曰：“子胥托言进士，欲以自纳。”

而召孙子，问以兵法，每陈一篇，王不知口之称善，其意大悦。问曰：“兵法宁可以小试耶？”孙子曰：“可，可以小试于后宫之女。”王曰：“诺。”

---

① 编者按：本文选自《吴越春秋》之《阖闾内传第四》，有删节，题目为本书编者拟。

孙子曰："得大王宠姬二人以为军队长，各将一队。"令三百人皆被甲兜鍪，操剑盾而立，告以军法，随鼓进退，左右回旋，使知其禁。乃令曰："一鼓皆振，二鼓操进，三鼓为战形。"于是宫女皆掩口而笑。孙子乃亲自操枹击鼓，三令五申，其笑如故。孙子顾视诸女，连笑不止。孙子大怒，两目忽张，声如骇虎，发上冲冠，项旁绝缨。顾谓执法曰："取鈇锧。"孙子曰："约束不明，申令不信，将之罪也。既以约束，三令五申，卒不却行，士之过也。军法如何？"执法曰："斩！"武乃令斩队长二人，即吴王之宠姬也。吴王登台观望，正见斩二爱姬，驰使下之令曰："寡人已知将军用兵矣。寡人非此二姬食不甘味，宜勿斩之。"孙子曰："臣既已受命为将，将法在军，君虽有令，臣不受之。"孙子复挝鼓之，当左右进退，回旋规矩，不敢瞬目，二队寂然无敢顾者。于是乃报吴王，曰："兵已整齐，愿王观之，惟所欲用，使赴水火犹无难矣，而可以定天下。"吴王忽然不悦，曰："寡人知子善用兵，虽可以霸，然而无所施也。将军罢兵就舍，寡人不愿。"孙子曰："王徒好其言，而不用其实。"

子胥谏曰："臣闻，兵者凶事，不可空试。故为兵者，诛伐不行，兵道不明。今大王虔心思士，欲兴兵戈以诛暴楚，以霸天下而威诸侯，非孙武之将，而谁能涉淮逾泗，越千里而战者乎？"于是吴王大悦，因鸣鼓会军，集而攻楚。孙子为将，拔舒，杀吴亡将二——公子盖余、烛佣。谋欲入郢，孙武曰："民劳，未可恃也。"

楚闻吴使孙子、伍子胥、白喜为将，楚国苦之，群臣皆怨。咸言费无忌谗杀伍奢、白州犁，而吴侵境，不绝于寇，楚国群臣有一朝之患。

九月，子常与昭王共诛费无忌，遂灭其族，国人乃谤止。

吴王有女滕玉，因谋伐楚，与夫人及女会蒸鱼，王前尝半而与女，女怒曰："王食鱼辱我，不忘久生。"乃自杀。阖闾痛之，葬于国西阊门。外凿池积土，文石为椁，题凑为中，金鼎玉杯、银樽珠襦之宝，皆以送女。乃舞白鹤于吴市中，令万民随而观之，还使男女与鹤俱入羡门，因发机以掩之。杀生以送死，国人非之。湛卢之剑恶阖闾之无道也，乃去而出水行如楚。

楚昭王卧而寤，得吴王湛卢之剑于床。昭王不知其故，乃召风湖子而问曰："寡人卧觉而得宝剑，不知其名，是何剑也？"风湖子曰："此谓湛卢之剑。"昭王曰："何以言之？"风湖子曰："臣闻吴王得越所献宝剑三枚：一曰鱼肠，二曰磐郢，三曰湛卢。鱼肠之剑，已用杀吴王僚也；磐郢以送其死女；今湛卢入楚也。”昭王曰：“湛卢所以去者何也？”风湖子曰：“臣闻越王元常，使欧冶子造剑五枚以示薛烛。烛对曰：‘鱼肠剑逆理不顺，不可服也；臣以杀君，子以杀父。’故阖闾以杀王僚。一名磐郢，亦曰豪曹，不法之物，无益于人，故以送死。一名湛卢，五金之英，太阳之精，寄气托灵，出之有神，服之有威，可以折冲拒敌；然人君有逆理之谋，其剑即出，故去无道以就有道。今吴王无道，杀君谋楚，故湛卢入楚。”昭王曰：“其直几何？”风湖子曰：“臣闻此剑在越之时，客有酬其直者，有市之乡三十、骏马千匹、万户之都二，是其一也。薛烛对曰：‘赤堇之山，已合无云；若耶之溪，深而莫测；群臣上天，欧冶死矣；虽倾城量金，珠玉盈河，犹不能得此宝，而况有市之乡、骏马千匹、万户之都，何足言也。’”昭王大悦，遂以为宝。

阖闾闻楚得湛卢之剑，因斯发怒，遂使孙武、伍胥、白喜伐楚。子胥阴令宣言于楚曰：“楚用子期为将，吾即得而杀之；子常用兵，吾即去之。”楚闻之，因用子常，退子期。吴拔六与潜二邑。

五年，吴王以越不从伐楚，南伐越。越王元常曰：“吴不信前日之盟，弃贡赐之国，而灭其交亲。”阖闾不然其言，遂伐，破槜里。

六年，楚昭王使公子囊瓦①伐吴，报潜、六之役。吴使伍胥、孙武击之，围于豫章。吴王曰：“吾欲乘危入楚都而破其郢，不得入郢，二子何功？”于是围楚师于豫章，大破之。遂围巢，克之，获楚公子繁以归为质。

九年，吴王谓子胥、孙武曰：“始子言郢不可入，今果何如？”二将曰：“夫战，借胜以成其威，非常胜之道。”吴王曰：“何谓也？”二将曰：“楚之为兵，天下强敌也。今臣与之争锋，十亡一存，而王入郢者，天也，臣不敢必。”吴王曰：“吾欲复击楚，奈何而有功？”伍胥、孙武曰：“囊瓦者，贪而多过于诸侯，而唐、蔡怨之，王必伐得。”“唐、蔡，何怨？”二将曰：“昔蔡昭公朝于楚，有美裘二枚，善佩二枚，各以一枚献之昭王。王服之以临朝。昭公自服一枚。子常欲之，昭公不与，子常三年留之，不使归国。唐成公朝楚，

① 编者按：囊瓦，即子常。《史记索引》：“按左氏，楚公子贞，字子囊。其孙名瓦，字子常。”

有二文马，子常欲之，公不与，亦三年止之。唐人相与谋，从成公从者请马，以赎成公，饮从者酒，醉之，窃马而献子常，常乃遣成公归国。群臣诽谤曰：‘君以一马之故，三年自囚，愿赏窃马之功。’于是成公常思报楚君臣未尝绝口。蔡人闻之，固请献裘佩于子常，蔡侯得归。如晋告诉，以子元与太子质而请伐楚。故曰得唐、蔡而可伐楚。”

吴王于是使使谓唐、蔡曰：“楚为无道，虐杀忠良，侵食诸侯，困辱二君，寡人欲举兵伐楚，愿二君有谋。”唐侯使其子干为质于吴，三国合谋伐楚。舍舟于淮汭，自豫章与楚夹汉水为阵。子常遂济汉而阵，自小别山至于大别山。三不利，自知不可进，欲奔亡。史皇曰：“今子常无故与王共杀忠臣三人，天祸来下，王之所致。”子常不应。

十月，楚二师阵于柏举。阖闾之弟夫概晨起请于阖闾曰：“子常不仁，贪而少恩，其臣下莫有死志，追之，必破矣。”阖闾不许。夫概曰：“所谓臣行其志，不待命者，其谓此也。”遂以其部五千人击子常。大败走，奔郑，楚师大乱，吴师乘之，遂破楚众。楚人未济汉，会楚人食，吴因奔而击破之雍滞。五战，径至于郢。

王追于吴寇，出固将亡，与妹季芊出河濉之间。楚大夫尹固与王同舟而去，吴师遂入郢。

吴王入郢，止留。伍胥以不得昭王，乃掘平王之墓，出其尸，鞭之三百，左足践腹，右手抉其目，诮之曰：“谁使汝用谗谀之口，杀我父兄，岂不冤哉？”即令阖闾妻昭王夫人，伍胥、孙武、白喜亦妻子常、司马成之妻，以辱楚之君臣也。

（十年）六月，申包胥以秦师至，秦使公子子蒲、子虎率车五百乘救楚击吴。二子曰：“吾未知吴道。”使楚师前与吴战，而即会之，大败夫概。

七月，楚司马子成、秦公子子蒲，与吴王相守，私以间兵伐唐，灭之。子胥久留楚求昭王，不去。

夫概师败，却退。九月，潜归，自立为吴王。阖闾闻之，乃释楚师，欲杀夫概，奔楚，昭王封夫概于棠溪，阖闾遂归。

子胥、孙武、白喜留，与楚师于淮澨，秦师又败吴师。楚子期将焚吴军，子西曰：“吾国父兄身战，暴骨草野焉，不收又焚之，其可乎？”子期曰：

“亡国失众，存没所在，又何杀生以爱死？死如有知，必将乘烟起而助我；如其无知，何惜草中之骨而亡吴国？”遂焚而战，吴师大败。

子胥等相谓曰：“彼楚虽败我余兵未有所损我者。”孙武曰：“吾以吴干戈西破楚，逐昭王而屠荆平王墓，割戮其尸，亦已足矣。”子胥曰：“自霸王已来，未有人臣报仇如此者也。行去矣！”

吴军去后，昭王反国。乐师扈子非荆王信谗佞，杀伍奢、白州犁而寇不绝于境，至乃掘平王墓，戮尸奸喜以辱楚君臣；又伤昭王困迫，几为天下大鄙，然已愧矣，乃援琴为楚作《穷劫》之曲，以伤君之迫厄，而畅达之也。其词曰：“王耶王耶何乖烈，不顾宗庙听谗孽，任用无忌多所杀，诛夷白氏族几灭。二子东奔适吴越，吴王哀痛助忉怛，垂涕举兵将西伐，伍胥、白喜、孙武决。三战破郢王奔发，留兵纵骑虏荆阙，楚荆骸骨遭发掘，鞭辱腐尸耻难雪！几危宗庙社稷灭，严王何罪国几绝。卿士凄怆民恻悷，吴军虽去怖不歇。愿王更隐抚忠节，勿为谗口能谤亵。”昭王垂涕，深知琴曲之情，扈子遂不复鼓矣。

当此之时，吴以子胥、白喜、孙武之谋，西破强楚，北威齐晋，南伐于越。

（选自赵晔撰《吴越春秋》之《阖闾内传第四》，国家图书馆藏明刻清顾广圻校并跋本）

赵晔（生卒年不详），字长君，会稽（今浙江绍兴）人。早年为县吏，奉命迎接督邮，耻之，弃官去犍为郡资中（今四川资阳），拜经学大师杜抚为师，习韩诗。一去二十年，音讯全无，家人误认为他已亡，为之发丧制服。杜抚去世后，为之经营安葬后归乡。州官召补从事，不就。后举有道。回乡后，闭门著述，直至老死，著有《诗细》《历神渊》《吴越春秋》。蔡邕到会稽，读其《诗细》《历神渊》，拍案叫绝，以为优于王充的《论衡》，既还京师，广传《诗细》，学者咸诵习之。

《孙子》序

［东汉］曹操

操闻：上古有弧矢之利。《论语》曰："足食足兵。"《尚书》："八政曰师。"《易》曰："师贞丈人吉。"《诗》曰："王赫斯怒，爰征其旅。"黄帝、汤、武，咸用干戚以济世也。《司马法》曰："人故杀人，杀之可也。"恃武者灭，恃文者亡，夫差偃王是也。圣贤之于兵也，戢而时动，不得已而用之。吾观兵书战策多矣，孙武所著深矣。孙子者，齐人也，名武，为吴王阖闾作《兵法》一十三篇，试之妇人，卒以为将，西破强楚入郢，北威齐晋。后百岁余有孙膑，是武之后也。审计重举，明画深图，不可相诬，而但世人未之深亮训说；况文烦富，行于世者，失其旨要，故撰为略解焉。

（选自《全三国文》卷三，见严可均校辑《全上古三代秦汉三国六朝文》，第1070页，中华书局1958年版）

曹操（155—220），字孟德，小名阿瞒，沛国谯县（今安徽亳州）人。少年间任侠放荡，二十举孝廉为郎，授洛阳北部尉。后任骑都尉，参与镇压黄巾军。董卓擅政时，散尽家财，起兵讨董卓。初平三年（192），据兖州。建安元年（196），迎汉献帝至许县，挟天子以令诸侯，相继击败袁术、陶谦、吕布、袁绍等势力，统一北方。建安十三年（208）进位丞相，率军南征，在赤壁之战中败于孙刘联军。建安二十一年（216）进爵魏王。建安二十五年（220），卒于洛阳。曹魏建立后，被追尊为太祖，谥号武皇帝，葬于高陵。其人工书法，擅诗歌。其诗气魄雄伟，慷慨悲凉，开建安文学之风。著有《魏武帝集》，已佚。今人辑有《曹操集》。精兵法，著有《孙子略解》《兵书接要》等书。

刘子新论（节选）

〔北齐〕刘昼

阅武第四十一

《司马法》曰：“国家虽大，好战则亡。天下虽安，亡战必危。”亟战则民凋，不习则民怠。凋非保全之术，怠非御寇之方。故兵不妄动，而习武不辍，所以养民命而修戎备也。孔子曰：“以不教民战，是谓弃之。”《易》曰：“君子修戎器，以备不虞。”是以春搜、夏苗、秋狝、冬狩，皆于农隙。以讲武事三年，而治兵习战敌也。出曰治兵，治其事也；入曰振旅，言整众也。还归而饮，至告于庙，所以昭文章、明贵贱、顺少长、辩等列、习威仪。夫三军浩漫，则立表号。言不相闻，故为鼓铎以通其耳。视不相见，故制旌麾以宣其目。若民不习战，则耳不聆鼓铎之音，目不察旌麾之号，进退不应令，疏数不成行。故士未战而震慄，马未驰而沐汗，非其人怯而马弱，不习之所致也。吴王宫人教之战阵，约之法令，回还进退，尽中规矩，虽蹈水火而不顾者，非其性勇而气刚，教习之所成也。镆铘不为巧者锐而为拙者钝，然而巧以生胜、拙而之负者，习与不习也。阖闾习武，试其民于五湖，剑皆加肩流血不肯止。勾践习战，试其民于寝宫。民争入水火死者千余，遽击金而退之。岂其恶生而贪死，赏罚明而教习至也。是以逄蒙善射，不能用不调之弓；造父善御，不能策不服之马；般倕善斫，不能运不利之斤；孙吴善将，不能战不习之卒。貔貅戾兽，而黄帝教之战；鹰鹯鸷鸟，而罗氏教之击。夫鸟兽无知之性，犹随人指授而能战击者，教习之功也。奚况国之士民，而不习武乎？故射御惯习，至于驰猎则能擒获，教习之所致也。若弗先习，覆跌是惧，奚遽望获？今以练卒与不练卒交锋，若胡越争游不竞明矣。是以先王因于闲隙大阅简众缮修戎器，为国豫备也。

（选自刘昼撰《刘子》卷八，见《钦定四库全书·子部十·杂家类一·杂学之属》）

刘昼（514—565），字孔昭，渤海阜城（今河北阜城东）人。幼年丧父，家贫而专心学习，胸怀济世救民之志。博览群书，学识渊博，以《六合赋》谒魏收以求进，未果。孝昭帝即位，下诏征直言，遂上书进言，仍不得重用。著有《帝道》《高才不遇传》《金箱譬言》等，有《刘子》（一名《刘子新论》）[①]十卷。

唐太宗李卫公问对（节选）

〔唐〕李靖（传）

一

太宗曰："朕破宋老生，初交锋，义师少却。朕亲以铁骑自南原驰下，横突之，老生兵断后，大溃，遂擒之。此正兵乎，奇兵乎？"

靖曰："陛下天纵圣武，非学而能。臣案兵法，自黄帝以来，先正而后奇，先仁义而后权谲。且霍邑之战，师以义举者，正也；建成坠马，右军少却者，奇也。"

太宗曰："彼时少却，几败大事，曷谓奇邪？"

靖曰："凡兵以前向为正，后却为奇。且右军不却，则老生安致之来哉？《法》曰：'利而诱之，乱而取之。'老生不知兵，恃勇急进，不意断后，见擒于陛下，此所谓以奇为正也。"

太宗曰："霍去病暗与孙、吴合，诚有是夫？当右军之却也，高祖失色，及朕奋击，反为我利。孙、吴暗合，卿实知言。"

太宗曰："凡兵却，皆谓之奇乎？"

靖曰："不然。夫兵却，旗参差而不齐，鼓大小而不应，令喧嚣而不一，此真败也，非奇也；若旗齐鼓应，号令如一，纷纷纭纭，虽退走，非败也，必

① 编者按：《刘子》一书，除晁公武、陈振孙、王应麟认为系刘昼所撰外，《旧唐书·经籍志》又作刘勰撰。

有奇也。《法》曰‘佯北勿追’，又曰‘能而示之不能’，皆奇之谓也。”

太宗曰：“霍邑之战，右军少却，其天乎？老生被擒，其人乎？”

靖曰：“若非正兵变为奇，奇兵变为正，则安能胜哉？故善用兵者，奇正在人而已。变而神之，所以推乎天也。”

太宗俯首。

二

太宗曰：“奇正素分之欤？临时制之欤？”

靖曰：“案曹公《新书》云：‘己二而敌一，则一术为正，一术为奇；己五而敌一，则三术为正，二术为奇。’此言大略耳。唯孙武云：‘战势不过奇正，奇正之变，不可胜穷。奇正相生，如循环之无端，孰能穷之？’斯得之矣，安有素分之邪？若士卒未习吾法，偏裨未熟吾令，则必为之二术。教战时，各认旗鼓，迭相分合，故曰分合为变，此教战之术耳。教阅既成，众知吾法，然后如驱群羊，由将所指，孰分奇正之别哉？孙武所谓‘形人而我无形’，此乃奇正之极致。是以素分者教阅也，临时制变者不可胜穷也。”

太宗曰：“深乎，深乎！曹公必知之矣。但《新书》所以授诸将而已，非奇正本法。”

太宗曰：“曹公云‘奇兵旁击’，卿谓若何？”

靖曰：“臣案曹公注《孙子》曰：‘先出合战为正，后出为奇。’此与旁击之说异也。臣愚谓大众所合为正，将所自出为奇，乌有先后、旁击之拘哉？”

太宗曰：“吾之正，使敌视以为奇；吾之奇，使敌视以为正，斯所谓‘形人者’欤？以奇为正，以正为奇，变化莫测，斯所谓‘无形者’欤？”

靖再拜曰：“陛下神圣，迥出古人，非臣所及。”

三

太宗曰：“分合为变者，奇正安在？”

靖曰：“善用兵者，无不正，无不奇，使敌莫测，故正亦胜，奇亦胜。三军之士，止知其胜，莫知其所以胜。非变而能通，安能至是哉？分合所出，唯孙武能之。吴起而下，莫可及焉。”

太宗曰："吴术若何？"

靖曰："臣请略言之。魏武侯问吴起两军相向，起曰：'使贱而勇者前击，锋始交而北，北而勿罚，观敌进取，一坐一起，奔北不追，则敌有谋矣。若悉众追北，行止纵横，此敌人不才，击之勿疑。'臣谓吴术大率多类此，非孙武所谓以正合也。"

太宗曰："卿舅韩擒武尝言，卿可与论孙、吴，亦奇正之谓乎？"

靖曰："擒武安知奇正之极，但以奇为奇，以正为正耳！曾未知奇正相变，循环无穷者也。"

四

太宗曰："古人临陈出奇，攻人不意，斯亦相变之法乎？"

靖曰："前代战斗，多是以小术而胜无术，以片善而胜无善，斯安足以论兵法也？若谢玄之破苻坚，非谢玄之善也，盖苻坚之不善也。"

太宗顾侍臣检《谢玄传》阅之，曰："苻坚甚处是不善？"

靖曰："臣观《苻坚载记》曰：'秦诸军皆溃散，唯慕容垂一军独全。坚以千余骑赴之，垂子宝劝垂杀坚，不果。'此有以见秦师之乱。慕容垂独全，盖坚为垂所陷明矣。夫为人所陷而欲胜敌，不亦难乎？臣故曰无术焉，苻坚之类是也。"

太宗曰："《孙子》谓'多胜少'，有以知少算胜无算。凡事皆然。"

五

太宗曰："诸葛亮言：'有制之兵，无能之将，不可败也；无制之兵，有能之将，不可胜也。'朕疑此谈非极致之论。"

靖曰："武侯有所激云耳。臣案《孙子》有曰：'教道不明，吏卒无常，陈兵纵横，曰乱。'自古乱军引胜，不可胜纪。夫教道不明者，言教阅无古法也；吏卒无常者，言将臣权任无久职也；乱军引胜者，言己自溃败，非敌胜之也。是以武侯言'兵卒有制，虽庸将未败；若兵卒自乱，虽贤将危之'，又何疑焉？"

太宗曰："教阅之法，信不可忽。"

靖曰：“教得其道，则士乐为用。教不得法，虽朝督暮责，无益于事矣。臣所以区区古制皆纂以图者，庶乎成有制之兵也。”

太宗曰：“卿为我择古陈法，悉图以上。”

六

太宗曰：“蕃兵唯劲马奔冲，此奇兵欤？汉兵唯强弩犄角，此正兵欤？”

靖曰：“按《孙子》云：‘善用兵者，求之于势，不责于人，故能择人而任势。’夫所谓择人者，各随蕃汉所长而战也。蕃长于马，马利乎速斗；汉长于弩，弩利乎缓战。此自然各任其势也，然非奇正所分。臣前曾述蕃汉必变号易服者，奇正相生之法也。马亦有正，弩亦有奇，何常之有哉？”

太宗曰：“卿更细言其术。”

靖曰：“先形之，使敌从之，是其术也。”

太宗曰：“朕悟之矣。《孙子》曰：‘形兵之极，至于无形。’又曰：‘因形而措胜于众，众不能知。’其此之谓乎？”

靖再拜曰：“深乎！陛下圣虑，已思过半矣。”

七

太宗曰：“朕观诸兵书，无出孙武。孙武十三篇，无出虚实。夫用兵，识虚实之势则无不胜焉。今诸将中，但能言避实击虚，及其临敌，则鲜识虚实者，盖不能致人而反为敌所致故也。如何？卿悉为诸将言其要。”

靖曰：“先教之以奇正相变之术，然后语之以虚实之形可也。诸将多不知以奇为正、以正为奇，且安识虚是实、实是虚哉？”

太宗曰：“策之而知得失之计，作之而知动静之理，形之而知死生之地，角之而知有余不足之处。此则奇正在我，虚实在敌欤？”

靖曰：“奇正者，所以致敌之虚实也。敌实则我必以正，敌虚则我必为奇。苟将不知奇正，则虽知敌虚实，安能致之哉？臣奉诏但教诸将以奇正，然后虚实自知焉。”

太宗曰：“以奇为正者，敌意其奇，则吾正击之；以正为奇者，敌意其正，则吾奇击之。使敌势常虚，我势常实。当以此法授诸将，使易晓耳。”

靖曰："千章万句，不出乎'致人而不致于人'而已。臣当以此教诸将。"

八

太宗曰："朕置瑶池都督，以隶安西都护。蕃汉之兵，如何处置？"

靖曰："天之生人，本无蕃汉之别，然地远荒漠，必以射猎而生，由此常习战斗。若我恩信抚之，衣食周之，则皆汉人矣。陛下置此都护，臣请收汉戍卒处之内地，减省粮馈，兵家所谓治力之法也。但择汉吏有熟蕃情者，散守堡障，此足以经久。或遇有警，则汉卒出焉。"

太宗曰："《孙子》所言治力何如？"

靖曰："'以近待远，以佚待劳，以饱待饥'，此略言其概耳。善用兵者，推此三义而有六焉：以诱待来，以静待躁，以重待轻，以严待懈，以治待乱，以守待攻。反是则力有弗逮。非治力之术，安能临兵哉！"

太宗曰："今人习《孙子》者，但诵空文，鲜克推广其义。治力之法，宜遍告诸将。"

九

太宗曰："画方以见步，点圆以见兵，步教足法，兵教手法，手足便利，思过半乎？"

靖曰："吴起云：'绝而不离，却而不散。'此步法也。教士犹布棋于盘，若无画路，棋安用之？孙武曰：'地生度，度生量，量生数，数生称，称生胜。胜兵若以镒称铢，败兵若以铢称镒。'皆起于度量方圆也。"

太宗曰："深乎！孙武之言。不度地之远近、形之广狭，则何以制其节乎？"

靖曰："庸将罕能知其节者也。'善战者，其势险，其节短，势如彍弩，节如发机。'臣修其术，凡立队，相去各十步，驻队去师队二十步，每隔一队，立一战队。前进以五十步为节。角一声，诸队皆散立，不过十步之内。至第四角声，笼枪跪坐。于是鼓之，三呼三击，三十步至五十步以制敌之变。马军从背出，亦以五十步临时节止。前正后奇，观敌如何。再鼓之，则前奇后正，复邀敌来，伺隙捣虚。此六花大率皆然也。"

十

太宗曰："严刑峻法，使人畏我而不畏敌，朕甚惑之。昔光武以孤军当王莽百万之众，非有刑法临之。此何由乎？"

靖曰："兵家胜败，情状万殊，不可以一事推也。如陈胜、吴广败秦师，岂胜、广刑法能加于秦乎？光武之起，盖顺人心之怨莽也，况又王寻、王邑不晓兵法，徒夸兵众，所以自败。臣案《孙子》曰：'卒未亲附而罚之则不服；已亲附而罚不行则不可用。'此言凡将先有爱结于士，然后可以严刑也。若爱未加而独用峻法，鲜克济焉。"

太宗曰："《尚书》云：'威克厥爱，允济；爱克厥威，允罔功。'何谓也？"

靖曰："爱设于先，威设于后，不可反是也。若威加于前，爱救于后，无益于事矣。《尚书》所以慎戒其终，非所以作谋于始也。故《孙子》之法，万世不刊。"

十一

太宗曰："昔唐俭使突厥，卿因击而败之。人言卿以俭为死间，朕至今疑焉。如何？"

靖再拜曰："臣与俭比肩事主，料俭说必不能柔服，故臣因纵兵击之，所以去大患不顾小义也。人谓以俭为死间，非臣之心。案《孙子》，用间最为下策。臣尝著论，其末云：水能载舟，亦能覆舟。或用间以成功，或凭间以倾败。若束发事君，当朝正色，忠以尽节，信以竭诚，虽有善间，安可用乎？唐俭小义，陛下何疑？"

太宗曰："诚哉！非仁义不能使间，此岂纤人所为乎？周公大义灭亲，况一使人乎？灼无疑矣！"

十二

太宗曰："兵贵为主，不贵为客；贵速，不贵久。何也？"

靖曰："兵，不得已而用之，安在为客且久哉？《孙子》曰：'远输则百姓贫。'此为客之弊也。又曰：'役不再籍，粮不三载。'此不可久之验也。臣较量主客之势，则有变客为主、变主为客之术。”

太宗曰：“何谓也？”

靖曰：“‘因粮于敌’，是变客为主也；‘饱能饥之，佚能劳之’，是变主为客也。故兵不拘主客迟速，唯发必中节，所以为宜。”

太宗曰：“古人有诸？”

靖曰：“昔越伐吴，以左右二军鸣鼓而进，吴分兵御之。越以中军潜涉不鼓，袭败吴师，此变客为主之验也。石勒与姬澹战，澹兵远来，勒遣孔苌为前锋，逆击澹军。孔苌退而澹来追，勒以伏兵夹击之，澹军大败，此变劳为佚之验也。古人如此者多。”

十三

太宗曰：“攻守二事，其实一法欤？《孙子》言：‘善攻者，敌不知其所守；善守者，敌不知其所攻。’即不言敌来攻我，我亦攻之；我若自守，敌亦守之。攻守两齐，其术奈何？”

靖曰：“前代似此相攻相守者多矣，皆曰：‘守则不足，攻则有余。’便谓不足为弱，有余为强，盖不悟攻守之法也。臣案《孙子》云：‘不可胜者，守也；可胜者，攻也。’谓敌未可胜，则我且自守；待敌可胜，则攻之尔，非以强弱为辞也。后人不晓其义，则当攻而守，当守而攻。二役既殊，故不能一其法。”

太宗曰：“信乎！有余不足，使后人惑其强弱。殊不知守之法，要在示敌以不足；攻之法，要在示敌以有余也。示敌以不足，则敌必来攻，此是敌不知其所攻者也；示敌以有余，则敌必自守，此是敌不知其所守者也。攻守一法，敌与我分而为二事。若我事得，则敌事败；敌事得，则我事败。得失成败，彼我之事分焉。攻守者，一而已矣，得一者百战百胜。故曰：‘知彼知己，百战不殆。’其知一之谓乎！”

靖再拜曰：“深乎！圣人之法也。攻是守之机，守是攻之策，同归乎胜而已矣。若攻不知守，守不知攻，不惟二其事，抑又二其官，虽口诵孙吴，而心不思妙，攻守二齐之说，其孰能知其然哉！”

十四

太宗曰："《司马法》言：'国虽大，好战必亡；天下虽安，忘战必危。'此亦攻守一道乎？"

靖曰："有国有家者，曷尝不讲乎攻守也？夫攻者，不止攻其城、击其陈而已，必有攻其心之术焉。守者，不止完其壁、坚其陈而已，必也守吾气而有待焉。大而言之，为君之道；小而言之，为将之法。夫攻其心者，所谓知彼者也；守吾气者，所谓知己者也。"

太宗曰："诚哉！朕常临陈，先料敌之心与己之心孰审，然后彼可得而知焉；察敌之气与己之气孰治，然后我可得而知焉。是以知彼知己，兵家大要。今之将臣，虽未知彼，苟能知己，则安有失利者哉？"

靖曰："孙武所谓'先为不可胜'者，知己者也；'以待敌之可胜'者，知彼者也。又曰：'不可胜在己，可胜在敌。'臣斯须不敢失此诫。"

十五

太宗曰："《孙子》言三军可夺气之法：'朝气锐，昼气惰，暮气归。善用兵者，避其锐气，击其惰归。'如何？"

靖曰："夫含生禀血，鼓作斗争，虽死不省者，气使然也。故用兵之法，必先察吾士众，激吾胜气，乃可以击敌焉。吴起'四机'，以气机为上，无他道也。能使人人自斗，则其锐莫当，所谓朝气锐者，非限时刻而言也，举一日始末为喻也。凡三鼓，而敌不衰不竭，则安能必使之惰归哉？盖学者徒诵空文，而为敌所诱。苟悟夺之之理，则兵可任矣。"

十六

太宗曰："两陈相临，欲言不战，安可得乎？"

靖曰："昔晋师伐秦，交绥而退。《司马法》曰：'逐奔不远，纵绥不及。'臣谓绥者，御辔之索也。我兵既有节制，彼敌亦正行伍，岂敢轻战哉？故有出而交绥，退而不逐，各防其失败者也。孙武云：'勿击堂堂之陈，无邀正正之旗。'若两军体均势等，苟一轻肆，为其所乘，则或大败，理使然也。是故兵有不战，有必战。夫不战者在我，必战者在敌。”

太宗曰：“不战在我，何谓也？”

靖曰：“孙武云：‘我不欲战者，画地而守之，敌不得与我战者，乖其所之也。’敌有人焉，则交绥之间未可图也，故曰不战在我。夫必战在敌者，孙武云：‘善动敌者，形之，敌必从之；予之，敌必取之。以利动之，以本待之。’敌无人焉，则必来战，吾得以乘而破之。故曰必战者在敌。”

太宗曰：“深乎！节制之兵。得其法则昌，失其法则亡。卿为纂述历代善于节制者，具图来上，朕当择其精微，垂于后世。”

靖曰：“臣前所进黄帝、太公二陈图，并《司马法》、诸葛亮奇正之法，此已精悉。历代名将，用其一二，成功者亦众矣。但史官鲜克知兵，不能纪其实迹焉。臣敢不奉诏，当纂述以闻。”

十七

太宗曰：“兵法孰为最深者？”

靖曰：“臣常分为三等，使学者当渐而至焉。一曰道，二曰天地，三曰将法。夫道之说，至精至微，《易》所谓‘聪明睿智神武而不杀’者是也。夫天之说阴阳，地之说险易，善用兵者，能以阴夺阳，以险攻易，《孟子》所谓‘天时地利’者是也。夫将法之说，在乎任人利器，《三略》所谓‘得士者昌’、管仲所谓‘器必坚利’者是也。”

太宗曰：“然！吾谓不战而屈人之兵者，上也；百战百胜者，中也；深沟高垒以自守者，下也。以是校量，孙武著书，三等皆具焉。”

靖曰：“观其文，迹其事，亦可差别矣。若张良、范蠡、孙武，脱然高引，不知所往，此非知道，安能尔乎？若乐毅、管仲、诸葛亮，战必胜，守必固，此非察天时地利，安能尔乎？其次王猛之保秦，谢安之守晋，非任将择才，缮完自固，安能尔乎？故习兵之学，必先由下以及中，由中以及上，则渐而深矣。不然，则垂空言，徒记诵，无足取也。”

太宗曰：“道家忌三世为将者，不可妄传也，亦不可不传也。卿其慎之。”

靖再拜出，尽传其书与李勣。

（选自骈宇骞等译注《武经七书》插图版，第694～825页，中华书局2020年版）

李靖（571—649），本名药师，京兆三原（今陕西三原东北）人。有文武才略，精熟兵法，为其舅韩擒虎称道。隋末，任马邑郡丞。归唐，入秦王李世民幕府。武德四年（621），任行军总管，率军从李孝恭征服萧铣。又赴桂州，招抚岭南，任岭南道抚慰大使。后以副帅佐李孝恭，镇压辅公祏。太宗时，历任兵部尚书、尚书右仆射，先后击败东突厥、吐谷浑，封卫国公。著有《李卫公兵法》，原书已佚，《通典》中保留部分内容。

孙武试教妇人战赋（以题为韵）

〔唐〕李铣

昔孙武子兵术干吴王曰："臣闻国之大、君之尊，法星象月，则乾效坤。盖利德之并用，故文武而兼存。所以安社稷、保子孙、恢霸图、虑并吞。臣实不敏，请尝试论。"王曰："弧矢之利，以讨其贰。虽邦国之无虞，必干戈之有备。今者革车千乘，介马万辔，外多勍敌，敢旷戎事？诚愿陈五兵之道，用一鼓之气。虽寡人之不德，知将军之自试。闻女子之难令，岂习之而能致。不然者，则无以表将军之异。"武曰："唯。唯大王之所示。"乃召内宰，出丽嫔，下高台，授武臣。皇皇兮其令已申，肃肃兮其气益振。今日宠不可恃，法有所尊。当秉心以受教，勿怙色而骄人。于是建主首，统诸妇。示其左右，约其先后。唯玉貌之自矜，念将军之何有。顾三令而却立，哂再麾而掩口。当兵法之必诛，虽君令之不受。既而易将更令，整行定伍。开天门，闭地户。审向背，分客主。角以持兵，金以节鼓。张奇正以尊其进退，制方圆而必中规矩。武曰："彼如桃如李，皆如貔如虎。可以服楚越、摄齐鲁，惟大王之悉睹。岂独播于虚声，以妇人之讲武。"王曰："始也壮卿之术，今也信卿之效。将遇敌而可敌，故难教而可教。"乃朝群臣，御正殿。授以斧钺，使其攻战。王不失王道，武不辱武战。戮二姬而颜色匪怍，制敌国而军声大变。于是孙子用兵有独断之名，尤不若吴王有割爱之善。

（选自李昉等编《文苑英华》卷六十五，见《钦定四库全书·集部八·总集类》）

李铣（生卒年不详），赵郡（今河北赵县）人，美原丞赵涣之子。工正书，元和元年（806）为刘师老所撰《安邑县新亭记》书丹。

注孙子序

〔唐〕杜牧

兵者刑也，刑者政事也，为夫子之徒，实仲由、冉有之事也。今者，据案听讼、械系罪人、笞死于市者，吏之所为也。驱兵数万，橛其城郭，系累其妻子，斩其罪人，亦吏之所为也。木索兵刃，无异意也；笞之与斩，无异刑也。小而易制，用力少者，木索笞也；大而难制，用力多者，兵刃斩也。俱期于除去恶民，安活善人。为国家者，使教化通流，无敢辄有不由我而自恣者，其取吏无他术也，无异道也，俱止于仁义忠信、智勇严明也。苟得其道一二者，可以使之为小吏；尽得其道者，可以使之为大吏。故用力少者，其吏易得也，功易见也；用力多者，其吏难得也，功难就也。止此而已，无他术也，无异道也。自三代已降，皆由斯也。

子贡讼夫子之德曰："文武之道，未坠于地。在人贤者，识其大者、远者；不贤者，识其小者、近者。"季孙问冉有曰："子于战，学之乎，性达之也？"对曰："学之。"季孙曰："事孔子，恶乎学？"冉有曰："即学之于孔子者。大圣兼该，文武并用。适闻其战法，犹未之详也。"复不知自何代、何人分为二道，曰文、曰武，离而俱行。因使搢绅之士不敢言兵，或耻言之；苟有言者，世以为粗暴异人，人不比数。呜呼！亡失根本，斯最为甚。

周公相成王，制礼作乐，尊大儒术，有淮夷叛，则出征之。夫子相鲁公，会于夹谷，曰："有文事者，必有武备。"叱辱齐侯，服不敢动。是二大圣人岂不知兵乎？周有齐太公，秦有王翦，两汉有韩信、赵充国、耿弇、虞诩、段颎，魏有司马懿，吴有周瑜，蜀有诸葛武侯，晋有羊祜、杜公元凯，梁有韦叡，元魏有崔浩，周有韦孝宽，隋有杨素，国朝有李靖、李勣、裴行俭、郭元振，如此人者，当其一时，其所出计画，皆考古校今，奇秘长远，策先定于内，功后成于外。彼壮健轻死善击刺者，供其呼召指使耳，岂可知其由来哉？

某幼读《礼》，至于“四郊多垒，卿大夫辱也”，谓其书真不虚说。年十六时，见盗起，圜二三千里，系戮将相，族诛刺史及其官属，尸塞城郭，山东崩坏，殷殷焉声震朝廷。当其时，使将兵行诛者，则必壮健善击刺者。卿大夫行列进退，一如常时；笑歌嬉游，辄不为辱。非当辱不辱，以为山东乱事，非我辈所宜当知。某自此谓幼所读《礼》，真妄人之言，不足取信，不足为教。及年二十，始读《尚书》、《毛诗》、《左传》、《国语》、十三代史书，见其树立其国，灭亡其国，未始不由兵也。主兵者，圣贤材能、多闻博识之士，则必树立其国也；壮健击刺、不学之徒，则必败亡其国也。然后信知为国家者，兵最为大，非贤卿大夫，不可堪任其事；苟有败灭，真卿大夫之辱，信不虚也。因求自古以兵著书列于后世、可以教于后生者，凡十数家，且百万言。其孙武所著十三篇，自武死后凡千岁，将兵者有成者，有败者，勘其事迹，皆与武所著书一一相抵当，犹印圈模刻，一不差跌。武之所论，大约用仁义、使机权也。武所著书，凡数十万言。曹魏武帝削其繁剩，笔其精切，凡十三篇，成为一编。曹自为序，因注解之，曰：“吾读兵书战策多矣，孙武深矣。”然其所为注解，十不释一。此者，盖非曹不能尽注解也。予寻《魏志》，见曹自作兵书十余万言。诸将征伐，皆以《新书》从事。从令者克捷，违教者负败。意曹自于《新书》中驰骤其说，自成一家事业，不欲随孙武后，尽解其书；不然者，曹岂不能耶？今《新书》已亡，不可复知。予因取孙武书，备其注。曹之所注，亦尽存之，分为上、中、下三卷。后之人，有读武书予解者，因而学之，犹盘中走丸。丸之走盘，横斜圆直，计于临时，不可尽知；其必可知者，是知丸不能出于盘也。议于廊庙之上，兵形已成，然后付之于将。汉祖言“指踪者人也，获兔者犬也”，此其是也。彼为相者曰：“兵非吾事，吾不当知。”君子曰：“叨居其位可也。”

（选自杨丙安校理《十一家注孙子》，第278～280页，中华书局2012年版）

杜牧（803—852），字牧之，京兆万年（今陕西西安）人。杜佑之孙。大和年间进士，起家校书郎，历任监察御史、黄池睦诸州刺史、司勋员外郎，官终中书舍人。晚年长居樊川别舍，因此世称杜樊川。诗与李商隐齐名，合称“小李杜”。曾注解曹操所定《孙子》十三篇。著有《樊川集》。

孙子后序[①]

〔北宋〕欧阳修

世所传《孙武》十三篇，多用曹公、杜牧、陈皞注，号三家《孙子》。余顷与撰《四库书目》，所见《孙子》注者尤多[②]。武之书本于兵，兵之术非一，而以不穷为奇，宜其说者之多也。凡人之用智，有短长，其施设各异，故或胶其说于偏见，然无出所谓“三家”者。三家之注，皞最后，其说时时攻牧之短。牧亦慨然最喜论兵，欲试而不得者。其学能道春秋战国时事，甚博而详。然前世言善用兵，称曹公。曹公尝与董、吕、诸袁角其力而胜之，遂与吴、蜀分汉而王。《传》言：魏之诸将，出兵千里[③]，每坐计胜败，授其成算，诸将用之，十不失一，一有违者，兵辄败北。故魏世用兵，悉以《新书》从事。其精于兵也如此。牧谓曹公于《注孙子》尤略，盖惜其所得，自为一书，是曹公悉得武之术也。然武尝以其书干吴王阖闾，阖闾用之，西破楚，北服齐、晋，而霸诸侯。夫使武自用其书，止于强伯；及曹公用之，然亦终不能灭吴、蜀，岂武之术尽于此乎？抑用之不极其能也？后之学者，徒见其书，又各牵于己见，是以注者虽多，而少当也。独吾友圣俞不然，尝评武之书曰：“此战国相倾之说也，三代王者之师，《司马》‘九伐’之法，武不及也。然亦爱其文略而意深，其行师用兵、料敌制胜亦皆有法，其言甚有次序。而注者汩之，或失其

① 原注：一作“书孙子后”。

② 原注：一有“至二十余家”五字。

③ 原注：一有“公”字。

意。乃自为注。凡胶于偏见者，皆抉[①]去，傅以己意而发之。然后武之说不汩而明。”吾知此书当与三家并传，而后世取其说者，往往于吾圣俞多焉。圣俞为人谨质、温恭[②]，衣冠进趋，眇然儒者也。后世之视其书者，与太史公疑张子房为壮夫何异？

（选自杨丙安校理《十一家注孙子》，第281～282页，中华书局2012年版）

《新唐书·宰相世系表·孙氏》

〔北宋〕欧阳修

孙氏，出自姬姓。卫康叔八世孙武公和生公子惠孙，惠孙生耳，为卫上卿，食采于戚，生武仲乙，以王父字为氏。乙生昭子炎，炎生庄子纥，纥生宣子鳝，鳝生桓子良夫，良夫生文子林父，林父生嘉，世居汲郡。晋有孙登，即其裔也。又有出自芈姓。楚蚡冒生王子劳章，字无钩，生劳叔伯吕臣，孙劳贾伯嬴生劳艾猎，即令尹叔敖，亦为孙氏。又有出自妫姓。齐田完字敬仲，四世孙桓子无宇，无宇二子：恒、书。书字子占，齐大夫，伐莒有功，景公赐姓孙氏，食采于乐安。生凭，字起宗，齐卿。凭生武，字长卿，以田、鲍四族谋为乱，奔吴，为将军。三子：驰、明、敌。明食采于富春，自是世为富春人。明生膑，膑生胜，字国辅，秦将。胜生盖，字光道，汉中守。生知，字万方，封武信君。知生念，字甚然，二子：丰、益。益字玄器，生卿，字伯高，汉侍中。生凭，字景纯，将军。二子：届、询。询字会定，安定太守。二子：鸾、骐。鸾生爰居，爰居生福，为太原太守，遇赤眉之难，遂居太原中都。太原之族有岚州刺史昉，生存进，安定太守。询次子骐，字士龙，安邑令。二子：通、夐。通子孙世居清河，后魏有清河太守灵怀。武德中，子孙因官徙汝州郏城。灵怀曾孙茂道。

① 原注：一作“排”。

② 原注：一有“仁厚而明”四字。

茂道，初名处约，字历道，相高宗。	侹，延州刺史、富春男。
	侑。
	俊，荆府长史、乐安子。
	儆，济州刺史。
	佺，幽州都督、会稽公。

安邑令骐少子复，字子远，后汉天水太守，徙居青州，生厚，字重殷，大将军掾。生瑶，字良玉，中郎将。生邃，字伯渊，清河太守。生倏，字士彦，洛阳令。生国，字明元，尚书郎。生耽，字玄志，汉阳太守。二子：钟、旃。钟，吴先主权即其裔也。旃，字子之，太原太守。二子：炎、历。炎字叔然，魏秘书监。生倓，字仲觚，太官令。生道恭，字雅逊，晋长秋卿。二子：颉、芳。颉，字士若。芳，中书令。子烈，避赵王伦之难，徙居昌黎。生岳，前燕侍中，子孙称昌黎孙氏，历幽州刺史、右将军。生旂，字伯旗，平南将军，坐与孙秀合谋，夷三族。颉避地河朔，居武邑武遂。生辉，字光休，后赵射声校尉。生纬，字元文，幽州都督。生周，字季治，后燕高阳王文学。生敬仁，字士和，北燕司隶功曹。二子：苑、蔚。蔚，字伯华，一字叔炳，后魏秘书监、枣强戴男。二子：伯礼、方嗣。

伯礼，后魏巴州刺史，袭枣强男。	元虢，北齐文宣帝相国骑曹。	灵晖，北齐治中、大将军司马。	万安，隋徐、兖、婺三州刺史。	彦昉，滑州长史。	矩，滑州长史。	行成，左翊卫。	迤，乐陵主簿。			
							逌。			
							逸。			
						承家。				
				基贞，九岩道门令。	何。					
					儆。					
					休。					
				藻，儒林丞。	昱，乌江令。	僎。				

						舍利。				
				彦皎，和州刺史。						
			万寿，大理司直。							
	孝敏，隋晋阳令。	仲将，寿张丞。	希庄，韩王典签。	嘉之，宋州司马。	逖，刑部侍郎、右庶子，谥曰文。	宿，华州刺史。	公器，邕府经略兼御史中丞。	华清，太原尉。	儒郎。	小盛。
								正，河中少尹。	询，郃阳尉。	
								简，东都留守、太子太保[①]。	景蒙，左赞善大夫。	
									绎，本名景章，永州刺史。	
									谠，蓬州刺史。	
									景裕，孟州司马。	
									纾，工部员外郎。	
									徽，常州刺史。	
									絿，字子韦，河中支使。	
									继。	

① 编者按：据令狐绹《唐故银青光禄大夫检校司空兼太子少□分司□□上柱国乐安县开国男孙府君墓志铭》，孙简爵至乐安县开国男。

								范，监察御史。	浣。	
									观，清河令。	
									纬，字仲隐，歙州刺史、吏部侍郎。	
									蚪，侍御史。	
									铸，许州法曹参军。	
									玧，蓬州刺史。	小远。
									缙，字纯化，睦州军事判官。	小胤。
									绪，平阳令。	
								裴。		
								晏，初名节。		
							献可，大理司直。			
						绛，右补阙。				
						成，字思退，桂州刺史、中丞、乐安孝男[1]。	惟肖，监察御史。	匡辟，白水主簿。		

① 编者按：当作“乐安县男”。孙成兄孙绛有《唐故中大夫守桂州刺史兼御史中丞充桂州本管都防御经略招讨观察处置等使上柱国乐安县开国男赐紫金鱼袋孙府君墓志铭并序》。

								匡方。	棨，字文威，中书舍人。	
							保衡，鄂州节度判官、检校司封郎中。			
							微仲，沔州刺史。	庶立，荥泽尉。		
							审象，汝州司马。	履度，南陵尉。		
								方绍，登州刺史。		
								簧。	谏。	
								尚复，德清令。		
								贽。		
								侀，江都尉。		
						视，太常寺太祝、协律郎。	替否，鼓城令。			
					逌，左羽林兵曹参军。	会，常州刺史、晋安县男。	公绍。	峤。		
								琏。		
								镣，宜城尉。		

							公乂，睦州刺史①。	项，右庶子、京兆少尹。		
								彀，字子相，河南尹。		
								玙。		
								碧，汀州刺史。		
								瑝，字子泽，凤翔少尹。	揆，字圣圭，刑部侍郎。	
									拙，字几玄，中书舍人。	
							公胄，海盐尉。	冕，袁州录事参军。		
							士杰，长州令。	嗣宗，於潜尉。		
								嗣初，昆山令。		
								奭，字化甫，度支职方郎中。	方老。	
									朝阳。	
								尧，夔州刺史。		
					遘，亳州刺史②。	公彦，睦州刺史。	璯。			

① 编者按：据冯牢《唐故银青光禄大夫工部尚书致仕上柱国乐安县开国男食邑五百户孙府君幕志铭》，孙公乂爵至乐安县开国男。

② 编者按：据韦参《唐故朝散大夫赐绯鱼袋守同州长史京兆韦公夫人乐安县君孙氏墓志铭》，孙遘次女字婉，为同州长史京兆韦公继室，封乐安县君。

							璩，淤潜尉。			
						客卿，盱眙令。				
						公辅，陆泽丞。	复礼，贝州刺史。	大名。		
							由礼。			
							元宗。	守崇，凤翔少尹。		
						起，白马令。	非熊，黄梅尉。			
							景商，天平节度使、检校礼部尚书，谥曰康。	备，字礼用，直弘文馆、蓝田尉。		
								储，字文府，京兆尹、乐安郡侯。	滉，检校员外郎。	
									洽，字道弘，秘书省校书郎。	
								伾，兴元少尹。		
								俭，字德府，昭义判官、检校工部员外郎。		
								偓，字龙光，相昭宗。	溥，字熙化。	
								伉，春秋博士。		

								佾，於文节，集贤院直学士、司勋郎中。		
							清，太原少尹。			
					造，詹事司直。	贯，右内率府骑曹参军。	芶。			
								滔。		
						婴，蓝田尉。	圆。	道师。		
								德师。		
	广烈，汧阳丞。	嘉猷。								
		希业，永阳令。	微之。							
			翘。							
			启。							
方嗣，后魏建威将军。	仲瑜，隋吏部侍郎。	敬文，石邑令。	弘立，睦州司功参军。							
		孝哲，会稽令。	弘文，飞狐令。	璧，上柱国。	章，霍山尉。	子盛，洹水令。				
						子荣。				
						子韶，中郎将。	谏，右武卫兵曹参军。			
							咺。			
						子铄，鹿邑令。	扆。			

孙氏宰相二人。清河有茂道。武邑有偓。

（选自欧阳修、宋祁撰《新唐书》卷七十三，见《二十五史·新唐书》，第296～298页，上海古籍出版社、上海书店1986年版）

《权书》三则

〔北宋〕苏洵

权书引

人有言曰：“儒者不言兵。”仁义之兵，无术而自胜。使仁义之兵无术而自胜也，则武王者何用于太公？而牧野之战，“四伐、五伐、六伐、七伐乃止齐焉”又何用也?《权书》，兵书也，而所以用济仁义之术也。吾疾夫世之人不究本末，而妄以我为孙武之徒也。夫孙武之言兵，为常言也，而我以此书为不得已而言之之书也。故仁义不得已，而后我《权书》用焉。然则权者，为仁义之穷而作也。

（选自苏洵撰《重刊嘉祐集》卷二，太原府明嘉靖刻本）

明间第五

孙武既言五间，则又有曰：“商之兴也，伊挚在夏；周之兴也，吕牙在商。故明君贤将能以上智为间者，必成大功。此兵之要，三军所恃而动也。”按，《书》：“伊尹适夏，丑夏归亳。”《史》：“太公常事纣，去之归周。”所谓在夏在商诚矣，然以为间，何也？汤、文王固使人间夏、商邪？伊、吕固与人为间邪？桀、纣固待间而后可伐邪？是虽甚庸，亦知不然矣。然则武意天下存亡寄于一人。伊尹之在夏也，汤必曰：“桀虽暴，一旦用伊尹，则民心复安，吾何病焉。”及其归亳也，汤必曰：“桀得伊尹不能用，必亡矣，吾不可以安视民病。”遂与天下共亡之。吕牙之在商也，文王必曰：“纣虽虐，一旦用吕牙，则天禄必复，吾何忧焉。”及其归周也，文王必曰：“纣得吕牙不能用，必亡矣，吾不可以久遏天命。”遂命武王与天下共亡之。然则夏、商之存亡，待伊、吕用否而决。

今夫问将之贤者，必曰能逆知敌国之胜败。问其所以知之之道，必曰不爱千金，故能使人为之出万死以间敌国，或曰能因敌国之使而探其阴计。呜呼！其亦劳矣。伊、吕一归，而夏、商之国为决亡。使汤、武无用间之名与用间之劳，而得用间之实，此非上智，其谁能之？

夫兵虽诡道，而本于正者，终亦必胜。今五间之用，其归于诈，成则为利，败则为祸。且与人为诈，人亦将且诈我。故能以间胜者，亦或以间败。吾间不忠，反为敌用，一败也；不得敌之实，而得敌之所伪示者以为信，二败也；受吾财而不能得敌之阴计，惧而以伪告我，三败也。夫用心于正，一振而群纲举；用心于诈，百补而千穴败。智于此，不足恃也。

故五间者，非明君贤将之所上。明君贤将之所上者，上智之间也。是以淮阴、曲逆，义不事楚，而高祖擒籍之计定；左车、周叔不用于赵、魏，而淮阴进兵之谋决。呜呼，是亦间也。

（选自苏洵撰《嘉祐集》卷二，上海图书馆藏宋刻本）

孙武第六

求之而不穷者，天下奇才也。天下之士，与之言兵，而曰“我不能”者几人？求之于言而不穷者几人？言不穷矣，求之于用而不穷者几人？呜呼！至于用而不穷者，吾未之见也。

《孙武》十三篇，兵家举以为师。然以吾评之，其言兵之雄乎！今其书论奇权密机，出入神鬼，自古以兵著书者罕所及。以是而揣其为人，必谓有应敌无穷之才。不知武用兵乃不能必克，与书所言远甚。吴王阖庐之入郢也，武为将军。及秦、楚交败其兵，越王入践其国，外祸内患，一旦迭发，吴王奔走，自救不暇。武殊无一谋以弭斯乱。

若按武之书以责武之失，凡有三焉。

《九地》曰：“威加于敌，则交不得合。”而武使秦得听包胥之言，出兵救楚，无忌吴之心，斯不威之甚。其失一也。

《作战》曰：“久暴师以钝兵挫锐，屈力殚货，则诸侯乘其弊而起。”且武以九年冬伐楚，至十年秋始还，可谓久暴矣。越人能无乘间入国乎！其失二也。

又曰："杀敌者，怒也。"今武纵子胥、伯嚭鞭平王尸，复一夫之私忿，以激怒敌，此司马戌、子西、子期所以必死仇吴也。勾践不颓旧冢而吴服，田单谲燕掘墓而齐奋，知谋与武远矣。武不达此，其失三也。

然始吴能以入郢，及因胥、嚭、唐、蔡之怒，及乘楚瓦之不仁，武之功盖亦鲜耳。夫以武自为书，尚不能自用，以取败北，况区区祖其故智余论者而能将乎？

且吴起与武，一体之人也，皆著书言兵，世称之曰"孙吴"。然而吴起之言兵也，轻法制，草略无所统纪，不若武之书词约而意尽，天下之兵说皆归其中。然吴起始用于鲁，破齐；及入魏，又能制秦兵；入楚，楚复霸。而武之所为反如是，书之不足信也固矣。

今夫外御一隶，内治一妾，是贱丈夫亦能，夫岂必有人而教之？及夫御三军之众，阖营而自固，或且有乱，然则是三军之众惑之也。故善将者视三军之众，与视一隶一妾无加焉，故其心常若有余。夫以人之心，当三军之众，而其中恢恢然犹有余地，此韩信之所以多多而益办也。故夫用兵，岂有异术哉？能物视其众而已矣。

（选自苏洵撰《嘉祐集》卷三，上海图书馆藏宋刻本）

苏洵（1009—1066），字明允，眉州眉山（今属四川）人。早年发愤为学，举进士及茂才异等，皆不中。遂将所写的文章烧毁，闭户读书，尽通六经百家之说，下笔顷刻数千言。嘉祐初携二子入京，谒欧阳修。欧阳修对其《权书》《衡论》等文大为激赏，遂名重一时。长于散文，尤擅政论，议论明畅，笔势雄健，与其子苏轼、苏辙合称"三苏"，均列名"唐宋八大家"，有《嘉祐集》传世。

孙武论二则

〔北宋〕苏轼

上

古之善言兵者，无出于孙子矣。利害之相权，奇正之相生，战守攻围之法，盖以百数，虽欲加之而不知所以加之矣。然其所短者，智有余而未知其所以用智，此岂非其所大阙欤？

夫兵无常形，而逆为之形，胜无常处，而多为之地。是以其说屡变而不同，纵横委曲，期于避害而就利，杂然举之，而听用者之自择也。是故不难于用，而难于择。择之为难者，何也？锐于西而忘于东，见其利而不见其所穷，得其一说，而不知其又有一说也。此岂非用智之难欤？

夫智本非所以教人，以智而教人者，是君子之急于有功也。变诈汩其外，而无守于其中，则是五尺童子皆欲为之，使人勇而不自知，贪而不顾，以陷于难，则有之矣。深山大泽，有天地之宝，无意于宝者得之。操舟于河，舟之逆顺，与水之曲折，忘于水者见之。是故惟天下之至廉为能贪，惟天下之至静为能勇，惟天下之至信为能诈。何者？不役于利也。夫不役于利，则其见之也明。见之也明，则其发之也果。

古之善用兵者，见其害而后见其利，见其败而后见其成。其心闲而无事，是以若此明也。不然，兵未交而先志于得，则将临事而惑，虽有大利，尚安得而见之！若夫圣人则不然。居天下于贪，而自居于廉，故天下之贪者，皆可得而用。居天下于勇，而自居于静，故天下之勇者，皆可得而役。居天下于诈，而自居于信，故天下之诈者，皆可得而使。天下之人欲有功于此，而即以此自居，则功不可得而成。是故君子居晦以御明，则明者毕见，居阴以御阳，则阳者毕赴。夫然后孙子之智，可得而用也。

《易》曰："介于石，不终日。贞吉。"君子方其未发也，介然如石之坚，若将终身焉者；及其发也，不终日而作。故曰：不役于利，则其见之也明。见之也明，则其发之也果。今夫世俗之论则不然，曰：兵者，诡道也。非贪无以取，非勇无以得，非诈无以成。廉静而信者，无用于兵者也。嗟夫，世俗之说行，则天下纷纷乎如鸟兽之相搏，婴儿之相击，强者伤，弱者废，而天下之乱何从而已乎！

下

夫武，战国之将也，知为吴虑而已矣。是故以将用之则可，以君用之则不可。今其书十三篇，小至部曲营垒刍粮器械之间，而大不过于攻城拔国用间之际，盖亦尽于此矣。天子之兵，天下之势，武未及也。

其书曰："将能而君不御者胜。"为君而言者，有此而已。窃以为天子之兵，莫大于御将。天下之势，莫大于使天下乐战而不好战。夫天下之患，不在于寇贼，亦不在于敌国，患在于将帅之不力，而以寇贼敌国之势内邀其君。是故将帅多，而敌国愈强，兵加，而寇贼愈坚。敌国愈强，而寇贼愈坚，则将帅之权愈重。将帅之权愈重，则爵赏不得不加。夫如此，则是盗贼为君之患，而将帅利之；敌国为君之仇，而将帅幸之。举百倍之势，而立毫芒之功，以藉其口，而邀利于其上，如此而天下不亡者，特有所待耳。

昔唐之乱，始于明皇，自肃宗复两京，而不能乘胜并力尽取河北之盗。德宗收潞博，几定魏地，而不能斩田悦于孤穷之中。至于宪宗，天下略平矣，而其余孽之存者，终不能尽去。夫唐之所以屡兴而终莫之振者，何也？将帅之臣，养寇以自封也。故曰：天子之兵，莫大于御将。御将之术，开之以其所利，而授之以其所忌。如良医之用药，乌喙蝮蝎，皆得自效于前，而不敢肆其毒。何者？授之以其所畏也。宪宗将讨刘辟，以为非高崇文则莫可用，而刘澭者崇文之所忌也，故告之曰："辟之不克，将澭实汝代。"是以崇文决战，不旋踵擒刘辟，此天子御将之法也。

夫使天下乐战而不好战者，何也？天下不乐战，则不可与从事于危；好战，则不可与从事于安。昔秦人之法，使吏士自为战，战胜而利归于民，所得于敌者，即以有之，使民之所以养生送死者，非杀敌无由取也。故其民以好战并天下，而亦以亡。夫始皇虽已隳名城，杀豪杰，销锋镝，而民之好战之心，嚣然其未已也，是故不可与休息而至于亡。若夫王者之兵，要在于使之知爱其上而仇其敌，使之知其上之所以驱之于战者，凡皆以为我也。是以乐其战而甘其死。至于其战也，务胜敌而不务得财。其赏也，发公室而行之于庙，使其利不在于杀人。是故其民不至于好战。夫然后可以作之于安居之中，而休之于争夺之际。可与安，可与危，而不可与乱。此天下之势也。

（选自茅维编《苏轼文集》，第91～94页，中华书局1986年版）

苏轼（1037—1101），字子瞻，号东坡居士，眉州眉山（今属四川）人。苏洵子。嘉祐进士。神宗时，曾在杭州、密州、徐州、湖州等地任职。后因“乌台诗案”，被贬至黄州。哲宗即位，任兵部尚书、礼部尚书等职，外放杭州、颍州等地。随着新党执政，又被贬惠州、儋州。宋徽宗时，获赦北还，病逝于常州。南宋高宗时追谥文忠。苏轼是北宋中期文坛领袖，在诗、词、文、书、画等方面皆有极高成就，与父苏洵、弟苏辙三人并称“三苏”，同列“唐宋八大家”。

霍去病论（节文）

［北宋］何去非

昔之以兵为书者，无若孙武。武之所可以教人者备矣，其所不可者，虽武亦无得而预言之，而唯人之所自求也。故其言曰：“兵家之胜，不可先传。”又曰：“奇正之变，不可胜穷。”又曰：“人皆知我所胜之形，而莫知吾所以制胜之形。故其战胜不复，而应形于无穷。”善学武者，因诸此而自求之，乃所谓方略也。去病之不求深学者，亦在乎此而已。嗟乎！执孙、吴之遗言，以程人之空言，求合乎其所以教，而不求其所不可教，乃因谓之善者，亦已妄矣。

（选自何去非撰《何博士备论》卷上，见《钦定四库全书·子部二·兵家类》）

何去非（生卒年不详），字正通，浦城（今属福建）人，一说建安（今福建建瓯）人。学识丰富，累举进士不第。元丰五年（1082），对策宫廷，谈古今用兵之要略，为神宗所赞赏，授右班殿直、武学教授，升左侍禁武学教授，受命校订《武经七书》。书成，升博士。元祐四年（1089），苏轼写《举何去非换文资状》，以为去非阅视高远，仅授为武职不妥，“欲望圣慈，特予换一文资”。哲宗诏准，加去非承奉郎，博士如故。高宗时规定，凡武学都要读《武经七书》，考试以该书命题。

魏论下（节文）

〔北宋〕何去非

言兵无若孙武，用兵无若韩信、曹公。武虽以兵为书，而不甚见于其所自用。韩信不自为书，曹公虽为而不见于后世。然而传称二人者之学皆出于武，是以能神于用而不穷。窃尝究之，武之十三篇，天下之学兵者所通诵也。使其皆知所以用之，则天下孰不为韩、曹也？以韩、曹未有继于后世，则凡得武之书伏而读之者，未必皆能辨于战也。武之书，韩、曹之术皆在焉。使武之书不传，则二人者之为兵固不戾乎武之所欲言者，至其所以因事设奇，用而不穷者，虽武之言有所未能尽也。驱市人白徒而置之死地，惟若韩信者然后能斩陈余；遏其归师而与之死地，惟若曹公者然后能克张绣。此武之所以寓其妙，固有待乎韩、曹之俦也。谲众图胜，而人莫之能知；既胜而复谲以语人，人亦从而信之不疑。此韩信、曹公无穷之变诈不独用于敌，而亦自用于其军也。

（选自何去非撰《何博士备论》卷下，见《钦定四库全书·子部二·兵家类》）

陆机论

〔北宋〕何去非

扫境内之众而属人以将，持疏远之身而将人之兵，于君臣授受之际，皆危机也。善任将者不以其兵轻属于人；善为将者不以其身轻任其寄。君必有以深得于臣而使之将，臣必有以深得于君而为其将，故武事可立而战功可收，君臣皆获令名于天下。古之人有行之者，孙武之于吴王阖闾，田穰苴之于齐景公，周亚夫之于汉文帝是也。始武以兵法干吴王也，王试之以妇人。武即因其所以试我者，探其心而占之，其意已在乎二姬之首也。二姬，王之所甚爱者。武固知夫深宫之妇人且安王之宠，岂尝知枹鼓之约束，而严将军之令哉？然必斩之而不释者，非有怨夫二姬者也，且藉其首以探王之诚心，所以信我者固与不固也。吴王果不恤二姬之死，而知孙武之善兵，遂卒将之。武亦知王之所以任我者固，而安为其将。故能西破强楚，北威齐晋，而吴以强霸。齐景公以田穰苴之为将军也，受钺之始，因请其宠臣庄贾以监其军。穰苴岂真以人微权轻，而有赖于贾哉？其意固已在乎贾之戮也。贾虽差顷刻之约，可以情免也。然卒不置其诛者，非有忍于贾也，姑借其死以探齐君之诚心，而占其所以任我者笃与否也。景公果贤其人，而任之不疑。故能大却燕、晋之师，而还其所侵。汉文严三将军之屯以备胡，躬劳其军。至于细柳之亚夫，虽天子之诏，而屈于将军之令。方是之时，细柳之士徒知亚夫之威，而不知汉文之尊也。岂亚夫于此悖君臣之分，而为是不可犯哉？亦以探孝文之诚心，以占其待我者至与未至也。汉文果高其才，属于景帝，以为可以重任，而亚夫亦以阃外之事自专。故七国之反，总制其军，遂能固拒救梁之诏，而平关东之变。世之浅者，徒见夫三人得徇众立威之道，曾不知其为术也微，非特主乎徇众立威而已也。至于君臣所以相得之始，固结其心，不可以间离毁败，而以勋名自全者，皆出乎此故也。

甚矣！陆生之不讲乎为将之术也。机[①]以亡国羁旅之身，委质上国，于术无所持，于气无所养，徒矜才傲物，犯怒于众。司马颖强肆不君，举犯顺之师，岂足为托身之主哉？机以怨仇之府，一朝身先群士，都督其军，而众至数十万，汉魏以来，出师之盛，未尝有也。彼既失所任矣，而机内无术以探其所以任我者之心，外无权以济其所以属我者之事，乃方掀然自拟管、乐。[②]临

---

① 编者按：陆机为吴人，祖陆逊，吴丞相。父陆抗，吴大司马。吴亡，于太康末年，与弟陆云俱入洛阳。

② 编者按：据《晋书·陆机传》，鹿苑之战前“颖谓机曰：‘若功成事定，当爵为郡公，位以台司，将军勉之矣！’机曰：‘昔齐桓任夷吾以建九合之功，燕惠疑乐毅以失垂成之业，今日之事，在公不在机也。’颖左长史卢志心害机宠，言于颖曰：‘陆机自比管、乐，拟君暗主，自古命将遣师，未有臣陵其君而可以济事者也。’”

戎之始，孟超以偏校干其令，而辱之若遇仆虏，而机不以为戮而舍之。[①]以是而将，用是而战，虽提师百万，孰救其败哉？故鹿苑之溃，死者如积，众毁因之，遂致其诛，为天下笑。曾不知才不足胜其所寄，智不足酬其所知，一投足举踵，则颠踣随之。乃归祸于三代之将，岂不缪欤？或曰：机虽世将而儒者也，军旅之事，非其素所长者，遂丧其师。此王衍、房琯之徒，皆以招败也。嗟乎！以儒而将至乎丧师者，才不足以任将故也。必曰儒果不可以将，将果不可用儒者，非也。才之所在，无恶其儒也。使儒而知将，则世将有所不能窥也。至若机者，适足以杀其躯而已，何足道哉？

（选自何去非撰《何博士备论》卷下，见《钦定四库全书·子部二·兵家类》）

《郑公〈艺圃折衷〉[②]》选

〔南宋〕朱熹

《折衷》曰：孙子《十三篇》，不惟武人之根本，文士亦当尽心焉。其词约而缛，易而深，畅而可用，《论语》《易》《大传》之流，孟、荀、杨著书皆不及也。以正合，以奇胜，非善也。正变为奇，奇变为正，非善之善也。即奇为正，即正为奇，善之善也。

辨曰：昔吾夫子，对卫灵公以“军旅之事，未之学”[③]，答孔文子以“甲兵

---

① 编者按：据《晋书·陆机传》，宦人孟玖弟超并为颖所嬖宠。超领万人为小都督，未战，纵兵大掠。机录其主者。超将铁骑百余人，直入机麾下夺之，顾谓机曰：“貉奴能作督不！”机司马孙拯劝机杀之，机不能用。超宣言于众曰：“陆机将反。”又还书与玖言机持两端，军不速决。及战，超不受机节度，轻兵独进而没。

② 原注：叔友。编者按：叔友，郑厚之字。郑厚，学者称“溪东先生”“湘乡先生”，与从弟郑樵并称“二郑”。平生著作因“诋孟（孟子）”而所存无几。其《艺圃折衷》因被朱熹等人作为批判的“靶子”，幸而保留。选文三段，首段为郑厚《艺圃折衷》原文，第二、三段为朱熹所作批判。

③ 编者按：《论语·卫灵公》：“卫灵公问陈于孔子，孔子对曰：‘俎豆之事，则尝闻之矣；军旅之事，未之学也。’明日遂行。”

之事未之闻"[①]，及观夹谷之会，则以兵加莱人而齐侯惧[②]；费人之乱，则命将士以伐之而费人北[③]，尝曰："我战则克。"[④]而冉有亦曰："圣人文武并用。"[⑤]孔子岂有真未学未闻哉？特以军旅甲兵之事，非所以为训也，乃谓孙子《十三篇》不惟武人根本，文士所当尽心其词，可用《论语》《易》《大传》之流，孟、荀、杨著书皆不及，是启人君穷兵黩武之心，庸非过欤？叛吾夫子已甚矣，何立言之不审也？

此段本不必辨，但斯人薄三王、罪孟子而尊尧舜似矣，乃取孙武之书，厕之《易》《论语》之列，何其驳之甚欤？愚前所谓郑氏未能真知尧舜，而好为太高之论以骇世，若商鞅之谈帝道，于是信矣。

（选自朱熹撰《晦庵集》卷七十三，见《钦定四库全书·集部四·别集类三·宋》）

朱熹（1130—1200），字元晦，一字仲晦，号晦庵，别称紫阳，世称朱子、晦庵先生、朱文公。祖籍徽州府婺源县（今属江西）。绍兴十八年（1148），赐同进士出身，后历仕高宗、孝宗、光宗、宁宗四朝。其哲学体系

① 编者按：《左传·哀公十一年》："孔文子之将攻大叔也，访于仲尼。仲尼曰：'胡簋之事，则尝学之矣。甲兵之事，未之闻也。'退，命驾而行，曰：'鸟则择木，木岂能择鸟？'文子遽止之，曰：'圉岂敢度其私，访卫国之难也。'将止。鲁人以币召之，乃归。"孔文子，名圉，卫国大夫。大叔，大叔疾，卫大夫。

② 编者按：《资治通鉴》卷二百十三："鲁定公与齐会于夹谷，孔子相。齐使莱夷以兵劫鲁公。孔子曰：'士兵之！两君合好，而裔夷以兵乱之，非齐君所以命诸侯也！'齐侯闻之，遽辟之。"事见《左传·定公十年》。

③ 编者按：《资治通鉴》卷二百十三："将堕三都，于是叔孙氏堕郈，季氏将堕费，公山不狃、叔孙辄帅费人以袭鲁，仲尼命申句须、乐颀伐之，费人北，国人追之。败诸姑蔑，二子奔齐，遂堕费。"事见《左传·定公十二年》。

④ 编者按：《礼记·礼器》："孔子曰：'我战则克，祭则受福。'"

⑤ 编者按：《孔子家语·正论解》："季孙谓冉有曰：'子之于战，学之乎？性达之乎？'，对曰：'学之。'季孙曰：'从事孔子，恶乎学？'冉有曰：'即学之孔子也。夫孔子者大圣，无不该，文武并用兼通。求也适闻其战法，犹未之详也。'"

以“二程”理本论为基础，吸取周敦颐太极说、张载的气本论及佛道教思想而形成，与“二程”学说合称“程朱理学”，成为明清官方哲学。著有《四书章句集注》《太极图说解》等。其中，《四书章句集注》成为明清钦定的教科书和科举考试的标准。

《将鉴论断》一则

〔南宋〕戴溪

孙武[1]

孙武之书十三篇，众家之说备矣。奇正虚实、强弱众寡、饥饱劳逸、彼己主客之情状，与夫山泽水陆之阵，战守攻围之法，无不尽也。微妙深密，千变万化而不可穷。用兵，从之者胜，违之者败，虽有智巧，必取则焉。可谓善之善者矣。然武操术，有余于权谋而不足于仁义；能克敌制胜为进取之图，而不能利国便民为长久之计；可以为春秋诸侯之将，而不可以为三代王者之佐也。考其所言与其所行而知之，古者文武一道，伊尹之于鸣条，太公之于牧野，皆以大圣大贤而任将帅之事。其用兵也，以安民为心，以安社稷为心，非喜战争也，非贪势利也，非幸功名也。以仁伐不仁，以义伐不义，而权谋亦寓夫仁义之间。如《六韬》《司马法》之所陈，本末先后自有序也，故功大名显，臣主俱荣，福及当年，庆流后裔，卓乎其不可及也。若夫武之为将，知有权谋而已，不知古有所谓仁义之兵，是以久用于吴，讫无成功。假楚之权，祸连怨积。秦越乘弊于外，夫差[2]造变于内。师入而人无来苏之望，战胜而国有自焚之灾。阖闾矜其盛强，既以兵死；夫差负其贪虐，复以兵亡。得不补失，利不偿害。虽曰善于用兵，而所以用之者，盖不由其道也。其后战国君臣效之，率皆弃仁义而相倾以势，相搏以力。遂使干戈日寻，天下大乱。至秦白起、王翦、蒙恬数人，又以残忍暴酷决意于杀戮，逆天理、拂人情而已乐为之。故积

---

① 原注：有余于权谋而不足于仁义。

② 编者按：原文如此，据各史料，应为夫概。

尸流血、涂炭四海，而亦自以戕其躯；鲸吞虎噬、夷灭诸侯，而亦自以覆其祀。得失利害，果何如邪？汉魏以来，诸将未易概举，然辅以仁义者必能善终如始。萧张寇邓[1]、羊杜李郭[2]之徒是也。专任诈力者，往往及于祸败。韩信、英布、邓艾、钟会、侯君集、薛万彻之徒是也。史册具在，可考而知。噫！后世之人，首达孙子权谋之用，而以仁义存心，庶其贤乎。中人以上，可以语此，中人以下，又何责焉？

（选自戴溪撰《将鉴论断》卷一，国家图书馆藏明抄本）

戴溪（1141—1215），字肖望，一作少望，世称岷隐先生，浙江永嘉人。少有文名。历太学博士、太子詹事兼秘书监、工部尚书等职。奉太子赵询之命，类《易》《春秋》《资治通鉴》等书，各为说以进。有《石鼓论语问答》《将鉴论断》等。

《文章精义》选

〔南宋〕李涂

《老子》《孙武子》，一句一语，如串八宝，珍瑰间错而不断，文字极难学，惟苏老泉数篇近之[3]。《韩非子》文字绝妙。

（选自李涂撰《文章精义》，见《钦定四库全书·集部九·诗文评类》）

李涂（生卒年不详），字耆卿，曾受业于朱熹之门人。著有《文章精义》一卷。

---

① 编者按：萧张寇邓，指西汉萧何、张良，东汉寇恂、邓禹。

② 编者按：羊杜李郭，指晋代羊祜、杜预，唐代李光弼、郭子仪。

③ 原注：《心术》《春秋论》之类是也。

兵权

〔南宋〕叶适

上

非诈不为兵，盖自孙武始。甚矣人心之不仁也，非武之书不好焉。用兵以诈，古之圣智或不能免。自管仲、咎犯、先轸，其人已不纯于义，务为争利必胜之术。春秋之世，日有侵伐之事，国各讲求其意以备之。而秦楚横行于天下，大抵无义兵矣。然则非武之独为诈也，而谓之自武始，何也？曰管仲、咎犯、先轸致其君于霸，强本出于兵，人独变先王之法而自为法耳。盖其意常先治国家崇礼信，厚集人心而亲附诸侯。至于决战济师，而后益之以诈，不专以诈自名也。故古之于兵也，止言其法，部曲行伍、坐作进退、繁简曲直、纪律号令，皆法也，能尽此以为不可败，则敌至而智见矣。故法可传，而智不可传。至于孙武，始弃法而言智。其著兵之情，奇正分合，豫应天下之变，百出而不穷，以诈自名于世。而曰："兵，徒诈而已矣。"盖管仲、咎犯之所略用而未详，阴取而讳称者，武尽载之，而后世之好为诈者，思欲出武之外，亦终不可得。然则，武真谲诈之雄者也。国之有兵也，能择将而授之，而他不与也。夫武之兵书，人主不得而用之，其将自用之可也。阖庐之时，连岁谋楚，尝一入其国都，卒无一人之获。暴师不返，而夫概王先归自立。阖庐与越为仇，故武著书亦言越人之不足畏。然吴既去楚，勾践来伐，败于槜李，阖庐以战死，武者皆在其中。夫差二十年之间卒亡其国，不知武犹为用耶？将废而死耶？将王孙雒之流皆受教于武耶？计武著书及用事之时，乱楚、兴越、亡吴而侵坏中国，然则武术之无救于国家亦可见矣。然则虽为将，亦不可用也。而后世之兵，悉祖其故智，于其言有所不能通者，皆深思远虑，出无端涯之见以求合之。且前乎武者，非无人言兵，其法犹可考，不必黄帝舜禹。周官之《司马法》也，曰是纯仁义者而非兵。若管仲、咎犯，仅庶几乎？曰是犹有仁义也，亦不足以为兵。而为兵者必诈而后胜，故无出于武之书。噫！其人心之不仁耶？不然，何其遗弃众说而好之笃而敬之深耶？韩信号善用兵，自言其法出于武。曹公无敌于天下，犹师武术自为之传。唐太宗、李靖，近世君臣之言兵者无出其上，其所问对亦止于武之意。而天下好奇之士，奋笔墨以传益武之说而为书者数十百家，而号孙子为谈兵之祖。其气焰起兴，于百世之下，若将与圣贤并称者。噫！人心之不仁至此极与！岂数千年之独不幸耶！今之所患者，以天下之大，甲兵之强，谋臣智士之众，而所嗜好训学者不出于武，自为一将之术耳。然且讲之而不得其要，求之而不中其情，而今世之良策真智因以废放而不举。夫选天下之士教之于学、试之于庭，使之读诵以为文义者，乃无先于孙子。彼固无所见于此也。使有所见，犹无益也，而徒以不仁之心上下相授。授天下以不仁之心，患之大者也。臣尝论之，今天下或不免于用大兵。大兵者，以今之势，虏有百战百败之道，吾有百战百胜之术。夫百战而百胜者，不战而可以胜也；百战而百败者，未战而先自屈者也。杀人以求胜，古人之所不免也；不待杀人而后胜，今日可见之效也。然其法皆不载于武之书。今将因武之书以通之而后用今之兵乎？则是舍百战百胜之术，遗虏以其具而自为，是胜负相搏，不可必知之，形计之失者也。臣非无见于此，而强效世之迂阔者以黜武也，盖其精者不可得而言，言其粗乎则与迂阔者何异？虽然，臣请终言孙武之不可用：夫战国相吞，无义无名，而志在必胜，故武之术出于名义之所弃，为此下策，而其所说者，行阵之浅画、地形曲折、军势翕张，特俄顷之智耳，使将帅自为之，犹或不废，而国论则何为焉？今之谈兵者纷然，皆出于此，臣不知其说也。夫今之所为战者，战虏乎？战吾国乎？自淮以北，此非吾土地乎？其来斗者将非吾民乎？抑尽虏乎？然则流涕以对之犹不足，而孙武之智尚忍言之，呜呼！岂未有思及此者也！

下

言之实者无奇，无奇则难听，故天下多奇言，而言兵为尤奇。人主慨然欲闻天下之言，则奇言得以入，而言兵者入之为最深。奇言漫衍于天下，而天下反皆以奇为常，是以下未知兵，而习为多杀人之术上。未用兵而先有轻杀人之心，呜呼！孰能知其为天下之大祸耶？平居无事，尝言兵计：某众可袭，某城可攻，某地最利，宜先取以制敌。敌有上中下计，当出于某，吾以何道应之。其将为良，可反间以疑之，可死士以刺之。某兵可乱，半渡以薄之，倍道以掩之。某处葭苇蔽亏，林麓深阻，可用伏兵。某为奇道，可用以出敌不意。或欲为辩士，说下其腹心大臣，或使内溃，或使来降。或自请为将，用其术以制胜。或乞乘传招集豪杰，不费粮糗甲兵，自以义民杀虏。古阵法、兵法凡几家，今不可循用，宜悉损益，何事刀槊弓弩？今未精者有几，更为击伐之技。或乞试上前。或请颁其法于诸将。或言时不可失，坐论无益，今当并进，益取敌地以自为守，因事观变。或言臣岁月浸晚，恨不及功名，乞一死敌。或言古者取天下凡几，其故术犹在，今当何所用，虽始若少缓，终当有成。其言边亭敌地，风沙苍莽，雨雪冻饥，战士哭声，器械解弛，使人忧悲恐惧。至论仇耻愤激，瞋目按剑，或广大其意，下城得地，所过牛酒迎劳王师，复故境土，天下一家，使人慰喜洋洋然，欲不计胜负存亡而为之。其人或已在亲要，朝夕开说，素所狎昵，纵言不顾。或疏远求进，尝试上心。或山林草泽之士，请来献见。或在外之臣，无以固结恩宠，走马面论，密疏入中。或因缘称荐，无以为名，必挟兵说以自重。且其开口论议，容止不动，声音伟然，问答纵横，不可穷诘。至于超乘负矢，意气敢决，而其上固已壮之矣。凡此者，皆奇言也。人主慨然而乐听之，虽未必用，而其轻杀人之念已动于中矣。凡此者，其意非真以为见于事也，以为言之不得不奇也。非谋国也，非虑患也，中一时之欲而已者也。然而未必用者，有时而用矣。汉武帝听王恢计欲擒单于，单于不可得擒，而汉首事结祸无已，天下几亡；宋文帝从江湛、徐湛之之言，意封狼居胥，一旦魏氏临江，秣陵之人荷担而立者累月，元嘉之政衰焉。夫不顾计天下之利害，举而听一夫之奇言者，彼其初固不知其患之将至此也。今天下之士好为奇言，而言兵为尤奇者，十年于此矣。好恶之相形，权利之相诱，奇言盛而实言息矣。凡向之能为实者，今未有不转而为奇者也。虽然，臣有忧于此，而亦窃以为贺焉。何者？天下之能为奇言者众也，昔日之奇，今日之腐坏而无用者也。朝对暮论，接目烦矣，听闻熟矣，庶几其厌之乎？庶几其可以实言乎？虽然，实言不足听也。五谷之味，澹然不与众味俱，嗜味者不能食也，其所以食之而不敢废者，畏其不食则饥而死，而众味不能救焉耳。故夫有闻实言于今世，如畏不食五谷之死者，而后其言可得而听也。何言谓实？今世或有以为兵端可畏，易开难合，厚赂请和，可以持久，此偷安姑息之论也。兵何尝一日而不可用乎？顾其用如何耳。故不多杀人则兵可用，邦本不摇则兵可用，不横敛不急征则兵可用，将非小人则兵可用，天下虽不畏战而亦不好战则兵可用，视北方如南方则兵可用。功成而患不至，外斗而内不知，虽不免于用诈而羞称其术，虽大启旧国而能不矜其事，若是者，其兵无不可用也。夫水居者好游，崖居者好缘，此其势也。游而不溺，虽游可也；缘而不坠，虽缘可也。故凡今世为用兵之可言者，未有不犯是数患者也。犯是数患，是游者之必溺，缘者之必坠。而曰“吾不顾而自为也”而可乎？孙武、吴起、穰苴、孙膑，巧于用兵，今虽无之，不足虑；伊尹、太公、管仲、诸葛亮，智于谋国，今虽未有，不足忧。其实言之不可乱者，止于如此。

（选自《十先生奥论注》前集卷十四，见《钦定四库全书·集部八·总集类》）

叶适（1150—1223），字正则，温州永嘉（今浙江温州）人。因晚年讲学于永嘉城外水心村，世称水心先生。淳熙五年（1178）榜眼，历仕孝宗、光宗、宁宗三朝，以“附韩侂胄用兵”罪名被弹劾返乡，讲学著述而终身。卒，获赠光禄大夫，谥号“文定”（一作忠定）。著有《水心先生文集》《水心先生别集》《习学记言》等。今人编有《叶适集》。

《子略》二则

〔南宋〕高似孙

孙子

昭文章、明贵贱、辨等列、顺少长，鲁兵也。不重伤，不禽二毛，不以阻隘，明耻教战，宋兵也。少长有礼，八卿和睦，晋兵也。制国作政，以寄军令，齐兵也。仆三千人，有纪有纲，秦兵也。伐晋之举丧乃止焉，楚兵也。周衰，制隳法荡，政不克纲，强弱相凌，一趋于武，侈兵图霸，干戈相寻，甚可畏也。其间谋帅行师、命意立制，犹知笃礼信、尚训齐，庶几三代仁义之万一焉耳，殊未至于毒也。兵流于毒，始于孙武乎？武称雄于言兵，往往舍正而凿奇、背义而依诈。凡其言议反复、奇变无常、智术相高、气驱力奋，故诗书所述、韬匮所传，至此皆索然无余泽矣。先儒曰：“无以学术杀天下后世。”是犹言学者也，吴越交兵，胜负未决，武居其间，岂无所以为强吴胜越者？二十年间，阖庐既以战死，夫差旋丧其国。方是时，武之术不行于他国，特见信于吴。而武之言兵，亦知为吴计而已。成败兴亡，易如反掌，固无待于杀天下后世。兵，其可以智用欤？

吴子

自有春秋而天下日穷于兵。孙武以言兵进于吴，吴起以言兵售于魏，各以书名家。然读《吴子》，其说盖与孙武截然其不相侔也。起之书几乎正，武之书一乎奇。起之书，尚礼义、明教训，或有得于《司马法》者；武则一切战国驰骋战争也，谋逞诈之行耳。武侯浮西河，下中流，喟然叹曰：“美哉山河之固，国之宝也。”起言之曰：“在德不在险，德之不修，舟中之人皆敌国也。”[①]斯言之善，质于经、求之古，奚愧焉？反覆此意，则所教在礼，所贵在义。夫以汤武之仁相比，起诚有间，求之于齐、鲁、晋、宋、秦、楚之论兵者，起庶几乎武侯“贤矣”。听起者笃矣，君臣之遇不为不厚矣。不问一生弃如敝屣，大名志业迄不一就。士之思古，安得不太息于斯。若其当新造之国，辅未壮之君，驭不附之大臣，临未信之百姓，而乃明法审令，斥疏远之公族，捐不急之庶官，持意太过，操制太严，是所以速祸耳。[②]起乃疏于此耶？

（选自高似孙撰《子略》卷三，见《钦定四库全书·史部十四·目录类一·经籍之属》）

高似孙（1158—1231），字续古，号疏寮，鄞县（今浙江宁波）人，一说余姚人。淳熙进士，历任校书郎、徽州通判、著作佐郎。后知处州。晚年居

① 编者按：武侯，即魏武侯，事见《史记·孙子吴起列传》。

② 编者按：据《史记·孙子吴起列传》，吴起为楚悼王相，“明法审令，捐不急之官，废公族疏远者，以抚养战斗之士。要在强兵，破驰说之言从横者。于是南平百越；北并陈、蔡，却三晋；西伐秦。诸侯患楚之强。故楚之贵戚尽欲害吴起。及悼王死，宗室大臣作乱而攻吴起，吴起走之王尸而伏之。击起之徒因射刺吴起，并中悼王”。

越，为嵊令史安之作《剡录》。著有《疏寮小集》《剡录》《子略》《蟹略》《骚略》《纬略》等。

神宗论孙武书

〔南宋〕韩淲

神宗论孙武书，爱其文辞意指。王安石曰：“孙武谈兵，言理而不言事，所以文约而所该者博。”上论及韩信，安石曰：“信但用孙武一两言，即能成功名。”上曰：“如韩信自是奇才，称兵书乃是因诸将问及，引以应之，度其所知，非因读兵书而能及此也。”

（选自韩淲撰《涧泉日记》卷下，见《钦定四库全书·子部十·杂家类三·杂说之属》）

韩淲（1159—1224），字仲止，号涧泉，韩元吉之子。祖籍开封，南渡后隶籍信州上饶（今属江西）。以父荫入仕，不久即归，清廉狷介，有诗名，著有《涧泉集》。

读《孙子》

〔南宋〕黄震

孙子言兵，首谓“兵者，国之大事，死生之地，存亡之道”，而切切欲道民，使之“与上同意”，欲“不战而屈人兵”，欲“先为不可胜，以待敌之可胜”，欲“无恃其不来，恃吾有以待之”。至论将，则谓“进不求名，退不避罪，惟民是保，而利于主”。盖终始未尝言杀，而以久于兵为戒。所异于先王之训者，惟“诡道”一语，然特自指其用兵变化而言，非俗情所事奸诈之比。且古人诡即言诡，皆其真情，非后世实诈而反谬言诚者比也。若孙子之书，岂特兵家之祖，亦庶几乎立言之君子矣！诸子自荀、扬外，其余浮辞横议者莫与比。

（选自黄震撰《黄氏日抄》卷五十八，见《钦定四库全书·子部一·儒家类》）

黄震（1213—1280），字东发，慈溪（今属浙江）人，宝祐进士，历仕南宋中央和地方凡二十年。一生著述甚多，有《黄氏日抄》（亦称《东发日抄》）、《古今纪要》、《古今纪要逸编》、《戊辰修史传》等。

十家注孙子遗说（并序）

〔宋〕郑友贤

求之而益深者，天下之备法也；叩之而不穷者，天下之能言也。为法、立言，至于益深不穷，而后可以垂教于当时，而传诸后世矣。儒家者流，惟苦《易》之为书，其道深远而不可穷；学兵之士，尝患武之为说，微妙而不可究，则亦儒者之《易》乎？盖《易》之为言也，兼三才，备万物，以阴阳不测为神。是以仁者见之谓之仁，智者见之谓之智，百姓日用而不知。武之为法也，包四种，笼百家，以奇正相生为变。是以谋者见之谓之谋，巧者见之谓之巧，三军由之而莫能知之。迨夫九师百氏之说兴，而益见大《易》之义，如日月星辰之神，徒推步其辉光之迹，而不能考其所以为神之深。十家之注出，而愈见十三篇之法如五声、五色之变，惟详其耳目之所闻见，而不能悉其所以为变之妙。是则武之意，不得谓尽于十家之注也。然而学兵之徒，非十家之说，亦不能窥武之藩篱。寻流而之源，由径而入户，于武之法，不可谓无功矣。顷因余暇，摭武之微旨而出于十家之不解者，略有数十事，托或者之问，具其应答之义，名曰《十注遗说》。学者见其说之有遗，则始信益深之法、不穷之言，庶几大《易》不测之神矣。

或问：死生之地，何以先存亡之道？

曰：武意以兵事之大，在将得其人。将能，则兵胜而生；兵生于外，则国存于内。将不能，则兵败而死；兵死于外，则国亡于内。是外之生死，系内之存亡也。是故兵败长平而赵亡，师丧辽水而隋灭。太公曰：“无智略大谋，强勇轻战，败军散众，以危社稷，王者慎勿使为将。”此其先后之次也。故曰：“知兵之将，生民之司命，国家安危之主也。”

或问：得算之多，得算之少，况于无算，何以是多、少、无之义？

曰：武之文，固不汗漫而无据也。盖经之以“五事”，校之以“七计”，彼我之算，尽于此矣。“五事”之经，得三、四者为多，得一、二者为少。“七计”之校，得四、五者为多，得二、三者为少。五、七俱得者为全胜，不得者为无算，所谓冥冥而决事、先战而求胜、图乾没之利、出浪战之师者也。

或问：计利之外，所佐者何势？

曰：兵法之传有常，而其用之也有变。常者，法也；变者，势也。书者，可以尽常之言，而言不能尽变之意。“五事”“七计”者，常法之利也；“诡道”不可先传者，权势之变也。守常而求胜，如胶柱鼓瑟，以书御马。赵括所以能书而不能战，易言而不知变也。尽法在书之传，而势在人之用。武之意，初求用于吴，恐吴王得书听计而弃己也，故以此辞动之，乃谓书之外，尚有“因利制权”之势，在我能用耳。

或问：“因粮于敌”者，无远输之费也，“取用必于国”者何也？

曰：兵械之用，不可假人，亦不可假于人。器之于人，固在积习便熟，而适其短长重轻之宜，与夫手足不相钼铻，而后可以济用而害敌矣。吾之器，敌不便于用；敌之器，吾不习其利。非国中自备，而习惯于三军，则安可一旦仓卒，假人之兵，而给己之用哉？《易》曰：“萃除戎器，以戒不虞。”太公曰：“虑不先设，器械不备。”此皆言取用于国，不可因于人也。

或问：兵以伐谋为上者，以其有屈人之易，而无血刃之难；“伐兵”“攻城”为之次下明矣；“伐交”之智，何异于“伐谋”之工而又次之？

曰：破谋者，不费而胜；破交者，未胜而费。帷幄樽俎之间，而揣摩折冲，心战计胜其未形已成之策，不烦毫厘之费，而彼奔北降服之不暇者，“伐谋”之义也。或遣使介，约车乘聘币之奉；或使间谍，出土地金玉之资。张仪散六国之从，阴厚者数年；尉缭子破诸侯之援，出金三十万。如此之类，费已广而敌未服，非加以征伐之劳，则未见全胜之功，宜乎次于晏婴、子房、寇恂、荀彧之智也。

或问：武之书皆法也，独曰“此谋攻之法也”“此军争之法也”？

曰：余法概论兵家之术，惟二篇之说及于用，诫其易用而称其所难。夫告人以所难，而不济之以成法，则不足为完书。盖“谋攻”之法，以全为上，以破次之。得其法，则兵不钝而利可全；非其法，则有杀士三分之灾。“军争”之法，以迂为直，以患为利。得其法，则后发而先至；非其法，则至于擒三将军。此二者，岂用兵之易哉？乃云“必以全争于天下”，又云“莫难于军争”，难之之辞也。欲济其所难者，必详其法。凡所谓“屈人非战”“拔城非攻”“毁国非久”者，乃“谋攻”之法也。凡所谓“十一而至”“先知迂直之计”者，乃“军争”之法也。见其法，而知其难于余篇矣。

或问：“将能而君不御者胜”，后魏太武命将出师，从命者无不制胜，违教者率多败失；齐神武任用将帅出讨，奉行方略，罔不克捷，违失指教，多致奔亡，二者不几于御之而后胜哉？

曰：知此而后可以起武之意。既曰“将能而君不御者胜”，则其意固谓将不能而君御之则胜也。夫将帅之列，才不一概，智愚、勇怯，随器而任。能者，付之以阃寄；不能者，授之以成算。亦犹后世责曹公使诸将以《新书》从事，殊不识公之御将，因其才之小大而纵抑之。张辽、乐进，守斗之偏才也。合淝之战，封以函书，节宣其用；夏侯惇兄弟，有大帅之略，假以节度，便宜从事，不拘科制，何尝一概而御之邪？《传》曰：“将能而君御之，则为縻军；将不能而君委之，则为覆军。”惟公得武法之深，而后太武、神武庶几公之英略耳，非司马宣王，安能发武之蕴哉？

或问：“胜可知而不可为”者，以其在彼者也；“佚而劳之”，“亲而离之”，佚与亲在敌，而吾能劳且离之，岂非可为欤？

曰：《传》称“用师观衅而动”，敌有衅，不可失。盖吾观敌人无可乘之衅，不能强使为吾可胜之资者，“不可为”之义也。敌人既有可乘之隙，吾能置术于其间，而不失敌之败者，“可知”之义也。使敌人主明而贤，将智而忠，不信小说而疑，不见小利而动，其佚也，安能劳之？其亲也，安能离之？有楚子之暗与囊瓦之贪，而后吴人亟肄以疲之；有项王之暴与范增之隘，而后陈平以反间疏之。夫衅隙之端，隐于佚亲之前，劳离之策，发于衅隙之后者，乃所谓“可知”也；则惟无衅隙者，乃“不可为”也。

或问：“守则不足，攻则有余”，其义安在？

曰：谓吾所以守者力不足、吾所以攻者力有余者，曹公也。谓力不足者可以守、力有余者可以攻者，李筌也。谓非强弱为辞者，卫公也。谓守之法要在示敌以不足、攻之法要在示敌以有余者，太宗也。夫攻守之法，固非己实强弱，亦非虚形示敌也。盖正用其有余不足之形势，以固己胜敌。夫所谓“不足”者，吾隐形于微，而敌不能窥也；“有余”者，吾乘势于盛，而敌不能支也。“不足”者，微之称也。当吾之守也，灭迹于不可见，韬声于不可闻，藏形于微妙不足之际，而使敌不知其所攻矣，所谓“藏于九地之下”者是也。“有余”者，盛之称也。当吾之攻也，若迅雷惊电，坏山决塘，作势于盛强有余之极，而使敌不知其所守矣，所谓“动于九天之上”者是也。此“有余”“不足”之义也。

或问：“三军之众，可使必受敌而无败者，奇正是也”，“受敌”“无败”，二义也，其于“奇”“正”有所主乎？

曰：武论“分数”“形名”“奇正”“虚实”四者，独于“奇正”云云者，知其法之深而二义所主未白也。复曰“凡战，以正合，以奇胜”，“正合”者，“正”主于受敌也；“奇胜”者，“奇”主于无败也。以“合”为受敌，以“胜”为无败，不其明哉？

或问：武论“奇”“正”之变，二者相依而生，何独曰“善出奇者”？

曰：阙文也。凡所谓如“天地”“江河”“日月”“四时”“五色”“五味”，皆取无穷无竭、相生相变之义，故首论以“正合”“奇胜”，终之以“奇正之变，不可胜穷，相生如循环之无端”，岂以一“奇”而能生变，交相无已哉？宜曰“善出奇正者，无穷如天地”也。

或问：“其势险”者，其义易明；“其节短”者，其旨安在？

曰：力虽甚劲者，非节量短近而适其宜，则不能害物。鲁缟之脆也，强弩之末不能穿；毫末之轻也，冲风之衰不能起；鸷鸟虽疾也，高下而远来，至于竭羽翼之力，安能击搏而毁折哉？尝以远形为难战者此也。是故麹义破公孙瓒也，发伏于数十步之内；周访败杜曾也，奔赴于三十步之外，得“节短”之义也。

或问：十三篇之法，各本于篇名乎？

曰：其义各主于题篇之名，未尝泛滥而为言也。如《虚实》者，一篇之义，首尾次序，皆不离虚、实之用，但文辞差异耳。其意所主，非实即虚，非虚即实，非我实而彼虚，则我虚而彼实。不然，则虚实在于彼此，而善者变实而为虚，变虚而为实也。虽周流万变，而其要不出此二端而已。凡所谓“待敌者佚”者，力实也；“趋战者劳”者，力虚也。“致人”者，虚在彼也；“不致于人”者，实在我也。“利之也”者，役彼于虚也；“害之也”者，养我之实也。“佚能劳之”“饱能饥之”“安能动之”者，佚、饱、安，实也；劳、饥、动，虚也。彼实而我能虚之也。“行于无人之地”者，趋彼之虚而资我之实也。“攻其所不守”者，避实而击虚也。“守其所不攻”者，措实而备虚也。“敌不知所守”者，斗敌之虚也；“敌不知所攻”者，犯我之实也。“无形”“无声”者，虚实之极而入神微也。“不可御”者，乘敌备之虚也；“不可追”者，畜我力之实也。“攻所必救”者，乘虚则实者虚也；“乖其所之”者，能实则虚者实也。“形人”而“敌分”者，见彼虚实之审也；“无形”而“我专”者，示吾虚实之妙也。“所与战约”者，彼虚无以当吾之实也。“寡而备人”者，不识虚实之形也；“众而备己”者，能料虚实之情也。“千里会战”者，预见虚实也。“左右不能救”者，信人之虚实也。“越人无益于胜败”者，越将不识吴之虚实也。“策之”“候之”“形之”“角之”者，辨虚实之术也。“得”也、“动”也、“生”也、“有余”也者，实也；“失”也、“静”也、“死”也、“不足”也者，虚也。“不能窥谋”者，外以虚实之变惑敌人也；“莫知吾制胜之形”者，内以虚实之法愚士众也。“水因地制流，兵因敌制胜”者，以水之高下喻吾虚实变化不常之神也。五行胜者，实也；囚者，虚也。四时来者，实也；往者，虚也。日长者，实也；短者，虚也。月生者，实也；死者，虚也。皆虚实之类，不可拘也。以此推之，余十二篇之义皆仿于此，但说者不能详之耳。

或问：“军争为利，众争为危”，军之与众也，利之与危也，义果异乎？

曰：武之辞未尝妄发而无谓也。“军争为利”者，下所谓“军争之法”也；夫惟所争而得此“军争之法”，然后获胜敌之利矣。“众争为危”者，下所谓“举军而争利”也；夫惟全举三军之众而争，则不及于利而反受其危矣。

盖“军争”者，案法而争也；“众争”者，举军而趋也。“为利”者，后发而先至也；“为危”者，擒三将军也。

或问：“兵以诈立，以利动，以分合为变”，“立”也，“动”也，“变”也，三者先后而用乎？

曰：先王之道，兵家者流，所用皆有本末先后之次，而所尚不同耳。盖先王之道，尚仁义而济之以权；兵家者流，贵诈利而终之以变。《司马法》以仁为本，孙武以诈立；《司马法》以义治之，孙武以利动；《司马法》以正不获意权则，孙武以分合为变。盖本仁者，治必为义；立诈者，动必为利。在圣人谓之权，在兵家名曰变。非本与立，无以自修；非治与动，无以趋时；非权与变，无以胜敌。有本、立，而后能治、动；能治、动，而后可以权、变。权、变所以济治、动，治、动所以辅本、立。此本末先后之次略同耳。

或问：武所论“举军”“动众”，皆法也，独称“此用众之法”者何也？

曰：武之法，奇正贵乎相生，节制、权变两用而无穷。既以正兵节制，自治其军，未尝不以奇兵权变而胜敌。其于论势也，以“分数”“形名”居前者，自治之节制也；以“奇正”“虚实”居后者，胜敌之权变也。是先节制而后权变也。凡所谓“立于不败之地，而不失敌之败”“修道而保法”“自保而全胜”者，皆相生两用，先后之术也。盖“鼓铎、旌旗，所以一人之耳目。人既专一，勇者不得独进，怯者不得独退”，此何法也？是节制自治之正法也，止能用吾三军之众而已。其法也，固未尝及于胜人之奇也。谈兵之流，往往至此而止矣。武则不然，曰：此用吾众之法也。凡所谓变人之耳目而夺敌之心气，是权谋胜敌之奇法也。

或问：夺气者必曰“三军”，夺心者必曰“将军”，何也？

曰：三军主于斗，将军主于谋；斗者乘于气，谋者运于心。夫鼓作斗争、不顾万死者，气使之也；深思远虑、以应万变者，心主之也。气夺，则怯于斗；心夺，则乱于谋。下者不能斗，上者不能谋，敌人上下怯乱，则吾一举而乘之矣。《传》曰“一鼓作气，三而竭”者，夺斗气也；“先人有夺人之心”者，夺谋心也。“三军”“将军”之事异矣。

或问：自《计》及《间》，上下之法皆要妙也，独云“此用兵之法妙”者，何也？

曰：夫事至于可疑，而后知不疑者，为明；机至于难决，而后知能决者，为智。用兵之法，出于众人之所不可必者，而吾之明智了然不至于犹豫者，其所得固过于众人，而通于法之至妙也。所谓“高陵勿向”“背丘勿逆”，盖亦有可向、可逆之机。“佯北勿从”“锐卒勿攻”，亦有可从、可攻之利。“饵兵勿食”“归兵勿遏”，亦有可食、可遏之理。“围师必阙”“穷寇勿追”，亦有不阙、可追之胜。此兵家常法之外，尚有反复微妙之术，智者不疑而能决，所谓“用兵之法妙”也。

或问：“九变”之法，所陈五事者何？

曰：“九变”者，“九地”之变也。“散”“轻”“争”“交”“衢”“重”“圮”“围”“死”，此“九地”之名也。“一其志”“使之属”“趋其后”“谨其守”“固其结”“继其食”“进其涂”“塞其阙”“示不活”，此“九地”之变也。九而言五者，阙而失次也。下文曰“将通于九变之地利者，知用兵矣；将不通九变之利者，虽知地形，不能得地之利矣”，是“九变”主于“九地”明矣。故特于《九地篇》曰：“九地之变，人情之理，不可不察也。”然则既有“九地”，何用“九变”之文乎？曰：武所论“将不通九变之利”，又曰“治兵不知九变之术”，盖“九地”者陈变之利，故曰“不知变，不得地之利”；“九变”者言术之用，故曰“不知术，不得人之用”。是故“六地”有形，“九地”有名；“九名”有变，“九变”有术。知形而不知名，决事于冥冥；知名而不知变，驱众而浪战；知变而不知术，临用而事屈。此所以“六地”“九地”“九变”皆论地利，而为篇异也。李筌以“涂有所不由”而下“五利”兼之为十变者，误也；复指下文为“五利”，何尝有“五利”之义也？“绝地无留”，当作“轻地”，盖“轻”有“无止”之辞。

或问：“凡军好高而恶下”，太公曰“凡三军处山之高，则为敌所栖”，岂“好高”之义乎？

曰：武之“高”，非太公之“高”也。公所论，天下之绝险也，高山盘石，其上亭亭，无有草木，四面受敌。盖无草木，则乏茎牧樵采之利；四面受敌，则绝出入运馈之路。可上而不可下，可死而不可久，此固有栖之之害也。武之所论，假势利之便也。处隆高丘陵之地，使敌人来战，则有登隆、向陵、逆丘之害，而我得因高乘下、建瓴走丸、转石决水之势；加以养生处实，先利粮道，战则有乘势之便，守则有处实之固，居则有养生足食之利，去则有便道向生之路，虽有百万之敌，安能栖我于高哉？太武栖姚兴于天渡，李先计令遣奇兵邀伏，绝柴壁之粮道，此兴犯处高之忌，而先得栖敌之法，明矣。学孙武者，深明“好高”之论，而不悟处于太公之“绝险”，知其势利之便者，后可与议其书矣。

或问：“六地”者，地形也，复论将有“六败”者何？

曰：恐后世学兵者泥胜负之理于地形也。故曰“地形者，兵之助”，非上将之道也。太公论主帅之道：择善地利者三人而委之，则地形固非将军之事也。所谓“料敌制胜”者，上将之道也。知此为将之道者，战则必胜；不知此为将之道者，战则必败。凡所言“曰走”“曰弛”“曰崩”“曰陷”“曰乱”“曰北”者，此六者，败之道，将之至任，不可不察也。是胜败之理，不可泥于地形，而系于将之工拙也。至于“九地”亦然。曰“刚柔皆得，地之理也”“将军之事，静以幽正以治”“驱三军之众，如群羊往来，不知其所之”者，将军之事也。特垂诫于“六地”“九地”者，孙武之深旨也。

或问：“死焉不得士人尽力”，诸家释为二句者何？

曰：夫人之情，就其甚难者，不顾其甚易；舍其至大者，不吝其至微。死，难于生也；甘其万死之难，则况出于生之甚易者哉？身，大于力也；弃其一身之大，则况用于力之至微者哉？武意以谓，三军之士，投之无所往，则白刃在前，有所不避也；死且不避，况于生乎？身犹不虑，况于力乎？故曰“死且不北”。夫三军之士，不畏死之难者，安得不人人尽其力乎？“死焉不得士人尽力”，诸家断为二句者，非武之本意也。

或曰：“方马埋轮”，诸家释“方”为缚，或谓缚马为方陈者，何也？

曰：解“方”为缚者，义不经；据缚而方之者，非武本辞。盖“方”当作“放”字。武之说本乎：人心离散，则虽强为固止，而不足恃也；固止之法，莫过于柅其所行。古者用兵，人乘车而战，车驾马而行。今欲使人固止而不散，不得“齐勇”之政，虽放去其马而牧之，陷轮于地而埋之，亦不足恃之为不散也。噫！车中之士，辕不得马而驾，轮不得辙而驰，尚且奔走散乱而不一，则固在以政而齐其心也。

或问：“兵情主速”，又曰“为兵之事”，夫“情”与“事”义果异乎？

曰：不可探测而蕴于中者，情也；见于施为而成乎其外者，事也。情隐于事之前，而事显于情之后。此用兵之法，隐显先后之不同也。所谓“兵之情主速”者，盖吾之所由、所攻，欲出于敌人之不虞、不诫也。夫以神速之兵，出于人之所不能虞度而诫备者，固在中情秘密而不露，虽智者，深间不能前谋、先窥也。所谓“为兵之事”者，盖敌意既顺而可详，敌衅已形而可乘，一向并敌之势，千里杀敌之将，使陈不暇战而城不及守者，彼败事已显，而吾兵业已成于外也。故曰“所谓巧能成事者”，此也，是则情、事之异，隐显先后也。

或曰：“九地”之中复有“绝地”者，何也？

曰：兴师动众，去吾之国中，越吾之境土，而初入敌人之地，疆场之限，所过关梁津要，使吾踵军在后，告毕书绝者，所以禁人内顾之情，而止其还遁之心也。《司马法》曰：“书亲绝，是谓绝顾壹虑。”《尉缭子·踵军令》曰：“遇有还者，诛之。”此“绝地”之谓也。然而不预“九地”者何？“九地”之法皆有变，而“绝地”无变，故论于“九地”之中，而不得列其数也。或以“越境”为越人之国，如秦越晋伐郑者，凿也。

或问：“不知诸侯之谋，不能预交；不知山林、险阻、沮泽之形，不能行军；不用乡导，不能得地利”，重言于《军争》《九地》二篇者，何也？

曰：此三法者，皆行师争利、出没往来、迟速先后之术也。盖“军争”之法，“变迂为直”“后发先至”之为急也；“九地”之利，盛言“为客”深入利害之为大也，非此三法，安能举哉？噫！与人争迂直之变，趋险阻之地，践敌人之生地，求不识之迷涂，若非和邻国之援为之引军，明山川林麓、险难阻厄、沮洳濡泽之形而为之标表，求乡人之习熟者为之前导，则动而必迷，举而必穷，何异即鹿无虞，惟入于林，不行其野，强违其马，欲争迂直之胜，图深入之利，安能得其便乎？称之二篇，不其旨哉！

或问：何谓“无法之赏”“无政之令”？

曰：治军御众，行赏之法，施令之政，盖有常理。今欲犯三军之众，使不知其利害，多方误敌，而因利制权，故赏不可以拘常法，令不可以执常政。噫！常法之赏不足以愚众，常政之令不足以惑人，则赏有时而不拘、令有时而不执者，将军之权也。夫进有重赏，有功必赏，赏法之常也。吴子相敌，北者有赏；马隆募士，未战先赏。此无法之赏也。先庚后甲，三令五申，政令之常也。武曰：“若驱群羊往来，莫知所之。”李愬袭元济，初出，众请所向，曰：

"东六十里止。"至张柴，诸将请所止，复曰："入蔡州。"此无政之令也。

或问：用间、使间，"圣智""仁义"，其旨安在？

曰：用间者，用间之道也，或以事，或以权，不必人也。圣者无所不通，智者深思远虑；非此圣智之明，安能坐以事权间敌哉？使间者，使人为间也。吾之与间，彼此有可疑之势。吾疑间有覆舟之祸，间疑我有害己之计。非仁恩不足以结间之心，非义断不足以决己之惑。主无疑于客，客无猜于主，而后可以出入于万死之地而图功矣。秦王使张仪相魏，数年无效；而阴厚之者，恩结间之心也。高祖使陈平用金数十万离楚君臣，平，楚之亡虏也，吾无问其出入者，义决己之惑也。

或问：伊挚、吕牙，古之圣人也，岂尝为商、周之间邪？武之所称，岂非尊间之术而重之哉？

曰：古之人，立大事，就大业，未尝不守于正；正不获意，则未尝不假权以济道。夫事业至于用权，则何所不为哉？但处之有道，而卒反于正，则权无害于圣人之德也。盖在兵家名曰"间"，在圣人谓之"权"。汤不得伊挚，不能悉夏政之恶；伊挚不在夏，不能成汤之美。武不得吕牙，不能审商王之罪；吕牙不在商，不能就武之德。非此二人者，不能立顺天应人、伐罪吊民之仁义，则非为间于夏、商而何？惟其处之有道而终归于正，故名曰"权"。兵家之间，流而不反，不能合道，而入于诡诈之域，故名曰"间"。所谓以上智成大功者，真伊、吕之权也。权与间，实同而名异。

或问：间何以终于篇之末？

曰：用兵之法，惟间为深微神妙，而不可易言也。所谓"非圣智不能用间，非微妙不能得间之实"者，难之之辞也。武始以十三篇干吴者，亦欲以其书之法教阖闾之知兵也。教人之初，蒙昧之际，要在从易而入难，先明而后幽，本末次序而导之，使不惑也。是故始教以计量、校算之法，而次及于战攻、形势、虚实、军争之术，渐至于行军、九变、地形、地名、火攻之备。诸法皆通，而后可以论间道之深矣。噫！教人之始者，务令明白易晓，而遽期之以圣智微妙之所难，则求之愈劳，而索之愈迷矣，何异王通谓不可骤而语《易》者哉？

或曰：庙堂多算，非不难也，何不列之终篇也？

曰：计之难者，“经之以五事，校之以七计而索其情”也。夫敌人之情，最为难知，不可取于鬼神，不可求象于事，不可验于度，先知者必在于间。盖计待情而后校，情因间而后知，宜乎以间为深而以计为浅也。孙武之蕴至于此，而后知十家之说不能尽矣。

（选自杨丙安校理《十一家注孙子》，第283～296页，中华书局2012年版）

郑友贤（生卒年不详），荥阳人。《宋史》无传，生平不详。郑樵《通志·艺文略》“兵家·兵书”条著录“《孙子遗说》一卷，郑友贤撰”。郑樵《通志》成书于高宗绍兴三十年之前，故推测郑友贤之书当不晚于高宗朝。

祖印讷禅师与欧阳公论退之排佛老

〔南宋〕释志磐

宋仁宗谏议欧阳修著《本论》，谓佛法为中国患。又曰：今佛之法可谓奸邪。又曰：千年佛老贼中国云云。修左迁滁州，将归庐陵，游庐山，谒祖印讷禅师。与之论道，肃然心服，平时排佛为之内销。祖印谓曰：“退之倡排佛老，足下今又和之，将使后世好名之士援韩氏欧阳氏以为法，岂不为盛德之累？足下所著《本论》，孜孜以毁佛为务，以搜狩丧祭乡饮之礼，为胜佛之本。是犹退之《原道》，实未知道。”修大惊赧。师复为说悟心之旨，自此颇有省发。及入参大政，每誉于公卿之前，岁时书问未尝绝。出知扬州，高丽遣使问魏武注《孙》，三处要义阙注，诏问修，不知答。饬使者往问祖印，师曰：“兵者机密之事，不可以示人。”使反命，以其言应诏。

（选自释志磐撰《佛祖统纪》卷第五十五，康熙二十一年和刻本）

释志磐（生卒年不详），号大召。居四明福泉寺，学天台教义。著《宗门尊祖仪》《法界圣凡水陆胜会修斋仪轨》，重修宗鉴的《释门正统》，尤以所著《佛祖统纪》知名。

《文献通考·经籍考》选

〔宋末元初〕马端临

子·兵书（节选）

《汉·艺文志》：兵家者流，盖出古司马之职，王官之武备也。《洪范》八政，八曰师。孔子曰为国者“足食足兵”，“以不教民战，是谓弃之”，明兵之重也。汤、武受命，以师克乱而济百姓，动之以仁义，行之以礼让，《司马法》是其遗事也。自春秋至于战国，出奇设伏，变诈之兵并作。汉兴，张良、韩信序次兵法，凡百八十二家，删取要用，定著三十五家。诸吕用事而盗取之。武帝时，军政杨仆捃摭遗逸，纪奏兵录，犹未能备。至于孝成，命任宏论次兵书为四种。

《汉志》兵权谋：十三家，二百五十九篇。[①]

《汉志》兵形势：十一家，九十二篇，图十八卷。[②]

《汉志》阴阳：十六家，二百四十九篇，图十卷。[③]

《汉志》兵技巧：十三家，百九十九篇。[④]

魏武注《孙子》一卷。

晁氏曰：吴孙武撰，魏武帝注。按《汉艺文志》，《孙子兵法》八十二篇，今魏武所注，止十三篇。杜牧以为武书数十万言，魏武削其繁剩，笔其精粹，成此书云。其《序》略曰：“吾读兵书、战策多矣，武所著深矣。”

水心叶氏曰：按，司马迁称《孙子》十三篇，两言之，而班固志《艺

---

① 原注：省《伊尹》《太公》《管子》《孙卿》《鹖冠子》《苏子》《蒯通》《陆贾》《淮南王》二百五十九种，出《司马法》入礼也。其权谋者，以正守国，以奇用兵，先计而后战，兼形势，包阴阳，用技巧也。

② 原注：形势者，雷动风举，后发而先至，离合背乡，变化无常，以轻疾制敌者也。

③ 原注：阴阳，顺时而发，推刑德，随斗击，因五行相胜，假鬼神而为助也。

④ 原注：省《墨子》，重入《蹴鞠》也。技巧者，习手足，便器械，积机关，以立攻守之胜者也。凡兵书五十三家，七百九十篇，图四十三卷。

文》，乃言《孙武子兵法》八十二篇。又《吴起》四十八篇，而今《吴起》六篇而已。又今《中庸》一篇，而《志》称四十九篇。岂昔所谓“篇”者，特章次之比，非今粹书也？然迁时已称十三篇，而刘歆、班固在其后，反著八十二篇。以《火攻》《用间》考之，疑《孙子》亦有未尽之书。然此为文字多少，其不存者自不足论。迁载：孙武，齐人而用于吴，在阖闾时，破楚入郢，为大将。按《左氏》无孙武。他书所有，《左氏》不必尽有，然颍考叔、曹刿、烛之武、鱄设诸之流微贱暴用事，《左氏》未尝遗，而武功名章灼如此，乃更阙。又，同时伍员、宰嚭，一一铨次，乃独不及武邪？详味《孙子》，与《管子》《六韬》《越语》相出入，春秋末、战国初山林处士所为。其言得用于吴者，其徒夸大之说也。自周之盛，至春秋，凡将兵者必与闻国政，未有特将于外者。六国时此制始改。吴虽蛮夷，而孙武为大将乃不为命卿，而《左氏》无传焉，可乎？故凡为穰苴、孙武者，皆辩士妄相标指，非事实。其言阖闾试以妇人，尤为奇险不足信。

高氏《子略》曰：周衰，制隳法荡，政不克纲，强弱贯凌，一趋于武，侈兵图霸，干戈相寻，甚可畏也。其间谋师行帅，命意立制，犹知笃礼信，尚训齐，庶几三代仁义之万一焉耳，殊未至于毒也。兵流于毒，始于孙武乎？武称雄于言兵，往往舍正而凿奇，背义而依诈。凡其言反覆，其变无常，智术相高，气驱力夺，故《诗》《书》所述，《韬》《匮》所传，至此皆索然无遗泽矣。先儒曰“无以学术杀天下后世”，是犹言学者也。吴、越交兵，胜负未决，武居其间，岂无所以为强吴胜越者？二十年间，阖闾既以战死，夫差旋丧其国，方是时，武之言兵，亦知为吴计而已。成败兴亡，易如反掌，固无待于杀天下后世，兵其可以智用欤！

陈氏曰：世之言兵者祖孙武，然孙武事吴阖闾而不见于《左传》，不知果何时人也。

李筌注《孙子》三卷。

晁氏曰：唐李筌注。以魏武所解多误，约历代史，依《遁甲》，注成三卷。

杜牧注《孙子》三卷。

晁氏曰：唐杜牧牧之注。牧以武书大略用仁义，使机权，曹公所注解，十不释一，盖惜其所得，自为新书尔，因备注之。世谓牧慨然最喜论兵，欲试而不得者。其学能道春秋、战国时事，甚博而详，知兵者有取焉。

陈皞注《孙子》三卷。

晁氏曰：唐陈皞撰。皞以曹公注隐微，杜牧注阔疏，重为之注云。

纪燮注《孙子》三卷。

晁氏曰：唐纪燮集唐孟氏、贾林、杜佑三家所解。

梅圣俞注《孙子》三卷。

晁氏曰：皇朝梅尧臣圣俞注，欧公为之序。

欧阳氏序曰：世所传《孙武》十三篇，多用曹公、杜牧、陈皞注，号《三家孙子》。余顷与撰四库书目，所见《孙子》注者尤多。武之书本于兵，兵之术非一，而以不穷为奇，宜其说者之多也。凡人之用智有短长，其设施各异，故或胶其说于偏见，然无出所谓三家者。三家之注，皞最后，其说时时攻牧之短。牧亦慨然最喜论兵，欲试而不得者，其学能道春秋、战国时事，甚博而详。然前世言善用兵称曹公。尝与董、吕、诸袁角其力而胜之，遂与吴、蜀分汉而王。传言魏之诸将出兵千里，每坐计胜败，授其成算，诸将用之，十不失一,一有违者，兵辄败北。故魏世用兵，悉以《新书》从事，其精于兵也如此。牧谓曹公于注《孙子》尤略，盖惜其所得，自为一书，是曹公悉得武之术也。然武尝以其术干吴王阖闾，用之西破楚，北服齐、晋而霸诸侯。夫使武自用其书，止于强霸，及曹公用之，然亦终不能灭吴、蜀，岂武之术尽于此乎？抑用之不极其能也？后之学者徒见其书，又各牵于己见，是以注者虽多而少当也。独吾友圣俞不然，常评武之书曰："此战国相倾之说也。三代王者之师，司马九伐之法，武不及。然亦爱其文略而意深，其行师用兵、料敌制胜亦皆有法，其言甚有次序。而注者汩之，或失其意。乃自为注，凡胶于偏见者皆抉去，傅以己意而发之，然后武之说不汩而明。吾知此书当与三家并传，而后世取其说者，往往于吾圣俞多焉。圣俞为人谨质温恭，衣冠进趋，眇然儒者也。后世之视其书者，与太史公疑张子房为壮夫何异！

《朱子语录》曰：欧公大段推许梅圣俞所注《孙子》，看得来如何得似杜牧注底好。

王皙注《孙子》三卷。

晁氏曰：皇朝王皙注。皙以古本校正阙误，又为之注。仁庙时，天下久承平，人不习兵。元昊既叛，边将数败，朝廷颇访知兵者，士大夫人人言兵矣。故本朝注解孙武书者，大抵皆其时人也。

何氏注《孙子》三卷。

晁氏曰：未详其名，近代人也。

（选自马端临撰《文献通考》卷二百二十一，见《钦定四库全书·史部十三·政书类一·通制之属》）

马端临（约1254—1323），饶州乐平（今属江西）人，字贵与，号竹洲。宋右丞相马廷鸾子。幼受家训，并从朱熹后学曹泾问学。咸淳九年（1273）漕试第一，荫补承事郎。宋亡，隐居不仕，后为慈湖、柯山两书院山长，台州儒学教授。元大德十一年（1307）编成《文献通考》，总汇宋宁宗以前历代典章制度，以类相从，原始要终，指出其沿革。在史学史上，开启由文献编纂转为历史研究之端绪。

《诸子辩》一则

〔明〕宋濂

孙子

《孙子》一卷，吴孙武撰，魏武帝注。自《始计》至《用间》，凡十三篇。《艺文志》乃言八十二篇，杜牧信之，遂以为武书数十万言，魏武削其繁剩，笔其精粹，以成此书。按《史记》，阖闾谓武曰："子之十三篇，吾尽观之。"其数与此正合。《汉志》出《史记》后，牧之言要非是。武，齐人，吴阖闾用以为将，西破强楚入郢，北威齐、晋，显名诸侯。叶适以不见载于《左传》，疑其书乃春秋末战国初山林处士之所为，予独不敢谓然。春秋时，列国之事赴告者则书于策，不然则否。二百四十二年之间，大国若秦、楚，小国若越、燕，其行事不见于经传者有矣，何独武哉？或曰："《风后握奇经》，实行兵之要，其说实合乎伏羲氏之卦画，奇正相生，变化不测。诸葛亮得之以为八阵，李靖得之以为六花阵。而武为一代论兵之雄，顾不及之，何也？”曰：“《兵势篇》不云乎：‘战者以正合，以奇胜。战势不过奇正，奇正之变，不可胜穷，奇正相生，如循环之无端。’《九地篇》又不云乎：‘用兵者，譬如率然。率然者，常山之蛇也，击其首则尾至，击其尾则首至，击其中则尾首俱至。’斯固风后之遗说也。曾谓其不及之，可乎？”呜呼！古之谈兵者，有仁义，有节制。至武一趋于权术变诈，流毒至于今未已也。然则武者，固兵家之祖，亦兵家之祸首欤？

（选自宋濂撰《文宪集》卷二十七，见《钦定四库全书·集部六·别集类五·明》）

读《孙子》

〔明〕方孝孺

战，非圣人之得已也。圣人之所为战者，不城而人莫敢逾，不池而人莫敢近，无戈矛剑戟弓矢之器，而奸谋邪虑消沮于万里之外，是之谓道德之师。其次导之以礼乐，申之以政令，诛暴而伐罪，救民而不求利，不战而服人，不杀一卒而胜国，是之谓仁义之师。下此则以材相用，以诈相欺而已矣。若孙武子者，亦其一也。然其十三篇之所论，先计谋而后攻战，先知而后料敌，用兵之事周备明白，虽不足与于仁义之师，苟以之战，则岂非良将乎？视彼恃力之徒驱赤子而陷之死地者，犹狼残虎噬耳。呜呼！武亦安可得哉？

（选自方孝孺撰《逊志斋集》卷四，见《钦定四库全书·集部六·别集类五·明》）

方孝孺（1357—1402），字希直，又字希古，号逊志，因其故里旧属缑城里，故称“缑城先生”；又因在汉中府任教授时，蜀献王赐名其读书处为“正学”，亦称“正学先生”，浙江宁海人。1398年，建文帝即位，奉召入京，任翰林侍讲及翰林学士。次年，值文渊阁，任《太祖实录》及《类要》副总裁。建文四年（1402）五月，燕王朱棣攻占南京，拒不投降，被下狱后凌迟，年四十六。其著述绝大部分收录在《逊志斋集》中。

《大学衍义·经武之要》二则

〔明〕丘濬

一①

后世专以权谋用兵，始于孙子。凡其所以舍正而凿奇、背义而依诈者，固无足取也，篇首此数言者虽不尽纯，然用兵之法，亦有国家及本兵柄司人命者所当知者也。择其法制之善者而用之，其言与意之不善者则略焉，是亦为将之一助也。

二②

武经之书，以《孙子》为首。盖以行兵之法惟《孙子》为最精，诸家皆莫及也。考西汉《艺文志》，乃谓孙武子“兵法八十一篇”，杜牧亦谓“武书数十万言，魏武削其繁剩，笔其精粹，以成此书”。然考之《史记》，司马氏两称《孙子》十三篇，且其文辞完全而贯穿，非笔削者也，其为孙武全书无疑。杜牧注其书大略，谓其“用仁义，使机权”。呜呼！机权与仁义岂相为用哉？夫自先王法制废坏之，后世之趋时好者，争著为书，如《司马法》《三略》《六韬》之类，犹知笃礼信、尚训齐，虽不纯于理道，然犹不尽悖之也。武书一切以变诈奇诡为说，世争趋之，说者乃有“盘之走丸、丸不出盘”之喻，若然，则用兵者必主于变诈奇诡，而所为桓文之节制、汤武之仁义皆非耶。虽然，君子不以人废言，择其善者而从之。阳货至不仁，而孟子取其“为富不仁”之语，此学孔孟者择善之法也。臣故就其中择其可以为师律之助者，缀之于篇。

（选自丘濬撰《大学衍义补》卷一百四十二，见《钦定四库全书·子部一·儒家类》）

---

① 编者按：此文为针对《计篇》自文章开头至“校之以计而索其情”一段文字所作按语。

② 编者按：此文为针对《孙子》全书所作按语。

丘濬（1421—1495），字仲深，琼山人。正统九年（1444）广东乡试解元，景泰五年（1454），举进士二甲第一。仕景泰、天顺、成化、弘治四朝，历任翰林院编修、侍讲学士、翰林院学士、国子监祭酒、礼部尚书、文渊阁大学士等职，弘治七年（1494）升户部尚书兼武英殿大学士。弘治八年（1495），在任上去世，追赠太傅，谥“文庄”。曾参与修《英宗实录》《宪宗实录》《续通鉴纲目》等书。《大学衍义补》是其经济治国思想集大成者之作。

《武经七书》评·《孙子》

〔明〕王守仁

始计第一

谈兵皆曰：“兵，诡道也，全以阴谋取胜。”不知阴非我能谋人不见，人目不能窥见我谋也，盖有握算于未战者矣。孙子开口便说“校之以计而索其情”，此中校量计画，有多少神明妙用在，所谓“因利制权”，“不可先传”者也。

作战第二

兵贵“拙速”，要非临战而能速胜也，须知有个先着在，“校之以计而索其情”是也。总之不欲久战于外以疲民耗国，古善用兵之将类如此。

攻谋第三

兵凶战危，圣人不得已而用之者也。故孙子作《兵法》，首曰“未战”，次曰“拙速”，此曰“不战，屈人兵”。直欲以“全国”“全军”“全旅”“全卒”“全伍”。“全”之一字，争胜于天下。“上兵伐谋”，第校之以计而制胜之道而已。“辅周则国必强”，其在此将乎！

军始第四

“修道保法”，就是经之以五事。其胜也，“无智名，无勇功”，所谓“不战而屈人之兵”也。此真能先为“不可胜”，以“立于不败之地”者，特形藏而不露耳。

兵势第五

莫正于天地、江海、日月、四时，然亦莫奇于天地、江海、日月、四时者何？惟无穷，惟不竭，惟“终而复始”，惟“死而复生”故也。由此观之，不变不化，即不名奇，“奇正相生，如环无端”者，兵之势也。任势即不战而气已吞，故曰以“正合”“奇胜”。

虚实第六

苏老泉云：“有形势，便有虚实。”盖能为校计索情者，乃能知虚实；能知虚实者，乃能避实击虚，因敌取胜。“形兵之极，至于无形”，微乎神乎，此乃其所以“致人而不致于人”者乎！

军争第七

善战不战，故于军争之中，寓不争之妙。“以迂为直，以患为利”，“分合为变”，“悬权而动”；而必申之以避锐击惰，“以治”“以静”“无要”“无击”“勿向”“勿逆”等语，所谓“校之以计而索其情”者，审也。匪直能以不争胜争，抑亦能不即危，故无失利。

九变第八

从古有治人无治法。国家诚得于“九变”之将，则于“五利”“五危”之几，何不烛照数计，而又何覆军杀将之足虞乎？“智者之虑，杂于利害”，此正通于“九变”处，常见在我者有可恃，而可以屈服诸侯矣。

行军第九

“处军相敌”，是行军时事。“行令教民”，是未行军时事。然先处军而后相敌，既相敌而又无武进，所谓“立于不败之地”，而兵出万全者也。

地形第十

今之用兵者，只为求名避罪一个念头先横胸臆，所以地形在目而不知趋避，敌情我献而不为觉察，若果“进不求名，退不避罪”，单留一片报国丹心，将苟利国家，生死以之，又何愁不能“计险厄远近”，而“料敌制胜”乎？

九地第十一

以地形论战，而及“九地”之变，“九地”中独一“死地则战”，战岂易言乎哉？故善用兵者之于三军，“携手若使一人”，且如出一心，使人人常有“投之无所往”之心，则战未有不出死力者，有不战，战必胜矣。

火攻第十二

火攻亦兵法中之一端耳，用兵者不可不知，实不可轻发，故曰：“非利不动，非得不用，非危不战；主不可以怒而兴师，将不可以愠而致战。”是为“安国全军之道”。

用间第十三

用间与乘间不同，乘间必间自人生，用间则间为我用。知此一法，任敌之坚坚完垒，而无不可破，横行直撞，直游刃有余了。总之，不出“校之以计而索其情”一语。

梅林曰：用间是制胜第一妙法，故孙子作十三篇，以此结之。其寓意远矣，有志当世者，不可不留心焉。

（选自吴光等编校《王阳明全集》，第1307～1311页，上海古籍出版社2011年版）

王守仁（1472—1529），幼名云，字伯安，别号阳明。浙江余姚人，因曾筑室于会稽山阳明洞，自号阳明子，学者称之为阳明先生。明代著名的思想家、文学家、哲学家和军事家，陆王心学之集大成者。弘治十二年（1499）进

士，历任刑部主事、贵州龙场驿丞、庐陵知县、右佥都御史、南赣巡抚、两广总督等职，晚年官至南京兵部尚书、都察院左都御史。因平定宸濠之乱军功而被封为新建伯，隆庆元年（1567）追赠新建侯，谥文成。王学是明代影响最大的哲学思想，影响波及日本、朝鲜半岛以及东南亚一代，世称姚江学派。其文章博大昌达，行墨间有俊爽之气。有《王文成公全书》。

《孙子书校解引类》[①]序

〔明〕赵本学

天地之间有人则有争，有争则有乱。乱不可以鞭朴治也，则有兵。兵之为凶器，不可以妄用也，则有法。其事起于斗智角力也，则其法不得不资于权谋。用兵而不以权谋，则兵败国危而乱不止。君子不得已而用权谋，正犹不得已而用兵也。用之，合天理则为仁义，合王法则为礼乐。故管仲霸者之佐，用兵释实而攻虚，释坚而攻毳，释难而攻易，以驩虞为道，假尊周为名，要纯乎权谋而已耳。孔子称之曰“如其仁，如其仁”，何欤？盖人虽权谋，而事则仁义也。诸葛亮澹薄以明志，宁静以致远，此存心养性之言也；躬耕南阳，不求闻达，此尊德乐道之行也。至于用兵，知孙权之本为汉贼，而姑结与为援；刘璋宗室也，而掩取以并其军；仲达不战，遗巾帼以激之；郭模诈降，泄人言语以间之。盛兵昼行夜攻遂阳以袭之，息鼓偃旗开门郤洒以疑之，何尝不用权谋。盖事虽权谋，而心则仁义也。若宋之韩琦、范仲淹、寇准、宗泽、李纲、岳飞，于虏主战而不主和，权谋无所不至，求其人，则金玉君子，忠厚正

① 编者按：《孙子书校解引类》又称《赵注〈孙子〉》，是一部理论完备、自具特色的兵书，有极强的指导性。全书5卷13篇，列举战例180多个，它受《孙子》的启迪而又发展了《孙子》。赵本学作注，“援事析理，事核理明”。万历四十二年（1614）《赵注〈孙子〉》重版，这一版本流行甚广，曾传入日本。德川幕府时代（1603—1867），刊出了由修业堂田清音核刻的中文本《赵注〈孙子〉》，癸亥年（1863）又重版，该书成为日本注《孙子》最流行的本子。

直，一言一行，无非圣贤正心修身之法；王钦若、汪伯彦、黄潜善、王伦、秦桧之徒，于虏主和而不主战，未闻一启权谋之口，求其心则犬彘小人，奸回险薄，滔天之恶，无不忍为。以此观之，可见正用权谋以攘夷狄之患、安四海之民者，实为儒者之分内事，而致知格物之功，明经学文之暇，不可不兼读其书而潜究其理也明矣。古人著兵书凡四十余家，存者今有其七。《孙子》十三篇，实权谋之万变也。数千年来，儒者未尝一开其扃钥。虽有曹操、李筌、杜佑、杜牧、王皙、贾林、张豫、郑友贤、张赍、刘寅、郑灵等十五六家之笺，不过粗略训义，苟且引证，加以讹谬相承，渐失古文，迨至于今，凡用兵者无所于法，庸非治乱所关一大缺典乎？学不自量，窃为忧之，于是重为校雠而通释之，又取古人一二已行之事以证其下，名之曰校解引类，使四方之经生学士皆可以读之而不难矣。虽然自三代之后，儒者不知兵，其故皆以孔子不答卫灵公之问而因以为讳。殊不知春秋之时，天王在上，诸侯无合义之战，亦无问兵之体，孔子之不答也固宜。今日不答于卫，异日固请于鲁，使孙子生于鲁，鲁君用之以诛陈恒，而明王法孔子，岂不以鲁为义，以孙子为贤乎？汉唐晋宋及我圣朝，天下一统，礼乐征伐自天子出，儒者生于其时，遇国家有难而主兵，何不可之有？其曰"猥云德化，不当用兵"，此迂儒保身之谋、卖国之罪也。学注其书，又恐文士之惑不解，故复推其说以为之序如此云。

（选自赵本学撰《孙子书校解引类》卷首，国家图书馆藏明隆庆二年刻本）

赵本学（1478—1544），原名世郁，字本学，号虚舟，宋太祖赵匡胤十八世孙，世居泉州。是清源学派祖师蔡清的弟子，其学派一脉相承，皆以"虚"字为号。（蔡清号虚斋，赵号虚舟，赵弟子俞大猷号虚江），其人淡泊功名，长期隐居，留心著述，事迹少为人知。潜心研究《易经》，并用它指导研讨兵书，解注《孙子》。

跋《孙子书》后

〔明〕王朝相

尝谓古人善用兵者，抱奇握深，挠之不动，交之不怯，浅九渊，轻九鼎。以次多尚术数，其机则微，微则妙，妙则变化莫测。舒而无不准于算，卷而罔不合其宜。要之关键机轴不外孙武十三篇。今总督右司马二华先生以是篇翻刻于燕，可谓笃意边务不虚哉。五道诸公踊跃各捐俸助梓，独蓟门大参野庭罗公、北平佥宪右轩王公并介余以手札，招而著辑其书，且托重录一过，余就而往应，授馆梓之。

隆庆二年仲冬，江都王朝相跋。

（选自赵本学撰《孙子书校解引类》卷下，国家图书馆藏明隆庆二年刻本）

王朝相（生卒年不详），江都人。生平不详。

《孙子集注》序

〔明〕谈恺

欧阳文忠公撰《四库书目》，言《孙子》注二十余家，予所见仅此：汉有曹操，唐有杜牧、李筌、陈皞、孟氏、贾林、杜佑，宋有张预、梅尧臣、王皙、何氏。诸家多托之空言，而曹操则见之行事者也。操尝创为《新书》，诸将征伐，即以《新书》授之，从者胜，违者负。今《新书》不传，而见于《李卫公问答》者，机权应变实本之《孙子》。其注多隐辞，引而不发。操之所以如鬼也。杜牧《自序》云："孙武死后凡千岁，将兵者有成有败，勘其事迹，皆与武所著书一一相抵当，犹印圈模刻，一不差跌。予解犹盘中走丸，横斜曲直，计于临时，不可尽知；其必可知者，知丸之不能出于盘也。"牧未尝用兵。观其与时宰论兵二书，谓尚古兵柄，本出儒术，援古证今，若绳裁刀解；使其言用，山东不足平矣。陈皞《注》多指摘杜之谬误。人各有见，未必为樊川病也。李筌《注》依《太乙遁甲》，杂引诸史以证《太乙遁甲》，与今所存书往往不同。意古书散逸久矣，孟氏、贾林、杜佑，即唐纪燮所集者。岐公相业足称，而文章议论亦炳焕杰出。其注即里居时撰，见《通典》。张预取历代名将用兵制胜有合于《孙子》者，编次为传，于《孙子》多所发明。梅尧臣《注》，文忠公谓其当与"三家"并传，晦翁有定论矣。孟氏、贾林、王晳、何氏，虽言人人殊，而皆于观者有所裨益。此注之所以集也。

夫兵，凶器也，不得已而用之者也。然不素习于承平之时，而姑试于有事之日，吾不知其可也。故生而悬弧，长而习射，冬而讲武，凡人之所当知者也。《诗》云："文武吉甫，万邦为宪。"孔子曰："有文事者，必有武备。"又曰："我战则克。"圣人之所以教者也。余夙有四方之志，每涉猎群书，而尤嗜《孙子》。《孙子》上谋而后攻，"修道而保法"；论将则曰"仁""智""信""勇""严"，与孔子合。至于战守、攻围之道，批抗、捣虚之术，山林、险阻之势，料敌、用间之谋，靡不毕具，其他韬钤机略，孰能过之？然其言约而该，近而远，未易窥测。今观诸家所注，或本隐以之显，或由粗而识精，或援史而证之以事，或因言而实之以人，于是《孙子》之微词奥义彰彰明矣。故曰《孙子》十三篇不惟武人根本，文士亦当尽心焉。旨哉言乎！

予奉命督军虔台，进武弁及生儒问之，无有知是书者。故授之以梓，以广其传。

嘉靖乙卯春正月谷日，锡山谈恺书于虔台之思归轩。

（选自杨丙安校理《十一家注孙子》，第297～298页，中华书局2012年版）

谈恺（1503—1568），字守教，江苏无锡人，祖籍汴州（今河南开封）。嘉靖进士，历任户部江西司郎中、山东按察副使、都察院右副都御史、南赣巡抚等。有《平粤录》《虔台续志》。

《孙子十三篇注解》后序

〔明〕俞大猷

闽清源隐君赵虚舟先生，古黄石老人之流也，生于承平既久之日，以人不知兵为惧，结庐闭户，不求闻达。著《韬钤》内外二编及注解《孙子》十三篇，终先生之身，无有知者，二书几藏于名山，而不行于世矣。逮今总督两广大司马二华谭公得之，把玩契合，益深于兵。一举而平岛夷，再举而歼峒寇，行且扫虏穴、系土蛮、报圣主、谢千古矣。以粤西大参石坡庄君，志存军国重务，出《十三篇注解》托梓广传。以愚为先生弟子，既梓传其《韬钤》二编曲，此书之末，亦宜有序。噫！公之才，得先生而充，先生之志，得公而行。其道相成，其事相须，亦古今宇内一大快事乎！世有私淑人，善变易新巧之词，掩为己出，固不足论。乃若汉子房受黄石老人之教为帝者师，卒藏其书而不传。是书行，则先生之道，传之千古，光若皎日。公之贤，其视子房远矣。谨识，以告同志。

奉敕镇守福建江西广东兼管湖广郴桂地方署都督佥事，前镇守浙直总兵官，荣禄大夫前军都督府署都督同知，虚江俞大猷。

（选自赵本学撰《赵注〈孙子〉》后序，日本昌平坂学问所旧藏文久三年刊本）

俞大猷（1504—1580），字志辅，福建晋江（今泉州）人。早年学习易经，世袭百户。历官参将、总兵，官至都督佥事。嘉靖二十八年（1549）平定安南范子义叛乱，安定了海南的形势。后参与抗倭作战，人称“俞家军”，与戚继光并称为“俞龙戚虎”。著有《兵法发微》《剑经》《洗海近事》等，诗词编为《正气堂集》。

拙速解下

〔明〕俞大猷

噫！孙武子“兵闻拙速”一言，误天下后世徒读其书之人，杀天下后世千千万人之命，可胜复哉！可胜恨哉！世之徒读其书者，每以师老财匮为辞，不知列国相争，师老财匮则诸侯乘其弊而起，故胜亦宜速，不胜亦宜速。其在后世，堂堂讨罪，有征无战之兵，必为万全之画。夫苟一时攻之未暇，取之未克，师老矣，再请新师以益之；财匮矣，再请多财以继之，必大破之而后已。愚见世人欲图速成之幸功，视三军之命如草芥，往往而然焉，皆孙武子一言误之也！孟子以杀人盈地、盈野者宜服上刑，然则孙武子一言杀天下后世之人不可胜计，使孟子而在，将以何刑加之乎？恨之深，恶之切，作《拙速解下》。

（选自俞大猷撰《正气堂续集》卷四，清孙云鸿重刊本）

书司马穰苴孙武传后

〔明〕王世贞

司马穰苴、孙武，天下之言兵者归之。穰苴兵法不可见，所见独孙子十三篇，其精切事理，吾以为太公不能过也。而太史公独称穰苴兵法“闳廓深远，虽三代征伐未能竟其义”。如其文若尔，穰苴其尤胜邪？然太史公于穰苴，则仅详其斩庄贾，于孙武，仅详其斩爱姬而已，以为用兵之道，一赏罚尽之矣。虽然，以穰苴之善用兵，而使燕晋之师得脱而罢去，追击之，仅收所亡境内封地耳，不能大有所摧败也。景公尊为大司马而委之政，其时亦可以有为，何不修桓公之业而廓大之？卒见摈于高、国以死。至于吴之强，伍员力耳。柏举之战虽能乘胜入郢而班处其宫，使秦师得用其救，再合再败而后归，又不能预防夫概之为内孽，安在其为武也？太史公又称其“北威齐晋，显名诸侯”，恐亦附会之过。当其时，武必先死矣。不然，而檇李之败绩，会稽之许成，舍腹心之越而从事于石田之齐，武胡为不谏救也？太史公亦云“能行之者未必能言，能言之者未必能行”，盖颇见微指云。穰苴之兵法，大约威王使膑、忌辈增饰之。《晏子春秋》亦一及其拒景公宴游事，亦略可证。

（选自王世贞撰《读书后》卷一，见《钦定四库全书·集部六·别集类五·明》）

王世贞（1526—1590），字元美，号凤洲，又号弇州山人，太仓（今属江苏）人。嘉靖进士，累官至南京刑部尚书，卒赠太子少保。其在文学理论方面主张复古，与李攀龙、徐中行等合称“后七子”，并在李攀龙故后，独领文坛二十年，著有《弇州山人四部稿》《弇山堂别集》《嘉靖以来首辅传》《艺苑卮言》《觚不觚录》等。

曾子清《孙武子注疏》序

〔明〕王世贞

三代而下，能得兵理者，莫过于孔老氏。孔子之系《易》曰：“地中有水，师，君子以容民蓄众。”又曰：“刚中而应，行险而顺，以此毒天下，而民从之。”老子则曰：“兵者，不祥之器，不得已而用之，恬憺为上。”又曰：“以正治国，以奇用兵，以无事取天下。”又曰：“行无行，攘无臂，仍无敌，执无兵，祸莫大于轻敌，轻敌几丧吾宝。”盖亦精微之致哉。其次则莫若孙武。其言曰：“善用兵者，屈人之兵而非战，拔人之城而非攻。”又曰：“见胜不过众人之所知，非善之善者也；战胜而天下曰善，非善之善者也；善战者之胜也，无智名、无勇功。”若孙武者，庶几能得兵理者也。自是而后，虽强如项籍、勇如韩白，以称知兵事可耳，得兵理则未也。诸为孙武而训故之者凡十余家言，夫以强如项籍、勇如韩白，尚不敢以得兵理归之，而是十余家者为能得兵之理乎哉？夫是十余家者，得兵之谈而不得其所以谈。其所以谈，则理也。友人曾子清氏少游，诸生，读书商城山中，业成，且奏公车，而中厌之，曰："此龌龊文士用耳。"已跨铁裲裆，驰生马驹，左右发三石弧，七尺之剑，五步不留行。复厌之，曰："一人敌耳，丈夫当学万人敌。"于是悉习古兵法。当是时，天子方有事岛夷，大将军幕府贤子清氏而辟之，慷慨长揖，释衿绅而袭韦跗注。一见取金紫，再见取偏将军印，数困贼于肉鲩之岙屿而徼取之。有功当封者数矣，而见中忌者罗文网，数上书自明，乃得解，仍以偏将军待次。自子清氏之待次，而名用才者往往礼致之。稍与深谈，则大诧曰："与共事必且踞吾上，是必坐而使我，我亦安能手通侯之绶，而授夫夫子清氏。"度终不见用，复归商城山中，益旁通内典。前三岁，余卧弇州园，子清氏担簦来谒，因相与剧谈西竺古先生之教与菩提达磨之心旨。纵横蜂起不可穷，以为真遗世者。数日而后得其旨，盖未尝一食，不在兵也。余乃起，谢之曰："余僧而发者耳。无定水以息君火，而扬尼连之尘佐之。有所不能，乃舍去。"今年余已徙恬憺观，子清氏复来谒，甚谈西竺益精。而间出一编所谓《孙武注疏》者示余，曰："强为我读之。"读之，则掩卷谓曰："子奈何僇我？夫我，旦暮人，灰槁之不恤，而奈何起我壮心而诱之僇也？虽然，吾向以为孙武得兵理者也。吾不敢谓公得兵理，将以为胜项籍、韩、白，吾敢以公得孙武理者也。世之有用子而执此以往以安天下可也。不然，而子之注疏行而有用以安天下，后世亦可也。子为子之事，吾为吾之事而已矣。"坐有短子清氏者曰："及闽之用偏将军，而不出一策剪灭此寇而后朝食，又不出一策以先文罔而离之，岂其时用未熟耶？将今者空言也。"余不应，已而曰："吾且为子言孙武：孙武之书，显于王阖闾，未几而用之以覆郢，功固班班史籍也，然胡以再诎于秦救而不知师之老，又不知挟奇以取胜，何也？槜李之役，又胡以委王阖闾于越也？夫郢之役，王阖闾狃胜而骄，子胥逞忿而黩。槜李之役，王阖闾轻越而自恃强。其于孙武，盖用之而不尽用者也。夫以用之而不尽用，则武且见屈，而况子清氏？"或又曰：孙武固言之无智名、无勇功，子清氏奈何有之也？余复不应。

（选自王世贞撰《弇州四部稿·续稿》卷四十五，见《钦定四库全书·集部六·别集类五·明》）

《纪效新书》自序

〔明〕戚继光

天下之事，难者多矣，至于兵，则难之尤者也。世有视弓马为末艺，等行伍为愚民者，是岂知本之论哉？黄帝之法，根于几微；汤武之兵，本诸仁义。几微之所由起，仁义之所从出，在于吾心。是故，迹至粗也，而用至神也。然则兵岂细故哉！

愚尝读孙武书，叹曰："兵法其武库乎，用兵者其取诸库之器乎？兵法其药肆乎，用兵者其取肆之材乎？"及读诸将传，又悟曰："此固善握器而妙用材者乎？"学者欲求下手着实工夫之门，莫逾于此。数年间，予承乏浙东，乃知孙武之法，纲领精微莫加矣，第于下手详细节目，则无一及焉。犹禅家所谓上乘之教也，下学者何由以措？于是乃集所练卒士条目，自选畎亩民丁，以至号令战法、行营武艺、守哨水战间，择其实用有效者，分别教练先后，次第之各为一卷，以诲诸三军，俾习焉。

顾苦于缮写之难也，爰授梓人。客为题曰《纪效新书》，夫曰"纪效"，明非口耳空言；曰"新书"，所以明其出于法而不泥于法，合时措之宜也。

盖尝验之技艺，行阵特其练中之一事耳，然精微极于无声无臭而小不能破，放之格天地动鬼神，而大莫能逾者，乃躬行心得之学，至诚无伪之道，自非正其谊不谋其利，明其道不计其功之造诣，其孰能与此？是故根之于性，发之以诚，令民与上同意，如是而终日乾乾，时无满假，功愈盛而心愈下，道愈行而守愈密，则固之不以城郭，居之不以宅室，藏之胸臆而三军服者，此古之贤将也，继光则岂敢？惟旦夕淬砺，庶几无负今日之言。遂为叙。

定远戚继光撰。

（选自戚继光撰《纪效新书》，第1页，商务印书馆1938年版）

戚继光（1528—1588），字元敬，号南塘，晚号孟诸，山东登州（治今蓬莱）人。自幼家贫力学，博通经史。初嗣职登州卫指挥佥事，嘉靖三十四年

（1555）调至浙江御倭前线。至义乌招募农民和矿徒，组练新军，配以精良战船、兵械；又创造攻防兼宜的“鸳鸯阵”战术，灵活作战，每战多捷，世人称为“戚家军”。嘉靖四十年（1561）在台州、仙居、桃渚等处大胜倭寇，九战皆捷。次年奉调援闽，将福建境内倭寇主力消灭殆尽。因功升署都督佥事。嘉靖四十二年（1563）再援福建，破倭寇巢穴平海卫，进官都督同知，升福建总兵。隆庆二年（1568）奉命总理蓟州、昌平、辽东、保定四镇练兵事，累功授左都督、少保兼太子太保。万历十年（1582）调广东，旋辞官罢归。著有兵书《纪效新书》《练兵实纪》，在练兵、治械、阵图等方面多有创见和总结，推动了中国古代军事科学的发展。著有《纪效新书》，另有诗文集《止止堂集》。

孙武子兵法

〔明〕戚继光

孙武子兵法，文义兼美，虽圣贤用兵，无过于此。非不善也，而终不列之儒。设使圣贤其人，用孙武之法，武经即圣贤之作用矣。苟读六经，诵服圣贤，而行则狙诈，六经即孙武矣。顾在用之者其人何如耳。故因变用智，在君子则谓之行权，在小人则谓之行术，均一智也。而君子、小人所以分者何也？盖由立心。不正则发之自异耳，奚足怪哉？

（选自戚继光撰《止止堂集·愚愚稿上》，天津图书馆藏山东书局清光绪十四年重刻本）

《九流绪论》选

〔明〕胡应麟

兵家

兵家，秦汉至众。今传于世而称经者，《黄帝》《风后》《太公》《黄石》《诸葛》《李靖》等，率依托也。《孙》《吴》《尉缭》，当是战国本书。总之皆权谋形势，以概于三代之师亡万一近似焉。其明白正大，廓然王者之规，《司马法》一书而已。齐威王末世之君，而能使其臣追葺是编，俾三代征伐大经仅存于积衰极乱之后，功亦伟矣。惜也附以穰苴纵横诡诞之习，参伍于仁义礼乐之中，悬疣附赘，特已甚焉。其文义闳深肃达者，皎如日星，固非策士所能乱。第汉世百五十余篇，今存弗能什一，惜哉。

任宏所录兵书凡四种，曰权谋、曰形势、曰阴阳、曰伎巧，凡兵书五十三家。班氏悉仍其旧，独出《司马法》入礼类，郑渔仲大讥之。余读《汉志》及此，未尝不绝叹孟坚之卓识，而惜渔仲之妄讥也。《司马法》而为兵书而谁弗喻者，第任氏所分四种，皆后世行兵者流，凡《司马法》之言，率据道依德，本仁祖义，将置之权谋乎？形势乎？阴阳、伎巧乎？夫吉、凶、军、宾、嘉，兵固五礼之一，而《司马法》之言，壹与《周官》相出入，是书弗置诸礼类，将奚置焉？益以信坚之识非渔仲所窥也。

孙武十三篇，百代谭兵之祖。考《汉・艺文志》，有八十二篇，杜牧以曹公芟其繁芜，笔其精粹，以成此书。然太史《武传》固有十三篇之目，而其文章之妙，绝出古今，非魏晋所能润削。意十三篇者，如后世所称卷轴，而八十二者，则其卷中之篇，即《始计》《用间》之类也。后人不解太史所云，或武书汉末篇次失亡，故止存十三以合于太史，而八十二篇之旧遂湮没不可复睹。抑曹公因太史所云，止存十三之目，余尽芟辑以入新书与？

孙武之谭兵，当在穰苴之后、吴起之前。叶正则以《左传》无之，而并疑其人，则太过。然武为吴将入郢，其说或未尽然。丘明于吴事最详练，又喜夸好奇，武灼灼吴楚间，不应尽没其实。盖战国策士以武圣于谭兵，耻以空言，令天下为说文之耳。夫谈者固有未必用，用者固有不必谈。刘子玄非真能史，其论史即马、班莫能难；严羽卿非真能诗，其论诗即李、杜莫能如。借令马、班、李、杜自言之，或未必如二子之凿凿也。而责二子以马、班、李、杜，则悖矣。[1]

《尉缭子》，兵书也，自汉至隋，咸列杂家。郑渔仲以为见名不见书，马端

① 原注：陆生谓非知之艰，行之惟艰。余谓作者固难，谈亦匪易。古今工用兵者至众，工谈兵者几人哉？

临大善其论。然《汉志·兵家》自有《尉缭》三十一篇，盖即今所传者，而杂家之《尉缭》非此书也。今杂家亡而兵家独传，故郑以为孟坚之误舛矣。若此书论兵，孙武而下，他亡与匹，战国人著无疑。

（胡应麟撰《少室山房笔丛》卷十一，见《钦定四库全书·子部十·杂家类六·杂编之属》）

胡应麟（1551—1602），字元瑞，更字明端，号石羊生、少室山人，浙江兰溪人。万历举人，曾随父胡僖北上南下，沿途吟咏，见者激赏，为王世贞所推重。酷嗜藏书、阅读和著述，广涉书史，学问渊博。在文献学、史学、诗学、小说及戏剧学方面都有突出成就。诗文承七子余风，入“末五子”之列。著有《诗薮》《少室山房类稿》《少室山房笔丛》等。

《孙子书》叙

〔明〕郭惟贤

世传孙子书，自《始计》至《用间》凡十三篇，论者称其雄于言兵，至宋梅圣俞评其为“战国相倾之说”。噫！是固然矣，独不曰“兵者，圣人不得已而用之”乎？今方内无事，士大夫褒衣缓带，侈口谭性命，脱一旦羽檄交驰，自非材官蹶张，剑客奇侠，缓急将安赖焉？由此而观孙武之兵法，未可以孙武废也。楚，故强国，将才号前茅，年来锐气销于纨绔，软毳茸乎尺籍。洞庭青草窃伏修蛇，檠瓠廪君包藏封豕。尤非可晏然忘武服之地也。不佞虽军旅未学，平居常蒿目腐心，与诸司图未雨之备久矣。比于梁李官处得看蓟辽旧刻《孙子书》，乃出自吾同邑人赵虚舟所校者。章句有解，解有引类。解之使意显，引之使事核。余因而卒业，见其精切详明，不忍释手。赵君不知何时人，闻之为草泽士也。彼不担一爵，犹然以匹夫怀世虑，肆力是篇，期贻人国之安。吾侪责在封疆，宁能讳兵不谭，计反出赵君下耶？虽然，其所疏者法也，而非其所以法也。书中如所谓：“藏于九地之下，动于九天之上，微乎微乎，至于无形，神乎神乎，至于无声。”此犹规矩中之巧，亦惟孙子能自得之耳。而谓书尽言、言尽意，是耶？非耶？语曰：不学操缦，不能安弦。繇缦知弦，繇弦知的，要以得心应手，兵亦有然，则兹书岂可少哉？余观武子后若膑起韩白，善兵者非一家，惟诸葛武侯之天地风云、龙鸟蛇虎，岳武穆之观敌知所始，制敌去所恃，阖辟变化，与孙子符。余于武侯武穆取其忠，于武子取其法。精武子之法，而本之以武侯、武穆之忠，即无列垒，无留行，为飞将、名将焉可也。此不佞锲《孙武书》与《三忠集》并行于楚意也。业武者人各诵习兹编，庶几楚多干城，异日足当缓急之用者，其在斯乎？其在斯乎？

赐进士第中宪大夫奉敕巡抚湖广提督军务兼制黎平等处地方都察院右佥都御史晋江郭惟贤撰。

（选自赵本学撰《赵注〈孙子〉》卷首，日本昌平坂学问所旧藏文久三年刊本）

郭惟贤（生卒年不详），字哲卿，号希宇。福建晋江人。万历进士。历官清江知县、南京御史、南京户部主事、左佥都御史、户部左侍郎等。曾因直言上谏忤逆上意而被贬。

重刻《孙子书》序

〔明〕梁见孟

天下之所以常治而不乱者，文为之经，而武为之纬也。自舜格有苗，不废干羽之舞，蛮夷猾夏、寇贼奸宄，盖重致意焉。夫子不对卫灵公问阵，至夹谷之会，文事武备，岂诚军旅未学。我国家疆理区宇，即置卫各所，班诸武功爵，箕裘世业，与郡县分土而治，联事而官，如错绣然。诸郡国三年一举士，司马门都试之，几与文士并重。然而韬钤之士、干城之将，寥寥不几见，未能偕蔼蔼吉人。维天子使则官师之教不先，而父兄之养未至也。匪耕曷获，弗狩曷获。坐令志溺于纨袴，而业荒于嬉游，此有识所为叹惜也。岁乙未，希宇郭先生假节钺镇湖湘，时方泰宁，不忘武服，亟取不佞笥中《孙子书》付之剞劂，嘉与材官良家子共图诵习，以备缓急。不佞校雠隐栝，无复讹谬，称善本。越廿岁，滥膺全楚封疆之寄，则草泽之雄，操舟弄兵，斩关越城，而发巨室之藏者，所在见告西南夷生齿繁盛，乘脱巾之变，亦有中行说为之画计，凭陵劫略，几无虚月，修蛇封豕，非复伏藏时矣。不佞追惟往事，物色前刻，化为乌有，遗书在焉，不胜簪履之念。属郧守若理，覆刊成书，视前加精，颁示诸材官良家子，以广郭先生之志。夫韩楚王泜水之阵，奇绝千古，尚谓此在兵法，智信仁勇严，缺一不可。岳鄂王亟称之，猥云方略何如，不至学古兵法，英雄欺人，非通论也。楚固多材武士，诚诵法是书，益其机智，桓桓赳赳，分符乘障，布列有位，何畏乎有苗，何患乎寇贼奸宄？借以佐文明之治于不衰可也。郧朱守之臣，蜀成都人，郭理化，豫章万安人。

赐进士第中宪大夫奉敕巡抚湖广提督军务兼制黎平等处地方都察院右佥都御史保定梁见孟撰。

（选自赵本学撰《赵注〈孙子〉》卷首，日本昌平坂学问所旧藏文久三年刊本）

梁见孟（？—1617），号醇宇，北直安肃（今河北徐水）人。万历进士。初为湖广推官，执法明允，召擢吏部文选主事，介直不阿，调南兵部，迁光禄丞，累进巡抚湖南副都御史，以疾卒于官。

全学

〔清〕唐甄

君子之为学也，不可以不知兵。

有人于此，为子而不惭于曾参，为弟而不惭于叔齐，为臣而不惭于比干，为仁而能养民，为义而能修政，斯世之谓全学人矣。一旦社稷不幸，盗贼蜂起，远近惊溃；寇薄国都，君臣震慑。问左，左不应；问右，右不应；问大臣，大臣不应；问小臣，小臣不应。当是之时，国多孝子而父死于敌，国多悌弟而兄死于敌，国多忠臣而君死于敌，身为仁人而为不仁者虏，身为义人而为不义者虏。虽有周公之才之德，亦奚以为！

学者善独。身居平世，仁义足矣，而非全学也。全学犹鼎也，鼎有三足，学亦有之：仁一也，义一也，兵一也。一足折，则二足不支，而鼎因以倾矣。不知兵，则仁义无用，而国因以亡矣。夫兵者，国之大事，君子之急务也。兽之有角，不时触也；噬及无患，以角便也。身之有手，不时搏也；暴至无患，以手便也。国之有兵，不时刺也；敌至无患，以兵习也。

所贵乎儒者，伐暴而天下之暴除，诛乱而天下之乱定，养民而天下之民安。若鲁用仲尼，有齐寇而不能御；齐用子舆，有秦寇而不能御；社稷丘墟，坟墓樵伐，何以为仲尼，何以为子舆！仁义之事，日行而不离。兵之象，常伏而不见。伏则为天下祥，见则为天下殃。是故仁义可习也，兵无可习也。士所与处者，妻子耳，引而置之众宾之间，犹色沮而语塞，安见五万之众、十万之众也！士所守者，芦壁藨户耳，穿窬入焉，卧不敢起，安见河山之险与盗贼之猛也！士之威，或不行于疡童譢婢，安见如虎之将、如狼之卒也！士之智，或困于闾里小人，安见敌之诱我以不测也！士或遇蜂虿而色变，触棘刺而失声，安见白刃交于睫，矢石集于身也！若此者，皆无可习者也；无可习，将焉学之？

天下有老于军中，拥众百万，而不知兵者矣；有朝废诗书，夕入帷幄，貌若农夫，口不能言，一计而斩大将，再计而破敌国者矣。若是者，非以尽责夫人，人有智愚，唯智者能之。非以尽责夫智，智有明于事而暗于兵者，有暗于事而明于兵者，唯智之明于兵者能之。暗于兵者，虽习犹不习也；明于兵者，虽不习犹习也。

夫兵，犹火也。金以冶而成剑，木以斫而成耜，水以甃而得饮，土以陶而成器。斯四者，必得其师，习其艺，而后人得而用之。其于火也不然：寓于无形，流于一击，不求于邻，闭户自得，发于硝艾之微，而能燎百里之原者，惟所取也。岂若四者之事，必得其师习其艺而后能哉！火之为物也，无乎不有：金中有之，木中有之，土中有之，石中有之。兵之为道也，亦无乎不有：圣人之言有之，传记有之，时势有之，盗窃之形有之，德怨有之，喜怒有之，所历山川、所过城邑有之。无意于兵，干戈弓矢非兵；有意于兵，耳目闻见皆兵，而何不可学之！

有夫世多智者，而无一人可与言兵者，何也？有三蔽焉：高者讲道，卑者夸文，谓武非我事，蔽一；视良将如天神，非常人所可及，蔽二；畏死，蔽三。其蔽如是，虽使太公复生于今，亦且习为懦儒，乌知兵为何如者哉！无惑乎士之不知兵也！请决三敝：身为大将，仁义之声充于四海，战必胜，攻必取，功成名立，相贤君，辅少主，致太平，百姓安宁，风俗敦厚，与貌孔、颜而追屈、宋者，果孰贤乎？一蔽决矣。武安君曰："兵者，自然之理，何神之有？"吾盖深识乎斯言也。战胜者必胜，未有幸而胜者也；战败者必败，未有不幸而败者也。譬之乡里之中，有二少年，相与斗智角力，观者早决之矣。两军相鏖，声动天地，白日无光，飞鸟不过。一瞬之间，山崩川溃，血流尸横，此人所以心慑虑昏，若有鬼神，而不敢轻言兵也。智者则不然。伍什百千，前后左右，系于一将。两军相遇，士卒虽众，不过两将，犹之乡里二少年，有异势而无异算也。彼以十万之众来，我以十万之众往。众相如也，彼怯我勇，则勇者胜。勇相如也，彼实我诈，则诈者胜。诈相如也，彼诈而我知之，我诈而彼不知，则知者胜。知相如也，彼知而发之疑，我知而发之决，则决者胜。决相如也，彼决而攻不善，我决而攻善，则善者胜。若自料不如，未见可胜，则固守封疆，俟衅而动。此所谓自然之理而非神也。二蔽决矣。兵，死门也，实天下之生门也。陷于死者，必不善用兵；善用兵者，必不陷于死。请试思之：受命为将，寄河山于橐下，决兴亡于一战，存宗庙于呼吸之间，其任重矣，其机危矣。不能保一身，何以保天下哉？若势不可为，穷居不许身，临事不受命矣，无死道也。且为将者，流矢飞炮，或所不免，至于谋臣，不操戈，不临敌，又何以死？若以为不然者，颜渊短命，伯牛恶疾，岂在行阵哉？且人臣事君，官守言责，不敢爱死，何必将乎？三蔽决矣。去此三蔽，兵之不可不学也明矣。

昔者黄帝伐涿鹿，舜伐有苗，汤伐有夏，文王伐崇，武王伐纣。黄帝三战，其余则皆一战遂定天下。当是之时，以仁克暴，如水灭火，兵不复举，乱无余遗。其交兵之际，虽未免舆死扶伤之泣，然而天下和平，不闻有战争之事。是何也？其君皆圣人也，其将亦皆圣人。黄帝之将不闻。舜之伐有苗也，以禹为将；汤之图有夏也，以伊挚为谋臣；文王得吕望以为师；武王举天下诸侯及蛮彝之众属之吕望，而立为大将。以圣人之君，任圣人之将；以圣人之德，行圣人之谋。此所以天下和平，不闻有战争之事也。

及乎后世则不然。兵革一动，远者百余年，近者二三十年。屠绝百城，荆棘千里。杀人之事，盗贼居其半，帝王居其半。大乱既定，君臣安荣，海内之男女死者已十六七矣。父母养子，惟恐不长。三年怀抱，十年提携。男为之室，女为之家。饥食寒衣，常恐失时。杀一人而非其罪，子孙不长；杖一人而非其罪，人皆谪之。而一旦起而争天下，遂草刈之若此。盖自秦以来，屠杀二千余年，不可究止。嗟乎！何帝王盗贼之毒至于如此其极哉！

古之君臣，虽任不求备，才鲜兼长，然而无事则修政教，有事则为将帅，非二事也。世衰学敝，聪明之士，习为文辞，自矜大雅，以兵为凶器而恶闻之，以为非仁人之道而不言也，于是以兵事推之武夫。彼之为人，或白昼杀人，或掘冢劫室，或起于卒伍，出于盗贼。人见其俯首入户，有力如虎，则曰“此真将军也”。彼乌知君臣之道，社稷之长计！一旦得志而为将，杀无辜，虏妇女，掠宝货。纵之则毒人，禁之则拥兵不臣。虽有拔城略地之功，而兵祸不解，常少宁日。此自秦以来所以杀人之多也。

乃世之论将者，谓戎事尚力，使儒生御敌，如以卵投石也。是未明乎用兵之道也。夫斗力者，如两虎相搏，生死未知。以此待敌，则天下之事岂不殆哉？所贵乎勇力者，不过使之登城、使之冲阵、使之先犯、使之间出，是大将之所使，而不可为大将也。昔者贤君之任将也，如己身有疾委之良医，必曰除疾易而体气无伤。《孙子》十三篇，智通微妙，然知除疾而未知养体也。夫为将者，智足于军未善也，军不可遍也；智足于战未善也，战不可渎也；智足于破敌未善也，破一敌又有一敌也。善军者，使天下不烦军；善战者，使天下不欲战；善破敌者，使天下不立敌。是何也？凡人处安乐之时，常不见德。及其救之水火之中，则亲之如父母；御其暴己者，则敬之如君长。用兵之道，所以救诸水火而御人之暴者也，其见德易于为政。以兵行仁，何人不顺；以兵伸义，何乱不散？于是可以军而无战，战而无敌。虽不及汤、文之兵，于以胜残去杀，其庶几矣。

夫兵以力胜，力以谋胜，谋以德胜，非学不可。自秦以来，以勇力智巧取天下者多矣，何必学？然而方之于古，学之则为汤、文之兵，不学则为秦、项之兵。为汤、文之兵，不数战而天下定；为秦、项之兵，大小数十百战，杀戮数十百年，而后天下定。二者相去岂不远哉！

（选自唐甄撰《潜书》下篇下，康熙四十二年王闻远刊刻本）

唐甄（1630—1704），初名大陶，字铸万，号圃亭，四川达州人，清顺治举人，曾任山西长子县知县。晚年宗阳明良知之学。潜心著述，与王夫之、黄宗羲、顾炎武齐名。著有《潜书》。

策题[①]

〔清〕田雯

问自古言兵之家，各著一书流传于世，后之学者，未有讲习不明、才识浅陋，而可以得用兵之道者也。阵法始于黄帝，古所谓“鱼丽鹳鹅皆阵也”。诸葛亮、李靖之徒无不本其意而用之。然《孙子》十三篇言战甚详，而独不及阵法，何也？岂阵法之精微，即在十三篇中可深求而得其故欤？孙子之书，载诸《艺文志》及四库书目，后人注孙子者，魏武、杜牧、陈皞辈二十余家，宋梅尧臣汇集诸说，自为一书，欧阳修亟称之，其果有合于孙子之旨欤？张良受书圯上老人，但言“太公兵法”，未见其书也，后人遂以《六韬》实之。而中有《骑战篇》，言用骑之法甚详。夫三代春秋时，马以驾车，无用为骑者，其为后人伪撰可知矣。叶适谓《龙韬》以后四十余篇皆学者所当讲习，其说何欤？齐威王使大夫追论古者《司马兵法》，附以先齐大司马穰苴兵法。夫所谓古《司马兵法》，周之制也，乃以穰苴所论，即为古《司马兵法》，然欤？否欤？汉成帝命任宏论次兵法为四家，有权谋，有形势，有阴阳，有伎巧。说者谓权谋家能兼三者之长。然权谋中有韩信三篇，形势中有项羽一篇，韩项皆善用兵，果可得而优劣欤？《尉缭子》二十九篇今逸五篇，大抵其学类商鞅，其

① 原注：丁卯江南武乡试。

言似吴起，而其法则专以立威为主。如《重刑》《伍制》《分塞》《束伍》《将令》等篇，皆所以明制度严号令而已，非有神奇变化之道也。而宋儒张横渠独善其言，为之释解，彼果何所见欤？他如车战、马战、火攻、舟师，无不各有一家之言，可得闻其详欤？不淹贯乎群书不可以云将略也，不诸熟乎将略不可以为武臣也。奇正互用，变化莫测，用之贵乎应机，习之在乎有素，岂浅尝者之所可几欤？多士幸际雍熙之世，行将策名登朝，专阃之制，匪异人任。平日读何兵书，及今条达披陈，盖欲为圣天子求什伯庸众之材焉。

（选自田雯撰《古欢堂集》卷三十五，见《钦定四库全书·集部七·别集类六·国朝》）

田雯（1635—1704），字紫纶，一字子纶，亦字纶霞，号漪亭，自号山姜子，晚号蒙斋，山东德州人。康熙进士，历官江南学政、江苏巡抚、户部侍郎等。诗师黄山谷，与王士禛、施闰章同具盛名。著有《山姜诗选》《古欢堂集》《黔书》《长河志籍考》等。

孙武子司马穰苴冒顿卫鞅

〔清〕田雯

孙武子试兵法，斩阖庐宠姬二人；司马穰苴斩宠臣庄贾；冒顿之鸣镝射善马、爱妾；卫鞅以太子犯法，刑其傅公子虔，黥其师公孙贾。太史公同一文法，而变化用之，及立三尺之木，徙者予五十金，与赵高鹿马事同。

（选自田雯撰《古欢堂集》卷二十一，见《钦定四库全书·集部七·别集类六·国朝》）

司马吴孙总论

〔清〕汪绂

兵家之推孙吴，尚矣。《诗》曰：“不测不克。”孙子其不测者也。七子首孙子、次吴子而三司马，不其允哉！

穰苴起自侧陋，擢居司马，自其斩庄贾、败燕晋而外，事不概见，然大约以律而能顺者也。威王绪伯图之余，信其赏罚，一举大强，率东国而朝周，有齐桓风焉。其喜诈而未敢尚也。其所述率著仁义之权，称九伐之法，明天子之义，则古人之政。曰穰苴之书，实古先王之遗法也与？闳肆深远，其不诬矣，田氏何及焉？啸岭先生曰：七书之传，此其尚也。

吴子忘亲，曾子逐之。不义于妻，鲁君斥焉。好色而贪，身戮于荆。世所谓鄙也。而其立言也，则未敢远违于正。故尚称说道义，无大谲诈，存儒者面目。盖曾子之施焉，惜哉其不醇耳。

吴之入郢也，孙武多焉。无衣之矛出，句吴之旅还，武也高翔，尤论者之所为俯仰也，然谲而匪正。机诈悉矣，依托仁义，益非所谓。啸岭先生曰：“兵书之首，民贼之魁，善战之利辟在武也。”诛其志矣。虽然，兵在不测，测之所得，鲜以不败。毋攻其诈，胡可不识？第本计则不若是。

孔子曰：“仁不可为众也，国君好仁，天下无敌。”以言本也。又曰：“善人教民七年，亦可以即戎矣。”以言教也。又曰：“暴虎冯河，死而无悔者，吾不与也。必也临事而惧，好谋而成者也。”以言谋也。在《易》，师之彖曰：“师，贞，丈人吉。”以言正也。其“六五”曰：“田有禽，利执言，长子帅师，弟子舆尸，凶。”以言天子之义也。然则司马其庶几乎？

孟子曰：“天时不如地利，地利不如人和。”又曰：“不信仁贤则国空虚，无礼义则上下乱。”又曰：“不教民而用之，谓之殃民。”吴子其知之矣。

程子曰：“荀子才大，其过多；扬子才小，其过少。”余于孙吴也亦云。夫扬子美新，终莽大夫，荀子所未有也。而多过，荀子何哉？失身之过显，而立言之过隐，隐之为过，害乃大也。荀子曰性恶，其害不已大哉？吴子之事曾子，能择术也；事魏文侯，知所主也；告军以修德，不忘儒也；论兵先图国，识本计也；死于荆难，忠公室也。惟贪而多忍也，是以失之。若夫孙子之弃齐即吴，非君也；师久于郢，非作战也；夫概自战，非节也；以班处宫，非道也；而未闻谋言。犹未去也，以观沂败。虽高蹈也，庸可愈乎！故其所著书，知机权之制胜也，而不及国家之本也。本既失矣，枝虽万全，不可保也，讵曰论成败哉！夫用兵之法，仁义为先，国之本也；节制次之，以治己也；机权为后，顺应而已。然则司马其庶几乎，孙子末也。

（选自汪绂撰《戊笈谈兵》卷七，光绪二十年刊本）

汪绂（1692—1759），初名烜，字灿人，号双池、重生，徽州婺源（今属江西）人。乾隆初诸生。为东南名儒，生平清苦，学识渊博，自“六经”下，逮乐律、天文、舆地、阵法、术数，无不究畅。然不尚举业，只为师授徒。生平著述共两百余卷，博极两汉六朝诸儒疏义。有《易经诠义》《书经诠义》《诗经诠义》《戊笈谈兵》等。其中《戊笈谈兵》十卷，以天时、地利、人和为纲，含地图、星图、八卦图、阵图等，约23万字，是有关兵书精要图籍的汇辑和评论。

孙武子论

〔清〕全祖望

眉山苏子谓：孙武用兵不能必克，与书所言远甚。吴起言兵轻法制，草略无所统纪，不若武书词约意尽。然起用于鲁，破齐；用于魏，制秦；入楚，则楚霸。而武之所为乃如此，书之不足信固矣。

全子曰：苏子之言，可谓独具论世之识者。然吾尚惜其言之未尽。夫孙子亦安知兵？今世人之所共称，莫如以军令斩吴王宠姬一事，不知此乃七国人所传闻，而太史公误信之者。夫吾亦何以知其斩宠姬之诬？盖即于入郢之师知之。当吴人之大举也，楚之来相拒者为子常，斯其人如沐猴而冠，而又罢于奔命之余，以遇常胜之师，兵未交而胆已落，其可以贺战胜也，固以尽人知之。若孙子之师律，则未见其有可恃也。方夫概王之独出也，大类晋河曲之赵穿，使其一掷，则事且未可知然。虽幸而得捷，而师律已紊，寡君之贵介弟遂有翘然自喜之心。卒之首偾于秦者，亦夫概而窃归自立之祸起焉。夫始则擅发而武不能禁，继则窃归而武不及知。古所谓大将之师，其进如风，其止如山者，不如是矣。鸡泽之会，不过以玉帛相见者也，扬干乱于曲梁，则魏绛戮其仆，虽婴悼公之怒，弗之恤也，晋是以能继霸。况当两军对垒，而军法乃尔，吾不知孙子斩姬之刃果安在也？且夫扫境以出，不虞于越之乘于虚，贪前进而忘后患也。决漳水以灌纪南，决赤湖水以灌郢，弃生灵以博一日之胜，是豨突之徒也。唐侯在军，国已为秦所灭，何策应之疏也？子期焚其营而不能避，可以见营垒之无法也。子蒲、子虎在当时非名将，孙子之遇之也，辄累北焉。然则前此五战之威，特以子常之故耳。从来成败之难言也，其败者未必无嘉谋，而或坐失其机。成者未必皆庙算，而或会逢其适。彼左司马之请首尾夹击，真兵法也。向使当其前者或有子期兄弟一人在焉，吴其殆哉。《左氏春秋》内外传纪吴事亦颇详，然绝不一及孙子。即《越绝》诸书出于汉世，然亦不甚及孙子。故水心疑吴原未尝有此人，而其书、其事皆纵横家之所伪为者，可以补《七略》之遗，破千古之惑。至若十三篇之言，自应出于知兵者之手，不可按之以责孙子之不售也。

（选自全祖望撰《鲒埼亭集》卷二十九，第363~364页，商务印书馆1936年版）

全祖望（1705—1755），字绍衣，号谢山，小名补，自署鲒埼亭长，学者称谢山先生，浙江鄞县（今宁波市鄞州区）人。乾隆进士，选翰林院庶吉士，为李绂所重用。次年，因李绂与张廷玉不和，散馆后以知县任用，遂辞官返故里，专心著述，不复出仕。曾主讲于浙江蕺山书院、广东端溪书院。其人上承黄宗羲的经世致用之学，博通经史。精研宋末及南明史事，留心乡邦文献，于南明史实广为搜罗纂述，贡献甚大。续修黄宗羲《宋元学案》，著有《鲒埼亭集》《困学纪闻》《经史问答》《汉书地理志稽疑》等。

《孙子》提要

〔清〕纪昀

臣等谨案:《孙子》一卷，周孙武撰。考《史记·孙子列传》载，武之书十三篇，而《汉书·艺文志》乃载，吴孙子《兵法》八十二篇，图九卷。故张守节《正义》以十三篇为上卷，又有中下二卷。杜牧亦谓武书本数十万言，曹操削其繁剧，笔其精粹，以成此书。然《史记》称阖闾谓武曰“子之十三篇，吾尽观之”云云，其数实与此相合。《汉志》出《史记》后，疑其或有所附益，牧之言固未可以为据也。此书注本极夥,《隋书·经籍志》所载，自曹操外，有王凌、张子尚、贾诩、孟氏、沈友诸家,《唐志》益以李筌、牡牧、陈皞、贾林、孙镐诸家，马端临《经籍考》又有纪燮、梅尧臣、王皙、何氏诸家，欧阳修谓“兵以不穷为奇，宜其说者之多”，其言最为有理。自宋元丰中以孙吴二子、《司马兵法》、黄石公《三略》、《尉缭子》、吕望《六韬》、《李卫公问答》颁行武学试士，谓之《武经七书》，至国朝始黜《三略》以下四家，定为《孙》《吴》《司马》三书，皆武科所习用，坊间因取诸注之存者，割裂删改作为讲章，猥陋尤甚，而专家之注遂微，今但存其本文著之于录。武书为百代谈兵之祖，其说多舍正而取奇，背义而依诈，三代礼信之遗，至此遂荡然而一变。叶适以其人不见载于《左传》，疑其书乃春秋末战国初山林处士之所为，其言诚为太过。然所云“破楚入郢、北威齐晋”，亦多夸张失实之辞。或当时策士以武善谈兵，故造此言以粉饰之，亦未可定。要其文笔简妙，当为先秦以前书，则固确有可信者耳。

（选自纪昀等撰《孙子》提要，见《钦定四库全书·子部二·兵家类》）

纪昀(1724—1805)，字晓岚、春帆，号石云、观弈道人，直隶献县(今属河北)人。乾隆进士，历任侍读学士、学政、知府等。乾隆三十八年(1773)，纪昀受命为《四库全书》总纂官。后累官至礼部尚书、协办大学

士。学宗汉儒，博览群书，工于诗歌及骈文，长于考证训诂。有《纪文达公遗集》《阅微草堂笔记》等。

《孙子算经》提要

〔清〕纪昀

臣等谨案：隋《经籍志》有《孙子算经》二卷，不著其名，亦不著其时代，唐《艺文志》称“李淳风注甄鸾《孙子算经》三卷”，于孙子上冠以甄鸾，盖如淳风之注《周髀算经》，因鸾所注更加辨论也。《隋书》论审度引《孙子算术》“蚕所生吐丝为忽，十忽为秒，十秒为毫，十毫为氂，十氂为分”，本书乃作“十忽为一丝，十丝为一毫”，又论嘉量引《孙子算术》“六粟为圭，十圭为抄，十抄为撮，十撮为勺，十勺为合”，本书乃作“十圭为一撮，十撮为一抄，十抄为一勺”，考之夏侯阳《算经》引“田曹仓曹”亦如本书，而《隋书》中所引，与史传往往多合。盖古书传本不一，校订之儒各有据证，无妨参差互见也。唐之选举，算学凡十书，《孙子》《五曹》共限一岁习肄，于后来诸算术中特为近古，第不知孙子何许人。朱彝尊集《五曹算经跋》云，相传其法出于孙武，然孙子别有《算经》，考古者存其说可尔。又有《孙子算经》跋云，首言度量所起，合乎兵法地生度、度生量、量生数之文。次言乘除之法设为之数，十三篇中所云廓地、分利、委积、远输、贵卖、兵役、分数，比之《九章》方田、粟米、差分、商功、均输、盈不足之目，往往相符，而要在得算多，多算胜，以是知此编非伪托也。彝尊之意，盖以为确出于孙武。今考书内设问有云“长安洛阳相去九百里”，又云“佛书二十九章，章六十三字”，则后汉明帝以后人语。孙武春秋末人，安有是语乎？旧本久佚。今从《永乐大典》所载裒集编次，仍为三卷，冠以原序。其甄、李二家之注则不可复考，是则姚广孝等割裂刊削之过矣。

乾隆四十三年七月恭校上，总纂官臣纪昀、臣陆锡熊、臣孙士毅、总校官臣陆费墀。

（选自纪昀等撰《孙子算经》提要，见《钦定四库全书·子部六·天文算法类二·算书之属》）

读《司马法》《六韬》

〔清〕姚鼐

世所有论兵书诚为周人作者，惟《孙武子》耳，而不必为武自著，若其余皆伪而已。任宏以《司马法》百五十五篇入兵权谋，班固出之，以入礼经，太史公叹其“闳廓深远”，则其书可知矣。世所传者泛论用兵之意，其辞庸甚，不足以言礼经，亦不足言权谋也，且仅有卷三耳。汉《艺文志》吴起四十八篇，在兵权谋；《尉缭子》三十一篇，在兵形势。今《吴子》仅三篇，《尉缭子》二十四篇。魏晋以后，乃以笳笛为军乐，彼吴起安得云“夜以金鼓笳笛为节”乎？苏明允言起功过于孙武，而著书顾草略不逮武，不悟其书伪也。尉缭之书不能论兵形势，反杂商鞅形名之说，盖后人杂取，苟以成书而已。《庄子》载女商曰“横说之则以《诗》《书》《礼》《乐》，从说之则以金版六韬”，然则《六韬》之文必约于《诗》《书》《礼》《乐》者也。刘向、班固皆列周史《六韬》于儒家，且云惠襄之间，或云显王时，或曰孔子问焉，然其为周史之辞若周任、史逸之言无疑也。非言兵，亦无与于太公也。今《六韬》徼取兵家之说，附之太公，而弥鄙陋。周之权曰“钧”不曰“斤”，其于色曰“元”、曰“黑”、曰“缁”，不曰“乌”，晋宋齐梁间市井乃有“乌衣”“乌帽”语耳，而今《六韬》乃曰“斤”、曰“乌”。余尝谓周秦以降，文辞高下差别颇易见。世所谓《古文尚书》者，以他书事实证之，其伪已不可逃，然直不必论此，取其文展读，不终卷而决知非古人所为矣。盖古书亡失，多在汉献晋惠愍间，而好为伪者，东晋以后人也。唐修《隋书》，作《艺文志》，不知古书之逸，举《司马法》之类悉载之。颜师古注《汉书》，于《六韬》直以谓即今书，此皆不足以言识。至韩退之乃识古书之正伪，惜其于此数者未及详言之也。《汉书·刑法志》所载古井田出车之法甚详，其文盖出于《司马法》，与包咸注《论语》辞同也。《刑法志》引其文备，故以六十四井出车一乘，别以三十六井地，当山川沈斥、城池邑居、园囿术路，合之则百井。包咸引其辞略，故第言成出车一乘耳。其原出一也，作伪者其所见书，寡于为《古文尚书》者，故举此，及他经史明载之《司马法》而并遗之。

（选自姚鼐撰《惜抱轩文集》五，天津图书馆藏清嘉庆六年刻本）

姚鼐（1732—1815），字姬传，一字梦穀，室名惜抱轩，世称惜抱先生，安庆府桐城（今属安徽）人。乾隆进士，曾入四库全书馆充纂修官。归里后，以授徒为生。著有《惜抱轩文集》，编有《古文辞类纂》等。

《孙子略解》序

〔清〕孙星衍

古兵家言存者，惟太公《六韬》、司马穰苴、吴起及孙武书。今本《六韬》，与唐宋人传注类书所引，已多乖异，《司马法》《吴子》又无古注，惟《孙子》有魏武帝、杜牧、李筌、陈皞、贾林、张预、孟氏、何氏、王哲、梅尧臣十人注本，存道藏中。后有荥阳郑友贤《十家注孙子遗说》，或是其所合。予以魏武注最古，故钞摭专行之。孙子生于敬王之代，著兵书以见吴王阖闾。《史记》列传称阖闾曰："子之十三篇，吾尽观之矣。"诸子之文，皆由没世之后，门人小子撰述成书，惟此是其手定，且在列庄孟荀之前，真古书也。《艺文志》称"吴《孙子兵法》八十二篇，图九卷者，合图为八十二篇"；司马贞引《七录》云"《孙子兵法》三卷，盖十三篇为上卷，又有中下二卷，然则中下二卷即图也"；郑君注《周礼》，称"《孙子》八陈有苹车之乘"；《隋书·经籍志》载"梁有《孙子八陈图》一卷，亡"。是已，吴王唯称十三篇，据其文言之耳。杜牧以为"武所著书凡数十万言，魏武削其繁，剩其精切，凡十三篇"。案魏武叙云"撰为略解"，盖言解其大略，疑杜牧误仞此语为魏武删削为十三篇也。今考《潜夫论》引孙子曰："将者，智也，仁也，敬也，信也，勇也，严也。是故智以折敌，仁以附众，敬以招贤，信以必赏，勇以益气，敬以一令。故折敌则能合变，众附则思力战，贤智集则阴谋利，赏罚必则士尽力，气勇益则兵威自倍，威令一则惟将所使。”今无“是故智以折敌”已下文，或是《潜夫》述其义。又无云“敬也”，或是脱文，不可以为今本非《孙子》全书。魏武已下十人注，见《隋书·经籍志》，有“《孙子兵法》二卷，吴将孙武撰，魏武帝注。梁有孙子兵法二卷，孟氏解诂”。《新唐书》有“孟氏解《孙子》二卷、李筌注《孙子》二卷、杜牧注《孙子》二卷、陈皞注《孙子》一卷、贾林注《孙子》一卷”，即道藏所合诸本。《隋志》又有“《孙子兵法》一卷，魏武、王凌集解。梁有《孙子兵法》二卷，吴处士沈友撰”。沈友见《三国志》，今注俱不传。《通典》所引有云“王子曰”，当即凌也。藏本又引杜佑注，亦出《通典》。盖佑集诸家之说，非自注也。《通典》引孙子“故曰深草蓊秽者，所以遁逃也；深谷阻险者，所以止御车骑也；隘塞山林者，所以少击众也；沛泽杳冥者，所以匿其形也”。今本亦阙。《通典》《太平御览》又引《行军》篇：“军旁有阻险蒋潢，井生葭苇，山林翳荟。”注云：“蒋者，草木之丛生也。”今无“蒋”字及注，是皆俗本之脱误。今律武科以《武经》命题试士，作论一篇，《孙子》书预其一。闾里师不见善本，或以己意诡更正文。又见文科以《礼记》命题，流俗至简省经文以便寻诵。此书传述尤少，儒家或束而不观，如遇俗儒鄙夫，刊落旧文，不可得复，大可惧也。故犁为二卷，以诒知者。又览《玉海》《书录解题》，仅称魏武、杜牧所注，则王应麟、陈振孙未见孟氏、李筌、陈皞、贾林诸家之说。此本良可宝，世之好事，复有意刊行之，来者之幸也。

（选自孙星衍撰《问字堂集》卷三，见《孙渊如先生全集》，第78～80页，商务印书馆1935年版）

孙星衍（1753—1818），字渊如，又字季仇，江苏阳湖（今属常州）人，后迁居金陵。乾隆进士，历官编修、刑部主事、山东督粮道。所学较广，对经史、文字、音韵、诸子百家、金石碑版等都曾涉及。工篆隶，精校勘，擅诗文。与黄景仁、洪亮吉等并称“毗陵七子”。主讲钟山书院、诂经精舍。撰有《尚书今古文注疏》《周易集解》《寰宇访碑录》等书，刻有《平津馆丛书》《岱南阁丛书》。

《孙子兵法》序

〔清〕孙星衍

黄帝《李法》、周公《司马法》已佚，太公《六韬》原本今不传，兵家言惟《孙子》十三篇最古。古人学有所受，孙子之学或即出于黄帝，故其书通三才、五行，本之仁义，佐以权谋。其说甚正。古之名将，用之则胜，违之则败，称为“兵经”，比于《六艺》，良不愧也。孙子为吴将兵，以三万破楚二十万，入郢、威齐晋之功归之子胥，故《春秋传》不载其名，盖功成不受官。《越绝书》称“巫门外大冢，吴王客孙武冢”，是其证也。其著兵书八十二篇、图九卷，见《艺文志》。其图“八陈”，有“苹车”之陈，见《周官》郑《注》。有《算经》，今存；有《杂占》《六甲兵法》，见《隋志》。其与吴王问答，见于《吴越春秋》诸书者甚多，或即八十二篇之文。今惟传此十三篇者，《史记》称阖闾有“十三篇吾尽观之”之语。《七录》《孙子兵法》三卷，《史记正义》云“十三篇为上卷，又有中下二卷”，则上卷是孙子手定，见于吴王，故历代传之勿失也。秦汉已来，用兵皆用其法，而或秘其书，不肯注以传世。魏武始为之法，云“撰为《略解》”，谦言解其粗略。《汉官解诂》称“魏氏琐连孙武之法，则谓其《捷要》”，杜牧疑为魏武删削者，谬也。此本十五卷，为宋吉天保所集，见《宋艺文志》，称《十家会注》。十家者：一魏武，二梁孟氏，三唐李筌，四杜牧，五陈皞，六贾林，七宋梅圣俞，八王皙，九何延锡，十张预也。书中或改“曹公”为“曹操”，或以孟氏置唐人之后，或不知何延锡之名，称为“何氏”，或多出杜佑，而置在其孙杜牧之后。吉天保之不深究此书可知。今皆校勘更正。杜佑实未注《孙子》，其文即《通典》也，多与曹《注》同，而文较备。疑佑用曹公、王凌、孟氏诸人古注，故有“王子曰”，即凌也，今或非全。注本《孙子》有王凌、张子尚、贾诩、沈友，郑本所采不足，今佚矣。曩，予游关中，读华阴岳庙《道藏》，见有此书，后有郑友贤《遗说》一卷。友贤亦见郑樵《通志》，盖宋人。又从大兴朱氏处见明人刻本，余则世无传者。国家令甲，以《孙子》校士，所传本或多错谬，当用古本是正其文。适吴念湖太守毕恬溪孝廉皆为此学，所得或过于予，遂刊一编，以课武士。

孔子曰："军旅之事，未之学。"又曰："我战则克。"孔子定礼正乐，兵则"五礼"之一，不必以为专门之学，故云"未学"。所为圣人有所不知。或行军好谋则学之，或善将将如伍子胥之用孙子，又何必自学之？故又曰"我战则克"也。今世泥孔子之言，以为兵书不足观。又泥"赵括徒能读父书"之言，以为成法不足用。又见兵书有权谋，有反间，以为非圣人之法，皆不知吾儒之学者。吏之治事，可习而能，然古人犹有学制之惧。兵凶战危，将不素习，未可以人命为尝试，则十三篇之不可不观也。项梁教籍兵法，籍略知其意，不肯竟学，卒以倾覆。不知兵法之弊，可胜言哉？宋襄、徐偃仁而败。兵者危机，当用权谋。孔子犹有"要盟勿信"、微服过宋之时，安得妄责孙子以言之不纯哉？

孙子盖陈书之后。陈书见《春秋传》，称孙书。《姓氏书》以为景公赐姓，言非无本。又泰山新出《孙夫人碑》，亦云与齐同姓。史迁未及深考。吾家出乐安，真孙子之后，愧余徒读祖书，考证文字，不通方略，亦享承平之福者久也。阳湖孙星衍撰。

（选自杨丙安校理《十一家注孙子》，第299～301页，中华书局2012年版）

家吴将印考

〔清〕孙星衍

家吴将印，以嘉庆元年得于历下廉使署。时校刊宋吉天保所辑十家注《孙子兵法》，王刺史以此相诒，咸谓有神感云。印度今尺方四分，厚二分，钮径三分，已坏，印中空，篆文曰"孙武私印"。案：孙氏有二，见邓名世《姓氏辨证》，云出自姬姓，卫康叔八世孙武公和世居汲郡，晋有孙登；又出自妫姓，齐田完字敬仲四世孙无宇，二子：常、书。书字子占，齐大夫，伐莒有功，景公赐姓孙氏，食采于乐安。生冯，字起宗，齐卿。冯生武，字长卿，以田鲍四族谋作乱，奔吴，为将军。三子：驰、明、敌。明，食采于富春，自是世为富春人。明生膑。又见《宰相世系表》，则孙武为陈书之孙，而膑之祖也。陈书一见于《春秋左氏哀公十一年传》：公会吴子伐齐，陈僖子谓其弟书“尔死，我必得志”，下云陈书曰：“此行也，吾闻鼓而已，不闻金矣。”下云：“甲戌，战于艾陵，大败齐师，获陈书以献于公。”则陈书为鲁所获，或以鲁归国，子元时并以陈书归齐。其伐莒赐姓孙、武奔吴之事，皆不见左氏及晏子春秋，盖出于《姓苑》《姓纂》诸书，不为无据。谱系之学，后世渐亡，《史记》惟言：“孙子武者，齐人也。”又云：“后百余岁，有孙膑，膑生阿鄄之间，膑亦孙武之后世子孙也。”俱不记其世次。又云“武后百余岁有孙膑”，不言其孙，盖膑之显在武百余岁后，而生未必相去如此之久也。《越绝书》曰：“巫门外大冢，吴王客孙武冢也。去县十里，善为兵法。”《越绝书》云“客”，《史记》则云“阖闾知孙子能用兵，卒以为将”，是以客卿将其军，后竟为将，无异词也。周时印信通名为玺，《周礼掌节》云：“货贿用玺节。”郑注：“今之印章也。”《月令》云：“固封玺。”《左传》云：“季武子取卞，使公冶问玺书，追而与之。”蔡邕《独断》云：“玺者，印也；印者，信也。古者尊卑共之。”卫宏曰：“秦以前民皆以金玉为印，龙虎纽，唯其所好。然则秦以来天子独以印称玺，又独以玉，群臣莫敢用也。”《唐律疏议》引《说文》：“玺者，印也。”今本《说文》误作“王者印也”，盖玺下王字误增一字，许氏用古意说字，不应言“王者印也”。官印以官，私印以姓名，此印既题孙武，则宜名私印矣。吾家自明忠愍公名兴祖者，以佐命功封燕山侯起家定远，吾祖名继达，为明指挥使，赐第武进，即忠愍公从子。当元明兵燹之际，谱系无所考，惟忠愍公以官封祖父文虎中书参知政事护军乐安郡公，则吾家为乐安孙氏，系出陈子占后明也。参知公在宋末为安抚使提领，宋亡，守节不仕。其前竟无考矣。又考世传孙氏有二,一为芳氏孙叔名敖之后，一为夏侯氏以外家姓更为孙氏，皆非孙姓，不可不察也。

（选自孙星衍撰《岱南阁集》卷二，见《孙渊如诗文集》，商务印书馆影印《四部丛刊》版）

虎丘新建吴将孙子祠堂碑记

〔清〕孙星衍

吴东门外有孙子冢，见《越绝书》，云："巫门外大冢，吴王客齐孙武冢也，去县十里。"又见《郡国志》引《皇览》，在吴县下明卢熊《苏州府志》引《吴地记》云，在平门西北二里，吴俗传其地名永昌。今求其冢不得，惟长洲之雍仓有冢，土人呼孙墩，雍、永声相近，道远未敢定之。郡之士大夫及吾族人以为，虎丘，吴王阖闾所葬，孙子为吴王将军，破楚，故阊门亦名破楚门，宜于虎丘建祠屋以栖神。因谋于当道，立祀祭享焉。孙子名武，字长卿，其先出自齐田完五世孙孙书。唐林宝、宋邓椿《姓氏书》言，景公赐姓孙氏，食采乐安。生冯，为齐卿。冯生武，以田鲍之难奔吴。伍子胥荐于吴王，将军破楚。古者将军，如《左传》将上军、将中军之属，非有是官。武特为子胥画策，不受官，故《越绝书》称为"吴王客"。春秋既载子胥破楚之功，不必及武，故名偶不见于史。武死，有功，其子明食采于富春，生膑，显于齐。其后世有达人，支族繁盛，或居太原，或居清河，或居汝州、郏城，或居青州，或居昌黎，或居武邑、武遂，见《姓氏书》，皆孙子后也。孙子有功于吴，自当庙食此土，后且失其墓，岂称东南士夫声名文物好古兴废之志？唐肃宗祀太公望为武成王，以孙、吴等十人配享，如孔子之有十哲。

国家令甲，以《孙子》十三篇发题试士，尤宜令武学诸生有瞻拜像设之处。然则吴门立祠，合于祀典，有功于民，及因国无主后则祀之义也。翰林院庶吉士孙原湘、孙尔准，山东督粮道孙星衍，高唐州知州孙良炳，皆远祖孙子，予告刑部侍郎王昶，为孙子五十七世孙，以外家为姓，同时建议醵赀，苏州周太守锷，吴县舒大令怀、前朱大令锡爵，元和万大令承纪，实成此举，并族人之好义者，列名碑石云。铭曰：

桓桓我祖，传此韬钤。信赏必罚，不残以严。霸吴入楚，析冲樽俎。归功伍胥，荣名不处。兵经煌煌，名将之则。适道以权，我战则克。士有诵法，神所凭依。支族分布，崇祠在斯。左瞻巫门，北倚虎阜。魂无不之，死而不朽。

废祀复举，武功右文。吴都永芘，潢池埽氛。

（选自孙星衍撰《平津馆文稿》卷下，见《孙渊如诗文集》，商务印书馆影印《四部丛刊》版）

孙子叙录

〔清〕毕以珣

《史记》曰：“孙子武者，齐人也，以《兵法》见于吴王阖闾，卒以为将。”

《吴越春秋》曰：“吴王登台，向南风而啸，有顷而叹，群臣莫有晓王意者。子胥知王之不定，乃荐孙子于王。孙子者，吴人也，善为兵法，辟隐幽居，世人莫知其能。”

按：孙子本齐人，后奔吴，故《吴越春秋》谓之吴人也。邓名世《姓氏辨证书》曰“齐敬仲五世孙书，为齐大夫，伐莒有功，景公赐姓孙氏，食采于乐安，生冯，为齐卿。冯生武，字长卿；以田、鲍四族谋作乱，奔吴，为将军”是也。《史记》又曰：后百余岁，有孙膑，亦武之后世孙也。

按：《姓氏辨证书》曰：“武生三子：驰、明、敌。明食采于富春，生膑，即破魏军、擒太子申者也。”按此所说，则膑乃武之孙也。《史记》之言，犹为未审。

又按：绍兴四年，邓名世上其书。胡松年称其学有渊源，多所按据。《序》又云：“自《五经》、子史，以及《风俗通》《姓苑》《百家谱》《姓纂》诸书，凡有所长，尽用其说。”是其书内所云皆可依据也。

《越绝书》曰：“巫门外大冢，吴王客孙武冢也，去县十里。”

按：武惟为客卿，故《春秋左氏传》言伍员，而不详孙武也；其史称伐楚及齐、晋者，盖武以客卿将兵故也。

《史记》：“阖闾曰：‘可以小试勒兵乎？’对曰：‘可。’阖闾曰：‘可试以妇人乎？’曰：‘可。’于是许之，出宫中美人，得百八十人。孙子分为二队，以王之宠姬二人各为队长，皆令持戟。令之曰：‘汝知而心与左右手背乎？’妇人曰：‘知之’。孙子曰：‘前，则视心；左，视左手；右，视右手；后，即视背。’妇人曰：‘诺。’约束既布，乃设铁钺，即三令五申之。于是，鼓之右，妇人大笑。孙子曰：‘约束不明，申令不熟，将之罪也。’复三令五申，而鼓之左，妇人复大笑。孙子曰：‘约束不明，申令不熟，将之罪也；既已明，而不如法者，吏士之罪也。’乃欲斩左右队长。吴王在台上观，见且斩爱姬，大骇，趣使使下，令曰：‘寡人已知将军能用兵矣，寡人非此二姬，食不甘味，愿勿斩也。’孙子曰：‘臣既已受命为将，将在军，君命有所不受。’遂斩队长二人以徇，用其次为队长。于是，复鼓之。妇人左右、前后、跪起，皆中规矩绳墨，无敢出声。于是孙子使使报王曰：‘兵既整齐，王可试下观之，唯王所欲用之，虽赴水火犹可也。’吴王曰：‘将军罢休就舍，寡人不愿下观。’孙子曰：‘王徒好其言，不能用其实。’于是阖闾知孙子能用兵，卒以为将，西破强楚，入郢，北威齐、晋，显名诸侯，孙子与有力焉。”

《吴越春秋》曰：“吴王问曰：‘《兵法》宁可以小试耶？’孙子曰：‘可。可以小试于后宫之女。’王曰：‘诺。’孙子曰：‘得大王宠姬二人，以为军队长，各将一队。令三百人皆被甲兜鍪，操剑盾而立，告以军法，随鼓进退，左右回旋，使知其禁。’乃令曰：‘一鼓皆振，二鼓操进，三鼓为战形。’于是宫女皆掩口而笑。孙子乃亲自操枹击鼓，三令五申。其笑如故。孙子顾视，诸女连笑不止。孙子大怒，两目忽张，声如骇虎，发上冲冠，项旁绝缨，顾谓执法曰：‘取铁锧！’孙子曰：“约束不明，申令不信，将之罪也；既以约束，三令五申，卒不却行，士之过也，军法如何？’执法曰：‘斩！’武乃令斩队长二人，即吴王之宠姬也。吴王登台观望，正见斩二爱姬，驰使下之，令曰：‘寡人已知将军能用兵矣。寡人非此二姬，食不甘味，宜勿斩之。’孙子曰：‘臣既已受命为将，将在军，君虽有令，臣不受之。’孙子复抪鼓之，当左右、进退、回旋规矩，不敢瞬目。二队寂然，无敢顾者。于是乃报吴王曰：‘兵已整齐，愿王观之，惟所欲用，使赴水火犹无难矣，而可以定天下。’吴王忽然不悦，曰：‘寡人知子善用兵，虽可以霸，然而无所施也。将军罢兵就舍，寡人不愿。’孙子曰：‘王徒好其言，而不用其实。’子胥谏曰：‘臣闻：兵者凶事，不可空试。故为兵者，诛伐不行，兵道不明。今大王虔心思士，欲兴兵戈以诛暴楚，以霸天下而威诸侯，非孙武之将，而谁能涉淮逾泗、越千里而战者乎？’于是吴王大悦，因鸣鼓会军，集而攻楚。孙子为将拔舒，杀吴亡将二公子盖余、烛佣。”

《史记》曰：“光谋欲入郢，将军孙武曰：‘民劳，未可，且待之。’”

又曰：“阖庐谓伍子胥、孙武曰：‘始子之言郢未可入，今果何如？’二子对曰：‘楚将子常贪，而唐、蔡皆怨之。王必欲大伐，必得唐、蔡乃可。’阖庐从之，悉兴师。五战，楚五败，遂入郢。”

《吴越春秋》曰：“吴王谋欲入郢，孙武曰：‘民劳，未可恃也。’楚闻吴使孙子、伍子胥、白喜为将，楚国苦之，群臣皆怨。”

又曰：“阖闾闻楚得湛卢之剑，遂使孙武、伍胥、白喜伐楚，拔六与潜二邑。”

又曰：“楚使公子囊瓦伐吴，吴使伍胥、孙武击之，围于豫章，大破之。”

又曰：“吴王谓子胥、孙武曰：‘始子言郢不可入，今果何如？’二将曰：‘夫战，借胜以成其威，非常胜之道。’吴王曰：‘何谓也？’二将曰：‘楚之为兵，天下强敌也，今臣与之争锋，十亡一存；而王入郢者，天也。臣不敢必。’吴王曰：‘吾欲复击楚，奈何而有功？’伍胥、孙武曰：‘囊瓦者，贪而多过于诸侯，而唐、蔡怨之。王必伐，得唐、蔡。’”

又曰：“乐师扈子非荆王信谗佞，作《穷劫》之曲曰：‘吴王哀痛助忉怛，垂涕举兵将西伐；伍胥、白喜、孙武决，三战破郢王奔发。’”

《淮南子》曰：“君臣乖心，则孙子不能以应敌。”

刘向《新序》曰：“孙武以三万破楚二十万者，楚无法故也。”

《汉官解诂》曰：“魏氏琐连孙武之法。”

《史记》又曰：“孙武以《兵法》见于吴王阖闾，阖闾曰：‘子之十三篇，吾尽观之矣。’”

按：《史记》惟言“以《兵法》见阖闾”，不言十三篇作于何时。考魏武《序》云：“为吴王阖闾作《兵法》一十三篇，试之妇人，卒以为将。”则是十三篇特作之以干阖闾者也。今考其首篇云“将听吾计，用之必胜，留之；将不听吾计，用之必败，去之”，言听从吾计，则必胜，吾将留之；不听吾计，则必败，吾将去之。是其干之之事也。

又按：《虚实篇》云：“越人之兵虽多，亦奚益于胜败哉？”是为阖闾言之也。《九地篇》云：“吴人与越人相恶也，当其同舟而济，遇风，其相救也如左右手。”亦对阖闾言也。故魏武云“为吴王阖闾作之”，其言信已。

《吴越春秋》曰：“吴王召孙子，问以兵法；每陈一篇，王不知口之称善。”

按：十三篇之外，又有问答之辞，见于诸书征引者，盖武未见阖闾，作十三篇以干之；既见阖闾，相与问答，武又定著为若干篇，皆在《汉志》八十二篇之内也。

吴王问孙武曰：“散地士卒顾家，不可与战，则必固守不出。若敌攻我小城，掠吾田野，禁吾樵采，塞吾要道，待吾空虚，而急来攻，则如之何？”武曰：“敌人深入吾都，多背城邑，士卒以军为家，专志轻斗；吾兵在国，安土怀生，以陈则不坚，以斗则不胜，当集人合众，聚谷蓄帛，保城备险，遣轻兵绝其粮道。彼挑战不得，转输不至，野无所掠，三军困馁，因而诱之，可以有功。若与野战，则必因势，依险设伏；无险，则隐于天气阴晦昏雾，出其不意，袭其懈怠，可以有功。”

吴王问孙武曰：“吾至轻地，始入敌境，士卒思还，难进易退；未背险阻，三军恐惧；大将欲进，士卒欲退，上下异心。敌守其城垒，整其车骑，或当吾前，或击吾后，则如之何？”武曰：“军至轻地，士卒未专，以入为务，无以战为。故无近其名城，无由其通路，设疑佯惑，示若将去。乃选骁骑，衔枚先入，掠其牛马六畜。三军见得，进乃不惧。分吾良卒，密有所伏，敌人若来，击之勿疑；若其不至，舍之而去。”

吴王问孙武曰：“争地，敌先至，据要保利，简兵练卒，或出或守，以备我奇，则如之何？”武曰：“争地之法，让之者得，争之者失。敌得其处，慎勿攻之，引而佯走；建旗鸣鼓，趣其所爱；曳柴扬尘，惑其耳目；分吾良卒，密有所伏，敌必出救，人欲我与，人弃吾取。此争先之道。若我先至，而敌用此术，则选吾锐卒，固守其所；轻兵追之，分伏险阻；敌人还斗，伏兵旁起。此全胜之道也。”

吴王问孙武曰：“交地，吾将绝敌，令不得来，必全吾边城，修其所备，深绝通道，固其厄塞。若不先图，敌人已备，彼可得来，而吾不可往，众寡又均，则如之何？”武曰：“既我不可以往，彼可以来，吾分卒匿之，守而易怠，示其不能。敌人且至，设伏隐庐，出其不意，可以有功也。”

吴王问孙武曰：“衢地必先，吾道远，发后，虽驰车骤马，至不能先，则如之何？”武曰：“诸侯参属，其道四通；我与敌相当，而傍有国。所谓先者，必重币轻使，约和傍国，交亲结恩，兵虽后至，众以属矣。简兵练卒，阻利而处；亲吾军事，实吾资粮；令吾车骑，出入瞻候。我有众助，彼失其党：诸国犄角，震鼓齐攻。敌人惊恐，莫知所当。”

吴王问孙武曰：“吾引兵深入重地，多所逾越，粮道绝塞。设欲归还，势不可过。欲食于敌，持兵不失，则如之何？”武曰：“凡居重地，士卒轻勇，转输不通，则掠以继食。下得粟帛，皆贡于上，多者有赏，士无归意。若欲还出，切为戒备，深沟高垒，示敌且久。敌疑通途，私除要害之道，乃令轻车，衔枚而行，尘埃气扬，以牛马为饵。敌人若出，鸣鼓随之，阴伏吾士，与之中期。内外相应，其败可知。”

吴王问孙武曰：“吾入圮地，山川险阻，难从之道，行久卒劳；敌在吾前，而伏吾后，营居吾左，而守吾右，良车骁骑，要吾隘道，则如之何？”武曰：“先进轻车，去军十里，与敌相候，接期险阻。或分而左，或分而右，大将四观，择空而取，皆会中道，倦而乃止。”

吴王问孙武曰：“吾入围地，前有强敌，后有险难，敌绝粮道，利我走势，敌鼓噪不进，以观吾能，则如之何？”武曰：“围地之宜，必塞其阙，示无所往，则以军为家，万人同心，三军齐力，并炊数日，无见火烟，故为毁乱寡弱之形。敌人见我，备之必轻。告励士卒，令其奋怒：陈伏良卒，左右险阻，击鼓而出。敌人若当，疾击务突，前斗后拓，左右犄角。”

又问曰：“敌在吾围，伏而深谋，示我以利，萦我以旗，纷纷若乱，不知所之，奈何？”武曰：“千人操旍，分塞要道；轻兵进挑，陈而勿搏，交而勿去，此败谋之法。”

已上皆《孙子》遗文，见《通典》。

又曰：“军入敌境，敌人固垒不战，士卒思归，欲退且难，谓之轻地。当选骁骑伏要路，我退敌追，来则击之也。”

吴王问孙武曰：“吾师出境，军于敌人之地，敌人大至，围我数重，欲突以出，四塞不通，欲励士激众，使之投命溃围，则如之何？”武曰：“深沟高垒，示为守备；安静勿动，以隐吾能；告令三军，示不得已；杀牛燔车，以飨吾士；烧尽粮食，填夷井灶；割发捐冠，绝去生虑。将无余谋，士有死志。于是砥甲砺刃，并气一力，或攻两旁，震鼓疾噪，敌人亦惧，莫知所当。锐卒分兵，疾攻其后，此是失道而求生。故曰：困而不谋者穷，穷而不战者亡。”吴王曰：“若我围敌，则如之何？”武曰：“山峻谷险，难以逾越，谓之穷寇，击之之法：伏卒隐庐，开其去道，示其走路；求生逃出，必无斗志，因而击之，虽众必破。”《兵法》又曰：“若敌人在死地，士卒勇气，欲击之法：顺而勿抗，阴守其利，绝其粮道，恐有奇兵，隐而不睹，使吾弓弩，俱守其所。”①

已上见何氏《注》。

按：此皆释《九地篇》义，辞意甚详，故其篇帙不能不多也。

吴王问孙武曰：“敌勇不惧，骄而无虑，兵众而强，图之奈何？”武曰：“诎而待之，以顺其意，无令省觉，以益其懈怠；因敌迁移，潜伏候待；前行不瞻，后往不顾，中而击之，虽众可取。攻骄之道，不可争锋。”

见《通典》。

吴王问孙武曰：“敌人保据山险，擅利而处之，粮食又足，挑之则不出，乘间则侵掠，为之奈何？”武曰：“分兵守要，谨备勿懈；潜探其情，密候其怠；以利诱之，禁其樵采②。久无所得，自然变改；待离其固，夺其所爱。敌据险隘，我能破之也。”

见《通典》及《太平御览》。

按：以上问答，皆非十三篇文。《吴越春秋》所云“问以兵法，不知口之称善”者是也。

孙子曰：“将者：智也，仁也，敬也，信也，勇也，严也。”是故智以折敌，仁以附众，敬以招贤，信以必赏，勇以益气，严以一令。故折敌，则能合变；众附，则思力战；贤智集，则阴谋利；赏罚必，则士尽力；气勇益，则兵威令自倍；威令一，则惟将所使。

---

① 原注：按，何氏引此文，亦云“兵法曰”，则知问答之词亦在八十二篇之内也。

② 编者按：原作“牧”，讹。

按：此所释《计篇》“五事”，亦答阖闾之问也，见《潜夫论》。

孙子曰：“凡地多陷曲，曰天井。”

按：此释《行军篇》义，见《太平御览》。

孙子曰：“故曰：深草蓊秽者，所以逃遁也；深谷险阻者，所以止御车骑也；隘塞山林者，所以少击众也；沛泽杳冥者，所以匿其形也。”

见《通典》。

孙子曰：“强弱、长短杂用。”

又曰：“远则用弩，近则用兵。兵、弩相解也。”

又曰：“以步兵十人，击骑一匹。”

亦见《通典》。

孙子曰：“人效死，而士能用之，虽优游暇誉，令犹行也。”

又曰：“长陈为甄。”

又曰：“其镇如岳，其停如渊。”

见《文选注》。

按：已上七条，今十三篇内亦无之。

孙子“八阵”，有“苹车之乘”。

见郑君《周礼注》。

按：《隋·经籍志》有《孙子八阵图》一卷，此其遗文也。

《孙子占》曰：“三军将行，其旌旗从容以向前，是为天送，必亟击之，得其大将。三军将行，其旌旗埶然若雨，是为天沾，其帅失。三军将行，旍旗乱于上，东西南北无所主方，其军不还。三军将阵，雨师，是为浴师，勿用阵战。三军将战，有云其上而赤，勿用阵；先阵战者，莫复其迹。三军方行，大风飘起于军前，右周绝军，其将亡；右周中，其师得粮。”

见《太平御览》。

按：《隋志》又有《孙子杂占》四卷，此其遗文也。

又按：《北堂书钞》引《孙子兵法》云：“贵之而无骄，委之而不专，扶之而无隐，危之而不惧。故良将之动也，犹璧玉之不可污也。”《太平御览》以为出诸葛亮《兵要》。又引《孙子兵法秘要》云：“良将思计如饥，所以战必胜、攻必克也。”按：《兵法秘要》，孙子无其书。魏武有《兵法接要》一卷，或亦名为《孙子兵法接要》，犹魏武所作《兵法》，亦名为《续孙子兵法》也。《北堂书钞》又引《孙子兵法论》云："非文无以平治，非武无以治乱。善用兵者，有三略焉：上略伐智，中略伐义，下略伐势。"按：此亦不似孙武语，盖后世言兵多祖孙武，故作《兵法论》，即名为《孙子兵法论》也。附识于此，以备考。

陈振孙《书录解题》曰："孙武事吴阖闾，而事不见于《春秋传》，未知其果何代人也。"

又曰："《孙》《吴》或是古书。"

按：孙子生于敬王之代，故周、秦、两汉诸书，皆多袭用其文。陈氏于此，犹有不尽信之言，疏谬甚矣。

《战国策》孙膑曰："兵法：百里而趋利者，蹶上将；五十里走者，军半至。"

又曰："马陵道狭，而旁多阻险，可伏兵。"

又曰："攻其懈怠，出其不意。"

吴起曰："投之无所往，天下莫当。"

又曰："凡过山川丘陵，亟行勿留。"

又曰："治寡如治众。"

又曰："以半击倍，百战不殆。"

又曰："必死则生，幸生则死。"

又曰："以近待远，以佚待劳，以饱待饥。"

又曰："夫鼙鼓金铎，所以威目；旌旗麾帜，所以威耳。"

又曰："昼以旌旗幡帜为节，夜以金鼓笳笛为节。"

又曰："遇诸丘陵、林谷、深山、大泽，疾行亟去，勿得从容。"

又曰："敌若绝水，半渡而击之。"

又，赵奢救阏与，军士许历曰："先据北山者胜，后至者败。"

《尉缭子》曰："守法：一而当十。"

又曰："治兵者，若秘于地，若邃于天。"

《鹖冠子》曰："发如镞矢，声如雷霆。"

又曰："执急，节短。"

又曰："百战而胜，非善之善者也；不战而胜，善之善者也。"

《史记》陈余曰："吾闻《兵法》：十则围之，倍则战之。"

又，黥布击楚，或说楚将曰："《兵法》：自战其地，为散地。"

又，高帝遣刘敬视匈奴，刘敬曰："此必'能而示之不能'。"

又，韩信曰："《兵法》不曰：陷之死地而后生，置之亡地而后存乎？"

《吕氏春秋》曰："若鸷鸟之击也，搏攫则殪。"

又曰："夫兵，贵不可胜；不可胜在己，可胜在彼。圣人必在己者，不必在彼者。"

《淮南子》曰："高者为生，下者为死。"

又曰："同舟而济于江，卒遇风波，捷捽抬杼船，若左右手。"

又曰："主孰贤，将孰能。"

又曰："卒如雷霆，疾如风雨；若从地出，若从天下。"

又曰："不袭堂堂之寇，不击填填之旗。"

又曰："勇者不得独进，怯者不得独退。"

又曰："如决积水于千仞之堤，若转员石于万丈之谿。"

又曰："是故令之以文，齐之以武，是谓必取。"

又曰："疾如彍弩，势如发矢。"

又曰："昼则多旌，夜则多火。"

又曰："避实就虚，若驱群羊。"

又曰："故曰：无恃其不吾夺也，恃吾不可夺。"

又曰："饥者能食之，劳者能息之，有功者能得之。"

《太玄经》曰："卵破石碫。"

《潜夫论》曰："将者，民之司命，而国安危之主也。"

又曰："其败者，非天之所灾，将之过也。"

按：《孙子》惟为古书，故先秦、两汉多述其文。东汉以后，诸传记所征引者，更不可以悉举。乃陈氏忽疑其书，并疑其人，何也？

孙子曰："不知三军之事，而同三军之政，则军士惑矣；不知三军之权，而同三军之任，则军士疑矣。"

按：《孙子》古书，多存古义，今略举数事，以袪陈氏之惑。

按：“同”有冒义，故字从“同”也。《释言》云：“弇，盖也；弇，同也。”是“同”有覆冒之义也。“同三军之政”“同三军之任”者，犹言奄有其政、奄有其任也。此古训，不作“同”“异”解，向来注者殊梦梦。

又按：《尚书》“太保奉同瑁”，马氏以“同瑁”为一物，天子所执玉瑞名也。

孙子曰：“惎秆一石，当吾二十石。”

按：“惎”，《说文》作“萁”，豆秸也。“其”“忌”声同，故又作“惎”也。《诗》云“夜如何其”，“其”，语助；以声同，又借“忌”为之。《诗》又云“抑释掤忌，抑鬯弓忌”是也。此“萁”作“惎”者，春秋已后或体字也，诸字书皆缺载。

孙子曰：“朝气锐，昼气惰，暮气归。”

按：《广雅》：“归，息也。”《列子》云：“鬼，归也。”又云：“古者，谓死人为归人。”是“归”乃灭息之义也。《左氏》“一鼓作气，再而衰，三而竭”，“竭”，尽，正与灭息义相发明。今杜佑等以“欲归”释之，言若士卒暮而欲归，不明古义，疏矣。

孙子曰：“为兵之事，在于顺详敌之意。”

按：曹注曰：“佯，愚也。”是以“详”为“佯”，古通用字也。

孙子曰：“不得已则鬥。”

按：书内“鬥”字皆如此。《说文》云“鬥，两士相对，兵杖在后，象鬥形”也。今诸书皆假“鬭”为之，“鬥”字弗著于篇矣。

孙子曰：“励于庙堂之上，以诛其事。”

按：《说文》：“诛，讨也。”“讨，治也。”故“诛”亦得为“治”也。又“诛”“治”声近，故可假借为之，犹“且”得为“此”“期”得为“近”、“析”得为“斯”之类是也，他字书皆不载。

孙子曰：“绝水必远水。”

按：“绝”者，越也，言过水而处军，则必远于水也。故上文云“绝山依谷”，言过山而处军，必依于谷也。又云“绝斥泽，唯亟去勿留”，言过斥泽，则不可处军，必亟去之，勿留也。《尔雅》曰“正绝流曰乱”，“正绝流”犹言直渡水也，其名为“乱”者，亦“厉”之意，即《尔雅》“以衣涉水为厉”

是也。《诗》云“涉渭为乱”，郑君云“绝流而南”，是郑固以“绝”为越也。至孔颖达，则云“水以流为顺，横渡则绝其流”，是为隔绝之义。唐人不达古训，无足怪也。又，《吕氏春秋》曰：“章子令人视水可绝者，有刍水旁者曰：水浅深易知，荆人所盛守者，皆其浅者也；所简守，皆其深者也。”是“绝”训为“越”之证也。

又按：此古训，诸字书皆缺载。

孙子曰：“将者，君之辅也，辅周则国必强，辅隙则国必弱。”

按：“周”者，无缺也；“隙”者，有缺也。“周”“隙”相对言之，古语之常，故云“围师必阙”。“围”者，周也；“阙”者，隙也。此言将之智勇，能周则强，不能周则弱也。今贾氏以“才周其国”释“周”字，以“内怀其贰”释“隙”字，不明对文之义，疏矣。

孙子曰：“犯三军之众，若使一人。”

按：曹注谓“犯”为“用”，非。当云：“犯，动也。”故下文云：“犯之以事，勿告以言；犯之以利，勿告以害。”若以“用”释之，下文不可通矣。又，“犯”字本无“用”意。盖凡文字，皆有本训，有转训。“犯”为侵，故又得为动。魏武不明于声音、训诂之源流，以“用”释“犯”，既不经见，妄为之说，谬已。

孙子曰：“是故方马埋轮，不足恃也。”

按：“方”者，系缚之也。曹注：“方，缚也。”是已。《说文》：“方，象两舟，总其头。”谓聚束两船之头也。《尔雅》：“诸侯维舟，大夫方舟。”维系四舟曰“维舟”，系并两舟曰“方舟”。故“方”又有并义。《吕氏春秋》曰：“窬木方版，以为舟楫。”言并其版，亦拘缚之意也。又为“法”，为“所”。《论语》“游必有方”，是“方”为“所”，亦系定之意也。《论语》又曰“子贡方人”，郑注谓“言人过恶”，言以礼法拘缚人也。陆德明《释文》云：“郑本‘方’作‘谤’。”按此似唐以后人不明注意，以为言人过恶，无当于“方人”之义，率臆改之，非郑原本也。

又按：此古训，诸字书皆缺载。

又按：书内古义，多不经见，而精当不可移易，真古书也。后之为字书者，以其兵家言，不悉置意，故多漏略。陈氏不察，而妄议之，谬之谬矣。

又按：今所传《孙子算经》三卷，无名字。《宋史·艺文志》云“不知名。”考《孙子兵法·形篇》云：“兵法：一曰度，二曰量，三曰数，四曰称，五曰胜。地生度，度生量，量生数，数生称，称生胜。”而《算经》则云：“度之所起，起于忽；称之所起，起于黍；量之所起，起于粟。凡大数之法，万万曰亿。”篇首即以“度”“量”“数”“称”四事分为四节，与他算书不同，则断知其为孙武之书无疑也。

又，《中兴书目》云：“或云《五曹算经》出于孙武。”

按：此所说是也。“五曹”者：一为“田曹”，地利为先也；既有田畴，必资人力，故次“兵曹”；人众，必用食饮，次“集曹”；众既会集，必务储蓄，次“仓曹”；仓廪、货币相交质，次“金曹”。而其意则以兵为要。田畴、食币，皆为兵用也。

又按：夏侯阳《算经》曰：“田曹云：度之所起，起于忽；仓曹云：量之所起，起于粟。”以《孙子算经》之文，而谓之“五曹”，则固知其为一人之书也。《书目》之言，信足征已。

《孙子》篇卷异同：

《汉·艺文志·兵权谋家》：吴《孙子兵法》八十二篇，图九卷。

按：八十二篇者，其一为十三篇，未见阖闾时所作，今所传《孙子兵法》是也。其一为《问答》若干篇，既见阖闾所作，即诸传记所引遗文是也。一为《八阵图》，郑注《周礼》引之是也。一为《兵法杂占》，《太平御览》所引是也。外又有《牝八变阵图》《战斗六甲兵法》，俱见《隋·经籍志》。又有《三十二垒经》，见《唐·艺文志》。按，《汉志》惟云八十二篇，而隋、唐《志》于十三篇之外，又有数种，可知其具在八十二篇之内也。

《七录》：《孙子兵法》三卷。《史记正义》曰：案十三篇为上卷，又有中、下二卷。

案：此《孙子》本书，无注文；其云“又有中、下二卷”，则唐时故书犹存，不仅今所传之十三篇也。

又按：所云“三卷”者，盖十三篇为上卷，问答之辞为中、下卷也。其《八阵图》《杂占》诸书，则别本行之。故隋、唐《志》诸书亦皆别出。

又按：《宋·艺文志》有孙武《孙子》三卷，朱服校定。《孙子》三卷即此也。

《隋书·经籍志》兵部：《孙子兵法》二卷，吴将孙武撰，魏武注，梁三卷[①]；《孙子兵法》一卷，魏武、王凌集解[②]；《孙武兵经》二卷，张子尚注[③]；《钞孙子兵法》一卷，魏太尉贾诩钞[④]；梁有《孙子兵法》二卷，孟氏解诂[⑤]；《孙子兵法》二卷，吴处士沈友撰[⑥]；又《孙子八阵图》一卷，亡[⑦]；吴《孙子牝八变阵图》二卷[⑧]；《孙子兵法杂占》四卷[⑨]；梁有《孙子战斗六甲兵法》一卷[⑩]。

《新唐书·艺文志》兵书类：魏武注《孙子》三卷；孟氏解《孙子》二卷；沈友注《孙子》三卷；《孙子三十二垒经》一卷[⑪]；李筌注《孙子》二卷[⑫]；杜牧注《孙子》三卷[⑬]；陈皞注《孙子》一卷[⑭]；贾林注《孙子》一卷[⑮]。

按：《唐志》又有《兵书捷要》七卷，孙武撰。此字误，当云“魏武”也，见《隋志》及《通志略》。

《郡斋读书志》兵家类：魏武注《孙子》一卷；李筌注三卷；杜牧注三卷；陈皞注三卷；纪燮注三卷；梅圣俞注三卷[⑯]；王晳注三卷[⑰]；何氏注

---

① 原注：诸书皆云三卷，惟晁氏《读书志》以为一卷，《文献通考》因之。

② 原注：诸书无著录，惟《通志略》有之。

③ 原注：《通志略》云三卷，诸书无录。

④ 原注：诸书无录，《通志略》有之。

⑤ 原注：亦见《唐志》及《通志略》。

⑥ 原注：见《唐志》及《通志略》。《唐志》云三卷，《通志略》云二卷。

⑦ 原注：亦见《通志略》。

⑧ 原注：见《通志略》。

⑨ 原注：见《通志略》。

⑩ 原注：诸书皆不著录。

⑪ 原注：《通志略》作“三十三垒经”，盖字误。

⑫ 原注：晁氏《读书志》作三卷，《文献通考》因之，《通志略》及《宋史》皆云一卷。

⑬ 原注：《通志略》云一卷。案：杜牧注最为详赡，故诸书皆录为三卷，作一卷者误。

⑭ 原注：晁氏《志》云三卷，《通考》因之。

⑮ 原注：晁氏《志》无录，《文献通考》同。

⑯ 原注：《宋志》无录，《通志略》云一卷。

⑰ 原注：《宋志》无录。

三卷[①]。

《直斋书录解题》兵书类：《孙子》三卷，《汉志》八十一篇，魏武削其繁冗，定为十三篇。杜牧之注《孙子》三卷。

按：《书录解题》惟载曹、杜二家注，他书皆未及见也。

《通志·兵略》：《孙子兵法》三卷，吴将孙武撰，魏武注；又一卷，魏武、王凌集解；又二卷，萧吉注[②]；又二卷，孟氏解诂；又二卷，吴沈友撰；又一卷，唐李筌撰；又一卷，唐杜牧撰；又一卷，唐陈皞注；又一卷，唐贾林注；又一卷，何延锡注；又一卷，张预注[③]；又三卷，王皙注；又一卷，梅尧臣撰；《孙武兵经》三卷，张子尚注；《钞孙子兵法》一卷，魏太尉贾诩钞；《续孙子兵法》二卷，魏武撰；《孙子遗说》一卷，郑友贤撰。右兵书。《孙子八阵图》一卷；吴《孙子牝八变阵图》二卷。右营阵。吴《孙子三十三垒经》一卷；《孙子兵法杂占》四卷。右兵阴阳。

《文献通考》：魏武注《孙子》一卷；李筌注三卷；杜牧注三卷；陈皞注三卷；纪燮注三卷；梅圣俞注三卷：王皙注三卷；何氏注三卷。

按：《通考》所录，悉本晁公武《读书志》。

《宋史·艺文志》兵书类：孙武《孙子》三卷；朱服校定《孙子》三卷；魏武注《孙子》三卷；萧吉注《孙子》一卷，或题曹、萧注；贾林注《孙子》一卷；陈皞注《孙子》一卷；宋奇《孙子解》并《武经简要》二卷[④]；李筌注《孙子》一卷；《五家注孙子》三卷，魏武、杜牧、陈皞、贾林、孟氏；杜牧《孙子注》三卷；曹、杜注《孙子》三卷；吉天保《十家孙子会注》十五卷[⑤]。

杜牧曰："孙武书数十万言，魏武削其繁剩，笔其精粹，成此书。"

---

① 原注：《宋志》无录，《通志略》云一卷。又，晁氏云："未详其名，近代人也。"按：何氏名延锡，见《通志略》。

② 原注：隋、唐《志》无录。

③ 原注：《宋志》无录。

④ 原注：诸书皆不著录。

⑤ 原注：按，今本十三篇为十三卷。又按：梅尧臣、王皙、何延锡、张预四家《注》，志内皆不著录。

按：《孙子》十三篇者，出于手定，《史记》两称之，而杜牧以为魏武笔削所成，误已。

晁公武曰："唐李筌以魏武所解多误，约历代史，依《遁甲》注成三卷。"

又曰："唐杜牧以武书大略用仁义，使机权；曹公所注解，十不释一，盖惜其所得，自为《新书》尔，因备注之。世谓牧慨然最喜论兵，欲试而不得者。其学能道春秋、战国时事，甚博而详，知兵者有取焉。"

又曰："唐陈皞以曹公《注》隐微，杜牧《注》阔疏，重为之注。"

又曰："唐纪燮集唐孟氏、贾林、杜佑三家所解。"

欧阳修曰："世所传《孙子》十三篇，多用曹公、杜牧、陈皞《注》，号三家。"

又曰："三家之《注》，皞最后，其说时时攻牧之短。"

晁公武曰："王皙以古本校正阙误，又为之注。仁庙天下承平，人不习兵；元昊既叛，边将数败，朝廷颇访知兵者，士大夫人人言兵矣。故本朝注解孙武书者，大抵皆当时人也。"

按：今《孙子集注》本，由华阴《道藏》录出，即宋吉天保所合《十家注》也。十家者：一魏武，二李筌，三杜牧，四陈皞，五贾林，六孟氏，七梅尧臣，八王皙，九何延锡，十张预也。《十家》本内，又有杜佑君卿《注》。案：杜佑乃作《通典》，引《孙子》语而训释之，非注也。《通典》引《孙子》曰"利而诱之，亲而离之"，注云："以利诱之，使五间并入，辩士驰说，亲彼君臣，分离其形势，若秦遣反间诳赵，使废廉颇而任赵奢之子是也。"考"利而诱之""亲而离之"二语，孙子本文不相属，《通典》摘引之，又为之注，求其意义，几成一事，与《孙子》句各为义者异已。

又按：杜佑注例，每先引曹《注》，下附己意，故前之所说，后或不同也。

又，杜佑《注》自引用曹《注》之外，亦或间引孟氏。

又按：《十家注》自魏武之后，孟氏为先，见《隋书·经籍志》，原本次于陈皞、贾林之后，误也，今改正。

晁公武以为唐人，亦误也。

又按：杜佑虽非为《孙子》作注，然既引用其文，不当次于贾林之后、梅氏之前，今改正，次孟氏。

又按：杜牧者，佑之孙也；原本列牧于佑前，大谬。

又，《孙子》《道藏》原本题曰“集注”，大兴朱氏本题曰“注解”，今改为“孙子十家注”，从《宋志》也。

又，《道藏》本有郑友贤《孙子遗说》一卷，见《通志·艺文略》，今仍原本，附刻于后。

孙子篇目：

《计篇》第一；《作战篇》第二；《谋攻篇》第三；《形篇》第四；《势篇》第五；《虚实篇》第六；《军争篇》第七；《九变篇》第八；《行军篇》第九；《地形篇》第十；《九地篇》第十一；《火攻篇》第十二；《用间篇》第十三。

（选自杨丙安校理《十一家注孙子》，第302～321页，中华书局2012年版）

毕以珣（1757—1836），字东美，又名毕以田、毕亨，山东文登人。嘉庆举人，曾任江西安义县知县，补崇义县知县，卒于任上。一生仕途失意，却并未颓废，一直进行学术研究，著有《九水山房文存》与《孙子叙录》等。

《孙子集注》序

〔清〕魏源

《易》，其言兵之书乎？“亢之为言也，知进而不知退，知存而不知亡，知得而不知丧”，所以动而有悔也，吾于斯见兵之情。《老子》，其言兵之书乎？“天下莫柔弱于水，而攻坚者莫之能先”，吾于斯见兵之形。《孙武》，其言兵之书乎？“百战百胜，非善之善者也；不战而屈人之兵，善之善者也。故善用兵者，无智名，无勇功”，吾于斯见兵之精。故夫经之《易》也，子之《老》也，兵家之《孙》也，其道皆冒万有，其心皆照宇宙，其术皆合天人、综常变者也。

而苏洵曰：“按言以责行，孙武不能辞三失：久暴师而越衅乘，纵鞭墓而荆怒激，失秦交而鲍救至。言兵则吴劣于孙，用兵则孙劣于吴，矧祖其余论故智者乎？”呜呼！吴，泽国文身封豕之蛮耳，一朝灭郢，气溢于顶，主骜臣骄，据宫而寝，子胥之智不能争，季札之亲且贤不能禁，一羁旅臣能已之乎？故《越绝书》称“巫门外有吴王客孙武冢”。是则客卿将兵，功成不受官，以不尽行其说故也。

或又谓：将才非人力，运用存一心，括读父书，徒取秦禽：是又不然。兵列“五礼”，学礼易及，“有文事者必有武备”，“好谋而成”，“我战则克”，“学矛夫子，获甲三百”。特兵危事而括易言之，正与兵书相背故也。

“弩生于弓，弓生于弹，弹生于古之孝子。”杀人以生人，匪谋曷成？谋定而后战，斯常夫可制变。上谋之天，下谋之地，中谋之人，人谋敌谋，乃通于神，非神之力也，心之变化所极也。变化者，仁术也。上古圣人，以其至仁之心挠水火而胜之，挠龙蛇虎豹犀象而胜之。恩生于害，害生于恩。微观于五行相生相克之原，天地间无往而非兵也，无兵而非道也，无道而非情也。精之又精，习与性成，造父得之以御名，羿得之以射名，稷得之以稼名，宜僚以丸，秋以弈，越女以剑。虽得诸心，口不能云；口即能云，不能宣其所以云。若夫由其云，以通其所以云，微乎微乎，深乎深乎！夫非知《易》与《老》之旨者，孰与言乎！

（选自杨丙安校理《十一家注孙子》，第325～326页，中华书局2012年版）

魏源（1794—1857），原名远达，字默深，湖南邵阳人。道光进士。官高邮知州，晚年弃官归隐，潜心佛学，法名承贯。魏源认为论学应以“经世致用”为宗旨，提出“变古愈尽，便民愈甚”的变法主张，倡导学习西方先进科学技术。并提出了“师夷长技以制夷”的主张，开启了了解世界、向西方学习的新潮流，是中国思想从传统转向近代的重要标志。著有《海国图志》《皇朝经世文编》等。

《孙子浅说》序

〔清末民国〕徐世昌

《孙子十三篇》自汉迄明，注者多至二十余家。其传于今世者，惟《孙子十家注》最为善本。是本为宋吉天保所集，名曰《十家会注》，乃阳湖孙渊如先生得自华阴道藏，校勘梓行于世，即今刘君邦骥《孙子浅说》所依据者也。孙子著书旨趣，刘君衡以今世情势既以发泄无遗，且于《九地篇》“重地则掠”，注家以为因粮于敌者，刘君谓与近时学说相违，行军要素，当定军用价目，招致商贾，则四民不扰，阻力潜消，而在敌地，尤为紧要。若肆行抄掠，则商贾裹足，是自绝其粮道也。此古法之不可行者也。其立论如此，尤非泥古而不适于今者可以伦比。夫国于天地，必有与立，而当群国竞争之世，莫亟于治兵。特兵家者流，大抵以权谋相尚，儒家者流，又往往瞢于时事，讳言军旅，盖两失之。予惟古之善治国而兼善治兵者，曰管子、曰商君、曰诸葛孔明之三人者，皆先求自治，而后用以制敌者也。今观孙子之书，其第一之《计篇》，有曰“主孰有道”，第四之《形篇》，有曰“修道保法”。刘君揭明其为主德内政之纲要。然则孙子虽兵之权谋家，固亦以制敌之方，基于自治，非徒诡道取胜，侥幸一试，遂能长此自立于不败也。且世变相寻，学说之误人最甚。祭公谋父曰：“先王耀德不观兵。”老子曰：“佳兵者不祥。”讲学家视为格言，往往天下已定，上恬下嬉，人不知兵，一再传而遂至大乱。盖承平一统之世，军政弗修，其召祸且有如此者。昔者周公致政，作《立政》以戒成王曰“其克诘尔戎兵”，或犹谓殷难初平，成王始政则然也，乃成康之际，刑错四十余年。召公之诰康王也，曰：“张皇六师，无坏我高祖寡命。”老成谋国，动辄谆谆于戎兵六师者何哉？盖天下晏然，朝野相安于无事，不期而盗贼内发，不期而边衅偶开，故武备不可以废弛也。其曰“诘尔”，虑军械或不完，军额或不足也。其曰“张皇”，虑军械虽完、军额虽足，而训练或不精、校阅或不勤也。后世人主用兵制敌者多矣，制敌得志，则如卫霍之创匈奴，制敌不得志，则如韩范之御西夏。论者犹以穷兵非之，不知汉宋之病，在不先力求自治，乃并其力求制敌，而概以为不然。是皆误于偃武修文之一说，以故黄帝神明之胄，陵夷积弱，以至于今，几几不能自振也。《孙子》一书文字不多，文义亦非甚艰深，初学皆可以卒读。惟旧注随文解释，散漫无归。刘君依赵岐《孟子注》例，逐篇发明章旨。十三篇丝联绳贯，条理井然，于学师讲授尤便。自宜颁之学校，专立为科。俾吾中华民国，知国势岌岌，非武力不足以自存。国家将竭全力以注意于兵，为民人者，人人有征调之定期，为军人者，人人晓韬略之大意，则此书有功于吾国甚伟。虽名之曰“孙子兵经”，盖亦未尝不可。抑予更有厚望者。古之所重者在军谋，今之所重者在军实。军实之费，有百倍于孙子，所谓“兴师十万，日费千金”者。器不出于吾国，则购用鲜良，财不裕于平时，则制造无力，必自治不失其道，而后财用可筹。财用不竭其源，而后军实可备。善读《孙子》者，不徒诩其制敌之神奇，务求其自治之巩固。医国之方，其在是欤！

中华民国四年八月天津徐世昌序。

（选自蒋方震、刘邦骥合著《孙子浅说》，序第1～4页，大中书局1930年版）

徐世昌（1855—1939），字卜五，号菊人、弢斋，天津人。光绪进士。清末协助袁世凯创办北洋军。曾任东三省总督、邮传部尚书、军机大臣、内阁协理大臣和北洋政府国务卿。1918年由段祺瑞安福国会选为总统。1922年被直系军阀赶下台。抗日战争全面爆发后拒任伪职。编著有《清儒学案》等。

重刊赵注孙子序

〔清末民国〕冯国璋

兵法无古今乎哉？古法非今所宜也。兵法有古今乎哉？今法即古所变也。《孙子》十三篇，古兵法也。方今五洲战争，火器剧烈，敌以数十年前之兵法，已瞠乎其后。彼孙子者，又历周秦汉魏，逮今二千年有羡，措其法于今，度必迂胶踩螯不可行，犹乎味于太羹、声于土鼓矣。然窃尝观其书所言大旨，则奇正虚实，今犹是也；攻击围守，今犹是也；备军储、争地势，今莫能外也；公赏罚、严号令，今且为要也。俶自《始计》，迄于《用间》，絜以今战法学所言，间有名称不同者，而其精奥微窔，靡不一一若合符节。其书有言曰：“多算胜，少算不胜。”曰：“知彼知己，百战不殆。”兵家要旨，尤在于兹。今之泰西诸强国，挟其兵力，纵横驰骤于全球之上。问：能舍是而旁求所以战胜者乎？又曰：“全国为上，破国次之。”今之欧人交战，公法诸例未有不符其旨者。车战诸说不适今用，盖当时之兵制然也。且夫兵有古今，法有古今，而趋胜避负之理，则无古今。《孙子》者，详于理而略于用。用不同而理则同，理同则若网在纲，虽千变万化，不能离其宗，而用亦于是以不同同。明人赵虚舟《孙子注》四卷，诠以精义，证以史事，抉扃发键，诚善本也。顾中国鲜传，本传之者日本，其国人甚重此书。吾因思夫日本自耀兵以来，战必胜，攻必取，輘轹五洲，几于无辈者，其是书之力欤？名将之用兵也，计谋为上，战斗为次，运用于一心，操纵于万法，故能一发而无与敌。而究其运用操纵，亦无有能越《孙子》之矩矱者，中国古名将无不如是。后世兵制敝久，乃以自有之书不能自重之而自用之，反使外人得借利器以制我，可胜叹哉！间者征于前弊而迫欲改良，不惮费重赀，令聪颖子弟游学于日本。其游而归者，出其所学，颇能大异于中国已敝之军制。独惜其造就者所及，仅戋戋焉域于战斗之琐节，而计谋妙用，尚茫然无所窥见。则未读《孙子》之过也。窃尝谓为将之道，裨将役于人，不读《孙子》犹可也；大将役人，则万万不可不读《孙子》。今之东游归者，皆大将选，倘不豫储谋略，他日或膺全军之寄，指挥调度，势必擿埴索涂，又乌能有一是者哉？爰亟取是编，重加校勘，以铅印排成，公之于世。窃愿有志于武学者，悉取为简练揣摩之资。俾中国异日名将辈出，岂不快甚！虽然，《孙子》详于理者也。泰东西家于兵者，多刳心钩索，由用而悟理。中国人士，则优于谈理而绌于应用。苟读是书者不能验以今之实事，或滞泥鲜变通，则又为眇者扣槃、迂夫胶柱者流，非鄙人流布是书之本旨也。

光绪乙巳年八月既望，练兵处军学司正使督办北洋武备各学堂事宜，分省补用道河间冯国璋序。

（选自赵本学撰《赵注〈孙子〉十三篇》，序第1～4页，北京武学书局1923年版）

冯国璋（1859—1919），字华甫，直隶河间（今属河北）人。与王士珍、段祺瑞并称为“北洋三杰”。毕业于北洋武备学堂，任北洋步兵学堂总办兼督练营务处总办。辛亥革命时率军镇压武昌起义，后率军进攻南京，镇压“二次革命”。出任江苏都督，坐镇东南。袁世凯称帝后，联合五将军通电，要求袁取消帝制。袁死后，为副总统，在南京办公。张勋复辟失败，总统黎元洪辞职后代理总统，于民国七年（1918）8月13日辞职。

《孙子浅说》绪言

〔清末民国〕蒋方震　刘邦骥

古之治《孙子》学者，盖亦众矣。《隋书·经籍志》所载，自曹公外，有王凌、张子尚、贾诩、孟氏、沈友诸家。《唐志》益以李筌、杜牧、陈皞、贾林诸家。马端临《经籍考》又有纪燮、梅尧臣、王皙、何氏诸家。《宋·艺文志》又益以朱服、萧吉、宋奇诸家。纪文达编《四库全书总目·兵家类存目》尚有《孙子参同》五卷，不著撰人姓氏，杂采曹公、李筌、杜佑、陈皞、贾林、孟氏、梅圣俞、王皙、杜牧、何延锡、张预、解元、张鏊、李材、黄治徵十五家之说，又有郑端《孙子汇征》四卷。此二书皆不传。惟宋吉天保所辑之《孙子十家会注》最为善本。十家者，魏武、李筌、杜牧、陈皞、贾林、孟氏、梅圣俞、王皙、何延锡、张预也。《十家注》内又有杜佑之说，盖杜佑作《通典》，引用《孙子》而参释之，非注也。又道藏本有郑友贤《孙子遗说》一卷。又明人茅元仪《武备志》中有《孙子兵诀评》一卷。明人赵虚舟有《孙子注》一卷。合而观之，则二十余家矣。故居今日而谈兵学，当以《孙子十家注》为善本，而参观诸家之说，庶乎近之。然初学苦其系难，且各家亦互有异同，初学靡所适从。爰仿黄廉访云鹄《学易浅说》之例，作为《孙子浅说》，言取其近、旨取其约，使初学易于毕业而已。若欲深造自得，则《十家注》原本及诸家刻本具在，可取而研究之也。

十家之注不可谓不详且尽矣，有精于义理者、有精于训诂者、有精于考据者，通训定声、引经据史，博赡鸿富、灿然杂陈。然学者恒苦其汗漫无涯，莫得其纲领、难寻其条目，几如一屋散钱，无从贯串，亦读《孙子》者之大憾事也。惟张预于每篇题目之下，间亦记其编次之意，然不能曲尽其妙。兹编分门别类、提要钩玄，揭其纲领、列其条目，必使全书脉络贯通、气息条畅。庶几读《孙子》者不苦其繁宂，不厌其重复，而孙子当日含毫吮墨、惨淡经营之奥旨，或可微窥其一二也。

十三篇结构缜密、次序井然，固有不能增减一字，不能颠倒一篇者。《计篇第一》总论军政，平时当循正道，临阵当用诡道，而以妙算为主，实军政与主德之关系也。第二篇至第六篇，论百世不易之战略也。第七篇至第十三篇，论万变不穷之战术也。《作战第二》论军政与财政之关系也。《谋攻第三》论军政与外交之关系也。《形篇第四》论军政与内政之关系也。《势篇第五》论奇正之妙用也，《虚实第六》论虚实之至理也。此二篇皆发明第一篇之诡道也。《军争第七》者，妙算已定、财政已足、外交已穷、内政已饬、奇正变术已熟、虚实之情已审，即当授为将者以方略，而战斗开始矣。《九变第八》论战斗既起，全在乎将之得人，乃能临机应变，故示后世以将将之种种方法。九者，极言其变化之多也。《行军第九》论行军之计画也。《地形第十》论战斗开始之计画也。《九地第十一》论战斗得胜、深入敌境之计画，故以深知地形为主。地形之种类，不可枚举，故略举其数曰九也。《火攻第十二》者，以火力补人力之不足也。《用间第十三》者，以间为诡道之极则，而妙算之能事尽矣，非有道之主，则不能用间，而反为敌所间，可见用间为妙算之作用也。准此以读《十三篇》，若网在纲，有条不紊，不能增损一字，不能颠倒一篇矣。

《十三篇》各家注本传写异辞，兹编以孙渊如先生校勘本为主。盖以孙氏尝用古本亦正其文，而当时又与吴念湖太守及毕恬溪孝廉互相商榷。虽其间亦有明知其传写之误，不若明人茅元仪、赵虚舟刻本之善者。如“蒋潢井生”四字，茅本、赵本均作“潢井”；“四五者”三字，茅本作”此三者”，而孙氏当日曾见明人刻本，亦未尝改正，则亦姑存疑而已。

谈兵之法，自以求之史例为主，是以十家中如杜牧、何延锡、张预诸君，均详征史事以为证，此千古不易之法也。兹编以贯串为主义，务使学者知其类别、明其条理，故史证一概从略。因十家注中举隅已多，而赵虚舟注本亦复引类甚繁，学者触类而旁通之，则亦不可胜用也。

《中庸》三十三章，亦如一屋散钱，非得朱子析其类别，示以条理，则几乎不知其命意之所在。兹编窃取斯意，亦未知有当万一否也。

十三篇字字精审，读其书者，但当求其义理，通其训诂，参以考据，而不可有所攻击，此定理也。然《用间篇》末以伊吕为汤武之间谍，似未雅驯，宜乎赵虚舟氏谓其“一言以为不知”也，因详加辩论如下，亦正人心、厚风俗之意而已。

黄廉访《学易浅说》历征前贤之说，合于孔子者录而存之，否则不录，亦不置辨。兹编对于各家注解亦本斯意，凡合于孙子之微言大义者存之，或全录其文，或节取其义，或参合数家之说联缀成文，以便诵习；不合者不录，亦不置辨。间亦窃附己意，有为前人所未发者，极知僭逾无所逃罪，然为羽翼《孙子》于新学说萌芽时代，亦使今之学者知新学之知识皆不能出前贤范围也。

（选自蒋方震、刘邦骥合著《孙子浅说》，绪言第1～6页，大中书局1930年版）

蒋方震（1882—1938），字百里，以字行。浙江海宁人，清末秀才、民国时期著名军事理论家、军事教育家。曾留学日本与德国。抗日战争全面爆发后，赴德、意试探调解中日关系之可能，并游说各国援华抗日。1938年回国，任国民参政员、陆军大学校代理校长，对抗日战略多有建议。遗著编有《蒋百里全集》。

刘邦骥（1868—1930），字襄奎，湖北汉川人。早年就读于两湖书院。留学日本，回国后为张之洞幕僚，管理文案、库务。后在武昌办家塾以培养贫寒青少年。

《孙子章句训义》卷头语

〔清末民国〕钱基博

《孙子章句训义》，仆旧日之所刊也；“新战史例”，则今之所增订也。往者德国兵家克老山维兹诏人："欲学兵法，只有读史。"人谓理论为事实之母；不知事实乃理论之母；无事实，无理论；而有理论矣，苟不能验之以事，抑亦无征不信！孔子曰："我欲载之空言，不如见之行事之深切著明也！"是故兵法之所以演进者三：

其一曰综兵事以籀为法。孙子生春秋之末，列国兵争，闻见习熟，而著《十三篇》，以为中国言兵之祖。克老山维兹与于普法之役，身经百战，退而论兵以著书八卷，肇开德国兵学。是故非战国纷纭之世，不能产兵法！盖法不虚立，有兵事而后有兵法。苟无其事，不能空凭以抒议也！非聪明天亶之士，不能著兵法！事变之赜，屠僇之惨，俗人眩焉，获免为幸！惟智勇深沉者，默识心通，不震不慭，有以见天下之动，而观其会通，以行其典礼也。

其二曰衍兵法以籀其例。古人发凡起例，无不原本事实；而言简以赅，未可以臆，无征不信，抑亦无征不明！德国史梯芬将军传授心法以承克老山维兹，而搜集古今速战速决之例，成为《卡南》一书。吾国唐之杜佑撰《通典》，著有《兵典》以为："孙武所著十三篇，旨极斯道，故知往昔行师制胜，诚当皆精其理。"辄捃摭史事，与孙武书之义相协，并颇相类者纂之，为卷十有五，为目百四十有奇，条举件系，大抵以孙武书明法，而以古事为验；其于唐以前兵事略备矣！明武进唐顺之论用兵指要，撰有《武编》十卷，分前后两集，而后集则征述古事，亦犹杜佑之志也。惟克老山维兹言："籀史例以阐兵法，宜最近之例。盖古代之事，往往书阙有间；而时代逾近，则记载愈完备；此非言古代之例，一无可取也；如战略荦荦数大端，古例何尝不精要，惟战术及战略之详细布置，则以近例为尤宜；何者？以其近己而时变相类。"呜呼！此吾新战史例之所以为增订也。

其三曰用兵以显诸力。同一史梯芬计划也，同一迂回战略也，然小毛奇一九一四年用之于法而无效；而希特勒一九四〇年用之于法，则有成功者，显之有力也。此则行军用兵，将帅之事；而非书生纸上谈兵所敢置喙矣！书生不能用兵，然而书生不妨谈兵；由谈兵，而知兵。昔胡文忠公未尝不有慨乎言之，以谓："天下之大患，总是书生不知兵之过；总以兵事为小人之事，非学者之事；一遇警动，则读书人早已远走，或隐匿不出：实因其人志气不能自为，不知兵事！不知兵事为儒学之至精，非寻常士流所能几及也！兵事以人才为根本，人才以志气为根本；兵可挫而气不可挫，气可挫而志不可挫。”志何以不挫？曰知兵而已！呜呼！古人以忧患动心忍性；今人以忧患幸生丧志；平日侈谈之学问经济，文章道德，一旦大难当前，未有片语只字，可以镇得心定，振得气壮！明之亡也，亦有老秀才无拳无勇以为国干城，而见危受命，神闲气定，安坐以待，引颈受刃者！今人则并此勇气而无之！四郊多垒，亦士之辱！效死勿去，何必军人！而大敌未临，学府先震，道听途说，庸人自扰，不惟无勇，抑亦不智，播散谣传，摇动人心，鼠骇兽走，逃死勿遑；大师失其所以为表，后生失其所以为学，见之气丧，语之颜赧，君子修辞立诚，吾言亶不然乎！呜呼！此《十三篇》书之所以不可不读也！吾之所为籀新战史例以阐《十三篇》书者，自甲午中日之战、日俄之战、欧洲第一次大战，及阿比西尼亚、西班牙、阿尔巴尼亚之战，以迄今日方酣之大战，而上溯于普王菲烈德立、法帝拿破仑两雄；凡列国兵情国势，齐民训士，布阵用器之制，战胜攻取之方，乃至参谋之组织，间谍之运用，莫不互勘其得失，阐论其因果；而尤致力于历史之演变，推见本末；然后知《十三篇》书，囊括古今，真可以建诸天地而不悖，百世以俟圣人而不惑焉！

近代论兵，多以德国为典型；而吾国之说《孙子》者，往往断章取义，以皮傅德国兵家之说；此不知《孙子》者也！《孙子》不云乎：“不尽知用兵之害者，则不能尽知用兵之利也！”德之兵家，徒知用兵之利而已！德国兵法，始于菲烈德立大王，谓：“胜利者，前进而已！傥有攻人之力，可以乘人之不备而不为攻者，其人则愚人也；为国则愚国也！”老毛奇将军则曰：“战争为上帝创造世界计划之一！傥无战争。世界将沉沦于唯物主义之深渊，而不能拔矣！唯战争，足以洗涤物质享乐之世界！”鲁登道夫言：“战争者，人之天性也。强者胜而善者败，于是不高贵之恶者，突进向前！使高贵者而不败，则必高贵者而亦强，斯可以抵抗不高贵者，而继续生存耳！”希特勒言：“战争者，永恒者也！普遍者也！无空间，无时间，无所谓开端，无所谓和平，无战争，则无生命！”不恤糜烂其民而战之，幸灾乐祸；此诚《孙子》所谓“不尽知用兵之害，则不能尽知用兵之利”者也！至于《十三篇》书，经之以五事，校之以计而索其情，因利制权，作战谋攻，而必以全争天下，禁攻寝兵，其言曰：“兵者，国之大事，死生之地，存亡之道，不可不察也！是故百战百胜，非善之善者也；不战而屈人之兵，善之善者也！非危不战；主不可以怒而兴师，将不可以愠而致战，合于利而动；怒可以复喜，愠可以复悦；亡国不可以复存，死者不可以复生；故明君慎之，良将警之，此安国全军之道也。”其操心也危，其虑患也深，郑重丁宁，“非危不战”！孔子曰：“仁者其言也讱！为之难，言之得无讱乎！”呜呼！孙子，仁者也；其言也讱！而德人之言兵也则易矣！战国时，赵括自少学兵法，尝与父奢言之。奢不能难，然不谓善！括母问其故，奢曰：“兵，死地也，而括易言之！赵若将括；破赵军者，必括也！”呜呼！德人之言兵也则易矣！其言之不怍，则为之也难！俾斯麦以德国“铁血宰相”称；顾颇不慊于德国军人之战略，虽老毛奇将军亦非所重！方一八六九年，拿破仑第三之将启衅于德也，俾斯麦独居深念，以谓：“波兰，小国耳！然以俄、普、奥三大国之力，亡之百年，而民未亲附，叛者四起！况以法人之聪强，有悠久之文化！德如败法，于德何补；徒以贾怨，未必为功！纵得亚尔萨斯，不得不出兵以守；而法国不亡，必有一日得其所与，以成联盟，而与我为敌；我不得旰食矣！”呜呼！此固卤莽灭裂，好大喜功之德国兵家，未易遽以告者也！顾不意而俘拿破仑第三；俾斯麦念：“今而后，吾德人不知何日得太平矣！”维此老成，瞻言百里！顾德国兵家，则以谓：“战争者，民族生存之一方式。人类之生于今，应以战争为终身之职业。”而其战略，则欲用歼灭战略，谓：“应采速成速决之法，以歼灭败者而摧残之，以绝迹于历史。胜者何必与败者谈判和平之条件！盖一经战败，即无谈判之资格；而战胜者，仅须从心所欲，提出条件，以交战败者接受而已！”一九一四年，小毛奇欲以施之于法，而未遂也；遂以冒天下之大不韪，府世界之怨，而几以不国！顾不悔祸于厥衷！鲁登道夫著《全民战争论》，谓：“方针，何惜偏！只要偏能彻底，则反而正矣！”意以为小毛奇不彻底也。今白鲁希兹用闪电战以佐希特勒，灭国者十余，而法亦溃；计可谓彻底矣！然而喋血万里，伏尸千万，破人之国，德亦无成，连兵不解，胜利何日，丁壮死于锋镝，老弱不得一饱，损人不利己，意欲何为！呜呼！是则偏之为害，而孙子之“必以全争于天下”也！然而希特勒其知之矣！方其破波兰也，大声呼吁，以谓：“西线战局之相持，匪余所晓！如连兵久不解，必有一日，德法之间，划新疆焉！然世界残破，不见庄严之都市；而破瓦颓垣，一片荒凉，岂余之意！旷观历史，几见战胜之事；而常两败以俱伤！”吁！何其言之惘也！顾虎已骑背，不能再下；剑已出鞘，不得自收；张脉偾兴，欲罢不能！汝占先着以雄飞，谁甘输情而雌伏；既有今日，何必当初！而闪电之战，胜在奇袭；故技惯试，人有虞心！克老山维兹尝言：“如攻击者，以突袭之活泼为常，此实大误！”习以为常，虽袭何突！传授心法，亦已质变！乃人情好奇，谈者夸诩；日本，我之自出，生心害政，拾德国兵家残唾，师其余智，不恤反兵所亲，日以肆毒于我，同种同文，相煎何急！不知其国东乡大将有言：“热心于战争者，不知战争者也！凡经历战争之恐怖，而犹嗜战争者，非人类也！无论何法，必胜战争；吾人必不顾一切以力避战争！苟非危及民族之生存者，不可以战争！”呜呼！此《孙子》之所谓“非危不战”，而老成之谋国，少壮军阀之所漫不措意者也！不图前车将覆，后辙已寻！国人谈兵，亦多诵德！或曰：“守则不足，攻则有余，与其困守以待攻，不如先发而制人！”或曰：“国土防御，当在敌境。”矜闪电战之奇捷，以导扬速战速决之论。凡此不中情实，播为美谈。生心必以害政，异日将为厉阶！呜呼！希特勒之所以能为闪电战者，亦以德国科学之精研，工业之发达，由来已久，而凭借者厚，因势利导，固非一手一足之烈，亦岂岁月所能有功；然而悉索敝赋，二十余年，虏使其民，日困征缮，饥不得食，寒不得衣，憔悴虐政，不知税驾：希特勒之威声，震耀宇宙矣；于德之国计民生何有！夫德之国土防御，在敌境矣；日之国土防御，在我境矣；然而“其用战也，胜久则钝兵挫锐，攻坚则力屈，久暴师则国用不足；夫钝兵挫锐，屈力殚货，则诸侯乘其弊而起；虽有智者，不能善其后矣”。此固《孙子》之所大戒，而顾亦步亦趋，欲逐后尘乎！余故推本《孙子》之意，以明著闪电战之不足奇，速战速决之不可能，条举件系，具论于篇；辞而辟之，廓如也！呜呼！我中国今日之抗战，不患不胜；所患既胜之后，票佼锋协之武人，狃于一役，“不知用兵之害”，好大喜功，日糜烂其民而战之，如希特勒之所为也！借使希特勒之举兵也，仅以毁凡尔赛之条约，恢德意志之荣誉，师直为壮，岂惟德人之所愿欲，抑亦举世之所同情；而雄图既溢，瞻视非常，欲以并吞八荒，力征经营，罢民以逞，树敌日众，终亦必亡而已矣！所贵乎兵家者，岂一胜之为烈；尤贵有以善其后；未制胜，且先虑败；既制胜，宜图保胜。而德之兵家，徒为制胜而已，败且无以善后，胜亦岂能终保！抑兵之为用，制胜未易，善败尤难！而我委员长以积弱之势，抗暴兴之日，再接再厉，而气不挠，善败不亡，败岂终败，可谓善败也已！《老子》曰："抗兵相加，哀者胜矣！"而德之兵家，则不为"哀"而为"亢"！"亢之为言也，知进而不知退，知存而不知亡，知得而不知丧！其唯圣人乎；知进退存亡而不失其正者，其唯圣人乎！"我委员长有焉！余尝谓德国兵家：史梯芬之搜古今歼灭战例，知兵事而不知兵法者也！塞克特及白鲁希兹之创闪电战，知兵器而不知兵法者也！惟委员长为能知兵法，以退为进，推亡固存，无兵器而固兵心，作士气，败而逾奋，此所以不可及也！既有以善败于方今，必有以保胜于他日！

余观列国战略之成功，莫不习惯成自然，原本历史！英之先为不可胜以待敌之可胜，自拿破仑之战而已然；俄之寓攻于守，致人而不致于人，亦自拿破仑之成已然；德之贵胜不贵久，自一八六六年，普奥之战已然；日之制人于先发，自甲午中日之战已然；运用之妙，熟极生巧，盖历史之相沿，而因习者有素也！特是陈陈相因，数见不鲜，我所习熟，敌能预测，而有以相制，则无以善后焉！独委员长高瞻远瞩，推陈出新，以空间换时间，而予敌以不决；以弱势耗强敌，而持我以坚忍；决心抗战，可失地而不可媾和，一破中国数千年之历史，而不为因循！吾尝慨吾国士夫，震于欧化，而轻家丘，民族自信之心已堕；论及欧战，辄诧战术之创新，虽臭腐亦为神奇，而太不知历史！一谈抗日，则又疾首蹙额，宋、金、元、明、清之故事，潮上心头而不能自拔，往往降志辱身，而求以全躯保妻子；纵有形格势禁，而慷慨当众，沉吟私室；知识愈高，意气愈沮，而无法以自振；则太熟历史为之厉阶也！此一役也，中国历史，将为之转变，而予民族以自信，涤旧染之污而自新；岂仅一胜之为烈！吾尝持此谊以告人；而人莫之信也！或有问于予曰："宋之南渡也，李纲、张浚咸议抗金，而日寻干戈，无役不北；卒以媾和，而生民稍得息肩，不已多乎！"余应之曰："昔李纲劝高宗首定国是；而宋之败也，由于国是不定，二三其志！宋人怯战以求和，金人饵和以亟战；金人且和且战，宋人不战不守，宋不为备，而金乘之；史实具在，岂战之罪！而刘錡顺昌之捷，岳飞朱仙镇之役，金之铁骑纵横，亦非无坚不摧也！使当日如委员长者，总师干以与周旋；愈败愈不和，愈战愈强，以坚制锐，金何能为！今决心抗战，国是久定，士有死志，民无二心；师直为壮，曲为老；彼曲我直，吾何畏彼哉！吾观李纲、张浚，议论纷纷，兵情敌势，焯有所见，然以不习戎事，于将士非素拊循，虽有经国料敌之智，而无临戎驭军之才，终不足以当大任，捍强敌！是故李纲、张浚，知兵法而不知兵事者也！委员长则知兵法而能治军事者也！李纲、张浚纵无力以抗金；委员长必有材以败日；今古事异，可断言者！”

或又曰：“自古中国，有起西北，以兼东南；罕有东南，克定中原！而今国都播迁西南，人以吴三桂视之矣！”余应之曰：“言不可以若是其几也！”昔赵翼论长安地气，以谓：“地气之盛衰，久则必变！唐开元天宝间，地气自西北转东北之大变局也！秦中自古为帝王州，周秦西汉递都之；苻秦，姚秦，西魏，后周，相间割据；隋文帝迁都于龙首山下，距故城仅二十余里，仍秦地也；自是混一天下，成大一统。唐因之，至开元天宝，而长安之盛极矣！盛极必衰，理固然也！自是地气将自西趋东北，故突生安史以兆其端！自后河朔三镇，名虽属唐，仅同化外羁縻，不复能臂指相使。盖东北之气将兴，西方之气，已不能包举而收摄之也！东北之气，始兴而未盛，故虽不为西所制，尚不能制西。西之气，渐衰而未竭，故虽不能制东北，尚不为东北所制；而无如气已日薄一日，帝居遂不能安！于是玄宗避禄山，有成都之行。代宗避吐蕃，有陕州之行。德宗避泾师，有奉天梁洋之行。地之靰鞔不安，知气之消耗渐散！迨僖宗走成都，走兴元，走凤翔；昭宗走莎城，走华州，又被劫于凤翔，被迁于洛；而长安自此夷为郡县矣！当长安夷为郡县之时，契丹安巴坚已起于辽，此正地气自西趋东北之消息！特以气虽东北趋而尚未尽结，故仅有幽蓟而不能统一中原。而气之东北趋者，则有洛阳、汴梁为之迤逦潜引，如堪舆家所谓过峡者。至一二百年，而东北之气，积而益固；于是金源遂有天下之半；元明遂有天下之全；至我朝不惟有天下之全，且又扩西北塞外数万里，皆控制于东北；此王气全结于东北之明证也！而抑知转移关键，乃在开元天宝时哉！”上下古今，此诚博学通人之论！然东北之气，极盛于清，而亦消耗以尽；与之代兴，将在西南！赵氏以安禄山之反，为地气自西北转东北之消息；吾则以吴三桂之反，为地气自东北转西南之消息！盖自明以前，西南诸省，蛮夷荒服，仅等羁縻，曾无力以问鼎中原！及吴三桂称兵云南，一出而秦陇响应，东南震动；称帝衡山，清廷岌岌，连铁骑以南下，而苦战荆岳久不解，如楚汉之争荥阳、成皋焉；此正地气自东北转西南之消息；特以气虽西南趋，而尚未结，其兴也浡，其亡也忽！清廷遂据幽燕以盗有诸夏者二百年；然革命常起南方！广西崎岖岭徼，地瘠民贫，有史以来，何当大局！然洪秀全、杨秀清发难金田，乃裹五岭之民，陵厉无前，出湘蹴鄂，顺长江而下，奠都金陵，奄有天下之半者，垂十余年；兵锋之锐，直达津沽！清廷蹴缩而莫谁何；于是曾国藩、左宗棠之徒，起于湖南，用湘军以与角逐，廑乃克定；而军四出，东至东海，南逾岭外，西定天山。清廷拱手仰成以得苟延；则是西南之气日王，而东北之气，已不能包举而收摄之也！气之西南趋者，则有武汉、衡湘，迤逦渐引以为过峡。黄兴起于湖南，黎元洪举兵武昌，而清廷之大命以倾！及袁世凯因清之故都，洪宪称帝；而蔡锷以云南首义，一举而覆之；则是西南之气以益旁薄！抗日军兴，而国都播迁西南，以奠民族复兴之基；文化随之深入，西南必以开发。地运何常，人事可恃！然则今日之大患，不在日人兵势之强；而在吾人之历史因袭观念太强，气不自振，志以先沮也！

呜呼！物腐而虫必生，志疑而间以入！吾人丧气沮志，以疑于战；此固日人之所大欲，而间之可得入也！观于欧洲第一次大战：一九一七年，俄军虽不振；然德人不敢以一卒叩边，而割地以亟和者，列宁之护送回俄，而德人之用间成功也；非战之罪也！一九一八年，德人百战百胜，而亦内溃；则以英、法之宣传成功，而人民之厌战以深也；亦非战之罪也！今希特勒喑哑叱咤，纵横欧陆，灭十余国；人皆震于闪电战之威！顾校其成功；国之破于战者十之三；国之破于间者十之七；而所以为间，则一本克老山维兹之传授心法，操纵敌国之舆论，饵以和平，而煽诱敌国之民志，使之厌战而自为瓦解焉！呜呼！吾侪士夫，读书明理，岂有卖国以为间；徒以罢于奔命，厌战情深，谈吐之间，张皇敌势，而不知不觉，播散谣传，以为间用者，吾见亦多矣！此吾之所大惧也！呜呼！三十年来，吾见列强用间以破人之国者，不为少矣！阴谋秘计，微乎微乎！就所睹记，搜著其事，以阐《孙子·用间》之篇，如禹鼎之铸奸，如秦镜之照妖，绘影绘声，穷态极妍；岂如太史公之好奇哉！毋亦以为国人监观也！

余少喜谈兵，老不自振，读书数万卷，到老不得一字之力；教书三十岁，报国几见一士之用；抚衷唯有悔余，羁旅以延病喘，作伴回乡，不知何日；首丘思切，殊难为怀！独念本院缔造，茂公亟招，间关以来，长沙大火，杨家滩之工院亟迁，而蓝田之人心大震，风声鹤唳，士气已墨！而茂公神闲气定，经营方亟，抚绥多士，以有今日；其间长沙大战，亦再而三，迫近前线，惊心烽火，士无靖志；而茂公在危不扰，弦诵依旧！作育之效，未知何如；即此矢志不挠，处变若定，率励多士，俾知有勇，而体不惧，以安问学；已足立懦廉顽，树之风声！呜呼！见利思义，见危授命，亦士之常！此而不能，百年树人，亦奚以为！此仆衰病余生，以得追随为幸者也！屠龙之技，于我何有！伏枥之骥，不能无嘶！此中耿耿，读书监诸！无锡钱基博识于国立师范学院之光明山，时为夏历辛巳除夕，山居已四度除夕矣！云天凄黯，急景凋年。余发种种，盖不胜迟暮之感云！

（选自钱基博撰《孙子章句训义》，卷头语第1～9页，上海古籍出版社2011年版）

钱基博（1887—1957），字子泉，别号潜庐，江苏无锡人。古文学家、教育家。钱锺书之父。早年参加革命。1923年后历任上海圣约翰大学国文教授、北京清华大学国文教授、南京中央大学（1949年改名南京大学）中国语文学系教授、无锡国学专修学校（现苏州大学）校务主任、光华大学（今华东师范大学）中国文学系主任及文学院院长等职。抗日战争全面爆发后，历任浙江大学中文系教授、湖南蓝田国立师范学院（现湖南师范大学）国文系主任、南岳抗日干部训练班教员。1944年，倭寇犯湘，钱基博大义留守师范学院，王耀武苦劝无果，不得不强行将钱老转移。抗战胜利后，任武汉华中大学（今华中师范大学）教授。毕生致力于著述与教学，安身立命于国学研究与传授。

孙子别传

〔清末民国〕钱基博

孙子武者，字长卿。齐敬仲五世孙书，为齐大夫，伐莒有功，景公赐姓孙氏，食采于乐安；生冯，为齐卿。冯生武，以田鲍四族之乱，遂奔吴也。[①]善为兵法，辟隐深居，世人莫知其能。伍子胥、白喜以楚杀其父，亡命，事吴王阖闾，锐欲报楚。吴王内计二子皆怨楚深，恐以兵往，破灭而已；登台向南风而啸，有顷而叹；群臣莫有晓王意者！子胥深知王之不定，乃一旦与吴王论兵，七荐孙子。吴王曰："子胥托言进士，欲以自纳。"而召孙子，问以兵法？每陈一篇，王不知口之称善，大悦！[②]问曰："散地，士卒顾家，不可与战，则必固守不出。若敌攻我小城，掠吾田野，禁吾樵采。塞吾要道，待吾空虚而急来攻，则如之何？"孙子日。"敌人深入吾都，多背城邑；士卒以军为家，专志轻斗。吾兵在国，安土怀生，以陈则不坚，以斗则不胜；当集人合众，聚谷蓄帛，保城备险；遣轻兵绝其粮道；彼挑战不得，转输不至，野无所掠，三军困馁；因而诱之，可以有功。若与野战，则必因势，依险设伏；无险，则隐于天气隐晦昏雾，出其不意，袭其懈怠，可以有功。"王曰："吾至轻地，始入敌境，士卒思还，难进易退，未背险阻，三军恐惧；大将欲进，士卒欲退，上下异心；敌守其城垒，整其车骑，或当吾前，或击吾后，则如之何？"孙子曰："军至轻地，士卒未专，以入为务，无以战为，故无近其名城，无由其通路；设疑佯惑，示若将去；乃选骑衔枚先入，入掠其牛马六畜；三军见得，进乃不惧；分吾良卒，密有所伏；敌人若来，击之勿疑；若其不至，舍之而去。"王曰："争地，敌先至，据要保利，简兵练卒，或出或守以备我奇，则如之何？"孙子曰："争地之法，让之者得，争之者失。敌得其处，慎勿攻之，引而佯走，建旗鸣鼓，趣其所爱；曳柴扬尘，惑其耳目；分吾良卒，密有所伏，敌必出救。人欲我与，人弃吾取，此争先之道。若我先至而敌用此术，则选吾锐卒，固收其所；轻兵追之，分伏险阻；敌人还斗，伏兵旁起；此全胜之道也。"王曰："交地，吾将绝敌令不得来，必全吾边城，修其所备：深绝通道，固其厄塞。若不先图，敌人已备，彼可得来而吾不可往，众寡又均，则如之何？"孙子曰："既我不可以往，彼可以来；吾分卒匿之，守而易怠；示其不能，敌人且至；设伏隐庐，出其不意，可以有功也。"王曰："衢地必先，

① 原注：《姓氏辨证书》。

② 原注：《吴越春秋·阖闾内传》。

吾道远发后，虽驰车骤马，至不能先，则如之何？”孙子曰：“诸侯参属，其道四通；我与敌相当，而傍有国；所谓先者，必重币轻使，约和傍国，交亲结恩；兵虽后至，众以属矣；简兵练卒，阻利而处，亲吾军事，实吾资粮，令吾车骑，出入瞻候，我有众助，彼失其党；诸国犄角，震鼓齐攻；敌人惊恐，莫知所当。”王曰：“吾引兵深入重地，多所逾越，粮道绝塞，设欲归还，势不可过；欲食于敌，持兵不失，则如之何？”孙子曰：“凡居重地，士卒轻勇，转输不通，则掠以继食，下得粟帛，皆贡于上，多者有赏；士无归意：若欲还出，切为戒备，深沟高垒，示敌且久；敌疑通途，私除要害之道，乃令轻车衔枚而行，尘埃风扬，以牛马为饵；敌人若出，鸣鼓随之，阴伏吾士，与之中期，内外相应，其败可知。”王曰：“吾入圮地，山川险阻，难从之道，行久卒劳；敌在吾前而伏吾后，营居吾左而守吾右；良车骁骑，要吾隘道，则如之何？”孙子曰：“先进轻车，去军十里，与敌相候，接期险阻，或分而左，或分而右；大将四观，择空而取，皆会中道，倦而乃止。”王曰：“吾入围地，前有强敌，后有险难；敌绝粮道，利我走势；敌鼓噪不进以观我态，则如之何？”孙子曰：“围地之宜，必塞其阙，示无可往，则以军为家，万人同心，三军齐力；并炊数日，无见火烟，故为毁乱寡弱之形；敌人见我，备之必轻；告励士卒，令其奋怒；陈伏良卒，左右险阻，击鼓而出；敌人若当疾击，务突前斗后，拓左右犄角。”[①]王曰：“若我围敌，则如之何？”孙子曰：“山峻谷险，难以逾越，谓之穷寇。击之之法，伏卒隐庐，开其去道，示其生路，求生逃出，必无斗心；因而击之，虽众必破。”王曰：“吾师出境，军于敌人之地，敌人大至，围我数重；欲突以出，四塞不通；欲励士激众，使之投命溃围，则如之何？”武曰：“深沟高垒，示为守备，安静勿动，以隐吾能；告令三军，示不得已；杀牛燔车，以飨吾士；烧尽粮食，填夷井灶；割发捐冠，绝去生虑；将无余谋，士有死志；于是砥甲砺刃，并气一力，或攻两旁，震鼓疾躁；敌人亦惧，莫知所当；锐卒分行，疾攻其后；此是失道而求生。若敌人在死地，士卒气勇，欲击之法，顺而勿抗；阴守其利，绝其粮道；恐有奇兵，

---

① 原注：《通典·兵刑典》。

隐而不睹，使吾弓弩，俱守其所。”[1]王曰：“敌勇不惧，骄而无虑，兵众而强，图之奈何？”孙子曰：“诎而待之，以顺其意；无令省觉，以益其懈怠；因敌迁移，潜伏候伺，前行不瞻，后往不顾，中而击之，虽众可取。攻骄之道，不可争锋！”王曰：“敌人保据山险，擅利而处之，粮食又足；挑之则不出，乘间则侵掠，为之奈何？”孙子曰：“分兵守要，谨备勿懈，潜探其情，密候其怠，以利诱之，禁其樵牧，久无所得，自然变改，待离其固，夺其所爱，敌据险隘，我能破之也。”[2]王乃曰：“子之《十三篇》，吾尽观之矣；可以小试勒兵乎？”对曰：“可。”曰：“可试以妇人乎？”曰：“可。”于是许之，出宫中美人，得百八十人[3]。孙子分为二队，以王之宠姬二人各为队长，皆令持戟；令之曰：汝知而心与左右手背乎？”妇人曰：“知之。”孙子曰：“前则视心，左视左手，右视右手，后即视背。”妇人曰：“诺。”约束既布[4]，乃令曰：“一鼓皆振，二鼓操进，三鼓为战形。”于是宫女皆掩口而笑，孙子乃亲自操枹击鼓，三令五申，其笑如故。孙子顾视诸女连笑不止；孙子大怒，两目忽张，声如骇虎，发上冲冠，项旁绝缨，顾谓执法曰：“取鈇锧！”孙子曰：“约束不明，申令不信，将之罪也。既以约束，三令五申，卒不却行，士之过也。军法如何？”执法曰：“斩！”武乃令斩队长二人，即吴王之宠姬也。吴王登台观望，正见斩二爱姬，驰使下令之曰：“寡人已知将军用兵矣；寡人非此二姬，食不甘味，宜勿斩之！”孙子曰：“既已受命为将，将法在军，君虽有令，臣不受之。”孙子复撝鼓之，当左右进退，回旋规矩，不敢瞬目；二队寂然，无敢顾者。于是乃报吴王曰：“兵已整齐，愿王观之！惟所欲用，使赴水火，犹无难矣；而可以定天下。”吴王忽然不悦曰：“寡人知子善用兵，虽可以霸，然而无所施也。将军罢兵就舍，寡人不愿！”孙子曰：“王徒好其言而不用其实！”子胥谏曰：“臣闻兵者凶事，不可空试；故为兵者诛伐不行，兵道不明。今大王虔心思士，欲兴干戈以诛暴楚，以霸诸侯而威天下，非孙武之将，而谁

---

① 原注：本书《九地篇》何氏注。

② 原注：《通典・兵刑典》。

③ 原注：《吴越春秋・阖闾内传》作“三百人”。

④ 原注：《史记・孙子列传》。

能涉淮逾泗，越千里而战者乎？”于是吴王大悦，因鸣鼓会军，集而攻楚；孙子为将，拔舒，杀王亡将二：公子盖余、烛佣。吴王谋欲入郢。孙子曰：“民劳未可恃也！”吴王有女滕玉，因谋伐楚，与夫人及女食蒸鱼。王前尝半而与女，女怒曰：“王食鱼辱我，不忘久生！”乃自杀。吴王痛之，葬于国西阊门外，凿池积土，文石为椁，题凑为中，金鼎玉杯银樽珠襦之宝，皆以送女；乃舞白鹤于吴市中，令万民随而观之；还使男女与鹤俱入羡门，因发机以掩之。杀生以送死，国人非之！湛卢之剑，恶吴王之无道也，乃去而出，水行如楚。楚昭王卧而寤，得吴王湛卢之剑。昭王不知其故，乃召风湖子而问曰：“寡人卧觉而得宝剑，不知其名。”风湖子曰：“此谓湛卢之剑。”昭王曰：“何以言之？”风湖子曰：“臣闻吴王得越所献宝剑三枚：一曰鱼肠，二曰磐郢，三曰湛卢。鱼肠之剑，已用杀吴王僚也；磐郢以送其女死；今湛卢入楚也。”昭王曰：“湛卢所以去者何也？”风湖子曰：“臣闻越王元常，使欧冶子造剑五枚以示薛烛。烛对曰：‘鱼肠剑逆理不顺，不可服也；臣以杀君，子以杀父。’故阖闾以杀王僚。一名磐郢，亦曰豪曹，不法之物，无益于人，故以送死。一名湛卢，五金之英，太阳之精，寄气托灵，出之有神，服之有威，可以折冲御敌；然人君有逆理之谋，其剑即出，故去无道。今吴王无道，杀君谋楚，故湛卢入楚。”昭王曰：“其值几何？”风湖子曰：“臣闻此剑在越之时，客有酬其值者，有市之乡三十，骏马千匹，万户之都二，是其一也。薛烛对曰：‘赤堇之山，已令无云；若耶之溪，深而莫测；群臣上天，欧冶死矣；虽倾城量金，珠玉盈河，犹不能得此宝；而况有市之乡，骏马千匹，万户之都，何足言也。’”昭王大悦，遂以为宝。吴王闻楚得湛卢之剑，因斯发怒，遂使孙武、伍胥、白喜伐楚。子胥阴令宣言于楚曰：“楚用子期为将，吾即得而杀之。子常用兵，吾即去之。”楚闻之，因用子常，退子期。吴拔六与潜二邑。楚使子常囊瓦伐吴；吴使伍胥、孙武击之；围于豫章，大破之。吴王谓子胥、孙武曰：“吾欲复击楚，奈何而有功？”伍胥、孙武曰：“囊瓦者，贪而多过于诸侯，而唐蔡怨之；王必先得唐蔡。”吴王从之，悉兴师，唐蔡为承。[1]西破强

---

① 原注：《吴越春秋·阖闾内传》。

楚，入郢，北威齐、晋，显名诸侯；孙子与有力焉！[①]吴王谓子胥、孙武曰："始子言郢不可入，今果如何？"二将曰："夫战，借胜以成其威，非常胜之道也。"吴王曰："何谓也？"二将曰："楚之为兵，天下强敌也；今臣与之争锋，十亡一存；而王入郢者，天也！臣不敢必。"[②]然而孙武以三万破楚二十万者，楚无法故也。[③]孙子八阵，有革车之乘[④]；为吴王客，殁葬巫门外大冢。[⑤]有三子，驰、明、敌；而明食采于富春，生膑。[⑥]尝为齐军师，破魏惠王军，擒太子申以传武兵法。[⑦]武著兵法八十二篇，图九卷；独十三篇以进吴王而盛传于世。其大指在以正治国，以奇用兵；遂为千古谈兵之祖焉！

外史氏曰：左氏《春秋传》叙吴王阖闾伐楚事，无孙武；而太史公为之列传，亦著其事于《吴世家》；与《吴越春秋·阖闾内传》所载多同；而《吴越春秋》辞特丰蔚，尤诙诡有奇趣，乃为史公好奇者之所不取，何也？杜佑《通典》又载武与吴王问答语，不知何出，而何氏采以入注[⑧]。亦有《通典》所未详者，或以八十二篇之佚文也。并裁为篇，以补《十三篇》之缺，而题之曰"别传"者，所以别出于《太史公书》也。庶几读武之书者，有所考览云！

（选自钱基博撰《孙子章句训义》，卷首第21～25页，上海古籍出版社2011年版）

---

① 原注：《史记·孙子列传》。

② 原注：《吴越春秋·阖闾内传》。

③ 原注：《新序》。

④ 原注：《周礼·夏官》郑玄注。

⑤ 原注：《越绝书·外传记吴地传》。

⑥ 原注：《姓氏辨证书》。

⑦ 原注：《史记·孙子列传》。

⑧ 原注：《通志·兵略》作"何延锡"。

论《全上古三代文》卷五·孙武《兵法》

钱锺书

孙武《兵法》:“山峻谷险，难以逾越，谓之穷寇。击之之法，伏卒隐庐，开其去道，示其去路；求生透出，必无斗志，因而击之，虽众必破。”按参观《左传》卷论宣公十二年。《孙子·军争》篇云“归师勿遏，穷寇勿迫，围师必阙”，此文“开其去道”即“围”而“阙”也。曹操注《孙子》本节，亦曰“所以示生路”，何延锡、张预两注均引曹仁语。夫仁语见《三国志·魏书·曹仁传》，正为规谏曹操，劝操“围城必示之活门，开其生路”。是操不免纸上谈兵，临阵厮杀，忘却枪法矣。《唐太宗李卫公问对》每及操之《新书》，卷中论“作阵对敌必先立表”之非，有曰:“曹公骄而好胜，当时诸将奉《新书》者，莫敢攻其短。”想当然而理或然欤。《汉书·赵充国传》虏遁，充国徐驱，曰:“此穷寇不可迫也，缓之则不顾，急之则还致死。”《三国志·魏书·张郃传》裴松之注引《魏略》记郃亦谏司马懿曰:“军法:围城必开出路，归军勿追。”又《吴书·张纮传》裴注引《吴书》:“合肥城久不拔，纮进计曰:‘古之围城，开其一面，以疑众心。今围之甚密，攻之又急，诚惧并命戮力。……可小宽之，以观其变。’”《南史·张欣泰传》魏军退，假道，欣泰曰:“归师勿遏，古人畏之，死地兵不可轻也。”泰西古兵法言，不仅留路容敌之逃，并铺道便其遁。故波斯大军侵希腊，希腊兵主欲围迫以断其归路，老谋之士(Aristides①)进曰:“万勿切断津梁，毋宁增桥以便虏酋之仓皇东遁耳。”西方遂有谚曰“敌师若遁逃，为搭金银桥”,《堂·吉诃德》中即引之。又按《三国演义》写赤壁之战，黄盖苦肉计诈降，周瑜佯醉骗蒋干，皆使曹操堕术中；征之《三国志·吴书·周瑜传》，黄盖诈降而无苦肉计，蒋干作说客而无被骗事。《演义》所增诡计，中外古兵书皆尝举似。《孙子·用间》篇:“内间者，因其官人而信之。”何延锡注引李雄鞭扑泰见血，使谲罗尚，尚信之，即《演义》

① 编者按:Aristides，即阿里斯提得斯(约前530—约前468)，雅典将军、政治家。

第四六回周瑜之挞黄盖；又“反间，因其敌间而用之”，萧世诚注谓“敌使人来候我，我佯不知而示以虚事”，即《演义》第四五回周瑜之赚蒋干，古罗马诗人所谓：“倘人将计以就计，则我得计正失计。”注《孙子》十家，曹操居首，而操于“五间”不着一语，瞠若无睹，是未尝心领承教，宜《演义》写其为周瑜所弄矣！然操于孙子“围师必阙”之诫，固尝作注，而用兵时背弃不顾，则即为“五间”诠解，临事或亦忘却尔。宋时释子野语，谓仁宗朝“高丽遣使问魏武注《孙子》，三处要义无注”；廷臣不能对其故，欧阳修驰使庐山，请于僧居讷，讷教答曰“机密之事不可以示人”（释志磐《佛祖统纪》卷四五）。未识“五间”亦在“三处”中不。

（选自钱锺书撰《管锥编》，第1386～1388页，生活·读书·新知三联书店2007年版）

钱锺书（1910—1998），原名仰先，字哲良，后改名锺书，字默存，号槐聚，曾用笔名中书君，江苏无锡人。1929年，考入清华大学外文系。1937年获牛津大学学士学位。中华人民共和国成立后，历任清华大学教授，中国科学院文学研究所研究员、哲学社会科学部委员，中国社会科学院文学研究所研究员、副院长、院特邀顾问。著有《管锥篇》等。

东亚《孙子》研究文选

李氏朝鲜

跋《孙子》

〔李氏朝鲜〕许筠

春秋以来言兵事者，孙武一人而已。后世善用兵者，莫能出其度内。虽非王者师，而噫亦奇哉。其文有筦锁辟阖处，节节生情。先秦诸子文，韩非与孙武最是作家。至其简切明核，则非所及也。

（选自许筠撰《惺所覆瓿稿》卷十三）

许筠（1569—1618），字端甫，号蛟山。出身两班。光海君时期官至左参赞，曾随使节团到访中国。后因谋反罪被处死。主要著作有诗文集《惺所覆瓿藁》、诗论《鹤山樵谈》、食物志《屠门大嚼》等。长篇小说《洪吉童传》描写身为庶子的两班子弟带领底层人民反抗朝廷的故事，在朝鲜广为流传。

《孙子十三篇去注》序

〔李氏朝鲜〕安重观

儒者不言兵。兵非儒者之所急，然儒必极天下之务，而耻一二之不通，则独于兵遗之哉？吾夫子在卫曰："俎豆之事，尝学之。军旅之事，未尝学也。"此为灵公好武而言可矣。若夫子行三军，则曰："必也临事而惧，好谋而成。"又尝曰："我战则克。"相夹谷之会，则实以兵从，遂抑齐人之祸心，而使不得逞。冉有胜敌，或问能战之故，则曰："求尝学于夫子矣。"盖夫子固尝志于大道之行，与三代之英，然其明于兵如此，抑衰世不得已之意也。天生五材，人并用之，则其谁能去兵？而世运日下，金革之事，无时而息。使为士者，惟知切切于性命之察。文为之肄，而不复以余力及于兵，则不几于拘学之归而卒为圣徒所笑也乎？余为是惧，尝于经史之暇，辄思强其不能。则既博涉古之兵流，而考其臧否矣。凡古之兵书，若汉淮阴侯之所申明者，已多不见于世。世之所尚，唯《六韬》《三略》等七书，号为《武经》者为最盛。然《韬》《略》虽谓太公之所作，而其言鄙诈，要非佐王之道。如《司马》《尉缭》《吴子》三家，间亦多伪，未必一出于其人。而《李卫公》，则直阮逸之假为也。独所谓孙武《十三篇》者，余盖反复参伍，观其为术独至，修辞古奇，决知其自武出而有不可诬者矣。夫武，特战国之雄，而其论兵之要，不过曰"诡道"而已，则是固仁义之所羞，而制节之所讳也。然其书究后世用兵变化之极，有以明其术而不复为赝说所乱，故古之知兵者，固皆宗知。孙膑、韩信、赵充国、诸葛武侯，诸子之所称引古兵法者，概皆出于此。而至于曹孟德，则从以注之，以信于天下。此岂苟然者哉？孟德注是书甚略，初不肯尽，而乃别自为新书。盖奸雄欲私其智见，而恐武之掩之也。故杜牧、梅尧臣诸注家纷纷继出，自以阐明无遗。然孟德善知兵，为能彷佛于武，则所注虽略，宜非文士能言之比。而吾国偏远，迄未之获见，则惜哉。然书指固较然有以会通，则亦不待注说而知之也。余故净写十三篇，绌去诸注，合为一册，以便观览。盖亦喜其书之独真，而要以尽兵家之变已也。

（选自安重观撰《悔窝集》卷四）

安重观（生卒年不详），字国宾，号悔窝。顺兴人。历任工曹佐郎，洪川、堤川县监。精通性理学，对文学和经济学的造诣也很高。著有《悔窝集》。

送明世驹序

〔李氏朝鲜〕申昉

孙武，古之善将者也，而其言曰：“不尽知用兵之害，不尽知用兵之利也。”善哉斯言也。余以为不独兵然，可以语学也。今夫驱熊虎之士，涉万里之国，判死生于一战者，其事亦重矣。在其始，固不得不计其如此而胜，如此而败，如此而存，如此而亡。就其利者而为之，害者而去之，然后始可保其胜与存矣。若不能审乎彼之为害，则安知此之有利而择之哉？然则欲择其利也，当就其害而求之耳。此孙武所以佐吴子，北向一挥而搏强楚、而威齐晋也。乃吾儒之于学，则有甚焉。诗书礼乐，胜之具也；孝悌仁义，存之道也。为之者利矣，反是则夷狄也、禽兽也、非人之类也而害矣。其害也，岂特彼用兵者之败与亡也？犹不失为人者哉。然世之人闻兵之败与亡者，莫不惊呼动色，栗栗危惴。而闻不能诗书礼乐孝悌仁义者，视之为当然，不以为怪者，非他，实不能真知其害之至于不为人之甚也，不其哀乎？此学之利害，不可不知。而其事之切，有甚于兵之利害者也。吾党有明生世驹者，质厚而志惇，慨然有志于学。从余游者四岁，将以某日归觐其亲，要余有言以益之。窃念生之游学，不为不久矣，其所用力亦多矣。余之所以告生者，不敢不尽矣。而讫其归，犹未见大有所成就者，何哉？岂所谓学者果不可以企至耶？抑犹于其害有所未能尽知，故于其利者守之不能坚，而不免有徘徊姑息而然欤？此吾所以为生熟思，不得其故，而复有孙武之说也。生之归，苟能益以此自励，日夜孳孳，惟求免于夷狄禽兽非人之类者。其惴惧戒心，如临兵者之求不死，则虽不志于学，于是乎可自得师矣，于是乎可自求道矣。而其所成就，必有卓然可观者矣，其进何可限也？苟如是也，他日负其有至京师，虽未易如搏楚威齐晋之为，犹可以屹然与都下之学士名儒抗揖让后先之礼于牛耳铜盘之间，岂不伟哉？余固病懒，念无以进益。当其时，可能记今日之周旋，尚肯以三舍见让否？姑书以俟之。

（选自申昉撰《屯庵集》卷四）

申昉（1685—1736），字明远，号屯庵，平山人。李氏朝鲜肃宗朝文科，官至吏曹参判。

书季华[1]《手写孙武书》后

〔李氏朝鲜〕安锡儆

谓牧之、圣俞何如人哉？吾见其诗矣。以唐宋之盛而能辉然有立，盖皆诗人之秀也。顾志于兵，皆注孙武事，彼必自肯以知兵焉。呜呼！兵岂易知者耶？设令知之，及于用，果能无坏误耶？吾谓诗人大抵喜谈兵。夫兵书亦纸上有字耳，纸上字非诗人所难晓，且诗人多爱奇好壮，而兵者视天下事，独若奇壮焉，此诗人之所以喜谈兵者也。然爱奇好壮，已是用兵之大忌。且按易以水

① 编者按：季华，即作者之弟安锡任，字季华。

象兵，兵非一定而不变者。奈何信故纸以为胜败之政也？是故诗人而喜兵者，吾谓不可用。用之临睨风云、歌咏山河则可矣，无不误人之事。吾弟季华好读书，年少有诗声，近好为兵谈。手写孙武书，常左右焉，自谓非诗人。人视之，脱然亦诗人耳。吾不知也，其于兵与牧之、圣俞，抑岂有不同者欤？吾爱其诗淡荡有逸气，如烟洲月渚、春水方长，一二年习之，殆乎与牧之、圣俞上下，此则盖无疑。

（选自安锡儆撰《雪桥集》卷五）

安锡儆（1718—1774），字叔华，号雪桥，顺兴人。三次参加科举考试均落榜，遂以处士自居，归隐雪桥研磨学问。著有《雪桥集》。

《孙武子精选》序

〔李氏朝鲜〕李种徽

兵者，先王所以安天下之术耳，非用以为威且夸也。是故善言兵者，其归必在于无战。自穰苴、尉缭子、吴起之属，皆能言之，而孙武之言最的确。尝曰：“善用兵者，屈人之兵而非战，拔人之城而非攻。”又曰：“见胜不过众人之所知，非善之善者也。战胜而天下曰善，非善之善者也。善战者之胜也，无知名，无勇功。”若武者，庶几得无战之术者也。世之负才而恃勇者，不幸不遇，而欲有所自试于他日，则往往伏而读兵法之书，以俟天下之乱。其心固已不善矣，且其所探赜而钩致，亦不出于机谋诈力倾仄反覆之间。读之于口而熟之于心，自不能不与之俱化。是以，秦汉以来号为名将者，鲜能以功名终。此皆不得武之深而惟其粗之是事者也。祖逖当晋之升平，闻司州鸡而起舞，其翘然自得之心，盖欲试其才于当乱。其后逖死，而其弟约因兄之资，以乱晋室。唐侯君集，学于李靖，颇解用兵之术，而欲悉传其妙。李靖以为必叛，其后君集果死于承乾之乱。盖小人不得其本，而惟智名勇功之从事者，未有不覆其国而亡其身。则如孙吴之书，适足为祸首也。余少喜观兵家书，于孙子，尤喜其文简而意切，法奇而理正。抄其切要为一卷，而篇章句读皆有删节，以便考阅焉。呜呼！圣人用兵，出于不得已。苟不得已，则平居无事，讲磨而研究，以待不时之用。此亦圣人之意也。是故《易》师卦之彖曰："师中丈人吉。"而传曰："临事而惧，好谋而成。"今观武之书，虽万变其说，而大旨亦不能出此。夫丈人在师，岂区区为智名勇功计哉？而无战而服天下之心，亦上将之成谋也。读此书者，又不可不知也。

（选自李种徽撰《修山集》卷二）

李种徽（1731—1797），字德叔，号修山，本贯全州。曾任兵曹参判。李朝后期阳明学者，历史学者。著有《修山集》。

筹司取才判（节选）

〔李氏朝鲜〕金载瓒

《武经七书》，如儒家七书。或曰《孙武子》可仿《尚书》，《三略》可仿《孟子》云。所以仿之本，可以明言。而七经中何书可仿《周易》欤？

将在军中，君命有所不受。然胡亥矫制，蒙恬就死；金牌宣召，岳飞班师。在臣分则可，在军法，抑或不可欤？

（选自金载瓒撰《海石遗稿》卷八）

金载瓒（1746—1827），字国宝，号海石，原籍延安。历任右议政、左议政、领议政等职，参与编纂《正祖实录》工作。著书有《海石集》《海石日录》等。

《孙武子写本》跋

〔李氏朝鲜〕任天常

天下无兵可乎？不可也。不可则不知兵，其可乎不乎？世言治世无所用兵，儒者不言兵，然则管蔡之乱，何起乎成周？夹谷之会，何事乎武备？诸葛何用乎八阵？而祈山之师，四出五出六出，又何为也？使天下而无兵革之事则已，不幸而有之，则举天下不知兵，其将属之谁乎？将扫境内之众，属诸一武勇之徒而已乎？是天下不得不用兵，而为士者亦不可不知也。古之言兵而名天下者凡十数家，余于读经史之暇，置丌上而展阅之。或赝而杂，或徒言而不可用，惟孙子武、吴子起，其为文古，而其言简而备。而武又雄于起者也，盖其术虽不足与于仁义之兵，而其奇权密机，出入神鬼。用是而战，可无敌于天下，此其所以破楚而入郢也欤？世治而论兵者，则必目之以好事，甚之曰幸天下有变，夫孰肯冒此名而为之也？今夫孝子之事其父母也，甘羞脆味，凡平日之所供养者，无所不备。而药石之物，亦莫不预具焉。此岂期父母于有疾欤？诚以爱惧之心切，故虑无所不至，而养之无所不用其极。是以孝子不可以不知医，志士不可以不知兵也。然兵固未易用，汉武易之，而海内弊；赵括易之，而三军坑。故孙子曰："不尽知用兵之害者，不能尽知用兵之利。"呜呼！兵其可易乎哉？

（选自任天常撰《穷悟集》卷六）

任天常（1754—？），字玄道，号穷悟，丰川人。

《孙子精言》跋

〔李氏朝鲜〕洪奭周

余书生也，固不习兵家语。且尝闻诸记曰：军容不入国，国容不入军。然国容尚有时而可以入军，轻裘缓带，雅歌而投壶者是也。军容则决不可以入国，挟数而抵隙，盛气而争胜，寻铤戟于庙朝，何不祥大是。呜呼！如奇章赞皇东林齐浙之争，其亦不祥之尤者欤？孙武子，世所称兵家之祖也。自二千年来，良将策士得其只字，无不奉为圭臬者。余独爱其一言，曰：“善战者之胜也，无智名，无勇功。”夫自古称智能之士，所以祸于国而灾于躯者，未始不起于功名之念。如斯言者，岂战国之人所能及哉？嗟乎！其翔徉于子胥种蠡伯嚭之际，而超然独远于菑咎，有以也夫。余既不习兵家语，姑掇其盛称于前志者，得若干言以班于诸子之间。

（选自洪奭周撰《渊泉集》卷二十一）

洪奭周（1774—1842），字成伯，号渊泉，丰山人。

示诸生

〔李氏朝鲜〕许愈

读书如行兵。兵事尚严，不严则不战而败，自相践蹂之不暇，何暇乎遇贼厮杀也？昔孙武子论兵于君所，出宫嫔为阵，嫔有笑于前者，即令斩之。此兵法也，试作犹如此，而况于实地乎？今诸君名以读书，而有若无将之卒，散乱无统纪，此可谓读书者之事乎？吾谓诸君，自今用心，如对敌之兵，无妄言，无妄笑，孙武子兵法可畏也。

（选自许愈撰《后山先生文集》卷十二）

许愈（1833—1906），字退而，号后山。

姜古欢批评孙武子跋

〔李氏朝鲜〕李建昌

余尝为姜古欢居士[①]序其诗文，时居士尚无恙，读余序甚喜。至其中数句语，辄瞪视而韈，傍人不喻也。及居士病且卒，属其嗣曰：“吾文须宁斋定之。”其嗣曳衰来以告，余不忍辞，为删烦校误而还之。其后居士集刊行，其中数篇，乃有不经余目者，闻亦以居士遗意然也。昔杜甫之于严武，李商隐之于令狐绹，陈亮之于辛弃疾，可谓相知莫逆矣。然其离合存没同异之际，俱有不可以明言之情。唯深于《三百篇》者，知兴观群怨之未始不同。而惟游乎方之外者，知笑之非笑而喝之非喝也。自居士之没，不惟雅道寥阔，即师友文字，意见言论，种种曲折，亦无从以索解者，可不悲欤！然方为序，时余实未尝留意于道术，第托自摅之辞，微有所差别而已。迩来余亦颇究三教之源委与古近人物之常变，时时心口相辨诘，有得有不得。既叹同时之无可相赏，而忽记异日曾有人与余谈。余时不甚省，独依俙如梦中物。而今思之，乃姜古欢居士说此事也。于是，益慨然遥想，而九原不可复作矣。《庸学[②]经纬合璧》《孙武子批评》二书，为居士外集。居士在时，余未之见，今又以其嗣之请，并属余定。余读而叹曰：“是非余之所及焉已。”余非敢有遗议于居士也，然余方思居士之言而不能绎者，今于二书中，往往得之。疾念缓诵，继以击节太息，或冥然而神契，即谓复见居士可也。若其精粗巨细之殊等，而今昔之异观，则虽谓余始见居士，而居士亦始见余可也。顾不奇欤？然亦以道本无二耳，余者，不必竟合也。辄书此意，跋于孙武子之后。

---

① 编者按：姜古欢居士，即姜玮，又名姜性瀜、姜浩，号古欢堂，李氏朝鲜晋州人。撰有《古欢堂诗文》《三政策》《经纬合璧》《孙武子注》等书。

② 原注：学，古本大学也。

如与居士相酬酢，他人固不喻也。《经纬合璧》，不必别有所识，即以此为经纬合璧跋，亦通，但不敢下笔于其尤重者故耳。

（选自李建昌撰《明美堂集》卷二十）

李建昌（1852—1898），字凤藻，号宁斋。全罗北道全州人。朝鲜王朝高宗年间的学者、文臣。曾赴清朝，与中国的文学家徐郙、黄珏等人结为挚友。书法精湛，以文闻名，尤擅古文。著有《明美堂集》。

《增解孙武子》序

〔李氏朝鲜〕李南珪

余尝私议以为有国之有文武，如车轮鸟翼，不可偏废。宜设武学，视文庙例，凡古今诸名将中，祀法者悉祠之。以武臣通经史识道理、能择用兵法者立为师，选年少通敏者补弟子，以教习之。先授六经以立其本，次授诸史以达其变，次授兵家书以审其择，庶几缓急有所需，而兔罝之诗，可复作也。国家专尚文教五百有余年，狃于承平，况今列国会盟，边圉幸无警，一有以兵事言，不心怪以为妄，则必目笑以为迂，余故默不敢轻语人。日铁城李君清烈兮可甫以所为《增解孙武子》寄余曰："兵家之祖孙子十三篇，如医之于岐扁，工之于倕般，诚有不可舍者。然其言简古，且多脱误，读者非以身尝之，未易识其奇也。人以是病之。明太原刘氏为之辑注，释其蕴奥，正其讹缪，博引诸家说以证明之。其言颇纤密，然犹有所未圆备者。读者非素习故事，未易识其验也。人又以是病之。某尝沉潜反覆，述旧闻以衍其义，附己见以补其阙，总而名之曰《增解孙武子》。是书也，虽未必尽得于奇正分合之法，学者因是而沿流求源，亦可得其要领矣。乞以一言惠为之序。"余既卒业，叹曰："美矣！诚博矣，且精矣！子其屈心以尽职者欤？"援引上下数千百年成败得失之机，了然若指诸掌，非所谓博乎？剖析纤微，如大贾执权衡以称物，毫缕不差，非所谓精乎？孙子之书，以先智术后仁义，为儒家所少，君岂不知哉？君固儒心者，乃其名武耳。有名斯有职，故仡仡于此书，用工如此其勤，非所谓屈心以尽职者乎？既博且精，又屈心以尽职，非通经史识道理而能乎？夫能通经史识道理，于择用兵法何有？异日国家有意于阴雨之备，余之说或得以见采，设武学、祠诸名将、立师以授弟子悉如私议，宜不患无师。

（选自李南珪撰《修堂遗集》册六）

李南珪（1855—1907），字符八，号汕左、修堂，韩山人。

书《增解孙武子》后

〔李氏朝鲜〕李南珪

余既序此书，抑有一二可辨者。戴溪论《孙子》曰："权谋之用，过于仁义。"而兮可之序，引孔子所谓"未可与权之权"而辨之曰：此虽非后世权谋之权，至于临事处权则一也。夫孔子所谓"权"，随时适宜，得经之要妙而合于道，圣人不得已则用之者也。孙子之"权"，借权之名以骋私智，反于经而离于道，圣人虽不得已不用者也。其不可比而同之也审矣。此虽语言之病，不得不辨。孙子论用间之法，而有曰伊挚在夏，吕牙在商。刘注曰：此皆圣人之事，孙子借之以明用间之道。郑友贤曰：汤不得伊，不能悉夏王之恶；伊不在夏，不能就汤之美；武不得吕，不能审商王之罪；吕不在商，不能成武之德。非此二人者，不能立应天顺人、吊民伐罪之仁义，非为间于夏商而何？噫嘻！借此明彼，本不衬当，而其所以为孙子周遮，则刘说犹似矣。若郑说，则是后世权奸之臣，广置腹心，以伺其君动静，与夫附丽权奸，为鹰犬者之所为，曾谓汤武伊吕而为此乎？审如是也，何"应天"之云乎？何"顺人"之云乎？何吊民伐罪之仁义云乎？诬圣人，未有若是之丑者。然于圣人何伤乎？此固不必辨。独为孙子谋者，盍亦存刘而去郑乎？

（选自李南珪撰《修堂遗集》册七）

日 本

《孙子外传》序

〔日本〕北条氏长

《孙子》，齐人孙武子所著之书也。后世祖述兵典者，无不咸赖此书。古今注者亦数十百家，概其趣大同小异。其中，特称魏武注为善，无复异论焉。余自弱冠染志于兵经二十有余年，窃忆于《孙子》义颇有所不隐，是以考引诸书，以寻绎之，未得其纲要。近观《古本孙子》一编，以其为禁秘书，讳言出处。校之今本，文字脱简，传写讹谬，不遑枚举。本经文理粲然，明章义之所通会，不俟注解，亦有小传不知出于何人。余于是乎叹曰：夫兵者，国之大事也。然错误如此，顾不殆乎哉！遂缮写之，凭其旧注，并附管见，以作《外传》。盖魏武、李靖之辈不睹此本者欤，抑亦不取者欤？余无论于其异同，惟厚信于为其书最古，且义理明正者也。庶几使后学者不舛其旨也已，谨序。

（选自北条氏长撰《孙子外传》，见《日本孙子书知见录》，第10～11页，齐鲁书社2009年版）

北条氏长（1609—1670），安房人。字守平。甲州学派小景宪高徒，后独创北条学派，德川幕府德川家光兵法顾问。主要著作有《士鉴用法》《庆元记》等。

《孙子谚义》自序

〔日本〕山鹿素行

愚谓《始计》之一篇者，兵法之大纲大要也。《作战》《谋攻》次之者。兵争在战与攻也，战攻相通，以形制虚实，是所以《军形》《兵势》《虚实》

并次，此三篇全在知己。治己而后可军争，军争有变有行，故《军争》《九变》《行军》次之，是料敌知彼也。知已知彼而可知天知地，故《地形》《九地》《火攻》次之。地形、九地者，地也；火攻因时日者，天也。自《始计》迄修功未尝不先知，是所以序《用间》于篇末，三军所恃而动也。然乃《始计》《用间》二篇，知已知彼知地知天之纲领，军旅之事，件件不可外之矣。《作战》《谋攻》可通读，《形势》《虚实》一串也。《争》《变》《行军》一串也。《地形》《九地》一意也。《火攻》一意。《始计》《用间》在首尾，通篇自有率然之势。文章之奇，不求自有无穷之妙，读者不可忽。

（选自山鹿素行撰《孙子谚义》，见《日本孙子书知见录》，第13～14页，齐鲁书社2009年版）

山鹿素行（1622—1685），食津人。初名义矩、高祐，字子敬号素行，别号山，通称勘五左衡门。江户初期学者，山鹿派兵学创始人。后因倡导古学，触犯幕府而被流放，获释后设塾以传授儒学、兵学为业。著有《武教全书》等，有关《孙子》的著作另有《武经七书谚义》《七书要证》《孙子闻书》《孙子讲义备孜》等。有《山鹿素行集》行世。

《孙子副诠》序

〔日本〕佐藤一斋

曩尝述《吴子副诠》，示之子弟，读者颇便之。顷日子弟请曰：“孙吴匹也，欲先读《孙子》而后及《吴子》。然一有诠而一无诠，似为阙事，盍为弟辈惠追笔乎？”恳索不已，余初无意于诠《孙子》，而今如是，岂可诿诸他人乎？乃又撮旧解，插入数字，至于鄙见，亦不识另例一如《吴子》云。

天保壬寅长夏月下浣，识于昌平官舍锡难老轩，佐藤坦大道父。

原书本文用墨，诠注用硃。今镂板刷印。字以大小分，并用墨，以递刷非便耳。复识。

（选自佐藤一斋撰《孙子副诠》，见《日本孙子书知见录》，第40～41页，齐鲁书社2009年版）

佐藤一斋（1772—1859），江户（今日本东京）人。名坦，初名信行，字大道，号一斋、舍藏，通称几名藏，别号爱日楼、老吾轩，熟百家寮、风自寮。德川幕府儒官、昌平教官、林氏塾长。著有《言志录》《日光山行记》《爱日楼诗文集》等。

《古文孙子正文》序

〔日本〕安积信

孙子十三篇，兵家之祖，韬略之神髓，万世不刊之书，犹儒家之有《论语》也。吾邦所存《论语》，菅家本、清原家本、足利学校本及梁皇侃《义疏》本。其流传皆在唐朝，而与朱子《集注》本多异同。盖南宋偏安，仅有江左半壁之地，故朱子所见不过邢疏本。岂非皇朝百代一系，无鼎革之变，故古书之佚于彼，而存于我者多也耶？仙台樱田子惠，旧藏古本《孙子》，校之魏武注本，大有异同，意亦佚于彼者。今本《九变篇》云："圮地无舍，衢地合交，绝地无留，围地则谋，死地则战。"夫篇称"九变"，则篇中必当有九变之目，观《九地篇》之例可知矣。而今本所举者，止五事耳。古本则云："高陵勿向，背丘勿逆，佯北勿从，锐卒勿攻，饵兵勿食，归师勿遏，围师勿周，穷寇勿逼，绝地勿留。"九变之目，明白如此。其为《孙子》真本也昭昭矣。今本"圮地"以下二十字，《九地篇》论之详矣，不宜蓦出于此，盖搀错也。且《九变篇》与《军争篇》相接，故本文误跳于上篇之末。而魏武以来，袭误踵谬已久，历代兵家目不睹真鼎，故注释回护舛驳，可发一笑。今也古本一出，千古之昏梦始醒矣。今本《用间篇》云："死间者，为诳事于外，令吾间知之，而传于敌间也。生间者，反报也。"古本则云："死间者，委敌也。生间者，反报也。"此亦简练明洁，过今本远甚。其他小异同，亦多优于今本，其为魏武以前之书无疑也。呜呼！孙子用兵之妙，悉备于十三篇，而其真本乃湮灭沈薶于二千年之间。历代兵家所未梦见者，一旦出于我东方君子之邦，与菅、清二家鲁论并传，洵可谓旷代之珍籍，振古之奇事也已。然此书晚出，不啻如古文《尚书》之出于东晋。世或疑之，惟具眼者，当自能辨之，奚赘吾言。

嘉永四年辛亥秋七月，昌平学教官安积信撰。

（选自樱田迪校《古文孙子正文》，见《日本孙子书知见录》，第42～44页，齐鲁书社2009年版）

安积信（1791—1860），陆奥郡山（今日本福岛县）人。本姓安藤，名重信、信，字思顺，通称祐助。号艮斋，别号见山楼。入江户，师佐藤一斋、林述斋。曾开设私塾，后任昌平学教官。著有《艮斋文略》《史论》等。

附：跋樱田迪校《古文孙子正文》

〔清〕杨守敬

右《孙子》无注本，嘉永四年仙台樱田所刊，称得旧藏古本，分上、下二篇。又《始计篇》无“始”字，《作战篇》无“作”字，其每篇题目多省一字，而《虚实》《行军》等篇又皆双字。其文与魏武注本异者，《九变篇》云：“圮地无舍，衢地合交，绝地无留，围地则谋，死地则战，高陵无向，背丘无逆，佯北勿从，锐卒无攻，饵兵勿食，归师勿遏，围师勿周，穷寇勿逼，绝地勿留。”安积信《序》论：“今本圮以下二十九[1]字，《九地篇》论之详矣，不宜驀出于此，盖搀错也。且《九变篇》与《军争篇》相接，故本文误跳于上篇之末。”又，《用间篇》作“死间者，委敌也。生间者，反报也”，其他小异同尤不胜举。又，《九地篇》“逼则从”之下有“是故不知诸侯之谋者，不能预交；不知山林、险阻、沮泽之形者，不能行军；不用乡道者，不能得地利”三十八字，其他小异同不可悉举。按，《汉志》“孙子……”，此仍十三篇则非《汉志》所载之本。又，《九变》之文魏武注已云，尔今云所据本为魏武

① 编者按：原文如此。与前文“以下二十字”表述不一致。

所不见，此其可信乎？且篇分上、下，于古亦无征得也，即樱田之所伪撰乎？况日本所刻佚书，其原钞本今大半可踪迹，此本只见刻本，而其原卷竟□[①]空焉。彼国先哲，如市野光彦、狩谷望之皆穷探秘笈亦不道及，即森立之、涩江道纯之《访古志》[②]，收罗无遗亦不言之，则此书即为樱田伪撰无疑也。余搜求日本古籍，大抵皆确然可信，唯此本不能为之回护。樱田者未足与议，若安积信者，在此间颇称阅人，亦为之序而传之，何耶？

（选自樱田迪校《古文孙子正文》，见《日本孙子书知见录》，第44～45页，齐鲁书社2009年版）

杨守敬（1839—1915），字惺吾，号邻苏，湖北宜都人。同治举人。1880年至1884年任驻日钦使随员，致力于搜集国内散佚书籍，著有《日本访书志》。归国后在湖北任教职。在历史地理学、金石文字学、目录版本学、泉币学、书法等方面颇有建树，著有《水经注疏》《寰宇贞石图》《历代舆地图》等。

《吉田松阴〈孙子评注〉训注》自序

〔日本〕福本椿水

抑通观《孙子》，其文遒[③]劲瑰丽，雁行老庄韩非诸子。若夫至其局面之大者，或出于诸子之上乎。而其意图深远，其谋策精细，其术略的确，乃以孙子所以为兵之神也。古来我国明君贤将多精读之，为自家药笼中之物，而树本邦独自之兵流，武威是以扬于海外，可谓有故矣夫。余曩读《孙子》，大有所感。盖《孙子》者，兵书而外交书也，亦人事百般座右铭也。今更生于新时代，通各自之职务而活用之，处生上有所稗益也必矣。近观松阴先生《孙子评

①《日本孙子书知见录》编者注：“一字不清”。

②《日本孙子书知见录》编者注：“即《经籍访古志》。”

③ 编者按：遒，原作“迺”，疑误。

注》，比古今诸家注书，最有杰出之特色。其句法字解，能明说前后关系，又加当时之状势与慷慨悲愤之心情，而一字一句不苟，实千古不刊之大文字也。

（选自福本椿水著《吉田松阴〈孙子评注〉训注》，见《日本孙子书知见录》，第84页，齐鲁书社2009年版）

福本椿水（生卒年不详），字义亮，生平不详。

附：跋《吉田松阴〈孙子评注〉训注》

〔日本〕福本椿水

开口一语已纵横，说去说来孙子评。
留得俊群松下塾，巍然身后千秋名。

（选自福本椿水著《吉田松阴〈孙子评注〉训注》，见《日本孙子书知见录》，第84页，齐鲁书社2009年版）

刻《赵注孙子》引

〔日本〕若山拯

宋梅尧臣评孙子，以为战国相倾之说，余则以谓仁于用兵者，莫若孙子。其言曰："用兵之法，全国为上，破国次之。"至军旅卒伍亦云尔，兢兢焉常以多杀为戒。恻怛悯恤之意往往见诸篇中，其犹未免乎谲诈用数者，则又出势之不得已焉耳矣。夫虎豹出山，跳踉咆吼以逞搏噬之威。欲速除之，弓矢矛戟之用，固弗若陷阱诱杀之便。古今论兵者，推孙吴以为武经之冠，非过论也。修业堂窪田先生藏明赵虚舟所注《孙武子》一部，余尝读之，解义简明，引类的确，诸注家盖莫能及也。先生潜神韬略，武技精妙，龄已逾七十，心力克壮。适值大朝振起武风，竭力训练，以副上命，晨入暮归，日不暇给。遂欲梓是书，以公之于世，一何其幸也。虽然，所贵于读书者，在获作者之心。倘学者不以孙子之心为心，而徒杀伐讨灭为快，岂先生改刻之本旨哉？剞劂竣功，为弁其首。

文久癸亥冬十月昌平学儒员若山拯撰。

（选自赵本学撰《赵注〈孙子〉十三篇》，序第5～6页，北京武学书局1923年版）

若山拯（生卒年不详），孝明天皇时期曾任昌平学儒员。

孙子考

〔日本〕长山贯

《史记》曰："孙武子者，齐人也。"《吴越春秋》以武为吴人者，误矣。《开宗》云，武破楚之后，见吴王荒淫，辞官归齐，数年而没。按，《绝越书》曰：吴县巫门外大冢，吴王客孙武冢也。据之则武卒于吴，非归于齐也。《姓氏辨证》云："齐敬仲五世陈书为齐大夫，景公赐姓孙氏。书生冯，冯生武，武仲子明生膑。"开宗云："膑者，孙武之孙操之子。"二说不知孰是也。《史记》云："孙武既死，后百余岁而有孙膑。膑生阿鄄之间，膑亦武之后世孙也。"阿鄄即齐邑，武之后居齐，不可疑也。《史记》曰庞涓疾孙膑贤于己，以法刑断其两足。按，《周纪》云：膑，辟疑赦。《说文》云：膑，乃刖刑，去膝盖骨也。孙子名膑而遭膑刑，不亦奇哉？余意孙子初名宾，刑后添肉为膑欤？老子名耳，添冉为聃，是取其形。吴王客专诸之专，添刀作剸，盖刺客之意。汉英布被黥，而自改姓黥。其宾之为膑，可推知也。后世疑武书云，左氏无传，汉志无十三篇目。邵氏曰：秦销兵器，兵书岂独存乎？余谓不然，周秦间称兵法者皆指孙子。始皇既崩，诸侯并起，项梁教项籍兵法，略知其意矣。籍之救巨鹿也，沈船、破釜甑、焚庐舍，持三日粮以示士卒必死，时即孙子之法。其它韩信、李左车、成安君、黥布所说，皆孙子语也。故太史公云，世俗所称师旅，皆道《孙子》十三篇。足以为证矣。古者，武书名《孙子兵法》，隋梁书目皆据之。至《新唐书·艺文志》，去"兵法"二字，后世从之。又按：

《武经七书》，目起于宋元丰中，盖以是取士。然如太公《韬》《略》《吴子》《司马》《尉缭》，先儒既为后人委托，至《太宗问对》，则苏轼云阮逸伪作矣。唯《孙子》一书最古，周秦古书所引，历历可征也。后之讲兵者，唯取《孙子》一书而足矣，因举鄙见以备考。

长山贯撰。

（选自赵本学撰《赵注〈孙子〉十三篇》，363～365页，北京武学书局1923年版）

长山贯（生卒年不详），著有《清英战记》《唐土舆地全图》。

志乘选录

博兴历代文汇

于钦《齐乘》选

（选自于钦撰，刘敦愿、宋百川、刘伯勤校释《齐乘校释》修订本，中华书局2018年版）

于钦（1283—1333），字思容，祖籍山东文登，后定居益都（今青州）。以文雅擅名于当时。官室中书省兵部侍郎，奉命山东，为益都田赋总管。所著《齐乘》，是山东现存最早的方志，也是全国名志之一，久负盛誉。

卷之二《山川二》选

时水

《通志》略曰：一名耏，“襄三年，齐晋盟于耏”是也，其源岐、浅，多涸竭，又名乾时，“庄九年，公与齐侯战于乾时”是也。

道元曰：“时水出齐城西南廿五里，平地出泉，即如水也，水色黑，又名黑水。”今按：时水之原，南近淄水，详其地形水脉，盖伏淄所发，土人名曰乌河。

西北径黄山，又北径愚山，又屈而径杜山，澅水入焉。澅，出临淄西南十八里，所谓“澅中”。孟子去齐，三宿出画，故又名宿留水，俗谓之泥河。

又北径临淄城北，系水入焉。系，出临淄城西申门，即申池水也。门侧小阜曰包山，俗又名包河，并城北流，分为二，俱入时：一支径梧台前西入者，曰系水；一支远至博兴东南李监桥入者，曰渑水。详见“渑水”条。

时水又北至般阳新城县东南索镇口，下可通舟楫。又北至博兴南，地名湾头，泺水会焉[①]。又东径利县故城[②]。又东径乐安县北。又东北由马车渎入海。

《水经》谓，时水自西安城南石羊堰分为二，支津西北合黄山之德会水——黄阜之南五里泉——至梁邹入济，旱则涸竭，此乾时也，今不通矣。

---

① 原注：泺，即小清河。

② 原注：在乐安西。编者按：利县故城，在今博兴县店子镇利城村。

钦尝自济南护先妣丧，由小清泛舟东下至博兴，溯时水南上，至索镇而登陆，去益都仅九十里耳。益都众水，惟此通舟，未尝浅涸焉。

渑水

《水经注》：渑水，出临淄县北，世谓之汉溱水。径博兴县南贝丘——齐侯田，见公子彭生处。又西北，入时水。昔，晋侯与齐侯宴，曰“有酒如渑”，指喻此水也，即今临淄西门申池水北流者，势极屈曲，俗称“九里十八湾”。过梧台北，小泥河入焉——泥河，出梧台下。又北至博兴李监桥入时水，此正渑水也。鲁仲连谓田单：“黄金横带，骋乎淄渑之间。”

此水与淄东西并流，临淄介其间，故齐侯有酒之喻、田单驰骋之地。《淮南子》谓“淄渑合流，易牙尝而别之”者，皆指此水也；古谚谓“瘦马不渡渑”，南燕李宣谓“渑水不冰，良由逼带京城”者，乃浊水耳。详见“浊水”条。

泺水①

曾南丰《齐二堂记》曰：泰山北与齐东南诸谷之水，西北汇于黑水之湾，又西北汇于柏崖之湾，而至于渴马之崖，则泊然而止。自崖以北至于历城之西，盖五十里，有泉涌出，高或致数尺，名曰趵突之泉。齐人谓尝有弃糠于黑水湾者，见之于此。其注而北，则谓之泺水，《春秋·桓公十八年》“会齐侯于泺”是也。

今府城西，平地泉源觱涌，雪涛数尺，声如隐雷，旁合马跑、金线诸泉，周可数亩。北出又合蜜脂、五龙众泉，并城北流。屈而东，至城北水门，大明湖水出而注之。东北至华不注山，合华泉。山之西南引水溉田，《水经》谓之历水陂。余波西注大清，曰听水，即今之响河。

古泺水自华不注山东北入大清河。伪齐刘豫乃导之东行，为小清河。自历城东径章丘、邹平，又东径般阳之长山、新城，又东径高苑，至博兴合时水，

---

① 原注：源曰趵突，流曰泺，东导曰小清。

东北至马车渎入海，曲行几五百里。故自济南东传博兴，南源众水古入济者，今并入小清焉。

小清为运盐河，初行高苑县北。金皇统间县令高通改由县南长沙沟。然此水迂曲，上流岐、浅，盐舟多梗，议者欲引孝妇水西注上流。非计也。盖小清舟不过欲达大清耳，若自博兴引渠至蒲台，立堰平原，仅五十里，径达大清矣。

大清河①

《水经注》：济枯渠注巨野泽，泽北则清水。巨野，今梁山泊也。北出为清河，古自寿张县安民亭，合汶水。

---

① 原注：古济，今汶。另，周嘉猷《考证》：“古济，今汶。”阎百诗曰：“自汉至隋唐，惟有济水；杜佑始有清河之名；宋南渡后，始有大、小清河之分。《齐乘》以大清为古济水，而以小清为刘豫所导，后人皆沿其说，其实非也。以《水经注》《元和志》《寰宇记》诸书考之，济水最南，漯水在中，河水最北。今者小清所经，自历城以东，如章丘、邹平、长山、新城、高苑、博兴、乐安诸县，皆古济水所行。而大清所经，自历城以上至东阿，固皆济水故道。而自历城东北，如济阳、齐东、青城诸县，则皆古漯水所行。蒲台以北，则古河水所经。盖唐宋时，河行漯川，其后大清兼行河、漯二川，其小清所行，则断为济水故道也。”按：汶水旧于东平州西南安民山入济，则由东阿而北，东至博兴入海者，皆济水矣。济水故渎，自寿张以上不可复寻。《水经注》所谓“枯渠注巨泽”“北则清口”者，今其地已为会通河所横绝，而汶水不复入济。……是时，汶水既南北分流以资运道。而济水故渎之东北出者，所受汶水乃其余波。盖大清河虽首受运渠，实合东阿山中西流、白雁诸泉，及济南诸泉峪之水以成巨川，未可竟以汶水目之。自杜佑《通典》谓清河为菏泽、汶水合流，非本济水，于氏因之，直云北汶即大清河矣。夫汶水自泰安至东平堰入运河，自有经流。而东阿胶井、历下泺源等泉，昔人咸以为济水之伏，则清河虽非荥泽、陶丘之旧，亦他水之所不得而乱也。明永乐九年，筑戴村坝于东平，尽遏汶水，出南旺湖南流合泗、沂者十之四，北流合漳、卫者十之六，其由减水闸以被于大清者涓流殆绝。而岁旱运河乏水之时，大清亦不闻涸竭，岂可专汶之名哉？编者按：周嘉猷，字辰吉，号两塍，钱塘（今浙江杭州）人。乾隆进士，曾任山东益都知县。乾隆四十六年（1781），青州知府胡德琳再次刊印《齐乘》，时任益都知县的周嘉猷为之作《考证》六卷，附于《齐乘》原文各卷之后。其考核严谨，使内容记载更为准确。

汶出泰安莱芜县原山之阳,《水经》谓之北汶。西南径徂徕山阴。又西径泰山之阳——汉武明堂遗迹临水——谓之石汶。又西径汶上县北。又西径东平城南，其西即安山闸。闸下泥河口有亭子店——古安民亭遗址——清、济与汶合处。今闸清水南导任城，则清、济不入汶，汶自行古清河矣。

汶水又北径渔山东，即《瓠子歌》之吾山，在安山东。有汉堤遗迹，自西而东属之麓。山西曹子建冢，山东汉黄河故渠。又北径阳谷县，西流水合狼水入焉。又东北径东阿县，道元云县东北有清亭,《春秋·隐四年》“遇于清”，以河得名也。又东北径平阴县广里，保古齐长城防门。河道所由,《春秋》“齐侯堑防”是也。广里，见《水经》，又名光里。又北径巫山，齐侯登以望晋师者，俗讹作“无儿山”。山上有石室,《水经》谓之孝子堂，今曰郭巨庙。清水过此，古为湄湖。又东北径齐河县。县南门外有梁跨水——古朝阳桥遗迹，耿弇渡处。沙沟水出山茌县，南来入焉。又北径上泺桥北，泺水分响河入焉。又东北径华不注山阴。又东径下泺堰——泺水旧入济处——堰南即小清河。又北径临邑县。又东北径济阳县。又北径齐东县。又东北径蒲台县。又东北径高苑县北。又北径利津县城东。又东北入于海①。

朱子《韩文考异》曰：按《水经》，河水至东阿、茌平等县东北流，四渎津灌注之，河水东分，济水受河。盖荥口水断不通，始自是出，与清水合。昔赵杀鸣犊，孔子临河而叹，作歌曰：“狄之水兮风扬波，舟楫颠倒更相加，归来，归来，胡为期！”按临济，故狄也，是济所经，得其通称。详此，则是济水自荥泽之下潜流，至此四渎津口而复出。河又东分一支与之合流，以过临济而为狄水。然此皆齐地，在今济、郓之间。《史记》以为孔子自卫将西见赵简子，则其道不当出此，此又不可晓者，今姑阙之，以俟深于地理者考焉。

---

① 原注:《水经》云：济至古平安为渊渚，谓之平州坈。又东北至琅槐乡，有古黄河通济枯渠，谓之漯河。又东北入海。《元和志》谓海浦。浦旁有一沙阜，高丈余，俗呼“斗口淀”。济水入海，与海潮相斗，故名。淀上有井，极甘，海潮不能没。另，周嘉猷《考证》:“《水经》云：济至古平安为渊渚，谓之平州沉。”今本无“沉”字，戴本作“坈”，乳勇切。刘敦愿等校释：此处“坈”注音作乳勇切误。《康熙字典》“坈”字二音，引《集韵》作：“乳勇切，音冗。地名。”“又《韵补》，与坑同。”此处当音“kēng”,“坑”义。

钦按：汉陈留郡平丘县有临济亭，故狄也。盖济水出陶丘北，南渎被孟猪，北渎注巨野。亭临此渎，故曰临济。春秋时狄人据此，因以名焉。此水夫子所歌，至王莽时枯竭，《水经》所谓“济枯渠注巨野”者也。其自巨野北出，至四渎津与河合流者，乃齐之清河，《水经》所谓“得其通称”者是也。汉千乘别有狄县，安帝更名临济，唐又别以汉东朝阳为临济——今章丘之临济镇也——文公盖疑于此云。

卷之三《郡邑》选

益都路 博兴州（下）

博兴州，府西北百四十里。古薄姑地。东南有薄姑城，与汉博昌城相近[①]。《十三州记》云：昌水其势平博。汉置博昌县，属乐安国[②]。高齐省之，移乐陵县理此[③]。隋开皇十六年复为博昌，属北海。唐属青州。五代唐避李国昌讳，改曰博兴。宋、金因之。历代止为县，国朝升为州。

---

① 周嘉猷《考证》：“（博兴州）东南有薄姑城，与汉博昌城相近。”按《尚书正义》引杜预云“乐安博昌县北有薄姑城”，《史记正义》引《括地志》云“薄姑故城在青州博昌县东北六十里”，《元和志》同。于氏于第四卷《古迹》亦云在博兴东北，而《郡邑》条下又作东南，岂以博昌城俗或呼为薄姑，因致舛误欤？

② 周嘉猷《考证》：“汉置博昌县，属乐安国。前汉属千乘郡，后汉始改为乐安。”

③ 原注：《寰宇记》：“乐陵故城，在县东十二里。”另，周嘉猷《考证》：“高齐省之，移乐陵县理此。”《元和郡县志》《太平寰宇记》并云高齐自今县东十二里乐陵故城移乐陵县理此，属乐安郡。隋开皇三年，罢郡，乐陵县属青州；十六年，改为博昌。按《隋书》“博昌，旧曰乐安”，《旧唐书》亦云“乐安，隋县”。疑高齐废乐陵，移治城西，为乐安县，否则，隋初所改后，复改乐安为博昌也。于氏据《寰宇记》谓乐陵改为博昌，与《隋志》不合。（乐陵，刘宋置，元魏因之，即故博昌地，非《隋志》渤海郡之乐陵也。）

般阳府路 蒲台县（中）[①]

蒲台县，府东北二百里。古有鬲氏国，羿弑夏王相，其臣靡奔有鬲，后与鬲君灭浞，立少康。汉千乘郡湿沃县。后汉为鬲侯国，属平原。《三齐记》曰：秦始皇东游，于台下萦蒲系马。今蒲生犹有萦者。台在滨州东，去此四十里，名曰秦台。隋开皇十六年，置蒲台县，属渤海。唐属淄州，景龙元年属棣州。五代周世宗复属滨州。宋大中祥符五年省入渤海，以其地为蒲台镇。金复置县，属滨州。国初因之，中统五年来隶。

卷之四《古迹一》选

延乡城[②]

延乡城，《水经注》："千乘有延乡城，世谓之从城。""延""从"字相似。野沟水出此[③]，西北入时水。今乐安西北有此城，汉元帝封李谭延乡侯[④]。俗又云会城。

---

① 编者按：今博兴县北部乔庄镇等地时属蒲台县。

② 刘敦愿等校释：今为"延乡故城址"，位于博兴县湖滨镇安柴村西北五百米。平面近方形，边长约五百米。城墙早年平毁。文物普查发现东周、汉代遗存。编者按：因行政区划调整，安柴村今属博兴县锦秋街道。

③ 周嘉猷《考证》："野沟水出此"，《水经注》作盖野沟。

④ 周嘉猷《考证》："汉元帝封李谭延乡侯"，按《汉书·功臣表》，谭以成帝永始四年封。

薄姑城①

薄姑城，《元和志》：在博昌东北六十里，即殷末薄姑氏旧都。今博兴东北俗呼为嫌城者是②。又《书序》：成王伐奄，迁奄君于薄姑。奄在鲁，不知薄姑又是何地？

博昌古城③

博昌古城，博兴南二十里。汉博昌县城④，或亦呼为薄姑城，非是。西对古城，即延乡也⑤。

---

① 刘敦愿等校释：薄姑城，一般认为在今博兴县境内。县内湖滨镇寨卞村北一千米处之寨卞遗址，面积约三十五万平方米，含有龙山文化、商周、战国、汉代遗存。一九八三、一九八七年钻探发现有面积约十六万平方米商至东周时期城址，文物普查者认为此即薄姑城。

② 刘敦愿等校释：嫌城，今称贤城，有贤城遗址，位于博兴县博兴镇贤城村西北二百米，面积约一百万平方米，文化堆积厚1.5—2米。一九八八年探得长宽各一千米的城墙基址，墙基宽约二十米，时代不晚于东周。遗址时代为商至战国、汉代。文物普查者又认为此为“成王践奄，迁其君于薄姑”之地。编者按：因行政区划调整，贤城村今属博兴县城东街道。

③ 刘敦愿等校释：今为“博昌故城”遗址，位于博兴县湖滨镇寨郝村南三百米。平面呈长方形，南北长九百米、东西宽八百米。城墙早年平毁。文物普查发现有汉代遗存。

④ 原注：金《须知》博昌镇。刘敦愿等校释：“金《须知》博昌镇”，《库》本作“在金为博昌镇”。

⑤ 周嘉猷《考证》：“西对古城，即延乡也”，按于氏前云延乡在乐安西北，则处博昌之东矣。此又云西对古城为延乡，皆臆揣也。

利城[①]

利城，乐安西北二十里[②]。汉齐郡利县。

吕仙翁祠

吕仙翁祠，博兴城内。祠即韩氏酒垆。仙翁尝饮于此，书屋壁云“吕嵓独酌，洞滨宣和壬寅六月书”，凡十三字。后盗焚民居殆尽，惟韩氏室完，土人因名为“辟火符”。靖康间，邑人乃于社稷坛碑阴模勒仙书，立于祠前。社坛碑亦宣和间物。《图志》考订，极为精妙，可为后法。愚按：仙翁游人间，多称回道人，如沈东老诗类是也[③]。惟此显书姓名，“宾”字复加“水”，岂以辟火而然邪？

州北三十里居民张氏家亦有祠，捣衣石上，隐然飞剑形影。

---

① 刘敦愿等校释：今为“利县故城”遗址，位于博兴县店子镇利城村东南。平面呈方形，边长四百米。城墙早年平毁。文物普查发现有汉代遗存。

② 周嘉猷《考证》：“乐安西北二十里”，按《水经》，河、济下流皆过利县，又东北入海，故城当在今高苑县北、千乘城之东北，去乐安恐不止二十里。编者按：乾隆四十六年胡德琳刊本《齐乘》“故城当在今高苑县北、千乘城之东北，去乐安恐不止二十里”作“古城在今博兴县东南四十里（地名利城镇）。元代，当属乐安县境也”。

③ 刘敦愿等校释：吕洞宾自称回道人，访吴兴，沈东老与饮，并赠诗曰：“西邻已富忧不足，东老虽贫乐有余。白酒酿来缘好客，黄金散尽为收书。”事见宋胡仔《渔隐丛话·后集》卷三八、阮阅《诗话总龟·后集》卷三九录陆元光《回仙录》文。

锦秋亭

锦秋亭，博兴东南城上。中统间邑人所建，取坡诗命名[①]。盖齐地菑、时、般、泺众水，潴为马车渎以入海。博兴宛在水中，舟楫交通，鱼稻成市。昔常过之，爱其风景绝类江南，赋诗亭上，云："霜风收绿锦，万顷水云秋。海气朝成市，山光晚对楼。舟车通北阙，图画入南州。且食鲈鱼美，吾盟在白鸥。"其鲈虽小，亦四腮，不减松江有莼菜。齐人皆不识，目鲈为"豸鱼"云。

卷之五《古迹二》选

任光冢

任光冢。乐安城西二里[②]，俗传任光冢。按光，南阳宛人。更始初为信都太守，从光武破王郎，封阿陵侯。卒，子隗嗣。隗仕至司空。又传三世，至孙世，徙封北乡侯。北乡始为齐地。自北乡上，官封无至齐者，光何缘有墓在此？岂北乡侯冢耶？

---

① 刘敦愿等校释：谓取苏轼《和文与可洋州园池三十首》之二《横湖》"贪看翠盖拥红妆，不觉湖边一夜霜。卷却天机云锦段，从教匹练写秋光"诗中"锦""秋"二字名之。详王渔洋《池北偶谈》卷一一《锦秋亭辨》。

② 周嘉猷《考证》："乐安城西二里"，按《水经注》，"济水又东北，径乐安县故城南""城西三里有任光等冢"。乐安故城在博昌城西北，济水流径其南，去今乐安县城尚远，则光冢自应在博兴县界。而于氏直云"乐安城西二里"，以古律今，殆失之矣。

贝丘

贝丘，博兴南五里[①]。《左传》“齐侯田于贝丘，见彘，射之。彘人立而啼，乃公子彭生也”，即此地，亦曰“贝中聚”。

董永墓

董永墓，博兴南三十五里。《世说》：“永，东汉人，鬻身以葬亲。”[②]般阳长山南又有冢、庙，皆出野语。

光绪《山东通志》选

（选自杨士骧等修、孙葆田等纂《山东通志》，《山东通志》刊印局民国四年至七年排印本）

---

① 周嘉猷《考证》：“博兴南五里”。按，《水经注》“渑水又西径乐安博昌县故城南”“西历贝丘”。博昌故城在今博兴县南二十里，则贝丘距县当不止五里。

② 刘敦愿等校释：按，《世说新语》无董永鬻身葬亲故事。西汉刘向《孝子图》有董永的记载，然书已亡佚，《太平御览》卷四一一有录，谓永“前汉人”。三国魏曹植《灵芝篇》有董永故事，晋干宝《搜神记》卷一亦有董永故事。又，山东嘉祥武氏祠东汉画像石亦见，榜题曰：“董永，千乘人也。”元代博兴与汉代千乘地域相合，故有董永冢。

卷一百二十五《河防志》选

小清河考（并序）

〔清〕佚名

元于钦《齐乘》曰：古泺水自华不注山东北，入大清河。伪齐刘豫乃导之东行，为小清河。自历城东径章丘、邹平；又东径长山、新城；又东径高苑，至博兴合时水，东北至马车渎入海。曲行几五百里，故自济南东博兴南汇众水入济者，并入小清河焉。其源曰趵突，流曰泺，东径下泺堰为泺水，旧入济处南即小清河也。

又曰：章丘东七里有杨绪水，一名獭河。獭河出长白山之王村峪，径章丘东北，入小清河，故獭水亦谓之“小清”云。

《皇朝通志》：小清河源出章丘东南，北流，有水自邹平来会；折东北，经浒山泊，曰小清河；经新城西北，有孝妇河自莱芜、临淄、长山来会；又东，经高苑南，又经博兴南，有乌河——即古时水——自临淄、新城、高苑来会；又经乐安北，又东北入于海。大清河、小清河即古济水故道。济水劲疾，往往穴地伏流，喷涌四出。其迁徙分合，亦复不定。然经流大概及其迭隐迭见之性，则千古未有异也。河南济源县之济渎，即济水发源之始。惟以既入于河，而自汉以后，不复见其溢而为荥之迹，故列于入河巨川之内。至大清河所历皆古济水所经，而小清河入海之口正《禹贡》入海故道。世儒疑伏见之说为难信，而以济水为绝流已久，不知济水之所以别于他水者，正因伏见不常，故踪迹靡定。而经流所在，自行入海故迹，仍自显然。

阎若璩《潜邱札记》曰：大清河在历城北，自齐河流入，又东北入济阳界，上流即古之济水也。小清河在历城北，即古泺水。自汉至隋唐惟有济水，杜佑始有清河之名，宋南渡以后始有大小清河之分。于钦《齐乘》以大清河为古济水，而以小清河为刘豫所导，后人皆沿其说，其实非也。以《水经注》《元和志》《寰宇记》诸书考之，济水最南，漯水在中，河水最北。小清之所经，自历城以东，如章丘、邹平、长山、新城、高苑、博兴、乐安诸城，皆古济水所行。而大清之所经自历城以上，至东阿，固皆济水故道；而自历城东北，如济阳、齐东、青城诸县，则皆古漯水所行；蒲台以北，则古河水所经。盖唐宋时，河行漯川；其后，大清兼行河漯二川。其小清所行，则断为济水故道。

此小清河源委之大略也。流域殊途，古今异势，兹以东省各属民田水利所关，其历年疏浚工程与大河堤防相为表里者附著于篇，作《小清河考》。

自大河屡徙，济流湮塞。溯乐安草桥而上，历博兴、高苑、新城、长山、邹平至章丘淯河，沿淯河而下，至齐东、青城及蒲台，小清河延袤数百里，固自古以来形势之区也。《汉书·卜式传》：吕嘉反，卜式上书武帝，欲率博昌习舟之民以行，当是时所谓博昌者，固茫然巨浸也。历下之趵突泉，章丘之白云湖，淯、漯、沙沟、养马、孝妇、汉溱七水；白条、郑潢二沟，尽归博昌，故民习操舟、恃水为险者，皆以此。而不入海之水，则有清沙泊、鱼龙湾、浒山泊等处，至刘豫时，以趵突泉及章丘诸水，下与乌河合流，济水劲猛，能荡涤垢浊，以故常流无虞。而海上之盐，傍河之州县货物，皆得达于历下。其后历久不治。金以前水道在高苑县北，下趋千乘入海。皇统九年，县令高通改由县南长沙沟与时水合。元重浚之。明洪武初始有水患。永乐元年，修章丘漯河东堤；三年，筑历城小清河决堤；九年，浚邹平白条沟河三十余里。齐东知县张升言：小清河洪水冲决，淹没诸盐场及青州田，请浚上流，修长堤，使水行故道。遣官经理之，其后渐湮塞。至成化九年，参政唐瀍力请修之。乃寻刘豫时故道疏浚，皆复其旧。又多置闸，所开支脉沟，水大则开闸分流，以杀其势；旱则闭之。十一年巡抚牟俸言：

山东小清河，上接济南趵突诸泉，下通乐安沿海高家港盐场。大清河，上接东平坎河诸泉，下通滨州海丰、利津沿海富国盐场。淤塞，苦盘剥，雨水又患淹没。参政唐瀍浚河造闸，请令兼治水利。

诏可。大学士刘珝记其事言：

瀍相视地形，令水工准高下，自历城浚至堰头，又至乐安，小清通矣。自张秋浚至平阴之滑口，大清通矣。大小清既通，水循故道，退出各县官民可种之田数万顷，民用大悦。其河内备浅置潴水闸，防溢置减水闸。闸旁各凿月河，总闸三十有八，浚通水路五百二里。于是青船入于济，济船入于张秋，人皆称便。

自是六十年，大清如故。小清之道，自博兴而西，及淯、漯、孝妇诸河渐决塞为害。历下之东北百里，道多梗塞，秋雨暴涨，漂居庐，灾禾稼。嘉靖十二年，巡抚袁宗儒重修之，三年而毕。自博兴达历下，开小清故道几三百里。疏郑潢沟，分新城之流；疏新河，杀乌河之势；其淯、漯、孝妇诸河咸注之，小清河诸水悉平。未几又塞。上流与趵突绝而东注之，委复浅隘，由是冲决泛滥。高、博、乐三邑地最下，受患多。于是，巡抚曾铣、端廷赦、巡按郑芸先后议修浚，欲于乐安境内，或开支脉沟，或浚花阳沟，或另挑一河入海。青州推官陈珪建议，以为引漯河归入大清，以杀上流水势，通小清故道，使水由河中行，则平地巨浸之水，其源俱绝，不必为此浩大之功，以防开河之役。又言：

开通此河，为除患计，不必穷原竟委，尽开之也。高苑诸邑水患，由章丘之东有漯河，发源于邹平之会仙下，北流至小清河故道柳塘口高家庄，坏闸横注而下至二十五里许，则泛滥弥漫。至驾鸭湾而与诸水合汇为巨浸，其害居诸水之半。此旧河亦由柳塘口高家庄入于小清，盖昔人为石闸于下流遏之使东，令可通舟故也。今闸既废，高家庄至浒山泊之淯河沟计二十里，小清故道淤为平地。自高家庄旧闸口溯河岸而上八里，曰纪家口；西至淯河之薛渡口仅五里许，地势趋下，经三里许，为常家庄，小清故道犹有存者；又二里许，即薛口之旧闸。为淯河议，由纪家口开至常家庄，由故河而入薛渡口，引漯河与淯河合流而入大清，其势甚便。役章丘县夫开之，漯河既入大清，则柳塘口旧闸处高家庄以东，至浒山泊之淯河沟二十里淤平之故道，俱不必开。自淯河沟而下，小清受浒山泊之水东行二十里至王亭口子而北，决流于驾鸭湾。自王亭口起至开河口五里，受沙河之水自邹平西南来入小清，东行至闻家桥二郎庙前会白条沟之水，流至旧口约二十里许。自浒泊之淯河沟至白条沟之旧口，通计有水而浅者四十五里，无水而淤者五里，役邹平县夫开之。自白条沟之旧口至朱家湾之夏旺口，计七八里，水深，不必再开。又，自夏旺口至陶塘口二十里，淤塞殊甚，役长山县夫开之。自陶塘至刘家口十五里，驾鸭湾水冲小清北岸而入，至刘家口而出，自刘家口至蔡家口五里，南岸口子受青沙泊水，此二十里有水而浅，役齐东、青城两县夫开之，自蔡家口至岔河口十七里，乃孝妇河自颜神镇受诸水流至此入小清。遇下流壅塞，决而北注，为患甚大。役高苑县夫开之。自岔河口至乌河口五十里，西头十里淤甚，中间三十里次之，东头十里又次之，役新城、博兴县夫开之。乌河之下，为博兴之湾头，自此循小清故道而流，不为害。但自乐安石辛镇而下，两岸太卑，河身太窄，须俟上流河通，下流水落，徐议兴工。至于驾鸭湾与马家泊，皆为聚水之处。驾鸭湾在上流，则入于马家泊；马家泊在河之低岸，不能入于小清。旧有支脉沟延亘三县，至乐安入海，泄诸泊之水。然在高博境内者，今已没于巨浸；在乐安境内者，又淤为民田，不必复开。俟河道水涸之后，寻其近便小清去处名为洊沟者浚之，以泄诸水足矣。

议既定，于是岁春三月迄于夏五月，凡浚河。首起章丘，尾入博兴，袤二百二十五里。博、乐二邑，增筑堤岸百八十余里，又多插柳以固岸之善崩，修铺舍以防民之盗决。是岁嘉靖二十三年也。其后三年，新城令黄金请开支脉以泄清沙泊水，遂决开蔡家、刘家二口，高苑、博兴、乐安、寿光咸受其害，高苑令葛臣请于青州知府潘钺，按临筑塞。越七年，新城知县邹充复议开支脉沟，葛臣仍持前议，乃罢。三十三年，罗沛为高苑令，南岸之民有盗决北岸者，沛上其事，罪至大辟，而河道之讼，终弗可息。万历二十二年，新城县民复盗决樊家口，淹没高苑，浸淫二百余里。后数年，又决史家口、黑水湾。于是开支脉沟之议复起。知县冯文盛力争，以支脉之不可开有五：民田不可夺也，地势不可强也，财力不可轻也，城池不可忽也，邻患不可贻也。其言甚切至。先是，前任新城知县赵文炳欲横穿小清北岸，于高苑地方另开一河，以泄泊水而归之海。青州推官马从聘言：高苑、博兴原不通海，必由寿光、乐安而后达于海，高博地下，形如釜底，乐安、寿光反以渐高，今筑堤载河，下流必壅，何能径达于海？恐河堤一穿，则高、博二县为新城注水之区矣。湖泊其来已久，若虑水为灾，莫若徙民就岸，即湖泊之利，为迁徙安置之资。文盛亦言，于小清外再筑一渠，经水即淤，力陈其害有六，请速塞决口，而于淤浅处，所量加挑浚。然自是终明之世，支脉沟不复议开，河道亦久废不治。

国朝顺治四年，河决于万家口；九年，又决于吕家庄。康熙二十四年，巡抚张鹏始有重浚小清之议，其言：

小清河故道至今日截为数节，自万家口决，河折而东南，又折而东北，行十五里；至段家桥，平地弥漫。而章丘多水患。自段家桥而下，新决漯河之水与浒山泊合，遂于漯水之尾出还河沟，复趋小清河故道，行八里至对门口；又东会邹平之沙河，穿小清河故道，折而之北决河一道。而邹平迤北多水患，自漯河、浒山、沙河行三十里，合奔白云湖，湖不能受，长山遂成泽国。湖之下为陶塘口，诸水直注陶塘，复不由清故道，而直趋清沙泊。清沙泊者，新城蓄水之处，至此别无所之。新城在南岸，高苑在北岸，中分小清河为界。新居上流独当水患，高凭堤以自固，构讼格斗于兹数十年。爰循小清新决之处，又溯小清故道，穷其源委，而知小清之不治，致诸邑受害者，在上流，不在下流；在故河，不在新河；在治小清河之上流，疏小清河之下流；在复小清河之故道，截小清河之新道。漯河至万家口东徙，故道遂淤约三十里，当浚之仍使东行。议于万家口新决河不必堵塞，宜建石闸以使漯河之水不入决河，而章丘无水患。水不入决口，自不入浒山泊，泊所受止南山之水，听从还河出小清故道，而邹平西北无水患。八里至对门口，议建石闸一，使水不趋白云湖，而邹平东北无水患。对门口之下，本小清河故道，约三十里许至郭家口，仍浚为深阔之河，出郭家口，使与长山之旧口通，则无水至白云湖，而长山无水患。旧口至陶塘约三十九里，清河不治，湖水直趋陶塘，使清河治而无水至白云湖，自无水至陶塘口，陶塘之左为小清河故道，右则新城之清沙泊，众水汇归，一派汪洋，新民铤而走险，必欲决高苑之黑水湾、军张道口；高人必不使决，奋力争斗。今议或黑水湾、或军张道口建石闸，其下支脉沟旧道当疏浚深阔，达五空桥，再下浅阻之处，通加疏浚，令新城涨水徐徐宣泄，既有济于新城，又无害于高苑，待至全河底绩诸水不灌新城，军张一闸可以永闭，此为治上流之法。其疏下流者，以小清河至岔河，于孝妇河合。至此而下，土人统名孝妇河，或统名小清河。由岔河十里至通济桥；又五里至伊家园；又五里至闸上；又十里至湾头接入乌河。伊家园以下，地久淤淀，必多阻塞。若使深通，便可顺趋入海，此疏下流之法。至长山孝妇河、范阳河、黄土崖等，亦岁为新城患。迹其源流，孝妇河原合范阳河、米沟河、干沟河，由刘家庄入岔河，归小清入海。自吕家庄口决，不由旧河，反由邹平毛张等庄，经新城入马踏泊、清沙泊，灌新城下冲博兴等县，为患甚大。使自吕家庄建石闸一，并黄土崖等水仍归岔河与小清合，诸邑可永免水患。

乃疏请于朝。得谕旨，鹏乃驻节河干，督济东道陈俞董其事。二十五年十月河工成，济、青两道以河身既广，水势通行，支脉沟停其开浚，军张道口建闸无益，宜毁塞。初议吕家庄建闸，并黄土崖等水仍归岔河，以入小清，亦不果行。于是，小清河自章丘经邹平，抵长山之陶塘口，皆得通流。而新城地洼下，水无所泄，盛涨之时，清沙泊泛滥横流，北营等十三庄尽没。三十三年，巡抚桑格乃于清沙泊之南岸筑护水堤十有八里，患稍减。其后屡有开浚支脉之议，高苑知县江鼎金以为开支脉沟是泄新城之水而以高、博、乐三县受之也，以邻为壑，不可行。五十七年，新城人郑明谦等复以为请，巡抚李树德檄济东道申大成详议。大成沿河履勘，具言：

漯河之水，自柳塘口入小清；沙河之水，至对门口入小清；猪龙河、白条河之水，至郭家口入小清；郑黄沟之水，由田家口归乌河入小清；浒山泊之水，由还河沟入小清；白云湖之水，由陶塘口入小清；清沙泊之水，即于泊口入小清；孝妇河之水入马踏湖，奔乌河，会归于小清。以一线之小清而当诸路之水，如不分其流而杀其势，未易言治也，支脉沟诚当开。前高苑令江鼎金所言，直妄谈耳。惟是淤塞良久，民间佃种竟改河为地，致有无迹可考者。稽之《乐安县志》："支脉沟起高苑城南二里，径博兴，尽乐安邑境，泄马泊一带水入于海。"由此求之，自可复得。前抚张鹏倡此议，而中止其事，为可惜也。又以鹏议，自章丘万家口以下至高苑之军张道口，所治上游之法，诚如所言；其疏下流之法，则自岔口起至淄河门，尚有三百余里之遥。岔口乃系孝妇河与小清河会之处，三十余里至博邑湾头，又与乌河会。今孝妇河不由岔口故道，竟自新城之新桥以上冲入马踏湖，奔乌河。原议所称"伊家园以下开浚深通便可入海，又于吕家庄建石闸，使黄土崖等水仍归岔口与小清河合"，恐孝妇河水势甚大，区区伊家园一带未能容受。查勘乐邑之祝家庄以下有一预备河，讯之土人，为前明兵科孙乡绅所开，拟自博兴开河一道，俾孝妇河之水接预备河，入淄河归海，顺水之性而利导之。

是时，博兴知县李元伟亦言：

博兴一邑，西有邹平、长山浒山泊、清沙泊诸水，南有新城孝妇、麻大湖、乌龙河诸水，而下流止小清一线之河，实难泄泻，势必另为开浚，以分治之。相度之下，于南得逯家沟故道，下接乐安之预备河；于北得支脉沟故道，下接小清故河。诚能开此二河，则水患可以永绝。

大成韪其议，又念民力艰于并举，檄令先开支脉，起军张口，至堰头庄，入博兴、乐安境，会小清河同注诸海。凡两阅月而告成。是岁七月，大雨，孝妇、大清诸河横溢，独小清河无虞，居民赖之。其明年复开豫备河于小清之南，起麻大湖，东穿会城泊，东流迤逦，由乐安入海。于是小清全河疏浚作为中条，北条为支脉沟，南条为豫备河，分杀水势。巡抚李树德又于军张口建立石闸，每伏秋淫雨，大水仍于浒山、清沙二泊暂为蓄潴，使其缓入支脉河。而浒山、清沙之民不得贪种无粮之土，盗决诸口，贻害邻邑，勒碑纪之。然邹平、长山、新城诸县民往往冒禁令，私耕湖泊，偷开决口如故也。未几，小清正河自军张闸至博兴邑界淤塞四十六里，博兴人复于傅家桥东塞以土坝。由是，小清首尾分为两截。上截长、章、邹、新四县之水汇清沙泊，由军张口入支脉沟；下截另受汉溱、乌龙、麻大湖、会城泊诸水至博兴湾头庄，入小清旧河，径乐安之新桥，仍与支脉沟合流归海；中间一段俗谓之“干河”。雍正九年，乐安县令李方膺建议疏通干河为新城迤西之去路。未及议行，方膺又请于军张闸改筑滚水坝，较南之桑公堤低二尺，使泊内之外不得逆汛，然后漫行畅流。乾隆四年，河督白钟山、巡抚法敏用其言，乃改闸为坝，上游湖地仍禁垦种。六年，开浚支脉。大府檄知州朱履台查勘，议于乐安之草桥建闸，开两大河，估工费八万有奇，因而中止。十六七年间，高苑、新城两县仍以私垦盗决互讼，屡年不息。三十五年，巡抚富明安，以支脉、豫备两河渐塞，诸水散漫东趋，欲弭七邑之患，当从下游之乐安始。饬于乐安之小清河挑淤培堤，并将豫备河及支脉沟大加挑浚，务令支干通流，建瓴而下；又以军张坝东小清故道，乾隆以来日就湮废，请不必开挑，免引麻大、会城二水转助小清之势，奏上允行。次年，巡抚徐绩陛辞，复奉旨督修。三十七年，绩乃大发十三县民力，以导淤塞、培堤埝。疏言：

小清河自西南而注东北，在军张坝以西者，有獭河、沙河、白条河、猪龙河四水入焉。以浒山、清沙二泊为停蓄，以军张坝为宣泄。自康熙五十五年，军张坝下更开支脉沟，以分小清之水势，河水到坝，全趋支脉。今拟将支脉沟，自博兴之傅家桥以东河身逼窄之处大加展宽，以面宽六丈、深七尺为率。近海之处更加宽深，畅其尾闾，并将浒山、清沙二泊，仿运河捞浅之法，除其水草，去其淤泥，俾宽深足以停顿。其军张以下干河四十里，仍照前抚富明安原议，无庸开挑，以小清河大溜久移支脉沟也。又，章丘县境内之小清河，系由万丈口引入浒山泊，直接还河口。而小清正河淤废年久，去岁富明安以既有引河，不议疏正河，今拟于万丈口正引两河并修，使二渠分流，消水倍易于前，庶免漫溢民田。其自还河口以下至军张坝，凡河身淤浅、堤岸卑矮残缺之处，均加浚筑。如此层层办理，庶二泊之受水益多，小清河之大流通畅，支脉沟之去路加宽，然后由河入泊，由泊入沟，由沟归海，可以经久远以防汎滥之忧。其博兴、乐安小清下游及豫备、福民二河，现虽畅流无阻，亦应岁加修浚，免至日久淤浅。

报闻。四十六年，支脉沟河堤漫决，旋复修之。五十四年，高苑生员刘魁言：其县旧有流水沟，自博兴锦秋湖东下大石桥，过龙注河，至乐安入海。自康熙五十七年开支脉沟，误用高书吏引水行东北高地，致屡有壅滞为害，请改归故道。如以更张为嫌，或因其旧大疏浚之为便。巡抚长麟令布政司缪其吉饬地方官勘估以闻，并谕民择下地为陂塘，以资蓄泄，则旱涝有备。博兴令黄瑄谓：北人不谙陂塘之利，难与创始。支脉沟病在下流淤垫，开挖不易。遂罢其议。次年，魁与博兴人高昆圃复吁请如前言，乃檄济东道归朝煦重履勘，自博兴至乐安，开宽浚深，估其丈尺工值，上巡抚惠龄。俟来岁举工，而惠龄擢陕甘总督遽去。五十七年，护巡抚江兰更与朝煦核议。朝煦遂称无庸浚筑。再下乐安、博兴两县详议，皆言疏通河道必决深海门，海门决则海潮倒灌为患，宜如朝煦议止。道光初，章丘、邹平之民请复浚小清在济南者。巡抚琦善以下游弗通，不可疏上流，饬青州经历蒋锦标往勘。锦标言：

博兴在青郡为最下，至乐安东复渐高。自苏家堰至淄河门五十余里，河仅如线，或淤如平陆，而嘉庆末海潮后多积沙，施工尤艰，估工需银二十一万而赢。

大吏并难其事，于是小清上下流均止弗修，而支脉移道之议亦寝，下游益淤塞矣。自是以来，河久不治，每遇夏秋大雨时行，山泉暴发，水无所泄，漫淹田庐，不堪其苦。然章丘以西及历城诸水，尚能北入大清河也。至咸丰五年黄河北徙由大清河入海，河身淤垫，向入大清河之水为黄堤所阻，无所宣泄。历城之巨野河，章丘、齐东交界之绣江河，两岸水淹，半成泽国。下至邹平、长山、新城、高苑、博兴、乐安诸县，悉被其害。于是下游之民修复堤埝，层层捍御；上游之民乘机偷挖，日寻械斗，屡酿巨案。时方苦兵，不及治也。同治间，巡抚丁宝桢方议修浚，俄移督四川，不果。光绪九年，侍郎游百川承命，会商巡抚陈士杰，议就上下游分办。下游如孝妇、乌河、汉溱诸河，导经锦秋、麻大、石村三湖，分入小清故道及豫备、富民二河，再由刘王庄之八面河汇淄入海，为南股；其上游诸水，拟由历城华山之南，引泺水、巨水，经鸭旺口史公闸东入绣江，再由绣江之新开口迤南，就漫水现行低洼之区，会獭水、黛溪、猪龙、沙河诸水，由陶塘口、樊家林等处透穿高堤堰，以达支脉沟，由支脉沟之下游马家楼取近开通，亦汇淄入海，为北股。统计上自历城下至乐安出海，约四百八十余里，功长费巨，虽借资民力，酌给津贴，须用银二十三万两，少亦不下二十万两。请旨饬丁宝桢协拨银十二万两，汇东备用；不敷银两，督同司道筹款接济。得旨允行。是年，黄河南岸决口，以致支脉沟上下新河开挖均未深通，并无马道堤岸。以数丈之沟，受无穷之水，势不能容。其新辟之乐安海口曰滴漏沟，系属沙土淤浅，地形高仰，势不能泄。八九年来，沟河漫溢，高、博、乐、寿一片汪洋。且山水盛发必在六七月间，秋稼将登，洪涛忽至，人力籽种，尽付东流。小民荡析离居，几与沿黄州县相埒。屡请缓征，兼赖各省官绅捐办义赈。十七年，巡抚张曜谓：筹赈只能拯其目前，不若设法浚河，庶为策其长久。饬登莱青道盛宣怀，会督南绅候选训导严作霖等，就查赈之便，亲历濒河村庄，详细勘度。议就支脉上截裁湾取直，展宽筑堤，以承上游历、章等县诸山之水，引其灌入龙注洼。自龙注洼下口，在博、乐、寿境内循豫备旧轨，就洼下之区开浚正河一百十余里，径达寿光海口。河面连马道，开宽三十丈，开深一丈至一丈三尺不等，出土成堤。使由海口至省三百余里，一气通畅，可为山东分泄山泉诸水一大干河。其博兴县城以下之支脉仍留，以分泄盛涨，作为支河。使济、青两属八九县永除山水横溢之患，其利一；使孝妇、乌龙、汉溱三河之水，小清所不及受者，并可收入干河出海，其利二；使沿河一带被淹洼地，可涸出良田千百顷，复如往昔，可蓺稻黍，其利三；使溜河浑水归入海口之后，得此大枝清水为之灌刷，海口不致淤垫，其利四；使民间粮食商贾货物由海口至省垣一水可达，其利五；若非天时久晴久雨，以及黄河南岸溃决成灾，其余山水，随来随泄，不致年年告灾，可省蠲赈之费，其利六。约计上下游全行浚通，需款过巨，于是先从龙注洼下金家桥起，浚至海口一百十余里，需银十九万八千余两，以放赈之款，作为挖河之需。即用灾区民夫，以工代赈。是年夏秋，大雨时行，山泉各水同时泛涨，上游未挑，河身不免散漫之患。自金家桥以下，水势归槽，畅行入海。博兴、乐安、寿光等县秋禾均获丰收，实为多年所未有。十八年，巡抚福润复饬盛宣怀督同严作霖等，由金家桥向西取直，就支脉、豫备两河套内，择其洼区，接开正河，历博、高、新、长、邹五县，至齐东县之曹家坡止，计长九十七里半，一万七千六百二十四丈，河面马道仍宽三十丈，开深八九尺至一丈三四尺不等。又在金家桥以下起，循豫备河旧址开浚支河二十四里，至柳桥为止，以承济麻大湖上游各河之水，引入新河。计长四千二百余丈，开宽六丈，深七尺至九尺不等。共需工价银二十四万四千九百余两。又，河身占用民地及压坏麦苗，分别给价抚恤，约需银一万数千两，仍由严作霖等集捐办理，以工代赈。所有捐项，均归山东赈捐案内照章给奖，仍汇入赈款收支项下，另行开单奏报。河堤马道占用民田若干，工竣饬地方官查明亩数，造册报部除粮。其历城、章丘、齐东三县境内，张曜原拟由省筹款办理，至是，复饬盛宣怀与严作霖等熟商估计工款，仍行劝捐。接续挑办，一律深通，由寿光县之羊角沟海口直达历城县之黄台桥。三十一年，巡抚杨士骧派员修浚。三十三年，署抚吴廷斌派员重修并建闸，于是小清河之患以息。

嘉靖四十四年《青州府志》选

（选自杜思等修、冯惟讷等纂《青州府志》，嘉靖四十四年刊本）

卷之九《学校》选

博兴州修庙学记

〔元〕陈俨

我皇上践祚之元年，改号元贞，制诏首以敦劝学校、廪膳师生、宾兴贤能为先务。惟时有司，晓然知上意所向，莫不黾勉就事，以为后修，故所在弦诵相闻。越明年，博兴州庙学成，走书京师，且自疏其俶末，告俨曰："州曩为邑，即古博昌邑。旧有庙，中毁于兵，丙戌，改升今名。逮至前太守栾汝翼，始兹作郡，乃卜治之巽隅爽垲之地，创大殿六楹，像设严备。历岁滋久，圮坏弗支，神不以宇，过者兴喟。至元乙未，监州火尔赤寔来，首谒先圣祠，颓然在垢蒙埃蚀中，辄以修复自任，谓知州周祐、州判卢澍曰：'庙废不治，咎将孰执？'遂相与议，凡庙之敝者新之，缺者完之。即还旧观，其如两庑觖望何如？是乃断乃度，乃陶乃斫，乃塈乃雘，不数月，起东、西序十四楹。又自门徂殿，若初未尝坏，而且加隆焉。仅及讫工，祐以终秩去，而万吟答来代，遂嗣其前绪，而益殚意焉。乃像七十二子。其中诵肄有堂，休宿有舍。又广七楹，耽耽翼翼，截然坚整。诸生鼓箧来游者，日济济也。是宫也，合数政之力，阅三纪之久，始绩于成。愿有述以识兹役。"窃谓：齐、鲁，礼义国也。始尚父治齐，举贤而上功。伯禽治鲁，尊尊而亲亲。惟其所尚不同，故其归不能无少异。虽然，天理民彝，初无彼此之间，顾新民善俗之教何如耳。三代盛时，繇国术达于党与家，皆有学。学必以六德、六行、六艺，考其成德达材之效，非若秦汉以来记诵章句之末习也。我元文治休明，远配三代，凡近世科级取士之法，一不复用，乃取乡举里选之遗意，如明诏之所云者。故后生学子，往往致力于古人为己之学。矧爽鸠氏之故墟，去圣人之居若是之近，而洙泗之教，皆出于畴昔讲闻之素，宜其声名文物，非他郡可比拟。若郡长吏应文具相授受，不知所以导之之方；学官积日月为阶，不知所以教之之法；弟子员以复其身为幸，不知所以学之之事；上以负菁莪乐育之恩，下以重缝掖阔疏之谤。若然，则一变至道，庸可冀乎？俾刻诸石，风励来者。

陈俨（生卒年不详），东平（今属山东）人，早年致力于学，至元二十九年（1292），御史大夫月儿鲁等人向世祖举荐，称“宜召置翰林，备顾问”。元武宗时在曲阜任孔颜孟学教授教职，后因同乡王构举荐，擢为监察御史，后迁翰林直学士、国史院编修官。仁宗时再迁为翰林学士、资善大夫、知制诰同修国史。《全元文》收其文章十余篇。

博兴儒学重修文庙记（节文）

〔明〕李开先

博兴自有县治，即有儒学。一坏于嘉靖二十三年雷雨，再坏于嘉靖二十五年雹冰。官怠于屡迁，不及修；邑敝于岁歉，不能修。以致正殿两庑，草部其上，尘积其下，榱桷内朽，甓碱旁倾，不蔽风雨，而蜗牛篆其外；露见星月，而硕鼠穴其中。不惟儒者悲凉，而行道亦为之叹息。学生相炌等触目激衷，相与谋。遂请之掌教，师则捐俸，生则捐廪，未为廪生者又各捐金，犹恐不足以集事，又告之乡士夫及邑人尚义者，各捐金有差。致仕赵禄暨乡耆孙学等十人，则又其尤者也。功始于嘉靖三十六年二月，至四月功过半，而邑侯巩昌刘廷琮适至，谒庙之初，面其役，即慨然于怀，曰：“此吾有司之责也。”遂亦捐俸而趋其成。

附：博兴县儒学重修文庙记

〔明〕李开先

博兴自有县治，即有儒学。一新于成化十九年姚尹，再新于嘉靖三年张尹，一坏于嘉靖二十三年雷雨，再坏于嘉靖二十五年雹冰。官怠于屡迁，不及修；邑敝于岁歉，不能修。以致正殿两庑，草蔀其上，尘积其下，题荣内朽，甓碱旁倾，不蔽风雨，而蜗牛篆其外；露见星月，而硕鼠穴其中。此不惟儒者悲凉，而行道亦为之叹息。学生相介等触目激衷，相与谋曰：“释氏异端之徒，吾儒之所首斥而亟攻者也，乃能苦心受戒，募众庀财，成盛缘而起雄构，大新其殿宇，金界围七重之宝树，画梁拥无色之云华。落成或为千盘之雅会，次者亦足为一方之巨瞻。所谓‘天下名山僧占多’者也，吾辈反不彼若，可耻孰甚焉？”遂请之掌教尚榆溪、分教施梅石、韩忍斋，同心一体，师则捐俸，生则捐廪，未为廪生者又各捐金，犹恐不足以集事，又告之乡士夫及邑之尚义者，各捐金有差。致仕赵禄暨孙学等十人，则又其尤者也。董工者最公勤，执工者皆雇觅，力不劳于民，财不出于官。人言：“工不使鬼，止在役人；物不天来，终须地出。”盖为妄兴作、善侵渔者设也。是役也，乃义难，但己情不忍坐观，况不伤财、不害民，大有益而一无损者乎？始工于嘉靖三十六年二月，至四月功过半，而邑侯巩昌刘筠亭适至，谒庙之初，面其役，即慨然于怀，曰：“此吾有司之责也。”遂亦捐俸而趋其成。发蔀扫尘，易朽正倾，补上漏而塞旁穿，无复蜗鼠之害，高广虽仍乎旧，而丹采则焕然一新，足以时居游而起瞻慕，如闻当时金石丝竹之声，而睹圣贤楫逊雍容之盛。是役也，所修不止殿庑门及台端，锦秋亭亦皆整饰。众意此事不可无记，以中麓子文有虚名，乃属潘生楫、崔生应鹏、唐生思恭、思敬诣吾草玄之庐，拜乞为文以光其事，归将刻石而永其传。吾章修学久矣，众亦浼吾作记，以失事状尚未脱稿，今乃先为他方成之，固不失远者之心，何以塞近者之口耶？然近可坐待而远不可空回。因记其事而复谓之曰：“是役也，五材之需，百工之费，诚为不赀，使非义举，则是鲁为长府，众人举事，似乎作舍道旁，毕竟不劳而集。此可见人心之公，人力之齐矣。然设学所以储材，立师所以端本，饰行所以明伦，考业所以居功，观庙庑之尊严所以作敬畏而希圣贤也。今之学者多逞浮辞而寡真见，昧实际而率冥行，工文不过欲登科第、掇青紫尔。纵能修庙不修行，亦何足贵？博兴古称坦直俭朴，士生其地，由质而文，宜易为力。修庙兴起之后，掇巍科、登上第者，每三岁永不乏人矣。昔吕东莱讲学兼及举业，朱晦庵以书止之，东莱复书曰：‘若不开此一路，则堂前草深一丈。’虽然，举业之精者，与道术一也。”记终以此望博之诸士加意。待吾章记成，又以望诸同乡之士云。

（选自李开先撰《闲居集》卷十一，明嘉靖刊本）

李开先（1502—1568），字伯华，号中麓，山东章丘人。嘉靖八年（1529）进士，官至太常寺少卿，提督四夷馆。后罢官家居近三十年。喜藏书，重视通俗文艺，常征歌度曲，为新声小令，诗歌豪放，尤工词曲，不循格律，诙谐调笑，信手放笔。自谓藏曲最富，有“词山曲海”之目。有《闲居集》等。

卷十八《遗文·杂志》选

与博昌父老书

〔唐〕骆宾王

某月日，骆宾王致书于博昌父老等：承并无恙，幸甚幸甚。云雨俄别，风壤异乡。春渚青山，载劳延想；秋天白露，几变光阴。古人之别易会难，不其然也！自解携襟袖十五年，交臂存亡略无半在。张学士溘从朝露，辟闾公倏掩夜台。故吏门人，多游蒿里；耆年宿德，但见松丘。呜呼！泉壤殊途，幽明永隔；人理危促，天道奚言？感今怀旧，不觉涕之无从也。过隙不留，藏舟难固；追惟游者，浮生几何！衰缘物兴，事因情感。虽蒙庄一指，殆先觉于劳生；秦佚三号，讵忘情于怛化？啜其泣矣，尚何云哉！

又闻移县就乐安故城，廨宇邑居，咸徙其地；里闬阡陌，徒有其名。荒径三秋，蔓草滋于旧馆；颓墉四望，拱木多于故人。嗟乎！仙鹤来归，辽东之城廓犹是；灵乌代谢，汉南之陵谷已非。昔吾先君，出宰斯邑，清芬虽远，遗爱犹存。延首城池，何心天地！虽则山河四望，足称无棣之墟；松槚千秋，有切惟桑之里。故每怀宿昔，尚想经过；于役不遑，愿言徒拥。今昔成有戚，东户无为[①]。野老清谈，怡然自得；田家浊酒，乐以忘忧。故可洽赏当年，相欢卒岁；宁复惠存旧好，追思昔游。所恨跂予望之，经途密迩，伫中衢而空轸，巾

---

① 原注：疑有缺误。

下泽而莫因。风月虚心，形留神往；山川在目，室迩人遐。以此怀劳，增其叹息。情不遗书，何尽言意！

骆宾王（约638—684），字观光，婺州义乌（今属浙江）人，七岁能诗，有神童之誉。高宗时被贬临海丞，后人因之称其为“骆临海”。曾为徐敬业（即李敬业）所作《代李敬业传檄天下文》（即《讨武曌檄》），震动朝野，则天见之，有“宰相因何失如此之人”之叹。与王勃、杨炯、卢照邻以文词齐名海内，史称“初唐四杰”。有《骆宾王文集》。

故太常任府君画赞①

〔西晋〕潘岳

堂堂我君，鉴像开度。逸德宣猷，含真履素。味道无闷，守终纯固。弓舆爰集，抚翼清举。翰飞公庭，龙升天路。初掌方国，流化千里。遂管秘籍，辩章旧史。入登常伯，出作卿士。内外惟允，庶绩咸理。中节日新，令闻不已。济济儒林，翼翼国子。

潘岳（247—300），字安仁，郑州中牟人。历任河阳令、怀县令、长安令、著作郎、员外散骑侍郎、给事黄门侍郎等职。依附鲁国公贾谧，名列金谷“二十四友”之首。西晋永康元年（300），赵王司马伦擅政期间，受到中书令孙秀诬陷，坐罪被杀。潘岳在文学上与陆机并称“潘江陆海”。《隋书·经籍志》录有《晋黄门郎潘岳集》，明人辑有《潘黄门集》。

① 编者按：本文为作者观看逝者任昊肖像后所作。任昊，乐安博昌（今博兴）人，曹魏时官至太常卿，任恺之父。

任太常碑赞

〔晋〕孙绰

海岱协灵，育此多士。峨峨君侯，东国之纪。金德发耀，英风邵起。文齐游夏，行俦鲁史。有邈其升，令闻不已。人亦有言，德崇誉高。束帛既延，旌节仍招。仪刑朝堂，流风丹霄。将振华衮，永涣皇朝。上帝靡监，曾不遐龄。卫霍颓镇，哲人其倾。邦国殄瘁，缙绅丧情。仰拜高范，永播休声。

孙绰（314—371），字兴公，太原中都（今山西平遥西南）人。生于会稽。少爱隐居，博学善文，放旷山水，袭封长乐侯。起家太学博士，官至廷尉卿，领著作郎。有《孙廷尉集》。

寡妇赋

〔西晋〕潘岳

乐安任子咸者[①]，其韬世之量，与余少而欢焉，虽兄弟之爱，无以加也。不幸弱冠而终。良友既没，何痛如之！其妻又吾姨也，少丧父母，适人而所天又殒，孤以藐焉始孩，斯亦生人之至艰而荼毒之极哀也。昔阮瑀既殁，魏文悼之，并命知旧作《寡妇》之赋。余遂拟之，以叙其孤寡之心焉。其辞曰：

嗟余生之不造兮，哀天难之匪忱；少伶俜而偏孤兮，痛忉怛以切心。览寒泉之遗叹兮，咏《蓼莪》之余音；情长感以永慕兮，思弥远而逾深。

伊女子之有幸兮，爰奉嫔于高族；承庆云之光覆兮，荷君子之惠渥。顾葛藟之蔓延兮，托微茎于樛木；惧身轻而施重兮，若履冰而临谷。遵义方之明训兮，宪女史之典戒；奉蒸尝以效顺兮，供洒扫以弥载。

① 编者按：任子咸，即任护，字子咸，乐安博昌（今博兴）人，晋奉车都尉。

彼诗人之攸叹兮，从愿言而心痗。何遭命之奇薄兮，遘天祸之未悔。荣华晔其始茂兮，良人忽以捐背；静阖门以穷居兮，块茕独而靡依。易锦茵以苫席兮，代罗帱以素帷；命阿保而就列兮，览巾箑以舒悲。口呜噎以失声兮，泪横迸而沾衣；愁烦冤其谁告兮，提孤孩于坐侧。时暧暧而向昏兮，日杳杳而西匿。雀群飞而赴楹兮，鸡登栖而敛翼。归空馆而自怜兮，抚衾裯以叹息；思缠绵以瞀乱兮，心摧伤以怆恻。

耀灵驿而遄迈兮，四节运而推移；天凝露而降霜兮，木落叶而殒枝。仰神宇之寥寥兮，瞻灵衣之披披；退幽悲于堂隅兮，进独拜于床垂。耳倾想于畴昔兮，目仿佛乎平素；虽冥冥而罔觌兮，犹依依以凭附。痛存亡之殊制兮，将迁神而安措？龙轜俨以星驾兮，飞旐翩以启路；轮按轨以徐进兮，马悲鸣而踽顾。潜灵邈其不反兮，殷忧结而靡诉；晞形影于几筵兮，驰精爽于丘墓。

自仲秋而在疚兮，逾履霜以践冰；霜霏霏而骤落兮，风浏浏而夙兴。溜泠泠而夜下兮，冰溓溓以微凝；意忽怳以迁越兮，神一夕而九升。庶浸远而哀降兮，情恻恻而弥甚；愿假梦以通灵兮，目炯炯而不寝。夜漫漫以悠悠兮，寒凄凄以凛凛；气愤懑而乘胸兮，涕交横而流枕。亡魂逝而永远兮，时岁忽其遒尽；容貌偏以顿悴兮，左右凄其相慜。感三良之殉秦兮，甘捐生而自引；鞠稚子于怀抱兮，嗟低徊而不忍。独指景而心誓兮，虽形存而志殒。

重曰：仰皇穹兮叹息，私自怜兮何极！省微身兮孤弱，顾稚子识兮未识。如涉川兮无梁，若凌虚兮失翼。上瞻兮遗像，下临兮泉壤。窈冥兮潜翳，心存兮目想；奉灵坐兮肃清，愬空宇兮旷朗。廓孤立兮顾影，块独言兮听响；顾影兮伤摧，听响兮增哀。遥逝兮逾远，缅邈兮长乖。

四节流兮忽代序，岁云暮兮日西颓。霜被庭兮风入室，夜既分兮星汉回。梦良人兮来游，若阊阖兮洞开；怛惊悟兮无闻，超惝怳兮恸怀。恸怀兮奈何，言陟兮山阿；墓门兮肃肃，修陇兮峨峨。孤鸟嘤嘤兮悲鸣，长松萋萋兮振柯；哀郁结兮交集，泪横流兮滂沱。蹈共姜兮明誓，咏《柏舟》兮清歌。终归骨兮山足，存凭托兮余华；要吾君兮同穴，之死矢兮靡他。

骊龙乞庇

〔唐〕张读

唐建中初，乐安任顼者读书深山中，忽有一黄衣翁曳杖叩门，貌甚秀，顼延坐与语，既久，讶其色沮，问之，曰："君得无有忧耶？"老人曰："然，吾诚有忧，赖子而释耳。吾龙也，西去一里，有大湫，吾家之数百岁，今将厄于一人，非子不能脱。"顼曰："某尘中人，独知书耳，非有他术，何以能脱？"翁老人曰："非借他术，独劳数十言而已。"顼曰："愿授教。"翁曰："阅二日，当有一道士自西来，用术竭我湫水，子即厉声呼'天有命，杀黄龙者死'，再竭再呼，如是者三，即脱我矣。"顼许之。如期往，果见一道士长可丈余，乘片云自西来，立湫岸，出墨符数道，投湫水中，顷之水尽涸，见一黄龙困沙中，顼果厉声呼翁所授词，湫水尽溢。道士怒，出丹字数道投之湫。又竭，顼又呼如前，湫又再溢。道士怒甚，乃出赤符数道向空掷之，尽化为赤云入湫中，水又竭，顼又呼之，水忽又再溢。道士顾谓顼曰："我迟之十一年始得此龙为食，子儒也，何救此异类耶？"诉责而去，顼亦还。是夕梦黄衣老人来谢曰："幸赖君子，得不死道士手，无以报德，谨奉一珠于湫岸，幸取之。"顼往，果得一径寸珠于湫岸，草中光色洞彻，顼后持至广陵市，有胡人见之，拜曰："此真骊龙之宝也，世人莫可得。"以钱数万售之。

张读（833—889），字圣朋。深州陆泽（今河北深州）人。大中进士，以中书舍人擢礼部侍郎，官终尚书左丞。有小说集《宣室志》，纂录仙鬼灵异之事。汉文帝曾在宣室召见贾谊，问询鬼神之事，故取以为书名。

康熙十二年《博兴县志》选

（选自万云修、迟龙宾纂《博兴县志》，康熙十二年刻本）

序

《青州府博兴县志》书序

〔清〕万云

康熙十二年，岁在癸丑，我国家混一区宇、普天粝伏三十年矣，钦惟皇上已告成功于祖庙。凡隶职方，奏风俗之书、贡王会之图乃所司要务也。云于是岁季春之季奉命来官，即承檄修志。猗欤休哉！欣逢盛典，敢不殚心以勸厥职。但任未浹旬，曷能周知？脱有遗失，贻讥匪细。寅集邑之荐绅衿士，迨及黎献耆硕，再四谘询，广为采搜。凡疆域形势，寸壤尺地皆属朝廷之版籍；而财赋输将，一铢半缗尽为百姓之脂膏。利有当兴，害有当除，务详务悉著于今，将期垂于后。善则当彰，不善则瘅，必谨必严，风厥往所以励厥来。其撰著也，以实不以文；其纪载也，以真不以赝。可图者图，可志者志。为条为例，各有定式；或去或取，通无成心。书成，剞劂以献，聊仿附庸述职之遗义，以示无敢旷鳏之夙心云尔。如谓以一人之识，浹旬之吏，遂足尽百里内数千年之故实、及数千年来亿万人之历履，挂漏必多。云实惴惴而惧，延望博物君子将伯助之矣。

夏四月中浣吉旦，知县万云薰沐识。

万云（生卒年不详），锦县（今辽宁凌海）人，举人，康熙十二年（1673）任博兴知县。在任期间，曾率领生员顾昂等、乡民初儒等重修八蜡庙，置办庙田，重修城隍庙。

卷之四《学校志》选

修造文庙祭器记略

〔明〕顾铎

嘉靖甲辰，安义熊侯茂修造文庙祭器，秋八月始事也，冬十二月告成也。二百四十爵，爵每十二两有奇，以铜也。三百八十笾、豆，九十簠、簋，四十三香炉，三十五铏，八垒，为对者。五十一烛台，以磁也。侯成兹器，殿庑载列，茔如也，栗如也，不华不窳，而朴如而纯如也。是举也，侯之盛举也，不登于石，侯功何表？登石不备，器数何明？堇用伐石，幸为记之。

顾铎（1488—1552），字孔振，号警斋，又号南田，博兴县锦秋街道西隅村人。正德十一年（1516）秋考中举人，正德十二年（1517）进士，曾任山阴县令，后擢为刑部主事。约嘉靖七年（1528），出任汝宁知府。十三年升河南按察使司兵备副使，分巡汝南道。十六年升任陕西行太仆寺卿（从三品），次年致仕还乡，卒后诰授通议大夫（正三品）。著有《南田集》。

卷之六《人物志》选

常烈女传

〔明〕顾铎

常烈女者，本县焦家庄社民人常维之女、常富之女孙也。正德辛未，年十六岁，乳名小课。时盗起畿内，流及山东，杀逐官吏，奸掳妇女。将至博兴境上，阳武王侯光弃城遁去，民庶无主。常维与妻对女曰："我家无财物，止尔可忧耳！"女曰："勿忧，贼来，我自有处。"其父母掘一窖，将女藏于其中，遁去。常富□□[①]，留于家看守。一恶少从数贼至烈女家，曰："其家有女。"贼遂将常富逼，要以刃加颈。女自窨中跳出，曰："我在此，休逼我祖。"贼舍常富，将女欲驱之入城。女不从，哄诱百端，不听。刀斫其面，遂大骂。断其臂，愈骂。断其足，愈大骂。遂支解剖心断肠而死。常富得逃，不死。日落，贼俱归城。常维与妻回家，哭收其尸而埋之。寝未瞑目，仿佛见女，且曰："我有肠遗水瓮下，如何不埋？"至天明，果于水瓮下得肠尺余，并瘗之。呜呼！一孱弱女子，且生于村野之间，全祖之命，孝也；洁己之身，贞也；骂不绝口，勇也。英爽之魂死而不散，是所谓浩然之气，常存于天地者也，一举而众善备焉。是不可纪以振风励俗哉？后王侯仍以全城受赏，有愧表扬。抚按两台追表贞节，公移虽下，故泯其事。嘉靖丁未，南田山人始为之作传。夫言之不文，不足以传远。今直述其事，不文甚矣，然其事自足以传远不借于文也。若题主于祠，纪事于石，则有位者之责也。

祭常烈女

〔明〕翁兆云

烈哉常女，孝以激之。孝哉常女，烈以成之。杀身卫祖，齑粉何辞！骂不绝口，生气凛如。坤维永奠，大节撑持。女尚如此，何况男儿！特申尝祭，用醒民彝。伟哉孝烈，呜呼噫嘻！

翁兆云（生卒年不详），浙江慈溪人，天启举人，崇祯初任博兴知县。翁兆云莅任后，发现郑安国规划的稻田被洪水冲毁，就亲自到田间勘验，修筑几十里的河堤，还依据地势修建十六座石闸，使博兴水利复兴，水稻种植延续发展。此外，他还修筑城楼，增设敌台，重修仙孝祠以祭祀董永等。

① 编者按：此处有两字模糊不可辨。参核康熙六十年《博兴县志》，此二字处为一"老"字。

顾思源妻张氏传

〔清〕许州牧

张氏，青州卫千户顾思源妻。明季，氏惧变，自创束身衣一件，其制自胫至背，通为一络，紧装密束，然后外服常服。后城陷，与夫被执。思源遇害，氏即撞地曰："等我，等我。"兵欲掠之，氏大骂言曰："夫妇同死一处，快杀我！快杀我！"兵虽拖拽，究竟未离夫尸。兵怒杀之。邑人口碑载道，惜没时年少无后云。

廪生许州牧记。

许州牧（生卒年不详），博兴人。康熙二十六年（1687）举人。康熙六十年《博兴县志》卷之七《人物志·乡贤》有传："丁卯科举人。贫乏苦志，总角游庠，屡为司衡所议拔。诱进之士皆成名。事亲孝，事长弟。排难解纷尤得鲁连家法。"

卷之八《艺文志》选

叙曰：纪地、纪事、纪人物，核其实也，实而无文，实将安纪？文也者，所以载地其事与人物而表章之者也。故山川有题咏则名，人贤有传赞则著。《艺文》之叙于编末，亦以发扬全书云尔。谨择其切于邑境、有光著述者录之，讵云博地偏隅，遂鄙僿无闻也哉！

序 记

修《博兴县志》书序

〔明〕陆南至

博兴故无志，而未始不有志。载于《诗》《书》《春秋》《国策》《史记》及《管》《晏》诸书，可考镜焉。爽鸠、伯陵，邈无论矣，至殷为蒲姑氏国，周成王灭之，以益封师尚父，遂为全齐，五传而胡公徙都其地，献公复迁临淄，又数传而桓公用管、鲍诸臣，修尚父之烈，为五霸，称首。田齐虽篡立，若遵兆祥而有之，所由来渐矣。迨秦以后，郡县变置不常，博昌之名始于汉，后唐以庙讳改今名。当是时，或隶千乘，或隶乐安，或隶北海。隶千乘、乐安者，博昌、利、安平；隶北海者，并入博昌。总之，所言“千乘、博昌之间”者近是，始未尝不表见，而后稍湮微也，岂非载籍轶而故实亡耶？夫肩摩毂击之俗非遥也，冠带衣履天下非偏壤也，窃怪夫勋谋节概经术之士，于博不少概见焉。何哉？博兴地平衍，疆域易于混淆，独淄、渑、般、济之所经流，又数迁徙。今按籍求之，实古青州地，又为乐安故址。然则《汉书》所称千乘、《齐乘》所称齐人者，焉知非博产乎？而世远人亡，物随时变，又奚怪乎千载而后疆域寥寥也！嗟夫！国无贤豪，国之耻也；纪载而使名湮没无闻，有司者之责也。余不敏，承乏兹土，入俗问政，欲一观诸要难，乃询学博缙绅士，而得其遗稿若干篇，遂忘其固陋，谬加诠次，以备遗亡云尔。若所谓“绍明世，继《春秋》本《诗》《书》《礼》《乐》之际”，小子何敢焉？

陆南至（生卒年不详），浙江仁和人，隆庆举人。万历年间任博兴知县。

重修庙学记

〔明〕胡崇易

夫学以立政，治道出焉；舍学言治，皆苟而已。明道先生曰“治天下以正风俗，得贤才为本”，重夫学也。夫学制以备为悦，自汉而唐而宋，兴废相寻，而治乱随之。恭惟我太祖御极之明年，远法三代之盛治，即诏畿甸内外府、州、县各建学。博兴旧制虽存，岁久就圮。维是张侯来令于兹，始谒庙，顾瞻徘徊，叹曰：“斯学之废，吾之责也。不有以新之，则学校不兴，师道难立，风俗何由而正？贤才何自而得耶？欲图治道以称上德意焉，亦难矣。”遂竭诸公帑，请于代巡与藩臬，募邑之尚义者以董其事。先两庑，次棂星门，次大成门，以及大成殿。殿之后有明伦堂，有斋序，东西义路、礼门相望。内又有文昌祠、会馔堂及号舍、廨宇，皆以次修葺，而圣贤像饰绘尤加意焉。移仓于堂之西北隅，相隙地以建庖厨。又易民地以祠乡贤。棂星门南面城，旧辟为水门，甃以甓石，洞券为门，门之上有台，台之上有楼，额曰“迎秀”。登楼一望，则见湖水烟波，山峦翠色，四时万状，逞巧献奇，额然杰睹也。功始于甲申四月，告成于是年十一月。时学命工砻石，欲大书以垂不朽。侯名集，别号滹滨，大中丞恒山翁之冢嗣云[①]。

胡崇易（生卒年不详），字道明，号时轩，四川垫江（今属重庆）人。弘治年举人。有《时轩文集》。

---

① 编者按：大中丞恒山翁，指张璿，字仲齐，号恒山，北直隶晋州（今河北晋州）人。弘治甲子解元，正德戊辰进士。正德间任山东巡按监察御史。张集张璿长子，嘉靖四年知博兴县。咸丰《晋州志》卷之七《宦业志》载，张集字汝思，号元泉，恒山公之长子。幼聪敏，有气节。嘉靖癸未举进士，授博兴令。先是邑被盗劫，城破落，公至，则招逃亡，垦荒芜，宽逋负，募义勇。筑城浚池，齐民赖之。抚按以才交荐，调江阴县。

重修博兴儒学记

〔明〕顾连璧

博兴庙学之建，未有考也。元知州栾汝翼更造焉。至元己未，监州火赤尔复置东西序，后毁于兵燹。迨我朝洪武初，知县王暹复建于县治东南，中为圣殿，旁列两庑，前为戟门，门之外为泮池，又前为棂星门；殿后为明伦堂，旁列二斋。嗣后令是邑者，相继增饬。嘉靖丁巳，陇西刘公廷琮复重修焉。迄今几三十祀，岁久倾圮，日以益甚。万历庚辰夏，长乐陈君荣来署博庠教事，睹庙貌颓敝，慨然议欲新之。越明年，乃谋诸司训桐庐郑君应铭、嘉祥黄君梦旸，佥曰："如议。"遂命诸生阎国秀等具呈于县尹大梁桑公东阳。公欣然曰："吾方有志而未逮，今兹之举可容已耶！"乃先捐赀以为僚属倡。时邑丞邢台张君平、簿长洲周君时武、幕僚献县秦君宗昌，暨该学师生各捐金若干。又告诸乡士夫及邑之尚义者，亦各输金。不数旬，积金百余，即择吉兴工，鸠众聚材。复任乡耆之有才干者张继先、焦儒、贾绶、张守家董之。未几，公以迁秩行。壬午冬，古赵张公登来宰是邑，雅重儒术，复捐赀增修，遂落成焉。是一时之义举，而百代之伟观也已！

顾连璧（1535—1585），字曰温，号文岗，博兴人。其父顾存仁。自幼英敏机智，丰仪俊美，有"神童"之称。好读书，文章博赡雄浑。万历进士，授盩厔知县。调任嘉兴都丞。卒赠太仆寺卿。其弟顾合璧为举人，授博野县令，顾连珠、顾合珠均为贡生。子顾颐为万历进士。

学前重修风水记

〔明〕顾连璧

博邑文庙旧在南城，面城湫溢。弘正以来，科第落落如晨星。迨嘉靖初，常山张君集来令博，始于庙前开迎秀门，盖迎气之意云。岁甲辰，佥宪黄公鳌东巡谒庙，周回览视，谓朱雀主文明之象，而南方低陷，非宜，乃捐金置学田一十四亩。今驾桥为山于门之外，业置田已，事竟中止。越岁辛亥，宪副傅公学理继至，见与黄公合，遂趣成之。壬子春，县二尹杜君孔禄任其役，即所置田桥者桥，山者山，而黄公之志始成云。是岁秋，崔应鹏举乡试。岁乙卯，举初旦。岁丁巳，邑侯刘公廷琮复于山后浚井凿池，亭其上焉。嗣是，余与弟合璧举戊午，于藩举辛酉，白应乾举丁卯。中间乏人者，盖两科。诸生相语曰："文运犹未泰乎？"适青州别驾王君纬精堪舆，绘图以示诸生。迄壬申岁，诸生李一元辈诣邑侯王公尧臣谋焉。侯俞其请，遂与二尹卢君委、三尹王君伯邻、四尹王君自智，儒学栗君儒、沈君文奎、徐君修之，各捐俸若干，仍请士大夫乡民尚义者共济美举，推乡民初铎等董其事，月余乃成。将勒诸石，以征余文。窃稽人杰地灵，每相与以有成也，非众心协赞，何以成功哉？姑摛词以纪其盛。

风云亭记

〔明〕顾铎

风云堂成，堂后有隙地，因建风云亭。其地广有丈，长减丈之二尺也。柱仅于拱，椽不不盈把，借堂之余材也。上覆以茅，力不能瓦也。下砌碎石，取于淄也。后堆假山，姜石数种也。其前通于堂，后映于壁，不可以墙也。东西设两小轩，以时启闭也。启也，冬以延日、夜以延月、夏以纳凉也；闭也，寒避斜风、阴避侵雨、冬避飘雪也。中置石几，谓之读书石可也，谓之醒酒石可也，谓之其介如石亦可也。傍置花木数本，开轩以观，知造化生生之不已也。兀然静坐，似山林、似太古也；焚香静坐，消世虑、忘老至也；客来共坐，容两三人也，谈庄老、谈瞿昙也；奉老母以暂至，期难老之永锡也；听小儿之吾伊，喜书香之不断也；居太平之世，享清闲之福，赖一人之有庆也；月朔北拜，效华封之三祝也。嘉靖戊申三月，南田六十一翁自记也。

白衣观音阁记

［明］高节

夫观世音者，谓观百千万亿众生苦恼之音，一切以真静、广大、智慧、慈悲之观加被与彼，今得解脱，是谓虚极而灵自通，诚竭而应自速，自然之致，不可诬也。以故十四无畏普其施，三十二应演其化。经说虽繁，要不过饶益众生，以副其皈命信顺之心而已。心也者，诸法之根宗，诞育男女，乃万法中之一法也；心也者，诸愿之橐籥，嗣续人伦，乃大愿中之一愿也。白衣大悲，历无量劫，受持千亿佛号，复尽形供养，皈命信顺，因是得满其广大度生之愿，此非法自心生、愿从心足乎？咒云“陀罗尼”，盖以此耳。尝闻先德有言咒者，法王之隐语，鬼神之秘说，持之而恭敬奉承，凡所蕲望，无不如愿。故受持五印陀罗尼咒而得賑者，其产白衣，重包种种，如持左券。惟有信顺之心，斯得天人之助也。不佞滥竽薄姑，欲现宰官身以护法，而白衣之观，此地从古未有，即心怀信顺，将何缘以达幽元乎？于是谋于寮佐，询及士夫，乃择善地而立之祠，募剞劂而梓其经，而广陵杨君希曾、豫章甘君伯文共董其事，不阅月而告竣焉。阁成，延老衲课诵其中，以供香火，遂为薄中名刹。此非自为演派，计更欲令世之迷众知万法惟心，皈诸心顺，不当于口舌之讽诵，妄觊多男也。若袭施舍之虚名，即图瓜瓞之果报，终无毫发之益。只长生灭之途、增去来之业耳。九月丁丑之夜，门下生张子文浩梦同贾生一秀、王生会极等从不佞谒白衣，参拜既讫，乃环立而谭小品，共探白衣之原，蝉联者久之。更命张子作偈，以穷奥旨。渠口占即成，若有神助。夫张子素业儒术，故非证道度世人，而其偈中之语，似从祇园昙师授受者，意或白衣大悲俯鉴鄙虔，先于梦寐间泄其朕兆耶？因并志之，以俟后验。偈曰：“焚香合手叩须弥，为问如何着素衣。想厌世人多滓垢，故将纯朴觉愚迷。若识一心为明镜，更知四大即菩提。紫艳红芳都却尽，休留半点入丹溪。挠之不浊瓶贮水，吹之不动絮沾泥。了除色受想行识，洁白犹如身上衣。众生若解个中味，准拟清梦见熊罴。”

高节（生卒年不详），字慎默，河南祥符（今属开封）人，万历进士，治博兴有异政，调繁寿光，擢兵科给事中。在神宗立嗣之争中抗疏请立皇长子朱常洛（即后来光宗），时以为忠。

仙孝祠记

〔明〕王为邦

古称至治在得民之性而善用之。盖民各有性，护之甚坚，而动之亦易。是以君子不移民而治，在迪其秉彝之良。即如孝之一念，不俟学虑，人人知能。仁民爱物，总此一机所充，虽有晦蚀，一经提撕，而民心自动。邑侯翁公，两浙名家，来令博邑，下车之始，便薄政刑而崇德礼，慎修谨行无其象，辨分定志无其名，特以明寡过之事也。然而民之劝善，奋不自觉矣。本邑有董仙旧址，当日鬻身葬父，神女助织，孝声至今著也。我侯建祠绘像，俾过此者各触其良。子舆氏云："人人亲其亲、长其长，而天下平。"此岂但宰一邑之道？即宰天下可也。阖邑士民咸佩教泽于无穷，因借愚言以志不朽。窃谓小孝用力，中孝用劳，大孝不匮。我侯以尊仁安义下诲斯民之慈爱忘劳，上承圣天子之博施备物，指日主持国是，以此措之耳。语云："作如是因，获如是果。"彼苍所以福佑吉人者，则有我民之视听在。

王为邦（生卒年不详），山东莘县人。天启元年（1621）辛酉科举人，曾任博兴县教谕、沂州知州。

新建发祥桥记

〔明末清初〕贯琮

县治兴福店迤南，襟水一线，旧名渑河。上有石桥，南北通衢，车牛徒御，往来不绝。但经久倾圮，截流横渡，步履嗟褰裳之难，乘策怀覆溺之惧，临河趦趄，望若天堑焉。兹幸翁人父母留心民瘼，百废俱兴，每经此桥，恻然动念，辄议改造。谓旧址洼下，凡遇秋水，最易冲没，不若震巽之地，形势颇高，山水环映，旺气攸钟，宜迎其瑞以建桥梁。遂度量工费，捐俸鼎新，不费民间物力，未逾月而告竣焉，名曰发祥桥。阖县之祥，从此发矣。庠生吴道显集众商曰："济民利涉，固斯牧之仁，而戴德扬休，亦黎庶之义。"于是立碑以志不朽，是为记。

贾琮（生卒年不详），博兴人，顺治间恩贡生。考授州判。幼时父疾笃，日夜焚香告天，愿以身代。母霜居，朝夕定省，终身如一日。兄早逝，抚从子四子如子。生子皆游庠序。设科诲人，远近多所成就，一时称师范。

赞

《关帝观春秋图》论赞

〔明〕翁兆云

论曰：未始兄弟而兄弟也，逆旅以之；未始君臣而君臣也，草昧以之。此英雄之所以断于义也。既以兄弟而君臣也，造次由是；既以君臣而兄弟也，颠沛由是。则勇烈之所以安于仁也。虽然，此阚其微未阚其大。阚其微者，所矢方寸几希之丹衷；阚其大者，所扶天下万世之正统也。吴魏如彼其炽也，畴委身帝胄而抗方张于两贼之间；炎刘如此其墟也，孰协力王家而燃式微于一纤之际？盖侯存而权、操之胆几丧，侯没而玄德、孔明之精已销亡矣。抚今则四百之祚，高祖、光武之基也，侯所为显振也；吊古则千祀之历，神农、虞夏之传也，侯所为默扶也。仅名其忠蜀，忠一国耳；即名其忠汉，忠一王耳。非然也。《春秋》，天子之事也。天子，固百代之天子，而且谓下私东鲁也耶？而且谓上私西周也耶？侯也露刃帐中，燃藜案上，煌煌一编，耿耿独对，有以也。

赞曰：文心也而用于武，斯其惧在乱贼；儒识也而藏于将，斯其志在《春秋》。峙三分于巴蜀，嘘一烬于炎刘。虽云业以地偏，功随身灭，而正统还之帝王，正气塞乎天地，忠臣义士分止此矣。或之使莫之为天乎，人也其何尤！

谕令

禁讼晓谕

〔明末清初〕沈以曦

礼重婚姻，正人道之始也。奈习俗日浇，嫌衅丛生，始犹借口于非命，继竟相率为固然，令人于结褵之日，即怀雀角之恐。谨志俟示，以醒颓风。

窃照长吏为政，听讼由人，而百姓自安，息争为主。今有所争锱铢，而所费百倍，差役承牌票扰其鸡犬，邻里借和息恣其饮啖。经年累月，农事皆废。事后追思，悔恨何极！至于重大，无过人命。而尤有可恨者，人之娶妻，本图偕老，中道捐殂，伤心何极？今姑死则云妇逆，妇亡则谓姑严，妻殒罪归妾宠，妾毙怨丛妻妒。使其家既有死亡之忧，又遭追呼之扰。亲戚变为仇雠，尸骸任其暴露。当其始诉，则泣血涟如；既饱所欲，遂饮食衎衎。此等之人，尚复有人心也乎？又有不忍小忿，投缳服毒，夫忍心而杀妻，子视父而不救。本欲制人之死，而先自轻其生。即令抵偿，历检视数次，骸骨狼籍，况自尽者无抵法乎？今后有此等，必究其真情，执法严讯。本县非不惜人之死，正使人知轻生之无益，咸自爱其生，乃所以重惜人之死也。为此竭诚劝禁，共相传闻。

沈以曦（生卒年不详），字仲朗，湖南临湘人，崇祯十三年庚辰科进士，授常熟令，迁苏州推官。入清，于顺治十五年知博兴县。

严禁非礼之奢以节民用

〔清〕蒋维藩

父母之丧，非关视听，奈习俗移人，贤者不免。今志侯示，将以存宁戚之意，亦以作中流之砥。

窃照祭葬之礼出于报本至情，称家之有无，皆可以克尽孝思，非徒事虚文、侈人观听已也。今世人不察，一味搭高棚子，催觅鼓乐戏具，张筵会客，便为体面孝子。人人相尚，家家效尤，无不倾家败产，揭债敛金，勉强了事。至于正经事体，漠不关心。及至落魄流离，为人轻贱，拖欠钱粮，受羁挨刑，辱父母遗体，损祖宗家声。仔细想来，做只虚体面的，就是真正不孝之子。虽风俗使然，本县亦必竭诚劝诲。今示尔百姓，为孝子顺孙的，遇父母祭葬之事，止极尽哀诚，随分竭力就是。孝子断不可学那样轻薄不孝之人。若是修身力学，做到显亲扬名之时，起造华表牌坊，只才是体面孝子。若只是结彩搭棚、张乐会客，真是可耻之事。如此示仰士民人等，再犯前项，定严拿重究不恕。

蒋维藩（生卒年不详），满洲籍，举人，康熙三年知博兴县。“以英年作民父母，当凋瘵之后，不激不随，事事就理。”

说　论

修浚小清河说

〔明〕顾铎

小清河去博兴城南五里许，频年为患，积不治者久矣。嘉靖甲辰，郡宪罗江陈公始治之。夜大风雨，浮舟而来，二鼓入县，五鼓即行，抵小清之上流，及诸水之来会，入乐安之尽境，穷入海之下流。相度地形，斟酌利害，见定议决，计丁集夫，计夫程工，而五皋熊侯茂往来总督焉。河之原议深若干，阔若干，以畚以杵，用坚且固矣。始事于三月，毕工于五月矣。又多插柳以固岸之善崩，修铺舍以防民之盗决焉。永谋遗爱，爰及博人，是可记矣。虽然，予有说焉。小清河可考者三，读《卜式传》，吕嘉反，卜式上书，欲率博昌习舟之民以行。又读《杂传》，王师范据青州叛，恃博昌之水，不备于北，则当时茫然巨浸也。历下之趵突泉、章丘之白云湖，淯、漯、沙沟、养瓦口、霸子口、蒙埸六河俱入大清河。以下之沙、开、马、常贩、羊红、孝妇、汉溱七河，白条、郑黄二沟，尽归博昌。入海者入海，不入者不入，所以民习操舟、恃水为险者，皆以水。而不入之水，如今青沙泊、鱼龙湾、浒山泊，不与区区之水争地也。此其可考者一也。至伪齐刘豫时，僭都大名，改趵突泉及章丘诸水为今之小清河，下与乌河合流。济水劲猛，能荡涤垢浊，以故常流无虞，而海上之盐场、傍河之州县货物皆得达于历下，又入大清河，抵张秋。此其可考者二也。以后致废，不知何时。成化癸巳，山东参政唐公源洁力请修之，乃寻刘豫时故迹疏之浚之，皆复其旧，又多置闸所，又开支脉沟，遇大水则开闸分流，以杀其势，旱则闭之，故河常无虞，东方盐货仍得抵于张秋。博兴居民半移今之湾头店，则利故也。此其可考者三也。今则趵突及章丘淯、漯诸水仍入大清河，而小清河之上流为平地行车矣，止孝妇等河诸水来汇，然旱则涸而断流，潦则溢而为灾，一断一溢，迄无宁岁。延望抚我东土，参我东藩，寻唐公故迹，以惠我青土之民。

博兴水论①

〔明〕杜思

愚按：小清河为博兴之害，濒河居民盗决构讼，终岁无已。揆厥所由，盖小清河自省城以东、青州迤西诸山之水皆会焉，一遇霖潦，汹涌泛溢，堤岸浅薄，虽不盗决，亦不免于漂溺，故前辈欲开柳塘口以杀上流之势。盖柳塘口以

① 康熙六十年《博兴县志》卷之三《河渠志》收录此文，题目作《小清河论》。

西地形稍下，会省城以东北流诸水径入大清河为顺，若开柳塘，则不但分上流之水以入大清河，而青州以西诸河亦得以杀其东来会合汹涌之势，是即大禹治水因其势而利导之策也。或者但欲折筑小清河，使之宽大深广，令有所容受，恐任事不一，而费亦无赀。愚谓柳塘口不开，虽折筑小清河，无益也。然则为东方保厘之计者，何惜于一柳塘口之工而不为青、济无穷之利耶？近议欲挑乐安清水泊以达于孝妇河，浚支脉沟以入于小清河。又有欲疏孝妇河自杜张口止于岔河嘴之南五十里，浚小清河自樊家口止于乌河湾头桥之西八十里，是亦目前治标之一节云。

杜思（生卒年不详），字子睿，浙江鄞县人，嘉靖进士，由工部郎中出知青州。其人温文好学，人称综雅。莅任青州之后，修府衙和孔庙，百废俱举，每事尽心。

水利说

〔明〕齐洪纪

博邑地势卑衍，小清河亘其南，自西徂东，两岸如墉，水行脊上，其傍率沮洳蓁莽之区。间有田者，淫霖一布，稼穑卒痒。况河岸善崩，时有不测之虞哉！从前当事者，每云地平水便，此大宜稻，暵潦可兼济也。有郑县丞名安国者，始为经理。甫就绪，为洪水所坏。邑侯翁父母莅任，即巡河履亩，叹曰："此艺稻之利也，在善导之者耳，乃称患哉？"为之筑围数十里，以御末流之浸淫。砌石为闸，随势命名，曰保泰，曰东宁，曰南阜，曰迎薰，曰利见，曰西成，又曰永丰，曰维新，以资灌溉，严其启闭。为沟为浍，我疆我里，且著为令，曰："沿河而业，嗣是艺稻者，听其砌闸筑围，勿阻也。"语云："兴一利，不如除一害。"乃若以此兴利，即以此除害，一举而两得者，又何如？尝考令南阳者，动称广陂塘、开水利，汉室循良，脍炙千古。今日似当仰质有光云。

齐洪纪（生卒年不详），博兴人。齐怀鲁之子，贡生，莱州府教授。

后　序

《博兴县志》后序

〔清〕迟龙宾

志之作，其即古贡土陈风之遗意乎！夫贡土陈风，司牧者之责也，宾何敢言志？虽然，亦有可备采择者焉。宾振铎博昌，日与士大夫游，尝讲求邑境沿革与夫古今人物，暇则登奎山之锦秋亭，眺麻大湖，观芰荷，乐鱼鸟之自来亲人，以故知邑乘者颇悉。癸丑春，邑侯万公甫莅任，即从事修辑。盖为国家大一统盛典，而司牧者皇皇以求副厥职者也。于是委编次于邑之名宿，属宾参阅。匝月而书成，列卷八，八卷之中各列条例，综纲核纪，颇称详赡。倘所谓简而文者，其庶几乎？而作志之意则更有深焉者，辨疆域，见犬牙之制不可紊也；考风俗，见习尚之端不可苟也；修官制，见用人之必期其当；重选举，见取士之必期于得。学校之制明，欲以圣贤之德义培多士也；艺文之体辨，欲以黼黻华国之器进多士也；兵刑钱谷之数详，则又欲养民以教民、裕国以强国之要务也；褒忠孝、旌节烈，所以见一乡亦有天下之士；而一端之节行必表，一事之孝义必录，又所以广励善涂于一乡也，则为朝廷贡土陈风，即为朝廷赞政事、兴人材也。可后方告竣，谨属言于后，亦乐觏当时之盛典云。

儒学训导迟龙宾谨跋。

迟龙宾（生卒年不详），山东莱阳人，顺治二年（1645）乙酉科岁贡生，康熙三年任博兴县儒学训导。

康熙六十年《博兴县志》选

（选自李元伟纂修《博兴县志》，康熙六十年刻本）

重修序

《重修博兴县志》序

〔清〕李树德

邑志何昉乎？古者左史纪言，右史纪事，下洎列国，莫不有史。《晋乘》《春秋》，其较著已。自封建废为郡县，国除，不得置史，史之职乃专在王朝。然以四海九州之远，耳目有所未及，谘访有所不周，考俗辨方要，举其大纲而止。而有心之士，司牧一邑，往往采集旧闻，网罗轶事，条分缕析，荟萃成书，名之曰志，所以彰制典、垂法戒，与史一也。我皇上御极以来，久道化成，光被六合，海隅日出，重译来朝，往诏纂《一统志》并《大清会典》，既已次第告成，而直省州郡，通都大邑，遐陬僻壤，靡不修明故乘，藏之外府，以供輶轩之采择。幅员之大，载籍之盛，亘古所未有也。我二东为畿南近省，其隶于青州者，有古博昌邑，频年河道淤塞，积涝为灾，洿灶沉庐，民无宁宇。余访知疾苦，捐俸议浚，而专其任于邑之李令。令戴星出入，董理勤劬，河流底平，污莱尽辟。而余以巡海之役，道经其地，邑父老遮道环辕，口诵长吏之贤不置，余顾而乐之。越□□□，李令手一编进谒曰："博昌虽弹丸邑，亦三代文献之区也。向以闾阎凋敝，有司救过不遑，邑乘阙然久矣。今患去民安，讼狱衰息，得与二三绅士稍稍修辑，用备博昌之掌故焉，敢乞一言以光简首。"予披览终帙，叹曰："美哉！典而核，博而有要，其古良史之遗乎？夫史以纪往，亦以昭来，故志方舆则载封植沟涂之道，志建置则表兴废因革之宜，志田赋则核盈虚登减之数，志官师则忠信慈惠之必录，志典礼则饮射飨祀之必详，志人物则言坊行表，休烈犹存，志艺文则国雅民风，菁华常在。至于河渠一志，溯源流，陈要害，述昔年之昏垫，叙今日之成劳，以俟后之君子，绸缪于勿替焉。此又一邑之生命所关，而操笔者用意尤切也。得是志而存之，博昌之民庶几耕田凿井，长优游于尧天舜日之中乎！余将藉手以仰答圣主爱民如赤之至意，而长吏循良之绩，亦与此不朽矣，岂偶然哉！”于是乎书。

时康熙六十年岁次辛丑秋八月谷旦，钦命巡抚山东等处地方督理营田兼理军务、都察院右副都御史、监督临清钞关仓储兼管钱法事务加七级纪录十二次仍带军功一等铁岭李树德峩邨氏撰。

李树德（生卒年不详），字峩邨，汉军正黄旗人。明宁远伯李成梁族裔，先世为朝鲜人，明初渡江内附，徙居辽东铁岭。康熙五十四年任登州镇总兵，五十五年升任山东巡抚。

《重修博兴县志》叙

〔清〕王用霖

昔孔子之论政曰：“其人存，则其政举。”是知天下之政，亦视乎人而已矣。乃世之筮仕者，未卜政，先卜地，动曰某地善、某地不善，某地易于有为，某地艰于奏绩。呜呼！彼其人不自奋，徒欲享成巢之屋，耕既菑之田，以侥幸于无过，亦可知其窃位苟禄、备位全身而无所短长之甚者矣，尚可以问政乎哉！夫盘根以别利器，蓦溪下涧以识骏马。是故不遭洪水，不显神禹之奇；不封斥卤，不知太公之略。待文王而后兴者，凡民也。佥云不可而必为之者，断非豪杰之士不为功。博昌，青属下邑也，滨河濒海，土瘠民贫，且历年告灾不绝，问其民，则流亡矣；问其田，则污莱矣；问其城垣，则恃陋不备；问其衙署，则灰劫无存，学宫鞠为茂草，庐井半为丘墟，一郡之中，谁复屈指博昌也者？邑令李叱驭而至焉，慨然曰：“是岂不足为政耶？夫西门豹有漳水而不能用，识者讥之。召信臣筑陂南阳，溉田万顷，民用饶足。文翁授经西蜀，风教等于齐鲁，天下岂有不可为之地哉？亦顾其所以为之者若何耳。”于是砺精淬神，规形度势，锐然更始，议开河，议垦地，议葺城，议建学，议治官舍，凡可以苏民之困、阜民之财、兴民之行者，靡不上之当事，请而行之。五载以来，纪纲肃然，百度具举，境内气象，丕变一新。二东之间，谁复不知博昌也者？复丁退食之暇，咨文考献，藜火校仇，成志一编，乞余为叙。余不禁抚卷而叹曰："甚哉，李令之才大而谋远也！夫今之居官守土者，萦心于簿书钱谷，劳形于鞅掌风尘，虽处庶蕃极盛之地，亦复不暇从容坟典，从事丹铅，为垂世行远之业。李令独振起凋敝之余，且当兼篆纷纭之日，百忙一闲，分余力以为此，斯已奇矣。"余又观其书，奠山川，察风土，修明制度，一切表彰潜德与扬厉风骚，在他志只为方策之具文，在斯志俱为设施之实政。然则君之所以治博昌，与博昌之所以戴君，及后日之为博昌而有考者，具在是矣，宁徒以翰墨之长与文人学士斗丽争工而已哉！夫乃知天下有治人，斯有治法，第患人不能为，不患地不可为。人存政举，圣人之言实为信而有征。彼世之碌碌无奇、不自振拔而动以艰阻自委者，读斯志也，毋亦有爽然自失、蹶然兴起者乎？是为序。

山东等处承宣布政使司布政使加三级纪录五次广宁王用霖撰。

王用霖（生卒年不详），字静庵，汉军镶黄旗，奉天广宁（今辽宁北镇市）人，云贵总督王继文之子，荫生。康熙三十九年六月分守河东道，四十四年守通永道，四十六年以参政任陕西督理粮储道，四十九年任广西按察使，五十一年任广东承宣布政司左布政使，五十五年任山东承宣布政使。

《重修博兴县志》序

〔清〕程光珠

东省数被水患，大中丞体皇上如伤若保之心，切己饥己溺之责，集议开河，念邹、章、长山、高、博、新、乐被患尤剧，特饬监司总理而专其任于博之李令。余于戊戌奉命受事，循例檄饬，檄行未几，而李令报竣之书遂上。未数月即大霪雨，七邑独不为灾，由是颂声翕然，播闻遐迩。余窃怪其奏效之速而成功若斯之易也。即得其成志一编，披览竟阅，余乃抚然而叹曰："此即李令之所为治谱也夫！"夫世亦多为志者矣，然只捃摭故实，蹈袭陈言，演绎装潢以资文具，持以律政，则皆为纸上之空谈而画饼不可疗饥者。今观李令此志，山川形胜，其所露冕巡视者也；户口丁徭，其所勾稽核实者也；城邑、衙舍、学校、宫墙，以迄桥梁、道路、陵墓、古迹，非其所创建，即其所整理也；断简残篇，幽光潜德，亦其搜罗而表彰之者也。此皆以经济为文章，非徒治河之有伦有理而已。余乃知其信义之孚人者至，仁恩之入人者深，用能趋事赴功，其应如响，不动声色而成此奠定之大猷也。班固有言曰：“虽有尧舜之盛，必有典谟之篇，然后扬名于后世，冠德于百王。”然则李令之可传者，固不以志也，而征文考信，不有因志而益传者乎？余故不多李令能为志中之言，而多李令能为言中之事，用弁数语于简端，以附剑首之一吷云。

时康熙六十年辛丑岁八月，山东等处承宣布政使司分守济东道兼理通省驿传事务、提刑按察使司副使加五级孝感程光珠撰。

程光珠（生卒年不详），字赤浦，湖广孝感（今湖北孝感）人。监生，康熙五十七分守任济东道，康熙六十一年奉旨署山东承宣布政使，雍正元年署山东提刑按察使。雍正三年任奉天府（今辽宁沈阳）府丞。

《重修博兴县志》序

〔清〕黄炳

皇清奠鼎七十有八年，皇上御极于今六十载，万国来，同车书，一统图贡之盛，肇辟以来所未有也。是以《统志》《会典》既已告成，而省郡州邑亦莫不有志，盖皆所以仰佐休明，润色鸿业，使事迹之光于天壤者传于奕祺。其志之体裁不一，其大致亦略相同，大都时代、郡国、建置、沿革则有表，山川、风土、陵墓、关梁、典章、赋役、官制、兵防以迄艺文、杂记则有考，名宦、乡贤、忠臣、孝子、烈女、贞媛则有传，而统名之曰志。总之，鼻祖司马，分宗班、范，而窃附于《春秋》之义，顾其间有五病焉：巷议街谈则质而俚，绨章绘句则文而靡，榜目标名则简而略，牵合附会则支而离，若夫求索立传、褒扬失实，又诬而伪，此皆作志者之通病也。夫志也者，识也。识大识小，所以垂世而行远也。五病不除，何以行远？是故《黄图》《决录》常璩《华阳》尚已，近世惟康对山之《武功》与于侍郎之《齐乘》，典核简贵，不失史体，外此者概无闻焉，则甚矣其难也。博昌李令痛岩邑之凋残，伤文宪之失考，踵旧增新，补亡订误，辑成一志，出以质余。余翻阅数四，镕经铸史，其言雅驯；淳古简淡，其文朴茂；源流本末，考据精详；《水注》《山经》，引证切当。至人物臧否，笔削谨严，世族不能增，穷檐无所略，所谓有五美而无五病，盖真得司马之家法、班、范之真谛，而堪与《武功》《齐乘》并峙者，于以备列采风，宣付史馆，而为《统志》《会典》之一助焉，夫奚不可之有？虽然，李令于此，岂徒记事纂言、为粉饰太平之具哉？夫言其所言，工者亦拙；言其所行，拙者亦工。仁义之人，其言蔼如，有本故也。今观此志，录旧闻者什之二，采时事者什之三，其开河建闸诸大务，与一切创造，规为文移，上下则皆其实心实政施之事而笔之书者，故其言益为亲切有味。然则志非徒志，乃循良之传、报最之书也。后之为博昌者，遵是志而守之，吾知张弛举错，犁然有条，虽久安长治与圣祚无极焉，可矣。是为叙。

时康熙六十年岁次辛丑仲秋谷旦，山东等处提刑按察使司按察使加三级纪录九次又纪录二十二次海州黄炳撰。

黄炳，字惠亭，海州（今江苏连云港）人。康熙末至雍正年间任山东提刑按察使司按察使、山东巡抚。

《重修博兴县志》序

〔清〕陶锦

青所隶邑十有四，而博最居下。余初奉命出守，属令悉以例来谒，谒即挟各邑城图与所藏乘志以进，唯博卷帙无多，寥寥数纸，若与邑俱小然者，岂非其地荒残而文献缺失之故与？丙申春，安成李君来宰是邑，见其器宇轩翔、识议慷慨明达，余不禁私心自幸，而转为之太息曰：“此循吏才也。倘得大地而为之，则可以展其骥足矣。兹毋乃为邑小所絷牛刀割鸡，讵不重负我士元乎哉！”且博之无岁，屡年于兹矣，济、清淤塞霪涝，浸灌不时，以致三农失业而民鲜宁居，叱驭而至者，其何术以处此？李君顾坦坦焉，无戚容，无难色，以宽大之心，行勤敏之政，博谋定计，倡议开河，疏通积涝，故得亩收钟倍，而民气以之渐复，然后葺城垣以壮金汤，整黉宫以兴学校，创衙署以肃观瞻，成杠梁以免病涉，凡有切于民生利害者，罔弗疾为兴除，用使蕞尔荒陬，声名埒于望县，而余亦借是以纾北顾之忧。嘻，亦异矣！而李君更穆乎有遐思焉，谓邑非政不治，政非书不传，前事之不忘，后事之师也。博虽有志而若无，况复旷年不续，其间林谷变迁，风俗移易，户口登耗，赋役重轻，人物代谢，白衣苍狗，浮云变幻，盖不知其几何。失今不考，后复何征？博昌固下邑，顾独以杞宋自甘乎哉！于是开馆设局，博采群书，周咨黎献，延有道能文之士而笔削之，其时兼篆广固，文移旁午，王事鞅掌不遑，仍于放衙退食之顷，辍余力以为之斟定。余览其书，秩而有伦，详而有要，其义精，其事核，其文质而赡，封国建号之始，废兴因革之由，创造规为之迹，与夫达官之功名事业，哲人之道德文章，贞女贤媛之芳踪懿躅，靡不犁然具举。而《河渠》一志，尤为考据精详，敷陈确当，盖其为之也亲，故其言之也切；其虑之也远，故其说之也长。斯真能以经济为文章，而不与他志同其浮艳者。昔陈遵至官，口占授书百封，十吏书之不给，且省官事如常。董允代费祎为尚书令，欲效其宾客宴会，旋虑废事，乃自叹其不及。信乎人才之相远，实有如是者。李君挟凋敝小邑，能于三年之间政成化洽，固已难之，而复有余暇以从事于载籍，极博编年纪月之文，贤而多才，更出余初望之外矣。于其请，故乐述其始末以为之言。

时康熙六十年辛丑岁八月谷旦，知青州府事加八级纪录十二次长白陶锦撰。

陶锦（生卒年不详），字奕侯，长白人。曾任青州知府，并主持修纂康熙六十年（1721）《青州府志》。

《重修博兴县志》序

〔清〕李元伟

博，岩邑也，厥田下下，厥赋中下错，为济、清所由入海故道，洼下沮洳，河伯肆虐无常，故民多失业而鲜盖藏。齐俗雅号富庶，此其贫寡者与？又，兵燹后官舍劫灰，学宫鞠为茂草，城陴庳圮恶陋，荒郊茅苇，泽无陂，川无梁，而文宪又勿论已。余于丙申承乏兹邑，其时值夏秋霪潦，河水浸灌，茫茫百里，不见禾黍；捐瘠号呼，至无虚日。余请蠲请赈，百计谋所以噢休之者，几于束手无策。幸上宪咨询民瘼，加意拯恤，而又洞见河道利害原由，为之捐金疏浚。两年以来，河患既除，乃得泰然耕凿，而民气以之稍复。余因补苴罅漏，草创衙署，整理宫墙，增葺城堞，一切桥梁道路，悉为捐俸修除。方在绸缪阴雨、拮据未遑之秋，又奚暇从容考订，留意编摩，为润色大平之事哉？顾念守此土、治此民，于方舆则有刍牧捍卫之职，于建置则有修废举坠之职，于赋役则有稽核均平之职，于典礼则有修明厘定之职，于官师、人物、艺文则有表章扬扢以为风励之职。至河渠一役，固各宪之丕绩攸昭，即余亦尝竭蹶从事，其所关系非第吾一博之生命而已。倘竟荒于载笔，一概付之逝波，后起无征，良可叹悼。一旦輶轩下指，采风而问俗焉，守土之官惟以“不知”敬谢，夫宁不羞啬夫之口而汗绛侯之衣乎？按：博旧志一修于胜朝万历癸巳，再修于国朝康熙壬子。顾修之昔者，虽不与宣鼓秦碑同焉磨灭，亦复如《汲冢》《穆传》残蠹不全；修之今者，又以奉檄通行，取办俄顷，草露布于马上，赋滕王于席前，大体略具，而挂漏实多。况三十年为一世，今一世又过其半，其间沧桑变更，人事代谢，少者老，而老者稀，失今不考，倘日复一日，天宝之宫人尽去，宣和之遗献无存，纵世不乏有心君子，又安能从声销响寂之后，作乌有先生之言与亡是公之传也耶？元伟念此，心焉惧之，是用谋之荐绅士夫与二三耆旧，远稽往牒，博采方言，原本旧志而补亡订误。属稿之后，质之吾友王君石庵，复为删繁秩乱，别类分门，而各弁以叙言，以付剞劂。虽不若名都大邑有山川之壮丽、物产之宏多、人物之奇伟，与夫功名事业、翰墨文章之彪炳日月，令阅者目炫耳荧，骇其俶傥瑰玮，而街谈巷议，布帛菽粟，语详而事核，亦足为弹丸传信之书。自兹以往，君子参伍以通其变，小人法守以修其业，因俗以行政，省方以立教，不出寸牍而周知百里之故，用存杞宋之一线焉。此则余成志之初心也。倘以为纂言排事，饰美夸新，谓是余之汲汲于名也者，则余心不滋惧乎哉！

康熙六十年岁次辛丑季秋月之吉，知博兴县事安成李元伟撰。

李元伟（生卒年不详），字侪英，号璞庵，安福（今属江西）人，吏员出身，康熙五十五年至六十一年（1716—1722）任博兴知县。在任期间，浚小清河，疏支脉沟，开预备河，建军张道口闸、湾头闸，整理学宫，增葺城垣，创建衙署，改置锦秋亭，设立书院，建郑公祠，除道成梁，修废举坠，不可枚举，受到百姓的爱戴。雍正元年迁廉州知府，雍正三年因求查嗣庭致书转托陈世倌一案论罪罢职。

《重修博兴县志》序

〔清〕王昌学

己亥春，余薄游青齐时，博昌邑侯李君兼篆广固，揖余而言曰："余治博四载于兹矣，自度才无能为，然不敢不勉供厥职。邑故有志，前者残矣，后者复缺，过而弗问者又四十余年，不及今修续，是使博永无志也。守土之谓何？而掌故不备，责安所辞乎哉！是以谋之绅士，谋之二三故老，网罗轶事，摭拾旧闻，裒集成编，属稿未就，愿以质之吾子。"余曰："志有已修而不必续修者，亦有易修、夫人得而修之者，有不可不修，必审慎辨定，乃可以修者。星野、疆圉、山川、形胜，以迄陵墓、古迹、物产、土宜，此易世不变者也，前人载之详矣，是不必修，余何必续为之修？建置有废兴，典礼有因革，户口有登耗，赋役有重轻，此随时变更者也，然据事直书，一吏足矣，是夫人可修，何必余之是修？若夫河渠之开浚有原委，人物之臧否有定衡，艺文之得失有去取，则非审慎辨定不可以修，固不可不亟为之修，实非余之所能修。盖余旅人也，不习知其地、习知其人与习知其事，且琴剑萧萧，又何从访西山、探汲冢以萃此一邑之菁华耶？以故不能也。”李君曰：“不然。夫已修者保无有鱼鲁亥豕之误乎？易修者保无有千门万户之缭乱，簠簋边豆、钟鼓管弦之失考，累朝更制之不详乎？至云不知其地，案牍可稽；不知其人与事，舆论可采。且远者遗文，近者手录，一一具在，是皆不可不修，而非吾子实莫为之修，子何以不能为辞哉？”余不得已，而强颜应诺。顾频年以来，侘傺失志，意兴索然，旬日之间，逃醉乡者什之七，局戏者什之二，而以宿醒方却、嗒焉梦觉之什一，从事铅椠，亦复心烦意懑，日不能耐三晷，稍稍理其繁芜，正其讹谬，别类诠次，为总类八，为分类六十有四，细大不捐，纪纲粗备，数阅月而竣事，李君复自斟定以质之当事大人，曰：是可以付剞劂矣，曷叙诸？余维垂世之书，六经以下无过于史志；即古之所谓外史者也，察机祥、占祸福，有《易》道焉；考图贡、数方物，有《书》道焉；观风问俗则拟诸《诗》，制度文为则稽诸《礼》，而褒贬笔削、大书特书，又《春秋》之遗意也。鉴往知来，垂法昭戒，所关不细，故国不可一日无史，邑不可一日无志。杞宋之衰也，于文献无征，知之矣。李君处凋敝之邑，承卒荒之后，且当鞅掌不遑之时，不赋民钱，不燃官烛，膏火梓材，捐自清橐以成此举，可不谓知其所重者乎？夫李君，今日之良吏也，治河辟地，通商惠工，敬教劝学，能使瘠土变为乐郊，文物等于上国，虽信臣之开利南阳，文翁之化行西蜀，亦复无以过之。今观其成志一端，亦足见其计深谋远，拔出流俗而不苟于所为者矣。惜余才弇鄙，念切怀归，不能从容时日，表章发皇以称厥绩，但以为谋野之获，姑存其梗概以俟将来焉，或庶几乎！若夫继之而讨论，而修饰，而润色，俾得存古史之遗而与《齐乘》《齐纪》并传不朽焉，则所望于三齐之耆硕与当世之博雅君子矣。是为叙。

华阳王昌学撰。

王昌学（生卒年不详），字仲贤，江苏句容人。康熙举人，知陕西陇西县。抵任兴利除弊，颇有政声，人称“王青天”。秉性刚直，不畏权贵。曾充任同考官，同僚某人嘱以营私，他持正不阿，遭到忌恨，被弹劾免官。后遨游东鲁间，日以文章诗歌自娱。晚而归里，环堵萧然，足不履城市二十年。著有《漫游草》。

博兴县修志序

〔清〕成永健

博兴志成，问叙于健。健手其书，其山川、人物、官师、艺文，兴废因革，井井凿凿，叙之者详且悉矣，无庸复为置词。而健于其地之河渠，独有慨乎其言之也。博以洼下之地，当诸水之冲，岁罹水患，往者上下因循，空议开浚，迄无所就，有心者束手浩叹，付之无可如何而止。李君来博，下车即蒿目踟躇于水与地，并旁邑之源流高下及入海故道，殚心毕虑，为民力请。赖大中丞信委，独任数阅月，遂成水归岁稔，费少民恬，以故李君得以修纂邑乘，又得王君仲贤考订而讨究之，俾无不精核以传诸世。顾健独有太息者，则以李君于请浚之日，一时谗者、谤者、忌者、阻挠者、旁观窃议者，皆以为不可为、不能为，而李君独毅然不顾；人且为李君惧，乃为之而成，成而不废时日。呜呼！可不为难、可不为奇耶？然非我中丞李公信之专而知人善任之明，则又安能责之以难为之事而成其不朽之奇乎哉？健谓作史有才、学、识三长，而作吏亦有三长、曰识，曰勇，曰断。无识则狃于故习，无勇则惮于苟安，而遂至于不能果决而少断。地方之不治皆坐少断畏难者尸位素餐于上，视疮痍疾痛如秦越人，膜置不相关，安得有李君数十辈散布罗列于郡邑，起斯人水火而衽席之者？故有三长可作吏，自可作史；史者纪事，吏者任事而已矣。夫东南河渠日廑，圣天子睿虑，顾此东国为九河故道，不治则民且转徙，何以为吏？李君能为吏，以治河则河不朽，吏不朽而史不朽。况指授浚导、察吏安民者为李大中丞，其垂诸久远，尤非史莫传于后。故今日博邑之乘，其河渠关系数千亿万民命，非但为载笔采风之书也。是为序。

射阳成永健撰。

成永健（生卒年不详），字乾夫，号毅斋，乡人称其孝贞先生，江苏射阳人。康熙进士，历官直隶赞皇、福建南安知县、日照县令。在日照期间，“严惩棍徒，兴起学校，设立六一书院，亲课甲乙，文风丕振，科目增盛”。

曾兼任益都知县，兼理胶州。与时任博兴县令李元伟皆一时干吏。有《毅斋诗稿》。

《重修博兴县志》跋

〔清〕蔡澍

尝读前、后《汉书》，所传循吏之迹甚伙，而最异者无过弘农之驱虎渡河，九江之蝗不入境。自今思之，固犹非其至也。夫虎渡河，保无为患于他所？蝗不入境，则必有境被其灾者矣。膺司牧之职而但为所治弭灾捍患，恩不能以广施，泽不能以远被，虽称循卓，抑犹是古今所经见者。青、济之间，邹、章、长、新，暨我高苑、博、乐被水灾者旧矣，而高为尤剧。盖邹、章、长三水悉汇入小清河而潴于新之清沙泊，新民欲占无粮之利，故常盗决军张道口之北岸，建瓴而下，高苑悉为鱼鳖，遂浸淫及博乐矣。然平心论之，水无泄泻之处，盗决之患自不能除，浸灌之灾必不能免，而斗讼之风终不可息。盖水必得其所归，不得其归而彼此争执，在高邑固不甘受其遗殃，在新民亦岂能安坐以待毙？鼠穴之斗，夫岂久安之长策乎？虽前人亦有关浚旧河之议，然堙塞已久，故道无稽，且数百里之功程，未能前知，当然孰敢膺其利害？是以迁延未决者实自故明至今也。我邻邑博昌李公下车，相形度势，洞见原委，平恕酌议，陋邻壑之私智，出曲防之短谋，请之上官，先疏小清本河，复开支脉旁流，悉以身勤其事，使之分势入海。又恐一时湍悍，猝有冲决，复于军张道口建立石闸，以时启闭，备尽蓄泄之方，以故频年霪雨，竟不为灾，吾邑高枕无忧，而七邑俱登衽席。然则公岂独父母乎博邑哉？实七邑之众父众母也。今博志成，余既不能操觚染翰、为越俎之谋，复不能诂义训言、为一词之赞，而聊以我之所身被于公者为公缀言于末，使天下后世知公之治博昌，即不止博昌受治而已。然则公今之志博昌，亦不止为博昌存志而已，彼驱虎避蝗、区区一邑之小绩，曾何足以云！

邻治下长乐蔡澍顿首拜跋。

蔡澍（生卒年不详），字和霖，山东高苑（今高青县）人，雍正进士，授江苏兴化知县。后补江阴县知县，缮城垣，浚水道，修志乘，在任九年，妇孺咸识其面。

《重修博兴县志》序

〔清〕栾瑜

盖闻《九丘》《八索》，肇开书记之源；《水注》《山经》，聿有方名之考。本纪、世家、列传，腐迁合八书以成编；食货、沟洫、艺文，班掾增十志而续史。自是历代之成书不一，八方之纪载攸殊，凡以鉴往知来，自必征文而考献，而欲信今传后，尤在立义以选言。况乎北海名区，千乘大地，星纪位玄枵之次，疆圉居赐履之中，曰爽鸠，曰伯陵，曰季荝，封国在虞夏以前；或薄姑，或奄国，或安平，命名自商周而后。渑、时交会，界二水以中分；玉贝晞微，隐诸山而旋绕。语事业则卜式、左车之伟烈如存，论文章则倪宽、任昉之流风未艾。属因胜国兵燹之后，兼以历年河患之余，城郭井廛，半是煨烬瓦砾，高下原隰，尽为蓁莽丘墟。谋生方苦其罄悬，奚暇礼义？官舍亦遭其灰劫，何有图书？将使茫昧等于邃初，而文明乖乎声教，夫岂所以敷阳骏烈、润色鸿猷者哉？惟我邑侯李公，康济宏才，表章巨手，初膺瘠邑，即露冕以行郊，继见岩民，随绘图而入告。师神禹九疏之智，杀彼滔天；法贾让三策之谋，不与争地。用使沮洳弃壤悉成鱼稻之乡；茅苇荒郊遍作桑麻之野。以故三时不害，庆人和而年丰；百堵皆兴，由城垣而宫室。而又广开学舍，多聚生徒，虎观谈经，鸡坛讲艺。锦秋亭畔，发少陵枫露之思；迎秀门前，赋都尉鸳鸯之句。罔失坠而不举，靡有废而不修。尤念出政以稽古为典型，而治民在采风知俗尚，虽弹丸黑子，何至杞宋无征？即人往风微，尚有刍荛可询，乃乘簿书之隙，独握丹铅，更因期会之时，搜访遗逸。镕经斧史，百家腾跃入环中；纪月编年，历代源流如掌上。囊举琐碎，昆虫草木之必详；狱究淆讹，今古异同之必辨。有典有则，岂徒录闻纪见之书？可法可传，实是立政居官之本。瑜占星福路，久披拂乎春风；立雪师门，得沾濡乎化雨。方备姓名于参考，深愧三长未能载；观笔削之谨严，更为一辞莫赞。惟是窥《法言》之渊邃，差拟侯芭附《都赋》以流传；恍同元晏登之高阁，等漆书、壁经之藏。传之其人，随通邑大都之后云尔。是为序。

邑人栾瑜顿首撰。

栾瑜（生卒年不详），字怀瑾，博兴人。雍正进士，补授江西龙南县知县。居官清廉，政尚宽平。解职归家，自设义塾，四方争趋师之。

旧序选

《博兴县志》序

〔明〕余寅

博兴，青州属邑，盖殷薄姑氏之故地。成王灭薄姑，以其地益封齐太公望。《十三州记》云：昌水其势平博，故汉县其地曰“博昌”。其改昌为兴也，则以五代唐避李国昌讳始。晏平仲侍景公，扬言台上，云爽鸠居此。其后季荝、逄伯陵因之，薄姑氏又因之，而后太公因之，盖一地而四国仍之也。《齐乘》则谓“薄姑与四国作乱，成王灭之，益封太公，遂有全齐”，是一地而四国析居之也。《王制》：周封太公，俭以百里。太公既封营丘矣，又益之四国之地，奚为溢制邪？管夷吾哆言赐履，盖斧钺所得至，非幅员之谓也。《书序》：成王践奄，置奄于薄姑。周公命召公作《将薄姑》，薄姑既附太公矣，安所置奄？奄今在鲁，或曰薄姑，奄君名。《通典》：姑幕故城在莒之东北，即古薄姑之国，不应是悖，或者其支分乎？夫土也属我，我得据为故；以我属，我不得据为故。《世家》：太公都营丘，五世徙都薄姑，又一世徙治临淄，遂偕齐以终。是故营丘若畤之，薄姑若载之，临淄若犬牙入之，是博兴之故也。所谓“属我”者也，我得详之。其以博兴入千乘、入乐安、入北海，若所称岱、琅琊，旷阔叙之，非博兴之故也。所谓“以我属”者也，我不得援焉。然则太公之风猷，桓公之声烈，管夷吾、晏平仲前后树之伐，洋洋乎与博兴俱远，伟乎哉！此霸者最胜之略也。盖尝读《齐诗》，窃怪彼者丹书，宁让周、召两公乃堇堇《鸡鸣》一篇？比于“二南”，何等“猛还”《卢令》？读之使人不怿，岂所谓作以尚功，卒乃染于利，其甚而篡杀，流遂不可救欤？太公立九府圜法，管夷吾祖之，而官山海，荣卫矫悍，友邦奔命不遑，为五霸称首。博兴罕名山，少冶铸，而水汇独盛。渑从申门并于䣛经其南，淄从莱芜之源经其东，泺从利县故城经其西，总号清济，实与太皞并祀，无不北入海。是广饶、湿沃两城之衍，坟殖觊灵，其民多盖藏。夷吾又衡其轻重，佐以蒲鱼盐，务极采丽，至冠带衣履海内，涣其无用，而宿其富，重于青社，等埒关中，称“东秦”焉。用参错见，博兴顾无籍记之者，令君陆履长氏与其荐绅大夫士缀成之，问叙于余。夫志，志所以观也，宰旧霸之都，不祖袭名迹，则何以质塞壤事、称良人牧？履长氏意远矣。志凡表三，志十有七，传七，皆土故也。土故之谓土宜、土宜之谓土景有职，庶以观焉，其裨不细。履长氏，吾同年，名南至，从郢迁为钱唐人，前令栖霞，以忧去，去而值歉岁，用糜糊其口，其治状都可概见云。

万历二十一年岁次癸巳七月吉望，赐进士出身、亚中大夫、山东布政使司左参政、前礼部精膳司郎中、陕西按司副使、奉敕提督学校致仕古鄞余寅撰。

余寅（1519—1595），字君房，晚年改字僧杲，鄞县（今属浙江宁波）人。万历进士，官至太常寺少卿。著有《农丈人文集》《农丈人诗集》《吴越游稿》等。

卷之三《河渠志》选

《河渠志》叙

〔清〕佚名

为邹、章、长、新、高、博、乐安七邑利害者，无若小清河。说者谓小清发源于济南之趵突泉，即古之泺水，经华不注山东北入大清河，伪齐刘豫导之东行，别于大清而名之曰小清，取其通舟楫往来、鱼盐漕运之便，而七邑用滋繁庶，金、元、明皆利之。但自章丘以上，其流歧浅，通塞不常，今更淤为平地，无复故道可稽，而与大河绝矣。今河发源于邹平会仙山之漯河，横亘七邑之中，至乐安马车渎始入海。而章、邹、长、新环南皆山，诸水悉汇入其中，河身狭小，不能容受，故常至于冲决泛滥，而七邑苦之，而新、高、博、乐尤苦之，以其处章、邹、长之下流，而孝妇、乌河、汉溱诸水复瀑涨湍悍，每遇泛滥，竟至没禾稼、漂庐舍，经年不能消涸，故数邑告灾不绝，而彼此以决水筑堤争讼斗杀者至无虚岁。虽考之历朝，为患时有，而不如今日之甚。想利通往来之时，必岁疏岁浚，河身深阔，可以畅流无滞。又北则有支脉沟以分白云湖、驾鸭湾、马家泊之水，南则有预备一河以分博、乐诸洼之水，故不至于并流横决。今两河既淤塞无稽，而本河又极浅隘，至不能容一小舟。夫以一线之河而欲泄数百里高山大麓、长渠广川之水，宜其一发而不可制也。幸大中丞李公留心民瘼，咨询利弊，允大参申公疏浚河道之请，又允邑侯李公条议开支脉沟以泄军张道之决口，及预备河以泄麻大湖之决口。方伯王公复赞其成，各捐发俸金，即命邑侯李公专司其任，披星戴月，克日鸠工，乃得三河底绩。然是役也，初搜邑乘，遍访群议，持此论者甚少，以其工费浩大，人人怖骇，皆谓迂阔难行。即小民狃安惮劳，亦以为无益之兴作，而隐有抱憾之心。迨河成而变沮洳为沃壤，始易怨谤为讴歌，向之摇首咋舌、众议喧逐者乃皆息喙无词。于是知天下事败于需而成于断，不一劳则不永逸，有志者自为之筑室，道谋徒滋纷更耳。今虽目前小安，犹恐后人不知前人之劳，与夫经营措置之道，故备稽原委，兼采众议，然后直书事实，使之开卷了然，一览可得，遵而守之，即万世永赖可也。志河渠第三。

《河图》序

〔清〕佚名

光武披舆地图，天下运之掌上。马援聚米为山，陇右悉在目中。盖传闻不如亲见，睹影不如察形。博水总汇为小清河，而诸水所入，头绪繁多，易于瞀乱。惟绘为图，则手指目画，乃能察其原委，得其要领，故不可以无图。

河　议

小清河议[1]

〔明〕陈珪

本职自奉委以来，惕然靡宁，昼夜思索，以为此举系一方利病、万姓安危，必洞识其要害，深得其肯綮，而后可以建议。顾愚劣何足以辨此？乃自乐安草桥溯小清河而上，历博兴、高苑、新城、长山、邹平，至章丘县淯河而止。又沿淯河而下，至齐东、青城及蒲台县界，周回数百里间，陟降原隰，备尝险阻，周览其形胜，穷究其原委，所至必集士民而询访之，颇得其梗概。始知前此各县画图皆为错误，县官不审，狃于见闻，出门望洋，付之浩叹，虽屡经计识而不得其要领，所以谬妄纷纭，迄无定论。《诗》曰“如彼筑室于道谋，是用不溃于成”是也。于是按地为图，集士民而指示之，大约高苑等县水患由章丘之东有漯河，一条流二十五里至小清故道柳塘口，横过淤河而直趋邹平以下、高苑以上之驾鸭湾，则溢而泛滥横流，为诸邑之害最甚。次则青杨驿后之浒山泊，邹平县西之沙河，县东之白条沟，皆受章丘、邹平一带山壑之水，下注小清河，至朱家湾之夏旺口，下流淤塞，乃决岸而西，亦会于驾鸭湾。旧时小民无识，为堤于湾之下。水既有源，势不可捍，则横冲小清河之北

---

[1] 编者按：顾炎武《天下郡国利病书》卷四十二载：“李舜臣曰：嘉靖癸卯秋，小清河出水为高苑、博兴害。陈推官珪为躬行水，历乐安以上数城。核厥所由，为漯、白云湖、沙河、孝妇诸水故入小清者，小清道今多淤，计当于柳塘诸口各有所筑浚。曰：苟不察上流之形，而徒议于高苑以下有来之势，患何由平乎？然余读《宋史》乾德四年清河水溢，坏高苑县城，溺数百家，元丰元年章丘山河水溢，坏公私庐舍城壁，漂溺居民。窃以当是时患所从必有如陈所指，可弗务哉。济故有堤曰利农，沈令清所筑，而陈及徐令贞良浚，济自毛家口属之新桥，前后劳诸贤于民，岂不赖哉？”

岸而入小清河故道，流二十里至刘家口，又横决北岸而出，以泛滥于数邑之地。又次则青沙泊之水亦决故河而入，乃决北岸而出为蔡家口。又次则孝妇河决岔河而出。诸水辏合，汇为巨浸，一望无际，此高苑等三县之所以受患也。次则乌河之水顺流小清故河而下，不能为患，但自乐安石辛镇而下，两岸太卑，河身太窄，恐不能受以上诸水耳。盖自龙山驿而东，环章丘、邹平东南皆山也，诸山譬则屋之脊也，山下诸水譬则屋上瓦陇间之水也，小清河譬则前瓦口横盛滴水之简槽也，新城、长山、高苑、博兴、乐安之地譬则人家之庭院也。今小清河淤塞，譬则简槽中有物作梗，而瓦水溢出，流满于庭院矣。若开浚小清河故道，是剔去简槽中之物，而瓦口之水循简槽而注于所当注之地。又，将漯河导入淯，是简槽所受不到之水，当于屋上症脊去处，为夹沟斜出，使从外注，不为庭院之患也。夫小清河故道，《志》谓齐刘豫导济南趵突泉东行，经章丘、邹平、长山、新城、高苑、博兴，至乐安而入海。今自乐安溯河而上，至章丘之淯河薛渡口，止见得小清南岸一面横受章丘、邹平、长山等县群山万壑之水，南岸地高，北岸地卑，此河横亘其中，延袤数百里，名虽与大清河配，然其实大清乃济水故道，天地生成之河，小清乃人力所为，非生成之河，观诸二河浅深广狭，俱不相敌可见矣。大清深入地下四五丈，阔将二三十丈，小清两岸仅三丈许，河底只在平地上，水由地上行，两岸为堤以束之。今填淤平满，河底将高过平地五六尺矣，所以一决即为害也。其所以填淤者何也？盖本来河身横当诸水之冲，而又褊浅窄狭，不能容受群山万壑之水，往往冲决泛滥，而为诸邑之害。凡水上流既决，则下流必淤；下流既淤，则上流愈决。愈决愈淤，愈淤愈决，淤决相寻，堙塞日甚，而河遂不通矣。此河不通，则无以受诸山之水，由南岸之高泄北岸之卑，建瓴而下，决防而出，高苑、博兴、乐安皆居洼下之地，何为乎其不受患也？今必开通此河，使受诸水，患斯免矣。然不必穷源至委尽开之也。盖此河固虽因昔人导趵突泉而来，中经数河，自东南诸山来者，皆为石闸于下流横截之，使必由此而之海，盖其初为通舟楫计也。今非为通舟计，乃为除害计耳。苟不为害则已，何必尽开而通之？故自章丘淯河而上，诸山之水虽经小清河故道，而径趋大清河者不知其几。今皆既入大清，不为东方之害，则自此以上小清故道开之无益，所以不必开也。考之《图志》：成化癸巳，都宪牟公亦尝挑浚此河，自乐安直抵历下，一以泄水，一以通舟，故大学士刘公珝记之曰“退出膏腴田地数万顷”，又曰“于是青船入于济是已”。后又淤塞，而章以上诸山之水各随其性之所之，直越小清之故道，而趋大清以入海。惟章丘白云湖最阔，一遇大雨，即溢于小清而入于大清，即今之淯河是矣。大学士李公贤之记可考也。为今之计，惟图除害，不图通舟，淯河既入大清矣，则淯河以西固不必开。惟淯河以东八里许为漯河，较诸河为大，发源于邹平之会仙山下，北流至小清河故道柳塘口、高家庄坏闸，横注而下，至二十五里许，则泛滥弥漫，至驾鸭湾而与诸水合汇为巨浸，其害居诸水之半。此旧河亦由柳塘口高家庄入于小清，盖昔人为石闸于下流，而遏之使东，务可通舟故也。今闸既废，而河身且复深陡，两岸小清故道俱已淤为平地，自岸上俯视水面，且一丈有余，而水深又七八尺。若复拘泥旧迹，自高家庄挑起，至浒山泊之清河沟止，计二十里。小清故道年淤既久，民已栽植树木，小者拱把，大者合抱，虽残堤断陇隐现无常，而河身已几于不可复辨也。地势高仰如许，若欲使漯河之水东由故道与浒山泊水会，必须挑二丈深，而后水可得行此二十里。居小清之上流，既挑二丈许，不知其下流又当深几丈许，而后水可行也。势必不能也。然则，此水竟付之无奈何而任其为害耶？于是往复相度，自高家庄旧闸口溯河岸而上止八里许，曰纪家口，乃漯河水泛滥西决之旧口也。西望淯河之薛渡口仅五里许。自此至彼，地势趋下，经三里许为常家庄，即小清河故道犹有存者，深尚五六尺，阔亦三四丈。又二里许即薛渡口之旧闸，为淯河矣。此漯河之所以可由纪家口开至常家庄，由故河而入薛渡口，与淯河合流而入大清，其势甚便，其功甚省。与其开二十里高仰之地、抑漯而使之必东，孰若开五里上高下低之地、导漯水而使之必就？以五里而较二十里，其远近何如也？舍五里而图二十里，其劳逸又何如也？又沿淯河而下至齐东县，淯河之水入大清河处深而且阔，奔驶无滞，号为陈海沟，自齐东东门视之，下临如井，此其足以容水而不为民患。中经麻姑堂，上下倘有浅涩处，则疏瀹之可也。况询之柳塘口之居民，佥谓漯河水泛之时，姑未言下流之害，但自纪家口之两岸言之，东决则由袁口而入于潘家湾，潴于浒山泊，而河东之民受害；西决则由纪家口而弥漫平地，浸于柳塘口，决于常家庄，而河西之民受害。修堤筑口，岁无虚日，劳费孔多。今若由此而开入大清河，则非惟下流高苑等数县之民免害，而章丘、清平等数庄之民亦免于垫溺之患矣。

一举而三得，利孰大焉？然自常家庄而下二里，系小清故道，不占民田。其上三里，阔四丈许，系民有税田，地当如何？曰此自有处。夫柳塘口旧闸东西皆有小清故道，西至常家庄五里，东至新桥十八里，淤为平原沃壤，民皆耕种植树，视为已业久矣。今不追其花利，但使之承受所占民地之税粮，其孰不从？至于地价，又或以官银给之，或以小清之故道沃壤加倍偿之，亦孰不愿？功省而利倍，在所必为。又况地势、水势使然，亦终不容不然者也。其长五里内，三里平地，二里旧河，河身深阔，但与漯河相等，须用深一丈二尺、阔四丈，乃可通水。此章丘地方当役，该县人夫三千名，三日可开一里，十五日而功可成。夫漯河之水既入于大清河，则柳塘口旧闸处、高家庄以东至浒山泊之淯河沟二十里淤平之故道俱可弃，不必开，省力多矣。自淯河沟而下，小清受浒山泊之水，东行二十里，至王家亭口子而北决，流于驾鸭湾。此二十里浅涩，当浚深三四尺。自王家亭口起，至开河口五里许，皆淤塞，当挑深七八尺。开河口乃受沙河之水，自邹平县西南来入小清，东行至阎家桥二郎庙前，会白条沟之水，流至旧口，约二十里许。此浅涩，当浚深三四尺。又，沙河经邹平县西关而北，入于小清，地止五里，名为开河。据本处人民告称，水涨之时，东决则由戴家而漫流，西决则由萧家庄而浸流，邹平县浮石等数庄之民皆受其害，而亟欲浚之。然其深不过再开用三四尺。夫自浒山泊之清河沟起，至白条沟之旧口止，通计有水而浅者四十五里，无水而淤者五里，此邹平地方当役。邹平县夫开之，可自免其县之水患也。当用四千人，计一月而完。自白条沟之旧口起，至朱家湾之夏旺口止，计七八里，水深，不必再开。又自夏庄口起，至陶塘口止，此二十里淤塞殊甚，略有河影而已，当挑深一丈，阔四丈，皆长山县地方。此处淤塞不通，故往往白条沟溢而东，孝妇河溢而西，漫流平地，浸淫数社，居民患之。若开而通之，则非惟水循故道，高苑等数县免害，而长山县之水患亦可免矣。此当用长山县夫五千人，每日开一里，计三十日而完。自陶塘口起，至刘家口止，计十五里，此驾鸭湾水冲小清北岸而入，至刘家口而出。自刘家口至蔡家口五里，南岸口子受清沙泊水，此二十里有水而浅，当浚深三四尺。相离齐东、青城各五十里，宜借二县夫，每县二千名，四千人每日浚一里，二十日而完。自蔡家口至岔河口十七里，皆淤涸，当挑浚七八尺，宜用高苑县夫三千名，计二十日而完。此岔河口乃孝妇河自颜神镇受诸水，流至此入小清，遇下流淤塞，乃决而北注，为害甚大。自岔河口至乌河口止，约五十里，大约分为三等：西头十里淤甚，为上等，当挑一丈；中间三十里次之，为中等，当挑七尺；东头十里又次之，为下等，当挑四尺，使与乌河河身相平、水不倒流，足矣。此五十里当用新城、博兴县夫各四千名，一日开一里，每县不过二十五里，约二十五日而完。乌河之下为博兴之湾头，自此以下，乌河之水循小清故道而流，两不为害，但自乐安石辛镇而下，至海口二百里，河身仅三丈许，水深止六七尺。其间两岸口子不下三四十处，堤内之水往往与高苑流来堤外之水相平，出入无定，须俟上流河通、下流水落之时，有口所当筑、堤所当修、淤所当浚者，再行估计，徐议兴工，故留乐安与附近临淄之夫未用，盖有待也。议者见得见今水势滔天、黎民受害，亟欲于乐安地方，或挑支脉沟，或浚花阳沟，或另挑一河，入海便泄之，各该一百五十六里。殊不知上流漯河既入于大清，则水势杀一半矣。小清故道又通，则浒山泊与沙河、白条沟、孝妇河、乌河诸水皆由河中行，则平地巨浸之水，其源俱绝矣。平地之水源头既绝，而博兴以下、乐安以上俱有口子，水可还河趋海。上既无源，下又有泄，直坐待其涸耳，何必复为此浩大之功，以妨开河之役也？盖民力有限，不堪两用，所谓“欲速则不达”，“见小利则大事不成”者。或以疏通小清工程浩大，谋于青城、蒲台之间，相近高苑地方，挑开一河五六十里，通大清以泄诸水，此最径约，言似可听。昨见大清河身虽低，而两面高于水面二三丈。询诸居民，咸谓水涨之时，亦能溢岸为害。今若开之，使通于高苑以泄诸水，目前亦足以快，然洼下之处亦终不能尽涸，而大清水溢之时，又能倒流入来，高苑等县反受其害，则大、小清皆为患矣，此所以断不可从也。夫漯河既改，小清既通，水患固可免矣。然驾鸭湾与马家泊皆聚水之处，天雨连绵，泛涨为害，又如之何？曰：驾鸭湾在上流，则入于马家泊，马家泊在河之低岸，水不能上入于小清，故旧有支脉沟延亘三县，至乐安会小清而入海，此天生成之沟，使泄诸泊之水。然在高苑、博兴境内者，今已没于巨浸之中；其在乐安境内者，已淤为民田，长百余里，不必复开，须待河道水涸之后，寻其近便小清去处，名为滰沟者，徐议浚之，使有以泄诸泊之水于小清，足矣。今姑未暇及也。载观陶塘口以下至乌河口，南岸为新城地方，北岸为高苑、博兴地方，水由中行，南决则新城受害，北决则高苑、博兴受害，故小清水溢之时，南岸之民偷开北岸，往往杀人致讼，势之使然，无足怪者。然南岸地势高，故水溢虽决而进，水退则淤而肥，利害相当。惟北岸地势卑，故水一决而遂聚，经年不消，所以浸淫数百里，贻患五六年，而民不聊生矣。愚民无所知识，往往只与水争，故高苑之民则于陶塘口为堰以捍驾鸭湾之水，及其既溃，则又为堰于马家泊之上，亦崩决而不能御。博兴、乐安之民亦然。每县界上俱有遏水之堰，所谓以邻国为壑者也。又新城、高苑之间小清决口数十，皆为月堤以助之，修助之劳，迄无虚岁，所谓补塞罅漏者也。然而随修随废，前此命官估计，惟会计此耳，岁费若干缗，而两岸之民盗决河防，互相争斗，不知杀死若干命，至今讼者纷然，可为流涕。兹诚并力开小清，水循故道，两不为患，堰可不必修，堤可不必筑，民可不必争，讼可不必听矣，所谓一劳而永逸者也。

陈珪（1508—1571），字禹成，号罗江，广东化州人。嘉靖进士，历任元城、德化等县知县，刑部主事。因作诗抨击严嵩，被贬青州。严嵩倒台后起复，曾任浙江左布政。在任勤政爱民，力矫时弊，惩治贪官，简化税制，奖励耕织。卒后朝廷表彰其门第，赞其为“藩臬清风”“两江名宦”。著有《罗江集》。

小清河说

〔明〕陆南至

余尝过乐安，观小清下流皆行地中，而博巨墉如城，水从脊领而行，以灌输乐安，非其地势然耶？古称治水导其下流，夫博安所导之水，宜如贾让三策，水入陂障，使秋水得有所休息，左右游波宽缓而不迫，岂与水争尺寸之地哉？昔人弃官湖数十里之地，以杀卒至之水，民赖以宁，用此策矣。迩年新城塞姚家等三口，尽湖堧履亩税之，此野兔市兔之说，计以笼利耳。然水卒不得灌入湖中，无所休息而横溢冲溃，博之东堤始多虞矣。每春秋水涨，湾头堤决，则城南三十二社一夕为湖，舟行抵市门，此又博兴近日之忧也，司土者不可不讲求焉。

小清河议①

〔明〕胡应鸣

新城巨害莫甚于小清，盖小清一河界于高、博、乐安诸处，非若大清之天造地设，可以蓄泄诸水。而此河凿于人力，自济南迤逶东流百里，至新城始大，横亘城之东西。其上有乌河、涝淄河东注之，浒山、孝妇河西注之，黄土崖郑潢沟中注之。每遇秋霖，益以南山七十余川之水奔灌此河。旧有三空桥东泄河流，支脉沟北杀水势。今被高、博二邑塞三空桥为民居，填支脉沟为沃壤，加以彼县协力缘河捍壅，以致新城边水八里诸处，汇为四大湖泊。周匝五十余里，民居淹没，禾稼一空，以致逃亡殆尽，催征多逋。抚按往往差官踏看，发金疏凿，徒费不赀，迄无成功。揆厥害原，良由高、博诸县谋利固堤以病邻。新城羸而待毙，譬人之饮食然，日纳而不泄，必成蛊胀，积久不治，虽卢扁无以善其后矣。

胡应鸣（生卒年不详），直隶永年（今河北邯郸）人。选贡生，嘉靖年间曾任知新城县，主持修纂首部《新城县志》。

小清河图说②

〔明〕葛臣

或者曰，易道至隐也，四圣方画图以著；仪礼至赜也，信斋方为图以显。

① 编者按：《博兴县志》所选此文为文章节文，为完整展现该文，特据康熙《新城县志》卷之一《方舆志》补订全文。

② 编者按：《博兴县志》所选此文为文章节文，为完整展现该文，特据康熙《高苑县志》卷之八《艺文志》补订全文。

兹何以图为？臣曰：某痛心高苑水害，兹图盖效郑侠《流民》之绘，古志图经之遗也。高苑县地势为济水所经，涛山浪屋，溺民杀稼；地脉为济水所泻，六月如水，一望无际，率沮洳斥卤之墟矣。然不但此上有新城、长山、邹平居其上流，使守堤幸完，则上三县申吾高苑以邻国为壑；下有博兴、乐安、寿光居其下流，使鼠穴或溃，则下三县申吾高苑图浑水之利害可胜言哉！欲因宜便民，转害为利，有二道焉：

其一，通舟楫以资贸易。大学士刘珝《小清河记》云：

济青之区有河曰大清、曰小清。小清发源于历城之趵突泉，中汇渹、漯、笼诸水，东北抵乐安高家港入海。大清则济水渠也，自东阿至张秋东北，抵利津富国盐场入海。往年舟楫浮于二河，商盐便于齐鲁，诸道水利鲜与为俪。自永乐以来，湮塞不通，水失其经，一值天雨，茫茫巨浸，坏民田庐，弗以数计。成化癸巳，参政唐言相视地形，令水工准高下，自历城浚至堰头，又至乐安，小清通矣；自张秋浚至平阴之滑口，大清通矣。大、小清既通，水循故道退出，各县膏腴可耕之田数万顷，民用大悦。其河备浅，置潴水闸；防溢，置减水闸，闸傍各凿月河，总叠三十有八，浚通水路五百余里，于是青船入于济，济船入于张秋，人大称便。

臣俯仰今昔，国初通盐商，船楫自乐安高家港等各盐课司，以达济南府历城县燕家渡下卸，道里城店俱存。旧时民富庶者，清河通舟楫之交，居民遂鱼盐之利，高苑因设税课一局，岁得商税银百余两，上堪以资国用，下堪以业贫民。今是水如故，舟楫不通，课局亦革，四野斥碱，无可耕之田；小民株守，困穷庐之内，无怪乎民之昔富而今贫，是其为已试之成法在，今当急兴以安民阜财于目前也。

其二，兴稻田以教农务。《元史》虞集曰：

京师之东，濒海数千里，北极辽海，南滨青、齐，萑苇之场也。用浙人之法，筑堤捍水为田，听富民欲得官者，令其众分授以地，官定其畔以为限。能以万夫耕者，授以万夫之长，千夫、百夫亦如之，察其惰者而易之。一年勿征也，三年视其成，以地之高下，定额于朝廷，以次渐征。五年有积蓄，命以官，就取储给以禄。十年佩之符印，得以传子，法如军官之法，则东海民兵数万，可以近卫京师，外御岛夷，远宽东南海运，以纾疲民，遂富民得官之志而获其用，江海游食盗贼之类皆有所归。

臣遍访士民，有谓地碱难稻，有谓引水灌田有害者。载观《周礼》：草人，掌土化之法，以物相其地而为之种，凡粪种碱泻者，用貆。释者曰：凡粪种者，皆取其粪和水渍其种也。碱泻者，逆水之处，水已泻去而地为碱卤也。貆，貉类。窃遍求貆粪以渍种，躬相地形以潴泄，虽未大成，试似颇验。徐察是水源委，上而白云湖一带，汪洋无际；下而小清一带，渗泄甚微。若开通舟楫，备浅，置潴水闸；防溢，置减水闸，则蓄泄有力，即禹沟洫之遗意，周公潴防之成法，变沧海为桑田，化斥卤为膏腴，淳于“瓯窭满篝”之视，东坡“霜风绿锦”之咏再见于今矣。是其为未试之良法，在今当渐举以安民阜财于后也。

葛臣（生卒年不详），河南固始人。举人。嘉靖年间知高苑县，主持修纂首部《高苑县志》。开书院，振文脉。时上官误听新人，计决蔡家口泄清沙泊水，葛臣以去就争之，卒得驳议，众赖全活。高苑民为立生祠。

修大小清河记略（节文）

〔明〕刘珝

济清之区，有河曰大清、曰小清。小清源出历城之趵突泉，东北抵乐安高家港入于海。大清则济水渠也，自东阿之张秋东北抵利津富国盐场入于海。往年舟楫浮于二河，商盐便于齐鲁，诸道水利鲜与为俪。自永乐以来堙塞不通，水失其经，一值天雨，茫茫巨浸，坏民田庐。成化癸巳，参政唐言相视地形，令水工准高下，自历城浚至堰头，又至乐安，小清通矣。自张秋浚至平阴之滑口，大清通矣。大、小清既通，水循故道退出，各县膏腴可耕之田数万顷，民用大悦。其河内备浅，又置潴水闸；防溢，置减水闸。闸傍各凿月河，总闸三十有八，浚通水路五百二里，于是青船入于济，济船入于张秋，人称大便。

刘珝（1426—1490），字叔温，山东寿光人。正统进士，累官户部尚书、文渊阁大学士，卒赠太保，谥文和。其人个性疏直，居官清正，不拘小节。

晚年致仕还乡，事亲尽孝。

附：重修大小清河记

〔明〕刘珝

维青之区，有河曰“大清”、曰“小清”。小清之源，出于历城之趵突泉中，汇淯、漯、孝妇诸水，东北抵乐安高家港达于海。大清，则济水渠也，自东阿之张秋，东北抵利津富国盐场达于海。往年舟楫浮于二河，商盐遍于齐诸道，水利鲜与为俪。自永乐初，堙塞不通，水失其径，一值天雨，茫茫巨浸，坏民田庐，弗以数计。

乃成化癸巳冬，参政唐源洁分巡海右，言于巡抚都宪牟公曰：“今二河为患，守土诸君子，以频年饥馑，民不任劳为辞。彼不知救荒之中，有可以兴利者；役民之中，有可以济民者。惠而不知为政，恶在其为民父母也。疏河之责，某请当之，敢告都宪。”公曰：“事当豫图，斯无患。岂直二河，凡东藩六郡，罹水患之处，即率属理之。无食之民，食而役之，庶上下两得。吾知若必能办，此其行无惑。”

源洁遂躬任其责，焦劳靡宁，拥节宵征，相视地形。令水工准高下，自历城浚至堰头，又至乐安，小清通矣。自张秋浚至平阴之滑口，大清通矣。大、小清既通，水循故道，退出邹平等邑膏腴可耕之田数万顷，民用大悦。其河内备浅，又置潴水闸；防溢，置减水闸。闸旁各凿月河。总叠闸二十，浚通水路五百二里。所役即无食之民，当赈济者每人日给米三升，赏钱若干文。民凡万七千百四十名，米一万六千百五十石，钱一百九十八万四百文。复虑仓廪空竭，措置户口盐五万引，俾鬻诸商，得银若干，易米以补前米，易钱以补前钱，仍以盐之羡利为一切庸工造闸之费。是役也，财不出于官，不取于民，而济青之善利以完。青船入于济，济船入于张秋，东西转输之人，大称曰“便”。以甲午二月始，至十月告完。厥功既成，都宪公为疏，源洁修河之劳于朝，公卿大夫罔不称善。某，东人也，尤善之。

自夫洪荒之世，天、地、人并位，未尝理水事。理之，自唐虞始。以人而任天地之责，所谓经理山川，古圣贤第一功也。移天时，变地利，取不穷，用不竭，旱不灾，饥不困，万世之计也。缺焉补之，乏焉维之？一方之入，才足一方之出，天下之产，谨供天下之用。国可静也，可逸也，不可动也，不可劳也。静以逸，国不至虐敛；动而劳，则难免厚赋。一时之计也。夫二河之利，本天地自然之利。或者以为窘于堙塞，迫于岁饥，若终不能为者。赖都宪公独知远览，得于形气之上；源洁手足沮洳，出乎拘俗之表。预定事机，多方设法，既息小清之患，并通大清之波，二河如一水之周流，斯民历年荼毒盘剥之苦，一旦告除。譬之阴霾积月，人方幽郁，豁然为青天白日，而其欢欣鼓舞之情，自不能已。况于救荒之中，克除百年之患，以经画之余，开无穷之利，非所谓万世之计而何哉？

呜呼！《史》曰“未事先图，未试先知”，都宪公有焉。《语》曰“可劳而劳，因利而利”，源洁以之。彼规规于一时者不足言也。爰是济青父老走书于某曰：“子职史事，兹都宪、大参二公深恩伟绩，有利于吾藩如此，子曷辞文。”某庸记其凡，俾归刻凿石，非徒咏二公之盛美，亦将以启夫后之官于斯土者，匪曰佞。①

（选自刘珝撰、刘序勤编校《刘珝诗文集》，第147～149页，青岛出版社2010年版）

重修大小清河记略

〔明〕许成名

济城之阴曰大、小清河，皆水支流也。济水伏见不常，名随地异。按《书》，发于沇，溢于荥，至于河，浮于汶，东达于济入于海。济，今之大清河也。小清出趵突泉，流大明湖，经华不注山，会龙山河。经章丘，会淯、漯二河。经邹平、长山、新城，会孝妇河。又东经高苑、博兴、乐安，会乌河。北

① 编者按：选文末附有刘序勤注，指出成化年间山东小清河沿岸不断发生水灾，为此宪宗皇帝下令重修小清河，成化十年二月始，至十月完工。刘珝身为阁臣，非常关心人民疾苦，十分重视小清河治理工程，在本记中详细记述了治理经过，对后世研究明代水利建设有非常重要的参考价值。

由马车渎入于海。此两河之故道也。成化癸巳，闸道塞，水溢，大参侯官唐公濂议召饥民数万，浚数百里，通舟楫之交，广鱼盐之利，得湖田数百顷，历城之有稻，实自兹始。迄嘉靖癸巳，盖六十年，大清如故，而小清之道自博兴而西，及淯、漯、孝妇诸河，皆决塞为害，历下之东北百里，水盘回山阜，道多梗塞，每秋雨瀑涨，溪溃川奔，漂居庐，灾禾稼，济人之忧莫甚焉。惟时庵袁公来抚兹土，乃奋然曰："水以养人，顾以害人，治之无道耳。吾闻之：善者顺其性，莫与之争。为之委以杀其势，斯转害为功矣。害之弗祛，惟抚之愆。"遂自博兴达历下，开小清故道几三百里，疏郑潢沟，分新城之流；疏新河，杀乌河之势。其淯、漯、孝妇诸河，则浚其塞、导其支而树之防。于是诸水悉平，咸注之小清河矣。又历下之西、大清河之北、黄冈之西，旧石桥四座，回折八十余里，河旁达曲贯，于是诸路之水咸注之大清河矣。夫济，经纬济、兖之墟千余里，派析条分，驱而之道，俾生民无水之虞而反滋其利，非抱康济之蕴、笃拯惠之诚，阐蒸黎之利，审山川之纪，未有能济者也。于乎唐起其端，而公益大其后，上下百余年，鸿猷骏功，炳炳齐鲁。溯其时亦癸巳，若造物相之而然者，岂数数哉！苟嗣是有为之绍万世之利也。窃谓九河失道，神禹迹微，而江北兖冀之区每秋水横任其泛滥而莫之理。畏动寡谋者，则委诸海桑陵谷之变；而贪功喜事者，又凿以自用而昧水之宜。乃若树不已之功，惟仁且智者能之。故小清之役三载而民不困。时巡按砺庵方公实与有议，而藩臬大吏若先大参、今布政张公钦，宪副张公鲲，则往莅厥事；布政秦公钱，参政李公显、杨公维聪，宪副祁公鹤、赵公锦，佥宪史公臣、周公相、谢公兰，咸乐观厥成。惟公务大体略烦细民，有阴被其福而莫之知者。去之日，咸遽道恸哭三十里，济守应公槚乃疏其事以请。余览而异之，曰："是东人之利罔穷而爱弗竭者。"为志其略，俾后有考焉。

许成名（生卒年不详），字思仁，号龙石，山东聊城人。正德进士，历国子监祭酒、礼部左侍郎。前后为讲官十年。纂修《武宗实录》《大明会典》，著有《龙石集》。

修浚小清河记略①

〔明〕翟銮

小清得名，别大清也。源出历城之趵突泉，经华不注，历章丘、邹平、长山、新城、齐东、青城、高苑、博兴诸境，带小清河、漯河、浒山泊、沙河、白条沟、郑潢沟、孝妇河、乌河、汉溱河诸流，至乐安而入于海。自故道填淤，上流与趵突绝而东注之，委复浅隘逼仄，诸水横来，势不支而善溃，由是冲决泛滥之势成而荡析倾危之患溥矣。高、博、乐三邑地形最下，而受患多，民咨之弊积于一纪，此修浚之功所以弗容已也。维时巡抚石塘曾公实度物审形，首决大策。无何，擢去。而巡按侍御虚亭郑公董理厥务，济用敏断，浮议罔挠。巡抚虹川端公实继石塘，经略有方，克终底绩。群司众职，只若阐猷，协心事事。役兴于是岁春三月二十日，迄于夏五月十日。凡浚河，首起章丘，尾入博兴，约袤三百二十五里，深一丈，阔五倍之。博、乐二邑增筑堤岸百八十余里，阔二丈，高四分，阔之三。夫役计三万而羸，钱谷约七千而缩。既而设法定制，严守视之宜，垂经久之略。由是河功大成，水有归泄，除民之害而就其利，东人脱是昏垫，更宅膏壤，则思永其传以弘其惠，此纪刻之典所以不可无也。

翟銮（1477—1546），字仲鸣，号石门，山东诸城人，曾祖为锦衣卫校尉，因家京师。弘治进士，改庶吉士。正德初，授翰林编修。嘉靖继位，历官礼部右侍郎、内阁大学士、兵部尚书兼右都御史、首辅，加少保、武英殿大学士，进少傅兼谨身殿大学士。卒谥文懿。

① 原注：弘治十八年。

重浚小清河，永除七县水患议

〔清〕张鹏

水性下，以海为归，禹疏九河，瀹济、漯以注之，不闻以邻国为壑也。故夫旱潦雨旸因乎天，原隰高下存地，疏浚宣泄、必水不致溃溢者则存人。不能相天时、准地宜、尽疏浚宣泄之人事，仍致污民之居、潴民之田，横决不可复制，徒委其责曰：“此天也，地也，非人之所能挽也！”岂理也哉？按《志》：济、青之间，有大、小清河二，大清河为济渠故道，小清河源本泺水，出历城，与章丘之淯、漯河合，自淯、泺二水俱归大清河，惟漯河发源于长白东陵山西麓，约行五十里至山头店，而下至鲍家庄二十里，由大高庄、碑湾、柳塘口径段家桥止，故河约二十八里，段家桥至清河口二十七里，土人名为漯河，实即小清也。相传刘豫所开，行舟运粮。其水自章丘历邹平、长山、新城、高苑、博兴、乐安，东北入海，蜿蜒六百余里。初一脉流通也，至今而小清河故道截为数节矣。自万家口于顺治四年决，河一道向东，折而东南，又折而东北，行十五里至段家桥，其水平地弥漫，而章丘之地遂遭水患矣。自段家桥而下，新决漯河之水与浒山泺合。夫浒山泺环南山约二十余里，受众山之水，今增漯河之水归之，其势不得不汹涌澎湃、横决无涯。遂于泺水之尾出环河沟，复趋小清河故道。行八里，至对门口，又东会邹平之沙河，合为一，其势益悍不可御，竟穿小清河故道折而之北，决河一道，亦平地弥漫，而邹平迄北之地遂遭水患矣。自是漯河、浒山、沙河行三十里，合奔白云湖。夫湖之容水有数，今诸水合而归湖，湖不能受，其横决泛滥，有更甚于浒山泺者，而长山膏腴之地尽成泽国矣。湖之下为陶塘口，诸水直注陶塘，复不由小清河故道，而尽归清沙泊。夫清沙泊者，新城蓄水之处，今诸水汇焉，至新城而别无所之，是一弹丸之新城，竟为众水之归墟矣，田舍坟庐，尽皆漂没，新民其能堪乎？夫新城在南岸，高苑在北岸，中分小清河以为界。新城堙废，而高堤坚固；新居上游，独当水患。高凭堤以为固，率男妇万人寝食其上，以御新人之决，弓矢刀石相向如仇雠，如敌国，构讼格斗于兹数十年矣。乙丑夏秋间，长、新两邑民数以水灾告，云小清河不治，故如此。初委青州倅督工修浚，不数月而返命曰：“水已深通矣。”继而，新以曲防讼高，高又以盗决讼新。复命济、青及监司往鞫，不逾旬而亦反命曰：“民已帖然矣。”嘻！小清河之果深通与否？与两邑之果帖然与否？余实未能释然于心也。爰于丙寅春正月之三日，公务稍暇，不惮严寒，单骑亲往，济东道陈俞侯、新城令崔懋从。先循小清河新决之处，一一相度其形势；又溯小清河故道，一一穷究其原委，而后知小清河之不治，致诸邑受害者，非天也、地也，人实为之尔。夫善治病者治本，不善治病者治标，若舍本症而徒以标治之，病必愈治而愈不治。今日新城等之受病，本症也，不为追究其受病之由，而苟且补苴之，是徒治其标也，何益哉？然则新城等之受病何在？曰在上流不在下流也，在故河不在新河也。治本之法又何在？曰在制小清河之上流、疏小清河之下流而已矣，在复以小清河之故道、截小清河之新道而已矣。夫漯河至万家口东徙，遂淤故道约三十里，今当浚之，仍使东行，议于万家口新决河不必堵塞，宜建石闸，以使漯河之水不入决河，不致平地弥漫，而章丘永无水患矣。水既不决口，自不入浒山泺。泺所受止南山之水，旱则无水，潦亦止此一泺之水，听从还河，出小清河故道，而邹平西北之上永无水患矣。八里至对门口，此地原增沙河水为更横，议建石闸一，使水不北行趋白云湖，而邹平东北之水永无水患矣。对门口之下本小清河故道，约三十里许至郭家口。今两旁高岸坚厚如故，而河身多被豪民犁而为田，如开河庄、王家庄、阎家楼等处，间竖草房数间，以理谕之，逭其罪而还其地，仍浚为深阔之河，出郭家口，使与长山之旧口通，则无水至白云湖，而长山之地永无水患矣。旧口至陶塘口约三十九里清河不治，白云湖所受湖泊诸水直趋陶塘口。使清河治而无水至白云湖，自无水至陶塘口。陶塘口之左为小清河故道，右则新城之清沙泊，泊南北宽止五六里，东西长止八九里，今竟汇众水以为归，排山倒海，势同稽天巨浸，况复诸水横于南，孝妇河之水横于北，一派汪洋，历有年所，新民能不为沟中之瘠乎？宜其铤而走险，必欲决高苑之黑水湾、军张道口，以少缓须臾也。其所以必欲决之者何？以黑水湾、军张道口之下，旧有支脉沟，沟行十八里，有五空桥，水可由桥趋博、乐入海。高人奋力争斗，必不使决。两监司按之得实，曲在新城，治之盗决之罪，故旋决而旋塞，而新城之水仍弥漫如故。余亲历其地，一望惨目，反覆思维，新水无所泄救，势必冲决，而新城危。若骤以新城之水泻高之决口，其下支脉沟水道久湮，两旁无堤岸束水，势必横溢田亩，高苑冲决而高苑危；又况博、乐二邑地势较高更洼，新水果如此行，博、乐恐亦未可保也。且上流不遏，下流必壅，即今新城之水从高决口出，从前之积水方泄，在上之积水又来，是又徒有害于高苑，而究无济于新城也。今议或黑水湾，或军张道口，建石闸一，其下支脉沟旧道当浚疏深阔，达五空桥，再下五道口、尹家泊、姚家洼、直身河、刘注洼至大吾坡，系高、博、乐下流，凡浅阻之处，通加浚疏，令新城所涨之水徐徐起闸宣泄，勿使暴怒冲激，前水入海，后水复流，逐渐放行，新城之地不逾月而皆可涸出，既有济于新城，又无害于高苑，诚两得之策也。待至全河底绩，使漯河、浒山、白云、陶塘、清沙诸水不灌新城，是新城已无水患，而军张一闸可以永闭，以防万一之蓄泄，高民可安枕而卧，又何必率男妇万人寝食死守，世与新民为患哉？此皆制上流之法也，其疏下流又若何？曰：是不难。考小清河至岔河与孝妇河合，至此而下，土人统名孝妇河，或统名小清河。由岔河十里至通济桥，又五里至伊家园，伊家园五里至闸上，又十五里至湾头，接入乌河。有谓此一带河身俱高，水反西向至伊家园，云小清河水不能逆流而上，开之无益。夫使水必不可行，则从前小清河当至湾头而止，何以能由博、乐入海？皆湾头汇聚诸水，势甚湍激，故尔倒流。伊家园以下，地久淤淀，必多阻塞，遂云河身俱高，若使深通，俾湾头不致湍激，便可顺趋入海，又何有不行之患乎？此疏下流之法也。至长山孝妇河、范阳河、黄土崖等，亦岁为新城患。余又循孝妇河故道，迹其源流，原合范阳河、米沟河、干沟河，由刘家等庄入岔河，归小清入海。自吕家庄口决，不由旧河，反由邹平毛张等庄，经新城入马踏泊、清沙泊，灌新城，下冲博兴等县，为害甚大。使自吕家庄建石闸一，使并黄土崖等水仍归岔河与小清河合，而诸邑更可永庆安澜矣。总之，水合则强，分则弱；急则怒，缓则平；通则行，阻则滞。今以蜿蜒六百余里一脉流通之清河，竟截而为数节，又益之以河泊，以助滔天之势，其害宁有穷乎？犹人之一身然，发源之漯河、咽喉也；所经邹、长、新城高等处，如人之腹与肠胃，传送受载之府也；至博安入海，尾闾也。人身一处血脉不通，则人必病；水脉一处不通，则水必为灾矣。今小清故道既通，石闸复建，即使山水迅发，皆趋正道入海，万不得已而启万家口闸泄之，启对门口闸泄之，启黑水军张闸泄之。向蹙地受水而泛之河泊，今扩地受水而纳之故道，谓仍是为害者，吾不信也。此议一行，则蓄泄有地、启闭有时，将见七邑之中，沟壑之地，疏为桑麻；鱼鳖之民，均得安宅，旱可资其灌溉，远可通夫舟楫，不独使不为害，兼可因以为利，又何重举事而乐因循，以留此无穷之患哉？考《志》：明成化癸巳都宪牟公曾浚之，自历城之乐安，水循故道，退出邹平等邑膏腴田数万顷。嘉靖癸巳，盖六十年，复塞，淯、沙、孝妇等河溃涨，当事者复浚之，三年而毕，诸水悉平，咸注之小清河。《高苑志》亦载青州推官陈珪《小清河议》。按：其地形似又与今异，其言引漯河可归入大清甚切，余询之父老，谓必不可。齐东邑志已备悉其害，得无今昔之势殊欤？溯成化以至于今，历百几十年矣。余悯斯民之昏垫，冀一尽疏浚宣泄之人事以拯之，实余之苦心也。经营创建，明知劳民而不敢避怨，以欺垂之永久。惟望后之君子，或先事而绸缪之，或乘时而补救之，使小清得永循故道，而七邑之民得永免水患，无因循倾圮，使诸水横决莫制，而反归其咎于天地，则幸甚矣！故不揣为之议，复为之图说，以俟后之君子省览焉。

张鹏（1627—1689），字抟万。别号南溟，丹徒（今江苏镇江）人。顺治进士，康熙二十三年至二十五年任山东巡抚，升户部左侍郎、吏部左侍郎等。建议纂《会典》，修《明史》，均获准施行。著有《宁远集》。

河　行

河绵千里，道亘七邑，官各是其见，民各私其力，非大宪刚断于上而欲成功于下，此实难矣。是役也，主持者，大中丞李公；建议、踏勘者，大参申公；赞襄、捐俸者，方伯王公。三公和衷，司土乃得效力。谨将原行备列于左。

疏浚河道，预防水患行①

〔清〕李元伟

博兴县李奉巡抚都院李批、据济东道呈详前事：

切照东省州县各有河道，以遏水势而通之，下流因年久淤塞，有基址仍在、深浅一尺半尺不等者，有河迹全无、竟同平地者。本道未经通历，亦未敢遽定，通省为皆然也。查自去年十二月抵任之时，路经禹城，有士民遮道告灾。讯之县令，据称河道壅塞，连年被积水横冲，间用民力疏凿，而下流尽属卫地，人心不齐，以故耽悬。随传士民，和颜细讯，佥云禹邑有十女河，流入赵牛河，绕城东北至三岔口徒骇河，归漯河入海，备陈水势情形，了若指掌。本道随即亲行查勘，固如所言，中有卫地约三四十里，河之基迹尚存，而麦苗遍插，盖已改河为地，无怪乎上流之疏凿徒劳，一遇水发，仍然冲突泛溢也，固已熟悉于心矣。及至齐河，复有士民遮道告灾，据称齐邑之倪伦河与禹城之十女河会流东去，又有长清县积水俱流倪伦河，总由禹城迤北之卫地阻塞.每年竭力挑浚，水小可容，水大则无所归宿也，皆系西南刘洪洼积水泛涨之故。本道随饬禹城、齐河二县将河道步尺分寸、工价数目，逐一确估，造册呈送，正在查核。及到任后，见六府各州县被水灾地亩颇多，询其何不浚水、引水入海，有云形如釜底，河高难泄者；有云并无河道，积水难消者；有云各洼蓄水为灾，不止一年者；有云曾详过上司，未经酌行批浚者。本道细阅各州县志书，俱有河道，班班可考。其间发源归宿之路，亦确有明证，即如《禹城县志》，现在漯河即神禹治水所云“浮于济、漯，达于河者”是也。其河环绕齐河县之北、东，境界相连，而齐邑之赵牛、倪伦等河往时曾掘水不为灾，志载确凿，辄叹有司为民父母，疾痛疴痒，自当关心，何乃漠不加意，信口支吾，不思粮从地出，地被水湮，追呼敲扑，究竟何补？再因民间为水纷争，官相互讦，民相互殴，以致委员往勘，代为解纷，掘河一节，竟不议及。凡此皆

---

① 原注：康熙五十五年十一月十二日。

不揣其本而齐其末者也。嗣据禹城、齐河两县查丈河道，步尺分寸，造册呈送前来，正拟捐俸助民挑浚，适值办差不果。及今东回，忻逢宪台新政伊始，留心民瘼，无微不照，目今急务，诚莫有大于掘河者，作此千载不朽之业，为东省苍黎造福，宁有穷期？本道鄙见，应饬查各府州县河道旧址，先令造具步尺分寸、工价数目清册送核。止用民力，不费民财，或于俸工内捐给。或令该管官员自行捐给，备畚插器具，亲行督率，按程计工。否则，或常平仓谷酌量动用，仍于俸工内扣捐补买还仓。民有口粮，自然出力，河道疏通，水患可预防矣。仍饬该管官员，每历三年之内，令沿河有地主民人自行小挑，勿得任其淤塞。其河道中种麦之地，仍应严饬，如有借此沮淤阻挠者，是规一已之私，致贻一方之害，定严加治罪。如此则膏腴无湮没之虞，地方有水利之益，河道永存而水患不去，民无乐利之休者，未之有也。本道仰体宪台为国为民至意，不揣愚谬，备陈管见，仰祈核夺。再，禹城、齐河两县河道步弓丈册已据该县送到，并录呈见。此外，仍候批示，另檄查取，合并声明具呈。

蒙批：

仰布政司会同该道并济宁道作速查明详报缴册并发等因，批司。蒙此，合行饬查为此札。仰该府官更查照批详札内事。坚即便转行各州县将境内应疏河道起至里数，并深阔丈尺，以及所需工价各若干，逐一查明，开造清册一样二本，其挑浚之费，应动何项，确议加看详司，以便转呈抚宪批夺。

册式：

为疏浚河道、预防水患，仰请宪鉴批行，以利地方，以安民生事。

今据某地方某里某甲某庄某人呈报，某河深浅宽窄、弓丈夫价各数目，到县。据此，理合开造施行。须至册者。

计开：

自某地方某庄起至某地方某庄止，共丈河身若干，步宽若干，尺深若干。照旧制再掘几尺，宽几尺，深几尺。每步得工若干，该工若干，每工价银若干。

以上弓步若干步，共长若干长。

共该工若干。共该银若干。

都院李捐修河工行[①]

〔清〕李树德

巡抚都院为捐浚淤塞河道，以除水患，以利民生事：

照得本都院抚兹东土，无日不以地方利弊、生民休戚为念，历稽东省地土田亩，忧旱者常少，而患涝者居多，一遇歉收，我皇上爱惠元元，蠲租发赈，不惜数十万金钱以全活黎庶。本都院谬膺封疆重寄，仰体皇上悉心筹画，几可以捍水患而御淹没者，自应急为举行。今查东省之小清河，古名漯河，水连章丘、邹平、长山、新城、高苑、博兴、乐安七邑，一贯入海。只缘历年久远，故道不浚，淤者淤，决者决，横流旁溢，冲突靡常，而七邑之士民议开议筑，纷纷聚讼；七邑之地亩时决时冲，屡被水灾。殊为可悯。因思小清河之水原有故道，一加疏浚，水患自除。随檄委济东道于去冬亲勘绘图，详报并批行。布政司会议，咸以疏浚小清河实为有利民生，今当春融冻解、农务未兴，正宜及时疏浚。其工程食米需费银两，本都院率同司道等捐资给发，不费士民人等一文一粟。惟是事关七邑地方，今议疏浚此河，导水归海，其间果否有利无害，其七邑士民是否众情允协，至于工费，虽系官捐，而开浚则断需民力，七邑之民是否情愿，齐心并力，各浚各境，合行查议。为此牌仰该府官吏照牌事理，文到即速转饬章丘、邹平、长山、新城等县，将疏浚小清河果否于地方有利无害、士民是否众情允协、各愿赴工出力之处妥确查议明晰，申府转申以凭核夺。

---

① 原注：康熙五十七年二月十四日。

申道台开河条约[①]

〔清〕申大成

博兴县为飞饬事：

本月初九日，蒙青州府粮捕厅信票，蒙济东道宪牌内开：照得本道奉抚都院捐俸修浚小清河檄，饬本道董理其事。诚恐才识有所未周，耳目有所未到，详请调该厅协理，业蒙批允在案。兹当兴工之期，本道郑重其事，亲临章丘境内祭告。该厅已先期来此，足见勤劳办事，深为可嘉。但前发示谕条约，恐有未尽之处，已于示尾声明，临时再酌，后有除乐安外行文六县，照旧河基址挖深一丈，每一里设立河头，督率人夫二百名，照议定之数，具领食米银两，帮助穷民，俱各饬知遵照在案。兹念上下河身宽窄不等，应否照官弓五弓之数，一例开掘，或旧堤坚固之处，仍照旧河基址挖深一丈，不必另行纷更。又查修筑南河有取方式样，今各县河身虽有宽窄不等，而挖深必须一律，且深浅亦不等，浅处挖深一丈，深处又当减工，应否照南河式取方，酌定人夫若干名，分棚动作，挖土几人，挑土几人，应否设立火夫造饭。至于分督工程，除河头外，县令有钱谷刑名要务，不便亲身督率，应否委各县典史为该厅协理差遣，事关地方民生休戚，必须计出万全，不负上宪捐俸帮助至意，又克副民间出力以卫民田之举。万姓从此乐业，永息历年纷争。合行飞饬.为此牌仰该厅官吏。照牌内谘访事理，务须特出成见，照本道原颁条约，添设项款，飞饰各县遵照，一面具文报查。此系本道切嘱，不得以未奉上宪批示，借端推委。如各属不遵，立即具详报道，定以不恤民瘼转揭报参；所委佐贰等官，如有违误，立即揭报，以凭一笔勾了事。至于奸胥蠹役、凶徒地棍，倘有需索生事等弊，该厅即枷号河边，俟完工日责释，均无违误。蒙此，合行飞饬为此牌。

仰该县官吏查照来文及牌内事理，文到即饬令该县典史督催挑挖，不得怠惰偷安。如有奸胥蠹役、凶徒地棍，倘有需索生事，立即柳号河边，俟完工

---

① 原注：康熙五十七年三月十六日。

日责释。仍将发去续增五款，严行申饬取具该厅遵依二本呈转。其河头册亦要一样二本，作速送厅，以凭转送各宪。开浚紧急，克期竣工，本厅不时亲临查理，毋得违误。

计粘单一纸。

一，每县人夫以五百名为率，有增无减。当此农隙，正宜开浚，照依济东道宪面定，河身必开挑裁尺三丈，河底必深浚裁尺一丈。其有河身之随湾就湾、不能宽三丈者，即稍有不足，亦可其河底或已有三五尺深者，亦必补足一丈之数，不可苟且了事，短少减浅。收工之日查出，定行详报。

一，每县人夫五百名，应分五十棚，每棚应给苇席数片，木杆数根，以防阴雨用。人夫作火头煮饭，余者挖土抬土，不许懈怠偷安。十棚用河头一名督工，早作晚息，以了一日之事，违者查究。

一，人夫五百名，每名应给腰牌一面，上书姓名，就委本县典史为分管名色，每日催上工程，随便点卯，以察短少。其以老弱充数、不能用功开挑者，立即驱逐另补，不得容隐擅留，并查河头，不许怠惰偷安，如违，定行详处。

一，宪示内每里给食米银二十两，此乃抚宪及司、道两宪相助银两，以近河之民开近地之河，河工一成，尔民受福，他人不与也。须得上紧急公，及时挑挖，乘此农隙，鼓舞乐趋。倘有不肖官役，扣克短少，许尔等即时喊禀，立刻详报。

一，开挖之土必须堆之两岸，如不排筑坚实，一遇阴雨，势必流淌河中，仍然淤垫，枉费大工，关系不小。今要每堤另添人夫二名，将所倒之土用木棍捶得紧实，泼水排击，盛水不漏。即有阴雨，不致流淌。久之自生青草蟠根，泥土坚固，免他年溃决之虞。

该分管官照例董率查验，如或怠玩从事，视为泛常，责有所归等因，到县蒙此拟合转饬为此帖，仰捕衙官攒查照飞饬及帖内事理，文到务须遵照款项，不得稍有违误，该衙先具遵依四本送县转送，均勿违误。

申大成（生卒年不详），江都（今江苏扬州）人，监生，康熙五十四年分守济东道，后官至工部右侍郎。

军张道口建闸并勘章丘等六县河工行[1]

〔清〕李树德

巡抚都院李为饬委事：

照得疏浚小清河及支脉沟等处事宜，向委济东道董理，今该道陛任赴黔，未能竣事。虽工程已完六七，而乐安为诸水入海之总汇，尚未疏通，倘夏秋霪雨，则积水无泄泻之路，必有泛溢之虞，开疏诚不可以刻缓。而高苑地居上流，且与新城接壤，其疏浚支脉沟以及军张道口建闸之工，亦应速为举行。该县留心地方，素具经济，首先急公，已将八十里之支脉沟挑浚如法。本都院深为嘉奖，除檄行布政司先发银四千两给付该县收领外，合行饬委为此牌，仰该县照牌事理，即将领去银两查收，按计每一里酌发食米银二十两之数，分发高苑、乐安二县，令其将支脉沟速行疏浚，克期告成，务使水尽沿流入海，勿致壅阻为害。其军张道口建闸必须相度形势，蓄泄可资，或砖或石，总在坚固而可永久。所需工料银若干，会同该县确估报夺。其余章丘等六县已经疏浚之小清河，宽深丈尺是否合宜、果否无误，该县躬亲逐处查勘，如有捏报及工程或不完固者，立即据实详报，以凭参究。该县务须上紧督催料理，俾得一劳永逸，以除七邑水患，毋得瞻狥依违，扶同率忽，冒捐费而怠工程，稽时日而误蓄泄，慎之，毋忽。

河　详

规形度势，酌古准今，总之，顺其就下，行所无事。大禹之智，千古之经也。若筑堤设障，固我一围，岂惟病邻足忧，亦非经久长策。爰效九河之疏分，幸各上宪之采纳，值今三月，连绵大雨如注，而七邑独无告灾，亦可知开河之明效大验矣。

---

① 原注：康熙五十七年五月十八日。

疏浚河道，预备水患详[1]

〔清〕李元伟

博兴县李查得皋县地方南汉凑河一道，泄临淄北境及乐安西南境之水，迤逦西行，至院庄地方汇入小清河合流，因河身淤浅，每岁春间，责令业主修筑，可无溃决之患。惟乐邑居民贪水田芦苇之利，并不开浚，纵令水势滥漫，一遇水发，辄横流难止，害及皋县赵李、张夏、李村、兴和、成兴、兴福、相巩庄、北寨捌社，高地俱被湮没。事在隔属，屡关，总置罔闻，捌社居民每岁陈告，案卷累累可查。皋职谓此河上流不远，水势犹小，惟仰恳宪台转详上宪，严饬乐安县开浚河道，使水归河。皋职于皋县地方略加疏浚，可保无虞，似无庸修筑。惟小清一河，上接历城东北及章丘、邹平、长山、新城、高苑之水，由皋县西南西马头入境，又接新城麻大湖之水，至院庄合流，迤逦东北，至金家桥入乐安、寿光归海。皋县境内共长五十里，因上流河身窄小，年久淤塞，每遇水发，湮没数县，此诚不可不亟为修筑者也。皋职查皋县境内河北堤岸坚固，无事再修，惟河南一带，窄薄不堪，且河身浅隘，不能容纳上流之水。议于南岸拓开数丈，另筑一堤，比平地高起六尺，宽厚八尺，袤延约长九千丈，每丈得人工五十人，计得人工四十五万，责令沿河一带居民出力做工，动借仓谷，日给四升壹名，共借谷一万八千石，于明年二月水势涸出、正小民乏食之时可以兴工。此项借动仓谷，或于俸工扣抵，或令洼地得收之家每亩每年纳谷数升，于两年三年之内纳足停止。至拓宽河道，须占民间地亩，傍河业主未免不甘。皋职议令沿河一带地亩每亩退让二三寸，让出之地给与傍河业主管业，如此，水患可以永息，而于民间亦无甚扰，似属可行。但皋职谓上流之水不清，则下流虽修何益？下流之水不通，则上流虽浚无功。皋职至省之时，目见邹平、长山、新城、高苑之河浅窄不堪，河底比平地反高，是上流终至溃溢。又闻乐安、寿光河身比皋县尤隘，是下流终未疏通。若不通加

---

① 原注：康熙五十五年十二月。

修筑，则水患通不能除。恐事关数县，不能画一，必得道府大宪亲临勘验监督，始克有济。抑卑职再有请者，查古人设立堤岸，原以捍蔽水患，乃新城之民盗决姚家等口，湮没卑县河南一带，又盗决军张道口，湮没卑县河北一带，以致三十余社居民土地尽沉水底，及高苑、乐安、寿光等处均受其害。此等不法奸民与乐安南境纵水滥浸之民，均属大干法纪，应请宪台转详严禁，作何重处以儆奸民。至于上流既决水害人，则下流亦不能不筑堤堵塞。卑职查军张道口之水，高苑之民既不敢与新城争竞修筑，任其盗决，则卑县境内自宜各为堤防。请于西马头建筑高堤，以塞军张道口之水；赵李、兴和建筑堤防，以塞乐安泛滥之水。但下流壅塞，则上流必致泛滥，势必不自咎。平日决水害人，则反咎堵塞之非，不无上渎宪听，故不得不预为详明。至新城之麻大湖，长堤数十里，势难堵塞。卑职查麻大湖、清沙泊与邹平之浒山泊等，原系积水之区，国初清丈地亩，已经豁免钱粮，乃濒湖之民以无粮之地，既收鱼藕之利，又欲盗湖为田，故嫁祸于博。盗开堤口数处，恣数人之奸，害及万姓。似此罪恶，实属滔天，倘不立严禁，终难止息。请与姚家道口挑河一道，汇于小清河，以泄其水。此后若再决别口，应令新城濒湖居民尽其家产赔纳被淹地亩钱粮，勒石界上，则奸民自知畏惧，此患亦可杜绝。其西马头筑堤计长三里，该五百四十丈，高八尺，宽一丈。每丈需人工七十人，得人工三万七千八百。姚家道口开河计长五里，两岸共计一千八百丈，高、厚与河岸相等，需人工九万。至赵李、兴和所筑之堤，计长十里，不过高起丈余。每丈需人工五人，计长一千八百丈，需人工九千人。以上三处共需人工十三万六千八百，照前借给仓谷，共应借谷五千四百七十二石。连前共需人工五十八万六千八百，共借仓谷二万三千四百七十二石。其所需畚插器具，卑职情愿捐备，但卑县有仓谷石无多，即使借支，亦止可支动万石，其余留备不时之需，合并声明。缘奉饬查议，谨将卑县地方应浚河道、估计人工造册呈详，并关系阖县水利者一并详议，伏候宪台核转。

申道宪踏勘小清河源流详①

〔清〕申大成

查勘得小清河乃济水之支流也，发源于济南之趵突泉，流而为泺水，径华不注山东北，入大清河。相传刘豫道之东行，至韩家店西分一支为小清河，会龙山河，经章丘，会淯、漯、沙三河，经邹平、长山、新城，至高苑岔河，会孝妇河东流，经博兴，至乐安马车渎入海。历年久远，故道分崩，淤者淤，决者决。比来议修者纷纷聚讼。无如淤塞日益增，冲决日益甚，万家口之水入浒山泊，而邹平与章丘争；郭家口之水入白云湖，而长民与邹民争；陶塘口之水入青沙泊，致新邑十三庄之民偷挖高苑之军张道口。至于两邑人民率领男妇枕戈相向，肝脑涂地者每岁不乏，案牍如山，亦可哀矣。兹蒙宪台为国计民生起见，据新城县民郑明谦等词，批行本道查勘议详。遵即亲行踏勘查丈，一路相度情形。小清河身视平地较高，赖有堤岸为之蔽障，又复逐节淤塞，一遇水发，横冲奔突。议防水者甫欲堵口，而议放水者且群聚而决口矣，讦讼其何日是弭！据乡民郑明谦等词称“请仍照前任张大中丞遵旨浚支脉沟顺水归海”等语，蒙宪台将张宪《小清河议》并发本道详议。其自章丘万家口以下至高苑之军张道口，所以治上流之法，言之备悉。本道查阅地形，诚如所言。至所称疏下流之法，则自岔口起至淄河门，尚有三百余里之遥，岔口乃系孝妇河与小清河会之处，三十余里至博邑湾头，又与乌河会，今孝妇河不由岔河故道，竟自新城之新桥以上冲入马踏湖，奔乌河。查议册内所称“伊家园以下开浚深通便可顺入海，又于吕家庄建石闸一座，使黄土堐等水仍归岔口与小清河合”等语，恐孝妇河水势甚大，区区伊家园一带未必能容受。况查自顺治年间吕家庄决口一道，由木佛堂北薛庄、陈何等庄至拔头入马踏湖，与乌河会入小清。湾头以下，三水合而为一，一片汪洋。居民于湾头筑一坝以防倒流，而河南院庄以下接连乐安一带，百余里承粮地亩俱被水淹，满目鱼网，船只通行。本道查

---

① 原注：康熙五十七年三月初十日。

勘至此，不觉临渊而叹也。复坐一小船竟自水淹地亩之上一路撑驾查勘，至乐邑之祝家庄以下有一预备河，讯之土人，据称系明时兵科孙乡绅所开，以泄洼地之水。考之县志图中，已有塘头预备河名色，则系古无疑。或彼时曾经孙乡绅修浚，亦未可知。复驾船直至淄河，见其河宽数丈，用篙打之，深不见底。为思博邑之院庄以下至此百余里之地，俱被孝妇河水淹没，历年无收，比来竟不得耕种，何不从此开河一道，俾孝妇河之水接预备河，入淄河归海，岂非顺水之性而利导之一法耶？况小清河归海之路，亦入淄河门，不于上流分晰，而使三河混于一处，其不淹没承粮地亩者几希矣！随檄委博兴县带领乐安典史，确查地亩实数，并晓谕居民，去后，自博邑之湾头以下，至乐安之新桥，河面俱宽。新桥以下河身逼窄，应俟上流浚通、下流水涸之时，有口所当筑、堤所当修、淤所当浚者，再行计议。通计河身，有漯河之水有柳塘口入小清，沙河之水至对门口入小清，猪龙河、白条河之水至郭家口入小清，郑潢沟之水由田家口归乌河入小清，浒山泊之水由还河沟入小清，白云湖之水由陶塘口入小清，青沙泊之水即于泊口入小清，孝妇河之外，入马踏湖奔乌河，会归于小清。以一线之小清，而当诸路之水，如不分其流而杀其势，未易言治也。支脉沟诚当开浚，前高苑令江鼎金所言，直妄谈耳。惟是淤塞良久，民间佃种，竟改河为地，致有无迹可考者。稽之《乐安县志》，支脉沟起高苑城南二里，径博兴，尽乐安邑境，泄马泊一带水入于海。由此求之，自可复得。前抚张即倡此议，而中止其事，为可惜也。再查前抚张议，内有“成化癸巳，都宪牟公曾浚之，自历城至乐安，水循故道。嘉靖癸巳，都宪袁公复浚之。最后青州推官陈珪又有《小清河》一议，引漯河归湑河、入大清”等语。考之郡县各志，记载备详。邑人刘珝碑记云“青船达于济，济船达于张秋，舟辑通于二河，盐商遍于齐鲁”，非其明证与？不穷其源，不竟其委，终难置议。随飞檄历、章二邑，查明故道，俟详覆到日，或开小清故道，或开支脉沟，或开新河接入预备河，另行定议，呈详宪台核夺。所有奉到批词查勘事，理拟合备叙缘由、绘图先行呈覆，为此备由开册具呈。

河成善后详[1]

〔清〕李元伟

博兴县为河工将次告成，谨陈善后事宜，仰祈采择，俾垂永久事：

切卑职庸陋微员，荷蒙寄以重任，晓夜滋惧，恐负委付。今幸宪台洪福，地方有造，雨旸时若，而小民欢心效力，河、闸二工将次告成。卑职沿途看验，小清河工俱经升任济东道宪验过，上下通流，不合式者甚少，而偶有坍塌浅窄之处，尚无塞流之虑，明岁修葺，似不为迟。其军张道口以下新开之河，新、博、高三县已经报竣，惟乐安尚未报完，而建闸工程因阴雨所阻，尚需数日方可完工。统容全完之日，造册报销。除济东道宪原议白云湖建筑月河，并新城县详请陶唐口建闸二案，另行详查议覆外，先将河工并建闸善后事宜拟列，详请宪鉴：

一，修葺之功宜勤也。河身经久不修。易于淤塞。与其兴工大修，何如不时刷洗之用力少而成工易？小清河虽经开浚，但挑出之土积于两崖，而河身均系沙性，不无淤坍。请于每岁三四月农隙之时，委官一员，督各县修浚。其淤浅坍塌之土，俱令置于堤外帮宽，不得补缀崖旁。其冲坍窄薄之堤，尽令坚筑帮起，庶河道不致淤浅冲决，而永享成平之福矣。

一，盗决之禁宜严也。河身决口横流，不由地中，必致淤塞。查小清河沿河奸民，不特利已害人、每至盗决，兼有欲报睚眦小隙而竟决河淹人，亦有预恐此岸冲决而盗决彼岸以泄水者，亦有贪捕鱼虾小利而决口者，以故一遇水发，辄致泛滥，水害及于数县，河身截为数道。此等奸恶，若不严处，终为河患。请出示严禁，嗣后即遇淹没冲决，亦应报官，设法宣泄，不许决堤，贻害别处，并令各县印捕官出具印结，不时查禁。倘有决口，责令立时堵塞，务须穷究，按律重处，庶奸民知儆而河道无虞矣。

一，蓄水之地宜清也。小清河身甚高，古人于水不能入河之处乃汇为湖泊，或令建闸，或令缺口，水大则令河中之水暂注湖泊以消水势，水小则令湖

---

① 原注：康熙五十七年七月十三日。

泊之水渐次归河以消积水。如邹平之浒山泊、新城之清沙泊等处，皆为从古积水之区，但水势消长不常，春冬涸出，濒湖之民布种麦苗，受湖泊之害者亦享湖泊之利，固无足怪。有等无知之民，贪无粮无价之地，竟欲据为常业，或偶而积水，亦来告灾，欲求速涸，辄肆盗决。目今河已通流，水无积滞，而今岁两旸时，若并无霪雨骤水，泊底俱已涸出，民间颇有耕种。恐从此习以为常，不令蓄水，或筑堰挡塞，或盗决邻堤，反成水害。恳乞饬行各县，清丈原日湖泊，共计若干地亩，立石为界，此后涸出之地，仍许照常布种。如筑堰决堤，即于各种地之家究问、拟罪、赔修，庶水有蓄处，而奸民亦知畏惧矣。

一，蓄泄之制宜定也。章丘之万家口已经张令捐资建坝滚水，使水小归河，水大分注于浒山泊，止须严禁盗决，即可无虞。其军张口之闸下流业已成工，河水小，应须长放，恐新开之河堤不甚坚实，请仍照原议，于水发之时下闸数板以制其一往之势，但恐不行详明定制，新民反执水大下板为词。伏恳饬定则制，依时启闭，庶河道不致淤塞冲决，而湖泊亦不致泛滥矣。

一，新河之防宜固也。蒙宪台轸念七邑水患，于军张口依支脉故迹开掘新河，直抵乐安入海，但支脉沟虽有依稀形迹，实无旧道。今所开之河皆系平地开掘，河堤虽极坚筑，一遇雨水骤发，河堤土松，均有坍塌淤浅，而又时值农忙，间有宽窄、浅深不等之处，倘非年年农隙之时用力疏浚，终恐废弃。卑职请责令原浚之县于每年正月闭闸，三四月修浚，亦如修浚小清河之法，并于窄者宽之，浅者深之，务令深宽如式。如此修筑三四年，必无后患，自可永庆安澜矣。

一，闸口之看守宜慎也。闸口失于开放，则恐上流壅滞；失于防闭，又恐下流冲决其军张口。因累岁决堤，恐新筑之土不坚，卑职已将闸建于西偏旧堤之中。请行令高苑古令就近派夫于闸东，帮宽新堤，高筑月台，以便建立营房。再令高苑县择诚实二人看守，每年五月上堤，九月下堤，其余责令不时巡查，或招近地穷民男妇长住其上，看守启闭，则责成有归，而闸可永久矣。

以上六条，卑职一时管见所得，恐未能周详尽当，伏祈宪台俯加采择转详。至于各县每年疏浚河工，应作河记，注功过以分勤惰，均出上宪裁夺，非卑职微员所敢擅议也。

再，升任道宪原有开浚旧孝妇河仍归岔河之议，但今岁新、长之民已开小清河，不便劳民又浚。应请饬行长山、新城二县会详妥确，明岁举行，合并声明，为此备由具申，伏乞照详施行。于本年七月十三日蒙批，仰即会同有河各州县妥详报夺。

蒙此，遵即备录原详，关会章丘等县。去后，于闰八月十四日准章丘县关覆前来。关称“贵县详陈，具见宏才硕画筹酌经久之善策，兹准遵移确议，是诚上宪慎重周详之盛心，敝县在章，则当以章邑境内言之。所有河道前已遵宪开浚完工，其万家口决处，亦经捐筑灰坝堵塞，现在告竣，昨已造册，关送汇报矣。恐有坍塌淤塞之患，自必每岁于春和农隙督率夫工相度挑浚。至万家口坝亦当严禁盗决，务保无虞。应如贵县详议，而不致上廑宪怀者也。今准前因，拟合关覆”。于闰八月初三日准邹平县关前事。关称“贵县详请修浚小清河六款，俱系河工要务，甚为周悉，足见仰体各宪为民除患深心，无庸再为置喙。今准会议合行关覆”。又于闰八月初二日准长山县关前事。覆称“贵县详请小清河年年修浚之法，款列精详，筹画尽善，所详甚为周悉至当，足见仰体各宪为民除害之意，今准会议合行关覆”。又于九月二十七日准新城县关前事。关称“查每岁修浚小清河道，大移既称止择淤塞之处，拨夫疏通，使河流无壅滞之患，则邻河庄民可以拨夫挑筑，允宜永行，无庸酌议也。至于明岁大修支脉河，贵县议酌十三庄之民仍照今岁帮挑之二十五里，再为挑浚。各庄士民义分难辞，以后每年不得仍派新民，宜着高苑县民自行挑浚，永不为例也。至于军张闸看守木石之夫，敝县谕令十三庄居民公议。去后，兹据士民议定，四约各报一人，每人轮值一季，协同高苑县之夫上堤看守。今将堤夫关送贵县，希即详覆施行。计关送堤夫王奉忠、孙发旺、王世立、郑张杨”。又于闰八月十五日准高苑县关前事。关称“敝县查得疏开小清河与支脉河，水势畅流，安澜可庆，已有明验。但恐日久渐淤，与奸民肆虐。贵县详议各条，周详尽当，诚为善后良图。惟于军张闸东帮宽新堤、高筑月台壹节，查新城十三庄居民昔因河道淤塞，水流细缓，苦于淹没，盗决军张道口以图易于泄水耳。今小清河既已疏浚深广，支脉河开掘通流，复又建闸军张，水大则启之以分上流，则十三庄地方即遇水发，亦无淹涝之虞，揆之情理，盗决自免。敝县愚见，月台之筑似可从缓也。借曰‘人心叵测’，盗决宜防。然自军张以东至岔河一带三十余里俱可盗决，出水不止一处耳。至守闸人夫，若仅令苑民看守，恐启闭迟早，新民易滋物议，渐成嫌隙，又生事端。应令新县与敝县各择一人，五月上堤，九月下堤，协同看守。遇当启闭之时，各禀本官，具文关会，然后遵照定式规制启闭。如此则不特嫌隙，民而更得车辅相倚之益矣。伏候会详上宪酌夺，拟合关覆”。于闰八月初八日准乐安县关前事。关称“查得敝县小清河为诸邑会归入海之区，向因年久失修，以致淤塞难通。幸蒙大宪已溺已饥为心，捐金开浚。若修葺之功不勤，势必仍至淤浅，自应与盗决之禁并行者也。至新开支脉沟，今岁实值农忙，宽窄浅深或有不等，但于逐年农隙时再加修筑亦可，无虑后患矣。其余各款，诸邑自有确议，无庸敝县复赘。今准关会，拟合关覆”等因。

准此，该博兴县知县李查得卑职详请河工善后事宜，蒙宪台恐各州县意见不同，饬令会同详报。今准各县关覆，颇相符合，毋容声语外其内。惟新城以支脉河在高苑地方，恐沿为成例。卑职查今岁支脉河工创始开浚，未免浮土不甚坚固，明岁应行大修，以后责之高邑业主修浚。又，高苑关内有军张口帮筑月台以防新民盗决。自军张以东至岔河三十余里皆可盗决，“月台似可从缓”之议所见固是，但卑职请建月台之意，实因此处久系盗决之所，恐新筑之土不能坚实，有冲决之虞。又别处虽可决口，而此处近逼闸工，恐一决口，将数千余金闸工尽废，又与别处不同。月台之建，似仍宜举行。其军张口看守闸工，已经新、高二邑议明，每县各派一人协同看守，似甚妥协，应令其专司启闭，并保护门上木石，勿致毁坏可也。缘奉饬会详，合将准过各县关移备录申详。

河　记

九州攸同，四隩既宅。《禹贡》之作，非徒以告成功，抑使万世知所遵守，“铸鼎象物”“不逢不若”，先王之意深矣。勒之贞珉，用志勿谖，小民戴德之公心，实为善后之长策云尔。

浚河建闸碑记

〔清〕李树德

丙申十月，余以总戎奉命擢授巡抚，由东牟赴省，取道邹、长诸邑，谘访民间疾苦，即知小清未浚，水涝横流，滨河之区陆沉久矣，为之恻然。越明年，集守土之吏于庭，画议浚河，而济东参政申君力董斯役，七邑之长从焉。余乃捐给银米，赁工开筑，疏小清，启支脉，建闸于军张口，次第告成，时则戊戌之孟冬也。河流底平，污莱尽辟，庐舍相望，民有宁居，余心用是少慰。而博兴之人士言于其令，请余勒文于军张口以表兹勤。余曰："圣天子惠爱元元，惟时怙冒，饥溺由己，日昃不遑。使者仰承德意，布化宜猷，夙夜兢兢，方以不克称职是惧，尚敢伐石自书诩谓己力乎？惟是河有源流，治有始末，使不序述详晰，昭录来兹，何以为经久善后之图？而今日之成功归于无裨，则是碑之关系非细，而义所勿克辞者也。"

盖古小清河自历城趵突泉发源，北经华不注而华水入焉。又北至章丘，大明湖与大清河通，又分流北行数里，而淯水、漯水入焉。又东北历邹平、新城二邑地，由高苑城北趋博兴，至乐安之王家冈场入海。逮金时高苑令高通改于县南与孝妇河合，而城北诸河尽废。初犹称便，厥后一水合流，河不加广，日渐淤塞，而清河以上诸水径入大清矣。今之小清河自漯水始发，源于邹平会仙山西南，行五十余里至章丘山头店，又西至万家口，十余里度柳塘口，折而北，共三十里至段家桥，又三十里至清河口，而浒山泊水入焉。又十余里至对门口，而沙河、白沟河之水入焉。又三十里至军张口，而青沙泊之水入焉。又五十余里至博兴湾头，则麻大湖、孝妇河、郑潢沟、乌河之水俱入焉。又十里而汉溱河水入焉。过此顺流一百六十余里，至乐安之马车渎，再行三十余里，与淄河合流入海。源委相距，陆路约四百余里，而河之纡回蜿蜒，实倍其半。先是，河道淤塞，民图便己，万家口决口，与浒山泊合，淹章、邹地六七十里，其水入自还口，趋对门口，与沙河、白沟河淹邹、长河南地数十里。河南之民又决郭家口，与白云湖合，淹邹、长河北地七八十里。河北之民又决陶塘口，与青沙泊合，淹新、长地五十里。新城之民又决军张口北岸，淹高、博地一百三十余里。上流水退，涸出高地，犹可布种春麦，而高、博无泄水之处，一望汪洋，片土莫出。以故高民舍生与新民争，而新、长河南之民与邹、长河北争，河北之民与邹平对门口等社争，段家口一带之民又与万家口争，讼连祸结，数世不解。今则自章丘以至博、乐，按界计里，各分挑掘，浚河培岸，水由地中，不特有粮之田可以播种，即浒山泊、青沙泊以及白云湖积水废潴皆堪疆理矣。再考小清一河，有明迄于本朝，数经疏浚，旋开旋塞，总由孝妇诸河之水甚大，截住下流，以致上流停顿不行，山泽潢污，易成壅塞。博兴李令请于军张口间通支脉河，使小清之水分派而入支脉河，原以泄马家泊及高、博洼地之水，行至乐安草桥而止，其外地势略高，别无去路。而乐安古小清河故道，土人亦呼为支脉沟。今将此河北开十余里，导水入小清故河，环而南转，通于今小清河，同注诸海。支脉既疏，水势旁达，不与孝妇诸河争道，而壅塞之患于是乎除。至若军张口建立石闸，因高、博地处卑洼，大口一决，众川涌下，恐二邑仍遭淹没，故特建闸于军张口，仅宽一丈五尺，以束其势。平日安流无滞，遇异常大水，仍于浒山、青沙二泊暂为蓄贮，使其缓入支河。而浒山、青沙之民不得贪种无粮之土，盗决诸口，移害邻邑。其守闸人等亦宜量水广杀，增减其版，以为保护之方。庶几波澜不惊，室家永奠。一闸之力，同于砥柱矣。后之司是土者，知民瘼之宜祛，念前劳之足惜，绸缪未雨，修浚以时，使七邑苍黎，戴尧天而履禹甸，于以克副我上祗席斯民之意，是则余之厚望也夫。

康熙五十八年孟春，山东巡抚铁岭李树德撰。

开支脉河碑记

〔清〕李元伟

博兴旧有小清河，在城北高阜，实禹疏漯水故道也，安流数千百年，至宋乾德间遂溃溢为患。金初，高苑令高君通始导而南，至岔河与孝妇合，一时暂得归宿，人亦便之。无如二水合流，河不加广，且山泽潢污，停滞梗塞，孝妇河不由故道，旁决吕家口，而又入于马踏湖，致小清河下流淤塞；上决章丘之万家口，以入于浒山泊，淹没章、邹河南地，河南之民遂决郭家口以泻于邹、长之河北；河北之民复决陶塘口以注于青沙泊。青沙泊纳而不泄，乃泛滥冲突于新、长，而被害又甚者，莫甚于新城之十三庄。以故十三庄之民挺而走险，盗决军张口以鱼鳖我高、博、乐三邑。更无尾闾，经冬积水，粒食何从？每至水发，势不得已，乘堤固守，男妇数千人寝食其上，虽或垫隘，亦所弗恤。奈处上流者与堤相近，决之甚易；处下流者隔堤较远，守之甚难。而各邑官长复各爱其民、各私其地，不屑平心和气，商确疏浚以为经久全便之计。在高、博，祸自邻近，固曰无妄之灾；在新邑，害实切肤，岂有坐毙之理？以致愈激争端，互相仇杀，历年构讼，每经宪司勘验，明知曲在新城，未始不执法创惩。其如民之畏水甚于畏法，求免一时之巨浸湮没，不顾后日之敲扑鞭笞，故虽咎繇，不能平其直者，诚无怪其然矣。

余自丙申春承乏博邑，莅任之始，目击狂澜，心伤污莱，思既身任地方，其责又将谁委？二载以来，寻流溯源，知小清一线之河，难容数邑汇流之水，势必另为开浚以分治之。相度之下，于南得逯家沟故道，下接乐邑之预备河；于北得支脉沟故道，下接小清故河。私心自计，诚能开此二河，则水患可以永绝。然而势连三邑，勿敢轻举。幸荷大中丞铁岭李公开府二东，殷殷以小民疾苦咨询属吏，而济东大参申公稔知东省地势平衍，水无蓄泄，条议以开河为第一急务。复承大方伯王公力为赞襄，慨捐给俸。于戊戌春夏之交，西疏东兖，东浚济清，凡有水灾，莫不奠平。余亦急以支脉、预备二河，特详经大参公勘验，转详举行。顾念民力艰于并举，檄令先开支脉。适大参公有黔臬之擢，遂以七邑河务属余总理。受委以来，勿敢自恤，奔走于烈日暴雨、星月风露之下，凡两阅月而告成。是岁七月大雨，孝妇、大清诸河横溢，独小清一河清晏无虞，举数百年深仇积怨之区，皆成洽比；数万顷淹潦无收之地，俱庆丰年。余亦得借手以获免于罪戾。然余之始详开浚也，邻邑士民浮议顿起，即在博民，亦畏艰巨，逡巡不前。既见余不避酷暑，来往河干，于是始相谓曰：“彼何为者？岂将以此河移诸江右乎？凡以为吾侪计耳。”乃始相劝相勉，蚁聚鸠工，以迄于成。语有之：“非常之原，黎民惧焉，可与乐成，难于图始。”此之谓。夫是举也，实赖圣天子在上，百灵效顺；又借大中丞度务明决，各宪台协力赞成。而不然者，拘于俗见，乱于群言，余不敏，虽欲效胼胝于其间，何可得哉！虽然，盈虚消息，沧桑靡定，禹之明德远矣。即高君改徙，厥功亦伟。乃历时不修，渐成祸患，则焉知今日之利赖，不为他日之荡析乎？虑诚不可不深也。用是列其始末，勒之于石，以告后之君子莅斯土者，幸勿安成功而忘灾害，岁时经理，以永庇吾民，是则余记之之意也夫。

康熙五十七年，知博兴县事安福李元伟撰。

藩宪王公开河碑记

〔清〕王沛思

善体国者，未有不先思经野者也。盖国之命在财，而财出于赋，赋出于田，田之大利惟水，其大害亦惟水。不治水而治田，是无田也；不治田而治赋，是无赋也。无田无赋，而财于何有？是上下两竭之道也。古之谋国者疏其沟浍河渠而通之，防其旱涝而蓄泄之，故□□财于民也。力既有所甚易，而心亦有所甚甘。其力易者，盖藏足而取之也不劳。其心甘者，念我衣食之源非上实莫为之所，故享其成者即思所以厚其报。后世则不然，但知履亩而税之，按籍而稽之，以为财不足则取之赋，赋不足则均之田，至田之芜秽与否，或受水之霪涝与否，则固不遑以计矣。取鱼鳖为伍、沟壑残喘之余而捶骨吸髓，以期取盈，迄于不胜，然后议蠲议赈以救其后，则固无及也已。故治赋者必治田，治田者必治水。然治水者，有司之责，而实非有司能肩之责。盖水必以海为归，以河为泻，蜿蜒盘旋，远者千里，近者亦数百里。彼此未必一心，邻封互相争执，且苦于有心无力，以致寝而不行者实多。自非封疆大臣，通达国体、洞悉民情，大功不谋众，大事不惜费，固未能整齐画一，以底于有成也。我东省固非泽国，奈河道淤塞，水患告灾者至无虚岁，而尤甚者莫如济属之邹、章、长、新与青属之博兴、高、乐。维时当事频以为忧，酌议开浚，但物力艰巨，役民既不可，公费又告绌，皆束手傍徨，莫知所措。我大方伯王公以阀阅世臣，封疆久任，仰体圣天子已饥已溺之心，求宁求莫之念，独力为担负，慨然发帑捐金，俾各邑领取鸠工，既疏小清，复开支脉。一时河水分流，涸出湖洎千百里余顷，污莱悉为沃壤。其年遂以大有特书，士民欢呼载道。属予作记，以志不忘。余谓，公之心，为民请命之心；公之道，实为国生财之道也。公所职者，财赋之总汇；而公所计者，财赋之源流也。其源既开，其流不竭，此亿万年恒足之计，非一时苟且补苴之计也。虽使禹、稷司财，伊，吕谋国，其道同，无以易此。谨记。

王沛思（1646—1722），字汝敬，号俨若、何思，又号丹崖主人，山东诸城人。康熙进士，参与修纂《明史》。其人工诗文，著有《经世诗文草》。

大参申公开河碑记

〔清〕李华之

古者十夫有沟，百夫有洫，千夫有浍，万夫有川，不时疏浚。而又有匠人遂师以专其任，都鄙郑长以董其役。泽陂川梁，著为令甲。无壅遏，故无泛溢；无泛溢，故无浸灌。自后世寝失其政，不惟沟洫细流，其制不讲，即长渠大川如九河故道，亦且淤塞平坍，略无故迹可考。小有霪涝，即茫茫若海，漂没田庐，而山左为甚，而济属之邹、章、长、新，青属之高、博、乐七邑为尤甚。盖以两郡北道水悉汇于小清河入海，经流其界而河身浅狭，不能容受，故常至于溃堤决隘，历年告灾不绝，而相邻庄地以水道构讼者至无虚岁。其在上流则称下流之障水为灾；其在下流则称上流之决水贻害。盖皆以生命关切，民既各是所见，官复各护其民，以故相持不决，不知水不清其源、不导其流、不分其势，而彼此互相争执，此皆邻国为壑之智，其实自贻泽涸者也。守土之官，或见不及此，或见及而苦于各属心力之不齐，又恐其事非常，惊惧地方，徒劳罔绩，故因循而不敢发也。

方今圣天子宵旰忧劳，畴咨奠定，驻跸河干，亲授方略，南北两河得以安流无恙。我大参申公受命分巡，仰体皇仁，留心水道，下车伊始，博采舆论，洞悉二东水患情形与疏瀹决排之计，速欲设施，会王事贤劳，不果所行。迨复命遄归，遂亟白之大宪，下其议于司府以迄被水州邑，条陈酌议。公复不惮勤劳，周览巡视，相度地形、水势，大约浅者浚之，狭者开之，堤岸低者筑之，薄者培之，约为尺寸丈量，计丈程工，计工给直，亟请捐俸、不费公帑，不赋民徭，既平东兖，遂下济青。自章丘山头店疏至博兴湾头，而河之上流治。自湾头疏至乐安马车渎，而河之下流治。又特开支脉一河自高苑军张口至乐安新桥，而河之势遂分，且于诸险要处筑坝建闸，既得不时通流，且防一时冲溃，蓄泄无不如法。冒雨冲风，触暑曝日，如是者两阅月而臬黔之命下。公不以荣迁为喜，而转以任事未竣为忧，眷顾徬徨，其难其慎，拣诸僚属之有才术而实心任事者转属之，遂属之我博侯李公。李公体公之心，遵公之法，手胼足胝，辛勤无异，乃得其功告成。数月之后，即大霪雨，而诸水顺流，毫无泛涨。其年大稔，万民欢悦，思德不忘，属余为记，以勒金石。

余谓公是役也，有饥溺由己之心，有体国经野之略，有知人善任之明，斯诚足以上纾尧舜之忧，而堪与禹稷比烈者。独是人情锐始而怠终，习安而忘故，虽以神禹之功，不能必千年之不敝。欲为久远之计，非专官督理如古者匠人遂师之设不可。今纵不能，亦当以其事责之地方。守土而以河道之通滞分居官之殿最，别为一条，另加核察，俾勿复以虚名应焉，则庶乎成功之久。而公今日之苦心，乃为万世之永赖矣。设公而不去也，吾知必有以处。惜去矣，善后之图，是所望于底其绩者。

李华之（1640—1718），字秀实，山东诸城人。康熙进士，授中书舍人，历任云南布政使、太仆寺卿、左副都御史、刑部左侍郎等职。康熙五十七年（1718），平凉、巩昌诸郡地震，奉命往勘，因劳致疾卒。

开支脉沟、建军张闸碑记

〔清〕贾昉 栾瑜

从来兴大利、除大害，于万难措置之地，众议纷纷莫定之时，非有精明不惑之识、奋发有为之气、卓然坚定之守，不能肩任不辞，遹观厥成也。蒲姑旧治，夙称泽国，承章、邹、长、新之下流，众水汇经其地，冲决泛溢，小有霪涝，即成巨浸。翟家庄等社地形洼下，被害尤剧。考之县乘，有支脉沟导水东流，渐至于海。乃历年久远，淤塞无迹，虽故老亦茫然莫识其处，此数十世来频遭水厄，官民束手无策也。幸我邑侯李公简任兹土，下车伊始，目击万民疲敝，半由水涝灾伤，不禁慨然恻然，直谓饥溺由己，于案牍之暇，循流溯源，度量地势高下，绘图详请各宪开浚故沟，以苏民困。蒙大中丞李公亟允所请，捐金疏筑，即命我侯兼督七县河工，务使安澜底绩。我侯才猷敏练，胆识过人，度尺寸以鸠工，按民役以给食，建闸口于西岸以防横决，造津梁于通衢以利往来。炎蒸酷烈之下，不张盖，不乘车，躬亲率作，夜即露宿河干，手胼足胝，艰辛备历，不数月而告成。两岸屹立水田地中。迨河成，而霪雨如注，起视四野，水天一色，沧桑已变。父老子弟举首惊叹，不复望有秋矣。已而顾入新河，不移时而一泻千里，污莱依然沃壤，黍稷仍获丰登，耕者乐于田，行者歌于道，百室盈而妇子宁，真不啻再造之弘恩也。至渔舟鼓棹，往来贸易取水道之便者，尤啧啧颂明德于不衰。是固大宪视民如伤之仁，然非我侯不惑之识、有为之气、坚定之守，则众喙之议成议败，纷纭而靡有纪极焉，其不为所夺也者几希。故曰：有非常之人，而后有非常之事。后之乐其乐而利其利者，恶得忘其所自也耶！爰镌石以志不朽云。

康熙五十七年戊戌仲冬谷旦，邑人贾昉、栾瑜撰。

贾昉（生卒年不详），字炅寅，博兴人，雍正初岁贡生。性严谨而才思英敏，为李元伟器重，参与康熙六十年《博兴县志》修纂。晚年颇有记述。

汉凑河告成，万民颂德碑记

〔清〕佚名

县治东南三十里许，有汉凑河，一名渑水河，一名裙带河，发源于稷下，历千乘之东鄙而达薄姑，逦迤五十里而入小清河，细流如线，注水无多，由来旧矣。乃河出地上，堤窄身浅，每值旱干，淄、乐上流壅水取利，加以牛羊蹂躏，此河仅留形迹，一旦霪涝，两县开堤，众水奔注，势若建瓴，沿河万家粒食之田，尽付东流，悬国税而陨民命，真堪令人于邑。前任父母迫于黎庶之呼吁，亦加挑浚。然旋修旋塞，终难底绩。丙申春，安福李老爷来莅斯土，修废举坠，无利不兴，无害不除。由是走马河干，目击心恻，慨然自任曰："河者天地之血脉，逆其流行之性，安得不为祟苍生耶？司牧之谓何？忍听吾民之昏垫乎？"于是上请于院宪，下谋于邻邑，既禁上流不得壅塞。丁酉夏初，乃为立界清基，鸠工始事，阔可二寻，深可寻有二尺。谕附近老成鼛鼓督率，复不时亲验，罔辞劳苦，设法均平，舆情乐赴，不日而功告成。戊戌春，复加疏浚，高厚坚实，视从前不啻十倍，常睹安澜，永无损坏。今夹岸秋收俱登丰稔，妇子均沾，室家咸庆。阖郡士民无从图报，爰谋勒石以志不忘，庶几冰清政绩，后世有稽；浩荡弘恩，长流无际。他日者丹诏飞来，除书擢去，不且为甘棠之遗迹、岘首之泪碑也哉！谨记。

时康熙五十八年岁次己亥孟冬谷旦，贝丘乡兴和社士民公立。

卷之八《艺文志》选

论　策

上下古今以立言，规度时势以发策。博辨闳议，切事当情，如铁案之难移，如金镜之毕现。斯可以匹贾、董而埒晁、娄。百世不刊，良有以夫。

风俗论

〔明〕佚名

风者，风也。风嘘气靡常，而人人最深，主在上。俗之为言，从人从谷，民心安定，如人在谷中也，主在下。观风俗者当观其变，有终古之变，自皇王以迄今是也；有一世之变，先进后进是也；有一方之变，五方不同俗是也；有一都一邑之变，国异政、家殊俗是也。大抵始未当不厚，而后稍渐薄，极而又未尝不返也。余观《齐乘》《通志》《府志》之纪风俗甚具且辩，有言善者，有言不善者，有辩其善不善者。人亦各有见，各从所见言之，恶乎必善，恶乎必不善，恶乎必不可不辩。要以参时事之上下，竟立言之旨趣则言。言当矣，余不及概论，论今日我国家培养二百年来，博兴民俗反古，当在三代之间。男子习耕，女子习织，户日再炊，冬一袍，朴质无奇邪淫巧。士服诗书，闲于礼习，其人多侃侃气象。舟车不通，穷市无居货富民。业商者出贸于外，亦无弦之诞、陶之赀。冠礼久废，所重婚丧祭，祭以时举，无常品。婚礼纳采、亲迎准古，而奁饰媵御不无过侈。丧礼棺椁殓含、赗赙讣奠、舆翣翣苞亦准古，而象生备物，或极繁严，然惟富者为之，贫民未尝不俭，昔之破家者鲜矣。此又比屋之间，自分丰俭云。唯勇悍之性，溯之古未有改者。管子曰："齐之水遒劲而急，故其民贪粗而好勇。"盖其水土然与？

序传记

著述有源流，人物有本末，城郭山川，各有纪载，使学者开卷了然，后可知人论世，所谓"乘中之乘，志中之志"，其尤切于掌故者与？

《锦秋涛》序

〔清〕王海

具区三万六千顷，涛称五湖之最，泛者骇焉。青郡博昌麻大泊，自坡仙诗"锦秋水云"句[1]，名传四五百年，泛者诗之、赋之、序之，意代有其人，而姓字多灭没不传，非兵燹后邑乘缺毁、文字凋零故耶？岁岁秋风，烟波浩淼，锦秋之涛，其需文人宕棹也久矣。余过其地，曰："是必有壮阔跌荡文字，方称此湖。"家介士大兄与贾君炅寅采辑胜朝以至我清上下六七十年所作若干首，皆为锦秋题咏者，而钱伯衡先生以《锦秋涛》弁之。余乃跃然曰："湖有涛，

① 编者按："锦秋水云"诗，指于钦《锦秋亭》诗。此诗曾被误为苏东坡所作，王士禛作《锦秋亭辨》详辨之。

文有澜，始两相称而两相敌也。”前人有评谓苏文，潮也；韩文，海也。为潮为海，光怪陆离，涵纳靡极，喷薄霄汉，橐籥日星，笔花墨浪，将与锦秋之涛倾洞千古矣。后起精英，尚其无负此湖！

王海（生卒年不详），字春涛，号云泉，山东益都（今青州）人。康熙诸生，明万历间户部尚书王基后裔。益都李文藻称其“诗文磊落有奇气”。工书，著有《怅别亭百咏》《凭翠堂集》。

常烈女赞

〔明〕钟羽正

人欲之焰炽浸淫者，惟男女之情为甚，而羞恶良心，发露激切，惟污逼之耻为真。然而须眉丈夫类能负义气、谈理道，而惨颜烈节多出于穷乡下邑孤弱无知之妇女。当其捐生赴义，慷慨激烈，虽贲育不能夺，刀锯不能慑，岂暇趑趄却顾、要誉畏讥哉！贞心至性，天实植之，无假薰陶讲习力也。呜呼！委质褆躬者当死生际，视此可以思矣。

钟羽正（1554—1637），字淑濂，号龙渊，山东益都（今青州）人。万历进士第，除滑县令。在任多有惠政。累官至工部尚书，卒赠太子太保。著有《崇雅堂集》。

栾烈妇许氏传

〔清〕王士禛

许氏，青州之博兴人，丁卯举人州牧女也。适同邑贡士栾克昌第四男玥，性婉恋，得舅姑欢。栾子未弱冠，修士行，攻文章，夫妇相庄如宾。康熙四十二年八月，姑患痢亟，栾子侍疾，衣不解带者兼旬。母病以差，而栾子遂病不起，十月初九日也。夫亡之二日，烈妇举嫁时簪耳衣衪，毕送舅姑所，曰："未亡人无所需，此当以佐丧葬之费。"告其母曰："女子之义，从一而终。且无子，虽生奚为？"告诸嫂曰："新妇不幸，不能终事舅姑。是在兄与嫂矣！"二十日，告归，诀母。明日，还栾氏。二十六日日晡，从容礼妆，竟易服拒户自经死，年二十一。烈妇死五日，其兄淑抃以应试归自青州，视殓，颜色如生，观者皆泣下。

论曰：鲁文伯死其母，敬姜曰："吾闻之：好内，女死之；好外，士死之。吾恶吾子以好内闻也。二三妇之辱其先祀者，勿瘠色，勿挥涕，勿陷肤，有降服，勿加服。"君子以为是贤母之昭其子也，而非女子之常经也。若烈妇之死，合于经矣，所以昭其夫者至矣，故为之传，而谨其日月以附于《春秋》之义。

附：挽栾孝子并许烈女诗（二首）

〔清〕王士禛

至性原不渝，玥即孝可传。委婉侍母病，危笃得安全。采苦诚辛勤，况值疠疫年。胡为天不仁，反以陨其身。彳亍泉台下，应复念双亲。双亲垂白可奈何，思儿心切泪转多。他年夜室团圞日，应说厕牏掩败荷。

晶晶原上雪，皎皎湖中月。雪色并月光，相映一何洁。夫死为纯孝，于此终诀绝。检点嫁时妆，投缳思转烈。含笑赴泉台，与夫未久别。事亲付诸嫂，无用苦分说。惟全一片心，永保千秋节。

（选自张其丙修、张元钧纂《重修博兴县志》卷十六，济南文雅斋印刷局1936年铅印本）

王士禛（1634—1711），字子真，一字贻上，号阮亭、渔洋山人，新城（今山东桓台）人。雍正时避帝讳，名改为士正，乾隆时又改为士祯。顺治进士，官至刑部尚书。卒谥文简。诗有一代正宗之称。康熙时为诗坛盟主，与朱彝尊并称"南朱北王"，又为"清初六家"之一，论诗倡"神韵说"，领袖诗坛近五十年。有《带经堂集》《渔洋山人精华录》《池北偶谈》等。

顾节孝妇传

〔清〕赵执蒲

节妇宋氏，邑巡按湖广御史景云弟巡抚都司景升孙女，幼习礼教，性贤淑，懿言矩步，宛若成人。长适顾生梦鲤。鲤于邑为著姓，善属文，早年食饩，名噪艺林。中岁以疾殁，遗子二、女三。妇方是时，上有垂白之翁姑，下有待哺之子女。妇仰而定省，俯而提携，一家诸务丛集，盖子职妇职、父道母道萃于一身矣。妇究事舅姑，以孝闻，干理家务，井井有法，且乳季、次小姑，皆成立。延师课子，长男焕授别驾，次欣入胶庠。含冰茹荼数十年，贞节弥著。邑士庶列其状以请于县，县上之府，当事者屡褒节孝，载之府乘。后以疾卒，年七十二。季、次小姑皆为服齐衰三年。

论曰：按妇行状，固无奇节异行，然圣人立教，中庸为难，妇事舅姑孝，育诸孤慈，守苦节贞，育小姑义，孝慈贞义，克尽庸行之实。虽小姑为服齐衰不合经义，然即此一节，可知妇德矣。

赵执蒲（生卒年不详），博兴人，生平不详。

博兴县庙学前山井记

〔明〕顾铎

吾闻朱子赴同安簿时，见壶公山，即曰“莆田多人物”；又读《宋史》，徽宗未有嗣子为念，刘混康请京师西北隅形势加以少高，已而后宫生子渐多。夫壶公之山，天作之也，降神钟秀宜矣；京师西北隅形势加高，人为之也，亦以取验。乃知形家者流虽小道，亦有至理存焉。吾邑庙学在南城下，旧矣，原有水门在庙学东，灵宝何侯钛迁与庙学相对。嗣是张侯集因之，遂有今之迎秀门焉。近者佥宪黄公鳌分巡至邑，周环相度，谓门临陡隍则衢未亨，望属低陷则气不翔，出罚金买田十四亩，命构桥、台，凿池，而亭于台池之上。审若是，亦一邑之胜而藏风气也，奈何历三令而俱未遑也。壬子岁，邑二尹杜君孔禄乃聚土为山，山下凿井焉。诸生孙应济辈嘉之，介予弟国子生顾存仁诣予请记。予曰："此令之事也。杜君以丞能为之，亦可记也。然如斯而已乎？"应济辈曰："未也。山将增之高也，九仞焉已矣；池将凿之深且长也，怀山及泉焉已矣。山之巅建亭焉，美轮美奂，见者改观也。完矣，黄公之意，亦止于是矣，灵宝何侯迁门之意亦成矣！"予曰："犹未也。池深矣，莲芡种焉，鱼鸟翔泳，粲然如锦；山高矣，柏竹植焉，云烟滃郁，巍乎莫京。诸生不日取捷而回，拉老夫坐亭中，观花卉竹柏，俯清池，胸次悠然，举目鸢鱼之飞跃也。姑记而待之，见厥成也。"

博兴儒学修塑贤像记

〔明〕万朋

蒲姑宣圣庙，元季毁于兵。当时为邑首者，虽复理之，然弗克尽美，而两庑惟列孔门诸子之像，其荀况以下，汉、唐、宋、元从祀诸儒皆无有焉。洪惟圣朝，混一区宇，敕府、州、县庙学春秋致祭先师、朝夕廪食生徒，立宾兴法，此亿万载之盛典也。致祭仍以颜、曾、思、孟配，预从祀者一百五人焉。诏下之日，职斯县者乃增两庑数楹，欲安先儒之像未备者，弗及卒成而去。洪武戊辰，晋宁刘本道来丞斯邑，睹之以为歉，欲经营之。适銮江刘克勤氏由胄监任是县簿，下车谒大成殿，肃瞻庑下，尤为惕然，语丞曰："此吾辈之责也，宁遑他及乎？"二公首出己俸为多人，先命工肖诸儒像三十有三，葺厥阶址，完厥户牖，焕然一新。经始于春之三月，落成于夏之六月。刘公率僚友告成于大成殿下，行释菜礼。教谕逯嘉会顾余言曰："学校乃风化之源，似缓而实急，人鲜能知。今二公急所先务而为之，诚可尚矣。勒之于石，以劝将来，不亦宜乎？"余应曰："诺。"遂识本末如石云。

万朋（生卒年不详），直隶凤阳（今属安徽）人，洪武间任博兴县儒学训导。

重修大成殿记略

〔清〕贾昉

康熙二十九年，东莱钱学师以冷落寒毡重修至圣大成殿告成，惜不勒石，久将遗忘，故特志年月以示将来。

博邑之有至圣庙，成毁相循，自元明季毁于兵燹。至我大清定鼎之三年，南宫李公经国来宰，下车伊始，即捐资重建，庙貌如新。历今数十载，殿圮墙倾，视若通衢，学宫茂草，莫此为甚。康熙甲子春，有掖水钱先生来训博邑，慨然欲议修复，以岁歉未果。至康熙二十九年庚午，先生集诸生课艺于署，乃与学正乐陵杜先生能忠倡修复之议。议者曰："圣庙颓废久，木石总必破碎，倘拆毁而功不成，可奈何？"先生曰："毋虑，我以文章成之。"遂具启，谒邑侯王公玉国。公曰："可。愿捐俸以先。"又具疏于邑之荐绅士庶，量力输金。乡老工匠闻，亦竟愿效力，局金若干两。议既定，乃卜日撤旧，而栋甍榱桷以及瓦石果皆破碎腐烂不可用。吁，难矣！先生复为诗歌文词，以风乎四乡之绅士与凡民之好义者，遂各输重赀以成是举。工始于庚午之三月，落成于是年之七月。嘻！先生以造五凤楼手作为诗赋文章，如千门万户，龙拿凤攫，四方得其片语只字，珍若拱璧。其声动海内，固非一日。但造空中之楼阁易，而造实地之宫殿难，乃以五寸管、数纸文鼓动人情，打悭破吝，如响应声，使数百年颓朽不支之庙貌，一旦鼎新巍焕，并修四配十哲之神栖，各为严整，此真事之大奇，不可不记。且见文章权力，真可动天地而感鬼神，以役使群动，不诬也。先生钱姓，大受名，字伯衡，东莱掖县人。

重修汉寿亭侯庙记

〔明〕童学贤

薄姑县治西，旧有汉寿亭侯庙在焉，岁久渐就倾圮，风雨雀鼠，蔓草苔花，几非旧矣。邑父老于翔、赵协卜辈谋重修之，丐于绣斧青霞宋公。公乃振袂谓父老曰：“榱桷隤蚀，塑绘凋暗，何以妥神？况侯光昭日月，万古不磨，胡可令其祠宇废坠至此？”于是发粟捐金以为士庶先。鸠工庀材，不日倾者立、圮者完矣。夫神于海隅日出之区，风声犹被要荒绝塞之外。刁斗不鸣，爰勒短章，用传胜事，复为之铭曰：川岳精英，乾坤正气。共相郁勃，挺生忠义。大树定盟，同心戮力。吴魏纷争，伐谋斗智。拯难扶危，不避崄巇。虎踞荆襄，万人辟易。业成三分，鼎足而立。一片丹心，终怀沾瀎。灵爽在天，千秋一致。胡然而王，胡然而帝？护国庇民，厥功非细。画栋雕甍，金兰玉砌。昭祀万年，永无厌斁。

童学贤（生卒年不详），浙江余姚人。万历举人，任南直隶太平县（今属安徽）知县，庐州同知，升按察佥事。曾任博兴县儒学教谕。

重修城隍庙记

〔清〕李元伟

城隍之设，所以固疆圉、慎封守，其有功于生民与社稷同。历代祀之，列爵惟三：京省曰王，府属曰侯，县邑曰伯。伯者，德足以长人也，生民之倚庇又与守令同。余于丙申春承乏兹邑，始至之日，焚香告庙。余固自矢清白，实祈神之默相而左右之，乃顾瞻庙貌，倾圮零落，萧然冷况，与官署同。官署非所计也，其若神所凭依何？辄喟然曰：“神不安，民何以康宜乎？雨旸不时，饥馑存臻，河水肆患，荡析离居也。”谋所以新之，责将谁归？然民者，神之主也。《传》曰：“圣王先成民，而后致力于神。”今幸请赈请贷而民无菜色矣，浚川洒渠而民获安堵矣，筑堤岸、建桥梁而民灌溉有资、往来自便矣，敢曰尽瘁不遑、厥有成劳哉？毋亦神与余同牧博民，故默相左右，以无或速于罪戾，则神庙之修也，夫宁可以已乎？维时余捐金，博之士民解囊以和。甫柏徕松，众材毕具；宋斤鲁削，群工交作。高其闬闳，壮其垣墉，豁达其庭除，巍焕其堂宇，敦琢其金容。其前葺考较之司，其后增斋沐之所。虽不敢云翚飞鸟革、穷极壮丽之观，亦庶几风雨攸除、鸟鼠攸去，而神之式灵焉，为有其地矣。嗟乎！余之汲汲焉不少遗力以从事于此者，岂以为谄哉？亦以云报耳。岂以为福哉？还以福民耳。方今圣天子在上，百官效命，而百神亦且效职，则自今以往，灵爽有赫。俾吾博昌，岁亦无恙，河亦无恙，民亦无恙。衢歌巷舞，以乐升平。因以荐馨香，而无谗慝。此固下臣之禄，而神亦长享于无穷焉。是为记。

创建博兴官署记

〔清〕李元伟

博邑故无官署，令至，咸就民舍以居。问诸父老，云自胜朝思陵时被兵燹焚劫而废，阅时几近百年，阅官不下数十，卒无有建议修复者，岂诚惜公帑而节民财哉？亦以视官衙如传舍，不屑为久远之计。且拮据尽瘁，恐为他人作嫁衣裳，故因陋就简，迁延以至今也。以致官无定在，民无定向，府史胥徒星布而处，若泛宅浮家然者。岂惟四方之观瞻不肃，即朝廷之体统亦有所不宜。余于丙申三月承乏斯地，不自度量，辄思修废举坠。顾连遭水患，请蠲请赈，食息不遑。今幸河开水涸，民庆平成，秀者泽以诗书，朴者安以耕凿，真坡公所云“余既乐其风俗之淳，而吏民亦复安余之拙”者。夫既葺治城隍，整理黉序，而荐绅士夫复以建立衙署固请，遂度地于城东之故址，经营草创。鸠工庀材，为路寝，为堂室，为廊庑，为斋舍庖湢，为闲厩，莫不犁然具举。宁朴勿华，宁坚勿饰。始工于康熙之五十八年二月，落成于是年之八月。工既竣，客有谓余者曰：“昔曹平阳相齐，师盖公清净宁一之学，至避正舍舍之。范史云为莱芜长，捃拾自资，束草舍以居。子今高闬闳而厚墙垣，毋乃非吏治所急，且以子之才，尽子之职，夫岂久居于是者，若何为耶？”余应之曰：“平阳承秦法之苛，非荡佚简易不足与民休息。史云当汉之末造，竞侈甲第相夸，风以节俭固宜。方今圣天子当阳，四海车书一统，声名文物，讫乎四夷八蛮。矧青齐为自古名都，而博邑旧属千乘大地，去京畿不及千里，而出治无所，同于草昧，夫独非守土之羞乎哉？且夫举事而需者无成，创业为私者不远。倘前之人曰‘吾有待’，后之人复曰‘吾有待’，将相待其曷有已？至若求田问舍为身家子姓之计，此又世俗居官者之所为，度诸古君子忧天下之心，当不如是而遂已也。余方为博邑谋经久善后之图，而遑计吾居之久近为哉！”客既默然而退，余即书之为记。

博兴县修城记

〔明〕顾连璧

博邑，《禹贡》青州之域，历殷周为薄姑，后更为博昌，元置益都路，吾邑属焉。城之建未考也。元末，毛贵陷益都，遣伪丞王兴率众修筑。迨我朝正德庚午，流贼兵燹之际，知县王公光始增墩台，引小清河入壕，犹为土城而已。至嘉靖丁亥，晋州张公集重加修治，城周围五里零四十八步，连女墙高二丈三尺，隍深七尺，阔倍之，门置五座，各覆以楼，又为角楼四座，延袤相望，以便防守，时称雄邑。奈岁久则易湮，世平则易玩，往往吏兹土者，或病于力乏不能修，或怠于宦成不及修，一旦有警，何以待之？惟兹万历丁丑，大梁桑公来令吾博，睹城郭颓圮，慨然有更新之志。戊寅春，巡抚赵公、分守魏公、分巡周公移檄各处，亟议修城以图永安。我公承檄，奋然曰：“吾志成矣！”乃谋诸僚佐。时邑丞肥乡崔君、尉徐州杜君、幕僚涿州傅君，咸暨厥心、殚厥力，复择乡民有才干者督率之。工始于三月，竣于六月，执事者以就绪告邑，广文新城耿公、临清郭公、高密仪公、桐庐郑公暨阖学诸生以是役巨而不费、重而不劳，不可无记述以示后，乃次其颠末来属余文，刻之县治，以为后人劝且规。

锦秋湖游记

〔明末清初〕李焕章

锦秋湖在博兴城南，济水、时水所交汇处也。苏诗“卷却天机云锦段，从教匹练写秋光”，取以名亭，因并以名湖。板桥鱼舟，数往来焉。其西为闸口，溪女浣纱，稚儿采菱芡，宛似江南十里堤。再西为诸葛庄，水愈清驶，柳烟迷离，竹篱茅堂，野人结构，天趣为多也。比吊仲连墓，流风遗致，点缀湖光，不胜孤山几株梅乎！又其西鹅鸭城，齐苑囿也。西，清凉寺旁颜镯故居，一祠，祠镯，箨冠野服，兀坐湖中。人每于芦黄月白，社鼓坎坎，此老消受水云乡，令人怀妒心无限也！

李焕章（1613—1688），字象先，号织斋，山东乐安（今广饶）人，与寿光的安致远、诸城的李澄中、安丘的张贞合称“青州四大家”。入清后不复应举。与人同修《山东通志》《乐安县志》，主纂《临淄县志》《青州府志》，是山东清代修志名家。他与博兴友朋交好，《博兴县志》多载李焕章嘉文。今存《织斋文集》八卷及《织斋遗诗》一卷。

锦秋八友记

〔明末清初〕李焕章

八友者，博邑高士也。相鹤招善琴，喜道术，宋梅谷善棋，李东邨善书，韩清溪、贾醉月、赵友莲好诗，张野笠、初友萝工画。八人不奈世味，结为烟波诗友，每逢花晨月夕、淑景良朝，遂泊舟湖上，饮酒畅怀。掖水钱伯衡先生以鸿儒来训博昌，呼为“锦秋八友”。织斋李先生游博，爱其高致，为作《八友记》。

锦秋湖名自东坡，颜镯旧栖隐地，流风遗响，俯仰千载，北渚南池不过也。博昌有相君鹤招、韩君清溪、赵君友莲、宋君梅谷、李君东村、初君友萝、张君野笠[①]，结盟联社于锦秋亭上，期春之花朝、上巳、清明，夏之清和、端午、天腊，秋之七日、中秋、九日。轻舸短棹，布幕帷，设尊罍，置乌皮几，鼎彝书画，焦尾、云和、箫笛之属，自吕家埠、金刚堰、诸葛庞居士庄、鹅鸭城、清凉寺，吊鲁连墓，忆颜处士故趾。放舟东下，堤畔桃柳，波心芙

① 编者按：原文如此，阙“贾君醉月”。

蕖，钓游鳞，采菱芡。清溪举卮酒痛饮，逸兴迸发，与醉月、友莲拈韵为古近体，抚背朗吟，拟罚金谷酒数。东村、梅谷攻坐隐。友萝、野笠伸纸随意作大小幅。坐中渔阳鼓起，檀板吴歈，声要渺振林木，则友莲诗罢而歌也。鹤招以八十老人，朱颜白发，抚寒碧应之。惠风妍旭，奇云变化。零露缀空，芦花拂面。雨意迷朦，晴光荡漾。《诗》歌所谓“厌厌夜饮，不醉无归”也。元夕长至，荧籽春灯，爽皑霁雪，则聚饮锦秋亭中，意兴如枻桨时，十五年于兹矣。吾友钱伯衡先生、许君镇南、马君子唯顾而乐之，呼为“锦秋八友”，俾余记之。余谓：“此八人效张志和浮宅、林和靖结茅，萧散闲远，颓然自放。《盘谷》之序，不冀于昌黎；《鹤亭》之记，不烦于眉山。孤介高洁，超于尘埃之表。恐为之记，非其意。”伯衡先生曰：“君姑记之。”

附：八友丙寅季夏联句仿柏梁体贺友人初度诗

寿域宏开列绮筵（鹤招），八仙次第祝高贤（清溪）。
风声鹤唳下九天（友莲），轻摇羽扇各飘然（醉月）。
为进金茎露一笾（东村），为献瑶池千叶莲（梅谷）。
为赠玄霜与醴泉（友萝），为咏南山第一篇（野笠）。
愿君五福并绵绵（鹤招），愿君如阜更如山（清溪）。
愿君玉树临风前（友莲），愿君丹桂依云边（醉月）。
鹤逢华筵舞翩翩（东村），松花影里奏朱弦（梅谷）。
更期各寿五千年（友萝），年年同贺老颠仙（野笠）。

（选自张其丙修、张元钧纂《重修博兴县志》卷十六，济南文雅斋印刷局1936年铅印本）

东姑八老记

〔清〕路允亨

康熙甲子岁，东莱钱伯衡先生莅教吾博，天章云汉，棫朴作人。学政之暇，集余八人鸣琴作赋，樽酒盘桓，命曰“东姑八老”，就邑侯刘令闻先生印可否焉。邑侯惊曰：“公欲于尧舜之世拔出巢、许耶！”已而笑诘钱先生曰：“八老名‘东姑’者何？”曰：“以居姑之也。”复难之曰：“《书序》作‘亳姑’,《史记》作‘薄姑’,《诗序》亦作‘薄姑’，古未有‘东姑’名也。且秦置郡为安平，汉县博昌，高齐废博昌，徙乐陵，隋开皇复置博昌，后唐避李国昌讳，改‘昌’为‘兴’，亦未有东姑名也；东姑，其臆说耶？”曰：“聊摄以西，姑尤以东，‘东姑’之名，由来久矣。前代画界分邑，星罗棋布，博隶青州，领乡四，即以东姑为首。东姑去城十余里许，蜃楼苍茫，隐现出没，若近若远，任子与之清风犹有存者。马车渎绵亘东姑，淄、渑相望，一碧万顷。每花晨月夕，雨止风收，而与此数老人领略其中佳趣，旷怀高韵，洒如也。其名‘东姑’甚宜。”邑侯曰：“东姑之说既闻命矣，然则名‘八老’者何？”曰：“年皆高，不类轻华少年也。”复难之曰：“伯夷居北海，太公居东海，乃称天下大老。唐有白乐天诸人，乃称香山九老。文潞公六日一朝，两月一赴经筵，乃称宿德元老。眉山文定公门下侍郎致仕，乃称颍滨遗老。至如郭汾阳之二十四考，马文渊之拜伏波将军，方称老将；伏子贱之授《尚书》，田子庄之精《易经》，高堂生以《礼经》七十篇教生徒，方为老儒。且非涵养深粹者，不能老其学；非见解明通者，不能老其识；非练达恢弘者，不能老其才。‘老’亦其易言哉？”曰：“老固未可一概论也。贵而老者，谓之国老；贱而老者，谓之庶老。国老，老也；庶老，亦老也。皤皤黄发之老，老也；劳劳农圃之老，亦老也。老于牖下，老也；老于烟霞，亦老也。东姑数老人，越在草莽，不衫不履，以诗酒琴棋徜徉于青畦紫陌间，武陵桃花，迥非尘世。访鹤招之老，则论道丹厂；访清溪之老，则垂钓柳桥。李青圃之日涉园，李东郇之自卑楼，紫绿万状，皆堪老隐。魏筠斋新绿亭图书四壁，皆老趣也；路雪岩四莪轩松蕙满畦，皆老景也。登朱衣阁，则访张云樵，一望蒲荷交映，渔歌互答，三杯兴发，放扁舟于中流，几不知老之将至也。宋了庵、张觉庵襟怀洒落，辟半亩园，筑闲闲台，披云看杏，滴露研朱，皆与诸老人有合志焉。”邑侯曰：“善其立会。昔商山四皓、华山希夷，汉宋间往往多老君子焉。然文彦博访香山遗事，择洛下年高者为耆英会，特请温公，不计其年。余虽未髦，亦愿从诸君子老矣。”其后钱先生往，刘明府去，而数老人亦半归黄壤，月坠星沉，风流云散。为述情事，以志欷歔。

路允亨（生卒年不详），博兴人，雍正间岁贡生。

倚莲亭记

〔明末清初〕李焕章

吾郡之北多陂泽。寿光、乐安之巨淀、马车渎，汪洋百里，余时时游焉，而博昌之锦秋湖尤盛。东出湖口为锦秋亭，盖取东坡和文与可《横湖》诗句以名焉。芙蕖参差，弥望无际。亭之东北百余步有隙地，王君介士结茅其上，许君镇南题额“倚莲”，以无所倚也，有所倚皆莲；远引湖光，近逼城头，笔峰兀兀，触其几案。时红蕊绿影一线中，见渔艇短棹，采菱踏歌来，舣舟亭下，与介士咿唔声相乱也。吾友钱伯衡先生每过，而与之尊酒流连、诗篇酬答，春山霞起，秋水云流，朝暾绚晖，夕阳颓影，呼颜阖、鲁仲连于波心；而思容亦赋有“霜风收绿锦，万顷水云秋”之句也。或谓介士之莲视茂叔何如？余谓介士学茂叔而有得者也，自相合，然茂叔之于莲恐未必如锦秋，而介士之于莲更深于茂叔矣。

博兴县修复学博官署记

〔清〕李元伟

古者入学必亲师，皮弁祭菜，鼓箧逊业，其道既尊且严。子夏曰：“百工居肆以成其事，君子学以致其道。”学校者，学者之肆也；师儒者，肆中之工师也。今使入营建之场，群材荟萃，众工布列而为之。工师者，顾出而之乎他所，将绳墨尺寸何所禀承，且不至舍艺以嬉者，抑又寡矣。是故，有学校而无师儒，则学校几为虚置；若有师儒而不居于学校，将师儒又岂不徒然也哉？我博昌学校自胜朝被于兵燹，虽文庙岿然尚存，而博士署舍则灰劫殆尽，入我圣朝，七十余年未遑修复。广文先生至，率畔官离次以居，仅朔望一拜、二仲丁祭一临，余皆寂然不至。至之日，卒除秽壤，骤剪荆棘，蠨蛸在户，鼪鼯窜瓦，恍入穷荒古刹，苍凉历落，不可言状。其于敬恭明神之道则疏。且寒毡苜蓿，一冷如冰；刍米薪水，尚烦拮据。乃复岁支月吾，僦屋借庑，日有旅次之忧，永无如归之乐，其于养廉劝士之典亦失。至若卑巷穷庐，士子执经请益，既不足以容车马，而亦无以庋讲席。昔之皋比相尊者，今且监门闾里之不若，甚非所以振兴士气、造就人才之意也。元伟自承乏伊始，即慨焉视为己责，顾四五年间水潦频仍，诸凡废坠，悉待修举，是以仓卒不遑兼营。今幸殿庑既已修除，棂戟既已丹雘，启圣诸祠亦皆榱盖更新。夫既有所以妥神矣，爰于文庙两翼踵其故址，复构斋副两署，俾之寝息有所、谈经有堂，门庑庖湢，莫不毕具。虽不敢云攸芋攸宁、壮哉君子之室，而亦庶几爰居爰处、获免行野之悲也已。则自今以往，师有宁宇，士有向方，月要岁会，相与敦诗书、说礼乐、申孝悌忠信之义。先生无忘厥职，弟子无忘厥业，而余亦得于案牍之暇，游息其中，别其勤怠而奖励之。庶几吾博之风淳俗朴，道学昌明，文章政事，勃然蔚兴，不负圣天子兴贤育才之心，而同符乎古者入学亲贤典也。岂不休哉！

博兴修复学署记

〔清〕杭之泂

国家立县必先立学，立学必为设官，设官必为置署。署即翼学宫左右，盖率诸生以时习礼其中，鼓歌弦诵，出入圣人之门，而不忘源源之所自也。蒲姑学宫不知建自何年，历宋而元而明，重修者指不胜屈，想学署亦因之。迨胜朝思陵之季毁于兵火，学宫仅存，而学署之废则已尽。历其地者，瓦砾盈丘，荆榛满目，不胜城阙茂草之伤焉。学博至，咸僦屋赁庑，杂居市肆之间。迁延垂八十年，迄无有建议修复者。呜呼！落拓寒毡，空膺一命，曾栖息之无所，而与贩夫贩竖共谋信宿焉。揆诸国家设官之体，毋乃其亵已甚乎！泂自壬辰来司铎政，业经九载，欲于学署故址构茅屋数椽以蔽风雨，奈片瓦寸木略无设措，徒付浩叹，莫可如何而已。幸邑侯李公以西江鸿才抚莅是邦，励精图治，百废俱兴。数年来，仁心仁政，士民讴歌不去口，而于学校尤三致意焉。亦既修理启圣、整饬坦墙矣，复慨然曰："诸生者，我子弟也。广文先生者，我子弟之师傅也。子弟之荒其业，我将责成于师傅。今师傅之失其依，夫独非守土之咎乎哉！"爰捐清俸，鸠工庀材，斋庐堂舍，位置秩如。不赋力于公旬，不取财于官帑。经始于庚子之清和，而落成于是岁之长夏。而今而后，苜蓿虽空，楹庭则殖。数十年咨嗟太息而未得者，今始庆有宁居。公之为德也大矣，而其任事顾不勇哉！余因之有感矣：州县敷政以宁民，庠序明道以造士，职固各有司也，然道之不明，政于何始？则尊崇学校，实为治之先务。独是《大雅》不作，俗吏成风，有目睹圣庙之摧残而漠不关心者，又何有于学署之戋戋足萦其虑，而不惜解囊罄橐以经之营之者乎？李公之为此，固一时之胜举，实百年之遗爱矣。岂惟泂等托其广庇，抑且多士资其覆帱，及后之升堂而入室者，罔不乐帡幪之有自也。勒之石，所以示不忘云。

杭之泂（生卒年不详），山东邹县（今邹城）人，拔贡生，曾任博兴县儒学教谕。

郑公祠记

〔清〕李元伟

博昌承济、漯下流，为小清入海故道，洼下沮洳，小有洼潦，既汪汪万顷，黍稷菽麦、荞穇粱粟，旋布旋汨，故常十岁九馑。自郑公为丞，乃察水势、物土宜，曰："此即荆扬下湿之地，独宜稻稌，以他植争之则不胜。"于是召南民数十，置戽斗、桔槔、耘耔之具，习浴种莳植之方，而又大开水门，为因时启闭灌溉之法，岁辄穰穰成熟，故博民因之，家传户习，自是水利大开，而沿河无弃壤矣。夫勾龙、先啬、后稷，惟其开稼穑之源，故奕祀祀事不绝，今稻稌之利，虽不始自郑公，而始利于博昌者，则郑公也。祀典曰："有功于民则祀之。"若郑公者，其不谓之有功于民者与？郑公故有祠在湾头，今且废。余于己亥更之锦秋湖之中央，而为堤以达之，盖盈盈一带者，皆公遗爱也。八蜡之祀，各于其所，礼固尔也。郑公名安国，或曰越人，或曰吴人，书无核，载笔者之过也。元伟谨记。

改建锦秋亭记

〔清〕李元伟

“锦秋”者何？“锦”言丽，“秋”言清也。名亭者谁？元中统间，邑人建亭于城南隅，取坡诗命名而逸其名者也。取坡诗命名者，坡公曾有《横湖》绝句云：“贪看翠盖拥红妆，不觉湖边一夜霜。卷却天机云锦段，从教匹练写秋光。”此“锦秋”之所自名也。后于侍郎钦《齐乘》中亦载有诗云“霜风收绿锦，万顷水云秋”，乃踵坡诗意而和之，非坡诗也，不知者误也。亭临湖上，名亭故亦名湖也。呼“马踏”为“锦秋”者，则又其借也。前人辨之已详。顾亭作于城，登览不适，今且废矣，余故改之本湖之中，即渚为基，浚下益上，固以金椎，缘以石砌，作亭其上，仍名之曰“锦秋亭”。书院开于南，郑公祠建于北，鼎峙若三岛然。每当风霜高洁、潦水澄清之候，偕客二三，临眺其上，城陴西障，东畴一望无垠，惟见黍稷稻粱，穰穰蕃熟，白蘋红蓼，黄叶丹枫，渲染成彩；湖光天光，碧色互相映射，而鸿雁一声，历落点次于青冥之中。余乃把酒临风，与满篝满车之父老子弟为之鼓腹而庆丰年焉，真觉黄、农去人未远，而天地之文章莫大乎是。爱其胜，故不忍没其亭，非好事也。

锦秋书院记

〔清〕贾昉

吾博，蕞尔一邑。自本朝定鼎以来，城郭不完，河道淤塞，官舍蓁莽，学校荒圮。虽能令，卒困于征输案牍间，奚暇兴举及此？今邑侯璞庵李公，系出陇西章江华胄，世承簪笏之绪，胸罗经纬之才，下车未三月，邑大治。簿书之余，心怀怆恻，倾囊倒橐，鸠工庀材，治城垣，饰学校，浚河渠，建衙舍，抚我子黎，培我士风，露居野处，目计心营，数年之间，百废具举。公之施功于吾邑，博且大矣，宜民之不能忘也，大于是众议建公生祠于锦秋湖。公力辞以谢，而士民爱戴终不能已，乘公摄篆益都，百工子来，不日成之。工既毕，仍体公辞谢之意，而以“李公书院”名焉。及公谢益事归，乃召士民而谕之曰：“余何德于尔士民，岂能晏然居此失实之誉？然向者余尝按博境水源发自申位，泛流而入于巽。巽实文明之方，宜建立以砥回澜、束秀气，庶使人文鹊起、科第蝉联。余故构锦秋亭、建郑公祠于湖渚。今尔士民复立是院，余因之以成尔士民讲业地，其亦可乎？”乃于堂后辟基，筑高轩五楹，北向。而东隅为斋者三，为厅者亦如斋之数，西则为厨为厢。外更缭以修廊飞檐，广槛可凭可眺，天光云影，鸢飞鱼跃，悉于是湖得之，遂改为“锦秋书院”，俨然一濂溪、鹅湖也。将见博之士子，览锦秋之胜概，沐李公之教泽，文风丕振，连夺锦标，以无负我公培养之盛心。而公之遗爱，殆当与召伯甘棠同不朽矣。是为记。

锦秋书院记

〔清〕李元伟

余治博之四年己亥，民将为余建生祠，余愧弗敢当也，谢之去。越数月，再请。余再辞，则又固请曰：“小民不敢以祠亵，但构数椽于城湖之渚，纡道曲径而入。公于政事之暇，鹤氅闲游，望东畴之翼翼，瞰河水之盈盈，啸歌吟咏，摊书自适，是亦异日甘棠之遗焉。为构书院可乎？”余应之曰：“是亦余之责也，敢尽烦众？博，故文学地，如倪宽、任昉诸先贤，卓然千古者，不可胜记，于今稍陵彝矣。余思所以振兴之，而前此实拮据弗及。今幸三河底绩，户庆盈宁，正宜发箧横经，上之继微续绝，俾斯文之不坠，下亦振翮秋风、跃鳞桃浪，以为宗族闾里光。况凭栏绕砌，笔架山头，锦秋亭畔，春草青青，夏荷菂菂，秋水澄潭，冬山满雪，与夫云霞之敛散，鱼鸟之飞潜，四时百物之景，一皆读书乐也。其必有人焉，继倪、任诸君子勃然而兴起者乎！”于是众购湖渚一区，治正室三楹，两庑各三楹。院成，余复于正室之北为轩者五，西偏为厨湢、为守院人住室，东偏为斋者三，复缭以长廊，抚以低槛，虹堤断续，通以榷约，而亭湖之概毕收焉。董其事者，则李子郁、刘子文镇居多云。工既竣，颜其额曰“锦秋书院”，又捐金置中地壹段，付李、刘二子，敛息以防损坏修葺之费；藕地数段，为守院刘其益日给。计其池地契券亩分，刊付执守，盖以专其责成焉。院之周遭植榆柳，若天然栏砌。余更手植两槐于庭前，不十年，森森垂荫矣。行见槐林城市，柳汁新衣，余之为诸生期者惟此。其识之勿忘。

附记：

锦秋亭，买牟子兰、赵芳桂、初海等藕地共九分九丝，填培建造。

郑公祠，买初海地二分九厘六毫建造。

锦秋书院，买牟永德、马士成、赵芳桧、刘志禹、刘弘积、许淑抃、韩维垣等藕地共一十八亩二分七厘五丝，内除一亩五分二厘系邑士民买填，建造书院，实存一十六亩七分五厘五丝。又韩维垣捐送北岸空宅地一所、井泉一口，共五分二厘三毫。

买初玉奇中地一段，四亩八分六厘。

北栅门道路系初湖地，将韩宅地量丈，照步与初湖更换。

南栅门买赵景瑞长岭三分。

碑　铭

书简削牍，不如勒碑刻铭，盖金石之为质，坚而久也。然碑实铭器，铭实碑文。故古碑最是简质，后世不足益之以文，而后缀之以铭，浮夸甚矣。要其期于不朽之意，则一焉耳。

李大中丞开浚河道碑

〔清〕王度昭

昔杜征南平吴之后，自铭其功，标山沉水，以防陵谷变迁，而羊太傅率属登高，慨然数语，遂以岘碑特闻。论者谓二公伟绩已足彪炳当时，而犹复汲汲于后世之名，一若以片石为轻重者，不知石有时而磨灭，而信今传后自有足恃者存也。我大中丞莪村李公保厘东土，未期年而政成事举，纲纪毕张，八郡之民罔不率育，而公犹周谘利弊，计画久远，首纳大参申公之议，捐金数万，发给食米，开浚旧河。凡齐鲁夙遭陷溺之区，咸脱昏垫而登衽席，而被恩之深者，莫如博兴等七邑为最。盖七邑上自章、邹，下至博、乐，地洼川淤，田舍陆沉，障水决堤，纷争不息，吾民之流离失所、展转泥涂者，由来久矣。公乃命大参申公暨博邑李侯后先董理，疏小清以通故道，辟支脉以分下流，东南八百余里，涸出民田数万顷，泽国污莱，化为沃壤。七邑之民，家颂户祝。而蒲姑父老犹虑后之人食公之惠而不知所自也，亟思勒石以志之，而属记于余。余惟我公忠贞世笃，仁厚性成。昔年扈驾西征，勋劳丕著。继即载笔馆阁，纂修方略，著作烂然。迨夫出镇二东，复膺特命，擢为开府，纬武经文之业，彰彰在人耳目间。异日登之史册，实与羊、杜二公辉映今古，自不借碑而传。若浚河之举，泽及万祀，当与小清、支脉流被无穷，又不在碑之有无也。但以邑人衔感高深，欲表厥休嘉，世世永戴，忠爱之诚，不可泯灭，非征南自铭其功可比。而昭兹来许，见公之骏烈鸿敷，有裨于国计民生若此，百尔君子，莫不兴起而则效焉，则又不但如羊公之碑，谨征编户之讴思而已。是不可以不书也。爰拜手而作记。

王度昭（1650—1723），字玉其，诸城人。康熙进士，迁浙江道监察御史、太常寺卿、通政使等，官至兵部左侍郎，致仕。卒于家。

词 赋

词为诗余，赋为分体。柔声靡曼，更觉多妍。错采辉煌，益惊宏富。杨、班振藻于前，秦、苏擅场于后，斯皆才人之极笔而艺苑之菁华也。

曙观秋河赋[1]

〔清〕钱大受

金气初清，天章旦炯；焕苍宇之奇观，发斯人之深省。尔乃凉飔荐爽、白帝司晨。忽西流乎大火，湛零露而浸淫。齐万物而作肃，仰斗柄而回申。纷遥望乎牛女，乃斜转于天津。若夫绵亘长空，银涛欲泻。昭回析木之间，出没东井之野。俨冰壶之散彩，随玉衡而上下；繄畴问乎支机，叹乘槎之或寡。至于星稀月落，晓气如澄；九户乍启，孤灯犹明。敛诸象于淡漠，阒万籁其无声。羌顾兔之在腹兮，夜魄将匿；惜漏水之渐满兮，晨鸡再鸣。于斯时也，横参络角，浥斗扬箕。挂匹练于疏树，助焜耀于晨曦。匪白虹之间气，故常贞而不息；笑卿云之烂漫，亦质是而文非。五星聚兮，如珠玑之落玉盘；绛霞明兮，如黼黻之耀冰机。蝃蝀朝跻兮，驾海之鼋梁远压；白雁高翔兮，横汾之鹢艘连飞。南极遇秋而逞瑞兮，尔不愆乎常度；将伯助月以为明兮，尔独耿乎朝晖。故有征人戒路、羁旅辞家。望明河之如洗，辄翘首而咨嗟。惊旸谷之促驭，交叆叇乎朝霞。亦有深闺怨妇，顾影彷徨。机声轧轧，泪湿流黄。拟天孙之工妙，克成锦于七襄；胡鹊桥之莫渡，郁终古其相望。更有囊萤凿壁，陶经铸史，莲筹未散，披衣乍起。景复旦之华光，独未亏乎昭质。怅前轸之方遒，愿日新乎更始。乃若烟霞逸客、林壑高贤。望羲轮之甫驾，瞻素影之蜷蜷。浮宝瓮兮珠华可漱，挹金茎兮沆瀣初湔。至如贤君问夜，荩臣待漏。莅左介而垂衣，陪郊宫而奉酬。莫不仰云汉之为章，思作人而恐后。兹则天惟定礼，人事屡迁。物以人而异态，情随景以相牵。缅清虚之成象，谁蠡测夫星躔？悟变幻于浮云，惟乘运于自然。斯达者之观化，盖莫得而尚焉。

钱大受（生卒年不详），字伯衡，山东掖县（今莱州）人。康熙二十五年（1686）春，由岁贡任博兴县训导，重修学宫，捐俸助学，施教有法。后殁于任上。

[1] 原注：应试作，仿唐人应制体。

锦秋湖同人泛舟赋（有序）

〔明末清初〕李焕章

古今有胜地必有韵人，有韵人必有嘉会，所以上巳有修禊之举，午日有斗舸之约，乞巧穿针，登高采菊，莫不定为令节、著为篇什也。余友东莱钱伯衡先生，忠烈名胄，骚雅宗盟，广文蒲姑。其地有孝廉许君镇南，文学马君子唯、王君介士、贾君炅寅，雄文伟望，振动时流。于孟秋之日，暑气已退，凉飔频来，招余锦秋湖上。爰集同人，拈韵征诗，放舟摇橹，踏歌渔唱，遂令贝丘之区追羡李、郭之仙舟，蒲姑之邦继踪邹、枚之雪苑。竟日忘归，劳而不倦。诸君子促余赋之。其辞曰：

王屋之麓，太行之阳，东流为济，浩浩洋洋。潜伏腾现，既远既长。突起柏湾，泺水之堂。历峼华之趾，绕阳丘之旁。逾管城，过柳塘，东北而汇为锦秋湖焉。纵横三舍，逶迤百里。南自桓台，北抵苑墙。左挹辕里，右接博昌。漱纹渚影，水色天光。杨柳爽于岸口，芙蓉植于中央。浪虽高而不喧，涛恒拥而若翔。纳泷、彨之流而荡漾，合湇、漯之波而森茫。吹霜风于万顷，收绿锦于一方，题隽句、锡嘉名于子瞻学士，载志乘、列舆图于思容侍郎[1]。

爰有伊人，家于海堧。绮情幽致，玉质金相。皋比座侧，苜蓿斋旁。庭有翠竹，户有青缃。戴箬叶之冠，服薜荔之裳。逢时序而逍遥，极登临而徜徉。居则元晏之倚架，游则亚之之浮湘。更有元度逸少，追随门墙。擅千秋之高致，占百代之胜场。于是招招李子，广固之墟、愚谷之疆。望济堧而命驾，自天渊而束装。至则布茵席，设尊罍，结嘉宾，邀胜侣于泛酒之艇、载酒之航。理桂棹，荡兰桨，吸茎露，酌金浆。倾座上之杯，浮水中之觞。尔乃络绎属玉，载飞载扬。瞩鸬鹚，睇鸳鸯，鱼鸟争波，蘋藻成行。莲蕊之勃勃而尽吐，蒹葭之青青而未苍。一天露拂，十里荷香。尔乃北望锦秋之亭，西吊诸葛之庄。抵金刚堰之旧踪而宴赏，过青凉寺之遗址而黯伤。历居士村而徘徊，游鹅

① 原注：元人于钦，字思容，有《齐乘》。

鸭城而徬徨。经颜斶之故居而溯洄，拜鲁连之古墓而激昂。于是文心竞发，豪兴弥张。赋鹦鹉而半酣，敲珊瑚而欲狂。字撣玉案，句投奚囊。仿两晋，摹三唐。追芳躅于岑、孟，继懿美于米、黄。更至奏琴瑟，鼓笙簧。叶宫吟征，刻羽引商。叹天道之代谢，嗟人事之靡常。当及时而行乐，每遇景而寻芳。既而夕阳颓影，衣袂苍凉。日既入而忘归，月已上而方将。扣舷扬帆，击楫倚樯。期流风之再续，慕德音之靡忘。殷勤笑语，流连缱绻于芦荻之次、水云之乡。

道光二十年《重修博兴县志》选

（选自周壬福修、李同等纂《重修博兴县志》，道光年间刊本）

序

《重修博兴县志》序

〔清〕周壬福

昔朱子知南康军，未至而征郡志于有司。岂曰文献宜亟哉？盖民生之利害，人材之盛衰，吏治之得失，皆可于是观焉，为政者所以考往古而借以谨当时、告将来也。自有明以来，尊朱子之教，故万历中敕天下郡县皆为志，僻壤小邑无不具焉。我朝康熙十三年诏复修之，此陆君南至、万君云两《志》之所由作也。迄康熙五十九年，粤东李君元伟继为之，体例不尽法乎古，陆、万旧志遂不可复见，然时事亦颇赖以传，斯民利害与在官得失可略究焉。姑举其大端言之。邑固齐泽国也，利害莫重于河渠。明县丞郑君安国教民穿小清河，为沟漏以灌田莳稻者，至今赖之，庙祀郑君于无穷也。李君元伟浚支脉沟，当时称之，至今民以为害，何者？郑君相地宜以制法，不拂乎水性；李君所浚，南不因小清，北不由城阴故道，初无岁修之需，而思学禹厮二渠，载行高地，故渐淤不可久。夫郑君固以兴民利，李君亦岂欲以厉吾民哉？乃彼声施到今，而此以贻讥。后来者稽古多疏，无以协地势之宜，至为鳏生所訾病，有刘魁之议[1]，不亦重可痛乎！夫长吏，民父母也；古人，后人所监考也。操之在一身，而施之在一邑；为之在一日，而传之在百年。以李君旧志所载，兴废举坠，赫然可观，而不能掩其失于斯民之口，岂其下之好诽与？抑以利害之重责有攸归焉尔？近今方志秉笔者，于名宦、人物类多议而不论，余故因序而论之，使后莅斯土、览斯志、知是非之公，尚有存于事功文字外者，宜自兢兢也。若夫稟古酌今，考沿革，辨伪讹，明制度，则详具例文、每卷小序中，无庸再赘云。

道光二十年十月中浣，博兴县知县昭文周壬福书。

周壬福（生卒年不详），字鹤侪，江苏昭文（今江苏常熟）人，附贡生，道光二十年（1840）任博兴知县。在任期间，果毅有为，事无不举。兴学校以广栽培，勤听断以息讼争，置庙学祭器以崇祀典，修燕郑公祠以重前贤。

《重修博兴县志》序

〔清〕李同

古之论史者，惟志为难，盖惧不竟其实也。后之地志不知其难也，摹图经，备史法，为表以志年，为传以志人，仿“本纪”为“总纪”，效《五代史·杂传》为“杂志”，拟“职方考”为诸考。“志”也云乎哉？直全史焉已矣。非上下古今究心治理者，不能观其通而识其意，是以操觚之士恒却焉而弗为也。天下县邑皆有志，自明中叶始。康对山志武功也，吕泾野志泾阳也，韩五泉志朝邑也，皆以名儒硕学志其县，若邻邑不期以时月，故义例具而词醇洁可观，王渔洋司寇所谓“地志以秦为盛”者也。其时齐鲁诸志与之抗者，惟马仲韬中丞《安丘志》、于文定公《东阿志》为最，然《四库全书提要》犹以《安丘志》“天文”“雅乐考”为讥，此以见全才之为难也。博兴之志，一修于陆君南至，再修于万君云，皆奉部檄为之。其原本不可见，今之可见者，惟康熙末李君元伟之志尔。而其书踳驳百出，惟所欲书则书焉，廿三史之编具在，

① 原注：见《河渠志》序。

而若不暇核；其时《大清会典》已颁，而若罔闻知。是故考古则多疏，论时制则不备。名宦，异产也，而统曰“人物”；乡贤，礼典也，而收诸葛爽、徐纥。孝友之传，胜国与本朝不分；秩官之表，削武职而概不录。其所志者犹然，况其所未逮？迄今百有余年，传闻异词，故老无征者乎？道光庚子，昭文周鹤侪司马来令是邑，值郡守方仲鸿先生有府志之役，命属县暨学官各采事实以闻。司马谓余曰：“与其为采访也，何若修吾志以待之？即以属君矣。”以余荒陋梼昧，何敢任斯事？然其悒悒于旧志而思更订之也已三年，所不敢固辞，遂发群籍，正考古之失，本《大清会典》《通礼》以补制度之不备，而宦绩、人物之取去，则必待司马裁焉而后定。爰为十例以发凡，虽专为是志而作，实本古人之例以为推，不敢稍存偏议于中者也。志成，凡十三万四千六百余言，盖踵事经百年，而文减旧志三分之一云。司马曰：“君盍终润色之？”其秋，乃携之历下重校焉。序其始末如此。

道光二十年十月中浣，博兴县教谕、掖县李同书。

李同（生卒年不详），字少白，后改名李图，字少伯，掖县（今山东莱州）人。道光十七年（1837）任博兴县教谕，曾主讲胶州胶西书院等。

志序集锦①

〔清〕李同

《疆域志》序

博兴为县，错壤于青、济、武三郡，东面乐安，西背高苑，南带临淄，北薄蒲台，而东北一隅翘然远出，斜揵利津、蒲台、乐安三县之中，西南滨新城麻大湖，形如长柄之匏，蒂系于利津，而新城、临淄承其圆首也。截长补短，得古侯国方百里之半，此其广轮、分率了然可见于今者也。在古则不然，周秦以前不可详矣，汉置博昌、乐安、利、延乡三县一国，势固非今县所能容，而

① 编者按：此为道光二十年《重修博兴县志》每一卷卷首的序言汇总，标题为编者所拟。

其故国城址往往可稽。晋置东高苑，刘宋更以置长乐，则县之西境不止此。北魏置阳信、乐陵，高齐以博昌置乐陵，则县之北境不止此。唐省乐安、东安平二县入博昌，则县之东南不止此。元为博兴州，其名大矣。而于钦《齐乘》称汉延乡、利二城皆在乐安西北，尽今东陲也，则余三陲不止是又可知。代禩绵邈，畛域纷纠，吾可得而究乎？今特以县治所界为图，而仿裴秀遗说，作《道里表》《水道图》以尽其实，不使今牵于古。为《沿革表》以明兴废分合之由，而附以古迹之存否为征，亦不使古淆于今。凡故城在县图内者，列于沿革，则古今不相谬。职官之表，人物之传，并秉此为去取，庶几后贤读之，梗概不汶而已。若夫夸形势之险固，侈都邑之雄富，近世所艳，斯邑固无事于斯也，不能不谢不敏矣。凡为图四、表二、考一。

《河渠志》序

余读旧乘《河渠志》及河道故册，载至十万言，不觉废书而叹也。水之为民利害大矣哉！然利弊兴除之由，岂不以其人与？昔卜式请诛吕嘉，愿与博昌习船者俱，而史迁论溉田，曰“东海引巨定”，不及博昌。至明中叶二千余年而后，郑丞安国教民渠种，由是稻粳之利甲于一方，此其最著也。小清本济水故道，其为民患，古史未有闻。自刘豫引邹、章诸水通为渠，后三百年而有泛溢之灾。万历时，南涯之民有盗决北涯以自免者。高苑令罗沛上其事，罪至大辟，而河道之讼终弗可息。国朝康熙间，水发，围城三日乃消。抚臣李树德采县令李元伟议，请于朝，饬小清所径州县共行疏浚，辟支脉、预备二河以分其流，小清之势始杀。乾隆三十三年，县令王溥再修之。三十五年，抚臣富明安以支脉、预备二河渐塞，饬属县浚乐安下游，欲以永除青、济两郡之患，上奏，允行。次年，抚臣徐绩陛辞，复奉旨督修。三十七年，绩乃大发十三县民力以导淤塞，培堤埝，水患用息。四十六年，沟堤决，县令燕增元奉檄复修之，大抵用元伟议也。迄五十四年，而高苑生员刘魁始具言其县旧有流水沟，自博兴锦秋湖东下大石桥，过龙注河，至乐安入海。自元伟开支脉沟，误用高书吏，引水行东北高地，致屡有壅滞为害，请改归故道，或因元伟旧功，大疏浚之为便。巡抚长麟令布政司缪其吉饬地方官估勘以闻，并谕县民择下地为陂塘以利农者。于是县令黄瑄度地绘图以上，谓北人不谙陂塘之利，难与创始，且新饥后民力弗堪，请发帑以兴役。未及行。次年，魁与博兴人高崑圃复吁请如前言。乃檄济东道归朝煦重履勘，朝煦委县丞姚侍龙、外委王立志特估支脉沟，自博兴至乐安长九千九百二十丈，开宽二丈或一丈五尺，深九尺至六尺不等，需土方九万三千五百三十一；自乐安至宽阔稍长一万七千六百三十五丈，开宽二丈或一丈五尺，深八尺至六尺不等①，需土方十七万三千七百九十五分，不及他河。上巡抚惠龄，具奏，与武定钩盘河共行估修，而饬县令黄瑄再估其丈尺工直，与侍龙等所估略相等，水方值九分五厘，旱方值八分一厘，共需银二万三百余两。知府公峨核减，均依旱方例，需银一万八千六百四十四两有奇，并俟来岁举工。而惠擢陕甘总督，遽去。五十七年，护理巡抚布政使江兰更与朝煦核议，朝煦遂称无庸浚筑，请奏止以节糜费。于是再下乐安、博兴县详议。县令黄瑄会同乐安令王某具言，疏通河道必决深海门，海门决，则海潮倒灌为患，宜如朝煦议止。道光初，章丘、邹平之民请复浚小清在济南者，巡抚琦善以下游弗通，不可疏上流，饬青州府经历蒋锦标会同寿光令宋某履勘河道实状。锦标覆言，博兴在青郡为最下，至乐安东复渐高，自苏家堰至淄河门五十余里，河仅如线，或淤如平陆。而嘉庆末海潮后多积沙，施工尤艰。据前高、博、乐三县估册，共需帑二十一万数百两之多。大僚并难其事，于是小清上、下流均止弗修，而支脉移道之议用并息云。余尝按博兴之势论之，小清居中流，最深，预备界其南以杀泛滥，故利多而害少，莳稻者赖焉。支脉居北地，独高，土性松脆，渗漉淹民田。旱则竭，无益灌溉，涝辄漂溢荡析村市，害最剧，此县人以预备德元伟而亦以支脉积怨者也，其视安国为不侔矣。然使为令者皆能如元伟之得志于树德，即支脉亦岂不可移焉？乃下议既不可行，复甚以海潮淤沙之变，民患奚所纾哉！用择旧志县册都为一卷，首列湖泊，水所汇也；次时、渑，明水源也；终列三河，而附以有明以来碑文及估役之未行者，略序其颠末如此，为念民瘼者备采焉。

---

① 原注：按此博兴浚深九尺，乐安浚深八尺，则乐安不高于博兴。后言高者，盖指宽阔稍以东耳。

《建置志》序

建置志，古人以志沿革，谓建置郡县，后之方志乃以明经营修筑之事，虽巨细不同，其义一也。《周礼·地官》：以土地之图，周知其地域，而辨其都鄙邦国之数，制其畿疆而沟封之，制掌于司徒，而事必归于司空。是以高宗纯皇帝《日知荟说》有曰："郊庙坛壝，宫庭朝市，次舍仓府厩库，司空之工作既成，而后百官有事焉。礼乐宾祭之器，军旅农桑之具，司空之程式既定，而后诸职禀程焉。"至哉，圣言片语，尽职事之要矣！为志乘者，"疆域"之后必先"建置"，不亦宜乎？然其中又有序焉。孟子论为邦，"民为贵，社稷次之"，则地邑民居在所并重。《礼》称"君子将营宫室，宗庙为先"，则神人之判尤为容易。《旧志》所记，往往紊其次序，至神祇坛、关帝庙称号尤乖。或因其时《大清通礼》未颁，或由纂笔失考，悉取而厘定之，曰城池，曰乡社[①]，曰坛庙[②]，曰官廨，曰学宫[③]，以至仓库、墩铺、桥梁，无不备，迄漏泽园终焉。凡目十有一，览者自有以识其序也。

《赋役志》序

自明中叶变[④]古赋徭之法为一条鞭，而民便之，说者谓兼用宋雇役法，然不以身役而畀出役者之资，则虚伪生而多寡易不均，知雇役未为无弊也。自我圣祖仁皇帝降恩斯民，以康熙五十年定额为限，不复加赋，民用休息。然新旧代除，犹劳审编。雍正四年，世宗[⑤]宪皇帝诏并各省丁赋于田赋，并寄庄之罚于各县统归之地亩条编，民履亩以供。惟正吏因时而征，其人帖然，无鸡犬惊。乾隆时，遂停审编焉，可谓易简而天下之理得矣。然朝廷之法惟一，而民地之肥瘠不同。博兴四境，计地不足八千顷，其可耕者五千四百七十二顷有

---

① 原注：集镇附。

② 原注：寺观附。

③ 原注：书院、义学附。

④ 编者注：底本原作"变古"，据文义改。

⑤ 编者注：底本原作"世祖"，讹。

奇。除灶户所占，征于县者五千三百余顷，初无上则之地；中则大粮，原额二千五百四十八顷有奇，可耕者仅一千一百六十顷零；其下则之地三千余顷，虽荒者不过十一，而赋入无几。至于民粮并卫共不及千顷，或数千亩而一则，或十余亩而一则，其为地之等十有三，其取民之则有九，岂非以斥卤、旱潦、成毁递更之故哉！因地施政者，可以知所裁矣。《赋役全书》例十年一修，未及期也，故以十六年为断，而取十九年报销册补所未载，并附盐法、杂税于后，凡目三。

《风土志》序

风土者何？志土物民风也。昔班孟坚为《食货志》，而以风俗附地理；李宏宪《元和志》亦惟言物贡，而不及民风，二者之分久矣。今比而一之何也？曰：二者之分，班氏、李氏之过也。《周礼·大司徒》辨五地之生物，备载动植之宜与其民之形状，而终施之以十二教。《王制》记天子巡狩，命太师陈诗以观民风，命市纳贾以观民之好恶，靡不一时并举焉。盖沃土之民淫，瘠土之民义，则物产可以觇风俗；而物力之登耗，由乎民生之勤惰，则民生可以阜物财。二者未尝不相因而成也。由此观之，上之所以因地敷教与下之随时推移者，皆可识矣。《通志》记博兴物产惟鲈鱼。此志其所罕有，恶足觇民生哉？至乎风俗，称其地朴民贫，男耕女织，无奇技淫巧以荡其心，无游人异物以迁其志，而欲泽以诗书，敦以礼乐，成文章信义之邦，谅哉言也，盖迄今数十年犹无以易云。

《典礼志》序

《旧志》成于康熙五十六年，当时《会典》已成，而《通礼》未颁，故《志》中所载往往因明旧，苟无改除之令，则皆遵而不废，乌可施于今哉！矧兹《通礼》再修，典章裒辑，多前志未见者乎？谨按《大清通礼》载纯皇帝谕旨，谓汉唐以后虽粗备郊庙、朝廷之仪，而闾阎、车服、宫室、饮食、嫁娶、丧祭之纪皆未能辨其等威，议其度数，虽欲化民成俗，其道无由。前代儒者虽有《书仪》《家礼》等书，而仪节繁委，时异制殊，士大夫或可遵循，而难施于黎庶。本朝《会典》所载，卷帙繁重，民间亦未易购藏，应萃集历代礼书，并本朝《会典》，将冠、婚、丧、祭一切仪制，斟酌损益，汇成一书，务期明白简易，俾士民易守。大哉王言！可以识为政之要，隆礼由礼之极矣，在官者敢不与民恪守乎？第《通礼》以吉礼为先，以有郊庙大祀也。州县礼无大祀，故依《旧志》，先嘉礼，首列三大节朝贺之礼，明尊君之义也。其他皆依《通礼》之序，摘其通行直省府县者著为篇。《旧志》所载，不见《通礼》者删之，是则《通礼·凡例》所云“非皇朝成式，虽有古制，概不检拾”者也。凡目十。

《爵封表》序

自郡县流官之制兴而封建用希。汉制，王国视郡，县属之，侯视县，属于郡。故后世邑乘所载，非其国治，不及王。博兴于汉得四侯，魏得一，晋以后寥寥焉。至赵宋，有先贤步叔乘博昌侯、万章博兴伯之封，特崇祀神号尔，不当入斯志；虽入焉，当归之宋。而《旧志》系以周，非矣。二贤固周之布衣也，安得侯伯哉？又《敕封》《恩荫》二表，皆始《安丘志》，后因其例者，合而曰“封荫”。然凡为仕者，莫不有亲，而国恩所逮，有遇不遇，则异焉，故列史载典礼或及于貤封，有其例，未尝书其人，如曰“某官自某始”者，盖书人则从异，不书则从同，异则私，同则公。孰非王臣人子，而忍异视乎？每宁不书以从同焉耳。《四库全书提要》以《德州·坊表志》为已陋，义盖然矣。惟荫子之典，非庸臣具位者所得与，且铨政之所及也，一世者曰“任子”，例同选举世继者，以附斯表，盖于安丘二表，择从其一云。《旧志》有安平君，删之，说见“辨讹”；遗乐安侯，据《汉书》《水经注》补之。为表二，共九人，继世者七人。

《秩官表》序

夫《宦绩》之志，以书贤也。贤而犹存则不书。义严哉！是表不然。贤不贤皆书也，存不存皆书也。何也？彼以纪人，此以纪事也。纪人则必贤而后书，纪事则不待贤而后书。不待贤而后书者，位在故尔。夫位在则不待贤而后书，是在位之宜勉乎贤而使有可书也，明矣。顾或《宦绩》无可书，且于一表之外，使人有欲书而迫于例不得书者，何耶？夫《宦绩》无可书，一表之外，又迫于例不得书而徒载其名于斯表，岂遂将褒贬泯而贤否混乎？曰：否。有可混者，其人不缁不白，介于贪廉之间者是已。有不可混者，口碑在民，诅与祝齐。斯表之书，《春秋》之例所谓“美恶不嫌同词”，书其名，而实自见者尔。有识者乌可忽乎哉？县小吏简，丞史以下，往往轶其年月，或姓氏不具，谨缺疑，待来哲。凡四表。

《选举表》序

《选举》之于《人物》，犹《秩官》之于《宦绩》，二者其将同乎？曰：“不同。”秩官者，治人者也；选举者，自治以待治人者也。既以治人，则任重，其所表者，一邑之事也。犹有待焉，则责轻，其所表者，一人之事也。是故《宦绩》无人无表也，而《人物》之不入表者多矣，乌可同日语哉？两汉近古，辟举为公。唐宋以来，渐重科目，县志未作，纪述寥寥。迄乎有明，专以科目取士，又世代近，列县志乘并作，年次、姓氏颇可考。其由吏材纳粟为仕，并得附入，皆旧志例也。要其人材之盛衰，与其出处、施为之远近，则以《人物志》为断。凡表三，共四百八十四人。进、举、贡递见者，备录为数。

《宦绩传》序

《旧志》所载《名宦》及《官师志》之有治绩者，凡百有六人，多非一县吏。《旧志》以为泽及博兴而祀之入志者七十四人，苟充其义，则岂惟七十四人？虽倍蓰犹不能尽也。裁而志之，非摈之，义有所限，不得渎载也。据《通志》入陈文伟。文伟治二县，有异政，兼文武才，惜不尽用。据《府志》入马继祖、何钍。继祖仁敏，急于哺饥；钍能化及盗贼。据《河渠志》入翁兆云。兆云能勤民田、修复水利。据《忠义传》入舒万化、张述、王象益、郭纯、沈季伦。万化、述等为国死社稷，不当与县人同传，故移此。据《建置志》入李元伟。元伟事所传或不满舆论，然不可谓无功于一邑，故屡欲已之而复为传。据张继芳《关帝庙碑文》入卢源。源重禋祀，捐重金，终旧令之事。据《遗爱碑》入王溥、尹文炳。溥能抑强扶义，有“神君”之目。文炳除秕政，使下蒙其休。据采访入燕增元、焦孟竹、张恪。增元能得民，感上僚。孟竹严束下。恪以暂至为民请命，故皆传之。暨《旧志》所载，共四十一人。夫三代以上远矣，至设郡县以来二千余年，其笃志当朝、鞠身民事者，岂惟若此数人哉？或世远风微，文献莫征；或其人现存，德惠流闻，而例不得书，致可惜尔！至篇中所载，较若列眉，其功德之远近、入人之浅深，睹其文自有以知其人矣，乌俟多论哉！旧志往往无事实，特有赞语，或仅著里贯者，不得径削，特注以《旧志》云云，所以昭慎也。

《人物传》序

余读旧史，此邦人物，如国子尼之德望，孙叔炎之经术，任彦昇以文学称，牛存节以忠武著。博昌任氏之代有闻人，五代卫氏之屡陟甲科。有明以来，熊、张、刘、宋，文章经济，卓立当时；二顾、相、栾，联翩蔚起，驰誉奕世。以至魏基、王缵，躬逢革鼎，希志肥遁，甘箕颍于尧舜之世，亦洵可楷式来哲、增辉史册者矣，岂必借才异地而后称快哉？而《旧志》特以董永之故墓在今县，遂滥载倪、牟、欧阳诸儒；而于乐安国渊，故治在今县者，反遗之，不已过与？今皆据旧史正之，说详《叙例》《杂记》中。至土著之贤，不当与《宦绩》同例，故或删而不存，乃以征所存之可信，都人士其有以谅我！夫凡一百四十七人，皆具其姓氏而题为篇，用防剞劂之增损。

《列女传》序

《旧志》载列女五十余人，新入节孝祠、例当入志者复二百九十余人，凡三百五十有二，视《人物志》不啻倍焉。岂巾帼之行果有以胜丈夫哉？盖士大夫之行，期于正身化物，以兼善为量，非卓然有以异众者不能至；闺门之操，专于淑己，而旌褒之典显有著年，故中人可企及尔。虽然，表闾之制非自今日然也，代远者无论矣。方志之修，始明中叶，一代所纪，仅三十余人。而盛朝二百年来，绰楔所及，乃倍蓰过之，岂非国家刑于之化默运潜移，而其风俗又勤俭淳朴、少淫心舍力之缘故，所成就多乎？此亦不可谓非彤史辉也。道光十九年，已奉司檄，汇请建坊旌如例。从一之义，所不待称，至母仪妇德，条为事实者，《旧志》以来，先后如一辙，故第录姓氏，不复采其辞。惟奇节异行，乃著传尽实而止。或有昔人成传，文足存者，则录之，注“某人传”云。

《杂志》序

后世郡县志类有“杂志”，有均目之为志余者，非也。或志所宜及，而义类无所归，如“辨讹”“存疑”是也；或义类有归，而在一邑不足以立篇，“星野”“形胜”“艺文”“祥异”是也，是皆志所不能无者也。惟“摭遗”一目，是直志之余耳。要惟后世读志者之意，必至是乃足，故统为“杂志”。而第其先后，首《艺文》，次《祥异》，次《辨讹》，次《存疑》。“星野”多州郡通同之词，无可纪。“形胜”惟《通志》《旧志》数语，并入《摭遗》，凡目五。

卷二《河渠志》选

奏勘小清河疏

〔清〕徐绩

窃臣陛辞之日，蒙圣主谆切训谕，饬臣认真挑修小清河。仰见皇上念切民瘼至意，臣于十一月初六日到东，初十日即起程，由小清河发源之章丘履勘，过邹平、长山、新城、高苑、博兴、乐安等七县，至小清河归淄河入海之处，凡四百余里，勘得小清河自西南而注东北，在军张坝以西者有獭河、沙河、白条河、潴龙河四水入焉，以浒山、清沙二泊为停蓄，以军张坝为宣泄。查军张坝有小清旧道，下游由麻大湖、会城泊东注，自康熙五十五年军张坝下更开支脉沟，自高苑县城径博兴全县，由乐安蜿蜒入海，以分小清之水势，河水到坝全趋支脉，而坝东小清故道自乾隆以来日就干废，经前抚臣富明安奏明不必开挑，免引麻大、会城二水转助小清之势，是上游章丘、邹平、长山、新城四县山河湖泊之水俱赖支脉一沟为去路，此其上流情形然也。其军张坝以东，麻大、会城二泊受范阳、孝妇、郑潢、时、渑诸水，来源过盛，泊内难容，至博兴湾头夹河洼、乐安石村湖诸地，更有预备、福民二河共一水，在博兴为预备，在乐安为福民，分时、渑之水，与小清河并流趋海，此又其下游情形然也。乾隆三十五年，前抚臣富明安奏明小清河上游坐落章丘、邹平、长山、新城境内者，各令疏导滩淤，培筑堤岸；下游坐落高苑、博兴、乐安支脉沟及小清、预备、福民河者，凡诸淤浅之处，通加浚疏，畅其入海之路。办理似为得宜，但工段绵长数百里，河身宽深，丈尺不能一律，又兼本年伏秋雨水过多，各路客水汇集合并东趋，是以章丘至乐安仍有宣泄不及、渰漫民田之患。复经前抚臣周元理勘明，拟将上游浒山、青沙二泊开浚既深，使各处河水归泊，稍有停蓄，舒徐下达，则下不至暴涨为患，自属安顿上源之计。但臣相度形势，总缘地势，西南高而东北低，数百里汇流之水，并以乐安为闾尾之途，固宜停蓄以缓其势，尤宜疏引以畅其流。若止挑浚两泊，而下游不畅，即尽力挑深，灌满之后仍复漫溢，允宜上流下流工力并施，而后水患可弭也。查支脉沟上年所挑，未能如式，挖土起送弗远，雨后仍卸入河，兼民间桥座两旁，土埂阻抑河流，不一而足，安望其掣消迅速？今拟将支脉沟自博兴之傅家桥以东、河身逼窄之处，大加展宽，以面宽六丈、深七尺为率，民间桥座土埂，悉行除净，近海之处更加宽深，畅其尾闾，并将浒山、清沙二泊仿照运河捞浅之法，多集民夫，备船只、器具，除其水草，起其淤泥，俾宽深足以资停顿。其军张坝以下干河四十里，仍照前抚臣富明安原议，毋庸开挑，以小清河大浏久移支脉沟也。又章丘县境内之小清河，系由万丈口引入浒山泊，直接还河口；而小清正河淤废年久，去岁富明安以既有引河，不议疏正河。今拟于万丈口正、引两河并修，使二渠分流消水倍易于前，庶免漫溢民田。其自还河口以下至军张坝，凡河身淤浅、堤岸卑矮残缺之处，均加浚筑。如此层层办理，庶二泊之受来水益多，小清河之大流通畅，支脉沟之去路加宽，然后由河入泊，由泊达沟，由沟归海，可以经久远，以防泛滥之忧。臣俱督同印委各官，逐加标记，目下坚冰在地，锹镢难施。俟至明岁春融冻解，即选委干员协同原办官，劝用民力，认真办理。但沿河处所夏秋被灾之后，民力未免拮据，将来所拨民夫，应请每名酌借仓谷三斗，资其食用。岁秋熟后，免息还仓，俾各踊跃趋事。工竣，臣仍亲往验收，倘挑浚不如式，即将承办官严参，断不敢稍为迁就。其博兴、乐安小清下游及预备、福民二河，虽现在畅流无阻，亦应岁加疏浚，免至日久淤浅。臣经过沿河之章丘等七县，现俱放给赈粮。秋间水渰地亩，已俱涸出，种麦者十居六七。兹臣于十一月二十三日旋省，所有臣查勘小清等河应行浚修情形，专折奏闻。[①]

徐绩（？—1811），汉军正蓝旗人。乾隆举人，授山东巡抚、河南巡抚、礼部侍郎。后因坐雩祭礼器误，夺官。嘉庆年间召授大理寺少卿，还孔雀翎。再迁宗人府府丞。

付章、邹、长、新、高、博、乐七县河堤札

〔清〕佚名[②]

小清正河自万丈口起至邹平县交界，长四千五百五十二丈，约以口宽三丈，底宽一丈，挑深四、五、六、七尺不等，计土四万一千二百四十一方，每土一方需夫二名，拟令章丘王令派拨本县夫二千七百五十名，限以一月工竣。每夫借给仓谷三斗。其浒山泊捞浅易于办理，并令王令自行妥办。自章丘县交界起至清河沟尾，长二千五百八十一丈，约以口宽三丈，底宽一丈，挑深二、三、五、六尺不等，计土一万八千七百九十八方，每土一方需夫二名，拟令邹平裘令派拨本县夫一千二百五十四名，限以一月工竣，每夫借给仓谷三斗。清沙泊捞浅易于办理，并令裘令自行妥办。支脉沟自苏家堰东起，至淄河入海，前委李桂兰测量之时，据乐安县王令禀称自愿如式挑修，应令同时派拨……[③]支脉沟除军张坝起，至博兴南门桥东止，长八千二百五十九丈五尺，现在通畅足式、毋庸挑浚外，其自南门东至马家桥西，长四千九百零五尺，以上口宽六丈、底宽一丈、深六尺为度，加宽挑深，计土九万九千六百九十三方七分五厘。自马家桥西至苏家堰东，长一万九千七百二十四丈，以口宽六丈、底宽四丈、深七尺为度，加宽挑深，计土五十二万六千三百零四方。通共长二万四千六百二十九丈，共计土六十二万五千九百九十八方二分五厘。

① 原注：乾隆三十六年。

② 编者按：本文作者，原文署为“布政使司布政司某”。

③ 原注：缺行。

每土一方需夫二名，限以一月工竣，日需夫四万一千七百三十三名，分派高苑、博兴、新城、长山四县均摊，每县出大一万零四百二十二名。每夫借谷三斗，均于各本县仓内借给，归入春借案内造报。其应挑土方分为十段：第一段自南门桥东起，长二千九百零五丈，加宽挑深，计土六万一千一百九十三方七分五厘，拟派济阳县李令承挑，拨给长山县夫四千零八十名。第二段接前工起，长二千八百丈，加宽挑深，计土六万二千三百十七方五分，拟派昌乐县张令承挑，拨给长山夫四千一百六十九名。第三段接前工起，长二千一百丈，加宽挑深，计土六万二千八百四十八方五分，拟派诸城县瞿令承办，拨给长山县夫二千一百八十四名、新城县夫二千零六名。第四段接前工起，长二千丈，加宽挑深，计土六万二千八百八十七方，拟派安丘县张令承挑，拨给新城县夫四千一百九十二名。第五段接前工起，长二千二百七十丈，加宽挑深，计土六万一千九百零一方五分，拟派长山县叶令承挑，拨给新城县夫四千一百二十七名。第六段接前工起，长二千二百丈，加宽挑深，计土六万二千三百十七方五分，拟拨新城县张令承挑，拨给本县夫……[1]八十名，并高苑县夫四千零四十七名。第七段接前工起，长二千三百丈，加宽挑深，计土六万八千一百八十方，拟派冠县赵令承挑，拨给高苑夫四千五百四十五名。第八段接前工起，长二千二百丈，加宽挑深，计土六万二千一百三十方，拟派高苑县杨令承挑，拨给本县夫一千八百四十一名，并博兴县夫二千三百零一名。第九段接前工起，长二千五百八十八丈，加宽挑深，计土……[2]拟派陵县许令承挑，拨给博兴县夫四千三百四十二名。第十段接前工起，至苏家堰东止，长三千二百六十六丈，加宽挑深，计土五万六千八百七十一方，拟派□□县令，拨本县夫三千七百九十名。再工段绵长，夫役众多，一人承办，恐照料不周，所虑力难相继，请委胶州何牧协帮济阳，惠民某令协帮昌乐……[3]严令协帮安丘，德平钱令协帮长山，馆陶陈令协帮新城，博山曾令协帮冠县，阳信陈令协帮高苑，聊城韩令协帮陵县，临淄乔令协帮博兴。以上承挑协办各员，

---

① 原注：缺文。

② 原注：缺文。

③ 原注：缺文。

或系有利本境，分所当为；或系原办未协，补过目前；或系才能自许，借以观长。出夫之处，不得数外多派一夫，亦不得短少一名。协帮之处，更不得借词在于本境科敛夫钱。一切应用器具及夫役窝铺、锅灶，俱须承挑协办之员和衷共济。倘依限竣工，宽深如式，夫无诽怨，不但泽民补过，见长一时，当首录勤劳，备将来不次之选。如互相推诿，卖富役贫，徒劳民力，工不如式，甚存取功之心，故为不谙，率禀请示，催调不齐，冀图延缓，分别详揭请参。所挑之土，务退旧堤两画之外，高培加筑，夯打坚实，不得松堆堤内，以致水发汕刷入河，复有淤塞之患。沿堤桥座土埂，随工拆除尽净，仍饬济、青二府往来督查，以记功过。[①]

估修支脉沟分社协办章程（十六则）

〔清〕吴维鉴

一，北西马北岸，河长五百七十二丈，内残缺五百二十丈，现在堤高六尺，顶宽四尺、五尺不等，应帮宽一尺二尺，加高一尺。该社钱粮二百四十二两，每银一两摊工二丈一尺五寸。该社工多粮少，应请拨大国王庄协办。[②]

一，南西马南岸，河长五百七十二丈二尺，现在堤高五尺，顶宽六尺，今应一律加高一尺。该社粮银二百一十四两，每银一两摊工二丈六尺八寸。工止加高，无帮宽，不待近社协办。

一，北西菜北岸，河长一千零七十三丈，内残缺九百一十丈，现在堤高六尺，顶宽四尺，应帮宽二尺，加高一尺。该社粮银一百四十六两三钱，每银一两摊工六丈二尺二寸。查该社工多粮少，应请拨伏李庄、焦家庄协办。[③]

一，南西菜南岸，河长四百丈，现在堤高五尺，顶宽六尺，应一律加高

① 原注：乾隆三十七年。

② 原注：大国王庄粮银一百四十八两，银一两，摊工七尺，共摊一百零四丈。

③ 原注：伏李庄粮银四百零六两，银一两摊工七尺，共摊工二百八十四丈；焦家庄粮银五百一十两，银一两摊工七尺，共摊工三百五十七丈。

二尺。该社粮银一百一十两，每银一两摊工三丈六尺一寸。其工止加高，无帮宽，不待近社协办。

一，南隅、町子、孟逯桥、东关四社南北二岸，堤岸俱高厚，毋庸加修，微有坑陷。应拨本社民夫略为粘补。

一，东营，河除南岸无容更修外，北岸长四百四十六丈，桥西残缺，并桥东劈裂共二百二十丈。应帮宽二尺，加高一尺。该社粮银一百一十两，每银一两摊工二丈。

一，焦园庄，河除南岸毋庸更修外，北岸长七百零四丈三尺，现在堤高六尺，顶宽四尺，应一律帮宽二尺，加高一尺。该社粮银二百三两，每银一两摊工三丈四尺七寸。该社工多粮少，应请拨董家庄协办。①

一，上町社，河除南岸毋庸更修外，北岸长九十一丈一尺，现在堤高六尺，顶宽三尺、四尺不等，应帮宽二尺、三尺，加高一尺。该社粮银二百五十九两，每银一两摊工三尺五寸。

一，新安社，河除南岸毋庸更修外，北岸长三百二十丈，现在堤高六尺，顶宽四尺，应一律帮宽二尺，加高一尺。该社粮银四百六两，每银一两摊工七尺九寸。

一，鲍家庄，河除南岸毋庸更修外，北岸长五百五十六丈，现在堤高六尺，顶宽五尺，应一律帮宽一尺，加高一尺，该社粮银六百零七两，每银一两摊工九尺三寸三分。

一，贤城社，河除南岸毋庸更修外，北岸长九百二十八丈，现在堤高六尺，顶宽四尺、五尺不等，应帮宽一尺，加高一尺。该社粮银二百二十八两，每银一两摊工四丈七寸。该社工多粮少，应请拨陈虎店四牌，周家庄、聚和官庄、东西寨五牌并阎家庄协办。②

一，辛兴社，河除南岸毋庸更修外，北岸长四百八丈八尺，现在堤高六尺，顶宽五尺，堤根应一律帮宽一尺，加高□□。该社粮银二百八十六两，每

① 原注：董家庄粮银三百六十二两，银一两摊工七尺，共摊五十三丈七尺。

② 原注：陈虎店五牌，共粮银四百五两，银一两摊工七尺，共摊二百八十三丈五尺。阎家庄粮银三百四十三两，银一两摊工七尺，共摊二百四十丈一尺。

银一两摊工一丈四尺三寸。

一，崇德社，河除南岸毋庸更修外，北岸长二百一十丈九尺，现在堤高六尺，顶宽三尺、四尺不等，应帮宽二尺三尺，加高一尺。该社粮银二百九十七两，每银一两摊工七尺一寸。其南岸堤根亦俱汕刷，应帮宽一尺，加高一尺，照北岸摊派。

一，马家庄，北岸长二百八十八丈，现在堤身被水汕刷，仅有尺余并二尺不等，堤高六尺，应一律帮修，连旧岸以六尺为率，加高一尺。该社粮银五百一十七两，每银一两摊工五尺五寸七分。其南岸堤根亦俱汕刷坍塌，亦应一律帮宽一尺，加高一尺，照北岸摊派。

一，陈虎店社，北岸长七十四丈，现在概亦坍塌，应一律重修，堤高七尺，顶宽六尺，底宽一丈五尺。该社河东庄、河西庄、陈虎店东街三牌，共粮银三百九两，每银一两摊工三尺五寸四分。其南岸堤根汕刷坍塌，亦应一律帮宽一尺，加高一尺，照北岸摊派。

一，南田社，北岸长四百一十八丈，内有三百二十丈坍塌已甚，应一律修理，堤高七尺，顶高六尺，底宽一丈五尺。该社共银四百八十九两，每银一两摊工七尺。其南岸堤根汕刷亦应一律帮宽一尺，加高一尺，照北岸摊派。

乾隆三十三年呈县议行。

吴维鉴（生卒年不详），籍贯不详。乾隆四十五年（1780）任博兴县典史。

报修支脉沟河堤禀文

〔清〕李涛[①]

敬禀者，高苑县军张坝被水冲溢之后，以致下接支脉沟，北岸漫口二处，

① 编者按：本文作者，原作“青州府知府李□□”，据文末所附写作时间乾隆四十六年，查咸丰《青州府志》卷十一上《职官表》七上“知府”，乾隆四十二年至四十七年在任青州知府为李涛。

南岸漫口一处。前蒙藩宪同宪台按临率莱州府李守等勘验情形，饬令将支脉沟漫口三处及下游博兴一带堤埝低矮处所急为堵筑，并各处积水设法疏消等因。悉蒙藩宪、宪台指示机宜，卑府恪遵训谕，即日驰赴支脉沟漫水三处，督同高苑县知县孙炯、博山县知县江汝渐、寿光县县丞刘尚惠购办桩料，雇觅民夫，连夜堵筑。该处百姓既得资助，咸知感激，运土下桩，益加踊跃。兹于本月二十八日，三口俱已合流，军张坝以上之水消泄殆尽，支脉沟顺势归槽，更觉通畅。至博兴境内，堤埝单薄处所本未漫溢，易于镶护，卑府复督同博兴县燕增元、署临淄县知县白丰购料雇夫，培护坚实，不致更有疏虞。卑府窃查高、博、乐三处地内积水，连日消退甚速，田亩涸干之处甚多，非但河水不致涌漫，即城内之水皆有趋道归河之势，此皆由藩宪、宪台躬亲履勘，谕令汇通宽阔稍之后，下游归海无阻，故上游积水，势若建瓴而下，不日即可消涸。种麦有望，农民莫不欢叹。除饬催各委员查勘被淹地亩、村庄另报外，所有卑府堵筑漫口、护堤埝及疏消积水各缘由，理合驰禀上闻，伏惟慈鉴。[1]

李涛（生卒年不详），顺天宛平（今属北京）人。举人，乾隆年间任青州府知府。

请修支脉沟河道状

〔清〕刘魁

按：县内有支脉沟，宣泄邹、章、长、新等县一带山水，由清沙泊入沟，径高、博、乐入海。诚以七县攸关，非细故也。若支脉沟之尾稍有阻滞，即沿河之居民不无昏垫。伏查高邑古有流水沟迹，自锦秋湖东下，由大石桥洼、流舟洼[2]、宽阔稍洼等处，步步渐低，曲折入海，从无水患。至康熙五十七年，始开挑成河，有博兴高工房不顺水性，引向东北高亢之处，遂致碍，难下流，

① 原注：乾隆四十六年。

② 原注：即龙注洼。

壅水反逆。嗣蒙岳抚宪委员勘议，于乾隆五年动帑挑修，例定面宽十丈，挑深一丈六七尺不等。惟时西顶军张坝，东抵博兴南门桥，俱开挑如式，独南门桥东以至乐安之丁家桥，虽外立河岸，其原旧河堤仍留作河唇，仅于河唇挑挖一线之沟，以泄层积递蓄之洪水，势何能容？自是水患频仍，议蠲议赈，縻费帑银无算。前蒙徐抚宪于三十五、七两年调拨十三县人夫，大加疏浚之功，河流稍通。初年遇水，亦见奔流，无如底窄唇宽，且堤唇之上民多种植，其地高亢可知，一二年间，河心垫塞，流水壅逆，遂总屯于高、博两县之地。即今风雨调和，并非大涝之年，乃下流不通，河水漫溢，浸淫四出，附近地亩已被淹没。然则欲除此患，必顺水之性，因势利导，改挑河道，自博兴南门东，由大石桥洼以达宽阔稍洼，入淄河门，乃为上策，此所谓“行无事”，禹之明德远在后世者不过是也。倘以更张为嫌，仍河故道挑浚下流，非以实心行实事，以实事奏实功，大振作焉不可。《书》曰“禹疏九河”，诚以水之尾闾愈积愈多，愈多愈横，非极宽，不足以容纳；非极深，不足以宣畅。今自东门桥以至丁家桥，凡有河唇，尽力掘出，帮立外岸；再酌形势高低，务令河底渐次挑深，则下流通顺。此人定胜天，亦可永除水患矣。伏惟仁宪裁行，庶东土士民万世戴恩。[①]

刘魁（生卒年不详），山东高苑（今高青县）人，生员。

复布政司议水利禀文

〔清〕黄瑄

伏查境内南三里许有支脉沟一道，又南二里许有小清河一道。小清河即济水，今以章丘之东岭、长白二山为来源，历邹平、长山、新城、高苑、博兴、乐安七邑，入淄归海。自小清河中干四十六里，首尾遂分为两截，上截由高苑军张闸入支脉沟，下截另受汉溱、乌龙、麻大湖、会城泊诸水，至博兴湾头庄入小清。旧河径乐安之新桥，仍与支脉沟合流，入淄归海，此支脉沟、小清河

① 原注：乾隆五十四年。

中间分而又合也。小清河下截在卑县境者，现在通顺。支脉沟入境行五十余里，始间有淤浅。比岁多雨，来源滋盛，一时宣泄不及，乃有漫溢，淹浸民田，然此特十分之二三耳。惟卑县城北一带，北界利津，西北界蒲台，东北至乐安，百里之遥，弥望多盐碱洼下，地广人稀，庄村寥落，绝无浚筑沟洫。连年夏秋间，水潦浩大，高地之水四面注汇，终岁弗涸，疏消无所，以致秋稼受伤，西成歉收。此雨水之为患，居其七八也。卑县受事三载，时时下乡履勘，未尝不蹙额疾首，思所以拯济之方，而未得其术。诹询士民，迄无良策。如宪谕酌，必不可消之处令其家家挖塘以资蓄泄，则旱涝有备，弃半亩数分之废地而使瘠土皆变为上腴，岂非百世之利？无如东南之农习于勤，其利能尽地理；西北之民习于惰，其事专仰天功。加以小民只见目前，鲜知久远，是以乐成甚易，而虑始为难。至卑县境之支脉沟，虽间有浅窄处，而下流不畅，难以施工，其病总在乐安境内。至淄河门淤垫数十里，开挖不易，比两年委员屡次查勘，禀。

蒙批：饬济南、青州二府会议详办在案。功程浩大，将来须酌量请借帑资，方可举事也。①

黄瑄（生卒年不详），云南阿迷州人。举人，乾隆五十年（1785）知博兴县。

卷三《建置志》选

博兴庙学置祭器碑

〔清〕周壬福

庚子春，余以部铨知博兴。初至，以礼谒诸神，庙宇顿荒，怵目怆心者久。惟至圣庙巍焕聿新，询之释菜诸生，则皆曰："广文李先生之力。"李先

① 原注：乾隆五十四年。

生者名同[1]，县教谕，掖人，号少伯者也。余曰："广文之力奈何？"曰："先生下车十日而倡捐修之议，逾月而庙工兴。初，吾邑有赈事，众输不过千缗。先生劝修夫子庙，独至四千五百缗。先生会客舍上漏下湿，诸生请以在庙匠役葺之，固辞不可，而日于炎风烈日中董工事，晏如也。故用财俭而工完固，凡圣庙规制，旧所未备，今皆全焉，得与郡会比隆云。"余曰："贤哉广文，是殆助余为理者也。"诸生复进而请曰："十余年来，祭器坏裂无孑遗，李先生于役省中，不及修，日以待贤父母之至为言也。敢谨以师命请。"余曰："是诚在我。顾旧祭若何？"曰："往者殆不忍言。李先生来，始假邑士祀先人者以充之。然俎豆规度，不复睹久矣！"余为怃然，爰捐俸，遣工至博山，凡鉶登、炉檠、陶瓶之事，悉铸以颜神磁；笾豆竹木之器，则致书广文，购之历下。再越月而成。两庑神座均易甓以木，更为崇圣配享从祀东西木龛，制如前殿。自至圣至从祀贤儒百有余主，皆髹漆而金书之。事毕，庙中有碑材三，亦广文所购也。诸生刊其二于棂星门，坊外为下马碑，以其一记修复之事，而请词于余。余曰："诸生亦知斯工所由成乎？"则皆曰："贤父母及贤司铎之力。"余曰："非也，此皆诸生向道之心为之尔。孔子者，道之所归。道者，人心之所不约而同欲也。诸生得其所同，不能恝然于夫子之祀，而不安于其庙之废也。广文故得与余顺人情而为之官捐与劝民输，事若异而理不殊，非有所勉强而致也，何力之有？诸生苟充其向道之心，以为践道之实，处为乡里倡，而仕为国家有用才，是则夫子汲汲删订、垂教后世之意，余与广文所幸赖以免痌瘝之诮者也，奚敢擅以自庸！"诸生闻之瞿然，揖而退。乃述其语为碑，以告后之踵吾事为之者。

立博兴义学记

〔清〕周壬福

古者自里党至乡国皆有学，教民之道至广也。周末学废，至秦而荡然无

---

① 原注：今改名图。

余，汉人复之。京师而外，郡国或具或不具。至宋元，而郡县皆有学，然弟子员有定数，非秀且异者不能与也。明之盛也，始令天下立社学，委巷贫窭子弟皆得有读书识字之途，良法美意，致足尚也。至万历以后，文士标榜之风炽，其俶傥不羁有藻丽者，各结社以为党，迄于在朝，余习弗改，遂成倾轧之迹，国事以坏。我朝监明之弊，卧碑制度，乃有结社之禁。然为成学立党者戒，非禁村里蒙童之社学也。愚民弗察，并坠社学之制，误奉法令而毁善举，甚可惜也。然乐善之同，教化之本，人心未尝改也，故社学废而义学之事兴。以余所见，若历城、益都、掖县、胶州诸大县，义学隶于在官者，县不下四五所；而历城贾氏、乐安成氏又各出资立学，以惠其乡，可为善矣。博兴瘠土，旧无成规，而向善慕义者未尝不同。邑在明时有锦秋书院，康熙间李令元伟迁之城内，今惟遗址三楹，因改修之为义学，延师以教来者。众不能容，则又择北关北极庙闲屋数楹为关外义学，而以庙田为之租。二学既立，而益家庄民之好义者复请立义学于七神庙，亦因而从之，制如北关焉。因记其事以告后来。苟广斯义以复社学之美，斯邑虽瘠，奚不可与益都、乐安并乎？

重修柳桥大路碑

〔清〕王溥

博兴城东南二十里有集曰柳桥，桥跨小清河，即古济水。河南里许曰预备河，两河中潴水曰夹河。小清河北十五里曰支脉河，中间洼曰大石桥洼。洼上承小清河稻田各沟漏之水，下接蒲姑龙注河泊。石桥驾洼中，南与柳桥、夹河诸桥相连，亘古自县赴郡孔道，而青州、武定两郡往来者，亦由是焉。洼水漫溢，石桥崩圮。至康熙辛卯，行人改由河干趋东门外岳庙前直路，此处遂为巨浸。其夹河诸桥又以经久不修，支撑窸窣，每至伏秋，舣舟以渡。余乙酉莅博，目睹心恻。越二年，谋诸寅僚绅士，捐俸金，裒罚锾，不足则募诸四乡，择衿士之老成者董之役。夫二十有一社，费金钱千二百贯有奇。凡六阅月而成。自城东南行，首东营支脉河桥，次大石桥，次小石桥，次马沟石桥，次柳桥，次夹河第一桥、第二桥、第三桥，次预备河桥。十余里间，虹蛛连架，轮辙交通。既成，诸绅士言于余曰：“是役也，有六利焉。一曰便行人：道路经省，较河干减十之五。二曰通商旅：路通大车，往来辐辏，贫民得以宽衣食。三曰保堤防：行人由此路，河干可免践踏。四曰护诸洼：洼水由桥东下中流，立桥则水有节制。五曰尽地利：筑桥修路，沿路掘沟，引水作漏，可开稻田。六曰易渲泄：夹河桥改就广宽，南苑诸庄积水易下。是不可以不志。”余曰：“然。”遂书以为记。大石桥始于明嘉靖戊申，修于万历丙申，至今三修。夹河桥始于乾隆乙亥，至今再修之。

王溥（生卒年不详），江苏人。进士，乾隆三十年（1765）知博兴县。去后，民为立遗爱碑。

重修金家桥碑记

〔清〕胡学醇

道光二十二年三月朔，余摄博兴事之十日，中丞托公东阅，将宿阎家坊。余以守土候谒。时使节未至，先视道路，见村外有通道，隐然而塌陷坑坎，殆不可行，因欲除之。旁有言者曰：“此古道也，废久矣，盍可遽治？”询其人，则上舍张君和亭，乡之善士也，遂揖而进之。张君乃曰：“古道之废，废于金家桥圮。公欲治道，必先治桥。盖此道为登、莱、青三郡至京师通衢。自金家桥坏，行人纡数十里者且百余年矣。民间径涉多溺，设舟渡亦弗善也。患颇剧，明公有意，盍先治桥？”余乃转至桥南黎元庄，询于许君际唐及其族父扶等，佥如张君言。乃捐俸百金以倡之，诸君亦踊跃捐募，远近士庶翕然输资。不十日，醵钱如千缗。于是详考故迹。桥建之岁，志载不详，中间废置更易，计亦屡矣，而不数年辄为水坏。余乃往来相度，博采舆论。桥盖跨小清、预备二河，长逾九里，旧止草桥三座，下列十一空，以木为柱，高不及寻。每秋水泛涨，桥空隘不足宣泄，故易圮。今于旧数外添置二桥，凡急流迅湍处，易柱以石，共得桥空一十有七，高广视旧制增三之一，不续者联筑长堤，旁植榆柳以资培荫，庶几其或久乎！是役也，凡四阅月而工竣。数十年民患咸赖以息，即登、莱诸郡至京师者亦仍获故道焉。厥功顾亦伟矣，然微张君和亭倡其说，许君际唐及其群徒辈劝捐督工，尽其劳勚，亦乌能如是其坚且速也？故于桥之成也，从诸君之请而备志之，并书捐资各姓氏于碑阴云。

胡学醇（生卒年不详），顺天宛平县（今属北京）人。监生，道光二十二年（1842）署博兴县事。

重修大石桥及南门桥记

〔清〕胡学醇

既修金家桥毕，遂从李廷桓明经之请，修东关大石桥及其甬路，至于柳桥，终前令周君鹤才未竣之役。西郊近民复诣予言曰："贤侯莅博兴未数月，修舆梁者再，东鄙之民及四方牵车牛远服贾者咸沐深泽矣。而南关大路甬道，属之湾头者凡五里，夹道水溢辄泞淖，秋霖河涨，则舟以代陆，徒涉之民无乃犹未豸乎？"余谢之曰："令莅县也，暂闻未周，今幸告余以所不知，岂庸迟以从事？"告者退，复如其请而履勘焉。店子村民有以操舟为业者，规河溢渡道之利，抠衣免冠而奔告曰："民力惫矣。贤侯之成梁东道，既有成功，盍以南道俟来哲？"余折之曰："民力惫者，谓有令甲夫里之征，不以其时，非民所利也。今西南西鄙惮于泥淖之涉，各出其力以成一桥，三时不害，劳暂而利倍，民恐吾之无多功也，何惫之有？夫跖菱藕、载蒲荻，由柳桥而利建，由利建而湾头，达东西之渡者，子之利也。若乘秋潦，水害吾道，代由庚以操楫，由湾头至城，桥济南北之涉者，非子所宜觑也。子其退治汝舟，无落吾事。"其人去，乃计土方，具畚挶，审高卑，判勤惰，逾二旬而葳事。桥广一丈几尺，高一丈几尺，路广如桥高，让于金桥十之几。西郊之民复进而请曰："请勒石志之，并谋岁修若干。"爰述其颠末如此以畀之。

卷五《风土志》选

禁以幼男娶长女文

〔清〕周壬福

照得男子壮而有室，女子及笄而嫁，必年岁相当，则两好无猜，永卜偕老，此定理也。乃尔民每以十一二岁之幼童娶十八九岁长成之女，虽诗礼之家不免焉，是爱子而适以贻害其子，爱女而直以陷溺其女矣。本县到任数月，以霸女嫌夫具控者已三十余案。推其故，皆因婚娶时男未及岁而女已长成所致。本县有父母斯民之责，此婚嫁大事，所谓生民之始、万化之原者，不敢不严切训诫也，为此示谕阖邑绅士军民知悉：

嗣后两家结婚，男长于女则可，女之长于男者不得过两岁，男子必十六岁以上方准迎亲，有女者不得贪图财礼，以长成之女而配幼婿。即或父母之年已老，只准领童养之媳，俟彼此及岁，方为合婚，俾青年敦静好之缘，斯白首无参差之见。自示之后，如有仍染旧习者，必将两家主婚之人照例示罚，以期永挽颓风，勿谓言之不预也。抑本县尚有敦劝者，姑之与媳，本以义合，欲为媳者孝顺其姑，必为姑者亦爱怜其媳。此间风俗，竟有凌虐其媳以为能者，此又自致乖戾之由，而家长不能辞其责者也。本县爱民心切，愧无善政及民，尔民则敬爱长官，日以亲昵。一邑之大，未能入家家之室而代为之谋，盖有眠食不安者，用是不辞烦琐，苦口相劝，并撰歌谣三则，俾易传说有子者无为早婚，有女者无嫁幼婿，为姑者无视媳如仇，庶几家庭和顺，永绝勃谿，数年之后，必以本县此言为足感矣。

尔爱尔子，勿为早婚，早婚乃是祸殃根。壮而有室古所训，长女少男不可论。

尔嫁尔女，勿配幼婿，嫁女原为好合计。童稚何知夫妇情，年岁相当免乖戾。

尔训尔妻，勿得虐媳，他为媳时当记忆。己所不欲勿施人，姑爱媳兮媳亲密。

卷十一《人物传》选

王缵传

〔明末清初〕李焕章

王缵，字绍述，博兴诸生也。其曾大父某为邑令，甚严，家贫。至缵时无田产，为人佣耕，陇上读业，人笑之，缵曰："兒御史不带经而锄乎？"有过而怜之者，遗之粟、衣、絮。缵再拜谢曰："仁者之惠，非不感而佩，但我清白吏儿孙，肥其躯而违先人志，弗安也。"辞不受。久之，补弟子员，试皆高等，食廪饩。买破屋饰为塾舍，教授里中子弟，不计月俸钱。室供陶靖节、周濂溪、林和靖，而植莲种菊蓄鹤以志所慕。又注皇甫谧《高士传》、黄姬水《贫士传》。负土凿坯，筑颜阖处士苑堂锦秋湖中。罢举子业，有劝之者，缵曰："天下会当乱，吾辈无死所矣，曷进取为？不见偾家国事者皆科目中人哉！"甲申，闯寇破京师，缵跣足哭三日，诣学宫，弃衣巾，谓其家人曰："国破家亡，草莽之臣义不当死，我其长往，终不顾妻子矣。"去十年，家人觅缵消息不得。一日忽还家，语其宗族曰："昔某去时，急未得辞祖宗父母坟墓，与负罪而逃者何异？我不可以已故辱我先人。"乃具牲醴镪帛，泣拜墓下，告以文，其略曰：

某为明诸生，食廪饩，比于庶人，在官之禄虽微而贱，不得援君忧臣辱、君辱臣死之例，不忍列于编氓，为室家谋。井中之心事未忘，方外之游踪可托。某其脱青衿、着黄冠，从海上安期生、成连游不还矣。

又二十年，里中有适劳山者，见缵偕二三道真自天门后下，神气清逸，目棱棱有紫光，自述丹成期当冲举，且曰："为我告里人，我今与林仙翁、齐本守诸仙人往来三神山。君勿执儒者言，谓神仙之说荒诞不足凭也。"遂去，不知所终。

卷十二《列女传》选

张廷相妻刘氏传

〔清〕侯金锡

刘氏，张廷相妻，诸生刘其武女。年十八夫亡，有遗腹。恐触舅姑恸，哀泣有节。诞男未龀而夭，舅姑大恸，氏进曰："天命，人何能逃？但祈大人春秋无恙。子职妇能代也。"姑曰："言可长信乎？"氏正色曰："大人不人我而禽我。"遂啮指流血，指天以自誓，姑乃安。后叔某生子志参，舅命以嗣廷相，氏抚若己出。及舅姑老，而叔析居别院，氏侍疾尝数月不就寝。志参就傅，氏以针黹纺绩供束修，指冻裂，衣百缀，泊如也。志参为诸生，同学某为母请旌，氏知之，戒志参："节者，妇人分固尔，孝则吾何敢？勿邀名。"事终寝。乾隆五十四年，年七十一卒。

侯金锡（生卒年不详），博兴人，生平事迹不详。

顾完修妻王氏传

〔清〕刘允泰

王氏，贡生王大河女，敕赠儒林郎顾完修妻。归完修五载而寡，遗孤海犹襁抱。氏奉舅姑孝谨。姑没，舅武生魁选以老传家于氏。垂三十年，综理无不当意，舅若忘其丧子者。邑人谋为请旌，以告舅。舅曰："吾所愿也，而妇不愿。"众曰："不愿者，妇之让也。而舅愿之者，孝之实也。"遂去请诸官。旌下，魁选以余与闻，来谢，曰："吾今不负吾贤妇也。"既退，余谓客曰："顾氏妇何以得此于其舅哉？"客曰："余闻之矣，耕责奴，织责婢，内外肃然，相安于日用之常，无奇能也。"余曰："有是哉！乃今而知顾翁所由忘丧子之痛而乐，有贤妇也。"《诗》曰："无非无议，惟酒食是议。"中庸之行也，民鲜能久矣。遂书以为之传。嘉庆十八年旌。

刘允泰（生卒年不详），山东莘县人，恩贡生，嘉庆十八年（1813）任博兴县教谕。

卷十三《杂志》选

《剩赘录》选

〔清〕贾昉

雍正八年，岁次庚戌，六月二十三日，县主姬调阳祭马神，使人来命作对联、题匾额、演剧。予题匾额云“倾盆”，盖义取唐明皇取名马四百，衣以文绣，鬃系金铃，步中金鼓，其作词曲名“倾盆”也。谁知竟成谶语——是日大雨倾盆，至二十七日五昼夜不息。民间房屋尽倾，田禾没尽。章丘、邹平、长山、新城、临淄、益都六县山水停积上山不流，望如白马，各山乱奔，及一涌而下，各县近山村庄尽渰没，人民死者不计其数。至二十八夜间，锦秋湖雨中如明灯数百炬。六县之水，归于博兴，水势涨天。湖边居民携妇子逃走城内，惊传城南水势暴涨不流。余至南关看水，见姬公家人，余言：“宜效钱王射潮，用火炮、弓矢与水怪战，庶水退也。”姬公不可。西门桥惊云有龙蔽水。余又言：“宜用箭。”姬公复不可，惟桥旁焚香祈祝而已。是夜，暴雨不息，城之不没者仅三板。城内妇子号哭无计，惟坐以待毙。幸天明雨少住，土屯城门，水竟未进城。①

① 原注：按，唐曲名“倾杯”，昉误作“盆”。

小清河说

〔清〕张汝夔

小清河，伪齐刘豫导济水通海以兴鱼盐之利者也，宽深便舟楫，利益颇多。前人亦皆有说，载在邑乘矣。自金皇统八年，高苑县令高通因水坏城郭，改入乌龙，即今自军张闸至博兴湾头庄，俗所名“干河”者也，上流淤断，故今小清河以章丘东南之东岭、长白二山为发源，经章丘、邹平、长山、新城、高苑、博兴、乐安，由淄河门而入海，其大势也。后大府因西水来源既大，又加以南来孝妇、范阳、郑黄、乌龙、汉湊等河，每遇夏秋霪雨连绵，水势汹涌，合麻大、会、后等湖，并入小清河，岸决而田庐漂没，博、乐二县告灾无虚岁。爰委员履勘，于乾隆六年大开支脉以杀水势，俾长、章、邹、新四县之水汇清沙泊者，总由闸口入支脉，是为小清上截；博山、淄川、临淄、长山、新城等河会麻大、乌龙者，为小清下截。断而为二，成上下分消之法，前人最为灼见。而中间干河之名，由此以起。然自支脉既开，上流之患，患在冲决，施力较易；下流之患，患在壅遏，施力较难。何也？干河迤东，乌龙下流，自湾头至柳桥，稻田广阔，河岸最为紧要。大府加意于此，非有偏私，势使然也。自柳桥又东，至乐安新桥，则上截支脉仍与下截之小清、乌龙诸水合流，由淄河门而入海，名受五县之水，其实九县之水奔赴汇聚于此也。上游之水渐杀，下游之水渐长，河身不能容，必至横溃宣泄无路，必至倒灌。虽博兴堤北稻田无害，而堤南近河十余村积潦停蓄，经年不消，乐安之沿河居民更无论矣。前经委员知州朱履台查勘，会于乐安草桥筑坝，议开两大河以泄上游之水。上宪亦嘉其议，但需工费银八万有奇，因而中止。此前小清河之为患大势然也。夫草桥之工既不能施，而河势至今亦有小异。支脉既卒与小清会，则浚支脉，借以疏小清，亦未始非术也。支脉在县治以西，河堤足以束水。县治以东至王文庄，河底不能一律深通，堤岸矮薄，已不能不需修筑。自王文庄至宽阔梢，渐无岸埌，群水乱流。故至乐安新桥，而极北之支脉与极南之乌龙，并合流而为乐邑害也。水势既众，当宽深以导之。乐安近河之民，苦其昏垫，未尝不欲开掘使之畅流，但以数十里未开之平地，骤为浚导，人少工多，势不能办。欲动阖县之夫，又以害不切身，巧生阻挠之计。博邑势在上流，即岁加疏浚，亦徒劳无益耳。盖尝闻之：治水者先治下流，而后上游可施工法。当力陈上宪，委员履勘，将河身之在乐安者，丈其里数以计工程。如果工程浩大，不得不宽其时日，可先令附近居民按工兴作，责其速竣。路远者不便，亦可酌出资以助工。如此，则附近贫民可以得利，远民不苦需索。待之二年，可以成功，则泻水有路矣。其在博兴者，袤延百余里，亦应计里派工，分数十节，拨用近村之夫，以夫力之多寡，定节数之短长，既便民，亦可速竣功也。派定，俟来春水减，自下流次第截作横坝，水不日可涸，河底显露，拣其阻水者，并力浚之，倍易为力，按节行之既可。早济事，亦不妨农。俟上下流一律深通，然后再将矮薄堤岸以渐筑使高厚，二年亦可底绩。此一劳永逸之计，非仅仅补苴罅漏之为也。是在留心民瘼者。

张汝夔（生卒年不详），字虞佐，号钧庵。博兴人，乾隆间拔贡生，博涉群书，有干略。因母多病，习医术，遂精于岐黄。时支脉沟下流壅塞，沿河多苦之。夔备陈排河救民之议，官纳其方。

民国二十五年《重修博兴县志》选

（选自张其丙修、张元钧纂《重修博兴县志》，济南文雅斋印刷局1936年铅印本）

序

《重修博兴县志》序

张其丙

博兴在昔为蒲姑旧壤，太公五世孙胡都蒲姑，后乃徙临淄。汉初为博昌县，属齐郡。武帝后属青州，后唐改称博兴。以今地舆证之，东濒广饶近海，西联高苑，南邻桓台、临淄，北接利津、蒲台，实青郡边陲之要区。其间疆域之沿革，人民之辐揍，物产之丰盈，与夫政教之得失，固官斯土者所宜周知而熟计也。其丙以乙亥秋月承乏斯土，莅任伊始，亟取邑乘读之。其书为道光时教谕李君所纂，距今已近百年，往古之事虽具，而近代之事则阙，文献无征尽焉，伤之。适奉省令饬各县续修县志，已由邑人王君凤山、王君毓檀分任编纂，草册粗具。窃虑一隅之见，质之通都大邑，未必悉有合也。爰携原稿至省，就正省府秘书任君奉刚，以公冗介绍历成耆儒张君幼坪司其役，考据润色，删繁就简，自春徂秋，方告竣事。其丙覆阅之，视初稿周备整齐多矣。窃因有感焉，博邑之有志，始自前明陆君南至，洎有清一代，康熙时万君云修之，李君元伟修之，道光朝知县周君壬福、教谕李君图复重修之，其人皆服官于此土者。其丙自愧不文，斯事无能为役，顾念昔日诸君修志时，皆值国家承平无事，民康物阜，得以政事余暇，启发篇章、校理秘文以润色鸿业。兹则非其时矣，承政体改革，而后地方多故，元气未苏，司民牧者，瞻伤察创，修废举坠，仆仆焉日事奔走，抚字催科，案牍劳形，无片刻休，岂复能得暇召集邑中耆旧，相与征文而考献。邑志年久失修，其来殆有渐矣。今幸时局粗定，年岁丰稔，而重修邑乘，得于此时告成。邑中近数十年事约略悉载，禀古酌今，体例备具，俾后之览斯志，无缺而不备之憾。而其丙两年来备员兹邑，得免陨越以贻羞者，亦借是可考见一二，此可告无罪于邑人已。抑又思之，县志失修既久，以一二人之见闻，追述百年以前事，挂漏讹谬，均所难免。日居月诸，事类积薪。后有好学深思之儒，宜及时为之，勿令历时逾久，如今日搜辑之为艰，此又余之厚望也夫。

中华民国二十五年十二月，博兴县县长云南石屏张其丙序。

张其丙（1894—1972），字蔚棠，云南石屏人，毕业于日本成城学校，曾任山东省政府秘书等职，1935年任博兴县县长。在任期间，疏浚小清河，修缮县署，设定积谷仓办法，改革教育，为博兴发展作出重要贡献。

卷二《河渠志》选

疏凿新清河始末记

〔清〕秦奎良

乐安本为济水入海古道。前明以来，济分为二，自鱼山导源，经东阿、长清，会济南七十二泉之水，东北流，由利津入海者，谓之大清河。由章丘绣江河之水东流，会邹平、长山、新城诸县水，经乐安之淄河门入海者，谓之小清河。嗣大清河日益深通，章丘东迄邹、长之水均入之乐安，小清河惟受新城孝妇河之水东入于海。其新城、博兴界锦秋湖之水，遇伏秋盛涨，由军张闸北溢，则以支脉沟为之宣泄，东流至近海之处，仍汇于小清河，由淄河门入海。此其大略也。清咸同之际，余所及见者，大清河已为黄河经流，而历城、长清南山之水由玉符河至长清之北店子入之，济南七十二泉之水由雒口、堰头分道入之，章丘之绣江河、邹平之孙镇河由齐东之东西境内入之。迨光绪之初，黄河浊流淤垫，日以高仰，各水入口之处时虞倒灌。岁甲申，新宁陈公俊丞抚东，兴筑黄河大堤，各水口尽行堵塞。乃于历城、章丘诸县境内挑挖新河，导清水入支脉沟，东趋于海。无如新河窄浅一线，支脉沟地势高亢，水流未畅，淄河入海口门既甚狭隘，而海滨潮流经久漂出蜃蛤等壳，积如高陵，复为障碍。因之一届伏秋霖雨，历城之北园、章丘之张家林，东而齐东、邹平、长山、新城以及高苑、博兴，有如乐安之石村、桓台等处，水停聚如湖淀者，几以十数，民生其昏垫矣。维时尚书常州盛公方任登莱青道，高、博、乐为其辖境，每年筹款赈助灾民。其济南所辖各县赈务，则由巡抚张公集款办理。光绪庚寅冬，盛公以施赈非久长计，商请巡抚张公疏凿新河，议定自高苑东至海，盛公任之；自新城西至玉符河口，张公任之。岁辛卯，盛公先疏凿下游，功甫竟而张勤果公薨逝。壬辰，盛公复任上游新城至玉符河工程。计自玉符河东讫于海，共工长五百里有奇。两年共用工款银七十四万两，其款以沪绅商所集义赈居多，而山东京官联名函请各省督抚助赈东境灾区，其款之汇集于东海关道署者，银数几于三十万，亦于此工用去。余于疏凿新河，与闻其议。辛卯，下游工程盛公拟派分任工段，当以本籍诸有未便力辞。壬辰，疏凿上游，已承允分任工段矣，竟牵于热河赈务，未果到工。乙未，黄河南岸郭家寨漫决，九月堵筑合龙。不旬日，漫水顺由新河入海，非复如畴昔之积水经年矣。时盛公已移任津海关道。冬初，余奉委回东，勘估修补新河南岸堤工，自海滨之八面镬庄起，溯河履勘长堤，存者仍之，缺者补之。经两旬而至玉符河口，估计通工应用银三万两有奇。丙申，以严君任其事，计先后共用工款银七十七万两有奇。伏维自新河成后，斥卤化为膏腴，沿河村庄遂以富庶，官、冈两场之盐借以运输西上，行销省西及豫北各地方。岁有丰歉，海东奉天及黄河上游之粮均可往来接济。至盛公之主任开河，具有精心大力，亦无待于揄扬。惟疏凿之始末，亟应撮举大概，为我沿河绅民告，俾得共知。当时与于此役者，总理收支工款为丹徒严君作霖，相视应行河道、提调工务为桐城何君景贤，分段监督工役则吴县叶君溶光、桐城章君兆蓉、江阴高君诚斋也。

秦奎良（生卒年不详），字庆臣，山东乐安（今广饶县）人。光绪举人。以直隶州知州擢用，补直隶延庆州知州。后被忌者中伤罢职，以著书稽古自娱，有《闲庵文存》印行于世。

麻大湖考

〔清末民国〕傅振寰

麻大湖系孝妇河、郑潢沟、潴龙河、涝淄河、乌河众水下流所汇而成，中隔金刚堰分为二：堰迤南曰“新城麻大湖”；迤北曰“博兴麻大湖”。《青州府志·山川篇·高苑志》载：“麻大泊在高苑、博兴、新城三县之间，俗名‘官湖’，又名‘锦秋浦’，即鱼龙湾。周回五、六十里，蒲、苇丛生，芙蓉如锦，亦一大观也。”夫府志不曰“麻大湖”而曰“麻大泊”，以非麻大全湖也。又曰：“俗名‘官湖’，以其跨在三县之间也。又曰‘锦秋浦’，以其风景如锦秋湖也，又曰‘即鱼龙湾’，以其在金刚堰北，系麻大湖之一半也。”往昔，入此泊之水系孝妇河主流（入湖之口名曰“坝头”）与郑潢沟北支流（入湖之口名曰“于家堤”），故《桓台新志·方舆志》载：“郑潢沟北支流，由于家堤西北行径唐山村，复歧分为二：东由小邢家庄北径前后七里庄，至诸葛庄入湖。其东支流则入新城麻大湖。”《新城旧志·方舆志》载：“郑潢上流泛溢，则城东为壑，故作堤捍之是也。”自此，郑潢沟之支流折而东入时水。故《新城旧志》又云：“往者邑殷富，自知县王秉彝分郑潢东入时，而民日贫。”新人有见于此，又于城东北十八里筑埠以防郑潢下流，名曰“吕家埠”，《新城旧志·方舆志》载“吕家埠，盖土人筑以防郑潢水下流”者是也。自此郑潢下流专力于北，至新城之高王庄折而东，由麻大湖中间径流金刚堰上而成河势，至华沟入新、博、高三县间之麻大湖。该湖来源既有孝妇主流，又益以郑潢下流，水大难容，时常溃决（如本县湖滨孟家桥、逯家桥中间，龙王庙子中间等处），淹涝广饶、寿光等县。下流告发，上宪申斥，故博兴长官于详文、呈文内多有“新城麻大湖”字样，实指华沟迤南之麻大湖也。

傅振寰（1881—1943），名保清，字联席，号振寰，又号湖中居士，博兴人。一生热衷于教书和为民办实事，被尊为乡间豪杰，是博兴学堂倡导的先驱。

金刚堰考

〔清末民国〕傅振寰

金刚堰，《新城旧志·方舆篇》载：“堰在锦秋水中。知县赵文炳立石以分新城、高、博之界，在清凉台北。”今台既废，而堰又湮没无存，惟郑潢下流冲刷而成河岸且在华沟迤北者，仿佛近之。《新城旧志》谓：“今华沟，即古鲁连陂也，在锦秋湖北岸（指新城麻大湖），旧传鲁仲连隐处。邑人王象艮卜筑其上，榜之曰‘鲁连遗清’。”意者，“鲁连陂”即金刚堰欤？“遗清台”即清凉台欤？鲁夫子不帝强秦，义气凛然，有金刚之坚。宜其死后遗陂，横亘两湖，能捍御水患也。试立台上，则清风徐来，尤想见夫子之遗风焉。今华沟庄、北闸庄（属高苑）之南有台曰“清凉台”，又曰“青冢庙”，内塑鲁仲连、诸葛武侯、苏东坡遗像，故又名“三贤祠”。呜呼！今之台非古之台欤？试自吕家埠北行至荆家庄，折而东至五刘庄，又东至傅家庙，又东至华沟，至鱼龙湾庄，至起凤桥庄，越时水，至牟庄，横亘麻大湖中，俨然成一大堰，此即金刚堰之旧址也。今桓人欲湮没金刚堰旧址，故于《新志·文献篇》载其本县知县彭绍谦《新、博、高、清界详说》云：“金刚堰在锦秋湖水中者，堰之西所由起也；在清凉台北者，堰之自东而南所由止也。”又云“清凉台在会城湖中”，是桓人明知金刚堰为新、博分界，而又将清凉台移于会城湖，意图侵占会城泊，不暇西顾也。金刚堰究在何处，明眼人自知之。

会城泊考

〔清末民国〕傅振寰

会城泊，《青州府志·疆域篇·博兴县境全图》亦曰“会城泊”。《博兴旧志·河渠篇》载：“会城泊在城东南五里，新、博两县分壤。”《新城旧志·方舆篇》则曰“会城湖，俗曰‘泊’”，是“湖”与“泊”一而二,二而一也。该泊东逼汉溱，西逼乌河，北入小清，自预备河疏浚后乃涸为平壤。今其最深处尚堪行舟，名曰“龙湾”，在吾博湾头庄南，新城王象春《北湖游记》云“龙湾南水底有石闸，篙触之洞洞然”是也。湾头在该泊西北角，当时水、龙湾入小清河之口，故名“湾头”。自湾头庄东行至板桥庄，又东至陈家漏，折而南，越小清河，沿会城泊东滨而至河东庄，又南至院庄，越预备河又南至安家庄，皆属博兴境。迤东名“会城坡”，亦属博兴境。自安家庄折而西南，沿会城泊南滨至巩王庄，西行至牟庄（即牟家寨），又西至起凤桥，折而北，沿时水东岸北行至夏庄，又北至张家屋，即金刚堰之东端也。

锦秋湖考

〔清末民国〕傅振寰

锦秋湖在县城东南角下，今涸。其命名取义原委已详邑乘，勿庸赘述。按《青州府志·山川志·博兴山川志》载："锦秋湖绕南城下，支脉沟汇入其中，芙蓉菱芡如锦，元中统间，邑人建亭于城上，今改建湖中。俗以'麻大'作'锦秋'，似误。"是"锦秋湖"之在博，确有证据，而"锦秋"之非"麻大"，亦勿庸赘辩。独《新城旧志·方舆志》载"锦秋湖，俗曰'马踏湖'，又曰'官湖'。去县东北五十里，在时水西，居新城、博兴、高苑三县之间"，并引元人于钦赋诗以实其名，引其邑人王象春《北湖游记》以实其形势，是直以"麻大"作"锦秋"耶！其谬误已被《青州府志》所指摘。况元时淄、时、般、泺诸水汇入马车渎以入海，博兴宛在水中，舟楫交通，鱼稻成市。于钦过此，爱其风景绝类江南，赋诗亭上（即邑人所建锦秋亭），有"霜风收绿锦，万顷水云秋"之句，其为博兴锦秋湖而咏，可以断定。至王象春《北湖游记》，因初游系自吕家埠遵郑潢沟之委流而东，其文曰："及暮止，届诸葛庄东望，华沟邈在天末。询之黄头，云：'此湖如葫芦，今所到至自颔及项，去中隔与其阔腹尚远。'"盖指马踏、会城言耳。不知黄头之所谓"葫芦颔项"是指华沟迤南之麻大湖而言；所谓"葫芦阔腹"是指华沟迤北之麻大湖言；所谓"中隔"是指华沟迤东之华沟庄、鱼龙湾庄、夏庄，华沟迤西之傅家庙庄、五刘庄、荆家庄，因其紧束两湖，如葫芦中间之细腰而言。故其二次游湖，自巩桥发舟，遵时水北行二十里许，始西转入湖。其文曰："北视博姑城才十里，舟高于墉数尺。城之南门有亭翼然点苍，曰'锦秋亭'，元中统间邑人所建。"是王氏此次所至，不过立舟于鱼龙湾庄北，锦秋湖只在其望中耳。锦秋湖之在博兴，于王氏游记亦足证明。更可异者，《新城旧志》误以"麻大"作"锦秋"，既如上述。而其《新志》附《桓台县境全图》，于麻大湖南滨，华沟东西一带庄村迤南绘一湖泊，周回与麻大湖相等，注曰"锦秋湖"。不知此湖系桓台境内郑潢沟、猪龙河下流所汇而成，即王象春初次所游之"葫芦颔项"

也，与麻大湖息息相通。以故华沟东西一带庄村迤北，博人称之曰“博兴麻大湖”，桓台人称之曰“北湖”（详见王象春《北湖游记》）。华沟东西村庄迤南，桓人称之曰“锦秋湖”，博人称之曰“新城麻大湖”。是一湖也而二三其名、一名也而二三其地。故余于“锦秋湖”并论之，以备参考。

桓博两县控争麻大湖界呈文二则

桓博两县控争麻大湖界一案，起于民国七年十一月，屡经省委履勘，迄未解决。摘录呈文备考。

公呈县署，请咨桓台严重交涉，以维学款文

〔民国〕佚名

为公同呈明绘具图说，恳准严重交涉，以维学款而正国课事：

窃查我博南境麻大湖，一名博兴湖，周环六十里，跨博、桓之间。惟在我博境地，原系有粮地亩。前于道光七年勘明界址，归入书院，大亩六顷零七亩。光绪元年，郑前县会勘无异，悬诸匾额，以备考查，并立有碑碣，以垂永久。所有该地粮银在普济堂名下，历年由县垫解。讵职等奉谕前往查丈此项地亩，仅得大亩七十余亩。其西、南两边未经垦租放之地，尽被桓台县任开宋、张锡畹、崔琳暨张锡畹之弟张锡盼等侵占。缘该地西、南两边前年未经招垦租放，无人过问。自书院改为学堂，此项地亩均由校长一人管理，他人不得预闻，遂被该县任开宋、张锡畹、崔琳暨张锡畹之弟张锡盼等蚕食殆尽。自去岁该地改归劝学所款产处管理，正拟呈请咨请该县会勘丈清以维学款。兹奉该县咨请，定期会勘划清界址前来查。该湖旧境占我博三分之二有奇，故又名博兴湖。前清初年，该县城里王兵部司马丁盛时，恃伊威力，硬将博湖南境霸占多半，故该县县志又改名马踏湖。此后插蒲植苇，据为己有。至今父老犹相传闻，矧蒲苇为物，不秧南而秧北。该县霸占地亩，又历年随蒲苇而北侵。今该县来咨，有“任开宋、张锡畹、崔琳等承领水荒补助学费，业经王前任批准有案”等语。查该王前任于民国四年咨称“蒙山东省长令，准任开宋等承修大泊

余地”等，因捏造命令，私行招垦，应据情呈请上宪，以辨真伪。且查该县现有地亩，已占全湖三分之二有零，有何余地之可言？按我博该湖学田原额普济堂银粮正数，即将任开宋、张锡畹、崔琳暨张锡畹之弟张锡畛侵占我博地亩和盘托出，犹有不足，况我博境地原为有粮地亩，更有何“承领”之可言？兹据来咨，理合公同呈明，绘具图说，恳请力与该县交涉，以维学产而正国课，则阖邑感德无既。谨呈。

呈济南道尹，请调双方民契，清丈划分湖界，以昭公允而息争端文

〔民国〕佚名

为披沥陈诉，公恳鉴核并调双方民契，清丈平分余土，以究真相而昭公允事：

窃查麻大湖跨博兴、桓台、高苑三县之间，高苑坐湖之西北，桓台踞其南，博兴在其北。博、桓两县除湖中，其他庄村并无界址、轇轕不计外，其争点所在，则为博境傅桥、毛园等沿湖六庄以南，桓境鱼龙湾、滑沟二庄以北之地。该地面积东西约五六里之谱，南北约十六七里之遥。鱼龙湾、滑沟二庄民地自南而北约占八里而强，傅桥、毛园等六庄民地自北而南仅占三里而弱。然无论属桓属博，要皆有粮、有契、有业主，人民执契完粮，永远为业，无论何人，不能分外干涉，实无问题之可言。惟湖之中央，昔年明水一片，东西长如前数，南北长约五六里。水深不毛，古称国家余土。博人素极怯懦安分，从古及今，未尝分外侵占；而桓人则虎视鲸吞，侵占无已。又湖中地势，南高北洼，溯自光绪年间开濬新清河以来，湖水逐渐向北退落，桓人即逐渐向北吞噬。今湖水全行退落，昔年水荒，尽化良田，而桓人已将国家余土囊括无遗。计其所占有之学田，如上池子、中池子、下池子、旧开垦地、新开垦地等等地名，将及十余处，地数不下数万亩，年得租金至三万余元之巨。而博兴则除旧有八户地、胡家地两学田厕在民地夹缝中，地数六百余亩，年得租金不到五百元外，前项国家余土，实未沾润分文。即傅桥、毛园等庄民地以南旧有之桥庙地，南北阔二百五十八步，即姜案所谓“重复地”者，亦为桓人占压无余。伏思博、

桓两县，同隶国家版图，两县人民，均是国家赤子，法律本属平等，彼此岂应歧视？何为该湖中央余土桓人完全占有，而博邑不得分毫？事之不平，宁有过于此者！兹率我仁宪大人旌麾莅止，日月光华，无幽弗照，县民欣幸，不图于阴霾黑暗中得睹青天。恳饬桓、博两方，北自傅桥、毛园等沿湖六庄，调齐民契，向南丈量；南自鱼龙湾、滑沟二庄，调齐民契，向北丈量。除两县有契民地仍归民有，别无轇轕外，其民契以外之地，即湖之中央昔年水荒、今化良田处所，无论桓人已占未占，均属国家余土。该湖既在三县之间，该余土即应为两县或三县所公有，本一视同仁之意，为公平处置之方。恳令两县或三县平均劈分，划定界线，永免争端，以昭公允而息纠纷。无任感激待命之至。谨呈。

汉溱河说

〔清末民国〕魏锦林

河身贵洼不贵高，河流宜畅不宜阻。汉溱河之地势既高，而其流又曲折回旋，阻而不畅。数千年来，但闻其害，不见其利。现除东鲁一乡引沟溉稻数顷外，余悉受患无穷。况河势南高而北下，故北有岸而南无。春冬之际，晏然无恙；一遇夏秋霖雨，则泛滥茫茫，一片泽国。而临淄西北一带之支流小港，又皆势如建瓴，一涌而灌注其中，我博沿河二三十乡，胥有其鱼之叹。是固关心民瘼者所不忍睹也。闲尝历勘形势，自清光绪十四年大水，由初家桥东溃决北岸，历兴福镇西偏直入一沟，不二十里至柳桥，南注预备河。现此沟已成河形，沟底多不通车，行路皆傍西岸。诚有牧民良吏，亲履查勘，具禀上宪，相其势而利导之，则造福于我博南境，庸有既乎？或谓“如此改革，则东鲁之稻田将废，北寨之水势难容”。然诚于初家桥决口建一石闸，水势杀则封闸，可以资灌溉；水势涨则启闸，赖以速宣泄。于东鲁稻田，固无恙也。且预备河西自苑庄本系收汉溱之水，至北寨则下流迅急，河身之冲刷既宽且深，又迥非三十年前可比，汉溱改由此入于北寨，亦无损也。利害所关，权度轻重，有识者当具灼见，刍荛之言，是否有当，惟爱民之君子裁焉。

魏锦林（约1870—1953），博兴人。在清为庠生，民国续修县志，列名采访员。

西姑乡陈户店六社人民代表抗拒蒲民李和畅开沟宣泄积水禀折（民国十一年）

〔清末民国〕贾周南　王怀琦

一，原禀所称“积水系黄河堤外之浬水”，夫浬水，自大堤浬出，其性咸寒，能将二三里内腴田浸为荒碱。若令决放民处，民处之地变为荒碱，是为嫁祸，则不恕之甚。且此水渐渍渐出，即将民处之地尽成浸壤，而伊处为浬水之源，亦万万不能涸竭，是徒害民处，仍无益于伊处，又不智之甚。

一，前清治河者，均将近堤赋役奏免，原为存贮浬水之地。若再决放民处，是坏有粮之膏腴，以救无粮之荒碱。再免粮则病国，不免粮则病民，将何以处此？

一，自蝎子庙至道旭庄，仅二十里。若欲将此水放出，须挑过蒲境三十五里许、博境二十九里许、广饶十七八里许，方可通入支脉沟，损十济一，殊属非计。况支脉沟现皆垦种，按亩纳租，已非永远流水之处。

一，原禀言“水绕大堤，时难抢护”，是夸张其害之大。其实黄河开决，动关数县性命，决否均有天命、有神力。查以往决口等处，其理显然。不然，何以蝎子湾至道旭等处，危险已经多年，竟未开决一次？

一，原禀言“仅平孙家岭即可通泄无遗”，是形施工之易。此皆砌词虚哄，耸动上听，图遂壑邻之计而已。其实自道旭至支脉沟，八九十里，高低不等，概皆耕种之地，绝非流水之区。无论挖长百余步之引水沟，于事无济，即令挖万余步、极之十万余步，恐阻碍仍多多也。

贾周南（生卒年不详），字子京，博兴人。早年在青州、临朐等地任教，返乡后任私塾先生。性豁达，喜作诗饮酒，通晓法律，经常为村民调解矛盾纠纷，并用所学法律知识为乡邻讨回公道。著有《论孟知新》等。

王怀琦（生卒年不详），博兴人，生平不详。

呈为开沟嫁祸、以邻为壑，公恳转呈以防水患事[①]

〔清末民国〕佚名

呈为开沟嫁祸、以邻为壑，公恳转呈以防水患事：窃闻蒲台县乡长赵凤山、镇长李有荣以疏浚青龙、宣泄马洼积水等情，业经呈由建设厅诏准在案。逖听之下，不胜骇异。缘伊所称“青龙沟”，不知出自何志、坐落何方、何源何流、何宽何长？按伊所指，第一路线乃系上通北平、下通广饶大道。惟因年代久远，车轧马踏，形势较为低下。该道前于民国十九年曾蒙厅令，施工修筑，以通汽车。其为往来孔道，绝无疑义，岂容开为沟渠，致碍交通？所指第二路线，似在阎家一带。自西而东查该处三十里以内均系平原，并无河流可资宣泄。平地挖沟，水无出路，一方得利，一方受害，博邑民众断难忍受。为此公请鉴核，转呈建设厅收回成命，以恤民隐而戢奸谋，不胜感激待命之至。

卷四《庙学志》选

重修博兴县庙学碑

〔清〕梁廷揆

德宗景皇帝御极之三十一年，特颁谕旨：升孔子为大祀，庙覆黄瓦，祭器均易黄色。孔子至圣配天，故以尊天者尊之也。惟是博邑圣庙修经百余年，阅时久，渐就倾圮，旧贯不可仍，则需款益巨。时寿卿王公适令是邑，邀集绅民，建议重修，捐廉五十金以为众倡，绅民感激，争先乐输，三日间集款

① 编者按：文前作“第三、六、七等区三十余乡镇代表等呈文”。

万五千缗。于是派委栾绅凤书、卢绅之塄、卞绅树棻、高绅东园、王绅执信、丰玉、子玢管理其事。经始于是年九月中旬，或以农忙停工，或以岁荒罢役，凡四历年所，三十八阅月，经王寿卿、白东霖、顾笏臣三公之更代，而功乃垂成。宣统庚戌秋，廷揆来令是邑，下车伊始，首谒孔子庙堂，见大成殿、戟门、明伦堂、东西庠门暨明伦堂前后之厅堂斋舍，翚飞鸟革、巍巍峨峨，则通体改作者也；崇圣祠、棂星门、下马坊廊腰檐牙，翼然焕然，则仍其墙换其顶者也；泮池影路、品台、影壁规模整肃，高下得宜，则因旧基而补葺之、润色之者也。庙貌重新，丹青焕彩，瞻仰之下，肃然动高山景行之思。噫！王、白、顾诸公，栾、王诸君子数年之精神毕萃于此矣。惟庙貌聿新，而祭器不整，不足以昭美备而示敬恭。又，明伦堂为讲学之所，业于该堂前后建厅堂、斋舍以为讲学公所，而堂舍寥寥，多士难容，杜工部“广厦”之咏，今古同慨也。爰与栾、王诸君子踵成其事，于明伦堂后筑东西屋十八间，以广校舍。凡簠簋俎豆之文，金石丝竹之器，旧者新之，缺者补之，心必示以敬恭，事务求其美备。辛亥秋，遂蒇厥事。然后详报上宪，告厥成功。夫孔子之德与天无极，德宗景皇帝以尊天者尊之，岂惟是壮观瞻、崇体制云尔哉？世局愈变而愈奇，圣道亦愈推而愈远。由春秋以至秦汉，封建之局变，而斯道定于一尊。由秦汉以至于兹，闭关自守之局变，而斯道于以四达。子思子言，至圣声名之洋溢，日月照临之地，霜露沾濡之乡，凡有血气，莫不尊亲。数千年来，几以为空言徒托，而终无征信之。一日中外交通，声教四讫，遵道遵路，会极归极，碧眼虬须之伦，将日就于至圣范围之中而不自觉也。有志斯道者，黜华崇实，孜孜于格致诚正之真修，国家多一善士，师门即多一功臣。是则我景皇帝推崇孔子之至意，亦即我孔子垂教万世之深心也夫。

梁廷揆（生卒年不详），字和卿，浙江绍兴人。宣统元年（1909）冬任博兴知县，筹办自治研究所，成立县议、参两会，多所举措，本县教育、实业赖以逐渐发展。

重建锦秋书院碑记

〔清〕李铨

锦秋书院，以湖得名也。康熙五十七年，邑令李公元伟建书院于锦秋湖上，旋就倾圮。乾隆四十二年，攸公万春买李捷宅一区为义学，改名书院。道光二十年，周公壬福重修葺之，复其名曰义学，即今书院旧址也。光绪十一年，王公振箓捐白金二百两，存质库作兴修费，顾事未集而解任去。又五年庚寅，余承乏兹邑，甫下车，值科试，苦无广厦以栖多士。权于县治重檐前搭盖席棚，日炙雨淋，肩摩肘戛，心窃悯之。夫以篇翰云委之地，文笔川涌之场，而顾拳曲其肢体、烦娆其心神，是令凫藻者流不得驰骋见闻、发蕴藏也，于是建书院之议以决。书院旧基湫隘，颓垣败屋，半委蓁芜，诸生辍弦诵久矣，乃与诸生约，月为一课，取所为文，手自丹黄而榜其甲乙。膏火出自田税，奖赏则捐廉酌给之。如是者数年，而邑人皆知向学矣。邑绅王君彤一，笃行君子也，书院公款，胥一手经理之。地租所入，岁约四百余缗，王君权其子母，慎其出纳，节至壬辰春，储钱余四千缗有奇，然以至兴工，款犹未足也。庚寅辛卯，岁比不登，不欲以捐输扰民，又不欲是议中辍，乃捐金首为之倡，并谋之王君多购木石砖瓦，以示必办，而心终惴惴焉惧其难底于成也。逾岁，为壬辰，岁大熟，四乡绅富踊跃输将，不旬日得钱一万余缗。乃属王君诹吉开工，经始于壬辰三月，至甲午九月蒇事。数百年来未有之盛举，至藐躬而聿观厥成，抑何幸欤！然不有王君殚心筹画，众士绅雅意赞襄，胡克臻此书院？地址添置五段，合以旧基，东西计九丈，南北十一丈有奇，栋宇轮奂，巍然廓然。头门外屋三楹，仍未义学，不敢掩前人之美也。建小阁东南隅，颜曰“朱衣”，所以鼓励学者之心，使自奋于功名之路也。诸生朝夕于斯，相与讲其德行，习其文艺，以优游仁义之途。其遇也，鼓吹休明，备国家任使之用；其未遇者，亦敦诗说礼，使乡党之中皆薰其德而善良焉。是则余建置书院之意也。若夫踵事日增，有举无废，则仍不能无忘于后之君子。书院官地若干亩，房屋若干间，桌凳若干件，以及董工襄事者之姓氏，则详列于碑阴，此不悉具。又邑之迎秀门旧有文魁楼，与棂星门相值，楼毁而文风因以不振。十九年夏，仍于其地建阁，改奉文昌。是岁为癸巳恩科，获隽者四：栾凤书、曹紫庭、李士田、李义田也，士田又联捷成进士。形家者言，原不足为儒者道，然阁与书院建于一时，四人者又同肄业书院，而余皆躬逢其盛焉，牵连书之，亦所以志幸云尔。①

李铨（生卒年不详），字少唐，天津人。光绪进士，光绪十六年（1890）知博兴县，二十年再任。学优从政，有守有为，重视文教，疏浚河流，多有善政。

卷十一《教育志》选

详覆财政厅变卖地方官产呈文

〔清末民国〕翟肇适

为详请将本县官产收益暂归地方作为警学经费事：

---

① 原按：李令以名进士宰是邑六载，善政善教不胜枚举。其创修书院，永为博邑师。若生讲学之地，尤为本地人历久不忘。是役筹款用人，李令力予主持，而王绅彤一经营惨淡，劳怨不辞，相与共成此举。越二载工成，复由县捐款千缗，购备木器，并捐置书籍若干种，陈列其中，供士子浏览，其嘉惠士林之意至深远矣。捐置书目，镌石列书院讲堂壁间。原序云："书院落成，诸生游息有所矣，然不得经史以槃深其根柢，子集以陶淑其性灵，则孤陋寡闻，未易轻言造就矣。余深知寒士读书之难，读书而得善本之尤为不易，爰于旧存经史子集中各择数种，置之院中，诸生有忠实学者可来院翻阅以资考证，不准携归私第，俾免散失之虞，诸生其永宝之。书目列后：阮刻宋本《十三经》十二函，计一百八十二本；《皇清经解》四十函，计三百六十本；古香斋《史记》四函，计二十四本；《前汉书》二函，计十六本；《后汉书》二函，计十六本；《三国志》一函，计八本；《二十二子》八函，计八十三本；《古文辞汇纂》一函，计十二本；《唐宋文醇》二函，计二十本；《唐宋诗醇》二函，计二十本；《汉魏丛书》八函，计六十四本。"以上各书并续购若干种，存置院中几四十年。阖邑士子寝馈其中，借资博洽，其盛事也。乃经民国十八、十九两年之乱，杂军土匪肆意蹂躏，至将良吏前贤嘉惠后学之盛举销毁无存，等于秦人一炬，可慨也已。

案查前奉钧厅第三二零号饬，开案查接管卷内，前国税厅筹备处拟定，清查官有不动产领照缴租暂行章程，饬将县境各项官产以及裁缺绿营公产切实详查，一面妥招佃户，核实定租，造册详报等因，计发注册式一纸到县。奉此，当经遵照颁发册式，填注详报宪鉴在案，于八月二十九日奉钧厅批示“据详并册均悉”云云，册存。旋奉第五五二号饬闻令，即遵照部定条例、本省定章一体赶办各等因到县。奉此，遵查县境官有产业，有虽属官产，确系有粮之地，而非滩荡荒田可比者；有论其性质，固属官产，而科其收入，则诸多窒碍者。敬为我厅宪缕晰陈之。

一，将军冢地五百五十亩，盐墩洼地二百八十亩八分三厘二毫，皆系普济堂有粮官地产，一为营厅租种，一为县署班房租种。嗣因设立劝学所，经费无着，梁前令廷揆据学界邑人陈相廷、马惟贞、王西洲之请求，详准，遂全数提作学务经费。地既斥卤浇薄，租价亦寥寥无几，每年所得收益，除民欠暨完纳田赋外，所余仅京钱数百千。此虽属官产，确系有粮之地，而非滩荡荒田可比者也。

又，支脉沟河滩地六百八十八亩一分八厘五毫，新清河岸地二千三百三十九亩二分九厘，此项河地，原挖河占压给价免粮之地，本不应民间再行布种，惟沿河居民任意侵占，此疆彼界，动多争议。禁之，则贫民生计有关；听之，则河堤溃决可虑。适前清光绪三十一年间，奉文开办巡警及各学校，因款项难筹，经各前任招集沿河各庄庄长、首事人等，劝导种地各户来县认租，并论以何人承种，即何人负修筑该处河堤之实，既不得互相推诿，亦不得彼此侵越。干旱，则按亩出租；水溢，则一律豁免。是于体恤贫民之中，仍寓慎重河防之意。以故每年租价，公家所得者仅十之二三，而实欠在民者则十之六七。若一律填发新照、重订租率，即须另款存储、听候指拨，不准稍有蒂欠。如今年霪雨为灾，沿河田禾多被淹没，断无责令民间再行纳租之理。此论其性质，确系官产。而科其收入，则诸多窒碍者也。

知事身任地方，凡整顿租税、清厘田产诸大端，固属责无旁贷，况官产收益系属税外财源，果能整理得宜，实为临时收入之大宗，断不敢妄生异议。惟是地方财力支绌，罗掘无术，此项地租归之地方，则足资补助；归之国家，则无裨要需。筹思至再，惟有仰恳宪恩，俯念地方瘠苦，暂准将此项地租仍归本县，作为警、学各费之用。俟将来举办教育附捐后，即遵照部定条例、本省定章，妥为办理，似于地方要政，不无裨益。除遵饬将绿营官产另案办理外，所有请将本县官产收益暂归地方，作为警、学经费。缘由是否有当，理合具文详请厅宪鉴核。

翟肇适（生卒年不详），字少伯，山东掖县（今莱州）人。民国三年（1914）任博兴县知事。

卷十三《人物志》选

王毓檀传

〔清末民国〕王鸣岐

王毓檀，字鹤侪，邑廪生。静穆寡言，幼聪慧嗜读，弱冠采芹食饩。工翰墨，能文章。清季停科举，兴学校，舍旧从新，为多士倡。主县立小学讲席有年，尽心启迪，多所成就。民国十年以还，地方多故，佐理县中财政，悉心擘画，款裕而民不扰。晚岁家居，值邑有修志之举，聘主笔政。设局以来，显微阐幽，不遗余力，劳神苦思，致废寝食。凡九阅月稿成，竟因劳致疾，力惫弗支。比回家养疴，而病已弗治。卒年六十有一。兹幸志书告成，行将刊印，而毓檀已不及见。爰撮其生平事迹，附诸简末，以俟他年续修县志时有考焉。

民国二十六年一月二十日，同学王鸣岐谨识。

王鸣岐（生卒年不详），字凤山，博兴人。1935年任教育会会长，县长韩锐为其题赠“品学兼优”匾，以表彰其修志之功。

卷十六《艺文志》选

重修玄帝庙碑记

〔明〕于藩

蒲姑阓阓之北陬真武建祠，其来敻矣。第规制湫隘，镉墉不致，偶值苻寇移金身于庄唐，神忽兀然屹焉，群盗惊怖奔溃。义士盖祥辈感其赫爽，乃鸠僝筑台，插云汉雨，不浃旬而壁立千仞，安神栖其上，时嘉靖辛卯也。繄及丙午暨乙卯，年侵台圮，虽高明辈苴葺罅衅，奈岁时滮漫，肖像磨灭，殆不足以端法宫而雄峙一方也。侵寻于丁巳秋，霖霏绵注，台下潴水森渺，假艇栣以济，由是荡啮庙堧，仅存十之七尔。衡姻赵禄、乡耆张选等目击心恫，乃偕北隅之信义者六十余人，结社滋息，互稽会要。甫至辛酉，一纪豫章，坌集磐瓴，山积僦镪，蘘委缘米，廥溢皃刮圬绘之工咸在焉。才尔俶载，适易郡东渠翁视篆兹土，精敏廉能，振废扶倾，辄捐俸米数十斛以属课淬砺有众。经始于嘉靖癸亥，竣落于隆庆丁卯。先翼以殿宇复轩甍栋翚，飞瓦缝鳞，次继之岩廊庖湢，无虑数十楹。次坊以玉虚，扁以宸极，而金碧绚彩于层汉。次之亭榭堿槛，而延袤云构，彻于碧落，洞以通衢之阛阓，缭以垣墙之文石，缋以修炼之圣迹。时一登眺，冥岱寓目，烟霞掩映，垩黝丹艧、峋嶙巉岩之势，宛然武当之洞天也。视曩之窳陋而不轩豁且不贲者，不大有霄壤之判耶。於戏！神以啬积而洞混元妙诀，圣武驶发，汛扫勍鲵，葆黎献遹，禆延熙代于万祀，则功德之报，秩祀之正，宜载祠典，副在有司者也。诸乡耆迨住持高教山，恐久而湮，请锲记于贞珉固矣。予之谫绵，匪两部之竑才，明堂之博雅者，讵克扬厉之哉！特志其颠末，以俟后之鸿笔云。是为记。

大明隆庆元年，岁次丁卯春三月吉旦。

于藩（生卒年不详），博兴人。嘉靖举人。

明进士顾公暨配宋宜人墓碑

〔明〕王象乾

公讳连璧，字曰温，文冈其号也。守正不阿，以直道闻于世。太宜人宋姓，妇德母仪，媲美于公，事皆可志。

按状，公之先直隶枣强，宣德间，名伯顺者始徙博兴。伯顺生俊，世业皐畴，隐居弗仕。三世，为获嘉公玉，以明经起家，贰获嘉尹，天性慈惠，多德政，获嘉人尸祝之，事载邑乘。居家仁厚范俗，宽鄙敦薄，俗为一变。殁祀乡贤，即今所称为“顾佛”者也。玉之仲子讳言，是为公大父。公父乐山公存仁，以公贵，敕赠文林郎。乐山公博极群书，少与伯兄太仆公铎同有声诸生间。公成进士，而乐山公竟艰一第，以成均谒铨，照磨永平。虽卑官乎，所条陈悉当上官意，每檄行之，一时记述大篇多出其手。惜哉大儒之殁，未令世尽睹之也。有子五人，长即公。公幼读书，十行俱下，总角为诸生时，即以气节自负，居平每诵“天理”二字，曰：“知有此耳。”嘉靖戊午，与弟合璧同举乡书，至万历甲戌成进士，令盩厔。会邑豪宦率苍头手杀举人刘某，命公力绳以法。豪固权贵造蜚语中之，且闻于朝，公毫不为动。朝廷知公直，下其事抚按会勘，豪父子竟伏于理，褫其恩命。至今弁大计册首，直声动三辅。然素与豪比者，多从中齮龁之，以是在任八年，剡荐者卅，最考第一，蒙钦宴者再，竟迁嘉兴二守。公怡然曰：“惟天子使，媚于庶人，吾事毕矣，宁问宫崇卑哉？”至嘉兴，益饬平明之政。渠寇某聚众横行郡邑，公以计擒其渠魁，地方安堵。海水泛溢，圮庐舍，冲禾稼，公缮治海塘，俾水有所归，民免漂泊。他如核军伍，清邮传，随事殚心，节解绪理，一时宿弊砉然尽厘，三载政成，直指王公，深加倚重。方提补温处臬签。而公上摄郡事，下兼县篆，积劳成疾，竟而告终，所称鞠躬尽瘁者非耶？后以子太守颐贵，始晋今阶。位不满德，时论惜之。公临事以正，不能俯仰随俗，见义勇于必为，不顾其害，用是数数困于世，然终不以为悔也。

太宜人，邑世家宋公完之女，生而严重，颦笑不苟，宋公爱重之焉。择嘉耦乃归于公，时公尚食贫，母太孺人李家政严肃，太宜人事之惟谨。为脱簪珥易甘脆，曲志孝养，而自茹蔬糠不厌。公同胞弟妹九人，太宜人处之各得其欢心。天性勤俭，每早先家人起，躬亲劳作，始终不懈。公常不问家人生产，而公私内外免于匮竭者，太宜人力也。既从公宦游，时相惕曰："居贱易，居贵难，惟廉惟平，可以涉世而延后。"公廉勤固天性，而太宜人内襄之力不少矣。始公之疾也，太宜人焚香颂天，请以身代，既殁，昼夜号泣，水浆不入口，频殆者数矣。既旋里，谕诸子曰："未亡人所以不即从而入地下者，以诸孤未成立，惧坠尔父祖事业也。尔不勉旃，未亡人何恃而守？"严督诸子午夜淬励向学，视古之闭坎和熊[1]何让焉。服甫阕，太守公还领乡荐，戊戌，册南宫，太宜人且悲且喜曰："克成先志者，子也，汝父为不死矣。勉之，勿负朝廷、坠家声也。"太守筮仕磁州，迎养邸中，太宜人性淡泊，食不荤口，衣不华饰，所被服皆旧时布素，或至再浣，曰："吾随汝父历官十余年，未尝一日忘贫，过侈恐损福也。"以故子若孙莫敢有治服侈费者。及太守擢南兵曹，迁今官，遂不复就养，曰："二子侍吾，且课其业，诸孙绕膝，可喜也。"与邑中姻媪果茗课净业，怡怡数载，若忘岁月然。太宜人素不善病，岁丁未，太守以觐毕归省，聚首家宴，惟时诸子女暨诸孙以次奉觞。太宜人忽谓曰："两辈幸俱成立，未亡人有词地下矣！倘一夕奄逝，不用床褥，吾愿也。"居数日，痰作，竟至不起。前语若先知者。呜呼异哉！

公生嘉靖乙未十一月初三日，卒万历乙酉十二月二十八日，得年五十有一。太宜人生嘉靖辛卯六月十一日，卒万历丁未三月二十七日，得年七十有七。男三，长颙，娶太学生新城巴应时女；次颐，江西广信府知府，娶赠南京兵部主事刘梦旐女；次颖，娶先尚书公[2]女，余季妹也。公弟合璧，孪生也，体貌同，姿性同。以至为诸生、受饩、掇乡荐，无不同者。而公独荐南宫，克昌厥后，诸子姓龙变云蒸，振振绳绳，不无稍异。然博野公有子硕，苦志力学，有声诸

---

① 编者按：《新唐书·柳仲郢传》载："（柳仲郢）母韩，即皋女也，善训子，故仲郢幼嗜学，尝和熊胆丸，使夜咀咽以助勤。"后用为母亲教子勤学之典。

② 编者按：即王之垣，王象乾之父，嘉靖戊午（1558）与顾连璧、顾合璧兄弟同年中举，卒赠户部尚书。

生间，行得绪博野公未竟之业，天佐德门，为积善之报者，盖未艾也。

先尚书公与公同举于乡，最契厚，又世姻，公之宦迹壶范，所知独详，故为次第其语如左。

公卒先太宜人二十余年，葬于城西桃源嘴之祖阡，兹将故圹以太宜人附焉。乃为铭曰：

公之世其发祥也，长矣。公之德其不吐者，刚矣。法在必行，不避豪强矣。今惟半刺，古赵张矣。迁之槜李，惜也中伤矣。不于其身，于其后必炽必昌矣。谁谓天道，果茫茫矣。厥有懿配，维德之行矣。有丘负谷，附同藏矣。陈诸贞岷，对扬光矣。千秋万岁，于泽恩不忘矣。

王象乾（1546—1629），字子廓，号霁宇，山东新城（今桓台）人。隆庆进士，万历二十二年（1594）擢右佥都御史，巡抚宣府（治今河北宣化）。四十年晋兵部尚书，次年兼署吏部。四十二年避党争乞归。天启元年（1621）任总督蓟辽，力主抚赏朵颜诸部。崇祯元年（1628）总督山西、宣大军务，累加太子太师。后请病归，卒于家。

明辽东布政使参政顾公碑

〔明〕于永清

公讳颐，字以正，别号寰清。其家世俱在《文冈志》中，不赘。文冈登甲戌进士，居官执法，不避权贵，止于嘉兴二守。有子三人，公其仲也。母宋太宜人，妊时有异征，生而岐嶷，目睛如漆，唇如朱□□□□□，垂髫即善属文，试辄冠多士，廪食县官。乙酉，丁文冈公忧，哀毁逾礼，足迹不及户外。戊子举于乡，三上春官，志益厉。戊戌成进士，廷试二甲十名，除磁州。磁当九衢之冲，轮蹄辐辏，赋多逋。公调停抚字，供应不苦而赋完。浚□河四十里，灌田三千顷，建长桥为永利，至今名“顾公桥”。癸卯升南京兵部车驾司员外郎，甲辰升武选司郎中，考选军职。会大司马请告，公为政，关节不通，南都称平。丙午调广信，杨少宰时乔，故广信人，曰：“吾识公才，幸勿以敝府为僻。”至则汰冗役，清钱谷，兴学校。仅六阅月，善政难以枚举，以入觐行，清风两袖，图史一肩，澹如也。事竣过里，省太宜人与伯季，称觞为寿，恋恋慈帏，弗忍去。未几，太宜人逝，公得视含殓，人以为孝感云。服阕，补河南府，岁在庚戌。政藩造邸之初，宦寺当权，商民重困，不激不随。二年告竣，计所裁省，不下五十万金。故事，宦寺报成，疏太守，应叙功进秩。公曰：“奉公任劳，分也，何敢徼中贵之荐扬？”力辞之。壬子，升山西冀南道。冀南a贼出没，公严行保甲，获渠魁，立斩以徇，地方帖然。已而缮墩铺，修城池，抚、按交章荐卓异。乙卯，升河东道参政，席未及暖，调辽海，军民遮道泣留。比至辽，奴酋衅端已成，时抚院李公维翰、大将军张公承胤驻广宁，公与副将军驻辽阳。抚顺者，辽阳之属堡，守将游击李永芳，则今之降酋，为酋用者也。故事，抚顺与酋春秋两市，以彼参貂易我金币，我故以滥恶抵之，酋之衔恨，业非一日。今抚院李公到任，酋以土仪来贺，兼讲贡事，李公不许，且囚其当户。酋于是乎叛之有词矣，而我犹恬不为备。未几，袭抚顺堡。抚顺去辽阳一百八十里，公闻变，即率将追至虎皮驿，酋已出境。大将军自广宁来援，日夜奔驰，人与马俱敝。公曰：“酋未创而遽退，恐诈也。且勿深入。”无奈抚院之督战，急于星火，红旗令箭，顷刻数十辈来，我军遂入虏地。山峻涧险，伏兵四起。惨哉，大将而下四十八员，尽歼于一激也！公当大挫之后，募兵苦于无兵，即有乌合之众，俱愿投宁。充抚院标下，其赏格加辽阳十倍，且不见虏。公招集疮痍，又苦无饷，幸内帑发银五十万。抚院止给贰万，其余抵昔年年价。此乾坤何等时，尚自私自利乃尔！公尽散俸钱暨妻簪珥于残军，厉气徇城，图为睢阳之守。见大势已去，仰天痛哭曰：“臣力竭矣，惟有一死以报国恩。”遂援笔大书壁间曰：“边疆失守，臣子何颜？无力报国，甘心九泉。”书毕投缳。呜呼痛哉！自古忠臣势穷力蹙，义不受辱。或投水火，或伏刀剑，或死于官，或死于家，皆蒙褒当世，垂名史册，彰祖宗尊贤养士之报，为将来死事者劝，此难以成败论也。公生于嘉靖丙寅十月初六日酉时，卒于万历戊午五月初七日子时，享年五十有三。庚申年十二月十七日，葬于东郊新阡，从吉壤也。铭曰：

孰忠匪孝，孰孝匪忠。居恒树绩，见危授命。总之不坠，其家声宁。烈烈而毙，不隐忍而生。宁与诸将同尽，不以片语自明。异时追赠，莫谓无征。淋淋墨迹，千载犹青。英魂常护国，遗魄此佳城。

于永清（生卒年不详），字太寰，山东青城（今高青县）人。万历进士，历任乐亭县知县、湖广道监察御史、福建道监察御史等职。

明分守湖广武昌布政司右参议刘公墓碑

〔明〕于永清

公讳之沂，字浴之，鲁南其别号也。世为薄姑人，高曾以上，家乘多所脱略，莫可得而考云。祖经，生梦旐，是为封翁。封翁有逸才，垂髫即游黉序，艺声鹊起，视青紫已入目中，乃竟数奇，井渫荐褒而艰坻墉之报。封翁生三子，公其仲也。磊落多大节，丱总鱼雅，不作黄口孺子态。就外傅，头角崭然，汗斑然赭也，封翁喜形于色，因谓之曰："良农不以岁有丰歉而不耕，乃翁力田而不逢年，命也！尔勿以乃翁灰志。"公奉命维谨。讵意庚辰而封翁不禄，己酉而贾恭人云亡，创巨痛深，公哀毁逾礼，含敛葬祭，心力兼尽。泮游后，益藉藉有声。岁辛卯，督学使者李公化龙大加赏识，取以弁多士，食饩邑庠，是秋魁东省，已而再蹶春闱，始成进士，初授直隶盐城县。盐固丸邑，长才短驭，直牛鼎烹小鲜耳。漕院三才李公特剡荐之，已亥，调繁江都。盐之民累牍而争之曰："当事者诚为冯翊择萧，独不为颍川借寇乎？"然汗难反也。江都当孔道，商舶之所聚，民骛干利而玩于法，弊窦丛生，莫可诘问。公严为厘剔，除豪强，轻赋税，均田亩。纲举目张，民怀吏畏。累年之蛊，一朝革之。自非豪杰作用，曷克有此。时权珰榷税江关，气焰勃勃，不可向迩，维扬簪绅争俯媚以中其欢。公分庭抗礼，媚者为之吐舌。邑之嫠无子而饶于积，族党利其财，共诬陷焉。嫠惶惧无地，或以暮夜金术进，公怒曰："吾以清白贻后，宁以阿堵浼素丝耶？且讼汝者，冀汝之有耳。与其以苞苴重尔罪，何如散朽蠹以平其情乎？"因中分其产，留其半以给饔飧，剖其半以缮祠祀，嫠与讼者各大喜过望，神慈之颂益隆隆起矣。壬寅考绩铨曹，神皇嘉其吏能，封公为文林郎，以励循良。元配马封孺人，以旌内助；封翁赠如公爵，贾母赠如马孺人。公泫然泣曰："九原不作，三釜空悲。今即龙章焕被，二亲安在哉？"甲辰，升南部夏官车驾司主事。丁未，转本司员外郎，含香驾部，借箸者三舍逊之。戊申，出守饶州。瓜期课最，封公中宪大夫饶州知府，马孺人封恭人；封翁晋阶中宪大夫，贾太孺人晋恭人。熟耨而获繁滋之庆，天之所以酬公者，亦奢矣。癸丑分巡江西南赣道，抚臣孟以私憾，欲毙一武弁吴，而假手于公，公曰："吴，法不至死，杀人以媚人，吾不能也。五斗直敝屣耳。"孟衔之，中以他事，公怡然挂冠弗恤也。居无何，孟亦被谴，寻且长逝[①]。孰谓彼苍无知哉！公家居载余，绝口不谭时事，官给谏应震愤公之直道见弃也，为疏其冤。因搜用人才例，丙辰，补公为湖广辰常道，督粮湖北。岁杪，有马恭人之变，公不胜悲悼，因终其身不娶焉。庚申，转河南督粮道，晋宪副，所在留，所去思，犹其在南赣也。癸亥，迁守湖广武昌道，位大参。公倦游焉，曰："吾四至藩臬，三沐恩宠，吾其休乎！莼鲈可恋，岁月几何，能没没于宦海中哉？"辞不就职。时与二三朋辈杯酒论文，闲则听渔歌樵唱，悠然自适，回视簿书鞅掌，长安尘缺，土直腐鼠耳。公有介性，片楮不入公署。邑之婚葬不能自举者，悉捐金助之，波润九里，所云不隐君之赐者，非耶？公扬历中外几三十年，无连阡之产，盈橐之赀，清风两袖，削然见马骨之高耳，宁可于今人中求之哉！公生于嘉靖辛酉八月二十四日，卒于崇祯五年六月二十六日，享年七十有二，归窆于本年十一月初二日。嫡配马恭人先公朝露焉。公子二人，长正道，太学生；次正达。孙男一，倬。铭曰：

世柔其骨，公刚其肠；世毁其隅，公峻其防；世骛于进，公恬于退。吾行吾素，暄寒两忘。三代遗直，四省循良。当急流而勇退，实二疏之与颃，枯繁涸润，勤施无方。松丘兮流曜，史册兮昭光，偃然玺室，血祀无疆。

---

① 编者按：《明史·孟一脉传》载："孟一脉，字淑孔，东阿人。隆庆五年进士。……（万历）四十一年，起右佥都御史，巡抚南、赣。居三年，廷推左副都御史。未得命，给事中官应震论其纵子骄恣。疏虽留中，一脉竟引疾去，年八十一卒。"

重修明巡按湖广浙江道监察御史宋公墓碑

〔清〕佚名

墓之有铭，昭前人典型，劝后人则效者也。迨屡经剥蚀，凭吊无从，有人修而复之，其为功于前后不小。余司铎于博，塾中有《毛诗发微》一部，系乡贤宋公某注，未尝不想见其为人。庚午春，栾生鸿举代公裔孙求余为公作铭，公族孙庠生纬旋录石刻之未磨灭者示余。余沐手敬观，疑者阙之，断者续之。□公盛迹曰：

公讳景云，字青霞。其王父多阴德，尝有还遗金事，爰笃生公。公生而岐嶷，数岁能文，髫龄入泮，甲午举于乡，己未连捷成进士，筮仕中州上蔡县。上蔡旧多科派，公尽为之革除，仅存应解老税。及收麦粮，以麦作市价封纳，蔡民便之，绘公像，家祀户祝，作善政歌播扬，遂以贤能调陕西南郑县。蔡士民闻信，奔造巡方丘公，乞转奏，复留。故时有召、杜、龚、黄之目，声蜚中州。院司特举吏部，奏题职方清吏司，定柏台列。是时左珰右貂，权贵横行。公乃疏恳回籍，沈酣经史，作《四子书讲义》及《毛诗发微》，以嘉惠后学。未几，特旨召用，授浙江道监察御史，巡视皇城，风清紫禁。崇祯元年，上书条陈八款，以襄圣治，爰奉巡按湖广之命，直指江汉。一时自方面而下，入荐牍者百二十余员，武弁自参将而下蒙提拔者四十余员，而即于中劾墨官，察污吏，饬不肖，除佞幸。铁面冰心，信不诬也。如公安有回禄之灾，捐俸修补；沙市苦额外之征，按例蠲除。恤刑，活数千命；作人，刻数万言。仁声洋溢汉湘以南矣。己巳秋，转关中商雒道。是时矿盗风起，闻公威望，嗲窜遐陬。旧例，署中人役食无额设，取给小民赎缗，公捐俸分给，不取民膏锱铢。迨公告归，而商雒洛军民攀辕卧辙。仁政之沦，浃于西又如此。公素性冲淡，家居后，食无兼味，衣不重帛，惟以助婚葬、济困穷为急。黉宫广选秀之额，邑民减门户之征，皆公维持于其间，此又公之大有造于乡党者也。夫以公入人之深，上自京师，下逮中州，远而至于陕以西、楚之南，迄今皆不能忘。而况博之人，而况公之子孙，其忍听碣之断、碑之残耶？公王父有还拾金一事，天即生公，以报之公之德，未易更仆，数报施宁或爽耶？贞珉重镌，吾知公之子孙，必有观感而兴者矣。且观感而兴者，又岂独公之子孙也！

清大名县知县马君墓碑

〔明末清初〕李焕章

博兴马瑨来搏颡拜泣曰："吾先人殁三十年矣，墓一石未立，在蘖，在外暗。呜呼，何以为人子欤？敢以表请。"因出其所次状。余谓马公治行，古循吏不能过，每欲为特传昭诸后，今以墓辞丐余，固余所愿也，遂述其本末。

公讳国祯，字明生，世为博兴人。少好学，问师孝廉张公于宣。国朝康熙乙酉举乡试，屡上公车，遂筮仕大名县令。大名有弊政，岁更清夫，署名人十二金输县，共万余金。公闻之叹曰："厉民宁有大于是耶？"抵任，吏人果以为请，公怒笞之，曰："尔辈恣中饱久矣，□以我尝试乎？"弊永革。大名附郡南郭与元城等总督驻其地，仕宦多重大臣，视邑令若家监。公受事，诘刑狱，不受请托。人或为言，公曰："吾上不负君，下不负民，他非所恤也。"命弟国禄作《清慎勤文》置之左右，朝夕诵之。谓国禄曰："汝以是验吾行也。"甫三月，母病，公顿足曰："吾本冀禄以养亲，乃违亲矣。"力求终养。例，非独子不得归，遂忧悸成疾，至大剧，痛曰："吾君亲两无所报矣。"及卒，中丞潘公为祭吊，助輤车以还。

公为人慷慨识大节，顺治丁亥，邑巨寇起，乡邻多趋公楼避之。寇抵楼下，大呼曰："余素知君家贫，但出某某，吾退矣。否则，吾将焚楼下舍。"公厉声叱曰："任尔辈所为，吾不以人性命易吾庐也。"遂焚其楼下舍，坦然自若。公好施与，崇祯庚辰，岁大饥，公为食于路，活者数千人。贫士不能婚娶，公为娶，更置宅给地。设义学柳桥，教贫弟子肄业，其中诸子侄十余人，皆公亲为课训，多列学宫食廪饩。公生明庚戌十一月二十三日，卒于清己亥腊月二十七日。子七人，孙十三人，多补弟子员，称名士。其祖先具志铭，不具述。

李焕章曰：吾邑隆、万时多循吏，而王公惟几为最。惟几在邑仅五月，□□今百年矣，人思之不忘也。惠之及人，宁以其年岁长短论哉！公知大名，更逊于王公，而声施愈大，不几内史所谓积薪耶？公居乡多善举，乡人感之，请入学宫享瞽宗。人貌荣名，又安可忽乎哉！

棠园记

张其丙

县署东偏，有园十亩，形成两层，俗称“盐台”，乃春秋时齐景公与晏子饮酒处，实为“晏台”，非“盐台”也。历来荒秽不治，坎坷不平。余于乙亥秋日，捧檄莅博，公暇游憩，慨然曰：“一园且不能治，遑论治一县乎？”遂鸠工平治，度形修筑。披荆植树，芟草莳花。日涉成趣，俨然城市山林；纵饮高歌，大可抒怀畅意。若夫闻鸡起舞，朝日破晓。竹床坦腹，皓月东山。歌《大风》而林木振肃，兆丰年而瑞雪缤纷。此则四时之景不同，而斯园之胜概亦无穷也。客谓余曰：“昔永叔以‘醉翁’名其亭，苏子以‘超然’号其台，此园君将何以名之耶？”余答曰：“少时喜咏《甘棠》之诗，及长，无时不慕召公之为政，讴歌遗爱，千载不衰，其以‘棠’名我园乎！”因立碑志，并为之记。

后　序

后序

〔清末民国〕张元钧

丙子春，任子奉刚过予而言曰：“适晤博兴县长张君蔚棠，谓该邑续修县志，已由本籍士绅纂述成编，特以闭门造车，未必出有合也，特来省访求有道，为之厘正，余已以执事推荐。”元钧学殖荒落，仓卒未之应也。未几，任子携新编《博兴志》十数册及《旧志》全部来，辞不获已，开缄阅之，盖已将《旧志》离析分门续纂，且多所窜易，实际已类重修。窃谓此事有数难焉。自来邑乘之修，多由本籍士绅或官于其地者为之，故土世居，见闻较确；花封躬莅，册籍易搜。今以异乡人参预其间，而又未身临其境，舆地既夙所蒙昧，人士亦素无浃洽，遇有疑义，曷从咨询？此一难也。县志为传贻后世之书，非仅官府一时报告册也。凡所纪载，每多取证于陈编。顾亭林游历天下，所至必以书数十车自随，诚以文字非可向壁造也。舍间储书无多，性懒，又未能遍行涉猎，为修《博兴志》事，始从友人假得《山东通志》及《青州府志》以为参证，其他寥寥焉。秋初，遣人赴博兴，搜求局中征集书籍，期取以相印证。乃局中原编人已散去，归来一无所得，并原采访册亦未得见。似此情形，钞稿偶有错误，何所据以资更正？又一难也。郡县之有志书，始自明代，大抵历数十年而一修。虽时移代易，政教约略相同，踵事者不过萧规曹随而已。今则运际改革，政令迭嬗，新旧好尚不同，前代遗迹既应踵事续增，新制多端，更宜大书特载。泥古则遗今，徇今则戾古，强相比附，终有方凿圆枘之诮。此更难矣。有此三难，加以浅学羸病之躯，其将何所措手？虽然，邑乘为纪事之书，初不以藻绘为工。端木子不云乎："贤者识其大者，不贤者识其小者。"窃幸《旧志》历经前人迭次修辑，关于疆域之沿革、人物之表扬，既已旁搜博考，斟酌至再，具有成规。其自道光以后迄于近岁，则新稿十数册，亦各分门详载，纤悉靡遗。统而观之，窃意志书以存古为要，《旧志》去古较近，且行世已久，凡已见《旧志》者，不可使之有遗。新入志者，大体以《旧志》为依归，仍按原门类依次续载，稍繁冗者去之，其决不可并者则另创一门，新旧谅无龃龉。爰乃手事铅黄，重加排比，年经月纬，分别部居。遇字句之未协者，随手注录，间亦稽之群籍，补其罅漏。经始于暮春，迄于九秋，重录一过。竣事，按《旧志》为十三万言，兹所增者不逾五万言，而事增于昔者几倍。既不致荒灭旧籍，枉古以从今，亦不敢掇拾浮言，矜奇以炫博。总之，不杜撰一字，此可抚衷自问者已。寿光安静子先生晚年修其邑乘，称所难者尤在人物。以为比事属词，夙有义例，直遂则虑致人言，曲徇则恐来鬼责，盖不无顾忌矣。兹编则凡已见《旧志》者，概行照录。新增诸人，皆出自邑人所采访，空言无事实，削不录。稿粗定后，复经邑中耆旧公议裁决。《春秋》之义，善善从长，准诸敬恭桑梓之谊，当亦可告无罪。独愧学识谫陋，不能征文考献，扬榷古今，为邑大揭其菁华。任子见之，得勿悔荐举非人乎？然才力已止于是，抑更有欲言者。县志失修近百年，近者开局续修，关于本县掌故，已苦版籍之无征、耆旧之凋谢。再逾数十年，斩削消磨，苟欲重事修辑，其艰难当有百倍于今日者。乌容不及时整理，而谓可留待来哲乎？或曰："子之从事于兹役也，探赜索隐，遇事研求实际，得勿引绳批根，恐未能尽如人意。"吁！志乘岂为媚世具哉？是固可以无辩。

民国二十五年岁次丙子秋九月，历城张元钧谨识。

张元钧（生卒年不详），字幼坪，山东历城（今济南）人。曾参与纂修光绪《山东通志》，列分校第六名。

跋

跋

〔清末民国〕王鸣岐

邑志成于道光庚子，垂九十余年。其间人事代谢、沧桑递更，殊有继续编辑之必要。此次奉令将事，士不外索，限期成书。以诸君子之错爱，学殖荒落如鄙人者，谬蒙推荐，与王君鹤侪同执分纂之役，大可云幸。顾以甚迫之时间，序甚久之事迹，疏漏讹误，知所难免。是以稿成之日，自谛疮孔千百，惴惴焉以就正无人为憾。无何，县长韩公去任，蔚堂张公莅新。下车伊始，即锐意成是书，因进诸君子而告之曰："修志，旷举也。今适逢其时，吾之幸，亦诸君子之幸也。始基之矣，敢不终成之乎？"嗣访得历下名宿幼坪张君，其人者家学渊源，具备时代思想，洵修志专家、斫轮老手也。爰于政务之暇，橐载而恭造焉。张君批阅再三，留诸案头，严义例，整体裁，或仍其旧辙，或入其新增，讹者正，疑者阙，条分缕析，炳若日星。书成，将付剞劂，以曾与编辑之列，挂名简端，不可无一言以彰盛举，因率记其始末如右。

邑人王鸣岐题。

咸丰九年《武定府志》选

（选自李熙龄修、邹恒纂《武定府志》，咸丰九年刻本）

卷三十三《艺文·记》选

始建蒲台县书院记

〔清〕盖方泌

盖昔先王之教士也，乡闾州党之间莫不有学。选其四民之秀者而聚于庠序学校之地，以六德六行敦其本，以诗书六艺习其文。故其时深造者能究极乎天人之理，博通乎名物之数，著为事业，发为文章，莫不彪炳史册，足以行远而传世。此菁莪棫朴，化所由兴，而大有关于人材之造就也。今天下书院之设，自省郡州县，所在多有，虽兴学选士之法不尽合于古，犹谓得其遗意焉。蒲邑地属简僻而风气淳朴，引带清济，滨临海澨，泉甘土肥，川原膴美，不乏俊哲之士生乎其间，而书院未建，士林无所观摩。予向欲与合邑公议创置，而历年外宦，有志未逮。兹以疾告旋里，戊子之秋，有孝廉方正即用广文赵公相彝来咨于予，且述其在省垣谒见廉宪李公，恳其倡议兴修，并祈致书盐分司杨公、邑侯曹公赞成其事，而廉宪慨然首允。予感其垂爱棠荫，振兴文教，而尤喜赵公之能殚心以谋是役也，因亟为恿劝。是年冬，廉宪果以捐赀付县，杨、曹二公亦各助清俸，又前任邑侯张公旧置有公廨一所，捐为院基，而本邑绅士之有力者，无不争纳恐后。计得银五千两，以四千二百两发当生息，为每岁修脯膏火之费，以余银修葺墙屋，完理器具，置地五十余亩，每年纳租充费，职其事者为武生王天枢、千总职刘天申、儒童王征久，赵公复监察维勤、详议章程，而邑侯曹公实综核焉。于次年伍月讫功，延请淄川王孝廉主讲席，诸生得以弦诵其间，遂彬彬称盛矣，赵公乃属予为文以志其缘始。窃自晦庵朱子以白鹿洞书院学规揭示学者，首以五伦为先，次及为学。修身之要，皆以发明义理，上窥洙泗之原，而以记览词章为余事。是知学贵务本，士先立志。方今圣世右文，崇重儒术，士子稽古期以致用，而科第为进身之阶，与古之德进言扬无异。在院肄业诸生果能亲师取友，德业相劝，过失相规，有奇相赏，有疑相晰，以期至于经明行修，体醇用备，他时人才辈出，必有卓卓树立，能自表见于世者，乃邦家之光，非惟梓里之荣也。不然，而拘墟是见，菲薄自甘，浮慕浅尝，或作或辍，征逐游嬉，不殖将落，旷穷年之居诸，虽学古而奚获。是非所望于诸生，而亦岂经始之初心哉？时道光十年岁在庚寅榴月上浣也。

盖方泌（1768—1838），字季源，号碧轩，山东蒲台县盖家村（今属博兴县乔庄镇）人。乾隆贡生，署陕西汉阴厅通判、石泉知县、宁陕厅同知、四川顺庆府知府、福建延平府知府。嘉庆二十三年（1818）起两任台湾知府并两次署理台湾道。道光三年（1823）因病告老还乡，道光十八年（1838）在家中去世，著有《春舫诗钞》。

卷三十四《艺文·传》选

陕西佛坪司马式如盖君传

〔清〕贾桢

盖君钰，字式如，号怡人，武郡蒲台县人，原任福建台湾府知府碧轩公之长子也。先大夫与碧轩公为乾隆己酉拔萃科同年，余与式如如昆季。然余初不识式如，随先大夫任莅京师，值式如公车赴都，遂订交。式如生而颖敏，弱冠补博士弟子员，嘉庆戊寅领乡荐，道光壬午成进士，一时名噪长安。余睹其文，及其行，以为异日躬膺大任，实式如是赖。引见以知县用，签分陕西，署安康，补肤施，调石泉，所至有声。尝语人曰："廉吏吾能为不？能。实有德于民、恐负吾学也。"其在石泉，兴利除害，善政累累，凡疑难重案，片言立断。到任先修葺书院，添增膏火，公务暇，亲诣讲堂授经书，谆谆以敦品励行为首务，不数月，闻风而来者至数百人。今陕士来都，犹藉藉称道弗衰焉。丙戌，回疆不靖，奏调赴甘，委管粮台事务，抵局后凡帑项车驼什物，实用实销，逐一清算，归款有委。弁在局误事，立禀上宪撤回，嗣奉他委，过局，以事难式如，而式如不棱也。暨式如委管托克逊粮台事务，而某弁适在托台听遣，心甚惮之，固求宽容，式如勖其竭力办公，不衔夙怨，其秉心之公正类如是。上宪深才式如所为，屡询制敌方略，式如敬陈数条，极加称赏。戊子大兵凯撤，鄂制军奏请以同知直隶州升用。奉旨允准，先换顶戴，仍饬回石泉本任，一时民皆合声欢呼，焚香庆颂，曰："吾侪复见青天矣。"己丑调大荔，壬辰补汉中府佛坪厅同知，旋奉密保请咨入觐。时余供职词垣，晤式如于旅馆，因询曰："吾辈读书人一行作吏饬官，常而洽民心，果何术也？"式如曰："矢慎矢勤，涤私崇正。"余曰："信哉！"向之期于式如者，今益为之心折矣。乙未丁内艰，行李萧然，同僚佽助乃得归。服阕，掣江西，到省委署河口镇同知。旋丁父忧，先后营丧葬，尽哀尽礼，乙巳卒于家。余闻而泫然曰："式如胡可死哉？"以式如之学问经济，宜得大有展布，乃鞅掌十余年，设施竟止于此！然式如之居下僚，人不得以下僚目之。其折大狱、捍大敌、兴学校、砺廉隅，政治功绩彰彰在人耳目，若式如者，亦可以不朽矣。卒年五十有七。子一：沛之，业儒，有父风；女二，孙男一，孙女一，婚姻皆世族，备载行述略焉。

论曰：史传所载颍川、中牟之治类皆原本儒术，崇尚德化，不以才能见而利济已多。式如渊源家学，植品端方，德而兼济以才，仕学皆在所优。昔韩昌黎有云："利泽施于人，声名昭于时。"吾欲持以赠式如矣。

贾桢（1798—1874），原名忠桢，字艺林，号筠堂，山东黄县（今龙口市）人。道光榜眼，授翰林院编修，入直上书房。历任侍讲学士、内阁学士、工部侍郎、左都御史、礼部尚书、协办大学士、体仁阁大学士等职。生平屡次主持科举。英法联军入侵时，留守京师，充团防大臣，并参与谈判。卒赠太保，入祀贤良祠，谥文端。

卷三十六《艺文·考》选

清河考

〔清〕李炼

清河者，济水之故道也。济水发源于冀，经流于豫，分流于徐，至兖而会于汶，偕汶水以北折而东，至清以达于海。此古之清河，为济水会汶之故道也。然今古异宜，地势亦有变迁，《禹贡》所言入于河，溢为荥者。自大河南徙，而济水遂不入河，惟循温县而东经枯黄河以入于定陶之北，清济贯浊河遂成虚论。且济水自汉已竭，其流绝于南旺湖，独汶水自泰安来者西流北折，乃循故道而东，于是济汶旧迹遂独为汶水入海之道矣。元人定都，引汶水入洸为运河，明永乐九年又于东平筑戴村坝，尽遏汶水出南旺，使之南北分流，南流入淮，北流济漕而大清河之流日微。其一支自张秋来者仍循清河故道，涓涓细流，非复曩时济汶之盛矣。然济水未尝绝也，济水劲急，能穴地伏流，隐见无常乃其本性，非真涸竭也。济水既洑流地中，则发地皆泉，不独历下为然。故一发而为趵突泉及七十二泉，以至章丘之麻湾、明水溢而为大小清河，皆济水也。历下诸泉，由会城而北以会于泺，古泺水自华不注山东北入，为大清河，自伪齐刘豫导之东行，遂为小清河，今已涸竭，独所谓大清河者，乃汶水自张秋分流，会齐东南诸山泉，北经长清、齐河，至济南会泺水，经济阳、齐东、惠民、青城、滨州、蒲台、利津以入海。是济水虽伏，其别见分流仍循故道以入海。此今大清河之起止也。或谓清河自泺口以西至阿城而绝流，然其流细微难胜舟楫耳，非涸竭也。或曰古济水由青州之博兴入海，宋乐史谓“北海界中有水流入海，谓之清河”，蔡传两存之，岂所谓“水流径通津渠，势改寻常梁脉”者与？亦存此一说可矣。

李炼（1690—1770），字箦园（一说字师晦，号箦园），人称师晦先生，山东海丰县（今无棣）人。诸生。经术湛深，不为训诂家言。喜为古文辞，波澜壮阔，出入唐宋诸家，为赵执信所欣赏。著有《箦园文集》。

乾隆二十八年《蒲台县志》选

（选自严文典修、任相纂《蒲台县志》，乾隆二十八年刻本）

卷四《艺文》选

大清河赋

〔清〕严文典

系虚危之分野，属无棣之名区。瞻岱峰兮远峙，望渤海兮环纡。水拖蓝而拂柳，堤横带而飞凫。万顷银波，南依雉蝶；千层粉浪，北绕花衢。有大清河焉，分派汶流，发源王屋。从济漯而潆洄，合洸泗而湍洑。渡韦口而东趋，亘淯坝而北逐。烟迷唤渡，丛生萦马之蒲；风送朝宗，疾若穿鸿之镞。仿佛白蘋洲畔，词唱张郎；依稀红蓼滩头，诗传杜牧。粤自禁海运，利盐艘，鼓舟楫，骋骅骝。南商西贾，云聚星稠。细雨春帆，沧海熬波之客；轻风画桨，邶鄘抱布之俦。咿咿短笛之声，长堤夜市；历历层楼之外，古渡晴秋。羌乃草木葱茏，鱼虾萃聚；衍沃云畦，涵濡花圃。朝驱犊兮淡烟横，夕载耒兮明月吐。珠芒簇簇，岐分绛县之双；绿蒂离离，色并青门之五。垂钓而冰鲜剪雪，光生盘上玻璃；浮波而玉露流琼，香沁杯中鹦鹉。当夫千寻澄澈，一望苍茫。萋萋芳草，袅袅垂杨。藻萍馥郁，鸥鹭翱翔。钓竿蓑笠，渔笛沧浪。涵碧落而镜尘如拭，绕翠堤而练影偏长。星斗辉瀓，恍三秋之银汉；云霞彩漾，疑五色之荣光。其或春雨廉纤，夏云叆叇；皓月扇圆，层冰玉碎。晨辉共暮色俱清，波影与天光无碍。何必孤山亭上，淡妆浓抹，西子齐名；居然八景台前，夜雨晴岚，湘江作对。载米家之画舫，荡破银鳞；拾长吉之锦囊，轻描翠黛。至若阑风结阵，长雨垂檐。河流驶疾，浪拥山夹。淹埋阡陌，漂泊衡阎。纵有铁箭千条，射破潮头雪练；安得赤绳万丈，拨开天上晶帘。然而圣治光昭，岂鸣条而破块；民歌大有，亦浪静而波恬也。仆本吴人，绾符湿沃。击楫中流，扬舲河曲苏长公；虎林门外，唱彻勾留庾开府。明月楼中，兴来瞻瞩。澄澄涛影，宛金镜之开奁；冷冷风徐，恍冰壶之在玉。心似水而何能，水为鉴而弗告。因为之歌曰：维兹河流兮清且长，驾言出游兮任徜徉。环城三隅分固金汤，东流于海兮达梯航。求伊人兮宛在水中央，祝圣人兮莫敢不来王。

严文典（生卒年不详），字葆林，浙江归安（今湖州）人。乾隆进士，任蒲台知县，在任期间编修刊刻《蒲台县志》。后调任曲阜县知县，升曹州府同知。

光绪十六年《续修蒲台县志》选

（选自张朝玮修、盖锜等纂《续修蒲台县志》，光绪十六年刊本）

卷四《艺文》选

重修蒲台县文庙碑

〔清〕盖锜

大清受天命一统宇，首崇祀典，天地、山川、社稷、神祇罔不有祀。而祀至圣先师孔子之典尤盛，自京、省至郡、县，莫不立庙。春秋仲月上丁，文武百官，奔走趋跄，各司厥事，罔敢弗恪。而近圣人之光，莫如山左，故庙制常为天下冠。蒲邑圣庙，历年已久，前邑侯丁公霁垣倡议重修，甫建明伦堂，旋调任他邑，工未讫也。继因亢旱，物力艰难，役不克举。龚邑侯莅任兹土，与司训王公捐廉俸，悉心筹画，率合境绅民克日鸠工。正殿基宇则崇以高也，大成、棂星两门则庄以丽也，东西两庑则固以坚也。且于启圣宫之剥残也则新之，泮池之浅隘也则深之，名宦、乡贤、节孝诸祠则次第修理之。庚辰十月，工告竣。且夫圣德师表，万世教人，成法具于《大学》一书。其间本末兼该，体用奚备。而致知为入德之门，诚意实自修之首。奈今日士君子束发受书，其父兄师友所与讲明而切究者，类沾沾章句之末，为猎取科名之资。至于居敬穷理之要，存诚闲邪之几，修几治人之道，祈概为迂图。虽读圣贤书，与不读者等。学校何贵？有是士；国家奚赖？有是人。蒲邑居近邹鲁之邦，地擅河海之秀，被朝廷菁莪之雅化二百有余年矣，当有正谊明道之儒，博文约礼，精察而笃行之。于以绍往圣之传，开来学之脉。则今兹圣庙之重修，关系非浅鲜也。夫修圣庙以崇一代之祀典，修圣教以作一世之人材，实维邑侯是赖。而历久常新，敬守罔替，则又邑人后起者之责也夫！

盖铸（生卒年不详），山东蒲台县盖家村（今属博兴县乔庄镇）人。盖方泌第四子。庠生，咸丰制科孝廉方正朝考以知县用，是光绪《蒲台县志》的主要纂修者之一。

重修蒲邑元帝阁碑

〔清〕盖铸

道以先天者为最尊，自天一生水，而五行递次以相生。北方者，先天之祖炁也，于德为贞，于时为冬，于人为智。贞者，元之始也；冬者，阳之首也；智者，行之先也。故五帝得位乘权，均有功于万物，而独元帝之功为尤大。且夫阴凝者，严肃之气也；敛藏者，刚固之基也。天地之道，肃杀愈严，则培植愈厚；收敛弥固，则发泄弥神。帝乘坎位而掌阴阳之枢纽、司乾坤之运转。所谓先天化源，维帝主之，固他方诸帝所赖之以济者也。蒲邑北关元帝庙，溯自乾隆三十七年分宪陈公，邑宰萧公实董其成。迄今百有余岁，渐就倾圮。同治庚午，邑侯程公来宰兹邑，政事余暇，谋诸合邑绅民，捐赀重修，规模沿旧，而气象增新。夫所以汲汲乎是者，非徒肃耳目之观。使邑之人士知后天之作为，莫非先天之主宰。不睹不闻之中，常存威励严恪之意。将善不待劝而自无不为，恶不待惩而自无不去。邪念日消，嘉祥云集，造福于一方者，正未有艾也。是为记。

新修节孝祠记

〔清〕盖锜

今皇上御极，诏郡邑举贤良，复谕礼部，所有奏请旌表节孝贞烈妇女，照例颁发建坊银三十两，已故者于忠义孝弟祠设位致祭。疆吏承旨，在省置局请于朝，半载汇题著为令。由是穷乡僻壤苦节懿行，罔不上沐天恩。所以维持风化，甚巨典也。蒲邑地接海滨，济水浩浩从西南来，绕城而东下，源洁流清，人多介节。在汉蒲姑以孝传后世，继此以节著者，行事详在邑志。既得附志以传，道光庚戌，合邑建总坊，列诸坊者复得与坊俱传。邑侯程公之莅任也，励风俗为先，请旌妇女，恐日久有湮没弗传者。捐廉俸制钱捌佰仟，于学宫旁建立新祠，同治十有二年，岁次癸酉告竣。节妇蒋氏等二百二十一名，烈妇棣王氏等十三名，遂得因祠并传。且夫传非妇女本意也，方其饮冰茹蘖，不求谅于天地，不求誉于乡党，并不求白于亲戚骨肉。各行其心之所安，岂意千秋食报，分俎豆之荣哉？然而其情弥隐，其节弥彰。今旌表节妇石蒋氏等类皆明从一之义，秉坤道之贞，誓志青春，惨心白首，凄风苦雨，饮恨终身。若者奉姑舅，辛苦备尝；若者抚遗孤，劬劳臻至。尤其甚者，茕独无依，饔飧不继。守分安命，矢死靡他。心偕金石同坚，节与松筠竞励。允宜荷褒旌之典，扬彤管之辉。隆享祀于春秋，并争光乎日月。至于棣王氏等，履行洁清，赋资峻烈，遇变起仓猝，或慷慨捐躯，或从容就义，均可谓极人生不如意之遭，能自完其节者也。而当一身困厄之际，时势危难之交，犹或瞻顾荣利，爱惜顶踵，偶因片念之误，致丧毕生之守，如烈女者，可以风矣。夫祠内妇女幸逢盛世，得沐皇仁，又经上宪之设局、邑侯之建祠、董事诸公之采访，他年邑乘将与蒲姑媲美焉。是则妇女之幸也，亦即妇女之不幸也。余书至妇女不幸与幸，为之鼻酸心悸，不能转一语。是为记。

庆安澜记

〔清〕王希贤

蒲台邑侯龚雨生老父台印葆琛，福建闽县孝廉也，爱民勤政，公正廉明。光绪四年莅任，五载于兹，河流顺轨，年谷顺成，美矣君哉。余于辛巳秋膺邑侯西席，由淄川赴馆，道经新城、高苑、博兴诸境，见夫河水横流，平地汪洋，一日间舟车凡数易。询其土人，则戚然曰："此大清河上游齐东县属之郭家寺、下游利津县属之灶坝，冲决氾滥，一至于此。晚稼未登，粦麦难布，闾阎几无生理。"余因思此距河百有余里，尚为患如斯，若蒲台城，西、北、东大清河三面环绕，其为患更不知若何。及抵蒲，谒邑侯，先问河患。乃告曰："此济水大清河，俗名盐河，盐艘往来之所必由也。本古千乘，为黄水故道，至宋黄河南徙后，北决而塞之南者屡矣。自铜瓦厢决而北流不塞者将三十年，现由直隶开县经山东各县，曲折趋铁门关入海，沿河居民几有昏垫之叹。而蒲介乎滨、利之间七十余里，数年来沿河筑堤，极力厢护，幸得无害。"余闻之，始知捍灾御患，人力亦大可恃也。阅明年壬午，夏泛盛涨，六月间，小东关堤溃，邑侯星夜督劝绅民树桩运料，填土堵筑，顷刻完竣。未几，大雨倾盆，风狂水涌，其时蒲之不为沼者亦仅耳。邑侯因民力已疲，捐廉俸千余缗助民修堤。合邑欢欣鼓舞，因相劝曰："我父母为吾等谋身家保田庐，而可不踊跃趋事乎？"于是富者捐资，贫者效力，将本境堤埝一律加高培厚，其险要处筑套埝，环如襟带。并帮修滨境南岸与蒲境相连埝工，助人即以卫己。是年夏泛连秋泛，黄流涨异常。上游历城属之桃园，下游利津属之岭子，均漫决被灾，而蒲独恙。比隆冬河冻，水忽拥冰如山，冲流而下，滨境南北岸成灾，而蒲境庆安澜，诚如邑侯所书匾额"心平水平"也。上下游连年被水，蒲境居中竟免，似奇而实不奇。飞蝗本草虫微物，尚不入中牟，况川渎实有神祇主持者耶？夫胼手胝足不敢告劳，邑民之力也。邑民不敢以为力，归之邑侯。身先绅民，勤于督劝，邑侯之功也。邑侯不自以为功，归之神佑。乃率同城文武、城乡绅民，敬献梨园，谨陈牲醴，以答神庥。父老则跻堂称觥，子弟则奔走效命。一时壤叟衢童，莫不稽首而拜曰：维彼神明，惠我无疆。瞻我父母，恺悌慈祥。苍生被福，颂德不忘。

王希贤（1846—1903），原名勤贤，字伯举，号东庄，山东淄川人。同治举人，大挑一等分发直隶，历署隆平、柏乡、鸡泽等县，特授曲周知县。在曲四年，勤政爱民，除暴安良，曲人爱戴最深。再任候补直隶州，诰授奉政大夫，累赠中宪大夫。

盖碧轩太守事略

〔清〕李元度

盖君讳方泌，字季源，亦字碧轩，山东蒲台人。以拔贡州判陕西，嘉庆三年署商州州同。治在商州东百里，曰龙驹寨，寨之东抵河南，南之武关为湖北。路四通，绾商贾输写之会。又多林莽山径，易凭匿。时川、楚教匪乱贼屡由武关入陕西寨。君至，地如洗，贼酋张汉潮复拥众至，乃置药面中，贼劫食，多死，遂西走，官军乘之，汉潮由是不振。然且扬言必报，若君集众谋曰："贼虽去，必复东。若等逃亦死，守不得耕种亦坐饿死。我文官也，无兵，若能为吾兵，当全活尔命。"众议三日而后复曰："生死惟命。"乃筑堡聚粮，据见户三丁抽一，得人三千，无丁者以财佐军饷。亲教之战，晨集午散，日无废农事。

四年，贼屯山阳、镇安，将东走河南，迎击败之；又击贼于铁峪铺，逐贼入林中，矛折，贼已近，君夺矛以毙贼。时贼据山上，而伏其半于沟，乃分兵翦伏，夺据其东山上，数乘懈击之，杀伤过当。贼宵遁，卒不得东。后贼由雒南东逸，君驰至分水岭，间道出贼前而伏，贼错愕迎战，遂败，杀贼数百人，乡兵名由是大振。自武关至竹林关，乡兵皆请隶龙驹寨。

五年，知州困于贼，君驰百九十里援之，贼惊曰："龙驹寨乡兵至矣！"则皆遁。是时贼屯商州西及雒南、山阳各万余人，欲东走。君勒乡兵二万人，列三大营以待，贼不敢前。已闻杨忠武公以兵自商州至，即前击贼，东西夹攻，贼大败，几歼。是役枕戈而寝者五十日。游击某诬以事，解职，大吏直其谩，得留任。贼遂相戒，无入商州。

八年，贼平，授盩厔知县。君眇然以一文吏，不凭一城，借一饷起千百农家子于逃亡饿羸之余，扛坚悍猾习之贼于必争之冲。摧锋守坚，贼死突不能入平地，牢困山谷，卒以就歼，厥功伟矣。在盩厔，犹时时入山搜贼，巡抚方勤襄公奏赏蓝翎，又生获宁陕倡乱者四十余人。擢宁陕同知。仁宗召见，问商州事甚悉。授顺庆知府，改成都府。十八年，岐郿有贼入川，以乡勇屯川陕要隘，贼知为统龙驹寨乡兵者也，即遁归陕，就灭。母忧归。服除，授延平府知府，改台湾府，两摄台湾道事。道光三年，以病归。君始在陕，继在川，皆以知兵重。然精吏事，重民命。其在盩厔，贼甫定，即捐俸赈饥，旌死妇节妇。及河滩、马厂、盐法皆区画久远计。始至顺庆，大吏闻渠县民叛，属以兵。君曰："此作会，人众，客主相惊疑，讹言横兴，非叛也。请无用兵。"捕十二人而变息。始至闽，以三十金赏捕得周永和，乃总督命镇将欲以兵取者也。

在台湾，所谳四狱皆千百聚群，稍激则变。君一以理谕，民输其诚，蔽罪如法。彰义饥，捕劫者七十人，置之法，天乃雨，民呼为"太守雨"。君卒于道光十八年，年七十有一。

李元度（1821—1887），字次青，号天岳山樵，湖南平江县人。道光举人，官黔阳县教谕，升任贵州布政使，卒于任上。著有《国朝先正事略》《天岳山馆文钞》等。其中《国朝先正事略》荟萃清朝一代有关文献材料，尤为巨著。还主纂同治《平江县志》《湖南通志》。

陕西佛坪厅同知盖公事纪略

〔清〕杜受田

盖君钰，字式如，号怡人，武郡蒲台人。家世业儒，邃学辈出。父碧轩公与家君为乾隆己酉拔萃科同年，余与君居相近，为总角交，故知之最悉云。君少负奇才，读书目下数行，为文磊落有奇气。弱冠补博士弟子员，嘉庆戊寅领乡荐，道光壬午成进士。引见，以知县用，签分陕西，癸未署安康。治境南山客户多，土著少，为贼匪潜藏之所。君编保甲册，严行查究。每日听讼，随到随结。词内或牵连无辜，立即删除，匪徒有犯必惩，民皆感恩畏法。七月，汉江水溢，漂没村庄。君亲勘明各乡受灾之区，捐廉劝输，设法抚恤，民无流离。是岁补肤施，旋调石泉。装严就道，诸父老攀辕涕泣曰："自青天至此，吏役不扰，夜户不闭，真吾等父母也，但恨百姓福薄无缘耳。"当时"盖青天"之名，妇孺咸知，故竞呼之云。到石泉任，兴利除害，善政累累。石泉旧有书院，久已荒废，君重修葺，添膏火。时躬诣讲堂，授经书，教以品行为先，文艺为后。凡肄业诸生，咸受裁成焉。邻境有两姓争讼，就质于君。君为判曲直，各罢讼去，其化溥邻封如此。丙戌，回疆不靖，调赴甘，管粮台。抵局后，凡帑项车驼什物，实用实销，虽军书络绎，事必躬亲。上下惮君严正，毋敢欺隐，诸弊尽除。自经略以下，皆奇君才。君因上《制敌方略》:

一，叛逆不可轻纵也。回疆地广人众，喜事多疑，微创之余，许以改过，彼必怀观望。宜大振兵威，如当年破额鲁特故事。

一，征兵无取众多也。议者谓回众纷腾，须大集兵力，不知逆首偶尔倡乱，皆乌合之众。诚选二万人，号令严明，势如摧枯拉朽，全在交锋之始，得一大胜，自有破竹之势。

一，运饷宜熟筹也。于哈密设总局，哈密东作支应局。离大营远者车驼长运，近地用摆站。法，里三十六人，百里三千六百人。以京斗五斗叠运，日行三十里，每日行五百二十四石。粮员就近采买，可省运费。

一，临阵制胜宜讲也。回人善骑，我兵部下无以防身，须用挡马牌，间以铳炮阻其奔驰。

一，贼来御之有方也。傥蜂拥而至，不可迎击。宜深沟高垒，以待其敝，蓄锐攻之。所谓一鼓作气，可以一战也。

一，贼去进兵有道也。贼未大创，不可偏师直捣，宜步步为营，迨失城尽皆恢复，然后分兵进讨。

一，搜捕宜防窜逸也。逆首滋事，系勾引布鲁特为奥援，素为西域强国，倘势穷力竭，必以为藏身之地。当绝其归路，庶不漏网。

后施行均有成绩。五月，大兵克复四城，首逆逃遁。君曰："张格尔为回众所服，出卡穷追，计非万全。当示之以弱，诱而致之，令自来就死。是在主将之斗心。兵谅张逆从卡外犯境，不过数千人，须于要地，五千人聚一大营，余分布以备调遣。至于附近各部落，需用大黄、茶叶等物，仍宜绝其贸易以困之，必成擒矣。”上宪深以为然。戊子，大兵凯旋，制军保奏“任劳任怨，结实可靠，询属劳绩较著”，奉旨以同知直隶州升用。先换顶戴，仍回石泉任。民皆合声欢呼，曰：“吾侪复见青天矣！”己丑，调大荔。起程之日，绅民拥舆不得行，感激涕泣，无不愿驻少时以为慰者。大荔民风素悍，又回汉杂处，积不相能，历来长官不能禁。君莅任后，未尝设厉禁、用重刑，而民自不争。大荔为同州附郭，邑北门封闭百有余年，无敢启者。君至，巡城，则谓：“北门启闭，文运所关，长吏培养人才，储为国用，岂可以一人之休咎而阻贤豪奋兴之路乎？”力白太守辟之。是后联翩科第，登贤书而捷南宫者至今相接也。任大荔三年，表节义，弥盗贼，恤鳏寡，戒奢靡，教养兼施，恩威并用。去之日，民依依不忍别，如去安康、石泉时。壬辰，补佛坪厅同知，旋奉密保，蒙召见，历询籍贯、居官事甚悉。癸巳，署汉中府知府。抵任后，裁属员陋规，各属闻风知警，同寅号为清风。先生甲午交卸，后奉委留省审案。凡案情疑难，积年不能结者，君片言立决。上控者皆云：“非经盖青天断不可。”因陕西有“一盖青天，百姓皆不冤”之讴。己未，丁内艰。服阙，掣江西省，旋委署河口镇同知。未几，丁父忧归。乙巳，卒于家。余旷观古昔，世固有才德兼优，不获大有展布者。以君之远猷宏才，何施不可？乃屈于下僚，郁郁以终。然观其平冤狱、审敌情、兴学校、励风俗，视古之循良何多让焉？呜呼，亦可以不朽矣！

杜受田（1788—1852），字芝农，号锡之，山东滨州人。道光进士，授编修，迁山西学政，升左都御史、工部尚书，充上书房总师傅、实录馆总裁。咸丰继位，加太子太傅兼吏部尚书，调刑部尚书、礼部尚书、协办大学士。咸丰二年（1852）在赈济山东、江淮地区灾区途中触染暑疫，卒于淮安清江浦，赠太师、大学士，谥文正。

答友人论水利书

〔清〕盖钰

天地之利，蕴之天地之中，其未辟者，必借人力宣泄之，而其利始出。然必上有益于国计，下有益于民生，行之百年无弊，始可举而行之，所谓“利不什，不更治”也。至于渠堰细故，或多灌数十顷田，多收数百斛粟，小民之自为计者优为之，不得谓之“兴水利”。且天下事有利不能无弊，广开水田，水或不足，有干旱之患。强疏渠道，旋疏旋淤，费民力而讫无成功，尤非浅试轻尝者所能深谋远虑也。关中之水发于南北山，尝考南山之水自茶坪以南者，多南流入汉江及嘉陵江。茶坪以北者多北流入渭，由渭入河。渭水南岸，东起蛇山，西至华阴，绵长七八百里。南山之水，曰渠、曰谷、曰峪、曰河者千百道，经行之地苟可以灌田，民皆能引之栽稻艺菜种谷麦。尝经行其稻田，如东之华阴、渭南、临潼，西之鄠、盩，较二十年前，其开辟不啻倍蓰，生齿日繁而地不加广。其可以尽地利者，民必百计图之。今即或有遗利，迟之数年，民必能自为搜剔，无事上之督责也。其不可开者，必其水性无常，其涨也则泛澜而无涯涘，其涸也至不能没足面，甚至河身裂作龟柝纹，或河底沙尘扬蔽天日。苟或谬于一时之见，强以作田，非淹没即干枯尔。此渭水以南之大较情形也。其北岸则西自天井山，东至三河口，地势皆平坦广阔。诚能高其南岸，北随凹地，因势而利导之，东杜入河之口，效李冰壅江作堋之法，则西自岐山、扶风，东讫朝邑，相地形而疏焉导焉，当不让江浙诸郡。其次则泾、洛、漆、沮诸水，昔人多开有渠道，其旧迹可修复者，尤事半功倍，然民力必不足以办此，又非旦夕所可速效。则非谋事难，任事实难也。北山之水皆入河，闻榆林一带亦有引水种稻者，然一水灌田，多者数十百顷，少者数十百亩，亦无关于天下之大计。惟黄河由府谷入陕，至潼关出陕，上下二千余里，其势未甚横肆，尚可人力制服，借以灌田。今河身高出平地，引水甚易。其法先于近河作堤，然近河之沙不可为堤，须刷沙移土以筑堤。堤成，就其洼下之处开道为水门，引水以成大渠。由大渠分旁渠，旁渠分支渠。其地制则旱田与水田相间，叠水田之土以高其旱田，旱田高则水田自低，水可周匝潆洄，无所不至，并可用水田之水以浇旱田。或数里开一大渠，或数十里开一大渠，延、榆、绥砂碛盐卤不毛之地，皆变而为鱼米之乡。久之，按亩升科，上以充国赋，下以裕民生，高田五倍，下田十倍，而同州所属近河之地，本皆丰饶，更无论矣。且黄河为灾久矣，在河南、山东、江南者，大抵皆以盛涨漫溢，溃败堤防，是以有河决之患。今由关中杀其水势，分注于二千里中，下流可减三分之一。水势既减，伏于河身之内，永无泛滥之忧。则利关中即以利天下。昔贾让《治河三策》亦言溉田有三利，惜古今未有能举行者，徒用其下策，使河堤增卑倍薄而河患永无休息也。然此乃经世之大略，非积功十年之久、金钱数百万之多，具大本领、真经济者，经营擘画于其间，不足以语此。闻者鲜不河汉其言，惊为狂谈呓语矣。然则为目前之计，其兴水利当奈何？曰兴水利不如除水患，患除则利自兴，所当思患而豫防也。南山自国初以来，遍处皆长林丰草，杳无人踪。其后渐有大商入山伐木者，迨雍正初年，始招客民即山开田。迄今百年，人烟凑集，遍处皆成墟落，可耕之山如僧衣、如螺纹、如阶级、如畦、如罫者极目皆是。其北山则二百年来土著之户口日增，四方无业者亦多流移于其地。南北山未辟之先，其石山无论矣。即土山亦坚实，苔莓绣涩，流水各有故道，其水莫不清驶，出山入渠，顺流而下，无所壅滞。今山中遍处皆田，土既松活，大雨滂沱，故道全失。水势自上而下，冲刷所开之田，其土亦随流而注。水一石，澄之可得泥三四斗。在山内为涧峡所束，尚可挟泥而行，出山后一经泛溢，则碎石与淤泥随在壅塞，各渠道日渐增高，有与桥平者埋没桥座不可寻者，有夹岸更筑高堤以为防者，每有盛涨则淹田禾、坏地亩、漂庐舍、害民人。三十年来，日甚一日，再迟之数十年，不为经理，田日益多，渠谷日益淤，其祸当不止此矣。窃以为宜使山外近水之民，按亩出夫，于春初挑修一次，限以二月毕功，三月初官为按渠查验。其有未经挑修者，惟其乡长是问。其有不肯出者，许乡长报官，官为究治。春初田工未动，既不妨农，著为一定章程，则无庸动大工，民可不劳而理。行之既久，民皆相安为固然。其诸大水民力不能独任者，又宜筹款以为岁修经费以挪帖之，仍用民力而官为征调，随淤随挑，事不劳而功易就。庶可有备无患，食水之利而远其害也。至于灌田，惟渭北宜之。渭为大，泾次之，漆沮诸水又次之，郑白川湮郁不可考矣。唐宋元明以来，贤有司亦往往开渠以利民，今泾阳、富平等县尚有得其遗利者。亦有废坏而其遗迹犹存者，诚能择其可复者复之，民力或不足，则官为资助之。诸水取之不尽，用之不竭，有利无害，又皆前人著为成效者，其事可行而实惠可及民也。今作事外旁观，略陈梗概如此，傥有举而见诸实事者，尚须考古征今，条分缕析，详哉言之也。

盖钰（1789—1845），字式如，一字玉山，号怡人，山东蒲台县盖家村（今属博兴县乔庄镇）人。盖方泌长子。道光进士，官佛坪同知。有《奚囊草》。

跋《答友人论水利书》

〔清〕王孟杜

黄河西抵宁夏，虽盛涨亦不甚强，入冬后则横舟作桥，往来如平地矣。殆经秦逾豫，两省大川灌输其中，始汪洋恣肆，不可复制。我式如舅氏宦游西秦，沿河地方，目击而心识之者，十有余年。乃将堋渭水、开支河、浇民田之说于寄友人书中略陈端尾。如有大经济者采而用之，以杀河势，则利关中即以利天下，而利天下即以利吾乡矣。是书也，不可以不传也，因为附入《艺文》，俟后之览者取以康济斯世焉，安在失业小民不胥受其福哉。

王孟杜（生卒年不详），山东蒲台人。同治年间岁贡，候选训导。

邑庠生盖镂殉难传

〔清〕王孟杜

公姓盖氏，讳镂，字力旃，世居蒲台，代有伟人。父碧轩公当川陕用兵时据守龙驹寨，使贼不得出武关以扰河南者也。公幼以文章名，督学试经古，拔第一，弱冠补博士弟子员。又通晓兵事，能读父书。与人谈兵，辄目炯炯左右盼，如身历行，间而为之指挥也。咸丰十一年，捻匪窜东省，州县奉旨趋办民团，众愿从公调度护乡里。公曰：“我书生耳，奚足恃哉？”众请益坚，乃为部署局务。择里中子弟分任之而己总其成焉，复约邻团为东西应援备非常。是年八月逆捻入乐安，公飞饬诸团抵博兴，设伏杨家桥丛苇中。贼至，突起开炮，贼出不意，惊溃，不敢北渡，公之力也。二十四日，贼全股由西南来，公闻警，驰马走东团，曰：“贼及近郊，邸帅大兵尾追甚急，贼利速行以避王师。如君等能约邻团空壁出，据要地以扼其前，而我约邻团乘其后，设法以逗挠之，王师追及，则我合军急走东南，绕出贼前，截其去路，贼势穷蹙，必窜利津界，彼海滨河曲，皆绝地也。邸帅西来，扫荡逆氛，为国灭贼，在此举也。”约既定，亟驰归，为御寇计。越两日，辰刻，邻团乡兵犹未及集，即有贼骑环村，游奕不去。公谓众曰：“吾提孤军当巨寇，诚为非计，然望影退避，非丈夫也。”因持矛大呼，毙二贼。众亦踊跃争先，奋力死斗。贼稍却，而马上角声复呜呜吹，步队倏分，两翼夹攻我师。公虽武勇，善矛槊，而力不能支，遂遇害。是役也，被创者甚众，其从公死敌者四十人。事闻，恩恤云骑尉，世袭罔替，并祟祀忠义祠。论曰：溯自发逆起奥西，其间胶庠之士，闾里之夫，倔起乡团中，以杀贼功，武则专阃，文则兼圻，何可胜道。此岂果属天人耶，何兴之暴也？而公以将门之子，具果毅之资，负忠义之气，未必遽出诸公下。乃吾谋未遂，竟以援绝力竭，膏血郊原，可悲也夫！

咸丰辛酉蒲邑殉难诸君纪略

〔清〕佚名

咸丰十一年，捻匪东窜，各县奉旨办乡团，郡庠生盖镂，恩贡生、候选教谕盖纶之，从九品盖秉鉴、盖秉钤同理团务，联百十村为一团，捐制钱四千余贯，制造枪炮火药，捐谷二百余石以充公费。六月间，盐贼入境，武生盖浊之带勇击走群枭，生获五人，送县治罪。八月间，南匪入乐安界，诸君纠合东团前往堵御。设伏杨家桥，贼至，伏起，浊之手燃大炮烘贼，贼惊骇，遁去。

二十一日，探贼匪从西南来，过长山，破小店，逾高苑，攻旧镇，势甚猖獗。练总驰马约东团，并力御寇。二十六日，贼大至。盖镈谓纶之曰："吾奋勇当先，分也。尔老母在，无为在此冒不测。"纶之曰："勇未走而我独逃，恐懈众心，不克保乡里。"遂偕秉鉴、秉钤率众赴敌，陷入大队，同时遇害。事闻，赐恤四君，并蒙恩裳云骑尉世职，奉旨崇祀忠义祠。

盖志润，见马贼渐逼渐近，遂同练总大呼奋前，持矛刺一贼落马，贼少却，而大队继至，力竭，遇害。

盖洞之，八月二十八日辰刻闻贼骑将到，而邻援未至，因白团总往迎彼军，并力御寇。行未数里，回望贼骑遍野，知请援不及，亟驰回，遇贼被害。

盖志湘，邑庠生，贼将至，谓其弟曰："父老矣，共扶持送渡河北岸。"比返，而贼已大至，同众赴敌，身被重伤，赴水死。

文峰张公传

〔清〕游百川

公姓张氏，讳凤岐，字文峰，蒲邑望族也[1]。其先人以勤俭成家，公幼承庭训，力矫豪华奢靡之习。朝夕食盘无兼味，冬一裘，夏一葛，浣濯补缀，十年不易。顾闻有义举则跃然起，与其弟凤荣振冈公商而行之，惟恐后。时其赈恤孤苦、周济贫寒，乐善不倦，于古风为近。蒲濒东海，土瘠民贫，同治壬戌科乡试，寒士多临期咨嗟，无力自前。为出三百余金赠诸生，以促其行。士林至今颂之。咸丰辛酉八月，南捻窜入蒲境，四乡居民仓猝避兵，赤手来奔者男妇数千口，其柴米釜甑之属，悉仰给于公，无一枵腹露处者。公长君葆森，以己未副贡出宰中州，为人尚义，有父风。任封丘时，岁屡饥，民为饥驱，纷纷四出觅食，国课旧额委难扫数全完，两年之间，为民代输五千金。公闻，喜曰："但使能为好官耳，多金不足惜也。"立即遣人辇金如豫，以弥其阙。公之德惠远布如是，而其波及于一乡一邑犹其细焉者矣。然吾观富豪之家，居恒

① 编者按：张凤岐，蒲台县玉皇堂村（今属博兴县乔庄镇）人。

肥马轻裘，出入里巷，意气扬扬自得。一旦贫交至门，则缩颈埋头不敢出。既出矣，而升斗之粟又忍弗能予，且反加诟谇者，闻公之风，亦可以少愧矣。若振冈公者，材智过人，尤长于应变，家事无巨细悉以委之，从无贻误。捻匪之来也，过邹平，破小店，逾长山，破爱贤村，至蒲台，围攻旧镇两昼夜。振公侦知各寨率皆偃旗息鼓，不开一炮，不发一矢。意将使贼无从测虚实也，而贼适得以直抵其寨，环攻而破之。振公以为此皆计之失者，不可从。今吾令寨中男丁悉数登陴固守，多张旗帜以疑之，多设大炮以熠之。贼见我与他处动静不同，未有不心悸欲还者。部伍甫定而贼已攻破蔡家寨，马首北向矣，前骑后步，蜂拥而进。振公著短衣，手燃大炮，众勇继之，炮声历落不绝，子著林间，大木俱折。贼知此中有人，乃蜿蜒东去。是役也，以长公之善抚众，次公之善料敌，转危为安于顷刻之间，保全数千人，是不可以不传也。

论曰：宋时范文正公留客无肉食，可谓俭矣，然麦舟赠友、义田恤宗，又何其厚。与迹公所为，虽所处不同，其用意岂复有异耶？况振冈公沈毅有胆识，观于顷刻之间，转危为安，非心识兵机，能如是乎？乃人犹曰：“是有天幸，非关人力也。”岂其然哉？

游百川（1822—1895），字汇东，号梅溪，山东滨州人。同治进士，授编修，迁御史，巡西城。以刚直敢谏之名轰动朝野。光绪年间出为湖南衡水、郴桂兵备道，四川按察使，顺天府尹。时山东河决，数十州县受灾甚重，受命督办治河工程与赈务，以轻骑巡视大河两岸，散粮急赈。又奏请筑两岸遥堤，复于其内筑缕堤，使黄水不致泛滥；奏请疏浚小清河，分黄水入海，均得实行。先后主持济南泺源书院、东昌府书院，讲授经学。

附：光绪十六年《续修蒲台县志·科第》所载今属博兴者一览表

文科

科第	时间		姓名	村社	备注
进士	道光	二年壬午（1822）	盖　钰	盖家（今属博兴县乔庄镇）	见本书第551页作者简介
		三十年庚戌（1850）	盖星阶	盖家	见本书第1052页作者简介
举人	嘉庆	五年庚申（1800）	靳含贞	三岔（今属博兴县乔庄镇）	以甥乐安（今广饶县）隋藏珠诰封朝议大夫
		十三年戊辰（1808）	盖方琦	盖家	任平原教谕
		二十三年戊寅（1818）	魏元英	双台（今属博兴县乔庄镇）	
			盖　钰	盖家	
	道光	五年乙酉（1825）	赵金鉴	蔡家寨（今博兴县乔庄镇蔡寨村）	任恩县教谕
		二十九年己酉（1849）	盖星阶	盖家	
	同治	十二年癸酉（1873）	赵源济	蔡家寨	
副榜	咸丰	九年己未（1859）	张履亨	玉皇堂（今属博兴县乔庄镇）	
拔贡	乾隆	五十四年己酉（1789）	盖方泌	盖家	见本书第537页作者简介
	嘉庆	六年辛酉（1801）	赵金璋	蔡家寨	
孝廉方正①	嘉庆		贾廷翰	三岔	
	道光		赵金璋	蔡家寨	
	咸丰		盖　琦	盖家	附生，朝考一等第一名，即用知县
	光绪		盖澧之	盖家	朝考以照磨用，任湖北布政司照磨

① 清代特诏举行的制科之一。自雍正时起，新帝嗣位，诏直省府、州、县、卫各举“孝廉方正”，赐六品章服，备召用。乾隆以后，定荐举后送吏部考察，授以知县等官及教职。

武科

科第	时间		姓名	村社	备注
进士			赵普宇	蔡家寨	年份失考，任山东抚标中军
举人	康熙	二十年辛酉（1681）	赵　珩	蔡家寨	
	乾隆		徐丕承	河沟徐家（今博兴县乔庄镇河徐村）	

博兴历代文汇

下册

政协博兴县委员会 编

齊鲁書社
·济南·

案牍探赜

博兴历代文汇

授白敏中宏文馆大学士等制[①]

〔唐〕李漼

门下：朕初承天序，方崇政源，属在辅臣，兼领重职。况仙宫至严，专总尤切；儒林之盛，分列掖垣。良史之能，必归惩劝。将欲比肩上古，耀美一时。克副旁求，允膺茂典。特进守司徒、兼门下侍郎、同中书门下平章事、上柱国、太原郡开国公、食邑二千户白敏中，气禀岳灵，道洽王佐。致君之志，发于深诚。银青光禄大夫、守中书侍郎、兼刑部尚书、同中书门下平章事、充集贤殿大学士、上柱国、谯县开国男、食邑三百户夏侯孜，材为国桢，望贯人表。济物之用，彰于重任。金紫光禄大夫、守中书侍郎、兼工部尚书、同中书门下平章事、上护军、乐安县开国男、食邑三百户蒋伸，识蕴生知，众推邦杰。徇公之操，本乎进思。并词峰峭拔，高逾列岫；学海深奥，远含百川。邃彼岩廊，付以衡轴。动有宏益，居然矩仪。叶心而和平，造膝而启沃。式谐佥议，能弼予违[②]。乃知功信无与让。是用思阐元化，冀扬清静之规；弥在立言，更伫刊削之妙。愈[③]其讨论[④]必以化成为先，副我虚襟，咸佩嘉命。敏中可兼充太清宫使宏文馆大学士[⑤]，余各如故。主者施行。

（选自董诰等编《全唐文》卷八十三，第866页，中华书局1983年影印版）

---

① 编者按：本文为懿宗继位之初，为奖掖白敏中、夏侯孜、蒋伸诸人所下制书，其中蒋伸爵位为“乐安县开国男”，可补县志“爵封”之阙。蒋伸，字大直，今江苏宜兴人。宣宗初进士。曾任户部侍郎、兵部侍郎。大中十三年（859），任中书侍郎，兼兵部尚书。不久，拜为同中书门下平章事（宰相）。懿宗即位后，先后兼刑部尚书、河中节度使、同中书门下平章事、太子少保、太子太傅。因年事已高，辞官回乡。卒赠太尉。

② 原注：阙。

③ 原注：疑。

④ 原注：阙。

⑤ 原注：阙。

李漼（833—873），原名温，唐宣宗李忱长子，唐朝第十八位皇帝，公元859—873年在位。在位期间怠于政事，不能纳谏。又喜宴游，宠信宦官，且所用宰相皆非其人。朝内贿赂公行，大臣弄权，随意贬逐官员，导致浙东等地相继发生动乱，民不聊生。咸通十四年（873）崩，庙号懿宗，葬于简陵。

唐僖宗诏书二则

〔唐〕李儇

招讨王仙芝等诏[①]

乱常干纪，天地所不容；伐罪吊人，帝王之大典。历观往代，遍数前朝，其有怙众称兵，凭凶搆孽。或疑迷于郡县，或残害于生灵。初则狐假鸱张，自谓骁雄莫敌；旋则鸟焚鱼烂，无非破败而终。盖以逆顺相悬，幽明共怒。近者庞勋拒命，王郢挺灾，结聚至多，猖狂颇甚。寻则身膏原野，喉毙仆姑。资财分散于他人，亲戚诛夷于利刃。亦有方从叛乱，忽悟归降。回吉凶于反掌之间，变祸福于立谈之际。诸葛爽今为刺史，朱实见作将军。宏伯郎任职于禁营，宋再雄策名于淮海。莫不身名光显，家族辉荣。近者诸道奏报，草贼稍多，江西淮南，宋亳曹颍。或攻劫郡县，抗拒官军；或窘厄商徒，俘掠进奉。出彼入此，鸟逝风驱。虽云俊利于一时，岂不忧危于终日。以有限之逆党，敌无数之王师。宁论岁时，必自歼灭。朕以宽宏致理，慈愍居心，每念苍生，同为赤子，恨不均其衣食，各致丰肥，宁忍迫于锋铓，断其身首。是以诞敷文诰，且务招携。如或不共，用兵无悔。其王仙芝及诸道贼头领等，见制敕后，各宜洗心悔过，解甲收兵，诣所在州府投降。便令申奏，必当超授官爵，厚赏资财，永作忠臣，常居禄位。其节级自补职掌等，亦于大藩镇内，量材与职额衣粮。其抛弃田园胁从队伍者，并当抚绥慰劳，各令归业营农。是谓舍暗

① 编者按：《旧唐书·僖宗本纪》载乾符四年三月，草贼大寇河南、山南。诸葛爽等初从庞勋反，后受诏安，各得其所。僖宗以之为例，招抚王仙芝及其部将。

从明，得生逃死。依朕命者，岂不休哉。如或顽傲不悛，凶强自恃，犹事兵甲，尚困乡闾，使田者不耕，蚕者不织，则须为人除害，非曰黩武佳兵。宜令诸道帅臣，选练骁勇将卒，分兵截道，并力合威，必务剪除，不得纵玩。其主兵大将，若全擒戮得一火草贼数至三百人已上者，超授将军，仍赏见钱一千贯文。如斩首级，移兵攻徒党，收夺资财器械，覆验摭实者，据其功绩高下，授官赏财。如逢寇不追，临阵不战，贪渎逗挠，败失师徒，宜令本州道勘寻，准军法处分。应乡县田园之内，有材杰敢勇之人。若能纠率丁夫，捍御寇贼，搴旗斩将，破阵成功者，委所在长吏速具奏闻，亦与官职优赏。如郑溢汤群之辈，皆已分领郡符，朝廷必不食言，乡党所宜助顺。於戏！宿麦将实，秋苗正滋。渐及蒸燠之时，岂是战争之日？惟愿务农偃甲，布德行恩。遍告州闾，各宜知悉。

（选自董诰等编《全唐文》卷八十七，第911~912页，中华书局1983年影印版）

赐郑从谠诏①

卿志安封域，权总戎麾。夷夏具瞻，社稷全赖。今月五日草贼黄巢奔冲，十六日驻跸梁汉。上惭九庙，下愧万方。藩阃乍闻，痛愤应切。专差供奉官刘全及往彼慰喻，卿宜差点本道兵士，酌量多少，付北面副招讨使诸葛爽，俾令入援。

（选自董诰等编《全唐文》卷八十七，第913页，中华书局1983年影印版）

---

① 编者按：《旧唐书·郑从谠传》载，广明初，李钧、李涿继率本道之师出雁门，为沙陀所败。十二月，黄巢犯长安，僖宗出幸，传诏从谠。从谠承诏雪涕，团结戎伍，遣牙将论安、后院军使朱玫率步骑五千，从诸葛爽入关赴难。时中和元年五月也。

李儇（862—888），本名俨，唐懿宗李漼第五子，唐朝第十九位皇帝，公元873—888年在位。初封普王，热衷游乐，擅马球。懿宗崩，为宦官刘行深等拥立。在位期间，宦官田令孜把持朝政，政局混乱，引发王仙芝、黄巢起义。长安失落后，逃亡蜀地。后调动各镇节度使平定黄巢起义，返回长安。文德元年（888）崩，庙号僖宗，葬于靖陵。

授郑珏、任圜中书侍郎制①

〔五代后唐〕李嗣源

欲运阴阳，贤者谅资于筹画；将烹鼎饪，哲王取喻于盐梅。是知心恬淡则燮理无差，意平正则调和靡慝。王者以二仪为法，百度是贞。将施理国之规，必慎代天之任。其有镇时望重，济物才高。或早推房杜之风，或暗合孙吴之略。咸膺妙选，适副旁求。光禄大夫太子宾客上柱国荥阳郡开国侯食邑一千户郑珏，礼乐成家，钧台接武。珪璧耀无瑕之彩，咸韶奏希代之音。雅度不群，贞规拔俗，为缙绅之楷范，作文学之宗师。历践华资，尝居重任。舒卷罔渝于古道，坦夷不易于冲襟。允谓正人，实符休运。正议大夫守工部尚书上柱国乐安县开国男食邑三百户赐紫金鱼袋任圜，儒玄继代，簪组传芳。蕴穰苴文武之才，抱季子纵横之略。早参戎幕，既备展于良谋；洎历尹京，复广敷于善政。掩李牧防虞之术；继萧何馈运之劳。安北边而显赖殊功，伐西蜀而固资婉画。及康延孝忽从剑阁，欲袭锦川，统戎至及于三千，破贼将逾于万数。奸凶尽戮，邛蜀再宁。静十道之妖氛，息三川之生聚。远提锐旅，来赴上京。适当纂绍之初，尤验忠贞之节。而郁于人望，协彼佥谐。宜膺并命之荣，允谓当仁之

① 编者按：《册府元龟》卷七十四《帝王部·命相第四》载，明宗天成元年，帝初即位，圜自蜀至，安重诲不欲独拜宰辅，共议朝望一人共之。孔循言："珏贞明时久在中书，性畏慎而长者，美词翰，好人物。"重诲即奏与圜并命为相。文中任圜爵位为"乐安县开国男"，可补县志"爵封"之阙。任圜，今陕西三原人。李克用之婿，后唐时历任工部尚书、黔南节度使、宰相，后被安重诲矫制赐死。

选。或升书殿，或掌国租。冀伸致主之嘉猷，别展富民之茂绩。於戏！位尊百辟，职总万机。公忠则庶政惟和，便辟则彝伦攸斁。慎宜九德，勉阜群生。珏可中书侍郎兼刑部尚书平章事集贤殿大学士，圜可金紫光禄大夫中书侍郎兼工部尚书平章事判三司。

（选自董诰等编《全唐文》卷一百六，第1080页，中华书局1983年影印版）

李嗣源（886或867—933），沙陀部人，本名邈佶烈，改名嗣源，五代唐皇帝，公元926—933年在位，称帝后改名亶。晋王李克用养子，以骁勇知名，后辅佐庄宗李存勖建立后唐，在灭后梁之战中屡立战功，累升至成德节度使、蕃汉内外马步军总管，兼中书令。在位时，杀贪腐，褒廉吏，罢宫人，除伶宦，废内库，注意民间疾苦，号称小康。但后期姑息藩镇，御下乏术，朝政混乱。后子李从荣举兵反，受惊崩逝。庙号明宗，葬于徽陵。

乔执中两浙运副，张安上①提刑

〔北宋〕苏轼

敕乔执中等。夫以恤刑之道，达之于主计，则非聚敛之臣；以牧民之意，推之于恤刑，则非文法之吏。以尔执中奉使东南，吏服其明，民怀其惠。以尔安上赋政毗陵，宽而有制，严而不残。是以命尔，各祗厥服。夫民新脱赋泉之弊，以从力役之征，其谨视贪吏，以无害我成法。可。

（选自苏轼撰、孔凡礼校点《苏轼文集》卷三十九，第1101页，中华书局1986年版）

① 编者按：据岳濬《山东通志》卷二十八之二《人物二》载，张安上，字仲礼，阳信人。除博兴主簿，迁员外郎，通判恩州。有死狱十九人，安上白其冤，悉出之。判乾宁军，沧州堤议久不决，安上督其成工。已而堤成，水至，城赖以安。人号“张公堤”。历官京西路转运副使。

《明实录》选

（选自《明实录》，台湾“中研院”历史语言研究所1962年校印本）

《太祖高皇帝实录》五则

一

（吴元年十一月二十九日）辛丑，大将军徐达师克益都。先是达至临朐，元守将丁玉明遁去。及达至益都，玉明复来降，达因遣玉明入城，谕平章老保等不下。达谓诸将曰：“老保所恃者，河上援兵耳。吾已分兵扼黄河，断其左臂，彼尚不知为釜鱼之计。”即督兵填坝，攻其城，拔之，执老保与白知院等。平章普颜不花不屈，死。遂徇下寿光、临淄、昌乐、高苑等县及潍、胶、博兴等州。获将士一万五百余人，马骡一千六百余匹，粮一十八万九千余石。令指挥叶国珍等守之。

（选自《明实录·太祖高皇帝实录》卷二十七）

二

（洪武元年四月七日）丁未，博兴等县民人高翼等五十二人来谢恩。先是，诏免山东郡县租税，至是翼等来谢。上召至前，谕之曰：“朕以尔民劳困，且逢饥馑，难于衣食，故免租税三年，欲尔民安也。今若等远来，跋涉良苦，是以所安尔者反劳尔也。岂朕之本心？尔归见乡里长老，其以朕意告之，但心在朝廷足矣，不必来谢。”命礼部各给道里费而遣之，仍止其未来者。

（选自《明实录·太祖高皇帝实录》卷三十一）

三

（洪武十八年二月二十七日）己未，太傅魏国公徐达薨。

达，凤阳人，家世农业。长身伟，貌刚毅英武。年二十二，值元末兵起，慨然有济世之志。

上欲北伐，与诸将定计。常遇春谓宜直捣元都。上谓达曰：“吾欲先取山东、河南，断其羽翼，然后进兵元都，彼势孤援绝，不战可克。”将启行，又谓达曰：“兵法以庙算胜者得算多也，卿其识之。”于是命达为征虏大将军，常遇春为副将军，率甲士二十五万北伐。达驻师淮安，遣使往沂州，谕王宣父子纳款。十一月，达进师，由长淮入大河，分遣平章韩政率兵略榆行，守将郦毅以城降。师次梁城，守将右丞赵蛮子遁去，部将卢同知、程佥院等率众降。既而赵蛮子亦以所部降，峄州闻风款附。军至沂州时，王信往莒、密募兵，其父宣闭门拒守，诸军围之，宣度不能敌，以元所授沂国公印出降，官军入城。于是莒、密、海等州县相继纳款。上遣使敕达等曰：“闻将军已下沂州，未知勒军何向？如向益都，当遣精锐将士于黄河扼冲要，断其援兵，使彼外不得进，内无所望。我军势重力专，可以必克。若未下益都，即进取济宁、济南，二城既下，山东势穷力竭，如探囊中之物，可不攻而自下矣。然兵难遥度，随机应变，尤在将军。”时金、火二星会于丑分，望后火逐金过齐鲁之分，宜进兵取胜。达师次益都，遣人谕元守将老保，不下，遂督师攻拔之，老保降。徇下寿光、临淄、乐安、昌乐、高苑等县及潍、胶、博兴州，获将士一万五百余人，马骡一千六百余匹，粮一十八万九千石。十二月遣使招降乐安、般阳守将李圭、俞胜等，淄川、新城等县皆望风降附，获兵一千四百余人，粮二万一千三百余石。遣别将张兴祖下东平，元参政陈璧等以军民五万来降。师至安山镇，右丞杜天祐等降，获船一百五十余艘。师至济南，元将脱因帖木儿遁去，其部将以城降，获将士二千八百五十五人，马四百二十九匹。遣都督同知张兴祖取济宁，元将陈平章弃城遁，大军入城守之。洪武元年正月，进达银青荣禄大夫、上柱国、录军国重事、中书右丞相、信国公、兼太子少傅。

二月，达与遇春督马步舟师取东昌，克之，所属茌平等县皆款附。乐安俞胜复叛，达帅师征之，胜弃城遁，元将也速等来援，我军与战，败之，追奔八十余里，生擒院判脱欢，并军士百余人，马三百匹。

三月，达奏定山东新附州县及俘获军实之数。

（选自《明实录·太祖高皇帝实录》卷一百七十一）

四

（洪武二十四年正月十八日）丙午，山东平度、博兴、福山、宁阳、长山五州县水，赈其民户五千一百四十三。

（选自《明实录·太祖高皇帝实录》卷二百七）

五

（洪武二十四年九月二十一日）乙巳，嘉兴府通判庞安[①]获私鬻盐徒送京师，而以盐赏其获者。户部以其违例，罚偿盐入官，且责取罪状。安上言："律者，万世之常法；例者，一时之旨意。岂可以一时之例，坏万世之法？昔唐太宗以选人多诈冒，敕：'自今不首者，死。'未几，有诈冒者，命杀之。大理少卿戴胄奏：'据法，应流。'太宗怒曰：'卿言守法，而使朕失信。'胄曰：'敕者，出一时之喜怒；法者，国家所以布大信于天下也。陛下忿选人之多诈，故欲杀之，既而知其不可，复断之以法。此忍小忿而存大信也。'今之律，即古所谓法，国家布大信于天下者也。例者，即古所谓敕，出于一时之命也。今欲依例而行，则于律内非应'捕人给赏'之言，自相违背，是失信于天下也。"

上然其言，诏论如律。

（选自《明实录·太祖高皇帝实录》卷二百十二）

《太宗文皇帝实录》八则

一

（永乐元年二月五日）壬子，擢临桂县丞谭胜受，建阳县知县陈敏，蒲县

---

① 编者按：庞安，博兴人，洪武中任嘉兴府通判，又见第152页《庞安上书》。

知县文郁，监生孔复[①]、杨钝、张文明、李时秀、蒋彦禄、欧彦贵、何器、刘先为监察御史。

（选自《明实录·太宗文皇帝实录》卷十七）

二

（永乐元年闰十一月四日）丁未，巡按河南监察御史孔复言："奉命抚安河南百姓，今招抚开封等府，复业之民三十万二千二百三十户，男女百九十八万五千五百六十口。未复业者尚三万二千五十余户，男女十四万六千二十余口。新开垦田地十四万七千三百五十八顷。"

上谕户部臣曰："人情不得已而去其乡，今既复业，即令有司厚抚绥之。未复业者悉心招抚。新垦田地停征其税。"

（选自《明实录·太宗文皇帝实录》卷二十五）

三

（永乐二年十一月十七日）乙卯，遣监察御史孔复等考阅在外诸司案牍。

（选自《明实录·太宗文皇帝实录》卷三十六）

四

（永乐五年三月二日）丙辰，擢博兴县学训导杨衷为广西道监察御史。时衷奏御史姜迪与有司交通，故有是命[②]。

（选自《明实录·太宗文皇帝实录》卷六十五）

① 编者按：孔复，博兴人。康熙十二年《博兴县志》卷之六《人物志》载：孔复，字士亨。永乐初为御史，以直闻。为九江太守，《九江志》称复"宅心仁厚，廉公有威，清案牍，辟田野，民用饶足"。原祀乡贤。

② 编者按：博兴历代方志，永乐朝皆无训导杨衷的记载，可补地方志之阙。

五

（永乐十年四月二十日）甲戌，山西平阳、翼城等郡县饥，遣户部员外郎孙恪[①]赈之，凡十六万九千六百余户，给粟三十一万四千二十石有奇。

（选自《明实录·太宗文皇帝实录》卷一百二十七）

六

（永乐十年七月二十六日）己酉，升兵部郎中钱逑为福建布政司左参政，户部员外郎孙恪为左参议，户部郎中杨鼎、刑部郎中刘珪、兵部主事叶仲贤俱为右参议，户部郎中王克礼为福建盐运司运使，仍各赐钞为道里费，布政司官人□□[②]锭，运使四十锭。

（选自《明实录·太宗文皇帝实录》卷一百三十）

七

（永乐十一年五月三日）辛巳，行在户部言山东博兴、高苑、乐安、新城四县去年大水，没官民田四千二百七十顷一十七亩粮无征，命核实除之。

（选自《明实录·太宗文皇帝实录》卷一百四十）

八

（永乐十八年五月二十三日）庚寅，交阯右参政侯保[③]率民兵御贼，死之。左参政冯贵亦以讨贼战死。保，真定赞皇人，由国子生为襄城、赣榆、博兴三县知县，有善政。初设交阯郡[④]县，择人抚治，升保交州府知府，又升交阯右

① 编者按：孙恪，博兴人。康熙六十年《博兴县志》卷之七《人物志》载：孙恪，永乐戊子科，御史。

② 编者按：底本原阙。

③ 编者按：广本、抱本“保”前有“侯”字，据补。

④ 编者按：郡，底本作“群”，讹。下同。

参政。时黄江贼黎利剽掠郡县，保率民兵筑堡于要害御之。贼来攻，保与战，不胜而死。贵，湖广武陵人，举进士为兵科给士中，从英国公张辅征交阯，总兵督饷，克效劳勤。还，奏事称旨。升交阯右参议，提督金银场，升左参政。能抚辑流民，归附者众。有土兵二千余人，皆劲勇耐战斗。每出击贼，辄有功。后中官马麒等嫉之，尽夺其土兵。及黎利反，众强贵剿捕，独以羸卒数百遇贼，兵寡贼众，贵力战而死。保为政廉恕，贵有材略。其死也，人皆惜之。

（选自《明实录·太宗文皇帝实录》卷二百二十五）

《宣宗章皇帝实录》二则

一

（宣德六年五月二十四日）丁亥，山东青州府高苑、博兴二县奏："往年岁俭民逃，其未纳税粮绢马草俱于赦前失报，乞如例蠲免。"命行在户部免之。

（选自《明实录·宣宗章皇帝实录》卷七十九）

二

（宣德八年七月二十二日）癸酉，山东莱州府胶州及高密县，青州府日照、博兴二县，山西蔚、浑源、绛三州，稷山、安邑、夏、万泉、介休五县，河南卫辉府所属六县，彰德府武安县各奏："今年春夏不雨，苗稼旱伤，秋田无收。"命行在户部蠲其租。

（选自《明实录·宣宗章皇帝实录》卷一百三）

《英宗睿皇帝实录》三则

一

（正统五年九月六日）乙巳，行在吏部言："山东博兴县知县梁吉[①]、湖广襄

① 编者按：博兴历代地方志皆无梁吉的记载，可补地方志"职官"之阙。

阳府儒学训导马进，俱坐匿母丧，经法司论断，请罢为民。”从之。

（选自《明实录·英宗睿皇帝实录》卷七十一）

二

（正统八年三月三日）戊午，山东高苑、博兴、齐东三县俱奏：“连年大水浸淫，低洼之处，水未疏泄。今年二三月，天复阴雨，二麦不能布种，夏税无征。”上命户部勘实以闻。

（选自《明实录·英宗睿皇帝实录》卷一百二）

三

（天顺元年八月十七日）戊申，复除山东青州府博兴县县丞翟谌[①]于本府安丘县。谌以亲丧服阕，安丘民奏保谌勤慎有为，乞借惠一邑。故有是命。

（选自《明实录·英宗睿皇帝实录》卷二百八十一）

《宪宗纯皇帝实录》二则

一

（成化十一年九月三日）己酉，巡抚山东左佥都御史牟俸奏：“山东旧有小清河，上接济南趵突等泉，下通乐安沿海高家港等盐场；大清河上接东平坎河等泉，下通滨州、海丰、利津沿海富国等盐场。后因淤塞冲决，舟楫不通，民苦般剥，兼雨水渰没，其患尤甚。近劝农参政唐濂为之修浚造闸，水利始通继，今非得人提督，恐久而或废。令濂兼治水利，后继任者亦如之。”诏可。

（选自《宪宗纯皇帝实录》卷一百四十五）

---

① 编者按：博兴历代地方志皆无翟谌的记载，可补地方志“职官”之阙。据乾隆《太平县志》，翟谌，山西太平县（今属襄汾县）人，正统三年戊午科举人。

二

（成化二十三年二月十一日）辛巳，赐德王见潾[①]新城、博兴、高苑三县水淀芦荡并空闲地四百三顷三十四亩有奇。

（选自《宪宗纯皇帝实录》卷二百八十七）

《孝宗敬皇帝实录》十一则

一

（弘治二年三月十一日）己巳，致仕少师兼太子太师吏部尚书华盖殿大学士万安卒。

安字循吉，眉州人。正统十三年进士，选为翰林院庶吉士，授编修，升左春坊司直郎，兼编修，寻升右春坊右中允，改尚宝司丞，俱兼编修，转侍讲，升学士、詹事府少詹事，仍兼学士，升礼部左侍郎。成化五年，命兼学士，入内阁参几务，升本部尚书，加太子少保，改户部，兼文渊阁大学士。孝庙出阁，改吏部，兼谨身殿大学士，加太子太保、光禄大夫、柱国，历少傅，兼太子太傅、太子太师、华盖殿大学士，进少师。二十三年致仕，至是卒。讣闻，辍朝一日，赠太师，加特进左柱国，谥文康，赐祭葬如例。安状貌魁岸，仪观甚伟，自未第时人皆知为伟器。及官翰林，受知宪庙，在内阁者几二十年，恩礼隆厚，而又当海内熙洽之余，其遭际可谓盛矣。顾其为人，外宽内深，恶人异己。若礼部侍郎邢让、国子监祭酒陈鉴、司业张业，皆以无罪诬罢官，盖安与学士彭华谋居多。而吏部尚书尹旻之得祸，则尤华所媒蘖，而安阴主之也。是时指挥万通为昭德内妃兄弟，有宠，安以同姓，结通为族。已而通妻王氏母来自博兴，王谓其母曰："尝记家贫时以妹与人为娣，今何在也？"母曰："第记为四川万编修者也。"遂历访之，则知编修固安早年官也。于是妹呼娣小字曰"翠儿"，娣亦呼妹曰"翠莲"，悲喜交集，而安与通真为姻娅矣，乃

---

① 编者按：朱见潾，明英宗朱祁镇次子，宪宗朱见深之弟，明朝第一代德王，薨，谥号庄，子朱佑榕嗣位。

复为通为久固计。而江西人李孜省、邓常恩时以左道获宠，因使华通孜省、常恩为助，而安益阴厚之。以是安势益盘据，凡才贤胜己者、持正不趋附者，皆妒嫉之。如王恕、马文升、耿裕、秦纮、焦芳辈，皆相继斥逐者甚多也。而旻之事特为尤著云。

（选自《明实录·孝宗敬皇帝实录》卷二十四）

二

（弘治三年二月二十五日）丁未，升吏部郎中张宪、工部郎中李濬俱为布政司左参政；镇江府知府熊佑①、广西左参议林同、礼科都给事中韩重、雷州府知府魏瀚俱为右参政。宪山东，濬、佑河南，同浙江，重陕西，瀚福建。

（选自《明实录·孝宗敬皇帝实录》卷三十五）

三

（弘治八年三月二十三日）丙午，河南布政司右参政熊佑丁忧服阕，复除陕西布政司。

（选自《明实录·孝宗敬皇帝实录》卷九十八）

四

（弘治十年二月十二日）甲申，升陕西布政司右参政熊佑、四川布政司左参政叶贽俱为右布政使，佑湖广，贽江西。

（选自《明实录·孝宗敬皇帝实录》卷一百二十二）

五

（弘治十一年十一月二十二日）甲寅，升湖广布政司右布政使熊佑为四川左布政使。

---

① 编者按：熊佑，博兴人，成化乙酉科举人，己丑科进士。

（选自《明实录·孝宗敬皇帝实录》卷一百四十三）

六

（弘治十四年二月十日）己丑，赐周府乐陵郡君并仪宾邵宝、义和郡君并仪宾赵忠、棘安郡君并仪宾高伟、博兴郡君并仪宾刘浦诰命[①]、冠服如制。

（选自《明实录·孝宗敬皇帝实录》卷一百七十一）

七

（弘治十四年七月二十四日）庚午，命工科右给事中李禄、监察御史季春、户部郎中王勤于北直隶，礼科右给事中王缜、御史罗列、郎中夏暹于南直隶，户科左给事中蔚春、御史杜启、员外郎赵履祥于浙江、江西，工科给事中张元良、御史马继祖、主事程杲于福建、广东，兵科给事中王承裕、御史吕镗、员外郎夏从寿于山东、河南，郎中相枢[②]同先差御史俞谏于四川清理屯田。

（选自《明实录·孝宗敬皇帝实录》卷一百七十六）

八

（弘治十五年二月九日）壬子，升河南按察司按察使文贵为布政司左布政使，云南按察使陈孜、山东左参政杜整俱为右布政使，贵、孜陕西，整福建。苏州府知府曹凤、工部郎中王铉、河南府知府陈宣俱为左参政，凤山西，铉四川，宣云南。江西右参议王纶、户部郎中王琰、临洮府知府车霆俱为右参政，纶本司，琰、霆陕西。陕西佥事李端澄，山东佥事李宗泗，福建佥事曲锐，刑部郎中盛洪，监察御史姚祥、陆完，南京监察御史王倬，俱为副使，端澄本司，宗泗江西，锐四川，洪广东，祥云南，完浙江，倬贵州。兵科右给事中毛珵、户部郎中相枢俱为左参议，珵山东，枢山西。南京户部郎中黄瓒、南京

---

① 编者按：仪宾，全称宗人府仪宾，明代郡主、县主、郡君、县君、乡君夫婿的封号。博兴郡君，未知其名讳世系，博兴历代地方志皆无博兴郡君、刘浦夫妇的记载，此可补地方志“封爵”之阙。

② 编者按：相枢，博兴人，弘治己酉科举人，庚戌科进士。

户科给事中李瓒、南京都察院经历华福俱为右参议，黄瓒、李瓒俱四川，福湖广。南京监察御史杜启、南京户部员外郎范祺、直隶通州知州唐希介、南京大理寺右寺副王庆、南京刑部员外郎李祚、刑部员外郎陶照、监察御史袁经俱为按察司佥事，启、祺福建，希介、庆陕西，祚云南，照广东，经山东。

（选自《明实录·孝宗敬皇帝实录》卷一百八十四）

九

（弘治十七年五月十日）己亥，礼科都给事中李禄等劾奏英国公张懋、武定侯郭良、武靖伯赵承庆、协守漕运都指挥张洪、礼部右侍郎王华、南京户部左侍郎郑纪、巡抚陕西右副都御史周季麟、掌太常寺事礼部尚书崔志端，及前此被劾待报未退四川右布政使等官熊佑等二十人各不职，乞通行罢黜。监察御史饶榶等亦尝以为言，吏部、兵部各覆奏，谓尚书侣钟已准致仕，其余请自上裁。命俱存留供职。

（选自《明实录·孝宗敬皇帝实录》卷二百十二）

十

（弘治十七年八月十八日）乙亥，先是吏部以给事中李禄、监察御史颜颐寿等所劾四川左布政使熊佑等二十人不职，行令各巡抚巡按官勘报其后副使曹玉等七员，各自陈有疾，得旨：准致仕。至是，巡抚巡按官勘报至者谓湖广副使张琏、四川副使谈俊、丁忧佥事姜麟，俱有不谨实迹。其熊佑并河南参政吴愈、广西佥事蔡炼及知府杜源、戴恩、佟珍等，俱无实迹，吏部具覆，以请命。张琏等三人俱致仕，余俱留供职内。缘事，知府杜源待问结后闻奏。

（选自《明实录·孝宗敬皇帝实录》卷二百十五）

十一

（弘治十七年十二月二十三日）己卯，立春。南京户科给事中戴铣等劾奏四川左布政使熊佑，广西左参政王臣，河南右参政吴愈、刘约，四川副使陈铨，佥事李岳，陕西佥事曹玉，两浙运使宋明、梁万钟，太平府知府项经，河南府知府王溥，凤翔府知府王轩，高州府知府凌文献，南雄府知府郑炤，桂林府知府戴恩，庆远府知府谢文著皆不谨；广西按察司武清，湖广左参政刘聪，四川副使陈轼，叙州府知府陈瑶皆贪酷；四川右参政李旻，江西右参议黄皞，广西右参议董荣皆罢软；贵州副使阴子淑，山东副使李惟聪，山东运使马祥，莱州府知府李婺皆老疾；浙江左布政使林符，贵州副使毛科，山东佥事王中，山西佥事蔡坤，陕西佥事刘道立，福建运使吴泰，常州府知府连盛，绍兴府知府佟珍皆才力不及。监察御史聂瑄等复劾奏山西副使陈震，广西佥事蔡炼，登州等府知府郑杰、马升、周津等五人，余与铣等所奏同，俱请如例罢黜。吏部覆奏，上曰："朝觐考察果有不公，宜科道纠举，今未经考察，铣等辄先具奏，又无指实，尔等宜照前旨参详考语，访察实迹，务秉至公，不许偏徇枉人。"

先是，四川左布政使熊佑、河南右参政吴愈、四川丁忧佥事姜麟为科道所劾，吏部行各巡抚等官勘报，既得旨，令姜麟致仕，熊佑、吴愈俱存留供职。至是，巡抚四川都御史刘洪复勘劾三人不职实迹，请赐裁处，命佑、愈皆致仕，麟下巡按浙江监察御史逮问狱。上命冠带闲住。

（选自《明实录·孝宗敬皇帝实录》卷二百十九）

《武宗毅皇帝实录》二则

一

（正德三年正月十三日）辛亥，吏部会都察院考察天下来朝并在任、去任、丁忧、考满各司府州县等官，请如例以老疾者致仕，罢软、不谨者、冠带者冠带闲住，贪酷及为事在逃者为民，才力不及者调用。时同知以下，及杂职，皆得俞旨，惟方面、知府、行太仆、苑马寺、运盐司官六十人，令备查逐年考语实迹，并年甲以闻。于是，部院复条列各官历年考语，及部院询访之实。乃诏如例发落。致仕则浙江右参政梁泽，湖广右参议华福，山东副使韩春、运使连盛，云南副使彭纲、丁翊，福建运使李纪、佥事[1]潘珏，广东佥事许昍，甘肃

① 编者按：佥事，底本作"佥者"，讹。

行太仆寺卿陈宽，辽东行太仆寺丞傅弼，山西行太仆寺卿袁宏，台州知府徐鹏举，绍兴知府刘麟，南安知府邓应仁，广南知府廖铉，高州知府徐键，石阡知府谢崇德；冠带闲住则江西左布政使李韶，湖广佥事姜实，河南左参议蔡相，广西右参议钱灏、佥事沙立，福建副使陆称，山东运同张瓒，陕西左参政唐锦舟、副使刘淮、佥事官贤、黄瓛，苑马寺少卿刘棠，行太仆寺少卿郭洙，四川佥事贾澄、李岳，山西左参议相枢，云南佥事朱仪，贵州佥事彭程，广东佥事邓概、冯夔，饶州知府侯溪，南昌知府祝瀚，辰州知府陈尧弼，荆州知府王绶，襄阳知府陈筐，建宁知府沈瀚，凤翔知府王轩，夔州知府王用，镇远知府戴仁，思州知府赵浑，雷州知府李敷，南雄知府吴珍，广州知府袁嫌，浔州知府陆琪，梧州知府何文进；调用则福建佥事陈大纪，河南副使阎玺，临安知府项经，成都知府费愚；为民则都匀知府黎臣，临江知府王资良，广西知府毛超。遂附批翰林院学士吴俨帷幙不修，令致仕养病；御史杨南金无疾欺诈，令为民。后有托病请假及丁忧违限不起复者，通奏惩治。俨居家严肃，瑾知其富，有所需不应，且诉之；其主顺天试也，乡人太医院使王玉以其子托，又拒之严甚，玉复腾谤于瑾；南金尝为刘宇所挞，不堪淟涊而去，宇衔之，亦谤于瑾，故皆得罪。一时中外闻者，无不骇异。

（选自《明实录·武宗毅皇帝实录》卷三十四）

二

（正德四年八月十八日）戊寅，命金吾左卫指挥使顾铎[①]守备阶文地方，以都指挥体统行事。

（选自《明实录·武宗毅皇帝实录》卷五十三）

《穆宗庄皇帝实录》一则

（隆庆三年十月十四日）甲寅，以水灾免山东沂、莒、胶、滨、武定、宁

---

① 编者按：顾铎，博兴人，正德丙子科举人，丁丑科进士。

海、平度、济宁、东平、临清、曹、濮、德州、武城、馆陶、沾化、利津、费、郯城、益都、寿光、诸城、沂水、高密、昌邑、潍、蒲台、海丰、安丘、临朐、蒙阴、博兴、高苑、即墨、福山、临淄、乐安、昌乐、日照、青城、鱼台、蓬莱、栖霞、招远、阳信、邹平、新城、淄川、济阳、峄、巨野、定陶、单、嘉祥、曲阜、汶上、阳谷、寿张、郓城、泗水、邹、范、德平、章丘、长清、肥城、齐河、商河、历城、长山、临邑、平原、滋阳、东阿、曹、滕、宁阳、金乡、武城、平阴、夏津、观城、掖、莱阳、文登、黄县各存留粮，临清、济南、安东三卫，莒州所各屯粮。灾十分者改漕粮十之五，减临、德二仓米麦每石银二钱。灾九分者止减二仓粮，无二仓米者减边粮如其数。

（选自《明实录·穆宗章皇帝实录》卷三十八）

《神宗显皇帝实录》三则

一

（万历四年六月十二日）癸酉，巡抚山东右佥都御史李世达奏："本年四月二十九日，博兴县大雨，雹如拳、如卵，至五月初一日复雨，打死男妇卞守才五十余人，牛马无算，禾麦尽毁，鸟雀臭烂，气不可闻。及兖州等府相继见之，人畜禾麦亦多伤损。"

（选自《明实录·神宗显皇帝实录》卷五十一）

二

（万历四年九月十四日）癸卯，巡抚山东佥都御史李世达奏："勘博兴县五月内冰雹打伤禾地三千九十八顷四十亩有奇，打死男妇卞守才、萧氏等四十二名口，树木折倒、牲畜死者无数，乞将夏税及临德二仓米麦尽数蠲免。"下户部覆议，临、德二仓米俱免五分，德州仓麦每石减折二钱，以示宽恤。从之。

（选自《明实录·神宗显皇帝实录》卷五十四）

三

（万历四十年六月七日）庚午，升四川参政戴廷诏为江西按察使，浙江参政王道显为湖广按察使，河南府知府顾颐为陕西副使。升山东右布政孙承荣为本省左布政，江西抚州府同知聂世润为广西庆远府知府。

（选自《明实录·神宗显皇帝实录》卷四百九十六）

《光宗贞皇帝实录》一则

（泰昌元年八月十七日）壬戌，升湖广右参议刘之沂[1]为河南副使。

（选自《明实录·光宗贞皇帝实录》卷六）

《熹宗哲皇帝实录》八则

一

（天启二年十二月十八日）己卯，吏科右给事中汪庆伯言：

有功不赏，有罪不罚，虽尧舜无以治天下。今东西献俘，都人属目。虽东土尚议善后，奢贼尚稽天诛，然可以余寇之旁轶而缓叙邹滕乎？可以江门之衄、遵义之失而并忘成都、重庆乎？又闻新都之克复与死守锦城实相犄角，佛图关之夺险、南城坪之截援与计馘张樊实为表里，景州之返旗歼贼与东省之芟薙实为呼应。勿以主兵掩客兵之赴义，勿以文吏掩武吏之血战。至周著拮据危城，围甫解而弹文及之，无论劳。臣解体而西南何以资其一臂之用？臣谓当之宜结者此也。明时举李达是否激变，有抚按之勘疏；刘时俊是否通夷，有监军之面质。昨又奉"作速从公问拟"之旨，该部谅不稽延。但顷见冒饷盗臣何栋如者，言路交章，则从容付之查勘，关臣查奏，又展转问其中军事事不断。如此能免兔爰雉罹之讥乎？臣谓罚之宜结者此也。且一恤典也，护国本之王德

① 编者按：刘之沂，博兴人，万历辛卯科举人，戊戌科进士。

完何以不得视孟养浩，死封疆之顾颐何以不得视崔儒秀，急公徇难之徐可求何以不得视袁应泰？一罪人也，王文烨枭斩当矣，而李秉诚惯逃，何独握兵？王一宁、管大藩等骈逃，何独无恙？顾大猷逮议当矣，而孟淑孔、张思任穷凶嫁祸，何反逍遥？佟卜年长系是矣，而逆贼周邦泰家属安在？何置不讨？至于固始之擒殄首乱，沛县之发觉，传旗彰德，勒兵下操，而亲散悍宗之纠聚。九江道开谕戈陈，而缚献邪谋之首恶。温处道禁米入海，而降获百千之剧盗。可谓曲突徙薪，不让胜兵十万。所当亟旌其伐也，乃臣窃反覆于东西之故。又谓定蜀所以救黔，宜速从事遵义，戴君恩才足办此。傥趋之兼程，与总督密密料理，而帑金之速补解，滇省之改节制又一一应手，恐将来两酋皆不出此彀中。东寇之初发也，识者皆以运道为忧，幸漕臣殚精，万艘毕达，然直河口至夏镇，三百里内，两岸萧然。一夫大呼，进退无所，而运军殊非御寇之料。近日徐州设总兵，颇称得策。然宜以夏镇增兵三千，专敕防河，与南之淮扬，北之济宁、临德诸军相为声援，而官旗一切不受管摄，每岁漕臣得以举刺从事，则有勋总之利，无勋总之害。且永杜勋总觊复之端，而壮咽喉虎豹之势。是又目前之急宜图者也。

章下部议。

（选自《明实录·熹宗哲皇帝实录》卷二十九）

二

（天启三年正月二十三日）甲寅，赠原任辽东分守辽海东宁兵备道右参政顾颐为太仆寺少卿，荫一子本卫副千户，世袭。广宁之变，颐力屈，题十六字于壁，曰："边疆失守，臣子何颜。无力报国，甘心九泉。"遂缢死。故追议恤之。

（选自《明实录·熹宗哲皇帝实录》卷三十）

三

（天启三年正月二十九日）庚申，巡按直隶兼管辽东监军御史潘云翼言：

自抚顺变起，而清河之失随之。张承胤之战亡，盖由于李维翰之轻敌，而用李维翰以抚辽、用杨一桂以按辽、用顾颐等以司辽者谁？则冢臣郑继之之愚昧、枢臣薛三才之机巧，不可不为今日之鉴也。自三路败衄，而开原之失随之，杨镐之丧师，岂得诿杜松等之违制？而用杨镐以经略、用周永春以巡抚、用陈王庭以巡按、用李如栢等以大将、用潘宗颜等以监军、用郑之范以署开原者谁？则枢臣黄嘉善之误国，科臣赵兴邦、亓诗教等之擅权，不可不为今日之鉴也。铁岭之失，谁初任而不救？非熊廷弼乎？谁先去而陷城？非李如桢乎？至会议以用如桢，推荐以用廷弼，则吏部赵焕等之一误再误，科道官应震、李征仪等之一疏再疏也，又今日之一鉴也。辽沈之失，孰收降而收叛非袁应泰乎？监军而弃军，非高出、康应乾等乎？而辅臣受面谕于讲幄，漫无[1]主持；枢臣奉明旨于有赫，一筹莫效。则刘一燝之依违、崔景荣之庸暗，又今日之一鉴也。至于广宁之失，坐令哄关而四散，于是乎熊廷弼、王化贞等之罪不可胜诛矣。然而经抚不和，皆由中外不合勘明之入告，致有起用之诸疏。则枢臣张鹤鸣之刚愎、台臣方震孺等之扶同，又非今日之一大炯鉴哉！

得旨：疆事重在得人，前此举用失当，罪俱难辞，姑不深究。以后凡边镇文武各官，都著慎重推用，不得滥及取罪。

（选自《明实录·熹宗哲皇帝实录》卷三十）

四

（天启三年四月四日）癸亥，刑科左给事中尹同皋奏言：

辽左始终以战败，非以守败，为辽抚者，惟是选将练兵，以固人心、扬军气、保山海之巩固为第一义。今阎鸣泰矢口而谭，视奴酋若孤雏腐鼠，欲弄之股掌之上，知时事之可前而不知吾力之不能前，愿鸣泰再商之也。山海有警，蓟门首当其冲。为蓟抚者，亦惟是选将练兵，以固人心、扬军气、听山海之消息为第一义。今岳和声抵掌而谭，视用兵若弄丸承蜩，别有不传之秘，知吾局之当举而不知时势之不能举，愿和声再商之也。京营之与山海、蓟门击首则尾应，击尾则首应，率然之势也。京军虽积玩，遴其精壮者而用之，每万可得三四千人，宜择一人焉，假以便宜。宽以时日，俾整顿营务，一年以后，战守

① 编者按：底本作“无无”，衍一字。

皆于此责成，此非有大识力大胆如于忠肃者不能，今日戎政留心及此欤？伏祈敕谕督抚诸臣急行选练，一切战守必实实有据，以保无虞。并敕兵部，戎政树人除器，简卒搜乘，蚤图京师守御之具。

得旨：兵事谋贵万全，巡抚官责任甚重，一应战守防御事，宜著悉心调度。仍与枢辅及督臣从长商确，务保万全。京营参酌旧制，著实振刷，一并申饬行。

荫阵亡辽东分守辽海东宁兵备道右参政赠太仆寺少卿顾颐孙思源本卫副千户世袭。

（选自《明实录·熹宗哲皇帝实录》卷三十三）

五

（天启三年四月十一日）庚午，予援辽死事辽东分守东宁道兵备参政顾颐祭一坛。

（选自《明实录·熹宗哲皇帝实录》卷三十三）

六

（天启三年）五月庚寅朔，吏部请给殉难诸臣诰敕，以慰忠魂，以彰风化。山东辽海东宁道右参政今赠太仆寺少卿顾颐，四川下川南道按察司副使骆日升、下川东道副使李继周今俱赠光禄寺卿，四川顺庆府同知郭象仪今赠光禄寺少卿，叙州府同知熊嗣先、顺庆府同知洪应科、重庆府推官王三宅、巴县知县段高选、南溪县知县王硕辅、桐梓县知县洪维翰、四川乡官原任巩昌府同知宋柱国今俱赠尚宝司卿，长宁县主簿徐大礼、郫县儒学训导赵恺今俱赠重庆府同知，桐梓县典史黄启鸣今赠重庆府通判。诰敕命共十五轴。

（选自《明实录·熹宗哲皇帝实录》卷三十四）

七

（天启三年六月十日）己巳，升河南按察司副使刘之沂为湖广布政使司右参政。

（选自《明实录·熹宗哲皇帝实录》卷三十五）

八

（天启七年十二月十三日）丙午，刘汉儒、钟炌、杨时化、阎可升、仇维贞、彭祖寿、张鼎延、曹师稷、祖重烨、颜继祖、郭尧言为给事中，尧言南京。户科甘学润、范良彦、宋景云[①]、张养、林熙隆、李应期、梁天奇、罗元宾、李炳、黄仲璊、李遵、杨中枢、韩光先、朱健为试监察御史。朱健，南京少保兼太子太师。□[②]部尚书李从心改户部尚书、总督仓场。许宗礼仍都察院右都御史，兼吏部右侍郎。刘泽深为顺天府尹。任中英为都督□□总兵官，镇守浙江。徐镇都为都督□□总兵官，镇守居庸、昌平。

（选自《明实录·明熹宗哲皇帝实录》附录《天启七年十二月》）

《崇祯长编》四则

一

（天启七年十二月十一日）甲辰，吏部考选部属各官，授给事中十一员：刘汉儒吏科，钟炌、杨时化户科，阎可升[③]、仇维祯礼科，彭祖寿、张鼎延兵科，曹师稷刑科，祖重晔、颜继祖工科，陈尧言南户科。试御史十四员：甘学阔、范良彦、宋景云俱浙江道，张养、林栋隆俱江西道，李应期福建道，罗元宾河南道，杨中极四川道，黄仲晔广东道，李遵云南道，韩光先贵州道，朱纯南福建道。

（选自《明实录》附录，史语所藏钞本《崇祯长编》卷四）

二

（崇祯元年正月十八日）庚辰，浙江道御史宋景云请广会额，旨令视万历

① 编者按：宋景云，博兴人，万历丙午科举人，己未科进士。

② 编者按：底本原阙。下同。

③ 编者按：阎可升，底本作“闫可陞”，据前文改。

己未科，以三百五十人为额。

（选自《明实录》附录，史语所藏钞本《崇祯长编》卷五）

三

（崇祯元年正月二十日）壬午，御史甘学阔、巡按云南范良彦、淮扬宋景云、湖广张养、两淮巡盐太仆寺少卿管云南道事杨维垣疏斥倪元璐有四谬，谓璐盛称东林，而大贪极横之李三才，东林辄尊之为盟主，破坏封疆之熊廷弼，东林辄护之如娇儿，一谬也；盛称韩爌，二谬也；又盛称文震孟，三谬也；又盛称邹元标之讲学，四谬也。今之忠直，原不当以崔魏为对案，向之受抑于崔魏者，固为以燕伐燕，今欲取案于崔魏者，犹恐以病益病。报闻。

（选自《明实录》附录，史语所藏钞本《崇祯长编》卷五）

四

（崇祯元年二月十六日）戊申，浙江道御史宋景云疏言练兵、核饷、屯田、设防诸事，下督抚酌议。

（选自《明实录》附录，史语所藏钞本《崇祯长编》卷六）

《朝鲜王朝实录》选

（选自《朝鲜王朝实录》，鼎足山本）

光海君日记一则

（万历四十六年，光海君十年）五月十八日，平安道观察使安应亨状启：义州府尹李善复入送边情，探知小通事李戒生回自辽东言“分守道布政顾颐，本月初三日才为病逝[①]，故都司代行分守道，而关内兵马陆续出来。且以圣旨买战马二万匹，分给自募之兵，应募者多”云云。都司招见戒生曰“尔国兵马整齐否？贼之所畏，片箭与火器，此亦整齐否？奴贼造小舡，欲为走避之计，尔国江边一带，善为防守”云云，戒生答曰“我国兵马当为整齐。而但征奴日期，愿承详教，以便启知”云，则都司曰“当此林深草密，势难轻动，师期，必在八九月间”云云。而今见都司票文，则征奴日期，待庙算定日，自当预期密咨云，我国兵马预入义州，则粮饷难继，狼狈之患，难保其必无。本道军兵，当待李埈回还后，可以调发。所谓奴贼，造小舡，逃避云者，似是布张天威，警饬我国，而在我阴雨之备，不可少缓。请令庙堂指挥。

备局回启曰：“‘事系征奴，则无论缓急，即为驰启。而兵马之屯住处，自朝廷，当揣摩分付。’请当此辞缘，行移本道。”从之。

（选自《朝鲜王朝实录·光海君日记》卷一百二十八）

揭阳县主簿季本乡约呈[②]

〔明〕王守仁

据揭阳县主簿季本呈为乡约事。足见爱人之诚心，亲民之实学，不卑小官，克勤细务，使为有司者，皆能以是实心修举，下民焉有不被其泽，风俗焉有不归于厚者乎！但本官见留军门听用，该县若无委官相继督理，未免一暴十寒；况本院近行十家牌谕，虽经各府县编报，然访询其实，类是虚文搪塞；且编写人丁，惟在查考善恶，乃闻加以义勇之名，未免生事扰众，已失本院息盗

① 编者按：原文如此，顾颐殉国事详见第579页《熹宗哲皇帝实录》第二则。

② 原注：四月。编者按：即嘉靖七年（1528）四月，时王守仁以南京兵部尚书兼左都御史，总督两广。

安民之意。访得潮州府通判张继芳[①]，持身端确，行事详审，仰该府掌印官将发去牌式，再行晓谕所属，就委张继芳遍历属县，督令各该县官勤加操演，务要不失本院立法初意。仍先将牌谕所开事理再四细绎，必须明白透彻，真如出自己心，庶几运用皆有脉络，而施为得其调理。该县乡约仰委县丞曹森管理，毋令废堕。

（选自吴光等编校《王阳明全集》中，第700页，上海古籍出版社2011年版）

擒获妖党疏

〔明〕潘季驯

为擒获逆天妖党事。

万历十年二月十二日，据苏松常镇兵备道揭帖呈前事：万历十年二月初一日，本道巡历镇江，据知府王事圣禀称，据丹阳县知县甘士价揭报“本县典史包朝手下民壮教师谢朝选、吴守祯首有妖僧纠党谋反重情，本道又访得圌山营有水兵头目钱山亦系奸党。随即密行知府王事圣，以查勘河道为名，亲诣丹阳。又，委同知高伟以点兵为名前去圌山，会同把总徐道各缉访去。后续据王知府揭称，本月初四日前至该县，吊取谢朝选、吴守祯，并见获严斗，隔别研审，供称戴元六、孔景龙将号票符篆给伊，待后领官”等语，又审据孔景龙供，系游方僧见住镇江府龙华庵僧人海注，向在伊家诵经，将符票数十张付伊，令伊纠集骁勇智谋之士，纠人多者官爵愈大。据此随经密差快手陈甫、袁

① 编者按：张继芳，博兴人，正德五年（1510）庚午科举人。时任潮州通判。清郝玉麟等监修、鲁曾煜等编纂《广东通志》卷二十七《职官志》载：张继芳，山东博兴人。民国《重修博兴县志》卷十三《人物志》载：张继芳，字应光。正德庚午举人，历任户部郎中。立朝刚侃，不为苟容。致仕，居林下十余年，恬淡谦怡，善接后进，远近多所观摩。

有、蔡臣回府，责令丹徒县县丞孙应溪[1]督率兵快，径诣龙华庵，将海注等拿获。又，该本官会同知县徐桓将甘露寺僧汪元洪等捕获解府。又，准高同知捕获钱山一并到府。该知府王事圣审，据汪元洪等供称：万历五年间，有湖广铁佛寺僧名雪峰与伊相厚，引伊在于南京栖霞寺与顺天人黄恩画符一张与伊，令依样摹画，转给与人。至万历八年三月内，黄恩又写敕一张，托方僧孤峰寄令翻刻刷印遍给，纠有千人者封以王侯。元洪又与僧人大乘、志元、海注等商约，将前符票转给与孔景龙、戴元六、严斗、钱山德、安东湖、琴柱等，转相给散。又，据元洪供称：伊兄弟十人，北方五人，名黄恩、黄仁、黄义、顾宾、贞静，以仁义礼智信为号，名曰北票。元洪与雪峰、贞成、蔡少溪、元明以金木水火土为号，名曰南票。约于四月初一日，南方者在于南京报恩寺、北方者在于北京天宁寺各举兵。又云，先取镇江以据要害之地，次收傍郡库藏以备军饷之需。又向平民说称得此符票者，全家免死，无者阖门屠戮。中间情状，至有不可言者。今已发觉捕获，情真罪当者十一人，其无知胁从、情可矜疑者九人，除覆审的确，另行招详等因。又，据把总徐道呈称：案据犯人钱山招称，敕符俱首犯甘露寺僧省悟分给等情，随经责差官兵刘学等，在于大沙普照庵，捉获省悟并本庵僧护教到职审，据省悟即谨聪称，系丹徒县大一都民，自幼出家甘露寺为僧，有本寺和尚元洪，并伊师父庆秀、师公演聚。于旧年正月内，与孝陵寺首僧便永号朝安立意造端。今年正月十六日，元洪著和尚琴柱给聪敕一张，内写“敕封护国、同时一心都督大元帅、南字号总兵官”，聪委接收，一向收藏房内。又将常敕一百一十张，内总兵官敕二张，与悟分给好汉。至二月初五日，将前敕到大沙普照庵内投，先领符僧刘护教房内住下，正要计较置酒请钱山寻人分给，被官兵捉获，并搜出敕符见在等情。又，据普照庵僧护教招称：旧年十月内，有僧元洪著僧琴柱将符十五张与，教收在房内。近二月初五日，有僧省悟前来，并带敕一百一张，放在教房箱内，商议分给。

---

[1] 编者按：孙应溪，博兴人。嘉庆《丹徒县志》卷十三《宰贰》载：孙应溪，博兴人，监生，累官重庆府通判。康熙十二年《博兴县志》卷之六《人物志》载：孙应溪，封承德郎，四川重庆府通判，调任奉政大夫、同知叙州府事，居家孝友，服官廉明。《嘉兴府志》荐《名宦传》，《青州府志》入《事功传》，《博兴县志》登《孝友传》，秀水县刊《去思录》。典籍所载，德业昭垂，心事可质鬼神，人品堪拟古道。

今蒙官兵将同省省悟捉住，并获原收在房符十五张、敕一百一十张在官等情。并将省悟、护教二犯及敕符呈解到道。除已获者审确另详，未获者密缉严访外，系干逆天重情，合先通行呈报等因到部，据此案照先于本月初八日，臣会操江都，御史吕及镇江府报有妖党戴元六纠众为非。臣虑镇江密迩，南都相应防御，且虑妖党数多，不无潜伏，该府虽无公文到部，自宜预为备御。随札提督巡捕署都督佥事王化熙，并五城兵马司严行访缉，职方司主事吴仕诠申严各门禁约，加谨盘诘，仍会同内守备太监张，暨外守备临淮侯李、武靖伯赵，谕令各营官将日操军马，加意整饬，以防不虞外。今据前因，该臣照得雍熙全盛之世，民心悦附，既无间隙之可乘；法令昭明之时，武备森严，亦非强暴所可逞。况即各贼所刊票帖，与其所供口词，皆系孟浪之徒，原无毫发知识。游食野僧，借此煽惑愚民，以为射利之计，不足为虑也。今已仰仗陛下威德，先事觉发，渠魁授首，风声所及，自当骇散。但留都根本之地，防之不可不周。除臣再行申饬，务保无虞，如有缉获贼犯，另行奏报。其镇江府所获妖徒，听彼处抚按并操江衙门审明具题。又，据供词，似于北京亦有潜伏，该部自应题请处分，臣不敢渎陈。外仍虑我皇上俯念根本重地，不免南顾之忧，合将前项缘由先行具题，仰慰圣衷。

（选自潘季驯撰《潘司空奏疏》卷二，见《钦定四库全书·史部六·诏令奏议类二·奏议之属》）

潘季驯（1521—1595），字时良，号印川，浙江乌程（今湖州）人。嘉靖进士，授九江推官。后以御史巡按广东，实行均平里甲法。官至刑部尚书、工部尚书。嘉靖末至万历间，四任总理河道，前后达二十七年。因功加副都御史。曾筑堤防溢，建坝减水，以堤束水，以水攻沙，使河行旧道，借黄通运。治黄很有成效，提出的治河理论对后世有较大影响。后病归卒于家。著有《两河管见》、《宸断大工录》（《四库全书》著录时改名为《两河经略》）、《河防一览》等。

《马政纪》[①]二则

〔明〕杨时乔

一

成化二十三年，镇江知府熊佑[②]奏革种马，盖为镇江一府而奏。兵部尚书余子俊议：养马骒驹，祖宗百年之成法；解征价银，官府一时之权宜。今若尽去种马，岁出银二千两以抵马价。然必有种马，乃可骒驹。既卖种马，复征马价，是无田而征租也。遂停止[③]。

（选自杨时乔撰《马政纪》卷三，见《钦定四库全书·史部十三·政书类四·军政之属》）

二

隆庆二年，题准南北直隶、山东、河南各省种马通行变卖一半，每匹变银十两，每年征草料银二两，仍将存留马户为正头，变卖马户为帮头，养则轮转，征则摊派。

---

① 编者按：《马政纪》成书与明代边防压力较大、战争频繁以及马政逐渐荒废密切相关。全书十二卷，记载了洪武至万历二十三年的明代马政发展，包括明代马政牧养制度的演变以及马政基本面貌发展变迁等。该书保留了诸多诏令、奏疏等原始文献，反映了明代较长时间内马政的发展变化以及时人对于马政变迁的认识。

② 编者按：万历二十五年（1597）王应麟、王樵纂修《重修镇江府志》卷十四《官守志》载：熊佑，字良佐，博兴人。己丑进士，成化十六年任。岁大祲，奏蠲逋税，出官储平粜，煮糜食饿人，所全活万余口。修练湖石堰，以便蓄泄。凿鲍村、陈渎等港，以杀丁角。延陵诸水，开烂泥洪，以溉吴家沙田若干顷。其属三邑徭户，亲加编审，较常明悉，人不得上下其手。兴学校，举孝廉，范铜为祭器，以严庙享。三原王端毅公巡抚江南，荐佑有公辅才，累官湖广、四川布政使。

③ 编者按：成化二十三年（1487）熊佑奏革种马事，在明代马政变迁中留有重要一笔，即使到八十多年后的隆庆二年（1568），朝臣因马政制度起争端时，仍有引述，详见下则选文。

太仆寺卿武金奏：臣考《会典》，近边有官牧之制，无容言矣。腹衷有民牧之制，计丁养马，岁以所生驹解京备用。法非不善也，但孳驹类多弱下，解俵不堪，逋欠日积，马户逃窜，而民牧之法难行。近该正德二年，御史王济奏令马户别买解用。夫种马之设，专为孳备用马也，今备用马既别买矣，自今如备用已足贰万之数，宜令每马折价银三十两，类解太仆寺发各边照时估买马，则壹马折价之数，可买战马贰匹，不必加银而马数自倍于往日。其以前所养无用种马，宜尽行变价，以备练兵之用。如壹马定价银拾两，则北直隶六府、河南四府、山东三府约有种马壹拾二万匹，可得银壹百贰拾万两矣。种马既去，则养马草料当收仍每马一匹折草料银贰两，则每年又得银贰拾肆万两矣。

御史谢廷杰奏：武金欲去种马，种马本以孳生备用，既而征银买俵，则种马似为赘物，而倒失赔偿，于民稍苦，故往往奏乞议革。但查前此镇江一府知府熊佑奏革，而兵部执止之。都御史翁大立奏革，而兵部又执止之。至嘉靖四十五年，御史周弘祖极论不当奏革之故，兵部题奉钦依移咨都察院札南北印马御史，又行禁革，乃屡奏止。以祖制所在。军机所系，未可轻也。祖宗之法，久而弊生，但当清法以除弊，不当因弊而废法。年来因循，玩弛日久，成效莫臻。而乃欲并种马尽废，万一有警，骤行调发，无所措置，将不追究于议者之非耶？昔人谓：戎者，国之急务。使马为不急，则兵不遣而还农也可乎？伏乞敕下该部查议。前禁永杜士民幸免之端，如或谓其果无实用，姑为目前恤民之计，则亦惟深思详定。

该本部议：如谢廷杰言而云，种马实为孳生之原，事干成宪，遽难纷更。是时议者方以内帑缺乏，遣使分道搜括，天下逋负，辅臣徐主议理财，用武金有卖种马可得百贰拾万之言，遽请穆宗皇帝圣旨，备用马匹久已买俵。种马徒存虚名，百姓却受实害。宜从谢廷杰说，深思详定。著且革去一半以苏民困，合行事宜，你每查武金原奏议处来说。随该本部议查得武金奏议，将每年应解之马，俱照原数买马起俵，将各府州县种马变卖，每马一匹变价十两，每年每马仍折征草料银贰两，类总解部，以备练兵之用。为照。种马半卖，民困以苏。但养马半存，尚资民牧。而养马费多折征，费省未免不均。将原养种马选其老弱瘦小者变卖一半，每马一匹价银十两，解部发寺备用。每马每年折征草料银贰两，以隆庆三年为始，征完类总起解。其存留之马户，为正头，变卖之马户，为帮头。养马则通融轮流，折征则通融摊派。

奉旨：是。

（选自杨时乔撰《马政纪》卷二，见《钦定四库全书·史部十三·政书类四·军政之属》）

杨时乔（1531—1609），字宜迁，号止庵，广信府上饶（今属江西）人。嘉靖进士，累官吏部左侍郎。绝请谒，谢交游，止宿公署，苞苴不及门。卒，谥端洁。著有《端洁集》《两浙南关榷事书》《周易古今文全书》《马政纪》等。

《清实录》选

（选自《清实录》，台湾“中研院”历史语言研究所傅斯年图书馆藏本）

《世祖章皇帝实录》二则

一

（顺治九年十月二日）庚子，平南王尚可喜、靖南王耿继茂奏报：“臣于正月整兵南下，沿途余孽敛迹，伪总兵蔡奎归顺。进抵廉州，遣吕应学等攻克钦灵，阵擒伪总兵袁胜、伪南阳侯李元允、伪镇平伯周朝等，斩伪总兵上官星拱、伪益阳王等。惟贼渠李明忠遁走雷州，伪军门杜永和、伪博兴侯张月[①]等同伪西平王朱聿𨱎缚明忠来降，臣即斩明忠以徇。计高、雷、廉、琼四郡前后投诚官共二百八十一员，获银印关防等物甚多。”下所司。

（选自《清实录·世祖章皇帝实录》卷六十九）

---

① 编者按：张月，南明永历二年（清顺治五年）闰四月封博兴伯，封侯时间不详，永历四年降清，永历八年（清顺治十一年）二月复叛清投明。南明封爵事，地方志未载，可补地方志之阙。

二

（顺治十二年十月十四日）甲子，免直隶隆平县十一年以前荒地逋赋。及山东陵、淄川、青城、齐东、邹平、博兴、临邑、高苑等县本年分蝗灾额赋。

（选自《清实录·世祖章皇帝实录》卷九十四）

《圣祖仁皇帝实录》二则

一

（康熙二十六年九月二十四日）己亥，免山东博兴县本年分水灾额赋有差。

（选自《清实录·圣祖仁皇帝实录》卷一百三十一）

二

（康熙三十三年七月六日）壬申，工部议覆山东巡抚桑额疏言，山东新城等县地方有小清河，其南岸即系青沙泊，岸身单薄，每遇大水，冲决不常。请于泊之南涯筑一坚堤，浚泊使深广足以容水，可免冲溃之虞。又有孝妇河，其旧河淤塞，新河浅阻，各庄多被水患。请将新河挑浚，又自旧河头至麻大泊西挑河一道，使水归漕。应如所请。从之。

（选自《清实录·圣祖仁皇帝实录》卷一百六十四）

《世宗宪皇帝实录》一则

（雍正八年八月三日）己亥，又谕：据河东总督田文镜奏报，山东被水各州县，朕已降旨，谕令动支银谷，加意赈恤。兹闻莱州府属之昌邑、寿光、潍县，青州府属之益都、沂水、博兴、高苑、临朐，济南府属之邹平等县，俱被水患。民舍田禾，不无伤损。著该督抚委员查勘，应否与从前所报州县一体加恩之处。一面办理，一面奏闻。傥再有续报被水者，亦著遵照前旨，速行料理，毋使稽迟。

（选自《清实录·世宗宪皇帝实录》卷九十七）

《高宗纯皇帝实录》七十一则

一

（乾隆二年九月二十八日）癸丑，总理事务王大臣等，议覆户部左侍郎赵殿最等奏，筹酌东省运河各事宜：

一，东省沿河诸湖，蓄水济运关系最巨。查东岸之马踏、蜀山、马场、独山，西岸之微山诸湖，多种芦苇，虽目下湖势不十分迫促，若再占种，于运道大为不便。请令河抚诸臣严行禁止。再，西岸南旺、南阳、昭阳等湖，向系水柜，现在仅堪泄水，不能复用。亦请修治。均应如所奏办理。

一，大小清河乃济水之故道，二河原相表里，以泄济南、青州二府之水，实为民利。今大清河现在通流，小清河久经淤塞，现据仓场侍郎陈世倌奏请，开小清河之下游海口，以防水潦冲溢。但下游固宜疏浚，而上游必须一律宣畅，亦请次第兴修。应敕山东巡抚亲履确勘具奏。

一，挖浅按户派夫，多系穷民，或不给以工食，请严谕河员，务使亲身派给。亦应如所奏。

从之。

（选自《清实录·高宗纯皇帝实录》卷五十一）

二

（乾隆四年四月二日）戊寅，工部等部议覆河东河道总督白钟山奏称：详勘小清河现在情形，应请两截分治。上截，自山头店至万家口，酌加疏浚，仍留滚坝，以泄异涨，由还河沟归小清河。万家口至清沙泊，河身淤垫，堤岸残缺，照旧疏修，其顶冲之对门、郭家二口，堤岸加高，圈筑月堤，以资保障。至军张闸为泄水关键，应测量清沙泊等处容水尺寸，改为滚水石坝，使小清河正流并泊内不能容纳之水，俱滚入支脉沟，其间高亢处一律疏通，纡曲处酌量取直，庶小清河之水，可循轨顺注。下截，自湾头至淄[1]河门淤浅，逐一疏浚。工程需费，另行确估具题。再，浒山、清沙二泊，虽系潴水之地，但附近俱民田，应将有粮无粮地，立定界址，以免混淆。均如所请。从之。

（选自《清实录·高宗纯皇帝实录》卷九十）

三

（乾隆四年八月十四日）戊子，护理山东巡抚布政使黄叔琳疏报：济南府属之历城、济南卫、章丘、邹平、长山、新城、齐东、齐河、禹城、长清、德州、德平、平原、德州卫等十三[2]州、县、卫，泰安府属之泰安、肥城、东平、东阿、平阴等五州、县，武定府属之惠民、青城、阳信、海丰、商河、滨州、利津、沾化、蒲台等九州、县，兖州府属之滋阳、鱼台、济宁、嘉祥、汶上、阳谷、寿张、济宁卫、东平所等九州、县、卫、所，曹州府属之菏泽、曹县、定陶、巨野、单县、城武、郓城、濮州、范县、观城、朝城等十一州、县，东昌府属之聊城、堂邑、清平、馆陶、冠县、临清、邱县、高唐、恩县、夏津、博平、茌平、莘县、武城、东昌卫、临清卫等十六县、卫，青州府属之博兴、高苑、乐安等三县，统计六十六州、县、卫、所，秋禾被水，请将应征新旧钱粮，缓至来年麦熟后，分年带征。下部议行。

（选自《清实录·高宗纯皇帝实录》卷九十八）

四

（乾隆四年十月十二日）乙酉，户部议覆护理山东巡抚布政使黄叔琳疏称"历城、章丘、邹平、长山、新城、齐东、齐河、禹城、长清、德州、德平、平原、德州卫，泰安、肥城、东平、东阿、平阴，惠民、青城、阳信、海丰、商河、滨州、利津、沾化、蒲台，滋阳、鱼台、济宁、嘉祥、汶上、阳谷、寿张、济宁卫、东平所，荷泽、曹县、定陶、巨野、单县、城武、郓城、濮州、

① 编者按：底本原作"溜"，讹。

② 编者按：原文如此。查上文，共十四州、县、卫，参考下则黄叔琳疏中所列地方，济南府属州、县、卫共有十三地，不含济南卫。

范县、观城、朝城，聊城、堂邑、清平、馆陶、冠县、临清、邱县、高唐、恩县、夏津、博平、茌平、莘县、武城、东昌卫、临清卫，博兴、高苑、乐安六十六州县卫所，秋禾被水成灾，查明冲塌房屋，分别极次贫户，给银修葺，并赈给口粮，借给籽种银两”等语，应如所请。

得旨：依议速行。

（选自《清实录·高宗纯皇帝实录》卷一百二）

五

（乾隆五年二月十二日）癸未，免山东章丘、邹平、长山、新城、齐东、齐河、德州、德平、平原、德州卫、泰安、东平州、东阿、平阴、惠民、青城、阳信、海丰、商河、滨州、利津、沾化、蒲台、鱼台、济宁、嘉祥、汶上、阳谷、寿张、济宁卫、东平所、菏泽、单县、城武、曹县、定陶、巨野、郓城、濮州、范县、观城、朝城、聊城、堂邑、博平、茌平、清平、莘县、冠县、临清、馆陶、高唐、恩县、夏津、武城、东昌卫、临清卫、博兴、高苑、乐安等六十州县卫，乾隆四年分水灾额赋银一十三万九千七百七十三两有奇。

（选自《清实录·高宗纯皇帝实录》卷一百十）

六

（乾隆五年九月三日）辛未，又议准调任山东巡抚硕色奏，东省河道，自山头店至军张闸、清沙泊，河身淤塞，应行挑深。堤埝残缺，应行修整，并圈筑月堤。至军张闸，应改为滚水石坝，俾河水正流，由坝滚入支脉沟，以达宽阔梢。支派沟两岸土埝，旧仅盈尺，应各筑大堤一道。下截河道，自湾头至淄河门，尤须分疏支流，以缓水势。乐安县境内有福民河一道，应加挑深广。又有苍头沟一道，应开通。两岸堤埝均应培筑。南岸自邱家屋子起，至万儿庄，并宜修筑堤工。又于新开河头估建石闸一座，春夏闭闸灌溉，伏秋启闸畅流。以上各工，估需工料银五万三千九百四十余两，请动项兴修。从之。

（选自《清实录·高宗纯皇帝实录》卷一百二十六）

七

（乾隆八年七月十二日）壬辰，贷山东历城、章丘、邹平、长山、新城、齐河、齐东、济阳、长清、肥城、东阿、平阴、青城、蒲台、博兴、高苑等十六州、县、卫被旱被雹灾民，免本年额赋。

（选自《清实录·高宗纯皇帝实录》卷一百九十六）

八

（乾隆九年六月八日）甲寅，恤山东济南府属之历城、章丘、邹平、齐河、齐东、济阳、禹城、临邑、长清、陵县、德州、德平、平原、德州卫，并历城、齐河、济阳、长清四县收并济南卫；泰安府属之肥城、平阴并肥城县收并济南卫；武定府属之惠民、青城、阳信、海丰、乐陵、商河、滨州、利津、沾化、蒲台，并商河县收并济南卫；东昌府属之博平、高唐州、恩县，青州府属之博兴、高苑、乐安等三十二州、县、卫被旱灾民。又沂州府属之兰山、蒙阴、沂水三县，东昌府属之博平、临清、馆陶三州县被雹灾民。

（选自《清实录·高宗纯皇帝实录》卷二百十八）

九

（乾隆九年六月二十八日）甲戌，工部议覆山东布政使乔学尹奏称：东省产硝之区，实止德州、东平、聊城、博兴、菏泽五处，其余概不产硝。只因办硝之款，列于地丁项下，从前通省州县，派定数目，俱令采买，以致不产硝之州县俱差役远赴出产地方购买，又复运至省城交收。有远隔七八百里及千余里者，州县养廉有限，力不能赔，保无暗中转派里民之弊。请照直省采办香觔颜料之例，委员赴产硝处采买，如法煎熬马牙足色解省验明，即令采买之员，运交工部。应如所请，其不产硝之州县概免匀派。再直隶、河南，事同一例，亦应各按产硝地方，委员就近采买，无致派累。从之。

（选自《清实录·高宗纯皇帝实录》卷二百十九）

十

（乾隆九年七月四日）己卯，豁免山东博兴、高苑、乐安等县筑堤挑废民田五十顷七十四亩有奇、灶地八顷八十亩有奇地丁额赋，于乾隆九年为始。从山东巡抚喀尔吉善请也。

（选自《清实录·高宗纯皇帝实录》卷二百二十）

十一

（乾隆九年七月十二日）丁亥，谕：山东济南府属之历城、章丘、邹平、齐河、齐东、济阳、禹城、临邑、长清、陵县、德州、德平、平原、德州卫，武定府属之惠民、阳信、海丰、乐陵、商河、滨州、利津、沾化、青城、蒲台，泰安府属之平阴、肥城，东昌府属之博平、临清、高唐、恩县、馆陶，沂州府属之沂水、蒙阴、兰山，青州府属之博兴、高苑、乐安等三十七州、县、卫，勘不成灾之地亩，应征钱粮例应输纳，但朕思各州县麦收原属歉薄，若因此时勘不成灾，将新旧钱粮一时并征，小民未免拮据。著将乾隆九年应征地丁宽至本年十月后启征，其历年旧欠，缓至来岁麦熟后征收，以纾民力。

（选自《清实录·高宗纯皇帝实录》卷二百二十）

十二

（乾隆九年七月二十七日）壬寅，户部议覆山东巡抚喀尔吉善奏报，山东二麦被旱之历城、章丘、邹平、齐河、齐东、济阳、禹城、长清、平阴、肥城、青城、蒲台、蒙阴、沂水、博平、临清、恩县、博兴、高苑、乐安、陵县、德州、德州卫、德平、平原、惠民、阳信、海丰、乐陵、商河、滨州、利津、沾化、临邑、高唐三十五州、县、卫，应请一体借给籽种口粮。

得旨：依议速行。

（选自《清实录·高宗纯皇帝实录》卷二百二十一）

十三

（乾隆九年九月八日）壬午，谕：山东济、武、东、青等州府属内有连被灾伤之州县，朕前加恩抚恤，赈借兼施，以济匮乏。今秋成已届，幸获有收。但念连灾之后，民鲜盖藏，未必即有余资，清完旧欠之公项。自应分别办理，以纾民力。著将上年秋禾被旱、今岁夏麦又复失收之齐东、陵县、德平、德州、临邑、平原、德州卫、惠民、阳信、海丰、乐陵、商河、滨州、利津、沾化、恩县，并现被偏灾之博兴、乐安等十八州、县、卫所有八、九两年借给各案内口粮耔种等项银谷，均缓至乙丑年麦后、秋后两次征完。及上年夏麦被旱、秋禾俱获有收，今岁夏麦复被旱灾之历城、章丘、邹平、齐河、济阳、长清、青城、蒲台、肥城、平阴、博平、高苑等十二县。所有八、九两年借给各案内耔种口粮等项银谷，均缓至乙丑麦熟后催还。其上年并未被灾，今岁止二麦被旱被雹，并未深重，兼有勘不成灾之处，如禹城、兰山、沂水、蒙阴、馆陶、高唐、临清等七州县，所借银两米谷等，俱于本年秋后催征还项。该部即遵谕速行。

（选自《清实录·高宗纯皇帝实录》卷二百二十四）

十四

（乾隆九年九月二十九日）癸卯，户部议覆山东巡抚喀尔吉善疏报，青州府属博兴、乐安二县，秋禾被旱，业确勘情形，散给一月口粮。仍俟查明成灾分数，题请加赈。其缺乏耔种贫民，动支采买麦石。俾得及时播种二麦，以资接济。应如所请办理，并令该抚将被灾地亩新旧钱粮暂停征纳。

得旨：依议速行。

（选自《清实录·高宗纯皇帝实录》卷二百二十五）

十五

（乾隆九年十一月二日）乙亥，谕：山东青州府属之博兴、乐安二县，今年有秋禾被旱之乡村，朕已照该抚所请，将灾地新旧钱粮分别蠲缓。今闻二县未被灾之处，即本年夏麦被旱之区，秋禾虽未成灾，而收成仅有六分，未免歉薄。若将钱粮照例起征，民力难以输纳。朕心轸念，著将博兴、乐安二县内夏麦被旱、秋收歉薄之处所有本年钱粮，缓至来年麦熟后征收，以纾民力。该部即遵谕行。

（选自《清实录·高宗纯皇帝实录》卷二百二十八）

十六

（乾隆九年十一月十四日）丁亥，赈山东博兴、乐安二县被旱灾民，并缓新旧额征。

（选自《清实录·高宗纯皇帝实录》卷二百二十八）

十七

（乾隆十年二月二十七日）己巳，免山东博兴、乐安二县乾隆九年旱灾额赋。

（选自《清实录·高宗纯皇帝实录》卷二百三十五）

十八

（乾隆十一年七月二十三日）丁巳，赈贷山东东平、鱼台、济宁、汶上、兰山、郯城、益都、博兴、高苑、乐安、寿光、安丘、诸城、昌邑、潍县、胶州、高密、宁海等十八州县被水灾民，并予缓征。

（选自《清实录·高宗纯皇帝实录》卷二百七十一）

十九

（乾隆十一年九月八日）辛丑，命酌拨截留南漕米石，加赈山东东平、鱼台、济宁、汶上、兰山、郯城、益都、博兴、高苑、乐安、寿光、安丘、诸城等十三州县水灾饥民。

（选自《清实录·高宗纯皇帝实录》卷二百七十四）

二十

（乾隆十一年十一月五日）丙申，谕：今岁山东被灾州县，朕已加恩赈恤，又经分别加赈，以济民食。但闻寿光、乐安、博兴、金乡、鱼台、汶上、济宁、东平八州县，被灾较重，岁内支领赈粮，尚可糊口。来春去麦收尚远，食用未免艰难。著于例赈之外，极贫再加赈两个月，次贫再加赈一个月。于来岁二三月间，按月给发，务使贫民均沾实惠。该部遵谕速行。

（选自《清实录·高宗纯皇帝实录》卷二百七十八）

二十一

（乾隆十二年正月十七日）丁未，谕：山东被灾州县，朕已叠次施恩，加展赈恤月分。即春月青黄不接之时，灾黎均得糊口。惟是被灾六分之次贫，上年虽薄有收获，而春来势渐艰窘，但格于定例，不在加赈之内，不无向隅之苦。著将寿光、乐安、博兴、金乡、鱼台、汶上、济宁、东平、郯城等九州县内被灾六分之次贫，加恩给赈一月，以资接济。

（选自《清实录·高宗纯皇帝实录》卷二百八十三）

二十二

（乾隆十二年二月五日）乙丑，大学士等议覆署山东巡抚直隶布政使方观承奏称，青州府属弥河，上年六月内山水暴涨，涌至寿光，将东岸冲开一百五十丈，寿、潍二县村庄民田多被淹浸，盐场大道阻隔。请将决口处堵筑坚固，旧河沙埂，悉行挑平。咨河臣遴委熟谙厅员，会同地方官查办，务于桃汛前完竣。至博兴、乐安二县未消积水，应于孙家洼之东开挑引河，引入淄河。业令青州府前赴详加相度，或按段落，或按土方计算，并作何酌给口粮，妥议办理，均应如所请。

得旨：依议速行。

（选自《清实录·高宗纯皇帝实录》卷二百八十四）

二十三

（乾隆十二年六月十三日）壬申，山东巡抚阿里衮奏：东省雨泽愆期，德州、邹县等三十二州、县、卫，照例借给籽种口粮外，其青州府属之益都、博兴、高苑、安丘、诸城，莱州府属之平度、昌邑等七州县，上年秋禾被水，今岁二麦旱灾，民情益增拮据。照例借给籽种口粮外，再请按户计口，赈给一月口粮。

得旨：著照所请行，该部知道。

（选自《清实录·高宗纯皇帝实录》卷二百九十二）

二十四

（乾隆十二年七月十五日）癸卯，谕：前据山东巡抚阿里衮奏称，历城等二十县卫被水被雹，朕已谕令缓征，今据续报“济南府属之德州、陵县、德州卫，泰安府属之泰安、肥城、东平州、东阿、平阴，武定府属之青城、利津、沾化，兖州府属之滋阳、曲阜、宁阳、邹县、金乡县、济宁卫、嘉祥、汶上、寿张并东平守御所，曹州府属之菏泽、巨野、郓城、单县、城武，沂州府属之费县，东昌府属之博平、清平、高唐、恩县，青州府属之博兴、高苑、乐安等三十四州、县、卫、所，六月下旬，大雨时行，山水涨发，沿山傍水洼下乡村，一时宣泄不及，晚谷未免损伤”等语，虽属偏灾，而被水穷黎，深可悯恻。著该抚加意抚恤，所有应征新旧钱粮，概缓征收，以纾民力。查明后应行办理之处，照例作速办理，务令得所。

（选自《清实录·高宗纯皇帝实录》卷二百九十四）

二十五

（乾隆十二年九月八日）乙未，赈恤山东齐河、齐东、济阳、禹城、临邑、长清、陵县、德州、德平、平原、德州卫、泰安、肥城、新泰、莱芜、东平、东阿、平阴、惠民、青城、阳信、海丰、乐陵、商河、滨州、利津、沾化、蒲台、滋阳、曲阜、宁阳、邹县、泗水、滕县、金乡、鱼台、济宁、嘉祥、汶上、阳谷、寿张、济宁卫、东平所、菏泽、定陶、单县、城武、曹县、巨野、郓城、濮州、范县、观城、朝城、兰山、郯城、费县、蒙阴、沂水、聊城、堂邑、博平、茌平、清平、莘县、馆陶、临清、高唐、恩县、夏津、武城、东昌卫、临清卫、益都、博兴、高苑、乐安、寿光、昌乐、临朐、安丘、诸城、掖县、平度、昌邑、胶州、高密等八十七州、县、卫、所本年分水灾、雹灾饥民。并予缓征。

（选自《清实录·高宗纯皇帝实录》卷二百九十八）

二十六

（乾隆十三年七月十七日）己亥，谕军机大臣等：京师自初十以后，每日皆得阵雨。至十六日，大雨竟日。十七天气晴霁，亦无过多之虑。京师情形如此，因念山东积歉之余，本年收成，虽据该抚奏报，尚有可望，而近日雨泽，不知亦似京城甘霖大沛否。倘已称优渥，或不至嫌其过多否。朕观山东情形，如金乡、鱼台等县，已有被水村庄，是雨泽不虑其少，而惟恐过多。著传旨询问阿里衮，令其速行奏闻，以慰朕怀。寻奏：东省于五六七月间，甘霖叠沛，不嫌过多。现在高粱、早谷、棉花俱经结穗结桃，晚谷、黍稷、晚豆，悉皆畅发，丰稔可期。其被水之区，自金乡、鱼台、邹县、济宁、乐安、博兴、曹县、平度、高密、胶州等州县外，又有济阳、寿光、潍县等县，洼地间被淹没，现委员查勘抚恤，作速疏消，酌借籽粮，及时劝种。

得旨：览奏稍慰。

（选自《清实录·高宗纯皇帝实录》卷三百十九）

二十七

（乾隆十三年十月八日）己丑，赈恤山东邹平、长山、新城、济阳、滋阳、宁阳、邹县、金乡、鱼台、济宁、汶上、博兴、乐安、寿光、平度、昌邑、潍县、胶州、高密，及济宁卫二十州、县、卫水灾贫民。

（选自《清实录·高宗纯皇帝实录》卷三百二十六）

二十八

（乾隆十四年正月六日）乙卯，谕：山东邹平等二十州、县、卫上年被水偏灾，而莱州府属之平度、胶州等处为独重，虽经降旨多方赈恤，但按月计算，此时赈务将次告竣，去麦秋尚远，积歉之区，青黄不接。朕心深为廑念。著将最重之平度、胶州、高密、昌邑四州县，无论极次贫民，概行加赈一个月。被灾稍重之新城、金乡、鱼台、济宁、博兴、乐安六州县极贫之户，加赈一个月，仍照前例，银谷兼赈。其余灾轻之处，及时借粜，以济民食。该抚准泰，其督率属员，实心办理，务俾穷黎安居力作，以待麦收，慰朕轸恤之意。

（选自《清实录·高宗纯皇帝实录》卷三百三十二）

二十九

（乾隆十四年四月十四日）辛卯，免山东邹平、长山、新城、济阳、滋阳、宁阳、邹县、金乡、鱼台、济宁州并卫、汶上、博兴、乐安、寿光、平度、昌邑、潍县、胶州、高密等二十州、县、卫，乾隆十三年分水灾地亩额征银三万七千七百二十两有奇。

豁除山东乐安、博兴二县水冲地亩额赋。

（选自《清实录·高宗纯皇帝实录》卷三百三十八）

三十

（乾隆十四年四月三十日）丁未，山东巡抚准泰奏：据布政使卫哲治查覆，除历城等八十二州、县、卫仓贮可敷，无庸筹补外，惟邹平、常山[1]、新城、齐河、济阳、临邑、长清、新泰、莱芜、肥城、海丰、乐陵、滋阳、宁阳、泗水、日照、蒙阴、博兴、益都、临淄、诸城、临朐、胶州等二十三属，不通舟楫，挽运艰难，现存仓谷无几。又邹县、滕县、鱼台、嘉祥、邱县、济宁及济

① 编者按：原文如此，应作“长山”。

宁卫等七属，虽近运河，而仓贮缺少。现在二麦丰收，请俟民间余麦减价出粜，照一麦二谷例，每属酌买数千石。再，本年麦熟后，应征民借各谷，若概令粜谷还仓，辗转未便，如愿交麦者，并准照一麦二谷之例征收。

得旨：如所奏行。

（选自《清实录·高宗纯皇帝实录》卷三百三十九）

三十一

（乾隆十六年九月十日）癸酉，缓征山东邹平、长清、新城、长山、东平、沾化、海丰、乐陵、曲阜、宁阳、济宁、寿张、阳谷、观城、朝城、濮州、范县、聊城、茌平、莘县、冠县、馆陶、临清东昌二卫、乐安、寿光、博兴、高苑、即墨、禹城、泰安、东阿、平阴、莱芜、肥城、阳信、利津、滨州、青城、滋阳、鱼台、汶上、嘉祥、金乡、菏泽、曹县、定陶、巨野、夏津、清平、高密、济宁等五十二州、县、卫水灾新旧钱粮，并赈一月口粮。

（选自《清实录·高宗纯皇帝实录》卷三百九十八）

三十二

（乾隆十六年十二月八日）庚子，加赈山东邹平、长山、新城、长清、禹城、泰安、肥城、莱芜、东平、东阿、平阴，及收并济南卫、青城、阳信、海丰、乐陵、滨州、利津、沾化、滋阳、曲阜、宁阳、金乡、鱼台、济宁、嘉祥、汶上、阳谷、寿张、济宁卫、东平所、菏泽、曹县、定陶、巨野、濮州、范县、观城、聊城、茌平、莘县、朝城、冠县、馆陶、夏津、东昌卫、临清卫、博兴、高苑、乐安、寿光、高密、即墨及收并大嵩、浮山二卫所等五十五州、县、卫、所本年水灾贫民，并贷麦本牧费。

（选自《清实录·高宗纯皇帝实录》卷四百四）

三十三

（乾隆十八年正月二十九日）乙酉，豁免山东章丘、齐东、济阳、禹城、临邑、长清、陵县、德平、平原、德州卫、肥城、平阴、惠民、青城、阳信、海丰、乐陵、商河、滨州、利津、沾化、蒲台、滕县、鱼台、兰山、茌平、莘县、夏津、博兴、高苑、乐安等三十一州、县、卫无力贫民挨年带征，及民借常监等谷一十四万五千六百五十三石有奇，银一万一千八百八十四两零，及未完商社等谷二万六千五百一十五石有奇。

（选自《清实录·高宗纯皇帝实录》卷四百三十一）

三十四

（乾隆十九年十月八日）癸丑，抚恤山东惠民、阳信、海丰、商河、滨州、利津、沾化、蒲台、博兴、高苑、乐安、平度、昌邑、胶州、高密、即墨等十六州、县、卫，永利、富国、永阜等三场，及海丰县民佃灶地本年水灾饥民，并予缓征。

（选自《清实录·高宗纯皇帝实录》卷四百七十四）

三十五

（乾隆二十年二月十五日）己未，加赈山东惠民、阳信、海丰、商河、济南卫、滨州、利津、沾化、蒲台、博兴、高苑、乐安、昌邑等州、县、卫被水贫民口粮。

（选自《清实录·高宗纯皇帝实录》卷四百八十二）

三十六

（乾隆二十年四月二十三日）丙寅，免山东惠民、阳信、海丰、商河、滨州、利津、沾化、蒲台、博兴、高苑、乐安、平度、昌邑、胶州、高密、即墨等十六州县水灾额赋有差。

（选自《清实录·高宗纯皇帝实录》卷四百八十七）

三十七

（乾隆二十二年二月二十九日）辛卯，豁山东齐东、禹城、惠民、青城、阳信、海丰、乐陵、商河、滨州、利津、沾化、蒲台、滋阳、曲阜、滕县、鱼台、济宁、费县、沂水、临清、临淄、博兴、高苑、乐安、寿光、安丘、平度、昌邑、高密、即墨等属节年无力完纳民商借谷一十四万二千九百三十八石七斗有奇，籽种、麦本、口粮等银二万六千一百七十两有奇，缓金乡、鱼台二县乾隆二十一年分续勘被水成灾漕粮，并加赈贫民有差。

（选自《清实录·高宗纯皇帝实录》卷五百三十三）

三十八

（乾隆二十四年四月二十二日）壬申，山东巡抚阿尔泰疏报：新城、高苑、博兴三县垦地七千七百亩有奇。

（选自《清实录·高宗纯皇帝实录》卷五百八十五）

三十九

（乾隆二十六年四月十二日）辛巳，山东巡抚阿尔泰疏报：新城、高苑、博兴等三县，乾隆二十四年劝垦水田六顷三十三亩有奇。

（选自《清实录·高宗纯皇帝实录》卷六百三十四）

四十

（乾隆二十六年六月二十九日）丙申，山东巡抚阿尔泰奏：查新城县乌龙河之西有积洼荒地，现饬筑塍开漏，引水归田，先后开垦稻田共一百四十余顷。青州属之高苑县，地势亦洼，业将极洼处酌改稻田。西南有麻大湖及小清河，引麻大湖之水以广来源，泄入支脉沟，以为尾闾。现在涸出稻田十余顷。至博兴县，亦滨临小清河，地势更洼，陆续改垦三百余顷。现于小清河筑草坝，收蓄河水。水少则引水以灌田，水多即拆坝泄水入河。再，莱州属之潍县，其南北台地滨临尧丹等河，亦极洼下。今开沟筑塍，引大小于湖之水，开垦稻田一十三顷。

得旨：可嘉之至，勉力以实为之。

（选自《清实录·高宗纯皇帝实录》卷六百三十九）

四十一

（乾隆二十八年三月十三日）庚午，山东巡抚阿尔泰奏：青、莱二府，河湖堤埝工竣。恐尚有蓄泄未合机宜，应往勘。登州环山滨海，薪少土旷，令多种植，为饲蚕及薪木计。蓬莱、栖霞等处有煤矿，饬县访开。高苑、博兴、乐安、寿光、潍县等县滨河湖，教以开漏筑塍，疏渠种稻。一切地利海防，总于巡察后奏闻。得旨嘉奖。

（选自《清实录·高宗纯皇帝实录》卷六百八十二）

四十二

（乾隆二十八年四月六日）癸巳，山东巡抚阿尔泰奏：查勘章丘、新城所引明水泉及乌龙河水，仅资已垦之田，而荒地应并筹办。查有珠龙河一道，挑郑潢沟引水，计垦稻田百顷余，引高苑县大湖之水，入小清干河，计垦稻田二顷余。博兴稻田，除引小清河水开垦外，蒲姑城西，筑塍开坝，引祁家漏水，计垦稻田五十余顷。寿光县、潍县洼地尚多，挑沟建闸，计垦稻田十四顷余。尧丹河入白狼河水口处添闸开放，足资寿、潍两邑灌溉。潍县南北台底，引大小于河水，计垦稻田二十八顷。又，青州府属之淄河、莱州府属之胶莱等河，为两郡河渠关键，河流湍曲处，开引河以分水势。福民、落乐、五龙、白狼等河，支脉等沟，及登州府境内颖门、南栾、沁水、沙河等河，俱挑浅培堤，无虞漫溢。

得旨：览奏，诸凡留心，殊可嘉也。

（选自《清实录·高宗纯皇帝实录》卷六百八十四）

四十三

（乾隆三十年五月十日）甲申，户部议，山东巡抚崔应阶疏称：新城、高苑、博兴三县，乾隆二十四年劝垦水田六顷三十三亩，应征银一十六两有奇，按年升科，于三十年入册征收。从之。

（选自《清实录·高宗纯皇帝实录》卷七百三十六）

四十四

（乾隆三十年九月四日）丁丑，赈恤山东章丘、邹平、齐河、济阳、长清、德平、陵县、临邑、惠民、青城、阳信、海丰、乐陵、商河、滨州、利津、沾化、蒲台、莘县、博兴、高苑等二十一州县水灾贫户，并予缓征。

（选自《清实录·高宗纯皇帝实录》卷七百四十四）

四十五

（乾隆三十一年正月四日）甲戌，谕：前因山东省济南、武定等属，偶被偏灾，业经加恩分别抚绥。其被灾稍重之齐河等十五州县，复于例赈之外，展赈一月。至勘不成灾处所钱粮，虽例不停征，但念毗连灾地，收成不免歉薄，小民生计亦未能裕如，著加恩将济南府属之陵县、东昌府属之莘县、青州府属之博兴县所有应征钱粮，俱缓至麦熟后征收，以纾民力。该部遵谕速行。

（选自《清实录·高宗纯皇帝实录》卷七百五十二）

四十六

（乾隆三十二年九月二十三日）甲寅，赈山东高苑、博兴、乐安三县被水灾民，并予缓征。

（选自《清实录·高宗纯皇帝实录》卷七百九十五）

四十七

（乾隆三十二年十月十八日）戊寅，谕军机大臣等：今年江苏、安徽、江西、湖北、湖南、山东等省被灾州县，业经降旨各督抚照例赈恤，并饬令加意抚绥。无力贫民，自可不致失所。惟是被水之余，秋收分数，不无稍减。明春青黄不接之时，穷黎生计未免拮据，其或有尚需加赈之处，著各该督抚查明实在情形，详悉覆奏，候朕酌量加恩降旨。可将此传谕知之。

寻山东巡抚李清时奏：东省止高苑、博兴、乐安三县偏灾，现俱照例抚恤。秋后粮价亦不甚昂，灾民不致拮据。湖南巡抚方世俊奏：本年华容、沅江、安乡、岳州四县卫本属偏灾，其未经被水地亩，早中稻实有七八分收成，除照例抚恤外，无需加赈。均报闻。两江总督高晋等奏：上下江沿江各州县被水颇重，兼连岁歉收，请于明春按照被灾分数，分别加赈。得旨：届时有旨。江西巡抚吴绍诗奏：江西被灾州县，民情实属拮据，应请加赈。得旨：有旨谕部。湖广总督署湖北巡抚定长奏：湖北被水成灾之黄梅等二十州、县、卫，冬底停赈，灾民难免拮据，请暂缓催征，俟来年秋收后按限征还。得旨：新正有旨谕部。

（选自《清实录·高宗纯皇帝实录》卷七百九十七）

四十八

（乾隆三十二年十一月十六日）丙午，赈恤山东高苑、博兴、乐安三县本年被水灾民，并蠲缓额赋有差。

（选自《清实录·高宗纯皇帝实录》卷七百九十九）

四十九

（乾隆三十三年三月五日）癸巳，蠲免山东高苑、博兴、乐安三县乾隆三十二年水灾地六千三百四十四顷九十八亩有奇额赋。

（选自《清实录·高宗纯皇帝实录》卷八百六）

五十

（乾隆三十五年九月二日）乙巳，抚恤山东章丘、邹平、新城、齐河、济阳、禹城、临邑、长清、陵县、德州、平原、德州卫、商河、利津、阳谷、寿张、范县、观城、朝城、聊城、堂邑、博平、茌平、清平、莘县、高唐、东昌卫、博兴、高苑、乐安等三十州、县、卫本年水灾饥民，并缓征新旧钱粮额赋有差。

（选自《清实录·高宗纯皇帝实录》卷八百六十八）

五十一

（乾隆三十五年十一月二日）甲辰，加赈山东齐河、济阳、禹城、阳谷、寿张、范县、观城、朝城、聊城、堂邑、博平、茌平、清平、莘县、高唐、济南卫、东昌卫十七州、县、卫本年水灾贫民，缓征旧欠钱粮。并予章丘、邹平、新城、临邑、长清、陵县、德州、平原、商河、利津、高苑、博兴、乐安等十三州县葺屋银两有差。

（选自《清实录·高宗纯皇帝实录》卷八百七十二）

五十二

（乾隆三十六年四月三十日）庚子，升任山东巡抚富明安奏：臣在东二载，于百脉湖内挑引河，北流入胶莱运河归海，涸出地三百六十顷。又前抚臣阿尔泰于兰山、郯城二县挑河渠数十道，臣照成规修浚，并于兰山江风口滚水坝重加修整。又徒骇、马颊二河，四女寺、哨马营两处支河，及章丘等七县所辖之小清河、支脉沟、豫备河、福民河，臣均酌定每岁疏浚章程，勒石河干，使久远遵守。至一切事宜，俱向新抚臣详悉告知，即交印赴任。得旨嘉奖。

（选自《清实录·高宗纯皇帝实录》卷八百八十三）

五十三

（乾隆三十六年七月三十日）戊辰，山东巡抚周元理奏：七月初间，各属被水。臣与藩司海成亲勘得东平、汶上、济宁、高苑、博兴、乐安、寿光、利津、沾化、滨州、惠民、青城、商河、乐陵、阳信、蒲台、海丰、邹平、长山、新城、章丘、济阳、齐河、禹城、平原、齐东、临邑、历城、陵县、德平共三十州县，皆系一隅，各成灾六七分暨八九分不等。又据报，范县、朝城、聊城、高唐、茌平、莘县、邱县、堂邑被水，现饬道府确勘外，先将被灾乏食贫民，抚恤一月口粮，坍塌房舍，酌给修费。

得旨：览奏俱悉，虽属一隅，亦应实力抚恤，俾灾民毋致失所也。

（选自《清实录·高宗纯皇帝实录》卷八百八十九）

五十四

（乾隆三十六年九月七日）甲辰，赈恤山东历城、章丘、邹平、长山、新城、齐河、齐东、济阳、禹城、临邑、陵县、德平、平原、东平、东平所、惠民、青城、阳信、海丰、乐陵、商州[①]、滨州、利津、沾化、蒲台、滋阳、邹县、金乡、鱼台、济宁、嘉祥、汶上、阳谷、寿张、济宁卫、范县、朝城、聊城、堂邑、博平、茌平、清平、莘县、冠县、临清、邱县、高唐、夏津、武城、东昌卫、临清卫、博兴、高苑、乐安、王家冈场、寿光、官台场等五十七州、县、卫、所、场本年水灾贫民，并予缓征。

（选自《清实录·高宗纯皇帝实录》卷八百九十二）

五十五

（乾隆三十六年十一月三十日）丙寅，山东巡抚徐绩奏：

臣奉谕挑修小清河，勘得獭河、沙河、白条河、珠龙河之水，俱入小清河。以浒山、清沙二泊为停蓄，以军张坝为尾闾。康熙二十五年，开支脉沟一

---

① 编者按：原文如此，应作“商河”。

道，由高苑、博兴、乐安入海，以分小清河之势。河水全趋支脉，而坝东之小清河中段四十六里，遂成干废。此上段情形也。军张坝以东，有麻大、会城二泊，受范阳、孝妇、郑黄、涝淄、乌龙、渑水六河之水，赖小清正河，至博兴之湾头，接干河而仍能受水，与豫备河俱领泊水，东流入海。此下段情形也。臣拟上源下流。工力并施，将支脉沟自博兴之马家桥以东，凡河身逼窄处，大加展宽。以面宽六丈、深七尺为率，沿河桥座，两旁土埂，悉行除净。并将浒山、清沙二泊，仿照运河捞浅之法，俾一律渊深。除军张坝之干河毋庸开挑外，其在章丘、邹平、长山、新城境内者，各有应修堤岸。又，章丘之小清河，自万丈口挑至还河口，计四十里，使正引两河两股分流，自还河口以下，至军张坝，凡淤浅残缺处，逐加挑修。庶二泊之蓄水益多，小清河之水流通畅，支脉沟之去路宽然。由河入泊，由泊达沟，由沟归海，或可消弭水患。谨绘图贴说呈览。

得旨：览奏俱悉，如所议行。

（选自《清实录·高宗纯皇帝实录》卷八百九十七）

五十六

（乾隆三十七年正月二十四日）庚申，谕：山东省上年秋禾间被偏灾，经该抚题报，业已照例抚赈。嗣于冬间复经降旨，令该抚将有无应行加恩之处，确核情形具奏。当经护抚海成奏覆，查明民食无虞，止须于春间酌借籽种，毋庸加赈。今据该抚徐绩奏称“时值青黄不接，粮价渐昂，所有被灾较重之历城等十九州、县、所，并王家冈场，民情较他处更为拮据”等语，著加恩将历城、齐河、齐东、济阳、禹城、临邑、陵县、德平、平原、东平州、东平所、海丰、利津、沾化、鱼台、济宁、高苑、博兴、乐安等州、县、所，并王家冈场极次贫民，概予加赈一月，以资口食。该抚其董率所属，悉心经理，务俾闾阎得沾实惠，以副朕轸念灾黎至意。

该部即遵谕行。

（选自《清实录·高宗纯皇帝实录》卷九百一）

五十七

（乾隆三十八年闰三月二十九日）戊子，山东布政使国泰奏：查章丘县万丈口地方，旧有引河一道，设立滚水坝分泄小清河之势，现多淤塞，应行挑浚。又，博兴境内各山水，向由福民河入淄河归海，福民河地势稍高。又，新豫备河一道，河身亦窄，应酌加宽深。淄河为众水归宿入海之区，自木桥头庄南起，至东北务止，十余里淤垫几成平陆。每遇伏秋异涨，乐安、寿光两县民田受害最深。应令近河居民合力疏挑，以免漫溢。

得旨：知道了。告之徐绩，似属可行。

（选自《清实录·高宗纯皇帝实录》卷九百三十一）

五十八

（乾隆四十年四月十八日）乙未，山东巡抚杨景素疏称：乾隆三十四年博兴县首垦水地三十五亩有奇。

（选自《清实录·高宗纯皇帝实录》卷九百八十一）

五十九

（乾隆四十四年七月二十六日）戊申，户部议覆：山东巡抚国泰奏称，博兴县上年二麦失收，市谷每石价一两六钱二分，民苦食贵。所有乾隆四十三年平粜仓谷一千六百余石，请照时价每石减银四钱二分核销。查平粜原以便民，第减价过多，难保官吏无粜多报少及囤户串买等弊。向例，即遇时价一两三钱至一两五六钱以上者，亦不得减过三钱，如果再须酌减，亦当奏闻请旨。请敕各直省遵办，该县少粜价银，著追报部。从之。

（选自《清实录·高宗纯皇帝实录》卷一千八十七）

六十

（乾隆四十六年七月十日）庚戌，山东巡抚国泰奏：六月二十三四等日，连降大雨，兼东北暴风。各河归海之水为潮水顶阻，以致泛溢。菏泽、汶上、邹县、峄县、济宁卫、章丘、邹平、长山、齐东、济阳、德平、临邑、新城、临清卫、惠民、滨州、乐陵、商河、利津、阳信、青城、海丰、沾化、寿光、乐安、高苑、博兴、昌邑、潍县、平度等州、县、卫，俱报被淹。臣与于易简分头前往查办，如有成灾者，即行抚恤。

得旨：览奏俱悉。若有成灾者，善为抚恤，毋致失所。讳灾之事，断不可为。慎之！恐汝不能不存讳饰之意也。

（选自《清实录·高宗纯皇帝实录》卷一千一百三十六）

六十一

（乾隆四十六年十月八日）丁丑，赈恤山东邹平、新城、齐东、惠民、青城、阳信、海丰、商河、滨州、利津、沾化、蒲台、汶上、滕县、峄县、菏泽、单县、城武、曹县、定陶、濮州、范县、高苑、博兴、乐安、寿光、济宁、金乡、鱼台等二十九州县，并济宁、东昌、临清三卫，永阜、官台、王家冈三场本年被水灾民灶户。

（选自《清实录·高宗纯皇帝实录》卷一千一百四十二）

六十二

（乾隆四十六年十二月八日）丙子，加赈山东邹平、齐东、惠民、青城、阳信、海丰、商河、滨州、利津、沾化、蒲台、滕县、汶上、峄县、菏泽、单县、城武、曹县、定陶、博兴、高苑、乐安、寿光、济宁、金乡、鱼台等二十六州县，济南、济宁、临清三卫，官台、王家冈、永阜三场本年被水灾民灶户。

（选自《清实录·高宗纯皇帝实录》卷一千一百四十六）

六十三

（乾隆四十九年二月四日）庚申，御制《济水考》曰：

济为四渎之一，《禹贡》“导沇为济”，以至“会汶入海”，不过八语，而穷源至委，昭垂千古，为不易之恒流。向尝赋四渎诗，虽加考证，只以《汉志》及《水经注》，郦道元、李濂辈各持己见，究之其身并未历其地，尊耳食而相龃龉。盖因济流伏见原无定，是以展转纷歧，无足怪者。即如《禹贡》所云“入于河”者，非济之清流入黄也，盖即伏于黄之底，所谓“入”也。“溢为荥”，则又见而出为荥。《地志》所谓“即荥波之荥，见豫州”者。三伏三见，此其一证。然其伏见，原亦无定处而无定数也。东出陶丘，则今之曹州，又至于菏，则今之菏泽县，蔡沈所谓“济阴县自有菏派”也。又东北会于汶，汶自有源，宋乐史所云清河，即今之大清河，唐李贤所谓“济水东贯滑、曹、郓、青以入于海”者也。是则济之源委，实不出《禹贡》数语。以解之者愈多，而考之者愈紊，乃致人但知大清河而反不知济，遂若灵渎有不可复求者然。盖尝论之，《禹贡》所言，乃本然之形势，今则时代变迁，伏见靡定，亦理之所必有。而以《禹贡》八语证之，总不出敷土奠川之本来。其纷然口舌之论，偶借以资多闻亦可，即付之不求甚解亦可。

（选自《清实录·高宗纯皇帝实录》卷一千一百九十八）

六十四

（乾隆五十一年五月二十二日）甲子，谕：据明兴奏“东省济南、东昌、临清所属及毗连地方，春夏以来雨水缺少，麦收不无歉薄”等语，该省上年缺雨，被旱成灾。今岁虽获甘膏，其短雨州县，麦收仍有歉薄，民力不免竭蹶。朕心深为轸念，著加恩将被旱稍重之历城、德州、齐河、禹城、平原、陵县、长清、聊城、莘县、堂邑、东平、东阿、平阴、阳谷、寿张、观城、范县、朝城、临清州等十九州县及坐落卫地，查明借给两月口粮。被旱稍轻之章丘、邹平、长山、新城、淄川、齐东、冠县、恩县、馆陶、博平、茌平、清平、乐安、博兴、寿光、莱芜、肥城、蒲台、沾化、汶上、邱县、濮州等二十二州县及坐落卫地，查明借给一月口粮，以资接济。至各该地方应征新旧钱粮，除历城等十五州县业经缓征外，其余德州、齐河等二十六州县及坐落卫地，现在应征新旧钱粮，并著加恩缓至秋成后征收。俾贫民既资口食，并免催征。该抚务董率所属，实力经理，以副朕轸念群黎，惟恐一夫失所之至意。该部遵谕速行。

（选自《清实录·高宗纯皇帝实录》卷一千二百五十五）

六十五

（乾隆五十二年三月二十四日）壬辰，谕：据长麟奏“济南、兖州府各属，上年雨雪短少，麦田未能普种，现届青黄不接之时，应完地粮米谷及籽种银两数目繁多，小民输将稍形竭蹶”等语，东省济南等府属，频岁歉收。上年虽秋成丰稔，复因雨雪短少，麦田未能普种，今春雨泽亦尚未一律优沾。际此青黄不接之时，若新旧并征，民力不无拮据。所有济南府属之历城、章丘、长清、齐河、禹城、平原、齐东、邹平、长山、新城，兖州府属之峄县、滕县、邹县、阳谷、寿张、泗水，东昌府属之聊城、高堂、莘县、恩县、茌平、清平、堂邑、博平、冠县、馆陶，青州府属之益都、昌乐、高苑、博兴、乐安、寿光、临淄、临朐，泰安府属之东平、东阿、平阴、莱芜，武定府属之滨州、利津、沾化，曹州府属之菏泽、单县、濮州、城武、定陶、巨野、郓城、范县、观城、朝城并临清州，共五十三州县及坐落卫所，除本年新粮照例征收外，其五十一年分应征地粮米谷籽种，及前次未经分年带征之项，俱著加恩缓至本年秋后，分作二年带征；节年地粮米谷籽种定限二年之项，著分作三年带征；定限三年之项，分作四年带征。统于本年秋后开征为始。俾得从容输纳，民力益资宽裕，副朕惠爱闾阎有加无已之至意。该部即遵谕行。

（选自《清实录·高宗纯皇帝实录》卷一千二百七十七）

六十六

（乾隆五十二年六月二十九日）乙丑，山东巡抚觉罗长麟奏：济南府属之历城、章丘、齐河、禹城、齐东、邹平、新城、陵县、临邑，东昌府属之聊城、清平、高唐、莘县、茌平、博平，青州府属之益都、昌乐、高苑、博兴、乐安、寿光、临淄、临朐，泰安府属之泰安、肥城、东阿、平阴、莱芜，武定府属之滨州、利津、沾化、惠民、青城、蒲台、海丰、阳信，曹州府属之濮州、郓城、范县、观城、朝城，兖州府属之阳谷、寿张等四十三州县，本年得雨稍迟，请借给两月口粮。得旨允行，下部知之。

（选自《清实录·高宗纯皇帝实录》卷一千二百八十三）

六十七

（乾隆五十三年四月八日）庚子，谕：据长麟奏“本年东省历城等五十四州县雨泽愆期，麦收失望。请将新旧钱粮缓至本年秋后征收，以纾民力”等语，该省历城等州县雨泽稀少，农田播种二麦，难望有收。今岁布植较广，徒糜工本，民力不无拮据。著照所请，济南府属之历城、新城、淄川、长山、长清、禹城、德州、平原、临邑、德平、齐河、章丘、邹平、齐东、陵县、济阳，泰安府属之东平、东阿、肥城、平阴，武定府属之惠民、青城、利津、滨州、蒲台、阳信、海丰、沾化、乐陵、商河，东昌府属之堂邑、茌平、馆陶、冠县、恩县、聊城、博平、清平、莘县、高唐，曹州府属之范县、观城、朝城，兖州府属之阳谷、寿张，青州府属之乐安、博兴、临淄、临朐、高苑，临清州暨所属之夏津、武城、邱县五十四州县及坐落卫所新旧钱粮，著加恩一并缓至本年秋成后征收，其旧欠内原系分年带征者，仍按所分年限办理，以副朕廑念民依至意。该部即遵谕行。

（选自《清实录·高宗纯皇帝实录》卷一千三百二）

六十八

（乾隆五十五年八月十日）戊午，谕曰：长麟奏“抢护临清州姜家庄民埝，漫水现已堵闭断流，镶筑稳固。至卫河水势，较从前盛涨时减水四尺有余，业将荆门等闸酌量闭板，俾上游之水，均由张秋东岸五空桥、平水三闸等处分泄入大清河归海。并将龙湾、魏湾等坝闸全行启放，宣泄甚属得力”等语，所办俱好，已于折内批示。至所称“东昌府属之聊城、博平、清平等县境内，多有坡水高于河水之处，现饬开挖聊城县境西岸官堤，并于各县境内开放进水各闸，引坡入河。俟坡水减落，即将挖口暂行堵闭。总以消尽坡水为度。日内坡水大形减落，若再晴霁数日，秋田均可消涸，赶种秋麦，无误耕作”，览奏尤为慰怀，该抚所办俱为详妥，勉力为之。现在该处民田积水光景若何？是否日内可期全行消涸？著速行查奏，以慰廑注。至一切赈恤事宜，务须督率所属，实力筹办，毋使灾黎或致失所。其青州府属博兴县续报被水之处，自当一并查勘，加意抚恤，方为妥善。又称“疏消被水各县坡水事宜，现委解任道员归朝煦协同运河道沈启震，分头照料”等语，归朝煦前因承审罗有良误伤伊母身死一案，审办错误，照议革职，已降旨送部引见。此时既有经理聊城等县疏泄事宜，甚为紧要，即将该员暂留彼处帮办，俟各工完竣，再行给咨送部引见，亦未为迟。

（选自《清实录·高宗纯皇帝实录》卷一千三百六十）

六十九

（乾隆五十五年十一月二十日）丙申，谕：本年东省地方因夏秋雨水较多，田禾被淹，业将被灾各州县优加赈恤，并将应征漕米仓谷一律缓征。其勘不成灾地方，虽被水稍轻，究与灾地毗连，秋收未免歉薄。著加恩将巨野、濮州、朝城、海丰、阳信、利津、惠民、沾化、蒲台、青城、博兴、高苑、平阴、寿张、金乡等十五州县应征漕粮，与成灾地亩，一体分作两年带征。俾闾阎得免追呼，民力益臻宽裕。该抚务须督率所属，实力体察，毋使吏胥等私征中饱，以副朕加惠贫黎至意。

（选自《清实录·高宗纯皇帝实录》卷一千三百六十七）

七十

（乾隆五十九年四月二十六日）壬午，谕：据福宁奏“济南、武定等府各属雨泽稀少，麦苗未能长发，粮价渐增，民力稍形拮据”等语，东省上年收成虽属丰稔，但本年入春以来雨泽稀少，高阜处所，麦收失望，若不及时接济，复将新旧钱粮同时并征，民力不无拮据。所有济南府属之历城、章丘、长山、邹平、新城、长清、齐河、齐东、济阳、禹城、临邑、陵县、德州、德平、平原、淄川，武定府属之惠民、青城、阳信、海丰、乐陵、商河、沾化、蒲台、滨州、利津，东昌府属之聊城、堂邑、博平、茌平、清平、莘县、冠县、馆陶、恩县、高唐、临清州并所属之夏津、武城、邱县，兖州府属之寿张、阳谷，曹州府属之范县、观城、朝城，青州府属之博兴、乐安、高苑、临淄，泰安府属之东阿、平阴等五十一州县并坐落卫所应征新旧各项银粮，俱著加恩，缓至本年秋收后再行启征。并著动支仓谷，减价平粜，以资接济。该抚务须督饬所属，实力妥办。俾小民均沾实惠，毋任吏胥从中弊混，以副朕轸念民依无时或释至意。该部即遵谕行。

（选自《清实录·高宗纯皇帝实录》卷一千四百五十一）

七十一

（乾隆五十九年）六月丙辰朔，谕：前因直隶保定等府属麦收仅止四分以下，降旨赏借贫民口粮。因思山东东昌、武定等各府属未得透雨，麦收歉薄，恐亦有急需接济之处，谕令福宁详悉查明，一面妥办，一面奏闻。兹据福宁奏称“济南、东昌、武定、临清等府州县暨毗连各属，麦收仅二分有余，现在大田均未播种。即间有偏得雨泽，已经播种，亦尚待雨滋长，民力不无拮据”等语，著加恩将历城、章丘、长山、邹平、新城、长清、齐河、齐东、济阳、禹城、临邑、陵县、德平、德州、平原、淄川、惠民、青城、阳信、海丰、乐陵、商河、沾化、蒲台、滨州、利津、聊城、堂邑、博平、茌平、清平、莘县、冠县、馆陶、恩县、高堂[①]、临清、夏津、武城、邱县、寿张、阳谷、范县、观城、朝城、博兴、乐安、高苑、临淄、东阿、平阴等五十一州县暨坐落卫所之鳏寡孤独、老幼残疾贫民，赏给六月分一月口粮，其余乏食贫民，酌借一月口粮。该抚务须督饬所属，悉心妥办，使贫民均沾实惠，以副朕轸恤穷檐，有加无已至意。该部即遵谕速行。

（选自《清实录·高宗纯皇帝实录》卷一千四百五十四）

① 编者按：原文如此，应作“高唐”。

《仁宗睿皇帝实录》二十一则

一

（嘉庆元年十一月二十二日）癸亥，谕内阁：玉德奏“前在山东巡抚任内，有博兴县银匠张介平私雕假印，串商地保张思诚，诓骗花户钱粮一案，该抚照冒支钱粮例将张介平拟以斩决。经刑部议驳，应照伪造衙门印信诓骗财物例，改拟斩候。查此案系玉德主见，从重问拟。据实陈明，恳请交部议处”等语，朕披阅之下，此案张介平私雕假印，诓骗粮户马廷公等钱文，均系应征地丁银两，无论其已未入官，即属正项钱粮，不得谓为诓骗财物。刑部堂官何以拘例改拟具题？传询刑部堂官，据阿桂面奏“此案到部时，阿桂以例有专条，应按照办理。张介平一犯，情节较重，入于本年秋审情重人犯之内正法，已足示惩，与刑部堂官商酌改拟”等语，此事阿桂因该省援例，尚须斟酌，告知刑部堂官，尚属留心。该堂官等既以阿桂所见为是，自应将改拟缘由专折具奏，请旨定夺。乃仅照例具题，殊属含混。且此等关系罪名轻重刑部改拟之本，向来内阁票拟俱用双签，并有票三签者，一票“部驳甚是”，一票“依议”，一票“著照该督抚所拟”。今内阁仅票单签，亦属疏漏。朕日理万几，于各部院寻常题本，岂能逐字检阅？或偶有疏略，而此案刑部既未专折具奏，内阁亦未票拟双签，并非朕之疏略。试思张介平一犯，该部既入情重办理，即照玉德原拟斩决，亦无二歧。是刑部改拟此案，拘泥例条，于情节轻重，未能细核，尚无大错。但不专折请旨，则咎无可辞。阿桂与胡季堂等均著交部严加议处，其票本之大学士亦著交部议处。玉德等原拟尚无不合，著免其交部。朕办理庶狱，无不悉心权度，折衷至当。而于臣工功过，亦必权其轻重，随时劝惩，从不肯稍任含混也。

（选自《清实录·仁宗睿皇帝实录》卷十一）

二

（嘉庆四年八月二十四日）庚戌，秋分。缓征山东济宁、鱼台、金乡、单、嘉祥、峄、滕、城武、长清、东阿、平阴、利津、蒲台、汶上、阳谷、巨野、范、郓城、朝城、博平、茌平、清平、莘、恩、聊城、博兴、高苑、乐安、寿光、临清、夏津、武城三十二州县及各场地并临清、济宁、德州三卫水灾新旧漕粮额赋，曹、邹二县历年旧欠额赋。

（选自《清实录·仁宗睿皇帝实录》卷五十）

三

（嘉庆五年八月六日）丙辰，缓征山东济宁、邹、金乡、鱼台、嘉祥、单、曹、城武、滕、峄、长清、东阿、平阴、利津、蒲台、汶上、聊城、博平、茌平、莘、恩、武城、郓城、范、博兴、乐安、阳谷、巨野、朝城二十九州县，济宁、临清二卫，历年旧欠漕粮额赋。

（选自《清实录·仁宗睿皇帝实录》卷七十二）

四

（嘉庆六年六月十二日）丁巳，免陕西州同盖方泌[①]违例擅罚处分，仍在军营防堵，以其在龙驹寨团勇堵御出力，士民恳留故也。

（选自《清实录·仁宗睿皇帝实录》卷八十四）

五

（嘉庆七年八月三十日）戊辰，谕内阁：

前因直隶景州、河间一带蝗孽滋生，该处与山东境壤毗连，朕即虑及东省不免亦有飞蝗，当经降旨询问和宁，谕令详查具奏。并于和宁折内再三批示，且令熊枚于查勘直隶蝗虫至河间地方时，寄知和宁一体查办。而和宁覆奏折内，只称济宁、金乡等州县，间有飞蝗，不伤禾稼。复经降旨严饬确查，和宁仍不行据实奏闻。迨和宁解任后，即令新任巡抚祖之望覆加查勘。兹据祖之望奏到济南、泰安、沂州、东昌、济宁等府州属五十余州县均被蝗灾。是山东

---

① 编者按：盖方泌，山东蒲台县盖家村（今属博兴县乔庄镇）人。

全省，被蝗处所竟有十之六七。如此重灾，殊深恻悯。和宁身任巡抚，即因地方官不行申报，漫无觉察，已属形同木偶。及经朕严询批谕，和宁竟毫不知畏惧，始终回护，则是有心讳匿。封疆大吏，于此等民瘼攸关之事，竟敢视同膜外，实属辜恩溺职。和宁前于金乡县皂孙冒考一案，并不遵旨提讯，其咎止于袒庇。至匿蝗不报，其罪更重。仅予罢斥，不足蔽辜。和宁前已降旨革职，著发往乌噜木齐，自备资斧效力赎罪。

缓征山东德、长清、聊城、堂邑、博平、清平、高唐、恩、茌平、东阿、临清、武城、邱、夏津、禹城、平原、陵、德平、泰安、曲阜、峄、宁阳、泗水、费、兰山、郯城、历城、章丘、邹平、齐河、齐东、济阳、临邑、莱芜、新泰、东平、肥城、平阴、惠民、商河、乐陵、海丰、青城、阳信、滨、滋阳、滕、阳谷、馆陶、沂水、蒙阴、济宁、金乡、鱼台、长山、博兴、乐安五十七州县，东昌、德州二卫，蝗灾本年糟粮额赋有差。

（选自《清实录·仁宗睿皇帝实录》卷一百二）

六

（嘉庆九年三月十八日）丁未，陕西巡抚方维甸奏，搜捕零匪出力各员，擢候补知府陈祁为道员，赏还通判雒昂顶带花翎，知县盖方泌蓝翎，同知严如煜等升擢有差。

（选自《清实录·仁宗睿皇帝实录》卷一百二十七）

七

（嘉庆十年八月二十日）庚子，缓征山东博兴、高苑、齐东、淄川、沾化、滨、蒲台、临淄八州县旱灾新旧额赋有差，及邹平、章丘、新城、长山、历城、惠民、青城、利津、海丰、阳信、乐安、寿光十二县本年额赋。

（选自《清实录·仁宗睿皇帝实录》卷一百四十九）

八

（嘉庆十一年正月四日）壬子，缓征山东博兴、高苑、淄川、齐东、滨、沾化、蒲台、临淄、历城、章丘、邹平、长山、新城、惠民、阳信、海丰、利津、青城、乐安、寿光二十州县被旱灾民新旧额赋，并贷籽种仓谷。

（选自《清实录·仁宗睿皇帝实录》卷一百五十六）

九

（嘉庆十二年九月八日）丙午，缓征山东恩县、德州卫水灾本年额赋，并博兴、高苑、淄川、齐东、滨、沾化、蒲台、临淄八州县旱灾旧欠额赋。

（选自《清实录·仁宗睿皇帝实录》卷一百八十五）

十

（嘉庆十六年十月二日）丁未，缓征山东章丘、东平、东阿、汶上、济宁、新城、邹平、平度、昌邑、潍、胶、高密、招远、博兴、东光、堂邑、莘、馆陶、临清、邱、夏津、武城、历城、济阳、平原、临邑、朝城、寿张、阳谷、聊城、博平、茌平、清平、冠、高唐、恩、鱼台三十七州县，并东昌、临清二卫，东平所，水灾虫灾新旧额赋及本年漕粮有差。

（选自《清实录·仁宗睿皇帝实录》卷二百四十九）

十一

（嘉庆十七年正月二日）丙子，贷山东章丘、东平、东阿、汶上、济宁、新城、邹平、平度、昌邑、潍、胶、高密、招远、博兴、寿光、堂邑、莘、馆陶、临清、邱、夏津、武城、历城、济阳、平原、临邑、朝城、寿张、阳谷、聊城、博平、茌平、清平、冠、高唐、恩、鱼台三十七州县，及东昌、临清二卫，东平所，上年被水被虫灾民籽种，并借粜登州、莱州、青州三府属州县仓谷。

（选自《清实录·仁宗睿皇帝实录》卷二百五十三）

十二

（嘉庆十七年三月三日）乙亥，缓征山东招远、平度、昌邑、潍、胶、高密、博兴、寿光、蓬莱、黄、宁海、海阳、莱阳、栖霞、文登、荣成、福山、掖、即墨、益都、诸城、安丘、临朐、昌乐、乐安、高苑、临淄、博山二十八州县上年水灾新旧额赋，并历城、章丘、东平、东阿、汶上、济宁、新城、邹平、堂邑、莘、馆陶、临清、邱、夏津、武城、济阳、平原、临邑、朝城、寿张、阳谷、聊城、博平、茌平、清平、冠、高唐、恩、鱼台二十九州县，及东昌、临清、东平三卫所水灾虫灾额赋。

（选自《清实录·仁宗睿皇帝实录》卷二百五十五）

十三

（嘉庆十七年五月十六日）丁亥，展缓山东历城、章丘、邹平、新城、济阳、平原、临邑、东平、东阿、汶上、阳谷、寿张、聊城、堂邑、博平、茌平、清平、莘、冠、馆陶、高唐、恩、朝城、临清、邱、夏津、武城、济宁、鱼台、益都、临朐、博兴、高苑、乐安、寿光、昌乐、临淄、安丘、诸城三十九州县，及东昌、临清、东平三卫所，上年水灾虫灾旧欠额赋漕项并民佃正耗银。

（选自《清实录·仁宗睿皇帝实录》卷二百五十七）

十四

（嘉庆十九年九月二十九日）丙辰，展缓山东章丘、邹平、济阳、临邑、齐东、平原、惠民、青城、商河、武城、新城、齐河、禹城、淄川、益都、临淄、寿光、昌乐、临朐、博兴、乐安、高苑、蓬莱、临清、夏津、邱、聊城、堂邑、博平、茌平、清平、冠、馆陶、莘、高唐、恩、汶上、阳谷、寿张、峄、德平、济宁、嘉祥、鱼台、濮、范、观城、朝城、巨野、单、城武、郓城五十二州县虫灾旱灾旧欠漕粮籽种仓谷，并缓征上年被贼之菏泽、曹、定陶、金乡四县新旧漕粮。

（选自《清实录·仁宗睿皇帝实录》卷二百九十七）

十五

（嘉庆二十年九月八日）庚寅，缓征山东长清、邹平、禹城、平原、汶上、阳谷、寿张、邹、茌平、莘、馆陶、恩、范、朝城、巨野、城武、乐安、博兴、济宁、鱼台二十州县，及临清、济宁二卫被水被雹村庄新旧额赋。

（选自《清实录·仁宗睿皇帝实录》卷三百十）

十六

（嘉庆二十一年九月二十二日）戊辰，缓征山东章丘、邹平、齐河、禹城、邹、汶上、城武、巨野、郓城、馆陶、恩、博兴、临清、夏津、武城、济宁、金乡、嘉祥、鱼台、滋阳、德、滕、峄、定陶、郯城、朝城、茌平、莘、平原、阳谷、范三十一州县，及德州、济宁、临清三卫水灾额赋有差。

（选自《清实录·仁宗睿皇帝实录》卷三百二十二）

十七

（嘉庆二十二年九月二十一日）壬戌，缓征山东范、朝城、堂邑、博平、茌平、清平、聊城、莘、冠、馆陶、齐河、平原、东阿、濮、观城、临清、夏津、邱、章丘、长清、恩、高唐、邹平、济宁、蒙阴、莱阳、德平、平阴、博兴、武城、兰山、郯城、邹、郓城、金乡、嘉祥三十六州县，及德州、东昌、临清三卫，旱灾雹灾水灾新旧额赋漕粮及旧欠籽种仓谷有差。

（选自《清实录·仁宗睿皇帝实录》卷三百三十四）

十八

（嘉庆二十三年三月六日）癸卯，又谕：陈预奏“东省小清河，以章丘、邹平、长山、新城为上游，高苑、博兴、乐安为下游。现自章丘山头店至万家口止，计河长六十里，水流无滞。自万家口至段家桥，正河淤垫。又，邹平之王家桥、开河桥，邹、长交界之郭家口，高、博、乐三县之支脉沟等处，淤垫较厚，均须逐段兴挑。尚有万家口灰坝，及宋龙口、孙家桥一带，应间段兴挑。及均张坝[1]以东之小清废河，亦宜疏导。并将淄河门口以上海滩挑挖。应照旧章，各就地方自出民夫兴办。惟又据高、博、乐三县民人呈诉，以上游宣泄，水势全行下注，支脉沟不能容纳，恐致漫溢。查上游之浒山泊、清沙泊、麻大湖，系潴水之所，应先将二泊一湖挑挖宽深，使水有停顿。再挑挖支脉沟，并将旧有堤岸补筑，以防漫溢。次将上游之段家桥等处次第疏通，再由陶唐口正河通至均张坝闸门，由支脉沟入海。则上游章丘等县民人乐从襄事，下游高、博、乐三县居民得水有归宿，拦御有备，亦无虞其坚不兴挑"等语，小清河水漫溢，固由下游不能宣泄，亦由上游河道淤垫所致。因势利导，先将上游疏浚，并将浒山等二泊一湖挑挖宽深，足资渟蓄，则水势自不至建瓴直注下游高苑等县，亦不骤虞漫溢。著陈预即照所议，先行出示晓谕，俾上游居民乐于从事，其下游居民，亦以次将海滩挑挖通畅，使水有所归，不至偏受利害。将此谕令知之。

（选自《清实录·仁宗睿皇帝实录》卷三百四十）

十九

（嘉庆二十三年十月二十二日）丁亥，除山东海丰、沾化、利津、乐安四县海潮淹废地七百五十三顷二十三亩有奇额赋，并赈被灾贫民。缓征海丰县被潮较轻地亩新旧额赋。缓征山东聊城、莘、馆陶、潍、莱阳、临清、武城七州县，及德州、东昌二卫水灾虫灾新旧额赋，并博兴、寿光二县旧欠额赋，章丘、济宁、朝城、范、茌平、恩、邹七州县旧欠漕粮。

（选自《清实录·仁宗睿皇帝实录》卷三百四十八）

二十

（嘉庆二十四年十二月九日）丁酉，缓征山东齐东、海丰、章丘、邹平、

[1] 编者按：原文如此，又作"军张坝"，下文同。

郓城、博兴、东平、茌平、博平、聊城十州县水灾新旧额赋漕粮有差，并给齐东灾民一月口粮。

（选自《清实录·仁宗睿皇帝实录》卷三百六十五）

二十一

（嘉庆二十五年三月十七日）癸酉，缓征山东濮、范、寿张、东阿、东平、阳谷、利津、沾化、蒲台、滨、惠民、齐东、聊城、肥城、海丰、章丘、邹平、济阳、郓城、博兴、茌平、博平二十二州县，及东昌卫、东平所场灶地亩水灾本年额赋。展赈濮、范、利津、寿张、东阿、东平、阳谷、沾化八州县灾民，并贷齐东、惠民、蒲台、滨四州县灾民口粮。

（选自《清实录·仁宗睿皇帝实录》卷三百六十八）

《宣宗成皇帝实录》二十五则

一

（嘉庆二十五年十月四日）丁亥，蠲缓山东邹平、惠民、滨、利津、蒲台、邹、滕、峄、兰山、郯城、恩、濮、博兴、乐安、寿光、济宁、金乡、鱼台、寿张、范、聊城、茌平、莘、馆陶、临清、海阳二十六州县场灶卫所被水被雹新旧钱粮盐漕额赋。

（选自《清实录·宣宗成皇帝实录》卷六）

二

（道光元年）十月戊寅朔，缓征山东邹平、郯城、兰山、新城、济阳、齐东、德平、长山、东阿、东平、蒲台、利津、滨、海丰、商河、青城、惠民、阳信、沾化、滕、峄、邹、汶上、滋阳、寿张、阳谷、观城、濮、巨野、郓城、单、费、堂邑、恩、博兴、乐安、高苑、潍、济宁、金乡、鱼台、历城、齐河、禹城、寿光、莘、嘉祥、宁海、文登、荣成、朝城五十一州县，德州、东昌、临清、济宁四卫被水被虫村庄新旧额赋，给郯城、兰山二县灾民一月口粮，并冲塌房屋修费，加赈极贫户口一月，免额赋十分之一。

（选自《清实录·宣宗成皇帝实录》卷二十四）

三

（道光二年正月五日）辛亥，展缓山东郯城、兰山、章丘、邹平、长山、滕、郓城、恩、聊城、茌平、禹城、齐河、新城、峄、阳谷、观城、濮、巨野、单、博兴、高苑、济宁、鱼台、莘、蒲台、海丰、沾化、滋阳、潍、金乡、寿光、济阳、齐东、德平、东阿、东平、利津、滨、商河、青城、阳信、邹、汶上、寿张、费、堂邑、乐安、临邑、惠民、范、博平、历城、嘉祥、朝城、宁海、文登、荣成五十七州县，德州、济宁、东昌、临清四卫上年被水被虫上忙钱粮漕项，并节年旧欠额赋，及各项银米有差，仍命粜贷仓谷，赏郯城、兰山二县灾民一月口粮。

（选自《清实录·宣宗成皇帝实录》卷二十八）

四

（道光二年八月二十九日）庚午，蠲缓山东恩、夏津、武城、范、章丘、邹平、历城、长山、新城、齐河、齐东、济阳、禹城、长清、陵、平原、滕、峄、汶上、朝城、兰山、郯城、费、聊城、堂邑、博平、茌平、清平、莘、馆陶、冠、高唐、博兴、高苑、乐安、寿光、临清、商河、东河三十九州县，及德州、东昌二卫被水村庄本年应征钱漕盐课有差，给恩、夏津、武城、范四县灾民一月口粮。

（选自《清实录·宣宗成皇帝实录》卷四十）

五

（道光三年正月六日）丙子，缓征山东恩、夏津、武城、范、濮、博平、章丘、邹平、长山、新城、齐河、齐东、济阳、禹城、临邑、长清、陵、德、德平、平原、东阿、东平、惠民、海丰、乐陵、商河、滨、沾化、滋阳、滕、峄、汶上、阳谷、寿张、单、城武、定陶、巨野、郓城、观城、朝城、费、聊城、堂邑、茌平、清平、莘、馆陶、冠、高唐、博兴、高苑、乐安、寿光、潍、邱、济宁、金乡、嘉祥、鱼台、郯城、兰山、菏泽、曹、利津、蒲台六十六州县，并德州、东昌、临清、济宁、东平五卫上年被水、被雹、被虫灾民新旧额赋。给恩、夏津、武城、范、濮、博平六州县灾民一月口粮。

（选自《清实录·宣宗成皇帝实录》卷四十八）

六

（道光七年四月十二日）丁巳，缓征山东寿光、博兴、乐安、益都、临淄、昌乐、齐河七县被旱灾民旧欠钱粮，并贷一月口粮。

（选自《清实录·宣宗成皇帝实录》卷一百十六）

七

（道光七年五月七日）壬午，谕军机大臣等，寄谕署山东巡抚程含章：前因有人条奏，青州一郡，类皆荒歉，寿光县为尤甚。当经降旨，交该署抚委员确实查勘。兹据奏，委员周历青州府属，挨庄查访，惟寿光、博兴二县，种麦本少，冬春雨雪较稀，民力不无拮据。寿光之秦城、南皮二乡，地尤咸碱，贫民尚多出口谋生。本年雨泽愆期，倍为竭蹶，出口者未免稍多。或将子女分别寄存典雇，并非鬻卖。其所居均系草屋，恐为他人占住，即拆去上顶，堵塞户牖，以俟归家修盖，亦非拆屋卖料，十空六七。至典鬻衣物及搀食草子等情，乐岁亦所不免，非本年仅有之事，均不至如传言之甚。前已奏准分别缓征，出借口粮，并经官捐煮粥。谷雨前后，均沾透雨，种秋未晚，不至成灾。所奏自系实在情形，惟该处系积歉之区，即如该署抚所奏，生计已不为不蹙。现在虽经得雨，足资耕种，而此后是否旸雨应时，将来秋收分数若干，并出外贫民能否次第归农，不至流离失所，该署抚均应随时留心察访，据实入奏。傥该地方官并不随时禀报，或经理未协，亦应分别严参，断不许稍有讳饰。封疆大吏，必以安民为先。偶遇旱潦不时，尤宜尽心抚恤。若必待有人条奏，经朕特旨垂询，始行派员周历查访，则是平时置民瘼于不问，岂不大负委任之意？该署抚惟当以实心行实政，务使民安其业，不至一夫失所，勿徒以空言塞责也。将此谕令知之。

（选自《清实录·宣宗成皇帝实录》卷一百十七）

八

（道光八年十月五日）辛未，缓征山东恩、金乡、鱼台、郯城、博兴、乐安、昌邑、兰山、日照、高密、胶、即墨十二州县被水村庄新旧额赋有差，并德、恩二州县境内屯庄旧贷口粮仓谷籽种。

（选自《清实录·宣宗成皇帝实录》卷一百四十四）

九

（道光九年正月二日）丁酉，缓征山东临邑、陵、德、德平、濮、郯城、平度、昌邑、胶、高密、即墨、临清、武城、济宁、鱼台、阳信、商河、乐陵、博兴、夏津二十州县，并德州、济宁、临清三卫上年被水被雹屯庄本年额赋。

（选自《清实录·宣宗成皇帝实录》卷一百五十）

十

（道光十一年五月十一日）壬戌，谕军机大臣等：据御史岳镇南奏山东私枭情形，折内称山东盐场共有十处，而产盐最多者，莫如武定属利津县之永阜场。邻境匪棍，结众多人，径向滩内劫盐。商灶并受其害，土人谓之“盐贼”。道光四年，经琦善大加惩创，稍知敛迹。近因永阜场盐大使何学传因循疲玩，废弛鹾务，复致巡役、盐枭表里为奸。河西各滩，往往有利津、滨州、沾化等县匪徒，结聚二三百人，以至五六百人，执持兵器，赴滩劫盐，而灶户莫敢谁何。至河东一带，与蒲台、乐安、博兴诸县接壤，向来盐枭尚少，近亦数十成群，不时窃发。该地方官因事非专责，置若罔闻。而盐大使何学传又护纵巡役，以致私枭日炽，官引不销。现当晒盐之时，各滩俱有散盐，请敕查办。并据另折奏“山东商人自嘉庆初年，加斤浮舂，灶户不依。有永阜场盐大使汪德润受商人每包规银三厘，私增二十五斤，烙以火印。十年后，商人不遵火印，浮舂无度。二十四年，盐大使韩宣训又于三厘厘头外增加三厘，令商人每船照部例舂盐六包，名为‘号盐’，装载舱口，运至蒲关，有滨乐分司运同及批验所大使，仅将号盐六包称验放行，其余盐包轻重概置不问。即船到雒关，盐运司委人称验，亦复如是。道光四年，盐大使何学传又于六厘厘头外增加二厘，商人因场官收受陋规，陆续加斤，并无定数。近年以来，永阜场盐商浮舂较前更甚，每包竟有三百余斤。该灶户之所以甘心受此者，盖恐一经较称，商人即彼此齐行，不买其盐。又自揣势力难与商敌，遂忍气吞声，任其浮舂。且盐大使何学传在任八年，但知得规庇商，罔计误课病灶”等语，私枭充斥最为商灶之害，至浮舂盐斤，灶户尤为受累。必应确切查明，分别惩办。著讷尔经额、钟灵将该御史所奏各情形，查明是否属实。如果该巡役实有勾通枭匪作弊情事，即行从严惩办。其盐商舂运，务须严饬所属，遵照定例办理，毋得私增盐斤。傥仍浮舂，即将该管官严行参处，并将该商人从重治罪。至盐大使何学传，据该御史奏在任八年，藐法营私，护纵巡役，姑息养奸。如果属实，尤应参办，不可稍事姑容。并著查明，据实具奏。将此谕知讷尔经额，并传谕钟灵知之。寻奏，请先将盐大使何学传撤任质讯。

得旨：不准稍有庇纵，更不可被人欺朦，慎之。

（选自《清实录·宣宗成皇帝实录》卷一百八十八）

十一

（道光十一年九月十四日）癸亥，缓征山东长山、邹平、新城、济阳、德平、阳信、乐陵、商河、汶上、阳谷、曹、定陶、聊城、莘、济宁、鱼台、齐河、惠民、海丰、滨、利津、沾化、单、城武、巨野、乐安、寿光、金乡、嘉祥、博兴、高苑、夏津三十二州县水旱虫灾地亩新旧额赋。

（选自《清实录·宣宗成皇帝实录》卷一百九十六）

十二

（道光十二年闰九月十二日）乙酉，缓征山东博兴、高苑、海丰、滕、菏泽、单、曹、朝城、郯城、聊城、昌邑、济宁、金乡、鱼台、范、莘、寿张、齐河、禹城、蒲台、青城、邹、乐安、新城、齐东、济阳、临邑、惠民、阳信、乐陵、商河、利津、沾化、滨三十四州县，并临清、德州二卫被水被旱村庄新旧额赋。

（选自《清实录·宣宗成皇帝实录》卷二百二十一）

十三

（道光十三年正月二日）甲戌，缓征山东单、范、菏泽、曹、定陶、郓城、城武、巨野、濮、观城、昌邑、东阿、东平、邹、滕、阳谷、寿张、郯城、聊城、莘、济宁、金乡、嘉祥、鱼台、博兴、高苑、乐安、邹平、齐河、禹城、海丰、青城、蒲台、夏津、朝城、章丘、新城、齐东、济阳、临邑四十州县，并德州、东昌、临清、济宁四卫上年灾歉村庄正杂额赋。

（选自《清实录·宣宗成皇帝实录》卷二百二十九）

十四

（道光十四年九月二十六日）戊子，缓征山东历城、章丘、齐东、邹平、济阳、齐河、平原、禹城、德、临邑、博平、馆陶、冠、惠民、商河、临清、夏津、武城、鱼台、益都、乐安、临朐、寿光、平度、高苑、博兴二十六州县，及德州、东昌二卫被旱、被水、被虫、被雹庄屯新旧额赋。

（选自《清实录·宣宗成皇帝实录》卷二百五十七）

十五

（道光十五年正月六日）丙寅，缓征山东历城、章丘、邹平、齐东、齐河、济阳、禹城、临邑、德、平原、惠民、商河、馆陶、博兴、高苑、乐安、临清、鱼台十八州县并德州卫上年被灾庄屯新旧额赋。

（选自《清实录·宣宗成皇帝实录》卷二百六十二）

十六

（道光十五年十月七日）壬戌，缓征山东邹平、长清、长山、新城、齐河、济阳、临邑、海丰、商河、滨、利津、沾化、蒲台、寿张、濮、范、平度、昌邑、潍、胶、高密、即墨、济宁、金乡、鱼台、博兴、高苑、乐安、阳信、汶上、菏泽、巨野、聊城、茌平、邱、嘉祥、寿光三十七州县，及济宁、东昌、临清、德州四卫被水被虫庄屯新旧额赋。

（选自《清实录·宣宗成皇帝实录》卷二百七十二）

十七

（道光十六年正月二日）丙戌，缓征山东邹平、长清、长山、新城、齐河、济阳、海丰、商河、滨、利津、沾化、蒲台、濮、范、平度、昌邑、潍、胶、高密、即墨、济宁、高苑、博兴、乐安、汶上、菏泽、巨野、聊城、茌平、邱、寿光三十一州县，并济宁、东昌、临清、德州四卫上年被水被虫庄屯本年上忙额赋及各项银米。

（选自《清实录·宣宗成皇帝实录》卷二百七十七）

十八

（道光十六年四月十四日）丙寅，缓征山东益都、临淄、诸城、安丘、临朐、昌乐、高苑、博兴、乐安、寿光、博山、掖、平度、昌邑、潍、胶、高密、即墨、蓬莱、黄、福山、栖霞、招远、莱阳、宁海、文登、荣城、海阳二十八州县歉收村庄新旧正杂额赋，及旧贷仓谷耔种。

（选自《清实录·宣宗成皇帝实录》卷二百八十一）

十九

（道光十六年十一月）庚辰朔，缓征山东齐河、德、济阳、濮、济宁、鱼台、聊城、清平、商河、长清、冠、馆陶、堂邑、茌平、莘、邱、东阿、巨野、泰安、高唐、夏津、临邑、历城、阳信、海丰、范、临清、莱阳、荣成、宁海、文登、掖、平度、昌邑、潍、胶、高密、即墨、益都、临淄、诸城、安丘、临朐、昌乐、高苑、博兴、乐安、寿光、博山、齐东、新城、恩、滨、沾化、乐陵、章丘、惠民五十七州县，并德州、临清、东昌、济宁四卫被水被旱村庄新旧额赋。

（选自《清实录·宣宗成皇帝实录》卷二百九十一）

二十

（道光十八年闰四月十三日）甲申，缓征山东惠民、阳信、海丰、乐陵、商河、沾化、蒲台、德、益都、博山、临淄、临朐、博兴、寿光、昌乐、乐安、高苑、安丘、掖、平度、昌邑、潍、胶、高密、莱阳二十五州县被旱村庄旧欠额赋。

（选自《清实录·宣宗成皇帝实录》卷三百九）

二十一

（道光十九年）冬十月癸亥朔，缓征山东齐河、禹城、新城、章丘、邹平、长山、临邑、海丰、沾化、邹、蒙阴、济宁、鱼台、高密、博兴、乐安、邱、招远、潍、齐东、东平、惠民、乐陵、阳信、单、巨野、聊城、冠、馆陶、滕、寿光、平度、胶、金乡、嘉祥三十五州县，暨东昌、临清、济宁三卫被水、被旱、被雹、被丹庄屯新旧额赋，给蒙阴县灾民房屋修费。

（选自《清实录·宣宗成皇帝实录》卷三百二十七）

二十二

（道光二十年三月二十五日）乙卯，旌表逼嫁捐躯山东博兴县民刘二堂妻李氏。

（选自《清实录·宣宗成皇帝实录》卷三百三十二）

二十三

（道光二十一年十月四日）甲申，礼部议准前署江苏巡抚程矞采疏报，采访武进县贞节妇女周氏等一百九十五口；山东巡抚托浑布疏报，平度、夏津、博兴三县姜李氏等一千七百四十一口。各请建总坊旌表。从之。

（选自《清实录·宣宗成皇帝实录》卷三百五十九）

二十四

（道光二十五年六月八日）戊戌，缓征山东临邑、冠、临清、邱、海丰、历城、齐河、陵、平原、惠民、乐陵、滨、蒲台、莒、沂水、聊城、堂邑、博平、清平、莘、馆陶、济阳、德平、阳信、茌平、高唐、恩、禹城、安丘、章丘、齐东、商河、巨野、益都、临淄、博兴、昌乐、临朐三十八州县，并东昌、德州、临清、济宁四卫被旱被风被雹村庄旧欠额赋。

（选自《清实录·宣宗成皇帝实录》卷四百十八）

二十五

（道光二十六年十月七日）己未，缓征山东济宁、章丘、邹平、长山、新城、齐东、济阳、临邑、长清、德、德平、泰安、阳信、乐陵、商河、利津、宁阳、邹、滕、阳谷、寿张、菏泽、城武、巨野、郓城、濮、朝城、恩、夏津、鱼台、陵、惠民、邱、海丰、滨、沾化、滋阳、峄、单、曹、观城、聊城、博平、茌平、莘、冠、博兴、乐安、寿光、昌邑、潍、高密、金乡、嘉祥、平原、堂邑、武城、平度、临清、高苑、禹城、蒲台、益都、临淄、郯城、馆陶六十六州县，暨德州、东昌、临清、济宁四卫被水、被雹、被风、被旱、被虫村庄新旧额赋。

（选自《清实录·宣宗成皇帝实录》卷四百三十五）

《文宗显皇帝实录》二十五则

一

（咸丰元年八月九日）癸亥，豁免山东历城、章丘、邹平、长山、新城、齐东、齐河、济阳、禹城、临邑、长清、陵、德、德平、平原、泰安、莱芜、东平、东阿、惠民、阳信、海丰、乐陵、商河、滨、利津、沾化、蒲台、滋阳、曲阜、宁阳、邹、泗水、滕、峄、汶上、阳谷、寿张、菏泽、单、曹、定陶、巨野、郓城、濮、范、观城、朝城、兰山、郯城、费、莒、沂水、蒙阴、日照、聊城、堂邑、博平、茌平、清平、莘、冠、馆陶、高唐、恩、益都、博兴、临淄、高苑、乐安、寿光、昌乐、临朐、安丘、平度、昌邑、潍、高密、福山、招远、莱阳、临清、邱、夏津、武城、济宁、金乡、鱼台、嘉祥八十九州县，暨德州、济宁、东昌、临清四卫道光二十九年以前民欠银米。

（选自《清实录·文宗显皇帝实录》卷三十九）

二

（咸丰元年十月七日）己丑，缓征山东临清、章丘、邹平、长山、新城、齐东、济阳、禹城、临邑、陵、德、德平、平原、东阿、阳信、乐陵、商河、邹、汶上、寿张、郓城、濮、范、观城、朝城、恩、邱、历城、齐河、东平、惠民、滨、利津、滋阳、宁阳、阳谷、菏泽、单、曹、定陶、巨野、聊城、堂邑、博平、茌平、清平、莘、冠、馆陶、夏津、武城、博兴、城武、海丰、沾化、乐安、高密五十七州县，暨德州、东昌、临清、济宁四卫被水、被风、被雹村庄新旧额赋。

（选自《清实录·文宗显皇帝实录》卷四十五）

三

（咸丰元年十二月十六日）丁酉，谕：有人奏“山东乐陵县知县刘镩，前任范县，及现任乐陵，各亏空巨万。该员之妾，及其侄婿、女婿等，私收漕粮，干预公事。刘镩为其妻及伊母作寿，收受礼物，嫁名门丁演戏，种种不法。又，沂水县知县童埏，于尹家峪庄宁景成被盗殴伤一案，将宁景成及报案车夫尹富来严刑逼供‘伤系自碰’，并将宁景成之妻严讯，勒令认诬，盗贼概置不问。又以巡盐为名，荼毒乡民，无所不至。有博兴县民王成元，被巡役张复盛等截劫，殴伤伊父，张复盛又霸占公兆祥之妻。该员一味徇庇，含混了事。林西庄民人张福吉、刘殿士，路遇巡役，既被抢劫，复被火枪将张福吉轰死，该县概置不问，并将孀妇掌责锁押。又提用生息公银及库存粮银，均与管理盐务之严以骏分肥。该员到任未及一年，地丁杂税，已亏空累累”各等语。州县为亲民之官，若如所奏，种种骫法营私，扰害闾阎，实堪痛恨。著陈庆偕按照所指各案严密查访，如果属实，即行严参究办，以儆官邪而靖地方。原片著钞给阅看，将此谕令知之。寻奏：遵讯知县刘镩，亏空钱粮业已摘顶勒缴。惟于伊故父拖欠旧帐不为清理，债主皆赴任所索欠，致招物议。知县童埏被参各款，均无实据。惟于巡役张复盛讹诈、霸占等情，未经审实，按律惩办。各下部处分如例。[1]

（选自《清实录·文宗显皇帝实录》卷五十）

四

（咸丰三年十一月十三日）甲寅，缓征山东章丘、邹平、长山、新城、齐东、济阳、临邑、德、德平、平原、阳信、商河、汶上、阳谷、曹、郓城、朝城、城武、恩、邱、夏津、临清、历城、齐河、禹城、泰安、东平、利津、滋阳、寿张、菏泽、单、巨野、濮、堂邑、茌平、清平、莘、馆陶、冠、武城、范、观城、沾化、郯城、沂水、临淄、博兴、乐安、寿光、潍、聊城、东阿、滨、费、高苑、高密、惠民、定陶、高唐六十州县被水、被旱、被风、被雹、

① 编者按：参见第738页李德《奏为沂水县知县童埏被参各款均已讯无其事恭祈圣鉴》。

被扰村庄新旧额赋及各项租课，并原借籽种口粮有差。

（选自《清实录·文宗显皇帝实录》卷一百十二）

五

（咸丰四年十月二十六日）辛酉，缓征山东历城、齐河、邹平、长山、新城、禹城、临邑、长清、陵、德平、临淄、博兴、高苑、乐安、平原、东阿、惠民、青城、阳信、乐陵、商河、滨、利津、蒲台、汶上、单、城武、观城、茌平、馆陶、武城、东平、莱芜、滋阳、宁阳、阳谷、濮、菏泽、范、朝城、聊城、堂邑、博平、清平、恩、邱、海丰、沾化、益都、寿光、昌乐、平度、昌邑、潍、高密、德、寿张、定陶、曹、夏津六十州县，及德州、东昌、临清、济宁四卫被雹、被虫、被风庄屯新旧额赋有差。

（选自《清实录·文宗显皇帝实录》卷一百四十九）

六

（咸丰五年正月四日）戊辰，缓征山东临清、冠、历城、章丘、齐东、济阳、长清、德平、惠民、阳信、乐陵、滨、沾化、邹、汶上、单、濮、聊城、堂邑、茌平、清平、莘、馆陶、博兴、邱、邹平、长山、新城、齐河、禹城、临邑、莱芜、海丰、商河、利津、滋阳、阳谷、寿张、巨野、郓城、朝城、高苑、乐安、寿光、平度、昌邑、潍、高密、济宁、滕、峄、嘉祥、鱼台、金乡五十四州县被灾、被扰村庄本年上忙额赋，及河漕摊征各项，并德州、东昌、临清、济宁四卫，东平所屯庄，永阜、永利、官台三场灶地钱粮。

（选自《清实录·文宗显皇帝实录》卷一百五十六）

七

（咸丰五年七月二十五日）丙戌，谕：“李钧奏查明漫水经由处所一折。据称黄流先向西北斜注，淹及封邱、祥符二县村庄，复折转东北，漫注兰仪、考城，及直隶长垣等县村落，复分三股，一股由赵王河走山东曹州府迤南下注，两股由直隶东明县南北二门分注，经山东濮州、范县，至张秋镇汇流穿运，总归大清河入海”等语。黄流泛溢，经行三省地方，小民荡析离居，朕心实深轸念。惟历届大工堵合，必需帑项数百万两之多，现值军务未平，饷糈不继，一时断难兴筑，若能因势利导，设法疏消，使横流有所归宿，通畅入海，不至旁趋无定，则附近民田庐舍，尚可保卫。所有兰阳漫口，即可暂行缓堵。著李钧即派张亮基，带同熟悉河工形势之员，周历查勘，绘图贴说，详细具奏。至被灾之直隶、河南、山东各省，并著桂良、英桂、崇恩各派干员，会同查勘。统俟奏到时，候朕酌核办理。该督抚等目睹灾黎遍野，务当不分畛域，熟计通筹，以期早为安辑。至于办理之方，事属权宜，该督抚等如有所见，不妨据实敷陈，以备采择。将此由四百里各谕令知之。[1]

（选自《清实录·文宗显皇帝实录》卷一百七十三）

八

（咸丰五年八月二日）壬辰，谕：崇恩奏山东各州县被水情形等语。本年豫省兰阳泛，黄水漫溢，直注东省，穿过运河，漫入大清河归海。菏泽、濮州以下，寿张、东阿以上，尽被淹没。他如东平等十数州县，亦均被波及，遍野哀鸿，实堪悯恻。前经谕令该抚亟筹抚恤，并截留漕米五万石，先行赈济，以期及早安辑。又令拣派干员，会同张亮基查勘水势，设法疏导，使横流毋再旁趋，以保护民田庐舍。谅已次第筹办。其曹州一带捻匪，并著严饬所委文武各员实力巡防，毋稍疏懈。至东省前拨甘黔庐扬各处兵饷，均系刻不容缓，现在被灾处所虽有十余州县，其完善之区，尚可催征钱粮，以资支应。何得一筹莫展，概置饷项于不问？该抚岂不知部库支绌，各路待饷孔殷？苟有天良，应如何竭力筹画，共济时艰耶？所有欠解军饷，仍著设法拨解，毋误要需。将此谕令知之。

（选自《清实录·文宗显皇帝实录》卷一百七十四）

---

① 编者按：此年黄河决口，自此改道大清河入渤海，对包括博兴、蒲台等在内的今黄河下游地区的政治经济、社会生产等产生了深远而持久的影响。

九

（咸丰五年九月四日）甲子，谕：杨以增奏赔堵丰工旧口门定期兴工一折，前因军务未竣，筹饷维艰，兰阳堵筑漫口，非数百万帑金，不能集事，恐一时难以兴办，而横流旁溢，无所归宿，灾民颠沛流离，朕心不胜轸念。业经谕令李钧派委张亮基，会同直隶、山东、河南地方官委员等，详细履勘，将黄流漫溢之处，疏导归海。兰阳大工，即可暂议缓堵。现尚未据覆奏。所有丰北口门，亦应暂缓兴筑，俟李钧等定议如何，再行酌办。至该河员等应赔款项，不得以暂缓兴工，借口观望。著杨以增饬令各按应赔成数，迅速完缴。并著先行劝谕捐输，俾经费得以充裕，一俟兰阳择日兴工，即可同时并举。所有赔项捐项，均于集有成数后，随时奏闻，不得那作他用。至兰阳漫口，议者有谓宜因势利导，使河流徙归北趋，由大清河入海者。此时命张亮基等查勘，只为目前缓筑之计。若欲从此徙河北流，事关大局，尚须特派大员详加履勘，非可草率从事。杨以增熟谙河务，于古今治河源流，谅能通晓，如有所见，不妨据实敷陈，以备采择。将此由五百里谕令知之。

（选自《清实录·文宗显皇帝实录》卷一百七十六）

十

（咸丰五年十月二十一日）辛亥，蠲缓山东临清、历城、章丘、邹平、长山、新城、长清、陵、德、平原、青城、乐陵、阳信、蒲台、汶上、朝城、聊城、茌平、堂邑、馆陶、恩、夏津、邱、滋阳、宁阳、博平、清平、莘、冠、武城、兰山、郯城、费、蒙阴、沂水、益都、临淄、博兴、高苑、乐安、寿光、平度、潍、昌邑、高密、德平、观城、莒、昌乐、临朐、滕、峄、济宁、鱼台、邹五十五州县，并德州、东昌、临清、济宁、东平五卫，及永阜、王家冈、官台等场被水灾区新旧额赋有差。

（选自《清实录·文宗显皇帝实录》卷一百八十一）

十一

（咸丰五年十二月二十六日）乙卯，谕：前因兰阳漫口，泛溢三省，朕念小民荡析离居，急宜设法保卫。又因军务未竣，筹饷浩繁，一时骤难堵筑，叠经谕令桂良、英桂、崇恩各派干员查勘，并令李钧派张亮基前往周历，绘图贴说，奏明办理。昨据李钧奏，经张亮基查明东省被水州县，及黄流穿运入海情形。请饬地方官劝民筑堰切滩，堵截支河。本日复据崇恩奏陈河患情形，朕详览该河督等所称，漫溢处所，被灾较广，实深悯恻。因念现值严冬，水落归槽，海口虽属畅消，瞬届春融水长，各河淤垫益高，恐有溃决之患。若议改河流，由大清河入海，虽取径较捷，而关系民田庐舍，亦属窒碍难行。宵旰焦思，岂忍令大溜旁趋，不筹补救，以卫闾阎。此时惟有遇湾切滩，使河势刷宽取直，并顺河筑堰，堵截支河，为暂救目前之计。据李钧、崇恩奏称，水势浅缓之处，居民皆筑堰自卫，浚渠分泄。著即妥为劝办，并著直隶、河南、山东各督抚，饬令地方官吏，疏浚积潦，剀切晓谕绅民等量力捐资，俟集有成数，奏明请旨。即由该河督撙节估计，赶筹堵筑。其张秋迤北，运河东西岸应堵缺口，及西民堰等处，应做裹头护埽，并于黄流倒漾处筑坝收束。著李钧即饬该管厅营估定工需，由山东藩库筹拨银款兴办，归于另案报销。其曹州府护城堤，应加高培厚，著宽筹加赈，借作工需。定陶县常堌庙各口应堵支流，并著该督抚等饬令大名、曹州二府，会同查勘办理。该督抚等务当仰体朕意，实力督办，以苏民困。

（选自《清实录·文宗显皇帝实录》卷一百八十七）

十二

（咸丰六年正月四日）壬戌，缓征山东历城、章丘、长清、德、平原、青城、阳信、乐陵、汶上、朝城、堂邑、清平、馆陶、恩、博兴、邱、齐东、禹城、临邑、肥城、东平、东阿、惠民、商河、沾化、邹、菏泽、单、曹、金乡、邹平、长山、新城、齐河、济阳、陵、海丰、兰山、莒、沂水、聊城、茌平、高苑、乐安、寿光、平度、昌邑、潍、高密、夏津、平阴、滨、利津、滕、峄、阳谷、寿张、城武、定陶、巨野、郓城、濮、高唐、济宁、嘉祥、鱼台、范六十七州县，及德州、东昌、临清、济宁四卫被贼、被水庄屯本年额赋。

（选自《清实录·文宗显皇帝实录》卷一百八十八）

十三

（咸丰六年十一月五日）己未，展缓山东临清、历城、章丘、邹平、长山、齐河、济阳、临邑、长清、陵、平原、惠民、阳信、乐陵、利津、蒲台、滋阳、曲阜、宁阳、邹、汶上、单、城武、曹、观城、聊城、博平、茌平、馆陶、恩、夏津、邱、新城、德平、泰安、泗水、滕、峄、堂邑、清平、莘、冠、高唐、武城、朝城、海丰、沾化、兰山、费、蒙阴、沂水、博兴、乐安、高苑、莒、益都、临淄、寿光、昌乐、临朐、平度、昌邑、潍、高密、日照、济宁、郓城、鱼台、金乡、嘉祥、商河七十一州县，并东昌、临清、济宁、德州四卫被水、被旱、被虫、被风灾区新旧额赋有差。

（选自《清实录·文宗显皇帝实录》卷二百十一）

十四

（咸丰七年正月二日）乙卯，缓征山东历城、章丘、齐东、禹城、临邑、平原、肥城、东平、平阴、惠民、阳信、乐陵、商河、沾化、滋阳、曲阜、邹、汶上、阳谷、单、城武、曹、定陶、高苑、乐安、邱、夏津、东阿、青城、观城、朝城、费、聊城、茌平、清平、莘、馆陶、高唐、恩、武城、邹平、长山、齐河、济阳、长清、泰安、海丰、利津、宁阳、滕、峄、兰山、日照、博兴、滨、寿张、菏泽、巨野、郓城、濮、范、济宁、金乡、嘉祥、鱼台六十五州县被水、被旱歉收村庄，并屯坐各卫本年额赋。

（选自《清实录·文宗显皇帝实录》卷二百十七）

十五

（咸丰七年十一月八日）乙酉，蠲缓山东济宁、历城、邹平、长山、新城、齐河、济阳、临邑、长清、莱芜、惠民、阳信、滨、利津、蒲台、单、城武、曹、朝城、聊城、堂邑、博平、茌平、清平、莘、馆陶、冠、恩、邱、夏津、武城、商河、平原、泰安、曲阜、宁阳、泗水、滕、汶上、高唐、临清、观城、新泰、海丰、沾化、兰山、费、日照、益都、乐安、潍、陵、德、德平、乐陵、滋阳、峄、鱼台、莒、郯城、蒙阴、沂水、平度、昌邑、高密、临朐、濮、范、阳谷、寿张、菏泽、郓城、齐东、肥城、东平、东阿、平阴、青城、定陶、金乡、嘉祥、巨野、禹城、博兴、高苑、章丘八十六州县，及德州、东昌、临清、济宁四卫被灾地亩新旧额赋有差。

（选自《清实录·文宗显皇帝实录》卷二百三十九）

十六

（咸丰八年正月四日）辛巳，缓征山东章丘、齐东、济阳、禹城、临邑、长清、肥城、莱芜、东平、平阴、惠民、阳信、商河、沾化、汶上、阳谷、寿张、单、曹、定陶、观城、朝城、聊城、茌平、清平、莘、冠、馆陶、高唐、恩、益都、博兴、邱、临清、济宁、历城、邹平、长山、齐河、泰安、海丰、滨、利津、滕、峄、城武、兰山、沂水、乐安、潍、夏津、鱼台、东阿、青城、菏泽、巨野、郓城、濮、范、高苑、金乡、嘉祥六十二州县，暨德州、东昌、临清、济宁四卫被水、被旱、被风、被雹、被虫村庄屯场本年额赋，及漕项银米盐芦租课。

（选自《清实录·文宗显皇帝实录》卷二百四十三）

十七

（咸丰八年十月二十六日）戊辰，蠲缓山东济宁、章丘、邹平、禹城、长清、肥城、平阴、惠民、青城、阳信、蒲台、定陶、巨野、郓城、朝城、堂邑、博平、茌平、邱、夏津、金乡、嘉祥、鱼台、临清、历城、长山、齐河、济阳、德平、平原、滨、利津、汶上、聊城、清平、莘、冠、馆陶、高唐、恩、武城、海丰、临淄、博兴、高苑、潍、新城、临邑、陵、德、乐陵、商河、曲阜、宁阳、邹、泗水、滕、峄、观城、滋阳、沾化、莒、益都、乐安、临朐、菏泽、濮、范、阳谷、寿张、齐东、东阿、东平七十三州县，并德州、东昌、临清、济宁、东平五卫被水、被旱、被虫、被雹、被风、被丹村庄新旧额赋有差。

（选自《清实录·文宗显皇帝实录》卷二百六十八）

十八

（咸丰九年正月二日）癸酉，缓征山东临清、章丘、邹平、齐东、齐河、禹城、长清、德平、东阿、平阴、惠民、阳信、滋阳、峄、汶上、阳谷、单、濮、朝城、堂邑、茌平、馆陶、高唐、益都、博兴、邱、金乡、嘉祥、鱼台、济宁、历城、济阳、青城、海丰、利津、定陶、巨野、郓城、莒、高苑、潍、东平、寿张、菏泽、范、城武四十六州县，并德州、东昌、临清、济宁、东平五卫被水、被旱灾区额赋有差。

（选自《清实录·文宗显皇帝实录》卷二百七十三）

十九

（咸丰九年七月六日）甲戌，蠲缓山东禹城、陵、惠民、阳信、乐陵、沾化、滋阳、曲阜、聊城、博平、莘、高唐、恩、益都、临淄、博兴、乐安、昌乐、安丘、平度、历城、邹平、长清、东平、海丰、利津、朝城、潍、邱、齐河、德平、莱芜、郓城、费、沂水、堂邑、清平、冠、昌邑、茌平、蒲台、莒、寿光、峄四十四州县，暨德州、东昌、临清、济宁四卫，东平所，永阜、官台、富国三场被扰、被旱、被雹、被风庄屯新旧正杂额赋有差。

（选自《清实录·文宗显皇帝实录》卷二百八十七）

二十

（咸丰九年十一月二日）丁卯，蠲缓山东济宁、济阳、禹城、长清、平原、肥城、平阴、惠民、青城、阳信、滕、单、曹、巨野、郓城、观城、朝城、茌平、邱、夏津、金乡、嘉祥、鱼台、临清、历城、邹平、新城、齐河、德平、平原、莱芜、乐陵、滨、利津、蒲台、滋阳、邹、汶上、聊城、堂邑、博平、莘、高唐、夏津、城武、定陶、新泰、海丰、沾化、益都、临淄、博兴、高苑、乐安、寿光、昌乐、昌邑、潍、长山、临邑、陵、商河、曲阜、泗水、冠、恩、武城、莒、沂水、临朐、平度、菏泽、濮、范、阳谷、寿张、齐东、东阿、章丘、东平八十州县，暨德州、东昌、临清、济宁、东平五卫所，永阜、永利二场被灾地亩新旧额赋有差。

（选自《清实录·文宗显皇帝实录》卷二百九十九）

二十一

（咸丰十年正月四日）己巳，蠲缓山东临清、齐东、齐河、禹城、长清、平原、东平、东阿、平阴、惠民、阳信、乐陵、沾化、蒲台、滋阳、峄、汶上、阳谷、菏泽、单、曹、巨野、濮、观城、朝城、茌平、莘、高唐、益都、博兴、乐安、昌乐、临朐、昌邑、邱、金乡、嘉祥、济宁、历城、新城、济阳、肥城、青城、海丰、郓城、莒、恩、临淄、高苑、寿光、潍、夏津、鱼台、章丘、滕、寿张、范五十七州县被水、被旱、被虫、被雹村庄额赋有差。

（选自《清实录·文宗显皇帝实录》卷三百五）

二十二

（咸丰十年闰三月五日）己亥，谕：沈兆霖奏，请就黄河改道，劝捐筑堤，录出前人奏疏，并将东省原寄图说呈览一折。据称“历来河流，皆以北行为宜，乾隆年间吏部尚书孙嘉淦《请开减河入大清河》一疏言之最详。所谓‘入大清河，由利津入海’，即是现在黄河所改之道。询之东省官绅，俱云张秋以东，自鱼山至利津海口，皆筑民堰。惟兰仪之北，张秋之南，则黄河自决口而出，泛滥汪洋，工程最巨。直隶之东明、长垣，山东之菏泽、郓城，培筑又较张秋为易。张秋下游至海门，不必施工。惟缺口至张秋，数百里间，可令民间捐资筹办”各等语，系为通筹大局起见。著恒福、黄赞汤、文煜、庆廉各就地方情形，悉心酌议，核实勘估。如果事属可行，即劝谕各该处绅民力筹捐办。并遴派熟谙河务之大员，会同各该地方公正绅士，妥为区画。或应开引河，或应筑堤埝，分别相度。一面劝谕捐输，将来民捐民办，均著绅董经理，毋许假手委员吏胥，以归撙节。如果输将踊跃，即可于本年霜降水落时，奏明一律兴工。并著各该督抚，将有无窒碍情形，先行审度具奏。总期为民捍患，节经费而顺舆情。沈兆霖原折及录呈孙嘉淦奏疏，均著钞给阅看。将此各谕令知之。

（选自《清实录·文宗显皇帝实录》卷三百十二）

二十三

（咸丰十年十一月十三日）壬寅，蠲缓山东济宁、章丘、齐东、济阳、禹城、长清、平原、东平、平阴、惠民、青城、阳信、滕、峄、单、城武、曹、定陶、巨野、朝城、馆陶、夏津、金乡、嘉祥、鱼台、临清、历城、邹平、长山、陵、乐陵、利津、蒲台、滋阳、宁阳、邹、聊城、堂邑、茌平、莘、冠、高唐、邱、海丰、蒙阴、沂水、益都、临淄、高苑、乐安、昌邑、临邑、德、德平、滨、曲阜、汶上、恩、武城、博兴、寿光、平度、安丘、潍、观城、沾化、濮、范、阳谷、寿张、菏泽、临朐、东阿七十三州县被水、被扰庄屯，暨永利场灶地新旧额赋有差。

（选自《清实录·文宗显皇帝实录》卷三百三十五）

二十四

（咸丰十年十一月二十六日）乙卯，谕军机大臣等：文煜奏东省现办钱漕情形一折，据称“平原东乡刁民集众携械，逼城放枪，以筹团费为名，抗纳漕米。莘县各里庄民，传单纠结盐枭，携带枪炮来城，该县带役出城晓谕，竟敢放枪抗拒，以致互有杀伤。馆陶、冠县、堂邑等县，亦分送传单，聚众抗欠钱粮。博兴、淄川、平度等处，俱有抗粮之案。现在东省只登州未据报有抗粮情弊，其余九府二直隶州，钱漕多半延抗”等语。各州县中，充当大小团长团总者，人数既多，贤愚不一，难保无借团生事、抗拒钱粮之人，若不及早办理，深恐酿成巨患。著杜翻剀切晓谕各该处团长等，毋得抗欠国课，自干罪戾。倘有刁民以筹团费为名，抗纳钱漕，甚至拥众围城，恃强滋事者，即著该大臣督率练勇，会同地方官，将为首各犯速行捕拿，即行正法。不准稍有姑息，以儆梗顽而戒效尤。文煜折著钞给阅看。将此由六百里谕令知之。

（选自《清实录·文宗显皇帝实录》卷三百三十六）

二十五

（咸丰十年十二月二十日）己卯，谕内阁：文煜奏“请将盐枭滋扰，延不拿获之地方员弁惩办”等语，山东博兴县知县王暄、典史陈模、存城汛把总刘应龙，于盐枭聚众滋扰，并不先时豫防，已属玩忽。事后又不赶紧拿获，据实禀报。实属咎无可辞，王暄、陈模、刘应龙著一并先行撤任，摘去顶带，勒限两个月，协同接缉员弁严拿各匪犯，务获究办。盐枭窜入博兴县城，该县与委员所禀情节悬殊，并著文煜查明。如有讳匿消弭情事，即行从严参办。①

（选自《清实录·文宗显皇帝实录》卷三百三十八）

《穆宗毅皇帝实录》十五则

一

（同治元年三月三十日）壬子，蠲缓山东临清、峄、胶、高密、东阿、沂水、诸城、昌乐、掖、平度、昌邑、福山、蒙阴、临淄、乐安、青城、益都、临朐、安丘、日照、博兴、高苑、寿光、济宁、滨、邹、泗水、聊城、新泰、兰山、费、潍、蓬莱、黄、招远、莱阳、海阳、宁海、邱、栖霞、菏泽、城武、定陶、巨野、濮、观城、堂邑、即墨、海丰、曹、范、朝城五十二州县，

① 编者按：案件卷宗详见第743页阎敬铭《奏请将疏防劫狱限满无获之博兴令王暄等革职留缉由》。

暨德州、东昌、临清、济宁四卫，东平所屯庄，永阜、永利、王家冈、官台、涛雒等场被扰地方新旧额赋有差。

（选自《清实录·穆宗毅皇帝实录》卷二十三）

二

（同治元年十月十六日）乙未，蠲缓山东泗水、嘉祥、菏泽、濮、寿张、范、东阿、临清、济宁、章丘、邹平、齐东、济阳、临邑、长清、陵、平原、泰安、东平、平阴、惠民、青城、阳信、蒲台、曲阜、邹、滕、汶上、阳谷、单、城武、曹、定陶、巨野、郓城、观城、朝城、聊城、堂邑、茌平、博平、馆陶、莘、冠、夏津、邱、金乡、鱼台、海丰、长山、宁海、历城、齐河、禹城、莱芜、乐陵、商河、清平、博兴、新城、昌邑、高唐、峄、兰山、费、郯城、莒、日照、沂水、临朐、临淄、诸城、寿光、潍、乐安、昌乐、新泰、恩、肥城、沾化、宁阳、武城、益都、高苑、胶、高密、即墨、滨、利津、滋阳、安丘、掖、黄、蓬莱、福山、莱阳、德平、招远九十八州县，暨德州、东昌、临清、济宁四卫，东平所，永阜等场被旱、被水、被虫、被风、被扰地方新旧额赋并租课有差。

（选自《清实录·穆宗毅皇帝实录》卷四十六）

三

（同治二年正月五日）壬子，蠲缓山东临清、济宁、历城、邹平、长山、长清、德平、平原、东平、东阿、平阴、惠民、青城、阳信、乐陵、沾化、邹、滕、汶上、阳谷、单、定陶、巨野、濮、观城、朝城、费、聊城、堂邑、茌平、莘、馆陶、高唐、乐安、寿光、昌乐、临朐、嘉祥、章丘、齐河、齐东、济阳、临邑、泰安、海丰、蒲台、曲阜、泗水、寿张、菏泽、城武、曹、郓城、兰山、郯城、莒、沂水、博平、清平、冠、恩、益都、临淄、博兴、邱、鱼台六十六州县，暨德州、东昌、临清、济宁四卫，东平所被水、被旱、被风、被虫、被扰地方本年额赋并租课有差。

（选自《清实录·穆宗毅皇帝实录》卷五十四）

四

（同治二年十二月十九日）辛卯，谕议政王军机大臣等：谭廷襄奏统筹黄河下游现行地势，拟请浚支渠以减涨水，培土埝以卫农田一折。据称“自咸丰五年河南兰阳汛，北岸溃决，由直隶之长垣、东明、开州，至山东之濮州、范县、寿张，横穿运河，过张秋镇入大清河，而直抵利津海口。其间经行之数十州县，被灾轻重不等。大约张秋以上，地势平衍，本无收束；张秋以下，循顺归槽，又苦于狭不能容，旁溢为害，本年尤甚。欲求下游之永奠，必须开支渠以减涨水。查徒骇河尚宽深，马颊则大半淤浅，必将此二河设法疏浚，再将各缺口逐一堵合，并将河流刷及城垣之处筑坝拦护。至张秋以上，若能相地筑堤束水，自是一劳永逸之法。惟工繁费巨，力有不及，应先将开、濮两州之金堤赶紧堵筑。其濮、范与菏泽比邻之史家堤，亦一并堵筑。并将旧有土埝加高培厚，择紧要处设法接修，而后逐渐布置”等语，所筹自系实在情形，著刘长佑、阎敬铭按照该署河督所奏，严饬该管道府督令各州县，趁此冬春水小源微，将可以施工之处，赶紧劝令分投兴办，以资保卫。并会同谭廷襄妥筹办理，不得迁延观望，致直东一带居民日久不能安业，别滋事端。原折著钞给阅看。将此各谕令知之。

（选自《清实录·穆宗毅皇帝实录》卷八十八）

五

（同治三年七月二十一日）己未，缓征山东博兴县被雹村庄新旧额赋。

（选自《清实录·穆宗毅皇帝实录》卷一百十）

六

（同治四年九月十一日）癸酉，蠲缓山东嘉祥、博兴、济宁、利津、滋阳、曲阜、宁阳、邹、滕、峄、汶上、菏泽、城武、曹、定陶、巨野、郓城、郯城、金乡、鱼台、历城二十一州县，暨东昌、临清、济宁三卫被灾被扰地方新旧额赋并仓漕灶地银两。

（选自《清实录·穆宗毅皇帝实录》卷一百五十四）

七

（同治五年十一月十六日）辛未，冬至，蠲缓山东寿张、范、东阿、济宁、邹平、长山、齐河、齐东、禹城、长清、平原、肥城、东平、平阴、惠民、青城、阳信、利津、曲阜、邹、滕、峄、汶上、阳谷、曹、单、观城、朝城、聊城、茌平、冠、金乡、嘉祥、鱼台、历城、滋阳、宁阳、新城、济阳、泗水、馆陶、兰山、沂水、平度、潍、郯城、临清、章丘、乐陵、滨、蒲台、堂邑、博平、清平、莘、高唐、夏津、武城、邱、海丰、费、日照、益都、博兴、临淄、乐安、昌乐、掖、昌邑、泰安七十州县，暨德州、东昌、临清、济宁四卫，东平所屯庄，永阜、永利二场被水、被旱、被雹、被风、被虫、被扰地方新旧额赋并杂课有差。

（选自《清实录·穆宗毅皇帝实录》卷一百八十九）

八

（同治六年五月二十五日）丁丑，又谕：丁宝桢奏捻逆避兵东窜，省垣安堵，现在分路兜剿一折。东省逆匪窜近省垣，因官军防守严密，乘间遁入章丘、邹平，旋由新城迤北奔窜。该处北路仅高苑、博兴两县，此外多系河道。该逆若自博兴他窜，必由临淄、乐安逸出。丁宝桢现在亲督王成谦等军，拟绕出临淄、乐安，豫伏其前，令王正起等军紧蹑其后。即著督饬各军前截后追，两面夹击，毋令喘息。惟贼势甚众，东省兵力不敷剿办。丁宝桢虽已咨调刘铭传一军由莒州向穆陵关一路前进，潘鼎新一军由莱芜向博山一路前进。仍著李鸿章迅速催令该二军赶紧进剿，通力合作，为一鼓聚歼之计。东军防守南岸，势难兼顾北岸，应否将直隶东南各镇之兵尽数调赴河干，以资厚集之处，著刘长佑、崇厚相机布置。该逆剽疾异常，非合数省兵力，不能尽歼丑类。各该省督抚务当不分畛域，会筹殄灭之方，不得以追贼出境为了事。李鸿章专办此股捻匪，责无旁贷，自当亲临前敌，策应调度。傥再任贼蔓延，惟该大臣是问。

将此由六百里各谕令知之。

（选自《清实录·穆宗毅皇帝实录》卷二百四）

九

（同治七年七月二十日）乙未，谕内阁：崇实奏荐举人才一折。四川候补知府彭名湜、恒泰，泸州直隶州知州许培身，候选道资州直隶州知州黄济，马边厅同知张秉堃，会理州知州徐传善，候补知州程廷杓，广元县知县盖星阶[1]，候补知县杜受廉，均著送部引见，候旨录用。

（选自《清实录·穆宗毅皇帝实录》卷二百三十八）

十

（同治七年八月十二日）丙辰，蠲缓山东东阿、临清、济宁、德、冠、鱼台、巨野、博兴八州县，暨德州、济宁、临清三卫被水、被雹、被扰地方新旧额赋杂课有差。

（选自《清实录·穆宗毅皇帝实录》卷二百四十）

十一

（同治十一年十一月十三日）甲午，蠲缓山东郓城、濮、寿张、济宁、齐东、东平、东阿、惠民、青城、阳信、滨、利津、邹、滕、峄、汶上、阳谷、菏泽、曹、巨野、范、观城、朝城、聊城、茌平、金乡、鱼台、章丘、邹平、齐河、临邑、蒲台、滋阳、宁阳、单、城武、莘、长山、新城、长清、嘉祥、海丰、沾化、兰山、郯城、博兴、高苑、乐安、商河、临清、济阳、禹城、陵、德、肥城、平阴、乐陵、曲阜、定陶、堂邑、博平、冠、清平、高唐、恩、夏津、武城、邱、潍、平原、历城七十一州县，暨济宁、青州、东昌、德州、临清五卫被水、被旱、被风、被虫地方新旧额赋有差。

---

① 编者按：盖星阶，山东蒲台盖家村（今属博兴县乔庄镇）人，进士。

（选自《清实录·穆宗毅皇帝实录》卷三百四十四）

十二

（同治十二年正月四日）甲申，缓征山东济宁、邹平、长山、齐东、长清、东阿、惠民、滨、利津、沾化、蒲台、宁阳、峄、汶上、寿张、菏泽、单、曹、巨野、郓城、濮、范、观城、朝城、兰山、茌平、博兴、乐安、金乡、东平、青城、海丰、滋阳、滕、阳谷、城武、聊城、高苑、鱼台三十九州县，暨东昌、临清、济宁、德州四卫被水、被旱、被虫、被风地方本年上忙额赋并各项租课。

（选自《清实录·穆宗毅皇帝实录》卷三百四十八）

十三

（同治十二年十一月十二日）丁巳，蠲缓山东汶上、郓城、濮、菏泽、巨野、嘉祥、寿张、范、济宁、齐河、齐东、济阳、禹城、临邑、长清、肥城、东平、东阿、平阴、惠民、邹、滕、峄、阳谷、曹、观城、朝城、聊城、茌平、冠、馆陶、夏津、武城、金乡、鱼台、历城、章丘、邹平、宁阳、莘、长山、新城、海丰、沾化、兰山、博兴、高苑、乐安、陵、德、青城、德平、阳信、平原、乐陵、商河、滨、利津、蒲台、滋阳、曲阜、泗水、单、城武、定陶、堂邑、博平、清平、高唐、恩、邱、潍七十二州县，暨德州、东昌、临清、济宁四卫，东平所被水、被旱、被碱、被虫地方新旧额赋杂课有差。

（选自《清实录·穆宗毅皇帝实录》卷三百五十九）

十四

（同治十三年正月四日）戊申，缓征山东济宁、邹平、长山、齐河、济阳、禹城、长清、东阿、平阴、沾化、宁阳、邹、峄、寿张、菏泽、曹、巨野、郓城、濮、范、观城、朝城、茌平、冠、博兴、乐安、武城、金乡、嘉祥、齐东、临邑、肥城、东平、海丰、滕、汶上、阳谷、聊城、馆陶、夏津、鱼台四十一州县，暨德州、东昌、临清、济宁四卫，东平所被水、被旱、被虫、被碱地方上忙额赋并杂课有差。

（选自《清实录·穆宗毅皇帝实录》卷三百六十二）

十五

（同治十三年十一月十七日）丙辰，蠲缓山东菏泽、郓城、濮、嘉祥、济宁、巨野、范、寿张、齐东、长清、东平、惠民、滨、邹、滕、峄、汶上、阳谷、曹、观城、朝城、聊城、金乡、鱼台、邹平、齐河、临邑、东阿、蒲台、滋阳、宁阳、定陶、茌平、莘、馆陶、夏津、博兴、乐安、海丰、临清、历城、章丘、长山、新城、济阳、禹城、陵、德、德平、平原、肥城、平阴、阳信、乐陵、商河、利津、泗水、城武、曲阜、单、堂邑、博平、清平、冠、高唐、邱、武城、沾化、兰山、昌邑七十州县，暨德州、东昌、临清、济宁四卫，东平所，永阜场被水、被旱、被风、被雹地方新旧额赋并各项租课有差。

（选自《清实录·穆宗毅皇帝实录》卷三百七十三）

《德宗景皇帝实录》六十四则

一

（光绪元年正月四日）壬寅，缓征山东邹平、长清、滨、蒲台、宁阳、邹、峄、寿张、菏泽、曹、范、观城、朝城、博兴、乐安、金乡、嘉祥、济宁、齐东、东平、海丰、滕、汶上、阳谷、巨野、郓城、濮、聊城、鱼台二十九州县被灾村庄本年新赋，暨漕仓盐芦学地屯卫课租有差。

（选自《清实录·德宗景皇帝实录》卷三）

二

（光绪元年十一月九日）壬寅，蠲缓山东郓城、濮、范、寿张、济宁、齐东、齐河、禹城、东平、惠民、滨、蒲台、邹、滕、峄、汶上、阳谷、菏泽、曹、巨野、观城、朝城、聊城、博平、金乡、嘉祥、鱼台、历城、章丘、邹平、临邑、长清、东阿、平阴、滋阳、宁阳、定陶、茌平、海丰、乐安、长山、新城、济阳、德、德平、平原、肥城、阳信、乐陵、利津、曲阜、泗水、单、武城、堂邑、清平、莘、冠、馆陶、高唐、恩、夏津、邱、沾化、博兴、昌乐、兰山六十七州县，暨济宁、东昌、临清、德州、东平、长清六卫被灾屯庄场所新旧钱漕租课杂项有差。

（选自《清实录·德宗景皇帝实录》卷二十一）

三

（光绪二年十一月五日）壬戌，蠲缓山东郓城、濮、潍、沾化、范、临朐、寿张、乐安、昌乐、临清、济宁、历城、邹平、淄川、长山、禹城、临邑、德、德平、惠民、阳信、滨、利津、蒲台、滋阳、曲阜、宁阳、邹、泗水、滕、峄、汶上、阳谷、菏泽、单、曹、定陶、巨野、观城、朝城、聊城、清平、馆陶、武城、金乡、嘉祥、鱼台、章丘、齐东、齐河、济阳、东阿、青城、乐陵、城武、堂邑、莘、高唐、恩、夏津、邱、海丰、益都、博兴、临淄、新城、平原、泰安、东平、平阴、冠、兰山、长清、肥城七十四州县，及东昌、德州、济宁三卫旧欠新赋有差。

（选自《清实录·德宗景皇帝实录》卷四十二）

四

（光绪三年正月四日）庚申，缓征山东历城、章丘、邹平、济阳、禹城、德、乐陵、滨、滋阳、曲阜、宁阳、邹、峄、寿张、菏泽、单、曹、定陶、范、朝城、观城、堂邑、乐安、寿光、昌乐、临淄、潍、临清、武城、金乡、嘉祥、鱼台、长山、齐东、海丰、利津、沾化、蒲台、泗水、滕、汶上、阳谷、巨野、郓城、濮、聊城、清平、馆陶、益都、临朐、博兴、济宁等五十二州县，暨德、济宁、临清、东昌等四卫各屯庄，永阜、永利、王家冈、官台等场被水、被风、被虫、被旱、被雹、被碱、沙压地方上忙新赋，及租课各项有差。

（选自《清实录·德宗景皇帝实录》卷四十六）

五

（光绪三年七月二十二日）乙亥，缓征山东阳信、滨、蒲台、博兴、乐安、寿光、濮七州县，及坐落县境之卫地屯庄被雹、被旱、被风地方新旧钱粮租课及仓漕等项有差。

（选自《清实录·德宗景皇帝实录》卷五十四）

六

（光绪三年十月十八日）己亥，蠲缓山东郓城、濮、范、寿张、临清、济宁、历城、邹平、齐东、济阳、禹城、德、德平、平原、惠民、青城、乐陵、滨、利津、蒲台、滋阳、邹、汶上、阳谷、菏泽、曹、巨野、观城、朝城、聊城、堂邑、莘、馆陶、冠、恩、临淄、邱、金乡、鱼台、章丘、长山、齐河、临邑、陵、宁阳、定陶、茌平、夏津、海丰、乐安、淄川、新城、长清、泰安、肥城、东平、东阿、平阴、阳信、曲阜、泗水、滕、峄、单、城武、武城、兰山、博平、清平、高唐、嘉祥、沾化、莒、益都、临朐、博兴、寿光、昌乐、潍等七十九州县，德州、东昌、临清、济宁、东平五卫，暨永阜、永利、王家冈、官台等场灶被水、被虫、被旱、被碱及被沙压地方各村庄新旧额赋，并地租杂课有差。

（选自《清实录·德宗景皇帝实录》卷六十）

七

（光绪四年四月八日）丁亥，又谕：文格奏甄劾不职各员一折。山东候补知县杨锡溥，声名恶劣，有玷官箴，著革职永不叙用。东平州知州左宜似，貌近古朴，心实狡诈，巧于规避，声名平常；候补知县江肇麟，嗜好太深，办事任性，前在署陵县任内，几酿事端；范县知县魏文藻，性情浮动，官声平常；候补知县詹霖，举止轻浮，事多荒谬；莒州知州王邦俊，颟顸琐屑，物议甚多。均著即行革职。博山县知县王维鹤，性耽安逸，不洽舆情；博兴县知县王保和①，精神委靡，难期振作。均著勒令休致。邱县知县乔康侯，才欠开展，惰于民事，著以府经历县丞铨选。兰山县知县赵择雅、准补淄川县知县张赓熙，才识迂拘，难膺民社，均著改为教职。武城县知县徐喈，柔懦无才，于武城一缺，难期胜任；朝城县知县张寿山，人地不宜。均著开缺另补，以肃吏治。

（选自《清实录·德宗景皇帝实录》卷七十一）

八

（光绪四年）十一月丙午朔，蠲缓山东郓城、濮、范、寿张、济宁、历城、齐东、惠民、滨、利津、蒲台、邹、阳谷、菏泽、曹、巨野、朝城、聊城、金乡、鱼台、宁阳、峄、观城、冠、馆陶、海丰、临清、章丘、邹平、淄川、长山、新城、齐河、济阳、禹城、临邑、长清、陵、德、德平、平原、肥城、东平、东阿、平阴、青城、阳信、乐陵、滋阳、曲阜、宁海、泗水、滕、汶上、单、城武、定陶、堂邑、博平、茌平、清平、莘、高唐、恩、夏津、邱、嘉祥、沾化、兰山、莒、益都、临淄、乐安、博兴、寿光、昌乐、临朐、潍七十八州县，暨济宁、东昌、德州、临清四卫，东平所，永阜、永利、王家冈、官台四场，本年被水、被虫、被旱、被碱、被风、沙压地方新旧漕粮额赋有差。

（选自《清实录·德宗景皇帝实录》卷八十一）

九

（光绪五年闰三月七日）庚辰，以亏短公款，革山东前署招远县知县张寿山、前任博兴县知县王保和、已故前任阳谷县知县许宝名、已故前任乐安县知县徐树均职，分别逮问，提属监追。已故前任东平州知州左宜似、已革前署峄县知县朱永康，一并籍产备抵。

（选自《清实录·德宗景皇帝实录》卷九十一）

---

① 编者按：据民国《重修博兴县志》卷八《职官志》载，王保和，顺天人，浙江籍，同治七年、光绪元年两任博兴知县。

十

（光绪五年十月十九日）己未，蠲缓山东范、寿张、济宁、历城、章丘、齐东、齐河、济阳、临邑、长清、德、东阿、平阴、惠民、青城、阳信、乐陵、商河、滨、利津、蒲台、邹、滕、阳谷、菏泽、巨野、朝城、聊城、堂邑、高唐、恩、金乡、鱼台、淄川、长山、新城、平原、宁阳、曹、定陶、莘、嘉祥、海丰、沾化、博山、乐安、寿光、昌乐、潍、禹城、东平、滋阳、峄、汶上、单、博平、茌平、清平、馆陶、夏津、武城、邱、兰山、莒、益都、博兴、临朐、昌邑六十八州、县、卫、所、盐场被灾各村庄，暨沿河坍塌地亩新旧额赋租课有差。

（选自《清实录·德宗景皇帝实录》卷一百二）

十一

（光绪六年十一月六日）庚午，蠲缓山东郓城、濮、范、寿张、临清、济宁、历城、章丘、齐东、齐河、济阳、长清、肥城、东平、东阿、平阴、惠民、青城、乐陵、滨、利津、蒲台、阳谷、菏泽、曹、巨野、朝城、聊城、堂邑、清平、馆陶、恩、武城、鱼台、临邑、宁阳、定陶、观城、莘、冠、夏津、邱、嘉祥、海丰、禹城、陵、德平、阳信、商河、滋阳、曲阜、邹、泗水、滕、峄、汶上、单、城武、博平、茌平、高唐、金乡、沾化、兰山、郯城、莒、益都、博兴、临淄、乐安、寿光、昌乐、临朐、昌邑、潍、平原、邹平、长山七十八州县，暨济宁、东昌、德州、临清四卫，东平所，永阜等处被旱、被风、被虫、被碱、被雹各村庄新旧额赋并租课有差。

（选自《清实录·德宗景皇帝实录》卷一百二十三）

十二

（光绪七年十一月七日）乙未，蠲缓山东郓城、濮、齐东、寿张、济宁、历城、章丘、邹平、齐河、济阳、长山、东阿、惠民、滨、邹、滕、阳谷、菏泽、曹、巨野、范、朝城、聊城、金乡、鱼台、昌邑、潍、宁阳、泗水、汶上、观城、馆陶、恩、嘉祥、海丰、郯城、寿光、安丘、平度、长清、新城、禹城、陵、德、德平、平原、肥城、东平、平阴、青城、阳信、乐陵、商河、利津、蒲台、滋阳、曲阜、泽、单、定陶、堂邑、博平、茌平、清平、莘、冠、高唐、夏津、武城、邱、沾化、兰山、莒、益都、临淄、博兴、乐安、昌乐七十八州县，暨德州、临清、济宁、东昌四卫，并东平所，水阜、永利二场被水、被旱、被虫、被碱、被沙压各灾歉地方新旧钱漕杂课有差。

（选自《清实录·德宗景皇帝实录》卷一百三十九）

十三

（光绪八年正月四日）辛卯，蠲缓山东济宁、邹平、长山、齐东、惠民、邹、菏泽、曹、博兴、昌邑、潍、鱼台、滕、历城、章丘、济阳、海丰、滨、阳谷、寿张、巨野、郓城、濮、范、朝城、聊城、馆陶、金乡二十八州县，德州、东昌、临清、济宁四卫被灾地方租课。

（选自《清实录·德宗景皇帝实录》卷一百四十二）

十四

（光绪八年十一月二日）甲申，蠲缓山东历城、齐东、惠民、济阳、商河、郓城、濮、齐河、滨、寿张、济宁、章丘、邹平、临邑、长清、青城、阳信、利津、阳谷、菏泽、曹、范、观城、朝城、聊城、茌平、恩、鱼台、沾化、东平、东阿、泗水、馆陶、高唐、金乡、海丰、高苑、潍、临清、长山、新城、禹城、陵、德、德平、平原、肥城、平阴、乐陵、蒲台、滋阳、曲阜、宁阳、邹、滕、峄、汶上、单、城武、定陶、巨野、堂邑、博平、清平、莘、冠、夏津、武城、邱、嘉祥、兰山、郯城、费、莒、益都、临淄、博兴、乐安、寿光、昌乐、临朐八十一州县，暨德州、济宁、东昌、临清四卫，永阜、永利二场被水、被旱、被虫、被风、被雹、被碱庄屯新旧额赋，并杂课有差。

（选自《清实录·德宗景皇帝实录》卷一百五十四）

十五

（光绪九年六月八日）丙辰，蠲缓山东历城、章丘、邹平、长山、齐东、济阳、临邑、长清、惠民、青城、滨、利津、博兴、高苑、乐安等十五州县被水村庄民欠未完钱粮，暨漕仓学租灶课马厂荒田等银两有差。

（选自《清实录·德宗景皇帝实录》卷一百六十四）

十六

（光绪九年十一月九日）丙戌，蠲缓山东历城、济阳、长清、惠民、商河、濮、章丘、沾化、齐东、齐河、滨、邹平、寿张、高苑、长山、临邑、东安、利津、博兴、德、肥城、青城、阳信、滋阳、邹、滕、峄、阳谷、菏泽、曹、巨野、郓城、范、观城、聊城、朝城、堂邑、清平、嘉祥、夏津、恩、高唐、馆陶、冠、武城、金乡、鱼台、海丰、济宁、东阿、平阴、乐陵、宁阳、泗水、定陶、茌平、莘、高乡、蒲台、单、兰山、郯城、潍、海阳、陵、汶上、益都、临朐六十八州县，暨德州、东昌、临清、济宁、乐平五卫所新旧钱漕粮赋盐灶各税课有差。

（选自《清实录·德宗景皇帝实录》卷一百七十三）

十七

（光绪十年正月四日）庚辰，缓征山东历城、临清、邹平、齐河、德、肥城、东平、惠榖①、阳信、邹、峄、汶上、菏泽、城武、曹、定陶、范、堂邑、博平、馆陶、冠、高唐、恩、博兴、高苑、乐安、安丘、鱼台、章丘、长山、齐东、济阳、临邑、长清、青城、海丰、商河、滨、利津、沾化、滋阳、滕、阳谷、寿张、巨野、郓城、濮、朝城、聊城、清平、夏津、武城、金乡五十三州县，暨东昌、济宁各卫所，永阜、永利各场灶被灾地方本年租课钱粮。

（选自《清实录·德宗景皇帝实录》卷一百七十七）

---

① 编者按：原文如此，应为“惠民”。

十八

（光绪十年四月二十日）甲子，谕内阁：陈士杰奏“办工不力各员，分别参处”等语，山东开乞小清河工程，经该抚前往查看，候补知县崔嘉桓需索地方供应，心地尤属糊涂，著即行革职，毋庸留工。署高苑县知县朱行祺、博兴县知县王振录、教习知县陈福寿、候补知县陈曾守、大挑知县胡寅恭、候补知州蒋树屏，办理迟延，实属不知缓急，均著摘去顶戴，勒限一月，将所管地段一律疏通，以示惩儆。

（选自《清实录·德宗景皇帝实录》卷一百八十二）

十九

（光绪十年十一月十日）庚戌，蠲缓山东历城、章丘、齐东、齐河、长清、惠民、青城、商河、濮、济阳、高苑、沾化、博兴、乐安、临邑、滨、邹平、长山、蒲台、东阿、利津、寿张、海丰、济宁、禹城、肥城、平阴、阳信、阳谷、菏泽、曹、巨野、郓城、范、观城、朝城、聊城、茌平、武城、鱼台、东平、博平、泗水、高唐、陵、德、平原、乐陵、滋阳、曲阜、宁阳、滕、峄、汶上、单、城武、定陶、堂邑、清平、莘、冠、馆陶、恩、夏津、邱、金乡、嘉祥、郯城、费、益都、临淄、寿光、昌乐、临朐、潍七十五州县，暨德州、东昌、临清、济宁四卫，东平所，永阜、永利、王家冈三场灾歉地方新旧钱漕盐芦等课有差。

（选自《清实录·德宗景皇帝实录》卷一百九十七）

二十

（光绪十一年正月四日）甲辰，蠲缓山东济宁、历城、邹平、禹城、肥城、东平、东阿、惠民、阳信、沾化、蒲台、菏泽、曹、茌平、博兴、高苑、乐安、鱼台、德、东昌、临清、章丘、长山、新城、齐东、齐河、济阳、临邑、长清、青城、海丰、商河、滨、利津、阳谷、寿张、巨野、郓城、濮、范、朝城、聊城、武城四十三州、县、卫、场上年被灾地方上忙新赋正杂租课有差。

（选自《清实录·德宗景皇帝实录》卷二百一）

二十一

（光绪十一年十一月九日）癸卯，蠲缓山东历城、章丘、齐东、齐河、禹城、长清、惠民、青城、商河、濮、临邑、沾化、博兴、高苑、乐安、东阿、平阴、滨、邹平、长山、肥城、寿张、海丰、蒙阴、济阳、东平、阳谷、临清、济宁、新城、德、阳信、乐陵、利津、蒲台、菏泽、曹、郓城、范、观城、朝城、聊城、堂邑、博平、茌平、馆陶、高唐、恩、武城、邱、鱼台、陵、德平、平原、邹、清平、莘、冠、夏津、滋阳、曲阜、宁阳、泗水、滕、峄、汶上、单、城武、定陶、巨野、金乡、嘉祥、郯城、费、莒、临淄、寿光、昌乐、潍七十九州县，暨德州、东昌、临清、济宁四卫，并东平所，及永阜、永利、王家冈三场被灾各地方新旧钱漕租课有差。

（选自《清实录·德宗景皇帝实录》卷二百十九）

二十二

（光绪十二年正月四日）戊戌，缓征山东济宁、临清、历城、邹平、新城、齐河、禹城、德、肥城、东平、东阿、平阴、惠民、阳信、蒲台、曹、濮、范、堂邑、博平、茌平、馆陶、高唐、恩、博兴、高苑、乐安、邱、章丘、长山、齐东、济阳、临邑、长清、青城、海丰、商河、利津、沾化、阳谷、寿张、菏泽、郓城、朝城、聊城、武城、鱼台等四十七州县，德州、东昌、临清、济宁、东平等五卫所，及永阜、永利、王家冈等场灶被灾各村庄应征本年上忙额赋，并地租杂课有差。

（选自《清实录·德宗景皇帝实录》卷二百二十三）

二十三

（光绪十二年十月二十日）己卯，谕军机大臣等：游百川奏东省河工，仍宜兼用张曜初议，分流入故道之策一折。据称“该抚前奏，分黄流十分之三，入南河故道，工省费轻，有利无害。此次折内所称分流，仅指导入徒骇，终虞泛滥，请仍饬各该督抚会商，坚意举行”等语，前经谕令张曜会商曾国荃等，将减水分入故道一节，妥议具奏。又于七月间寄谕催问，迄今尚未奏到。黄河北徙三十余年，由大清河夺溜入海，现在河身逐渐淤高，以致频年漫溢，几于不可收拾。东省数十州县，民不聊生。宵旰焦劳，殷忧倍切。该督抚等皆国家倚任大臣，当为朝廷分忧，为斯民捍患。不分畛域，力任其难，断不准因目前受害仅在山东，遂任听属员等卸责之词，置之度外。况故道河身深广，如果挑筑得宜，不致掣溜为患，其分流之利，较之徒骇等河，不啻倍蓰。仍著曾国荃等迅速会商，限于一月内覆奏，毋得畏难推诿，致误大局。原折均著钞给阅看，将此由五百里各谕令知之。

（选自《清实录·德宗景皇帝实录》卷二百三十三）

二十四

（光绪十二年十一月二十九日）戊午，蠲缓山东历城、齐河、齐东、禹城、长清、惠民、商河、濮、章丘、临邑、博兴、沾化、济阳、东阿、滨、寿张、乐安、肥城、高苑、海丰、青城、济宁、邹平、长山、东平、平阴、阳信、乐陵、利津、蒲台、阳谷、菏泽、曹、郓城、范、观城、朝城、聊城、博平、茌平、恩、鱼台、临清、堂邑、昌邑、新城、陵、平原、德平、滋阳、曲阜、宁阳、邹、泗水、滕、峄、汶上、城武、单、定陶、巨野、清平、莘、冠、馆陶、高唐、夏津、武城、金乡、嘉祥、郯城、费、莒、益都、临淄、寿光、昌乐、潍七十八州县，暨历城、齐河、济阳、长清、东昌、德州、济宁、临清八卫，并东平所，永利、永阜二场被水、被雹、被风、被旱、被虫庄屯新旧钱漕杂课有差。

（选自《清实录·德宗景皇帝实录》卷二百三十五）

二十五

（光绪十三年正月四日）壬辰，蠲缓山东济宁、历城、邹平、齐河、禹城、肥城、东阿、东平、平阴、阳信、沾化、蒲台、曹、濮、范、博平、茌平、恩、博兴、高苑、乐安、德、东昌、临清、章丘、长山、齐东、济阳、临邑、惠民、青城、滨、利津、阳谷、寿张、菏泽、郓城、朝城、聊城、鱼台、海丰四十一州县被灾地方钱漕有差。

（选自《清实录·德宗景皇帝实录》卷二百三十八）

二十六

（光绪十三年十一月二十六日）己卯，蠲缓山东历城、齐河、齐东、禹城、长清、商河、濮、临邑、惠民、沾化、济阳、东阿、滨、寿张、肥城、平阴、阳谷、海丰、济宁、章丘、东平、青城、阳信、蒲台、菏泽、曹、郓城、范、观城、朝城、聊城、堂邑、博平、茌平、清平、鱼台、博兴、乐安、东昌、高苑、利津、邹平、乐陵、滋阳、莘、长山、新城、德、德平、平原、曲阜、邹、宁阳、泗水、滕、峄、汶上、单、城武、定陶、巨野、冠、馆陶、高唐、恩、邱、夏津、武城、金乡、嘉祥、郯城、费、莒、临淄、寿光、昌乐、潍七十六州县被水、被旱、被虫及堤占、沙压地方钱粮漕米。

（选自《清实录·德宗景皇帝实录》卷二百四十九）

二十七

（光绪十四年正月四日）丙辰，蠲缓山东济宁、历城、齐河、济阳、禹城、肥城、东平、东阿、平阴、阳信、商河、沾化、蒲台、曹、范、堂邑、博平、高苑、齐东、临邑、长清、惠民、青城、利津、滨、阳谷、寿张、菏泽、郓城、濮、朝城、聊城、茌平、清平、博兴、乐安、鱼台、海丰三十八州县上忙新赋、地租杂课，暨德州、东昌、临清、济宁四卫，永阜、永利二场灶地钱粮。

（选自《清实录·德宗景皇帝实录》卷二百五十一）

二十八

（光绪十四年十一月二十八日）乙亥，蠲缓山东齐东、濮、临邑、惠民、滨、高苑、东平、蒲台、乐安、济宁、历城、章丘、邹平、长山、新城、齐河、济阳、禹城、长清、肥城、东阿、平阴、青城、乐陵、商河、利津、滋阳、曲阜、邹、阳谷、寿张、菏泽、曹、朝城、聊城、堂邑、金乡、鱼台、沾化、沂水、日照、博兴、城武、泗水、滕、汶上、定陶、巨野、范、观城、茌平、莘、邱、嘉祥、海丰、益都、寿光、昌邑、潍、临清、德、德平、阳信、峄、单、郓城、博平、清平、馆陶、高唐、恩、夏津、郯城、费、昌乐、临淄七十六州县，及德州、临清、东昌、济宁四卫，东平所，官台、永阜、永和、王家冈四场被水、被旱、被风、被雹、被虫、被沙村庄灶地新旧钱漕杂赋灶课钱粮有差。

（选自《清实录·德宗景皇帝实录》卷二百六十一）

二十九

（光绪十四年十二月二十二日）己亥，又谕：张曜奏参劾庸劣不职各员一折。山东聊城县知县汪维亮，嗜好太深，难期振作，著即行革职。博兴县知县赵秉仁[①]，才识平庸，懒于听断；博山县知县刘德沛，举止轻率，不谙政体。均著以县丞归部选用。滕县知县黄毓奎，人地不宜，著开缺另补。候补知县郑祖杰，语言动作，似有心疾，著勒令回籍。馆陶县教谕赵树葵，年力就衰，性情乖谬，著勒令休致。费县关阳镇巡检祥桂，行为不谨，被控有案，著即革职，以肃吏治。

（选自《清实录·德宗景皇帝实录》卷二百六十三）

三十

（光绪十五年正月四日）庚戌，蠲缓山东济宁、历城、邹平、新城、东阿、乐陵、蒲台、滋阳、曲阜、邹、菏泽、城武、曹、定陶、堂邑、茌平、博兴、高苑、乐安、寿光、潍、邱、金乡、章丘、长山、齐东、齐河、济阳、临邑、长清、肥城、东平、平阴、惠民、青城、海丰、商河、滨、利津、沾化、阳

---

① 编者按：据民国《重修博兴县志》卷八《职官志》载，赵秉仁，直隶清苑人，十三年任。但据后文（选文四十）可知，其实为云南昆明人。

谷、寿张、巨野、濮、朝城、聊城、益都、鱼台、禹城四十九州县，暨临清、东昌、德州、济宁四卫，东平所，永阜等场上年被水、被沙、被碱地方本年上忙额赋，并盐芦杂课有差。

（选自《清实录·德宗景皇帝实录》卷二百六十四）

三十一

（光绪十五年九月十三日）丙辰，缓征山东章丘、齐河、济阳、惠民、青城、菏泽、沾化、泗水、莒、沂水、蒲台、博兴、高苑、乐安、寿光、潍、历城、邹平、曹十九州县，暨永利场各屯庄本年上忙钱粮杂课。

（选自《清实录·德宗景皇帝实录》卷二百七十四）

三十二

（光绪十五年十一月四日）丙午，以交代亏欠，革前任山东博兴县降调知县赵秉仁、已故巨野县知县徐大容职，籍产备抵。

（选自《清实录·德宗景皇帝实录》卷二百七十六）

三十三

（光绪十五年十一月二十九日）辛未，冬至。蠲缓山东历城、齐河、齐东、禹城、长清、惠民、青城、阳信、商河、滨、蒲台、濮、范、沾化、潍、章丘、济阳、临邑、平阴、博兴、高苑、利津、寿张、乐安、东河、阳谷、邹平、肥城、东平、海丰、济宁、长山、新城、德、乐陵、菏泽、曹、巨野、郓城、观城、朝城、聊城、堂邑、金乡、鱼台、兰山、沂水、益都、寿光、昌邑、东阿、泗水、滕、汶上、堂邑、茌平、莘、邱、临清、平原、德平、平度、惠民、曲阜、宁阳、单、城武、定陶、博平、清平、馆陶、恩、夏津、武城、嘉祥、郯城、费、莒、日照、临淄、昌乐、滋阳八十二州县被灾地方新旧钱漕，暨杂课有差。

（选自《清实录·德宗景皇帝实录》卷二百七十七）

三十四

（光绪十六年正月四日）乙巳，蠲缓山东济宁、历城、邹平、长山、新城、齐河、济阳、禹城、德、东平、东阿、阳信、沾化、蒲台、邹、菏泽、曹、郓城、范、沂水、堂邑、博兴、高苑、乐安、寿光、潍、邱、金乡、章丘、齐东、临邑、长清、肥城、平阴、惠民、青城、海丰、乐陵、商河、利津、寿张、巨野、朝城、聊城、鱼台、观城、滨、濮、东昌、临清五十州县被灾地方钱粮有差。

（选自《清实录·德宗景皇帝实录》卷二百八十）

三十五

（光绪十七年正月四日）己巳，缓征山东济宁、邹平、长山、新城、齐河、禹城、德、东平、东阿、阳信、乐陵、沾化、蒲台、滋阳、曲阜、邹、汶上、堂邑、博平、茌平、清平、莘、馆陶、高唐、恩、菏泽、曹、巨野、郓城、濮、范、朝城、益都、博兴、高苑、乐安、寿光、昌邑、潍、武城、邱、金乡、历城、章丘、齐东、济阳、临邑、长清、德平、肥城、平阴、惠民、青城、海丰、商河、滨、利津、滕、阳谷、寿张、聊城、夏津、鱼台六十三州县被灾村庄本年上忙额赋，暨河漕摊征各项。并德州、济宁、东昌、临清四卫，东平所屯庄，永阜、永利、王家冈三场灶地钱粮。

（选自《清实录·德宗景皇帝实录》卷二百九十三）

三十六

（光绪十七年十一月九日）己巳，蠲缓山东青城、滨、利津、蒲台、濮、平阴、长清、东阿、博兴、东平、乐安、济宁、历城、章丘、邹平、长山、新城、齐东、齐河、济阳、禹城、临邑、肥城、惠民、阳信、乐陵、商河、邹、阳谷、寿张、菏泽、曹、巨野、范、朝城、聊城、博平、茌平、鱼台、沾化、高苑、潍、金乡、平原、泗水、汶上、郓城、蒲、观城、堂邑、莘、高唐、海丰、寿光、德、陵、德平、滋阳、曲阜、宁阳、滕、清平、馆陶、单、城武、定陶、夏津、邱、嘉祥、兰山、郯城、费、沂水、日照、益都、临淄、昌乐、昌邑、武城、恩、利津八十州县[1]，暨济宁、东昌、临清三卫，东平所，永阜等场被灾各屯庄新旧粮赋，并盐芦杂课有差。

（选自《清实录·德宗景皇帝实录》卷三百三）

三十七

（光绪十八年正月四日）甲子，缓征山东济宁、邹平、长山、新城、齐河、禹城、东阿、东平、蒲台、菏泽、曹、博平、茌平、高唐、博兴、高苑、乐安、寿光、潍、金乡、历城、章丘、齐东、济阳、临邑、长清、肥城、平阴、惠民、青城、海丰、商河、滨、利津、沾化、阳谷、寿张、巨野、濮、范、朝城、聊城、鱼台四十三州县被灾村庄，暨济宁、东昌、临清等卫，东平所，并永利、永阜、王家冈等场各屯灶本年上忙额赋租课。

（选自《清实录·德宗景皇帝实录》卷三百七）

三十八

（光绪十八年十一月七日）辛卯，山东巡抚福润奏：历城等州县滨河村庄，迁徙完竣，绘图进呈。出力人员，请照河工异常劳绩请奖。得旨：所办尚属妥速，在事出力印委各官，准其酌保数员，毋许冒滥。图留览。

以总理迁徙事务尤为出力，予山东候补道黄玑交军机处存记，遇缺请简。

蠲缓山东历城、齐东、长清、惠民、青城、商河、利津、滨、濮、济阳、博兴、高苑、平阴、乐安、临清、章丘、邹平、东河、阳谷、肥城、寿张、沾化、济宁、长山、新城、齐河、禹城、临邑、德、东平、东阿、阳信、蒲台、邹、汶上、菏泽、曹、巨野、范、朝城、聊城、馆陶、高唐、恩、夏津、武城、金乡、鱼台、潍、滋阳、郓城、平原、乐陵、观城、堂邑、冠、海丰、寿光、陵、德平、曲阜、宁阳、泗水、滕、峄、汶水、单、城武、定陶、博平、

---

[1] 编者按：原文如此。查上述州县，共八十一地，与“八十州县”之数不合，其中有“蒲”地，无论“蒲州”还是“蒲县”，皆在山西治下，此处应属衍文。

茌平、清平、莘、邱、兰山、郯城、费、莒、沂水、日照、益都、临淄、昌乐、嘉祥八十四州县灾歉村庄，及德州、东昌、临清、济宁四卫，东平所，永利、永阜、官台、王家冈四场。新旧钱漕杂课有差。

（选自《清实录·德宗景皇帝实录》卷三百十八）

三十九

（光绪十九年正月四日）戊子，蠲缓山东济宁、历城、邹平、长山、新城、齐河、齐东、沾化、蒲台、邹、曹、馆陶、高唐、博兴、高苑、寿光、武城、金乡、临清、章丘、济阳、禹城、临邑、长清、德、肥城、东阿、平阴、惠民、青城、阳信、商河、滨、利津、滋阳、汶上、阳谷、寿张、菏泽、巨野、濮、范、朝城、聊城、恩、乐安、潍、夏津、鱼台四十九州县钱粮有差。

（选自《清实录·德宗景皇帝实录》卷三百二十）

四十

（光绪十九年七月十五日）乙未，中元节，谕军机大臣等：吏部奏投供候选知县，一官两人，请旨饬查一折。据称“光绪十二年间，有籍隶直隶之候选知县赵秉仁，赴部投供，选授山东博兴县知县，嗣被参劾以县丞降选，交代回直隶原籍。兹又据籍隶云南之候选知县赵秉仁，赴部投供，所叙历次保案，均与光绪十二年籍隶直隶之赵秉仁相同，显系一官两人，请饬查办”等语，此案情节支离，其中必有一员假冒，著王文韶、崧蕃，确切查明前任总督劳崇光等原保案内之赵秉仁，究系直隶清苑县人，抑系云南昆明县人。并将该员三代履历钞录，速即声覆吏部核办。并著李鸿章、福润将前选博兴县降选县丞之赵秉仁，查明是否回籍，即行解送吏部以凭质讯。原折均著钞给阅看，将此各谕令知之。寻王文韶、崧蕃奏：查赵秉仁前在贵州军营所保知县，年月均属相符，其在云南军营两次所得衔翎封典，均有奏案可稽，入学年分亦有学册可凭。并据该员族长等出具切结，其为云南昆明县人自无疑义。下部知之。

（选自《清实录·德宗景皇帝实录》卷三百二十六）

四十一

（光绪十九年十一月四日）壬午，蠲缓山东齐东、青城、蒲台、濮、历城、章丘、济阳、长清、博兴、邹平、长山、平阴、利津、高苑、乐安、肥城、东平、滨、寿张、济宁、新城、齐河、禹城、临邑、德、东阿、惠民、商河、邹、汶上、阳谷、菏泽、曹、范、朝城、聊城、鱼台、沾化、掖、平度、昌邑、潍、滋阳、乐陵、观城、堂邑、冠、恩、海丰、寿光、临清、曲阜、泗水、滕、峄、单、城武、定陶、巨野、郓城、茌平、莘、馆陶、高唐、夏津、邱、金乡、嘉祥、兰山、费、莒、沂水、日照、益都、临淄七十五州县被灾村庄民田，及德州、东昌、临清、济宁、齐河五卫，东平、永利、永阜、官台、富国、王家冈六场屯灶寄庄新旧正杂额赋有差。

（选自《清实录·德宗景皇帝实录》卷三百三十）

四十二

（光绪二十年正月四日）壬午，缓征山东济宁、历城、长山、新城、齐河、齐东、东阿、东平、蒲台、邹、菏泽、曹恩、博兴、高苑、乐安、寿光、昌邑、潍、章丘、邹平、济阳、禹城、临邑、长清、肥城、平阴、惠民、青城、海丰、商河、滨、利津、沾化、滋阳、汶上、阳谷、寿张、濮、范、朝城、聊城、掖、平度、鱼台四十五州县，暨德州、临清等卫，东平所，官台、永阜等场被灾村庄本年上忙新赋钱粮杂课有差。

（选自《清实录·德宗景皇帝实录》卷三百三十二）

四十三

（光绪二十年十一月十六日）戊子，蠲缓山东齐东、青城、利津、蒲台、濮、临清、章丘、东阿、滨、寿张、济宁、历城、邹平、长山、新城、齐河、济阳、临邑、长清、德、肥城、东平、平阴、惠民、阳信、乐陵、商河、邹、阳谷、菏泽、曹、巨野、范、朝城、聊城、堂邑、博平、清平、馆陶、冠、高唐、恩、夏津、武城、邱、鱼台、沾化、博兴、高苑、乐安、掖、平度、昌邑、潍、陵、德平、平原、单、城武、定陶、郓城、观城、莘、金乡、海丰、寿光、禹城、滋阳、宁阳、泗水、峄、汶上、茌平、嘉祥、兰山、费、莒、沂水、益都、临淄、日照八十一州县被水、被旱、被沙、被虫、被碱地方，及德州、东昌、临清、济宁等四卫，东平所，永利、永阜、官台、富国、王家冈等场屯庄灶地新旧钱漕杂课有差。

（选自《清实录·德宗景皇帝实录》卷三百五十四）

四十四

（光绪二十一年正月四日）丙子，缓征山东临清、济宁、历城、邹平、长山、新城、齐东、禹城、东阿、阳信、乐陵、蒲台、菏泽、曹、定陶、堂邑、博平、馆陶、清平、高唐、恩、博兴、高苑、寿光、昌乐、潍、武城、邹、章丘、齐河、济阳、临邑、肥城、东平、平阴、惠民、青城、海丰、商河、滨、利津、沾化、阳谷、寿张、巨野、濮、范、朝城、聊城、乐安、平度、昌邑、夏津、鱼台、掖、长清五十六州县，暨德州、临清、济宁、东昌四卫，东平所，王家冈、官台、永利、永阜等场上年被灾地方应征钱漕杂课。

（选自《清实录·德宗景皇帝实录》卷三百五十八）

四十五

（光绪二十一年十一月十八日）甲寅，蠲缓山东济南、齐东、东平、惠民、滨、利津、蒲台、郓城、濮、青城、高苑、博兴、章丘、邹平、东阿、平阴、阳谷、寿张、乐安、长山、长清、汶上、临清、济宁、历城、新城、齐河、济阳、禹城、临邑、德、平原、肥城、阳信、乐陵、商河、邹、滕、菏泽、曹、巨野、范、观城、朝城、聊城、堂邑、博平、清平、馆陶、恩、夏津、武城、金乡、鱼台、沾化、益都、掖、平度、昌邑、潍、陵、德平、单、定陶、苑、莘、冠、高唐、邱、嘉祥、海丰、寿光、滋阳、曲阜、宁阳、泗水、峄、郯城、茌平、兰山、费、莒、沂水、日照、临淄、昌乐、乐陵八十七州县，暨德州、东昌、济宁、临清四卫，永阜、永利二场，被水、被旱、被风、被碱及坍占地亩新旧钱漕芦课杂课，并原缓额赋有差。

（选自《清实录·德宗景皇帝实录》卷三百八十）

四十六

（光绪二十二年正月四日）己亥，蠲缓山东济宁、历城、邹平、长山、新城、齐东、禹城、德、平原、东平、东阿、阳信、乐陵、蒲台、邹、寿张、菏泽、曹、定陶、郓城、观城、堂邑、博平、清平、馆陶、恩、益都、博兴、高苑、寿光、昌邑、潍、武城、邱、金乡、章丘、齐河、济阳、临邑、长清、肥城、平阴、惠民、青城、海丰、商河、滨、利津、沾化、滕、汶上、阳谷、巨野、濮、范、朝城、聊城、高密、乐安、掖、平度、夏津、鱼台六十三州县，暨德州、临清、济宁、东昌等卫，东平所，永阜、永利、王家冈、官台各场被灾歉收地方上忙新赋钱漕租课。

（选自《清实录·德宗景皇帝实录》卷三百八十三）

四十七

（光绪二十二年十二月九日）己巳，蠲缓山东齐东、青城、利津、蒲台、濮、章丘、东平、博兴、乐安、惠民、滨、寿张、阳谷、济宁、历城、邹平、长山、新城、齐河、济阳、临邑、禹城、临清、长清、德、肥城、东阿、平阴、阳信、乐陵、商河、邹、菏泽、曹、范、朝城、聊城、堂邑、馆陶、鱼台、郓城、沾化、平度、昌邑、汶上、巨野、观城、莘、冠、恩、海丰、日照、临淄、高苑、寿光、掖、潍、德平、平原、滋阳、曲阜、宁阳、泗水、滕、峄、单、武城、清平、夏津、邱、金乡、嘉祥、兰山、郯城、费、莒、沂水、益都、昌乐、文登、荣成、陵八十二州县被灾各地新旧赋额有差。

（选自《清实录·德宗景皇帝实录》卷三百九十八）

四十八

（光绪二十三年正月四日）甲午，缓征山东济宁、历城、邹平、长山、新城、齐东、东平、东阿、青城、阳信、乐陵、蒲台、邹、阳谷、寿张、菏泽、曹、郓城、濮、堂邑、恩、博兴、高苑、寿光、昌邑、潍、临清、临邑、济阳、禹城、长清、德、感化[①]、平阴、惠民、海丰、商河、利津、沾化、范、朝城、聊城、馆陶、临淄、乐安、掖、滨、肥城、齐河、平度、鱼台五十一州县，暨德州、临清二卫被灾地方钱粮杂课有差。

（选自《清实录·德宗景皇帝实录》卷四百）

四十九

（光绪二十三年十二月九日）甲子，蠲缓山东齐东、东平、青城、利津、蒲台、濮、乐安、章丘、东阿、平阴、博兴、长清、滨、寿张、历城、邹平、长山、新城、济阳、禹城、临邑、肥城、惠民、阳信、商河、邹、阳谷、菏泽、曹、范、朝城、聊城、馆陶、鱼台、滋阳、昌邑、潍、乐陵、汶上、定陶、巨野、观城、海丰、临淄、高苑、曲阜、宁阳、泗水、滕、峄、单、城武、福山、堂邑、茌平、博平、冠、高唐、恩、夏津、邱、金乡、嘉祥、兰山、郯城、费、莒、沂水、日照、益都、寿光、昌乐、掖、宁海、文登、荣成七十六州县，暨临清、东昌、德州、济宁四卫被灾村庄新旧额赋租课有差。

（选自《清实录·德宗景皇帝实录》卷四百十三）

五十

（光绪二十四年正月四日）戊子，缓征山东济宁、历城、邹平、长山、新城、齐东、禹城、东平、东阿、阳信、乐陵、蒲台、邹、寿张、菏泽、曹、定陶、博兴、高苑、潍、临清、章丘、齐河、济阳、临邑、长清、肥城、平阴、惠民、青城、海丰、商河、滨、利津、沾化、滋阳、阳谷、郓城、濮、范、朝城、聊城、馆陶、临淄、乐安、昌邑、鱼台、平度四十八州县，暨临清、济宁、东昌三卫，永阜、永利、王家园[②]、东平各场所被灾地方本年上忙额赋租课有差。

（选自《清实录·德宗景皇帝实录》卷四百十四）

---

① 编者按：原文如此，山东无感化县。

② 编者按：原文如此，应为王家冈。

五十一

（光绪二十四年十二月十五日）甲午，蠲缓山东历城、齐东、禹城、临邑、长清、东平、东阿、阳信、蒲台、汶上、郓城、濮、长山、新城、济阳、平阴、高苑、博兴、乐安、章丘、邹平、齐河、阳谷、寿张、茌平、肥城、惠民、商河、范、沾化、海丰、滨三十二州县正银正米，并济宁、平阴、乐陵、利津、滋阳、邹、滕、菏泽、曹、朝城、聊城、馆陶、恩、夏津、金乡、鱼台、潍、惠民、平原、峄、单、城武、定陶、巨野、观城、莘、邱、嘉祥、寿光、昌邑、临清、陵、德、德平、曲阜、宁阳、泗水、堂邑、清平、冠、武城、兰山、郯城、费、沂水、日照、益都、临淄、掖、文登、荣城、博平五十二州县，暨东昌、临清、德州、济宁四卫粮租盐课有差。

（选自《清实录·德宗景皇帝实录》卷四百三十五）

五十二

（光绪二十五年正月四日）壬子，缓征山东济宁、历城、邹平、长山、新城、齐河、禹城、东平、东阿、阳信、乐陵、蒲台、邹、寿张、菏泽、曹、定陶、郓城、范、茌平、恩、博兴、高苑、寿光、昌邑、潍、安丘、金乡、章丘、齐东、济阳、临邑、长清、惠民、青城、海丰、商河、滨、利津、沾化、滋阳、滕、汶上、阳谷、濮、馆陶、临淄、乐安、夏津、鱼台五十州县，暨临清、济宁、东昌三卫，东平所，永阜、官台、王家冈三场被灾村庄民屯灶地本年春赋正杂钱粮。

（选自《清实录·德宗景皇帝实录》卷四百三十七）

五十三

（光绪二十五年十二月二日）乙亥，蠲缓山东齐东、青城、蒲台、东平、历城、章丘、东阿、滨、乐安、济宁、邹平、长山、新城、齐河、济阳、禹城、临邑、长清、肥城、平阴、惠民、阳信、商河、利津、滋阳、邹、泗水、阳谷、寿张、菏泽、曹、濮、范、观城、朝城、聊城、馆陶、鱼台、沾化、博兴、海阳、汶上、巨野、冠城、邱、海丰、临淄、高苑、临清、陵、德、德平、平原、乐陵、曲阜、宁阳、滕、峄、单、城武、定陶、郓城、堂邑、博平、茌平、清平、莘、冠、高唐、恩、夏津、武城、金乡、嘉祥、兰山、郯城、费、莒、沂水、日照、益都、寿光、昌乐、掖、平度、昌邑、潍、黄、宁海、文登、荣成九十一厅州县，暨德州、东昌、临清、济宁四卫，东平所，永阜、永利、官台、富国、王家冈六场被水、被风、被沙、被碱、被虫各村庄地亩新旧钱漕杂课。

（选自《清实录·德宗景皇帝实录》卷四百五十六）

五十四

（光绪二十六年正月三日）丙午，缓征山东济宁、历城、章丘、邹平、长山、新城、齐东、禹城、东平、蒲台、邹、曹、观城、沂水、馆陶、高苑、安丘、即墨、海阳、齐河、济阳、临邑、长清、肥城、东阿、平阴、惠民、青城、阳信、海丰、滨、利津、沾化、滋阳、阳谷、寿张、菏泽、范、朝城、临淄、博兴、邱、鱼台四十三州县，暨境内卫地被灾地方额赋杂征。

（选自《清实录·德宗景皇帝实录》卷四百五十八）

五十五

（光绪二十六年十二月二十三日）庚申，蠲缓山东齐东、青城、东平、馆陶、临清、东阿、滨、邱、济宁、历城、章丘、邹平、长山、新城、齐河、济阳、临邑、长清、肥城、平阴、惠民、青城、商河、利津、堂邑、鱼台、沾化、博兴、乐安、濮、范、聊城、蒲台、邹、寿张、菏泽、曹、巨野、观城、博平、茌平、冠、夏津、海丰、高苑、临淄、潍、德陵、德平、滋阳、曲阜、宁阳、泗水、滕、峄、汶上、阳谷、单、定陶、郓城、朝城、清平、莘、高唐、恩、嘉祥、兰山、郯城、莒、沂水、日照、益都、寿光、昌乐、掖、文登、荣城七十七州县，暨临清、济宁、德州、东昌四卫被灾地方新旧粮赋有差。

（选自《清实录·德宗景皇帝实录》卷四百七十七）

五十六

（光绪二十七年十二月七日）己亥，蠲缓山东齐东、惠民、青城、滨、平阴、博兴、高苑、邹平、东平、章丘、东阿、蒲台、范、长山、济阳、长清、东安、禹城、寿张、阳谷、济宁、历城、新城、齐河、临邑、平原、肥城、阳信、商河、利津、滋阳、邹、汶上、菏泽、曹、巨野、郓城、濮、朝城、聊城、博平、茌平、馆陶、高唐、鱼台、沾化、昌邑、潍、德、恩、嘉祥、定陶、观城、堂邑、清平、莘、海丰、临淄、寿光、乐陵、曲阜、宁阳、泗水、滕、峄、单、夏津、武城、邱、金乡、兰山、郯城、费、莒、沂水、日照、益都、乐安、昌乐、宁海、文登、荣城、陵、冠八十四州县，暨德州、东昌、临清、济宁四卫，东平所，永阜、永利二场被灾村庄新旧额赋。

（选自《清实录·德宗景皇帝实录》卷四百九十一）

五十七

（光绪二十八年正月四日）乙丑，缓征山东济宁、历城、邹平、长山、新城、禹城、德、平原、东平、东阿、乐陵、蒲台、邹、寿张、菏泽、曹、定陶、博平、茌平、高唐、恩、博兴、高苑、寿光、潍、嘉祥、临清、章丘、齐河、齐东、济阳、临邑、长清、肥城、平阴、惠民、青城、阳信、海丰、商河、滨、利津、沾化、滋阳、汶上、阳谷、巨野、濮、范、朝城、聊城、馆陶、临淄、乐安、昌邑、鱼台、东昌五十七州县被灾地方本年上忙钱粮灶课杂项有差。

（选自《清实录·德宗景皇帝实录》卷四百九十三）

五十八

（光绪二十九年十一月二十三日）癸卯，蠲缓山东齐东、青城、利津、平阴、长清、东平、章丘、肥城、东阿、寿张、范、阳谷、濮、乐安、济宁、历城、邹平、长山、齐河、济阳、禹城、临邑、惠民、商河、滨、蒲台、邹、汶上、菏泽、曹、巨野、郓城、朝城、聊城、馆陶、金乡、鱼台、新城、沾化、滋阳、博兴、昌邑、阳信、滕、单、城武、定陶、观城、高唐、海丰、临淄、高苑、临清、德平、陵、德、平原、乐陵、曲阜、宁阳、泗水、峄、堂邑、博平、茌平、清平、莘、冠、恩、夏津、邱、嘉祥、兰山、郯城、费、莒、沂水、日照、益都、寿光、昌乐、掖、潍、宁海、文登、荣城八十六州县，暨永阜、永利、官台、富国、王家冈五场，并收并卫所被灾各地亩新旧钱漕杂课有差。

（选自《清实录·德宗景皇帝实录》卷五百二十三）

五十九

（光绪三十年正月十二日）辛卯，谕内阁：周馥奏考核属吏，分别举劾一折。青州府知府曹允源、诸城县知县庄洪烈、曹县知县李光华、邹县知县宋朝桢、茌平县知县豫咸、蓬莱县知县李于锴、准补长山县知县余则达、署费县平邑集巡检试用典史梁鲲，均著传旨嘉奖。黄县知县康鸿逵，听断不明，捕务废弛；沾化县知县丁熙，庸懦无能，难膺民社；即墨县知县李恒诚，因循疲玩，操守平常；禹城县知县许源清，纵容书差，不恤民隐；临朐县知县恒豫，公事废弛，操守难信；前署昌邑县知县候补知县王家骧，相验草率，遇事敷衍；试用同知章荣实，招摇撞骗，来历不明；试用府经历王以济，借端讹索；掖县县丞孔昭宸，贪猾狡诈；候补府经历张士清，拖欠累民，抗传不到；青州府训导于莲，品学有亏；蓬莱县教谕田方峤，声名甚劣；即墨县栲栳岛巡检刘润，行止不谨；前署滕县典史试用巡检倪镐，假公讹索；平阴县典史刘宝镄，办事乖方。均著即行革职。安丘县知县柳思诚、登州府经历周廷勋、濮州州判疏暹、武定府教授刘锡策、临清州学正孙士林、费县教谕刘宝鼎、昌乐县教谕史延祐、莱阳县教谕赵思沅、单县训导郑振趾、招远县训导彭福源、滨州训导傅桂森、宁海州吏目于润、朝城县典史李培之、沾化县典史王宝仁，均属年力就衰，著勒令休致。登州府同知吉庆，才短识拘，难膺繁剧；汶上县知县锡元，始勤终怠，缉捕不力；博兴县知县梁锡祜[①]，听断疏忽，驭下太宽；齐河县知

---

① 编者按：据民国《重修博兴县志》卷八《职官志》载，梁锡祜，河南鹿邑举人，二十三年任，二十九年再任。

县王敬勋，颇有才具，性近疏懒；阳信县知县谭士绶，捕务懈弛，人地不宜。均著开缺另补。

（选自《清实录·德宗景皇帝实录》卷五百二十六）

六十

（光绪三十年十二月五日）己酉，蠲缓山东青城、利津、东平、东阿、济宁、历城、章丘、邹平、长山、齐河、齐东、济阳、禹城、临邑、长清、肥城、平阴、惠民、商河、滨、蒲台、邹、汶上、阳谷、寿张、菏泽、曹、郓城、濮、范、朝城、聊城、馆陶、鱼台、新城、沾化、滋阳、博兴、乐安、平原、定陶、巨野、观城、茌平、清平、高唐、金乡、临淄、高苑、临清、陵、德、阳信、乐陵、德平、曲阜、宁阳、泗水、滕、峄、单、城武、堂邑、博平、莘、冠、恩、夏津、武城、邱、嘉祥、海丰、兰山、郯城、费、莒、沂水、日照、益都、寿光、昌乐、掖、昌邑、潍、宁海、文登、荣成八十六州县，暨收并卫所盐场被灾地方新旧钱漕。

（选自《清实录·德宗景皇帝实录》卷五百三十九）

六十一

（光绪三十一年十一月十二日）辛巳，蠲缓山东青城、利津、肥城、东平、东阿、平阴、济宁、历城、章丘、邹平、淄川、长山、新城、齐河、齐东、济阳、禹城、临邑、长清、泰安、惠民、商河、滨、蒲台、邹、汶上、阳谷、寿张、菏泽、曹、巨野、郓城、濮、范、朝城、聊城、馆陶、金乡、鱼台、胶、沾化、滋阳、益都、博山、临淄、博兴、乐安、昌乐、安丘、昌邑、潍、高密、即墨、平原、单、城武、定陶、观城、高苑、临清、陵、德、德平、阳信、曲阜、宁阳、泗水、滕、峄、堂邑、博平、茌平、清平、莘、冠、高唐、恩、夏津、武城、邱、嘉祥、海丰、兰山、郯城、费、莒、沂水、日照、寿光、掖、文登、荣成九十二州县及卫所盐场被灾地方额赋漕课有差。

（选自《清实录·德宗景皇帝实录》卷五百五十一）

六十二

（光绪三十二年十一月十五日）戊申，蠲缓山东青城、利津、郓城、东平、东阿、肥城、阳谷、寿张、范、济宁、历城、章丘、邹平、淄川、长山、新城、齐河、齐东、济阳、禹城、临邑、长清、平阴、惠民、商河、滨、蒲台、汶上、邹、菏泽、单、曹、朝城、聊城、馆陶、金乡、鱼台、胶、沾化、滋阳、益都、博山、临淄、博兴、高苑、乐安、昌乐、安丘、昌邑、潍、高密、即墨、濮、观城、茌平、清平、高唐、临清、陵、德、德平、平原、阳信、乐陵、曲阜、宁阳、泗水、滕、峄、城武、定陶、巨野、堂邑、博平、莘、冠、恩、夏津、武城、邱、嘉祥、海丰、兰山、郯城、费、莒、沂水、日照、寿光、掖、宁海、文登、荣成九十三州县被水被旱地方，暨卫所盐场新旧额赋有差。

（选自《清实录·德宗景皇帝实录》卷五百六十六）

六十三

（光绪三十三年十一月二十六日）癸丑，蠲缓山东青城、东平、东阿、济宁、历城、章丘、邹平、淄川、长山、新城、齐河、齐东、济阳、禹城、临邑、长清、肥城、平阴、惠民、商河、滨、利津、蒲台、邹、汶上、阳谷、寿张、菏泽、曹、郓城、濮、范、朝城、聊城、馆陶、鱼台、胶、沾化、滋阳、益都、博山、临淄、博兴、高苑、乐安、昌乐、安丘、昌邑、潍、高密、即墨、观城、海丰、临清、陵、德、德平、平原、阳信、乐陵、曲阜、宁阳、泗水、滕、峄、单、城武、定陶、巨野、堂邑、博平、茌平、清平、莘、冠、高唐、恩、夏津、武城、邱、金乡、嘉祥、兰山、郯城、费、莒、沂水、日照、寿光、掖、宁海九十一州县，暨收并卫所盐场被灾地方新旧钱漕银租杂课有差。

（选自《清实录·德宗景皇帝实录》卷五百八十三）

六十四

（光绪三十四年正月四日）庚寅，蠲缓山东济宁、邹平、东平、东阿、蒲台、邹、菏泽、曹、胶、历城、章丘、淄川、长山、新城、齐河、齐东、济阳、禹城、临邑、长清、肥城、平阴、惠民、青城、海丰、商河、滨、利津、沾化、滋阳、汶上、阳谷、寿张、郓城、濮、范、朝城、聊城、馆陶、益都、博山、临淄、博兴、高苑、乐安、昌乐、安丘、昌邑、潍、鱼台、高密、即墨五十二州县，及裁并卫所，永利、永阜、王家冈三场被灾地方本年上忙额赋并各项租课。

（选自《清实录·德宗景皇帝实录》卷五百八十六）

《宣统政纪》四则

一

（光绪三十四年十二月四日）乙卯，蠲缓山东青城、东平、东阿、乐安、济宁、历城、章丘、邹平、淄川、长山、新城、齐河、齐东、济阳、禹城、临邑、长清、肥城、平阴、惠民、商河、滨、利津、蒲台、邹、汶上、阳谷、寿张、菏泽、曹、郓城、濮、范、朝城、聊城、馆陶、鱼台、胶、海丰、沾化、滋阳、沂水、益都、博山、临淄、博兴、高苑、寿光、昌乐、安丘、昌邑、潍、高密、即墨、德、乐陵、巨野、观城、陵、德平、平原、阳信、曲阜、宁阳、泗水、滕、峄、单、城武、定陶、堂邑、博平、茌平、清平、莘、冠、高唐、恩、夏津、武城、邱、金乡、嘉祥、兰山、郯、费、莒、日照、掖、文登、荣成九十一州县，暨收并卫所，永利、永阜、王家冈三场被灾村庄新旧钱粮。

（选自《清实录·宣统政纪》卷四）

二

（宣统元年十二月八日）癸未，山东巡抚孙宝琦奏：青州满营兵米，因灾缓征，不敷支放，拟请援案折银给发。得旨：该部查核办理。

蠲缓山东青城、东平、东阿、济宁、历城、章丘、邹平、淄川、长山、新城、齐东、齐河、济阳、禹城、临邑、长清、平原、肥城、平阴、惠民、商河、滨、利津、蒲台、邹、阳谷、寿张、菏泽、曹、郓城、濮、范、朝城、聊城、馆陶、鱼台、胶、沾化、滋阳、益都、博山、临淄、博兴、高苑、乐安、昌乐、安丘、昌邑、潍、高密、即墨、乐陵、曲阜、宁阳、泗水、巨野、观城、海丰、陵德、德平、阳信、滕、峄、汶上、单、城武、定陶、堂邑、博平、茌平、清平、莘、冠、高唐、夏津、武城、邱、金乡、嘉祥、兰山、郯城、费、莒、沂水、日照、寿光八十七州县及收并卫所，各盐场被灾地方本年钱粮漕米有差。

（选自《清实录·宣统政纪》卷二十七）

三

（宣统二年六月二十六日）戊戌，又谕：孙宝琦奏考核文武属员，据实举劾一折。山东兖沂曹济道吴永、前代理登莱青胶道余则达、请调济南府知府黄曾源、署武定府知府方桂芬、请补临清直隶州知州金猷大、历城县知县张汝钧、署武城县本任巨野县知县王延纶、署阳信县知县仓永培、卸署高苑县本任惠民县知县涂绍光、署惠民县知县廖以仁、署兰山县本任临邑县知县金荣桂，既据该抚胪陈政绩，著即传旨嘉奖。候补道蒋文懋，统领巡防各营，军心解体，任性妄为，不知检束，著革职永不叙用。登州府知府文淇，勇于任事，气质稍偏，著开缺另补。登州府同知鲍忠瀚，举止轻浮，舆论不洽；馆陶县知县陈毓崧，办事粗疏，亏空公款；章丘县知县董燕，性情疲软，不堪繁剧；博兴县知县王炽昌[1]，才识庸暗，难膺民社；沾化县知县沈桐，性情迂拘，疏于听断；署郯城县知县韦宗渭，任用子弟，操守难信；署栖霞县知县瞿襄，品行鄙陋，物议沸腾；候补知县姚世杰，逢迎取巧，遇事招摇；候补知县罗培銮，性情卑琐，不知自爱；管带巡防营候补副将邱镇荣，浮而不实，啧有烦言。均著一并革职。濮州营守备王光麟、署桃源营守备候补守备张金元，均属品行卑污，嗜好未除；前管带先锋中营尽先千总康福奎，性情贪诈，劣迹多端。均著革职，永不叙用。又片奏：莱阳县知县朱槐之，平日绅民互仇，不能秉公处置，以致结怨日深，本年聚众二次，惟知敷衍说和，且于曲思文结党阴谋，毫无觉察，形同聋聩；海阳县知县方奎，才本平庸，不孚民望，于征收钱粮搭配制钱铜圆，不知剀切晓谕，致激民变。均著先行革职，并将酿乱情形再行确查，据实具奏。

（选自《清实录·宣统政纪》卷三十七）

四

（宣统二年十二月八日）戊寅，蠲缓山东青城、利津、东平、东河、阳谷、寿张、范、济宁、历城、章丘、邹平、淄川、长山、新城、齐东、齐河、济阳、禹城、临邑、长清、德、平原、泰安、肥城、平阴、惠民、商河、滨、蒲台、邹、菏泽、曹、郓城、濮、观城、朝城、聊城、馆陶、金乡、鱼台、临清、胶、沾化、滋阳、益都、博山、临淄、博兴、高苑、乐安、昌乐、安丘、昌邑、潍、高密、即墨、峄、汶上、巨野、嘉祥、海丰、莒、陵、德平、阳信、乐陵、曲阜、宁阳、泗水、滕、单、城武、定陶、堂邑、博平、茌平、清

---

① 编者按：据民国《重修博兴县志》卷八《职官志》载，王炽昌，山西临汾进士，三十一年任。又：王氏官声，在地方上与《实录》所记不同。民国《重修博兴县志》卷十二《宦绩志》载，王炽昌，字寿卿，山西临汾进士，光绪三十二年莅博（此处与“职官”所载不同）。时科举既停，奉令就旧有书院改为学堂，延聘教员，招师范、高等学生各一班开学，名曰“官学”。以风气初开，仅一官学，难容多士，适邑人王西洲创办博昌公学，炽昌筹拨官产数顷，资助成立，以为提倡。光绪季年，升孔子为大祀，与诸士绅王丰玉、栾凤书、王子玢、卞树棻、李士仲、赵赓、高芳园、卢之塄等募集巨款，重修文庙。委举人栾凤书为劝学总董，催办全县学务。同区官张立德招考警士，设警务训练班。新政建设，靡不竭力倡办。盖邑中一切新政，悉由炽昌植其基云。

平、莘、冠、高唐、恩、夏津、武城、邱、兰山、郯城、费、沂水、日照、临淄、寿光九十一州县，暨裁并德州、东昌、临清、济宁、东平五卫所，永利、永阜、王家冈、官台四盐场被灾及冲塌村庄地亩新旧钱粮租课有差。

（选自《清实录·宣统政纪》卷四十六）

李元伟请托案卷宗

为遵旨再奏事

〔清〕布兰泰

同日[①]又奏，为遵旨再奏事。前以上干天听事具折，钦奉朱批："著陈世倌据实参奏，若有不便之处，尔再行据实具奏，候朕特旨颁发。"仰见我皇上至圣至明，曲体臣下之意。臣敢将不便之故敬渎宸听。臣以受恩深厚，凡有见闻，不敢欺隐。而于抚臣之前恪守属员之礼，从未尝以恩准折奏宣露矜张。今若以奉有朱批相告，恐其不信，又不敢以皇上朱批传示，此不便者一也。抚臣与李树德前后同任，以其族大人众，恐招怨尤，此不便者二也。至于李元伟之贪劣恶迹，抚臣非不深知，特恐据实题参，则有碍以前之该管上司，未免多所顾虑，此不便者三也。臣与李元伟非有私嫌宿怨，特以其素行贪污，虽经升任粤中，而亏空之案抗延不结，似此劣员，岂容漏网。伏祈皇上俯赐察访，如臣言不妄，乞特发明旨，以儆贪邪抑。臣更有冒渎圣聪者，抚臣陈世倌，清廉率属，勤劳办事，但未免优柔不决。臣受恩深重，遂不避嫌怨，力为赞勷。如原任布政使佟居广，家属耽延十年不肯归旗，臣立督起程。如原任济南府知府张振伟，逗留东省久不解部，臣已立押起解。又如新被参革之济南府同知朱绍开，倚恃亲党，傲慢狂妄，于委署长山县任内，亏空正杂钱粮一千七百余两，又将长山县先被参革沈令入官衣饰等项辄私自抵换，种种不法，臣已檄行济南府确审，俟审明之日，揭请续参。总之，臣蒙皇上天地隆恩，故不畏权势，不徇情面，宁受众人之怨，不敢负皇上之恩。所有原奉朱批，敬谨呈缴，并敢披

① 编者按：据前文，即雍正三年七月二十六日。

沥蚁忱，仰祈圣明鉴察。谨奏。

朱批：勉力为之。秉公持正，招群小之怨尤，叨一人之眷顾，孰轻孰重，孰是孰非？况昭昭在上，断不负忠诚人也。不必瞻前顾后，自然有益无害。

（选自《世宗宪皇帝朱批谕旨》卷十二上，见《钦定四库全书·史部六·诏令奏议类·诏令之属》）

布兰泰（？—1752），拜都氏，满洲正白旗人。历任山东、山西、湖南、江西巡抚，镶红旗蒙古副都统，镶黄旗满洲副都统，马兰镇总兵，直隶古北口提督。后因病免职。

雍正四年十二月初三日上谕

〔清〕胤禛

刑部折奏广东廉州府参革知府李元伟、直隶庆都县参革知县刘绍曾、并山东解任兖宁道杨三炯与查嗣庭私书来往口供。奉上谕：

李元伟求查嗣庭致书转托陈世倌一案，李元伟既称关防严紧，不能投递，何以第二次又求查嗣庭写书致托？此处尔等未曾诘问。刘绍曾求查嗣庭嘱托蔡珽一案，刘绍曾供称查嗣庭向蔡珽说与不说不知道等语，今查嗣庭现在，尔等亦未质问。二件问语俱遗漏，但再行审问其罪，亦不过如此。此辈营求请托、寡廉鲜耻之人，加以笞责，乃其自取。李元伟、刘绍曾已经革职，杨三炯亦著革职，俱交刑部照例笞责，以为无耻营求者之戒。

（选自《世宗宪皇帝上谕内阁》卷五十一，见《钦定四库全书·史部六·诏令奏议类·诏令之属》）

胤禛（1678—1735），爱新觉罗氏，自号破尘居士、圆明主人，康熙帝第四子，清代第五位皇帝，公元1722—1735在位，年号“雍正”。在位期间，勤于政事，自诩“以勤先天下”“朝乾夕惕”。一系列社会改革对于康乾盛世的连续具有关键性作用。庙号世宗，葬清西陵之泰陵。

雍正四年十二月十二日上谕

〔清〕胤禛

谕内阁、九卿、翰林科道等：

览尔等所奏查嗣庭案内李元伟、刘绍曾、杨三炯私书嘱托情节，李元伟因沈元沧系查嗣庭同年，求其转恳查嗣庭致书嘱托陈世倌，杨三炯亦因系查嗣庭同年，恳其嘱托牛钮。可见尔等汉人于同年师生之谊，党比成风，平日则交相固结，有事则互相袒护，夤缘请托，背公徇私。似此颓风，不知起自何时，竟至积锢日深，相沿日甚，不以为可耻，而视以为当然。以致顾恤私交，罔知国法。此等恶习，实堪慨叹。夫国家开科取士，原欲得读书明理之人，秉公持正，共相砥砺，以端风俗、以正人心。所谓以同道为朋，于国家方有裨益。今乃往来嘱托，彼此营求，以朝廷取士之正途，为植党徇私之弊薮，适足以败风俗而坏人心，亦何取于科甲出身之人乎？即如赵申乔，乃大臣中之有令名者，其临终时，嘱其子孙，有门生二人某、某，从未谒见，若来京，不许其登门。其子孙遵奉遗言，此二门人至于愧悔无地。此人人所共知者。以赵申乔清正大臣，尚不能免此陋习，则其他可知矣。然赵申乔究因此邀结私心，生子赵凤诏，贪婪不法，身受国宪，未必非其徇私之报应也。又如李绂保荐徐用锡，称其人品端方，请带往广西以为士子师范，而年羹尧则参奏“徐用锡人品不端，若用此小人，则君子必受其害”等语。后李绂又奏称徐用锡为君子，以参奏者为小人。及朕询问九卿，公论佥云徐用锡实系憸邪小人，不可录用。乃李绂仍偏执己见，终以年羹尧之参奏为小人，并以九卿之众论为不公。又如陈世倌与陈世倕本属兄弟，同系科甲出身，乃彼此互诋。陈世倌以陈世倕为小人，陈世倕又以陈世倌为小人，究不知其果孰为小人也。可见尔等汉人各挟偏私，党同伐异，颠倒是非，互相争执，竟置公道于不问，皆由同年师生之见胶结于中，以致若此也。向时多有条陈，请禁淫词小说者，不知淫词小说固害风俗，然小说中淫亵之词其害尚小，至于师生同年之联络声气、徇私灭公、惑人听闻之邪说，其害于世道人心者更大。且尔汉人以师生之情同于父子，如果视门生为子弟，自当教以忠君为国、立身行己之道，今乃教以夤缘请托、罔利营私，父兄之所以教训其子弟者，固当如是乎？尔等由科甲出身者，动辄轻视别途之人，夫人才何项蔑有？古来名臣硕辅，不由科甲者甚多，即皋夔稷契，岂由科甲乎？乃今之科甲出身者，不但诋排捐纳之人，以为异途。即特举之孝廉方正，亦以其不由科目，而讥诮其不文。岂知孝廉方正亦未尝不讥诮科甲之人不孝不廉耶？甚且进士则轻举人，举人则轻生监，殊不思进士果必胜于举人，举人果必胜于生监乎？即如江浙之人诋山陕人为愚蠢，岂知山陕之人更诋江浙之柔靡如妇人女子也。可见人必自侮，而后人侮之，转相讥诮、报复之理，固如是也。山陕之人当佩服江浙之文，江浙之人当推重山陕之武。如此则文武并济，各效所长。智者尽其谋，勇者竭其力，普天率土，一团和气，岂不美哉？本朝立贤无方，非若明代专用科目一途，若科目出身者徇私结党，互相排陷，必至挠乱国政，肆行无忌。朕为纪纲法度、风俗人心之计，岂肯容若辈朋比妄行？必至尽斥弃科目而后已。此皆科目中之败类有以致之，即有议朕为不重科目者，朕亦有所不恤。若畏浮言之讥讪而不能果断者，此庸主之所为也。只在朕秉公执正，可对越天地神明耳。况丧心蔑义之人，其是非岂有定准？以圣祖仁皇帝之圣德神功，深仁厚泽，普天率土，浃髓沦肌，为千古帝王所罕觏，万世臣民所感戴，尚不免于查嗣庭、汪景祺之悖理逆天，妄肆讥讪。究之，徒自取诛戮，何损于圣德之高深乎？朕即位以来，凡整纲饬纪，无不仰遵皇考之良法美意，以实心行实政，如果有丰功伟烈，大有造于社稷苍生，垂之史册，万世自有公论。即有查嗣庭、汪景祺之辈，心怀悖乱，敢于诋诬者，亦必自遭天谴，不能幸逃国法。究于朕之声名，毫无所损。设或朕无功业可纪，即有称功颂德，润色浮词，朕方滋愧，亦复何益？虚诈之行，朕耻而不为也。国家用人之道，首重科甲，朕于一长可取之人，尚必录用，况科甲出身，苦志读书，欲为国家报效之人，朕岂反置之不用乎？且尔等乡会中式，文章知遇，师生礼貌，人情之常，朕亦非概行禁止也。但尔等当豁然如梦之醒，洗心涤虑，痛除积习，以党援为戒，以道义相规。期无负于名教，务共砥其公忠。若为同道之朋，则益加勉励，若为同利之朋，则力加悛改，庶人心正而风俗淳。在尔等固永受科甲之恩荣，而朝廷亦收得人之实效。若执迷不悟，仍蹈前愆，不独有玷科甲之名，亦且斯文扫地矣。尔等欲为忠良之臣，辅朕为明圣之主，惟尔等是望。若尔等甘为朋比小人，朕亦无奈受薄待科目之名而已，两无益也。尔诸臣其勉之戒之。

（选自《世宗宪皇帝上谕内阁》卷五十一，见《钦定四库全书·史部六·诏令奏议类·诏令之属》）

重开小清河详

〔清〕李方膺

雍正九年八月详

小清河，古济水也。自历城而东折，会泺水，直趋章丘，至乐安入海，为济水古道。后济水经流又会漯水北行，径济阳而东至利津，谓之大清河；分从章丘而趋乐安者，谓之小清河。其分道趋行并大小清河之名，起于宋熙宁间，史志可据。其后济阳之流日盛，章丘之流日微，故伪齐刘豫欲堰泺以助东行之势。卒之泺不可遏，仍趋济阳而历章丘，相乘之故道渐至淤塞。今小清河首受章丘之白獭水，即杨绪水也，出会仙山之西北，自西迤东横亘七邑，径章丘之城东，邹平之东北，长山、新城之城北，高苑、博兴之城南，乐安之东北，由淄河门而入海，此小清河现行之水道也。七邑之南，有崇山复岭，长渠广川。如邹平之沙河，由对门口而入焉；白条河会朱龙河，由郭家口而入焉；新城之范阳河会孝妇河、郑黄沟、涝淄河，经麻大湖而入焉；博兴之乌龙河，界于麻大湖会城泊而入焉，汉溱河则由会城泊而入焉。此小清河众水之会归也。章丘有万家口分泻于浒山泊，仍从清河口而会于河；邹平有对门口，分泻于驾鸭湾，经白云湖，仍从陶塘口而会于河；长山有郭家口，分泻于白云湖，亦从陶唐口而入于河；新城有月河口，分泻于清沙泊，不从故道，直由军张闸入支脉沟，自高苑，而博兴，而乐安。此小清河各口之会通也。故明青郡倅陈濂诲云："南面之山譬则屋之脊也，山下诸水譬则屋上瓦陇间之水也，小清河譬则檐前横盛滴水之筒槽也，新城等县之地譬则人家之庭院也。小清河淤塞，则筒槽中有物作梗，而瓦水溢出，流满于庭院矣。今小清河疏通，是剔去筒槽中之梗物，而瓦口之水自循筒槽而注于所当注之地矣。"取物近譬，名言亲切，周览本县之形势，会勘七邑之源流，不揣末议，敢为宪台陈之。查小清河，除新城、高苑、博兴四十余里干河淤塞，其余现在疏通不议外，各县之湖泊所以不耕不税者，原为一线河身不能容万壑奔腾之水，故留此巨浸以待盈科后进。此郦道元《水经》所以“于高、博之间有平州渚”之一注也。如邹平之浒山泊，长山之驾鸭湾、白云湖，新城之青沙泊，博兴之麻大湖、会城泊，皆古之所谓“渚”也。今居民无知，贪种无粮之地，往往偷开缺口，以待其涸，咫尺邻境视同秦越。至于群山之水，必由南岸入河，折而东行，乃自然之理势。今一遇汛期，不俟终日，即偷开北岸，直冲四漫，上决则下淤，下淤则上愈决，淤决相乘，水不由故道则河身渐湮而患不可弥矣。今将章丘之万家口原筑滚水坝增高一尺，则上流愈蓄而下流愈缓，使浒山泊之水平，则章丘之东、邹平之西可无患矣。邹平之对门口、长山之郭家口坚堵北岸，则沙河、白条、朱龙之水由南岸归河，下接陶塘，一分于月河，一分于小清河与驾鸭湾、白云河，众水皆平，则邹平之东北、长山之西北可无患矣。新城、高苑接界之军张闸宜改为滚水坝，较南面之桑公堤可低二尺，使泊内之水不得逆泛，夫然后漫行畅流，则高苑、博兴、乐安皆不为患。军张闸之南岸急宜堵塞以护新坝，月河出口向北直冲急宜顺势以便东流，自军张闸至博兴闸上庄四十余里之干河急宜疏通为新城迤西之去路，由滚水坝入支脉沟者十之三，由干河而入博兴境内者十之四，汇泽于青沙泊者十之三，则新城之十三庄、高苑之东西南三面、博兴之西南可无患矣。博兴之官漏口、逯家口急宜堵塞，则障水东流，不得北连支脉沟，以致泛滥。支脉沟之锦秋湖受源于军张闸口，今改为滚水坝，则博兴之迤城西面皆可无患。乐安为众水之汇合入海之门户，自毛家道口至淄河门，共计二百余里，面宽四丈、六丈不等，河身深一丈三四尺不等，水势畅流，毋庸议浚。惟支脉沟之宽阔稍淤塞八十余丈，疏深五尺，自可会小清河而畅流入海。其各县之残缺小口，劝谕附近居民沿途就近修筑。再循河两岸一切水草蒿蓼蒲苇以及跨河木桥、多树桩柱、土桥束堤、雁翅横陇，零星计算，皆为河患。另置官渡，设立河长，分段管押，地方官不时查察，每年于霜降后出具堤岸坚固、河身畅流甘结申报，以候委勘。则小清河永无淤塞，而七邑之安澜有庆矣。今估计邹平之对门口、长山之郭家口、新城之月河口、新城高苑连界之干河、军张闸之滚水坝、博兴之逯家口、官漏口，除各县自备公费木桩不议外，共计五县应行开浚之处，计土方拾壹万叁仟叁佰陆拾陆方贰分，每方工银柒分，共银柒千玖百叁拾伍两陆钱叁分肆厘，除逐丈尺修造清册呈核外，理合具详。再自博兴之湾头庄至柳桥，共四十余里，河面宽四五丈不等，河身深一丈五六尺不等，河岸高三四尺不等，现在畅流。自柳桥至乐安之草桥，共五十一里，地居洼下，在春水平伏之时，可以东汇于乐安之石村湖，西注于博兴之锦秋湖，可种可耕，二麦可期。若至秋水泛滥，即使数倍河身，亦不能容四面汪洋之水，是修之无可修也。幸去海甚近，可以渐退。自草桥至丁家庄、自丁家庄至马家楼，共五十七里，现在深通，虽水平两岸，蒿藕芦蒲，居民实以为利。自马家楼至淄河门共六十七里，濒海不毛，毋庸置议者也。

（选自李方膺纂修《乐安县志》卷二十，清雍正十一年刊本）

雍正九年十一月详

查得议修章丘县等小清河一案。原据现在河身，堵其残缺、疏其淤滞，使不得旁流散漫、有害民田。复将沿河之湖泊查清旧址，为归巢囤水以分河身之所不能容，上下相通，彼此获益。发源于章丘，汇归于乐安而入海，所以章丘万家口之滚水坝不加高一尺则下流激迅，利于章丘而不利于邹平。邹平之对门口不议堵塞，则沙河之水穿过小清河而邹平独受其害。长山之郭家口不议堵塞，则白条河、朱龙河直灌长山之西北，利于邹平而不利于长山。高苑之军张闸不改为滚水坝，则利于新城十三庄而不利于高苑、博兴、乐安。新城之月河口不改顺东行，则新城迤西之水直向北冲，泊水复助其势，而滚水坝不可保矣。新城、高苑连界之干河不议疏通，则新城以上之沙河、白条河、朱龙河、范阳河、孝妇河、郑黄沟、涝淄河无归海之去路。博兴之官漏口、逯家口不议堵塞，则麻大湖、会城泊受乌龙、汉湊二河之水，门户大开，并无关锁，则博兴、乐安均受其害矣。乐安之宽阔稍即支脉沟之竟委也，一受军张闸之分流，再受锦秋湖之积注，以及沿沟一带之坡水，不议挖深则不能会小清而畅泄。卑职等不揣鄙陋，谬呈管见，是否妥协，前详在案。至于责成修防，使一劳而永逸，仰见宪虑周详，无微不到。窃思沿河居民私心贪利，在河岸之南者将两岸重开，直冲邻邑，是图涸尽湖泊，则无粮之地私耕获利也。在河岸之北者，恃其地势稍高，不无因势利导，挖开零星缺口使引水以灌稻田也。总因愚民知识短浅，惟利是图，而地方官又无责成，则利害漠不关心，即被害之庄，三五成群防守偷决，而盗决甚易，防决甚难，一不及防而顿成沟壑，遂有防之不胜其防者，无知愚民诛之不可胜也。卑职等会议得如某口决开利于某庄，计庄若干，再开某庄之户若干。责令河长晓明条约，有偷开决口，即令各庄图利之居民立时修筑。若系邻县居民，详请关拘。则民知偷开决口适以自害，纵有顽梗无知不遵禁约，而老成明白者亦必互相稽查恐致贻累。修工不能置身于事外，则彼此维持互相儆戒，庶几一劳永逸，可底安澜也。但每逢夏末秋初，天雨连绵，山水一时齐涨，即数倍河身不能容万壑千山之水，是以秋收不保无虞而冬水涸。伏春雨时，若咸徇故道，顺流东行，则沿河一带地亩可耕可种，二麦可期。所以详请宪恩动帑兴工，是于无可措置之中尽力救援，得收二麦则有济苍生，诚非浅鲜也。倘逢大雨连绵山水暴涨，如雍正八年秋禾被水，即长江大湖不免泛溢，此系偶尔灾祲，又非卑职等所能逆料也。至所堵之决口，所疏之河身，俱是现成故道不移尺寸，田庐民舍毫无干碍。估计土方拾壹万叁千叁百陆拾陆方贰分，每方工银柒分，共银柒千玖百叁拾伍两陆钱叁分肆厘，实系丈量估算，不敢少有浮冒。卑职等忝膺民社，切分恫瘝，幸蒙皇恩广被，宪德周详，无不摩顶放踵，愿图报称如章丘县之捐修滚水坝，乐安县之捐挖宽阔稍，邹平等五县之捐备木桩，均是感激由中，并非强饬。今奉饬查事理拟合会详。

（选自李方膺纂修《乐安县志》卷二十，清雍正十一年刊本）

李方膺（1695—1755），字虬仲，号晴江、秋池等，通州（今江苏南通）人。曾任乐安、兰山、潜山、合肥知县，因遭诬告被罢官，去官后寓扬州借园，自号借园主人，以卖画为生，擅梅、兰、竹、菊、松、鱼等，注重师法传统和师法造化，能自成一格，其画笔法苍劲老厚，剪裁简洁，不拘形似，活泼生动，被列为“扬州八怪”之一。雍正八年（1730）李方膺任山东乐安知县。当年夏秋之际，乐安大水成灾，情势紧迫。李方膺未得上司批准，开仓赈济，下令动用库存皇粮，以工代赈，募民筑堤，缓解了灾情。但随即因私开官仓被青州府弹劾。总督田文镜未予置理，反而称赞李方膺胆识过人，有功于民。灾后，经实地考察，李方膺写下《小清河议》《民瘼要览》《山东水利管窥》等著作。

李方膺《山东水利管窥略》

（选自李方膺撰《山东水利管窥略》，南通市通州区图书馆藏李琪抄本）

序

雍正八年，奉世宗宪皇帝谕修小清河，蒙岳大中丞委膺查勘。乾隆三年奉皇上谕修小清河，或分上游，或治下流，又蒙法大中丞委膺复勘。往来河干，首尾五年。上自发源之长白山，下至海口，其中湖泊支河以及被患村庄，凡经身亲其地，水泓之浅深、河面之宽窄，悉为丈量。九县之要害、通局之蓄泄，详为相度，汇成一书，以备参考。有识者幸原其谫陋，鉴兹微忱焉。

乾隆五年岁次庚申二月上浣，李方膺识。

卷一

小清河议

小清河，古济水也。自历城而东折，会泺水，径华不注山，由万松口水寨等处直趋章丘，至章丘之薛渡口，一支东向，从柳塘口历邹平、长山、新城、高苑、博兴、乐安入海，此小清河之正脉也。一支向北，从薛渡口径滚水坝，由齐东之减水河入大清，此小清河之分流也。自历城至章丘之柳塘口，河形尚在，石坝犹存，淤塞不通，仅有故道，今即以章丘县东南之东岭、长白二山，为小清河发源之地，自西南而至东北横亘七邑，径章丘之城东，邹平之东北，长山、新城之城北，高苑、博兴之城南，乐安之东北，由淄河门而入海。此小清河现在之原委也。七邑之南，有崇山复岭，长渠广川，如邹平之沙河，由对门口而入焉；邹平之白条河、长山之珠龙河，由郭家口而入焉；新城之范阳河、博山县颜神镇之孝妇河、新城之郑黄沟、临淄县之乌河，俱径麻大湖、会城泊而入焉；临淄之汉溱河、渑水河，由会城泊而入焉。此小清河众水之会归也。章丘有万家口，径滚水坝，自引河沟分泻于浒山泊，仍从清河口而入于河；长山有陶唐口，从月河分泻于清沙泊；高苑有军张道口，分泻于支脉沟。此小清河分势之支河也。邹平有对门口，受沙河之顶冲；长山有郭家口，受白条、珠龙两河之顶冲；博兴有逯家口，西受清沙泊之灌注，南受麻大湖之顶冲。此小清河冲决之各口也。邹平之浒山泊，东西三十余里，南北七八里有差；新城之清沙泊，东西十五里，南北十里、八九里有差；新城、博兴连界之麻大湖，南北三十余里，东西十余里有差；博兴之会城泊，南北十三里，东西二十余里；乐安之石村湖，南北十里，东西十五六里有差。此小清河相连之湖泊也。高苑县之军张闸，迤东至博兴之湾头庄，淤塞四十六里，俗呼曰“干河”，是六百余里河身截为两节。在干河迤西如沙河、白条、珠龙、浒山泊、清沙泊诸水，从高苑县之军张闸入支脉沟，经乐安之宽阔梢，会小清河入海。殊不知支脉沟深不及三尺、宽不及四丈，其中高冈土岭，弯曲纡回，不可胜数。况宽阔梢并非容水之巨壑，不过一些小之洼坑耳，尚有四百九十丈平地与小清河身相隔，即开通四百九十丈平地，从新桥入小清河内，而新桥以下，至淄河门尚淤高七十余里，是军张闸口日受排山之水，而下无一沟一洫之去路，所以高苑闸板不得不堵新城之清沙泊。清沙泊之水停，则长山上游之水亦停；长山之水停，则邹平之浒山泊愈停而愈涨。章丘虽势居高阜，而山水暴泛，沿河两堤亦不能保其不决。其七邑之所以迭承为患者，自以宽阔梢为支脉沟之尾闾，置下流于不问，而遂以讹传讹、将错就错，以致各县境内今年而成一湖，明年而又多一泊，始而洼者为湖，继而高者亦渐次成泊矣。推原本末，皆上半截之水无所归也。在干河迤东，如孝妇、郑黄、汉溱、乌河、渑水、麻大、会城、石村诸水，从博兴之湾头庄，径柳桥、草桥，从乐安之淄河门入海。殊不知小清河面极宽之处不到五丈，极深之处不及六尺，且新桥以下为七县全河之门户，而极窄极浅，愈淤愈高。如孝妇河、乌河，面宽四五丈，深三五尺有差；郑黄沟、汉溱河、渑水河，面宽二三丈，深四五尺有差。以合算十五丈之河面、一丈二三四尺之河深，齐注于宽五丈、深五尺之河中，欲其不泛溢横流，岂可得乎？或牵连数十里，或牵连五六里，夏秋更甚，春冬不涸，千顷良田尽沉水底，万家村落并作丘墟，此下半截之水无所归也。膺相度七县之形势，谛观河脉之源流，理会则在上游，致功则在下流。支流既分，而全流自杀；下流既泄，而上游自安。今河身截为两节，即以两节治之，古人所谓“顺其水性之所之而利导之”者也。如支脉沟，自高苑县之军张闸起，至乐安之新桥止，必须面宽六丈、深八尺以至一丈二三尺有差；如小清河身，自博兴之湾头起，至乐安县之新桥止，河面不必开宽，河身疏深三四五尺有差；自新桥至淄河门，两河会合，为七县之下流，必用功于下流，以疏其壅塞之势；然后用功于上游，以浚其发源之地。下游有所归，则上游有所杀，必须面宽八丈十丈、深一丈以至一丈一二尺有差，然后乐安水治大纲始立矣。由此而议及博兴。博兴之支脉沟一律宽深，则高苑上来之水不致积留泛溢；小清河上下疏通，则麻大、孝妇诸水有所归宿；逯家口堵塞坚固，自无冲决，而博兴可以无水患矣。由此而议及高苑。高苑之支脉沟既深通归海，则军张道口之闸门不必拆毁，而闸板可以永远不闭。现在闸高一丈、宽一丈，即使极大水势，不过高闸底六尺，以一丈宽、六尺高之水，匀入六丈宽之河面、八尺深之河身，不过一尺水耳。况且往者过，来者续，无一息之停，非从前之积聚半年、汪洋奔驶可比也，新、高两邑可以永无争讼、永无水患矣。由此而议及新城。新城东临麻大湖，北临清沙泊。今麻大湖循小清故道，清沙泊入支脉沟，两路分流，新城无水患矣。由此而议及长山。长山河道现在通流，但邹平地势低于长山，必欲俯地以就水，不能升水以就地。欲除邹平之水患，不得不借道于长山，所以长山境内，河面不必开宽，河底疏深三四尺不等。郭家口现在北岸坚固，而岸外又有月堤。陶唐口之月河，建瓴直下，并无阻滞，长山无水患矣。由此而议及邹平。邹平境内河身淤浅，浒山泊之水不能出泻，应疏深三四五尺有差。对门口现在堵塞，而岸外更宜月堤，以保无虞，而邹平无水患矣。章丘虽地势高阜、河源上游，但山水暴涨，一时齐注。从万家口滚水坝，由引河沟入浒山泊者十分之八，直北入小清河正流者十分之二，滚水坝外之引河沟应浚深通三四尺有差，以畅流归泊者也。再，齐东县之减水河，自章丘之柳唐口，至薛渡口，石坝河形宽四五丈有差，深一尺二尺有差；自薛渡口至麻姑堂，面宽五六丈有差，深四五尺有差；自麻姑堂至齐东之大清河，面宽七八丈有差，深六七尺有差。考齐东邑志，则谓小清之减水河也。据现在之石坝河形，则昔日之通连小清河内，确然有据。地势极其顺利，不坏尺寸民田，而究其所受之水，不过章丘东南一角。而一角之中，又不过三分之一。今齐东坚执以为不可通，则亦无容议开者也。至于邹平之沙河、白条，长山之珠龙，新城之孝妇、范旸、郑黄，博兴之乌河，临淄之汉溱、渑水诸河，奔灌此河者，其中不无山泽横淤，浅深不一。俟大功告竣之后，各县劝谕附近居民，乘农隙之时，疏浚深宽，则支分派别，节节流通，六百余里之内脉络贯通，畅流归海，退出良田不下数万顷。即积水废潴，皆堪经理。自此七县生灵永庆安澜之福矣。

小清河辨

盖闻致治之道，惟在安民；安民之道，察其疾苦。夫以六百里水患，七县生灵疾苦，不为不重矣，历任各宪之苦心经营，不为不详且悉矣，田庐之飘荡淹没、灾黎之流离失所八十余年，不为不久矣。况此水非龙门积石、万里来源，又非江汉朝宗、排山巨浪，不过山泉雨水聚少成多，日积月累，总无去路，而所以筑室道旁，终成画饼，何也？盖畏动寡谋者，诿诸海桑陵谷之变，而贪功喜事者，又凿以自用而昧水之宜。膺自雍正九年至乾隆三年往来河上，历有年所矣。而议者曰“海口高于内地，若开浚深通，不特河水不能外出，而且海水倒灌”等语，殊不知小清河行至淄河门，然后会淄水，四十余里入海，则与海之最近者，莫先于淄河。如果海水倒灌，必先从淄河，而后及小清。考之数千年来，不闻海水倒灌淄河，天下岂有越门户而升堂奥者乎？水之就下，从无自低而至高者。淄河现在通流，则海口之低于淄水明矣。小清会淄而合流，是淄水之流即小清之流也。设使海口地高，而淄河独高于海口，小清河更低于淄河，则淄水已倒灌小清，何待海水越淄河而倒灌耶？今清水流于淄，淄水流于海。小清河底现高淄河底一丈二三尺有差，是小清且居上游之势矣。再考前明成化癸巳、嘉靖甲辰，自历下直疏至海口，青船入于济，退出膏腴之地数万顷，《通志》开载甚明。若必以地势、水势不足据，前人之成效不足信，惟悬臆其海口地高，此膺所不可解者一也。议者曰“淄水强，清水弱，清水为淄水所抵，不能入海”等语，试思九州之大，止有南北两条，而万派千支莫不同条而共贯。伊、洛、瀍、涧既入于河，澧、泾、漆、沮皆入于渭。且小水合大水谓之“入”，大水合小水谓之“过”，二水势均相入谓之“会”，所以水之强弱不根于来源，而根于袤延之支会。淄水发源于博山县颜神镇之原山，过临朐之城西、临淄之城东、乐安之东北、寿光之正北，亦不过四县一角之水耳。小清发源于章丘之东岭山，历邹平、长山、新城、淄川、临淄、高苑、博兴、乐安九县，万壑千山之水，即不能清强而淄弱，亦可以相依而并驱。且两水合并，则入海迅疾而有力，海水淤沙，亦可借此洗刷，益加深广，南人所谓“天生港，不假人力而自成，如淮黄会合”是也。必使一河有一河之出口，则大陆以南皆无去路，彭蠡迤西有何归宿？此膺所不可解者二也。议者曰“不必开通下流，只就支脉沟挑深，两岸筑堤”等语，殊不知各县水患不尽在支脉沟之淤浅，而在六百里全河之势总无去路；不在河身之不能容受、急须筑堤以保障，而在泰山迤北七十三川之水平地横流、不循故道。今不治上游以减其势，不治下流以导其归，惟治中间之支脉沟，又不思支脉沟之去路，譬诸人家瓦口之水流满庭院，不思墙根开洞而惟院内挖坑，治本、治标两无所济。即使支脉沟挑深一丈，不过积一丈之水。积之不已，又筑堤以防遏。现在高、博、乐三县城池民舍已低河底三四尺有差，将来堤愈高，则水愈高，而河底愈垫，城池民舍尽居釜底。浒泊诸水行于天上，一经决堤，不忍回首而亿度矣。且支脉沟既开之后，而军张闸照前启闭，则新城四县之水患依然如故。若启板通流，而浒山、清沙诸水尽移囤于高、博、乐三县境内，则三县之民必出死力以堵闸板，而新城等县又以既修深通，必尽启其板而后已。是结讼争端由此日多，各县水患由此日甚。据云，所费二三千金可以集事，而国家有用之财，糜于必无济之工，又驱高、博、乐三县无辜之民，置之必死之地。此膺所不可解者三也。议者曰“一律深通，钱粮太多，不可轻举”等语，殊不知体国必先于经野，损上即所以益下。皇上自御极以来，蠲除惟正之供，施恩常格之外，不可以亿万计。内外臣工，或以水旱入告，或以疾苦上陈，或请蠲浮粮，或请修水利，无不喜溢天颜。谕批必加“速行”两字。“速”者，“亟”也。已饥，已溺，是以如是其亟之意也。今可以除六百里水患，救七县生灵，退出万顷良田，一举而大害除、大利兴，圣天子之忧劳释矣。不务此远大之图，而沾沾以惜费为辞，此膺所不可解者四也。议者曰“任大责重，万一赔累，所系匪轻”等语，窃思国计民生，所信者理而已，反复讲求，得乎理之至当，而成败利钝不可逆睹，惟以实心行实事，以实事奏实功。战惕之过甚，而适成其畏葸，此膺所不可解者五也。总之，近日之最切宸衷者，直省积贮，积贮莫先于治农，治农莫急于水利。山东水利，不过田间水道，以小注大而已，然必大水决而有所归，而后小水浚而有所入，各因水势、地势之宜，纵横曲直，随其所向，自高而下，自小而大，自近而远，盈科而进，委之海而已。倘不决九川，虽浚畎浍，不能除患。患既不除，则耕者不得种、种者不得收，而积贮之本不立矣。况天庾太仓，俱借运于东南，而山左拱卫神京，水利日兴，田野日治，以小清河兆其端、引其绪，则济之西、青之东皆可以次而行也。水退而民聚，则耕者愈多；粟贱而民饶，则耕者愈易。生聚既繁，和籴转便，即或东南有水旱蠲漕之事，而山东亦可以运济京师，其利宁有穷哉？前此之所以迟疑而不开浚者，在沿河有司乐于无事，不曰“现在通流”，即曰“民心不愿”；在踏勘委员，非道听涂说，即略观大意，即如以“海口之外有蛤蜊岭堵塞”为词，而今蛤蜊岭已乌有矣；又如以“宽阔梢系此河之尾闾”为词，而宽阔梢又乌有矣。今又以“海高”为词，恐犹是“蛤蜊岭”“宽阔梢”之说也。古今成大功者，不谋于众，是在仁知。上宪持定论以辟群议，专委任以责成功，解七县之忧，慰二东之望，千载一时，万世永赖矣。

卷二

小清河问

问：海口距淄河门若干里？

答曰：自淄河门至海口四十七里。

问：海口之外，是否有蛤蜊岭堵塞，不能通流？

答曰：蛤蜊岭之说，不知创自何人。乾隆二年十二月十九日，兰山县知县李方膺同曹县县丞孔毓珮、博兴典史朱鸣岐、乐安典史张廷相亲到海边之龙王庙，并无蛤蜊岭。且雍正十一年九月，福建龙溪船户郭长枣船被风进口，雍正十二年九月，天津船户郑殿清粮食船被风进口，通报在案。如果有蛤蜊岭堵塞，海船何能进口？此讹传也明矣！

问：海口高于内地，开通之后能保不倒灌否？

答曰：海口乃淄河之海口，非小清河之海口。小清河入淄河，会淄水四十七里归海。若海水倒灌，必先及淄河，再及小清。既不灌淄河，天下岂有越门户而升堂奥之理？

问：海口虽不高于内地，而清水入淄，恐淄水逆流？

答曰：乾隆三年四月，管河道探量淄河底，低小清河底一丈二三尺有差，详禀在案。即开深一丈，尚高数尺。现在清水流于淄，淄水流于海，一见了然。况地势西北高而东南下，岂有自西北行数百里，将至海口复自东南而逆流西北乎？

问：淄河门到发源处六百余里，今议开淄河门处，最深不过一丈，则上游自当一步浅一步，然后有建瓴之势？

答曰：河水建瓴在地势，不在河身，如黄河万里，若一里低一尺，低至海口，可低千丈。

问：海潮涨落有一定否？

答曰：春、秋二季一样潮汛，夏季潮汛较春、秋略小，冬季沿边坚冰，潮更小。

问：海潮上滩若干里？

答曰：平时潮长上滩一里许，初一、十五日较平日海潮所到之处，还上来五六步。

问：一年之内，何时潮势最强？

答曰：一年之内，春季在二月半以后、三月初十以前潮势强，秋季在七月十五以后、八月十五以前潮势强。春风大，潮势强；重阳暴信，潮势亦强。

问：何时潮势稍弱？

答曰：一年之内，二月后、八月前势强，其余十个月势弱；一月之内，初一、十五势强，其余二十八日势弱。

问：最强之时，潮高若干？

答曰：最强之时，潮上沙滩一里之外还多五六步。

问：稍弱之时，潮高若干？

答曰：稍弱之时，潮上海滩只有一里许。

问：东北风大，果有倒漾之水灌入内河？

答曰：自雍正元年起，二年、三年潮水止到滩一里许，并无倒漾；雍正四年十月初四日，大风大雨，水到马家楼，深尺许，五六日方退；雍正五年、六年、七年，照常潮汛，并无倒漾之事；雍正八年水灾，是小清支脉漫溢民田；雍正九年至乾隆三年，共计八年之内，并无海潮倒灌。再自雍正四年以前，康熙四十二年二月十六日，大风大雨，海水到马家楼北，夏家桥、王家冈场迤东等处，水深尺许；再康熙六年，大风大雨，海水到马家楼。再溯前明，不可考矣。

问：小清河尾何以纡回曲折、反致宣泄不舒？前人开挑，必有深意。

答曰：查此河始于伪齐刘豫，以历下泺水为源，东会章丘之绣江河，再东会章丘之漯水，即今之东岭长白。刘豫为煮海兴盐，舟楫往来，欲其蓄以载运，所以回环弯曲[①]，不计其数。使当日为泄水除害之计，泺水最强，而势趋直北；绣江稍次于泺，势亦趋直北。何故拂两水之性、堰之东行？卒之两水不可堰，仍取道于济阳而归大清，则当日之初心已可概见。况海水奔腾可以数丈计，不可以尺计，可以直漫横行，不必循轨蹈矩。则其曲为蓄水载运、非防海水倒灌彰明较著。

问：可否另开一河出水，以免海水倒灌？

答曰：宽阔梢正东即淄河，正北即利津县界。自乐安一百三十里至利津，利津至海又不知若干里。东北即现在自新桥至淄河门之河道。舍此之外，并无别路。

问：河内现在有水，如何彻干，以便挑挖？

答曰：可以借道，可以停蓄。自淄河门至新桥截坝，将上流之水从缪家道口迤东，顺苍头沟引归东北坞，入淄河。如从旧口堵坝，则章丘、邹平两县之水停于浒山泊。如从军张闸堵坝，将长山、新城两县之水停于清沙泊。如从孙家屋子堵坝，则高苑、博兴两县之水停于宽阔梢。

问：开工果分先后？

答曰：开工必从下游。自淄河门至新桥为第一段，自新桥北至军张闸、南至湾头为第二段，自军张闸从月河而新城、长山、邹平、章丘为第三段。

问：募夫有良法否？

答曰：与其择立夫头，不如以庄头为夫头。一庄之内应募若干家，一家之

①编者按：底本原无“曲”字，据文意补。

内应募若干夫，注明册档，再取同庄互结，以防拐价逃工。

小清河商

自高苑县军张闸迤东，至博兴县湾头，计长四十六里，河身淤断。军张闸东北之支脉沟，现在通流，则高苑县之清沙泊，并迤西邹平县之浒山泊，及章丘等县东岭长白、白条、珠龙诸山之水，循流而至清沙泊，出军张闸，入支脉沟，较之闸东，挑浚四十六里干河，似觉省便。第支脉沟现在深通否？

支脉沟原为小清分势之支流，章丘、邹平、长山、新城各邑之水，从军张闸入支脉沟。若不浚支脉沟，而复小清故道，又恐湾头以下河身不能容纳，势必展宽河面。而所展之地连络四百余里，非坟墓即庐舍。即使无坟墓、无庐舍，以展宽之工费开浚支脉沟，则两河分流，事半而功倍。故不浚四十六里干河而浚支脉沟者，不特以为省便，亦势处于不得不然也。至于支脉沟现在情形，在高苑境内者，面宽二三丈有差；在博兴境内者，面宽三丈有差，深一尺二尺有差。自宽阔梢至新桥，尚有四百九十丈不通小清河身，且各县境内湾曲纡回、高冈土岭阻塞河道者，不计其数。此支脉沟现在之情形也。

军张闸起，至乐安新桥止，长若干里，应挑浚者若干段，长阔若干丈尺。新桥至淄河门又长若干里，应挑浚者若干段，长阔若干丈尺。

自军张闸起，至乐安新桥止，共长二万七千一百八十七丈，计程一百五十一里。现在宽深有差，总以面宽六丈、底宽二丈、深一丈以及六七八尺不等为率，在高苑境内十三段，博兴境内三十段，乐安境内十段。自新桥至淄河门，共长一万一千零七十八丈，计程六十一里有奇，现在宽一丈二丈有差，深三四一二尺有差，总以面宽八丈、底宽三丈、深一丈以及八尺不等为率，共十段。西南之水，由支脉沟入锦秋湖、宽阔梢，可能容蓄，不致泛溢为害博兴、乐安两邑。倘锦秋、宽阔梢即能容蓄，其上游之清沙泊、浒山泊等处可否不致泛溢？锦秋湖乃博兴城南积水之小区，南北不过一里，东西不过半里，深不及二尺。至于宽阔梢，非湖非泊，不过芦草之荒荡。今支脉沟穿过锦秋湖，而竟以锦秋湖为腹、宽阔梢为尾，两处既不能容蓄，又无去路，则上游之清沙泊、浒山泊诸水齐灌军张闸内，高苑先受其害，博兴次之，乐安又次之。在章丘、长山、新城、邹平四县，命脉悬于一闸，而三县百姓避害切肤，将闸板不启，则新城先受其害，邹平次之，长山又次之，章丘又次之。军张闸东南之范旸、孝妇、郑黄、乌河、汉溱、浝水各支河，会归于麻大湖、会城泊、石村湖，而由麻大湖北流至湾头归河身，经柳桥、草桥，至乐安之新桥，出淄河门，历年因宣泄不及，在湾头迤西逯家口冲决。今将逯家口堵塞，其麻大等湖可否循轨顺流、不致如前冲决？

逯家口系小清干河之北岸，干河之南岸即为麻大等湖之北堤，障水东行。雍正八年水势浩大，将两岸冲开，直连支脉沟，散溢博兴、高苑等处。雍正九年将南岸决口堵塞，北岸之逯家口未经修理。所谓逯家口者，因逯家庄在决口之旁，故名逯家口。倘自湾头以下一律疏通，则麻大诸湖循轨东行，逯家口似无关于重轻。下游不疏，湖水涨满，逯家口不堵固冲，堵亦冲也。

新桥至淄河门，向受麻大湖一带正河之水。今将支脉沟、锦秋湖、宽阔梢接连开通，汇聚西南之水，至新桥，与正河之水合流，出淄河门。是新桥至淄河门，受两河之水，其势倍大，可否不致泛溢？

新桥至淄河门，受两河会合，水势倍大，似难容受。现在深不及三尺、宽不及二丈，所以估开宽八丈、底宽三丈、深七八尺以至一丈有差。宽深数倍于从前，则水有游息，且两河合行而有力，则入海迅速、不致泛溢。且新桥以下，一片荒场，即使泛溢，亦无害民田。军张闸系何年创建？未建闸以前，清沙泊水系由何处宣泄？高苑、博兴、长山、新城等处地方利害如何？

查康熙二十五年，张抚宪题请开支脉沟、建军张闸，部议准行到东，其如未曾开通支脉沟，而先行建闸。适张抚宪内升，而高苑等县百姓将闸拆毁，坚筑土坝，数十年内决堤放水，争斗互讼，历案可稽。康熙五十七年，李抚宪请开支脉沟、建军张闸，委博兴县知县李元伟总理工程，高苑、博兴境内已属苟且，尚有河形；乐安境内，毋论深不及三尺、宽不及二丈，且开至宽阔梢而止，并未完工。在当日，借宽阔梢之名，掩饰耳目，蒙混一时，而后即以讹传讹，牢不可破，误七县生灵者，李元伟之罪也。至于未建闸之前，清沙泊诸水由故道下接湾头，冲决散漫，非一朝一夕矣。总之，不开支脉沟，则闸不可建。闸者，受水以归沟也。倘不开沟，上游、下游之害不除。

干河四十六里，系何年淤塞？未淤塞以前，西南之水是否俱由清沙泊归正河，出湾头等处？

干河淤塞，无从稽考，但自康熙二十五年，建闸开沟，必因淤塞不通，然后有此议请，即此四十余年是其明证。至于西南之水，舍此正河，别无去路。

各县虽任地方，非土著耆老，生长于斯，经历有年，不能深悉。似宜预令乐安、博兴、高苑、长山等县，将历年水势情形并博采舆论，如何有害、如何有益。

乐安县民即不愿开，因地势高于博兴，本境雨水尚且积滞，再加上游诸水，势难容受；博兴县民，只愿乐安开河以归泻，不愿上游疏通；高苑县民，只要堵塞军张闸，不顾上游涨积；新城县民，只愿闸板尽启，一泻无余；长山县民，又愿开小清正流，并愿开郭家口支河，直灌陶唐口，不愿章丘开引河沟，以归浒山泊；章丘县民，愿开引河沟直泻浒山泊，不愿开柳塘口分泻于减水河。不特各县之民，各有私心，即一村之内，议论迥不相同。

如何是利于彼而不利于此？

高、博、乐三县境内之支脉沟，略为疏浚，置宽阔梢以下于不问，上游诸水放归闸内，是有利于新、长四县，不利于高、博三县；若闸板闭塞，不许通流，使各县之水积于各县境内，是有利于高、博三县，而不利于新、长四县。此有利、有不利之纲领也。如开章丘之引河沟，而不开邹平之还河沟，是有利于章丘而不利于邹平；开邹平对门口以下之河身，而不堵郭家口北岸，是有利于邹平而不利于长山；开长山陶塘月河，而不启军张闸，是有利于长山而不利于新城；启军张闸板，不展开高苑境内沟身，是有利于新城而不利于高苑；展开高苑沟身，不将博兴之锦秋湖置之沟外，韩家庄等处之高冈不一律挖深，是有利于高苑，而不利于博兴；即博兴一律深通，而乐安宽阔梢以下四百九十丈不开，即开通四百九十丈，而新桥以下之六十一里至淄河门不开，是有利于博兴而不利于乐安。此有利、有不利之条目也。

如何使[1]上下四方均利无害？

乐安为七邑之下游，自新桥至淄河门，乃全河之扼要，必极深、极宽。下游有所归，则上游有所杀；县县相承，流通不滞，上下无害，则上下均利矣。

各县地亩被淹若干顷？起自何年？如今开浚河沟可否全涸？

---

① 编者按：底本原作“是”，据文意改。

被淹地亩，原无定数。水大则多，水小则少。如博兴之丈八佛、柳桥、高家渡等处，乐安之石村、草桥，邹平之北乡，长山之陶唐口，新城之城北，章丘之曹刘等庄，高苑之五孔桥等处，有二十余年不能下犁者，俱康熙五十七年预备河之遗害。其余牵连漫溢，不计其数。至于可否全涸，虽未经试验，但水既流通，自无积滞；既不积滞，自可耕犁，理有然也。

卷三

小清河支

章丘县东岭山、章丘县长白山，以上二山系小清河发源。

沙河，发源于邹平城南摩呵山东峪傅家庄南，东行至柳家庵，向西径于滋山、黄山、印台山，计二十七里；至土桥，从对门口入河。

白条沟，发源邹平县杨堤庄，经城东三座桥，会珠龙河，从郭家口入河。

珠龙河，发源长山县南山，经三座桥，会白条沟，从郭家口入河。

范旸河，发源长白山，至黄土厓，会孝妇河入河。

孝妇河，发源博山县原山，经益都、淄川、长山、新城、博兴，从麻大湖入河。

郑黄沟，发源淄川之黉山，经新城县东北，入麻大湖。

乌河，发源临淄县矮槐树，经新城、博兴，从麻大湖入河。

汉溱河，发源临淄县城西，经广才桥，会渑水河，从博兴之会城泊入河。

渑水河，发源临淄县城东申池，经乐安、博兴，归会城泊入河。

淄河，发源博山县原山，经益都、临朐、临淄、寿光、乐安入河。

小清河程

小清河发源章丘县东南之东岭山，五十五里至山头店，面宽八九丈有差，深一二丈有差，俱系石底；自山头店二十里至万家口，面宽六七丈有差，深一丈以至五六尺有差。

万家口南岸滚水坝之支流，从引河沟三十六里，至邹平段家庄，入浒山泊，沟身淤塞。万家北岸，至薛渡口之闸基五里，薛渡口至会仙桥二里，淤成平地。自会仙桥径麻姑堂，从齐东县城之东北入大清河，俗名陈海沟，即《齐东志》载“径小清之减水河”也，湾曲八十余里，面宽六七丈有差，深五六尺有差。

自万家口之正流二十四里，至章丘、邹平交界之段家桥；自段家桥十里，至清河口，面宽五六丈有差，深四五尺有差。清河口，即浒山泊入河之口也。自清河口二十四里，至邹平之对门口，面宽六七丈有差，深五六尺有差。邹平沙河之水，即从对门口入焉。

自对门口十九里，至长山之郭家口，水势通流。郭家口西有邹平之白条沟，东有长山之珠龙河，淤塞横流，合冲郭家口归河。自郭家口三十八里，至陶唐口，水势流通。陶唐口南岸，有月河一道，计长十三里，分流入清沙泊，河身九里即在泊内，自陶唐口正流十五里至军张闸西，入清沙泊，水势顺流，此小清河上半截之来源也。自军张闸四十六里，至博兴之湾头，即俗名干河，小清河之所以分为两节也，面宽五、六丈有差，深三四尺有差。博兴境内逯家口冲开二十余丈。干河之南有麻大湖、会城泊、侯子泊，受南来之孝妇河、范旸河、郑黄沟、乌河、汉凑河、渑水河，牵连一片，东西三十余里、南北十余里有差，从湾头入小清河身，此小清河下半截之来源也。

自湾头四十一里，至博兴、乐安交界之毛家道口，面宽六七丈有差，深五六尺有差，毋庸疏浚，北岸坚厚，南岸坦平。

自毛家道口二十八里，至草桥，面宽六七丈有差，深六七尺有差，南有石村湖牵连一片，并漫过小清之北岸。查石村湖西受会城泊之水，而会城泊又西受麻大湖之水，层层灌注，别无去路。

自草桥五十六里，至侯家仓头，面宽四五丈有差，深四五尺有差。所谓仓头沟者，并不在三岔庄。从侯家仓头向东北，至淄河，计长六里零四分，宽二三丈有差，深一二尺有差，相隔小清河约计三里。但仓头沟西北低小清河岸丈余，东南低淄河七八尺，此仓头沟之地势也。每逢淄水涨发，即从仓头沟灌入北流，至性家沟，再北至种鱼沟，再北至黑水洼，再北至王昌河二十余里，俱系芦苇蒲藕之地，此仓头沟受淄河之水势也。

自侯家仓头二十七里，至新桥，面宽二三丈有差，深四五尺有差。自新桥三十一里，至马家楼，面宽一二丈有差，深一二尺有差。自马家楼五十一里，至淄河门，面宽一丈或一丈三四尺有差，深一二尺有差。支脉沟入河之处，即新桥是也。自新桥至淄河门，两河合行，所以为七县入海之门户。

支脉沟之军张闸宽一丈、高一丈，闸板十块，每块八寸。桑公堤东西十八里零一百四步，东至新城黑水湾，西至长山韩家套。在长山境内，一千四百六十四步。堤南郑家庄、张管庄、官庄、曹家庄、前金家庄、后金家庄、杨家庄、张家庄、辛庄、康家庄、孙家庄、北营庄、牛角庄，所谓桑公堤之十三庄也。

自闸口三十九里，至五道口，面宽五丈以至三四丈有差，深三尺五六寸有差。

自五道口三十三里，至干桥。自干桥二十四里，至博兴城南锦秋湖，深一尺三四寸有差，面宽与上流相同，两崖泛溢，牵连一片。

自锦秋湖六十七里至官庄，自官庄二十八里至燕儿口，自燕儿口二十里至丁家河头，面宽与上流相同，深二三尺有差。两岸高堤，水行地上。

自丁家河头十里至孙家屋子，自孙家屋子尚有四百九十丈未开之平地，至新桥，新桥即小清河身也。

卷四

章丘县水利

章丘县之所以被水患者，总恃地势高阜，不经理水道之故也。绣江河，即淯水也。南面山泉雨水，从爪漏河，会归绣江，入大清，自西南而东，复折而北。城西一面诸水，全泻于历城交界之白云湖，亦归绣江。是绣江一河为水之归宿，乃章丘全邑之命脉也。河内碾硙七十二座，每座用石坝横栏，如七八丈河面，仅存丈余，逼水升高，则冲激有力，而硙轮得以灵旋。六十余里河身横截七十余座石坝，节节阻滞，格格不通。山泉瀑涨，既难畅泄，自必横流，有害民田。此绣江河之所以为害也。小清河发源于东岭、长白二山，不过章丘东南一角之水耳。自山头庄，至柳塘口，入减水河，归齐东县，直南直北，得地势之高低，顺水性之自然。而今则堵筑柳塘口，郁折东行。殊不知，在河之下游不可不折，不折则不舒，贾让所谓“使水有所休息，左右游波宽缓而不迫”

是也；河之上游则必不可折，建瓴奔腾，宜避其锋，《禹贡》“自积石三千里，直至龙门，然后南折华阴”是也。章丘乃小清之上游也，章丘境内水行地上，不过两岸浮堤束水成河，再加之堤根挖洞，引水灌畦，百孔连络，是水未平堤，而先从堤根肆散，及既平堤，势必冲决旁流，无所底止。乾隆二年，曾议减水河不开，无害于邹平等县，有害于章丘、齐东。今章丘堤决，先害本境民田，次及齐东麻姑堂等处，仍归于大清河。此河之开与不开，特为章丘、齐东之利害，而两县坚执以为不可，究不知其不可者何所指也。

邹平县水利

邹平水患在尚口。尚口者，即冲坍河岸之地名也，在郭家对门两口之西、小清河之北岸也。尚口迤南接浒山泊，三十余里一片汪洋，尚口迤北尽成泽国，而余波殃及于长山。此外之积水成洼，不计其数。盖由邹平地势西低于章丘、东低于长山，南面千山万壑，而青城又高于北。不特境内之沙河、白条河、珠龙河以及坡田立水俱借道于长山一线之河身，而且为章丘东南、青城正南、齐东东南诸水之汇归，无怪乎连朝积雨，便成巨浸。邹平水路原自南而北，回首东行，径长山界，出陶塘口，归清沙泊。阻滞清沙泊之水之所以不行者，由军张闸阻滞；军张闸之水之所以不行者，由高、博、乐三县阻滞。水既不流，又别无去路，则郁积横流，先注于低洼，次及于高阜，必尽其水之量而后止。此执之所必至而理之不易者也。济属之邹平，犹青属之博兴，乐不治则博之水无所归，长不治则邹之水无所归。譬诸不凿龙门、不折砥柱、不辟伊阙，则吕梁迤西之水，不得至孟津而过洛汭；不凿岗阜，安能疏三江而定震泽？且水性、地势相为表里，必欲俯地以就水，不能升水以就地。乐高于博，长高于邹，天造地设，不必聚米为山，而后了如指掌也。

长山县水利

长山东北乡二十八庄，受邹平尚口冲溢之水，绕过邹平北境，流注长山。所谓二十八庄者，即当年之驾鸭湾、白云湖之故基也。顾名思义，其地势之低洼，可想见矣。东西二十余里，南北十里有差，现在积水二三尺有差。再，东乡韩家套、马头庄等处，受新城桑公堤外之水，涨溢西流，其被水形势不过轻于邹平、重于章丘耳。但长山地势虽高，而东有清沙泊堵于前，西有浒山泊涌于后，周围数百里，日积月累，总无去路，水愈积则愈高。地势虽高，而水亦积之以俱高。所以坚议长山之必于疏浚者，非独为封邻，乃所以自为也。郭家口迤南属邹平，迤北属长山，长山拨夫守堤，恐白条、珠龙两河之水，向北直冲，有伤民田。而水积邹平境内之十五庄，是不害于长，即害于邹。尚口自西绕过郭家口之北，而水积长山境内之二十八庄，是不受害于南，即受害于北。议者曰："郭家口必须增高培厚，或用石工，或用三和土，庶几长山可以无患矣。"殊不知郭家口乃东西横堤，背面受敌，可以障南来之水，不能防北来之水，是长山亦在被患之中，安得置之事外耶？

新城、高苑两县水利

新城为邹平之下游，泉水汇积于清沙泊，东西三十余里、南北十里七八里有差。沿河庐墓尽淹水中，秋水横天，牛马莫辨。而出水门户，全在军张一闸。以一丈宽之闸门，泄周围三百余里之洪水，即闸板全启，尚且退涸无期、有误冬耕，何况今日启一板，再数日而又启一板，每日退水不过一寸，此新城官民之苦也。高苑地势更低于新城。新城受章丘、邹平、长山三县之水，其势已不可当，而高苑又并新城而合四县之水，其势更不可当。军张闸口建瓴直下，而支脉沟又不能容受，以致东冲西决、散漫民田。且境内之雨水山泉，涓滴皆无去路，再加之孝妇诸河，自湾头灌注博兴，倒流高苑，即使闸板全闭，不受新城清沙泊之水，而境内已成泽国，此高苑官民之苦也。两县争讼，无岁无之。不治归宿，不清来源，割肉医疮，终非善计。

博兴水利

七邑叠低，而博兴愈低；七邑皆苦，而博兴更苦。小清河上半截水，先高苑，而后及博兴；下半截水，先博兴，而后及乐安。博兴城南又有逯家口，计宽三十余丈，引清沙泊之水从干河而灌注。是上半截之水，又不必尽由高苑而入博兴，博兴乃此河之腹也，譬人之尾闾不通，犹桎其手、缚其足、塞其众窍、以水沃其口而不已，腹满而气绝。今不治下流，不疏支脉，不堵缺口，是犹沃水于口，不去其手桎，不解其足系，不除其窍塞，欲其腹不满、气不绝，安可得哉？

乐安县水利

小清河横亘七邑。南面之山，譬则屋之脊也；山下诸水，譬则屋上瓦陇间之水也；小清河，譬则前檐横盛滴水之简槽也；新城等县之地，譬则人家之庭院也。小清河淤塞，则简槽中有物作梗，而瓦水溢出流满于庭院矣。小清河疏通，是剔去简槽中之梗物，而瓦口之水自循简槽，而注于所当注之地矣。河身截为两节：在迤西之水，从军张闸入支脉沟，由乐安而入海；在迤东之水，西既不能接军张闸入支脉沟，北又不能入干河循小清故道，东又不能从乐安境内顺归于海。各县之山泉雨水源流不竭，而东、西、北三面，不但无千夫之浍，而并无十夫之沟，则冲突泛溢之势以成，而荡析离居之形以告矣。麻大湖周围六十余里，博、高、新城三县交界；会城泊周围四十余里，新、博两县交界，淹没良田不知若干，而愚民无所知识，往往为堰捍水。及其堰溃，又退缩高阜之地，为堰于此。殊不知水不清其源、不导其流、不分其执，今年起土筑堰之地，又为来年聚水之塘；让一尺，水浸一尺；让一丈，水浸一丈。是可耕之地日蹙，而泛溢之水无穷。生民之患，莫此为甚。康熙二十五年，抚宪张议从博、乐交界之石村镇径三里庄，直东开至龙门口，分泻孝妇、麻大诸河之水，拨七县人夫赴乐安帮挑。因路途远近不等、人心不齐，辗转查议，未及举行。又至康熙三十三年，抚宪桑亲临乐安，议开此河。彼时一片汪洋，难于丈勘，而水涸之后，又未举行。及至康熙五十七年，抚宪李委博兴知县李元伟督开预备河，即康熙二十五年张抚宪所议之河身也。每一里酌给饭食银二十两。规模虽定，不自下流开工，先从上源，失先后之序。将博兴之麻大、会城诸水引至乐安之石村镇，四面漫溢，以致众议沸腾，又复中止。是卤莽灭裂，固无益于各县之水患，而徒废乐安数千亩良田变为巨浸。及后石村居民，苦不堪言，又于康熙六十年，从石村之北开浚一沟，通连小清河，身宽不过五尺，深不及三尺，一线引流，仍无益于各县并石村之水患，而乐安小清延袤之地亩又多泛溢矣。窃思水合则强、分则弱，急则怒、缓则平，通则行、阻则滞。今以蜿蜒六百余里、一脉流通之清河，竟截为两节，又益之以河泊以助滔天之势，其害宁有穷乎？方膺不揣谫陋，访求前议。自乐安县石村镇，径三里庄，至龙门口，共计五十六里，熟审形势，谛观来脉，其地势之顺利，适合乎水性之自然，前人之相度经营，洵为灼见。回而复遍访里民，反复商酌，此河不开，则水患不除，虽补塞罅漏，终非正本清源之策。但工程浩大，不敢轻举妄行。复查河身经过之地，有草桥洼、桓台洼，共二十三洼。凡洼内有地之家，不能耕种，愿开此河以泄积水者，共三十四庄。再迤东俱属斥卤之场，居民常苦水咸，掘井难饮，愿开此河，可以得甜水、可以灌溉不毛，得使碱气下沈，渐次耕种者，共计二十庄。又石村沿湖居民已往之地现浸水中，现在之地恐亦不保，愿开此河以永杜水患者，共二十一庄。又小清河二十四社地居洼下，愿开此河以分水之势，而不致漫溢者，共计三十五庄。通计河身五十六里有奇，愿开此河者一百一十庄，各庄共五千八百四户。除鳏寡孤独概免挑河外，每一家挑河十八尺。就村庄之远近鳞次派工，则饭食方便，而往回又不致于耽延，诚属众擎易举、一劳永逸。雍正十二年十月初一日开工，至十一月初十日告成。面宽二丈，底宽一丈，深一丈，计长一万八十六丈，折算共五十六里有奇，一律深通，畅流无滞，命名曰“福民河”。从此，六百里内，其章丘、邹平、高苑及长山、新城迤西之水聚于清沙泊者，入支脉沟，至乐安会小清入海，则西南之水有所归，而小清河北之水患可除矣。其淄川、临淄及益都迤西，长山、新城、博兴、高苑迤东之水聚于麻大湖、会城泊者，径乐安之石村三里庄，从福民河由龙门口入海，则东南之水有所归，而小清河南水患可除矣。不特乐安境内石村湖兴二十三洼以及各县有粮之田可以播种，即浒山泊、白云湖、鸳鸭湾、清沙泊、麻大湖、会城泊、锦秋湖，虽积水废潴，皆堪经理。

乐安县水利二

渑水发源临淄县西北旧皇城，距城四里，地名长胡同之南。其地高数尺，有泉，方圆约四尺，俗呼为渑水泉，未知其泉发于何山。又问淄邑故老，咸谓渑水之发源出于牛山下之温泉。温泉之水，过伏行二十余里，至长胡同南始行地上，而为渑水；再行十里，至乐邑之李家庄；由李家庄至鲍家庄十里，自鲍家庄至拐子庄五里，自拐子庄至小张庄五里，自小张庄至广才桥八里。以下入博兴界，河身浅狭，每逢水势涨发，不特洼地积水不能入河宣泄，而河内之水并且泛溢民田。所以沿河大量[1]地亩，累年被水，苦不堪言。然水固为害，而河内芦苇深根密种，则河日浅而水愈蓄，水愈蓄则土愈淤，未始非芦苇之害助之也。被害之庄，如李家庄、李家老庄、张郭街、张郭新庄、鲍家庄、张家庄、拐子庄、店上无尾庄、孙家庄、车家庄、小张前街、小张后街、梨元许家庄、艾家庄、赵家庄、杨赵铺、罗家庄、陈家营、太和庄，共十九庄，各家各挑地头。如河身南北而地头东西者，则地短而工少，即一家独挑[2]。

乐安县水利三

淄河发源于颜神镇之原山，由益都、临朐、临淄、乐安、寿光入海，在乐安境内回环曲折三十余里。每逢夏末秋初，山水涨发，沿河低洼地亩多被淹涝。所以两岸高堤夹水北行，防其旁流四溢、有伤田禾。在河之西者有：丰台口，长一百六十丈，高七尺，顶宽四尺，底宽一丈；曲堤圈五村口，长一百十三丈，高七尺，顶宽三尺，底宽一丈；殷家口，长八十一丈，高九尺，顶宽五尺，底宽一丈二尺。在河之东者有：王镇口，长五十丈，高一丈五尺，顶宽一丈，底宽一丈，底宽三丈；任家口，长四十丈，高九尺，顶宽六尺，底宽一丈；苏家口，长四十丈，高六尺，顶宽三尺，底宽一丈；吕家口，长六十丈，高一丈一尺，顶宽四尺，底宽一丈；明家口，长五十三丈，高八尺，顶宽四尺，底宽一丈二尺；韩家口，长四十丈，高六尺，顶宽三尺，底宽一丈；虾蟆湾，长七百八十二丈，高一丈，顶宽四尺，底宽一丈。以上应防决口共十一处，计长共一千三百四十六丈。被害之庄，如东十里铺、朱家道口、莲花店、朱家庄、小刘家庄、汪家庄、东水磨庄、蔡家庄、西水磨庄、朱家营、张家庄、聂家庄、王家庄、钟家庄、朱常庄、徐家庄、李家庄、蔡家庄、成误寺、双庙庄、孙家庄、南十里铺、袁家庄、大张庄、陈家庄、黄邱店、毛王庄、郭家庄、前率王庄、后率王庄，以上共计三十庄通力合作，计户均工，务于晨隙之时预为修筑。上不决则下不淤，泻水有力则出口深通矣。

---

① 编者按：底本原作“粮”，据文意改。

② 编者按：底本原无“挑”字，据文意补。

跋

〔清〕李琪

此书盖先叔曾祖晴江公为任兰山时，奉檄亲勘小清河而作，凡四卷，共十四篇，指画六百里之形势，条陈七邑之利病，大旨以乐安为七邑之下游，下流有所归，则上游乃有所杀，亦犹浙西水利之先治太湖、三吴水利之先治松江也。雍正十二年十月开工，自乐安石村镇至龙门口共五十六里有奇，阅一月告竣，命名曰福民河。其余章丘、邹平、高苑、长山、新城、博兴六邑之水患以次经理。后因督府某议开垦，公独梗其议，遂下狱。事白，乃调任安徽，则六邑之以次而行者未知何如。而识者采其说入《山东通志》，乐安人亦奉栗主入名宦祠，亦可见其策之善矣。公负经世之志，而未竟其用，尝于乾隆五年以是书刊行，而板又湮没，藏书家亦罕有存者。余亟从红桥伯处得之，已缺一简。爰录之于右，以使后之读是书者祖其遗法，踵而行之，其比于宋单氏锷之水利书，而为明周氏忱、夏氏原吉之所取则，则公之志亦可以不没也夫。

道光十年岁次上章摄提格旦月某日，侄曾孙琪谨识。

李琪（1781—？），字东美，一字元朗，号少山，江苏南通人。李方膺侄曾孙。善诗文，有《少山诗钞》。

奏请以博兴县知县朱华国调补安丘令等因[①]

〔清〕白准泰

七月十三日，山东巡抚兼提督衔臣准泰谨奏，为瘦难之邑，亟需整顿，仰

① 编者按：博兴历代地方志，乾隆二年至二十九年知县阙，此可补地方志“职官”之阙。另，《职官表》中雍正八年知县为河南进士牛华国，不知是否为“朱华国”之误，且误记其任职年份，存此待考。

恳圣恩俯允，酌调熟习之员以重地方事：

窃照青州府属之安丘县，知县员缺，系瘦难二项相兼，例应部选。但查是邑土瘠民贫、习俗刁健，加以士不习书，讼棍往往作奸，以致案牍之繁，甲于青郡。兼之乾隆十三年以前，连遭荒歉，地方凋瘵，讼狱盖滋。因该知县严锡绶不能振作，且又昏庸，经臣于本年六月十七日具疏题参，请旨革职在案。所遗是缺，虽系不在调补之例，但查现在情形，非明干熟习之员，莫能整顿。所当仰请圣恩量为调剂。今臣查有博兴县知县朱华国，系河南开封府祥符县人，由乾隆己未科进士，乾隆十三年拣发山东委用，题署博兴县知县，嗣经实授。该员青年强干，办事实心，且与安丘同为青郡所辖，该地之土俗民情，素所稔悉。合无仰恳圣恩，即将朱华国调补安丘县知县，其所遗博兴县知县系海澥简缺，仍听部选。一转移间，则人地相宜，可收整顿之益。至朱华国虽于博兴县任内历俸未满三年，但与乾隆十四年十一月内九卿等议覆御史欧堪善条奏内称“员缺果系紧要，非干练之员不能胜任，而年例不符，实有不得不为变通者，准令该督抚详悉声明，专折奏闻”之例相符。相应遵照定例，奏请圣裁。

再照该员系以简缺调繁，无庸送部引见。其任内亦无降革留任，例有展参及督催分数钱粮等项案件，合并陈明。臣以地方起见，不揣冒昧，恭折请旨，伏乞皇上训示遵行。谨奏。

乾隆十五年七月十三日奉朱批：著照所请，行该部知道。钦此。

（选自台北故宫博物院清代档案·军机处档折件·乾隆朝）

白准泰（1681—1752），赐姓他塔喇氏，字健斋，号雪村，满洲正黄旗人。以笔帖式内府主事，为世宗所知，累官福建将军。乾隆时历任安徽、广东、山西、山东巡抚。坐查办伪奏本案不力，触帝怒，发香山监工，以老病卒。

贻赠曹益大文林郎、妻李氏孺人制[①]

〔清〕佚名

奉天承运皇帝，制曰：考绩报循良之最，用奖臣劳；推恩溯积累之遗，载扬祖泽。尔曹益大乃山东兖州府教授曹象恒之祖父，锡光有庆，树德务滋。嗣清白之芳声，泽留再世；衍弓裘之令绪，祜笃一堂。兹以覃恩，贻赠尔为文林郎。锡之勒命，於戏！聿修念祖，膺茂典而益励新猷；有谷贻孙，发幽光而丕彰潜德。

制曰：册府酬庸，聿著人臣之懋绩；德门辑庆，式昭大母之芳徽。尔李氏乃山东兖州府教授曹象恒之祖母，箴诫杨芬，珩璜表德。职勤内助，宜家久著其贤声；泽裕后昆，锡类式承乎嘉命。兹以覃恩，贻赠尔为孺人。於戏！播徽音于彤管，壶范弥光；膺异数于紫泥，天庥永邵。

（选自《曹王曹氏支谱》卷一，1997年自印本）

贻赠曹作舟文林郎、妻毕氏安人制[②]

〔清〕佚名

奉天承运皇帝，制曰：任使需才，称职志在官之美；驰驱奏效，报功膺锡类之仁。尔曹作舟乃山东兖州府教授曹象恒之父，雅尚素风，长迎喜气。弓冶克勤于庭训，箕裘丕裕夫家声。兹以覃恩，赠尔为文林郎。锡之勒命，於戏！肇显扬之盛事，国典非私；酬燕翼之深情，臣心弥励。

---

① 编者按：据民国《重修博兴县志》卷九《选举志》载，曹益大，以孙象恒兖州府教授，贻赠文林郎，妻李氏赠孺人。

② 编者按：民国《重修博兴县志》卷九《选举志》载，曹作舟，以子象恒兖州府教授，敕赠文林郎，妻毕氏赠安人。

制曰：奉职无愆，懋著勤劳之绩；致身有自，宜酬鞠育之恩。尔毕氏乃山东兖州府教授曹象恒之母，淑范宜家，令仪昌后。早相夫而教子，俾移孝以作忠。兹以覃恩，赠尔为安人。於戏！贲象服之端严，诞膺巨典；锡龙章之涣汗，永播徽音。

（选自《曹王曹氏支谱》卷一，1997年自印本）

附：教授兖州府告归诗（二首）

〔清〕曹象恒

金殿传胪二十年，偶从东鲁作儒官。
已闻时雨沾芹泮，且喜春风近杏坛。
老矣身何关宠辱，归与梦亦觉平安。
鲈鱼信美秋风起，更英清吟苜蓿盘。

勇撤皋比复见公，青山流水送清穷。
三年别去蓬莱月，两袖携来邹鲁风。
邱壑全收诗卷里，襟怀半落酒杯中。
少陵台畔重回首，一点浮云向远空。

（选自《曹王曹氏支谱》卷一，1997年自印本）

曹象恒（生卒年不详），字毅庵，号苏斋，博兴人。雍正壬子科举人，癸丑科联捷进士。曾任山东兖州府教授，敕授文林郎。著《苏斋制艺》《锦秋拾翠》等。

奏报博兴等六州县城垣修竣缘由折

〔清〕阿尔泰

山东巡抚臣阿尔泰谨奏，为奏明事：窃照州县建造城垣，肃观瞻而资保障，所关綦重，如有坍损，自当随时修整，以期巩固。臣查东省城垣，除完固外，其应修各城，比年以来，臣谆饬道府董率该州县酌量情形，分别缓急办理。除德平等一十六县皆以次完工，经臣节次奏闻在案。兹据博兴、安丘、诸城、滋阳、沂水、莒州等六州县，应修城垣，现俱完竣，据道府验明禀报，臣亦于巡查之便，顺道覆勘无异。查前项城工所需物料，官先倡办，绅士乐从，一切工作，民皆愿效。子来踊跃，从事核计官民所用银数，虽与题请议叙之例不符，但相率急公，克期修整，亦属可嘉。臣俱分别记功奖赏，以示鼓励。其余应修各处，及已修未竣者，统俟秋后农隙时陆续兴修，工完另行奏报。所有博兴等六州县城垣修竣缘由，理合恭折奏明。伏乞皇上圣鉴。谨奏。

乾隆二十八年四月十三日。

朱批：知道了。

（选自台北故宫博物院清代档案·宫中档奏折·乾隆朝）

阿尔泰（？—1773），伊尔根觉罗氏，满洲正黄旗人。雍正时以副榜贡生授宗人府笔帖式，历官山东巡抚、四川总督、武英殿大学士。乾隆中巡抚山东七年，大兴水利，疏治各州县河流，修堤开渠，治绩颇著。后抚绥大、小金川土司，督治征讨金川军饷。因失职被赐自尽。

奏覆东省青州府属之高苑博兴乐安三县偶被偏灾已蒙圣恩抚赈臣与藩司悉心斟酌实可无庸再请加恩事

〔清〕李清时

山东巡抚臣李清时谨奏，为覆奏事：窃照东省青州府属之高苑、博兴、乐安三县本年偶被偏灾蒙皇上抚赈蠲缓，恩施稠叠，灾民并无失所。十月十八日复蒙皇上降旨查询，或有尚需加赈之处，令臣查明实在情形，详悉覆奏。经臣以高、博、乐三县被灾之区，成灾止五六七分，情形本轻，岁内已有抚赈，口粮粮价未为昂贵，容俟抚赈将竣，体察民情于腊月内另行奏明。奉朱批：“览，钦此。”兹臣与藩司梁翥鸿体询青州府知府费廷珍，参以臣九月间亲睹情形，该三县原止一隅轻灾，蒙圣恩抚赈频仍，灾黎俯仰有资，明岁立春较早，一俟春融东作，即可佣工度日。且查博兴县现存仓谷一万一千余石，乐安县现存仓谷二万二千余石，惟高苑县止存仓谷六千三百余石，臣当于邻近各属拨济，开正即借粜兼行，民食有赖。臣与藩司悉心斟酌，实可无庸再请加恩，理合据实覆奏。伏乞皇上睿鉴。谨奏。

乾隆三十二年十二月初一日。

朱批：知道了。

（选自台北故宫博物院清代档案·宫中档奏折·乾隆朝）

李清时（1705—1768），字授侯，号蕙圃，福建安溪人。乾隆进士，历任嘉兴知府、河东河道总督、山东巡抚等职，期间组织治水，整治腐败，政绩显著。因积劳成疾，卒。曾自书四句于座右：“有水济运，无水淹田。帑不虚糜，功归实际。”以此为治河要诀。

疏浚小清河条议

〔清〕陆耀

窃照小清河一案，现奉宪台酌定土方工段，分派各员疏挑，并委某等督查，仰见宪台慎重工程、筹划至当。某等悉心商酌，内除章丘、邹平、乐安三县派定本境工程，及续据博兴尹令自认该县南门桥首段工程，均可毋庸再议外，其自第二段至第十段地势绵长，该员等越境承挑，工多费大。某等管见，尚有应行筹办者，理合开具各条，呈请钧览。

一、办工各员宜请酌添也。查支脉河原派工程，每段土方自五万六千零至六万八千零不等，该处俱系坐落荒碱地面，村庄稀少，河旁间段坡水未消，照工程则例计算，每土一方，拨夫一名，需银一钱。又承连岁荒歉之后，民情拮据，各物腾涌，除每名借谷三斗外，尚有窝铺器具等费，挑土一方，又需银二三分，合计各段土方经费，为数甚多，止派正办、协济二员，且系邻境远来，地方情形本不相习，窃恐兴工之后，力量难支。今除博兴一县认挑本境一段外，其余工程九段，原派官十九员，每段遵派二员外，尚余剩临淄一员，应请再派八员，每段各得正派一人、协济二人，庶几出力者多，易以克期集事。

二、派拨人夫宜听工员筹办也。查原单内开工程十段，需夫四万千零，分派长、新、高、博四县各出夫一万有零。窃思四县生齿本不繁盛，又上岁俱成灾九分，春初恐有附近外出之户，拨夫逾万不无掣肘。应令承挑之员，自行悉心筹划，或酌量携带，或就近雇募，总以每员办夫四千名为率，务于开工前一二日齐集工次，至期畚锸铺同举，不得先后参差，所需给借仓谷及窝铺器具等物，并令该员妥协经理；其原派长、新、高三县，亦令照此承办，不必预集万人听候分拨，在该三县既免多集人夫，而各委员亦得操纵自如，施工较为易便矣。

三、土方分数宜按员指定也。查原派每段工程，承挑一员，协济一员。今某等议请每段加添一员，合计九段，共二十七员。虽正办之员出力自应较多，但协济两员如不限以土方分数，则踊跃急公者固多，互相推委者亦或间有，甚至观望不前、有名无实，正办之员愈觉费力，于工程颇有关系。应请宪台每段土方以十分为率，令承挑正员认挑十分之四，协济二员各认挑十分之三，所有应需土方、工费，务各先期就近解交某等二府，转发正办之员收放。如不克期解送，致误要工者，某等立即指名揭报。若协力者并无迟误，而承挑者借词延缓，亦惟该员等是问。

四、协办人员宜各随府分也。查原单内正协各员错综派委，不论府分异同，虽承挑之，与协办原可无分彼此，然究系同府之员，痛痒尤觉相关。某等酌议，抑正办之员系济南府属，即当于济属内派令协办，如此一转移间，在该员等既易声息相通，工作无误，即某等就近督催，亦觉呼应较灵。倘蒙俯允，应请将原派东昌府三属并归济南督催，武定府二属并归青州督催，其余续请派出之员，一并照此办理。所有酌议各员工段，谨另开清单呈览。

以上各条，谨就某等及奉派到省各员公同酌议，合同呈禀。

是否有当，伏候宪示。

（选自陆耀撰《切问斋集》卷十，见任宝祯编《小清河历代文汇》，第105~107页，济南出版社2008年版）

陆耀（1723—1785），字朗夫，一字青来。清江苏吴江人，乾隆举人，历户部郎中、登州知府、山东运河道、布政使，官至湖南巡抚。生平清节自励，不信星命。辑清初经世文为《切问斋文钞》，著有《切问斋集》《河防要览》《甘薯录》。

请挑浚小清河等因（并附件一）

〔清〕富明安

正月廿日，山东巡抚臣富明安谨奏，为奏明浚河渠以弭水患以收地利事：

窃照水利农田，皆关民生本计，理宜加高，讲求随时修举。以冀仰副皇上子惠元元之至意。臣于去冬查勘运河之便，见嘉祥县之赵王河、澹台河、蔡河，邹县之白马河，但间腹淤浅，各河皆关运民田，随经饬令各该县插立标志，劝民逐加挑空，据报完工，委验如式。又查济南府属之章丘、邹平、长山、新城等四县，青州府属之高苑、博兴、乐安等三县，向有水患。臣于上年九月内巡查所至，留心体察，因章丘等七县六百余里中有小清河一道，为各山泉众湖泊之汇归注河，一干两支，久经淤塞。历任抚臣屡饬筹办，因河身横跨数县，分隶两府，动多掣肘，未及举行。臣随于十一月间饬委候补知县陈鹣等会同各地方官逐加履勘，缘小清河，自章丘长白山发源起，东至新城、高苑两县交界，分北条为支脉沟，又东至博兴县，分南条为预备河。其中条则仍为小清河，两河一沟俱分宣入乐安之淄河归海。今查中条之小清河消纳七县山河湖泊之水，中多滩嘴淤腹，阻滞河流。其北条之支脉沟，分小清上游水势，而尾闾八十余里淤塞不通，下壅必至上溃，七县民地在在堪云。其南条之预备河，对小清下截顶冲，于康熙年间开而未成，有名无实。后虽于乾隆五年在预备河之南接挑福民河，而地势高亢，年久渐淤，不能分泄。以致湖泊溃水散漫，东趋乐安之草桥、八洼一带，粮田数千余顷，常被水淹，或已经豁粮，或仅收蒲苇之利。此两府七县之受病情形也。欲除七县之患，应从下游之乐安起。臣现拟于乐境之小清河，挑切滩嘴淤腹，培高堤埝以防泛溢。并将预备河旧形五十四里、及支脉沟之对门圈左右八十余里大加挑空，务使一干两支建瓴而下，分泄入淄河归海。仍饬上游各县将支脉沟及小清河上截一体挑通淤浅，不特博兴之夹河、乐安之八洼等处洼地数千顷可复膏腴，即章丘、邹平、长山、新城、高苑等县附近湖泊之地涸出必多，与民生大有裨益。各该县居民咸知利病切己，俱愿出力兴挑，无需动帑。但乐安工程较大，应令上游各县帮办，庶几众擎易举。臣与藩司尹嘉铨商酌，转饬各该县体询舆情，实俱踊跃，请于春融即兴工办理。再，各地方官俱有刑钱职守，恐未能专司其事。查有原任峄县知县许承苍、原任益都县知县赵王槐，均系因承审割办案内革职，交代已清，例应回籍。臣查该二员在东年久，年力精壮，历办水利工程，向有成效。因委令协同候补知县陈鹣查勘各河道。俱有条理，合无仰恳圣恩俯准将许承苍、赵王槐留于东省，令其自备资斧帮同各地方官办理小清支干各河事，务俾赎前愆。如果实心出力，容臣于事后另行奏闻请旨，理合一并陈明。臣谨恭折具奏，伏乞皇上睿鉴。谨奏。

正月十六日。

乾隆三十五年正月二十日奉朱批：好，有利民生之事应为者，但不可滋弊耳。钦此。

附件：应挑工段清单

一，小清干河间段淤阻，宜分两截挑切也。该河自章丘至乐安，绵亘六百六十余里，中间于新城、高苑交界之军张坝，河身北岸另开支脉沟一道，以分上游之势，河水全趋支脉沟，而坝东正河四十六里遂成干涸，河身分为两截，其下截自博兴湾头地方复受麻大、会城、猴子等泊及石村湖之水流，至乐安县苍头沟入淄河归海。今查小清河上截间段淤浅，下截虽属深通，但湖泊汇归水甚强盛，势难消纳。且堤岸残缺，兼有滩嘴淤腹，河流纡缓。应逐段挑切，培高堤埝，使水势利顺，夹束归槽，自无漫溢之虑。其中段干河四十六里，竟可不必开挑，以免引水入泊，反助湖泊之势。

一，支脉沟为小清河北支，尾闾不畅，宜从下游疏浚也。自新城、高苑交界起，至乐安县入淄河归海，计长一百七十余里，分小清上游浒山、清沙等泊之势。其高苑境内虽属宽深，东至博兴马家桥等处即多浅窄，又东至乐安宽阔稍等处并皆淤塞，统计八十余里，应大加挑挖宽深。又，将近入淄河之对门圈，周围十二里，河形圆曲如环，不能直达，应行取直。止须改挑五十七丈，不必纡回挑挖十二里之远。俾水势顺溜，则章丘等七县之水建瓴入淄，迅趋于海，各县湖泊沿边之地，涸出必多。

一，预备河为小清河南支，挑挖未成，宜照旧形兴挑也。康熙年间，自博兴县境开挑，佐小清河分泄麻大、会城等泊之水，东流三十五里至乐安境，但有河形，未经深挖，后虽于乾隆五年在预备河之南接挑福民河，而地形高亢，年久渐淤，不能分泄。今查福民河未能得益，无庸挑修，应将预备河照依旧形，于八洼地内挑长五十四里，与小清河分泄入淄归海。该处势甚洼下，宜宽不宜深，应一律口宽六丈，底宽三丈，深五尺为度。挑挖之土，即用筑民埝，不特乐安之草桥、八洼一带有粮，及豁粮地亩可涸出耕犁，即博兴之夹河粮地，亦可化沮洳为沃壤矣。

（选自台北故宫博物院清代档案·军机处档折件·乾隆朝）

富明安（？—1774），满洲镶红旗人，富察氏。雍正间初授笔帖式，累迁户部郎中。乾隆间历两广各道、福建按察使，累擢为山东巡抚，留心水利，浚胶河、小清河及济宁境内各渠。后授闽浙总督，调湖广。卒谥恭恪。

奏明臣勘小清河淤浅之处插立标志便明春挑浚事

〔清〕徐绩

山东巡抚臣徐绩跪奏，为奏明事：

窃臣查勘小清河公出业经奏，蒙圣鉴，臣由小清河发源之章丘县，沿河查勘，经过邹平、长山、新城、高苑、博兴、乐安等县。查明该河上截俱属深通，惟高苑、博兴、乐安境内河身，因地处下游，受水较多，夏秋水过沙停，各有淤浅之处，所淤无多，易于疏浚。臣随插立标志，面谕登莱青道王站住、青州府知府陈诏，于春融督饬地方官逐加挑浚，以资宣泄。至长山、新城二县，各有民修城垣，已经选立董事，听民备料兴修。现因天冷停工，俟春融再办。民情踊跃乐从，办理均属妥协。臣沿途所见麦苗，自屡得瑞雪之后，根株盘固，来春收成丰稔，必更胜于往年。农民衣丰食足，气象欢腾，比户咸歌大有。兹臣于二十日回署，相应缮折奏明，伏乞皇上睿鉴。谨奏。

乾隆三十八年十二月二十一日。

朱批：知道了。

（选自台北故宫博物院清代档案·宫中档奏折·乾隆朝）

奏请以博兴县知县尹文炳调补泰安县知县事

〔清〕杨景素

山东巡抚臣杨景素跪奏，为要缺需员恭恳圣恩调补事：

窃照泰安县知县李品镐病故，所遗员缺为附府首邑，地当孔道，政务殷繁，向定为冲繁疲难。在外拣调要缺，非精明干练之员，勿克胜任。臣与藩、臬两司于通省知县中详加遴选，查有博兴县知县尹文炳，年五十一岁，江西进士，奉旨以知县用，于乾隆三十一年签掣来东。丁忧服阙仍来东省，题补今职，于三十五年九月内到任，三十七年十一月实授。该员才识明敏，办事老练，以之调补泰安县知县，实于冲繁要缺有益，其所遗博兴县简缺，例得以试用人员署理。查有试用知县曹澄，年三十七岁，江苏举人，乾隆三十七年挑选一等，奉旨以知县分发试用，签掣来东。该员年力富强，才具明晰，历经差委，均无贻误，堪以署理博兴县知县，照例限年试看，另请实授。惟是尹文炳历俸未满三年，与调补之例稍有未符。然人地相须，臣谨循例专折奏请，如蒙圣恩俞允尹文炳系对品调补，曹澄系试用知县请署知县，均衔缺相当，毋庸送部引见。再，尹文炳参罚案件，或系住俸，或已参未准部覆，例不计算。惟乾隆三十六年秋禾被水，涸出地亩，民借麦本银两，初次经征不力，降俸二级，戴罪督催。查系杂项钱粮，处分无碍调补。又曹澄参罚事件，除已参未准部覆不计外，惟前署平原县任内交代造册迟延，罚俸三个月；遣犯默勒忒在配脱逃，罚俸一年。合并陈明，伏祈皇上睿鉴训示。谨奏。

乾隆三十九年十二月初三日。

朱批：该部议奏。

（选自台北故宫博物院清代档案・宫中档奏折・乾隆朝）

杨景素（1711—1779），字朴园，江南甘泉（今江苏扬州）人。初捐货授县丞，效力于直隶河工，历官福建、台湾道，山东巡抚等，乾隆中措置台湾各族垦殖界址，从舒赫德用兵山东，修治汶上水利，治浙西水灾。卒赠太子太保。

为要缺需员拣选奏调事

〔清〕国泰

山东巡抚臣国泰跪奏，为要缺需员拣选奏调事：

窃照单县知县万在衡经臣奏请升署德州知州，仰蒙俞允，所遗单县员缺，系沿河繁、疲、难兼三要缺，例应在外拣员调补，臣与藩、臬两司于通省知县内详加拣选，非本任要缺，即人地未宜，一时实难得合例堪调之员。惟查有宁阳县知县玉栋，现年三十四岁，系正白旗春岱管领下汉军，由举人于乾隆四十三年五月初四日拣选引见，奉旨发往山东，以知县委用，于四十三年闰六月十六日到省，曾委署博兴县知县，嗣奏署宁阳县知县，乾隆四十四年正月二十四日奉文准署任事，扣满年限，已经题请实授。查该员才具明干，办事勤能，以之调补单县知县，实能胜任。惟该员历俸未满三年，与调补之例稍有未符，但人地相需，例得援例奏请，合无仰恳圣恩，准将玉栋调补单县知县，于地方实有裨益。如蒙俞允，所遗宁阳县员缺，系调补所遗，例得以试用人员补用。查有试用知县孙祥凤，现年四十八岁，浙江归安县举人，拣选知县，充补四库全书处眷录期满，议叙一等，签掣山东，引见，著发往试用，于乾隆四十四年二月二十二日到东。查该员才情明白，办事实心，前经委署馆陶县知县，并无贻误，已逾一年，试用期满，以之试署宁阳县知县，自堪胜任。照例俟试看期满，另请实授。

再，玉栋系以现任知县拣调知县，孙祥凤系以试用知县请署知县，均衔缺相当，毋庸送部引见。

又，玉栋参罚案件，除已参未准部覆者例不计算外，现在罚俸住俸案件仅止五案。该员系办差之员，本年正月初一、十五两次恭逢恩旨，例得查销。现在汇册咨部。又，孙祥凤并无参罚事件。合并陈明。为此，谨会同河东总河臣李奉翰恭折具奏，伏祈皇上睿鉴。谨奏。

乾隆四十五年八月初九日。

（选自刘世德著《红楼梦舒本研究》，第9~10页，社会科学文献出版社第2018年版）

国泰（？—1782），富察氏，满洲镶白旗人，四川总督文绶之子。历官刑部主事、山东按察使、山东巡抚。御史钱沣弹劾其贪纵营私，向所属各州县索取贿赂，以致各州县的仓库都亏空。事发，向商贾借银暂充仓库，以期蒙混过关。经左都御史刘墉查实，被乾隆帝责令自裁。

奏明臣前在山东巡抚任内审办博兴县地保张思诚勾通银匠张介平诓骗钱粮案错误缘由请旨将臣交部议处事

〔清〕玉德

浙江巡抚臣玉德跪奏，为陈明援引错误缘由，据实奏闻事：

窃臣前在山东巡抚任内，审办博兴县银匠张介平私雕假印，串票商同地保张思诚，诓骗花户钱粮一百余户，全行侵用一案。原审之青州府知府公峩、济南府知府金之忠、莱州府知府杜安诗等审照“伪造诸衙门印信，诓骗财物，为数多者斩监候”例，将为首之银匠张介平拟斩监候，为从之地保张思诚拟以杖流，由升任臬司康基田审拟招解前来。臣因张介平私雕假印，串票诓骗马廷公等一百余户钱文，系应征之地丁正项钱粮，与诓骗民间财物不同。且地保系在官人役，胆敢勾通银匠，将各户完纳钱粮包收侵用。地保张思诚仅于张介平斩罪减等，拟流不足示惩。且东省地保勾通银匠诓骗钱粮之案屡见，若不从严办理，无以儆奸徒而安乡里。是以臣与康基田面商酌定，照冒支钱粮例，将为首之银匠张介平拟以斩决，为从之地保张思诚拟绞监候。具题在案。兹准山东抚臣伊江阿咨会此案。奉刑部咨称：张介平商同张思诚私雕假印，串板戳记，包揽花户马廷公等钱粮分用，虽系应征入官之项，但尚未交官入库，究属马廷公等之私财，与已经入官之钱粮不同。张介平等向马廷公等包揽得银究非在官领取，自应照诓骗财物本例科断。今该抚因该犯骗钱八十千之多，不用诓骗之条，即照冒支钱粮例，将为首之张介平拟以斩决，为从之张思诚拟以绞监候，与例不符。张介平应改依伪造诸衙门印信诓骗财物为数多者，照例拟斩监候，为从之张思诚依例改为仗一百，流三千里，不准援免。至此案拟罪错误之承审核转各官，均例有处分。应令查取职名，咨部查议等。因咨会前来。查此案承审各官，原系照依诓骗财务之例，分别首从拟以斩监候、杖流。其改照冒支钱粮之例，拟以斩决、绞监候，系臣愚昧之见，从重改拟。现在臣已调任浙江，若不据实陈明于圣主之前，无以服承审各官之心。惟有仰恳天恩将臣交部照例议处，以为拟罪失当者戒。所有臣办理错误缘由，理合据实具奏，伏乞皇上睿鉴训示。谨奏。

嘉庆元年十一月初五日。

朱批：另有旨。

（选自台北故宫博物院清代档案·宫中档奏折·嘉庆朝）

玉德（？—1809），瓜尔佳氏，字达斋，满洲正红旗人。乾隆间由官学生考补内阁中书，任山东巡抚。嘉庆间任闽浙总督。以贻误提督李长庚镇压蔡牵之军事行动，逮部治罪，发伊犁，降乌什办事大臣。有《余荫堂诗稿》。

奏以盖方泌调补泉州知府等由

〔清〕董教增

十月二十八日，闽浙总督兼署福建巡抚臣董教增跪奏，为遵旨遴员调补海疆要缺知府，恭折具奏，仰祈圣鉴事：

窃臣按准部咨，钦奉上谕："福建泉州府知府员缺，紧要，著该督抚于通省知府内拣选一员调补，所遗员缺著蔡銮扬补授，钦此”等。因伏查泉州府系冲繁疲难，海疆要缺，民情旷悍，斗劫频闻，必得明干练达之员，方能胜任。闽省现任简缺知府，非人地不宜，即甫经到任，一时实无堪调之员。惟查有现经奏补延平府知府盖方泌，年四十八岁，山东拔贡，就职州判，分拨陕西试用，历署通判、知县。嘉庆元年，因湖北逆匪滋事，委随西安将军恒瑞军营办理粮务。奉旨交部议叙。三年委署商州州同，节次杀毙贼匪多名，并办理军务出力，甚得民心。六年十月，奏请加恩，奉旨遇缺先补。八年四月，借补定边县丞。六月，保奏军营出力人员以知县升用。九月，奏补盩厔县知县。九年二月，保奏南山搜捕出力人员奉旨赏戴蓝翎。十四年二月，因宁陕厅孙老么纠众滋事，案内拿获要犯多名，奏升西安府宁陕同知。十五年二月，引见。奉旨交军机处记名。是月，奉旨补授四川顺庆府知府。十八年五月，调补成都府知府。十九年，丁艰回籍。服阕赴部。本年四月，奉旨补授拣调福州府知府所遗之缺，现于八月十九日到省。查福州员缺，业经臣奏请，以延平府知府雷维霈调补，所遗延平府知府员缺，奏请即以盖方泌补授在案。兹盖方泌到闽以来，臣与藩、臬两司连日接见，详加察看，该员年壮才明，识议通达，曾任川省繁缺知府，以之调补泉州府知府，可期胜任合无。仰恳皇上天恩，俯念海疆要缺，一时乏员可调，准将盖方泌调补泉州府知府，以资治理。所遗延平府知府员缺，遵旨即以蔡銮扬补授。如蒙俞允，该员等均系奉旨发闽，以知府补用之员，衔缺相当，毋庸送部引见，并免查叙参罚。臣谨恭折具奏，伏乞皇上睿鉴。谨奏。

九月十八日。

嘉庆二十二年十月二十八日奉朱批：钦此。

（选自台北故宫博物院清代档案·军机处档折件·嘉庆朝）

董教增（1750—1822），字益甫，江苏江宁府上元县（今属南京）人。乾隆间探花，嘉庆间官至闽浙总督。有识量，强毅不阿，崇节俭。卒谥文恪。

《台案汇录》选

豁除台湾县广储西里里民林和等水冲沙压田园银谷题本

〔清〕佚名

户科抄出闽浙总督兼署福建巡抚董题报嘉庆十四年六七月间，台湾县广储西里地方里民林和等水冲沙压田园，请豁除银谷一案，嘉庆二十四年十二月二十一日题，二十五年二月二十五日奉旨："该部议奏，钦此。"钦遵于本日抄出到部。该臣等查得闽浙总督兼署福建巡抚董疏称：接准部咨"嘉庆十四年六、七月间，台湾县广储西里地方里民林和等水冲沙压田园八十五甲二分七厘一毫，迟至十八年始行咨部。前以一隅偏灾、未经详报、旋经械斗、未经勘办为词，今复以重洋远隔，风信靡常，往返报查，以致稽迟。且此案冲压田亩至八十五甲有余之多，未据奏报有案，国赋攸关，未便准豁。应令该抚题报到部，再行核办。至历年无征供耗银谷，转饬在于地方官暨率转之道府名下，照数着赔，并将历任迟延职名查取送部核议"等因，转行遵照去后，兹据布政使明山详：准护台湾道盖方泌移，据署台湾府郑佐廷详，据署台湾县温溶覆称：查嘉庆十四年六、七月间广储西里地方里民林和等水冲沙压田园八十五甲二分七厘一毫，先据该里民等赴县呈报，前县程文炘因系一隅偏灾，当时未经通报。随据该里民林和等赴府请勘，经蒙饬县勘详。前县程文炘饬开甲数，绘图请勘。该户等正在开报间，旋值漳泉民人分类械斗，未及勘办。前县程文炘旋于嘉庆十五年七月十五日病故。迨前县黎溶接任，催据该户等造具图册勘明，即于十六年七月初六日通详。嗣蒙饬委署嘉义县翟淦会同查勘相符，请自嘉庆十四年起豁除供饷。复蒙饬令于十七年起汇案请豁。辗转驳查，重洋隔远，风信靡常，以致迟至十八年始蒙详咨，奉部驳查。随经查明，据实具详。复奉部驳，并饬赔历年无征供耗银谷，查取迟延职名。再四复查，此案实先因前县程文炘拘于一隅偏灾，未经通报，继缘查办械斗，未及勘详。前县黎溶接办，复因往返驳查，重洋阻滞，彼此迟延，均属实在情形，委无稍有捏饰。且查长兴、仁德，此两里佃民陈颜、黄榜等被冲田园，亦系一隅偏灾，未经通报，已邀豁免有案。其林和等事同一辙，应请将该户应免供耗银谷，仍自嘉庆十七年为始，准其一体豁除，以苏民累。所有着赔历年无征供耗银谷，实非无故稽迟，恳请邀免赔完，并免开参等由，由府道核明转移前来。覆查此案台湾县广储西里地方里民林和等嘉庆十四年六、七月间先后被水冲陷田园八十余甲，该里民赴县呈报，乃前县程文炘拘于一隅偏灾，不为转报；该里民复赴府请勘，批县勘详，程文炘令各里民开明甲数候勘，适值查办淡漳械斗中止；程文炘旋于嘉庆十五年七月十五日病故。迨前县黎溶接任，催据该户等造具图册勘明，于嘉庆十六年七月间通详，饬委署嘉义县翟淦会同覆勘相符，请自嘉庆十四年起豁除供饷。复经驳饬，应自十七年为始汇案请豁。重洋往返，以致至嘉庆十八年始行详咨。是此案已经历任道府县逐细查覆，被水属实。惟奉驳查办迟延，应将历年无征银谷分晰着赔。查原咨已有声明十四、十五、十六等年应完银谷，业已饬据各该户照数补完，应毋庸议。尚有十七年分一年银谷，现准台湾道移覆，并未议赔。若再行令台湾查覆，愈致稽迟，应行遵照部咨，一面详请先行专案具题，一面移饬将十七年分银谷在于地方官暨率转之道府名下照数赔完，仍取现任道府县无捏印结到日，另行核详咨部。所有查办迟延职名，亦经前咨开明，实系前县程文炘，业已病故，应请毋庸置议。其嘉庆十八年起，案经咨报到部，应请援照该县长兴、仁德此两里佃民陈颜、黄榜等嘉庆十四年间被水冲压田园亦系一隅偏灾，迟至嘉庆十八年始行请豁，已邀准自嘉庆十八年为始，援例请豁，并核与本年钦奉恩诏内开"各直省坍没田地，其虚额仍相沿追纳者，地方官查明详请豁免"之谕旨亦属符合。相应查照原报册结转造司册结，改请自嘉庆十八年为始，准其援案邀恩豁免，以苏民累。合就详候察核会题请豁，并移令台湾道转饬将嘉庆十七年分银谷分赔完解，仍取现任道府县无捏印结，并将原送县册结改换请豁年分，另行咨部办理等情。臣覆查无异。除册结送部外，理合具题。再闽浙总督系臣本任，毋庸会衔，合并陈明"等因前来。查嘉庆十四年六、七月间，台湾县广储西里地方里民林和等水冲沙压田园八十五甲二分七厘一毫，应征供谷四百五十五石二斗九升二合七勺，耗羡银二十二两七钱六分四厘六毫三丝五忽，匀丁银四两五钱一分一厘八毫九丝三忽零，丁耗银四钱六厘七丝零。前据该抚请豁，经臣部核驳，并令将无征银谷在于地方官暨率转道府分赔在案。今据闽浙总督兼署福建巡抚董题报，查明台湾县广储西里地方林和等田园被水属实，嘉庆十四、十五、十六等年应完银谷，业已饬据各该户照数完补，十七年一年银谷移令台湾道转饬分赔完解，改请自十八年为始，该户应完银谷照数豁除等语。臣部查坍没田地虚额钱粮，自应查明豁免。今台湾县广储西里地方里民林和等田园八十五甲二分七厘一毫，既称嘉庆十四年间被水属实，应请旨准其豁免。所有历年应征银谷，除十四、十五、十六等年业经该业户照数补完，应毋庸议；其嘉庆十七年应征银谷，应令该抚转饬地方官暨台湾道府着赔，并造具着赔各员姓名银数报部查核等因。

嘉庆二十五年四月十八日题。

本月二十日奉旨：依议。钦此。

嘉庆二十五年六月十七日，福建巡抚部院韩准户部咨。

（选自百吉辑《台案汇录甲集》，第168~171页，文海出版社1979年版）

“为内阁抄出福建巡抚颜检奏”移会

〔清〕佚名

兵部为移会事：福建司案呈，内阁抄出福建巡抚颜奏前事一折，相应抄单移会可也。须至移会者。计单一纸。右移会稽察房。道光二年三月日，主政刘。

福建巡抚臣颜检跪奏为续获沉失台湾饷银及应筹款项补发各确数、恭折奏闻事：

窃照道光元年应发台湾各营兵饷，前经派委文武大员，分装兵船管运。内有金字三号一船装载台饷二十五鞘，计银二万五千两，于上年六月十九日在洋遭风，漂至凤山县辖打鼓外洋击碎，饷鞘等项全行沉失。当经飞饬设法打捞，除捞获外，未获银二鞘零，计重二千六百余两，并漂失兵丁戴青云等二名。经臣分晰具奏，一面督饬印委各员，仍再实力打捞务获。

嗣钦奉上谕：颜检奏饷船遭风、分别办理一折，福建台湾饷船在洋遭风，沉失饷银、军械，除捞获外，其未获者仍著实力打捞，俟核明确数，筹款补发；无著兵丁二名，著查明实在下落，照例办理。钦此。

复经恭录饬行遵办去后。兹据台湾府知府盖方泌详称：沉失前项饷银，续又捞获一鞘，并散银七锭、牌刀一把，共先后捞获二十二鞘零五封九十一锭，计银二万三千四百零四两六钱，已照数兑收府库；实未获银一千五百九十五两四钱，数月以来，严督人夫竭力打捞，迄无续获，或被浪冲失，或淤沙积压，均未可定，不能深探寻觅，恳请筹项补发，俾资找放兵饷。至兵丁戴青云等二名，亦查无下落等情前来。

臣等查该处系属深水洋面，潮汐退涨靡常，前项沉失台饷，除续又捞获一鞘零外，实未获银一千五百九十余两。现据该府详称，业被沙压浪冲，实已无从捞觅，应即遵旨筹款补发，以免海外饷项短绌。除饬藩司查明应筹款项，照数支出，顺交本年领饷员弁，一并解赴台湾府库交收，并饬将金字三号一船，详请动项造补，漂没得生各兵，分别营分战守，取造花名册结，另行题请议恤外，所有沉失台饷确数，现在筹款补发缘由，臣谨会同闽浙总督臣庆保，恭折具奏，伏乞皇上圣鉴。谨奏。

道光二年二月二十五日奉朱批：依议办理。钦此。

（选自百吉辑《台案汇录戊集》，第157~158页，文海出版社1979年版）

户部“为内阁抄出闽浙总督孙尔准等奏”移会

〔清〕佚名

户部为移会事：福建司案呈，内阁抄出闽浙总督孙等奏前事一折，相应抄单移会可也。须至移会者。计连单一纸。右移会稽察房。道光八年七月日，正郎关。

孙尔准等跪奏为原参短缺仓粮之署任知县已据参后完缴、续经病故、核明议拟、恭折具奏、仰祈圣鉴事：

窃照前署台湾县知县南投县丞范邦干任内经手仓库，据接任知县李慎彝禀报，银谷俱有短缺，经臣等孙尔准于道光四年在巡抚任内渡台巡阅营伍，就近饬令该管道府覆查属实，会同前督臣赵慎畛恭折参奏。钦奉谕旨：范邦干著革职拿问，提齐经手丁胥人等，严讯勒追，分别定拟具奏等因。钦此。当即钦遵行司饬提讯追去后。嗣据前署台湾府知府方传穟详称：吊核案卷，查原参范邦干短交仓谷三千八百三十三石零，讯系霉变盘折，已据范邦干按照台湾采买例价每石折银六钱，共缴银二千二百九十九两零。又原参短交仓款番银一万零六百二十二圆零，折银八千一百七十两零，又钱五千七百一十三文，除漏接前任捐款已据补交，又删除无关归补各款共银一千三百一十四两零，又续缴现钱五千七百一十三文外，尚短银六千八百五十六两零，内该参员挪动修理城垣、衙署，并凑买漳泉缺谷不敷价银，及缉拿盗匪经费，共用银四千四百七十九两零，已据该参员于未经起限勒追之先设措完缴，并将抄封寓所服物变抵归补清楚。又未解本任捐款银二千二百七十两零，内续据完缴银三百三十五两，又删除无关归补银四百三十一两零外，实未解本任捐款银一千六百一十两零，由府录供通详，请免解省审办等情。当查该参员短交仓银谷，虽于参后完缴清楚，仍应将因何亏短缘由，审明覆奏，未便免其解省，行司严提该参员同经手丁胥暨交代卷宗到省审办。旋据升任台湾府知府率署福州府知徐镛申解该参员范邦干同案卷到省，并声明仓书李芳于前府讯供后退卯回籍，库书林联捷业已物故，无从提解等由。当即檄行两司查讯。兹据臬司鄂顺安会同藩司吴荣光，督率署福州府许原清核案提讯。据范邦干所供，因公挪移及参后完缴数目，与前署台湾府方传穟原讯无异。正在解审间，据署闽县任沈锴申报，该参员范邦干染患感冒病症，医治无效，于道光八年四月二十六日在省身故，出具印结申送到司，议拟详请覆奏前来。

臣等逐一查核，缘范邦干系浙江会稽县人，由则例馆供事议叙从九品借挑未入流，拣发福建咨署宁化县典史，调补彰化县典史，拿获洋盗，奏升彰化县南投县丞，委署台湾县知县，于道光元年二月初六日到任，三年二月初一日卸事。道光元年夏间，台湾地方猝发飓风大雨，城垣衙署俱被吹刮坍损。该参员在于库贮捐杂款内挪动，修理城垣用银二千九百九十六两零，修理衙署用银五百二十五两零，曾经分案造册，详请分年摊捐归补，经前府盖方泌批驳不准。又奉文代买漳泉缺额谷二千石，时值风雨之后，谷价昂贵，每石例价六钱不敷采买，又在捐杂各款内挪动银七百两凑发业户，领买上仓。又奉文巡查海口，缉捕盗匪，该参员雇募商船二只，派拨乡勇四十名，并购募线民，在于各海口常川巡缉，先后拿获盗犯苏洗标、林番婆等二十三名，解审奏办在案。所有雇资及乡勇口粮等项，共用银二百五十七两零，亦系挪款垫应。以上各款，因公挪用，共银四千四百七十九两零，俱有案卷可查。库书林联捷曾经禀阻，该参员以公事紧要，暂时挪用，原期设法弥补，详摊归款，迨由府批驳不准，旋即卸事，未及筹补。至短交仓谷，实因台邑仓廒地处卑湿，兼之元年夏间，叠被风雨吹刮渗漏，仓内并无空廒，不能即时搬移，以致湿气薰蒸，霉变谷二千七百六十五石零。又交卸时盘投谷一千六十七石零。范邦干于参后将所挪库项，陆续完缴，并将查封寓所服物变抵清楚，又将霉变盘折谷石折价赔交。此外尚短本任捐款银一千六百一十两零。臣等吊核案据，数目相符，案无遁饰。查例载：挪移库银五千两以下者，照杂犯流总徒四年，限一年全完，免罪开复。又律载：凡仓库及聚财物主守之人安置不如法，晒晾不以时，致有损坏者，计所损坏之物坐赃论，著落赔还；若猝遇雨水冲激，事出不测，而有损失者，委员勘实，免罪不赔各等语。此案前署台湾县知县范邦干挪移杂款银四千四百七十九两零，审系因公挪用，合依挪移库银五千两以下者，照杂犯流拟，以总徒四年例总徒四年，已于未经定案之先，照数完缴，应准免罪开复，业经病故，应毋庸议。又霉变谷二千七百六十五石零，讯系猝遭风雨，并非安置不如法、晒晾不以时，致有损坏。惟该参员并不通详勘办，究属不合，未便照律免议。已据该参员汇同盘折谷一千六十七石零，按照台地例价全数完缴，应饬后任赶紧买补归款。库书林联捷禀阻不力，本有应得罪名，惟范邦干所短库款，已据完缴清楚，该书因人连累，且已物故，应与退卯之仓书李芳俱免置议。范邦干尚短本任捐款银一千六百一十两零，应于该家属名下照数著追。所有原籍查封产业，应俟捐款银两该家属能否清完，另行分别办理。除录供招咨部外，臣等谨合词恭折具奏，伏乞皇上圣鉴，部核覆施行。谨奏。

道光八年七月初八日奉朱批：刑部议奏。钦此。

（选自百吉辑《台案汇录乙集》，第230~234页，文海出版社1979年版）

请动项修造战船疏(道光二年)

〔清〕徐炘

闽浙总督臣庆保、护理福建巡抚布政使臣徐炘跪奏：为福州、泉州、台湾三厂修造战船动支银数，循例奏闻事：

窃照修造战船银数在五百两以上，例应奏明办理。兹据署福建布政使事督粮道吴篪详称"烽火营'庆'字四号船一只，届应小修；又'庆'字一号船一只，届应拆造。移准盐法道王楚堂檄委署福州府瑞龄勘覆：该二船均已损坏，不堪驾驶；应行分别修造。由道按例估计，除酌扣旧料变价银一百三十八两零、实应给正价银二百四十六两八钱零、应给津贴并另加银四百四十八两二钱零。又金门镇右营'汤'字三号船一只，届应拆造；又水师提标右营'万'字三号、四号船二只，届应大修；又'万'字八号船一只，届应小修。移准兴泉永道倪琇檄委厦防同知升宝勘覆：各该船均已损坏，不堪驾驶；应行分别修造。由道按例估计，除酌扣旧料变价银二百七十七两六钱零、实应给正价银六百五十五两七钱零、应给津贴并另加银一千九十六两零。又台湾协中营'善'字二号、左营'善'字五号、六号、右营'善'字七号、九号船五只，届应大修；又艋舺营'知'字十四号船一只，届应小修。移准台湾道胡承珙檄委摄理台防同知盖方泌勘覆：各该船均已损坏，不堪驾驶；应行分别修理。由道按例估计，'善'字二号等船五只除酌扣旧料变价银二百五十四两零，实应给正价银二百六十八两五钱零、应给津贴并另加运费银五百二十三两二钱零：均请在于司库道光元年地丁存公各银内分别动支。其台湾营大修船五只应给另加津贴运费银四百六十一两九钱零，在于台湾所属耗羡银内动支"各等情，详请具奏前来。臣等查各该船应拆、应修已届例限，既据委员勘验损坏属实，亟须分别修造。所估例价、贴运银两，应准动支给发；饬令依限赶办，以资配缉。

除分案另疏具题外，理合恭折具奏，伏祈皇上圣鉴！谨奏。

道光二年闰三月十六日拜发，四月二十日恭递；五月二十二日，接奉朱批："另有旨。钦此。"

道光二年四月二十一日，内阁奉上谕："庆保等奏'请动项修造战船'一折，福建福州、泉州、台湾三厂战船内，现有损坏船只，不堪驾驶；据该督等查明，均届例限，亟须分别修造。著照所请，除酌扣旧料变价银两外，所有估需例价、贴运等银，均准其在于司库道光元年地丁存公各款内照数支给。其台湾营大修船五只应给另加津贴运费银四百六十一两零，即著于台湾所属耗羡银内动支。该督等务分饬各属耗依限赶办，以资配缉。工竣，核实验销。该部知道。钦此。"

（选自台湾银行经济研究室编印《清奏疏选汇》，第56~58页，台湾中华书局1968年版）

徐炘（1770—1834），字吟香，号晴圃，天津人。乾隆举人，累官山西巡抚，迁光禄寺卿。有《吟香室诗集》。

博兴县民崔百元赴都察院呈控伊姊被殴毙差役逼诈等情一案卷宗

山东博兴县民崔百元呈控田曰学偷禾伤命案呈词

〔清〕佚名

具呈崔百元，年四十八岁，系山东青州府博兴县民，为窃禾伤命、护串不偿，吁恳批办事。

窃身姊田崔氏，适配新城县夏庄田兆占为室，年方三十，夫即亡故，过继田曰学之侄田允朴为子，孀守至今六十七岁，于去年七月初六日被田曰学偷窃禾穗二束，身姊向伊追要，语辱触怒，被曰学凶殴立毙。讵势智豪监田士标与官交好，护凶，主谋教田允朴不报实情，令曰学女芹姐咬曰学庶母朱氏脊背，装赖身姊所咬。有身甥女格姐供吐实情可凭，竟捏以护母情急等情，朦禀县主。蒙验明重伤四处，身兄百让以殴死孀妇等情具禀新主，蒙批候详办毋渎。

士标复出奇谋，令曰学庶母朱氏年仅五十余岁，谎捏七十一岁，具恳留养。县主受其朦敝。咬伤、留养两层主谋俱出士标，现有田允朴向身实诉可证。身兄百让于去年九月十三日以图杀孀命等情具控府宪。蒙批黏据府檄行县不复讯确，即将凶手招解，蒙府宪讯查，凶手供语舛错，与邻结朱氏六十一岁，年数不符，留养甚不合例。将凶手驳发回县，仍无确讯办期。身兄又以命悬无抵等情奔控臬宪，蒙批黏查。身兄在新候审，十二月间堂讯数次。士标与新主平坐，两人一官不顾天理，不审犯证，严审尸亲，滥加箠楚，勒押逼结。更可痛者，押差石之方逼索京钱五千，方依亲属看望。至今锁押班房，堪将废命。身思曰学偷窃禾穗，已成贼匪。殴死失主，重伤数处，有心故杀，既不拟办，情弊显然。田曰学窃赃伤命，累母装伤，固属忤逆。田允朴不疼母命，听谋捏报，亦属不孝。田士标身系族长，护逆灭法，大非善类。新主案不实办，亦失风化。姊命无抵，兄又受累，冤极痛极，为此吁叩急救民命虚坐实拟，上呈。

（选自台北故宫博物院清代档案·军机处档折件·道光朝）

奏报审讯山东民人崔百元控案情形

〔清〕那清安

二月二十八日，署礼部尚书都察院左都御史臣那清安等跪奏，为奏闻请旨事：

据山东青州府博兴县民人崔百元以姊命无偿等词赴臣衙门具控。臣等公同讯问，据供“身年四十八岁，身嫡堂姊田崔氏，嫁与新城县田兆占为妻，现年六十七岁，田兆占病故时身姊年方三十，以田兆占堂弟田兆辉之子田允朴为嗣，上年七月初六日，田允朴堂叔田曰学偷窃身姊禾穗二束，身姊向索，被曰学凶殴立毙。鸣保报新城知县验明，身姊重伤四处。讵田允朴之堂叔祖田士标谋令田曰学之女芹姐将田曰学庶母朱氏脊背咬伤，赖为身姊所咬，遂令田允朴以田曰学护母情急捏词赴新城县朦禀。后田允朴将实情向身告诉，并有身甥女格姐供吐实情可凭。田士标又令朱氏以五十余岁捏为七十一岁，禀恳留养。身兄崔百让具控府宪，旋将田曰学招解至府，田曰学供称朱氏六十一岁，府主因年数与县详不符，将案驳回，仍饬县讯。身兄见悬案不办，具控臬宪，批府饬县讯究。新城知县翻将身兄刑逼勒结，锁押班房。身往看视，差役石之方复逼索京钱五千文。身因姊命无抵，兄又受累，为此来京具诉”等语，余与原呈大略相同。臣等查该民人崔百元呈控田曰学偷窃伊姊田崔氏禾穗，伊姊向索，被殴毙命。田士标令田曰学庶母朱氏装伤并令伊姊继子田允朴以田曰学护母情急捏词朦禀，复令朱氏捏增年岁禀恳留养等情。案关罪名出入虚实均应确切查讯，以成信谳。至所控该县将伊兄崔百让行勒锁押，并差役勒索钱文等情是否属实，亦应讯明并究。谨抄录原呈恭呈御览，伏祈皇上训示。

再，该民人并未在本省巡抚衙门具控，合并声明。谨奏。

道光八年二月二十八日署礼部尚书都察院左都御史臣那清安（进班）、左都御史臣潘世恩、左副都御史臣惠显（差）、署左副都御史太仆寺卿臣普保、左副都御史臣多山、左副都御史臣吴光悦、左副都御史臣杨怿曾（留署）。

（选自台北故宫博物院清代档案·军机处档折件·道光朝）

那清安（？—1834），叶赫那拉氏，字竹汀，满洲正白旗人。嘉庆进士，历官内阁学士、礼部侍郎、左都御史、兵部尚书等，以疾乞解职。卒赠太子太保，祀贤良祠。著有《平番奏议附舆图》。

奏报遵旨审拟博兴县民崔百元赴都察院呈控伊姊被殴毙差役逼诈等情一案

〔清〕琦善

五月初三日，山东巡抚臣琦善跪奏为遵旨审明定拟恭折奏祈圣鉴事：

窃照博兴县民崔百元以伊姊田崔氏被田曰学殴毙捏报留养及田士标主令装伤诬赖、差役锁押逼诈等情赴都察院呈控奏，奉谕旨：“此案等交琦善亲提人证卷宗，秉公严审按律定拟具奏等因。钦此。”将原告崔百元咨解来东，臣遵即行提人、卷至省，饬司督同委员确审。兹据讯明详解前来，臣亲提研鞫。缘田曰学籍隶新城县，与大功堂嫂田崔氏邻居无嫌。田崔氏系博兴县人崔百元无服族姊。道光七年七月初六日，田崔氏家大门未关，被贼窃去院内高粱穗二束。田崔氏疑系邻人攫取，在街嚷骂。田曰学之母田朱氏向田崔氏劝阻，不服，致相争扭。田崔氏抓伤田朱氏项颈，并将田朱氏按地，咬住脊背。田朱氏喊叫，田曰学闻声趋至，拉劝不放，一时情急，用脚踢伤田崔氏左耳根。田崔氏起身向田曰学撞头，田曰学又踢伤其胸膛肚腹，仰跌倒地，垫伤脊臀。讵田崔氏伤重，移时殒命。尸子田允朴据实报验，并向崔氏胞弟崔百让通知，崔百让即邀无服族弟崔百元同往查看。经新城县容昺验讯，田曰学希图留养，混供伊母田朱氏年七十一岁，家无次丁，该县据供详报。崔百元闻知，欲借端诈财。因与田曰学素不识面，无从讹诈，忆及田允朴乡愚可欺，往向田允朴捏称崔百让嗔其报呈不应将田崔氏咬伤田朱氏脊背一层叙入，欲控拖累，如借伊京钱二十千，伊向崔百让劝阻。田允朴未允，崔百元即向崔百让假称田曰学因偷窃田崔氏家高粱起衅，将田崔氏殴毙，并捏增母年欲办留养，唆令控告。崔百让听信，允从，崔百元代作呈词交崔百让，由县赴府控告。批县讯明，田朱氏年未七十，不准留养。因查传原告崔百让不到，将正案先行审拟招解。崔百元起意赴司呈控，稔知田曰学族人田士标家道殷实，冀图牵控讹诈。与素好之族叔监生崔思登商定诈钱均分，即添捏田士标主令田曰学之女田芹姐咬伤伊祖母田朱氏脊背诬赖田崔氏所咬作就呈词，私填崔百让之名赴司投递，批县讯究。经该县拘到崔百让，讯出崔百元等唆讼情由，移会博兴县差拘。崔百元恐被拿获问罪，复起意京控抵制。随赴崔思登家，商令作呈，添砌情节。崔思登口授崔百元照依历控呈情，添捏田士标与该县同坐严审尸亲及差役锁押逼诈等情节就呈词，崔百元自行出名进京，都察院呈控，奏奉谕旨解东审办。兹臣提集犯、证，讯悉前情严诘，田曰学委无行窃田崔氏家高粱，亦非有心欲杀。崔百元等并无，另有唆讼诈财不法别案，究诘不移。案无遁饰。查律载“斗殴杀人者，不问手足他物，无刃，并绞监候”，又例载“蓦越赴京，告重事不实者，发边远充军”各等语。此案田曰学因伊母田朱氏被田崔氏按地咬住脊背，拉劝不放，用脚踢伤田崔氏左耳根，复因田崔氏用头向撞，又踢伤其胸膛肚腹，毙命。查该犯先踢田崔氏左耳根一伤，因系救亲情切，惟田崔氏尚能向该犯撞头，不致戕生。迨后连踢胸膛肚腹致毙，是踢由被撞，并非救护伊母，自应按律问拟。田崔氏系该犯大功堂嫂，应同凡论。田曰学合依“斗殴杀人者不问手足他物，无刃并绞”律，拟绞监候。崔百元因伊无服族姊田崔氏被殴致死，希图讹诈，始则唆令尸弟崔百让赴县府混控，继复添捏田士标主令田芹姐咬伤伊祖母田朱氏脊背诬赖田崔氏所咬重情，私填崔百让之名赴司代控。及至崔百让在县供出唆讼情由，恐被拿获问罪，又起意商令崔思登添砌情节自行出名赴京妄告，刁诈已极。崔百元合依“蓦越赴京告重事不实”例发边远充军，到配折责安置。监生崔思登于崔百元图诈捏控向该犯商议，辙思分用钱两，并不阻止。迨崔百元起意京控抵制，该犯复听从添砌情节，代作呈词，应照“为从”科断。崔思登应革去监生，于崔百元罪上减一等，杖一百，徒三年，追照缴销。崔百让于崔百元添捏重情由司赴京呈控，讯不知情，惟听唆赴县府混告田曰学行窃高粱，亦属不合，应照不应重律，杖八十折责发落。田芹姐讯未咬伤田朱氏脊背，田士标亦未主令装伤诬赖，应与并无押诈之县役石之方，均毋庸议。行窃田崔氏家高粱正贼饬缉获日另结。除供招咨部外，所有遵旨审明定拟缘由，理合恭折具奏，伏祈皇上圣鉴。谨奏。

四月二十六日。

道光八年五月初三日奉朱批：刑部议奏。钦此。

（选自台北故宫博物院清代档案·军机处档折件·道光朝）

琦善（约1790—1854），字静庵，博尔济吉特氏，满洲正黄旗人。由荫生授刑部员外郎，历任河南按察使、河南巡抚、山东巡抚、两江总督兼署漕运总督等职。后袭爵，官至文渊阁大学士。因与义律私下约订《穿鼻草约》，割让香港，被革职拿问。咸丰年间曾任钦差大臣，建立江北大营，对抗太平军。病死军中。

奏报请将已撤博兴知县秦为品革职拿问由

〔清〕钟祥

四月初六日，山东巡抚臣钟祥跪奏，为特参亏欠钱粮之候补运判请旨革职拿问以肃功令事：

窃照州县仓库钱粮照实为重，不容稍有亏缺。凡各案交代，如有款项短绌，先须尽力查追，俾归有著。倘至弥补无术，即须照例严参惩办，俾众共知儆。前查有已撤博兴县知县、候补运判秦为品，前在博兴任内交代，现经算明，除报实欠交正杂各款项六千一百八十余两，又欠捐赔款项一千七百八十余两，延未移交。据接任知县穆通阿照例揭报声明，仓谷一项，现在会盘有无亏缺，另行禀报等情由，府道飞揭转前来。伏查秦为品前在博兴任内，经管钱粮，胆敢亏缺，亟应严参究办。除饬司将该员寓所、任所资财严密查抄，并咨四川督臣饬查该员原籍射洪县家产一并查抄估变，覆东备报外，相应请旨，将前任博兴县知县、撤回候补运判秦为品革职拿问。以便提同经手书吏人等严审，是侵是那，按律究办。仍饬仓谷有亏缺，一并归案办理。为此恭折具奏，伏乞皇上圣鉴。谨奏。

三月二十九日。

道光十三年四月初六日奉朱批：钦此。

（选自台北故宫博物院清代档案·军机处档折件·道光朝）

钟祥（？—1849），汉军镶黄旗人，嘉庆进士。道光间任山东巡抚，升至闽浙总督，议合巡洋面核实稽考章程，以防官弁畏险偷安之弊，寻坐事夺职。后为河东河道总督，又以坝工埽段遭风势险，自请治罪，夺职。

奏报甄别不宜外任之博兴县知县穆通阿事

〔清〕钟祥

四月二十八日，山东巡抚臣钟祥跪奏，为甄别不宜外任之知县恭折奏折圣鉴事：

窃照知县为亲民之官，必须才识相称，方于治理有裨。臣与藩、臬两司留心考核，凡有庸劣之员，均经随时甄劾，不敢稍事姑息。兹据藩司刘期嵋、臬司牛鉴会详称，查有博兴县知县穆通阿，年四十一岁，镶黄旗满洲进士，由庶吉士散馆选授今职。该员资秉近厚，惟办事未能周详，民间不甚悦服，实于外任未宜，详请甄别前来。臣查博兴县穆通阿到任将及二年，前闻该员政声平平，因其才力正宜造就，当于一切公务，督饬随时学习，冀可臻周妥。兹查其办事仍未历练，舆论不能允洽，外任正佐均有未宜，不便稍事迁就，致滋贻误。第该员年力正强，心地尚厚，不致废弃。应为何量予录用，俾可自效之处。臣不敢擅拟，应请复后，送部引见，恭候钦此。所遗博兴县缺，东省现有应补人员，应另照例请补，兹据藩、臬两司具详前来，理合恭折具奏，伏乞皇上圣鉴训示。谨奏。

二十二日。

道光十四年四月二十八日奉朱批：钦此。

（选自台北故宫博物院清代档案·军机处档折件·道光朝）

请以李梦愚[1]升补佛坪同知折

〔清〕林则徐

陕西巡抚臣林则徐跪奏，为拣员升补南山要缺同知，以重地方，仰祈圣鉴事：

窃照汉中府佛坪厅同知陈尧书因病出缺，经前护抚臣杨以增恭疏题报在案。所遗佛坪厅同知系繁疲难边缺，例应在外拣员升调。查该厅为南山要地，幅员辽阔，奸宄易滋，非精明干练，熟悉情形之员，弗克胜任。臣与藩、臬两司在于通省同知内逐加遴选，非现居要缺，即人地未宜，实无可调之员。惟查有宝鸡县知县李梦愚，年五十六岁，山东进士，归班候选，于道光二十年六月选授兴平县知县，十月到任，二十四年奏调今职，因捐输河工经费，奉旨赏加同知衔。该员朴直老成，办事稳实，任内因公处分例不核计，以之升补佛坪厅沿边要缺，实属人地相宜。据藩、臬两司会详请奏前来。合无仰恳天恩，俯念

---

① 编者按：李梦愚，字润堂，号南谷，博兴人。道光戊子科举人，己丑科进士。

员缺紧要，准以宝鸡县知县李梦愚升补佛坪厅同知，于地方实有裨益。如蒙俞允，该员系知县升补同知，应俟部复至日，给咨送部引见。至所遗宝鸡县知县员缺，系冲繁难要缺，容臣拣员调补，合并陈明。

所有拣员升补南山边要同知缘由，谨会同督臣布彦泰，合词恭折具奏，伏祈皇上圣鉴训示。谨奏。

三月初九日。

道光二十七年三月二十二日奉朱批：钦此。

（选自史志诚、张永亮、吴宝恒编《林则徐在陕西》，第122页，陕西旅游出版社2008年版）

林则徐（1785—1850），字元抚，一字少穆，福建侯官（今福州）人。嘉庆进士。与龚自珍、魏源、黄爵滋等人提倡经世之学。任东河河道总督时尽力修治黄河。后任江苏巡抚、湖广总督等职。道光十九年（1839）以钦差大臣赴广东禁烟，将没收鸦片销毁于虎门。二十一年遣戍伊犁，兴办水利，开辟屯田。二十五年（1845）重获起用，历任陕甘总督、陕西巡抚、云贵总督等职，加太子太保。卒赠太子太傅，谥号文忠。有《林文忠公政书》等。

奏为沂水县知县童埏被参各款均已讯无其事恭祈圣鉴

〔清〕李僡

山东巡抚臣李僡跪奏，为知县被参各款，访讯明确，据实恭折奏祈圣鉴事。

窃查接管卷内前抚臣陈庆偕承准军机大臣字寄，钦奉上谕：

有人奏“山东沂水县知县童埏，于尹家峪庄宁景成被盗殴伤一案，将宁景成及报案车夫尹富来严刑逼供‘伤系自碰’，并将宁景成之妻严讯，勒令认诬，盗贼概置不问。又以巡盐为名，荼毒乡民，无所不至。有博兴县民王成元，被巡役张复盛等截劫，殴伤伊父，张复盛又霸占公兆祥之妻，该员一味徇庇，含混了事。林西庄民人张福吉、刘殿士，路遇巡役，既被抢劫，复被火枪将张福吉轰死，该县概置不问，并将孀妇掌责锁押。又提用生息公银及[1]库存粮银，均与管理盐务之严以骏分肥侵蚀。该员到任未及一年，地丁杂税，已亏空累累”各等语。著按照所指各案严密查访，如果属实，即行严参究办，以儆官邪而靖地方。原片著钞给阅看等因。钦此。

当经前抚臣陈庆偕以被参各款必须提集各案人证，澈底质讯奏，奉朱批将该员解任讯究在案。臣到任后，节经行司催提人证来省严审。兹据藩司刘源灏、臬司英桂转，据济南府知府李天锡等审拟详解前来，时值臣防堵公出，委据藩司刘源灏代审，录供呈送。臣复明查暗访，详加确核。如原参宁景成被盗殴伤一案，提到宁景成夫妇并车夫尹富来讯。据宁景成供称，咸丰元年三月初二日夜，被贼窃去伊妻宁杨氏棉袄一件，惊觉追捕，自行摊倒磕伤。当向素识之尹机匠即尹富来商报，尹富来教令多报赃物，改窃为抢，可冀官役上紧拿贼。并为口授代书缮写呈词，交伊投递。经该县讯出实情，传同宁杨氏、尹富来，质认不讳。将伊夫妇省释，因尹富来教唆捏报，枷责示惩。委无严刑逼供、勒令认诬情事。提核县卷，亦与现讯供词相符。又，如原参“以巡盐为名，荼毒乡民，无所不至”一款，据称“该员童埏接开官盐店，使其盟兄弟严以骏总理盐务，武举孙起元充当总巡，率领巡役二百余人，栽盐捏赃，将良民捆缚店内，非刑拷打，贿满释放，否则送官，小板嘴把，动经数百，民不胜其苦”等语。提到严以骏严讯，据供：与童埏旧交，邀伊在官盐店管事属实，并非盟兄弟。孙起元系雇募巡役，亦非武举。委无倚势荼毒乡民情事。果有其事，被害之人，岂无一人告发？臣复密加察访，并饬接署之员确查案据。惟查有咸丰元年四月间，孙起元与同伙巡役张法同等携带鸟枪缉私，经过县民孟继魁等地边，打捕野鸽，误毙孟继魁之侄孟小安鸽雏，彼此口角互殴，控验传讯，经乡邻王希德等处息。此外实无控告盐巡栽诬欺凌情事，访讯相同。又，如原参王成元被巡役张复盛截劫殴伤伊父，并张复盛霸占公兆祥之妻一案，提讯张复盛。据供，先经受雇充当商巡，道光二十九年，该巡被逐。咸丰元年正月初三日，又博兴县人王成元携妻由伊庄经过，伊起意讹钱，即指为兴贩，拦

---

[1] 原文作“又”，据实录改。

住不许行走。王成元之父不依，斥骂，伊用拳将其殴伤。经地保杨孝喝散，并未讹成。是年二月间，有素识之道士刘本详，领同丁氏至伊家，借伊闲房居住。伊询知丁氏系公兆祥之妻，先在刘本详庙内住歇，被刘本详奸拐。伊遂起意将公丁氏霸占，当将刘本详殴逐，刘本详畏凶逃匿，伊即强留公丁氏在家奸宿，嗣被地保查知，禀县拿获。因刘本详在逃，伊恃无质证不供实情。经县杖责发落，质之刘本详、公丁氏、公兆祥，供亦无异。讯据该员童埏亲供，当时实因刘本详未到，一时疏忽，未经审出实情，是以仅予杖责。至张复盛，系商雇巡役，并非官巡，且于伊未到任以前被逐，与伊毫无干涉，何所用其徇庇？又，如原参张富吉、刘殿士被巡役抢劫并将张富吉轰死一案卷，查咸丰元年正月二十九日，张富吉、刘殿士赴集售卖烟叶。刘殿士先回，张富吉向路过不知姓名人买得私盐三十余觔，挑回转卖，适被巡役张得喜、滕治坤撞遇追捕。张富吉将盐弃于河内，邀素识之王五、张三各携扁担、木棍向张得喜赶殴。张得喜被追情急，转身点放鸟枪轰伤张富吉，身死，报经前任沂水县知县王廷荣验讯，移交该县童埏会同委员莒州知州周承业审拟由府司解，经前抚臣将张得喜依例拟斩监候，俱题在案。覆提张得喜等讯，与前供无异，并非抢劫拒杀事主。且案系前任知县王廷荣任内之事，童埏无所用其回护，似无串捏情弊。又，如原参将孀妇掌责锁押一案，据称“孀妇张薛氏因婚致讼，该员童埏嫌其顶撞，逼令认诬结案后，将孀妇锁押梁上，昼夜不解者五十余日，奄奄待毙，始行释放”等语。提讯张薛氏，据供：伊夫嫂张刘氏之子张小新利娶王洽之女杏姐为妻，不守妇道，经张刘氏与王洽言明，休回另嫁，立有休书。伊因夫故，穷苦无聊，向王洽索诈不遂，改扮男装，捏以张小新利系伊子赴县具控，致被掌责，旋即开释，并无锁押五十余日。诘据该员童埏亲供，因该氏女扮男装，无端讹讼，是以酌量掌责属实。又如原参“提用生息公银又库存粮银，与管理盐务之严以骏分肥侵蚀，亏空累累”一款，严讯严以骏，据供伊在县署仅管盐务，并不经手正杂钱粮，无从分肥侵蚀。饬据接署知县牛翰鋆将童埏任内经营正杂钱粮澈底盘查，并由监交委员、历城县三面会算，委无丝毫亏缺，由牛翰鋆出具无亏印结呈送。惟查县案捐款，有垛庄驿麸草京钱三千余串，先存该县来顺号生息，童埏到任，访知来顺号并非殷实，恐被亏缺，提交垛庄驿盐店生息，就近拨支草价。此外并无私挪公款之事。以上各款均经逐一查讯，或供证确凿，或案卷具存，反覆穷究，案无遁饰，应即拟结。查例载“凶恶棍徒屡次生事行凶者，发极边足四千里安置”，又“和诱知情为首，发极边足四千里充军，被诱之人减等满徒”各等语，此案张复盛因王成元携妻经过，辄指为兴贩拦住讹诈，并将王成元之父殴伤，又复强霸犯奸之妇公丁氏奸宿，实为棍徒之尤，自应按例问拟。张复盛合依“凶恶棍徒屡次生事行凶者，发极边足四千里安置”例，拟发极边足四千里充军。刘本详奸拐公兆祥之妻公丁氏同逃，合依“和诱知情为首，发极边足四千里充军”例，拟发极边足四千里充军。公丁氏被诱同逃，合依“被诱之人减等满徒”例，拟杖一百，徒三年。各犯事犯均在道光三十年正月二十六日，暨咸丰二年四月初三日恭逢恩赦以前，刘本详、公丁氏所得军徒各罪应予援免，后再有犯，加一等治罪。张复盛系棍徒拟军，不准援减，照例刺字到配安置。其应责杖罪，先经折责应免重科，刘本详责令还俗，公丁氏给夫领回，听其去留。张得喜用鸟枪轰伤张富吉身死、尹富来捏报被窃拒捕、孟继魁等互殴各案，均经拟结，应毋庸议。沂水县知县童埏被参各款，均已讯无其事。惟于张复盛讹诈民人、霸占犯奸之妇未经审出实情，按例惩办。虽非有心徇庇，究属疏纵。相应请旨，交部议处。饬令回任供职，听候部议。除供招咨部外，理合恭折具奏，伏乞皇上圣鉴，敕部核覆施行。再，同折被参尚有乐陵县知县刘锌一员，容俟审明，分案办理，合并陈明。谨奏。

咸丰三年五月初四日。

朱批：刑部议奏。

（选自台北故宫博物院清代档案·宫中档奏折·咸丰朝）

李僡（1790—1853），字惠人，陕西华阴人。道光进士，历知抚宁、青县、沧州、深州，迁大名、保定知府，分巡大顺广道直隶按察使，内升顺天府尹，出为江苏布政使。逾年引疾归。咸丰元年起为甘肃布政使，旋擢河南巡抚，调任山东巡抚。卒谥恭毅。有《爱堂印谱》存世。

奏报博兴县各乡被灾请蠲缓钱粮

〔清〕阎敬铭

七月二十一日，山东巡抚臣阎敬铭跪奏，为勘明博兴县二麦被灾情形，分别蠲缓新旧钱粮，以纾民力，恭折奏祈圣鉴事：

窃照本年东省自春徂夏，雨水调匀，二麦当称中稔。惟博兴县单报雨中带雹，二麦受伤。经臣饬司劄委青州府亲诣确切勘办，不准稍有冒滥。兹据该府督同该县勘明被雹村庄，麦禾均遭摧折。实系被灾最重，核议蠲缓，新旧钱粮单，由藩司贡璜详请具奏前来，臣覆查委系实在情形，相应吁恳天恩俯准，将二麦被雹成灾十分之博兴县西姑等乡聚和官庄等十村庄应征同治三年上忙新赋，并漕仓民佃等项银两照例蠲免十分之七，蠲剩银两缓至本年秋后，分作三年带征。灾前溢完蠲额银两，查明流抵本年下忙正赋。所有同治二年未完民欠，缓至本年秋后启征。同治元年以前未完旧欠钱粮等项，缓至本年秋后，按最先年分递年依次带征一年。寄庄钱粮，随同坐落地方，一律办理。稍宽民力，感颂皇仁实无既极，理合恭折具奏，伏乞皇太后、皇上圣鉴训示，谨奏。

七月十五日。

同治三年七月二十一日议政王、军机大臣奉旨：钦此。

（选自台北故宫博物院清代档案·军机处档折件·同治朝）

阎敬铭（1817—1892），字丹初，陕西朝邑（今大荔东）人。道光进士，历任户部主事、湖北按察使、山东巡抚、户部尚书，充军机大臣、总理衙门行走。因反对重修圆明园，失慈禧太后意，革职留任。以善理财著称。卒赠太子少保，谥文介。

奏请将疏防劫狱限满无获之博兴令王暄等革职留缉由

〔清〕阎敬铭

山东巡抚臣阎敬铭跪奏，为查明疏防枭匪抢署劫狱原禀不实，并勒缉限满犯无弋获，请旨将文武员弁一并革职，恭折具奏，仰祈圣鉴事：

窃查接管卷内准吏部咨，咸丰十年十二月二十日奉上谕：文煜奏请将盐枭滋扰延不拿获之地方员弁惩办等因，钦此。伏查此案，该县王暄原禀，据称枭匪欲扑县城，均经击退，并未入城。委员赵日旸原禀则称枭匪业已入城，监犯范曰生、王大扒已乘变逃逸。前抚臣文煜一面奏参，一面饬府查明。系另股枭匪入城，抢掠街署，劫放监犯。并据接署知县庆纪，因范曰生等自行投回，讯供通报。经前抚臣谭廷襄批司，饬提该犯等同刑禁人等至省，发济南府讯明。咸丰十年十月二十三日，枭匪仲六等三百余人窜入博兴县境，声言向县官借钱，直通城下。该县王暄将监犯范曰生等提出，锁禁闲房。一面与在城文武分门守御，毙匪一名。该匪由城缺爬入，拥至县署大门，王暄带勇击退，跟踪追捕，该典史陈模复将范曰生等收禁。讵是日傍晚，又有另股枭匪齐得胜等百余人乘虚由城缺入城，赴县属抢掠银钱衣物，并砸开监门，将范曰生、王大扒劫放，一同逃逸。刑禁人等力不能敌，陈模与把总刘应龙率领兵役追拿，无获。范曰生等即于十一月二十一等日自行投回。此当日枭匪聚众入城、抢署劫狱之实在情形也。兹据该府萧培元臻供拟议，由臬司丁宝桢解勘。值臣入闱监，饬委藩司贡璜代勘，无异。并据该司等以王暄原禀不实，且勒缉限满，与典史、把总又未获犯，详请核参前来。臣查该县王暄疏访枭匪入境滋扰，抢署劫狱，独于抢劫情形匿不报出，实属规避。典史陈模、把总刘应龙勒缉限满，犯无弋获，均属不知愧奋。相应请旨将撤任留缉之博兴县知县王暄、博兴县典史陈模、博兴讯把总刘应龙一并照例革职。王暄仍留缉三年，分别有无获犯，照例办理。逸匪仲六等饬缉获日另结。再博兴县知县典史各缺，山东现有应补人员，应请扔归外补，合并陈明。余将范曰生等供册送部外，理合恭折具奏，伏乞皇太后、皇上圣鉴训示。谨奏。

八月二十五日。

同治三年九月初二日，议政王、军机大臣奉旨：王暄、陈模、刘应龙等一并革职。王暄既已疏防枭匪入城，且复禀报不实，非寻常疏防、监犯越狱可比，仅予革职，已属纵宽，所请留缉三年之处，万不准行。钦此。

（选自台北故宫博物院清代档案·军机处档折件·同治朝）

山东省博兴县民妇孙李氏京控卷宗

山东省博兴县民妇孙李氏控状

〔清〕佚名

具呈人孙门李氏，年四十五岁，系山东青州府博兴县桃柳社人。为黑冤难伸扣恳恩准亲提事。窃氏翁父孙贞于咸丰十一年五月间，被强邻镇街虎顾善述之子顾景云霸地未遂，顾景云用枪刃伤氏翁头、腿等处，身夫救父情急，被顾善述喝令顾景清、顾景禹、顾晓然、顾兖州等群殴，伤去右手小指一节，俱蒙县主验明注单附卷。氏翁父因伤甚众，不能动移，延至本年八月十五日身死，维时捻匪过境，不能报验，又不忍暴露，暂为掩埋，举家逃奔。迨捻匪去后，赴县报明。伊仗恃同族多充书役，户总顾云池、皂役顾文林、顾景张弄权舞弊，贿求铁头大王韩兆华，捏称氏翁被捻匪杀害，冒写任鸿勋等偷递息呈，诓准销案。以致氏夫气忿成病，二年方愈。同治三年八月间，夫恩仇不共戴，即此上控。顾善述闻知，令顾景清、顾景禹等串谋，复使绝计将氏夫截害盛方地界。氏以大冤久沉，与幼子孙犛赴府具控，蒙府批县，顾善述贿买张永富、韩兆华先后用贿求和，氏不肯受贿忘亲。伊竟恃权捺案，氏遂以贿买二命、贿弊丛生等情两次控司，仍批县审。县主仅传张永富等叠次掌责，不依供吐真情，并执以偷息为据，总不严讯理究。氏与幼子竭力剖辨，幼子年十五岁，复被顾文林、顾景张假公济私，叠打领颏，连及咽喉，因责殒命。氏因一家三命俱死于顾善述之手，大冤难伸，情急来京，谨扣上呈。

（选自台北故宫博物院清代档案·军机处档折件·同治朝）

步军统领衙门折奏报审办山东博兴县民妇孙李氏京控案

〔清〕存诚

八月二十九日，奴才存诚等谨奏为请旨事，据山东博兴县民妇孙李氏以顾景云等将伊夫翁孙贞刃伤毙命等词呈控前来，奴才等督饬司员详加讯问。据孙李氏供“我系山东青州府博兴县已故民人孙世清之妻，年四十五岁，在本县桃柳社居住。咸丰十一年间，有邻居顾善述之子顾景云因霸地未遂，顾景云用枪将我夫翁孙贞头、腿等处刃伤，顾善述等并将我男人殴打，伤去小指。我男人赴本县控告，县主验明伤痕。后我夫翁身死，暂行掩埋。后伊等贿求韩兆华赴县，捏称我夫翁系被捻匪杀害。至同治三年八月间，我男人赴京控告。我闻得我男人走至半路，被伊等害命。我同我儿子孙荤赴本府控告，批县，伊等又贿求张永富等求和。我又赴、藩臬两司控告，均批回本县。仅将张永富传案堂讯，将孙荤掌责，经皂吏顾文林等将孙荤掌责咽喉，回家后身死，至今案悬。我情急具呈来京赴案呈告的”等语，查孙李氏所控顾景云因霸地未遂，用枪将伊夫翁孙贞刃伤，后身死。迨经伊夫孙世清欲行控告，被伊等在中途将孙世清害命。复控，经藩、臬两司均批回。县翻将伊子孙荤掌责后殒命，至今案悬等情，如果属实，亟应究办，以儆凶玩而重民命。谨抄录原呈，恭呈御览。伏候训示遵行。再遵照奏定章程取具该原告孙李氏甘结，内称并未在该省巡抚前控告，合并声明。为此谨奏请旨。

同治九年八月二十九日奴才存诚、奴才荣禄、奴才达明阿。

（选自台北故宫博物院清代档案·军机处档折件·同治朝）

存诚（？—1872），爱新觉罗氏，满洲正蓝旗人。清朝远支宗室，任步军统领最久。卒谥勤恪。

奏报审明孙李氏京控案定拟情形

〔清〕丁宝桢

太子少保衔头品顶戴山东巡抚臣丁宝桢跪奏，为审明京控，按律定拟，恭折具奏，仰祈圣鉴事：

窃照博兴县民妇孙李氏，以顾景云等将伊夫翁孙贞刃伤毙命等词控经步军统领衙门于同治九年八月二十九日奏奉谕旨："此案著交丁宝桢督同臬司，亲提人证卷宗，秉公严讯确情，按律定拟具奏。原告民妇孙李氏，该部照例解往备质。钦此。"臣查此案，前据该原告孙李氏夫堂兄孙世远晋京控，经步军统领衙门咨解回东，行司审明孙李氏翁父孙贞系被捻逆杀死，孙李氏之夫孙世清外出贸易病故，均非顾景云等杀害。孙世远系怀拟具控，详经臣咨结在案，遵复行司提省严审。旋据报被告顾善述于十年三月初七日在店病故，验讯。详批核入控案拟办。兹据臬司李元华审明，拟议解勘前来，臣亲提研鞫，缘孙李氏籍隶博兴县，与顾景云等邻庄无嫌。孙李氏家有地一段，与顾景云之父顾善述地亩毗连。咸丰十一年五月二十日，孙李氏翁父孙贞因地界不清，与顾景云口角争殴。顾景云用铁锨殴伤孙贞偏左等处，经孙李氏夫堂兄孙世远趋至劝散，告知孙李氏之夫孙世清，控，经该前署县周丕沣验伤差传。孙世远旋即贸易外出。嗣孙贞伤已平复，经监生顾云池等调处和息，呈经周丕沣取结销案。是年八月间，捻逆窜过孙李氏住庄，孙贞逃避不及，被匪杀害。孙世清在直隶文安县盛方村贸易，病故。孙世远回家，因孙贞曾被顾景云殴伤，疑系因伤身死，并误闻传言孙世清亦被顾善述父子谋害，一时痛念情切，即以明杀暗害等情令孙李氏之子孙年（即孙辇）控。经该前署县鞠朴传讯，因人证未齐，尚未集讯，孙世远复以前情由府控司，饬县研讯。韩兆华闻知，劝令息讼。孙世远疑为顾善述等贿使韩兆华求和，控。经该前署县魏正藻讯，因两造供词各执，饬候添，传地保韩化龙质究。孙年在家病故，孙世远复以前情具呈晋京控。经步军统领衙门咨解回东，提省审明，拟议咨结。嗣孙李氏因孙年生前在县不服审讯，曾被县官呵斥，皂役顾景张等与顾善述同族，疑有假公济私，将孙年迭打情弊，即以前情并查照孙世远历控呈词，又图准添砌顾善述喝令顾景禹等将孙世清殴伤各情具呈晋京控。经步军统领衙门讯供奏，奉谕旨交审提讯，据各供悉前情诘，非有心诬告，亦无起衅别故及扛帮唆讼之人，应即拟结。查律载“不应为而为事理，重者杖八十”等语，此案孙李氏京控顾景云等明杀暗害、贿买求和并顾善述喝令顾景禹等将孙世清殴伤，及皂役假公迭打各情，虽讯系怀疑图准添砌，并查照孙世远控词声叙，尚非有心诬告。惟案已讯明咨结，乃不查虚实，辄复晋京具控，究属不合。自酌量向拟，孙李氏应酌照“不应为而为事理，重者杖八十”律，拟杖八十。系妇女，照律收赎，追银册报。顾景云、顾善述讯无明杀暗害、贿买求和情事，应毋庸议。韩兆华讯无受贿说和，应与并无听从行殴之情顾景禹、并无假公迭打之皂役顾景张，均毋庸议。顾善述病故之处，业经署历城县知县刘家干验讯明确，委系病毙，店保人等并无凌虐情弊。孙贞与顾善述毗连地亩业经该县丈明立界，概毋庸议。余供册及审限咨部外，理合恭折具奏，伏乞皇太后、皇上圣鉴训示。谨奏。

八月二十九日。

同治十年九月十二日军机大臣奉旨：刑部知道。钦此。

（选自台北故宫博物院清代档案·军机处档折件·同治朝）

丁宝桢（1820—1886），字稚璜，贵州平远（今织金）人。咸丰进士，历任岳州知府、长沙知府、山东巡抚、四川总督等。任山东巡抚期间，两治黄河水患，创办山东首家官办工业企业山东机器局，成立尚志书院和山东首家官书局。在四川期间，整顿吏治，兴修都江堰水利，在成都创办四川机器局。政绩卓著，深得民心。卒赠太子太保，谥文诚。有《丁文诚公奏稿》等。

奏请将疏防盗匪捕务废弛之博兴县知县王保和摘去顶戴勒缉（折片）

〔清〕丁宝桢

再，东省素多盗贼，缉捕倍宜认真，各属凡有城内被劫以及情重盗案，均经臣随时严参，不敢稍事姑容。兹据博兴县知县王保和禀报，同治十二年十月初七日夜，该县城内事主高景云杂货铺被盗。八九人撞门入室，劫去银二百四十七两，零洋药七包，绸一包。铺伙周吉占等并被拒伤。请通饬截拿等情。臣伏查该县于城西重地，并不加意防范，致有撞门肆劫之案，事后又不能赶紧获犯，捕务殊属废弛。据藩、臬两司转据该管道府揭参前来，除将恤典分别咨革撤位留缉外，相应请旨将博兴县知县王保和摘去顶戴，勒限两个月严缉赃盗，务获究报，限满无获，再行严参，理合附片具陈，伏乞圣鉴训示，谨奏。

同治十二年十一月十二日奉朱批：王保和著摘去顶戴，勒限两个月严缉务获，余依议，该部知道。钦此。

（选自台北故宫博物院清代档案·军机处档折件·同治朝）

奏请将博兴知县王保和撤任留于地方勒缉事

〔清〕文彬

八月初十日，署理山东巡抚漕运总督奴才文彬跪奏，为覆参疏防城内盗案限满无获之知县请旨撤任留缉，仍先交部议核，恭折仰祈圣鉴事：

窃照博兴县知县王保和前因疏防城内事主高景云杂货铺被劫银物、铺伙周吉占并被拒伤一案，经抚臣丁宝桢奏参，于同治十二年十一月十二日奉朱批："王保和著摘去顶戴，勒限两个月严缉务获，余依议，该部知道。钦此。"钦遵转行勒缉去后，迄今勒限早逾，赃盗一未报获。查该县于城内重地事先既漫无防范，致有撞门肆劫之案，迨经勒限饬缉，又不能赶紧获犯，实属不知愧奋，捕务废弛已极，若不从严参撤，将何以儆效尤而戢盗风。据藩、臬两司转据该管道府详请核参前来，除该管各上司及武职之名另行恭疏题参外，相应请旨，将博兴县知县王保和撤任，留于地方勒缉，仍先敕部，照例议处，以为玩视捕务者戒。理合恭折具奏，伏乞皇上圣鉴训示。谨奏。

七月三十日。

同治十三年八月初十日奉朱批：著照所请，吏部知道。钦此。

（选自台北故宫博物院清代档案·军机处档折件·同治朝）

文彬（1825—1880），字质夫，那拉氏，满洲正白旗人。咸丰进士，授户部主事。在山东历任知府、按察使、布政使，署巡抚，官至漕运总督。对度支、吏治、漕运、河防，无不洞彻，言必可行，为朝廷所倚重。

为小清河年久失修潴水为患现拟开浚以奠生民恭折仰祈圣鉴事

〔清〕游百川 陈士杰

察看山东黄河仓场侍郎臣游百川、山东巡抚臣陈士杰跪奏，为小清河年久失修、潴水为患，现拟开浚，以奠生民，恭折仰祈圣鉴事：

窃臣等前议疏通小清河，以泄南岸之清水，减入黄之支流，与治黄相为表里，并复委员履勘的确，再行筹办。业于覆陈折内附片奏明在案。兹据各委员先后禀覆，及绅民联名具禀前来，佥称自小清河凝塞以来，每遇夏秋，大雨时行，山泉暴发，水无所泄，漫淹田庐，数百村业已不堪其苦。加以大清河凝垫，年甚一年。从前众水悉入黄河，借以宣泄，今则黄水顶托，且时有倒灌之虞。历城之巨野河，章丘、齐东交界之绣江河，两岸水潦蓄潴，半成泽国，现仍一片汪洋，下至邹平、长山、高苑、博兴、乐安诸县，悉被其害。小民筑堰，各顾其私，南抢北掘，械斗不已，舍开通小河，别无救兵息争之方。臣等详加考查，该河上下两游，年久未浚，都成平陆，村舍僦居所在，间有仍循故道，实属为难。臣等现拟就上下游分两路办理。下游如孝妇、乌河、汉溱诸河，导经锦秋、麻大、石村三湖，分入小清故道及预备、富民三河，再由刘王庄之八里河汇淄入海，是为南股。虽节节间有阻滞，而河身尚在，粗加疏通，便可顺流，无须十分费手。其上游诸水，拟由历城华山之南引泺水、巨水，经鸭旺口史公闸东入绣江，再由绣江之新闸口经赵奉站南，就漫水现行低洼之区，会獭水、黛溪、猪龙河、沙河诸水，由陶唐口、樊家林等处透穿高堤堰以达支脉沟，再由支脉沟下段之马家楼取近开通，亦汇支入海，是为北股。此股道途较远，上段淤垫犹多，然就屡次漫水经行之处，改道分疏，以顺水性，尚觉事半功倍也。统计上自历城，下至乐安出海，约四百八十余里。上段既长，为费自巨。虽借资民力，酌给津贴，多须用银二十三四万两，少亦不下二十万两。未免筹画为艰，臣等再四思维，凡兴作工役，当俯顺舆情。今各县绅民纷纷请求疏浚，呼吁情殷，旦夕难缓。若及此时分别疏导，俾水有所归，既免沉溺之害，涸出地亩，复增耕种之区。且从此数百里舟楫可通，民间日用所需□运尤便。而南岸诸水，自行入海，并免助黄为虐，其所以为民兴利除害者，多而且溥。查开通该河一节，升任四川督臣丁宝桢前抚山东时屡欲举行，未果。至今往来缄牍，尤时时以小清河、黄河为念。川省年来整顿盐务，存款綦多，应请旨饬丁宝桢协拨银十二万两，又，川省前欠解贾庄二程指拨银四万两，合银十六万两，一并迅速汇解来东备用。丁宝桢公忠体国，不分畛域，必能仰承朝廷拯救民生之意，如数协助，俾得早日竣工。此外不敷银两，由臣士杰督同司道筹款接济，以纾宸廑。如蒙俞允，臣等拟先通下游，再开上游，节次督修，计择时兴工，明春正二月当可蒇事。所有臣等会商开通小清河、借资民力、并筹拨款项缘由，谨绘图贴说合词，专折具奏。是否有当，伏乞太后、皇上圣鉴训示只遵，谨奏。

六月八日。

光绪九年六月十九日军机大臣奉旨：钦此。

（选自台北故宫博物院清代档案·军机处档册·月折档·光绪九年六月下）

陈士杰（1825—1893），字隽丞，湖南桂阳人。以拔贡生考取户部小京官。太平天国起，在乡集团勇卫乡，后入曾国藩幕府，深受重用。历官道员、江苏按察使、山东巡抚，筹治沿海防务。

奏为筹划疏浚小清河及航行事宜需款策划情形（折片）

〔清末民国〕周馥

臣此次查勘小清河，上自济南省城郭外起，下至羊角沟出海，止长四百八十里，宽约数丈、十数丈，深二三四尺不等，清水涟漪，行舟机便。惟屡被黄流冲决淤淀，虽经升任东海关道盛宣怀疏浚于前，升任抚臣袁世凯开拓于后，中间仍发间段浅滞，商民病之。现洋商欲在小清河行驶，并拟代筹浚河之费，尚无成议。查内河行轮定章，不论华洋，未便阻止。而修河之资，借助他国，既难会商画一，诚恐流弊滋多。臣拟饬令商务局招商集股，购造轮船试行。如股本不足，准其华洋合伙。惟修河筑堤、做闸建桥，应归自办，需费约十余万两，且非将济南黄河南堤培筑宽厚，仍恐决而复淤。此段堤工，又非二十余万两不能举办。综计须三十余万两，一时实难筹此巨款。除黄河工款由臣随后通盘筹画，另行陈奏外，应需修浚小清河工款十余万两，拟于现办牙帖捐输等款内酌量凑拨应用。臣为兴修水利，便于商民起见，是否有当，谨附片陈请。伏乞圣鉴训示，谨奏。

光绪二十八年十二月初二日奉朱批外务部议奏。钦此。

（选自台北故宫博物院清代档案·军机处档折件·光绪朝）

周馥（1837—1921），字玉山，安徽建德（今属东至）人。出身监生，官直隶按察使、直隶布政使、直隶总督兼北洋通商大臣、山东巡抚、两江总督、两广总督等。办洋务三十余年，先后参与创建北洋海军、天津电报总局、开平煤矿及唐胥铁路等。清亡，以前清遗老自处。卒，逊清赐谥悫慎。有《周悫慎公全集》。

附：外务部奏报创办山东省小清河内河航运事（折片）

〔清〕佚名

外务部片：再，山东巡抚周馥奏修浚小清河以便行轮并酌拨工款一片，光绪二十八年十二月初二日奉朱批："外务部议奏。钦此。"钦遵由军机处钞交到部，查原奏内称"此次查勘小清河，上自济南省城郭外起，下至羊角沟出海，止长四百八十里，宽约数丈、十数丈，深二三四尺不等，清水涟漪，行舟机便。惟屡被黄流冲决淤淀，商民病之。现洋商欲在小清河行驶轮船，并拟代筹浚河之费，尚无成议。查内核行轮定章，不论华洋，未便阻止。而修河之资，借助他国，既难会商画一，诚恐流弊滋多。拟饬令商务局招商集股，购造轮船试行。如股本不足，准其华洋合伙。至应需修浚小清河工款十余万两，拟于现办牙帖捐输等款内酌量凑用"等语。臣等伏查交涉之义，首重主权。该抚议修小清河工程，即在本省筹款，不欲借助洋商，洵有远虑。惟购造轮船，若准华洋合伙，诚恐各国于内地各处纷纷效尤，益滋流弊。本年九月间，前议商约大臣盛宣怀因英约改订内河行轮章程，数为收回利权之计。拟招集华商，创设内河轮船招商局，先购浅水轮船试办。曾经电奏在案，该省自可仿照办理。毋庸招集洋股，以奉主权。如蒙俞允，即由臣部咨行山东巡抚遵办。所有臣等核议缘由，理合附片具陈，伏乞圣鉴。谨奏。

光绪二十八年十二月十六日奉朱批：依议。钦此。

（选自台北故宫博物院清代档案·军机处档折件·光绪朝）

奏为修浚小清河航路以兴商务而挽利权现在工程完竣密陈事

〔清〕袁树勋

头品顶戴山东巡抚臣袁树勋跪奏，为修浚小清河航路以兴商务而挽利权，现在工程完竣，恭折密陈，仰祈圣鉴事：

窃查山东滨临黄海，控扼南北，商务繁盛，首属烟台，然地处东隅，与本省各属交通不便，平时惟恃省北一线之小清河运输货物。往年河流通畅，帆樯云集，凡本省及苏豫邻境出产之货，胥由小清河出口，而以烟埠为销场，本省及苏豫邻境应需之货，胥由小清河入口，而以烟埠为外府。故烟埠货物骈阗，商务亚于津、沪各埠。近年河道渐淤，又值胶济铁路告成，商人避河道迂滞，往往改由青岛出入，而烟埠寖衰。论者谓挽回铁路所侵之利权，保护烟台本有之商务，舍浚小清河，别无善策。且青岛偏于南，利运南省货物。北省货物，以烟台为都会，运由铁道，其势逆，运由小清河，其势顺。故修浚小清河航路，实握烟济商务之枢纽，为本省万不可缓之举。查小清河为济水故道，航路起自距省城八里黄台桥，迤逦东北，经章丘、齐东、邹平、新城、高苑、长山、博兴等县，至寿光之羊角沟入海，绵长五百里，扼本省水陆要冲，升任抚臣周馥前饬商务局招商集股，于小清河建立轮船公司，拖带货船，期于迅速。嗣以水道淤浅，行轮不利。饬借机器局挖泥船于公司，以为疏浚之用，仍不得力。复经轮船禀请拨款挑浚，前抚臣杨士骧以商权所在，特委中游总办，新任兖沂曹济道丁达意督率河务工员，详细估勘，拨款兴修，计疏玉釜河，决古冢坡，导蛾眉山泉，建穆里庄铁闸，拓黄台桥船塘，拆修沿河桥梁，所有土方、地价、员薪、工料等项，计共用银五万九千余两。旋以轮船吃水较深，来往仍有阻碍。杨士骧复札派丁达意亲往查勘，增建机器铁门，石闸五道，草闸十道，并加挖船塘、切挑滩嘴、修建石桥、培筑堤岸，计费工料薪金六万二千余两。两次实共用银十二万两。现在工程完竣，先后遣派大员，分别验收。工程尚属完固，所有善后事宜，统归中游督办就近兼管。穆里庄铁闸系玉釜河分流入清之处，山水涨时，关系綦重，特派员专司启闭。沿河铁闸五道，有闸夫分守。复派员率巡船随时往来稽查。计每岁善后款项约需银二千两，均由司局勉力支拨，应请一律作正开销，不动年例部拨之款。据司道会详请奏前来。臣查烟埠商务之盛衰，视小清河航路之通塞。小清河之运输少，则铁路之运输多，烟埠之商务衰，则青岛之商务盛。此中消息盈虚之故，关系国权消长之机。光绪三十二年，英使照会外部，条具开浚小清河节略，即称小清河宜引玉釜河以增水势。其时东省业已动工，英使并谓工程若能坚实，于烟济贸易前途裨益甚巨。是此项工程不独为东省商人所注意，抑且为外国商人所属目。当此商战剧烈之时，傥再迟疑不办，必且别生枝节，贻误滋多。杨士骧深明利害，特先拨款兴修，用意至为深远。现在河流畅旺，昔日民船仅抵黄台桥，今则直抵省垣之西关，明效已属共见。若再将羊角沟海口拦港沙开浚，俾潮汐落时，小轮免在港外起卸，则为利更溥。惟工费过巨，应俟将来察看情形再行核办。至已经动用款目，应请敕部一律作正开销，除饬将各项用款按实造册，分咨农工商部、度支部外，所有修浚小清河工竣缘由，理合恭折密陈，伏乞皇太后、皇上圣鉴训示。谨奏。

光绪三十四年七月初三日。

朱批：该部知道。

（选自台北故宫博物院清代档案·宫中档奏折·光绪朝）

袁树勋（1847—1915），字海观，晚号抑戒老人，湖南湘潭人。初以佐转军饷累功保知县，历权高淳、铜山及上海、南汇等县知县，皆有名绩。累迁知府，擢江西景德镇，妥善处理百姓与法国传教士纠纷。官至山东巡抚，署两广总督。

奏钱应显委代博兴县缺片

〔清末民国〕袁世凯

再，新选陵县知县钱应显，业已领凭到省，本应即饬赴任。惟查该县界连直境，每多出没匪徒。瞬值青纱幛起之时，缉捕巡防，更非熟悉情形，布置难期周妥。现署知县吴明昭措置甫经就绪，巡缉正当吃紧，未便遽易生手。适有博兴县知县梁锡祜代理昌乐县知县，遗缺，该员钱应显堪以暂委代理，俾先历练，容再饬赴陵县本任。据藩、臬两司会详前来，除批饬檄遵并将文凭咨部查销外，谨附片陈明。伏乞圣鉴，谨奏。

（选自台北故宫博物院清代档案·宫中档奏折·光绪朝）

袁世凯（1859—1916），字慰庭、慰亭，号容庵，河南项城人。早年发迹于朝鲜半岛，归国后在天津小站训练新军，历官直隶按察使、山东巡抚、直隶总督兼北洋大臣。1912年窃取中华民国临时大总统职位，1916年1月1日举行登基称帝，建元洪宪，遭到各方反对，引发护国运动，3月22日宣布取消帝制。今辑有《袁世凯全集》。

奏为光绪二十八年挑筑小清河各工用过银数报销由

〔清末民国〕孙宝琦

五月初一日，山东巡抚臣孙宝琦跪奏，为报销光绪二十八年挑浚小清河并堵堤缺口各工用款，恭折仰祈圣鉴事：

窃查小清河为济水故道，起自历城县黄台，迤逦东北，经章丘、邹平、新城、高苑、长山、博兴等县，至寿光之羊角沟入海，绵长五百余里，为运盐运货船只往来要道。年久失修，节节阻滞，复因陈家窑堤堰漫决，黄水直灌小清河，虽堵合后，即时消复，然溜过沙停，河身淤垫，处处胶涩，几于舟楫不通，税厘来源，因之顿塞。行盐运道，亦费周章。且大雨时行之际，若上游山泉诸水，宣泄不畅，两岸民田漫溢，亦复勘虞。前抚臣张人骏奏请设法疏浚，以资补救，并声明估需实报二万余两，拟在征存厘金项下拨银一万二千两，余归运司筹拨。钦奉谕旨允准，随饬商务局派员集夫兴挑，即将挑出之土培筑残缺堤堰。旋据委员赶办工竣，扠经验收，尚属一律完固，统计挑工十二段，共需方价工料银一万八千五十九两七钱一分一厘二毫；修坝并筑缺口各六道，共需方价银一千二百四十六两七钱九分；挑河占地七十亩一分一厘七毫七忽一微，共需地价银五百四十二两六钱九分八厘八毫三。共实用库平银一万九千八百四十九两二钱，内由征存厘金项下动支原拨银一万二千两，由运库筹拨银六千两，不敷之项，因运库无款续拨，又在厘金杂款下动支银一千八百四十九两二钱三毫，合交库平银一万九千八百四十九两二钱，核算奏明，原估银数，有减无增，均已尽数动用无存。兹由劝业道按照委员承办挑筑各工支过银数，按款造具册结移送河防局。司道确加覆核，委系实用实销，并无丝毫浮冒，亦无扣存减平银两等情，详请奏咨前来。臣覆核无异，并详细考查修估情形，实系未将减平银两核算在内，当时实未扣存，事后无凭开报。且现值清理财政，出入各款皆需实用实报，所有应扣减平银两应请饬部准予免交，以昭核实。除将册结分咨查照外，所有光绪二十八年挑筑小清河各工用过银数，理合恭折具陈，伏乞皇上圣鉴，饬部核销施行。谨奏。

四月二十日。

宣统二年五月初一日奉朱批：度支部知道。钦此。

（选自台北故宫博物院清代档案·军机处档折件·宣统朝）

孙宝琦（1867—1931），字慕韩，浙江钱塘（今杭州）人。在清末历任直隶道台、顺天府尹、山东巡抚等职，曾代表清政府出使德、法、西、葡等国。民初任北洋政府外交总长，1914年一度兼任临时内阁总理，历任审计院院长、财政总长。1924年一度任国务总理，1925年任驻俄大使。晚年寓居上海。

《筹笔偶存》[①]选

〔清〕佚名

（光绪二十六年）三月廿三日

博兴禀（廿二）[②]：禀报教堂处所。

【批】据禀已悉。缴。

① 编者按：《筹笔偶存》原文藏于中国第一历史档案馆，是清末山东巡抚衙门中一位师爷的工作日记。荣孟源《〈筹笔偶存〉序》："这份工作日记：一是记录当日收到的来文，摘录其要点；二是草拟批答，和《山东义和团卷》中的批语，基本相同而常有差异；三是草拟函、电、咨文、告示等甚至奏议的初稿。所谓'筹笔'，大概是起草底稿的意思。"本书选录其中与今博兴治内（博兴、蒲台南部）有关的片段章节。

② 编者按：括号内数字为禀文发出日期，标题日期为批示日期。下同。

七月初五日

博兴禀（廿七）：札饬催拳赴津。二十日，七八十匪至北关投宿，有一孙姓名连阁者，来自益都，经过临淄，往津沽投效。二十一日因雨未行，二十二日起身未付房饭，县代付。

【批】据禀已悉。缴。

七月初十日

博兴禀（初十）：滨州城西北小范庄挂了号。杨官庄教堂爱天理不走，修圩筑寨，置备火器。滨、蒲、高、乐等处教民潜来此寨者数千，并有别国教士暗藏其间。

孙过开余党刘殿元，七月初二，在兴复镇[①]客店拿获。二三日之内，来匪三百余人，将刘殿元架去。

【批】据禀已悉。该令坐视匪徒劫犯，不能会督营团追捕，实属怯懦无能！著记大过二次，勒限半月，严缉匪犯刘殿元等，务获究办。并候飞饬青州府查明情形，酌商杨统带派队剿办。该令应即会同防营妥速办理，以资保卫而靖地方。缴。

七月十八日

青州府禀（十八）：查复博兴劫犯情形。

七月二十一日

蒲台禀（二十一）：巳刻，南北两岸各有拳匪千余人，彼此挟嫌，亟欲搆衅。各岸船只悉调别口，无从趟河。

【批】据禀已悉。匪徒窜扰，全在各牧令设法筹办，消患未萌。乃竟迭以事在危急，实无良策等词率行禀渎。试问该令所司何事，先事不能预防，事起又一策莫展，实属庸暗。着先摘去顶戴，以示惩儆。仰仍遵前批，会同王统

① 编者按：此处笔误，应为“兴福镇”。

领、杨统带等妥速剿办，认真弹压。并一面会同南北两岸营委各员，严防渡口，毋任过河，以杜窜扰而免贻误。缴。

行两司、王、杨。

七月二十四日

蒲台禀（二十四）：十七日愈聚愈众。饬队长程增吉整备新募勇队六十名分防城关。城北大刀会匪首李凤梧与河北所住之拳首崔姓挟嫌。前数日李会首戕杀拳民数人。崔拳首聚众报复，将李会首困在夹河之内。十八日巳刻忽闻开炮，该令等登城遥望北岸，崔拳首拨船数支，从上流而下，持械登岸。在城西北沙领一带，与李会首见仗。李后路退败下堤。程队长率队轰毙会匪四十余名，余匪东窜。崔仍踞河堤之上，人数较多。亲往开导，至十九日申刻，崔方南北分退。李会首已轰死，余匪多系青州人。

【批】据禀已悉。两匪互攻，何得引以为功？仰仍随时会同防营，设法解散，相机剿捕，毋任私斗滋衅。切切。此缴。

张勋禀（二十三，待查）：前次查明黑牛王庄拳匪移据庆云，拟往剿办一案。十六日奉批：据禀进剿庆云，胆识俱优，勇于任事。惟彼众我寡，万勿冒险云云。任家桥一股，派前哨哨官彭殿元前往查询属实，即将包头等件销毁，刀械归公办团，立时解散。驻庆云之黑牛王庄一股及其余小厂，闻该巨厂就抚，大半随同解散。盐山一股仍回盐山（最悍）。东省阳、沾一股，本系流钟口漏网逸匪，至庆云往投未久，该处又愿散伙，遂复窜回王家集。现又分为两股：一窜赵家集，一窜阳信，致有十一日之战。赵家集一股已窜往沧州。庆云境内虽未肃清，然已聚匪无多。

【批】禀单均悉。昨据蒲台裴令禀报，已饬派王副将世清、宋领官金玉等，驰往剿办。仰即会同该副将等暨蒲台裴令妥筹商办，合力剿捕，以期滨、蒲、利一带早日肃清。另案请领本月余饷暨八月正饷等项银两，已行粮饷局核发矣。此缴。印领存局。

七月二十五日

青州府会禀（查荣绥、博兴县，二十三）：兴复[①]、博昌、利城、纯化四镇，地大物博，更较精壮。

七月二十六日

张勋禀（二十六）：率领左右两哨并挑前后两棚精壮二棚，于二十二抵滨州晤萧牧，知蒲台县匪自相攻杀，十九日由城外分窜各乡。二十三八点抵蒲台，匪在县城东南双台[②]地方，滨州马店匪首金玉胜率党数百，于本日亦到双台，共有七、八百人。二十三夜一点钟，拔队往双台，中隔一河，渡过已四点，分扑玉皇阁。台基高八丈，前面有坡路一道宽五尺余，尚有四五丈壕沟，水深数尺，后面埋有梅花桩，为该匪布置退路。台边四周均有砖砌围墙，中为玉皇阁，高约二丈余，阁顶四角均有大炮。挑奋勇十名（每各二十两）仰攻，伤五人。左肩右腰均受砖伤，将守台悍匪击毙十数人，跃登，队伍继上。匪徒藏于阁内，墙厚五尺，夺路冲入，共毙匪五百余名，匪首金玉胜、军师李姓亦在其中。生擒二百余名，大炮四尊、劈山炮八尊，火炮十六杆，刀械、包头无算，马二十九匹、牛一只、驴两头、大车二辆、衣服、粮食无算，火药五坛。左哨官马新元腿受砖伤，受重伤正兵二十名，受次伤正兵十一名，以百六十人击七八百匪。十六岁以内之匪概行释放，仅余六十二名押回县城。内有大师兄祁姓，小匪首数名，半途因伤身死六名，余五十六，半系海丰、流钟口、阳信三处漏网悍匪，字号均系第一乾字。

【批】据禀已悉。该参将督率两哨勇丁，往剿蒲台双台悍匪七八百名，身受砖伤，犹复夺路先登，不避危险，竟先后轰毙匪徒五百余名，匪首金玉胜等即在其中，又生擒从匪二百余名，并获匪首祁姓，起获枪炮、刀械、衣物、牲畜多件，各处漏网悍匪悉数歼除。有此一战，滨、蒲、利等地方当可安谧。实属胆略出众，谋勇兼优，殊堪嘉奖。际此时局艰棘，全在将领得人，本部院所

---

① 编者按：笔误，即兴福。

② 编者按：双台村，今属博兴县乔庄镇。

望于该参将者固甚大且远也。马哨官新元亦受砖伤，应由该参将一并觅医妥为调治。其受伤正兵十三名，应照章领养伤银。该参将所挑奋勇十八名，应照格领赏银八十两；均已札饬先锋粮饷局分别核发，即由该参将先行备文赴局具领。其余出力弁勇，应俟该印委禀到日，再行分别从优给赏，以示鼓励。所获匪犯祁姓等，即饬蒲台裴令讯供禀办。该参将仍回海丰驻扎，以期兼顾。所筹甚善，仰均照所禀办理。此缴。

七月二十七日

下午传见，缮平、密、胶、即信。

札一件：札饬武定府，查复马玉荏队伍是否过境。

又一件：札饬沿边各州县，查复客军过境迅速禀报。

复马天恩信二件[①]。

马主教阁下：连接两函，备悉一切。此次直匪倡乱，波累山东，幸而本部院先事预防，派兵剿捕，尚易扑灭。然各处均有外匪阑入，仍属防不胜防，其中一切为难情形，有非笔墨所能尽述。而本部院始终极力保护，当亦贵教中人可共见共闻。承示临清小营教堂被烧，本部院现已另派干员前往接署，必可设法保卫。乐陵一带前有匪徒滋事，当经拨派马、步队先后拿办匪徒多名。临邑、商河窜聚匪徒亦即拨队捕治，并在陵县刘家寨一带击毙匪徒一百余名。又在海丰、沾化、阳信三处，先后共击毙匪徒七、八百名。蒲台双台所聚匪徒，复经派队剿捕，击毙五百余名。其余如平阴、肥城、利津、滨州、惠民、茌平、淄川、博兴、邹平、禹城、新城等处，闻有零星窜匪，均经营县会同剿办，并各捕拿著名首要，均于讯明后批饬就地正法。此三月中共计擒捕匪徒二千余名，以上各处地方可望逐渐安谧。保护教堂告示，已一再饬发各州县张贴，均经呈报有案。至教民反教一节，此系一时权宜，此事本部院初并不知之，迨后访闻，亦经严札饬禁。现据各州县申发，并无刑责逼勒之事，地方亦逐渐敉平。本部院督饬各防营州县，极力保护教堂，认真惩办匪犯。一切详细情况，他日贵主教等重莅省会，教会中人必能为贵主教详言之。

---

① 原注：正文只有一件。

八月初二日

札博兴：

查北关外距城十二里杨家庄有教堂一座，庄内教民五十余家，外来教民藏匿者甚多。教士爱天理，法国人，屡经府县劝其远避，不听；现修围墙，埋有地雷，以备防守。

城西花园一带金屯、新桥各处义和团，于二十九日天未明即北去。闻该团有称石统领者，自腰站来，将各团挑带赴吴桥县园一带，其余先令散回各家候信。该团北去，走至城北曲六店，分住该店东王大前庄、西杜路口子各处。又探花园案内，有司姓名砚田者，系该庄团首，又向茌平各处去了。

行平原、禹城、德州、茌平、恩县、齐河、高唐。

八月初九日

王世清会禀（初九）：查蒲台裴令禀报刀拳相哄。二十三日抵蒲，匪十九日分窜，二十四日会剿双台匪，二十九日剿台子李庄，包袱李庄。

崔拳首名崔曰勇，系匪中军师，窜往田镇，由雷震春剿办。

会首李凤五，蒲台人，立会聚百余人，与拳匪范永昌不睦，十五日夜赴滨境小街杀死范永昌等数名。范姓约拳党千余人报复，李凤五亦率党在蒲台北关河滩隔河用炮。十八日拳匪于上下游分渡过河，将李凤五格毙。十九日始各分窜，拳民过河杀良民大小男妇百一十五口（本部院访闻尚不止此数）。

八月初十日

青州府禀（初十）：遵查博兴杨家庄教堂一案。

八月十一日

复英领事：

敬复者：顷由东海关道递到惠书备悉一切。查武定府所属之惠民、滨州，蒲台、乐陵、沾化、海丰等县，前有直境匪徒窜入滋扰。当经本部院饬派马步队伍，会同所委各员暨各该地方官认直查办。

先后在乐陵魏家庄、黄街、朱家寨剿办匪徒，捕拿著名首要匪犯郝廷轩等二百余名。又于海丰南关击毙匪徒五、六百名，沾化之流钟口击毁总拳厂一处，拿办匪首靳盛然党多名。又在蒲台之双台击毙匪首金玉胜，毙五六百名，擒二百余名。青城之田镇八十余名，水牛李庄、皂李庄、惠民之十王家村拆毁总会厂一所。滨州之小范家、马店三十余名。台子李庄、北镇。阳信城内边家庄，利津大郭家匪首高姓。[①]

先后在乐陵朱家寨、魏家仓、孔家庄、黄街等处击毙悍匪二百余名，生擒四十余名。又在海丰南关击毙悍匪五百余名，生擒五十余名。又在沾化之流钟口、惠民之王家村两处各拆毁总拳厂一所，生擒匪犯十余名。又在蒲台之双台击毙悍匪五百余名，生擒二百余名。又在青城之田镇、水牛李庄、皂李庄共击毙悍匪一千余名，生擒百余名，又在滨州北镇小范家、马店、台子李庄、包袱李庄共击毙悍匪六百余名，生擒五十余名。又在阳信城内暨选家庄共击毙悍匪五百余名，生擒五十名。又在利津大郭家生擒匪犯十余名。武定府属各州县总共击毙悍匪三千九百余名。贵领事单开著名首要匪犯多在其中。其当场拿获各犯，但系积案，讯实者亦均即批饬正法。余亦分别监禁递转管束。各处逐渐安谧，所有教堂教士教民亦严饬各该地方官如约照常认真保护。贵领事近驻烟台，当必早有所闻。兹承示单开武定府属各州县之会厂及各匪首姓名，想系未经查办以前之事。浸礼会教士相距尚远，不知近日已经严办情形，故特详细奉闻。惟既承尊嘱恐仍有漏网逸犯，根株尚未尽绝，亦未可知。已分饬该处各营县认真查拿惩办，如遇有设会厂并饬令一律标封。专此奉复，顺颂时祉。

行洋务局、王世清、武定府、徐丞，惠民、蒲台，滨州。

八月十三日

博兴禀（十二）。

【批】据禀已悉。仰仍随时妥为保护。缴。

---

① 编者按：本段文字文理不顺，且与下段文字重合度较高，应是草稿窜入，今保持原样录入。

八月十七日

王副将世清会禀（十三）：札饬青城朱令禀称：河北杈子吴家庄、秋子庄聚匪二千余人；台子王家庄聚匪五六百，两股均在河北。各庄首事环求免剿。河之南北业经安静。饬查博兴境内刘家集，距北镇八十余里，有匪杀劫。博兴与滨、蒲接壤，约沈领官于十三酉时出队。

王副将禀（十六）：札饬（此札未见）：河南一带虽经稍清，而河北来源尚未断绝，惠民拳厂尤多，滨、蒲次之，应痛加剿办，万不可虚掩故事。徐直牧接柳令函，云拳厂已散，地方安静，不烦兵力。

八月十九日

高苑禀（十九）：获犯崔日永七名。

行两司、善后局、张勋、惠民、青城、乐陵、海丰、博兴、乐安、新城、蒲台、利津、滨州。

【札】照得济南府属之邹平、长山、新城、齐河、德州、禹城、临邑、平原、陵县、长清，东昌府属之博平、茌平、清平、冠县、馆陶、恩县，泰安之泰安、平阴、肥城，武定之惠民、阳信、海丰、乐陵、滨州、利津、沾化、蒲台、青城、商河，临清之武城、夏津，兖州之宁阳、阳谷、汶上，沂州之兰山，曹州之菏泽、濮州、郓城、城武、巨野，济宁之金乡、嘉祥，登州之黄县、招远，莱州之平度、潍县、高密，青州之益都、博兴、临淄、高苑、安丘各州县迭被匪徒滋扰，均经本部院先后派拨防营，会同各该地方官缉办各在案。惟查大股匪徒仓卒滋事，各州、县兵力不足，自不能不会合防营，击散匪众。至既经击散之后，各防营均须兼顾边防，何能常川分扎？各州县境中，亟应责成各州县地方官擒拿首要，搜捕伏莽。至既经击散之后，随时整顿捕务暨筹办地方善后事宜，仍是各州县专责，终与防营无涉。防营既防边境，又顾海疆，何能零星驻扎，专代各州县缉匪？防营既不能代州县缉匪，州县又不自行缉办，势必仍蹈兵至则散，走又复聚之弊。匪何日能熄！地方何日能安！

本部院日夕筹维，以为维持大局，其要先在保全东境；保全东境，其要先在断绝匪踪。大股之匪既经各州县会同防营陆续剿捕殆尽，所余零星小股暨漏网未获各匪徒，亦即州县力所能办。亟应责成各该州县先就禀明在逃各首要，暨续行查明著名各头目，以及迭次饬拿要犯，并各犯供明同伙逸匪，各就地方情形，悬赏购线，分投踹缉，协力会捕，四面兜拿。各该州县务将境内所有匪徒，一概拿办，所有会厂，一律标封，或将房屋充公，或即酌量焚拆。根株总须划除净尽，邪术自可从而革除。不但地方乂安，农商复业，下民受福，即各府、州、县亦可从此一劳永逸。然后出示晓谕乡民，凡有被匪胁从而真能改悔者，咸从宽典，不予深究。一面设法调和民教，抚恤流亡，并次第筹办善后各事宜，亦可省却无数浮资，释却无数隐忧。竟此一篑之功，以待四境之治。此本部院所朝暮孜孜，愿与良有司共图之也者。除分行外，合亟札饬。札到，该府、道、司、州、县，即便转饬所属遵照办理。并限文到五日内，先将该州县筹办大概情形禀复，一面查照实力奉行。倘能迭获著名首要匪徒，定即从优甄叙；其有视为具文，缉办不力，驯至营队撤防之后，匪徒复行充斥者，亦即从严撤参。毋违。切切。此札。

八月二十一日

【札】为札查事。照得本部院访闻蒲台境内拳匪与大刀会匪互相仇杀案内，沿堤一带伤毙平民男妇甚多。昨据裴令禀称：沿堤被害共七十一户，内伤毙良民男丁六十八名。苇坑内淹毙妇女二十一口，又受伤身死妇女十七口，幼女八口。此外，又有受伤不能扭动者男丁二十名，妇女八口。均由该令捐廉酌给抚邮，共用京钱三百九十八千等情。核其所报数目，似有不实不尽。滨河民情困苦，遭此惨杀，亦不知酌给抚恤，有无向隅，亟应专札饬查。

八月二十二日

王统领世清会禀（滨州、蒲台、徐丞、沈领官，二十一）：在蒲境郝家拿匪犯郝凤田等。

【批】禀单均悉。该统带等先后在蒲境郝家拿获匪犯郝凤田一名，又在乐、博境内李佛燕等处拿获李天成等，暨在滨境石庙罗家擒获赵教化等共十名，复在寿境羊角沟捕获高凤池一名，分别正法保释；并起获刀枪等物。办理甚属妥善。该统带与沈领官、徐丞、方牧、裴令暨聂先锋官、周哨官、顾副哨官、晋训导、王县丞着各记大功一次。出力弁勇赏给空白功牌四张，仰即查收，择尤填给，借示奖励。匪首商鸿逵既经会讯明确，自应照章先行就地正法，一面将首级解赴犯事地方枭示具报，以昭炯戒。并移会乐安查照暨由该统带分移知照。缴。

闰八月初三日

复福若瑟信：

敬复者：顷接贵主教来函，拜悉一切。前据兖沂道禀报贵主教已由兖郡南行，甚为悬念。前接青岛白总铎来电云，贵主教有至坡李庄之说，尚未知确实与否，因派洪运司恩湛前往坡李庄代本部院问候贵主教起居。昨接该运司来禀，今又接到惠函，始悉贵主教已安抵坡李庄，一切平安，甚为欣慰。贵主教在东有年，远近悦服，自此诸事安吉，皆自天佑福，贵主教乐善之诚所感召也。

承示范、观、朝、兰、郯、莒、鱼七县教民困苦情形，阅之殊堪悯惜。本部院爱民如子，何忍听其焚溺水火之中。故自去冬到任以来，迭次檄派文武地方官严办匪徒，调和民教，以期安顿。当为贵主教所深知。自今夏直匪披猖，此数月内，山东深虞波及。本部院复又迭派马步防营队驰赴东武定府属之海丰、乐陵、阳信、沾化、青城、蒲台、滨州、利津，东昌之清平、冠县、馆陶、恩县，济南之德州、长山、邹平、新城、禹城、临邑、平原、长清，沂州之兰山，济宁之金乡、嘉祥、鱼台，兖州之阳谷、宁阳、曲阜，曹州之濮州、郓城、单县、城武、巨野，泰安之平阴、肥城，临清之武城、夏津，青州之益都、高苑、博兴、安丘，会同各该地方官先后当场击毙悍匪，并曾正法匪徒共四千余名，著名首要多在其中。地方可望逐渐安谧。兖、高、沂、齐各属，又迭经札饬该道、府、州、县认真查办教案，严拿逸匪，并招抚教民回家安业，俾免流离。各该州县均已遵饬办理，先后禀复前来。

兹奉惠函，再严札饬沂州、曹州两郡守，济宁李直牧，并分饬兰、郯、莒、范，观、朝各县令，详查现在教民困苦情形，设法安辑，实力保护，一面责成各防营一体巡缉弹压。并饬营县查明已革武举张从泰等，严拿讯办。谕禁沿边村庄团众等，不得聚众，滋生衅端。倘各属再有匪徒聚众滋扰情形，定即获案讯明正法，不稍宽贷。地方官如缉办不力亦即撤参。本部院抚治山东，除莠安良，本是分内应为之事。惟此数月，贵主教来函奖誉过情，愧不敢当，然亦足见□□□□。贵主教暂住坡李庄教堂，当即拨派马队赴附近顶水镇一带驻扎。又吊兖镇抽调步队驰往巡防，以资保护，请释盛衷。贵主教持论平允，实于公理相吻合也。再前准青岛叶大臣来电云，贵堂需用银二千两，本部院当饬洋务局照数拨送贵主教查收矣。专此布复。

闰八月初六日

博兴县禀（初六）。

【批】据禀已悉。仰候札饬青州府妥为保护。并行洋务局函致爱教士，嗣后若赴各庄稽查教民，务须先期知会地方官，俾得派拨勇役随时保护，以昭慎重。缴。

博兴会禀：团练办齐。

闰八月十二日

青州府禀（十二）。

【批】据禀率队赴高、博、乐一带巡查各缘由均悉。查爱教士天理前据博兴县田令具禀，当经檄饬该府县妥为保护，并行洋务局函致该教士在案。兹据前情，仰候仍行洋务局查明致函后，该教士有无复函，再随时具函劝阻，并由本部院电达法国驻烟领事官查照。至钟德吉等如有诬控情事，提案讯明，即当反坐。并即知照。缴。

闰八月二十一日

爱天理函（二十日局送来）。风闻博兴、沾化交界地方私设拳厂多处。

行武定、青州府，博兴、沾化县。

又临淄境内仍有拳厂，并有枪伤教民四人一案。

行武定府、临淄县，行右军营务处派员查复。

九月初一日

法领事函：

博兴爱教士只身出外，请先知会地方官。

行知洋务局、青州府、博兴县。

（光绪二十七年）五月三十日

为移文事。案据爱教士天理函称：日前趋谒贵署，至○○○亦可俟业领事日后办理等情，函本护院。据此，当经商明○〔袁〕正任抚院，以此案系由民妇李时氏控诉李宝峰仇杀其夫李宝云命案，照本国律例必须传审。李宝峰以武生到堂候审，例须先行革衿。原被告均未输服，照例不能结案。案既未结，李时氏是否诬控，李宝峰是否冤抑，亦即无从剖断。如但凭教士听教民一面之词，越俎干预，又断无依之定案之理。应由贵局查明案据，逐一指驳。

查此案牵涉甚广，情节极多。李宝云是否实被李宝峰杀害？李宝峰等被蔺占鳌等抢掠财物是否属实？亦应饬同地方官查勘所值，估计赔价，有无一万二千金之多，缉犯迫赔，为首抢案办理。

又谓张三即张连有，系抢掠冯王庄教民之拳犯，用舟运赃颇多，经冯王庄教民在县呈控七、八纸之多等语。是否实有其事，亦应饬县查复。

又谓该县绅士薛继文、吕云阁等指明，李宝峰去年六月间避拳远出，李宝云实系被拳杀死，有供单为证等语。薛继文等是否教民，有无供单在卷。

又谓李宝峰被控案内，曾获犯姜二兴、张甲梅等十数名提府官押。去年十月初四，伊等方将所抢各件交还教民，其已费用变卖之物，估价八百千，息结。旋因李宝峰提省审办，钱文未定而止。姜二兴等今春亦未经退原脏与议赔钱项，竟开释回家等语。此案是否办结，仍允行府查明详办。

又谓李时氏之女与王营官作干女，郭委员肄之专饬待查，与王营官谒商，公同捏禀。郭委员在县署承审，指刑威吓，陪审王员并未问话，王营官、郭令应一并量予惩处等语。查王营官回省在先，郭令委查在后，何能谒商？此节既虚，他事可想。如不查明确实劣迹，何能予以议处。应即移令营务处查明王营官回省日期，酌量驳复。

其余如有应行指驳及应行查复之处，即希贵局核齐司局全案，详晰□□，分别核办。并希转复该教士，酌商办理。除商明□抚院径复以移由贵局核明转复外，相应移令贵局，即祈分别移行营务处后施行。

（选自中国社会科学院近代史研究所、中国第一历史档案馆合编《筹笔偶存——义和团史料》，第219~632页，中国社会科学出版社1983年版）

小清河航道整理管见

〔清末民国〕李仪祉

一、海船港宜设于桓台闸以上、金桥闸之下。理由：

（一）海船入陆愈深，则商运愈省。盖外埠之船驶入小清河，泊于羊角沟与泊于金桥闸毫无以异，而内地运输因之已缩短四十八公里。

（二）商埠距海岸较远，水好风和，草木繁茂，市政易于发达，商民适于居处。

（三）土质较佳，一切建筑易于设施，泊船港池易于布置。

（四）居博兴、广饶数县之间，交通顺利。

（五）留羊角沟但作盐码头，与他项商市分立。

二、小清河船闸自海口至济南共设四闸：

（一）金桥闸。新船闸位置当在金桥闸之上约三公里处（在预备河及湾头口之上游）。此闸之上水约居12.2公尺之高，其下水则无定，当以测验所得潮水位结果，定闸之悬降（lift）。如普通潮水位能及7.307公尺，则河底宜浚深至3.307或2.307，以通航吃水二、四公尺之巨轮。金桥闸之悬降不及五公尺。如普通潮水位只及6.307公尺，则河底亦须多浚深1公尺。此闸宜添设捍潮之门，以备上水放空时（修理渠道）捍御潮水。或仅用船闸上必须有之闸板（Flash Boards）。由海口至此闸命名为海段。

（二）安庄闸。新船闸可用旧闸址，下水面高12.20公尺，上水面高18.20公尺，悬降6公尺。本渠段亦长约48公里。渠底之高应为9.70公尺，以通行吃水1.8公尺至2公尺之渠船，其载重可至六百吨。自此以上各渠段同此。金桥、安庄二闸间之渠命名为下渠段。

（三）孟庄闸。新闸址可设于旧闸之下约2.8公里处，居绣江河口之上游，下水面高18.20公尺，上水面高24.20公尺，悬降亦为6公尺。各闸悬降一律，建筑与养护上方便甚多。本渠段长亦约48公里，名之曰中渠段。

（四）黄台桥闸。紧设于黄台铁路桥之下游，此闸上水以不知黄台桥之高（此次所携小清河五柳闸至林家桥纵断面图所用datum与小清河纵断面图又不一律），无从规定。渠船至此，宜设终港。大渠船无须过桥，可由港池起卸于小船，以入济南商埠。但他时可由黄台之下，穿同深之渠，以与黄河航道设闸相通，惟黄河须先加以治导始可。本段渠长约43公里。黄台桥以上通济南商埠之渠，以吃水1公尺为限。

三、排洪之路可沟通绣江河与清河沟及孝妇河，俱相连贯。大部分山洪可由之以放于海段。然各闸仍须有活动坝之设备，以泻积余之水。此坝不必过大，其大小须详细估计排洪量之分配而定之。

白云湖、麻大湖皆备为停留山洪、储蓄渠水量之用。清水泊可治为储备清水，以冲洗港槽之用。

各湖河皆备有进水闸与小清河相通，上级水段与下级水段亦另有调节水量之渠闸相连。

四、水源。中下渠段水量当无问题，所以纳河流多也。上渠段若能以绣江河之水蓄于白云湖，以供渠水，亦可敷用。至黄台桥以上，有济南诸泉接济，按制开闸（黄台桥为终港，渠船不越雷池一步），货物至此，皆由驳船或铁路转运，耗水既微，亦何愁水之不足。

五、海口仍以羊角沟出去之口为宜，以海潮进出畅利也。海口之门槛沙固须除之，以后口内河槽逐次加以整理工程，可望得良果。

六、渠船吃水T定为2公尺，船身之宽B定为8公尺，长L定为50公尺，其载重可$2\times8\times50\times0.75=600$吨。小清河固可多行拖船，而此种轮船亦不能不为之准备也。

七、船闸。闸之宽不宜小于10公尺，闸厢之长以能容拖轮一只、驳船二只，或较大之轮一只为度。间厢先用natural bed，以后经费充裕改为石工；或用Steel sheetvile（Larszen），若干年后商务繁盛，再另辟新闸，以通行一千吨轮船为准。

八、五柳闸、林家桥间之闸，为济南附近之所必需者，但须与全部计划相应。例如黄台桥之间上水面应升至若干，则黄台桥以上更应何处设闸、悬降应为若干，可以迎刃而解矣。各闸若设，不特航运赖其利益，农田灌溉亦水有余裕，诚哉其利无穷。

九、小清河与黄河连通，虽一时骤难实现，然即宜作种种测量设计，以为预备。黄河水面之涨落，津浦桥下河床之变迁，尤须长久察验，作为确实记载。

（选自任宝祯编《小清河历代文汇》，第124~126页，济南出版社2008年版）

李仪祉（1882—1938），原名协，字宜之，陕西蒲城人。留学德国，学习土木、水利，归国后倾力于水利事业。曾任华北水利委员会委员长、导淮委员会总工程、黄河水利委员会委员长兼总工程师等职。主张治理黄河要上中下游并重，防洪、航运、灌溉和水电兼顾，改变了几千年来单纯着眼于黄河下游的治水思想。参与创办中国第一所水利工程高等学府南京河海工程专门学校和多所院校，被誉为“中国近现代水利奠基人”。论著有《水功学》《黄河治本的探讨》《导淮先从入海着手之管见》等。

查勘小清河水利报告

宋文田

小清河来源，近者虽流有恒而量不足，难供通航之用；远者四季有水，然盛时恒致水灾，衰时则仅涓涓细流。河身两岸多被侵占，河面日窄。其闸工或备而未用，或用而欠适。岸不养护，坍陷时生；底不疏浚，淤塞难免；支流湖泊不加修理，则失其储蓄宣泄之效；堤坝涵洞失其岁修，则减其束节防灾之功。犹有甚者，海口日塞，外来船舶不能入口，海外贸易停滞，且码头驳岸不整，船只停泊，货物装卸，费力费时，诸多不便。故为发达航行计，小清河之改良，实不容缓。至于灌溉水力，其可以因地因时举办者，亦须尽力发展。兹将调查所得实在情形，分述如下：

小清河源流概况

小清远源，来自锦绣、锦阳、锦云三川，均系夏秋山水所成，盛时水势浩大，败时牵裳可涉，或竟干涸无水。其无水部分，自长清县之丰齐镇，至历城县之东葛马庄，约四十里，土人有七十二漏之说，水至此处，漏入地中。以理推之，必系此段地势力较高，且其地层能透水，故涓涓之水，至此由地中行，不复现于地面也。锦阳、锦云会并渡口，北流至宫中（中宫），与东来之锦绣会，称玉符河。北流至睦里庄，分二支，一北入黄河，一东北流，称小清河，其节制关键，曰睦里庄闸，所以防玉符河水大时闸以下各低地之淹没也。睦里庄至五柳闸三十二里，河幅最窄处为睦里庄以下数里，仅五公尺左右。最宽处在金牛山一带，约七十公尺。芦苇蒲草，到处从生。即不使此段通航，专为畅流济清起见，亦有疏浚之必要。

小清近源，为历城诸泉，虽夙有七十二泉之名，然名存实亡者，所在多有。而其名不在七十二泉之内者，亦复不少。泉名最著、与小清河最有关系者，厥为趵突、金线、黑虎、珍珠诸泉。泉流方向，可分为三流：东为黑虎、南珍珠诸泉，顺东护城河，经新东门、通济、梁夫庄、新闸、华沟涯、老鸽架诸闸，至黄台桥入小清河；西流为趵突、金线诸泉，顺西护城河，经卫闸边庄、刘庄、张公坟，至五柳闸，与西来之水相会东流；中流为北珍珠、芙蓉诸泉，均入大明湖，出会波门，西至卫闸，与西流会。

小清河大势

泺源门至卫闸约二里，本不宽阔，航行不便，船舶停住，货物装卸更难。两岸房屋林立，侵占河身河岸，当属不少。卫闸至五柳闸五里，河宽仅十余公尺，且有卫闸、边庄、刘庄（已毁）、张公墓诸闸，闸门均不及三公尺，两岸不整，时有树林倾斜河中，有碍航行。五柳闸至黄台桥四里，河直，障碍物亦少，须加深加宽。黄台桥至沙河十三里余，卫闸开时宽约二十公尺，闭时窄不及十五公尺，盖有滩所致，须挖去。此段内有矿村河来入，流微无补。沙河至潘家码头十里余，弯曲甚多，两岸多房屋，绵延四五里。此段内有韩仓河流入，亦微。尚有石河，竟无水。潘家码头至鸭望口十二里余，宽约十五公尺，盖适逢开闸，故较宽深。河身弯曲特多，两岸有堤，悉被农民侵占，只顾目前小利，而忽将来大害，侵堤毁岸，所必然也。渠野河由鸭望口流入，时有水流，尚属小补。鸭望口至张家林四十八里余，宽约十五公尺，深不及一公尺，河底两边，高出水面，形成水滩，两堤亦尽为农田。张家林至魏家渡口三十二里，水面在二十公尺以下，深度约一公尺，岸高，地势力使然。南北两堤，悉被农民侵占，仅存形迹。魏家渡口至李家坟三十余里，河面水深与上段同。南堤尽被农人破坏，遍种禾苗。北岸有泄入小清河之水沟二道，惜无涵洞闸类，以次护岸，且免倒漾。李家坟至陈家桥长三十二里余，南堤几全数辟为农田。北岸有张宗昌时代修筑所谓济望汽车路，自李家坟通台子（齐东县旧城因黄害故徙），与利菏路接。计划甚佳，惜未通车，人民不知保护，路面损毁破甚。陈家桥至岔河长三十一里，宽不过二十公尺，深约一公尺。南岸有二支流注入，一为清河沟，另一无名。入口处建石闸，料佳工坚，惜上闸处已坏，不堪再用。若小清水涨，倒漾泛滥，在所不免。南堤几全被侵种，北岸汽车路亦全破坏，路之两肩，遍种农产物，且有设立临时卧铺及堆积土块者。路之损坏，长山、邹平二邑为最。岔河至湾头长三十三里，宽深与上段略同。按对槽船之大者，长在二十公尺以上，故岔河而上，非将船拆开，颇难转弯。小清之船，对槽最多，以其能拆开而便于转弯欤？南堤距河唇三四十公尺，遍植高粱豆苗等。北岸汽车路距河唇亦三四十公尺，路面或野草从生，或开为农田。据博兴人云：张宗昌未沿河修路之前，每逢大水，河北之田，尽成泽国。路成之后，去年大水，竟免淹没。湾头码头至金家桥长三十三里，河形颇直，水面宽约二十五公尺，深一公尺余。坡上遍生野草，足证数年内未被冲刷。两岸高约三公尺上下，岸上两堤之内，均已垦为农田。此段内间有于河边穿井灌田者，然为数极少。金家桥至石村长七里余，水宽约三十四五公尺，流颇急，推其原因，以此段河底坡度较大，且有老清与预备河二支流入口也。此段河最浅处为金家桥渡口，仅五六十公分，盖土质多含浆构石，挑挖颇难。石村一熟习河工人言，该处纵在光绪二十四年大水时，河水仅与岸平，未及堤根，盖河槽深而两岸甚高也。石村为沿河大码头之一，设关征税，昔时岁收约二万元，现船业不振，无从取利。石村至桓台闸十三里余，水面宽三十余公尺，水深一二公尺。河床两边，均无沙滩，大水之际，流速必大，冲刷之力亦巨。两岸被侵颇甚，亭然壁立，恒在二十公尺以上。此段内间有在岸边凿井灌园者，惜岸高水面约七八公尺，引水颇难，不能普及。在桓台闸以下，人烟渐稀，其上则人烟稠密，农产，五谷而外，兼有棉花蒜麻。此段内有老河及富民河流入，其流均微。桓台闸至商家道口约十三里，水面宽在三四十公尺间，两岸相距约七八十公尺，水深约二三公尺。两岸距河唇虽远近不等，大约在二三十公尺之间，岸上堤内，遍种五谷。商家道口至苗家道口十七里，水面窄处亦不下三十公尺，深约四公尺，两岸相距在一百公尺以上。两岸外村庄渐稀，南堤残缺太甚，原因不外水冲、农耕二者。北岸汽车路至苗家道口为止。此段内引水溉田者，两岸多有，惜在常水位时，地面高出水面约七八公尺，打水而上，费力颇多。间有用水车引水者，为数无几。苗家道口至新庄约十五里，水面宽约五十公尺，水深约四公尺以上。岸内沙滩，多生水草。两岸堤防渐矮，破坏颇甚。据船家云，自高苑以下现在小清河河道，系四十年前所挑挖，则自高苑至新庄以西之堤，必系从河身挖出之土而筑成者。两堤均紧靠河唇，故为大水冲刷颇甚。其洪水位之痕迹明白，可见小清河地土之肥美。苗家道口以下，可种之田渐少，此段内有淄河自南流人。新庄至八面河约十里，水面渐宽，两岸渐低，两边近水处多生水草。近新庄处北岸，有碎瓦炉渣之类，闻昔曾设窑，以制瓦类，则其土或适于窑业，将来欲发展羊角沟及其附近地方时，砖瓦或勿须运自远方。此段内有八面河南来，流入小清。八面河至羊角沟十五里余，水面宽约半里左右，深约一二公尺，可通大帆船。两岸仅高出水面数尽，岸外一望无际，绝无五谷之类。其隆然高起者，盐滩而已。沙滩上芬子、苇子与黄茜菜等，到处丛生，闻每岁有骡驼千余，来自北京，就食此处，及秋后则载鱼盐而走，是为一举数得之事。

小清河堤概况

小清河之有堤，不知始自何时。可考者，咸在清康熙以后，而代远年湮，亦难得其详。惟自台子至苗家道口之汽车路，系民国十五年张宗昌时代所修，河北之民以堤视之，竟免水患。惜人民不知保存、官厅不知督理，致此一举两得之功，或被辟为农田，或被毁为平地，再图中兴，则占民地等种种问题，又相因而生。旧有之地更日见破坏。推其原因，不出三种：一、沿河皆良田，人民务尽地力，堤上遍种五谷，致土松易毁，堤形不保；二、每到渡口，人民为使得车马通告将堤掘毁，以减少坡度；三、堤距河辱较近处，洪水流急，堤必冲刷不全。总之，欲再完成小清河之堤，并加以相当养护，本非难事，是在官厅之提倡，与人民之明了轻重，而加以爱惜而已。小清河既半由人工挑成，挖出之土，堆积两岸，天然成堤，虽被平毁，其地仍高，则筑堤亦非难事。闻之沿河居民，数十年来，从未见河水能与堤平，其泛滥为灾，皆由残缺处所致。

小清河通航现状

山东全省河流纯以水利与通航著名者，惟以小清河而已。省垣去海四百余里，人烟稠密，为全省商务中心。陆路有津浦、胶济二铁路，水道则只有黄河、小清，然黄河距省城尚有十里，其便利远不及小清之直抵城下，客商货物，无车船互转之烦劳，故刻下以通航而言，山东河流之重要者，莫如小清河也。

以现势言之，小清河可以通航之处，只有自东流水自海口一段，约三百六七十里，以河之大概情形而言，可分二段：自东流水至黄台桥十里，多桥梁闸口，及其他阻碍物，不能用帆，无论有无顺风，行驶增色缓，船家视为畏途。故自下流来之船只，非不得已，咸以黄台桥为止点。且此段河身最窄，二船逆向而行，让路时在稍宽处已不免困难，窄处则不可能。为发展航行，急宜改良。黄台桥至羊角沟三百二十余里，绝无桥梁，闸之形势，亦与上段迥异，系完全板闸，若闸口较宽，则于船行毫无阻碍。故船可用帆，若遇顺风，速度颇大，自黄台桥至羊角沟，不过三日耳。

以水深而言，亦可分二段：东流水至岔河一百七十里，深浅颇不一致，且受卫闸启闭影响甚大，其浅处恒不及半公尺，故吃水尽余之船只，仅可通行。较大干，非俟大水时不能行驶。岔河至羊角沟一百五十五里，虽亦有浅处，然大体较上段为深，在海口航行划子船之小者，时或上驶，以岔河为止点。

以海潮影响言，亦分为二段：东流水至桓台闸二百五十六里，受海潮影响甚微，故从前设闸节水者，以桓台为止点。桓台闸至羊角沟七十里，受海潮影响甚大，每日二次，故无设闸之必要。

总之，现在小清河之帆船，航行亦有困难，将来欲行汽轮拖船，亦非先将各闸改良及配平河底不可。

海口情形

小清河海口在羊角沟东约三十里，口门日见淤塞，挑挖之议，屡兴屡废。张宗昌曾欲借青岛港政局之挖泥船，从事挑挖，未能实现。海口有所谓牡蛎山，问熟习之人，咸谓其言过实。牡蛎只于泥沙中间或发现，无所谓山。河口淤塞虽系沙质，然流动不甚，以挖泥船挑挖，可无困难。

小清河之支流与湖泊

支流

绣江河。源出章丘明水镇，北流百余里，至张家林入小清，于章邑灌溉之利甚厚，于小清接济之利亦广。流量约居小清三分之一。河槽颇深，欲施灌溉，非用闸将水位逼高不可。今只见农人沿河凿井，汲水灌田，而两岸有堤，其初农民侵占之程度甚于小清，官民两不负责，年久失修势所必然。

清河沟。摩诃山水所成，夏秋盛而春冬衰。

孝妇河。小清最重要支流之一，其源远在博山，经淄川、长山、桓台至博兴入麻大湖。支流颇多，然多系夏秋雨水所成，故孝妇河夏秋盛涨，冬季则大半干涸。其流域既长，可利用灌溉之处必多，且有麻大湖以为节蓄，接济小清河航运之功亦巨。

乌河。源出临淄，经桓台，至博兴入麻大湖，流颇有恒，而量不及孝妇。其名所特著者，以及其河底坡度颇大，故流速甚高，居民不知始自何时，即知利用水力转磨，专作香料，销售甚广。其接济小清之功，亦不可忽。

老清及预备河。为自麻大湖通小清河之水道，均可通小帆船。

支脉沟。为小清故道，久已淤塞，军张坝至高苑一段，已淤为平地。其在博兴境内者，仅存河形，河底悉辟为农田，岁收为教育经费。闻其下游尚宽深，入海之处仍然一海港，但无恢复航运之必要。

淄河。在小清流域内，名最古而流最大者，莫如淄河。纯系夏秋山水所成，而流又最急，故沿河之地，只闻水灾，未受其利。挟带石子颇多，然既有清水泊为其水柜，泥沙石子必止于该泊，入小清之水必清，故其对于小清河之特别利益，在使小清河之水变清，而减其海口之淤淀。且夏秋之流量既巨，则其助小清河以冲刷海口之功亦未可没，此可以注意研究者。①

入小清河之河流，除上述者外，尚有矿村河、韩仓河、渠野河、老河、富民河及八面河等，流量均微。

湖泊

白云湖。亦名历城湖，在章丘、历城交界处，土人云东西长十五里、南北广十里。按：小清上游湖泊可资蓄泄以补救小清且免泛滥之者，只此一处，从前任其淤塞，效用全失。白云湖水田，昔曾有租，四五年前，农民以收不敷租，力请得蠲。湖水昔时颇深，可种藕蒲之属。自清咸丰初年，黄河决口水淤，湖始干湿无定，湖东有沟通绣江，曰白云河。其疏浚时日，有碑志可考者，在同治四年、光绪二十七年及宣统三年，刻下又淤塞难通。故今日之白云湖，水小时为农田，水大时成泽国。农民难恃以为生，小清河亦不能恃以蓄泄。

麻大湖。亦名锦秋湖，俗名博兴湖，居博兴、桓台、高苑三县之交界。桓台所占湖田最多，博兴次之，高苑最少。各县所占面积，因境界未定，难得确数，刻下只有土岭，作为临时界志。据博兴人云，桓台、博兴二县人民，除地而外，且时常争水。桓台居孝妇、乌河二水上流，且地势较博兴为高，故于湖水，既有优先利益，且得操纵一切，每值春旱水小，桓人即将乌河闸住，逼水入湖，同时湖中土岭，尽行堵塞，则水不入博，此时博兴人唯一得水之计，只有于夜间偷挖土岭，或买邻人使之放水，否则博兴湖田尽涸，损失不资，种湖田者，难以为生矣。

由麻大湖通小清河，其道有二，入口皆在金家桥附近，一曰老清河，亦称裒河，大水时可通小船。二曰预备河，流量较大，船只之往来于麻大、小清

---

① 编者按：清水泊又称巨淀湖，民国二十五年《寿光县志》“巨淀湖”条曰：湖受众水。自民国十二年，淄水由广饶阎家口直入新清，虽有跃龙、王钦、北阳诸水灌注，不及淄水十分之三，益以漏沟（即清水泊入小清之河），又复北泄，水不复潴，渐就干涸矣。据此，则淄河已不入清水泊。

者，多由此河。

麻大湖东西广四十里，南北长虽亦号称四十里，然多旱田，可称湖田者，仅十二三里。全湖无过深处，故除航道外，均可种植藕蒲之属。湖田多属各县教育局，租于农民，十年为期。水中高地，多植高粱豆菽，因水田利厚，故农人将高地挖成湖者，所在多有。湖产芦苇，运销各处，民善制蒲鞋蒲扇，销售甚广。藕多运济南、潍县，省垣螃蟹来自麻大湖者亦多。故麻大湖之利，不仅为小清河蓄泄之水柜，出产之富，亦甲于小清流域。

清水泊。在寿光境内，以地理形势言之，该湖既在小清下游，去羊角沟只二三十里，仅有节蓄之用，其效亦微。盖在淄河入口之处，小清既深且宽，淄河水大，亦可收容，水小亦无妨通航。所可虑者，只一海潮关系，恐在洪水时期，不能从速宣泄，致水位增高，有泛滥之虞。故将来治理清水泊之目的，在蓄纳淄河洪水，以免水灾，并改良湖田，以增加水产可矣。

羊角沟现状

羊角沟码头，在小清河南岸，距海三十余里，住户三百余，居民三千余。太平时期，每岁秋收以后，商务繁盛，外来旅客颇众，人口增至万余。出产盐为大宗，年有一千号之规定（每号五百包，每包四百二十斤）。但能出八九百号，即已甚佳。每号岁捐一万元，只此一项，国课收入已有八九百万元（此外尚有货捐税与海关税二项，岁各二十余万元，但大半中饱，公得仅半数耳）。出产尚有鱼类，至今无税，渔人多自有船只，有来自南阳湖等处者，以船为家，冬则赁屋而居。

羊角沟东北五六里，有老码头，光绪十三年税官何鲁生以其地洼下，不便建筑，建议于东海关盐督盛宣怀，遂于光绪十七年实行改建，羊角沟地质为沃土与细沙掺合而成，闻之土著，盖屋、穿井，从未掘及岩石，则其地下石层必深，将来商务发达，至须建筑楼房时，或有困难。且附近无山，石料来自上游，青瓦来自岔河，红瓦来自济南，此地含盐太多，不宜窑业。

小清河及羊角沟之船舶

对槽船（亦称梭子船），系二船连缀而成，往来济、羊间，约千余只，适于运盐及粮米，以其吃水甚少也。大载者可载重四万斤，小者一二万斤不等。船家若干，公举头脑一人，谓之帮。普通每帮八只，每只若载盐六十二三包，每帮可载五百包，是谓一号。

划子船海中航行，关外所来粮船之最大者，约载重一千石，共约二十万斤，吃水约二三公尺，非俟海潮不能入河口。大者往来辽宁、山东间，所运以粮食、米料为大宗。小者往来山东各海口间，溯小清而上，以石村为止点。所云货物不一，苇席、窑货、粮米其最著者。

治安问题

问之河内船户，何昔时航运发达、现在交通停滞？曰土匪为之。问之海中船家，何昔时争先恐后、现在裹足不前？亦曰土匪为之。调查时尽行河中，见尸横河岸，不一而足；夜宿码头，闻枪炮之声，不绝于耳。出河口查勘，则见匪船林立，望之懔然。赴乡咨询，则见农民嗫嚅，咸抱戒心，此乱极之现象也。

小清河之灌溉

小清河流域之内，除省垣附近章丘境内之山可由河岸远望外，其他地方，完全为平原沃野，盖山东富庶之区也。小清河虽以通航著名，然灌溉之利，亦不可忽。省垣以北，尽系肥美之田，五谷菜类，无不相宜。以地势洼下，可辟为水田，生植稻藕蒲苇，其利十倍。故居民咸引历上诸泉之水，而得灌溉之利。其用水之多，能使小清上游之通航，发生阻碍。从前主事者为两利起见，设立卫闸，以时启闭，俾农家有水灌田，船家有水行舟。灌溉亩数，若以五里见方计，当有一百二三十顷。

沿小清河之打井灌田者，随地皆有，惜除省垣附近，皆深流地中，故用水颇难，因此不能普及，只沿河种菜种瓜者，掘井汲水耳。

沿河各县曾作大规模之灌溉者，有博兴一县。博兴城北一带土壤，因曾经黄河水淤，虽属肥美，而湿时甚黏，干则凝固，牢不可破，且裂纹纵横，非经雨水或灌溉，不可种植。此处地层系流沙，故掘井灌田，工巨用费，惟一之计，只有于冬季航运停息时，利用小清河水设法灌溉。博兴农会曾将小清河完全闸住，使水位升高，引水灌田。受益之区，约东西五十里，南北三十里，共一千五百平方里，地八十一万亩。闻其所费不及国币千元，而所得额外利益，每亩以三元计，有二百四十三万之多。所用方法为淹没制，施工之困难，因地势高下悬殊，低处水已盈尺，高处犹未得水，且在灌溉区域内，村镇间车马之交通，须断绝月余，往来以舟，诸多不便。凡此皆由于施工以前，未曾测量，不得将灌溉区域，按地势高下，分成段落，依次灌溉，其结果为利益不均，妄费水量，及阻碍交通。目洼处水深，干涸恐须时日，有误耕种。又以土坝将小清河完全堵塞，法颇笨拙，下游居民，未必同意。且水不能随时应用，故最好择适宜地点，建闸一座，如能航行、灌溉两可利用固佳，即或不然，灌溉之利益既溥，专设一闸，亦无不可。完成之后，苟不妨碍下行，则水利用于灌田者，可因时制宜也。可以利用小清河水作大规模之灌溉工程者，尚不止博兴一县，将来沿河测量完成，即可规定设闸位置，以及灌溉区域，其利溥矣。

（选自山东省建设厅编辑股发行《山东建设月刊》，1931年2月一卷二期，见任宝祯编《小清河历代文汇》，第156~168页，济南出版社2008年版）

宋文田（1896—1982），字砚耕，山东潍县（今潍坊）人。毕业于南京河海工程专门学校，毕业后参加山东省境内黄河修堤、堵口等工程。曾赴美留学，获水利硕士学位后回国，出任山东省小清河工程局总工程师兼局长，四川省水利委员会主任工程师，陕西省水利局、水利学院主任工程师、教授，山东省建设厅总工程师、厅长等职。在治理小清河工程中，设计并领导修建了五柳船闸、边庄船闸。同时，配备了石村号、黄台号两支挖泥船，挖深、开宽、裁弯、取直和疏通河道20公里，设水文站4处，延长了从黄台到东流水电灯公司航程10公里，改善了客货航运条件；设计三铰拱桥，为全省首创。济南解放后，历任山东省农业厅长、水利厅长，晚年曾任山东省政协常委、民革山东省委委员。

金石辑佚

博兴历代文汇

周公庙薄姑腹甲卜辞释文

一

董珊释读

才□台卜，癸卯卜，又尚□丽，大蔚。

王其乎践罘蒲姑，来事于复召蒲姑，肉亡咎。

附："蒲姑"刻辞卜甲简介

董珊

西周早期·成王

长8.1cm　宽6.6cm

陕西省岐山县周公庙庙王村H1出土

陕西省考古研究院藏（藏品编号：H1⑰：89）

龟腹甲的尾右甲部分，左缘为千里路。背面有五个钻的卜辞。其一起于甲尾右缘，先向左行，再折下行至千

才□台卜，癸卯卜，又尚□丽，大蔚。

另一条位于左下部卜兆的兆枝上侧，其释文为：

王其乎践罘蒲姑，来事于复召蒲姑，肉亡咎。

《尚书》原有《将蒲姑》一篇，《尚书序》："成王既姑，周公告召公，作《将蒲姑》。""践奄"即成王二次姑是齐地名，也见于传世周公鼎铭文（《集成》02739）：丰伯、専姑咸捷。"《左传》昭公九年："及武王克商，也。"昭公二十年晏子讲到古人居齐地者，有蒲姑氏。北有蒲姑城。"

清华大学藏竹简《系年》第三章：

武王陟，商邑兴反，杀三监而立录子耿。成王践伐商邑，杀录子耿，飞廉东逃于商盖氏，成王伐商盖，杀飞廉，西迁商盖之民于邾圄，以御奴且之戎，是秦之先，世作周危（卫）。

是说将商奄之民迁往西方邾圄，这与《将蒲姑》篇讲迁奄君于蒲姑，皆是一时之事，而说法不同。这条甲骨刻辞中两见“蒲姑”，可资考证。

（选自蔡庆良、张志光主编《赢秦溯源：秦文化特展》，第30页，台北故宫博物院2016年版）

二

李学勤释读

王其呼仆□，薄姑来使，于复薄姑，斯亡咎。

才（在）□台𠂤（师），癸卯卜，又（有）尚（赏？）……

丽（骊），大𢧁（捷）

（选自李学勤撰《论周公庙“薄姑”腹甲卜辞》，《文博》2017年第2期[1]）

周公东征鼎铭文

隹周公于征伐东夷、丰白、尃古，咸𢦏。公归𩱦于周庙。戊辰，饮秦饮，公赏塱贝百朋，用乍尊鼎。

（选自陈梦家撰《西周铜器断代》，第17页，中华书局2004年版）

① 编者按：李学勤教授原文见第1259页附录部分。

附:《西周铜器断代·𡐨方鼎》

陈梦家

𡐨方鼎

图象：未著录

铭文:《金文历朔疏证》1.10

隹周公于征伐東
尸、豐白、尃古，咸𢦏。公
歸𩛥于周廟。戊
辰，酓秦酓，公賁𡐨
貝百朋，用乍䵼鼎。

铭5行35字。器高26.8，口径16×21.1厘米。

器曾为党匪毓昆所得[①]。传1924年在凤翔西四十里之灵山，党匪大事挖掘，获铜器数百件。此鼎或即其中之一。《金文历朔疏证》以为“凤翔秦文公墓出土”,《金文分域编》以为宝鸡出土，并说“五行，行六字，周公东征事，饕餮文，鎏金，下作雷文”。

第一二行记“隹周公于征伐东夷、丰伯、尃古”三国而“咸𢦏”之。“于征伐”是一动词组，“于”义为“往”:《诗·棫朴》“周王于迈”笺云“于往”。令簋“隹王于伐楚白”,《大诰》“予惟以尔庶邦于伐殷逋播臣”。凡此二“于伐”均与此铭同。由《大诰》之文，知此铭“隹”字即“惟”字。

成王周公之伐东国，即《书》《诗》所谓东征,《大诰》“肆朕诞以尔东征”,《破斧》“周公东征，四国是皇”，都指此次战役。东征的主要敌国是商奄与薄姑，它们所占据的土地分在鲁与齐，它们被征服以后都被遣移。

丰白亦见《丰白车父簋》(《擴古》2.3.48)，系西周晚期器。考释引“许印林说丰字上体已泐，以笔势定为丰字。《济宁州金石志》载杨石卿跋，据

① 原注：此鼎曾为美国艾弗里·布伦戴奇所得，现藏旧金山亚洲美术馆。见《布伦戴奇藏品中的中国古代青铜器》(Bronze Vessels of Ancient China in the Avery Brundage Collection，1977)图版30；参看《考古与文物》1982年2期图版陆·1。

《射礼》注古丰国之君云云，谓丰为国，伯爵，车父字”。此簋若出在济宁，则古丰国在今曲阜之西南方。《金石索》卷一所录《斗(匡爵》《癸父爵》《鱼觚》谓“得之任城”即济宁，都是殷周间器。

此方鼎周公所伐的尃古即薄姑(或作蒲姑)，他和奄君是诱致武庚叛周的主使者，见于《尚书大传》。此虽仅见载于较晚的书传中，但由于西周金文的互证，乃知其可靠。《左传》昭九“及武王克商，蒲姑、商奄，吾东土也”。周之东土举蒲姑与商奄，可知其重要。周初之分封齐、鲁正是针对了蒲姑与商奄，齐监视着蒲姑，鲁监视着奄。这可由蒲姑的地望说明之。

《济水注》曰“薄姑去齐城(案指临淄)六十里。……济水又径薄姑城北，《续汉书·郡国志》曰‘博昌县有薄姑城’。《地理书》曰‘吕尚封于齐郡薄姑，薄姑故城在临淄县西北五十里，近济水’。史迁曰‘献公徙薄姑’。城内有高台，《春秋》昭公二十年齐景公饮于台上，曰：‘古而不死，何乐如之？’晏平仲对曰：‘昔爽鸠氏始居之，季莿因之，有逢伯陵又因之，薄姑氏又因之，而后太公又因之……’”。《汉书·地理志》齐地“殷末有薄姑氏，皆为诸侯，国此地；至周成王时，薄姑氏与四国共作乱，成王灭之，以封师尚父，是为大公”。《周本纪正义》引《括地志》云：“薄姑故城在青州博昌东北六十里(案此说有误)，薄姑氏殷诸侯，封于此，周减之也。”《续山东考古录》博兴县下云“薄姑国，城在东南十五里，今柳桥”。

以上三书，除《括地志》记里数方向有误外，可知薄姑为殷末诸侯，故城在临淄西北五六十里今博兴县东南境内，周成王时与四国共叛周，成王灭之，以为齐之封地。

古薄、亳通用，薄姑氏与商人之以亳名其邑与社，或有关系。自山东博兴以外，地名博者多与薄姑有关：临淄西南有博山县，《汉书·地理志》泰山郡有博县(今泰安附近)，又琅邪郡有姑幕，注云“或曰薄姑”，《潍水注》“浯水……东北径姑幕县故城东……故薄姑氏之国也。晋《十三州志》阚骃曰周成王时薄姑与四国作乱，周公灭之，以封太公”。姑幕故城，据《一统志》云在“今诸城县南五十里”。《续汉书·郡国志》下邳郡取虑有蒲姑陂，今江苏睢宁西南。凡此诸城和睢宁的薄姑或许是周公灭薄姑氏后南迁之地。

《尚书序》曰“成王既践奄，将迁其君于蒲姑”。《续山东考古录》云“今

（博兴）县东北十许里有奄城，俗曰嫌城，即奄君所迁”。《齐乘》卷四引《元和志》说薄姑城在今“博兴东北俗呼为嫌城者是”。

第二行“咸𢦏”，义为皆残灭之：《说文》“咸，皆也”，“𢦏，伤也”。

第三行第二字，祭名，见于卜辞。第五字庙从宀从朝，与西周金文庙字不同。

第四行“饮秦饮”，第二饮字指酒浆。《说文》“秦，禾名”。秦饮是酒名。

此鼎出土后，盛传为金鼎，又说是鎏金鼎，恐皆不足据。西周时代并无金制之鼎，而鎏金术发达较迟。曾见某些西周铜器因合金关系，表面有近乎赤金之色，但依然是青铜成分。鎏金之说，大约因此而误。图录中又有错金的殷与西周器，亦不可据。

此器拓本流传极少，所以重为制版。器形照片，尤不易见。器是方鼎，并不甚大。器身四面都是一对大鸟。每一面的两鸟是尾对尾的，头向器角，所以此面的鸟喙与邻面的鸟喙相交于器角，其喙伸出角线之外，成为扉。四足各为扁形之鸟，喙亦伸出，与扉相应。这样结构的方鼎，是罕有的。西周初期的大鸟，通常是头向头的，集中于一面的中界。扁形鸟兽形之鼎足，只见于所谓“文王鼎”的圆鼎下（如《武英》18），而方鼎多是圆柱形足。《博古图》2.3“周公乍文王尊彝”，也是方鼎，鼎身是兽面纹，而鼎足与此器同。周公方鼎应与此器为同时代，两个方鼎的周公都是周公旦。

（选自陈梦家撰《西周铜器断代》，第17～19页，中华书局2004年版）

陈梦家（1911—1966），浙江上虞人。早年是新月派后期颇有影响的诗人，后转治古文字和古史。历任西南联合大学、清华大学教授，曾去美国芝加哥大学讲学，并收集流散欧美的中国古代铜器。1952年后任中国科学院考古研究所研究员。曾任《考古学报》编委、副主编等职。著有《殷虚卜辞综述》《西周铜器断代》《汉简缀述》《尚书通论》等，编有《新月诗选》。

汉博陵太守孔彪碑①

〔东汉〕佚名

君讳彪，字元上，孔子十九世之孙，颍川君之元子也。君少履天姿自然之正，帅礼不爽，好恶不愆。孝衷度衷，修身践言。龙德而学，不至于谷。浮游尘埃之外，皭焉泛而不俗。郡将嘉其所履，前后聘召。盖不得已，乃翻尔束带。弘论穷理，直道事人。仁必有勇，可以托六。授命如毛，诺则不宿。美之至也，莫不归服。举孝廉，除郎中、博昌长。疾病留宿□，迁□京府丞。未出京师，遭大君忧。泣逾皋鱼，丧过乎哀。谨畏旧章，服竟还署。试拜尚书侍郎。无偏无党，遵王之素，荐可黜否，出□□度。日恪位伫，所在祗肃。拜治书御史。膺皋陶之廉恕，□参之□□。□□□律，祗用既平。迁博陵太守。郡阻山□，□□以饥馑。斯多草窃，罔不寇贼。刘曼、张丙等，白日攻剽，坐家不命。君下车之初，□五教以博□，削四凶以胜残。乃□□□，爰尚桓桓。折马蠲用，丑类已殚。路不拾遗，斯民以安。发号施宪，每合天心。□之所恶，不以强人。义之所欲，不以□□。百姓乐政，而归于德。望如父母，顺如流水。迁下邳相、河东大守，举此□□，君子风也。未怒而惧，不令而从。云行雨施，□□大和。海内归公卿之任矣。劳而不伐，有实若虚。固执谦需，以病辞官。去位阖□，以孝竭情。余暇迟徕，弹琴击磬。□□□之味，而不改其静。上帝棐谌，天秩未究。将据师辅，之纪之纲。而疾弥流，乃陨乃□。年卌九，建宁四年七月辛未卒，□□哀哉！魂神超迈，家兮冥冥。遗孤忉绝，于嗟想形。□□哀远，念不欲生。群臣号咷，靡所复逞。夫逝往不可追兮，功

---

① 编者按：汉博陵太守孔彪碑，简称孔彪碑，东汉建宁四年（171）七月立，隶书。碑阳十八行，行四十五字。原石现存山东曲阜孔庙。孔彪字元上，为孔子第十九世孙，初举孝廉，除郎中，博昌长（碑文误为“博昌侯”）。后历任尚书侍郎、治书御史、博陵太守、下邳相、河东太守等职。以病辞官退养。东汉建宁四年七月亡故，享年49岁。此碑为故吏崔烈等13人（题名于碑阴）为颂其遗德而立。孔彪入仕之初曾任博昌长，可补地方志“职官”之阙。

□□□识；惟君之轨迹兮，如列宿之错置。《易》建八卦，揆爻系辞。述而不作，彭祖赋诗。皆赞所见，于时颂□。于是故吏崔烈、崔恢、王沛等，伏信好古，敢咏显□。乃刊斯石，钦铭洪基。昭示后昆，申锡鉴思。其辞曰：

穆穆我君，大圣之胄。惇懿允元，睿其玄秀。惟岳降精，诞生忠良。奉应郡贡，亮彼我□。克明王道，辩物居方。周□□□，□也正名。朝无秕政，直哉惟清。出统华夏，化以典城。巨猾殄迸，贤倚□庭。帝重乃勋，自□□征。所临如神，□□□□。□□之翰，先民是程。宜乎三事，金铉利贞。而絜白驹，俾世愤恻。当享眉耇，莫匪尔极。大□□□，邈矣不意。于嗟悲兮，□□□息。漫漫庶儿，复焉所力。咨乎不朽，没而德存。伊尹之休，格于皇天。惟我君绩，表于丹青。永永无沂，与日月并。于嗟□□，于以慰灵。

（碑文录自国家图书馆藏梁启超饮冰室旧藏拓本）

附：后汉孔君碑释

〔北宋〕欧阳修

右汉孔君碑，其名字磨灭不可见，而世次官阀粗可考。云孔子十九代孙，颍川君之元子也，举孝廉，除郎中、博昌长。遭太守君忧，服竟拜尚书侍郎，治书御史，博陵太守。迁下邳相，河东太守。建宁四年十月卒[①]。其余文字，历历可读，以其断绝处多文理难续，故不复尽录，然其终始略可见矣。惟其名字皆亡，为可惜也。治平元年五月十日书。

（选自欧阳修撰《集古录》卷二，见《钦定四库全书·史部十四·目录类二·金石之属》）

---

① 编者按：原文如此。据原拓片，孔彪卒月漫漶较重，应以“七”字为是。下文同。

附：汉博陵太守孔彪碑释

〔北宋〕赵明诚

右汉博陵太守孔彪碑，欧阳公《集古录》云“孔君碑”者。其名字磨灭不可见，而世次官阀粗可考。云孔子十九代孙颍川君之元子也，举孝廉，除郎中、博昌长。拜尚书侍郎，治书侍御史、博陵太守。迁下邳相、河东太守。建宁四年十月卒。其终始略可见，惟其名字皆亡，为可惜也。今此碑虽残缺，而名字尚完可识。云君讳彪，字元上，又韩府君孔子庙碑阴载当时出钱人名，亦有尚书侍郎孔彪元上，与此书正同。惟孔君自博陵再迁为河东太守，而碑额题“故博陵太守孔府君碑”，汉人多如此，然莫晓其何谓也。

（选自赵明诚撰《金石录》卷十六，见《钦定四库全书·史部十四·目录类二·金石之属》）

赵明诚（1081—1129），字德父，密州诸城（今属山东）人。宋徽宗建中靖国元年（1101），与女词人李清照结为夫妻。入仕后，出任莱州太守、淄州太守。建炎元年（1127）起知江宁府，后移湖州知州，途中罹病，卒。其人嗜金石书画如命，是金石学的开创者之一。由于欧阳修、赵明诚的开拓之功，金石学又称为“欧赵之学”。有《金石录》传世。

安平相孙根碑

〔东汉〕佚名

府君讳根，字元石，司空公之伯子，乐安太守之兄子①，汉阳太守侍御史之

① 编者按：“司空公”即孙朗（详见下文赵明诚《汉安平相孙根碑释》），字代平，东汉北海国高密县人，永寿三年（157）拜司空，故称。其弟“乐安太守”，名讳不详，任职时间不详，从孙朗生平推测，应不出桓帝、灵帝时期。可补地方志“职官”之阙。

兄，乘氏令之考。厥先出自有殷，玄商之系，子汤之苗。至于东邻，大虐戕仁。圣武定周，封干之墓。胤裔分析，避地匿轨。姓曰孙为，□□□□。各以文宪，将相诸国，君其胄也。于君权舆，发基有嶷。受性明睿，闻一知十。诵诗习藉，研综其真。讲□□□，童冠以营。发愤临川，教诲不倦。节操忼慨，眈毅仲行。束滕立朝，政事敏通。心小志大，日宵在公。□□□□，琦其分□。式叙在位，极骥之路。察孝抱疢，中司乃就。匡鼎以忠，三事归称。迁邯郸长，兴吏所好，去□□□，□奂有成。迁雍奴令，先施博爱，威而不猛。换元氏考城令，以塞延仁，后我之望。圻甫考绩，圣朝简□。□□□议大夫，升降闉闳，天子是禅。谠言未列，遭公夫人忧，憔悴消形，齿不见口。服阕，征拜议郎，谒者□□。□□济济，衎謇不挠。迁荆州刺史，蠢尔猃狁，□手稽颡。德泽流征，速于置邮。圣上贪暱，征拜议郎。御□□□，□坐无双。辅弼唐虞，上稽□占。功纪宗彝，无善不章。迁安平相，遵修前列，五教□访。赫赫之誉，虩□□□。□温之仁，以宁土疆。求己不媚，以疾去官。阖门守家，不竞时荣。养育孤稚，以保寿年。上乾弗祐，获疾固□。□□七十有一，以光和四年十二月乙巳卒。呜呼有哀！孝嗣夙夜，不舍严父。孝孙临殡，礼服承后，忉怛有感。□惟古圣，孔尼丧鲤。赢缩有命，不可增损。于是握粟，卜葬中垌。冠□奔赴，充衢塞庭。同胞恻怆，涕泪交零。呱呱竖子，号咷失声。故吏门生，邦人咸曰：令问弗铭□勒，孰睹孰闻？乃立石碑，昭名不朽。其辞曰：

皇矣府君，含德厚纯。恢郭术艺，以道莅民。行行义勇，无猾不宾。抑抑珪质，光容有晖。绥强以□，□弱以仁。罚恶以威，赏善以恩，仲伯拨乱，蔡足谲权。□岩恪色正不犯子养□珉化与产□配哉九域□相彼大国东菅a。俭不损晏，宣慈惠和。柔不可诎，桓桓烈烈。刚不可折，□□□城。□□□□，其□□□。□父□□，□祚子孙。□不□。

碑阴：

中军督孙玄象、孙彦龙，大中孙孝考，舍人孙延叔，博昌领校孙叔渊、孙

---

① 编者按："□岩恪色正不犯子养□珉化与产□配哉九域□相彼大国东菅"，阙字造成句读困难，保留原文，以待研究。

九原，大中孙始中。（下略）[①]。

（选自《全后汉文》卷一百四，见严可均校辑《全上古三代秦汉三国六朝文》，第1033～1034页，中华书局1958年版）

附：汉安平相孙根碑释

〔北宋〕赵明诚

右汉安平相孙根碑，云“府君讳根，字元石，司空公之伯子，乐安太守之兄子，汉阳太守侍御史之兄，乘氏令之考。厥先出自有殷，玄商之系，子汤之苗”，又云“圣武定周，封比干之墓，胤裔分析，避地匿轨，姓曰孙焉”，又云“迁鄣长、雍奴令，换元氏考城令、谏议大夫，拜议郎谒者，迁荆州刺史，征拜议郎，迁安平相，年七十有一，光和四年十二月乙巳卒”。碑在今高密县。所谓“司空公”者，《桓帝纪》“永寿三年太常孙朗为司空”，注云“朗，字代平，北海人”，汉三公名亦云“朗，北海高密人”。余尝观汉时碑碣，载其家世，皆止书官爵。盖为子孙作铭，不欲名其父祖尔。此最为得体。然非当代显人，则遂莫知其为何人也。又按《姓苑》《姓纂》诸书，皆云孙氏周文王子卫康叔之后，卫武公子尔，为卫上卿，因氏焉。今此碑乃云出于商比干之后，盖古人或因赐姓命氏，或以官，或以谥，或以封，或以居，或以王父字为氏，故姓氏虽同而源流或异，书传阙漏不载者多矣。

（选自赵明诚撰《金石录》卷十七，见《钦定四库全书·史部十四·目录类二·金石之属》）

---

① 编者按：孙根碑碑阴，可辨者凡二百四十四人，其第五、第六分别为孙叔渊、孙九原，曾任博昌领校，任职时间据洪适考证为“吴晋间”（详见下文洪适《孙根碑阴考》），可补地方志“职官”之阙。

附：孙根碑阴考

〔南宋〕洪适

右孙根碑阴，可辩者凡二百四十四人，异姓才十之一尔。有尝仕县邑者，则阳礼长、太末尉是也。其称驸马都尉、祭酒、舍人、中郎、五官掾、督邮、计史、计掾，则汉官也。有博昌领校等数人，张纳碑亦有领校，安汉长樊敏称领校巴郡太守，盖是未命于朝者。其中军督则非汉官甚明。又有大中十四人，陈胜傅以朱房为中正，两汉无之，魏陈群始择州之有鉴裁者为中正，晋宣帝加置大中正，故有大小中正，乃是晋官，当时省其“正”字。此碑字画苟且，尚不及魏末诸刻，殆类吴晋间下品书札尔，似是孙根后裔众多，谱其名于上世之碑阴也。异姓有王、刘数人杂其间，岂其姻戚乎？

（选自洪适撰《隶释》卷十，见《钦定四库全书·史部十四·目录类二·金石之属》）

洪适（1117—1184），字景伯，晚年自称盘洲老人，乐平（今属江西）人。洪皓长子，由父荫入仕。绍兴十二年（1142），与弟洪遵同中博学宏词科，洪遵为状元，洪适为榜眼。累官至尚书右仆射、同中书门下平章事兼枢密使，封太师、魏国公。好收藏金石拓本，在金石学方面造诣颇深，与欧阳修、赵明诚并称为宋代金石三大家。

任城太守夫人孙氏碑[1]

〔西晋〕佚名

夫人，济南孙氏之中女也[2]。实曰□姬，其□与□同姓，别闾族，遂以为氏，父列卿光禄大夫建德亭侯，以儒雅称，世济其休。夫人少有淑质，纯静不□，宽仁足以容众，明敏足以辨物。九岁丧母，少为父所见慈抚，终丧哀毁，坐不易位。虽有隐括传母之训冈以加，父时未□继室。长沙人桓伯序有寡妻伏氏，魏文帝以用妻之。伏氏柔少有国色，□非所好，而顾违尊命，莫之能定。夫人谓父曰："何不以尝同寮辞之？"父意乃寤，文帝诏报之曰："生敬其人，死辞其室，追远敬终，违而得道者也。"父悦，入谓之曰："昔臧武仲先犯齐庄，不令与已邑，今我不犯尊，而蒙优诏，同归殊涂尔。"□□代伯序为侍中，父为侍郎，此为同寮，故夫人□□。父为勃海太守十余年，政化大行，孤宣□□□□□意。时夫人见□在家，止父令留而谓之□□感而退。虽天之遗，然事君不怼。□能□□闻□□□为吏部尚书，多用老成，先帝旧臣，举之□□□必不忘君□而□举君为侍中，夫人□而□过穷理尽情，为父所异，皆此类也。夫人在羊氏，□□有□度，承上接下，众皆悦之。任城北□□□□生，夫人由此相帅孝□，加之谦勤，战战临深，惟恐不逮。是以舅姑嘉其淑婉，娣姒宗其德音，□夫人为妇册余载，言无□过，□无怨恶故也。□□且感兹□□□□□下，惟诗人"刑于之言，瞻前□后，率由弗违，以御于家邦"，终始以孝闻，□□夫人之□□□□□□□二□小子□明弘哲□□□，不幸早亡，子孙皆仁厚，振振有麟止□化，皆是义形□□□□□□□□□□□八年□月庚寅□十二月甲申□嗣子迅，哀怀永绝，□□冈极，追惟□□□□□□□□□□力不肃之训，□□叹曰：古者钟鼎□□，所以章君父之令德也。又有号谥□□□□□□□□□，我先妣立□□德，同之不朽，可没而无称哉？于是乃追

① 原注：泰始六年。

② 编者按：夫人之父，为孙邕，史书多作"济南孙邕"，实则其籍贯为乐安（县治在今博兴县老县城），考证详见第1023页孙星衍《魏吏部尚书孙邕传》。

而□□，为之辞曰：

奂乎文母，于我夫人。潜神内识，冈不弥纶。和乐色养，□□□□□□□□□□□是勤，昧旦□□□问日新，丧难弘多，仍罗□□，翼翼□心，惟□用老，□□□□□□□□□□□□惟□□□□忉忉遗孤，辟踊靡及，曰古□□□□□何以告哀。

（选自《全晋文》卷一百四十六，见严可均校辑《全上古三代秦汉三国六朝文》，第2304～2305页，中华书局1958年版）

武定五年造像碑文①

〔东魏〕佚名

唯大魏武定五年，岁次大火，六月丁卯朔，十一日甲戌正，信士佛弟子大唯那郭神通、张靖、马秋、马敬宝、董叶士女七十余人等，并海岱名家，燕齐楚彦，夙殖灵根，旦解法相，以一生过隙，驷马不追，幻化须臾，身命非我。故能急访牛车，去此火宅，骤觅神舟，佥登彼岸。上为皇帝陛下、百僚庶民，下逮七世祖宗、含生蠢类，于乐陵郡城东南两里乡义寺门外之左频，寻其净土，级建胜刹。②经始勿极，群心口来，不日而极，功德乃成。遂记铭微因，冀邀妙果一出，昏非终超十行。

（选自李沈阳、张基地编著《博兴通史》，第733页，中国文史出版社2020年版）

---

① 编者按：东魏武定五年碑，1976年出土于今博兴县城东街道张官村东南，青石质，长120厘米，宽58厘米，厚19厘米。东魏武定五年（547）镌。碑阳面正中线刻坐佛，佛两侧刻5个供养人。佛像两侧是造像及建寺铭记和人名。左8行，每行5人名；右4行人名，9行铭记。

② 编者按：南朝宋时，博昌县侨置于今寿光，博昌故地侨置乐陵县。今博兴县城东街道冯吴村东北、辛集村西北、康坊村西南、东田村东，有一地势高处，俗称为“龙脊”，大致为古乐陵县城故址。

殷让墓志[①]

［北齐］佚名

君讳让，字文敬，乐陵人。炎精肇其源，羲叔胤其后。奕叶因封，殷邑定氏。祖万，凝浚碧澈，令誉岐年。父瑜，玉闰冰清，炜萃冠日。君降灵挺生，神资闲雅。幼悟黄中，情该物外。体识真宗，洞照儒默。位媲□资，官侪卓茂。粟犊之赞，望迈长衢。破□之谕，冀收耆日。何起应不弘，倏如泡烛，春秋五十九，以魏永安二年岁次昨噩，五月十九日，丧于东秦济水里舍；以齐河清元年，岁次敦牂，十月丁酉朔，十三日己酉，窆于县南八里。所恐世变坟沉，故刊志为辞曰：

赫矣羲胤，厥乃炎精。冠冕重叠，世阐忠贞。惟君优博，德行兼并。其道消奄，尔沉灵异。兹兮松石，万古兮流名！

（选自李沈阳、张基地编著《博兴通史》，第735~736页，中国文史出版社2020年版）

---

① 编者按：殷让墓志于2013年4月出土于博兴县吕艺镇马家村西南2.5千米处，青石质，盖佚。志铭长宽各32厘米，厚8厘米，楷书，15行，满行15字，共计213字。因文中有“窆于县南八里”，可作为乐陵县治定位的参考。

朱昙思等造塔颂①

〔北齐〕佚名

大齐河清四年，岁次乙酉，三月癸未朔，四日丙戌，慈风未鼓，品类同昏。惠化一开，乃群情等觉。虽真光暂暵，而实相可追。故悁兹苦海，志彼零峰。邑主朱昙思，朱僧利一百人等，于村之前，兆其胜地，绵基细柳，白虎游南，敬造宝塔一躯。经之不日，斜廛烟际，四翥风生。镂檥真离，刻摹兜率。庣圣蛟龙，看之若生。飞禽走兽，瞻疑似活。羌弗可得如言矣。魏魏易睹，audit容烂难名。遂托铭神宫，冀贻万叶。仍因撮土之功，敢发广厚之愿。国祚永隆，覆载等一。颂粤：

爵璃往昔，丽宇今兹，弱黛留烟，炎起停晕。瑶草垂露，画树悬系，荷抽紫叶，岭郁青芝。

---

① 编者按：北齐朱昙思等造塔记碑是博兴历史上最早的名碑之一。民国《重修博兴县志》载：朱昙思等造塔记，旧志摭遗载龙华寺内有石碣，言毗荼造塔之事问俱全，而僧名僧腊皆弗及。首称大齐河清四年岁次乙酉三月癸未朔四日丙戌，后载邑主朱昙思、朱僧利一百人等于村前兆胜地敬造宝塔云云。盖隋龙华寺塔碑前物也，然其塔早无矣。据上文所言“旧志”，乃道光《博兴县志》，可知此时博兴龙华寺内《朱昙思等造塔记》石碣尚在，失于何时，不得而知。而1915—1918年出版的《山东通志》卷百五十一《艺文金石》在照录原碑文外，还记载了碑的规制、出土及流失时间和书法特点：右《朱昙思等造塔记》，高一尺三寸，广一尺八寸弱。正书十六行，无横格，字大寸许，小者六七分，故行十三至十六字不等，末行残毁，其前凿佛龛三层。乾嘉年间于博兴出土，黄司马易访得之，置之城北龙华寺。宣统元年，经书贾致来，转鬻历城人家。此刻姿媚肥润，亦当时能手所书。书多别体，不尽合于隶变正法，览者当自知之。文中“黄司马易”，为“西泠八家”之一黄易，字大易，号小松，又号秋庵，仁和（今浙江杭州）人。监生，官济宁同知。工书，娴熟隶法。工篆刻，所至辄搜访残碑断碣于荒烟宿莽间，孜孜惟恐不及。有作于嘉庆元年《山左访碑图》册页共12开传世。又有一说：其碑于乾隆末，桂馥访得后移至龙华寺。后曾归高苑张敏生、江苏姚鹏图（中国人民大学出版社1989年版《中国书法鉴赏大辞典》）。

（选自《全北齐文》卷九，见严可均校辑《全上古三代秦汉三国六朝文》，第3876页，中华书局1958年版）

朱岱林墓志铭

〔北齐〕朱敬修 朱敬范

君讳岱林，字君山，乐陵湿沃人也。自辛朝丧历，昌户衔书，亲以建社，贤亦启国。扶封于邾，公加茅土。方曹析壤，媲鲁称雄。别有由谥立姓，因字为氏，斯即去邑从朱，盖是殊方共致。卯金则司空佐命，当涂即领军赞业。整在晋嗣美，表于赵垂名。所为杞梓继生，公侯间起，哲人世挺，衣冠代袭。曾祖霸，儒该丘素，术尽从横，魏使持节平州诸军事、安远将军、平州刺史。俗邻疆场，布以威恩，酹酒空陈，夜金不受。于后谤言及乐，谗巧乱邹。倏尔鹰扬，翻然鹊起。拥乡里三千余户，来逝河南，值元嘉之末。朝多丧乱，不获其赏，仍居青州之乐陵郡①。祖法弘，下帷耽艺，闲静自得，举秀才，释褐南平王府，行参军，迁尚书祠部郎中。礼阁有声，含香擅美，后迁司徒府谘议，参军事，亡，赠鸿胪卿。父孝祖，清规胜范，地美才高。俄而魏高祖孝文皇帝熊罴竞骋，苍兕争先，化洽江湘，令行天下，录奇异于岩薮，访隐逸于闾阎。起家除槃阳县令，转北海太守。流涕孟侯，歌谣稚子。从今鄞古，并驾分驱。君膺兹秀气，禀是淳和。三棘六里，方珠比玉。左智右贤，拟龙齐凤。得嗟蔡子，见重侯相。聿始十余，身离艰苦。晨号夕踊，柴毁骨立。遂使鸠来栖集，马惙蒭草。精通飞走，掺贯幽明。魏广陵王爱善如苍，好书比德。俾侯南服，妙选英佐。托以金兰，征为国常侍。辞不获已，俛僶从职。而侯羸荷盼，难交

① 编者按：魏收《魏书·朱元旭传》云：朱元旭，字君升，本乐陵人也。（曾）祖霸，真君末南叛，投刘义隆，遂居青州之乐陵。朱元旭为朱岱林之兄。两相对照可知，朱氏本籍冀州乐陵（今惠民县、滨城区一带），南北朝初期归北魏，故黄河流经其南，一河之隔的博兴一带属刘宋，文帝刘义隆时，侨置乐陵郡于今博兴县城东街道冯吴村附近。朱霸于元嘉（宋文帝刘义隆年号）之末“来逝河南”降宋，即定居“青州之乐陵郡”，即今博兴一带。其后子孙也多居于乐陵郡的各县。

公子；介推逃赏，终远晋文。未逾十旬，还以病解。后彭城王又以皇枝之贵，作牧东秦。召为主簿，久而从命。王借甚有素，不苦抑遣。终遂干木之心，乃申安道之志。君雅量之地，无际可寻。元昆季弟，推之京宦。同于得丧，等概荣枯。含章韬彩，藏明晦用。兄元旭，散骑常侍，出除南兖州刺史。弟叔业，通直散骑常侍、左光禄大夫。高冠映日，长戟陵风。誉满京华，声驰寓县。纵赵孝之让礼食，曾何足云；鲁公之就丕名，讵堪方此。魏廷尉卿崔光韶，侍中贾思伯，并聪敏当世，器局标时，结四子七贤之交，饮醪投水之密。留连宴熹，付写衿期。黄门郎徐纥，与君意得言忘。处权居要，恒思不次之举，还疑志不可夺。宴言之暇，聊申微旨。君答云："昔人有以术忓帝，或道质□王。譬之鳞羽，本乖飞伏。而平生庸短，未希簪绂，如斯之贶，乞不加己。"纥爱人以礼，兼相钦尚。从其所好，不敢縶维。普泰之季，水德不竞。苍云盖野，紫日生天。乌合蚁徒，聚三齐之地；竖牙鸣角，凭十二之险。不异井中，虚言圣出；何殊辙□，妄号神人？拔本塞源，摧兰夭桂，春秋五十有四。遐迩悲噎，闻见涕零。惟君大度不群，峻□孤上。托宿假道，唯仁与义。规矩成则，物我兼忘。非夷非惠，不石不玉。恻隐同于子鱼，友悌侔于伯雅。何忽憺山石折，智士遽倾？以大齐武平二年，岁次辛卯，二月乙卯朔，六日甲申，葬于百尺里东五里。第四子敬修，自惟罹此荼毒，眇然咳幼。离奇以生，龙钟而立。穷而匡子，温惭闵骞。岵山难陟，过庭无训。携锄而感，言下集冠之禽；攀松弗昭，宁降成坟之鸟。空追士季瞻像，载兴伤恸；日磾观状，益增酸哽。磬兹鄙拙，式序徽猷。思与泣俱，文兼涕落。先言多不备述，往行尽是阙如。良由才非作者，情限芜次。从父兄敬范，史君伯第三子。脱略荣华，不应征聘。沈深好古，尤工摛属。勒铭黄壤，以播清风。辞曰：

本自高门，世资阴德。从来位重，人兼才识。运海鳞奇，抟摇翅力。繁枝不已，清澜焉息。（其一）

唯祖英毅，唯父深沉。飞缨鸣玉，作范垂音。仍生东箭，遂挺南金。素荣俱美，出处分心。（其二）

有应纯和，□望余耀。嵇风阮德，梁游大钓。总于君子，艺才何劭，阙里儒英，濑乡玄妙。（其三）

道王天崖，志轻人爵，菊丛危坐，□裘采药。楚汉儿戏。仁雄寥廓，我如

曾闵，何论许郭。（其四）

虚言辅善，实验无亲。石佳既落，儋山亦沦。少微之应，遂属高人。悲王难序，痛霍何陈！（其五）

仁厚庆钟，育斯才彦。历阶武目，过庭鲤眄。似凤方鸣，如龙比绚。遗孤在笈，藐焉谁见？（其六）

谁见伊何，慈颜弗睹。□朝不食，邻人罢祖。比学西河，拟文东鲁。述彪者固，情深陟岵。（其七）

鱼山本志，门豹遗风。丹青已写，玄窆方崇。思人下泪，瞻盖悲空。山川不易，规猷讵终。（其八）

嗟嗟犹子，瞻仪在昔。荷恩惟训，依希如觌。颂雅因《诗》，弘文托《易》。追思素道，敬镌玄石。[①]

（选自《全北齐文》卷八，见严可均校辑《全上古三代秦汉三国六朝文》，第3871~3872页，中华书局1958年版）

朱敬修（生卒年不详），冀州乐陵湿沃（今山东滨州）人。朱岱林第四子。高祖父霸于元嘉年间迁居青州乐陵郡（郡治在今博兴县城东街道冯吴村附近）。

朱敬范（生卒年不详），敬修从父兄。

---

① 原注：案，朱敬修撰序，朱敬范撰铭。

隋故上开府乐安县开国伯赵君墓志

〔隋〕佚名

公讳惠，字世摸，金城郡人也。源流积而成远，枝叶蕴而弥芳。门袭轩冕之荣，家传钟鼎之食。并详于汗册，备在绵图。考敬，营州长史，昌黎、建德二郡太守。奇姿秀挺，雅志渊冲，加以仁泽被于氓黎，掩留所以兴咏；至德怀于民吏，未慕所以为歌。公体秀山川，禀零岳渎，仪范当世，师表人伦。怀橘之年，夙标令望；佩觿之岁，早播英声。齐天统五年，时年十四，合乡举为建德郡功曹。至大隋开皇三年，为刺史高宝宁扰动氓黎，阻兵称乱。公遂被众溃围，拥入北狄。抱诚臣之节，岂松竹而喻其志；推奉国之操，非金石而方其心。至四年，将领兵众一千余人，俱来归国，蒙授大都督。乃属伪陈放命，肆彼奸回，虐用其民，招聚亡叛，作伪不义，纲纪无绪。民思祸乱，兵革恒闻。皇帝愍彼苍生，离之涂炭，分命问罪，龚行天罚。公遂总鹰扬之众，帅貔虎之师。矢石暂交，已瞻乱辙；威略才布，早见投衡。曾不密朝，一时清荡。蒙授上开府、乐安县开国伯，封邑七百户。方欲长城饮马，勒石燕山。谁谓与善从言，奄从朝露。以开皇十年十月廿九日，薨于阳州所。悲缠行路，痛结乡邦。粤以开皇十一年十一月廿四日，葬于雍州大兴县堺洪固乡所，诏赠摸礼。但桑田易改，山谷迁移。德音镌其玄石，冀千载而恒垂。乃为铭曰：

山川禀秀，辰象降零。家传轩冕，门袭簪缨。诞惟君子，夙播令名。交游致信，奉国推诚。浩浩波澜，滔滔江汉。宫墙深远，莫测涯岸。万倾同怀，千寻擢干。春秋斡运，乾象递旋。悠悠苍昊，冥冥上玄。宁云与善，不辨才贤。一捐棺舍，永坠虞渊。远日有期，亲徒俱集。悲斯赗马，宾僚洒泣。膴膴松野，萧萧寒隰。兰菊恒芳，徽猷永立。

（选自浙江大学图书馆藏原碑拓片）

奉为高祖文皇帝敬造龙华碑[1]

〔隋〕佚名

盖以乾元资始，挂玄象于穹隆；坤德肇初，列品物于磅礴。至于性灵殊异，致趣不同。凭所讬以立心，揽所依而建性。是以鳞潜翼……[2]谈，意欲济于苍生，终不成于大造。言之者众，可不然欤。岂若界号大千，尚云炎火之宅；法称不二，自成真谛之门。济黔首于尘笼，拔……拾芥。似澄水之图月影，若明镜之写人形。是曰无常之津，成为去留之境。三灾之火荧，岧嶷之天宫；四大之风飘，崔嵬之广舍。北台……涧成岑。樵童于是长嗟，宣尼所以兴叹。至若鹿野高谈，穷方等之渊府；鹫山旷说，极波若之深源。飞楼涌塔之奇，纳海藏山之异。法……变色，鸟兽回音。望八斛之分身，纷兴殿阁；则四衢之宝塔，郁起台堂。刹土成缘，法基常住。若夫剥终龙战，俱驰逐鹿之心；道丧麟伤……鼎，落月摇星。岂能敷圣教于华间，布至公于夷外者也。自

① 编者按：龙华碑是隋大业四年（608）奉炀帝之命，为高祖文皇帝杨坚所造功德碑，是我国现存隋碑中形制宏丰者，集雕塑、绘画、书法于一体，为隋碑存世之珍品。该碑承继了北魏稚拙朴茂的艺术之风，再现了隋代的艺术风貌，更为初唐风格的形成奠定了基础。此碑早年遭到破坏，长期埋于地下，早期文献未见著录。乾隆时阮元编纂《山左金石志》，仍未入目，道光《重修博兴县志》始见记载。据此推测，此碑大约在清嘉、道时出土。后来此碑再次入土，直到民国十二年（1923）复出，仅存碑之上半。不知何时，为重立该碑，行削足适履之举，将下部凿齐，又毁碑文若干。民国二十五年后，又有制印者窥该碑石质光莹细润，且易奏刀，竟毁碑求石，斫去左下侧部分，致使碑文又惨遭摧残。新中国成立之初，黄河大汛，此碑被误作料石，送去治黄，被有识者发现后，运回原处。1952年县人民政府始将该碑置于县文教科驻地保存，1955年文教科驻地迭为县手工业联社，因未及时转移该碑，该碑被误作垫脚石。当时县委书记黄新民发现后，将其运至县文化馆。“文革”时该碑在文化馆后院，恰为生产队的草垛垫底，在全馆文物遭抄毁时，它却未受惊扰，免遭毁灭之灾。1979年藏于县图书馆，现存于博兴县博物馆。

② 编者按：由于石碑下部被凿毁，不知缺字数量，故以省略号表示。

玄历有归，将移周纪；时唯多难，政乃私门。气混阴阳，光亏日月。经遭坑儒……天启圣，膺图录于千年；下庶获安，仰睿风于万古。降兹明命，用集我大隋高祖文皇帝。揖让受终，理形统象。下协兆民之欲，傍欢万国之情。位重青浦，尊居紫极。虽复机有万事，遍注三乘。殿阙停修，伽蓝是……者欤？皇帝乾像降睿，坤极挺神。偃武修文，乃停甘□之誓；干戈载戢，自息歧阳之搜。望秩升柴，展先古之盛礼；泥金奠玉，寻绝代之遗踪。……华塔者，地则故龙华道场之墟。其内先有古基，未及功就。属天回地转，柱折维倾。各弃真门，俱凭戎旅。变回法殿，化起俗堂。常住之……其人也，弟晋王府记室参军师。并英姿诞纵，凝秀才敏。门风盛于史册，德行著于乡闾。二骥二龙，谁能拟德；难兄难弟，复见今谈。加……称首，可谓元功是得。助兹崇业，罄意竭心；同植来因，具修后果。复以仁寿三年□□□□□士嘉□僧□□□思□□□□□□□……缨，蝉联冠冕。故能穷心法路，喜舍无吝；竞挺直心，争修胜业。至于圆珠、方石、紫玉、黄银，并竭资生，穷于随喜，同至塔所，营其故基。苦……征珠合浦。故得光华照地，峻极于天；郁律临霄，层陵瞰汉。既蔽亏于日月，亦掩映于烟霞。空无沼而莲开，迥无林而花发。鸾回麟顾……音；玉砌珠帘，明月照而增朗。谟神托异，似舍卫之飞来；参妙拟灵，等耆山之涌出。岂直堂称七宝，独伟晔于殊方；殿号五香，孤栖辉……讵侍仙人。是知伽蓝旧所，僧蔓故趾；闲远净居，萧迢胜地。花开千叶，纷生八味之间；香泛六铢，馥满九层之上。东临太液，望郁蓊之……波；今古华区，陈之典册。银青光禄大夫、北海郡太守阚荣，冠盖高门，钟鼎华族。擅风云之气，包川岳之灵。动乃积效丘山，望则光华……礼蒲鞭之耻，取信竹马之期。故能为法路栋梁，朝端襟带。朝请大夫赞治崔伯友，博昌县令窦陁，原起天崖，若龙门之下注；根深地……俱赞六条，恒闻鼓腹之士；风宣百里，每有击壤之民。加以心托一乘，情生五净。叹三灾之无定，愍八苦之轮回。津梁爱川，牵登彼岸……赵铁正、郝连师亮、甄相愿等，隆门世伐，包括山河；族望高华，连横海岳。俱怀逸世，各擅不群。特挺百行，毗弘一邑。故友钦其久敬，朝……玄门，体依真寂。即通悟于正道，亦妙解于真空。檠固法基，功参景业。济济焉，汪汪焉，可略而谈矣。至于邑壤区落，连续相望；雾起烟……之妙。砌发玉光之润，楼生香气之烟。若夫功成不朽，道济无间。显著当今，连延后代。

若非金石，何以记焉？仰止高山，乃为铭曰：

肇判清浊，厥初生民。君长虽树，政教无闻。去流幻化，生死回轮。含冰蹈火，怀炭履尘。俱寝长夜，谁闲法相。虽忻桂室，终悲松帐。炎宅……引穷塞，拔济尘泥。遇神惟慕，见圣思齐。法城襟带，黔庶梁梯。构此神基，建兹灵塔。□霓秀峙，花层重沓。苍龙起卧，红莲开合。云霄胶……仙曲，艳动天衣。于嗟多士，法路斯归。我皇临宇，据图握镜。玉烛和节，璇玑调政。烟气云来，星光月映。四海承休，三辉表庆。真风已……起，道场烟集。惟彼蕃守，弘体至公。名兼共治，慰庶扬风。民和礼就，道备真通。记之金石，永播无穷。

（选自《书迹名品丛刊·隋龙华寺碑》，第62~63页，二玄社1969年版）

唐故魏州昌乐县令孙君墓志铭并序①

〔唐〕佚名

君讳义普，字智周，乐安人也。受命作周，懿亲分卫，肥泉自远，瓜瓞攸兴。儒术著闻，卿有声于霸楚；兵法修列，武流称于强吴。兴公之藻思文河，安国之属词史笔。并播之谣俗，传诸好事。曾祖信，魏拜露门博士，武闱训胄，槐市说经。玉柄增辉，璧池逾浚。祖进，周晋州长史、魏州刺史。题舆奥壤，露冕雄州。誉重沂歌，爱深并竹。父乾，隋郾城、陈仓二县令。弦桐表逸，绾墨凝威。卓令耻其移螟，成人愧其冠范。君积基三袭，腾芳八桂。参玄蕴睿，辩日飞英。涯岸自高，波澜莫究。以明经擢第，释褐魏州昌乐县令。导德齐礼，今古攸难。君顾水火以铭怀，佩韦弦而取诫。疲人有耻，犷俗知方。子承景，至孝有闻，高材缉誉。情深色养，有怀捧檄。上元之岁，从宦河东。

① 编者按：孙义普墓志出土于陕西高陵县。据墓志，孙义普字智周，乐安（今博兴）人，孙武后裔，中进士明经科，任魏州昌乐县令。墓志中同时记载了孙氏世系，其曾祖孙信，魏拜露门博士；祖孙进，北周晋州长史、魏州刺史；父孙乾，隋郾城、陈仓二县令。子孙承景，雍州高陵县尉。皆可补地方志“人物”“选举”之阙。

奉以之官，获申温清。而徂春不驻，靖树难追。粤以二年正月二日终于官舍，春秋九十有三。夫人李氏，言容著美，琴瑟克谐。逝先风露，奄同泉壤。君雅道绝伦，贞风迈俗。颍川英杰，许以黄中；谯国俊贤，方之白起。重以虚舟在巳，仁心拯物。妙达玄言，归心释教。爰自弱冠，洎乎华发。饮食薰辛，嗜欲咸遣。每行般舟道，常诵法华经。未终之前，若有神应，恒咏薛开府诗云："昨望巫山峡，流泪满征衣。今赴长安道，含笑逐春归。"词气凄婉，左右伤恻。自是数日而终。嗟乎！知命不忧，托文见意。君尝以为次房交梦，近乎怀土之心；卞壶言留，几乎达人之智。故赵文子之择地，杨王孙之不袭，其得意哉。承景今任雍州高陵县尉，聿遵先旨，改窆京畿，即以文明元年五月廿一日卜葬于高陵县之西南乐安乡之偶原，礼也。尔其东界黄河，遥临晋邑。西郊黑水，近带秦垧。前望终南，得夏公之宝气；却居渭北，枕尚父之璜津。是知黄壤四隅，白楸三衽。延陵魂魄，无所不之；丘也东西，焉能不识。嗟厚穸之难晓，叹阴沟之永闷。托玄石以披文，庶清徽之不坠。其词曰：

邠苇载颂，淇竹传诗。悠哉长发，邈矣不基。卿传儒雅，武善兵师。家承簪绂，业懋基兹。于铄通贤，惟材之秀。礼义缰锁，人伦领袖。环堵业殚，金籯学富。从政之道，德音以茂。制锦非学，棼丝易理。潘咏自轻，游弦知耻。脱屣城邑，披襟田里。傲睨风云，徘徊林泛。夜壑舟徙，悲泉景昊。斗蚁翻声，巢鵟驶翼。万化斯尽，九冥谁测。亹亹清风，泠泠不息。

（碑文录自国家图书馆藏梁启超饮冰室旧藏拓本）

大唐故隋朝散大夫孙君墓志[①]

［唐］佚名

若夫扬麾静乱，勇将申百战之威；运策骋奇，谋臣决千里之胜。然则匡时拯难，必借雄才。代有人焉，可得言矣。公讳达，字思贤，青州乐安人也。英奇挺烈，权贵□于汉朝；三将兴兵，武略光于秦代。公禀灵秀出，固事无双。外振威名，内□清节。龙驹远骑，必涉千里之途；云鹤高翔，必奋六翮之用。及随正陵替，丧乱弘多，五岳尘飞，三川波震。公乃荷戈大叫，志在救时。拔起垅亩之间，名冠三军之上。于时雄豪并起，战争实繁。闻公之威，莫不摄伏。李密兴于梁楚，遂据敖仓。公且与合军，以观时变。属大唐启运，先定洛州。群生荷再造之恩，率士仰来苏之庆。公夙有风疾，医疗不除，粤以大唐上元三年八月卅日薨于张方之第，春秋八十有三。何言隙驹难驻，朝露易晞。人爵未终，生涯已谢。即以其年岁次景子，十月乙未朔，十五日景时，迁于洛州洛阳县清风乡张方里于北芒之山，礼也。第三子文楚，年未至学，夙智已彰，丧过于哀，殆将灭性。于是式昭芳烈，勒此丰铭，庶金石恒存，传芳不朽。其辞曰：

大唐启运，帝道佐明。见机而作，拥众归诚。勇如韩信，智若陈平。登坛比□，参□齐荣。（其一）

炎灵失德，天下交乱。遂与群英，共匡时难。抚宁邦邑，拯恤涂炭。既类灭秦，还恩终汉。（其二）

摧鳞巨壑，坠翮天路。雄略犹传，神仪以故。一归泉壤，千载不寤。节土封坟，贤臣表墓。（其三）

---

① 编者按：孙达墓出土于河南洛阳，盖3行行3字，篆书题“唐故公孙府君墓志铭”。铭正书22行行22字，记录了墓主孙达生平。孙达，字思贤，乐安（今博兴）人，仕隋为朝散大夫，隋末起兵，加入李密瓦岗军，后归唐，参与唐平定洛阳之战。后因风疾卒于洛阳张方里。子女数目不详，第三子名文楚。编者按：孙达、孙文楚史籍皆无载，可补地方志“人物”之阙。

上元三年十月十五日。

（录自国家图书馆藏拓本）

唐故著作佐郎孙君墓志铭并序①

〔唐〕佚名

君讳德，字道，乐安人也。粤若三国文驰，经霸吴而作主；十篇□秘，纬强楚而称臣。玉轸流音，地毖洽幽真之趣；金声肃韵，天台表文翰之能。固乃冠冕克传，才华代袭。焕乎缃简，可略言欤？祖举，齐太原郡守。父章，隋汝州□□令。游童有识，咸控竹而遵风；野翟何知，共驯桑而表化。君□乾坤之秀气，韫星象之精灵。升孔父之堂，启儒门而尽妙；辟周公之牖，履玄肆而穷微。凤藻开□，鼓凌云之逸气；龟文绚彩，泣□露之芳滋。肇应弓旌，俄登甲第。蒙授著作佐郎，标令德也。鸿□秘篆，麟阁幽经。悠然寓目，其如指掌。词人响赴，若寻桃李之蹊；才子星奔，似入芝兰之家。以为栖鸣蓬岭，渐翊化于青蒲；岂期景谢棠阴，遽迁神于玄壤。呜呼哀哉！春秋五十，卒于私第。夫人连氏，芳仪肃穆，淑质凝闲。既谐鸣凤之祥，允叶乘龙之庆。览七篇而洁己，荣辉母仪；捧四德而修身，光华妇教。固以福亏与善，早丧所天。镜掩孤鸾，琴凄寡鹤。徙邻垂训，抚孤之惠有方；崩□□恸，追往之心无辍。而朝光吸露，夜壑迁舟。桂魄空存，兰姿遂掩。春秋八十有一，终于帷扆。嗣子处冲，仁深抱棘，孝极餐荼。思□卜兆之规，式遵迁窆之轨。以光宅元年十月六日合葬于屯留县西八泉村之南原，礼也。川陆萦映，岗峦纷乱。白杨悲而寒风起，青松暗兮愁云积。恐人代迁贸，丘陇荒芜。爰勒贞珪，敢为铭曰：

开吴建业，翊楚标功。千龄人杰，万古英雄。声扬宇外，德擅区中。飘飘逸气，凛凛余风。（其一）

① 编者按：孙德墓志铭记录了孙德家族世系。据墓志，孙德，乐安（今博兴）人，初唐及进士第，授著作佐郎。其祖父孙举，北齐时任太原郡守。父孙章，隋时任汝州某县令。嗣子孙处冲。祖孙四代史籍未载，可补地方志“人物”“选举”之阙。

趋驰芸阁，栖息蓬山。金徒催促，玉漏循环。莲姿碎影，桂质殂颜。永言同穴，长谢人间。（其二）

气序流易，霜露时侵。松门风急，蒿里烟深。亭亭神识，皎皎灵心。勒铭玄石，永播清音。（其三）

（选自罗振玉辑《山右冢墓遗文》卷一，见《历代碑志丛书》，第16册第394页，江苏古籍出版社1998年版）

大周宣州泾县尉杜府君故夫人孙氏墓志铭井序①

〔唐〕佚名

夫人，乐安人也。孙叔作相，刑政肃而风化流；孙武用兵，法令齐而强敌震。遗烈隆茂，代无旷焉。祖袭，唐淄州刺史。□軿十里，入境而褰帏；礼教三日，下车而废屏。父行廉，唐怀州河内县尉、绵州显武县丞。近郊胜邑，地接王畿。高垒名墟，星分井络。屈翁归于缑氏，暂劳卿相之材；坐桓谭于安陆，竟滞瑚琏之器。夫人簪组荣胄，礼经令族。星流婺彩，月降娥辉。发言而箴训自成，立矩而仪范取则。四年彰其孝行，七岁观其聪颖。内则既闲，妇工咸备。年十有七，归于杜氏。作配君子，宜其室家，羞此蘋蘩，友夫琴瑟。府君莅职长江，夫人远从千役。别离亲戚，流飘险阻。东南瘴疠，自此无年。春秋卅六，以圣历二年三月廿五日遘疾，终于泾县官舍。府君对月伤神，临川掩泣。思安仁之空簟，悲季直之留书。以长安四年三月晦，归葬于河南北山，礼也。夜台幽暗，寒树萧条，嗟殉鹤而无归，想灵龟而可验。铭曰：

□娥降彩，阳台郁云。诞敷蕙质，穆此兰薰。行成仪矩，言为典文。聪明机悟，义析微分。（其一）

烂其盈门，归宋之子。谐和琴瑟，芬芳辞理。文绣备工，蘋蘩式祀。孝侔

---

① 编者按：孙夫人墓志铭记录了武周时期宣州泾县尉杜某夫人孙氏的家室生平，据墓志，夫人出自乐安（今博兴），祖父孙袭，唐淄州刺史；父孙行廉，唐怀州河内县尉、绵州显武县丞。可补地方志“人物”“列女”之阙。

在昔，声压前史。（其二）

谓天何亲，独丧善人。悲凉阅水，叹惜流尘。千年山曲，一别城闉，恨玄宫之幽隐，痛黄泉而不春。（其三）

（选自周绍良编《唐代墓志汇编》，第1032~1033页，上海古籍出版社1992年版）

唐故右龙武军翊府中郎任公墓志铭并序

〔唐〕任惇

朝议郎前行通事舍人任惇撰。

公讳思敬，字思敬，乐安人也。伊昔黄帝之系，予本枝也，而后锡土于薛，予分派也。汉之日丞相招贤，梁之朝中丞秉宪。执古遗美，累叶多贤。史諒传书，衣冠接武。曾祖德随朝滑州长史，辅百城而有翼，典贰职而惟明。祖如，皇朝通议大夫、太子洗马，学该百氏，职总群书，陪少海而多欢，趋甲观而有礼。父庆，赠坊州司马，振振公族，弈弈侯家，当官有廉慎之能，歿世及送终之赠，荣颁松槚，泽及泉扃。公即司马之第三子也。鬳敏维则，温良是谋。懿之以文，必求诸道。过庭诗礼，廿岁日闻；出塞韬黔，弱冠天纵。夙负貔貅之勇，歌《杕杜》之诗。属国家屯蒙，王室多难，临大节而致命，贾余勇而忘躯。武毅桓桓，戎容塈塈，翊戴今上，果敢前驱。叱万夫于剑阵，启重关于闾阖。诚动白日，志凌秋霜。涤氛浸于宫中，扫欃枪于天上。一戎大定，万姓乃安。实天诱其衷，岂人綦之应。若蹈虎尾，如涉春冰，视死如生，以身许国，道以合于缔，事则光于权舆。矧惟能执干戈，以卫社稷。率先发虑，戡定厥，于是受禄于天，畴庸述职，乃解褐，授公梁州回车戍主，仍借绿，将报功也，主司命官，岂曰表德，宁敢自伐。遂轸皇情，以修捍于艰，经纶事重，乃授左骁卫绛州大乡府左果毅，借绯鱼袋，以崇德也。荣名清时，委质戎旅，白珪无点，朱紱方，庶光奭尔躬，亦锡羡后嗣。又随大将军郭虔瓘薄伐北庭，受律出征，推毂于迈。长驱万里，见虏骑连云；张皇六师，望胡尘蔽日。已而布鱼丽之阵，开偃月之营，纵天兵于军前，斩名王于塞下，以一月三捷。以百战元勋，遂授上柱国，赏紫金鱼袋，除华州神水府折冲，专任有功，以征不义。能致珪璋特达，而令冠冕逶迤。然汗马未书，铭钟将阙，元师首荐，执政多乖。人今称之，惟其屈。寻除京兆府龙原府折冲，又除河南府郏鄏府折冲。大事在戎，惟才用武。后秩满，重授旧官。且谋之孔臧，人则是仰；以多遗爱，乃敢去思。遂迁右威卫翊府左郎将，又迁左领军卫翊府中郎，知北衙右屯营副使。七校分官，八舍列禁，桓鏉兰锜，杖钺羽林。位纂扬雄，职光甘寿。圣朝以久从警卫，言念旧勋，遂授右龙武军中郎，特令检校屯营事。岩廊寄重，武库攸先。有备预之贤，有谁何之称。累经居守，所典惟良。每降丝纶，常加宠锡。所谓如松之茂，百禄是遒；岂言阅川之流，六极为谷。旋荐支离之疾，将从勿药之休。屡陈负手之哥，再述梦楹之叹。不兴不悟，犹望小瘳；启手启足，以成大渐。以天宝二年七月廿日终于进德里之私第，春秋五十有六。呜呼！昊天不佣，斯文将丧，彼苍不憖，哲人其萎。以其年八月廿四日葬于洛阳北原，礼也。公夫人曹氏，淑慎宜家，柔婉成性，悲一剑先坠，孤鸾独飞。长子高择，次子高扬，次子高播等，咸以象贤，各升宦序，蓼莪靡讬，毁瘠仅存，孝以送终，封其马鬣。丧则有礼，展以涂车。远虑陵谷将迁，是请蓊荛进牍。铭曰：

轩帝仙宗，周王外族。邈矣胤嗣，俾于戬谷。锡羡承家，光荣必复。（其一）

桓桓元勋，祑祑令德，厥声载路，其仪不忒。于嗟荩臣，以正王国。（其二）

天保国干，谓何川流。延陵挂剑，夜壑藏舟。滕公闼室，文子瑕丘。（其三）

哀荣五官，驾彼四牡。顾谩容卫，式光陵阜。印山之阳，清洛之右。（其四）

涂菊以翼，薤露为歌。泉扃寂寞，陇树森罗。鸰原恸兮徒已矣，仁兄逝兮奈若何！（其五）

右金吾卫别将高期光书。

（选自浙江大学图书馆藏原碑拓片）

任惇（生卒年不详），生平里籍不详，据碑文，疑为墓主任思敬之弟。

大唐故青州博昌县令燕郡平府君故夫人京兆韦氏墓志

〔唐〕平介然

第二子介然述，少子侄书。

夫人关中之望族也，厥美代济，其名不陨。父子台鼎，与吾祖竞爽于汉庭；昆友行藏，就人伦交映于周室。袭相之庆，固已焕于缣缃；逍遥之名，复何减于骠骑。司门郎中祚，其祖也。鄜城丞旷，其父也。德业相继，誉望所归。位不登而声已远，身虽没而言乃立。盛德遗烈，载诞夫人。夫人天与聪明，体备柔顺，念德不怠，以礼自牧。四教成于弱笄，三从勤于善诱。其事舅姑也以贤孝著，其在族姻也以贞固称。其崇三姒也如兄，其奉移天也如主。夫人所育，九男四女，今其存者，三女七男，或游之礼园，或致之义府。居常修整，则抚以温惠之言；小有慢易，则示以严恪之色。介然等性唯不逮，志靡克堪，所以公冶未亏，成幼无忝者，维母之诲也。呜呼！贻厥之道，每被于慈音；欲报之诚，忽惊于风树。夫人以天宝八载闰月十八日殁于邺郡安阳之官舍，春秋五十八。哀逾可赎，痛甚愈迟。肝心横分，涕血俱尽。时超然薄宦于彼，因权殡于邺西之塾次，仪率孤幼从而居之。府君之茔，旧卜邙阜，今岁月通便，敢称家而举祔焉。夫人深悟色空，尤敦俭素，遗令薄葬，莫敢或违。珠玉无施，涂刍从事而已。天宝十载二月十八日孤子介然志。

长子丹徒县尉仪、次清池县尉介然、次乐寿县尉肃然、次安阳县尉超然、次前乡贡明经佑、次前乡贡明经赍然、少子前乡贡明经侄、第三女便适博陵崔翾、少女倖。

（选自浙江大学图书馆藏原碑拓片）

平介然（生卒年不详），燕郡人，唐清池县尉。

大唐故东南面招讨副使宁江军节度观察处置兼云□榷盐制置等使光禄大夫检校太保乐安县开国伯食邑七百户西方公墓志铭（并序）

〔五代〕王豹

公讳鄴，字德勤，青州乐安郡人也。案西方氏之裔，其来远矣。本黄帝之子孙，盖设官于诸国，古人重质，因所居而氏焉，即南宫、北宫、东门、西门之俦也。世传勋德，门尚雄豪，匡虞舜而赞唐尧，自成周而及炎汉，逮夫魏晋，以至随唐，英奇继代以相生，冠冕连襟而不绝。咸以文经武纬，开国承家，勋庸或载于贞珉，善美或标于信史。曾祖希颙，海州东海县令，夫人李氏。祖常茂，蓟州玉田县尉，夫人张氏。父再遇，挺生时杰，克守家风，属以巨寇兴妖，中原版荡，谓儒雅安能济国，非武艺不足进身。遂掷笔以束书，乃成功而立事，终于定州都指挥使。公即都军之第三子也，生而有异，幼而不群，桓温之骨状非凡，相如之气概弥大。须眉磊浪，将并辔于伏波；宇量弘深，更差肩于叔度。年七岁，始就乡学，穷小经。十八入大学，览春秋大义。及攻文辞，曰："书足记姓名而已！"又学击剑，曰："剑不学，一人敌，学万人敌耳。"时庄宗皇帝方举义旗，力扶王室，虽河朔已宁于生聚，而梁园尚阻于化风，莫不淬砺干戈，招延豪俊。是时，公以良家子应慕，庄宗皇帝一睹崚嶒之貌，遽惊奇异之材，遂委雄师，日亲龙驭。夹洪河而对垒，欲近十年；临巨孽以相驰，俄经百战。公素探经史，宿蕴纵横，每于料敌之谋，常中必成之术。其或两军相望，三鼓未鸣，公乃奋忠节以示威，拥轻袍而掉战，弓开月满，箭发星飞，骑跃追风，剑轮秋水，对敌望尘而骇目，连营效命以争先。奇功既绝于当时，圣泽迥逾于常品，恩旨稠沓，锡赉殷繁。爰自冠貂，以至提剑，皆是众推猛烈，人服公忠。及平荡妖孽，以功补奉义指挥使、检校尚书右仆射。抚士而千夫咸悦，莅官而七德恒修。今圣上九五飞腾，百六开泰，嘉之义勇，锡以竹符，时三蜀初降，五州未下，乃诏公为夔州刺史，公以一旅之众涉万里之程。方展密谋，遂降坚壁。寻加绥抚，显示恩威，三巴之风化大行，九有之声华益振。诏以公为夔州节度使、检校太保，就建旌节焉。公益励壮志，思报国家，兵不黩而民不残，令自行而法自正，吏绝奸滑，盗去旧蒲，和气升而疠气消，冤声寝而颂声作。俄而归峡送款，忠万投诚，施州舆衬以来庭，蛮徼梯山而入贡。圣上情宽宵旰，义重君臣，优诏连绵，辉华辇毂，实大朝之右臂，乃千里之长城。公以受国恩深，为治心切，腠理爰滞，膏肓忽临，霜叶将飞，风树难止，以天成四年夏四月二十二日丑时薨于夔州公寝，春秋三十有八。属纩遗命，自国及家，老幼怀悲，道路增感。圣上思慕忠烈，若丧股肱，特辍常朝，俾彰厚礼。以其年十月十八日灵纼自夔州达于京师，将卜葬于河南府河南县平洛乡朱阳里，礼也。太夫人刘氏，爰禀殊秀，诞生哲人，令子云殂，心焉如疚。长夫人天水郡伊氏，次夫人陇西郡李氏，并蕴纯和之德，咸彰令淑之名，梧桐半凋，琴瑟不御。长子王哥，次子吴留，次子荣哥，次子四哥，长女小姐，次女妹妹，并处童雉，将属象贤，天垂不幸之文，奄此凶丧之苦。长兄元太，次兄元简，次兄元景，弟继恩，早彰令问，克称友于，乍罹手足之悲，俱甚急难之痛。呜呼！天降荼毒，与贤愚而共等；邦失英彦，乃今古以相嗟。况公禀气冲融，操心正直，于家克孝，在国能忠，守信于人，接士以礼，宜其寿考，以安生灵。何期忽遘短期，遽终天禄，悲悼不已，乃作铭云：

轩辕令胤，间世相生。匡尧德具，佐舜功成。祖宗继踵，轩冕相承。爰有余馨，是生贤德。立志高强，进身挺特。所谓伊人，邦之楷式。捐躯事主，克著军功。躬当矢石，大播威风。于家能孝，在国能忠。三峡仗节，五郡临民。教化远布，蛮陬率宾。上天遘祸，歼我良人。寂寂孤魂，杳杳山水。自秋徂冬，方达帝里。宅兆云卜，丧事合礼。东岳程遥，北邙霜凋。瀍涧咽咽，松风萧萧。孤冢欲闭，魂兮是招。长辞圣代，永□重泉。奇功有托，贞珉以镌。魂兮一去，千年万年。

当月二十四日巳时续赠太傅。

前乡贡进士王豹撰。前国子监明经王汭书。修镇国桥都料阎斌镌。

（选自浙江大学图书馆藏原碑拓片）

王豹（生卒年不详），生平里籍不详，乡贡进士。

梁故天平军节度使郓曹齐棣等州观察处置等使检校太尉同中书门下平章事赠太师牛公墓志

〔北宋〕佚名

公以梁太祖帝乾化五年夏六月十九日薨于郓，辍朝三日。命兵部侍郎崔昭愿，都官员外郎柳瑗，简册卤簿，赠太师，谥曰威。贞明二年七月二十四日葬于郑州荥泽县广武原，郑国夫人薛氏祔焉。诏命翰林学士卢文度撰碑词，以旌其墓。后以奸暴凌犯，毁其泉堂。裔孙彰武军戎副宗德，以尊灵所居，遭是圮拆，宿宵怵惧；拜章上闻，既得所请，遂卜其地，瀍水之阳，邙山之西，里曰杜翟，乡曰平乐，盖西都河南县形胜之地也。大启松阡，如荥泽之旧制焉。以大宋开宝三年十月五日襄事于此，呜呼！太师之功业，焕乎简策，彰于碑颂，此不尽书，但纪其扬，历举其大纲，则勋业功德于斯可见矣。

公讳存节，字赞臣。王父讳崇，不仕。考讳孝恭，累赠右仆射；妣李氏，追封越国太夫人。仆射寓家青丘，多历年所。公当唐季，始依故人诸葛爽，爽殂归。仆射常曰："吾观朱公，气宇虽不能大致和平，真定乱主也，尔盍依之，以取富贵。"公曰："大人年尊，我不忍去。"未几而仆射终，服阕，遂归于梁祖。一见器之，署宣武小将。文德元年，改滑州左右牢墙使，复转右都押衙兼右厢马步指挥使，加左散骑常侍；二年，迁宋州都教练使，仍充都侯。景福元年，改遏后都指挥使。乾宁元年，加检校工部尚书；三年，又加右仆射，五年，授亳州刺史，寻总领宣武军左衙步军，仍改宿州刺史。光化二年，复为左衙都将，兼马步教练使。天复元年，授潞州都指挥使，转阶金紫，加秩司空，知邢州事。天祐元年，授邢州团练使，加司徒。太祖为元帅，署元帅府左都押衙；太祖受唐禅，以公为右千牛卫上将军。其年秋，举全师上党，以公为排阵使；开平二年春，改右龙虎统军；夏四月，迁左龙虎统军，六军马步都指挥使，仍加爵邑；冬，授绛州刺史；明年夏，除鄜州留后，改同州留后，俄拜特进，太保，忠武军节度，进封开国侯。乾化二年，加太傅，进国公，邑千户；明年春，加同平章事，十一月，加开府仪同三司，增邑二千户，充天平军帅；四年，加淮南西北面招讨使；五年春，进秩太尉，又增邑千户。公始遘微恙，属河外举兵，诏统军徙屯阳留渡，公闻命而行，左右勤请，乃上表述羸茶之状，不数日，许归旧镇。方还府署，遂至弥留。是夜，大星坠于正寝之后，而公已薨矣，享年六十有三。

公有子四人，长曰知业，梁宁州刺史；次曰知让，晋吏部郎中；次曰知谦；次曰知训。长女度为尼，次女适清河张汉貂。

呜呼！公之大功通于神明者，则有解太尉宗奭孟津之围，岁荒粮绝，以金帛易干葚以饷军，遂破李罕之众。略地河北，以千三百人尽杀魏万二千之卒。击朱宣于汶阳，独率步兵破其西门，夺守其濠，遂拔其城。青口之败也，收督残卒，下马血战，力捍追兵，翼安太祖。救高平郡之危也，禀命驰往，马不暇秣，比及郡郊，叛卒举火应寇，将陷孤垒，公诘旦而入，敌势渐炽，彼急攻，我则强弩以败之，彼穴地，我则开隧以拒之，是以并人焚廪而窜。邠陇之兵，围公于冯翊也，欲以郡中水咸困我，公曰："神道助顺，必有其应。"凿井八十，卤泉变甘，符契神速，何如是哉！谨为之铭曰：

古人有言，不有危乱，安识忠臣，忘躯报主，实难其人，人之所难，公之所易，奋不顾身，逮终如始，而今而后，孰嗣厥美。

（录自原碑拓片）

赠尚书右仆射陇西牛公墓志

〔北宋〕佚名

唐季版荡，君子道消，故有道之士，清以自洁，贞以自正，谦以自牧，信以自持，遁以全其身，晦以藏其誉，及其乱之已静，怀此行者始用显明。是故我牛公讳孝恭，于梁有尚书右仆射之赠。仆射之先，彪炳简牍，此不复书。仆射生郓帅太师讳存节，居于青社垂数十年，常以黄老之道淆泊其迹，怡怡自得，有箕颖之操，是以乱世诸侯不识其为贤人也。常抚太师背谓之曰："治世吾不得见矣，吾老矣，无能为也，尔有成家大除之志，当及其时。吾观朱公气宇，虽不能大致和平，真定乱主也。尔盍依之，以取富贵。"太师曰："大人年尊，我不忍去。"后数年，仆射终，仆射遂归于梁祖，果如其言。呜嚱！达识玄鉴，通于神明，何如是欤？葬于郑州荥泽县广武原，后以草窃凌犯，穴其玄宫，曾孙彰武军戎副夙夜惕厉，上乞改卜，躬扶灵柩窆于西都河南县平乐乡杜翟村原，实大宋开宝三载十月五日也。谨纪其一二而为铭云：

居乱世，知鹿死。全其道，贻其子。懿多仆射，玄鉴如是。

（录自原碑拓片）

梁宁州刺史、金紫光禄大夫、检校司空、兼御史大夫、上柱国牛公板筑新子州墙并创建诸公署及新衙记

〔后梁〕李明启

前剑南东川节度推官、朝议郎、检校尚书祠部员外、兼侍御史、柱国、赐绯鱼袋、李明启撰。

叙曰：昔秦始皇蚕食诸侯，夷灭六国，乃命将军蒙恬开拓泥阳北地，以县阳周，是为宁郡理所，三十六郡之一也。粤以南属新平，地连安化，密迩藩落，咫尺塞垣。复以襟带故神州保障其疆寓，故以底宁而命州之名焉。自历代莫不慎选英奇文武兼资之才，牧守兹郡。今也陇西司空公名知业，字子英，秀禀岳灵，气涵天表，先朝懿旧，奕叶承光，申勤劬于昧爽之间，竭匡辅于绍开之际。博文经武，寇河内复可见于汉年；尚德代谋，平荆州不独称于晋世。孝悌性符于天爵，忠贞道冠于人臣。固已敦诗书，阅礼乐，亲仁乐善，好古慕今。虚席待贤，轻财重义。公之先太师威公，佐命元勋，宣力王室。表仪雄杰，驾驭忠良。静难扶倾，决胜于百余战内；变家为国，推功于四十年间。凡统制剧郡雄镇，精师锐旅，积勋累业，不可具陈，盖已载于青史列传矣。

我司空公素禀父风，早师家范。挺耿介不群之志，有匡扶尽瘁之劳。朝廷纪宣孟之勋，裕兹垂后，初授司空公房州刺史，寻之郡所。布六条之政，治千乘之赋。草上之风自偃，车后之雨旋随。而是州多有淫祠，土风祀以徼福。咸费产殚用，亟具酒食，娑抃相聚，奔走若狂。废彼农功，求于鬼道。公患之，悉命焚之，惟列于祀典者，安貌如故。自尔方易其妖弊之俗，其编户亦颇多誉公之明鉴远识矣。故使其爱之如父母，畏之如雷霆。方欢来暮之歌，遽有去思之恋。公以河朔之烟尘未靖，征镇之金鼓方殷，乃自表上闻，请从军展效。将撰行日，欲赴河堧。于是耆艾鲵鲐，率其父子兄弟，诣襄阳本府，请奏举留公。陈乞往来，逵路旁午。比离郡之日，诸里寓髦俊及官吏、僧道、耆耋、百姓，攀卧拥轼，匍匐相与，殆千百人。使蕃于前，仅六十里，或呼或立，且止且行。公敦谕慰勉之数四，将暝方散。其士民怀之，留惜有如是矣。

于是径朝皇阙，躬面天颜。圣上俯赞至公，嘉乎丕绩，锡之珍玩奇品，不可纪载尔。喻以鱼水之道，委诸心膂之师。寻授右羽统军，躬擐甲胄，身先士卒。莫不名高八校，义冠六师。去岁，以宁州前政江司空为歧径，乘间伺隙，犒军内寇，烽爟交举，斥堠驰奔，境鄙虔刘，民斯俶扰。俄而失其守禦，旋至沦湑。此州既为攻陷，上以畴谘可庸，佥谐亮采。乃命公帅本军，分总戎柄。西征收复。至则戎憝专据，凶悍方炽，反为深壁，欲老我师。公所统禁卫之精骁，皆中坚之良族。丹兕文驷，鹤列鱼丽。燧象□鸡，跳貙掷貘。久养勇于投石拔拒，自迎前于破竹拉枯。得莒漦度纺之程，有堇父断布之徇。于是殷轮亲鼓，摩垒凌墙，换赵帜于瞬息之间，复齐壁于谭何之际。比及克下，而居人荡空，遗堵废墟，岿然在目。公于是自右羽林统军、金紫光禄大夫、检校司空，授宁州牧守。视事之日，止水在庭；问俗之辰，露冕按部。布德行庆，授方任能。去奢即俭，自迩柔远。义以怀之，忠以告之，令以齐之，威以董之。绥之斯来，动之斯和。分条共贯，革故鼎新。事蔼僶俛，理务振提。求瘼而必究短长，尽瘁而匪懈夙夜。茕嫠覃惠，贫窭复苏。励廉隅而不让还珠，殖生聚而相教佩犊。循善胥劝，奸宄屏迹。无鞠之士，慷慨而欣戴二天；相郭之人，倚赖而劳门五日。附如膻蚁，渐以相鸠，咸连臂而兴歌，喜息肩以有所。此州之公署廨宇邮亭，自建州之始迄今，载祀远矣。本悉在交墙水之西，中阜之上。比年以来，飞爇纵燎，煨烬之末，继加撤拆。至是略尽，殄无遗者矣。

公心匠神赞，宏规间起，浚发奇制，见惟独明。于是爰度隙地，摧彼荒榛，画斯子墙，方必中矩。负艮山之八，次坎水之一。遂乃备板干，具畚锸，定之方中，火亦未见。兴役于三农之隙，赋徒无贰素之讟。悦以使之，宽以济之，恩惠洽而士乃同心，力役均而民无倦色。量功命日，不愆于浃月之间，崇墉俄就。嶷如断壑，亘若长云，阛堞矗联，睥睨相属，干橹重沓，楯朔森罗。百雉既固，九拒可擒。平冈迤逦，因即之而固护金汤；断堮延缘，岂假之于依凭郢汉。新子州之南埤，建门台之观，为鸣鼙吹角之所，郁然特起，以面修衢，丹雘赫奕，粉素皎晶。是谓山有木，工则度之。次下马门，次中衙门、戟门，大厅、小厅、内厅、寝堂、中堂、暖堂，皆栋梁宏丽，柱础丁当。廊庑四周，阶阤重复，户牖窗寮，檐霤掩映，亦不在乎山楶藻棁，刻桷丹楹。矧乃棼楣副密，轩槛萦回。穷思于解飞，取谋于梓庆。鉥槻孕妙，歒劂呈能，曲直从绳，袤丈必中。美哉焕焉，自余厩库曹署，军事院州院，牙将孔目诸院，马将鞠场，教旗讲武，驰驲之传舍，兵食之储廪，皆新所创置焉。然后疏彼康庄。高其闳闬。右列鄽阓，贾区贸货于日中；平分井居，安堵周环于宇下。四民各敬其本，百工用肆其业。既富既庶矣，苟完苟美矣。

卫文公之治本国，孰可比方；皇甫嵩之莅并州，正应如此。今公之创修是州也，本无庑下之金，悉解橐中之素，计是用家财之费，盈于巨万金矣。今不复列其缗镪之数，具在别计耳。诗云："乐只君子，邦家之基。"又曰："显允君子，宜民宜人。"子曰："善人为邦，可以胜残去煞矣。"是知名邦大国无其人，则曷能序三才，崇五教，奉六气，制七情，移风易俗，阜财解愠欤？然则君子居之，何陋之有？斯郡比以厥俗淳质，厥民朴略，寡桑柘之蓺，惟麠枲纺纻以资裳衣。若夫允济九功，皆可歌乎厚生利用；光全七德，遂溥洽乎和众安民。加以雨顺风调，年丰道泰，此即我司空忧民及物之所应矣。百姓皆曰："恺悌君子，民之父母。"明启奄中鄙士，阙里诸生，谬沭奖知，退惭菲薄。遽承指命，便辄搜研，讵能敷盛美之形容，适足致揶揄之笑诮。务归摭实，情鄙虚华。聊备刊记，用垂永久。

（选自章红梅校注《五代石刻校注》，第83~85页，凤凰出版社2017年版）

李明启（生卒年不详），里籍不详，曾任剑南东川节度推官、朝议郎、检校尚书祠部员外、兼侍御史。

梁故金紫光禄大夫、检校司空、使持节宁州诸军事、宁州刺史兼御史大夫、上柱国汉赠右卫上将军牛公墓志①

［北宋］佚名

公讳知业，字子英。曾祖讳崇，力行不仕。祖讳孝恭，梁赠右仆射。烈考讳存节，字赞臣，梁天平军帅，赠太师。公即太师之长子也。公始以父任为殿头，以从太师征伐有功，时初立马前都，充马前第三都头，稍转控鹤都虞侯。太师授同州节度使，太祖召公谓曰："朕闻孝于家则忠于国，尔常在我左右，我备谙尔忠勤，以尔父子久别，想多郁恋。朕欲成孝敬而厚人伦，俾尔奉温清而居职位，今授尔同州马步军都指挥使。"公于是舞蹈称谢，感恩泣下，太祖抚背而遣之。太师移镇汶阳，转补郓州衙内都指挥使。太师招讨东南，诏公留统州事。无何，屯兵阳留。复命太师为招讨，忽以疽发于背，数日而终。时衙兵有青衫子都窃图不轨，欲陷府城，公脱衰裳披金革，号令而攻，逆党尽戮。飞奏上闻，优诏褒饰，授起复云麾将军、使持节房州诸军事、房州刺史。越二年，授右羽林统军。俄充关西行营步军都指挥使，独领衙队千人，首下宁州，幕府上功，授宁州刺史。当贼兵势挫，城将不守，逆魁命其徒纵火焚爇，衙署略尽。公之始至，出家财而构焉。未几，以脚疮请退，诏许归阙，肩舆即路，至于灞桥，渐觉羸顿，以其日终于公馆。时龙德三年四月六日也，享年四十四。初娶孟氏，早逝。生子曰宗嗣，东头供奉官。后娶萧氏，封兰陵县君。生子曰宗德，累官至閤门使。出为永兴军节度副使，今为彰武军节度副

① 编者按：牛知业墓志现藏于孟津文管会，铭文详细记述了牛存节之子后梁武将牛知业的世系、仕宦、卒葬、姻亲等情况。牛知业本人史书无传，此墓志可补史阙。牛知业墓志文与其父牛存节墓志相互印证，可作为新旧《五代史》中《牛存节传》的旁证。

使。次曰宗谏，累为令长。公以戎副在内职，曰赠右卫上将军。始葬于郑州荥泽县广武原。今以先坟为盗所发，戎副敬卜吉地迁而厝之。故公之坟亦随而移，二夫人并用祔焉。地则为西都河南县平乐乡杜翟村，时大宋开宝三年十月五日也。铭曰：

太师之兆，左次之域。宁州府君，归全之宅。馥馥令名，绵绵殊绩。陵谷有变，斯文不易。

（录自原碑拓片）

晋故度支郎中牛公墓志

〔北宋〕佚名

公讳知让，梁赠右仆射讳孝恭之孙，梁天平军节度使赠太师讳存节之第二子也。公幼好读书，性敏悟。年方八岁，太师遣公入贡，梁祖惜其俊迈，除太子春坊舍人，仍锡之朱绂。洎唐庄宗朝，授孟怀等州观察支使。唐明宗帅汴，公为汴州支使，赐紫。明宗龙飞，授太常丞。后晋祖镇河阳军，公授孟怀观察判官。晋祖统运，除尚书职方员外郎，复为成德军郎度判官，秩满授度支郎中，将命汶阳，终于公馆，享年四十三。公禀五行之粹灵，佐二皇之圣治，得其时而不用，怀其才而不伸，苟不推于命，则将何谓欤？积德有征，后当昌矣。公始娶霍氏，东平中令之犹女也，继室以夫人堂妹焉。有子五人：长曰宗道，终郑州原武县主簿；次曰宗愍，未仕而卒；次曰宗辩，蓬州户掾，次曰小椿，早卒；次曰三椿，未仕。女二人：长适登州丁使君之子，卒；次许嫁而卒。公先以二夫人祔而葬于郑州荥泽县广武原，大宋开宝三年十月五日从先茔移窆于西京河南县平乐乡杜翟村原，铭曰：

古人有言，有其才无其命，时也。呜呼！牛公有其才有其时，不获其用，抑亦命欤？虽不在其身，将光于后欤？

（选自罗振玉辑《邙洛冢墓遗文》卷下，见《历代碑志丛书》，第14册第416页，江苏古籍出版社1998年版）

牛宗谏墓志

〔北宋〕佚名

开宝二年四月二十日，前邓州淅川县令陇西牛公讳宗谏终于延州仲兄贰车之第，享年五十四。越明年十月五日，嗣子继昌扶护归葬于洛京河南县平乐乡杜翟村原烈考宁州府君兆域之左次。公先娶史氏，继室李氏，并先公卒，今并祔之。宁州府君讳知业；梁天平军帅赠太师讳存节，公之祖也；梁赠尚书右仆射讳孝恭，曾祖也；公即宁州府君第三子也。始公之遘悯也，年甫婴孺，先妣兰陵郡太君萧氏手自抚教，未尝暂辍。至于成人，克树全德，定省温清，能尽养道。始假太仆寺丞，本司以恪干上举，遂授本寺主簿，考满除郑州荥泽县令，鞭扑不施，民悦而化，且曰："自三五十年，未有此长也。"遂连状举白，特赐绯袍、银鱼以旌善政。秩满改授邓州淅川县令，化导之政，一如荥泽。未几，丁太君忧，居丧之制，哭泣过节，气伤其明，遂至昏眊。服阕，仲兄授延州副使，将别，谓曰："洛阳神都，天下辐凑，苟有名医，亦觊可遇，无自忧恚，以重其疾。"居三四载，虽医工渍之以药，攻之以针，竟无微效，卒至无睹。块然坐废，以俟乎终。虽有智略，无所能为。扬名显亲之志，穷于此矣。仲兄遂令命驾归于延安，教导二子，俾各有成。既无身后之忧，但怡怡自遣，知命委分，未尝以此为恨也。俄而风恙忽作，遽至捐馆。二子曰继昌、继勋，三女，一适王氏而卒，二在室尚幼。铭曰：

生民之道，可尚唯笑。丧亲丧明，心乎难效。哀哉斯人，而无善报。

（选自罗振玉辑《邙洛冢墓遗文》卷下，见《历代碑志丛书》，第14册第416页，江苏古籍出版社1998年版）

大元日照县令相君墓铭并序[①]

〔元〕张毅

奉议大夫、保定路州知州兼管本州诸军奥鲁劝农事张毅撰。

益都路□州日照县儒学教谕成靰撰额并书丹。

石匠提领卢景秀、卢忠、卢春、王□□□。

常论人之姓氏远矣，孰非唐虞已前、三代以后之苗裔乎？世远屡革、人多迁徙，若问谱系者皆莫知之。然古书有云："宦不已世人得而取之。"若□运□俶分阃仗，保全生灵，显耀□乡国孰与。

公讳林，姓相氏，其先东海人，迁日照县居焉。去县四十里曰相家山之侧流崮庄有祖茔在，山因相氏得名。其所迁来远矣。

君生儿姿质重厚，躯干□伟，雄勇有谋略，尤善骑射。亡金泰和间，国有警备，立等□以招天下勇武之士，君应其选，征为卫尉军，寻授武德将军，宣翼千夫长。未到翼，会金南迁是时河北大乱，群盗蜂起，官府已尽荡废，君归乡里，保护宗族，乡民喜君□至，扶偕老幼咸往依焉，复有莒州吏民来迎，愿主州事。君乃入莒，规度以为保御。屏除盗寇，纪纲粗立，海隅赖之以安。

岁丙子，我太师以王爵奉命南征，得专封，拜为益都濒海设立行省大都督府，掌握重兵，疆理□叛，君以天命所在，率□归降，尽□蓄积以资焉。由是知□正郎，署君行军督镇抚，指挥诸军。府好嗜杀，君常导之以宽，颇见信。□时军校有许青等三人犯军法，令缚去斩之，青遥望君连呼曰"镇抚救我救我"，君命少缓其刑，入府白之："方今用人，并救三壮士可乎？明日将攻某寨，令罪人先犯矢石，立功自效，脱死于敌，不□愈□徒□也。"俱释之。□□全活者甚众。君好行□，耻矜伐，常念乡里尚未安靖，有惓惓不忘之

① 编者按：日照县令相君墓志发现于山东省日照市岚山区，刻石于大元至正二年，碑额为"大元故□□将军日照□□兼总□□君先茔□□"篆体大字。碑文记叙了日照县令相林及其子孙后代的生平概况。其长子相仁由龙兴路总管府判官升任奉训大夫、益都路博兴州知州。未到任而殒，可补地方志"职官"之阙。

意，因请府曰：“日照南邻宋、东距海，盗区也。林往安治之，使无东南之忧若何？”又楚州新附，恐生他变，乃署君。崇庆元年间，除授宣武将军、日照县令兼总领之，俄仍分戍兵千人就提督之，以为接应，县直隶益都。

盖镇府军中要职，君力辞□居小邑□□平生新守到任，禁止军人勿得扰民，事无敢犯。於是攘击寇盗，招纳流移，复其室庐，咸就耕桑。自忘贵贱，与民相处如家人父子，和气蔼然；如有蠹政害人者，□不少贷。故民爱之如父母，畏之如神明，百里□治，一方遂宁。

时君年六十有三，累□告老，以子仁代。省府许之。尝乘款段，往来乡里，日与田父野老只鸡斗酒握手话契阔。尤尚俭素，由是安养。又二十余年，一日呼家人告之曰：“速备新米，为斋具，吾某月某日当去。”及期果於正寝教诫戒子孙毕，端坐而终。实某年十二月十有三日也。寿享九十有九。

先娶李氏，早卒无子。再娶李氏，生子男二人，长即仁也，次思忠。仁□□父职。中统二年日照县令。自至元二年调官之制行，先调栖霞尹，自兹扬历诸县，升同知宁海州事，积考俱有能声，授忠显校尉、龙兴路总管府判官。任回，钦受奉训大夫、益都路博兴州知州。未到任而殒，享年六十有五。配夫人王氏，善能□俭治家，深得内助，亦享年八十有五而卒，□子五女，俱室名族，长子曰惟诚，夫人王氏所出也，荫续父职益都、北海二县尉之职，升迁，年六十有二，见授敦武校尉、汴梁路郑州判官。配妻蒋氏。

思忠即仁之弟也。累授未任，授修武校尉，两浙芦沥场盐司令。妻吴氏，母仪妇道，治家有法，昏定晨省，侍养□姑，乡□□□德□□亦享年九十有一。朝夕教道儿女，早起晏眠，不惮劳苦，六子四女，俱室名族。长男也先不花，性资明敏，早知问学，涉猎书传，勤乎从政，以才干称。钦授忠翊校尉、广西滕州达鲁花赤。配妻张氏。此男麻剌，授进义副尉、滕州镡津县达鲁花赤。配妻高氏、王氏。孝男惟让，授莒州刘三公庄巡检，再授进义校尉、大宁路务使。配妻宋氏。已上三子，夫人吴氏所出。曰惟贤等，次室所出也。

也先不花一日赍状踵门而来，拜跪言曰：“吾先祖役有年亦，余游宦四方，未可葬□，近择良日迁葬于相家山祖茔，铭当有石，故事皆缺。”礼请益坚，余不敢辞，姑取其行实已续之。若相君者，其□□道之士，然起身垄亩，遽□得民向慕如此，竟政百里晏然，传之后□，岂不贤乎？公至高爵厚禄，激流勇退，甘就下僚，未及引年，□复谢事，此皆古之所□，君何为之□□卒得上寿，□期而逝，非达道孰能与于此哉！尤不好自矜能，平生所为善事，未尝对人言，虽妻子莫知也。一门穆穆，揖让之风，□政□积，盖有自来□，可谓贤矣。□宜为之铭。铭曰：

碑之有铭，先德是旌。有美不旌，是谓不明。知而不传，是不仁也；无而称之，是谓诬也。孙之于祖，何以报之？或堂而□，或墓□□。堂而不□，先鬼馁之；墓而不碑，行事泯而。公之力学，经罔不究，未昭其先，乃开厥后。一谒王门，遂称千户，救护许□，孰人能有。有子克肖，□□□昌，未老□老，□亡未亡。□□□□，□承铭□，出□虽□，孝忠两全，既绣其衣，子孙绵绵。昔拒海隅，抑暴除寇，莒民来迎，权为州牧；再承王命，复置县司。同僚之契，义莫可辞，于以总之，纪功述事。辞不迨意，文无谀词，行□实积，各得事实。□哉后人，刻□□石。

□□□□至正二年岁次壬午夏五月吉日立石。

（录自原碑碑文）

张毅（生卒年不详），顺德路巨鹿（今属河北）人。至顺中累官至都总管兼大兴府尹，至正中为奉议大夫、保定路州知州兼管本州诸军奥鲁劝农事，才名著于时。

评事李公墓志

〔元〕孟过

夫李氏之先，其来远矣。盖出于唐顺宗皇帝第十六子福王绾之裔，家居太原。经五代之乱，谱牒散失，不知几昭穆矣。远祖嘉祐中有官于寿光者，因而家焉。祖有隐德而富于财。先考评事讳兴，性纯厚，平昔与物无忤，绰然有长者之风，教子必以纯正之行。于己酉年六月二十九日因病终于家，享年七十三岁。先妣太君崔氏，和平夷雅，冲粹慈祥，治家必以礼法，乡里至今称之。享年七十五岁，于乙卯年三月初一日因病而终。先妣太君田氏，克家纯谨，能执妇道，享年六十八岁，于中统元年三月初六日因病卒于家。

公有二子，长曰铉，次曰鏻。自幼时，先妣二太君教令读书，能自卓立，崭然见头角，众谓李氏有子矣。年弱冠，好弓马，喜豪侠，怀奇负气，不肯随人后。戊申岁，天兵南伐，铉仗剑从之，以百人长屯驻下邳。己酉三月，宋人常为边患，夜偷其城。铉领军与彼巷战十余刻，复夺其城。使民人复安，皆铉之力也。以功加武略将军副都提控博兴州高家渡巡检。未几，国家修复海州，宋人贪鄙，将兵数万夜抵其城，铉领军马与彼鏖战，从旦至暮，杀死甚众。丙辰夏五月，宋人至石湫口，铉同刘公元帅与宋人相杀，宋人大败。钦奉皇帝圣旨，特赐课银、战马、锦缎、银盂，官加寿光县铁门关都巡检。己未冬十月，国家大军攻取涟州，水陆并进，铉夺五江口，下湖项铺，袭金城，攻无忧门，一日五捷，以功为诸将先，官加明威将军、博兴州军事判官，悬佩皇帝银符。另赐金盂，以赏其劳。国家既下折冲府，宋人自恃善于乘舟，逾海抵城，铉以中夜潜夺彼寨，杀至中军帐前。宋人不能当其勇，败军奔窜，追至海边，再往乌穰村，复入彼寨，杀溺死者甚众。郑公都帅传奉皇帝圣旨，宣赐银盂锦缎等物。宋人奔退之后，申奏朝廷，钦奉皇帝圣旨，特赐宝书金符而褒美之，官加怀远大将军、都总领、同知博兴州事，管军千户，仍偿课银一锭、银盂一个、官绢二百匹，时中统二年二月二十日也。

铉雄壮威勇，名传于世，至如走卒阃妇皆知其名。每临大敌，常为士卒先，屡立功效，累赏金帛，分赐士卒，略无悋惜，士卒以此多之。朝廷知其功，于中统三年，令董武二经略，传奉皇帝圣旨，特赐宝书、金符、信印，职加管领武卫军千人长。赴阙朝拜，以燕东屯驻。临行与其弟鏻言曰：“吾之祖先，遭值兵革，今幸遇明时，尚以茔葬未备，为子之孝哀未尽已。”弟鏻从其言。铉遂于至元改元十一月二十五日，启先考评事之域，以先妣太君田氏崔氏合祔而葬，使子孙春秋祭祀，拜扫阡陌而有归也。其茔园筑之以墙垣，树之以石人，安置以羊虎，长林秀樾，岗蟠河曲，远近相属，辉映古今，实甲地也。葬之日，亲姻毕至，观者如堵，及令僧道诵经行礼，以告先世，以光九原。乡闾之议者而赞美之曰：“天道亲于有德，果如是乎？”李氏自先大父已来，世有隐德，宣差千人长，惟以仁恕存心，虽在军旅，手不释书。每临军阵，累立大功，所得生寇救活者甚多，未尝妄杀一人。不数年，起白屋为大族，岂非积善之家必有余庆者乎？呜呼！诚如是李氏之显，又岂只于斯耶？将见子孙大才辈出，为将为相，赫奕于天下者，则邓禹之言未足为李氏道也。

一日，李公千人长自燕东不远千里持书嘱予为记。予昔治寿光，与公为诗酒交，义不容已，又以寿光之嘉美而复为之。铭曰：

其源则滥觞，其流也则安万斛之龙骧；其坼则如芒，其挺也则柱巨观而栋明堂。南山苍苍兮，弥水洋洋；下有世德之人兮，子孙其弥昌。龟筮协吉，金玉寿藏，刻之于石，绳绳敢忘。

亚圣五十一代孙前提领寿光县事孟过撰。

至元三年岁次丙寅十一月初八日宣差山东东路御前亲卫军左翼千户怀远大将军兼同知博兴州事李铉立石。

弟李鏻同立。

（选自李瑞成等编著《寿光金石文化》，第117~119页，线装书局2022年版）

孟过（生卒年不详），山东寿光田马镇人，寿光县知事。

丈八佛碑刻三通

重修兴国寺记①

〔明〕赵珂

丞事郎知县黄岩赵珂撰。

儒与释其理虽有似是实非之殊，两其妙用，道民为善、辅翊治化之意，与吾儒则异途而合辙，未始相为矛盾焉。盖吾儒之道，皆中华圣贤所言人伦纲常之懿，载诸经传，悉经孔圣折衷而归之说，广传于世。此外咸建学立师，朝夕

① 编者按：重修兴国寺碑为青石、圭首、长方体。碑身断为两截。残高174厘米，宽78厘米，厚22厘米。正同篆额阴文“重修兴国寺记”，字径5厘米。正文13行，满行45字，共500余字。楷书，个别字行楷，字径3厘米左右。

讲明践履，继往开来，使之三纲正、五典明，继又不绝者，此无非化民为善、以辅成教尔。当年释氏之教徒，自远道传西方佛法来中国，兴于琅□，由前后上人之所演说，推广以为字文，皆妙□佛法之精华。使异庸昏统崇教为善，而庸俾之异贼超三空世又如来者，亦莫非诱人为善、以匡弼教化于当世也。今兴国寺住持比丘圆成，观殿宇倾覆而无诵经之所，视佛像漫漶惧之瞻仰之容，窥尝叹曰："事有不容已而已者，人所不为也。二者既发，教询而化民为善，岂不造福于将来哉？若斯而不用其情，则佛祖之遗教不几乎息矣，此实吾徒之责也，焉可得而已乎？"乃慨然聚徒耕田，广为积财，于民无扰，如此与世人无异，殚心竭虑，敦匠兀工营修，殿宇鸟萦，翼飞巍然，而规模雄伟，状饰佛容金辉若耀然，面仰端饬，视旧制为有加。勤苦历年而完成，讫工既久，一旦来求为述，以示永远。予惟寺乃佛刊口崇若善，此集福之源也。圆成此举，可谓知所本也。故因首举儒释异同为言，以明释氏所入之途虽殊，而其化人为善之意，与吾儒之妙用，未尝相为矛盾也。但其功有大小之差耳，然亦不过同欲辅成而已矣。国家太平之治于悠久耳，谓其知所本，亦援墨入儒之意，不亦可乎？考诸寺之创始于天平元年，重修于天保，再修于元真[1]，后天眷暨皇统间又重修焉，今圆成复重修焉，成于景泰改元之闰二月初二日也。若寺之基址田□广选多寡，前记具载，工用费，常事也，皆不必书。

时成化□□夏□□□□□□□□吉旦立。

赵珂（生卒年不详），字廷器，号慎轩，浙江黄岩人。正统年间举人，成化年间知博兴县，居官九载，去后见思。有《慎轩集》。

① 编者按：前文"天保"是北齐年号，后文天眷是金代年号，自北齐至金的六百年中无元真（贞）年号，恐是误记，或为"贞元"。

重修兴国寺记

〔明〕齐怀鲁

兹兴国寺者，创代不知何自，其间整屏几更，皆不知。询及乡旧，佥不得悉，惟碑记成化纪重□□季岁深，渐之大倾。于万历初服，僧孤院寂，余无垣域，庙屋独正殿乔存法身，石立俨然。下诸□□虽行旅，兹伤于目激，居民而谁香火之？岂佛不灵而数厄？岂民弗崇而岁凶？因抱愿新之者，□僧正昙，缘僧□门，讫无羸力，复谂寺南居富姓刘氏才广、卢氏添祥、贾氏汉实，勤出资役□□故寺财记工，力未□孰，遂谋立义会，聚财本二十金，至今出入其货，息每归乎寺。食寝忘废，□□其约束。寒暑三易，始不逾终，遂得金百者有二。袁资充□，正殿可缮。于是癸未春二月中浣□□竣者砖石之桷刻，而楹门早竣，而墙雕告竣于是岁亥月朔，正殿甫毕，而会资大匮，佛像□□雕塑弹指成也，为诸工价食，远迩感兹，各依像分修，之后一殿佛灵并光，而诸天兜率无藤□□惊□□□□守居而香火□起，是殿功绩厥不缺，路待修举未逮，两庙尚有前殿，尚有众议□□刻，若然，庶寺功终完而有待也。噫！岂佛至此而方灵，民至此而方崇？果佛之灵而民之崇，胡□□灵而民方崇，胡一旦之兴？不然，何不因其倾而后有数之厄，而通岁之凶而丰，而人心之不□□不□，必方外圣人也。何也？数流而长也，自永平入中国，而今也于兹兴国寺之重修感也。是□□。

时万历拾贰年甲申岁季秋，邑庠生齐怀鲁撰，穆都书。

重修大佛殿发德僧人正昙，会首刘才广、卢添祥、贾汉实，助缘人木守祖、贾琪、陈尊金、徐邦甫，省祭官刘汝泉、刘万春、侯国保，塑诸天会首刘才宿、刘才檩、刘才聚、王田、刘住、王祥、张永、刘才得。

齐怀鲁（生卒年不详），博兴人。岁贡生，曾任聊城教谕。

重修兴国寺碑记

〔清〕张桂

兴国寺之由来久矣，初闻霞光出于井，转瞬间伟然一佛，因而殿宇以神之。及考诸邑乘，乃北齐天平元年张建领所立，有正殿，有三佛殿，有关圣帝君殿，三殿同墠廓如也。自隋唐以迄明代，屡屡重修，今又历数月而告成，神庥无量，宜勒石焉。至一切雕词绘语，皆略而不陈，惧亵也。

邑廪生张桂拜撰并书。

道光六年岁次丙戌六月吉旦。

张桂（生卒年不详），博兴人。邑庠生。

重修城隍庙记

〔明〕李逊学

赐进士第通议大夫礼部左侍郎前太常寺少卿兼翰林院侍讲经延讲官上蔡李逊学撰。

赐进士第征仕郎户科给事中上蔡雷雯篆额。

儒学廪膳生员王谕书。

博兴旧有城隍庙，奠峙西北隅，尝灾，日就倾圮。正德己巳秋，阳武进士王君侯光字德辉出宰是邑①，拜祠下见而叹曰：“庙所以栖神、严祀典，今敝坏若此，何以安灵揭虔以答休贶。”将图事修葺。值岁侵民困，弗果。甫逾年庚

① 编者按：据雍正《河南通志》，王光字德辉，河南阳武（今原阳）人。正德进士。初令博兴，适流寇掠境，光备御有方，城赖以全。擢御史，巡按陕西，边境肃然。寻迁山西副使。祀乡贤。另：王光在守城方面的表现，存在争议，详见第388页顾铎《常烈女传》：“时盗起畿内，流及山东，杀逐官吏，奸掳妇女。将至博兴境上，阳武王侯光弃城遁去，民庶无主。”

午，偶畿甸大盗崛起，横溃抵山东，屠掳焚掠，凶犷不可制，居民皆狼狈死徙无虚日。而博兴旬余间贼往返蹂躏六七数，罹祸尤惨酷，盖辛未春。时侯方自入觐还，悲愤填臆，即刑牲誓神吁众，期相励战守，以规殄灭。遂率群力，并昼夜筑城浚池，视往昔益高深，不啻倍蓰，城外置敞台二十，上建楼各一所，设戎具数百，择健夫守之，复竖闸引南八里小清河水，环卫城郭，淙淙甚汹涌，池岸密植枣棘各数层，刺不可近，隐然一险隘也。且严号令，广储蓄，利器械，训兵秣马，若将向敌，不少逸。至八月中，贼果悉众复攻城，一日弗克，散去。未几，官军分道追剿，相继诛戮无遗孽，境土以宁，民始安堵焉。侯乃速群下谓曰："始吾要神城守，兹果获显庇，是固朝廷威德所致，而神明阴佑之力自不可诬，盖新庙崇祀，以偿吾志。"遂征百工，拓规度，夷隆毕撤，殿堂、门庑、庖湢诸所，次第而作之。飞甍画栋，金碧争辉，较初制愈轩豁不侔。经始于壬申正月辛酉，落成于癸酉三月庚午，因走书丐予记。夫坐明感通之，□固非偶哉。顾当大盗抢掠之秋，所至，官吏皆望风逃焉，而侯忧国恤民，独婴城抗御，屹为东南一保障。神复运机协相，竟底无虞，人以神而懋厥功，神以人而赫著灵，爽要皆一，诚相孚然也。传谓诚能动天地，格鬼神，斯则群丑不足平，固哉。□□侯复新庙隆报，赛稽诸祭法，盖能御大灾、悍大患则祀之，非咸秩无文者比。奔走对越之顷，神将享右，以益阐灵异，以永绥一方生民，以寿我国家亿万载景运于无穷，其又可卜哉？若侯清才善政，可书笔者尚多，兹特其治人事神之一端云，是为记。

赐进士文林郎知博兴县事阳武王光、县丞榆社孟端、典史衡水孙大亨、儒学教谕抚宁李恕、训导上蔡梁恭、永康李怀大明正德八年岁次癸酉春三月初七日立石。

（录自王晓振、孙长军拓原碑拓片）

李逊学（1456—1519），字希贤，号悔斋，河南上蔡人。成化进士，改庶吉士，授检讨。升浙江按察司佥事。改陕西，进副使。后三任山东学政，所至务崇宽厚，颇得士心。正德间历任太常寺少卿、礼部尚书兼翰林学士，掌詹事府事，入内阁，专管诰敕。卒赠太子太保，谥文简。

宝翰堂记[1]

〔明〕郭大纶

余承命佐淮郡，时追随太守陈公，延客于府仪门外之西馆。厥后公搜罗往迹，得李邕碑文，命工勒石于壁，题之以扁，曰“宝翰堂”，而复缀之记焉。夫李公之碑，其文翰虽云可录，然世代久远，已骎骎乎入于沦没，而世莫之知。使非公表而出之，其孰得而传之耶？矧翰而加之以宝，则所宝若有所专者。而公之微意，殆将追忆古人风猷之弗可及，弗止于文艺之间而已。后之登斯堂者，其必心领神会于公所宝之外，而可归之翰墨之工哉？公名文烛，字玉叔，别号五岳，沔阳人，登嘉靖乙丑科进士，因并记之。

（选自郭大纶修、陈文烛撰《淮安府志》卷三，万历元年刊本）

郭大纶（生卒年不详），博兴人，锦衣卫籍。嘉靖进士。隆庆年间任太平府通判，清廉，多惠政。历署三邑事，民戴之若父母。后任淮安同知，参与纂修《淮安府志》。擢户部郎中。

---

① 编者按：宝翰堂，在今江苏淮安市淮安府署旧址。隆庆、万历间淮安府陈文烛得李邕娑罗树碑旧本于吴承恩，勒石并建宝翰堂贮之。据罗振玉《淮阴金石仅存录》载，重抚唐李邕娑罗树碑，在府署。碑横刻高一尺三寸，百三十八行。行八字，行书。原石旧失。明淮安府陈文烛得旧本于山阳吴承恩，休阳吴从道勒上石，并贮宝翰堂贮之。石在府署，摹拓不易，故传拓颇少。清河王深好金石文字，寓山阳，曾购得娑罗树碑原拓残本，如获至宝。上有王问亭跋云，此碑为吾淮故物。罗氏购求三十年，始从旧家得此。前有邵二泉鉴赏图章，并国初诸名辈提识，宝而藏之。

宝翰堂记

〔明〕陈文烛

余得李邕碑，勒于壁。兹堂在府治二门西，为延客所。客睹前壁，爱之。余意存之，恐其剥蚀耳，因题其堂曰“宝翰”，与四方文雅者共为。嗟乎！李公去今几千年，其只字尚使人欣慕，益匹古人风猷不可及云。同宦二三公命余书以识之，遂作《宝翰堂记》。

万历元年春日淮安府知府、前进士沔阳陈文烛，同知郭大纶，通判胡晖、冯环，推官渚大伦立石。

（选自淮安市博物馆编《淮安石刻·碑刻卷》，第120~121页，江苏凤凰文艺出版社2019年版）

陈文烛（1525—？），字玉叔，号五岳山人，湖北沔阳人。嘉靖进士，授大理寺评事，累迁南京大理寺卿。其人博学工诗，著有《二酉园诗集》。

敕授文林郎博兴县教谕、护理博兴县正堂颖元赵公墓志铭

〔清〕马淮

敕授文林郎福建泉州府惠安县知县、加通判衔、候升府同知加三级、纪禄十次、年家眷姻晚生马淮顿首拜撰文并书丹。

古称三不朽，曰立德、立言、立功，吾于广文赵公有感焉。公讳实发，字颖元。父讳播，邑庠生，母庞太孺人，生六岁，而庞太孺人即世，继母翟太孺人抚养成人。公幼而聪敏，初就外傅，绝无子弟之过。太公爱之至，劳之亦至，课读常不使有余力，公不苦其难胜，而且踊跃从事，若默喻亲之期望甚迫

者。故肄业倍勤，早已弃尔幼志也。

年十九入泮，二十三以岁试冠军食饩，二十五拔入城均。越明年，乾隆丁卯科登贤书，功名顺而早，咸谓“赵氏有子焉”，不知公之笃志力学者，盖时时以亲心为心，故乐此不为疲也。公之下帷也，在家时少，在外时多，观其意，殆谓亲所左则左之，亲所右则右之，左右无方，以此为养志之一则焉。壬申恩科场后，拣选得二等，授博兴县教谕，乐育英才，读书人之本分也，官虽卑，其志遂焉。诸生有魏某者，以捐谷事，受辱于胥吏，县主庇役，公不能解，详学宪。学宪饬青州府，太守怪之，公诣府谢罪，为陈案情颠末，不亢不屈，太守韪之，魏生遂得释。嗟乎！教职本闲员也，有事率不能与县争，加以顾惜微名，贪恋薄禄，遂有隐忍图全者。即或激于意气，昧于机宜，亦从井而不能救人，徒受其罚，误耳。何益如公之刚不吐、柔不茹，见机明决，辩理审详，非有识力者不能。使其立于明廷，必能有所建白，而功绩亦必有卓然可见者。惜乎未竟其用也。公生于康熙丁酉，卒于乾隆庚辰，年四十四岁。年虽不永，而生平自堪不朽也，奚必多历岁月而后为仁者之寿哉？子一，甡。孙一，幼棠。公之表见于世，能庇后昆，振家声而绵世泽，知不□也。

铭曰：公美玉也，亦为良金。金耀其彩，玉和其音。折被金错，碎彼瑶琴。细推物理，难问天心。善人有后，叶茂根深。金貂济济，玉树森森。继尔世业，为雨为霖。公归寿域，丰草长林。

（录自孙长军藏原碑拓片）

马淮（生卒年不详），山东商河人，举人。乾隆年间两任福建惠安知县。

貤封修职郎李公合葬墓志铭

〔清〕张象津

李公讳希孔，字淑诸。其先讳盛者，明初由枣强迁博兴后，子姓繁，自为一聚，谓之成兴李家庄。六世讳德修者，始别居兴福镇，世业耕读。又五世至武信公讳克温，以宽宏亮直见重于四方，益大其家。配马安人，生二子。公居长，幼读书颖悟，应童子试，郡县甚有名，而院试辄不利。年三十五始补邑诸生，再应乡试，几得复失。武信公年又高，遂谢场屋，传家政。初，武信公遇事恢廓，才气过人，持家精核严明，不拘故方。而公以恂恂儒生承其后，静若无为，共见其执事谨，与人厚，孝友乐施，慎守武信公家法而已。后，县有挑河之役，公董率数千人循支脉沟远出海口，功速而办，因为永利，人是以多公才。丙午，东省奇荒，流离载道，公与弟立通衢，计口授食，自正月至麦秋，全活无算。远近以是颂公惠，然，知公者以是为非，世所难也。

公嫡室朱孺人，于归时十五岁，久而无出。庶室王孺人归公时十七，连举丈夫子五人，而闺门雍睦，终始无间。朱于王恩礼之隆如贤姊之遇女弟；王之事朱恪谨承志如古贤媛之事慈母、慈姑。相传，王每举一子，朱不觉喜如己出。朱年逾七十，患痢疾惫甚，婢媪满前，子妇更代侍奉，王恐其手足粗重，不能视听于无形，日夜亲侍于卧侧，或通宵不寐，是时年亦六十余矣。朱怜其衰，婉言劝止，卒不少懈，盖三十余日。病者痊，而侍者几不能支。则平日之各尽于己者，均可知矣。夫《周南》之诗以为风始，《樛木》《螽斯》，若闺阁常事，小序谓美后夫人之德也，朱子以为不然，正所以著明文王修身齐家之效耳，刑于之化，于是为至矣。人生有夫妇妻妾，皆人伦之正，万福之原，尊卑原非所争，嫡庶亦无可讳，使各循分以尽其道，则一门尽圣贤，尊者光，而卑者不可逾，皆为尊之至矣。此端本之化，福祉所由，基邦族所由大也。两孺人既敬爱终身，诸子诸妇又能曲体亲心，以善事两母，恒言琐事，传之皆足为世法，是固由两孺人天资之美而刑于之化，感被于不言而躬行者，亦非朝夕之故矣。由是言之，公之德初非一二事所能名，而子姓之兴，其后正未可量也。

公生于雍正十一年十二月初七日子时，卒于嘉庆十四年九月初四日午时，享年七十七岁。朱孺人与公同年生，卒在嘉庆十七年五月二十三日亥时，享年八十岁。王孺人先公一年卒，为正月初十日寅时，享年六十六岁。公以子官教谕，封如其官。两孺人亦与公同时受封。子五人者，长鸿猷，候选兵马司副指挥。次庭勋，乾隆己酉拔贡、利津县教谕、保举候补知县。次廷梅，由廪贡候补教谕、历署聊城、金乡两邑学官。次廷枢，嘉庆辛酉拔贡、候选直隶州州判。次廷梿，邑庠生。孙男十人、曾孙三人。卜以嘉庆十八年三月二十一日，合葬公及两孺人于某原。廷勋、廷梅先期来请铭，二子旧从余游，廷枢亦受学于余及门。其儿女婚姻又多余姻戚，故知公及两孺人行谊为详，不敢略也。铭曰：

我初识公，在古临淄，以文见许，款曲移时。岂知功德，不在文词，不言躬行，政由家施。闺阁肃睦，《樛木》《螽斯》，女士锡祚，庭茁兰芝。天道不远，毫无参差，三槐五桂，行当报之。如其不信，质此铭诗。

（选自张象津撰《白云山房文集》卷五，天津图书馆藏道光十六年捧经堂刻本）

张象津（1738—1824），字汉渡，号莪石，别号雪岚，山东新城（今桓台）人。乾隆举人，铨选知县，改授济宁直隶州学正。乡谥文博，门人谥文贞先生。著有《白云山房集》。

严禁汛兵藉端勒索纵马害禾碑记

〔清〕盖方泌

特调福建台湾府正堂、加五级、纪录十次、又军功纪录三次盖，为故弊复萌等事。

本年七月十三日，蒙臬道宪胡批开："据台邑民辜妹等赴辕呈称：'妹等孱哑农民，屡遭城门恶兵遇有车运粪土、五谷、糖、米、牛只以及□□□□□□□藤、锅鼎、棕衣、农棋、铁器等物出入城门，按件勒索费钱：多则满百，少则数十。稍不从命，则任意蹧跶殴辱□□□。又有纵马残损稻苗、地瓜、芒蔗，借名割草打柴，结党成群，不论五谷、什子、花生、地瓜、草木、牛栏等项，肆横砍伐。庶民不甘□□，辄被党殴重伤；幸而免脱，难逃入城认识，仍遭擒殴。行人畏威，莫敢解劝。前经武生张启泰、耆民詹得意等先后□蒙镇宪爱、制宪方示禁：革除兵索，委弁巡逻，五日一更，农困稍苏。只为法久弊生，妹等附城而居，被索、被殴，靡不先□□□子嘉庆十九年，佥叩前升宪縻行府宪汪出示严禁。二十五年间，复叩子爵军门王批准，备移镇宪查照前案，给示勒石，以垂久远。各等因在案，农民由是复安；惟有未蒙给示勒石垂久，以致宪示被风雨损坏之后，恶兵故智复萌：城门逆索，陋规转增钱数；而营兵借名割草打柴者，亦仍横逆如故。妹等耕凿，离城咫尺，工人子侄车运肩挑来往郡城，无不日遭剥索；其在庄巡守园物者，无不日受欺凌。嗟此虎狼当道，现际升平，关讥而不征，岂容恶兵噬民、藐宪法若弁髦乎！蒙查案行府，给示勒石，重申禁令。是设兵卫民，原以稽查奸宄。今未闻有拿获夹带之案，反滋恶兵网利之谋！此风一长，窃恐习惯益横。如前之因索殴死网寮庄陈树、棍弊民妇林氏、重伤董于成等案，昭昭可考，道路以目，惨何胜言！今抄粘宪示，叩乞革除陋规，兵民一体。恩准：查案行府，给示勒石；饬营委弁巡逻，以安闾阎，合郡讴歌载德！切叩’等情。据此，查汛兵借端抽索，大干严例，节经各前道移行示禁在案。兹据呈该兵丁等仍前扰索，是否属实，除移台镇严查示禁外，合并札饬。为此仰该府立遵照一体严查，给示晓谕，毋延，速速”等因。

蒙此，并据辜妹等赴府呈同前因，除移营一体示禁外，合行出示严禁。为此示仰守城汛兵人等知悉：尔等嗣后务须恪守营规，凡有庄民携带随时应需以及食物等件，并车运五谷出入，毋许拦阻，借端勒索；亦不得以割草为名，纵马残踏民间禾苗并杂粮等项，滋扰闾阎！示禁之后，倘敢不遵禁令，故蹈前辙，一经告发，定即严提，按律从重究办，决不姑宽！各宜凛遵毋违！特示。

道光二年八月□日，给台、凤同勒石[①]。

（选自黄典权辑《台湾南部碑文集成》，见《台湾文献史料丛刊》，第218册第453~455页，台湾大通书局印行、人民日报出版社影印2009年版）

---

① 原按：碑原系龛存城门以警守城汛兵人等者，日据时被盗售石铺，台南市立历史馆购藏之。碑高一四四公分，宽六五公分，花冈岩，标题缺。示禁者为台湾府知府盖方泌，嘉庆二十三年（公元一八一八年）履任。另有同文碑一，高一四二公分，宽六五公分，现存台南市大南门碑林。

朝议大夫台湾府知府盖君墓志铭

〔清〕梅曾亮

嘉庆初，贼起川、楚，以文吏著杀贼功者，四川刘公清、河南林君岚，陕西则盖君方泌也。

君字季源，亦字碧轩，山东蒲台人。曾祖越、祖国杰，皆县学生。父讳熙，早卒；娶靳恭人，无子，以弟子为后。本生父讳东烈，任安徽司狱；本生母王恭人。自祖以下及本生，皆赠如君之官。

乾隆五十六年，以己酉科拔贡，就州判陕西，署汉阴厅通判、石泉县事。署商州州同，时嘉庆三年也。治商州东百里，曰龙驹寨。寨之东，河南；南出武关，湖北。路四通，绾商贾输写之会。又多林莽山径，易凭匿。贼自武关入陕，寨数创。君始至，民吏扫地赤立。而贼酋张汉潮拥众至，乃置药面中，诱贼劫食多死，遂西走。大军乘之，汉潮由是不振。然且扬言曰："必报若！"君集众谋曰："贼虽去，必复东。若等逃，亦死；守，不得耕种，亦坐卧死。我文官也，无兵；若能为吾兵，当相为全活尔命。"众议三日而后复曰："生死惟命！"乃筑堡聚粮，据见户三丁抽一，得三千人；无丁者，以财佐兵械、粮糗。且教之战，辰集午散，曰："无废农事。"四年，贼屯山阳、镇安，将东走河南；迎击，败之。又击贼于铁峪铺，逐贼入林中，矛折；贼已近，夺矛以毙贼。时贼据山上，而伏其半于沟；乃分兵剪伏，夺据其东山上。数乘懈击之，杀伤过当；贼宵遁，卒不得东。后贼由雒南东逸，君驰至分水岭，间道走铁洞沟，出贼前；而伏贼错愕迎战，遂败，杀数百人。乡兵名，由是大振；自武关至竹林关乡兵，皆请隶龙驹寨。五年，知州困于贼；君驰百九十里至北湾，贼惊曰："龙驹寨乡兵至矣！"遂遁去。是时，贼屯商州西及雒南、山阳各万余人，集众势欲东出。君合武关、竹林兵二万人，列三大营以待，贼不敢前；而闻杨忠武公以兵自商州至，即前击贼，东西夹攻，贼大败，几歼。是役枕戈而寝者五十日，游击诬以事，解职；大吏直其谩，得留任。贼遂相戒，无过商州。八年，贼平，始授盩厔知县。公在商州六年，贼出入陕西，久无所掠，利锐欲窥河南甚，狼奔鼠偷，情状捷出；而眇然以一文吏，不凭一城、籍一饷，起千百农家子于逃亡饿羸之余，抗坚悍滑习之贼于必争之冲，摧锋守坚，贼死突不能入平地，便奔走牢困山谷，卒就擒灭。夫古人有身受重寄，一失守，纵贼出隘，奔腾溃漫不可收拾者；人必举后此祸败之罪，归重于首祸之人。幸有大力者当之，奔腾溃漫之祸泯不复见；又习而忘之，未尝以归罪于败者之重，增重于成者之功。然则惟无赫赫之名，而其功乃有益于人国：此固君所不得而辞者也。在盩厔，犹时时入山搜贼，巡抚方勤襄公奏赏蓝翎；又生得十三年宁陕倡乱者四十余人，奏授宁陕厅抚民同知。睿皇帝召见，问商州事甚悉；授四川顺庆府知府，改成都府。

十八年，岐郿有贼入川，以乡勇屯川、陕通路；贼知为统龙驹寨乡兵者也，即遁归陕就灭。

母忧服阕，授福建延平府知府，改台湾府；两摄台湾道事。

道光三年，以病归里。十八年六月卒，年七十一。

君始在陕、后在川，皆以知兵重；然精吏事，重民命。其在盩厔，贼甫定，即捐俸振饥、旌死节妇及河滩、马厂、盐法，皆区画久远计。始至顺庆，大吏闻渠县民叛，属以兵；君曰："此作会人众，客主相惊疑，讹言横生；非叛也。请无用兵！"捕十二人，而其变息。始至闽，以三十金赏，捕得周永和，乃总督命镇将欲以兵取者也。在台湾，所谳四狱皆千百聚群，稍激则变；君一以理谕，民输其诚，蔽罪如法。彰、义饥，捕劫者七十人置之法；天乃雨，民呼为"太守雨"。其行事，操舍适机会又如此。

配万恭人，先卒。里居时，闻君日战贼，忧甚；侍靳恭人前，言笑若无事者。尝诫子曰："尔守有余；然居官，当求济于事！"有七子、八女。长子钰，陕西佛坪厅同知；万恭人出。次错、锟、锜、键、铤、鏻。孙男一，女孙二。以道光十九年十月二十八日，葬君于盖村北原上。

曾亮在江南时，尝记刘公清、林君岚及君遗事；君长子后为同年进士，走京师以状示曰："子于先君尝有述也，请遂成之！"乃系以铭曰：

讨贼才亟，募民以攻；始仗其力，终怙其功。养之病国，汰之为贼；勿养勿汰，惟龙驹寨。昼趣尔耕，朝扬其麾；饱德饫义，奋如虎螭。遂遏逋寇，成诛于师；胜兵万人，计臣不知。乌乎此则，府兵之遗；而后事者，可以为规。

（选自《续碑传选集》，见《台湾文献史料丛刊》，第223册第37~40页，台湾大通书局印行、人民日报出版社影印2009年版）

梅曾亮（1786—1856），原名曾荫，字伯言，号葛君，江苏上元（今南京）人。少喜骈文，从钟山书院主讲姚鼐学，为姚氏高足弟子。道光二年（1822）中进士，官户部郎中，居京师二十余年，文名满京师。引疾归里后，主讲扬州书院。其文章“精悍简质”，其诗“坚致古劲”，特以文名太盛，诗为之所掩。有《柏枧山房文集》《柏枧山房诗集》。

勘定马踏湖区界限碑

〔清〕傅守基

古良吏之治民也，经野以分疆为急，单父效戴星之勤；兴利与除害并图，贾父传来晚之颂。□□□□□□因民之所利而利之也。我博邑地势平衍，洼田居多，若王桥、王圈两庄，坐落马踏湖边地，无□□□□□□，区区水田之利，其细已甚，人弗堪也。况湖属新博之交，疆域不分，则争端蜂起，又多侵占之□□□□□□。县主嵩公清廉仁慈，明断兼优，莅政之暇，慨然念湖地之混淆，恐邻国之侵渔。不惮风尘，爰□□□□□□湖之属，在博邑者，诸勘明淅，丈清阔步，长短广狭，昭如日星。及两庄地亩，除中下民地，南北□□□□□□步，北横阔五百步，中横阔五百六十一步，南横阔五百四十步，并荒田粮地二十一亩，其余□□□□□□，蜿蜒成段，共计官亩四顷三十二亩，东至毛园庄前小道，西至段家船道，南至古运盐道，东□□□□□□新邑王姓地，北至众家□粮地头，俱立有界限，佥曰侵占之患泯矣。嗣复蒙堂谕，两庄士□□□□□□项水荒，务各协力看守，连年生息，以为修理两庄庙桥之资。兼印给文契示本庄，不得贪利□□□□□□越畔占种，即两庄庙桥亦庶乎历年修补。□噫！是举也，一则清疆界以息民争，一则兴水利□□□□，□□资修筑以广阴骘，洵一举而三善得也，故勒贞珉，以昭兹来许，俾后之人知公为古之□□□□□□公之德于不衰云。

儒学增广生员傅守基撰文，顾余庆书丹，石匠宓兴贵刻镌。

大清道光九年岁次己丑春二月上浣谷旦。

（录自王晓振、孙长军拓原碑拓片）

傅守基（生卒年不详），博兴人，增广生。生平事迹不详。

重修通济桥记①

〔清〕傅兰室

盖支脉沟之有通济桥也，谓其通东西源流之水，济南北往来之人，矧兹桥梁尤属赴省之大路，四方之通衢也。偶于甲申年间，黄水冲决，坍塌殆尽。商旅过客，至此兴嗟。丁亥冬，傅桥、毛园公议重修。先将庄前桥庙地出租，数年所得之钱，制买木石若干，预为上换桥顶、下垂桥底，砌两岸、立九孔，石桩、石墙一切更新。计自经始，以及告竣，经费叁千余贯。但两庄户少民贫，独力难成。幸蒙县尊赵公②暨合邑绅士、四方君子，力厚者捐资以慨任，不给者勉力而乐成。故于戊子初夏，桥功告成也。项有余波，复修小桥叁座，垤路数里。从此履道周行，咸乐无疆之福；步趋坦适，群推利济之仁矣。

奎文阁典籍傅兰室撰文。业儒傅席儒敬书。

木匠周中温、姜廷告。石匠孙树吉、隽秉坤。

（碑文录自原石碑刻）

傅兰室（生卒年不详），博兴人。生平事迹不详，曾任奎文阁典籍。

---

① 编者按：碑在博兴县锦秋街道傅桥村。碑阳有立碑时间“大清光绪拾四年余□□□□谷旦”。

② 编者按：赵公即赵秉仁，光绪十三年知博兴县。

修浚小清河记

〔清〕盛宣怀

头品顶戴、北洋行营翼长、直隶津海关监督、前分巡山东登莱青道盛宣怀撰并书。

自昔降洞为灾，民哭垫隘，夏王敷土，烝民乃粒。秦开郑国渠而富强，李冰开蜀渠，沃野千里号为陆海记□无水利之□□民治之则为。历城、章丘居岱阴，趵突泉、绣江诸水旧以大清河为宣泄；迤东山泉，有归支脉沟入海者，有归小清河入海者。自铜瓦厢决口，黄流并入大清河，积沙淤垫，岁岁漫溢。沿河筑堤防守，历、章诸水北流无可宣泄，盛夏山泉暴涨，□蓄于章丘、齐东之间；下游横堤层层间隔，偷挖、械斗屡酿巨案。

光绪壬午，前巡抚陈公士杰委知县廖福京，由历城、章丘、齐东、挑河二百余里，使水东趋支脉沟，适齐东黄流漫溢，诠功未竟。下游河身逼窄，海口淤塞，水流不畅，于高苑、博兴、乐安诸县，难免不被其害。

丙戌，宣怀守登莱青道，高、博、乐、实辖青州。时有发棠之请，乃输吴越之粟，以赈青、齐各县。岁糜三五万金，补救一时，无□计长久。己丑夏，宣怀乃亲展被灾各县，评勘河道。将其受害之由，遂禀请前巡抚张勤果公，修浚旧小清河。以劝捐筹款，以工代赈施工。先委知县何景贤测量地势，壬辰春，以候选知府徐君金绶、南绅严君作霖总其事。地势变迁，旧河所不合者，则凿开新河。由母猪沟循小清河南，历乐安之石村镇至博兴之金家桥心，计一百四十余里。并挑竣预备河三十余里，使毋旁溢。明又挑旧小清河，穿高苑之青沙泊、长山之陶唐口，至齐东之归苏镇，越章丘之绣江河、历城之柴家庄、鸭旺口，至省城东北八里之黄台桥止，一计一百五十余里。自黄台桥至柴家庄，村落稠密，只循壬午新浚归河加广挑深。归苏镇下，又循旧河五十里，其余则凿开新河道，直达海口。中挑河身宽十丈，两旁马道各十丈，出土成堤，所占民田，给价豁粮。综计全河绵长四百余里。

是役也，员绅百数十人，分段施工，三载始竟其事。用款至七十余万金，而未清国帑；用夫数十万余名，而不资民力。有顾所不及者。今而后，岱阴之水有所归宿，下游数邑可免其鱼之患矣。

宣怀上年奉命调津海关监督，不敢稍分畛域，以隳初志。今于其事之成也，喜而为之记。至多开涵洞、以畅支流，广设义渡、以惠行旅，凡可以善其后者，又望当事之君子加之意焉。

光绪十九年十一月勒石。

（碑文录自济南五柳岛公园原碑刻）

盛宣怀（1844—1916），字杏荪，号愚斋，江苏武进（今常州）人。秀才出身。同治九年（1870）入李鸿章幕，协助李鸿章办洋务。光绪年间任山东登莱青兵备道道台兼东海关监督等。有《愚斋存稿》等。

重修山东新清河记

〔清〕成象乾

盖闻太上有立德，其次有立功。而功之流传不朽者要，不外经国、勤民数大端。原夫小清河之故道，即古所称济水，而发源于泰山者也。由长清至历城，会泺水而东折，经章丘、齐东、邹平、长山、新城、高苑、博兴、乐安寿光各县界，绵亘数百里。其南则万山从列，众水汇归。治则十邑蒙其庥，不治则十邑受其害。此开通疏浚之万不容缓者也。特因工大费巨，以至淤塞积年。每至夏秋盛涨，泛滥横流，而闾阎之困苦，殆不可胜言。登莱青道宪盛杏荪大公祖，籍武进，簪缨望族，学问淹贯，经济宏深，有古圣贤已饥已溺之志。简命观察是邦，凡有益于地方者，无不遇事讲求实际。览小清河形势，而慨然曰：是河挟千山万壑之水而东注于海，近日且见逼于黄流。室家荡析，如民生何？蠲缓频仍，如国计何？是安得而漠视之耶？乃考诸记载，访诸耆老，覃精萃虑，求所谓一劳永逸之计。屡次查勘，据实上陈禀。蒙张勤果公及今抚宪福大中丞先后俱奏，邀准疏导全河。于是多方区画，筹集巨款，择干济者任其役。自历城而下，次第挑浚。乐安为入海关键，或生开，或取直，务使规复正河而后已。阅三年，工始竣。沿河筑长堤，设官渡，费至百万，然皆出自义捐，以工代赈，未尝丝毫动及国帑也。

今日者，禾黍盈野，民各安居，而商贾之通货殖者，船相望于中流。然后知庸人享其逸，而大人任其劳。先忧后乐，讵同小补之功；去危就安，永拜仁人之赐。盖将与郑白并垂鸿烈矣。非有卓识远略，其乌足语于斯？抑又闻之，山川清淑之气，必有所钟，睹此水势环抱，其郁积者厚矣，而其盛必将发之于人文。

适值邑侯曾公志庵莅任后，兴利除弊，百废俱修，而又加意文教，复建书院，期以人之杰而乎地之灵。溯自壬辰，以迄甲午，乐安登乡、会榜者七人，且一科中并举元魁，更为百余年来所罕见。斯非培植之著有明效与？吾侪小人，生逢圣朝，幸蒙上宪轸念，民依有以除垫隘而奠安全，即未能揄扬至德，而可昧所从来乎？盛大公祖今调任天津海关道矣，所愿守其成法，无缺岁修，行见既富方谷，而乐之文风且将蒸蒸日上也，岂不休哉？谨熏沐而为之记。

赐同进士出身福建即用知县成象乾撰文。丙子科举人大挑教谕署理齐东县训导宋其端书丹。山东青州府乐安县阖邑绅民泐石恭颂。

光绪二十年岁次甲午清和月谷旦。

（碑文录自广饶县博物馆藏原碑刻）

成象乾（生卒年不详），字子健，又字自鉴，山东乐安（今广饶）人。幼苦贫，先采樵以供养，而后入塾，十三岁时辍学，赴青州打工糊口，赖父执力得复读，光绪间中进士，发福建以知县用，因性格耿直，遭同僚排挤，辞官后专心于游学讲习，声名远播。有《宦闽日记》。

智三安老先生碑志

〔清末民国〕陈鹤舫

碑者，悲也，惟于先人之墓而悲，乃于先人之墓而碑，是碑即所以志悲，但为没字碑焉亦足见意，何待乎文？顾其安氏之迁居博昌也，其原籍不可考，来迁之年月亦无传，惟其始祖讳稳，历至四世皆以贝丘岭为葬地。贝丘岭在湾头庄南，茔田四十亩，地极宽阔，四面水绕，葬之者人文秀出，亦多福多寿。但以地势稍卑，嘉庆十二年，其五世高祖讳浚卜扦于邑治之西毛家庄，东去贝丘岭旧茔约有八里，茔田计一亩五分。行茔已四世矣，要皆山枕西北，向朝东南。此地之迁，虽非如堪舆家专以风水求富贵，而其茔于此，家道和顺，人事亨通，即后世之寖昌，知亡灵之得所也。抑其高祖生有厚德，卒有佳城，以善人而得善地，其所以荫子孙者，固理有可信欤。嗟乎！水源木本，维昭穆之攸序，春露秋霜，自此愈增德辉。望其本枝百世，馨香万代，绵绵衍衍，继继绳绳。时维建碑。

候补山东省惠民县教谕，丙子科恩贡生员陈鹤舫拜撰。

（选自《博兴湾头镇安氏宗谱》，张店华东印刷社1936年承印本）

陈鹤舫（生卒年不详），字琴轩，博兴人。光绪年间恩贡生。性孝友，重交游，采芹食饩，名噪士林，门下从游者众。

丽堂安公传

〔清末民国〕栾凤书

读思文而美陈常，观司徒而知尊德。教与养本同原，未有既明农法犹可轻易士行者。公讳崇藻，字丽堂，为心田公令嗣，赋性聪敏，从事小学有年，及长，迁就农业，披星戴月，受劳瘁而不辞者，实为子孙儒修计。尝云："可以不多为子孙置田产，不可不多为子孙谋学业。"故公姨表兄贾相鼎乐为辅助之不及焉。德配张宜人，系同里云田张公长女，以顾杼效绩，陶索劝工，用腆束修，佐成公志。子二人，长欣光，次文光，榜名耀奎。虽财政拮据，握特为延师，重道，从桓台大家诸君子游。长则府院，屡加拔赏，次则弱冠补博士弟子员，二难辉映，实一门竞爽。士与农同条共贯，殆神明而默成者欤？迨晚年，长嗣欣光云亡，门庭萧落，又值年景歉荒，而坚心毅力，卒不因境遇坎坷而顿异。当清室变法之初，命次子耀奎入青郡师范学堂，复就英美共合医学校毕业。宜乎次子耀奎今以专门名家声播华洋，浩浩乎门称通德焉。余姻忝葭莩，爰为略述梗概，庶农商工各界知教育为当今急务，奉公为泰斗也夫。

癸巳恩科举人候选教谕姻愚弟栾凤书顿首拜撰。

赐同进士出身浙江省补用知府郝毓椿顿首拜书。

（选自《博兴湾头镇安氏宗谱》，张店华东印刷社1936年承印本）

栾凤书（生卒年不详），字仪亭，又字恩诏，博兴人。进士栾瑜之裔，增生栾隆闻之子。光绪举人，是科青州共取15名，博兴有李义田、栾凤书、李士田、曹紫庭中举，栾凤书列第七名。他少读父书，继承先业，道德高尚，学问深邃。以母老终身不仕。晚年任博兴县劝学总董，克勤厥职。

泮初安公传

〔清末民国〕王之惠

安公讳崇芹，字泮初，世居博兴湾头镇讳升龙公之孙，字景颜公之长子也。公昆仲五人，其弟崇蒿、崇菜、崇英、崇萱，家道备极炽昌，且富有财产焉。惟公天姿优异，状若寒素。幼受业博邑明经魏梦龄、刘龙翔诸先辈，刻苦实学以修齐为木，功余辙考究医药。故年甫弱冠即持身治家，兼营商业。其德配李孺人，邑绅庠生李公讳世纯之女，佐理内政，卓著贤声。俾双亲在堂，杖履优游，坐享清闲幸福，孝在养志承欢，此之谓也。而且友爱真挚，出于至性。其三弟有疾，亲视汤药，四弟求学，延聘经师。诗咏埙篪，吾于公见之矣。迨前清光绪年间，黄水迭灾，躬率诸弟子侄撙节衣食，操作畎亩，以度荒年。现诸弟子侄皆户称殷实，洵属公一人治家之功也。公喆嗣星奎，品行德望，闾里景仰。孙虞民、天民，遵守祖训，且读且耕。曾孙圣生、贤生，崭然才露头角，何莫非积善之报欤？公堂侄锦亭时从余游，因知公綦详。综其生平事迹，其持身也俭朴，其治家也严肃，其处世也公正廉明。迄今闻其风者，颇有顽廉懦立之慨。兹特勒诸贞珉，永垂不朽。

清授文林郎拣选知县癸巳科举人愚弟王之惠鞠躬敬撰。

省立师范学校毕业县第三科科员世晚贾纯熙鞠躬敬书。

（选自《博兴湾头镇安民宗谱》，张店华东印刷社1936年承印本）

王之惠（生卒年不详），临淄人。光绪举人，民国时期任临淄县县立高小和乙种实业学校校长，曾参与修撰民国九年《临淄县志》。

海春安公传

〔清末民国〕梅光羲

余考安氏谱牒，代有硕德宿儒，门阀声望为博邑冠。良由祖若宗忠厚传家、诗书继世，其所留贻者远也。而承先启后、广积阴功者，实以海春公为最。公讳腾龙，字海春。父克良公有子四人，伯氏早亡，仲氏属公，叔季瑞龙、升龙。门庭内孝友蔼然，且兼能艰辛创业，为宗祖光。溯自公之始祖时荣公，世世且耕且读，以孝悌廉让为家风。公更上承祖训，下裕后昆，一生周急济贫，怜孤恤寡，绝未自有德色。故远近辄以“长者”“善人”称之。德配王宜人，娴母教，亦好善施。子二人，长心田，次和田，皆凛凛然守庭训而保门第，宜乎子孙寖昌寖炽。现公曾孙锦亭先生在本厅职任医官，于今八载，每年活人数千百名。昔范仲淹尝曰：“吾不为良相，必为良医。”即谓范公为锦亭先生言之也可。然非公之德泽绵延，子孙乌克如此？余故乐述之以风世云。

山东高等检察厅长梅光羲谨撰。

济南地方检察厅长曹宗翰敬书。

（选自《博兴湾头镇安氏宗谱》，张店华东印刷社1936年承印本）

梅光羲（1878—1947），字撷芸，江西南昌人。光绪举人，以道员在湖北候补，受到张之洞的赏识，赴日本学习，回国后任湖北提法司使。入民国后在司法界任职。

喜亭先生传序

〔清末民国〕王宋庭

世有特立独行，不见荣于当时，而潜德幽光，终为后世所艳称者，其根抵厚也。先生讳欣光，字喜亭，其性纯谨孝友，先君子丽堂公最为器重。于就塾师孙在阳、诠公贾老先生后，与孙文德、窦翙梧同学受业明经刘龙翔、赵季芳门下，经术文艺，造就渊深。复从名师大家张仙洲及余先叔父干卿公游，同砚王国锡、于致中、胡凤仪诸君盟结金兰，攻备他山。故文章卓然可观，县府院屡拔前茅。而青衿无缘，终负觖望于芹宫，先生文运之厄，诚有出人意外者。居家教授生徒，胞弟锦亭及贾赞卿、王锡爵等皆蒙其成就。使天年克永，其道范为何如耶？迺年未强仕，遽赍志以殁。元配泥孺人，婚后数载即逝。继配系城西望族八里庄许公家栋次女，生男一女一，男幼殇。先生既殁，许孺人上奉舅姑，下抚弱女。迨嫁女城西三里庄名门孙一林公长孙媳后，于舅姑寿终之际，尤尽哀尽礼。讵妇道甫终，亦随先生于地下。故戚里称贤德焉。现胞弟锦亭以长子铁民奉伯氏祧，并举先生学行勒之贞珉。上课顺慰乎二人，下可绍庥于百代，岂仅儒林生色，家乘增光已哉！维支脉其蕃衍兮，诚根深而蒂固；庆醉饱以履绥兮，爰锡类而联芳。念芝兰其幽秀兮，寄空谷而竦峭；祝杞梓其茂育兮，遇及时而堂皇。是为序。

庚子并科举人广东即用知县世愚弟王寀庭顿首拜撰。

庚子辛丑并科举人拣选知县世愚弟陈长举顿首拜书。

（选自《博兴湾头镇安氏宗谱》，张店华东印刷社1936年承印本）

王寀廷（1877—1952），字贡忱，山东桓台人。光绪举人，以知县用，分发广东。民国初曾任山东省副参议长，主修民国《重修新城县志》。

博兴县重修桥井记

〔清末民国〕王西洲

盖闻修桥穿井，盛世之令兴，亦自治之要。因我博城北关桥自光绪九年黄河冲毁，前人欲修者久之，然屡议不果。嗣是水患迭至，至光绪二十七年之洪泛，倾圮益甚，非惟车马难适，□徒步之□不□，行以通济之桥梁，任其塌陷。其何以壮观瞻而利往来？民国启兴，官绅商学各界决议重修，行经筹画，从屠捐项下抽出京钱□百缗，投资开办，但工程浩大，成□无刻，势将中止哉。少伯翟县长荣篆伊始[1]，洞悉其艰，慨捐廉俸，尤虑工之难派，于成后，提牙将□捐以为之助，□劝村镇士绅各解义囊。不旬日而桥工以成。又，城隍庙南有醴泉涌出，人咸为瑞。翟县长出资倡修，一时相继，重浚□如西门井。署傍之史家井亦皆筑砌，□□沦淘清洁。市民履坦叫善，饮水思源，铭□不忘，爰述始末，以垂永久。是为记。

县视学前省议会议员王西洲撰文。

县立第二高等小学校校长王毓檀书丹。

中华民国三年十一月，同邑绅民仝立。

（录自王晓振、孙长军拓原碑拓片）

① 编者按：翟肇适，字少伯，掖县（今莱州）人，民国三年任博兴县知事。

王西洲（生卒年不详），字筱瀛，博兴人。山左公学师范班毕业，清末县农会总理，民国初年任县视学所所长、商会会长等。

丈量湖界碑记

〔清末民国〕孟瑞芝

为尊谕立碑以垂久远。沿河村庄所居马踏湖北滨，庄前水田，自明清至今，南至古运盐道，并有古碑印契为证。闻桓台县张锡畹恳修大泊水荒等情禀控，县境沿河八村，傅桥、毛园、王桥、王圈、段家庄、三官庙、傅家庄、魏家庄首事业户几与桓台荒田毗连之处，各量各地，划分清楚，监立木标，会同桓台学员张锡畹等，并与八村及至两县境界处，南至古运盐道为界，并不与桓台县荒田毗连。自西而东，均有古运盐道形势，各庄有古碑文□□符合，东南属泊，其余准伊修养，毫无异义。至民国八年间，桓民贪心不退，复起争波，当蒙道宪姜员会同博兴□□长田赴湖勘文，桓绅呈献清光绪十二年王羽冉之卷，姜员批驳此卷系由自定，并未知会博兴县官绅，此□□废纸，姜员仍照旧界勘丈，除张锡畹修养之地外无余地，勘丈明确，当立界址，桓绅欺博兴人，诡计百出，借□□绅擅改姜案，伪造卷宗，以为政凭，济南道委孙、淄青道委高苑县长赵，会同桓、博知事郭、宋赴湖勘查，仍未□，□员到境，会同桓博两县知事、人民亲查，勘丈自王桥村庄后小清河中心布杆丈量，可步亩数，历历分明，呈禀□□产业已存卷，桓绅伯心不休，空言妄争，省委济青两道尹及各知事代表人、八村首事王慎言等在湖，宋家□□，刘道尹廷□官赫民改划界址，余等情死不认，尚未成立。两道尹电禀不遵等情，省长札饬两道尹、桓博知事□□村首事即日到济，已凭讯辩，蒙李县长荣卿公率□八村人民到济候训，当蒙省长林训问两道尹，在湖判□，□白道尹照文契为据，刘道尹改划县志，省长亲阅八庄文契，验读碑文，实有根据，查桓台卷宗，系无粮学荒田，□□契之产周理传具禀公，占民产属实，存卷该湖田有三段之约，博民不得种一，桓民收种二段，余亩当堂谕□□，按契收种，不得外贪，桓民亦不得侵占，各守范围，以免讼争，刻石立碑。

中华民国十六年岁次丁卯梅月上浣，高邑孟瑞芝顿首拜书。

（录自孙长军拓原碑拓片）

孟瑞芝（生卒年不详），山东高苑（今高青县）人。生平事迹不详。

博兴县烈士陵园碑文

马千里

诸烈士系抗日战争中为民族解放事业光荣殉国的，当他们安息的初期，在其墓前尚有木牌简率的标志着他们的英名。几年来由于敌伪的破坏，风雨的摧残，就连简率的木牌标志也没有痕迹了，致使烈士们的英名伟绩埋没人间，宁不惋惜！值此抗战胜利之际，谨将诸烈士之灵柩移此安葬，建立碑碣聊慰英灵，以志后世不忘，特序并为之以哀悼。

英勇的烈士同志们：你们为了中华民族的生存，全人类的解放，离开了故乡，走上了战场，为革命牺牲，流尽最后一滴血，你们是不亏为中华民族的优秀儿女，你们的名字将永垂不朽，万古永存！安息吧！烈士同志们，人生自古皆有死，死有重于泰山，你们的死是有价值的，你们的头颅是为国家民族而抛掷，你们的热血是为人类解放而洒尽。烈士之血，革命之花，革命胜利之果实皆由你们的热血换取而获得，因此，千百万人民向你们景仰馨拜，你们是当之无愧的。安息吧，烈士同志们！你们未完的革命事业还有我们来担承！我们千百万群众将踏着你们的血迹前进！继续着你们的方向前进！为和平、民主、自由、幸福与富强的新中国而奋斗前进！

博兴县全体民众敬立。

马千里撰并书。

中华民国三十五年五月上浣谷旦。

（选自山东省博兴县史志编纂委员会编《博兴县志》，第518~519页，齐鲁书

社1993年版）

马千里（1901—1992），博兴人。1931年加入中国共产党。先后任博兴县六区和四区联庄会助理员、教练、中共博兴县委军事部长兼四区联庄会地下党支部书记、“鲁东革命军第一大队”大队长、山东清河军区八路军山东纵队第三支队七团副团长、第三支队独立团政委、第六军分区司令员、华东铁路警备部队副司令、济南铁路局公安处长、铁道部生活管理局副局长等职。1982年离休，1992年病逝。

陈户战斗烈士纪念塔碑文

阎雨萍

一九四五年五月二十一日，敌伪五千人左右，以陈户店金寨为合围中心，悄悄布置下包围圈，将博兴的抗日军民压缩到金寨的野外，展开了血腥的屠杀。这块大地便充满了枪炮不休的怒吼，孩哭娘叫的悲惨呼号。我独立营及各地方武装，为保卫人民的利益和安全，以忘我的精神，和敌人展开了苦战，冲毁他数次的压缩，给他大的杀伤，惜残暴的敌伪力量过大，我军也付出了光荣的代价，王协理员竹川同志率领二连往西北突围，被敌团团围住，搏斗到最后一粒子弹，慷慨就义。

战斗结束，敞人回到战场，见到牺牲的同志尽是怒目切齿的姿态，深深象征出与敌搏斗的英威气概。烈士们这等为民族为人民服务的昂扬精神，实是代表了中华民族最浩大的正气，写下了中华民族在抗战中最壮烈不朽的史诗，为中华民族生永久之光。让我们踏着诸位先烈的血迹前进，继承其未竟的光荣事业，以慰英灵。

阎雨萍敬撰，高云汉敬书。

（选自山东省博兴县史志编纂委员会编《博兴县志》，第519页，齐鲁书社1993年版）

阎雨萍（生卒年不详），里籍不详。曾任博兴县支前委员会委员，后就职于淄博卫校。

冯高战斗烈士纪念塔碑文

王建新

一九四二年十二月十八日，敌中队长何田、指挥官佐藤驱使敌伪七百余人，到我三区王家集村安设据点。我杨、刘首长[①]闻耗后，即由广北挥师南下，于二十日夜会同清中独立团，布置桥、董、冯、高一带[②]。至翠晨，敌果向北蠢动。我独立团指挥员首先在冯家与敌稍事接触即佯败退却。本想诱敌深入予以聚歼，但敌伪狡猾异常，至高家以北即逡巡不前。此时，我埋伏于董家之一营一、三连即开始向敌射击，并乘胜追击至高家村内与敌肉搏。敌佐藤指挥官毙命，何田中队长负伤。是役，共毙伤敌伪三十余名，生俘伪军五名，缴获大枪五支，弹药五箱。我方指战员亦光荣殉国十余人。在此抗战胜利之际，我博党、政、军、民为光荣殉国之烈士筑塔勒石，永垂不朽！并为词以颂之曰：

战云弥漫罩冯吴，英勇健儿杀敌速；刺刀穿去佐藤死，机枪射中何田骨；杨、刘首长临前线，群众欢呼歼倭奴；试看高家战斗处，犹有日寇鲜血无。

王建新撰，贾怡斋书。

（选自山东省博兴县史志编纂委员会编《博兴县志》，第519页，齐鲁书社1993年版）

王建新（1912—2005），原名王玉衡，博兴人。1933年加入中国共产党。抗战期间，主要在博兴、邹平地区开展抗击日伪工作。抗日战争胜利后，历任博兴县政府民政科科长、清河专署工作队队长等。1958年任淄博市图书馆

---

① 编者按：即杨国夫、刘其人。

② 编者按：即桥子村、董家村、冯吴村、高家村一带。

馆长至1972年离休。

悲袁战役烈士纪念亭碑文

王建新

一九四一年十二月三十日晨，敌伪三百余人，大车数十辆，进攻我驻裴之三旅一营。我李营长丕功同志发现敌情后，即布署兵力迎击敌伪。我英勇健儿为坚决保护群众利益，以忘我精神与敌肉搏，毙敌近百，使敌抢掠财物之大车满载敌伪尸体狼狈而逃。我指战员二十余名亦于是役光荣殉国。值此抗战胜利之际，我博兴党政军民为光荣殉国之烈士建祠立碑，以慰英灵，永垂不朽，并为词以悼之，曰：

万恶日寇侵中华，民族英雄功堪夸，名勒金石可歌泣，血染黄沙为国家，事业未竟身先死，党政军民叹无涯，前仆后继烈士志，建祠立碑后世法。

王建新敬撰。

（选自山东省博兴县史志编纂委员会编《博兴县志》，第519~520页，齐鲁书社1993年版）

王文战斗烈士纪念亭碑文

马千里

一九四〇三月三日，敌伪约计两千余人，在敌指挥官糟谷指挥之下，将我驻王文之部队团团包围。该村我仅有二排之兵力，约七十余人，且武器低劣，弹药缺乏，但为保卫人民利益与敌伪血战昼夜。该日拂晓，国民党部队，何逆思源，周逆胜芳于外线；敌伪分四路于内线向我合击。至清早，即将王文包围得风雨不透。一日中，敌伪以猛烈炮火组织冲锋十余次，均被我以手榴弹击退，予敌以重大杀伤。黄昏，敌人冲入街内，与我展开逐屋战。我英勇同志在弹尽援绝与大部受伤的情况下，仍能以土块瓦片与敌厮杀，予敌狂妄企图以致命打击。当夜，敌遂即狼狈窜去，是役，我有二十一名战士光荣殉国。抗战已获胜利了，让我们向诸位殉国的战士致沉痛的哀悼，并向诸位宣誓：我们永远踏着你们的血迹，为你们的未竟事业而奋斗不懈。

马千里敬撰。

（选自山东省博兴县史志编纂委员会编《博兴县志》，第520~521页，齐鲁书社1993年版）

王桥战斗烈士纪念碑碑文

陈竹村

倭祸孔急，闾里不宁。周逆胜芳，效忠日本，配合扫荡，群众失了依托，含垢忍辱徒唤奈何。幸有八路军三旅基干一营转战渑水左右，临、博、广三县交会之地，群众赖以安居。维公元一九四一年五月十二日，我基干一营与百余地方工作同志驻于王桥村，发现敌情，系沙旺、博兴等处敌百余人，配以汉奸三百余人，由兴福直向南犯。我李营长仅率一连人，布置于王桥四周。接触后，敌伪受我重击，伏于王桥北，进退失措，只有待毙。我李营长亦在计划相机歼敌之际，十大队同志埋伏于吴家庄子，与周逆胜芳周旋于西南方面；而东方面有新编独立营设防，因其自动转移，南来敌人援兵乘隙而入，由马庄迤逦北行。十大队见众寡不敌，亦弃防地而直入王桥合并抵抗。这时鬼子汉奸交相向我射击，直至在王桥南面布了新的防御。这时，南来的鬼子有两个中队；北面敌伪已坚持了半天，西有周逆部的傅象震领一个营的兵力，与广饶开来的成逆建基带有六百余人包围了王桥东南两面，共计敌伪足有一千七百人，把王桥村层层围住。我李营长以一个连的力量，一面打击敌人，一面保卫工作同志，在敌伪喊声连天、炮火齐鸣、小王桥房屋尽焚、林木摧折过半的情况下，沉着应战。一村之内，严肃镇静，敌人一进则噎，我方弹不轻发，我教导员岳华同志仅率一班武装同志，苦斗于小王村，誓死抵抗，不幸于炮火下光荣殉国，剩下三人安稳退出。这时，天已将晚，李营长率一个班，向东南打开一条血路，使我工作同志徐徐列队退出，有武装继后。敌伪竟潜声匿迹而逃，未敢稍事追击。时，余随军，谨述事实，以志不朽云。

陈竹村敬撰。

（选自山东省博兴县史志编纂委员会编《博兴县志》，第521~522页，齐鲁书社1993年版）

陈竹村（1885—1984），名英贤，号竹村，博兴人。毕业于博兴县师范讲习所，毕业后当教员。1938年经王博昌介绍加入中国共产党，调中共山东分局组织部工作。1940年冬，受山东分局委派返回博兴主持参议会工作，连选连任博兴县参议长八年。1948年任渤海区党委古物保管员，接收搜集文物，是渤海区的文物工作创始人。后调任济南市建设局园林科科长、山东省文史研究馆秘书室主任、省政协党组成员等。1984年2月29日逝世，骨灰安厝于博兴烈士陵园。

缀锦集腋

博兴历代文汇

订鬼(节选)

〔东汉〕王充

鬼之见也，人之妖也。天地之间，祸福之至，皆有兆象，有渐不卒然，有象不猥来。天地之道，人将亡，凶亦出；国将亡，妖亦见。犹人且吉，吉祥至；国且昌，昌瑞到矣。故夫瑞应妖祥，其实一也。而世独谓鬼者不在妖祥之中，谓鬼犹神而能害人，不通妖祥之道，不睹物气之变也。国将亡，妖见，其亡非妖也。人将死，鬼来，其死非鬼也。亡国者，兵也；杀人者，病也。何以明之？齐襄公将为贼所杀，游于姑棼[①]，遂田于贝丘[②]，见大豕。从者曰："公子彭生也。"公怒曰："彭生敢见！"[③]引弓射之，豕人立而啼。公惧，坠于车，伤足，丧履，而为贼杀之[④]。夫杀襄公者，贼也。先见大豕于路，则襄公且死之妖也。人谓之彭生者，有似彭生之状也。世人皆知杀襄公者非豕，而独谓鬼能杀人，一惑也。

（选自黄晖撰《论衡校释》卷二十二，第941页，中华书局1990年版）

王充(27—约97)，字仲任，会稽上虞(今浙江绍兴)人。出身"细族孤门"。自小聪慧好学，博览群书，擅长辩论，后师从班彪。曾做过郡功曹、治中等官，后罢官还家，专意著述。提出"无神论"，构建了相对系统的无神论思想体系。代表作《论衡》，共八十五篇，二十多万字，分析万物的异同，探讨宇宙运作、传染病起源、农业虫害起源等科学问题，为英国科技史专家李约瑟所看重，是中国历史上重要的思想著作。

① 原注：梁履绳曰："即薄姑。今山东博兴县东北十五里。"

② 原注：《水经·淄水注》，京相璠曰："博昌县南近渑水，有地名贝丘，东齐城西北四十里。"梁云："今博兴县南五里有贝中聚，即此。"

③ 原注：服虔曰："公见彘，从者乃见彭生，鬼改形为豕也。"(《史记·齐世家》集解)

④ 原注：事见《左》庄八年传。

道论

〔三国魏〕任嘏

古之公也笃，今之公也薄，绝骨肉笃也。[①]今疏远天下，腄绝骨肉，故亲离。

太王不私其身，不外其民，故曰“百姓之身，犹吾身也”。为夷狄之病，弃国之富，杖策而去，民追慕之如水。

夫贤人者，至德以为己心，行道以为己任；处则不求私名，仕则不求私宠；不为其身，不阿其君；积礼义于朝，播仁风于野。使天下之人，翼翼焉向戴其君之尊，欣欣焉歌舞其君之德。

凤为羽族之美，麟为毛类之俊，龟为介虫之长，梗楠为众材之最，是物之贵也。

日月为天下眼目，人不知德；山川为天下衣食，人不知谢。

木气人勇，金气人刚，火气人强而躁，土气人智而宽，水气人急而贼。

道德之怀民，如春阳之柔物也。履淙水而不寒，结木条而不折。

以义事主，不私其己，以仁接人，不私其欲；火佚焚家，家不罪已，食过伤人，人不罪食：以其积之于仁义，无私害也。伊尹放太甲，太甲无怨心；管仲黜伯氏，伯氏无怨言：以其积之于公正，无私恶也。

---

① 原注：案，此有脱句。

学所以治己，教所以治人。不勤学则无以为智，不勤教则无以为仁。

丹渊之珠，沈于黄泥。

善阵者，徒众整一，如列宿之陈；部伍周回，如山岳之盘，是阵之体也。

（选自《全三国文》卷三十五，见严可均校辑《全上古三代秦汉三国六朝文》，第1250～1251页，中华书局1958年版）

任嘏（生卒年不详），字昭先，乐安博昌（今博兴）人。建安中为临菑侯庶子，入魏迁黄门侍郎，历东郡、赵郡、河东太守等。著有《任子道论》。

《中论》序①

〔三国魏〕任嘏（传）

予以荀卿子、孟轲怀亚圣之才，著一家之法，继明圣人之业，皆以姓名自书。犹至于今，厥字不传，原思其故，皆由战国之世，乐贤者寡，同时之人，不早记录。岂况徐子《中论》之书不以姓名为目乎？恐历久远，名或不传，故不量其才，喟然感叹。先目其德以发其姓名，述其雅好不刊之行，属之篇首，以为之序。其辞曰：

世有雅达君子者，姓徐，名幹，字伟长，北海剧人也。其先业以清亮臧否为家，世济其美，不陨其德，至君之身十世矣。君含元休清明之气，持造化英哲之性，放口而言，则乐诵九德之文；通耳而识，则教不再告，未志乎学，盖已诵文数十万言矣。年十四，始读五经，发愤忘食，下帷专思，以夜继日。父恐其得疾，常禁止之。故能未至弱冠，学五经悉载于口，博览传记，言则成章，操翰成文矣。此时灵帝之末年也，国典隳废，冠族子弟结党权门，交援求

① 原注：案，此《序》徐幹同时人作，旧无名氏。《意林》："《中论》六卷，任氏注。"任嘏与幹同时，多著述，疑此《序》及注皆任嘏作，不敢定之。

售，竞相尚爵号。君病俗迷昏，遂闭户自守，不与之群，以六籍娱心而已，君子之达也。学无常师，有一业胜己者，便从学焉，必尽其所知，而后释之；有一言之美，不令过耳，必心识之。志在总众言之长，统道德之微，耻一物之不知，愧一艺之不克。故日夜亹亹，昃不暇食，夕不解衣，昼则研精经纬，夜则历观列宿，考混元于未形，补圣德之空缺，诞长虑于无穷，旌微言之将坠。何暇欢小学，治浮名，与俗士相弥缝哉？故浮浅寡识之人，适解驱使荣利，岂知大道之根？然其余以疏略为太简，曾无忧乐；徒以为习书之儒，不足为上。欣之者众，辩之者寡。故令君州闾之称，不早彰彻。然秉正独立，志有所存，俗之毁誉有如浮云。若有觉而还反者，则以道进之，忘其前之谤己也。其犯而不校，下学而上达，皆此之类也。

于时董卓作乱，劫主西迁，奸雄满野，天下无主。圣人之道息，邪伪之事兴；营利之士得誉，守贞之贤不彰。故令君誉闻不振于华夏，玉帛安车不至于门。考其德行文艺，实帝王之佐也；道之不行，岂不惜哉？君避地海表，自归旧都，州郡牧守礼命踧踖连武欲致之。君以为纵横之世，乃先圣之所厄困也，岂况吾徒哉？有讥孟轲，不较其量，拟圣行道，传食诸侯，深美颜渊、荀卿之行，故绝迹山谷，幽居研几，用思深妙，以发疾疢，潜伏延年。会上公拨乱，王路始辟，遂力疾应命，从戍征行。历载五六，疾稍沈笃，不堪王事，潜身穷巷，颐志保真，淡泊无为，惟存正道。环堵之墙，以庇妻子，并日而食，不以为戚。养浩然之气，习羡门之术。时人或有闻其如此而往观之，或有颇识其真而从之者，君无不容而见之。厉以声色，度其情志，倡其言论，知可以道长者，则微而诱之，令益者不自觉，而大化阴行。其所匡济，亦已多矣。君之交也，则不以其短，各取其长，而善之取，故少显尽已之交，亦无孜孜和爱之好。统圣人中和之业，蹈贤哲守度之行，渊默难测，诚宝伟之器也。

君之性，常欲损世之有余，益俗之不足。见辞人美丽之文，并时而作，曾无阐弘大义，敷散道教，上求圣人之中，下救流俗之昏者，故废诗、赋、颂、铭、赞之文，著《中论》之书二十二篇，其所甄纪，迈君昔志，盖千百之一也。文义未究，年四十八，建安二十三年春二月遭厉疾，大命陨颓。岂不痛哉！余数侍坐，观君之言常怖，笃意自勉，而心自薄也。何则？自顾才志，不如之远矣耳。然宗之仰之，以为师表。自君之亡，有子贡山梁之行，故追述其事，粗举其显露易知之数，沈冥幽微、深奥广远者，遗之精通君子，将自赞明之也。

（选自《全三国文》卷五十五，见严可均校辑《全上古三代秦汉三国六朝文》，第1360页，中华书局1958年版）

《富春瓜邱孙氏宗谱》天子自序

〔三国吴〕孙权

予小子权，承予祖鸿绪，得有南土鼎分。因溯先公以上受姓源流，述辅臣等庄奏指予实珍曰：孙氏宫音，原郡乐安，出于尧妻舜两妃，居于沩汭，两姓曰妫。舜传天下于大禹而商均封国，不尚虚名，没齿无许，以祖父诩声含愧一十六世，犹恐有玷于虞君，故不传世。当殷代中兴，得虞君之后虞遂公光，耄年为诸侯，特继商均封国，即虞遂以号称。光生泰，泰生覆，覆生频，频生庸，庸生表，表生环，环生岩，岩生灵，灵生希，希于殷末失国。武王克殷后，得虞遂公希之子曰遏父，征为陶正，悦其能，以元女大姬妻之，此王姬之配主遏父。配姬而生满，封于陈，以奉虞帝舜祀，卒谥胡公。满生申公群侯，侯生孝公突，突生慎公圉，圉生幽公宁，宁生厘公孝，孝生武公灵，灵生平公燮，燮生文公幸，幸生厉公陀。陀生完，字敬仲，为陈大夫。及宣公杵臼立，杀其太子，完惧祸及身，奔齐，食采于齐，改姓田氏，懿仲以女妻之。完生穉孟夷，夷生湣孟庄，庄生文子须无，无生桓公无宇，宇生书，字曰孙占，为齐大夫，伐莒而功成其大，即以孙占之字受姓孙氏，予大父之所姓，由祖占发始者也，采食乐安，其郡号焉！占生冯，为上卿。冯生武，字长卿，以兵机动吴主阖庐，著书陈策，吴得志焉！武生明，字之元，以父功袭荫，复以孝廉封富春侯，子孙及弟侄等各治业于富之江南，居宅繁盛。独明子膑，仕魏，因庞涓刖足，齐使复载于齐。膑生胜，字国辅。胜生盖，字道光，盖生知，知生念。念生益，字元飞，封东吴侯。益生卿，卿生凭，凭生询，询生骥，骥生琼，琼生覆，覆生仁，仁生皋，皋生通，通生厚，厚生淳，淳生瑶，瑶生邃，邃生倏。倏生国，字元明，为郎。国生耽，国祖与耽祖，父子种德以至生予皇祖，居长讳钟。皇祖性孝，肆闻南北，生予皇考坚。予兄策，予命名曰权。予今于己酉岁四月之吉敢袭大帝位，群臣咸集。予受贺外，追尊皇祖钟为孝懿王，追尊皇考为武烈皇帝，兄策为长沙桓王，长子为皇太子。皇祖孝懿王，汉顺帝甲戌生；皇考武烈皇帝，孝桓永寿乙未生；兄策，孝灵熹平乙卯生；予，孝灵光和壬戌生；太子登，建安癸未岁生；太祖皇后、太后、后嫔妃未有尊号，并众子，以俟一统大定，另行追尊实封。凡群臣最亲信，入庙以嗣配享，若周公瑾、鲁子敬、吕子明、陆伯言，百世不更。今将予序示诸葛卿、顾卿、张卿、陈卿、谢景、范慎诸卿，谨选九月，迁都建业，定文渊翰阁之后，付史官录垂玉牒之上。黄龙元载，新改年号，自序始姓，以表本源之嘉。

（选自《富春瓜邱孙氏宗谱》，见陆允昌主编《中国孙氏世系源流》，第12页，白山出版社1999年版）

孙权（182—252），字仲谋，吴郡富春（今浙江富阳）人，吴大帝，公元229—252年在位。建安十三年（208），与刘备联合，大败曹操于赤壁。黄龙元年（229）称帝，国号“吴”，旋即迁都建业（今江苏南京）。曾设置农官，实行屯田，设置郡县，并继续剿抚山越，促进了江南经济的发展。并多次派人出海。晚年在继承人问题上反复无常，引致群下党争，朝局不稳。

王和平[①]

〔三国魏〕曹丕

光和中，北海王和平亦好道术，自以当仙。济南孙邕[②]少事之，从至京师。会和平病死，邕因葬之东陶，有书百余卷，药数囊，悉以送之。后弟子夏荣言其尸解。邕至今恨不取其宝书仙药。刘向惑于鸿宝之说，君游眩于子政之言，古今愚谬，岂唯一人哉！

（选自《全三国文》卷八，见严可均校辑《全上古三代秦汉三国六朝文》，第1095页，中华书局1958年版）

曹丕（187—226），字子桓，沛国谯县（今安徽亳州）人。曹操次子，三国时魏国建立者，公元220—226年在位，都洛阳，国号“魏”，建元“黄初”。两度出兵攻吴，至广陵（今江苏扬州），无法渡江而返。爱好文学，创作和理论都有成就。其诗在形式上受民歌影响，语言通俗，描写细致，《燕歌行》是文人七言诗优秀之作。所著《典论·论文》，有助于繁荣文学创作。有《魏文帝集》。

① 编者按：选文为曹丕《典论·论郤俭等事》节选，题目为编者所拟。曹丕《典论》今已失传，《全三国文》卷八中辑录了《典论》的佚文，其中选文内容录自《三国志·华佗传》注。

② 编者按：孙邕为青州乐安（今博兴）人，清孙星衍“谓为济南人者，青州在济水南”故也。见第1023页孙星衍《魏吏部尚书孙邕传》。

《论语集解》叙

〔三国魏〕何晏

叙曰：汉中垒校尉刘向言："《鲁论语》二十篇，皆孔子弟子记诸善言也。"太子太傅夏侯胜、前将军萧望之、丞相韦贤及子玄成等传之。《齐论语》二十二篇，其二十篇中章句颇多于《鲁论》，琅琊王卿及胶东庸生、昌邑中尉王吉皆以教授，故有《鲁论》，有《齐论》。鲁共王时，尝欲以孔子宅为宫，坏得《古文论语》。《齐论》有《问王》《知道》，多于《鲁论》二篇，《古论》亦无此二篇，分《尧曰》下章《子张问》以为一篇，有两《子张》，凡二十一篇，篇次不与齐、鲁《论》同。安昌侯张禹本受《鲁论》，兼讲《齐说》，善者从之，号曰《张侯论》，为世所贵，包氏、周氏章句出焉。《古论》唯博士孔安国为之训解，而世不传。至顺帝时，南郡太守马融亦为之训说，汉末大司农郑玄就《鲁论》篇章，考之《齐》《古》为之注。近故司空陈群、太常王肃、博士周生烈皆为义说。前世传授师说，虽有异同，不为训解，中间为之训解，至于今多矣，所见不同，互有得失。今集诸家之善，记其姓名，有不安者，颇为改易，名曰《论语集解》。光禄大夫关内侯臣孙邕、光禄大夫臣郑冲、散骑常侍中领军安乡亭侯臣曹义、侍中臣荀顗、尚书驸马都尉关内侯臣何晏等上。

（选自《全三国文》卷三十九，见严可均校辑《全上古三代秦汉三国六朝文》，第1275页，中华书局1958年版）

何晏（约190—249），字平叔，南阳宛县（今河南南阳）人。少以才秀知名，好老庄言。娶魏公主。曹爽执政时，为散骑侍郎，官至侍中尚书，典选举。后为司马懿所杀。和夏侯玄、王弼等倡导玄学，竞事清谈，为贵无论主要代表之一。在汉儒经学渐失统治作用后，主张君主无为而治。提出"圣人无情"，无累于物，重自然而轻名教，认为名教源于"无"，出于自然。能诗赋。著作除《论语集解》外，其余《道德论》《无名论》《无为论》等散见于《列子注》《世说新语》中。

为任子咸妻作孤女泽兰哀辞①

〔西晋〕潘岳

泽兰者，任子咸之女也。涉三龄，未没衰而殒。余闻而悲之，遂为其母辞：

茫茫造化，爰启英淑。猗猗泽兰，应灵诞育。鬒发蛾眉，巧笑美目。颜耀荣苕，华茂时菊。如金之精，如兰之馥。淑质弥畅，聪惠日新。朝夕顾复，夙夜尽勤。彼苍者天，哀此矜人。胡宁不惠，忍予眇身？俾尔婴孺，微命弗振。俯览衾襚，仰诉穹旻。弱子在怀，既生不遂。存靡托躬，没无遗类。耳存遗响，目想余颜。寝席伏枕，摧心剖肝。相彼鸟矣，和鸣嘤嘤。矧伊兰子，音影冥冥。彷徨丘垄，徙倚坟茔。

（选自《全晋文》卷九十三，见严可均校辑《全上古三代秦汉三国六朝文》，第1997页，中华书局1958年版）

《搜神记》选

〔东晋〕干宝

汉董永，千乘人。少偏孤，与父居。肆力田亩，鹿车载自随。父亡无以葬，乃自卖为奴，以供丧事。主人知其贤，与钱一万遣之。永行三年丧毕，欲还主人供其奴职。道逢一妇人，曰："愿为子妻。"遂与之俱。主人谓永曰："以钱与君矣。"永曰："蒙君之惠，父丧收藏，永虽小人，必欲服勤致力以报厚德。"主曰："妇人何能？"永曰："能织。"主曰："必尔者，但令君妇为我

① 编者按：任子咸，即任护，子咸其号，乐安（今博兴）人，参见第384页潘岳《寡妇赋》。

织缣百匹。”于是永妻为主人家织，十日而毕。女出门谓永曰：“我天之织女也，缘君至孝，天帝令我助君偿债耳。”语毕，凌空而去，不知所在。

（选自干宝撰《搜神记》卷一，见《钦定四库全书·子部十二·小说家类二·异闻之属》）

干宝（？—336），字令升，新蔡（今属河南）人。博览群书，好阴阳术。元帝时以佐著作郎领修国史。其志怪小说《搜神记》开志怪小说创作的先河，在中国小说史上有着深远影响。

《世说新语》三则

〔南朝宋〕刘义庆

任恺失势

任恺既失权势，不复自检括。或谓和峤曰：“卿何以坐视元裒败而不救？”和曰：“元裒如北夏门，拉攞自欲坏，非一木所能支。”①

（选自刘义庆撰、刘孝标注、朱铸禹汇校集注《世说新语汇校集注》，第617页，上海古籍出版社2002年版）

育长情痴

任育长年少时，甚有令名。武帝崩，选百二十挽郎②，一时之秀彦，育长亦在其中。王安丰选女婿，从挽郎搜其胜者，且择取四人，任犹在其中。童少时，神明可爱，时人谓之“育长影亦好”。自过江，便失志。王丞相请先度，时贤共至石头迎之，犹作畴日相待，一见便觉有异。坐席竟，下饮，便问人

① 刘孝标注：《晋诸公赞》曰：“恺字元裒，乐安博昌人。有雅识国干，万机大小多综之。与贾充不平，充乃启恺掌吏部，又使有司奏恺用御食器，坐免官。世祖情遂薄焉。”

② 刘孝标注：《晋百官名》曰：“任瞻字育长，乐安人。父琨，少府卿。瞻历谒者、仆射都尉、天门太守。”

云："此为茶，为茗？"觉有异色，乃自申明云："向问饮为热为冷耳。"尝行从棺邸下度，流涕悲哀。王丞相闻之曰："此是有情痴！"

（选自刘义庆撰、刘孝标注、朱铸禹汇校集注《世说新语汇校集注》，第759页，上海古籍出版社2002年版）

令言入洛

刘令言始入洛[①]，见诸名士而叹曰："王夷甫太鲜明，乐彦辅我所敬，张茂先我所不解，周弘武巧于用短，杜方叔拙于用长。"

（选自刘义庆撰、刘孝标注、朱铸禹汇校集注《世说新语汇校集注》，第435页，上海古籍出版社2002年版）

刘义庆（403—444），字季伯，彭城（今江苏徐州）人。宋宗室，曾任南兖州刺史，都督加开府仪同三司。爱好文学，喜招纳文士。著有《世说新语》，记述汉末、魏、晋士大夫的言行。

《幽明录》一则

〔南朝宋〕刘义庆

鬼啸

乐安县故市经荒乱[②]，人民饿死，枯骸填地。每至天阴将雨，辄闻吟啸呻叹声聒于耳。

（选自刘义庆撰、郑晚晴辑注《幽明录》，第191页，文化艺术出版社1988年版）

---

① 刘孝标注：《刘氏谱》曰："讷字令言，彭城蘩亭人。祖瑾，乐安长。父甝，魏洛阳令。讷，历司隶校尉。"编者按：据刘孝标引《刘氏谱》，刘瑾为乐安长，乐安县治在今博兴县老县城，推测其任职时间在汉魏之间。可补地方志"职官"之阙。

② 郑晚晴注：乐安县，故址在今山东省博兴县北。

《水经注·济水》（节选）

〔北魏〕郦道元

济水又东北，迤为渊渚，谓之平州坑[1]。漯沃县侧有平安故城，俗谓之会城，非也。按《地理志》，千乘郡有平安县，侯国也，王莽曰鸿睦也。应劭曰：博昌县西南三十里有平安亭，故县也，世尚存平州之名矣。济水又东北，径高昌县故城西。按《地理志》千乘郡有高昌县，汉宣帝地节四年封董忠为侯国，世谓之马昌城，非也。济水又东北，径乐安县故城南。伏琛《齐记》曰：博昌城西北五十里有南北二城，相去三十里，隔时、济二水，指此为博昌北城，非也。乐安与博昌、薄姑分水，俱同西北，薄姑去齐城六十里，乐安越水差远，验非尤明。班固曰：千乘郡有乐安县。应劭曰：取休令之名矣。汉武帝元朔五年，封李蔡为侯国。城西三里有任光等冢，光是宛县人，不得为博昌明矣。

济水又径薄姑城北。后汉《郡国志》曰：博昌县有薄姑城。《地理书》曰：吕尚封于齐郡薄姑。薄姑故城在临淄县西北五十里，近济水，史迁曰献公徙薄姑。城内有高台。《春秋·昭公二十年》，齐景公饮于台上，曰：古而不死，何乐如之？晏平仲对曰：昔爽鸠氏始居之，季蓢因之，有逢伯陵又因之，薄姑氏又因之，而后太公因之，臣以为古若不死，爽鸠氏之乐非君之乐。即于是台也。济水又东北，径狼牙固西而东北流也。

又东北过利县西。

《地理志》齐郡有利县。王莽之利治也。晏谟曰：县在齐城北五十里也。

又东北过甲下邑，入于河。

济水东北至甲下邑南，东历琅槐县故城北。《地理风俗记》曰：博昌东北八十里，有琅槐乡，故县也。《山海经》曰：济水绝巨野，注渤海，入齐琅槐东北者也。又东北，河水枝津注之。《水经》以为入河，非也。斯乃河水注济，非济入河。又东北入海。郭景纯曰：济自荥阳至乐安博昌入海。今河竭，济水

---

① 编者按：底本无“坑”字，据《齐乘》引文补。

仍流不绝,《经》言入河，二说并失。然河水于济、漯之北，别流注海，今所辍流者，惟漯水耳。郭或以为济注之，即实非也。寻经脉水，不如《山经》之为密矣。

（选自郦道元撰《水经注》卷八，光绪二十五年广雅书局刊本）

郦道元（约470—527），字善长，范阳涿县（今河北涿州）人。官御史中尉，为权贵所忌，出为关右大使监萧宝夤。被宝夤所杀。好学而博览奇书，文笔深峭。著《水经注》四十卷，为有文学价值之地理巨著。

《齐民要术》一则

〔北魏〕贾思勰

乐安令徐肃藏瓜法[1]

《食经》曰乐安令徐肃藏瓜法:“取越瓜细者，不操拭，勿使近水，盐之令咸，十日许，出，拭之，小阴干熇之，仍内着盆中。作和法：以三升赤小豆、三升秫米并炒之，令黄，合舂，以三斗好酒解之。以瓜投中，密涂，乃经年不败。”崔寔曰:“大暑后六日可藏瓜。”

（选自贾思勰著，李铭涵、胡延彬编校《齐民要术》，第180页，青岛出版社2010年版）

贾思勰（生卒年不详），青州益都（治今山东寿光南）人。曾任高阳郡（治今属河北高阳东）太守，具有广泛的农事知识。以收集到的文献资料和访查见闻等，写成农业科学技术巨作《齐民要术》。

① 编者按：选文所记载乐安令徐肃，可补地方志“职官”之阙。

《金楼子》一则

〔南朝梁〕萧绎

任彦昇云："人皆有荣进之心，政复有多少耳。然口不及，迹不营，居当为胜。"王文舒曰："人或毁己，当退而求之于身。若己有可毁之行，则彼言当矣；若己无可毁之行，则彼言妄矣。当则无怨于彼，妄则无害于身。又何反报焉？且闻人毁己而忿者，恶丑声之加己，反报者滋甚，不如默而自修也。"颜延年言："流言谤议，有道所不免。况在阙薄，难用算防。应之之方，必先本己。或信不素积，嫌间所为；或性不和物，尤怨所聚。有一于此，何处逃之。日省吾躬，月料吾志，斯道必存，何恤人言。任嘏每献忠言，辄手怀草，自在禁省，归书不封，何其美乎！入仕之后，此其勖哉！昔孔光有人问温室之树，笑而不答，诚有以也。"

（选自萧绎撰《金楼子》卷二，见《钦定四库全书·子部十·杂家类一·杂学之属》）

萧绎（508—555），字世诚，小字七符。南朝梁皇帝，公元552—555年在位。梁武帝萧衍第七子，初封湘东王，侯景叛乱时，派遣王僧辩和陈霸先平定侯景之乱，称帝于江陵，联合西魏消灭武陵王萧纪。承圣三年，西魏攻打江陵，城破被杀，谥号孝元皇帝，庙号世祖。所著《金楼子》具有极高的文献、史料和文论价值。后人辑有《梁元帝集》。

《幼童传》一则

〔南朝梁〕刘昭

任嘏

乐安任嘏者，十二就师，学不再问，一年通三经，乡人歌曰："蒋氏翁，任氏童。"言蒋氏之门老而方笃，任家之学幼而多慧。

（选自陶宗仪撰《说郛》卷五十八下引刘昭《幼童传》，见《钦定四库全书·子部十·杂家类五·杂纂之属》）

刘昭（生卒年不详），字宣卿，平原高唐（今属山东）人。幼通《老》《庄》义，及长，勤学善属文，为外兄江淹所称赏。梁天监中，累迁中军临川王记室，卒于剡令。有《后汉书集注》《幼童传》等。

后魏骠骑将军荆州刺史贺拔夫人元氏墓志铭

〔北周〕庾信

在河之洲，闻君子之配德；言采其蕨，见夫人之有礼。用之风化，人伦厚焉。夫人讳安，字大罗，河南洛阳人也。祖某，京兆康王。父昭，骠骑大将军、开府仪同三司、录尚书、司州牧、汝阳郡王。跗萼雄图，阶基霸迹，公卿之室，将相维家。

夫人能修法度，无思犯礼，恭俭节用，忧在进贤。大统五年，封乐安公主[①]，归于贺拔氏，时年十三。思事忧勤，化成妇德，彤管载晖，棠棣早茂。及乎讴歌有归，褕狄降等，辅佐君子，犹安其室。以周天和四年二月二十六日

① 吴兆宜注：《隋书》青州北海郡博昌县注："旧曰乐安。"编者按：贺拔夫人元安，大统五年封乐安公主，可补地方志"封爵"之阙。

薨于长安万年里，春秋五十有二，诏赠顿丘国夫人，礼也。即以其年三月二十日归葬于咸阳之石安原。既异乘鸾，翻然永去，虽非舞鹤，即掩泉门，欲志佳城，乃为铭曰：

逖矣雄谋，悠哉霸辙。九服潜运，三川中竭。卿相连镳，贤才芜绝。琬琰令淑，施衿结褵。方之棠棣，譬以虫斯。既全妇德，还称母仪。逝水滔滔，危途冉冉。问药无对，蒸丹不验。狄服空陈，弦机虚掩。郭门路转，哀挽途穷。垄深结雾，松高聚风。春兰秋菊，唯始唯终。

（选自庾信撰、吴兆宜注《庾开府集笺注》卷十，见《钦定四库全书·集部二·别集类一·周》）

庾信（513—581），字子山，南阳新野（今属河南）人。南梁中书令庾肩吾之子。初仕梁，后历仕西魏、北周，官至骠骑大将军、开府仪同三司，世称庾开府。善诗赋、骈文，为六朝诗歌的集大成者，为唐代诗歌的发展奠定基础。有《庾子山集》。

《颜氏家训》选

〔南北朝〕颜之推

音辞（节选）

夫九州之人，言语不同，生民已来，固常然矣。自《春秋》标齐言之传，《离骚》目楚词之经，此盖其较明之初也。后有扬雄著《方言》，其言大备。然皆考名物之同异，不显声读之是非也。逮郑玄注“六经”，高诱解《吕览》《淮南》，许慎造《说文》，刘熹制《释名》，始有譬况假借以证音字耳。而古语与今殊别，其间轻重清浊，犹未可晓；加以内言外言，急言徐言、读若之类，益使人疑。孙叔言创《尔雅音义》[1]，是汉末人独知反语。至于魏世，此事大行。高贵乡公不解反语，以为怪异。自兹厥后，音韵锋出，各有土风，递相非笑，指马之谕，未知孰是。共以帝王都邑，参校方俗，考核古今，为之折衷。搉而量之，独金陵与洛下耳。南方水土和柔，其音清举而切诣，失在浮浅，其辞多鄙俗。北方山川深厚，其音沈浊而鈋钝，得其质直，其辞多古语。然冠冕君子，南方为优；闾里小人，北方为愈。易服而与之谈，南方士庶，数言可辩；隔垣而听其语，北方朝野，终日难分。而南染吴、越，北杂夷虏，皆有深弊，不可具论。其谬失轻微者，则南人以钱为涎，以石为射，以贱为羡，以是为舐；北人以庶为戍，以如为儒，以紫为姊，以洽为狎。如此之例，两失甚多。至邺已来，唯见崔子约、崔瞻叔侄，李祖仁、李蔚兄弟，颇事言词，少为切正。李季节著《音韵决疑》，时有错失；阳休之造《切韵》，殊为疏野。吾家儿女，虽在孩稚，便渐督正之；一言讹替，以为己罪矣。云为品物，未考书记者，不敢辄名，汝曹所知也。

（选自王利器撰《颜氏家训集解》增补本，第529～530页，中华书局1993年版）

颜之推（531—约590以后），字介，琅邪临沂（今属山东）人。初仕梁元帝为散骑侍郎。江陵为西魏军所破，投奔北齐，官至黄门侍郎、平原太守。齐亡入周，为御史上士。隋开皇中，太子召为学士。仁寿初，与刘臻、萧该等讨论音韵，后由陆法言编为《切韵》。有《颜氏家训》传世，以儒家传统思想为立身治家之道，于语言文字亦多有论述。

① 王利器注：何焯校改“言”为“然”，云：“宋本讹‘言’。”王应麟《玉海·小学类》曰：“世谓仓颉制字，孙炎作音，沈约撰韵，同为椎轮之始。”赵曦明曰：“《隋书·经籍志》：‘《尔雅音义》八卷，孙炎撰。’”卢文弨曰：“案：《魏志·王肃传》称孙叔然，以名与晋武帝同，故称其字。陆德明《释文》亦云：‘炎字叔然。’今此作‘叔言’，亦似取庄子‘大言炎炎’为义。得无炎本有两字耶？故仍之。”刘盼遂引吴承仕曰：“按：炎字叔然，义相应。卢说本作‘叔言’者，取‘大言炎炎’之义，古来有此体例乎？明‘言’为误字矣。”

《法苑珠林》二则

〔唐〕释道世

任义方

唐括州刺史乐安任义方，武德年中死，经数日而苏，自云被引见阎罗王。王令人引示地狱之处，所说与佛经不殊。又云地下昼夜昏暗，如雾中行。于时其家以义方心上少有温气，遂即请僧行道，义方乃于地下闻其赞呗之声。王捡其案，谓吏曰：未合即死，何因错追。遂放令归。义方出，度三关，关吏皆睡。送人云，但寻呗声，当即到舍。见一大坑当道，意欲跳过，遂落坑中，应时即起。论说地狱，画地成图。其所得俸禄，皆造经像，曾写《金刚般若》千余部。义方自说。

（选自释道世撰《法苑珠林》卷五十，见《钦定四库全书·子部十三·释家类》）

董永

董永者[①]，少偏孤，与父居。乃肆力田亩，鹿车载父自随。父终，自卖于富公，以供丧事。道逢一女，呼与语云："愿为君妻。"遂俱至富公。富公曰："女为谁？"答曰："永妻，欲助偿债。"公曰："汝织三百匹，遣汝。"一旬乃毕，女出门，谓永曰："我天女也，天令我助子偿人债耳。"语毕，忽然不知所在。

（选自释道世撰《法苑珠林》卷六十二，见《钦定四库全书·子部十三·释家类》）

① 原注：郑缉之《孝子感通传》曰："永是千乘人。"

释道世（596—683），俗姓韩氏，字玄恽，长安（今陕西西安）人。十二岁于青龙寺出家，精通律宗。显庆年中参与玄奘翻经行道，后奉诏入西明寺辅道宣讲经说法。讲贯之余，博览经藏，著述甚丰，著有《法苑珠林》一百卷。

益州温江县令任君神道碑

〔唐〕杨炯

汉丞相之尊官大位，乘轮满于十人；齐景公之利用厚生，有马盈于千驷。羽旄冠剑，纵金鸣玉叠其前；苑囿池台，清歌妙舞喧其后。崇高在于宠禄，大欲存于食货。义然后取，横玉带以当仁，道不虚行，坐盐梅而自得。若乃时之不与，数之不通，贵贱任于天，穷通由于命。左太冲之咏史，下僚实英俊之场；嵇叔夜之著书，贱职为老庄之地。虽复势力以高下相悬，尊卑以商周不敌。孔宣父中都之小宰，幽厉多惜于陪臣；陈仲弓太邱之一官，公卿有惭于县长。是以德成者上，道在斯尊，陶潜则安枕北窗，言偃则鸣弦东武。抑扬足以仪四海，顾盼足以破三军，代有人焉，斯为盛矣。

君讳晃，乐安博昌人也。其后因官，遂家蒲州之永乐。天子令德，轩皇为诞姓之源；诸侯计功，薛国在宗盟之后。西京执法，则有御史大夫；东汉循良，则有会稽都尉。任光乡里之忠厚，任愧朝臣之鲠直。益州从事，术数知名；临海真人，清贞克己。况乎东西海岱，强齐九合之都；表里山河，全晋三分之国。车马雷骇，衣冠鼎盛。盟书百代，可谓功臣；迁徒丘陵，实惟豪族。曾祖显，祖熙，考景，并策名天爵，独步人师，怀素履之幽贞，保黄裳之元吉。

张家碑碣，荆州有七代孝廉；荀氏乡亭，颍川有八人才子。君外资刚健，内育文明。合千载圣贤之间，钟五行金木之秀。王恭濯濯，春柳怀风；和峤森森，寒松列景。有曾参之孝，有史鱼之直，有子夏之文，有冉求之艺。先王德行，固名言而在兹；大圣温良，亦颠沛而于是。当朝一见，许其王佐之才；行路相逢，知其美人之赠。解褐为家令寺主簿。天王太子之位，赫赫前星；天地长男之宫，岩岩左阙。出身事主，元良永固于万邦；束发登朝，匕鬯不惊于百里。秩满，授将作监主簿。千门万户，张华穷壮丽之图；东主西宾，班固尽讴谣之实。职掌宫观，是名将作。大司马桓温之府，绩用在于元琳；大将军窦宪之曹，文章寄于亭伯。累迁右卫长史。南京左掖，上将陪藩；北落师门，天军列卫。东观汉记，梁统有清白之名；中兴晋书，薛兼有恪勤之誉。诏迁朝散大夫，行益州温江县令。华阳西极，汉水东流。背面通秦越之乡，左右夹巴凉之地。风烟可接，悬车束马之山；云物潜通，织女牵牛之象。神仙所宅，则有二十四居；途路所经，则有五千余里。金城石郭，还闻上代之风；国富人安，时听中和之乐。于是乎龙泉独断，龟旐旁求，品命千名，封疆万户。暂过云亭，乘轩之望可知；且诣中军，理剧之才有属。旌孝悌，劝农桑，省徭役，恤鳏寡，所以一县称平，所以百城尤最。萧育是杜陵男子，不入后曹；黄浮非乡里所知，不宽同岁。洛阳行马，门士无心；齐国池鱼，权家绝望。郑文公邵陵之县，但称男子之名；师尚父灌坛之乡，惟有神人之哭。实谓枢机八座，上下三阶，岂惟缚柱鞭丝，操刀制锦？巫马欺之任力，弊起乘星；钟离意之悦人，灾生解土。享年五十有九，以仪凤二年六月二十五日，卒于官第。

夫人姚氏，征士神人之女也。寿邱仙叶，妫水灵苗。定姚信之机衡，审姚光之术艺。明星焰焰，不临太邱之前；暮雨沉沉，不散巫山之曲。妇人谓嫁，女子有行。织纴组驯，枣修榛栗。南斗千龄之匣，忽怆沉江；北方三代之仪，终悲共穴。先以咸亨三年七月二日，终西京翊善里之私第。越仪凤三年冬十一月一日，归祔于永乐县历山之平原。

卜虞芮之闲田，带关河之设险。居人致祭，桐乡有朱邑之祠；怪石成坟，叶县有王乔之墓。君燕赵奇士，神仙中人，容貌魁梧，衣冠甚伟。扬子云之穷巷，好事来游；段干木之闾居，通侯展敬。自陈力就列，居家可移。妾本绝于织蒲，马无闻于食粟。原子思之厚秩，遍给乡人；孔文举之中樽，延留坐客。加以遍观图史，尤精释教。梦幻泡电，知一切之皆空；园林货财，见三阳之已净。遭时屯坎，浮生蹇剥。佳人不再，荀奉倩之伤神；赤子无期，潘安仁之惨恸。天乎到此，命也如何？及其瞑目少城，归魂旧壤。平原古树，唯余孺子之坟；春露秋霜，非复皋陶之祀。于是乡邻作主，朋友加麻，撰德铭之于素常，披文刻之于翠石。鲁哀公作仲尼之诔，天不慭遗；蔡伯喈为有道之碑，人无愧色。其铭曰：

轩帝之族，汉朝之臣。西州智士，东海真人。豪杰天纵，衣冠日新。实生其德，必有其邻。道在为贵，知几则神。气冲南斗，价直西秦。大蒙之信，太平之仁。辨穷非马，学究成麟。孝友为政，观光利宾。重朋比德，四海为春。宫室之象，南斗北辰。甲兵之卫，阊阖钩陈。山控金马，江回玉轮。天文井络，地纪梁岷。庭前置水，甑内生尘。园蚕生茧，野稚来驯。时命屯蹇，生涯苦辛。实叙虚赠，玉树长沦。辅德无辅，清仁不亲。百年夭枉，一旦归真。雷鸣之下，长河之滨，旌旃委郁，徒御逡巡。悲风泪起，血下沾巾。死而可续，人百其身。

（选自杨炯撰《盈川集》卷七，见《钦定四库全书·集部二·别集类一·唐》）

杨炯（650—约693），字令明，华阴（今属陕西）人。“初唐四杰”之一。十岁举神童，后授校书郎，官至盈川令，故世称杨盈川。其诗在内容和艺术风格上以突破齐梁“宫体”诗风为特色，在诗歌的发展史上起到了承前启后的作用。有《盈川集》。

陈情表①

〔唐〕孙逖

臣父嘉之，幸遇明时，早勤学业，出身入仕，四十余年，历官五政，经考二十，未能亨通，才及令长。臣夙荷严训，累登清秩，频迁省闼，又拜掖垣，地近班荣，臣则过量；途遥日暮，父乃后时。在公府有偷荣之责，于私庭无报德之效。反惭乌鸟，徒厕鸳鸿。伏望降臣一外官，特乞微恩，稍沾臣父。

① 编者按：乐安（今博兴）孙氏，至晋孙道恭之子孙颉，避地河朔，后世居焉，其后世子孙成为乐安孙氏一支重要分支，孙逖即为其中代表，《全唐文》卷三〇八至三一三为孙逖文集，特选录其中三篇。

（选自董诰等编《全唐文》卷三百十一，第3162页，中华书局1983年版）

孙逖（696—761），字子成，博州武水（今山东聊城市东昌府区）人，祖籍乐安（今博兴）。学穷百家，善于属文。开元进士，历官山阴县尉、起居舍人、集贤院修撰、中书舍人、知制诰，充任河东道黜陟使，天宝年间权判刑部侍郎，迁太子詹事。卒谥文。

宋州司马先府君墓志铭

〔唐〕孙逖

府君讳嘉之，字某，魏郡武水人也。故属安乐，盖齐大夫书之后。至晋长秋卿道恭，有子曰颉，避地河朔，后世居焉。颉五世孙魏光禄大夫惠蔚，为本朝大儒，自时厥后，不陨其业。公即光禄元孙也。曾祖孝敏，隋大业中并州晋阳县令，所居之聚，聊设衡关，至为晋阳里。祖仲将，皇朝郓州寿张县丞。父希庄，皇朝韩王府典签。自晋阳至府君，四世而传一子，故五服之内，无近属焉。府君四岁而孤，无所怙恃。外祖刘士杰，因官居于潞之涉县，府君自幼及长，外族焉依。克自激昂，允迪前烈，弱冠以文章著称。因此游太原，涉西河，以观陶唐之风。河汾之间，有盛名矣。垂拱、载初之际，始诣洛阳，献书阙下，极论时政，言多抵忤，所如不合，遂投迹太学，托名常调。天册中以进士擢第，与崔日用、苏晋俱为考功郎中，李迥秀特所标赏。久视初预拔萃，与邵炅、齐澣同升甲科。解褐蜀州新津县主簿，又补河南府缑氏县尉，改王屋县主簿。府君少好摄生之术，自王屋授诀于司马先生，便欲罢官学道，而官微禄薄，曰："衰门无储，宗党孤眇，无所仰给，繇是愿效六百石长吏焉。"历洺州曲周、宋州襄邑二县令。秩满之后，遂绝迹人世，屏居园林，怡神太和，以适初愿。居数岁，适长子逖拜中书舍人，实掌丝纶。皇上以府君有义方之训，特授朝散大夫、宋州司马，仍听致仕。手诏褒美，亲族荣之。享年八十三，以开元二十七年四月二十四日，弃背于东都集贤里之私第。府君性聪明而志高邈，学该百氏而不为章句，文穷三变而尤工气质。早有大名，晚从卑位，于是知命之不偶，道之不行，随时委运，澹然无营。而畴昔辈列，平生雅故，当轴处中者多矣，盖未尝跬足而近之。恬于势利，乃如此也。然所莅之职，必悉心为政，不以小而易之，人到于今遗爱矣。尔其闺门之教，子孙之谋，猷之必远，诲则无倦。万石不假于诮让，太丘惟闻于善诱，保乂于后，无惭古人。夫人广平宋氏，蒲州安邑县令斌之孙，滑州司士参军郁之女。淑德贤行，深慈至柔。有子四人，皆著名于词学；有女六人，俱涉迹于图史。非独府君之善训，亦有夫人之内则焉。享年六十，以开元十年十一月二十三日，先弃背于河阳别业。逖、遹、遘、迨等，遭天不慭遗，降此鞠凶，创巨以深，荼蓼又集。永惟宅兆未立，精灵未安，犹力尫瘵，尚存余喘。即以府君违世之年八月十二日，迁厝于邙山陶村之西原合祔焉，礼也。北据冈阜，南瞻城阙，一以托州原之胜势，一以近庭闱之故居。诸孤等亦愿朝奠几筵，暮扫松柏，往来密迩，以置哀怀。伏惟尊灵，安此真宅。小子痛极，岂复能文？泣血书事，言多失绪。其辞曰：

惟先府君，不陨厥问。克惟厥训，惟先夫人。慈范是经，柔德是程。昊天罔极，曷其报德。敢述旧闻，言岂为饰。

（选自董诰等编《全唐文》卷三百十三，第3182～3183页，中华书局1983年版）

祭亡弟故左羽林军兵曹参军文

〔唐〕孙逖

余年有五，尔实以生。四十余载，而为弟兄。抚髫并育，接衽相成。奈何弃予，长隔幽明。尔之德器，宽仁温厚。天道何欺，不假尔寿。尔之缘饰，文学政事。天道何欺，不假尔位。未至中秩，才过强仕。奄忽如斯，嗟何及矣。予兼右职，尔位中司。两京为别，数稔于兹。顷虽一见，倏已三时。会合常少，悠悠我思。近有东讯，驾言西上。顾日望期，心存目想。当乘疾置，以戒徂两。方欲再驰，岂图常往。医不及诊，药不及尝。壮年殒命，暴疾罹殃。无一言以告诀，有万恨于冥茫。长号永痛，裂膈抽肠。尔逢天威，余限王事。仓卒之辰，急难靡寄。遣奠之日，奔临莫遂。痛绪弥深，哀端益至。今也来斯，骤移时律。目绝遗象，心催虚室。顾天伦之有戚，若具体之丧一。谅修短之同归，在先后而相恤。抚遗孤而流动，气膈臆而内圮。伊物情之共伤，岂余心之忍此。蓬也未立，稷兮仍稚。以吾视之，何但犹子。神本不灭，尔则有知。精爽如在，知今心期。同蔬永绝，采藻空施。衔酸沃酹，哀不能支。

（选自董诰等编《全唐文》卷三百十三，第3184页，中华书局1983年版）

尚书刑部侍郎赠尚书右仆射孙逖文公集序

〔唐〕颜真卿

古之为文者，所以导达心志，发挥性灵，本乎咏歌，终乎雅颂。帝庸作而君臣动色，王泽竭而风化不行。政之兴衰，实系于此。然而文胜质，则绣其鞶帨而血流漂杵；质胜文，则野于礼乐而木讷不华。历代相因，莫能适中。故诗人之赋丽以则，词人之赋丽以淫，此其效也。汉魏已还，雅道微缺；梁陈斯降，宫体聿兴。既驰骋于末流，遂受嗤于后学。是以沈隐侯之论谢康乐也，乃云灵均已来，此未及睹；卢黄门之序陈拾遗也，而云道丧五百岁，而得陈君。若激昂颓波，虽无害于过正；榷其中论，不亦伤于厚诬。何则？雅郑在人，理乱由俗。桑间濮上，胡为乎绵古之时；正始皇风，奚独乎凡今之代？盖不然矣。其或斌斌彪炳，郁郁相宣，膺期运以挺生，奄寰瀛而首出者，其惟仆射孙公乎？

公讳逖，河南巩人。其先自乐安、武水，寓于涉而徙焉。父嘉之，以词学登科，官至宋州司马。公风裁澄明，天才杰出。学穷百氏，不好非圣之书；文统三变，特深稽古之道。故逸气上跻，而高情四达。羌索隐乎混元之始，表独立于常均之外。不其盛欤？年数岁，即好属文。十五时，相国齐公崔日用试《土火炉赋》，公雅思遒丽，援翰立成。齐公骇之，约以忘年之契，尔后遂有大名。故其试言也，年未弱冠，而三擅甲科。吏部侍郎王邱试《竹帘赋》，降阶约拜，以殊礼待之。相国燕公张说览其策而心醉。其序事也，则《伯乐川记》及诸碑志，皆卓立千古，传于域中；其为诗也，必有逸韵佳对，冠绝当时，布在人口；其词言也，则宰相张九龄欲掎摭疵瑕，沈吟久之，不能易一字。公之除庶子也。苑咸草诏曰“西掖掌纶，朝推无对”，议者以为知言。凡斯夥多，庸可悉数，故燕国深赏公才。俾与张九龄、许景先、韦述同游门庭，命子均、垍申伯仲之礼。江夏李邕，自陈州入计，缮写其集，赍以诣公，托知已之分。其为先达所重也如此。公又雅有清鉴。典考功时，精核进士，虽权要不能逼。所奖擢者二十七人，数年间宏词判等，入甲第者一十六人，授校书郎者九人，其余咸著名当世，已而多至显官。明年典举亦如之。故言第者必称“孙公”而已。夫然，信可谓人文之宗师，国风之哲匠者矣。公凡所著诗歌、赋序、策问、赞、碑志、表疏、制诰，不可胜纪，遭二朝之乱，多有散落。子宿、绛、成等，夙奉过庭之训，咸以文章知名，同时台省。乃编次公文集为二十卷，列之于左。庶乎好事者传写讽诵，以垂乎无穷，亦何必藏名山而纳石室也？真卿昔观光乎天府，实荷公之奖擢，见命为序，岂究端倪。时则永泰元年仲秋之月也。至若世系阀阅，盖存之别传，此不复云。

（选自董诰等编《全唐文》卷三百三十七，第3415～3416页，中华书局1983年版）

颜真卿（709—784），字清臣，小名羡门子，别号应方，琅邪临沂（今属山东）人，生于京兆万年（今陕西西安）。开元进士，历任监察御史、殿中侍御史，因得罪杨国忠，出为平原太守。安史之乱时，颜真卿率河北义军对抗叛军，被推为盟主。后授为宪部尚书，代宗时官至吏部尚书、太子太师，封鲁郡公，人称颜鲁公。德宗时被派遣晓谕叛将李希烈，凛然拒贼，终被缢杀。追赠司徒，谥文忠。其人书法精妙，擅长行、楷，其“颜体”为百世之宗。后人辑有《颜鲁公文集》。

郡县守令迁临未至而亡，新旧吏为服议

〔唐〕杜佑

魏河南尹丞刘绰问曰："士孙德祖以乐陵太守被书迁陈留，已受印绶，发迈迎吏。虽未至，左右已达，未入境而亡。不知乐陵送故吏当持重乎？陈留迎吏当持重乎？"河南尹司马芝答曰："德祖见陈留太守，故乐陵守耳，乐陵吏以旧君服，复何疑也？"刘绰难云："虽去乐陵，其义未绝；陈留虽迎，其恩未加。今使恩未加而服重，恩未绝而服轻乎？《礼》：'娶女有吉日而女死，婿齐缞而吊，既葬除之。'谓乐陵宜三年矣。"芝答："德祖已受帝命，君名已定，乃欲以已成名之君，比未成之妇，何邪？"绰又难："陈留之吏既未相见，而使三年，是责非时之恩。《礼》云：'仕而未有禄，违而君薨，弗为之服。'明服以恩不以名也。"

宋庾蔚之曰："爵位以受命为判，德祖已受陈留之印，则于乐陵为旧君矣，不俟迎至乃相见也。陈留君吏之名虽判，而恩实未接，同吉日之妇，于情为安。令吏为君齐缞以吊。"

按：宛令迁为元城，已来，在道，元城左右奉图箓，主簿众吏在后。未到，令死，二县吏疑所服。马博士以为宛君臣未绝，旧吏不得不服，元城宜吊服加麻。贾博士以为已正名元城，然未入境，可依女在涂之服，宛当为旧君之服。

或问："长吏迁，在传舍而死，彼迎吏未至，此二国吏服谁当轻重？"孙叔然答曰："古者诸侯以国为家，卫出其君于襄牛，不书'出奔'，以未出境也。卫侯奔死乌，《传》曰：'犹在境内，则卫君也。'虽出传舍，固当以君服之；彼迎吏依娶女有吉日，夫死，斩缞而吊，既葬除之。"

（选自杜佑撰《通典》卷九十九，见《钦定四库全书·史部十三·政书类一·通制之属》）

杜佑（735—812），字君卿，京兆万年（今陕西西安）人。以礼部尚书出任扬州大都督府长史、淮南节度使，后拜相。先后辅佐唐德宗、唐顺宗和唐宪宗。其博览古今典籍和历代名贤论议，考潮各种典章制度的源流，以三十余年时间著《通典》二百卷，是为中国第一部典章制度专史。

外王父赠秘书少监东平吕公神道表铭①

〔唐〕梁肃

公之先出自姜姓，太公之允也，唐虞之际，佐治洪水有功，以能为禹股肱心膂，命曰吕氏。洎太公誓苍兕、平商牧，桓公责包茅、匡周道，传国七百，列于春秋。汉兴，以勋戚在侯服者二十人，临泗侯之孙通封于东平。其后国除，为郡著族。元魏末有汶阳公思礼者，扶翼周文，开霸关右，历行台右丞兵部尚书。时魏分为东西，中夏拥隔，遂居于河东，今为蒲人也。从尚书四叶生琎，皇朝晋阳令，赠郴州刺史。郴州之嗣曰仁诲，以文学称，以从父兄太一俱用射策科。太一历御史、尚书郎、中书舍人、户部侍郎、右庶子，仁诲由成王文学转岐王府属，累迁右庶子、金吾中郎将、资州刺史，除许州，未拜而薨。以孝行闻，仕至太仆丞，加朝散大夫。太仆生公。公讳某，字某，少淳茂有志行，居太仆府君忧，泣血三年，乡党称之。制终，治《古文尚书》《左氏春秋》。二十举孝廉，补博昌主簿，历任营邱、文安二丞。宣劳使以清白荐，试守洺水令。公为政务仁恕，去苛察，密化旁流，邑中移风。再岁正除，加朝散大夫。公性简退，不以善自名，且不乐为吏，秩未满。移疾罢去。居于济源王屋山之阳。常言君子之道，不从俗，不离群。幼安抗迹而傲世，慈明濡足以救民，曷若中行以全吾真。由是逍遥乐道，以漆园鹖冠之言为师。时阅历代史，究兴败治乱之端，参以立身行道之义，著书十余卷，号《续吕氏春秋》。草稿

① 编者按：墓主吕公，东平人，吕仁诲之子，梁肃外祖父。年二十举孝廉，补博昌主簿。此可补地方志“职官”之阙。

未就，属寝疾捐馆，享年若干，时开元二十五年也。永泰中，嗣子某位朝散大夫、右赞善，兼陈州刺史，寻迁检校秘书少监，兼徐州别驾。因诣阙拜章，乞回所授赐命于先人。诏追赠公太子中允。谢恩之际，又以公所著书上闻，遂改赠秘书少监。后十有三载，岁在某辰某月日，龟著袭吉，始安宅于某乡里之原，江夏郡夫人黄氏祔焉。夫人汉太尉琬之裔孙，皇朝大将军怀州都督虢国公君汉之孙，沂王府长史虢国公承源之女，洪州刺史京兆韦同之甥。有温仁孝爱之德，劝义垂训之美。后公七岁而终。公之追命，于是有江夏之赠。嗣子秘书痛先君先夫人厌世寖远，音徽将昧，常欲立贞石、传德风。蓄诚未申，先是徂谢。小子再拜受命于太夫人，且成伯舅之志，恭论外祖之烈，以示后嗣。杨恽传太史之书，久惭庸陋；韩康感中军之爱，空想生平。道在兹乎？以表墓。文曰：

赫赫有吕，肇发于姜。既协大禹，亦亮武王。营邱门地，东平传嗣。书之勋册，有焯名位。中郎伯仲，允迪斯贵。实生秘书，含道蕴粹。仁为己任，孝亦天至。论经八览，文参六义。三邑之佐，清恭廉贞。鸣弦作宰，休有清声。退谋于道，爰晦其明。体顺保和，遗荣入冥。春闱中允，蓬山二职。运往时来，退荣隐德。振彼江夏，光敷内则。不及象服，空垂燕翼。太行之右，清济之北。外孙纪辞，以志兆域。

（选自董诰等编《全唐文》卷五百二十二，第5301～5302页，中华书局1983年版）

梁肃（753—793），字敬之，一字宽中，陆浑（今河南嵩县东北）人。建中初举文辞清丽科，曾任校书郎、右补阙、翰林学士等职。能奖引后进，曾荐举韩愈、欧阳詹等登第。其文得独孤及传授，崇尚古朴，为韩愈、李翱等所师法。崇信佛教，与天台宗僧人交往，颇多论述。原有集，已失传，《全唐文》存其文六卷。

孙公神道碑铭（并序）①

〔唐〕权德舆

元和元年冬十月，内省少监致仕孙公寝疾，薨于京师广化里私第，享年若干。十有一月，有诏追赠扬州大都督，法赙布绢，各以百数。明年十一月，葬于泾阳县之某原。命妇诸孤，家老故吏，以服劳诏禄恩华庆赏之不可以不识也，请镂丰碑，楬于鲜原云。唯圣唐仁泽汪濊，威灵燀耀，乃法辰象，以严武师。惟肃宗创新军于北落，克靖患难；惟德宗置中护于内朝，而为总制。翊宸严以宣七德，正师律以张四维。勤劳警巡，柬拔忠厚，不失于正，克保其终者，惟公有焉。

公讳荣义，字某，其先吴郡人也。轩裳延耀，本冠邦卿，版籍推迁，幸来京毂，今为京兆泾阳人。曾祖翾，皇右金吾卫中候；祖庭玉，赠兖州刺史；父知吉，皇开府仪同三司行右领军卫大将军知内侍省事上柱国魏国公。或徼循筮仕，道在安卑；或麾节加恩，义彰追远。以至于先公贵位，名重前朝。宏内省之事任，受大封之徽命。承休袭庆，终践代官。裕蛊教忠，备遵家法。公端良谨重，洁白详明，事无尤违，心必诚信。至德中，策勋至上柱国，起家掖庭局监，转掖庭局丞、宫闱局令，再为内谒者局，叙品至朝议大夫，恩锡章服，又加中散大夫。贞元十七年充右神策军护军中尉判官。才浃辰，迁内常侍，充副使。越翌日，兼右街功德副使。十九年拜右骁卫将军，充右神策军护军中尉右街功德使。明年有诏知内侍省事。岁中加特进右武卫大将军，封乐安县开国男。德宗弃天下，顺宗谅暗，整训爪牙，勤宣翼戴，进骠骑大将军，益封乐安县公，食邑一千五百户。今皇帝践祚，以年疾加侵，固辞戎政，重违诚恳，恩礼旧劳，拜开府仪同三司。既积沈恙，累章陈乞，乃下优诏，遂其致政之请焉。初公以大历中奉使交广，裔夷啬祸，有梁氏寻氏聚为寇襄，公与守臣决

① 编者按：吴郡孙氏，出自乐安（今博兴）孙氏，这也是选文墓主封地在乐安的原因。墓主孙荣义，唐德宗贞元二十年封乐安县开国男，顺宗时益封乐安县公，食邑一千五百户。可补地方志“封爵”之阙。

策，潜师尽殪，南服以清，厥猷茂焉。建中中，将军许庭游将命北蕃，公为之介，属张光晟暴虓，其众与阴方为仇，野心烦言，将逞憾以报，才全智免，终靡盬而归。俄而希烈干纪，淮濆不靖，受中旨，合兵符，取桂岭湘川之众，益汉阳夏口之镇，以当剧贼，且护成师。收应山，援安陆，凡鄂之成绩，公有助焉。寻又监庆州行营兵马，皆奋策画，用宁边鄙。暨夫拊循爪士，参赞禁营，乃升副车，超践中尉。讲军志，循武经。比诗人祈父之职，得易象贞师之义。承睿谋以决胜，授群帅以懋功。肃肃然安人而禁暴，雄雄然由中以制外。积劳不伐，受宠若惊。恩波深而守以慎惧，爵禄厚而不萌侈汰。其或方国问遗，岁时交欢。公曰："有齿以焚，古人所诫，无胫而至，廉士不居。"外不易于人，中不易其操，泛然虚受，悉助军实，强力匪懈，推诚在公。或籍在行间，而法干吏理，苟简书所至，必械系送之，心无私焉，直而后已。当亲重之任，护腹心之臣，入近天子之光，出列诸侯之上，岂徒然哉？先魏公信向释氏，薰修心法，尝于邑里奏建宝应众善寺，五代之壤树依焉。至公又请于寺内置无垢净光法华三院塔额，檀施臧获，为净人者十辈。所以修先志，所以崇佛乘，孝子信士，斯为至矣。昔汉室以灌婴为谒者，随何为护军，正伯参珥貂之制，环列据衔珠之重。骠骑仪同，品皆第一；护封益食，事轶常均。及屏去熏灼，翛然恬旷，家居得谢，以至没身。其动也，本兵柄而不可犯；其静也，冥道枢而无所累。纳忠循理，议者嘉之。前夫人郭氏，骠骑大将军赠开府仪同三司全羽之女。克恭妇道，不幸先没。今夫人东平郡君吕氏，柔嘉有仪，昼哭遵礼，奉终诚信，以前夫人祔焉。长子某，次子某，官某等，棘心雪泣，衔恤无怙，趋承轩禁，嗣续忠劳。公之兄前保寿寺上座内供奉监义大德道系，舍筏之宗，已超学地，在原之痛，犹切孔怀。公之弟某，官某等，同气联华，致美有裕，忍哀襄事，先远是图，龟兆告猷，刍灵启路。卜佳城于此室，体魄焉依；转乐石于他山，声尘斯在。铭曰：

大君御极，修理百职。抑抑乐安，逢时竭力。超侍轩墀，抱公绝私。乃将命令，以会师期。保合诚信，周旋险夷。韬钤讲贯，印绂葳蕤。帝座之西，星文昭晰。钩陈之北，武旅森列。为之总制，所以关决。凡在拊循，士皆感悦。委重三朝，成功九霄。退身崇让，息偃迢遥。逝川阅水，截道惊飙。恩崇幢盖，吹咽笳箫。泾流汤汤，谷水池阳。旧邱崇冈，若斧若堂。宰树如云，仁祠在旁。刻铭于兹兮，永永不忘。

（选自董诰等编《全唐文》卷四百九十八，第5076～5077页，中华书局1983年版）

权德舆（759—818），字载之，天水略阳（今甘肃秦安东南）人。四岁能诗，少时以文章知名，著有《童蒙集》。以文章进身，由谏官累迁至礼部尚书、同平章事，参预朝政。工诗文，一时名人碑铭墓志，多出其手。是中唐时期台阁体的重要作家，有《权载之文集》。

故检校工部员外郎任君墓志铭

〔唐〕李翱

君讳佶，字叔正，乐安人。殿中侍御史元植[①]之孙，灵府功曹日新之子。君少遭父丧，养母以孝称。京兆尹崔光远表试左清道率府兵曹参军，敕摄富平县尉、知县事。及克复京师，以功授成都府犀浦县丞，又以优授泾阳县尉。会吐蕃犯都，代宗幸陕州，君召募吏人保守佛寺，寇不敢逼。擢为本县令，充渭北十县团练使。及驾还京，为同列潜搆，功不得论。仆射裴冕冤而奏之，得长安县尉，转本县丞，历太府寺丞。未几，迁监察御史京畿馆驿使判官。中书侍郎元载为潭漕使，请为判官。转殿中侍御史，又检校工部员外郎兼侍御史判官如故。元载得罪，君左授建州建安尉。及杨炎入相，君以书戒之，由是杨怒而不用，又移虔州司户，再授信州司马。观察使鲍防以为判官，权知饶州事。遘疾归，卒于信州，权窆于州西原。有诗两卷。前娶宗王氏女，生男冀，为邠州司法参军，三女各为士妻。后娶杜氏女，生子三人，曰淑、曰羡、曰并，女五人，长女嫁长洲尉源咸季，次女适权颖，三女早卒，少女二人未许嫁。淑历佐大府，以吏能有声，为度支振武营田使，得试协律郎，摄监察御史。元和十四年，杜氏卒，淑乃自信州奉府君之丧，合葬于万年杨村，从先人旧茔。淑尝与

① 编者按："元植"即"玄殖"。任玄殖事，见第125页《郝象贤》。

翱同事岭南府，翱知溆之才，亟荐于时，故溆来请志。铭曰：

士生于时兮，所贵者才。有才无命兮，古今所哀。噫！

（选自董诰等编《全唐文》卷六百三十九，第6453页，中华书局1983年版）

李翱（772—836），字习之，陇西成纪（今甘肃静宁西南）人，一说赵郡人。凉武昭王李暠十三世孙，唐德宗贞元年间进士，历任国子博士、史馆修撰、考功员外郎、礼部郎中、中书舍人、桂州刺史、山南东道节度使等职。卒谥文，故称李襄阳、李文公。娶韩愈侄女为妻，追随韩愈，推进古文运动。一生崇儒，排斥佛、老，主张言行应以儒家的“中道”为标准。著有《复性书》《李文公集》。

《历代名画记》选

〔唐〕张彦远

蒋少游，乐安博昌人。敏慧机巧，工书画，善画人物及雕刻。虽有才学，常在剞劂绳墨之间、园湖城殿之侧。识者叹息，少游坦然以为己任，不告疲劳。官至将作大匠、太常少卿、前将军、都水。兼此四官，赠龙骧将军、青州刺史，谥曰质[①]。彦远以德成而上，艺成而下，鄙亡德而有艺也。君子依仁游艺，周公多才多艺，贵德艺兼也。苟亡德而有艺，虽执斯役之劳，又何兴叹乎？

（选自张彦远撰《历代名画记》卷八，见《钦定四库全书·子部八·艺术类一·书画之属》）

张彦远（815—907），字爱宾，蒲州猗氏（今山西临猗）人。初为左仆射补阙，迁祠部员外郎、舒州刺史、大理寺卿。博学有文辞。擅长书画，精于

① 原注：见《后魏书》，时有郭善明、侯文和、柳俭、闵文和、郭道兴，并以巧思称。

鉴赏，著有《历代名画记》《法书要录》等，有“画史之祖”之称。

上招讨宋将军书①

〔唐〕罗隐

朝廷以简陵九年，彭虺肆螫，而东南一臂，为之枯耗。其后吴卒以狼山叛，则东西浙之筋力殆矣。自尔天子不忍重困百姓，由是官朱实，爵诸葛爽，秩安文祐，皆自盗而升朝序也。所以不幸者，江南水，钟陵火，沿淮饥，汴滑以东螟。故无赖辈一食之不饱，一衣之不覆，则磨寸铁，梃白棒，以望朝廷姑息。而王仙芝、尚君长等，湊突我庐寿，焊剥我梁宋。天子以虮虱痛痒，不足搔爬，因处分十二州，取将军为节度。非方镇之无帅，非朝廷之乏人，盖以将军跳出陇右，不二十余年，三拥节旄，谓将军必能知恩用命耳。今闻群盗已拔睢阳二城，大梁亦版筑自固，彼之望将军，其犹沸之待沃，压之待起也。而将军朱轮大旆，优游东道，不知朝廷以八十三州奉将军侍卫者乎？抑将俾将军旦夕剪此草寇也。昔韩之医良而性啬，故为人治，未尝剔去根源，所以延其疾而养其财也。后有商于韩者，以疽见医，医且欲大其疽而沽其直，因以药稔之，而疽溃商毙。商之家诉于韩，韩侯尸其族而籍其有无。且二贼蠹寿春、陷颍上、刷亳社、掠合肥、经营于梁宋，其为老者杀、少者伤，驱人之妇女，辇人之财货，将军固知之矣。自将军受命，迄今三月，关东之惨毒不解，杀伤驱辇之不已。乃将军为之，非君长、仙芝之所为也。文皇帝时卫公靖，大帝时郑仁泰、薛仁贵，或戢敛不谨，或伺候辎重，当时宪司，悉绳以法。今将军勋业不若卫公靖之多也，出师非郑、薛之敌也，而横拥仕伍，鞭挞馈运。以愚度之，将军之行，酷于君长、仙芝之行也，甚为将军忧。前者天子虑将军以爱子为念，复授禁秩，俾在军前，则朝廷宠待将军倚望将军也，俱不浅矣。苟将军戮力以除暴，推诚以报国，今其时也，无使蹑韩之医。

---

① 编者按：博昌（今博兴）诸葛爽初从庞勋反，后受招安，选文所记，涉及到诸葛爽受招安事。

（选自董诰等编《全唐文》卷八百九十四，第9334～9335页，中华书局1983年版）

罗隐（833—910），本名横，字昭谏，杭州人。出生寒儒之家，少时苦学，聪慧能文，然屡试不第。光启中，投靠镇海军节度使钱镠，历任镇海军节度判官、给事中等职。其人生当变乱之际，大半生流落不遇，因而愤世嫉俗，好为谐谑讽刺。与罗虬、罗邺合称“三罗”。有《甲乙集》《谗书》等。

句道兴《搜神记》一则

〔唐〕句道兴

董永

昔刘向《孝子图》曰：有董永者，千乘人也。小失其母，独养老父，家贫困苦，至于农月，与辘车推父于田头树荫下，与人客作，供养不阙。其父亡殁，无物葬送，遂从主人家典田，贷钱十万文。语主人曰：“后无钱还主人时，求与殁身主人为奴一世偿力。”葬父已了，欲向主人家去。在路逢一女，愿与永为妻。永曰：“孤穷如此，身复与他人为奴，恐屈娘子。”女曰：“不嫌君贫，心相愿矣，不为耻也。”永遂共到主人家。主人曰：“本期一人，今二人来，何也？主人问曰：女有何伎能？”女曰：“我解织。”主人曰：“与我织绢三百匹，放汝夫妻归家。”女织，经一旬，得绢三百匹。主人惊怪，遂放夫妻归还。行至本相见之处，女辞永曰：“我是天女，见君行孝，天遣我借君偿债。今既偿了，不得久住。”语讫，遂飞上天。前汉人也。

（选自王重民等编《敦煌变文集》，第886～887页，人民文学出版社1957年版）

句道兴（生卒年不详），里籍、生平不详。1899年，在敦煌千佛洞石室里发现一批唐、五代时期的珍藏书卷，其中有句道兴撰《搜神记》一卷。

敦煌写本《孝子传》一则

〔唐〕佚名

董永

董永，千乘人也。少失其母，独养于父，家贫佣力，笃于孝养。至于农月，永以鹿车推父至于畔上，供养如故。后数载，父殁，葬送不办。遂与圣人贷钱一万，即千贯也，将殡其父。葬殡已毕，遂来偿债。道逢一女，愿欲与永为妻。永曰：“仆贫寒如是，父终无已殡送，取主人钱一万，今充身偿债为奴，乌敢屈娘子。”妇人曰：“心所相乐，诚不耻也。”永不得已，遂与妇人同诣主人。主人曰：“汝本言一身，今二人同至，何也？”永曰：“买一得二，何怪也？”“有何所解也？”答曰：“会织绢。”主人云：“但与织绢三百匹，放汝夫妻皈还。”织经一旬，得绢三百匹。主人惊怪，遂放二人归回。行至本期之处，妻辞曰：“我是天之织女，见君至孝，天帝故遣我助君偿债。今既免子之难，不合久在人间。”言讫，由升天。永掩泪不已。天子征永，拜为御史大夫。出《孝子传》。

（选自王重民等编《敦煌变文集》，第904页，人民文学出版社1957年版）

《桂苑笔耕集》三则

〔新罗〕崔致远

诸葛爽相公

伏承亲提师旅，远赴战征，跋履山川，蒙犯霜露。不审近日尊体何似，急景凋年，寒威肃物。令行麾下，尽忘皲瘃之伤；望峻寰中，将救疮痍之患。必有百灵荐祉，七萃成功。远扬郤元帅之高名，近继郭汾阳之雄略。即销氛祲，遍活烝黎，有心之徒，引领而望。伏惟每加保重，早副祷祈，远诚所望云云。

（选自崔致远《桂苑笔耕集》二，第63～64页，商务印书馆1935年版）

诸葛爽相公（第二）

访聆贼巢，自逃商岭，久逼许田，蔡师相连，狂锋尚炽。当使以道途远隔，行止难知。未施掎鹿之能，但养斩蛟之勇。伏承相公亲麾八阵，深运六韬，将静扫其群凶，已齐驱其锐旅。既见三冬擐甲，即致殊功；方知五月渡泸，诚为易事。诸道固当高枕，圣君便可回銮。而未测鲸奔，顷防兽搏，凡居戎阃，合审军机，辄遣专人，远侦贼势。幸垂示及，冀助讨除。伏惟照鉴，谨状。

（选自崔致远《桂苑笔耕集》二，第64页，商务印书馆1935年版）

魏博韩简侍中

一自黄巾北侵，翠辇西幸，蝗无避境，蚁已坏堤，内无宫阙之灾，外结藩维之耻。诸葛爽者豕食难饱，豺声易骄，却蹑迷途，敢凌贵圉。侍中手驱虎队，心阅豹韬，一阵才施，三城遂复。雄功始建，册命俄临，永为壮士之盛谈，别作诸侯之美事。某昨欲剖巢熏穴，久为淬甲励兵，及出师徒，又蒙诏旨，且令利权山海，镇压江淮，一弭国仇，先资邦赋。然其奈夜眠军幕，霜横枕上之戈；晓挂戎衣，雷吼匣中之剑。终愿亲扬勇略，静灭凶徒，伏惟鉴察。

（选自崔致远《桂苑笔耕集》二，第80页，商务印书馆1935年版）

崔致远（857—？），字孤云、海云，新罗王京（今韩国庆尚北道庆州）人。朝鲜历史上第一位留下个人文集的学者、诗人，被朝鲜半岛学术界尊奉为朝鲜半岛汉文学的开山鼻祖，有“东国儒宗”“东国文学之祖”的称誉。11岁至唐长安求学，曾为高骈幕僚。留唐十六年间，为人谦和恭谨，且与唐末文人诗客、幕府僚佐等交游甚广。卒谥文昌。著有《桂苑笔耕》。

《北梦琐言》一则

〔五代〕孙光宪

孙内子

唐乐安孙氏，进士孟昌期之内子，善为诗，一旦并焚其集，以为才思非妇人之事，自是专以妇道内治。孙有《代夫赠人白蜡烛》曰：“景胜银釭香比兰[①]，一条白玉逼人寒。他时紫禁春风夜，醉草天书仔细看。”又《闻琴》诗曰：“玉指朱弦轧复清，湘妃愁怨最难听。初疑飒飒凉风动，又似萧萧暮雨零。近若流泉来碧嶂，远如玄鹤下青冥。夜深弹罢堪惆怅，雾湿丛兰月满庭。”又《代谢崔家郎君酒》诗曰：“谢将清酒寄愁人，澄澈甘香气味真。好是绿窗明月夜，一杯摇荡满怀春。”又台州盘峨村有一妇人萧惟香，有才思，未嫁，于所居窗下与进士王玄宴相对，因奔琅琊。复淫治不禁，王舍于逆旅而去。遂私接行客，托身无所，自经而死，店有数百首诗。所谓才思非妇人之事，诚然也哉！闻于刘山甫。

（选自孙光宪撰《北梦琐言》卷六，见《钦定四库全书·子部十二·小说家类一·杂事之属》）

① 原注：一作“自古清香胜蕙兰”。

孙光宪（约895—968），字孟文，自号葆光子，陵州贵平（今四川仁寿东北）人。后唐天成初避地江陵，南平开国君主高季兴署为从事。累官荆南节度副使，检校秘书少监。后归宋，官黄州刺史。有《北梦琐言》。

唐故泰州刺史陶公墓志铭①

〔五代北宋〕徐铉

公讳敬宣，字文褒，其先浔阳人，因官徙籍，今为合淝人也。西京作相，开国侯于是贻孙；南国主盟，长沙公兹焉不朽。篱边黄菊，解县印以言归；岭上白云，挂朝衣而不返。光灵攸属，固无得称之；丹青所存，可略而言也。高祖复，右监门卫将军；曾祖琳，建州录事参军；祖晟，青州博昌县令。皆天纵其能，世济其美。韎韦君子，屈迹于骁游；缙绅先生，折腰于州县。积善余庆，明德后兴。考雅，武昌军节度使，赠太师楚惠公。云雷搆屯，龙虎冥会。横雕戈而荡寇，功冠一时；裂鹑尾以疏封，礼优万户。公即太师第四子也。幼而岐嶷，长而俊茂，非礼勿动，时然后言。天祐中，门荫起家太子校书，迁至府长史，赐绯鱼袋。丁先公忧，时年十四，孝心昭感，丧礼无违。释服，除都官郎中，赐紫金鱼袋，改大理少卿。青缣寓直，时推伏合之勤；丹笔持平，人绝署门之叹。俄迁江都少尹。赵张治剧，由来表则之司；淮海分疆。自昔轻扬之地。公处之贞固，行以廉平，爱民则忠，事长以顺。一圻欣赖，三载有成。迁大理卿，仍兼尹事。烈祖孝高皇帝允釐百揆，实总六师，爰求郑国之良，以贰楚人之广，奏请君判左右军事。丁酉岁，尧咨文禅，禹迹中兴，征旧德于角犀，考官成于喉舌，拜工部尚书。今上嗣位，加金紫光禄大夫检校太保。会闽人作梗，王旅欲南，声实所资，豫章为急，故辍公副总判军府。及羽檄四出，刍挽相寻，民以悦而忘劳，事有备而无患。岭表既定，洪人亦康。复移宛陵，

① 编者按：据墓志，墓主陶敬宣祖父陶晟，晚唐时曾任青州博昌县令，可补地方志“职官”之阙。

仍兼棣州刺史海陵郡守。海陵为膏腴之地，邦赋最优。岁比不登，民用胥怨。公以清净为理，仁恕积中。视吏民其如伤，守法令而画一。余粮栖亩，无庚癸之呼；白驹过隙，感辰巳之岁。春秋五十有二，保大八年夏四月十有八日，卒于位。上省奏伤悼，辍朝两日，有司考行，赐谥曰顺，即于其年月日，权窆于东都，明年某月日，葬于江都府县里，与前夫人合祔焉，礼也。惟公冲和体质，仁孝为基，立身有常，与物无忤。尤善声律，闻音而知乐；颇好篇咏，下笔而成章。身后不留余财，所任必有遗爱。求之作者，斯亦难能。嗣子泰州司仓参军崇鼎、崇谅、崇伦等，皆勤修令名，夙奉成训。君恩靡替，家法如初。铉昔在朝行，实惟旧好，今从左宦，仰繄东道。痛死生之已矣，感意气以何报。延陵挂剑，愿保于不欺；岘首刊碑，终惭于绝妙。铭曰：

淮淝之灵，衡霍之精。必有贤杰，为时而生。乃伯乃仲，乃侯乃卿。望冠六事，风驰百城。人生有涯，大命夙倾。不见君子，犹存政声。远日既吉，灵辅既行。寂寞公馆，萧条古坰。哀哀郡人，泣涕沾襟。呜乎彼苍，不知福善之胡明。

（选自董诰等编《全唐文》卷八百八十五，第9253～9254页，中华书局1983年版）

徐铉（917—992），字鼎臣，广陵（今江苏扬州）人。初仕南唐，后归宋，官至散骑常侍。著有《骑省集》（又名《徐公文集》）等。

《太平广记》一则

〔北宋〕李昉

牛存节

梁牛存节镇郓州，于子城西南角大兴一第，因板筑穿地，得蛇一穴，大小无数。存节命杀之，载于野外，十数车载之方尽。时有人云：此蛇薮也。是岁，存节疽背而薨。

（选自李昉等编《太平广记》，第3757页，中华书局1961年版）

李昉（925—996），字明远，或作字明叔，真定（今河北正定）人。五代后汉乾祐进士，历仕晋、汉、周三代，累官至翰林学士。北宋建立后加中书舍人，宋太宗时，担任参知政事、同平章事。卒谥文正。其人工诗，为“白体诗”代表人物。撰写诰命共三十余年，参与编写《太平御览》《文苑英华》《太平广记》，著有文集五十卷，已佚。

《太平御览》四则

〔北宋〕李昉

董永（一）

前汉董永，千乘人。少失母，独养父。父亡，无以葬，乃从人贷钱一万，永谓钱主曰：“后若无钱还君，当以身作奴。”主甚慜之。永得钱葬父毕，将往为奴，于路忽逢一妇人，求为永妻。永曰：“今贫若是，身为奴，何敢屈夫人为妻？”妇人曰：“愿为君妇，不耻贫贱。”永遂将妇人至，钱主曰：“本言一人，今何有二？”永曰：“言一得二，理何乖乎？”主问永妻曰：“何能？”妻曰：“能织耳。”主曰：“为我织千匹绢，即放尔夫妻。”于是索丝，十日之内，千匹绢足。主惊，遂放夫妇二人而去。行至本相逢处，乃谓永曰：“我是天之织女，感君至孝，天使我偿之。今君事了，不得久停。”语讫，云雾四垂，忽飞而去。

（选自李昉等撰《太平御览》卷四百一十一，见《钦定四库全书·子部十一·类书类》）

董永（二）

《孝子传》曰：董永，父贫不遂葬，以身质钱一万，既葬就役，逢一女子，求为永妻，云能织绢。永请主人，主人令织，一旬三百匹。债足，女辞去，曰："我天之织女也，帝见君孝，使我共偿债耳。"因遂不见。[1]

（选自李昉等撰《太平御览》卷八百一十七，见《钦定四库全书·子部十一·类书类》）

董永（三）

《孝子传》曰：董永性至孝，而父死，卖身以备棺敛。既葬，即诣主人，将偿其值。路逢一女子，云："能织，愿为永妻。"永不得已，与同诣主人，问其故，永具以对。主人曰："必尔者，但令尔妇为我织缣百匹。"于是妻谓主人曰："必尔，百匹具焉"。主人大惊，即遣永夫妻出门。妻谓永曰："我天之织女也，卿笃孝，卖身葬父，故天使我为卿偿债耳。"言终，忽然不见。

（选自李昉等撰《太平御览》卷八百二十六，见《钦定四库全书·子部十一·类书类》）

鱼化龙

《郡国志》曰：金河府磨磷宫北二十里，有石殿一，飞桥岸，画以古贤哲士，太常卿蒋少游制。太和五年，文明太后来，幸得鲤鱼一双，长三尺，以黄金锁穿腮放于池中。后皆长五尺，沈泛相从。正光元年五月五日，天清气爽，闻池内锵锵声，水惊沸，须臾，雷电海气五道自池中属于天，久之乃灭。波止水定，唯见一鱼化为龙矣。

（选自李昉等撰《太平御览》卷一百七十三，见《钦定四库全书·子部十一·类书类》）

---

① 原注：事具"孝感"门。

桑能

〔北宋〕王钦若

（后周太祖广顺三年）二月，敕凤翔少尹桑能责授邓州长史。能，故开封尹维翰之庶弟也。维翰父珙有爱姬，生子岁余珙卒，姬求出，遂携儿而去。儿即能也，其后莫知所之。及维翰贵，前遣人求访音问，微知在青州。会户部侍郎王松权知青州，时维翰镇兖州，以诚托松。松至郡，访能，果得之于博兴县民家。能母适玄氏，能即为玄氏子。松即送能至维翰所。维翰表其事，有顷，晋祖授能协律郎。维翰镇京兆，以能为衙内都指挥使。维翰再入中书，改太常丞，累迁司封员外郎。能幼稚流落，长于他族，不识文字，性格鄙俗。及维翰薨，诸子幼弱，能以维翰旧第得钱千缗，典帖与人。其宅本辛氏之业也，辛氏定年限帖典与维翰。及年限满，能出为凤翔少尹，辛氏乃诣维翰子坦赎之，坦辞以候取能旨。辛氏诉于官，枢密使王峻素知其事，深所不平，即追能证问。能具伏其罪，故贬逐之。

（选自王钦若等撰《册府元龟》卷一百五十四，见《钦定四库全书·子部十一·类书类》）

王钦若（962—1025），字定国，临江军新喻（今江西新余）人。淳化进士，真宗咸平四年（1001）任参知政事。景德初因与寇准不协，罢参知政事，为刑部侍郎、资政殿学士。天禧元年（1017）拜相。天禧三年（1019）因与丁谓不和，罢相，出判杭州。仁宗即位后复相。主持编修有《册府元龟》《历代君臣事迹》《真宗实录》等。

《武经总要》二则

〔北宋〕曾公亮　丁度

一

五代梁牛存节大举以伐淮南，至濠州东门，前军失利于清口砦，军退至簿河，无复队伍。存节遏其后，与诸将释骑步斗。诸军稍得济，收合所部兵并败兵共八千余人，至于淮涘。时不食已四五日矣，存节训励部分，以御追寇，遂得旋师。

（选自曾公亮等撰《武经总要后集》卷四，见《钦定四库全书·子部二·兵家类》）

二

五代梁军败于上党，晋人乘胜进迫泽州，州城将陷。河南留守张全义召牛存节谋，遂以本军及右龙武羽林等军往接应上党。至天井关，存节谓诸将曰：“是行也虽不奉诏旨，然泽州要害，城池不可失也，当救之。”时晋人新胜，其锋甚盛，存节引众而前，衔枚夜至泽州。适遇守陴者已纵火鼓噪以应外军，刺史王班保牙城，不知所为，存节至乃定。晋军寻至，乃分布守御。晋军四面攻斗，开地道以入城，存节亦以隧道应之，逆战于地中，晋军不能进，又以劲弩射之，中者人马皆洞。经十三日，晋军死伤者甚众，焚营而退，郡以获全。

（选自曾公亮等撰《武经总要后集》卷十五，见《钦定四库全书·子部二·兵家类》）

曾公亮（999—1078），字明仲，泉州晋江（今福建泉州）人。天圣进士。知会稽县时，征发民工修镜湖斗门泄水入曹娥江。后知郑州。入为翰林学士，知开封府。嘉祐六年（1061）为相，为宰辅十五年，历仁、英、神宗三朝，号称“老成持重”。曾主编《武经总要》。《武经总要》为北宋中期官方编纂的

综合性兵书，是中国古代军事技术全面、系统的反映。

丁度（990—1053），字公雅，祥符（今河南开封）人。应服勤词学科试，中第，官至端明殿学士。有《武经总要》《集韵》等。

赠承奉郎大理评事齐郡盖府君墓志铭①

〔北宋〕张方平

府君讳某，字某，先世籍魏元城。祖某，父某，皆孝悌，力田不出仕。君性醇厚笃实，幼专经，通毛氏诗，晚更好浮屠道，信根深熟，悟解宗旨，虽不绝俗，而以戒律自持。诸具寿比丘，时辄从君质问法义，处闾里，恂恂如也。人化其行，以迁善远罪，犹雾露之润，不觉衣之沾濡，施之名教，迹近而功远矣。娶乐安孙氏，生五子：长曰平，今以尚书虞部员外郎知辽州；曰参，太常丞；曰良，渭州录事参军；曰充、曰寅，并举进士。初平调官缙云，迎君以行，秩满赴都集，道出睢上。宋都庠序实权舆天下，学者自远方至甚盛。君志在训育诸子，遂留家焉。后参、良继策科，充、寅从乡赋，义方慈训，识者推之。年六十有五，考终于里舍。一女，归进士李孟，大名冠族也。暨平登朝，历尚书省，属天子郊阳丘霈恩，故君有理平之赠。岁在涒滩冬至后二日，参等举君夫人之丧，以葬于宋城县某乡某原，礼也。某于君为姻家，而又早与诸子游，故识君行状，以纳诸圹云。铭曰：

胶西清净，相参避堂。安平虎牙，起燕要阳。著籍于魏，实本司隶。何斯中间，光响不继。君始去乡，而侨睢阳。乐就学校，以成义方。亦竟有成，策科扬名。骞翔台省，渐于修程。积善之源，君实有素。余庆寖昌，后则有裕。坡坨平岗，爰掩幽宅。君兮何归，金仙之域。

（选自张方平撰《乐全集》卷三十九，见《钦定四库全书·集部三·别集类二·宋》）

① 编者按：选文墓主夫人为乐安孙氏，可补地方志“列女”之阙。

张方平（1007—1091），字安道，号乐全居士，应天府宋城（今河南商丘）人。景祐元年（1034），中茂才异等科，任昆山县（今属江苏）知县。神宗时拜参知政事（副宰相），反对任用王安石，反对王安石新法。卒赠司空，谥文定。有《乐全集》《玉堂集》。

秘书丞赠太师刘君神道碑①

〔北宋〕苏颂

惟刘氏世为望族，盖二汉享国岁久，分王子弟几遍天下，千余年间，小宗别子，枝离派析，或显或晦，散在四方。而河间之胄，自章帝之子开，始胙王土，传国久远，遂居河间之乐成。王之十世孙通，仕后魏，封乐成侯。乐成，今乐寿是也。乐寿之族其别有四：一徙尉氏，一居饶阳，一在平昌，一留故土不去。其后尉氏有仁轨，以功名显；饶阳有君良，以孝友闻；平昌有蕡，以文学高第名重当时。惟乐寿之子孙最多，至以刘名乡。其仕者，或入朝为郎官，或入诸侯幕府，无甚达者。侯之裔孙曰缋，避地迁安陵，以财雄乡邑，而不仕宦。安陵今曰将陵，隶永静军之东光县，累世葬其地，曰五德乡，遂为东光人。缋之四世孙曰崇，少长谨厚，轻财，好施予，乡里称善人。有子曰盛，克继父业。盛之子曰温，潜德乡闾，号称处士。处士之子曰格，力儒自奋，治《左氏春秋》，兼通《公羊》《穀梁》二传。景德初，契丹入寇瀛关郡，督士民城守，以功补三班奉职，试书判入等，改吏铨选，终沧州观察推官。生三子：长曰允恭，治毛诗；次即府君也，讳居正，字安行；季曰居业。并承家学，举进士。府君中天圣二年丙科，历大名府馆陶、棣州阳信二主簿，阳信圭田之入素厚，然无见土。大姓有占名输租，以庇里役者，府君案实，履亩取租，无土者皆除其空簿，使归役籍。郡官初哂其迂，且疑其独异，它日讼起旁县，扳援

① 编者按：选文墓主刘居正，字安行，东光将陵人。曾知青州博兴县，兼兵马监押，可补地方志“职官”之阙。

证逮连坐者千余人，始悔不用其言。迁汉州军事推官，用荐者改秘书省著作佐郎，知青州博兴县，兼兵马监押，剸剧析烦，治为一道最。邑之富民李氏子以常与进士乡贡，使气任侠，阴结贵要以张声势，至使郡大吏移书县官，蕲善遇之。府君得书，立捕于庭下，疏其前后不法事。李叩头汗伏听命，请自新，遂戒告而释之。或谂曰："得情不治，无乃惠奸乎？"对曰："知过能伏，释之所以劝善。"于是或者又叹其恕而有教。就移道州江华县。楚俗喜讼，虽健令决之尽理，犹耻不胜，则又赴诉于州、于使者，前后相望，弊浸不革。府君则悉索新旧案牍，剖析开譬，使之晓然，两造皆慑栗而止。监司知其能，多以它郡疑狱属之。若衡阳谭氏讼家产事，累劾不能竟，府君一讯情得，不复异词。自是远近信听，狱讼为之衰息。至嘉祐中，有令曰黄照，亦以恩信得人。其里民为之谣曰："我民无忘，前刘后黄。"至今东南人犹能诵之。凡世之言吏治者，莅事明察，或喜于得情，而以不失有罪为能；持心平恕，或狃于不忍，而以省刑纵出为允。是皆中有所徇者，不中情实，遂成偏党之蔽。若乃明恕两得，切近人情，察见奸伏，而舍其既往，不自以为明。治有威爱，殁且二纪，而人犹怀其德。此其实迹明效见于事为者，非夫至诚不疑，内恕及物，其能致是乎？府君寿四十有四，官秘书丞，自江华千里鞫狱衡阳，遘疾，考终于官舍，时康定元年八月初十日也。夫人陈氏，都官郎中希古之女，先府君一年而逝。生二子：伯挚，嘉祐四年进士甲科，历监察御史、御史中丞、尚书左右丞、中书门下侍郎、尚书右仆射，今为观文殿学士，知郓州，兼京东北路安抚使；仲周六，幼不育。女子四,三适人，婿曰梧州司理参军梁咨、某郡尹之才、某郡唐灌，一幼亡。孙男四：曰跂，雄州军事推官，前知郑州管城县；曰蹈，奉议郎，早亡；曰迹，越州会稽县主簿，前监国子监书库；曰路，右承务郎。孙女三，婿曰右承务郎蔡蕃、韩诚，右承务郎赵仁约。曾孙男七，曰长吉、长庚、长守、长历、长言、长广、长书，而长吉、长书皆右承务郎。曾孙女未嫁。此其家世源流之远，非积德之报，孰能盛大如此乎？府君好学，敏文词，平生所著甚多，以早亡弗克编缉。放失之外，今有论议、诗赋、杂文总若干篇，嗣子类次为二十卷，藏于家。少好书籍，初模范二王，后兼采唐人用笔法，有得其行草帖者，至今犹藏，去以比李西台建中。其笃学多艺，虽出于天资，然亦家法所渐有自来矣。府君早失怙恃，昆弟敦睦，敬上抚下，家庭雍雍，世故饶财。其弟年少好游，数欲析产，府君弗忍，亦不能夺，辞所分又不得，因受临津田数百亩，阴畀族人佃之，终不取也。及官阳信，买渤海田，占于郡籍，而躬未尝一到，其岁租亦以赡族人。以坟墓所在，爵里惟称东光。府君性庄重寡言，望之若有标置，而即之甚温。训子极严，或勉以“一子，盍少纵之耶？”答曰：“政以一子，故不可不尔耳。”其亡也，子才十龄，夫人之季弟孝若从行在旁。伯氏得讣，自蒋陵走五千里抵衡阳，与孝若拥孤舆榇，归菆东光佛寺。其孤茕然，服衰，寓外舍，乡人共哀之。伯氏曰：“吾弟孝友不欺，鬼神所鉴，岂止是而已也？”士大夫知者亦曰：“斯人世著德义，其兴未艾也。”熙宁四年，丞相为御史，谒告于朝，自东光奉府君之柩，自将陵迁大王父母、王父母，以八月庚申，同葬于郓州须城县卢泉乡太谷山之阳。将陵故茔封植久矣，比岁数有河患，乃谋改卜，三世同圹，用“甲庚壬穴，山阳重冈，水出辛兑，地合宝典”语。堪舆者咸曰：“刘氏其不亡矣。”初，丞相自御史至中丞，五经霈恩，累赠府君自尚书屯田员外郎至通议大夫，夫人自福昌县太君至颍川郡太君。由执政洎元祐四年明堂恩，两赠处士君太子少保，妣倪氏北海郡祁国太夫人；推官太子少傅、太傅，妣李氏陇西郡崇国太夫人；府君太子少师、太师，夫人颍川郡康国太夫人。又以宰相初拜，赠处士司空，妣卫国；推官司徒，妣定国；府君太尉，夫人庆国。七年，以殿学士郊恩，赠推官太傅，妣韩国；府君太师，夫人燕国。三世墟墓，以一品封域。崇台筑阙，如今丞相殿。本邦岁时展省，以牢醴奉祀。又得造浮屠于茔侧，敕号将陵寺，曰崇先承庆；须城寺，曰昭善崇报。每岁兴龙诞节，得度净人如例。追崇显赫，极人臣之荣，非独稽古之力，抑孝诚所感，神之听之，信不虚矣。府君殁世三十年而葬，有故太常少卿任公粹为之状，故参知政事元章简公为志。葬之二十有三年，又有今龙图阁待制赵公君锡状其逸事，以告史氏。于时丞相镇天平之二年，将勒铭神道，假文于尝僚某。某与丞相游从有素望，府君为前达，虽未尝接迹，固亦讲闻其德义矣。然于阀阅，盖有不知，今考三公志状，与所闻皆合，故得详述其本末，以慰孝嗣追远之志，而系之以铭曰：

公侯之兴，有来自远，源流深长，支实蕃衍。武穆文昭，不兴者鲜，盛德有后，虽微必显。奕奕刘宗，肇于沛丰，河间乐成，汉魏再封。世逾十八，爰逮司空，系胄蝉联，庆钟在公。公以学仕，文科丙第，资适逢时，儒雅饰吏。

婉娩通闺，徊翔中秘，德厚位卑，光流后裔。有行有言，乡党称贤，不取中资，无占虚田。明见隐匿，仁宽宿愆，人谓阴德，其后信然。英英冢嗣，国之硕辅，据鼎庙堂，拥麾帅路。故国新邦，便蕃宠数，维孙暨曾，禀承厥绪。大谷之阳，有封若堂，坎庚壬申，三世之藏。葬以士礼，朱芾银章，祭则三公，衮衣黼裳。遗风余烈，有铭在穴，耽耽梵宫，峨峨石阙。拱木成林，丰碑象碣，于昭德音，绵祀无绝。

（选自苏颂撰《苏魏公文集》卷五十四，见《钦定四库全书·集部三·别集类二·宋》）

苏颂（1020—1101），字子容，泉州（今属福建）人。宋仁宗庆历进士，官至刑部尚书、吏部尚书，晚年入阁拜相。其人博学多才，于经史九流、百家之说，及算法、地志、山经、本草、训诂、律吕等学无所不通。组织制造了世界上最古老的天文钟“水运仪象台”，开启近代钟表擒纵器的先河。组织增补《开宝本草》，完成后称《嘉祐补注神农本草》；又著《图经本草》，对药物学考订有很大帮助。

职方郎中辛公墓志铭①

〔北宋〕苏颂

某之外舅，尚书驾部员外郎辛公，以公族子兄弟，孝友行义，见推乡论，二季不幸早夭，三昆仕宦皆为郎官，历典州郡，以政事闻。公于其次叔也，又能力学取科第，益为士大夫称道，以为辛氏昆仲，可谓能世其家者也。初驾部之葬，某既铭其墓矣，今公丧卜迁有日，诸孤复请志，因论次以续前刻云：

公故参知政事追封晋国公仲甫之孙，太府少卿分司西京若冲之子，讳有终，字成之。少举进士，试礼部，不捷。姊夫翰林承旨中山刘公筠留置门下，将推任子恩荐之，公力辞，与其季有章，由是人益奇其远操。中山公一代文

① 编者按：选文墓主辛有终，字成之，曾知青州博兴县，可补地方志“职官”之阙。

宗，门人宾客皆当时豪俊之士，居其间，相与讲学，切劘浸渍，遂至于大成。以之策名，则从容如取己物；以之从政，则宽裕而为吏表。信夫资之深而蓄之厚也。公以景祐元年擢第，补汝州团练推官，知颍州沈丘县事。政以平易为尚，故民便安之。始一年，民恐其满去也，于是父老数百辈诣转运使，请留再任。会公以父忧去职，不报。服除，再调宁国军节度掌书记，历事太守。二吴公所为，不同有如水火，诸僚或傅会其意以求合，独公赞佐有体，不为前后易守，故二公待之如一。方是时，朝廷督责诸部使者加转运使，以按察之名，又增判官以重其任。而江东三使者杨纮、王鼎、王绰也，号最办职，文移举擿，无有虚月。公被台委鞫滞讼，案积欺。一岁间几百余事，连逮者甚众，公皆推析枉直，或原或坐，尽中情法。三使者嘉之，交荐于朝。代还考课，改著作佐郎，知河南府永宁县，移知益州新都县。县衢旧无阡陌，公为沟，遂课民植槐柳杂果于两旁。未几，木阴茂密，邑居便之。先是，晋公以补阙守彭州，尝种柳城中，以荫街衢。及去，郡人思而爱之，号“补阙柳”。新都之民犹知其事，谓公有祖门之惠爱焉。累转秘书丞，太常博士，通判原州，知青州博兴县。由尚书员外郎六迁至职方郎中。嘉祐四年知鄂州。其年初通茶禁，令民户出租钱，鄂之邑，岁当七万三千缗，使者累请，得减三万缗，仍自次年始除之。公言民病榷法之弊，复苦横敛，上幸弛而宽之矣，然岁中灾歉尤甚，望并蠲减，以纾编户之艰急，诏可之。而邻境得以例蠲者二州。榷禁既除，三司悉收诸路茶本、茶租钱，岁计上供，公以为本钱出县官，今官不市茶上供，故以租钱赋于民，若尽输京师，则南方货币竭矣。有司详定，如公言，而漕台蒙利尤博。旧制，乡县衙前止三等，而州郡差使有五等，其患常在力役不相当，吏得高下任情。公为奏定，皆作五等，以物产多寡傅差役重轻，自是役者称平。诸邑坊场旧有无名酒额，及上供纲还折运载盐赴本路，二者为州人患且久。公皆例上其事，得请罢之，迄今人怀其惠。治平二年知渝州，州界滨带，獠夷种人喜乘间内侵，捕吏平居未尝撤警，或科民赍粮馈守卒。公至，则悉召巡检县尉还本廨，使戎汉不得相扰，但远斥候、缉器备、严训练而已。獠人知之，终公之政，无复犯境者。本道上凡最，以公治第一。明年八月一日，以疾终于州寝，享年六十八。

公之先世，著籍汾阳，自晋公以大臣谢事，留京师，及薨，葬许州之长社，而子孙遂占数，死者以昭穆从大墓。将葬尚书，卜祔大墓不吉，卜阳翟之三封原，吉，因定祢茔。诸子之先亡也，皆以次葬，公今又祔之。以熙宁元年八月甲子厝事，从日月之吉也。夫人王氏，国子博士羽之女，逮事姑章，名有礼则。继夫人马氏，太尉忠肃公亮之季女，出贵胄，配君子，睦中外之族，无不得其欢心者，封永安县君，先公二年卒。并合窆本圹。子男三人，长男晟，太庙斋郎，次旦，次晃，皆谨饬干裕，保守门法。女嫁太子中舍张复圭、司门员外郎王瑜、含山县令马玗、太庙斋郎张孝敏，余皆早亡。初尚书之归休也，公就养左右，未尝远去。昼则视饔膳，夜须定寝，然后反室，篝火亲学，或达旦不寐。如是者几十年。暨尚书亡，公与仲氏崎岖田圃间，力干窆穸，无不如礼者。居家事诸兄如父，闺门雍雍无间言。人以为爱恭之至，得于天资，非外奖所及也。某于姻党中接公最熟，每听其言论，沈密婉约，皆有味趣，大抵本于人情，而归之恕已，所为如其言。呜呼！可谓岂弟君子也已。铭曰：

辛公乐易，为世良吏，不纵不苛，归之中和。四邑善治，二州长利，惠爱人谣，风猷世济。廉章荐论，课以最闻，未膺褒表，奄谢休辰。神复渝江，丧还颍渎，安兹圹途，从祢之卜。

（选自苏颂撰《苏魏公文集》卷五十八，见《钦定四库全书·集部三·别集类二·宋》）

蔡赞善墓志铭①

〔北宋〕范纯仁

君讳漸，字进之，仁宗朝参知政事文忠公之犹子也。其先世系，昔我先君文正公志文忠公之墓详矣。君之曾祖讳某，赠太傅；祖讳某，赠太师、中书令；父讳某，以君伯仲登朝，累赠太常少卿。君用文忠公荫补守秘书省校书郎，五迁至太子右赞善大夫，初监兖州税。丁母于夫人忧。服除，监郓州盐

① 编者按：选文为作者应墓主之婿裴纶所请而作，时裴纶任奉议郎，知青州博兴县，可补地方志“职官”之阙。

税，历瀛州监酒、开封府长葛县税、知婺州金华县事。君廉平有守，临事不为苟简，故所至有能声，虽当烦剧，尝裕如也。上官高其才，事多倚办。婺治金华而为剧邑，君能发奸抚弱，豪猾屏息。初至，狱有数岁不决者，君立为辨明，邑以大治。嘉祐二年，大水浸州城，君身率夫工，昼夜保护，城得以完。未几，得疾，即弃官求医，至钱塘而卒，享年三十有九。君事亲至孝，尚义好施，与人交久而益亲。娶李氏，后君二十四年卒。一男諲，举进士。一女，适奉议郎知青州博兴县事裴纶。其子将举君与夫人之丧，葬于颍昌府阳翟县某乡某里文忠公之墓次。裴君求铭于余，而为之铭曰：

维门之庆，维才之令，亦施有政。所禀则厚，所有则富，不畀之寿。箕山之原，葬从其先，以归其全。

（选自范纯仁撰《范忠宣集》卷十三，见《钦定四库全书·集部三·别集类二·宋》）

范纯仁（1027—1101），字尧夫，吴县（今江苏苏州市）人。范仲淹次子。宋仁宗皇祐进士，除官不赴。父亲殁没后出知襄邑县，后历官殿中侍御史、同知谏院，出知河中府，移成都府路转运使。后历任知和州、知庆州等职。哲宗时拜相。卒赠开府仪同三司，谥忠宣。有《范忠宣公文集》。

裴纶资料集锦

寄裴仲谋[①]

〔北宋〕黄庭坚

交游二十年，义等亲骨肉。
风雨漂我巢，公亦未有屋。
寄声来问安，足音到空谷。

① 黄宝华校记：“谋”，树经堂本及《内集》卷三作“谟”，《内集》题下有小字注“纶”，盖裴仲谋之名。

我家辇毂下，薪桂炊白玉。
在官与影俱，衣绽发曲局。
天机行日月，春事勤草木。
念公笃行李，野饭中道宿。
惊沙卷旌旗，乌尾城角谡。
骚骚家治具，夫子且归沐。
作书寄后乘，为我遣臣仆。
起居太夫人，并问相与睦。

（选自黄庭坚著，任渊、史容、史季温注，黄宝华点校《山谷诗集注》，第40～41页，上海古籍出版社2003年版）

黄庭坚（1045—1105），字鲁直，号山谷道人、涪翁，洪州分宁（今江西修水）人。治平进士，以校书郎为《神宗实录》检讨官，迁著作佐郎。后以修史不实遭贬谪。黄庭坚早年以文章诗词受知于苏轼，与张耒、晁补之、秦观并称“苏门四学士”。有《山谷集》《山谷词》等。

次韵裴仲谋同年①

〔北宋〕黄庭坚

交盖春风汝水边，客床相对卧僧毡。
舞阳去叶才百里，贱子与公皆少年。
白发齐生如有种，青山好去坐无钱。
烟沙篁竹江南岸，输与鸬鹚取次眠。

（选自黄庭坚著，任渊、史容、史季温注，黄宝华点校《山谷诗集注》，第524

① 原注：时仲谋为舞阳尉。编者按：史容《山谷外集诗注》目录将此诗编于宋神宗熙宁二年（1069）。黄庭坚于宋英宗治平四年（1067）被任命为汝州叶县（今属河南）尉，次年九月到汝州，熙宁二年到叶县任职。裴仲谋当时为舞阳（今属河南）县尉。裴仲谋作了一首诗给黄庭坚，黄庭坚为了和答他而作此诗。

页，上海古籍出版社2003年版）

和裴仲谋雨中自石塘归[1]

〔北宋〕黄庭坚

裴友西来咏古风。驱驰万象笔端空。
尚将物色留分我，远近青山烟雨中。

（选自黄庭坚著，任渊、史容、史季温注，黄宝华点校《山谷诗集注》，第1256页，上海古籍出版社2003年版）

次韵裴尉过马鞍山

〔北宋〕黄庭坚

青山如马怒盘旋，错认林花作锦鞯。
君不据鞍朝玉帝，岂宜长作市门仙。

（选自黄庭坚著，任渊、史容、史季温注，黄宝华点校《山谷诗集注》，第1257页，上海古籍出版社2003年版）

和仲谋夜中有感[2]

〔北宋〕黄庭坚

纸窗惊吹玉蹀躞，竹砌碎撼金琅珰。
兰缸有泪风飘地，遥夜无人月上廊。
愁思起如独绪茧，归梦不到合欢床。
少年多事意易乱，诗律坎坎同寒螀。

---

① 原注：熙宁四年，叶县作。
② 原注：熙宁四年，叶县作。

（选自黄庭坚著，任渊、史容、史季温注，黄宝华点校《山谷诗集注》，第1261页，上海古籍出版社2003年版）

漫书呈仲谋①

〔北宋〕黄庭坚

漫来从宦著青衫，秣马何尝解辔衔。
眼见人情如格五，心知外物等朝三。
经时道上冲风雨，几日樽前得笑谈？
赖有同僚慰羁旅，不然吾已过江南。

（选自黄庭坚著，任渊、史容、史季温注，黄宝华点校《山谷诗集注》，第1262页，上海古籍出版社2003年版）

登南禅寺怀裴仲谋

〔北宋〕黄庭坚

茅亭风入葛衣轻，坐见山河表里清。
归燕略无三月事，残蝉犹占一枝鸣。
天高秋树叶公邑，日暮碧云樊相城。
别后寄诗能慰我，似逃空谷听人声。

（选自黄庭坚著，任渊、史容、史季温注，黄宝华点校《山谷诗集注》，第1263页，上海古籍出版社2003年版）

---

① 原注：熙宁四年，叶县作。

裴纶著作见期，行日延宿所居，既至，而裴已行，因书寄此

〔北宋〕张舜民

都城人事日烹煎，跳出都门意已仙。
摩诘旧闻空一室，祖生何事忽先鞭。
尘埃马上同看月，绨绤风中共听蝉。
我复西还君北去，箕山颍水自萧然。

（选自张舜民撰《画墁集》卷三，见《钦定四库全书·集部三·别集类二·宋》）

张舜民（约1034—约1100），字芸叟，号浮休居士，邠州（治今陕西彬州）人。治平进士，历官吏部侍郎、知同州。政和中卒。工诗文，亦能词。文集今存《画墁集》。又有笔记《画墁录》。

裴纶为监察御史改屯田员外郎

〔南宋〕李焘

（元祐五年九月）癸未，左朝散郎裴纶为监察御史，寻改屯田员外郎。①

侍御史孙升言："臣窃闻新除监察御史裴纶辞免除命甚坚，议者皆言纶之擢用，外廷不知所以被召因依。夫未经试用之臣，声迹疏远，一旦为人主所知，任之为耳目，非缘近臣论荐，则必有章奏感悟人主，如唐之马周也。且观远臣以其所主进不以礼，主或非人，虽孔子犹见疑于众人，必待孟子以为之辨。况裴纶言行未足以信于天下，而召用未明，宜乎纶辞避而不敢当其命也。御史居耳目纪纲之地，以正色敢言不避权强为职，其进也岂可不自重哉？伏望圣慈详察，明降召用裴纶因依付外，不独使纶有以自明，立朝无愧，亦所以示天下后世用人之公也。"

① 原注：裴纶不知谁荐，又不知何故便改屯外。改屯外在十月十一日，今并书。范祖禹手记云："元祐五年除御史，辞不就。"

刘挚记裴纶及胡兢事云："先是，中旨召纶及兢为言事官，辅臣面奏，候召到审察。纶至，一诣都堂，其人亦清修之士，惟苏颂略识之，遂以纶为监察。既而言者交章论列，以谓人主用人固善，但此二人何缘达于上听？恐歧径一开，不胜其弊，乞明降荐者章奏，以公选授。而纶亦恳辞，故罢之，终不谕以所荐。又论兢尝为瀛洲学士，罪恶有状。因并谕曰：'兢到别与差遣。'外议推求其端，为说不一。或曰纶前通判蔡州，颂有子在其部，犯法将败，纶力庇全之，故颂密荐。又曰：纶居许，与诸韩善，近宗师来，多延誉于士大夫而致之于傅尧俞，故尧俞密启。或又云维所荐也。兢则多谓陈衍荐之，盖尝承受于高阳，与兢同时，又雅相厚也。初云韩忠彦、刘安世所荐，皆高阳同官尔，问二人皆不然。"①

（选自李焘撰《续资治通鉴长编》四百四十八，见《钦定四库全书·史部二·编年类》）

刘偁

〔北宋〕王辟之

祥符中有刘偁者，久困铨调。为陕州司法参军，廉慎至贫，及罢官，无以为归计，卖所乘马办装，跨驴以归。魏野以诗赠行，云："谁似甘棠刘法掾，来时乘马去骑驴。"未几，真宗祀汾阴，过陕，诏征野赴行在，野避不奉诏。上遣中使就野家索其所著，得赠偁诗，上叹赏久之，语宰臣曰："小官中有廉贫如此者。"使召之。偁方为江南幕吏，至以为京官，知青州博兴县。后有差除，上曰："得如刘偁者可矣。"未数年，亟迁主客郎中，三司户部郎官。真宗之奖拔廉吏如此，然由野一诗发之也。

（选自王辟之撰《渑水燕谈录》卷七，第63页，商务印书馆1935年版）

---

① 原注：按吕大防政目十月二十五日胡兢为宗正寺丞，此即别与差遣也。兢前资当考。

王辟之（1032—？），字圣涂，临淄（今淄博市临淄区）人。宋英宗治平进士，历任州县官员。绍圣四年（1097）致仕还乡，著书立说，卒于家中。有《渑水燕谈录》。

西晋论

〔北宋〕李新

治古之时，君臣之间以情相亲，以道相示而已。故朝廷之臣济济相先者，其和出于心、其言出于诚，同寅协恭以循典礼，而天下之事森然举矣。后世之士，恶直丑正，相与比周。睊睊而胥谗，歙歙而相是，而天下之事，日以败矣。武帝之于晋，以太康之盛，书同文、车同轨，传之孝惠，不数年间，天下之患杂然而起，天下分裂而为南北。盖非特虚无之祸，礼法之弃如弁髦土梗而已也，其源盖有自矣。春秋之时，秦伯之弟针如晋修成，叔向命召行人子员。子朱曰："朱也当御。"三云，叔向不应。子朱怒曰："班爵同，何以黜朱于朝？"抚剑从之。叔向曰："今日之事幸而集，晋国赖之；不集，三军暴骨。子员道二国之言无私，子常易之。奸以事君者，吾所能御也。"拂衣从之。平公曰："晋国其庶矣乎？吾臣之所争者大。"师旷曰："公室惧卑，臣不心竞而力争。"西晋之君岂特此哉？征伐者争功，居朝者争权，否则争侈。以王浑、王濬之事观之，则争功者甚矣；以贾充、庾纯之事观之，则争权者甚矣；以石崇、王恺之事观之，则争侈者甚矣。争功者甚矣而上无以定之，则立功者沮；争权者甚矣而上无以制之，则务德者惰；争侈者甚矣而上无以禁之，则殚天下之财不足以继，又况武帝有以助之哉？武帝之平吴也，使贾充节制矣，又诏王濬下建平，受杜预节制，至秣陵又受王浑节制。为濬计者，一于受诏则无立功之期，一于立功则有违制之罪，故争功者不已也。充以倾险居朝，而任恺[1]、庾

① 编者按：任恺，西晋乐安博昌（今博兴）人。任恺等人与贾充的政争详见第55页《任恺传》与第59页《贾充传》。

纯以忠义裁之。充欲夺恺权，恺欲夺充政，朋党纷然。帝不能制，召之宴饮而已，故争权者不已也。崇以豪侈夸天下，而王恺、羊琇以贵戚竞之。恺以饴沃釜，崇以蜡代薪；恺为紫丝障，崇为锦步幛。帝不能抑，私助恺焉，故争侈者不已也。群臣皆争矣，故王衍之徒以清谈为高，以旷礼为任达，示其心泊然无所起，而于世淡然无所嗜也。世之君子求于彼而不得，则祈向于此矣，岂不误天下哉？愚读史至此，未尝不废书而悼痛也。

（选自李新撰《跨鳌集》卷十五，见《钦定四库全书·集部三·别集类二·宋》）

李新（1062—1125），字元应，号跨鳌先生，仙井监（今四川仁寿）人。元祐进士，官南郑县丞。元符三年（1100）应诏上万言书，夺官贬遂州。徽宗崇宁元年（1102），入党籍。宣和五年（1123），为茂州通判。有《跨鳌集》五十卷，已佚。清四库馆臣据《永乐大典》辑为三十卷。

张宪①

〔南宋〕李心传

（建炎元年五月）乙巳，诏诸路勤王兵还营日，令所在人赐钱三千。先是，勤王兵至城下者皆遣还，而武义大夫淮东诸司州军统制勤王军马张宪言无以激劝，乃有是命。时诸道兵多有散而为盗者。

（选自李心传撰《建炎以来系年要录》卷五，见《钦定四库全书·史部二·编年类》）

① 编者按：两宋之交有二张宪，一为岳飞部将，另一位较之年长，北宋绍圣初为博兴巡检。此张宪为后者。李贤等撰《明一统志》卷五十一载：张宪，道陵之后，绍圣初以武力绝伦中选为博兴巡检。募兵，复衢州，刘光世上其功，拜武义大夫。后迎高宗于济南，拜武显大夫，江南东路副总管。没于阵，官其二子。

李心传（1166—1244），字微之，又字伯微，号秀岩，隆州井研（今属四川）人。早年科举失利，绝意仕途，闭门著书，晚年受宋理宗起用为史馆校勘，专修《中兴四朝帝纪》，后官至工部侍郎，因言去职。有《建炎以来系年要录》《建炎以来朝野杂记》等。

《蒙求集注》[①]一则

〔南宋〕徐子光

董永自卖

汉董永，少失母，养父，家贫佣力。至农月，以小车推父置田头阴树下而营农作。父死，就主人贷钱一万，约卖身为奴，遂得钱葬父。还于路，忽遇妇人，姿容端美，求为永妻。永与俱诣主人，令永妻织缣三百匹，放汝夫妻。乃织一月而毕，主人怪其速，遂放之。相随至旧相遇处，辞永曰："我，天之织女也，缘君至孝，天帝令助君偿债。"言讫，凌空而去。

（选自徐子光撰《蒙求集注》卷上，见《钦定四库全书·子部十一·类书类》）

徐子光（生卒年不详），南宋状元，生平不详。以唐代李瀚《蒙求》为底本，为之作注，本句之外，兼及他人事。

① 编者按：《蒙求》是唐朝李翰编著的以介绍掌故和各科知识为主要内容的儿童识字读本。四字为句，后人多以此为底本作注。李翰，赵州赞皇人，李华之子。擢进士第，累迁翰林学士。病免，客阳翟卒。著有《蒙求》。

宁海州仓使孙公墓志铭①

〔宋末元初〕刘埙

郡少尹孙侯，家宁海而仕南丰三阅岁，将赋归。语予曰：“先君仓使，弃诸孤殡浅土有年，未卜兆也。吾反吾庐，逝不亲它务，惟窀穸是务，庶其少赎不孝罪。然墓必有碑，碑必有铭，铭必有所托，托之先生,能勿吝乎？”予谢，何敢吝，直愧弗文，将无以称显扬耳。于是掇其家谱而为之述。

按孙氏，故复姓公孙也，肇自辽西之令，支世悠远莫考，略见于史者，曰度、曰渊，疑即其宗，顾不知何年去复而为单姓，又不知何年析其派居燕，复自燕徙宁海，遂为宁海人。公讳公佑，字翼之。其讳希而力穑兴家者，曾祖也。讳福而仕金为评事,娶田氏者，祖也。讳时英，仕元为户部郎中，娶沙氏、继解氏者，考也。初户部公生三子，伯曰公亮，仲曰公佐，并受朝命，为商山铁冶提举，儒书吏牍，博习兼济，俱时论所器重。季即仓使，仕乡郡，不大显，而其德义律身，礼法齐家，厚族睦姻，拯难赒急，能使州里称善人，犹如二兄焉。二兄徙家青社，仕寖显，家寖昌。公处宁海故宅，其子孙蕃，家力裕，亦如二兄焉。提举公之居青社也，家有木函备贮储，岁在辛未，有柏一根产函之底，芳馨葱蒨，聚观骇异。公喜曰：“是谓寿征，其吾家眉寿之占乎？”时甫中年，已而与长弟果得寿近九龄，仓使公亦如之。大德甲辰岁，偕夫人郭氏同跻八十，远迩庆羡，颂歌联轴，靡不曰积善之报也。公既享高年、膺厚福，及见厥子之荣官，清时暇日，夷犹乐天，又靡不曰行地仙翁也。以大德某年某月某日逝，年八十有二。夫人以某年某月某日逝，年八十有四。男好直，承务郎，同知南丰州事。次好礼，博兴州税使。次好智，胶州吏目。孙男自恭至宁，凡六。将以某年月日奉公及夫人柩合葬于某乡，祔祖垄也。昔有从宁海来者，间为予道孙氏世以德善著，予固未之敢信，今而福寿之报弥章，世宦之荣弗替，斯可信已。易曰“积善有庆”，书曰“天道福善”，允矣不诬。尝闻

① 编者按：选文墓主次子孙好礼，为元代博兴州税使，可补地方志“职官”之阙。

叔敖以瘗蛇致卿相，钟以设瓜感真灵，派胄虽殊，抑何孙门之多善人，而天之于是宗又何其多显报邪？彼有不信夫为善之必有报，而天道之必不昧者，其尚鉴于孙氏哉！铭曰：

孙起辽西，蔓延山东。有门其崇，积厚报丰。维仓使公，棣鄂森秀。双庆眉寿，子荣孙茂。考终有年，窆于新阡。惟善故传，永耀铭篇。

（选自刘埙撰《水云村稿》卷八，见《钦定四库全书·集部五·别集类四·元》）

刘埙（1240—1319），字起潜，号水云村，学者称水村先生，江西南丰人。入元后，年五十五为旴郡学正。年七十受朝命为延平路儒学教授。有《隐居通议》《水云村稿》《经说讲义》等。

谭处端（节选）

〔宋末元初〕赵道一

师初名玉，字伯玉，后名处端，字通正，号长真子，盖祖师授之也。世为宁海人，以金太宗天会元年三月一日生，生而骨相不凡。

（世宗大定）十七年，过高唐县，以荼肆吴六者奉待往来道侣甚勤，乃遗“龟蛇”二字悬其肆，初不知其为谭师真也。一日邻舍失火，多所延及，而吴肆独存。人以二字同纯阳真人辟火符。盖纯阳尝留题于博兴县之酒馆，县被火，其馆不灾。“辟火符”，时人谓之耳。

（选自赵道一撰《历世真仙体道通鉴》卷三十五，国家图书馆藏元刊本）

赵道一（生卒年不详），号全阳子。为浮云山圣寿万年宫道士，因感儒家有《资治通鉴》、佛家有《释氏通鉴》记载教门人物，因著《历世真仙体道通鉴》五十三卷、《历世真仙体道通鉴续篇》五卷、《历世真仙体道通鉴后集》六卷，收录道教人物九百余人。

济南王氏先德碑铭①

〔元〕刘敏中

千岁之木，其柯叶摩穹苍、蔽岩壑，人知其本根之深；万里之流，其波涛驱雷风、沃天日，人知其源泉之浚；百年之家，其子孙大门阀、昭声名，人知其世德之盛也。以今言之，其吾党王氏乎？

按王氏，本高唐人，七世祖徙济南之章丘，支蕃派衍，蔚为巨族。高祖考讳京，为人真淳孝友，重义轻货。家园多橘，鬻者预入其直率三之一，属陨霜，遽以所入归其人。田家往往以农器质钱迫东作知，无以为赎，即召付之。金泰和末，岁饥，民病。发私廪以赈，所全活甚众。以年高普恩一官，并赐杖。尝手植槐于庭，迄今郁然，根盘幄偃，人知为瑞云。年垂九十，无疾而逝。妣封氏，卒年九十二。曾大父讳亨，读书通大义，动循礼则，充其所知。妣郑氏。大父讳廷，字君用。博学，善京垓术。生罹兵荒，幼孤，比长，濒于死者非一，而坦然无忧容。居常寡言，或犯非义弗校以信，谨为县主书闻警。潜走，避黉堂，遇群暴御，将食之，识者曰："斯善人，害之不祥。"乃得释，且护送避所。济南张侯雅知其贤，既归国，署敦武校尉，行元帅府知事。经始之际，赞画为多。逮以老引年，而侯亦谢事，日燕游相从，尽平生之欢。亲族之殁于乱者皆，收祔先茔，其齿讳行第密记不忘，手为五服图以谱之，每一感及，则流涕不已，知其孝义最隆也。寿八十有五终。妣安氏，秉内治慈而法，先二年卒，春秋七十九。一子，是为父，讳忱，字信卿，用子桂贵，赠中义大夫、上骑都尉、太原郡伯。二女，长适李秀，次适刘宸。都尉公资慧敏，无不读之书，辩博而有容，裕和而能干。城府机械，不知有之。张侯子袭爵，署为其属。尝从述职和林，或计事省廷，辞令既优，尤善应变，侪辈无及焉。升幕府，提领青州。逆臣璮有不轨之志，时戍涟海，得兼制济南兵数千。时世皇居

① 编者按：选文中济南王氏，祖籍高唐，徙居章丘。王锐，曾任博兴知州，可补地方志"职官"之阙。

潜，总兵六盘，侯遣赴诉兵不可以益。昼夜驰，未旬，入见，奏对称旨，给传而还，撤其兵，侯益器重焉。中统壬戌，逆璮寇济南，宗王拥兵南下，侯命前迓，遂陈擒缚之策。寇平，擢大都督府知事。至元乙丑，调官制行，侯徙尹真定，辟知事，偕往。以亲老辞。俄二亲皆弃养，丧五年，未尝与人接。庚午，调东平，提领案牍，迁淄莱。己卯，授将仕郎，主朝城县簿，改顺德录事判官，以疾去职。甲申，除河间临邑主簿兼尉。卒于官，实丁亥四月十有八日也，寿年六十。公莅官，尤详治狱，所至以遗爱闻。苟事隙，辄以诗酒自娱，人莫能窥其际。尝戒子孙专儒术，刀笔吏不可为。论者皆以为公有轶伦之才，屈于小官，未始几微见于色。浮沉优游，而职扬政举，其高怀旷度，固与古人为徒。较之胁肩病畦、折足覆悚而不耻者，穹壤矣。为时推重如此。先配夫人张氏，济南权府之女。清俭，备妇道，年三十一卒。再配夫人马氏，翰林侍读学士之女。有懿行，抚育前夫人之子如己子。教子妇治家，咸为矜式。岁戊寅卒，年四十九。并赠太原郡太君。子男五人，女五人。张出男曰杞、曰锐，杞仕晚，终监安丘酒税。锐倜傥不凡，始官历江阴余杭案牍官，建言更楮币法，世皇召对，特授尚书省左司都事，升员外郎，除诸路宝钞提举。出知滑、博兴、宁海三州，皆有能声。皇庆癸丑十一月十八日。以疾卒。女三，长适刘彦清，次适张珙，次适解义。马出男曰桂、曰椿、曰桓。椿、桓皆早世。女二，长幼卒，次适马说。桂六岁知读书，日诵千言。既冠，以儒贡历府寺掾，除承事郎，扬州路兴化县尹。宪司荐能，入掾中书。满以奉训大夫拜监察御史。劾击权，要内外震悚，乃请加封孔子，遂有大成颁示之号。迁吏部员外郎官、奉直大夫。大德丁未，奉命赈旱饥浙间，从宜设施，民甚赖焉。及还，武宗躬享太庙，以与享，进阶中义大夫。至大三年庚戌，有追赠考妣之命。是年分曹上都，适留守官得谴，选授上都副留守。明年，圣天子嗣服，幸上都，进嘉议大夫，同知上都留守司事。面奉玉音慰勉，且赐貂裘旌其廉能，皇庆改元之明年，大驾再幸上都，以大兴尹缺，诏除大都路总管，兼大兴府尹。陛辞，命进酒，且命进阶，训以毋怠于事。赐币五千缗趣其行。留守贺开府奏乞留数四，竟不允。到官，宽猛并施，京辅大治。再逾岁，御史台奏除山南道肃政廉访使。上以京尹难其人，弗许。孙男五人、女六人。杞娶房氏，生男二，曰逊，兵部奏差；曰惠，未仕。女二人，适某氏、某氏。锐先娶冒氏，生男曰能，次娶宋氏，生男课儿。女二，幼。桂娶李氏，河南儒学提举舟轩先生之女，封太原郡君。生男曰志，国子生。女二长，适张思义，次适兵部尚书张古男国子生重戡。曾孙男二，遵、遂；女一，逊之息也。京尹君命其侄能，及子志，持善状抵绣江，再拜请曰："桂等以妄庸叨历显荣，恩眷隆渥，念非祖德庇庥、先训陶镕，其何能此？顾松楸寂寥，前美弗彰，乃心如焚。先生辱惠以文，载诸石，桂愿毕矣。"某既嘉京尹之孝，重感都尉府君与先人文靖公畴昔从游之，雅不可辞，谨述而铭之。铭曰：

善必裕后，学必显亲。显孰孝充，裕罕善闻。王氏奕世，种德惟迈。槐瑞孔昭，宜显且大。仕莫匪荣，天府奏功。恩莫匪沾，玉音监衷。惕非所堪，官守是敬。方来未艾，必有之庆。昊天永怀，欲报罔期。刻辞贞珉，不朽庶几。

（选自刘敏中撰《中庵集》卷十七，见《钦定四库全书·集部五·别集类四·元》）

刘敏中（1243—1318），字端甫，号中庵，山东章丘（今属济南）人。自幼卓异不凡，曾任监察御史、翰林直学士，还曾宣抚辽东山北，拜河南行省参政等。一生为官清正，以时事为忧。仕世祖、成宗、武宗三朝，多为监察官，受到皇帝的嘉纳。著作有《中庵集》。

故宣差水军总管宋公神道碑①

〔元〕王旭

鸿鹄之飞必奋翼于九霄，虎狼之行必食肉于千里。夫物有出伦之能者，必不自困于寻常之内也。况英雄魁伟之人乎？其乘时奋起，取功名以自见于当世，而不肯碌碌以终其身，盖亦所负之当然，而非偶然者矣。若我宣差总管宋公者其人与？

① 编者按：选文墓主长子宋元伯，中统三年（1262）平乱有功，兼领益都路军民镇抚及博兴路总管。可补地方志"职官"之阙。

公讳德甫，清州会川县人也。祖某，父某，皆力本治生种德，弗仕。公之生也，雄杰多力，慷慨不拘，尝督纲船于御河，众畏服，无敢违其一语者。后值天兵南下，河朔失守，因率众渡河，寓于陈州。是时金人都汴，国势日蹙，诏举才勇之士，不次用之。众以公应，遂擢居都统之职，战数有功。适行省官有贪贿而不足于公者，罗致其罪，众辱之，将谋害焉。公怒且惧，谋之于众。众曰："天道在北，汴都终亡，公不见几死无日矣？且吾辈力战而不为人所知，亦何为辱于此哉？不如北附以图全。"公迫于众，不得已乃帅麾下壮士三百余人北归。我太祖皇帝得之大喜，即颁金虎符以授之，俾统其众。既而征河西有功，又特赐衣粮人口，及宣德州第宅一所以赏之。仍自黄河以北水军皆隶焉。时李昌使南宋，未得入境，乃诏公以百人往，竟能定其约，取彼报使及表章进献之物以还。其后收汴都及累征南宋，公辄以水军预其行。至于蕲黄、襄樊、荆山、庐寿、维扬、连海等州，其攻围钞略，修筑首尾，数十年间，劳苦功高，简在上心。虽茅土之封未遑，而赉与重叠，其恩渥矣。中统元年，今上即位，公以老请致仕。朝廷虽甚眷而莫违，遂以子某嗣其职而听之。中统五年六月二十有六日终于家，春秋七十有七，葬于夏津县顺化乡之宋庄，以夫人王氏祔焉，礼也。子男三人：长曰元伯，次诚，次良弼。元伯即嗣公职事者，质直好义，气节过人，有古豪侠之风。中统三年，平乱有功，遂兼领益都路军民镇抚及博兴路总管。后还职水军总管。至元十六年，因病请休致，朝廷命其长男从政承替，即优游家居，无复仕进意。诚早尝显达，后亦退间。良弼，前缙山令，今富庶令，皆有善政可纪。公之薨，于今二十有六年，而元伯每以墓碑未立为恨。一日奉家状来谒，曰："伏惟先人起身艰难，建功国家，流庆子孙，宜有碑以表墓道，久而阙如，某等之罪也。今幸具石，愿子有以文之。"余辱君知厚义有不获终辞者，乃摭实而书，庶几芳声之不泯，而有以取信于将来也。铭曰：

宋国殷后，微子之封。代不乏人，有耀其宗。眷兹会川，英灵所钟。公生其间，实为长雄。春雷起蛰，群蛇辅龙。西伐南征，靡役不从。烈烈真勇，堂堂骏功。皇心用嘉，赏赉优崇。金虎之符，命总元戎。胡不锡之，山川附庸。天意垂裕，俾滋其丰。有继源源，如水之东。顾瞻九原，松柏号风。英灵不昧，神理长通。刻辞贞石，昭示无穷。

（选自王旭撰《兰轩集》卷十六，见《钦定四库全书·集部五·别集类四·元》）

王旭（生卒年不详），字景初，东平（今属山东）人。以文章知名于时，与同郡王构、永年王磐并称“三王”。至元年间受砀山县令礼遇，主县学讲席。有《兰轩集》二十卷，原本已不传。清乾隆年间修《四库全书》，从《永乐大典》中辑出王旭诗文若干篇，重编为《兰轩集》十六卷，其中诗九卷，文七卷。

任敦传

〔元〕刘大彬

任真人名敦，字尚朴，乐安博昌人。少学道罗浮山，晋永嘉初游岱宗，后居华阳南洞，修步斗之道及洞玄五符，能役鬼召神，隐身分形。饮酒服术黄精饵，凿地入七尺，取赤埴，土状，如赤石脂，日吞九丸。时复出入人间，手执经科教示愚人，远近穆然从化。永昌元年，壬午岁，大雪盈丈，鸟兽半死，施食山中。虎鹿数十同群而游，每出，群虎垂耳弭尾从之。一日忽见一人，身长丈许，着五彩玄黄衣。至前揖问曰：“卿是何鬼神，何为来此？”其人称：“是和那老君使来问信，公名已上丹简矣。”真人尝为洞天馆主，炼大丹成，语弟子曰：“吾当寻括苍盖竹诸山去矣。”其故宅即今崇寿观。《云笈七签》①《赤城志》俱有传。

（选自刘大彬撰《茅山志》第七篇卷之第八《仙曹署篇》，国家图书馆藏明刻本）

① 编者按：唐张君房《云笈七签》卷一百十载：“任敦，博昌人也。少在罗浮山学道，后居茅山南洞，修步斗之道及洞玄五符，能役鬼召神，隐身分形，玄居山舍，虎狼不敢犯。”

刘大彬（生卒年不详），号玉虚子，吴郡钱塘（今浙江杭州）人。师从王道孟，袭掌茅山道教事，仁宗特旨袭封茅山四十五代宗师，洞观微妙玄应真人，赐宗坛以传道统。

《东坡诗话》一则

〔元〕陈秀明

东坡画扇

东坡在杭州，有一卖绢扇者，欠绢钱二十千，为客所告。公问："为何不还？"对："以父死，钱物用尽。"公问："扇存否？"对："止有二十柄。"公笑谓曰："急持扇来，明日领价。"公自写诗词、或兰、或竹于扇。半夜写完，召客与欠户曰："吾为汝还债，忙了半夜。汝将去，一千文一柄，可售足以完客。"二人感谢，方出府门，片时人争买去矣。后持钱至者皆无扇，叹息而回。彼时，坡公曾戏作一首曰："董永埋亲曾织缣[①]，汝今葬父欠缣钱。愧予手掘非仙女[②]，诗画相资二十千。"

（选自陈秀明撰《东坡诗话》，清二酉堂刻本）

陈秀明（生卒年不详），里籍不详。著有《东坡诗话》。

① 原注：缣，绢也。

② 原注：亦董永事。

高昌偰氏家传[①]（节文）

〔元〕欧阳玄

偰氏，伟兀人也，其先世曰暾欲谷，本突厥部。以女婆匐妻默棘速可汗，为可敦，乃与谋其国政。唐史突厥传载其事甚详。默棘速卒，国乱，婆匐可敦率众归唐，唐封为宾国夫人，而默棘速故地尽为回纥所有，暾欲谷子孙遂相回纥。回纥，即今伟兀也。回纥尝自以其鸷捷如鹘，请于唐，更以回鹘为号，伟兀者，回鹘转声也。其地本在哈喇和林，即今之和宁路也，有三水焉：一并城南山东北流，曰斡耳汗；一经城西北流，曰和林河；一发西北东流，曰忽尔班达弥耳。三水距城北三十里合流，曰偰辇杰河。回纥有普鞠可汗者，实始居之，后徙居北庭。北庭者，今之别失八里城也。会高昌国微，乃并取高昌而有之。高昌者，今哈喇和卓也，和卓，本汉言高昌，高之音近和，卓之音近昌，遂为和卓也。哈喇，黑也，其地有黑山也。今伟兀称高昌，地则高昌，人则回鹘也。高昌王有印，曰“诸天敬护护国第四王印”，即唐所赐回鹘印也。言“诸天敬护”者，其国俗素重佛氏，因为梵言以祝之也。暾欲谷子孙既世为伟兀贵臣，因为伟兀人，又尝从其主居偰辇河上，子孙宗暾欲谷为始祖，因以偰为氏焉，以河名也。

相传暾欲谷为国相，适当唐天宝之际，唐以安史之乱求回鹘援兵，暾欲谷与太子阙特勒帅师与讨安禄山，有功，封太傅忠武王，进位司空，年百二十而终。传数世至克直普尔，袭为本国相答剌罕，锡号阿大都督。辽主授以太师、大丞相，总管内外藏事。卒，葬玉深郡西五里，曰阔尔禄，名之曰辛。子岳

① 编者按：《高昌偰氏家传》记述了偰氏的族属、兴起及元代的政绩。偰氏以居和林城（今蒙古哈尔和林）北之偰辇河而得名。其始祖暾欲谷本唐时突厥人，因子孙世为畏兀儿贵臣，遂成高昌畏兀儿巨室。入元后，其宗支历仕元朝，出任显官，成为中州著姓。并对回鹘的起源也有所记载。此传是研究元代畏兀儿颇为重要之资料。其中记载，都尔弥势初从撒思吉讨李璮，以功，奏为行省郎中，继除博兴、沂州监郡，可补地方志“职官”之阙。

弼袭国相，为答剌罕阿大[1]，都督，太师，大丞相仍兼，通管内外藏事。七子，长曰达琳，次曰亚思弼、曰衢仙、曰博哥、曰博礼、曰合剌脱因、曰多和思。亚思弼二子，长曰仳俚伽帖穆尔，次曰岳璘帖穆尔。

仳俚伽生而敏慧，年十六袭国相答剌罕。时西契丹方强，威制高昌，命太师僧少监来围其国，恣睢用权，奢淫自奉。王患之，谋于仳俚伽曰："计将安出？"仳俚伽对曰："能杀少监，挈吾众归大蒙古国，彼且震骇矣。"遂率众围少监。少监避兵于楼，升楼斩之，掷首楼下，以功，加号仳俚杰忽底，进授明别吉，妻赫思迭林。子弟以暾欲谷之后，世为其国，大臣号之曰设，又曰沙尔，犹汉言戚畹也。未几，左右有疾其功者，谮于王曰："少监珥珠，先王宝也，仳俚伽匿之，盍急索勿失。"王怒，诛宝甚急，仳俚伽度无以自明，乃亡附国朝。我太祖皇帝赐以金虎符、狮纽银印、金螭椅各一，衣金直孙，校尉四人，饮食供帐殆拟王者，仍食二十三郡。寻又赏银五万两，以弟岳璘为质。仳俚伽没，高昌诸部涂哭巷吊，岁时祠之。

岳璘精于伟兀书，慷慨以功名自许，赀算悉以畀兄子，身无私焉。年十五以质子从太祖征讨，多战功。皇弟斡真奏求师傅，上命公。公训导诸王子以孝，敦睦仁厚，不杀为第一义。上闻，嘉之，中原诸路悉命统治。既而从平河南，徙鄭县民万余户入乐安，以便伛拊。寻授河南等处军民都达鲁花赤，佩金虎符，并赐宫女四人。所得尚方赏赉，悉辇归故郡，以散亲旧，且盛陈汉官仪卫以激砺之。国人聚观，咋咋艳慕。道出河西，所过榛莽，或时乏水，公为凿井置堠，居民使客相庆称便。太宗皇帝即位，以中原多盗，选公充大断事官，从斡真出殿顺天等路。公布德化，宽征徭，盗遁奸革，州部清整。寻复监河南等处军民。年六十七，卒于保定。今赠宣力保德功臣，山东宣慰使，谥曰庄简。

多和思二子，次曰撒吉思。风仪魁岸，识度宏廓，涖事宽猛适宜。初为诸王斡真必阇赤，领王傅事。王薨，长子质卜早世，嫡孙搭察幼，庶兄脱忒狂恣欲废嫡自立，撒吉思与火鲁和孙驰白皇后帖列聂氏，乃授搭察以皇太弟宝，袭爵为王。撒吉思以功与火鲁和孙分陕：黑山以南撒吉思理之，以北火鲁和孙理

① 编者按：底本原为"阿天"，误。

之。从宪宗攻钓鱼山，建言乘势定江南，必有峻功，上嘉纳之。命世祖取武昌。王取武昌，王取淮安，东西并进。未几，上崩，班师。集阙，阿里卜哥睥睨神器，诸王多附之，王亦首鼠进退。撒吉思闻之，驰见王，力言世祖宽仁神武，中外属心，宜专意推戴。若犹豫不决，则失几非计也。王从之。世祖即位，授撒吉思北京宣抚，赐宫人瓮吉剌真氏及金帛章服。聚至镇，锄强龃奸，革邪除秽，辽东以宁。会高丽有异意，上遣使究切，则委罪于弼臣洪察忽，械送京师。道辽东，撒吉思访知洪以直谏忤意，故即奏疏，为直前谩。上命释洪，俾讨叛党，平之。山东李璮反，奉诏偕诸王哈必赤等东征，应会决机，转战数十合，生得璮，戮于市，复济南益都等五十余城。哈必赤欲屠之，力争曰："王者之师，诛止元恶，罔治胁从。"于是释囚系返流逋归剽掠吹枯苏简节疏目，传檄四封，舆情大悦。授资德大夫、山东行省大都督，迁经略统军二使，兼益都达鲁花赤，辞不拜。上言："山东重镇，宜别选贵戚临之。"上不许，因赐京城宅一区，益都田千顷，及李璮马群园林水硙海青银鼠裘等。尝慕古人举亲举仇之节，惟才是用。或以子侄为幕僚，或以里闬知旧为文学官，或以叛帅旧卒为部曲将。不顾身嫌，专为国计，公论多之。兵后，民有田，乏牛具，为之上闻，验民丁力，官给以牛，人得肆耕。李璮故将毛璋率诸部谋执之以附江南，璋党秃刘怀其恩，以璋谋上变，乃袭璋，斩之。统军抄不花畋游无度，害稼病民，元帅野速达尔等豪据民田以为草地，随事表闻，得旨，执抄不花，减死杖之，勒野速达尔等还故土。山东诸郡与宋人接境，时见侵掠，乃拔胶、兴、密等州丁壮屯沂莒，以逼连海。宋边师丁某惧，以所统来降。其为民捍患、为国拓土类如此。推贤让能、知人善任，名臣宿将多出其门，硕望雄名余五十载。忽一夕星殒于舍，年六十四，卒于京师之南城。山东父老相与刻石纪勋德焉。今赠安边经远宣惠功臣，资德大夫，河南江北等处行中书省右丞，上护军，追封云中郡公，谥曰襄惠。

岳璘十子，长曰盖弥势普华，次曰都督弥势普华，曰怀来普华，曰都尔弥势，曰八撒普华，曰旭烈普华，曰和尚，曰合剌普华，曰独可理普华，曰脱烈普华。

都尔弥势初从撒思吉讨李璮，以功，奏为行省郎中，继除博兴、沂州监郡，会丞相伯颜督诸军取宋，慨然曰："吾世受上恩，此立功报国之秋也，吾其从戎乎？”撒思吉嘉其志，谒丞相，举以自代。乃与从子撒里蛮俱隶丞相麾下，与攻襄樊，进兵阳逻堡，顺流至丁家洲。宋相贾似道出视师，迎战，奔溃。都尔弥势为前锋引大军乘胜逐北，与宋殿帅孙虎臣战于焦山，破之。升蒋安抚翼监战。复攻常州，得隽，升断事官。江南既平，擢安丰路达鲁花赤，行省以其廉能，署处州路达鲁花赤。时新附之民怀携阻兵，每单骑招降，兵不血刃，人以“四哥佛子”称之。后见平章阿合马窃柄张甚，耻为诡随，居闲养晦五年。日本之役以为征东都元帅，又与丞相阿答海李牢山等异议，辞行。已而阿答海等果败。运使卢懋以言利擢中书右丞，欲引为参知政事，知懋不可以共事，亦辞不拜，后懋果以罪诛。迁同知浙东宣慰使司事。东阳贼杨震龙作乱，乡民或为贼应，卒讨平之。朝廷以江浙财计至重，命为行省郎中。及桑葛当国，屡欲援为助，固谢不就。迁太平路达鲁花赤。同时平南大臣，如丞相蒙古台、高兴，国公史弼，河南王卜隆吉台皆以兄礼事之一时。善辞命，都尔弥势与阿里齐名，行省凡有入奏，必命之往。每至上前开陈，是非得失，披析解驳，如指诸掌。上嘉掌曰：“惟卿及阿里言事能称朕意尔。”阿里后秉钧衡，而都尔弥势官止广西宪使卒。

（选自苏天爵辑《元文类》卷七十，明修德堂刊本）

欧阳玄（1273—1358），字原功，号圭斋，浏阳（今属湖南）人，祖籍庐陵（今江西吉安）。延祐进士，累官至翰林学士承旨。文宗时参与纂修《经世大典》，顺帝时修宋、辽、金史三史。在史学、文学、书法等方面均有造诣，文章、书法极负盛名。

元故朝列大夫开州尹董公神道碑铭（并序）[1]

〔元〕苏天爵

国家有世德之族，曰槁城董氏。由其祖父皆以忠义许国、孝友刑家，才子贤孙亦各思自树立，是以清规雅范相传百年，不陨其家声。呜呼！非祖考德业积累之厚，朝廷治化涵濡之深，其何能至于是耶？公讳士良，字善卿，赠光禄大夫、大司徒，赵国宣懿公讳昕之曾孙，龙虎卫上将军、行元帅府事、赠推忠翊运效节功臣、太傅、开府仪同三司、上柱国、赵国忠烈公讳俊之孙，资德大夫、佥枢密院事、典瑞卿、赠体仁保德佐运功臣、太师、仪同三司、上柱国、赵国正献公讳文忠之子，资政大夫、御史中丞、赠纯诚肃政功臣、太傅、开府仪同三司、上柱国、赵国清献公士珍之弟也。大德初，公起家承直郎、保定路曲阳县尹，转承德郎、同知开州，迁奉议大夫、知博兴州，移州藤州，升朝列大夫、开州尹。公入官三十余年，仅历五考，积阶至正四品，不克大有所施而卒，识者惜之。然其故家风范之严，君子岂弟之政，亦有可纪者焉。初，正献公薨，世祖思其谋猷献赞之益，召见诸子，公偕弟故陕西行台中丞士恭入见，上熟视之，指公谓左右曰："是子纯善，甚肖其父。"遂命弟兄俱列宿卫。无何，公以母疾谢归。久之，遂承世泽。持身以廉，毫发无所私，所至以化民兴学为本。曲阳民有善持官吏短长者，醉则入县詈，吏人莫敢何。公械于狱，尽俾入市晓之，恶少望风屏息。五台敕建佛宫，西僧入京师者道出其邑，供亿浩穰，民不堪命。公言于朝，请裁省其冗滥，仍令分行旁县，少舒民力，从之。邑陶缥瓷，岁贡有常，是年色幻为赤，奇异可玩。公曰："礼，奇器不入宫，今若输之，是求媚也，朝廷若复欲之，民何由致？悉毁而瘗之。"人服其识。博兴学廪不足养士，公捐俸以助之，士帅兴起于学。州民有辇母行丐市中，矫俗以为孝者，公谕以养亲之道，其人惭谢改悔，卒以孝称。及闻清献公丧，解

---

[1] 编者按：选文墓主董士良，字善卿，曾任奉议大夫、知博兴州，捐俸以助学廪，以养亲之道谕人。可补地方志"职官"之阙。

官会葬，时以友悌多之。胜州岁旱民饥，公下车，发仓赈贫乏，全活者众，斋沐出祷而雨，岁则大穰。为政，不施鞭朴，第务以身帅之。民亦化服，老幼诵公之政不绝口。公尝以事之曲阜，孔氏族人有相争积年不解者，闻公慈祥之政，感而相谓曰："我辈所为，愧见董公。"遂相友睦如初。公官满，贫不能归，泰定四年六月二十六日卒于滕之官舍，享年六十有三。是岁十月，归葬九门先茔。公沈默简重，无疾言遽色，性乐安静，不能随俗俯仰。生长大家，接人遇物，谦抑若寒士。随牒仕郡县间，无不足之色。宗族父兄布满朝宁，赫然贵显，未尝一言以求进取，盖雍容进退，有古君子之风焉。家贫，奉养清俭，稍有赢余即分遗亲族之贫者。尝书壁以自警，若曰："积善获庆，不善则否，造物者宁有私乎？"又曰："草木各有时而荣，人可不坚所守乎？"故自号固穷子。母赵国夫人顾氏。元配牛氏，先卒。继唐氏、李氏。子男守成，历主武邑、梁县簿，今从仕郎、真定衡水县尹，治民有声。女适燕南乡贡进士王维贤。先正有言：所贵乎世家者，非必七叶珥貂如汉金张，八叶宰相如唐萧氏，名位虽崇，而不能皆贤，何世之有。若东都袁杨二族，名德俱隆，斯可谓世家矣。董氏自忠烈公起家，今传七世，子孙群从，盖数百人，虽先后出处不侔，然皆清慎纯笃，蔚有贤声，不谓之"世家"，可乎？故士大夫言法家者，必以董氏为称首，公亦能守先训者也。铭曰：

世禄之家，骄淫矜夸，古昔犹然，何今之嗟。赵有董氏，冠盖盈里，巍巍相门，济济才子。佩玉簪裾，执礼弗渝，百年相传，具有范模。公侍禁庭，长承父泽，雍雍以和，不大声色。历典郡邑，嘉善辑奸，鞭朴不施，民用孔安。公之父兄，位列将相，公官于外，白首犹壮。致君泽民，内外相维，世德之族，邦家之基。何天于公，弗大厥祉，弗大厥祉，公又有子。子贤而文，克肖克承，公侯之复，于焉其征。琢石征铭，表公墓道，凡代大家，文献是考。

（选自苏天爵撰《滋溪文稿》卷十二，见《钦定四库全书·集部五·别集类四·元》）

苏天爵（1294—1352），字伯修，真定（今河北正定）人。历任翰林国史院典籍官、湖广行省参知政事、陕西行台侍御史、集贤侍讲学士兼国子祭酒、江浙行省参知政事、大都路总管等职。为学博而知要，为文长于记载，被学者称为滋溪先生。有《国朝名臣事略》《滋溪文稿》等。

大元赠奉训大夫博兴知州程府君墓碑铭①

〔元〕苏天爵

济南章丘县之嘉会乡，故赠奉训大夫、博兴知州、飞骑尉、历城县男程府君之墓在焉。府君讳璧，字君宝，享年若干，以大德某年某月卒。配蒋氏，封历城县太君，享年百岁，以元统某年某月卒。子男五人，曰义、曰恭、曰信、曰肃、曰某。孙男四人，曰益，恭之子；曰某，信之子；曰某、曰某，仁之子。曾孙男三人，曰矩、曰圆、曰桂，皆益之子也。程氏本冀州枣强人，金季转徙章丘，世服田亩。我国家治平百年，民获休养，程氏族大以蕃，而先兆族葬至不能序昭穆。蒋夫人卒，恭始卜得吉壤，去先兆西南二里，奉迁府君之柩合葬焉。周以垣墉，树之松柏，前列石仪翁仲，将刻铭墓碑，弗果而卒。至正五年，天爵使宪山东，矩来请铭。念昔与益同朝相好，屡闻恭官江南有声，及阅进士王健之状，始知程氏孝廉，世有阴德，故为叙其事而铭焉。

按府君之考万，为人慈祥不苛。尝为济南郡狱椽，囚之饮食必躬视之。夏则泛扫囹圄，令无污秽；冬则织蒲为屦，分给其众。或狱卒搒掠罪人，妄有诛求，辄诃止之。曰："笞杖徒杀，有国法存，汝曹何敢法外加惨酷乎？"以故活者甚众。囚或有就刑者，辄仰天呼曰："程公抚我，恩逾所生，愿公寿考，多子孙，我死固无憾矣。"妣孙氏，治家有法，姻族讼者多就直之。躬行节俭，以率其下。考妣皆以高年终，府君其长子也。早岁以才能著，已而山东

① 编者按：选文墓主程璧，字君宝，曾赠奉训大夫、博兴知州，可补地方志"职官"之阙。

按察辟为书吏，操持清介，人不敢干以私。遇事敢言，屡与官长争曲直，久之，不能与时俯仰。乃叹曰：“吾母年在喜惧，吾何为违甘旨之养，屈志以从事于斯乎？尝闻乡长老言吾父有阴德于人，程氏将有兴起者矣。”即辞归，事母以孝闻于郡国。诸子惟恭能官，初为淮西宪府译椽、教授，严州椽，辟江浙行省，擢溧水州判官，转吉水州，以守令选尹句容，再迁南陵。语家人曰：“吾养亲之日，能几何时，与其疲精神以事上官，曷若尽孝敬以奉吾母？”即日弃官归。逾二十寒暑，不离左右，母老，遂谢事。进官奉训大夫、同知松江府事。其在吉水，洁己以爱民，勤政而善俗。既去二十余年，民思弗忘，建祠刻颂以著遗爱。在句容，课民树桑四十万，兴学聘士以化其民。尤善教子，常诲益曰：“吾世清白，无以遗汝，汝能勤学足矣。”益既登进士第，则训之曰：“富贵有命，汝惟进学是吾所望。”及闻益入翰林。为检阅编修官，改秘书郎、国子博士，奉诏与修《宋史》，则窃喜曰：“吾子问学，庶有进乎？”益擢监察御史，未几，以论事切直，出迁河西陇右道肃政廉访使事，亦卒。君子惜之。铭曰：

泺水之东，维齐之疆。芃芃者麻，菀彼柔桑。自昔有年，民庶丰足。耕焉学焉，尚知荣辱。猗与府君，试吏明时。克峻所恃，不诡以随。释尔筐篋，奉尔甘旨。士称廉平，乡推孝弟。念昔厥考，慈祥不苛。治狱活人，阴德孔多。清白再传，益大以侈。遗爱在民，如古循吏。侃侃御史，学蕴其躬。直言不阿，卓有祖风。守官以廉，趋庭以孝。子继孙承，是则是效。嘉会之乡，郁郁新阡。表其孝廉，过者式焉。

（选自苏天爵撰《滋溪文稿》卷十八，见《钦定四库全书·集部五·别集类四·元》）

和州儒学重修记

〔明〕倪谦

和州之学，旧有尊经阁在棂星门外。前俯市河，左通城堑，右瞰广衢，水道环绕，舟楫可行，象古泮宫之制也。岁久阁废，地为豪家所侵，筑垣作室垂四十年，致水道隔绝，宫墙湫隘。成化己丑，太守万州陈逊、贰守会稽董锡相继下车，协心为治，顾而病之，欲有事焉未暇也。阅又明年，惠敷化行，利兴废举，始以其事达之董学御史陈选。遂复其地，而通道于其上。学门之前为他地所隘，亦买而开广之。伐石跨河，甃泮水桥正接王道而达于河南。夹道树松柏百十株，又甃小桥其傍，以便来往岸南。复买地百十丈，以通左右而达于广衢。建泮宫、育贤二坊翼于两端。学门庳陋则撤而高之，仓庾倾圮则构而新之。凡筑墙以堵计者三百甃，街以丈计者二百。于是庙貌尊严靓深，学宫恢弘敞爽。林木蔽亏，水波萦回，地虽复而壮伟迥过于昔矣。费甚巨，皆资募助而不取于官；役甚大，皆事佣僦而不劳于民。相其役者，则有节判龙游徐慉、吏目博兴刘泽①，赞其成者，则有训导浮梁许英、遂安洪思琳。工始于成化辛卯孟冬，而毕于次年壬辰季春，仅六月焉，亦可谓成之速矣。和之耆老暨学之士子，咸谓："斯役也，不可无文以纪其事。"儒学生焉永贤乃来征言于予。古昔尧舜禹汤文武，身任君师之责，以井田、封建、肉刑为治，以庠序为教，治化之盛，非后世可及。周衰，圣王不作，孔子有德无位，于是身任师道之责，独取先王之法，载诸六经，以教后世，不过推明民彝物则之道而已。凡有身者，用之则修，悖之则戾；有家者，用之则齐，悖之则紊；有国者，用之则治，悖之则乱；有天下者，用之则平，悖之则颇肆。生人得由斯道而不化为异类者，谁之力与？是以万世遵承。衮冕尸祝，崇事于学校，礼之宜也。故先王之法，井田可废，封建可罢，肉刑可除，惟学校则历代相因而不可后，其不以

① 编者按：康熙十二年《博兴县志》卷之五《选举志》明代"贡士"目有刘泽，注"合州吏目"。据选文可知，县志"合州"当作"和州"。

此与？国家建学兴化，所以尽君师之责也。然钦承德意，以教学为先，非贤守令则不能。今和之为学，敝隘已久，莫之谁何。一旦赖陈董二侯开拓修建，焕然一新，其振起斯文嘉惠后学至矣，可不谓之贤乎？诸子于斯，尚潜心孔子所示之学，穷经考古，明体适、用端、正心、诚意之功，尽民彝物则之道，近足以修其身而齐其家，远足以治其国而平其天下。斯善学孔子者也，如是则学有所本，道德明秀。殆见出于科目者，皆实材用于朝廷者，皆真儒，岂非斯学之光乎？是固国家建学与诸公兴学之意也，故因记其成，并书此为诸士励焉。

（选自倪谦撰《倪文僖集》卷十五，见《钦定四库全书·集部六·别集类五·明》）

倪谦（1415—1479），字克让，号静存，应天府上元（今江苏南京）人，原籍钱塘（今浙江杭州）。正统进士。天顺初，累迁至学士，侍太子于春宫。后主顺天乡试，因黜权贵之子，被构罪戍边。成化初复职，官至南京礼部尚书。卒谥文僖。有《朝鲜纪事》《辽海编》《倪文僖集》等传世。

赤岭云松图诗序①

〔明〕倪谦

襄阳均州学正郑师禹②先生，笃信诚孝人也，满秩来京，尝手一图示予。且曰："夏世家莆田里之澄塘，去澄塘二十里许，至安乐里柯山，西南有岭焉，曰赤岭，先大父讳天麟行亿十八之葬地也，以世父讳元行兆、二世母李袝焉，而大母陈别葬谷城山之燕尾峰。夏与堂兄蕃失怙皆幼，比长，蕃登宣德庚戌春官贰榜，第司教浙之庆元，改青之博兴；夏之继武则于正统己未，沿牒湖襄。宦辙背驰，各天一方，而松楸之祭扫缺然。赖有兄子熊，克承父志，修厥岁

① 编者按：选文中郑师禹堂兄郑蕃，福建莆田人，曾任博兴县教谕，可补地方志"职官"之阙。

② 编者按：郑师禹，名夏，师禹或为其字。

事。亦第乙丑贰选以出，司教江右石城。则祭扫于焉益缺矣。虽恒命子侄之家食者摄之，然如在之诚终莫能致。欲乞假一归，用展孝忱，而蛇豕横道，又莫能达。则此心歉歉，殊无已也。兹又当外补，因绘赤岭云松为图，随寓展观，虽弗克躬扫墓田，庶其云松常接乎目，而得以少慰其心也。先生与夏有同年之雅，其尚畀一言以道夏之志也乎哉？”

余闻孝子于亲之殁，睹其诗书杯棬，不能举之饮之者，以其手泽口泽之存故也。夫以余泽之存且不忍忘，况其体魄所藏之地而忍忘之乎？是以古者士去其国，则哭于墓而后行，盖哀丘垄之无主，必有返国之期也。先生昆季，子姓席祖考遗德，皆以文学起家，联辉竞爽，有光先烈，诚士林所罕得。然而丘垄之违，欲主守而未得，图返国而未能也。自非先生状其景物常存于心目之间，抑何由而寓其思乎？予知其每一披视，则崇封峨峨，俨乎其若堂也；宰木森森，郁乎其林立也；蘋蘩椒荔，肃乎登兆域而陈荐奠也。则其身虽去国，而精神血气固已默相感通于赤岭之下矣。讵非善致其孝者乎？先儒有曰：“不忘先茔，孝之大者也。”先生以之。予既道其志，复系以诗，使时歌之以泄其思。诗曰：白云兮英英，苍松兮亭亭。纷弥漫兮散复凝，蹇蔽亏兮先茔。先茔兮何所？柯山西南兮赤岭之下。竞怀禄兮远骛，君胡为兮心独苦。念遗体兮亲支，亲何在兮悠然以思。驾言返兮故国，路阻绝兮何之。图之成兮宛可识，君之睹兮伊骦匪戚皇。风大振兮沴气清，迟归展兮明日。

（选自倪谦撰《倪文僖集》卷十八，见《钦定四库全书·集部六·别集类五·明》）

礼器乐器记①

〔明〕周洪谟

圣朝两京国子监及天下郡县皆庙祀孔子，其肖像冕十二旒，衣十二章，祭

① 编者按：选文记载了为镇江知府熊佑备齐府学礼器乐器之事。熊佑，博兴人，成化进士，曾任镇江知府。

器十笾、十豆，乐舞六佾。今命笾豆增为十二,六佾增为八佾，始用天子礼乐，以其制通行天下。历代以来，尊崇孔子，未有盛于今日者也。然诸郡礼器则全，而乐器则或未备，惟镇江府学礼乐器俱完。礼器千余，皆范铜为之，乃元至正十二年总管李中、教授黄镛所铸。豆二百七十二，其盖数亦如之。爵一百三十九，奠盘如爵之数。簠一百二十，其盖一百一十六。簋一百十九，其盖一百十五。牺尊六、象尊六、常尊三、龙杓三。搢花之瓶大小八，爇香之炉大小十六。盥洗盆三，毛血盘二。诸器既完，惟笾皆失，旧常以豆之盖代之。今知府熊侯祐乃铸铜为笾二百二十，其盖亦如其数。窃惟古者祭器以竹、以木、以陶，但竹木者易剥、陶者易损，故代之铜而图其坚久也。子往岁为南监祭酒，始谒庙释菜，而见磁爵之缺者甚多，不胜悚惧，遂遣人赴饶州制补之。夫以太学奉帝命以行礼者，其器尚如此，况诸郡县乎？用铜虽非古制，而李中辈所铸历三百余年之久皆无少窳，其视抏陶之剥损者，则美恶判矣。乐器亦当时所制，铜钟二十一、石磬十六、琴十、瑟四，以及笙管柷敔之类，靡不毕备。熊侯与其僚同知伍侯琇商推，以为前人所制固美，恐其久而或忘，乃寓书来求予笔诸石，以防疏虞，且约典守者必严出纳，教授、训导但一秩满者，虽素不司管钥，必白于郡会诸师生审验之而后去。於戏！诵遗经以出身者，感圣恩如天地，且愧不能报称，于区区祭器，傥不能守，又何颜入礼殿乎？虽然，此礼乐之器耳，而行斯礼必本之敬，奏斯乐必本之和。故孔子尝曰："礼云，礼云，玉帛云乎哉？乐云，乐云，钟鼓云乎哉？"异时承祀之，顷肃肃雍雍，仪节不爽，音律克谐，仰瞻圣贤之灵，如在其上，如在其左右，则必来格而歆享矣。抑礼乐本之心、体之身者，岂但感乎神而已。虽达之以道，家国天下而无不理焉。则凡为治者，其可不务礼乐之本，而推之用乎？

（选自黄之隽修《江南通志》卷八十八，见《钦定四库全书·史部十一·地理类三·都会郡县之属》）

周洪谟（1421—1492），字尧弼，长宁（今属四川）人。正统十年（1445）殿试榜眼。景泰间因陈时务十二事，升侍读。修《英宗实录》《宪宗实录》。卒谥文安。

赵氏丹崖墓表①

〔明〕谢铎

於戏！是为元处士赵公良显之墓。公实黄岩县丞迪功郎不弱之六世孙。不弱之父安康郡王士说，盖宋太宗第六子宁王元偓之后。士说死靖康围城中，不弱避乱江南，因仕黄岩，而子孙遂留以家。入国朝来，愈益蕃盛。若故工部员外郎鼎，藁城知县关，博兴知县珂，乡进士季龄，经魁慥率彬彬仕籍间。而博兴之孙本又方济美世科，大抵皆迪功之孙子也。公生于元延祐丁巳，以至正丁未卒，葬丹崖之弓屿。子四，友辅早世，友养葬圣水山，友矿、友繁实祔公以葬，其孙旰暹亦在焉。友繁字进茂，读书尚义，隐约不仕，实维我大母太夫人之父。太夫人生先编修府君，甫期月而寡。守节自誓，以长以育，以至于有今日我谢氏不绝如线。再造之功，与天罔极，吾岂敢忘所自哉？弘治己未，公之曾孙某某等将伐石以表公墓，而顾以谂于予。予泫然曰："予小子无似，恒愧求所以报公父子之德而未能也，又焉敢以不文辞哉？"乃为之言曰：嗟乎！德厚者流光，天道虽远，无久而不报之理。赵宋之有天下也，以忠厚传家世，以宽仁为治，三百余年之间，无残暴惨刻之主。故虽运改时移，不能永保其基业，而深仁厚泽，实足以庇覆其子孙。若吾黄岩之赵氏，盖可见也。彼六朝五季之君，其身且不能以一朝居，况望有以及其子孙于异代之久也哉？故观于今之赵氏，可以见宋之德泽；观于公之子孙，又可以见迪功之德泽不忝其先，益相与为无穷矣。虽然，东都之河洛、南渡之会稽，皆有陵寝，今所奠扫而为之主者谁哉？而丹崖之墓，子孙具奠扫无缺，于此益足以见德之浅深厚薄，诚有不在富贵贫贱之间者矣。然则为公之子孙者，可不益思所以培植而延引之哉？作《赵氏丹崖墓表》。

---

① 编者按：选文墓主为宋黄岩县丞迪功郎赵不弱之六世孙，元代处士赵良显。其后世子孙，有所谓"博兴知县珂"，即赵珂，字廷器，号慎轩，正统举人，成化间知博兴县，居官九载，去后见思。又见第826页《重修兴国寺记》。

（选自黄宗羲编《明文海》卷四百六十九，见《钦定四库全书·集部八·总集类》）

谢铎（1435—1510），字鸣治，号方山，又号方石，浙江温岭人。天顺进士，成化时参修《英宗实录》，弘治初参修《宪宗实录》。官至南京礼部右侍郎兼国子祭酒。卒赠礼部尚书，谥文肃。纂修《赤城新志》。有《赤城志》《逊志斋集》等。

重修北岳庙碑铭[①]

〔明〕吴宽

《舜典》所载有四岳，然于东岳特著岱宗，余无所指，至《周礼》始有五岳。《尔雅》指泰、华、霍、恒、嵩而言，议者谓周都丰镐，诗之嵩高不得为中岳；尧都冀州，禹贡之太岳当为中岳。又谓秦以岍为西岳，汉武徙衡山之神于霍山，而衡霍俱为南岳。独泰与恒无所议，而近世复疑恒祭非其地者。予窃论之：四岳之名起于舜，舜以一岁而巡四岳，使乘舆必至，其山势能遍历之乎？虽所谓兵卫少而征求寡，无亦不胜驰驱之劳乎？盖古之纪事者言其大约而已。故天子入其地，特觐诸侯于此，若山川之远者，则望而祭之。故曰：望秩于山川。其见于书者如此，又何必曲取不经之说以为记耶？疑者又以其地之偏，如前之说者，盖五岳所峙有定位，天子所居无定都。秦汉不必论也。如以尧周所居以求岳之所在，必无能合者。恒山之神，自古祭于曲阳，若山西浑源州之南二十里，有山特高大，世以为恒山，山之东十里，有峰尤峭拔，其下有庙，盖亦古矣。或以曲阳之山不能大于浑源，遂疑之。不知山川相距虽千百里，在天壤间特咫尺之近耳。况其地皆在河北，山于此，而望祭于彼，又何较其区区彼此之疆界乎？且世俗东岳有庙遍天下，亦可泥其迹而求之乎？浑源在

① 编者按：选文记载了大同巡抚刘宇重修北岳庙事。与事诸人中，有“参议相枢”。相枢，博兴人，弘治进士，任山西参议。

今大同境内，大同，即古云中，为国家北边雄镇，比岁谷麦少登，马灾继作，都御史河南刘公宇奉命巡抚其地，以为己忧，而太监陆公訚、都督庄公鉴，皆受阃外之寄者，相与竭诚祷于庙下，即获响应。逾年仓廒既盈，战守有备，军令大行，边警宁息。适礼官以厘正祀典事奏，谓祀当仍曲阳之旧，而浑源有山，灵气磅礴，祀而修治其庙，于礼亦宜。诏从之。公行视庙西向僻陋，图谋改作，俾参政毕孝、参议相枢、副使陈宽、佥事王从鼎循山相度，得地于中峰之麓，平衍端直，诸山环拥，皆以为宜。而公不敢专也，以疏请诏，亦从之。顾山多木石可用，乃俾副使李惟聪率通判靳仁督工，以弘治壬戌七月兴役。于时知府胡汝砺、知州杨泽以下咸来劝相，明年三月功即完。因其地势，三成上构殿七间，两庑次列，重门外启，位置有序，众目改观。旧庙不毁，仍为寝宫。皆曰：宜有文，刻石以示永久。公以户部郎中吕贤所具事状遣使来请，系之以铭。辞曰：峨峨高山，分奠广土。自虞历周，四益有五。是曰方岳，载籍可睹。天子时巡，匪以游豫。以朝诸侯，以考制度。自秦置守，斯礼莫举。汉唐相因，封禅其所。黩礼不经，礼家奚取。厘正神号，夐出千古。运开大明，惟我皇祖。大河之北，是曰恒山。盘据峭拔，望之巍然。神灵所之，倏来倏旋。来则曲阳，旋则浑源。浑源有庙，莫纪其年。捍御灾患，功多于边。有司之事，罔敢弗虔。岁时骏奔，以执豆笾。谓神室此，如龙于渊。惟神至灵，上助元造。惟帝念功，思以为报。边臣协谋，仰副明诏。卜吉维地，巍焕维庙。有穹栋宇，宜薄云峤。翚飞鳞次，工逞其妙。神乐幽栖，林壑殊峭。仰窥其形，岩石莫肖。侧听其声，冷风如啸。出为云雨，入土濛濛。大田秩秩，五谷芃芃。騋牧蕃息，以及羖羷。烽火不举，北连云中。边人笑歌，长乐年丰。国家报祀，礼视三公。神之来兮，黝辂乌駥。神之飨兮，黑黍元豵。翛然鸟风，陟降兹峰。永镇朔方，锡福无穷。

（选自陈梦雷编《钦定古今图书集成·方舆汇编·山川典》卷四十三，见《古今图书集成》第186册，第48～49页，中华书局1934年影印版）

吴宽（1435—1504），字原博，号匏庵、玉亭主，世称匏庵先生，直隶长州（今江苏苏州）人。成化八年（1472）状元，授翰林修撰，侍奉孝宗读书。孝宗即位，迁左庶子，预修《宪宗实录》，进少詹事兼侍读学士。官至礼部尚书，卒赠太子太保，谥文定。著有《匏庵集》。

重修山阴县学记①

〔明〕王守仁

山阴之学，岁久弥敝。教谕汪君瀚辈以谋于县尹顾君铎而一新之，请所以诏士之言于予。时予方在疚，辞，未有以告也。已而顾君入为秋官郎，洛阳吴君瀛来代，复增其所未备而申前之请。昔予官留都，因京兆之请，记其学而尝有说焉。其大意以为朝廷之所以养士者，不专于举业，而实望之以圣贤之学。今殿庑堂舍，拓而缉之，饩廪条教，具而察之者，是有司之修学也。求天下之广居安宅者而修诸其身焉，此为师、为弟子者之修学也。其时闻者皆惕然有省，然于凡所以为学之说，则犹未之及详。今请为吾越之士一言之。

夫圣人之学，心学也。学以求尽其心而已。尧、舜、禹之相授受曰："人心惟危，道心惟微，惟精惟一，允执厥中。"道心者，率性之谓，而未杂于人。无声无臭，至微而显，诚之源也。人心，则杂于人而危矣，伪之端矣。见孺子之入井而恻隐，率性之道也；从而内交于其父母焉，要誉于乡党焉，则人心矣。饥而食，渴而饮，率性之道也；从而极滋味之美焉，恣口腹之饕焉，则人心矣。惟一者，一于道心也。惟精者，虑道心之不一，而或二之以人心也。道无不中，一于道心而不息，是谓"允执厥中"矣。一于道心，则存之无不中，而发之无不和。是故率是道心而发之于父子也无不亲；发之于君臣也无不义；发之于夫妇、长幼、朋友也无不别、无不序、无不信：是谓中节之和，天

① 原注：乙酉。编者按：乙酉年即嘉靖四年（1525），为此文写作时间，此前博兴人顾铎自山阴知县擢刑部主事（即文中所谓"秋官郎"）。

下之达道也。放四海而皆准，亘古今而不穷，天下之人同此心，同此性，同此达道也。舜使契为司徒而教以人伦，教之以此达道也。当是之时，人皆君子而比屋可封，盖教者惟以是为教，而学者惟以是为学也。圣人既没，心学晦而人伪行，功利、训诂、记诵辞章之徒纷沓而起，支离决裂，岁盛月新，相沿相袭，各是其非，人心日炽而不复知有道心之微。间有觉其纰缪而略知反本求源者，则又哄然指为禅学而群訾之。呜呼！心学何由而复明乎！夫禅之学与圣人之学，皆求尽其心也，亦相去毫厘耳。圣人之求尽其心也，以天地万物为一体也。吾之父子亲矣，而天下有未亲者焉，吾心未尽也。吾之君臣义矣，而天下有未义者焉，吾心未尽也。吾之夫妇别矣，长幼序矣，朋友信矣，而天下有未别、未序、未信者焉，吾心未尽也。吾之一家饱暖逸乐矣，而天下有未饱暖逸乐者焉，其能以亲乎？义乎？别、序、信乎？吾心未尽也。故于是有纪纲政事之设焉，有礼乐教化之施焉，凡以裁成辅相、成己成物，而求尽吾心焉耳。心尽而家以齐，国以治，天下以平。故圣人之学不出乎尽心。禅之学非不以心为说，然其意以为是达道也者，固吾之心也，吾惟不昧吾心于其中则亦已矣，而亦岂必屑屑于其外，其外有未当也，则亦岂必屑屑于其中。斯亦其所谓尽心者矣，而不知已陷于自私自利之偏。是以外人伦，遗事物，以之独善或能之，而要之不可以治家国天下。盖圣人之学无人己，无内外，一天地万物以为心；而禅之学起于自私自利，而未免于内外之分，斯其所以为异也。今之为心性之学者，而果外人伦，遗事物，则诚所谓禅矣；使其未尝外人伦，遗事物，而专以存心养性为事，则固圣门精一之学也，而可谓之禅乎哉！世之学者，承沿其举业词章之习以荒秽戕伐其心，既与圣人尽心之学相背而驰，日骛日远，莫知其所抵极矣。有以心性之说而招之来归者，则顾骇以为禅，而反仇雠视之，不亦大可哀乎！夫不自知其为非而以非人者，是旧习之为蔽，而未可遽以为罪也。有知其非者矣，藐然视人之非而不以告人者，自私者也。既告之矣，既知之矣，而犹冥然不以自反者，自弃者也。吾越多豪杰之士，其特然无所待而兴者，为不少矣，而亦容有蔽于旧习者乎？故吾因诸君之请而特为一言之。呜呼！吾岂特为吾越之士一言之而已乎？

（选自王守仁撰、吴光等编校《王阳明全集》，第285～287页，上海古籍出版社2011年版）

张舜卿东征诗序

〔明〕康海

正德六年，山东、河北盗起，官军赴剿者以数万计，贼势益盛。于是上大怒，命右都御史长洲陆公往治之，仍添调辽东宣府两边之兵以为之前。陆公行，于是以武选主事灵夏张舜卿统宣府兵剿西路，参将某统辽东兵剿东路。十一月中，张兴、张旺率众寇长清、章丘、邹平、高苑、寿光、博兴、昌乐诸县[1]，而舜卿度贼必夜抵高丽镇，于是伏军贞观镇，偃卧击之。高丽去贞观镇十五里，四鼓先令斩榆枣塞巷口道路，分八百人遏要害，余兵皆游击。约五鼓，鼓噪而进，贼急来犯我师，尽为榆枣所罥挂。我师于阛市间奋击，斩获不可胜数，而二贼首亦就殄绝。于是舜卿下令曰："贼固有胁从者，吾良民不可槩杀，先降者当生。"于是得男女小大八百人，骡马千数十匹，龙凤旌轿及兵仗杂器三千七百有奇。十二月壬寅，贼刘六、刘七、齐彦名围茌平。舜卿以精兵百人，与子破其围，斩获剧贼数十人，未失一矢。捷上，舜卿以功进武选员外郎，子为百户。缙绅大夫闻者皆为歌诗以嘉舜卿之绩，命曰《东征大捷诗》。昨舜卿以少保右都御史彭公之奏来与平蜀，其过时出卷示予，予深叹舜卿文学之士，能克武有勇如此。闻齐彦名、杨虎、刘六、刘七者，巨盗大贼也。方其猖獗时，老将宿谋皆唯唯甘后，不敢抗一锋。舜卿能以百人解其坚围，斯已伟矣。其高丽镇之捷，张兴、张旺者，刘齐颉颃之盗也，寇淮安，立败兵备兵，掳知府刘祥，不一年集已至数千人，直隶、山东、徐淮诸处，所过伤残，毋敢撄也。舜卿一战遂克，使无孑遗，此非表表然具熊罴虎豹之勇而善谋能料，其孰能然哉，其孰能然哉！今蜀地悉定，舜卿之功又不知几何。由是而往，任授方益大矣。然盗起固有所繇，其繇皆舜卿目睹而心悉者，庙堂之上，宁可嘿然而不求为之所邪？鄙谚曰："治坏于少安，病加于小瘥。"今日者，当病痊剧之际者也，失而弗治，后何及乎？予与舜卿同年，又厚谊如兄弟，故既读其

---

① 参见第388页顾铎《常烈女传》与第829页李逊学《重修城隍庙记》。

诗，于其卷首又犹有是言焉。正德甲戌春正月丙申叙。

（选自康海撰《对山集》卷四，见《钦定四库全书·集部六·别集类五·明》）

康海（1475—1540），字德涵，号对山、沜东渔父，陕西武功人。“前七子”之一。弘治十五年（1502）状元，任翰林院修撰。武宗时宦官刘瑾败，因名列瑾党而免官。著有诗文集《对山集》、杂剧《中山狼》、散曲集《沜东乐府》等。

汝南兵备道题名记

〔明〕崔铣

初汝南设宪使，分巡再设兵备，已病其赘员而并之，其官或副使，或佥事，建治于申总协兵刑，今可知者自刘公君佐而下凡十有六人云，顾铎孔振作题名[①]，将非追核往绩，示儆后宦者乎？夫汝南，北土也，南接楚黄，地广而饶，物丰以罕，民萃而错，俗敦而易。古称沃土之人奊诟，繁富之方侈靡，修贲之才散朴，负力之家尚竞，善治者虽选健吏以削其梗，尤重循人以正其原。尝闻昔之治汝南者，率以严猛收理而以温逊基弊，以洁身约用得下而以崇贿阔费败职。迹之已陈，如云散烟熄；实之常留，如石屹山峙。夫其一念而事之攸成，一举而民之攸暨。噫！胡其不致慎欤？子曰：苟子之不欲，虽赏之不窃。又曰：举直错枉则民服。舍是弗图，而区区于末防，屑屑于苛察，弊弊于饬书，故非殿邦宜民之道已。顾子方介之坚，一物不存，法执之定，巨权不挠。盖君佐之徒，而尤护细行则越之，兹其可永斯珉也已。

（选自崔铣撰《洹词》卷十，见《钦定四库全书·集部六·别集类五·明》）

---

① 编者按：顾铎曾任汝南兵备道。

崔铣（1478—1541），字子钟，又字仲凫，号后渠，又号洹野，世称后渠先生，河南安阳人。弘治进士，官至南京礼部右侍郎。曾因“大礼议”罢职返乡，潜心于研治学问，并编修《彰德府志》。

修董孝子墓记

〔明〕黄巩

孝感县旧为汉安陆地，后置县，以孝子董永名。按图志及杂记小说皆云：孝子千乘人，丧母。汉季，奉父避兵来居。家贫，佣耕为养。父亡，以身贷钱始克葬。天降织女为织，以偿所贷，既腾空去。今县之董家湖有董父墓，盖即孝子贷身所营者。右稍南为孝子墓，与小说合，其殆信然也。巩少盖习闻，异其事，今来德安，适以事行县，躬访求之。使一老兵前导，自东门出，迤逦六七里，邱阜隆起，林木蔽翳，老兵指曰：“是也”。双塚累累，鞠为榛莽，狐兔走其上，断碑残刻，苔镯雨剥，殆不可读，俯仰踌躇者久之。遂节缩官钱，命义官刘福禄重修，覆以坏土，增为马，树石表，题志其上。中为飨堂，四周为垣，前为甬道，复使近傍居民汤氏守之。呜呼！永之于亲，生而佣工为养，死而贷身为葬，可谓孝矣！区区织女之有无不与焉。至于其父之行，虽不概见，然居贫能使其子安于耕稼，身死之日，至于无所谋窀穸，将不可为固穷守义之君子与？巩故俱表其墓，使邑之人有所考，且有所劝也。君子曰：永事汉史失载，岂偶遗耶？抑以织女事涉渺茫弗录耶。以永之孝曾不得列于史，则夫山林寂寞之士，德成而名不闻者亦多矣，岂独永哉！然永幸而托小说至今以有传，遂大显于世，则稗官野史之作又岂可少哉！

（选自朱希白修、沈用增纂《孝感县志》卷二十一上，清光绪九年刻本）

黄巩（1480—1522），字仲固，号后峰，福建莆田人。弘治进士。正德中，由德安推官入为刑部主事，官至南京大理寺丞。有《后峰集》（又名《黄忠裕公文集》）。

顾南田先生[1]尊堂八十寿序

〔明〕李舜臣

南田先生既举进士，授山阴令，入为刑部主事。会朝廷大礼成，推恩，而南田独母太夫人在堂，有封命焉。南田后守汝宁，太夫人奉养，俱至汝宁。汝宁既治，则调开封，复由开封晋河南按察司副使，督治信阳一路兵马。若是三年而晋太仆寺卿，开府平凉。太夫人复至开封，而信阳、而平凉，享禄入焉。南田既辞太仆寺事，又二年，为嘉靖庚子，太夫人寿八十矣，方谢逢迎，课耕织，旦夕左右。暨其夫人若女，欢心柔颜，视上太夫人食饮。若是，太夫人寿当无涯。而南田方负一时之名，虽不在位，人莫不谓刚大之才可济时变，又莫不谓忠谅绝人，可上不阿君德而下不徇人私。宦二十年余矣，而莫不谓操履方严无一日失。语曰：物有所弗如又有所余。以余所闻于人，岂不当益为太夫人寿哉？余戊子己丑间谬为考功员外郎，是时东土之人在都下者，孰非豪杰之士？而独南田可余与游，余是以得上堂拜太夫人。今年春，余以南尚宝卿入贺今皇太子正东宫位，往来博兴，敬闻太夫人寿，特称南田能孝养者为寿筵献焉。

（选自李舜臣撰《愚谷集》卷五，见《钦定四库全书·集部六·别集类五·明》）

李舜臣（1499—1559），字懋钦，一字梦虞，号愚谷，又号未村居士，乐安（今山东广饶）人。嘉靖进士，官至太仆寺卿，因“大礼议”受廷杖。后引病归里。经史诗文名重一时，与李开先、李梦阳齐名，著有《诗序考》《毛诗出比》《尚书说》《易读外编》等，嘉靖二十五年（1546）编《乐安县志》。

① 编者按：顾铎，号南田。

送吾青潘守考绩北上序

〔明〕李舜臣

婺源潘君之守吾青三年于此矣，以今春二月考绩诣阙，吾邑郭尹言余有以赠厥行者。顾余何足以为赠乎？试言之。

往者新城青沙泊溢水，其邑之议，将遂驱之使东北下，即高苑、博兴、乐安为水居矣。君视水，则以孝妇水决于长山，横流入青沙泊，复出，而为彼中难也。曰："小人哉新城令也！不图可成之功，而欲以连邑之人为鱼乎？"言其状抚台但下长山县补堤而已。观此君所以治吾青，可言矣。退残吏、礼文儒、直抑情、表坚节、急荒储、兴委习。方今天下，四垂不警，忠贤在位，圣人南面垂衣，选良为郡，属以苍生。而吾青乃得君，吴公在河南，文翁在蜀，无以加也。功贤如此，可以献天子矣。

（选自李舜臣撰《愚谷集》卷六，见《钦定四库全书·集部六·别集类五·明》）

王太夫人寿序

〔明〕李舜臣

博兴尹王君，今洪洞名家云。君之先西蓝公为鱼台令，寇难之后求所以安，当食麾食，若是专也。视事五日，而终于官。是时，君母太夫人年裁廿有四尔，自此深居持阃以内，事贤舅姑。然后舅姑相继而逝，极力营送无毛发阙，始君生四岁矣。至嘉靖甲午荐于山西，丁未登进士第，来尹博兴。遭逢圣世，道化四浃，孝子贞妇，无隐不出，而况名节如太夫人？有司以上，蒙览坚白，建表于门，题曰"节妇孔氏"。君之来博兴也，奉太夫人俱东。今年某月，寿六十有四，君子以是谓太夫人有子。君能为太夫人报，而亦咸能报西蓝公于九原下。抑太夫人往及君婴弱之辰，廓然一室，春秋蚕织，常以夜分，而还入寝，二十年内，三任大事，何其悲也。而莅于君，今在望邑，身被显命，作范我明，晨兴承颜，温其慈仁，子拜于前，孙拜于后，又何其安也。岂不见天道哉！博兴，吾际邑也，辄得见君诗，不云乎如金如锡，如圭如璧。博兴之治，以德化称，有以也。国家重台谏之选，常十七八得之贤良县令，况复如君？由此言之，君所以为太夫人寿且无涯兼荣备懿庆矣哉！

（选自李舜臣撰《愚谷集》卷六，见《钦定四库全书·集部六·别集类五·明》）

王太夫人寿序

〔明〕李舜臣

博兴尹王君母太夫人今年六十有四，乃士君子来谒予言为之寿者。惟太夫人贞履，诗书所称，何以逾哉？如是而寿，君益能为之寿，何也？愚览古贤母未尝不视子哲有称为适，不则为虞。而君邑迹为东土冠，其大者，浚济平洲至利，出田数万亩，仓有施粟，万口所仰而为春炊。是故苟为民暴，虽细必惩，少干以私，虽豪不入。是故转徙还者、贫弱恃者、屈抑直者、饥寒存者何限哉？宜无不父称君而爱君者。爱其人，存其树，而况闻太夫人，宜无不为太夫人寿。太夫人族孔氏，嘉靖丙午洪洞表节妇者，厚厥嗣人，施于博兴，于赫我明，多良有司，而君存焉。贤母哉！

（选自李舜臣撰《愚谷集》卷六，见《钦定四库全书·集部六·别集类五·明》）

漯议

〔明〕李开先

东省青、济之间，水之大者莫如二清河。治者顾后河而先漯，何也？以其冲要有害、用力少而成功多耳。大清河发源平阴县南柳沟泉，从张秋分流，而灌长清、齐河，至历城会泺水，经济阳、齐东、武定、青城、滨州、蒲台、利津诸州县，至宁海场达于海。小清河发源济南趵突泉，出大明湖，经华不注山，下章丘白云湖，会淯、漯二河，转而之东，过浒山泊，邹平、长山孝妇河，新城乌会河，博兴、高苑，至乐安高家港达于海。

大清河，自泰山迤南及西北之水皆注焉，会流至齐东势方汹涌。而齐东东南城角，去河不过二三步，即陡峻不测之渊，是大清河不堪再会漯河，盖会则流益汹涌、城益冲浸该县之城。使大清河不与漯会，坏亦迟速间耳。欲使漯与大清会流入海，不必别开水道，但移此城东南一角近内。内多隙地，为力无难，有借言坏城者，不可听也。况漯水止令一半由柳塘口、薛渡口、陈恺沟会于大清河，计势似无不容，非全以漯水使之会大清、逆水之性也。

小清河，自省城迤东、青州迤西诸山之水皆注焉。今泺水、白云湖、淯河之水皆径入大清，不复入小清河，惟漯河之水今为小清之源。自柳塘口以西之小清遂废，惟东会浒山泊、岔河、孝妇河、乌河、汉溱河诸水入海，中间小沟曲涧尚不知有几，汹涌之势比之大清稍次。然在大清不为害、在小清则甚为害者，盖大清河深而阔、足以容之也，小清河浅而窄、不足以容之也。故小清一遇山水时发，不南决邹平、长山、新城，则北决青城、博兴、高苑；河北有地则欲南决，河南有地则欲北决。盗开构讼，以邻为壑，殆无虚日。

漯水在今谓之不导亦可，故今不独治漯水云耳，其浒山泊、岔河、孝妇河、乌河、汉溱河诸水并治之。惟在拆筑小清，使之宽大高深，足以有容而已。盖漯、浒、岔、孝、乌、汉溱上流，俱各宽大，今反注于小清，势转浅窄，安得不决？故小清必使大于诸水，而后能受。今小清底仅宽三丈，口面仅宽四丈。倘得将小清拆移一边，使底约宽二十丈、口面约宽三十丈，如大清规模；自柳塘拆筑小清，分漯水一半之东；又开柳塘，使漯水一半之西，可保漯水永不为害矣。或者又谓：小清虽开无益。夫漯水不东，谓之无益方可。然观漯虽深不盈尺，亦向东流，是为害者，特窄浅不容，非不能流也。但开柳塘，使漯水之西，则小清不必拆筑，亦不为害。此但能除邹平、青城之害，而不能除长山、新城、博兴、高苑之害，且反为章丘、齐东贻无穷之害矣。邹平、青城当漯水东去之上流，漯水既西，则二县安枕，虽有浒山泊、岔河二水，不足为虑；而长山、新城、博兴、高苑，仍有孝妇、乌河、汉溱诸水入小清，又不免于冲决，是害犹存十分之七。故能拆筑小清，则孝妇、乌、汉溱诸水并治之矣。是口迤东起，至乐安止，如此而又开柳塘，使漯水西分，仍有河决之患，未之闻也。今之议者皆云：柳塘一开，则漯水不为邹、长、新、青、博、高六县之害，是也。但不念章丘、齐东皆居下流，陈恺沟至齐东东门外方入大清，该县东南城角实邻之。又，陈恺沟并柳塘迤西至薛渡地方，河与沟俱绝无堤防之固，万一水俱之西，凭何障蔽？反使章丘、齐东桑麻之地为鱼鳖之场。故欲开此口，必先将齐东东南城角移筑进内，内多隙地，不必别开水道，致逆水性，反滋泛滥。城治，然后开陈恺沟，次及薛渡、柳塘、旧小清，则河与沟与城既治，然后可开柳塘，以分漯水之势。拆筑小清者，仍使漯水一半之东。其由柳塘西过章丘，北入齐东，亦不过一半耳，彼此兼得，可无大患。拆筑小清，是又兼治柳塘、薛渡二口及陈恺沟、齐东城水害之一策也。不然，章丘之害犹可言也，齐东之害不可言也，可畏也哉！

大清、小清二河既不相会，各经入海，恒今之计，惟拆筑小清，导漯水使之东可也。柳塘似不必开，但水无有不下。柳塘迤东，漯水虽流而性缓，缓则易壅；柳塘迤西若开，其流必急，急则易泄。东西高下之势，于此可见。昔人治泺水、湋河、白云湖径入大清河者，岂无见于拆筑小清哉？盖因其势而利导之也。欲开柳塘者，如昔人引泺水、湋河、白云湖径入大清之例；而不尽令漯水入大清者，盖为齐东县城计也。其拆筑小清者，又并治诸水，而不为一漯也。然则一开柳塘，一拆筑小清，功可偏废乎？统而观之，柳塘一开，而漯水分，小清再拓，而漯水顺；开柳塘所以为拓小清之渐也，拓小清所以为并治孝妇诸河之本也。与其全归漯水于一河，孰若两分其势之为便？与其独惜齐东之一城，孰若不贻邹平以东诸县之害之为愈？建久安之治者，当酌轻重之宜；图远大之规者，宜审缓急之势。除民害而后兴民利，有治人而后举治法，诚得人以综理之，为万世计而不顾一时，为万民计而不徇一邑。仿禹迹之旧，相水势之宜；均夫役之劳，平工料之费；树榆柳以作堤防，通沟渠以时蓄泄；暂费而永宁，一劳而久逸。然非先治漯水，吾恐终有害而劳无功矣。故治先治漯，而议亦先漯，作《漯议》。

（选自顾炎武辑《天下郡国利病书》卷三十六，清敷文阁聚珍版刻本）

重交一首，赠汝宁太守徐君

〔明〕归有光

昔博昌任彦昇好擢奖士类，士大夫多被其汲引，当时有“任君”之号。及卒，诸子流离，生平知旧莫有收恤之者。平原刘孝标泫然悲之，乃著《广绝交论》。余以为孝标特激于一时之见耳。此盖自古以来人情之常，无足怪者。今世取士之制，主司以一日之知，终身定门生之分。而诸省解试类以御史监临，主司之权遂移于帘外。往往州县官皆得阅卷，其所取士亦谓之门生。太仓陆虞部子如昔在严郡，有事浙闱，所得士三人，其二人则汝宁太守长兴徐子与岳州守余姚金某也。虞部既没，二子鸣阳、鸣銮颇不能自振。汝宁前奉使吴中，寻访其家，厚加存恤。今年虞部故时第宅为人所侵，汝宁书抵岳州，复为书展转讼理，卒得其直。刘子所谓“羊舌下车之泣，郈成分宅之惠”于今见之。天下知笃门生分义者多矣，然不能不以形势为厚薄，其于二十年不忘于既没之后者，盖未之见也。二子念无以报，其从父兄明谟为求余文以为赠。夫汝宁敦行古道，其于为义，不啻毫毛，何足复称述于其侧？虽然，客有谓信陵君“物有不可忘，有不可不忘，人有德于公子，公子不可忘也，公子有德于人，愿公子忘之也”。吾知汝宁之能忘，而二子乌能已于不可忘哉。作《重交》一首。

（选自归有光撰《震川集》卷四，见《钦定四库全书·集部六·别集类五·明》）

归有光（1507—1571），字熙甫，号震川，又号项脊生，昆山（今属江苏）人。嘉靖举人，七赴春闱皆不第，官至南京太仆寺丞。参与编修《世宗实录》。崇尚唐宋古文，以老儒身份与当时的文坛盟主王世贞相抗，斥其为“庸妄巨子”。所作散文朴素简洁，善于叙事，能以情动人，被称为“今之欧阳修”，后人称赞其散文为“明文第一”。有《震川集》《易图论》《尚书叙录》等。

贺顾孔振母封安人并寿七十序

〔明〕赵时春

君子之乐于仕者何哉？君子有仁以为轩冕，义以为黼绣，忠信以为爵，饱德以为禄，无辱以为荣。故章甫介圭不足以为华，节旄牙纛不足以为文，万钟千驷不足以为富，公侯相卿不足以为贵。然则君子何乐于仕哉？所乐乎事君也。事君者，上罄其诚以报其主，下竭其力以惠其民。上下皆获而君子无所利焉，果何乐于仕哉？所乐乎事亲也。事亲者，殚其智之所及，极其身之所为，皆亲之所予，未有以自致者也。故必仕而行其道，丰其国而后保其禄，尊其主而后有其贵，使天下之人羡而慕之，曰："斯人之子也，微斯人，则无斯子也。"于是以吾之禄而养其亲，以吾之贵而敬其亲，使吾亲尊而且荣，安而且寿。此则君子之深愿而乐于仕者也。山东顾孔振，能承其父之泽，奉其母之教。举进士为某令，冶高等为刑部郎，遭遇恩制赠其父以子秩，封其母为太安人。太安人时年七十矣，教其子以事君，使得行其道而身享其成，岂非所谓"尊而且荣、安而且寿"者乎？余亦有亲在堂，求其如顾君者而未获也，是故喜闻其说而乐道之。

（选自赵时春撰《赵浚谷文集》卷一，天津图书馆藏明万历八年周鉴刻本）

赵时春（1509—1567），字景仁，号浚谷，平凉（今属甘肃）人。嘉靖进士，历兵部主事、翰林编修，以言事被黜。京师被寇，起官，擢御史，巡抚山西。旋遇寇于广武，一战而败。时将帅率多避寇，功虽未成，天下均壮其气。被论，解官归。著有《赵浚谷集》，编有《平凉府志》。

漯河议

〔明〕王遴

漯河载史，古称禹功。今既失其故道，为害地方，兹欲动众费财以疏治之，其事非小。若悬想遥度，止凭众论，恐不如亲见之为真。乃督同章丘县知县董文采及邹平县生员孙悌等、乡民王守正等，亲自邹平县迤北小清河岸至章丘县柳塘口、纪家口、薛渡口、陈恺沟、麻姑堂、齐东县沿河一带，逐一询及土居父老，并质以平日所见所闻，颇得梗概。该府原呈据知县潘德元申谓：柳塘口之塞，诚为邹平等县之害；而小清河之开，亦非失计。以大势言之，委为确论。但议欲止开柳塘口，而谓小清河已经开浚，谓薛渡口、陈恺沟以北惟加疏浚之功，则言之太易，殊非万全之道也。以职之愚，柳塘口固不可不开，小清河亦不可不再开。开柳塘口不过一夫之力耳，而柳塘迤西至薛渡口，转北由陈恺沟至齐东县，并该县之城，又不可不预为之备。开柳塘口固是，而小清河若不再加开浚，则漯水势必俱折而之西，万一汹涌浩荡，薛渡口、陈恺沟不能容纳，齐东县城不能支持，必贻章丘、齐东之害。故今欲治漯水，必两分其势：一由柳塘口至齐东县，一由小清河至乐安县，并举其功，斯永无后患矣。

议者欲开纪家口，但纪家口原无故道，未免议买民田。若势成，则便欲加罪于侵占阻挠之人。但柳塘口故道俱存，原未被侵，开时即开，若樊莱等则无辜。斯二者，一当抉择，一当宽恕，无不可也。按，大清河发源于平阴县南之柳沟泉，由东平州北门外过，西折而之东北。夏秋运河泛溢，张秋迤南东岸有减水闸一座，减出有余之水与之相会，经由东阿县北、平阴县、长清县北、齐河县东、历城县北、济阳县南、齐东县北，以下仍约有百余里入海。是大清河自泰山迤南、迤北、迤西诸山之水皆注焉，会流至齐东县，其势之汹涌，不言可知。而齐东县城东北角，去河岸不过二三步即陡峻不测之渊，是大清河不堪再会漯河，盖会则流益汹涌、城益冲塌。然以职之愚计之，该县之城使大清不会漯河亦坏，时迟速间耳，以城去水甚近甚峻，而崩则不可支矣。故今欲使漯河与大清会流入海，不必别开水通，但移此城东北一角近内，内多隙地，功省易成。借言于坏城者谋，可沮也。况漯水止令一半由柳塘口、薛渡口，陈恺沟会于大清河，计势似无不容，非全令漯水使之会大清河，强之以所不堪也。

按，小清河发源于历城县之泺水，东过章丘，经白云湖，会淯水、漯河；过邹平，会浒山泊、岔河；过长山，会孝妇河；过新城，会乌河、汉溱河；由博兴、高苑、乐安以下亦约有百余里入海。是小清河自省城迤东、青州迤西诸山之水皆注焉。今泺水、白云湖、淯河之水皆径入大清河，不复入小清河，惟漯河之水今为小清河之源。自柳塘口迤西之小清河遂废。惟东会浒山泊、岔河、孝妇河、乌河、汉溱河诸水入海，中间小沟曲涧尚不知有几，其势之汹涌，比之大清河稍次，然在大清河不为害、在小清河则为害甚者，盖大清河深而阔、足以容之也，小清河浅而窄、不足以容之也。故小清河一遇山水时发，不南决邹平、长山、新城，则北决青城、博兴、高苑。河北有地则欲南决，河南有地则欲北决，盗开讼构、以邻为壑，殆无虚日。

漯水之在今日，谓之不导亦可，故今不独治漯水，宜并治浒山泊、岔河、孝妇河、乌河、汉溱河诸水。并治之策维何？在拆筑小清河，使之宽大高深、足以有容而已，盖漯河、浒山泊、岔河、孝妇河、乌河、汉溱河上流俱宽大，今久注于小清河，势转浅窄，安得不决？故小清河必使大于诸水，而后能受。今看得小清河底仅宽三丈、口面仅宽四丈，倘得将小清河拆移一边，使底约宽二十丈、口面约宽三十丈，一如大清河规模，自柳塘口迤东起，至乐安县止。如此而又开柳塘口，使漯水西分，仍有河决之患，未之信也。

按，柳塘口，今之议者皆云：此口一开，则漯水不为邹平、长山、新城、博兴、高苑之害。是也，但不念章丘、齐东皆居下流，陈恺沟至齐东县东门外方入大清河，该县东南城角实邻之。又，陈恺沟并柳塘口迤西至薛渡口地方，河与沟俱小，绝无堤防之固，万一水俱之西，凭何障蔽？反使章丘、齐东桑麻之地为鱼鳖之场，而城池又干系仓库官民，可乎？故今欲开此口，必先将齐东县东南城角移筑进内，多隙地，不必别开水道，致逆水性，反滋泛滥，且功省易成。城既治，然后开陈恺沟。陈恺沟既开，然后开薛渡口至柳塘口旧小清河。河与沟、与城既治，然后可开柳塘口，以分漯水之势。夫既拆筑小清河分漯水一半之东，又开柳塘口使漯水一半之西，职不佞，可保漯水水不为害。

按，议者又谓：小清河虽开无益。夫漯水不东，谓之无益方可。职观漯水虽深不盈尺，亦向东流，是为害者，时窄浅不容，非不能流也。使其宽阔有容，必不能为害。

按，议者又谓：但开柳塘口，使漯水之西，则小清河不必拆筑，亦不为害。然此但能除邹平、青城之害，而不能除长山、新城、博兴、高苑之害，且反为章丘、齐东贻无穷之害。盖邹平、青城当漯水东去之上流，漯水既西，则二县安枕，虽有浒水泊、岔河二水，不足为虑；而长山、新城、博兴、高苑仍有孝妇河、乌河、汉辏河诸水入小清河，又不免于冲决，是害犹存十之七八。故能拆筑小清河，则孝妇河、乌河、汉辏河诸水并治之矣，岂独治漯水？筑小清河者，欲仍使漯水一半之东，庶漯水由柳塘口西过章丘，北入齐东，亦不过一半，彼此兼得，可无大害。职敢谓拆筑小清河，是又治柳塘口、薛渡口、陈恺沟、齐东城水害之一策也。不然，章丘之害犹可言也，齐东之害不可言也。均为吾民，可不深念之哉？

按，议者又谓：泺水、漯水，其始俱入于小清河，由陈恺沟入于大清河，方达于海。陈恺沟乃小清河故道，柳塘口迤东名为新河，非小清河也。今治漯水，但开其故道而已。《经》曰“瀹、济、漯而注之海”是也，观《章丘县志》，有“小清河东入大清河”之文可证。然以职之愚断之，为此说者，其邹平等县也，非章丘、齐东之人也。职即查得《章丘县志》内云：“小清河至柳塘口，又东入大清河。”窃详“又东”二字，而陈恺沟则在柳塘口之西，是陈恺沟非小清河故道甚明，安得引以为证？又查得《齐东县志》谓“陈恺沟为减水河”，盖减淯河、白云湖之水入大清河，使不为害。陈恺沟者，俗称也。先正李文达公有《开减水河记》，是陈恺沟肇自成化元年，已前则无陈恺沟，非小清河故道又明。《章丘县志》可证，而《齐东县志》与《减水河记》不可证耶？职又究竟《章丘县志》所谓“小清河东入大清河”之说，今按地形，绝无踪迹可考。访之故老，亦云“小清河自来独向东行，不入大清河”。又考之《山东总志》，亦云“大清、小清二河，各径入海”。夫《总志》成于众论，不知志章丘县者，果何所见也？小清河既自来独向东行，其云会于大清河者又无踪迹可考，然则名小清河为新河、谓陈恺沟为小清河故道者，职固曰“其邹平等县也，非章丘、齐东之人也”。

按，议者又谓：大清、小清二河既不相会，各径入海，为今之计，惟拆筑小清河，导漯水使之东，可也。柳塘口似不必开。是矣。但水性好下，柳塘口迤东，漯水虽流而性缓，缓则易壅；柳塘口迤西若开，其流当急，急则易泻，是东西高下之势可见。昔人治泺水、湄河、白云湖径入大清河者，岂无见于拆筑小清河哉？盖因势而利导之也。故今欲开柳塘口者，一如昔人引泺水、湄河、白云湖径入大清河之例；而不尽令漯水入大清河者，盖为齐东县城深计也。其拆筑小清河者，又并治诸水，而不专为漯水。然则一开柳塘口，一拆筑小清河，功可偏废乎？按，拆筑小清河，夫以万人，功计百日，邹平、长山、新城、青城、博兴、高苑、乐安七县共派，仍须济南府发银二千两、青州府发银二千两接济。

按，开柳塘口至薛渡口、开陈恺沟至齐东县，并移筑齐东东北角、东南角二处城垣，夫以万人，功计百日，齐东、章丘、莱芜、长山、淄川、齐河、禹城、济阳、历城、平原十县共派，仍须请抚院发银二千两、按院发银二千两接济。按，有治人无治法，古今定论。漯水旧称禹功，为今之计，不动众、不用财则不能治；然动众用财而不得人以综理焉，亦罔见底绩。所深望者，抚、按二院大作张主，藩臬之长并百尔君子协心共赞，不为一己之谋，而有天下之虑；不为一时之计，而有久远之图；勿惜费，勿畏难，选择委任，使其人毕力竭衷，如其不效，以殛鲧之罪罪之，彼何辞焉？若曰暂为调停、补其隙漏、苟且偷安，漯水之害终在。坐视民溺，职虽至愚极陋，万万知其不可也。

（选自顾炎武辑《天下郡国利病书》卷三十六，清敷文阁聚珍版刻本）

王遴（1523—1608），字继津，顺天府霸州（今属河北）人。嘉靖进士，官终户部尚书，多有建树。著有《大隐堂集》《二镇疏草》等。

《淮安府志》序

〔明〕陈文烛

余自隆庆庚午守淮，取旧志读之。一为金公铣，一为顾公达所修。二公邦人，其言颇详，今几六十年矣，此何以观焉？连岁大浸，或问俗荒丘，或询政故老，凡有见闻，笔藏箧中。会余三年将觐阙下，思以民瘼入告明主。因念淮为中原重地，昔完而彫，昔肥而瘠。亦同江淮之泛，失故道矣。敢据旧本续锓诸木，为纪一：曰郡代；为表三：曰郡县、曰秩官、曰人物；为志七：曰建置、曰田赋、曰河防、曰学校、曰兵卫、曰祥异、曰艺文；为传十一：曰循吏、曰宦迹、曰名将、曰忠烈、曰名贤、曰仕籍、曰隐逸、曰侨寓、曰孝义、曰贞节、曰外传。总之二十篇，俾览者按而治之，庶几哉，见昔时殷富之盛。若润色成书，为一方实录。则邦有良史，且俟后之守兹土者，小子何任焉？

万历改元冬，淮安府知府陈文烛撰，同知郭大纶[①]、于时保，通判冯鐶，推官诸大伦同修。

（选自郭大纶修、陈文烛撰《淮安府志》卷首，万历元年刊本[②]）

济河源流

〔明〕章潢

《禹贡》：济河惟兖州，又导沇水东流为济，入于河，溢为荥。东出于陶丘北，又东至于菏，又东北会于汶，又北，东入于海。《周官》：兖州其川，河济是已。《水经注》及《山海经》云：济水出河东垣县王屋山，初名沇水，东

---

① 编者按：郭大纶，博兴人，参见第831页《宝翰堂记》。

② 编者按：万历元年《淮安府志》卷首破损严重，参以陈文烛撰《二酉园文集》卷一（明天启三年陈之蘧刻本）校补。

出温县西北，始名济水。又东南流，当巩县之北而南入河。与河并流，过成皋溢出为荥。水东流过阳武及封丘县北，又东过临朐县，南至定陶县南，又东北流与菏水会，东至乘氏县，西分而为二。其一东北入巨野泽，过寿张西与汶水合，又北过谷城县西，又东北过卢县，北经齐郡东莱郡而入海也。唐李贤谓济自郑以东，贯滑、曹、郓、济、青以入于海。宋乐史谓东平、济南、淄川、北海界中，有水流入海，谓之清河。今按济水，在汉时伏流不见，惟汶水自泰安州出者，由故道东北流入海。自元人引汶水入洸为运河，国朝因之。凡汶水入海处，皆筑堰坝以遏其流，而入海之道遂多湮塞。今所谓大清河者，乃汶水出洸河者，复从张秋分流而入，会齐东南诸山泉沟泽，北经长清、齐河，至历城会泺水，经济阳、齐东、武定、青城、滨州、蒲台、利津诸州县界入海，实济河之故道也。所谓小清河者，即泺水。发源济南趵突诸泉，流至城北大明湖，出而合之，由华不注山下东流，会巨合水，又东经章丘会淯河，又会漯河，三水合流，经邹平长山新城，又会孝妇河，又东经高苑入博兴、乐安界，合于乌河。又北至马车渎入海。或云：古泺水自华不注山，东北入为大清河。自伪齐刘豫导之东行，始为小清河云。又按郦道元谓济水在王莽时枯竭，郑樵《通志》亦曰：济水多涸竭，自今观之，济水劲疾能穴地伏流，隐见无常，乃其本性，非真涸竭也。济水既伏流地中，则发地皆泉，又不特历下诸邑为然，是故一见为济源，再见为荥水，三见为山东诸泉水，而溢为大小清河，其实皆济水也。又何尝见其枯竭耶。《淮南子》曰：济水通和宜麦。《周官》曰：鸜鹆不逾济。《风俗通》曰：济，齐也。齐其度量。刘向《说苑》称：济能荡涤垢浊，通百川于海，荡出云雨，则济水之德，又古今所并称也。

（选自章潢撰《图书编》卷五十四，见《钦定四库全书·子部十一·类书类》）

章潢（1527—1608），字本清，南昌（今属江西）人。曾主白鹿洞书院讲席，立《为学次第》示学者，参与江西诸多会讲活动，为其时南昌一带王门学者的领军人物之一。与意大利人利玛窦结交，并请利氏登白鹿洞书院讲堂，宣讲西学，以荐授顺天训导。著有《图书编》，并助范涞总撰《南昌府志》。

游磨龛寺记

〔明〕初旦

太谷之南，距二十里许，有山名奄谷口，路形迫窄，仅获成蹊。又十里，则乱石怒涛，而耸如激如也，车虽难行，犹可以骑。又五里，经一断桥，则皆悬崖邃涧，骑亦弗可，乃舍之。而徒攀萝扪葛，屡濒于险。行数里，始得达寺。寺在山腰，因其势而磨之，厥形若龛，寺之得名其是与？前临陡隍，驾一飞桥，磬折而入，是为山门。行数十步为石室，石室之后为石栏，石栏之后为佛殿，殿虽不甚雄壮，然金碧相辉，亦甚鲜丽。又其山巅咸有列柏，枝干茂密，宛如团盖。凭栏俯视，群山皆小。诚胜地也。相与饮于西轩，襟怀潇洒，油油而乐，若忘其向者之劳矣。初子曰："甚哉乐之难也！苟非身历其险，胡以有是哉？夫道岂异物耶，备尝险阻，然后知人之情伪而德慧，术知恒由疢疾中来也。若夫饱食而房，昏卧而灶尿，其能至道也与哉？"佥曰："因论山而闻道术，言近指远，夫子之谓矣。"时偕游者，谷丞高环沮，广文彭健庵、赵碧潭，乡先生白九谷，春元籍对山，庠生李仁甫、李伯阳。

（选自乔允升修、寇嘉会纂、戴可进修锓、郝应第重修《太谷县志》卷九，万历二十四年刻、顺治十二年刊印本）

初旦（生卒年不详），字启明，博兴人。嘉靖举人。隆庆间为太谷令，后擢户部主事，分署通州粮储，收放廉平，民情国计，均有攸赖。年四十，病卒，妻李氏孀居抚孤，贞静自守，教子开荫入太学。开荫年三十而没，妻顾氏年二十八，无子女，遵父连璧训矢志抚嗣子载贽。载贽亦早丧，妻许氏克嗣徽音，三世一辙。邑侯高节额其门曰"一门苦节"。

太谷县大门抛梁文

〔明〕初旦

建牙敷政，先立门楣。居重驭轻，雅崇轩敞。既取鼎新之贵，奚必仍贯之拘。惟兹丽谯，逼近通衢。风飔易入，实乏屏翰之坊；人迹喧阗，且无斥堠之力。询之占卜，可以改为。日吉时良，神惟人悦。徂徕之松，新甫之柏，综理既托之傒斯；规以为圆，矩以为方，斲削乃属于大匠。丹青灿烂，上接紫薇之津；金碧辉煌，遥通黄道之际。允矣汉家之金马，卓哉周室之应皋。庶民子来，忻忻然有喜色；百官承式，恢恢乎其乐趋。叫阊阖而呈琅玕，摛郢词而歌《白雪》。抛梁东，金鸡日出渐生红。絪缊海市呈佳瑞，方丈蓬莱咫尺中。抛梁西，瑶池香篆袅金猊。计年桃熟惟千九，会见双成入品题。抛梁南，一钩明月映烟岚。婆娑丹桂香无敌，笑折一枝入袖涵。抛梁北，圣主垂衣当上国。英俊满朝资化理，普天率土生春色。抛梁上，蒸黎尽被尧天荡。二十八宿罗胸中，顿觉襟怀无限畅。抛梁下，百姓雍雍承德化。凿井耕田乐太平，登场十月观禾稼。抛梁中，往来处处皆春风。尚方宠赐翠云裘，退朝擎出大明宫。伏愿抛梁之后，地理效灵，门墙借胜。跻卿登相，五属十联。衣紫腰金，三台八座。纳万民于玉烛之内，保国祚于金瓯之中。

（选自乔允升修、寇嘉会纂、戴可进修锓、郝应第重修《太谷县志》卷九，万历二十四年刻、顺治十二年刊印本）

修城破土文

〔明〕初旦

太极既判，赋块鸿庞。厥始立德，曰柔与刚。化工敏树，幅员既长。博厚载物，悠久无疆。秀毓乎人，帝子阳阳。灵钟乎物，凤鸣锵锵。辉孕乎山，岚气苍苍。泽润乎川，万顷汪汪。某等钦承上命，来令兹疆。西北多事，夷狄陆梁。深切民瘼，夙夜匪康。院司飞檄，保障边方。欲实乃墉，复浚兹隍。酒清肴馨，日吉时良。其镈斯赵，载筥载筐。庶民子来，喜色相将。庶尹克谐，乐志诩扬。仰赖神功，厥类惟彰。潜扶默助，于事有光。溥彼金城，上摩穹苍。维石岩岩，中正齐庄。池之深矣，厥水汤汤。南北既限，天堑长江。设险受国，何用不臧。万年无事，斯世虞唐。缙绅胥庆，牙笏满床。阛阓生色，束带矜庄。百工居肆，至治馨香。农夫耕野，丰年穰穰。

（选自乔允升修、寇嘉会纂、戴可进修锓、郝应第重修《太谷县志》卷九，万历二十四年刻、顺治十二年刊印本）

堕鼓楼告文

〔明〕初旦

刚柔合德，主静立级。鸿庞载物，鳌足奠基。相兹丽谯，朝斯夕斯。历年既久，大势顷欹。乃卜乃筮，可以改为。铲厥楼台，立厥门楣。更厥墙垣，易厥榱题。材良土刚，神悦人怡。上栋下宇，鸟革翚飞。鼎新革故，来泰去否。虔祈默祐，益智开迷。宦于斯者，戬谷罄宜。此卿彼相，左辅右弼。兆民乐业，万物咸熙。

（选自乔允升修、寇嘉会纂、戴可进修锓、郝应第重修《太谷县志》卷九，万历二十四年刻、顺治十二年刊印本）

附：诗三首

〔明〕初旦

同云匡殿下游凤山

登览历青磴，招提当上台。
泉声云外度，雁影日边来。
小憩梅花帐，频擎竹叶杯。
王孙豪兴发，薄暮未言归。

郭村水患（二首）

一望弥漫浪拍天，斯民何事遇饥年。
釜中况缺朝来饭，门外惟闻日索钱。
方惧萍痕来近屋，那堪蛙鼓占高田。
惭予无计苏民困，空有丹心镇夜悬。

红蓼滩头水接天，陆沉那得见丰年。
室庐漂尽还输税，子女及笄已易钱。
沮溺几时登彼岸，膏腴何处是耕田？
许多肉食如簪著，谁与垂丝放倒悬？

（选自乔允升修、寇嘉会纂、戴可进修钅、郝应第重修《太谷县志》卷十，万历二十四年刻、顺治十二年刊印本）

开盐河议

〔明〕甘一骥

查泺口下流，见今上接新治大清河，通行滨州、沾化、利津入海，以收宁海等八盐场之利，为山东、梁、宋之用，并无湮塞，无容再议。其所称盐河故道，久湮难寻，则小清河南，无一支经流青州等府、乐安等县、海沧等十一场入海者也。

国初，山东盐河有东北二大支，其北一支属泺口、蒲台二批验所，为大清河。泺口上流自东平坎河口、东阿、平阴、长清、齐河而东，入洛口；下流经齐东、蒲台、滨州、沾化、利津入海，以通宁海、永阜、丰国、永利、利国、富国、丰民、王家冈等场，运盐出八场，过蒲台、泺口二关，而达运河。此盐河北一支，属泺口、蒲台二所。而通宁海等八场之盐利者也，其东一支属乐安批验所为。

小清河出趵突泉，流大明湖，经华不注山，流龙山，经章丘，流淯、塔、沙三河，经邹平、长山、新城，流孝妇河。又东，经高苑、博兴，流乌河。其名乌河者，一名乾时。《左传》“公与齐侯战于乾时”是也。一名时水，杜预《注》“时水在乐安县，界临淄二十五里”是也，源出益都矮槐树。北又有系河者，在长山县北二十里，源出苑城店，经新河界，流乌河，而入小清河。其名孝妇河者，源出益都西颜神镇三里，经淄川、长山、新城，北抵高苑、博兴、乐安东北，达高家港。又有泔河者，在长山县南二里，源出米山，自城南流孝妇河，而入小清河。又有干沟河者，在长山县西南三十里，源出长白山，流孝妇河，而入小清河。其名淯、沙河者，淯河一名绣江，在章丘县东一里，源出会仙山，下合百脉泉，东西二麻湾泉，西北汇为白云湖，而入小清河。沙河在邹平县西三百步，源出大峪山西北，而入小清河。诸水皆由马车渎、支脉河、澄海口，北入海。自小清河而南，上流则为临淄县之淄河、渑水、康浪水，为益都县之巨洋水，为临朐县之培水、石沟水，为沂州之东枷河、西枷河、沐河、汤河，为郯城县之大方湖、沂河，经徐州邳、宿而达黄河。

自小清而东，下流则为寿光县之洱河、龙泉水、王钦水，为日照县之付疃河、竹子河、大儿庄河；在莱州府，则为潍县之潍河、淮河、白浪河、寒浞河，为昌邑县之浮康河、七沟河，为胶州之胶莱河、洋河，为高密县之张鲁河、五龙河、白水河，为平度州之云河、现河、苏村河、墨水、漱玉泉、乳泉，为即墨县之土液泉、龙泉，为掖县之南阳河、掖河、白沙河、万岁河、杲村河、上官河；在登州府，则为招远县之万盛河、五涧河，为莱阳县之五龙河、陶张河、平南河，为福山县之清洋河、义井河。而登、莱等府，寿光、日照等县，各有支河入海。此盐河南一支，属乐安批验所，而通海沧高家港等十一场之盐利者也。成化以后，海沧等十一场支河干涸，商旅不行，邳州改行淮盐，开归改行河东。乐安批验所裁革，而盐河南一支故道，遂日就湮没，无复可寻矣。十一场灶丁改征折银，每引七分五厘，共征六千余两。舍其所产，征其所乏，而灶丁渐累渐逃，愈逃愈累，无复更生之望矣。近乘开归分认地方之会，议豁所银，复本色，仍照附省灶丁例，五分四厘支，商岁减征银一千七百两，而十一场贫灶，庶几少苏。顾十一场水利湮废，灶盐不售，所谓泃湿濡沫，乌在其能苏灶也。盐河仅存者，北一支大清河耳。洛口为大清下流，齐东县间有浅处，尚无湮塞；蒲台而下，通行滨州、利津、沾化入海。大清上流，自坎河口筑，而盐舟不达于运河，至鱼山车运三十里上船，而商人始告病矣。运河之水，涓滴不复盐河，加以连年旱干，商人舍舟从陆，而大清又几废矣。

幸蒙庙堂采议浚五泉，建五闸，以复大清之旧，以通宁海等八盐场之利。不独山东旧额五万两赖之，即梁宋新额一万六千两，亦取办于此矣。但往以十九场而应全齐、梁、宋，今以八场而应全齐、梁、宋，源少流阔，恐不可继。明问欲举盐河故道而尽复之，诚盛心也。且乐安北负海，日照南负海，登莱东负海，古所谓天府之国，齐得十二焉，而不得收负海之利，岂非有其地无其人乎？凡有忧国忧民之心者，不能不拜明问而扼腕也。窃念天下之事，当与天下之人共为之；百世之利，当为百世之规共兴之。功不必自我出，我开其端，而俾后人底其绩可也。效不必旦夕计，今创其画，而俾后世数十年竟其功亦可也。盖民可与乐成，难与虑始。骤语之以兴水利，必忽焉而不信，今且儆之，以除水害；骤语之以开河通舟楫，必骇焉而惧扰，今且引之以通沟渠，庶几其有济乎？夫一市之中，必有一市之沟，不然，市遇霪雨，必害于一市矣；一村之内，必有一村之沟，不然，村遇霪雨，必害一村矣。况大而一邑，又大而一郡，不通沟洫，不泄下流，岂不害于一邑、一郡哉？宜下令各邑画图贴说，某村之沟，以某村为下流；各郡画图贴说，某邑之沟，以某邑为下流。邑各率其境内，合一市之力，通一市之沟，合一村之力，通一村之沟，合一邑之力，通一邑之沟。邑之下流有壅者，郡助之费以通之，而一邑之水害弭矣，一邑之故道出矣。郡之下流有壅者，藩司助之费以通之，而一郡之水害弭矣，一郡之故道出矣。语云：禹以四海为壑。又云：禹尽力于沟河。善治水者，未有不通下流，亦未有不自沟洫始也。古今异宜，陵谷变迁，凡可通处，即为故道。志书所载诸水，不必泥也。凡可入海处，即为壑，禹之九河，不必追也。时诎举赢，大象未易轻动，苟有沟渠以泄下流，即可与民安堵，不必遽望通盐河、兴舟楫之利也。沟渠既通，下流既泄，水害既除，故道既出，藩司又绘一阖省水利总图，某郡之水，由某邑归于运河。某郡之水，由某邑归于黄河。某郡之水，由某邑归于海。某处下流可蓄，应建闸以蓄水。某处上流有泉可浚，应导泉以济水。仍为图说，诏后之来者。近而数年，或远而数十年，时和岁丰，物力充盛，必有能因时立政，尽复盐河之旧以通商，尽输海沧诸场之盐以惠灶，尽通山海之利以还先齐民物输辏之盛者矣。

（选自顾炎武辑《天下郡国利病书》卷三十六，清敷文阁聚珍版刻本）

甘一骥（生卒年不详），字德夫，南昌（今属江西）人。隆庆进士。历任云南临安府知府、河南右参政、贵州按察使、山东盐运使等职。治内盐业凋敝，管理混乱，探究后制定新规，厘清引目，核定运额，宽惠边商，严禁勒索。又捐钱兴修水利，赈济灾荒，救济盐民。著有《山东鹾议》《计部鹾司问答》。

《广志绎》选

〔明〕王士性

大清河，济水之故道，经流长清、齐河、历城、济阳、齐东、武定、青城、滨州、蒲台、利津入海。小清河一名泺水，即济之南，源发趵突，东北经章丘、邹平、新城、高苑、博兴、乐安入海，今亦为盐河，兼资灌溉。而淤塞流溢，久离故道，水利失而水害兴，各郡邑乃自以意为堤而以邻为壑，如新城、博兴、高苑之民，日寻干戈以竞通塞，非朝夕故矣。故为山东者，必当兴复河流，讲求故道。使竹口不关则西民之水害不除，清河不修则东民之水利不举，恐田野荒芜，终无殷富之日。

（选自王士性撰《广志绎》，第54～55页，中华书局1981年版）

王士性（1547—1598），字恒叔，号太初，临海（今属浙江）人。万历进士，历官四川参议、广西参议、云南副宪、山东参议等职。喜游历，一生游迹几遍全国，凡所到之处，对一岩一洞、一草一木之微，悉心考证；对地方风物，广事搜访，详加记载，并成著作。有《广志绎》《五岳游草》《广游志》。

补唐书骆侍御传

〔明〕胡应麟

骆宾王，越东阳郡人也。父为博昌令[①]，宾王生七岁能诗，尝嬉戏池上，客指鹅群令赋焉，应声曰："白毛浮渌水，红掌拨清波。"客叹诧，呼"神童"。比长，天才逸发，与王勃、杨炯、卢照邻并以藻绘擅一时，号"垂拱四杰"云。先是，唐起梁陈衰运后，诗文纤弱委靡，体日益下，宾王首与勃等一振之，虽未能骤革六朝余习，而诗律精严，文辞雄放，滔滔混混，横绝无前。唐三百年风雅之盛，以四人者为之前导也。永徽中，历官侍御史。时高宗孱，不君，后曌擅国。宾王睹唐运且密移，数上书言天下大计。后曌怒，诬以法，逮系狱中，作《萤火赋》以自广。久之，谪临海丞。高宗崩，后曌废庐陵，改唐物，宾王耻食周粟，即日弃官归，赋"宝剑思存楚，金锤许报韩"之句。会英公徐敬业起兵诛后曌，宾王仗策从之。敬业雅慕宾王名，得之大悦。引至戎幕中，羽书文告之属，一切咨焉。既而义师大集，将直指长安，宾王援笔慷慨为檄文以谕海内，诏云：

伪临朝武氏者，人非温润，地实寒微。密隐先帝之，私阴图后房之昵。

① 原注：见本集《与博昌父老书》中。

践元后于翚翟，陷至尊于聚麀。犹复包藏祸心，窥窃神器。君之爱子，幽之于别宫，贼之宗盟，委之以重任。呜呼！霍子孟之不作，朱虚侯之已亡。燕啄皇孙，知汉祚之将尽；龙漦帝后，识夏庭之遽衰。敬业皇唐旧臣，公侯冢子。因天下之失望，顺宇内之推心。爰举义旗，以清妖孽。南连百越，北尽三河。喑呜则山岳崩颓，叱咤则风云变色。以此制敌，何敌不摧？以此图功，何功不克？公等或居汉地，或叶周亲，或膺重寄于大廷，或受顾命于宣室。言犹在耳，忠岂忘心？一抔之土未干，六尺之孤何在？

云云，檄传，四方振动。曌读之，至“一抔”“六尺”语，凛然曰：“如此材而流落不偶，宰相之过也。”敬业进兵，拔润州，败伪周将雷仁智。与李孝逸遇下阿，击其前锋，大破之。敌垂遁，适星坠营中，魏元忠纵火围逼，敬业军遂溃。党与悉禽，独宾王变姓名逸去。削发为浮屠，居天竺灵隐间十余载。考功郎宋之问谪官岭表，宿寺中，赋诗得“鹫岭龙宫”之句，思不属，方苦吟，一老僧卧禅榻问故，遽续云：“楼观沧海日，门听浙江潮。”之问大骇，质明趣访之，逝矣。识者云：“此骆宾王也。”以是知敬业之败，有司虑曌以檄故，必蕲得其人，因斩貌类者以献云。始宾王父早亡，奉母竭力，裴行俭再辟幕下，皆陈启峻辞，意致委笃，人以方李密《陈情表》。世传“士先器识”之云，殆匪实录，至奋身为国，举宗百口，弃置若遗，其忠孝天性然也。宾王既以起义亡，无敢裒其制作者，庐陵复辟，累诏访求，鲁国郗云卿始集传之。天宝以还，唐风载变，后生轻薄，龂龁前薪，杜甫氏以凌跨百代之才，特推毂宾王，至拟之“江河不废”。李梦阳、王世贞，本朝称大匠，咸归甫论笃，而斥行俭为腐谈。新都汪道昆尤重宾王檄，洎《帝京》《畴昔》二歌，方诸秦汉间作者。当孽照革运滔天，刳剥生灵，毒痡九野，盖开辟未闻之变。一时唐之臣子宋璟、姚崇、娄师德辈，俯首北面，蒲伏裙裾，殆不知庐陵何物。独宾王仗义执言，大声其恶，曌虽漏网，逆状累累，千载读之，镮磔靡过。视行俭目击悯淫苟全污浊者，器识先后何如哉？自唐世因仍周历，目以叛臣，剌戾相沿，郡乘邑志咸屏弗录。明万历丙子，滕观察伯轮董浙学事，于是门下士胡应麟（婺人也）首上事讼宾王云：

窃见故唐临海县丞骆宾王，大节高风，瑰材卓行。词华冠代，学业超群。至孝笃于平生，孤忠竭于始仕。微官奉母，任武功簿而不辞；直道事人，谪临海丞而靡悔。属牝晨之篡国，玄枢撼而八极摇；奋雄略以登坛，赤羽呼而万众集。恸一抔于故主，问六尺于元凶。历数屠兄杀子之奸，鲸鲵褫魄；亟发酖母弑君之恶，猰㺄寒心。既首建义旗，将裂渠魁于七庙；旋身膏逆刃，尚飞灵爽于千秋。伟哉器量无双，讵曰文章寡二。乃史氏颓靡，弗昌言于纪述；而州民谫陋，迄罔享于蒸尝。诚亘古不白之沈冤，实阖郡当先之巨典。伏惟阐发幽光，播扬茂烈。聿修废坠，广励风猷。俾乾坤壮气，恢弘于崇正之朝；海甸英魂，鼓舞于右文之日。

书上，事垂下所司，适擢去，不果。已苏督学浚至，亟申前议，列祠郡城。已洪督学启睿至，复采夙闻，专祀邑里。三观察使皆闽人，雅尚风节，而后先继至。故自宾王举事，历宋迄今八百余载，而公论始定于一，殆若有天意存焉。於戏！宾王不死矣。顾《新书》《文苑》阔略未详，而刘煦《旧唐》论述尤谬，因稍据《临海丞集》，掇其忠孝大都暨野乘稗官之足征信者，为《骆侍御补传》以传。

胡应麟曰：吾越之言诗文，率繇宾王始，非直婺一方耳也。乃余产婺中，于宾王实晚进云。宾王檄后曌大恶数十，义炳日星，而史臣以怨诽譏之。伪周群鼠，倒置君臣大伦以媚曌可也。而亘千百载而下，而皆周之史，何也？大明御宇，覆盆洞鉴，勾萌蠕动，有滥必伸，而矧于宾王。於虖！历世久而公论明，盖记之古昔矣。

（选自胡应麟撰《少室山房集》卷八十九，见《钦定四库全书·集部六·别集类五·明》）

支脉沟议

〔明〕冯文盛

支脉沟之不可开者有五：民田不可夺也，地势不可强也，财力不可轻也，城池不可忽也，邻患不可贻也。

新城所称支脉沟者，诬指马家泊一带，为可东注入海。自万历二十一年被新城盗决樊家口，渰没高苑，浸淫东邻二百余里，马家泊积水不可布种。借令可东注入海，高苑何惮不为，而使马家泊千顷田土为累岁积水之区乎？今泊下之沟并无形迹，一旦强夺民田而曰此支脉沟也，愤怒且丛兴。昔人有云“众怒难任”，可挟其独臆而谓人言为不足惜乎？此谓民田不可夺。支脉沟之不可开者，此其一也。

博兴迤北有土岭一道，约长十五里，横亘东西。自博兴抵乐安亦如之。地势高厚，欲加挑浚，深为未便。先是两府亲诣踏勘，文卷俱存可查。昔人云：“为高必因丘陵，为下必因川泽。”今欲损丘陵为川泽，得无违地利哉？此谓地势不可强。支脉沟之不可开者，此其二也。

东土接年被涝，疮痍未起，迄今麦已黄死者半。欲开此沟，必深浚河身，必厚筑河堤，谓以数百之金、数千之夫，五日而讫，工所不能也。窃意虽万金不足费，虽万夫不足役。今之新城，犹昔之新城也，昔之湖泊何以不税，而今何以有税也？以数百金之税尚忍不能舍，而动糜万金，劳数邑之民，以事新城三庄之民，非计之得者也。此谓财力不可轻。支脉沟之不可开者，此其三也。

高苑地最洼下，自蔡家口望邑治，若井底然。今谓建闸止泄水三分之一于高苑，骤闻之则美，深味之则踈。小清河底视平地尚高丈许，欲令泄水二分于小清、一分于高苑，多就高而少趋下，此必无之理也。如决蔡家口、开支脉沟，则水不注小清，专趋高苑，无论田庐，即城池未可知也。嘉靖间，新城黄知县力请决蔡家口，朦胧申允，决开口子，水遂滔天。如本府潘公申文所称，被渰之民或牵裾以趋他邑，或起爨而就高阜，满耳哀哭之声，举目崩角之状，凡有人心所不忍。见事既狼狈，主议者咋舌以去，而民困亟矣。前人已误，后人岂容再误？今新城民杨孟秋不鉴覆辙，尚袭故智，脱渰没我土田、坍塌我城池，虽食孟秋之肉，未足以谢高苑之民也。此谓城池不可忽。支脉沟之不可开者，此其四也。

谭止高苑，犹曰“私其己邑”耳。自新城决水之后，渰及博兴。博兴之水，聚而未消者三年矣，每念为之怃然。若复开沟、以水济水，谓博兴何？宁独博兴也。乐安岁苦水涝，恃堤自固，如导水决堤而入，乐安之民其能免乎？此谓邻祸不可贻。支脉沟之不可开者，此其五也。

拂民心，违地势，殚财力，病人之土田、城池以及其邻，卑职之所未解也。数邑之民众于三庄，军国之赋重于私税。今急三庄而害数邑，非仁也；恋私税而亏正供，非智也。不仁不智，非政也。且清沙泊之水患，乃孝妇河之决而下注，非以小清之故也。小清河虽稍有逆流，为水几何？查其泊在长山、新城之西北隅，每年六七月，山水泛涨，往往决长山之杜张庄诸口而入，则清沙泊之受水，实长山遗之也。今不争于上游之长山，而争于下流之高苑，何也？盖水浑则利其来以沃田，水清则欲其泄以布种，此二百年来所为盗决而不已也。为今日计，惟有严杜张庄之口，以障其源；浚小清、孝妇之滞，以导其流；固南、北二岸之堤，以防其溃。而又疏现水之沟，以分其势，可永无患。此之不务，而欲开支脉沟以壑人，亦左矣。

（选自顾炎武辑《天下郡国利病书》卷四十二，清敷文阁聚珍版刻本）

冯文盛（生卒年不详），字士蒙，江西新昌人。万历举人，署教新建。万历二十三年知山东高苑县。升南京大理寺评事，转寺正，持大狱毫无阿徇。出知广南府抚按。

小清孝妇源委议

〔明〕冯文盛

勘得新城所议小清、孝妇源委，其误有四；而筑岸另成一渠，其害有六。

古小清向程儿头北流，宋刘豫据青州时，因此河为害改而南，语具志中。今乃以为国初德府运临淄砖石，借水成渠。及查小清与临淄地方绝不相通，青州亦有衡府、应修宫室，岂不能取临淄砖石而以资德府也？其误一。

又，称孝妇河高苑分流一支，名曰支脉沟，正东与郑黄沟、汉溱河合流，至乐安入海。由彼所称，正孝妇河也。以下合流，亦名小清，而指之曰“支脉沟”，是何言也？查支脉沟泄马家泊一带水，径乐安入于海，语亦具《青州志》中。夫曰泄马家泊水，则高苑境内之水非为泄小清之水也，安得以为孝妇之支流也？其误二。

国初小清运盐后，因淯、漯横冲小清北岸，柳塘口而下，河遂断流，盐船不能达济，以致病商，而八场止办折色，此小清通塞之源委也。今仰瓦坝子等口尽改入大清，而小清之受者独白云、浒山诸水耳。上源虽淯、漯等大小六十九道合流小清，是未足为清沙之害也。白云、浒山之水，十年间才一涨耳，小清河迄今干涸无水。不知清沙之受水全在孝妇之决口，而归之小清，其误三。

又，以高苑未奉明旨，堵绝故道，则当起宋刘豫于九原而责之，不当以罪今之人也。高苑立官看守河堤，乃奉抚按明文，古碑见存。何者？清沙泊自古潴水无粮之土，而高、博等县皆征粮之土也。若任其渰没，国税焉出？今新城之民享鱼藕之利，无分毫之粮，而贻高、博等以淹没之害，白日聚众执持凶器，决口伤人，此奉何处明文也？不以犯禁渰没各县征粮地土为罪，而以堵绝故道责高苑，其误四。

此所谓四误者也。

古小清在高苑者，则今之北门城壕；在博兴者，即今之县治是已。欲复古小清，则未闻废人之城门、县治，而以泄无粮之泊水也。古小清不可复，而索支脉沟之故道，以罪高苑不肯开，此非高苑之所敢任也。下流诸邑佥谓不可，谁能强之？淹一泊无粮之土，所害几何？脱有泛滥冲决以渰各邑，其害大矣。凡举事，须权其利害之大小、轻重，以为行止。事在下流各邑，不在高苑也。支脉沟不可开，而议欲小清之外再筑一岸，以成大渠。夫地里之河方可长久，地上之河经水即淤，今之小清可鉴已。前此，推官陈尝大浚矣，近年亦小浚矣，不旋踵而淤。今欲于小清外再成一渠，当亦不旋踵而淤耳。兴数万之众：费数万之金，以成一淤塞之渠，必为识者所笑，其害一。

不事挑浚，而筑土为岸。窃计，所筑之土将焉取之？势必多掘民田，方成此岸，是于渠之外又添一渠也。夫尺寸之土，皆民间世业，夺而为渠，亘数百里，计其地价，当亦不赀。一泊无粮之土，所值几何？而令数邑之民坏征粮之土、失世守之业，以成二渠也，悲夫！其害二。

掘田成渠，又欲占田成岸，据称用九万之夫，数日可毕。窃计高苑丁不盈万，册籍可证，将安所借民也？欲泄无粮之泊水，而劳大众以兴无益之役，其害三。

又，称筑渠因旧创新，可省四十万金。窃计，挑土成岸，与浚河等耳，恐数十万之金不可得而省也。既欲省金，势必强而驱之。人各有身，谁能为此三庄无粮之泊作奴仆也？此一役也，众怒必兴，其害四。

孝妇、小清等河，各系千百年古堤，且时有冲决，渰没田庐。今新筑一岸，新城能保此岸遂无失乎？窃计其不能也。千百年之古堤尚有冲决，一旦之新岸岂无疏虞？以数邑之田庐而沟壑之，仁者不忍也，其害五。

田庐无论已，四方多事，城池所系匪细，奸民节年决口，高苑幸赖有护城古堤，昼夜防守，以苟旦夕。漫延及博兴城，前已塌矣，塌后而修，又经决口，复几殆矣。若新筑一岸，势必冲决田庐不已，必及城垣，其害六。

此所谓六害者也。

夫欲开纪家口入大清，而齐东畏其害；欲开支脉沟入海，而博兴、乐安畏其害。驱水害人，难以强矣。而欲建无益之渠以滋六害，舛之舛者也！讯之士大夫，皆称焦家桥、杜张庄一带河防不谨，以致清沙受水，宜责之顶河人役，设铺看守，卑薄者筑之，一有冲决，责有所归，清沙可免水矣。至于新城奸民决开樊家、对过二口，前此议筑塞矣。卑职往视之，如一堵墙然，水至即坏。此口七年不筑。又新决史家口、黑水湾二口，二年不筑。何者？奸民借口导泊水归河，其实欲乘便盗决小清之北岸耳。夫既利浑水淤地，入得数倍；及水既清，遂以邻为壑、灭绝天理，至此极矣。每议及此，辄曰“工大难筑，些须之水即灌入泊”矣。已享浑水之利，而使人受洪水之害；无粮之土悉化膏腴，而征粮之土尽成沟壑。若之何？孝妇河自焦家桥以下抵博兴，河身太窄，且多淤滩，如盆河口南岸一淤滩，广数丈，突兀而当河之中流，水至不下，不得不溢出为患。一处如此，他可知已。今之计，当严焦家桥、杜张庄等一带之河，筑樊家、史家、黑水湾等各处之河口；而孝妇河自焦家桥以下抵博兴，量挑宽广，除去淤滩，水自顺流而东矣。至小清在高、新之间者，自黑水湾而下，淤泄处所亦量加浚，令得泄白云、浒山之水。假令决口不筑，亦不敢议及此也。若劳民伤财而成必淤之渠，则非所敢闻也。

（选自顾炎武辑《天下郡国利病书》卷四十二，清敷文阁聚珍版刻本）

小清河议

〔明〕马从聘

看得小清河一道，由济南府趵突泉发源，以下接会淯、漯、浒山、孝妇诸水，行章丘、长山、高苑、博兴、寿光、乐安以入于海，此河之源委也。但自高苑以上，河由地中，故能顺受诸水而无害。至高苑以下，地形渐洼，筑土为堤，地高丈许，载河以行，始能达下。河身既高，故新城、高苑、博兴之水俱不得入河。每遇天雨骤兴，水无通泄之所，则三县各有水患，不独新城一县为然也。惟新城在河南岸，原有清沙、麻大二泊，周围各三四十里，为新城受水之区，中生鱼藕菰蒲之利，新民取之，倚为世业。倘遇雨水之暴涨，则傍湖民舍亦被渰没，每欲横穿河堤北岸，使水泄于高博之境。夫二县地形本下，二百年来，所以不陷于沦胥者，止凭此一线之堤耳。此堤一决，河水建瓴而下，是无二县之民矣。况湖泊不起科，而二县俱征粮，地土傍湖之民有数，而二县则数万之生灵，其利害之轻重大小，可不较而明者。故高博二县之众，胥力以护此堤，诚以河堤所系若斯之重也。今陡被新民纠众盗决，遂使沃壤万顷化为巨浸，国计民生未知何出，此岂渺小细故哉？卑职故曰：明杀新城者四人，暗杀高苑者不知几千百人也。乃新民无知，见河身干淤，认为己有，遽然布种麦米，冥顽不灵，一至于此，尚可与之言利害、较是非也？先是前任新城赵知县，慨然建议，欲横穿小清北岸，于高苑地方另开一河，以泄泊水而归之海。使其说可行，则既可以免昏垫之患，又可以息争斗之端，亦何惮而不为之？但高苑、博兴原不通海，必由寿光、乐安而后可达于海，奈高博地下，形如釜底，乐安、寿光反以渐而高。今筑堤载河，下流必壅，如之何能使径达于海也？恐河堤一穿，则高博二县反为新城注水之区矣。即今二县被决之可知也，但知去己之害，而不顾贻彼之害，正所谓以邻国为壑者耳。展转思维，苦无长计，惟思地名湖泊其来已久，较之南方诸湖，虽大小不同，其理则一，若可泄水归海，变泽薮为膏腴，古人当先为之矣，何从古以来未闻有泄湖以成田者？势不可为也，而独欲强行之今日乎？若虑水为灾，莫若徙民就岸，即湖泊之利，为迁徙安置之资，不得已而为权宜之计，惟有此耳。伏乞裁酌施行。

（选自顾炎武辑《天下郡国利病书》卷四十二，清敷文阁聚珍版刻本）

马从聘（？—1638），字起莘，真定府灵寿（今河北石家庄）人。万历进士。授青州推官，后来升为御史、延绥巡抚等职，居官清正，后告病致仕。崇祯十一年（1638）冬，清军自蒙古绕道进长城，沿太行山南下，包围了灵寿城。时马从聘以朝廷命官自任，协同知县，率领家人登城拒敌，被俘而死。被追赠兵部尚书，谥介敏。有《兰台奏疏》。

宋景云《四书疑论大义》序

—

〔明〕张延登

蔡虚斋先生作《蒙引自叙》云："尝三年不作课，无一日不看书。"予幼服膺斯语，每举以诏后学而未之信。盖近日学人嗜捷径而厌精详，慧者取坊间时艺，日事拈弄，领新拔异，便已得隽。其墨守俗师之说，童习白翁，转相传授，浸淫蔽锢，尤属误人。先儒有言：吾人看书，须从有疑看到无疑，无疑看到有疑，细心研究，辨晰毫芒，不泥训诂，不落荒唐，事求实际，理求真脉。直举圣贤当日立言之意，合之于我今日诵读之意，方是善看，方是善疑。林次崖先生《存疑》一书，与《蒙引》互相发明，正在疑字上下手，记云：善教者使人继其志。故曰君子引而不发，非疑必发之无余。书尽糟粕，何从得圣贤之志而继之矣？青霞宋君，吾东名士也，学问渊源。治蔡之暇，启迪蔡士，因著为《四书疑论》一书，凡六卷。将付剞劂，先缮写寄余，且属之序。余读之，见其识见该博，指趋易简，其心得处，往往一二语点破，使人自寻，故命曰"疑论"，大抵其说多主考亭，而不必异同于蔡林两家，洵可谓正学羽翼，宁独蔡士之鹄哉？昔孔门弟子，颜曾而下，独漆雕氏能见大意，然其言论不若端木由夏多可表见。"吾斯之未能信"一语便为夫子之所悦。夫"未信"则

“疑”之谓也，“疑”何可“悦”？此其中下一字注脚，不得“疑”之义大矣。《史记》列为蔡人，予昔居蔡，建专祠祀之，手自为记。欲与蔡士讲学，其中发明信斯之旨，而粗率卤莽，有志未逮。今宋君兹刻，能得我心。子不云乎：“疑思问。”谨弁数言以问宋君，并质之蔡士。

（选自杨廷望纂修《上蔡县志》卷十四，康熙二十九年刻本）

张延登（1566—1641），字济美，号华东，山东邹平人。万历进士。曾任内黄县知县、上蔡知县、太仆寺卿、浙江巡抚、南京都察院左都御史、工部尚书、都察院左都御史等职，卒赠太子太保，谥忠定。

二

〔明〕冀懋中

制举之文至今日，如鲜花新月，以为非昨，则魄茎依然，以为犹昔，则光艳迥殊。然文字之神、之色、之意、之语造奇领异、曲尽其妙者，或兴之所会，偶抒一得，或适拈一题，穷力而至。悟神圣之只字，擅词林之寸美，易易耳。不则诩采辑之徒勤，拾前人之余唾，胼手胝掌，累牍联篇，以希貌圣贤、袭青紫，随摭随腐，只堪酱瓿之覆者，又比比也。又不则耽厌常之癖，投喜新之好，助书贾而工垄断，离经畔正以为异，援佛借老以为高。甚有一章之旨忽彼忽此，一句之义倏引倏推。又甚有偏执私见之偶，及不顾众心之所安，生吞活剥，信心作解，以诬后人。诗书无口，宁不含冤有味乎？害政害事之言也。余少时读坊间说书，辄头岑岑、不下咽，迨今去括帖日久，然往往从儿辈案头偶及之，大都驳杂，不异往时。每悬意圣贤之言，无字不圆，无语不活，文字中不无鲜新异常之解，足令千年陈语顿有生气者。然连拈数题，辄有至有不至焉，必非是题独无一种鲜新异常之语也，心灵有及有不及焉耳。安得灵心妙腕，将圣贤之语横推直举，如仙露明珠，随映皆圆，一一悉有鲜新异常之彩以发之，非具大慧力不能作此一种妙论，以嘉惠后学于无穷也。往辛酉春，余家居，每聆青翁宋侯语，无不快然如坐松风水月间，爽豁特甚。常恳侯不惜齿颊，为诸生惠以未闻。侯苦政冗，延乡之崔肖峰先生与诸生谈。诸生领略，无不果然。然侯间一更端，毕竟一粒仙丹，瓦砾辄金，火候微有不同。是以诸生于一语半唾，无不札记，久之几成帙。然书义之未遍者，政复不少。诸生中有立雪愿深者，长跽而请曰："小子辈乃今如生闻圣贤语，惜未能遍，愿从弹琴之暇，领略绪论以补之。"侯曰："有成帙在，惧不克闻之大方耳，果嗜之乎？"因发笥授之。则无一字不圆，无一语不活，无一字一句经人曾言，又无一字一句背经传之旨。总之如春花带露，生意堪把；秋月凝光，清辉可掬。举文字中一题，穷工极巧而为之者，合《四书》中任拈一语，无处不然。鲜新灵异之气，隐隐跃跃，摸索不穷。诸生谋而梓之，不日成工，以一帙问言于余，余往沃我侯之论，而未知其涯涘也。睹兹刻，直如经武陵洞口，仙葩烂熳；又如万顷琉璃，波光荡漾。令人神色惊喜莫定。学者读之，虽有测浅测深之不同，又直如名花皓月，或爱其形，或爱其色，或爱其神，然无不因之而有勃勃之兴，跃跃之思也者。兹刻也，宁独蔡人士是为，即海内人士知，无不洞心悦性，为圣贤吐生气矣。蔡虽褊小，当年蓍龟之灵兆发于此，至今吉云瑞露霭霭不绝，兹刻之成，殆有与之合符者乎？千秋万岁后，棠阴蔽芾之外，当更有一段灵异之爱。寄思无穷者，其在斯与？侯尚有《四书直言》，更醒初学。及《葩经解》，累千万言。上自注疏大全、百家之说，以至稗官九流之书，无不备考详明，蔡人士亦得而读之。然苦浩瀚不能付之梨枣，以俟异日，自有缥币而恳之者。余且于是而知我侯政教之善之有自也，侯讳景云，字祥征，北海之薄姑人，登己未进士。若夫登梓之详，则有纪事之刻在。

（选自杨廷望纂修《上蔡县志》卷十四，康熙二十九年刻本）

冀懋中（1573—？），字玄枢，河南上蔡人。万历进士。历任博平县知县、益都知县、满城知县，迁南刑部主事，擢郎中，出知临洮府，天启时调陕西布政使司右参议分守陇右道冀懋中分守西宁道。

宋景云《四书疑论大义》跋

〔明〕刘嘉绩

粤今诠圣愈多，去圣亦愈远。共标指头之月，咸忘衣里之珠。甚者株守师说，不心仲尼。悖者之言，以不悖者为悖，亦犹之字学，习惯讹减，见一正韵字画不骇为异，则返诋为误，下士辄改。金根正韵尚如此，矧说文古字乎？若然，则圣人立言之旨，与当年画中之易，未有能明于世者也。薄姑青霞宋先生，夙有圣契，束发读坊间说书，意辄不满，乃遍取疏义大全，暨各名儒语录，参而证之以己意。至有自尼父发言以来，悠谬已久，而一语破的，顿开万古之生面。先生且欿然若无有。师蔡五载，士领略半语，无不若饮沆瀣，谡谡欲仙。久之，诸生有长跽而请，愿以一往欬唾，识之简册，以阐圣真，且若为帐中秘者。先生辗然而笑曰："是足识乎？簏中有败帙在，殆敝帚弃之耳，果足识乎？"乃取示诸生，诸生更豁然若夜之忽旦，跃然似梦之乍觉。而始知先生心灵之远映、学问之浩瀚也。共谋而梓之，先生不许。转而问之今棘卿前邑侯华东张先生，张曰："善。吾愿以言弁之首。"而梓已过半矣，先生闻之，谓绩曰："此刻既不获已。其以正韵字画寓刻中，儒林或不迂此刻乎，则并引之字学而不迂也。"又惧改《金根》者以为悖也。仍命辨韵俗于末简，海内有不迂字学者，进考九经正文，而因以识其意义，亦愈得先生发明正学之旨矣。

（选自杨廷望纂修《上蔡县志》卷十四，康熙二十九年刻本）

刘嘉绩（生卒年不详），里籍不详。崇祯十四年前后任户部主事。十四年四月清军兵抵达京师附近，与方士亮等四位大臣随首辅周延儒督师，在通州驻兵不前，日日饮酒设宴，虚传捷报，被下狱按问。

北湖游记

〔明〕王象春

忆辛亥九月，曾一泛舟，自吕埠遵郑黄沟之委流而东也。及暮止留诸葛庄，东望华沟，遥在天末。询黄头云：“此湖如葫芦，今所到自颔及项，去中膈与其阔腹尚远。”盖指马踏会城言耳。

今秋欲了前志，适归自长白，日已晏，闻思止兄偕诸弟侄已先巩桥，舣舟待余始发。巩去邑东四十里，正欲顺湖之南岸，直当其阔腹处，乃北入也。次日，余急驰往，出门云如笠笼头上，甫二三里，大澍，马行泥淖如拜。俄而雨减，迨暮亦得抵巩桥。诸人尚危坐听霖铃，虑不得发舟。

至夜，雨转剧，及天明，始大光霁。两侄急起，戒舟思止，又申之曰：“携糇无啬，楫缆维利，仆无哗，指顾无乱。”约既定，乃遵乌河顺下。两岸柳相绾如长廊，枝柯时时扫拂肩背，亦颇碍舟。

惟龙湾最阔，水旋转如磨，俗传湖中往往龙挂雷雨飞散，还窟于此。孙楼、夏庄俱在西岸，牟庄在东岸。牟之东北有古城，浮拍水面，其水俗传为李白泊。其城则汉元帝封李谭之延卿城也。至今犹呼会城者，盖仍桓公之盟云。《水经》谓此城为古平州，《春秋》“宣元年，公会齐侯于平州”是也。

龙湾南水底有石闸，以篙铁触之，洞洞然，是赵尹所凿。内渠欲通舟孝妇、小清以西达济南者，其后赵去竟废。北行二十里许，始西转入湖，北视博姑城才十里，舟高于墉已数尺。

城之南门有亭，翼然点苍，即锦秋亭。元中统间邑人所建，盖取坡老诗命名。坡老昔尝过此，爱其风景，绝类江南。赋诗云：“霜风收绿锦，万顷水云秋。海气朝成市，山光晚对楼。舟车通北阙，图画入南州。且食鲈鱼美，吾盟在白鸥。”又云：“鲈虽小，亦四腮，不减松江。并莼菜，土人皆不识，目鲈为豸鱼云。”①

---

① 编者按：此处所记有误，诗文作者为于钦。详见本书367页《锦秋亭》。

舟西行六七里，是荷菱最盛处，环合数百顷，下不见水。水花种类繁多，都有清馥，不但莲香，渔人诧见。游客竞献鲜美，给以钱，摇首不顾。从索鲈鱼，曰："无之。"索豸鱼，则柳穿荷裹，不可胜用。就烹，味迥异诸鱼，信足为张季鹰抛一官也。

坡老所谓莼菜者，被盖水面，出此则湖水渊澄，下视数丈不见底，鱼游镜中可数，渔人指为湖囊。西南长白，东南则愚公诸山，簇簇矗矗，直走水中。波稍撼击，吞峰峦如浴螺。相顾喜曰："洗山浴卉，信宿雨，于我辈不薄哉！"舟行净水，较荷港稍驶，望青冢华沟，宛在西南水荡，屋树如荠。

其北即鹅鸭城，是慕容燕养畜之地，阴雨夜犹闻鸣聒，理或然。及暮，始抵华沟，古鲁连陂也。邑人太守宋锐与方伯李延寿奋迹于此，今但存破屋数椽，足晒鱼网耳。迨思止兄又卜筑吟咏其上，扁之曰"鲁连遗清"。有老渔见余舟，谓曰："此去诸葛庄尚十里，须渔艇加浆，乃可折而南。"余速易舟，方鼓棹而月已可中。下照菰蒲蘋蓼，荇带萍芷，历历如画。

诸人长啸浩歌，余击榜而和之曰："月涵清兮龙窟寒，浥白露兮惜朱颜。"歌声未竟，遥闻马嘶，已届南岸。庄西水湄有庙祀孔明。孔明步齐门，歌《梁父》，时或寓此，想在未卧隆中以前耶？西南数里则辕固镇，固墓在焉。今讹作牛固，亦五婿十姨之类也。是夜，宿于南寨，是为甲寅之七月十三。其同游者为思止象艮、又损象益，二兄吉甫象明，弟明仲，与亮、钦仲、与能、与才诸侄。

（选自崔懋修、严濂曾纂《新城县志》卷十二，康熙三十三年刻本）

王象春（1578—1632），原名象巽，小字梦安，字季木，号文水，又号虞求，自号鹊湖居士，山东新城（今桓台）人。万历进士，官终南京吏部考功司郎中。有《齐音》《问山亭集》。

北湖游别记

〔明〕王象春

湖心有土，名青冢，在金刚堰正东。上有青凉寺，又为齐高士颜斶故居，今俱废。周环数百余步，水暴溢亦不能没，但时如马、如象耳，人谓随水浮沉，恐涉诞。《传》载：齐景公有马千驷，田于青丘，与晏子游于少海。按《齐乘》“青丘在清水泊”，则青冢之为青丘无疑。今会城泊亦称少海，《子虚赋》云：“秋田于青丘，彷徨于海外，吞若云梦者，八九于胸中。”殆谓此也。注乃云：“青丘为海外山名，出九尾狐。”此丘一抔土耳，九尾安所掉哉？且桓公牧马台，本齐之千乘别城也，驾其千驷田青丘。于理近似。或谓此丘地小不称其名，不见天齐以之名国耶？自伪齐刘豫填鹊湖，塞泺水入大清之路，湖中始断舟楫。然在前元，犹可达济南。元人于侍郎钦，常自济南华不注山下，经小清而东入北湖，折而南入时水，至索镇舍舟，以归益都。今泺水复入大清，而此湖所受之小清，乃章丘之漯河耳。索镇即故西安城，乌河则时水也，一名肜，“襄三年，齐晋盟于肜”是也。湖水仰给此河者居多。《水经》谓“时水自西安城南石羊堰分为二支，其一北入湖，其一西北合黄山之德会水，至梁邹入小济。旱则枯竭，所谓乾时也。庄九年，公及齐侯战于乾时。今又名吴河，不知何考。呜呼，此水视杭之西湖与燕之裂帛，宏阔不啻倍之，幸处僻寂，名不闻于四方，非躭奇穷幽者不一至，鱼鸟草木乃得全其神而终其天，亦湖之老而休逸时哉！虽然，湖之阅人多矣，姜齐、田齐、南燕、伪齐，俱尝以之濡马吻矣。乐喧乐寂，唯凭夷自知之。

（选自崔懋修、严濂曾纂《新城县志》卷十二，康熙三十三年刻本）

知崇庆州王励精靖节记

〔明末清初〕峩溪老人

从来忠孝事，千古不磨灭者，其气足以贯金石而感神人。虽笔墨数，时之有成□，而浩然长存，凛凛有生气，卒能动后之君子，慷慨追慕，相与传颂而记载之，以俾夫天下后世之人臣共晓大义，所以维持夫纲常为何如也。公讳励精，秦之明经，以循良令擢崇庆州牧。惟时民殷赋重，公约已缓征。政暇，每劝人以忠孝事。崇人德之。甲申，献贼破成都，僭称帝。公楷书十六字于屏墙粉壁之额："为臣尽忠，为子尽孝。而今而后，庶几无愧。"公之志在文山可知矣。遂仆刀自焚。献遣祭后屠州城。继以饥馑，省郡尽荒。乙未春，民渐归，予亦寓青城之麓，偶梦公见召。公愀然无所语，余拂袖将出，公挽留之。欲语，忽觉。次日，州守朱以公殉难事嘱余为碑记。碑成，州人欢呼环集，父老唏嘘下拜。竖毕，而壁间十六字顿坠，众皆骇异。公之节概在天怀，固不籍文以不朽。独是灰烬之余，露立十有二年，不为风雨所蚀，棘茨所穿，笔力遒劲，墨痕若犹未干者，使无所以可护之，几何不致颓落也耶？丁未春，大中丞张修蜀志，公行状已备名宦史中。而碑为前州所毁，嗟乎！与臣言忠且兴起省悟好善之心则。然矧履其堂而英风侠骨忍听其寒烟茂草与石俱化，抑何欤？甲辰春，蔺公开禧[1]莅州事，阐幽旌淑，而惜碑之不存也，复远询于峩溪。君父之大，为人臣者而不苟免于难，公之忠烈，庶与文山并之，敢不再拜以书。

（选自吴昌荫纂修、田廷锡增修《崇庆州志》下册，康熙二十五年编纂、雍正十年续修重刻本）

峩溪老人（生卒年不详），生平事迹不详。光绪《崇庆州志》卷之六《政绩・王励精传》："会州牧蔺开禧阐幽旌淑，而惜碑不存，远询于峩溪老

① 编者按：蔺开禧，博兴人，顺治间恩贡。顺治十五年知山西静乐县，康熙元年知四川崇庆州。

人，迺复为记。时康熙八年也。戕溪老人，姓名今不著。”

浚河记

〔清〕李焕章

济水汇淯、漯、泷、洏诸水，至博兴、高苑、新城间汇为麻大泊，广五六十里，即锦秋湖也。北岸势最下，前代筑堤高丈余，厚如之。秋潦时至，三邑均受害。若堤北决，而博兴、高苑尽付横流。嘉靖时，新城人欲开堤，博、高与之讼。有司蹋验得实，立碑湖上，堤北开，新城人论死。后屡讼屡讯，皆以碑为例如故也。今新城人以《平心说》控中丞张公，遂有开决之役。吾邑令姚公不能争，派夫役若干，计日就工矣。邑大恐，然无敢出而讼者。孝廉陈君星占毅然谓：“吾邑为济下委，至海百七十里，远三倍高、博，海岸又最高，不能入。堤一开，而新城以高、博为壑有所泄，高、博以吾邑为壑无所泄矣。竭数万人之功力，雇直糇粮，而贻无穷之害。中丞公仁惠明察，必不肯为也。誓必往，吾弗顾吾孝廉矣。”率邑民数百赴中丞所，极陈利害状。中丞公大耸动曰：“吾以为四邑利，而害如是耶？”檄署青巡道太守崔公勘理焉。崔公至邑，循河而北，叹曰：“河难浚，果如孝廉言。但中丞公有前命，亦为四邑计利害求安全，非有畸轻重意也，奈何？”姚公亦愀然良久，曰：“略为挑浚报中丞，邑不至大困也。”乃定丈尺，减前十之七八，效旧朝青州推官陈珪，挑浚亦减半。邑人皆首肯，孝廉乃坚持不下，久之乃已，湖堤终不开如旧。某月日记。

（选自李焕章撰《织斋文集》卷五，清光绪尚志堂刻本）

锦秋亭记

〔清〕李焕章

锦秋亭，在迎秀门外百余弓笔峰之东巅，西向望湖水荡漾，如在阶砌下。苏文忠公知登州，过而题诗其上："霜风收绿锦，万顷水云秋。"后人遂取以为名。亭在古槐老柳中，城睥睨隐约见。旁视诸村落，微茫有无。独其西敞旷开朗，如云龙山人之放鹤亭，东坡记云"缺其西十二"，造物若有意留之，以钠湖光者，不则昔之筑斯亭者之善卜其地也。西南望一土埠自湖中出，曰贝丘，《春秋》"齐襄公田于贝丘"，其处也。土人云："贝丘约不甚高大，然秋水大涨，亦不能没，亦一奇也。"钱伯衡先生曰："南中人每云吾乡无山水可游，此亭移之姑苏，杂以旅客游人、优伶笙歌，比之望湖诸亭，当亦不减价也。"

《度地》论弓：二尺为一肘，四肘为一弓，三百弓为一里。三百六十步为一里，即三百弓也。

（选自李焕章撰《织斋文集》卷六，清光绪尚志堂刻本）

今济水非济水辩

〔清〕李焕章

济水出王屋，三伏三见，至济南城下，三泉迸出，世俗所云"趵突泉"也，《图经》《水经注》名之泺水。绕城北流，至华不注折而东，群水入焉。至章丘汇为白云湖，淯水、漯水、清沙诸水入焉。再东则颜神之泷水、临淄之渑水[①]入焉，汇为锦秋湖。至吾邑北入海。余每自庆，当五代时，大河犹自郓州杨刘口东北下，故吾家愚谷云："昔千乘，河所以入海也；今千乘，济所以

① 原注：即时水。

入海也。”余谓蕞尔一邑，北条二渎尽处焉，后即大河南徙，而济仍在邑，犹可借以为说。至成化时，守土者并淯水、漯水、清沙水皆使之西，白云湖竭，而长白山下之浒山泊亦时溢而时涸，济断自柳塘口。而自博兴、高苑之入吾邑仅颜神之泷水、临淄之洏水，不得名“济”矣。

（选自李焕章撰《织斋文集》卷八，清光绪尚志堂刻本）

王春涛[1]《怅别亭百咏》序

〔清〕李焕章

荀奉倩何人哉？今千六七百年而名存，岂非伉俪之情不失其正者乎？考其时，未必有哀挽之什，一阕再阕也。吾友王君春涛，大司徒公曾孙。赋绝慧，垂髫时即擅诗人之誉。其锦秋湖上诸诗，清露晨流，荷香芳细，昔人所谓“游不负其地”者。《悼内十二律》及《藉砚草》更隽永。今又抱内人之戚，家贫，权厝榇于庐，曰“怅别亭”。每花明月大，鸟啼虫吟，疑有魂来。珊珊砌帘，忆砌膏沐铅华，语笑音响。离忧而忧深，却思而思切。悲恻缠绵不自禁，至于百首之多也。春涛抠衣来访余法庆，丐余序之。李子曰：“余向见李空同《结肠诗》及周栎园先生‘草色孤坟新白下，箫声明月旧维扬’句，危坐正襟，瞪目直视，力为驱遣。不意春涛之复以兹示也。”春涛又言其内善舅姑昆弟姊妹。解内典，诵普门，临绝音琅琅，殁定不断灭。春涛佳士，与其内俱在多生劫中。此百首也，茫茫泉路可触而通矣，文人之权力如此。

（选自李焕章撰《织斋文集》卷一，清光绪尚志堂刻本）

---

① 编者按：即益都王海，字春涛。见第458页《〈锦秋涛〉序》作者简介。

评《平心说》

〔清〕韩士升

寅春之二月，闭户闲居，一切世故尽付东流。忽而叩门声急，趋出迎之，乃吾友孙子了翁也。未及寒温，袖出一帙示余曰："新人所作新书《平心说》也，请试阅之。"余捧读既终，便见大意。大要欲决青沙泊以立闸，开支脉沟以泄水，反复万千言，言言慨切。兴利除害，志则大矣；治水息争，旨则善矣。名其说曰"平心"，平心犹未也。余试评之：

夫心之既平，可以自信，可以告人，独不可以对上官、对下民乎？不妨明注姓字，共见共知。果有利于生民，其功不在禹下，人皆得而指之曰："某之利我如是也。"七县之绅矜父老，竞相传为美谈。不则，流言于无穷，亦可薄任其咎，人亦得而指之曰："某何害我如是也。"任劳任怨，大丈夫之常事耳，何为秘名不出？功其谁归？过欲谁诿？心事难测，不平一也。

说者以青沙等湖为必可决，谁敢曰不可决？决之而新城之水可立待其竭，高苑为走水之地，受害亦不久，其如我博为贮水之区，何博之西邻高苑，其地高阜，南接新城，近对锦秋，二县有水，波及于博邑，已有年矣。且东至乐安草桥一带，古有长堤大岭，东防海潮，其实西拒来水。以四邻观，博如盆底，然现今积水未消，一望无际，南自曹王庄，北至城，三十里，西自院庄，东至石村，八十里，各深三五尺不等，倘再决口放水，水上加水，水则益深，不平二也。

《说》又曰："顺水之性，治水之法也。"诚哉，水性之可顺也，水性就下，治水者，必先相地势而度高下，使高者受水之利，下者亦不受水之害，而后可此界彼疆，界限分明矣。焉有使高者独享其利，而下者偏受其害也？徒曰"水性可顺"，如黄河一决，而汴城全没，此非近事可鉴者乎？专以决口立闸为说，新、高高枕无忧矣，若博之城市村庄，将成一片汪洋也。请问新、高之仁人君子，可有策以救博乎？所谓大公无倚者安在哉？不平三也。

《说》又曰"邻近数县，新为下，高苑较新为尤下"，抑知博之视高与新也，以渐而愈下乎？盖各县各有贮水之区，如邹平之浒山泺、长山之陶塘口、新城之青沙泊是也，高、博、乐亦然。且各县各有堤防，各有碑志，不许盗决，原因各县地势之洼下者，可以受各县之水也。邻国相安于无事，不知几千百年矣。自去年秋青沙泊之一决，至今经年，而博之东西南北，水势浩瀚如故，小清河之洋溢如故，南北两岸之相通如故，何独吾邑之水有来踪而无去路乎？不平四也。

《说》以新地湖泊不一，遂借口于鄱阳、洞庭为辞，彼二湖者有上源，水来有本也，有下流，水去不已也，且有长江大河足以容受其水，而泄之则易。如今之议，去青沙等口，邹、长、新、高数县，泺泊湖湾诸水，将尽泄于博而湍聚之，而博之城郭关厢，能无虞乎？四野之田畴园圃，尚可保乎？吾侪生民得安眠而稳睡乎？以己度人，必不如是，不平五也。

《说》又曰："青沙内外地，皆计亩均输，不宜受水。"欲自欺即欲欺人也。夫新城近湖之地名曰浅水，每亩派银一分，天旱则附近居民争相布种，其得利也良多；间多势宦豪门，强占侵欺，有名无实者半，不则贪吏汙胥，侵入橐囊，有征无解者半，岂可与平畴膏壤较轻重而量多寡乎？旱则如是，至于水涝，则豁免矣，《说》云"有粮"，谁其信之？不平六也。

《说》者又以受害之久暂论，何其大缪不然也。久则受害也缓，缓则易于趋避，骤则受害也急，急则难于堤防，何新人之反其说也？姑不具论。以为暂，高苑之暂，暂或朝夕，博兴一暂，暂岂朝夕耶？借田朝夕，何去秋之水，于今积贮不散耶？以为久，新城固久，博兴亦久，博兴、新城，孰为更久耶？行见新民耕安于野，四野皆然，博兴耕安于野者，遍四野乎？否乎？共计新城通邑之地，贮水之处百分之一，何如博邑之四境，聚水之处十之六七乎？不平七也。

《说》者曰："决口放水，由高苑可以入海。"岂不知高之下有博乎？水之入海，必由博也明矣。夫博之积水如湾头、柳桥、龙注河、大吾泊等处，深者丈寻，浅者三五尺不一，经年之水，不能入海也。夫博兴之水不能入海，新水焉能入海乎？如决口放水，不过至博兴而止耳。前水未去，后水复来，嗟嗟博邑，数万生灵，将入鱼鳖之乡，尽作波底之魂也。不平八也。

《说》者又坚其辞曰："有支脉沟在，决之可以通海。"夫支脉沟，博志无考,《说》曰有之，原刘豫所开，当日果有利而无害也？如何旋开而旋塞乎？刘豫之不可法也明矣。即欲决之成河，势不容青沙等湖之水也。或者曰先浚下流，掘乐安之高堤大岭，疏通成河，或宽三丈，或深八尺，泄尽博兴之水，然后决口，博无恙矣。信如是说，不知劳力几何，恐终无济于事也。神如大禹，尚且三过不入，九载告成，今欲责效于旦夕，未易易也。吾以青沙必不可决，支脉必不可开矣。新人之见，止知有新，不知有高，不知有博、乐也。不平九也。

《说》者又支其辞曰："挑河之两岸，岁岁可田，博、乐与有利焉。"夫现在之我疆我理，南东其亩者，人几亿万家，地几千百顷，七断八截，此不得耕，彼不得种，以原隰膏壤，变为江河，祖父之恒产，不为我有，反向河涯之上争尺寸之利，吾不知其何说也。《说》曰"两利无害"，我以为两害无利也。何言乎两害无利也？新人多事，两造此说，欲去新城之害，反有害于新城。新城之百姓，以挑河之故，累极投环者有之，怨言载道者有之，害也如此，利将安在耶？如高、博、乐之士民，惊惶不宁，积千累百，南走青而呼天，西投济而欲诉。生员张蕃，吾见其愤激投河矣，狂士冯经，吾见其饿死河干矣，苦肉遭刑者，何可胜纪！视新城之灶下小儿，孰为异闻？孰为奇惨也！以害为利，不平十也。

吾友了翁乃正色危坐而言曰："如子所评，其庶几乎？而犹有未尽也，夫评之所为者小，非大公也，所见者偏，非正务也，不过金、曹三五庄之所贿属也，抑或亲故一二人之所请托也。不则，势宦专利一家之所以自为也。"余大悟曰："是也，是也。果有关于万姓之公务，而非一人之偏私，新城之巨公长者，如王老阮亭、于公子先辈，皆一时之巨望，如何不与其事、不赞一辞也？噫！予知之矣。闻有人焉，素视青沙、麻大等湖为奇货可居，自十七、八年之亢旱，至二十二、三年湖水尽涸，遍成膏沃，广立庄屯，多招佃户，纳稼成秋，连年视为固有。一旦秋霖为虐，湖水泛滥，前数年之畎亩，仍属湖泊。伊知失利一家，不知遗害于数县之亿万生民矣。此则立《说》之本旨也。新人之生事造言如是也，新人之利己害人如是也，新人之鼓惑人心，蒙蔽仁慈贤明、爱民如子之抚台如是也。心之不平，说之不平，昭昭可见矣。

昔介甫拜相，广集门客，谋兴天下水利，一客曰："梁山泊可作万顷良田，惜无地以注湖水耳。”时刘贡父在坐，抗声言曰：“是最不难。”介甫以为得策，喜曰：“策将安在？”贡父曰：“别穿梁山泊以贮水可也。”介甫笑而遂止。噫嘻，新人正欲以青沙、麻大等湖变为万顷良田，以高、博、乐县变为青沙、麻大等湖也。《平心说》之有自来矣，不然，何反复万千言，言言慨切，假公济私而近于公，借口均利而专于利。嗟乎，三县亿兆万姓，皆朝廷赤子，视金、曹三两家与青沙附近之居民，孰为重轻？三县之千万顷良田，亦国家赋税所由出，视傍湖之三五新立之庄，新垦之田，孰为多寡哉？《说》曰“平心”，“平心”犹未也。吾友了翁吁嗟复袖而去。

（选自道光二十六年韩冠五抄本，见安君、卞涛主编《博兴文化大观·书画卷》，第99~108页，中国文史出版社2014年版）

韩士升（生卒年不详），博兴人。庠生，性孝友，遇人退让常若不及，好修道路桥梁，设义船以渡人。

太康谣

〔清〕朱彝尊

博兴韩翊令太康，多异政，蝗不入境。民谣曰：“欲蝗不复堕，须是韩公过。欲蝗不为灾，须是韩公来。”

（选自朱彝尊编《明诗综》卷一百，见《钦定四库全书·集部八·总集类》）

朱彝尊（1629—1709），字锡鬯，号竹垞、金风亭长、小长芦钓鱼师，秀水（今浙江嘉兴）人。早年专注于古学，客游南北，专事搜剔金石录。康熙时举博学鸿词科，授检讨，参修《明史》。仅二年而罢归。通经史，兼擅诗词古文。有《经义考》《日下旧闻》《明诗综》等。

果化州博兴赵氏资料汇编

果化旧州

〔清〕佚名

果化旧州：今果化土州治。《土夷考》：果化州始自宋博兴人赵勉以随狄青征蛮有功，予土职。明洪武二年，土官赵荣归附，授知州世袭，设流官吏目佐之。宏治中为田州所侵掠，改属南宁。

（选自《大清一统志》卷四百七十一，商务印书馆1934年影印本）

果化州知州

〔明〕佚名

赵永全，本州籍。洪武二年授知州。故，男赵荣宗二十六年袭，永乐四年随兵征进，被药箭伤，不能行动，男赵英永乐七年八月奉令旨准他袭职敬此，赵英被贼药弩箭射伤，不能管事，男赵勉告替，缘未经二司覆勘，正统元年十一月奉圣旨："广西路途窎远，既经布政司审勘，且准他替，还行文书去，着都按二司覆勘。如果不实，具奏定夺。"钦此。患箭伤疾不能任事，男赵腾听调杀贼，三司会奏。成化二年正月题准行，令已冠带未袭职赵腾，照旧跟随军前杀贼，候事宁之日，到任管事。故，弟赵胜十三年二月题准就彼冠带，到任管事。

（选自《土官底簿》卷下，见《钦定四库全书·史部十二·职官类一·官制之属》）

果化州

〔清〕佚名

果化州在府治西北，宋始开置，隶邕州。元属田州路，明洪武初仍隶田州，至弘治中为田州所侵轹，因改隶南宁。其先赵氏者，山东博兴人，宋仁宗皇祐中随狄青征夷有功，立果化州于太平、思恩、隆安、上林之间，俾之世袭。宋元时世系莫考，明洪武二年知州赵荣[①]归附，仍旧职。荣死，传子荣宗，永乐中随征交阯，死难。子英袭，亦死于难。子勉袭，又死。传子胜，胜传子吴，吴传子仁，仁传子真宝，真宝传子祖铭，祖铭传子继先，继先传子云霄，云霄传子国鼎。

国朝予旧职，康熙八年国鼎死，传子天禄，天禄传子永清，永清传子常茂，常茂死，子应龙袭。

（选自金铁等纂修《广西通志》卷六十一，见《钦定四库全书·史部十一·地理类三·都会郡县之属》）

宋景云传

〔清〕杨廷望

宋景云，号青霞，博兴人也。居恒好论说书义，且极宗朱子之训。天启元年，以进士来为上蔡令。谒黉宫，招诸生而训之曰："蔡士之鲜训也，由讲学之未明。讲学之未明也，又由传经之鲜术。书义明则文自畅，道理熟则心自纯。"于是日与诸生讲习，无不快然，如坐松风水月间。景云乃患政冗之不能时为训也，延其乡之崔肖峰先生与诸生谈。诸生领略，无不果然。间景云来出一新句，则又爽然自失矣。久之而其所日与诸生论辨者，已自成帙。至甲子春，乃天启四年也，蔡人士读景云《四书论》，恐其抄录之易失也，相与谋

① 原注：《土官底簿》作赵永全。

刻梓。上蔡乡绅士冀懋中率同人请叙于张延登。延登昔为上蔡令，今时已大卿矣。其序《四书疑论大义》曰："蔡虚斋先生作《蒙引自叙》云：'尝三年不作课，无一日不看书。'予幼服膺斯语，每举以诏后学而未之信。又谓：'吾人看书，须从有疑看到无疑，又从无疑看到有疑。'林次崖先生《存疑》一书，与《蒙引》互相发明，正在'疑'字上下手。记云：善教者使人继其志。故曰君子引而不发，非疑必发之无余。青霞宋君，学问渊源。治蔡之暇，启迪蔡士，因著为《四书疑论》，凡六卷。读之，见其识见该博，指趋易简，往往一二语点破，使人自寻，故命曰'疑论'。其说多主考亭，而不必异同于蔡、林两家。又谓：漆雕开蔡人，'斯之未信'一语便为夫子之所悦。'未信'即'疑'之谓也，'疑'何可'说'，'疑'之义大矣哉。"延登之见称景云如此。其书板旧贮上蔡，兵火后久毁。适有密县人韩杲来教谕上蔡，云其家有藏书。景云与其父交于都门，以此书为赠也。蔡之人又得读是书焉。

论曰：上蔡人好讼，兆玉来治蔡，即以讼理之，是治以《周礼》非治以《申》《韩》也。[①]上蔡人未明理，宋景云来治蔡，即以学教之，是治以《论》《孟》非治以训诂也。二公者，上蔡至今称之。今《周礼奇字》犹在也，《四书疑义》亦在也。二书在，则二公在矣。予欲列二书于书院，使子弟日夕见二公焉。语云："今之视昔，亦犹昔之视今。"二公之治蔡人也如此，后此者亦当有感于斯人。

（选自杨廷望纂修《上蔡县志》卷九，康熙二十九年刻本）

杨廷望（生卒年不详），江苏阳湖（今属常州）人。贡生，历任河南上蔡知县、山东登州府同知、浙江衢州知府等职，主持修撰《上蔡县志》《衢州府志》等。

① 编者按：兆玉（底本作"兆王"，改）即郎兆玉，字完白，号明怀，仁和人。万历进士，宋景云前任上蔡令。治《周礼》最有声，著有《注释古周礼》六卷。

《读史方舆纪要·博兴县》

〔清〕顾祖禹

博兴县，府①西北百二十里。西北至高苑县四十里。古薄姑地，汉为博昌县，属千乘郡。后汉属乐安国，晋及刘宋因之。后魏亦属乐安郡，北齐改为乐安县。隋复曰博昌县，属青州，唐因之。五代唐讳昌，改曰博兴。宋因之。元曰博兴州，明初复为县。今编户七十六里。

博昌城，县南二十里。汉县治此，今县则汉乐安县城也。本属千乘郡，后汉属乐安国，晋省。唐初复置乐安县。武德八年省入博昌，仍移治乐安城，骆宾王谓博昌移就乐安故城是也。天复三年，朱全忠将朱友宁攻平卢帅王师范，陷博昌，进拔临淄，抵青州城下，即今县矣。

薄姑城，县东北十五里。殷末薄姑氏国也，亦曰蒲姑。周成王时，薄姑与四国作乱，成王灭之，以益太公之封，故晏子曰："蒲姑氏因之，而后太公因之。"《史记·齐世家》"胡公徙都薄姑"，即此。又《左传》庄八年："齐侯游于姑棼，遂田于贝丘。"姑棼，或以为即薄姑也。《括地志》："薄姑在博昌县东北六十里。"

利县城，县东南四十里。汉县，属齐郡。后汉属乐安国。晋曰利益县，仍属乐安国，后省。《水经注》："济水东北过乐安故城南，又东北过利县西迤为渊渚，谓之平州，《春秋》宣元年'公会齐侯于平州'，盖在此。"似误。平州，今见莱芜县。高昌城，《水经注》："在故利城东北，济水径其西。汉千乘郡属县也。宣帝封董忠为侯邑，后汉省。"又平安城，应劭曰："在博昌西南三十里。"汉县，属千乘郡，后汉省为平安亭。或以为即春秋时之平州云。

小清河，在县南八里。自济南府新城县界流经高苑县至此，又东流入乐安县界。顾铎曰："《汉书·卜式传》：吕嘉反，式上书欲率博昌习舟之民以行。又唐末王师范保青州，博昌之水不设备，为汴将朱友宁所败，则清河在县境，

---

① 编者按：指青州府。

当时为茫然巨浸，历下以东、临淄以北诸水，大都由此入海。伪齐刘豫时分流为小清河，下与乌河合流，凡海上盐场傍河州县，其货物皆得达历下入大清河，抵张秋以至大名。其后淤废。成化九年参政唐源洁力请开复，于是循故迹疏之，又多置闸及开支脉沟，遇大水则开闸分流以杀其势，旱则闭之，东方盐货仍得抵于张秋。今历城、章丘诸水仍入大清，而小清上流遂为平陆，惟孝妇河诸水仍汇流入县界，然旱时亦涸而断流，潦则弥地上矣。”《寰宇记》：“济水北去海百步，东北流入海。其入海水口谓之海浦，在县东北二百里。”

时水，在县南。自临淄县流入境，又东入乐安县界。《从征记》：“县西南有渑水，自临淄县北径博昌南界入时水，自下通谓之渑水云。”

贝中聚，在县南五里。杜预曰：“博昌县南有地名贝中。”京相璠曰：“博昌南近渑水，水侧有地名贝丘，在齐郡西北四十里。”《春秋》庄八年：“齐侯田于贝丘，见公子彭生豕立而啼，齐侯坠车伤足”处也。又《楚语》：“沈诸梁曰：‘齐驺马繻以胡公入于贝水。’”亦即此。《史记》谓之沛丘，《后汉志》博昌有贝中聚，是也。

（选自顾祖禹撰《读史方舆纪要》卷三十五，第1633～1635页，中华书局2005年版）

顾祖禹(1631—1692)，字景范，江苏无锡人，生于常熟，故自署为常熟人。明亡后以遗民自居，曾应徐乾学聘，修《一统志》，书成，力辞疏荐。精史地，所著《读史方舆纪要》，于每一地名之下，必详言历代战守得失之迹，为军事地理巨著。另有《宛溪集》。

《禹贡锥指》选

〔清〕胡渭

（济水）又东北，右会玉水①，又东北，泺水出焉。又东北，径华不注山，又东北，径台县北，又东北，径菅县故城南，右纳百脉水，又东，径梁邹县北②。又东北，径临济县南③，又东北，匯为渊渚，谓之平州④。又东，径高昌县故城西⑤，又东，径薄姑城北⑥，又东，径狼牙固西⑦，又东北，径利县西⑧，又东北，径乐安县故城南⑨，又东北，至甲下邑南，东历琅槐县故城北⑩，又东北，

① 原注：水导源泰山朗公谷西北，流径祝阿县故城东，而北注于济。按：祝阿故城亦在长清县东北。

② 原注：《元和志》：济阳县，济水在县南。长山县，济水在西北，去县三十五里。邹平县，济水在北，去县三十五里。按：梁邹故城，唐置济阳县，属淄州。今为邹平县治。其唐之邹平县城，则割入今齐东县界。《金志》长山、新城二县西北并有小清河。新城本汉高苑，其故城在今县东。

③ 原注：今高苑城西南有临济故城。《元和志》：高苑县，济水在北，去县七十步。《宋史》：乾德四年清河水溢，坏高苑县城，溺数百家。

④ 原注：应劭曰：博昌县西南三十里有安平亭，故县也。世尚有平州之名矣。按：今高苑县东南十里有麻大泊，一名鱼龙湾，周五六十里。盖即古济水所汇之平州也。

⑤ 原注：在今博兴县西南。

⑥ 原注：城在临葘县西北五十里，近济水，今博兴县东北薄姑城是也。

⑦ 原注：其地无考。

⑧ 原注：晏谟日：县在齐城北五十里。今博兴县东有利县故城。

⑨ 原注：乐安故城在今博兴县东北。隋改乐安曰博昌。五代唐改曰博兴。《元和志》：博昌县，济水在北，去县百步。渭按：此《经》旧在高昌下。今据薄姑、利县俱南直临淄，而乐安故城在博昌县东北，则此《经》乃错简。故移置利县之后，甲下之前。编者按：原文如此。乐安故城，在今博兴县老县城。

⑩ 原注：《地理风俗记》曰：博昌东北八十里有琅槐乡，故县也。《山海经》曰：济水绝巨野，注渤海，入齐琅槐东北者也。

河水枝津注之[①]，又东北，入海[②]。以今舆地言之，自东平会汶以下，东阿、平阴[③]，长清、齐河、历城、章丘、邹平、长山、新城[④]，高苑、博兴、乐安[⑤]诸县界中，皆《禹贡》济水入海之所经也。

济水自东平以下，唐人谓之清河。按:《战国策》: 燕王谓苏代曰“齐有清济、浊河以为固”。郭缘生曰：清河首受洪水，北流济，或谓清则济也。郦道元曰：济水通得清之目，亦水色清深，用兼厥称矣。此清河之名所自来也。至宋又有南、北清河之名。《河渠志》云：熙宁十年，河决澶州，徙而南，东汇于梁山、张泽泺，分为二派：一合南清河入于淮，一合北清河人于海。南清河即泗水，北清河即济渎也。南渡后，北清河又有大小之分，盖自刘豫导泺东行始。《齐乘》以大清河为古济水，小清河为豫所创。志家皆沿其说，黄子鸿非之，曰：以《水经注》《元和志》《寰宇记》诸书考之，济水最南，漯水在中，河水最北。今者小清所经自历城以东，如章丘、邹平、长山、新城、高苑、博兴、乐安诸县，皆古济水所行；而大清所经，自历城以上至东阿，固皆济水故道，而自历城东北，如济阳、齐东、青城诸县，则皆古漯水所行；蒲台以北，则故河水所经。盖宋时河尝行漯川，及河去，则大清兼行河、漯二川，其小清所行，则断为济水故道也。渭按：子鸿此言，正三百余年积传之谬。盖清河所行本济渎，不知何时从历城东北决而北，入济阳县界，与漯水合，而清河之名遂被于漯。据《水经》“漯水径著县故城南”，著即今济阳，而县南有大清河，是知大清即漯。其水自历城入济阳，乃近世之所决，非唐清河入海之故道也。济阳之流日盛，则章丘之流日微。故刘豫堰泺水使东以益之[⑥]，其所

① 原注:《水经》以为入河，非也。斯乃河水注济，非济入河。

② 原注：渤海在今乐安县东北一百三十里，东接寿光县界，北接利津县界。乐安本汉广饶、巨定二县，属齐郡。其故城并在今县东北，后汉省琅槐入博昌，故杜预、郭璞皆言济水至博昌入海。

③ 原注：并属山东兖州府。

④ 原注：并属济南府。

⑤ 原注：并属青州府。

⑥ 原注:《齐乘》云：大清河自齐河县，又北，经历城上泺桥北，泺水分响河入焉。又东北，径华不注山阴，又东，径下泺堰，泺水旧入济处，堰南即小清河。按：响河即听水也。此大清河犹是济之故渎。

行者实济水故道，而志家反以济阳之大清河为古济，舛错殊甚，不有子鸿，其谁正之！然大清自历城入济阳，及滨州以东入海之道，不知决于何年。意者宋熙宁时，河尝合北清河入海，始开此道。其后，金明昌五年，河复由此入海，久而后去，流益深广，此大清之所以浩浩，而小清之所以屡浚屡塞也与！

《水经》叙济水，自荥阳以下原委甚悉。杜预《春秋释例》曰："济自荥阳卷县东，经陈留，至济阴北，经高平，东经济北，东北经济南，至乐安博昌县入海。"郭璞《注山海经》略同。郦道元依《水经》以立注，出河之济又加详焉。是由东汉以迄后魏，济未尝一日绝也。唐人则据司马彪之言，以为自王莽后河南不复有济水，太子贤注《后汉·循吏传》曰："济水东流，径温县入河，度河，东南入郑州，又东入滑、曹、郓、济、青等州入海。王莽末旱，则枯涸，但入河内而已。"杜佑《通典》曰："济水因王莽末旱，渠涸，不复截河过。今东平、济南、淄川、北海界中，有水流入于海，谓之清河，实菏泽汶水合流，而曰济河，盖因旧名，非本济水也。"李吉甫《元和郡县志》曰："济水自王莽末入河，同流于海，知河南之地无济水矣。自后所说，皆袭旧名，如郓州之须昌，济州之长清、卢县，齐州之临邑、丰齐、全节、临济、章丘，淄州之济阳、长山、邹平、高苑，青州之博昌，诸县界中并有济水，其后则不经博昌，而改从棣州之蒲台入海，是皆袭旧名，而实非济也。"渭按：鸿沟既开，河水与荥济相乱，及荥泽塞为平地，则河南无涓滴之济矣。《水经》之所谓济者，皆荥阳下所引之河水也。而杜预、京相璠、郭璞、郦道元辈，皆莫能辨。唐人始知之，所见远过于前。但以为河南之济由王莽末旱枯而绝，则非。以余考之，旱枯之事，《郡国志》系河内温下，郦注亦于温县济水故渎下言之，其所云枯后复通、津渠势改者，谓济水自温县入河，不复东至武德耳。而荥阳以下，绝无一字道及，殆与河南之济无涉。[①]《释例》自卷县、博昌而外，略举郡名，故与《水经》不同。孔颖达以为，水流之道，今古或殊，杜据当时所见言之，与《水经》乖异。非也，晋时济水之道，实与汉世不殊，文有详略，非枯后复通，津渠势改也。若夫唐之清河，自须昌以下，所受唯菏、汶，则又有其故矣。盖天宝之后，汴水堙废，济渠亦无所受，菏泽以西，竟成断港。故

① 原注：详见前。

《元和志》言济自须昌始。而《通典》云济河实菏、汶之合流，其所谓菏者，即五丈沟之水西自考城来者也。迨元人开会通河，引汶绝济，以资运道，明永乐中，又于古四汶口之地筑戴村坝，遏汶使西南流，[①]唯小盐河一线泄入清河，[②]清河赖诸山泉沟泽以成其川，并无菏、汶之可言矣。而志家犹执清河以为禹贡之济水，不亦过乎？或又云，山左诸泉实皆济水，溢为大小清河，济虽绝而不绝也。然此等指为济水，则可以是为荥泽、陶丘之遗迹，可乎哉？东汉后，河南无济水，斯为定论，纷纷笔舌，徒滋来学之惑，无为也。

杜佑之讥《水经》也，曰："按《后汉·郡国志》，因王莽末旱，此渠枯涸，济水但入河而已，不复截河而南，《水经》是和帝之后所撰，乃云南过荥阳、阳武、封丘、冤朐、乘氏等县，并今县地一依《尚书·禹贡》旧道，斯不详之甚。郦道元又从而注之，其所纂叙及注解并大纰缪。"渭按：河北之济，因旱而枯，旱止则复出；河南之济，为浊河所侵，空窦尽窒，河去不复能上涌，故遂绝。自东汉以迄唐初，凡行济渎者，皆河水也。而犹目之曰济，是鹊巢而鸠居，觚名而圜实也。故杜氏力诋《水经》，以为不可信。然荥济故道，犹可因是而得其十之七八，则此书不无补焉。黄文叔云："济水虽绝，其渎犹在，虽中间经穿凿变易，或断或续，然水之附入于其渎者，犹可寻求，缉之以存禹迹，非无理也。"斯言盖得其平。

济渎之水，自周以来凡数变。初为济，及导荥为川，则萦与济合。鸿沟既开，荥渎为河所乱。及荥泽又塞，则所行者唯河水矣。汴渠不通，则巨野以北所行唯菏、汶。戴村已筑，则东阿以下所行唯山泉沟泽之水，其号为济者，袭旧名而已。济渎入海之道，自唐以来亦数变。初经高苑县北，又东北至博昌入海。其后则不由博昌。《通典》云："旧济合在今博昌县界，今无。"《元和志》"蒲台县"下云："海在县东一百四十里，海畔有一沙阜，俗呼为斗口淀，是济水入河之处，海潮与济相触，故名。"盖其时济水改道从蒲台东北与河浑涛而入海也。宋南渡后，刘豫导泺水东行，入济水故道为小清河，仍经高苑县北，至乐安县入海。及金皇统中，县令高通改由县南长沙沟至博兴合时水，

① 原注：汶水自是尽出于汶上，西南至南旺入漕，四分南流出上闸，接沂泗，六分北流出下闸，抵漳卫。

② 原注：小盐河在今东阿县西南二十里，即运河所泄汶水支流也。

又东北，至乐安由马车渎入海。[①]其后小清之上流堙塞，邹平、长山[②]、新城界中故渎，皆为漯河所行。漯河即杨渚沟水，《寰宇记》所称獭河者也。《历城新志》云："小清河自明永乐以后，渐至堙凿。成化九年尝浚治之，嘉靖十二年又塞，乃复浚博兴以西达于历城，几三百里，久之复淤。盖小清唯恃泺水为源，堰东有阻，则泺水仍自华不注东北入大清河，屡浚屡塞，职是故也。"《水经》所叙，渎同而水异。水异，故李弘宪云河南无济水；渎同，故黄文叔云禹迹赖此而犹存。言非一端，各有所当。今与人论济水，苟以为无，则群指七十二泉、大小清河以相难；若以为有，则又据杜佑之说诋《水经》不当袭旧名为济明道。谓与公言，如扶醉人，扶得一边起，又倒却一边，真可笑又可憎也。

（选自胡渭撰《禹贡锥指》卷十五，见《钦定四库全书·经部二·书类》）

胡渭（1633—1714），初名渭生，字朏明，号东樵，浙江德清人。参修《大清一统志》。撰《易图明辨》，考定宋儒所谓"河图""洛书"之误。又撰《禹贡锥指》二十卷，搜采方志舆图阐释《尚书·禹贡》，将九州分域、山水脉络的沿革变化详加说明，特别重视治水，是研究中国古代地理沿革的重要参考书。

锦秋亭辨

〔清〕王士禛

自夏庄桥渡时水[③]而东，并河北行，内河外湖，浩淼无际。十里至湾头，新、博二邑分界处也。时水自南而北，小清故河自西而东，汇于湾头，与湖相望，中亘长堤。湾头烟火数百家，夹河以居，鹾舟渔艇，鳞次市桥。再渡湾头

① 原注：渎在县东北五十里。今为高家港。

② 编者按：底本原作"长沙"，改。

③ 原注：俗名乌河。

桥而北，市廛尽处，堤直如弦，属于博昌城，凡十里，榉柳夹之。两岸皆稻塍荷塘，篱落菜圃，与纬萧交错。时十月下浣，过之，烟雨空濛，水禽矫翼，黄叶满地，人行其中，宛若画图，时见牧人蓑笠御觳觫归村落间，邈然有吴越间意。明日晴，遂由东城骑行而南，舍骑过石梁，登架笔山。山叠土为之，三峰起伏，杂植桃柳，锦秋亭在东峰。此亭元中统所建，《齐乘》以为在东南城上，而山乃嘉靖甲辰佥事黄鳌所筑，则亭之移，当在是时也。北枕城堞，西望河堤，东南俯临极浦，备烟波旷渺之趣。因忆徐隐君[①]旧示予《锦秋亭辨》，具录于此，以备兹亭故实，使来者有所考焉：

北湖名锦秋，新城、博兴二县志，皆以为本于坡诗，其所谓诗，即今志所载"霜风收绿锦"五言八句者是也。予独疑诗中北阙字，不类宋时事迹，而《东坡全集》及单刻《胶西集》，都无此首，诗之气格亦不类，然无据以夺之。及阅元兵部侍郎于公钦《齐乘·锦秋亭》一则，乃知此诗即于公作，所谓取坡诗命名者非。此诗乃取《和文与可横湖绝句》而名之也。后来作志者，据钦书采入，不细详文义，牵连读去，以致承袭讹误而不之改。据钦所记，亭为中统间邑人所建，中统乃元初年号，后苏公百数十年，当时岂遂有亭可赋诗耶？然何以知其取诗即《横湖绝句》也？以其篇中连缀"锦秋"二字而知之也。今钦诗"霜锦云秋"等字，亦仍本此。辄录钦原文并录苏诗于后。

《齐乘》一则：锦秋亭，博兴东南城上，中统中邑人所建，取坡诗命名。[②]盖齐地淄、时、般、泺诸水，汇为马车渎以入海，博兴宛在水中，舟楫交通，鱼稻成市。昔尝过之，爱其风景绝类江南，赋诗亭上云："霜风收绿锦，万顷水云秋。海气朝成市，山光晚对楼。舟车通北阙，图画入南州。且食鲈鱼美，吾盟在白鸥。"其鲈虽小，亦四腮，不减松江，有莼菜，齐人不识，目鲈为豸云。

苏公《横湖绝句》："贪看翠盖拥红妆，不觉湖边一夜霜。卷却天机云锦段，从教匹练写秋光。"

---

① 原注：夜。编者按：徐夜，初名元善，字长公，号小峦。入清以后，因"慕嵇叔夜之为人"更名夜，字东痴，号嵇庵。山东新城（今桓台）人。著有《东痴诗钞》。王士禛摭拾其遗诗，辑为《徐东痴诗》。后人辑有《阮亭选徐诗》《隐君诗集》。

② 原注：此下于自叙述。

外祖季木王公，世目博洽，公《北湖游记》载：钦常自济南华不注山下，经小清河，东入此湖；折而南，入时水，至索镇，舍舟归益都。[①]则知钦过此赋诗，是其常所往来之地矣。独记中于此诗偶失简察，尚沿旧志之讹。而外伯祖康宇先生作志亦仍之，安知后来不有据此而编入苏集者，是不可不辨也。谓宜于湖之北岸胜处，祠苏、于二公，额以“盟鸥”，更榜“卷云写练”四大字于其上，庶俾后来知此缘起。特为笔述，俟吾地之大人君子有志乘籍者折衷焉。岁在庚戌五月九日，湖上老渔徐夜记。[②]

（选自王士禛撰《池北偶谈》卷十一，见《王士禛全集》，第3078～3080页，齐鲁书社2007年版）

冰山

〔清〕王士禛

康熙戊申，予邑北锦秋湖中，冰立如山，高可数丈许，岩洞林峦皆具，千峰万壑，宛转关通，远近走观之。入其中者，如在深山，而表里洞彻类晶玉。旬日始消。

（选自王士禛撰《池北偶谈》卷二十一，见《王士禛全集》，第3350页，齐鲁书社2007年版）

小清所行为济水故道

〔清〕阎若璩

《大清一统志》：“大清河在历城县北，自齐河县流入，又东北入济阳县

① 原注：此亦本《齐乘·时水》条下所载。

② 原注：康宇先生，即先祖方伯公也。

界，其上流即古济水也。小清河在历城县北，即古泺水也。”臣按：自汉至隋唐惟有济水，杜佑始有清河之名，宋南渡后始有大小清河之分。于钦《齐乘》以大清为古济水，而以小清为刘豫所导，后人皆沿其说，其实非也。以《水经注》《元和志》《寰宇记》诸书考之，济水最南，漯水在中，河水最北。今者小清所经，自历城以东，如章丘、邹平、长山、新城、高苑、博兴、乐安诸县，皆古济水所行。而大清所经，自历城以上至东阿，固皆济水故道，而自历城东北，如济阳、齐东、青城诸县，则皆古漯水所行，蒲台以北则古河水所经。盖唐宋时河行漯川，其后大清兼行河漯二川，其小清所行，则断为济水故道也。

（选自阎若璩撰《潜邱札记》卷三，见《钦定四库全书·子部十·杂家类二·杂考之属》）

阎若璩（1636—1704），字百诗，号潜邱（一作潜丘），山西太原人，侨居江苏淮安。与胡渭等帮助徐乾学修《大清一统志》。长于考据，撰《古文尚书疏证》。又有《四书释地》《潜邱札记》《日知录补正》等。

《聊斋志异》三则

〔清〕蒲松龄

狐谐

万福，字子祥，博兴人也。幼业儒。家少有而运殊蹇，行年二十有奇，尚不能掇一芹。乡中浇俗，多报富户役，长厚者至碎破其家。万适报充役，惧而逃，如济南，税居逆旅。夜有奔女，颜色颇丽，万悦而私之。请其姓氏，女自言：“实狐，但不为君祟耳。”万喜而不疑，女嘱勿与客共。遂日至，与共卧处。凡日用所需，无不仰给于狐。

居无何，二三相识，辄来造访，恒信宿不去。万厌之而不忍拒，不得已，以实告客，客愿一睹仙容。万白于狐，狐谓客曰：“见我何为哉？我亦犹人耳。”闻其声，呖呖在目前，四顾即又不见。客有孙得言者，善俳谑，固请见，且谓：“得听娇音，魂魄飞越，何吝容华，徒使人闻声相思？”狐笑曰：“贤孙子！欲为高曾母作行乐图耶？”诸客俱笑。狐曰：“我为狐，请与客言狐典，颇愿闻之否？”众唯唯。狐曰：“昔某村旅舍，故多狐，辄出祟行客。客知之，相戒不宿其舍。半年，门户萧索。主人大忧，甚讳言狐。忽有一远方客，自言异国人，望门休止。主人大悦。甫邀入门，即有途人阴告曰：‘是家有狐。’客惧，白主人，欲他徒。主人力白其妄，客乃止。入室方卧，见群鼠出于床下。客大骇，骤奔，急呼：‘有狐！’主人惊问，客怨曰：‘狐巢于此，何诳我言无？’主人又问：‘所见何状？’客曰：‘我今所见，细细幺么，不是狐儿，必当是狐孙子！’”言罢，座客为之粲然。孙曰：“既不赐见，我辈留宿，宜勿去，阻其阳台。”狐笑曰：“寄宿无妨；倘小有迕犯，幸勿滞怀。”客恐其恶作剧，乃共散去。然数日必一来，索狐笑骂。狐谐甚，每一语，即颠倒宾客，滑稽者不能屈也。群戏呼为“狐娘子”。

一日，置酒高会，万居主人位，孙与二客分左右座，下设一榻屈狐，狐辞不善酒。咸请坐谈，许之。酒数行，众掷骰为瓜蔓之令。客值瓜色，会当饮，戏以觥移上座曰：“狐娘子大清醒，暂借一觞。”狐笑曰：“我故不饮。愿陈一典，以佐诸公饮。”孙俺耳不乐闻。客皆言曰：“骂人者当罚。”狐笑曰：“我骂狐何如？”众曰：“可。”于是倾耳共听。狐曰：“昔一大臣，出使红毛国，着狐腋冠见国王。王见而异之，问：‘何皮毛，温厚乃尔？’大臣以狐对。王言：‘此物生平未尝得闻。‘狐’字字画何等？’使臣书空而奏曰：‘右边是一大瓜，左边是一小犬。’”主客又复哄堂。二客陈氏兄弟，一名所见，一名所闻，见孙大窘，乃曰：“雄狐何在，而纵雌流毒若此？”狐曰：“适一典谈犹未终，遂为群吠所乱，请终之。国王见使臣乘一骡，甚异之。使臣告曰：‘此马之所生。’又大异之。使臣曰：‘中国马生骡，骡生驹。’王细问其状，使臣曰：‘马生骡，是臣所见；骡生驹，乃臣所闻。’”举坐又大笑。众知不敌，乃相约后有开谑端者，罚作东道主。顷之酒酣，孙戏谓万曰：“一联，请君属之。”万曰：“何如？”"孙曰：“妓女出门访情人，来时万福，去时万福。”合座属思不能对。狐笑曰：“我有之矣。”众共听之。曰：“龙王下诏求直谏，鳖也得言，龟也得言。”四座无不绝倒。孙大恚曰：“适与尔盟，何复犯戒？”

狐笑曰："罪诚在我；但非此不成确对耳。明旦设席，以赎吾过。"相笑而罢。狐之诙谐，不可殚述。

居数月，与万偕归。及博兴界，告万曰："我此处有葭莩亲，往来久梗，不可不一讯。日且暮，与君同寄宿，待旦而行可也。"万询其处，指言："不远。"万疑前此故无村落，姑从之。二里许，果见一庄，生平所未历。狐往叩关，一苍头出应门。入则重门叠阁，宛然世家。俄见主人，有翁与媪，揖万而坐。列筵丰盛，待万以姻娅，遂宿焉。狐早诣曰："我遽偕君归，恐骇闻听。君宜先往，我将继至。"万从其言，先至，预白于家人。未几，狐至，与万言笑，人尽闻之，而不见其人。逾年，万复事于济，狐又与俱。忽有数人来，狐从与语，备极寒暄。乃语万曰："我本陕中人，与君有夙因，遂从尔许时。今我兄弟至，将从以归，不能周事。"留之不可，竟去。

（选自蒲松龄著《天津图书馆藏青柯亭刻本〈聊斋志异〉》，第567～573页，齐鲁书社2023年版）

蒲松龄（1640—1715），字留仙，一字剑臣，号柳泉居士，淄川（今淄博市淄川区）人。十九岁为诸生，后屡试不第，直至七十一岁时才成岁贡生。为生活所迫，长期在家乡为塾师。工诗文，善作俚曲，有《聊斋志异》等。今人集有《蒲松龄全集》。

王十

高苑民王十，负盐于博兴，夜为两人所获。意为土商之逻卒也，舍盐欲遁，而足苦不前。遂就缚，固哀之。二人曰："我非盐肆中人，乃鬼卒也。"十惧，但乞至家一别妻子。鬼不许，曰："此去亦未便至死，不过暂役耳。"十问："何事？"曰："冥中新阎罗莅任，见奈河淤平，十八狱厕坑俱满，故捉三种人使淘河：小偷、私铸、私盐；又一等人使涤厕，乐户也。"

十从入城郭，至一官署，见阎罗在上，方稽名籍。鬼上白："捉一私贩王十至。"阎罗视之，怒曰："私盐者，上漏国税，下蠹民生者也。若世之暴官奸商所指为私贩者，皆天下之良民。贫人竭锱铢之本，求升斗之息，何为私哉！”责二鬼罚，使市盐四斗，并十所负，代运至家。留十，授以蒺藜骨朵，令随诸鬼督河工。鬼引十去，至奈河边，见河内人夫，襁续如蚁。又视河水浑赤，近之臭不可闻。淘河者皆赤体持畚锸，出没其中。朽骨腐尸，盈筐负异而出；深处则灭顶求之。惰者辄以骨朵击背股。同监者以香绵丸如巨菽，使含口中，乃近岸。见高苑肆商亦在其中，十独苛遇之，入河楚背，上岸敲股。商惧，常没身水中，十乃已。经三昼夜，河夫半死，河工亦竣。前二鬼仍送至家，醒然而苏。

先是，十负盐未归，天明，妻启户，则盐两囊置庭中，而十久不至。使人遍觅之，则死途中。舁之而归，奄有微息，大惑，不解其故。既醒，始言之。肆商亦于前日死，至是始苏。骨朵击处，皆成巨疽，浑身腐溃，臭不可近。十故诣之。望见十，犹缩首衾中，如在奈河状。一年始愈，不复为商矣。

异史氏曰：“盐之一道，朝廷之所谓私，乃不从乎公者也；官与商之所谓私，乃不从乎其私者也。近日齐、鲁新规，土商随在设肆，各限疆域。不惟此邑之民，不得去之彼邑；即此肆之民，不得去之彼肆。而肆中则潜设饵以钓他邑之民：其售于他邑，则廉其直；而售诸土人，则倍其价以昂之。而又设逻于道，使境内之人皆不得逃吾网。其有境内冒他邑以来者，法不宥。彼此互相钓，而越肆假冒之愚民益多。一被逻获，则先以刀杖残其胫股，而后送诸官；官则桎梏之，是名‘私盐’。呜呼！冤哉！漏数万之税非私，而负升斗之盐则私之；本境售诸他境非私，而本境买诸本境则私之，冤矣！律中‘盐法’最严，而独于贫难军民，背负易食者不之禁，今则一切不禁，而专杀此贫难军民！且夫贫难军民，妻子嗷嗷，上守法而不盗，下知耻而不娼；不得已而竭十母而求一子。使邑尽此民，即‘夜不闭户’可也。非天下之良民乎哉！彼肆商者，不但使之淘奈河，直当使涤厕耳！而官于春秋节，受其斯须之润，遂以三尺法助使杀吾良民。然则为贫民计，莫若为盗及私铸耳：盗者白昼劫人，而官若聋，铸者炉火亘天，而官若瞽。即异日淘河，尚不至如负贩者，所得无几，而官刑立至也。呜呼！上无慈惠之师，而听奸商之法，日变日诡，奈何不顽民日生，而良民日死哉！”

故事，邑中肆商，以如干石盐资，岁奉邑宰，名曰：“食盐”。又逢节序，具厚仪。商以事谒官，官则礼貌之，坐与语，或茶焉。送盐贩至，重惩不遑。

张公石年宰淄，肆商来见，循旧规，但揖不拜。公怒曰：“前令受汝贿，故不得不隆汝礼；我市盐而食，何物商人，敢公堂抗礼乎！”捋襟将笞。商叩头谢过，乃释之。后肆中得二负贩者，其一逃去，其一被执至官。公问：“贩者二人，其一焉往？”贩者云：“奔去矣。”公曰：“汝股病不能奔耶？”曰：“能奔。”公曰：“既被捉，必不能奔；果能，可起试奔，验汝能否。”其人奔数步欲止。公曰：“大奔勿止！”其人疾奔，竟出公门而去。见者皆笑。公爱民之事不一，此其闲情，邑人犹乐诵之。

（选自蒲松龄著《天津图书馆藏青柯亭刻本〈聊斋志异〉》，第1690～1696页，齐鲁书社2023年版）

博兴女

博兴民王某，有女及笄。势豪某窥其姿，伺女出，掠去，无知者。至家逼淫，女号嘶撑拒，某缢杀之。门外故有深渊，遂以石系尸，沉诸其中。王觅女不得，计无所施。天忽雨，雷电绕其家，霹雳大作，龙下攫某首而去。未几天晴，渊中女尸浮出，一手捉人头。审之，则豪某也。官知，鞠其家人，始得其情。龙，其女之所化与？何以能然也？奇哉！

（选自蒲松龄著《天津图书馆藏青柯亭刻本〈聊斋志异〉》，第2109～2110页，齐鲁书社2023年版）

为沈芳亭书扇

〔清〕张笃庆

锦秋湖出鱼，巨口细鳞，土人谓之“豸”，盖即松江之鲈。澌水由石堰北折入湖，别出一种差小于鲈，而美实胜之，土人谓之“鳟子”。戊辰年，食于泺口北岸，主人供馔甚美，内有鱼，谓是“船钉”，盖即鳟子，而异其名也。

丙穴之嘉鱼，滦河之鲫，古今所重。而澥泺[1]佳产，不载图经，则又未知粤西之秋风鸟，伊犁之冰雀，为若何味也。今余家于泺，芳亭家于泺，试辨鲢钉是一是二，将书之以示后人。

（选自邱琮玉撰《青社琐记》卷五，见崔照忠主编《青州史料笔记四种》，第170页，青岛出版社2010年版）

张笃庆（1642—1715），字历友，号厚斋，别号昆仑山人，淄川（今淄博市淄川区）人。与王士禛、蒲松龄、唐梦赉等文人交厚。著有《八代诗选》《昆仑山房集》等。

《含山县志》序

〔清〕赵灿

域中大权有三，史居其一焉。山川之险易、人物之淑慝、风俗之淳浇，以及治忽兴亡之法戒，皆赖史以传。史之权，不綦重乎？欲求信史于天下，寻源达委，端在郡邑。故郡邑之有志，犹国之有史也。含，古历阳界，当江淮之冲，为吴魏百战地。四山矗起，一水潆潆，眺瞩流连，令人神往。余于癸亥夏新膺简命，承乏兹土，时圣天子车书一统，海宇升平，爰涣纶章，广开志载，督抚两宪台驰檄大江左右，汇集郡邑诸志，启棘闱而布席焉。猗欤盛哉，文教聿光矣。第含志自余乡朱公重修后，迄今三纪，世变风移，虽山川如故，其间户口之增损、田赋之变通者几何，关市之废置、宫庙之厘正者几何，忠孝节义之芳规、瑰异琦行之伟绩遗佚不闻者几何，今不为之纪实考信，将何以续三十余年之旷废，而垂示久远乎？于是不辞固陋，延集邑之绅士，矢公矢慎，博稽幽讨焉。宁质勿华，宁简勿滥，宁慎重勿浮夸。庶几疆域有所据，不虞其漏也；版籍有所定，不虞其紊也；贤者得以传，不肖者知所励也。是则余之志也，后之莅兹土者，其亦有感于余之志也夫。

① 泺：原作“滦”，疑误，改。

时皇清康熙甲子，季夏之吉，文林郎江南和州含山县知县博姑赵灿锦澜父撰。

（选自赵灿纂修《含山县志》卷首，康熙二十三年刻本）

赵灿（生卒年不详），号锦澜，博兴人。顺治举人，康熙二十二年知含山县。

《含山县志》载序

〔清〕赵灿

邦称吴楚，噪耳食者遍寰海。余谬莅兹含，已得大较。余闲搜含《志》一帖，中间熨贴皴瘃，殊不胜有修缮之感。自国史一书继麟经绝笔后，十有七种，《纲目》得麟经之遗，而考亭之笔削得《春秋左氏》之统宗。其亦大宋之《春秋》乎？抑亦万世之《春秋》乎？表里是是非非，大书特书，为天经地义，昭若日星。此迁固而后，紫阳氏之一传再传。揭直道于中天而表彰于烁者也。诸国史而外，则为传，为记，为郡志，为邑乘，亦有麟经之遗焉。此含邑之乘有待于修之亟亟也。含志所载，如风俗、人文、山川、名胜、祭祀、典礼、义夫、节妇、土产、疆界，罔或少遗。此庖厨杂艺、府库六经，包罗万有。不得名流硕抱，乌能胜任而愉快？爰集王子千里、唐子秩臣、钟子孝虎、张子九云、毛子硕人、唐子修岩，分汇纂著，佛时仔肩率成。举数十年中叶，不无损益隐见之漏，乘兴朝大修一统全志之盛之时，从而振兴之。使字追句琢，南金竹箭，炳炳麟麟，如日月经天，江河注地。后之君子，伐帖而如见今日于几席面谈间。猗欤休哉！余虽贫于官，适亦快余之怀也云尔。

薄姑赵灿载撰。

（选自赵灿纂修《含山县志》卷首，康熙二十三年刻本）

《含山县志》序

〔清〕林搏云

志言记也，与国史为表里。志以郡分，史以国合，故国史为郡志之合，郡志即国史之分。史也者，上接王风，寓明春秋之义，大书特书，非非是是，炳日星而昭云汉，自龙门振始，历两汉六朝唐宋诸大家，各秉一椽，为一代成书，极九州四表，人物山川诸胜，记载罔遗，盖亦博采于诸志而大备之。史亦志之一大都会也，志固与史并重。含之有志旧矣，自前尹牟、朱两公纂辑帖成，缃函及今，多历年所，世几变，风亦几移矣，其中损益废兴，不一而足。诸如圣宫贤庑、名宦乡贤、官舍田园，兴于两公之年者，继或废于今日，有增益于两公之后者，或未备于先年。不考核详确，错出先后，讹以益讹，谓“信志”何？谓“百世”何？余每志切修明，力既惭薄，而任又非所宜专。唏嘘浩叹，蕴结孔将虞管管莫之或逮何。是岁春，邑侯博兴赵公莅含，甫期，百务修举，亟发其志而昭明之。乃晋揖知名诸君子，操觚濡墨，戎理肩事，尽含之人物名胜、山川土田、建置沿革。记以信，不记以疑；记以实，不记以华。区类别额，条析缕分，不遗千钧芒发，当事又从而典赡之。按事征词，追字琢句。即起太史公、董狐、谷梁辈而问之，亦将叹其宁质无文、宁直无阿，无忝于考亭、弇州诸君，续笔《纲目》，辅翼《春秋》之一班也。余不才，愧樗栎于梨枣，得步尘于诸君子之后，幸何如之。敢谓此志仅一邑之志、一日之业也哉。侯泰岱名宿，莅含多治行，含人士能言之，兹不具赘云。

康熙甲子天中含山县儒学教谕毗陵林搏云顿首拜撰。

（选自赵灿纂修《含山县志》卷首，康熙二十三年刻本）

林搏云（生卒年不详），江苏常州人。康熙间含山县儒学教谕，康熙二十三年《含山县志》监修。

《含山县志》序

〔清〕吴自立

余不敏，株守一经，滥竽岁荐。家居闲暇，无案牍之扰以劳其形神。时肆力于坟典丘索、载籍图史，举凡五岳之高，百川之远，虽未身历，心窃向往久之。甲子春，得分含训，知含属历阳，近金陵，风土人物佳丽甲于天下，得之传闻者久在意中。及奉命之官，见山环水绕，知其土厚而水深也；见士愿民朴，知其风醇而俗美也。数十年之梦想，一旦而履其地、接其人，斯已奇矣。乃受任伊始，恭逢邑侯赵公重修邑乘，同寅林公左右而赞勷之，卜吉环峰书院，延请绅士键户编辑。夫志何以必修，盖以今之志志昔也，后之志志今也。后之不修，昔将安继？倘前事修明，后事阙略，是有志无志也。抑且岁月浸久，字磨版轶，遗文湮没，传信传遗，皆无可考。失此不修，是有志无志也。含志创始于牟公，增华于朱公，厥功大矣。而朱志成于顺治六年本朝定鼎之际，值兵燹之余，数十年流氛寇乱，虽一旦廓清，乃家有藏书，半属咸阳之火；邑无纪载，空余秦氏之灰。幽光潜德，岂尽阐扬；野史稗官，宁无遗漏？况复相沿又历三纪，继此勿修，是有志无志也。而诸绅士悉皆名下，无不驱猎《左》《史》，引胜开奇。尤复矢慎矢公，征文考献。纪事则宁严而无滥，摛辞皆崇雅以黜浮。删繁就简，化腐为新。阅数月而告成事。书成之日，谓余得例载数言，余滋愧矣。夫以邑之名硕绅儒，敲金戛玉，琳琅珠玑，著美于后，而以余弁言于前，则糠秕焉。且以诸大人先生之禀经酌雅，冠冕于前，而以余续貂于后，则又瓦砾焉。虽然，余亦乌可无序也。方今海外悉已归诚，车书一统，圣天子敷崇文教，诏天下纂修通志，进呈睿览。含虽弹丸，其间建置、沿革、星野、山川、户口、土田、民风、吏治，无不备具，皆得区分类别，集为成书，可以法今，可以传后，而余犹获以稽古之力。谬绾半通，躬逢盛事，附名简端，借以不朽，兹非其厚幸与？是为序。

时康熙岁次甲子荷月含山县训导古玭吴自立顿首拜撰。

（选自赵灿纂修《含山县志》卷首，康熙二十三年刻本）

吴自立（生卒年不详），江苏盱眙人。康熙间含山县儒学训导，康熙二十三年《含山县志》监修。

《含山县志》序

〔清〕许畅

志与史，其名异，其义一也。国家大经大法，有关治体者，必载诸史策，以垂永久。而方域棋布，山川谣俗，史所不及列者，守宰咸得集成一书，以为辅轩问政之助。此郡邑志所由始乎？顾史兼褒贬，词贵直而无私；志主扬扢，事取核而有据。乃史自南、董而降，或谀或诬，率多失实，固不如志之近见诸郡邑者，犹为信而有征也。今皇上文德武功，统一区宇，环海内外，皆归版图。爰诏天下，纂修通志，进呈睿览。盖与《禹贡》作而九功惟叙，《职方》著而兆民阜成，先后同揆焉，诚重视之也。邑侯赵公，剖符含土，仁爱拊绥，善绩未能殚悉，以参稽训典、振兴风化为已任。念含邑旧志搜录未备，且自朱公成书，迄今三十余载，其间因革损益、政令多所变通，倘不亟行厘订，年愈久而迹愈湮，不得不似郭公、夏五之阙疑矣。用是礼聘邑中名宿卓可矜式者，分局类纂，写之琬琰。而诸君子研索穷膏晷之勤，网罗极文献之美。仰资国是，俯协舆情，削墨从绳，期于至当，三阅月而志告竣，属叙于余。余逊谢者再四，第朱公前志曾附赘数言，兹再逢修举，曷敢不操觚纪述也。朱公当定鼎伊始，劫火秦灰，旧闻放失。即欲探藏书于柱下，咨轶事于老成。而沧桑既易，甲乙滋淆。若夫运际升平，悠游讨论，得以肆力编摩，润色鸿业。於戏，何其盛也！矧此三十余年来，召杜循良相继，含之士敦懿行，农服先畴，风气日新，人文蔚起。横经庠序者，家擅绣虎之称；拜职彤廷者，各抱济川之具。以至壸范幽光，节烈辉映，伦常攸赖，裒辑弥多。是前人为其约略，而今为其精详也。余披读新志而三复之，秩乎纲整而条贯也，确乎理正而辞严也。郁郁乎藻采之葩以厚也。可以别淑慝、昭劝惩，可以彰往事、垂来祀。诸君子抒竭三长，共成良乘，足副邑侯慎重求贤之至意。而蕞尔之陬，载籍粲然明备，俾观风者知所采，考实者得所据，则邑侯之有造于含，厥功岂不伟且远哉！昔考亭氏守南康，甫下车，首询图志，学士谓其识大体。故知志者，史之源也。善为政者，运治枢而调化瑟，莫不于斯折衷取裁焉。含志，有朱公兴起于开代，复得赵公增修于郅隆。两公又籍同山左，并擢巍科，急所先务，撰定不朽之弘文，洵称含土奇缘也。余依托乐郊，两觏其盛，簪笔飏休，获列姓名简末，不亦厚幸也欤！

时康熙甲子仲夏之吉，中宪大夫、湖广德安府知府、前吏刑两部郎中、兵部职方司员外、督捕主事，奉命癸卯科陕西主考许畅谨撰。

（选自赵灿纂修《含山县志》卷首，康熙二十三年刻本）

许畅（生卒年不详），江宁（今江苏南京）人。举人，历任刑部郎中、兵部职方司员外、督捕主事等，康熙九年任湖广德安府知府。

重修《含山县志》后序

〔清〕唐廷伯

原夫轩皇御宇，爰立史官。苍颉沮诵，实居厥职。洎乎夏商，史分左右。故曰左史记言，右史记事。言经《尚书》，事经《春秋》。是史也者，造其极则为经。周官太史、小史、内史、外史、御史凡五，而小史掌邦国之志，外史掌四方之志。是史也者，当其分亦为志。但《禹贡》《职方》之书，有志意焉而无其名；扶风《地里》之志，有志名矣而非其书。迨夫三国，陈寿始专以“志”称，厥后遂有《十道》《九域》《寰宇》诸志。然此皆国志也。自明初《一统志》成，而郡县皆各有志。盖志源于县，流于郡，汇于省，朝宗于天下，犹百川之必趋于海也。有统志不可无通志，有通志不可无郡志，有郡志不可无县志，犹人身之必资于四体百骸也。

含邑旧名龙亢，侨立于东晋，建兴于李唐。其来虽久，然屡朝沿革不定，隶属无常。迄于有明，始定为县，隶于和，故志亦附于和。嘉靖末，龙厓牟公特创县志，意此时操觚家正如史氏，居疏仡而纪徇蜚，巨灵句疆，真茫昧而难据也。又百有余年，至本朝世庙初，德平朱公乃从而修葺之。意此时操觚家何异《春秋》，立定哀而指隐桓，郭公夏五，得不取疑信而两存耶。今距朱公时又垂四十年矣，尝与同志诸子惴惴焉惧之。未载者惧其久而淹也，已载者更惧其讹而莫辨。思欲折衷前志，摭拾旧闻，勒为一编，以示后世。念此图书不敢苟作，亦不敢私作以滋罪戾。癸亥秋，幸我邑侯赵公，中原耆宿，科第名流，下车首询邑乘，即以修葺为己任。恭遇圣天子车书一统，修会典，征通志，前两江制府大中丞于公檄行郡县，辟取名硕绅儒。野人不知璞玉，误宝燕石；使者自贪重赏，贵买山鸡。廷伯因得滥竽纂馆，从诸君子后。比归，公已延集诸子，皆邑中名下士，余素心畏友也。开局书院，刻日组修。公谬谓余为过来人，遂并招以襄厥事。时岁莫，未遑即举，越明年甲子春二月始就局焉。公复特加郑重，焚香告天，举酒酹地。务矢公而矢慎，期必信以必从。诸同事领公厚意，用是夙夜黾勉，不敢告劳。遵功令，照豫式，除河防、封建、帝王、隐逸、方技、杂辨，地方之所无者阙之。余类与诸子分曹雠校，若图考、若沿革、若星野、若疆域，则昔讹而今正；若城池、若学校、若公署、若祠祀、若丘墓、若户口田赋，则昔略而今详。其山川、风俗、古迹、物产，或增十一，或增十三。至于秩官之著者为名宦，选举之贤者为人物，故名宦简而秩官备，人物慎而选举周也。若乃孝义、列女、侨寓、仙释，皆畸行高节之流，道术文章之士，宜在人物而各自为类者，以示特书。故前此勿敢逸，后此勿敢滥也。惟艺文一则，牟志尚散见于篇章，朱志则仅存其梗概，兹特另汇成帙。而志乃聿观厥成也。凡为图若干，为例若干，为类若干，为卷若干，为幅若干，为言若干，两阅月而脱稿，又两阅月而剞劂乃竟。然是役也，每辑一类，必禀裁于邑侯赵公，取证于学博林、吴两先生。鸠工集事，则李二公有董率之劳；捐资助刻，则邑绅士多玉成之力。书成矣，余尤重有慨焉。自明兴迄今三百余年，而仅有牟、朱二志，何其疏也。岂尽人乏三长欤？诚以草莽之人，有其志者无其权；庙堂之宰，有其权者无其志。有其志与权矣，或因循于闲晏，或怠忽于匆剧。往往成事惟艰，求其比烈前贤而垂名后世也鲜矣。我邑侯赵公当飞凫戾止之时，值簿书填赜之际，举人所不能为、不暇为者，一旦毅然为之，且为之必期其成，成之必期其速。借非公敏决之才，特达之识，和易近人之情，谦尊而光之德，何以集众智、资群力，一举而树不朽之伟业哉！惟山陬荒僻，著作独难。既无世家之秘藏可读，又鲜耆旧之言论可询，征文考献之谓何其免于疏陋耶！是则余与诸子之所惧也夫。

时康熙二十三年龙集阏逢困敦，律中林钟月，邑人唐廷伯顿首谨撰。

（选自赵灿纂修《含山县志》卷首，康熙二十三年刻本）

唐廷伯（生卒年不详），安徽含山人。贡生，康熙二十三年《含山县志》主要纂修者。

附一：诗三首

集诸子修含志告成志喜

〔清〕赵灿

纪事编年属大章，组修邑乘美琳琅。
疏庸我自惭刘应，因革人需置董梁。
雅聚名流皆国士，重标胜概著金筐。
行成字字垂珠玉，百代如闻墨汁香。

和赵明府纂修志喜元韵（二首）

〔清〕林搏云

邑史重编藉表章，校书元不碍鸣琅。
网罗国士推班马，笔削鸿篇迈左梁。
鹤署殷勤频对酒，苜盘萧瑟愧承筐。
更宽礼数春风蔼，座右时闻笑语香。

濯濯冰姿焕锦章，书成金薤美琳琅。
望君果尔丰年玉，来暮真同俭岁粱。
帐下生徒尊虎观，桑间父老看懿筐。
救时宰相寻常事，待诰端明鸡舌香。

（选自赵灿纂修《含山县志》卷二十五，康熙二十三年刻本）

附二：颂呈赵明府

〔清〕唐廷伯

薄姑隐隐古城高，控引全齐接海涛。
经术刘宽原有本，文章任昉自能豪。
双凫乍识神仙至，百雉新沾霖雨膏。
从此山城皆化日，拟随桑拓影酕醄。

（选自赵灿纂修《含山县志》卷二十五，康熙二十三年刻本）

附三：咏含山山水

〔清〕赵灿

褒山

叠翠匝城阓，幽栖远绝尘。
岭花争媚客，香韵漫依人。
翰篆矜名宋，丘园胜旧秦。
山光收不尽，老衲尚嗟贫。

云雾山

烟树与云平，峋嶙曲处行。
苍松如蹈舞，怪石似逢迎。
眼纵千峦小，谈深万劫清。
樵歌茶熟后，又与偈三羹。

怀梅山古迹

入望影婆娑，扶筇叹未过。
晴云穿斗汉，萧寺结烟萝。
色泛金尊满，光分绿野多。
当年消渴处，到此渴消么。

（以上三首选自赵灿纂修《含山县志》卷二十四，康熙二十三年刻本）

昭关怀古感赋

列嶂高悬一径开，逋臣到此应徘徊。
青山不共须眉老，啼鸟如伤父子哀。
楚地丘墟空筑怨，吴宫花草亦成灰。
只今古道余残碣，日信征人看往来。

华阳洞

三十六天俱是洞，华阳此洞信天成。
门开一窦形同月，泉本三江声奏砰。
半灭半明桃李树，若无若有犬鸡声。
飞凫仙客联邻里，谁与牵裾学纵横。

苍山

翠濯晴空如欲滴，谁人到此不留连。
脂车才觅登巅径，极目惟存照面天。
丹火烟销当日井，茶香味借伏龙溅。
偷闲还荣看山屐，不惜归谋解俸钱。

（以上三首选自赵灿纂修《含山县志》卷二十五，康熙二十三年刻本）

陈大令

〔清〕张贞

郭文毅公正域[①]曰：陈文伟，府学生，膂力过人。尝五更之田间，猛虎扑地而来，两手搏虎肩，两足蹴其势，虎死。后应会试，场屋火，以右手抵墙头，左手持同事人履，肩而出几千人。火势迫，乃揖后立者曰："吾力止此矣。"遂名动天下。后之山东安丘令，流贼百余人掠库，公敕群吏："第谨簿书。诸宝藏，吾无虑也。"群盗大掠库金去。良久，问左右曰："贼去几何？"曰："三十里矣。"敕左右以一骑一弹来，驰赴之，问诸贼孰为首者，弹发左目，中之；又再弹右目，中之。贼大骇，伏地请死。公曰："好为吾送库金还。"群贼唯命，公以一骑尾其后。抵县，群贼请死，公曰："吾何有众贼奴？"各杖三十遣之。公自负拓弛，意不以见功，御史竟以纵寇论劾，免官罢归。生二子：宠、完，完中乡试。

又考《安丘志》：陈文伟，字伯豪，直隶舒城人，成化十一年由举人知博兴，有声，荐为边才，不果用。调安丘，刚正廉介，人不敢干以私。兴学励

---

① 编者按：郭正域，字美命，号明龙，武昌府江夏（今湖北武汉）人。万历进士，选庶吉士。万历十四年授翰林院编修，万历二十二年任皇长子讲官，万历二十六年任南京国子监祭酒，万历三十年任礼部右侍郎。卒赠礼部尚书、太子少保，谥文毅。曾编纂《武昌府志》《江夏县志》。

才，讼简盗息，民怀其惠焉。

（选自张贞撰《渠丘耳梦录》甲集，康熙四十八年刻本）

张贞（1636—1712），字起元，号杞园，又号渠丘山人，山东安丘人。康熙二十四年举博学鸿儒词，不就。后诏试太和殿，御试第三名，授翰林院孔目。复征拜待诏，皆辞不赴任。自此隐居安丘杞城村，拜黄宗羲为师，往来京师，数游吴越，访名贤、购异书，结交天下名人，研究各方著述。著有《杞田集》《渠丘耳梦录》《浮家泛宅图诗》《杞纪》等。

陈文伟

〔清〕刘献廷

陈文伟，武昌人，膂力过人。尝五更之田间，猛虎扑地而来，乃两手搏虎肩，而足蹴虎势，虎死。后应会试，场屋火，以右手抵墙头，左手持同事人履，肩而出者几千人。火势迫，乃揖后至者曰："吾力只此矣。"遂名动天下。后为山东安丘令，流贼百余人掠库，文伟敕群吏："第谨簿书。诸宝藏，吾无虑也。"群贼大掠库金去。良久，问左右曰："贼去几何？"曰："三十里矣。"敕左右以一骑一弹来，驰赴之，问诸贼孰为首者，弹左耳，中之；又弹右耳，中之。贼大骇，伏地请死。文伟曰："好为我送库金还。"群贼惟命，文伟以一骑尾其后。抵县，群贼请死。文伟曰："我何有诸贼奴？"各杖三十遣之。文伟自负拓弛，意不以见功也。御史竟以纵贼论劾，免官罢归。[①]

（选自刘献廷撰《广阳杂记》，第28页，中华书局1957年版）

① 编者按：陈文伟所作《博邑八景》是诗咏博兴风物的佳作，但其籍贯、任期记载多有舛误，综合《博兴县志》《安丘县志》《青州府志》《江夏县志》《武昌府志》《舒城县志》等地方志，对各方不同记载进行辨别可知，陈文伟，湖北江夏（今属武汉市）人。明正统举人，成化间知博兴县。

刘献廷（1648—1695），字君贤，一字继庄，别号广阳子，直隶大兴（今北京）人。终生不仕，致力于学，其学问广博，主于经世，为时人所推重。曾参修《明史》《大清一统志》，有《广阳杂记》流传于世。

大清河以东入海诸水之小清河

〔清〕齐召南

小清河源出章丘东南分水岭东麓北流，俗曰獭河。折而西北，有一水东自邹平县南境西流注之①。又折而东北流②，经浒山泊及县北之浒山北，曰小清河③。又东北至新城县西北境，有孝妇河南自长山县来会④。又东经高苑县南，又东稍北经麻大湖之北⑤，博兴县之南有乌河自东南来会⑥。又折而东南二十里，复东北流十余里，至乐安县北，东流六十里，又东北流经清水泊之北⑦，又东北入于海，曰小清河口，即古济水入海口也。

（选自齐召南撰《水道提纲》卷四，见《钦定四库全书·史部十一·地理类四·河渠之属》）

---

① 原注：水出邹平南之长山北麓，较分水稍盛。

② 原注：折处与西绣江河隔，地仅三四里。

③ 原注：浒山泊在邹平县城西浒山之西南麓，长二十里。

④ 原注：孝妇河两源，一出莱芜北界之颜神镇，东北流；一出青石关北山，北流而合。东北经淄川县城西界，合泷、萌、般诸水，又西北流至长山县城西南，北流环城北，又东北至新城西北境入小清河。

⑤ 原注：湖方广，周回三十余里。

⑥ 原注：乌河上流，即古时水也。出临淄西南愚公山，东北流经县西，折西北流至新城县东南境，又西北至高苑东境，入小清河，麻大泊即在是水之西。

⑦ 原注：地隔仅六七里。

齐召南（1703—1768），字次风，号琼台，晚号息园，浙江天台人。幼有神童之称，精于舆地之学，又善书法。乾隆时参修《大清一统志》，充《续文献通考》副总裁，完成《水道提纲》二十八卷。另有《宝纶堂集古录》《宝纶堂文钞诗钞》《琼台集》等。

与杭堇浦论金史第五帖子

〔清〕全祖望

昨读所注《河渠志》引《齐乘》，以大清河为古济水，小清河为刘豫所导，此在近人皆沿其说。然尝闻之阎征君百诗，则非也。以《水经注》《元和郡国志》《太平寰宇记》考之，济水最南，漯水在中，河水最北。今者小清河所经，自历城以东，如章丘、邹平、长山、新城、高苑、博兴、乐安诸县，皆古济水所行也；大清河所经，惟自历城以上至东阿，为古济水道。而自历城东北行，如济阳、齐东、青城诸县，则皆古漯水所行也，蒲台以北则古河水所行也。盖唐宋时大河行漯川，其后大清兼行河漯，而小清则断为济水故道，《齐乘》之言盖考之不审也。今《一统志》以大清河之上流为古济水是已，而谓小清河即古泺水，此似不安于《齐乘》之失，而小变之，然亦非也。自汉至唐只称济水，杜氏《通典》始有清河之名，南渡后始分大小清河，而泺水之名与济水并见于《左传》。今小清河之道，属济水故道，非泺水也。[1]

（选自全祖望撰《鲒埼亭集外编》卷四十二，清嘉庆辛未刊本）

---

① 原注：蒋本无“今小清河”以下三句，注云“以下阙”。

浒山泺水利议

〔清〕李文藻

浒山泺，在邹平县西二十里。其源自章丘县之万家口，小清河水分支溢入。泺周四十里，为地可数百顷，东南近长白山，西北地势亦高。伏秋，数面坡水皆汇于中。其北近清河沟。《山东通志》云：“泺由清河沟仍入小清河。”而今泺水经岁不涸，则其下流不能通畅之故也。小清河自新城县以下，累岁泛滥为害，故无敢主导泺入清之议者。按泺地广阔，附近村民仅收鱼虾微利，一望淼茫，尽为茂草。求其如章丘县之绣江、博兴县之锦秋湖，蒲苇藕稻，为民重利者，万不及一。其故，贫民知其利而不为，富民能为而不敢为。以周四十里之地，仅有数尺之水，辄弃为泽国而不为之计，深属可惜。

治之之法，似宜先塞万家口，俾小清河水不得溢入；更疏清河沟为之尾闾，必无不泄之坡水矣。如以妨于下游为患，则拟就泺治泺，仿井田遗制，多开沟渠以容积水，以高田固可禾黍，下者亦宜穇稻，最下犹不失菱藕蒲苇之利。以本县之民垦本县之地，不及半年应有成效。然后量其地之多寡与其高下，分给附近村民，陆续升科，俾为世业。数年以后，其利当有倍于高田者。

乾隆己卯秋，客历下，按察使沈公以民生利病为问，书此以献。李文藻记。

（选自丁昌武、隋同文校勘《李文藻诗文集》，第216页，青州市政协文史委2013年版）

李文藻（1730—1778），字素伯，一字茝畹，晚号南涧。山东益都（今青州）人。乾隆进士，历任广东恩平、新安、潮阳县知县，官至广西桂林府同知，未及一年而卒。其人好学不倦，以藏书知名。有《岭南诗集》《南涧文集》《南北史考略》《国朝献征录》《易箦记》《青社拾遗》等。

大清诰授通议大夫山东提刑按察使司按察使原品致仕恩加一级沈公行状（节文）

〔清〕汪中

曾祖怀英，明仁和县学生员；祖兆乾，皇国子监生累赠通议大夫山东按察使司按察使；考元沧，皇敕授文林郎文昌县知县累赠通议大夫山东按察使司按察使。浙江杭州府仁和县忠清里沈廷芳年七十一状。

转分巡山东登莱青道布政使司参议。旧时为吏者，饮食百货之用取诸市，予贾恒十之五，谓之"官贾"，宾客仆役或因为奸利。公至，勒石为约，悉革其弊。管内当积荒之后，人士流离。公率其属醵养廉数千两招集逃亡，给本钱使复其业。数年，户口充实，所垦田皆大孰。置漏泽园，募人收掩四境遗骼。小清河自新城孝妇河以东，经高苑入青州境，屈曲三百余里，至寿光入海。河道淤狭，夏秋山水暴发，高苑、博兴、乐平诸县田庐累经漂没。公相水势，浚马车渎口以上某千某百丈，相地势，增筑堤堰，水属理孙，民以无恐。

（选自汪中撰《述学》别录，汪喜孙整理清道光刻本）

汪中（1744—1794），字容甫，江都（今江苏扬州）人，祖籍安徽歙县。乾隆拔贡，后绝意仕进。遍读经史百家之书，卓然成家。能诗，工骈文，所作《哀盐船文》，为杭世骏所叹赏，因此文名大显。有《述学》《广陵通典》《容甫先生遗诗》等。

禹厮二渠考序

〔清〕孙星衍

二渠者何？大河与漯川也。河曷言渠？成皋①已北，禹所厮，故曰渠。漯曷言渠？江、淮、河、济为四渎，非人力；漯则禹所治，始自东武阳②，以达于海③，故亦曰渠。班氏《地理志》独于漯称禹治是也。九河见于经，二渠见于史，且河、漯之名俱见于《禹贡》矣。史迁见古文书引《夏书》及二渠之说，是即《益稷谟》佚文也。谓二渠为北渎及漯川者，孟康之言，近古当得其实。禹河自大名已北、东光已南合清河④，东光已北合漳水，至章武⑤入海。故班氏称为邺东。故大河周定王五年东徙平原、高唐之间，王莽时枯，故后人谓之王莽河，亦谓之大河故渎也。郑氏注《尚书》以屯氏河为河故道，河故渎复出为屯氏河，即今俗称老黄河，支流亦北合于漳，故《水经注》云：衡漳旧道与屯氏相乱，自此已北皆禹迹也。李吉甫以屯氏为永济渠，即今卫河矣。曷以知河徙平原、高唐之间也？孔子自卫将适赵，临河而返，谓之鸣犊口。今高唐州西境，在河徙之后，州境得有河也。高唐西北为赵境，或疑之。考《春秋传》，齐威王使肹子守高唐，赵人不敢渔于河，则知齐与赵、魏以河为境，贾让之言不诬也。何以言汉武复禹旧迹？汉武筑金堤、塞瓠子、导河北行，漯川亦通。终汉之世，河患以少，河合淇漳以入海，即禹迹也。漳为禹迹，何漳水过祭陌，有河伯娶妇之事？故知漳即河也。后人锱铢尺寸而较之，岂得谓之通知地理者欤？史迁据古文，班氏见周地图，所言不可诬也。漯首受河自朝城，后人谓漯始黎阳宿胥口，误以济渎当之也。漯何以不见于后世也？大清河则漯川，小清河则济水。济水绝于章丘之北，漯川绝于济阳以东，俗称徒骇河，即

① 原注：今泛水大伾所在。

② 原注：今朝城。

③ 原注：即大清河自利津入海

④ 原注：即淇水，今卫河。

⑤ 原注：今天津。

漯川也。东汉、北魏河渎何所行？行漯川之北，出入今马颊、徒骇之间也。唐时河患亦少，以有漯川且北流也。宋时南北分流，不用导河入漳之议，而回河使东，无复禹迹，河患自此多矣。今河北流禹迹乎？会通河以西合济渎，以东合大清河。大清河自济阳以西为济渎，以东为漯川。河行二渠之一，谓之禹迹可也。治之奈何？马颊、徒骇北达于海，西属于会通河，深浚而利导之。疏小清河通于大清河，以复济渎故道而杀河势。滨州、沧州之间，胡苏、钩盘、鬲津诸河并有形迹，次第可治。汉时，议者欲索九河故迹而穿之，御史韩牧以为纵不能九，但为四五宜有益，今疏马颊诸河故道，奚啻四五？下尾合为逆河，会于淇漳，则二渠之故道尽复也。河不复南，运道伤乎？曰无伤也。河至临邑谓之四渎津，郦道元言自河入济，自济入淮，自淮达江，水径周通，故有四渎之称。又言吴王掘沟商、鲁之间，北属之沂，西属于济，是河、漯、沂、济自古相通，益以汶流，用之济运，不减黄、淮交会之口也。余氏阙亦言：河北徙而会通之漕不废，漕以汶不以河也。且夫浚齐桓已塞之河、复大禹二渠九河之迹，神功也。河名大清，百川之所朝宗，美瑞也。东北流环拱神京，胜于屈南东注之势，地利也。省南河设官岁修亿千万之费，出东南亿千万顷之地，足资东方工用赈恤，量移民居而有余。致数十百年安澜之庆、转祸为福之大机也。非常之功，必待非常之人，惟圣人洒沈澹灾，能与天地参也。

（选自孙星衍撰《平津馆文稿》卷下，见《孙渊如诗文集》五，商务印书馆影印《四部丛刊》版）

魏吏部尚书孙邕传

〔清〕孙星衍

孙邕，字宗儒，乐安青州人也。

《论语集解》疏云："孙邕，字宗儒，乐安青州人也。"

《典论》云："光和中，北海王和平亦好道术，自以当仙。济南孙邕少事之，从至京师。会和平病死，因葬之东陶。有书百余卷，药数囊，悉以送之。

后弟子夏荣言其《尸解》，邕至今恨不取其宝书仙药。”

按：《论语集解》疏邕为乐安人，《孙夫人碑》及《典论》谓为济南人者，青州在济水南。

其先与齐同姓，出自田完四世孙无宇，生二子：常、书。书字子占，齐大夫，伐莒有功，景公赐姓孙氏。书子冯生吴将武，武生明，明生膑，《史记》有传，自膑至邕无世数可纪。

《任城太守孙夫人碑》云：“其□与齐同姓，□别闾族，遂以为氏。”《古今姓氏书》云：“孙出自妫姓，齐田完字敬仲四世孙无宇，二子：常、书。书字子占，齐大夫，伐莒有功，景公赐姓孙氏，食采于乐安，生冯，字起宗，齐卿。冯生武，字长卿，以田鲍四族谋作乱，奔吴，为将军。三子：驰、明、敌。明食采于富春，自是世为富春人。明生膑，膑生[①]胜，字国辅，秦将。胜生盖，字光道，汉中守；生知，字万方，封武信君。知生愈，字湛然，二子：丰、益。益，字元器，生卿，字伯高，汉侍中。生凭，字景纯，车骑将军，二子：届、询。询字会宗，安定太守，二子：鸾、骐。鸾生爰居，爰居生福，为太原太守，遇赤眉之难，遂居太原。”

邕少儒雅，汉光和中，从北海王和平至许昌。魏国初建，为侍郎，事文帝、明帝、齐王芳，历陈留、渤海太守，迁吏部尚书，为侍中、光禄大夫，建德亭侯。

《孙夫人碑》云：“父列卿，光禄大夫，建德亭侯，以儒雅称世济其休。”又云：“父为侍郎。”又云：“为渤海太守。”又云：“举君为侍中。”

邕未有继室，长沙桓阶死，寡妻伏氏有国色，文帝欲以妻之，因辞以与阶同寮，不奉诏。文帝报曰：“生敬其人，死辞其室，追远敬终，违而得道者也。”

《魏志·桓阶传》云：“阶字伯绪，长沙临湘人，魏国初建，为虎贲中郎将、侍中。”

《孙夫人碑》云：“父时未□继室。长沙人桓伯序有寡妻伏氏，魏文帝以用妻之。伏氏柔少，有国色，□非所好，而顾为尊命，莫之能定，夫人谓父

① 编者按：底本原作“字”，据《新唐书·宰相世系》改。

曰：‘何不以尝同寮辞之？’父意乃寤，文帝诏报之曰：‘生敬其人，死辞其室，追远敬终，违而得道者也。’父悦，入谓之曰：‘昔臧武仲先犯齐庄，不令与己邑，今我不犯尊，而蒙优诏，同归殊途尔。’”又云：“伯序为侍中，父为侍郎，此为同寮。”

与鲍勋最善，为陈留太守时，帝从寿春还，邕谒帝，出过勋，邪行营垒间，令史刘曜欲推之，勋以堑垒未成，解止其事。

《魏志·鲍勋传》云：“勋为治书执法，帝从寿春还，屯陈留，太守孙邕见，出过勋，时营垒未成，但立标埒，邕邪行，不从正道军营。令史刘曜欲推之，勋以堑垒未成，解止不举。大军还洛阳，曜密表勋私解邕事。”

青龙元年，卢毓为吏部尚书，多用老成，奏以“古者敷奏以言，明试以功，今考绩之法废，而以毁誉相进退，故真伪浑杂、虚实相蒙”，因作考课法，明帝使毓自选代，曰：“得如卿者乃可。”毓举阮武及邕。帝卒用邕。

《孙夫人碑》云：“□□为吏部尚书，多用老成先帝旧臣。”《魏志·卢毓传》云：“毓为吏部尚书，使毓自选代，曰：‘得如卿者乃可。’毓举常侍郑冲，帝曰：‘文和吾自知之，更举吾所未闻者。’乃举阮武、孙邕，帝于是用邕。”

管宁在青州，不应诏辟。正始二年，邕为侍中，与太仆陶丘一、永宁卫尉孟观、中书侍郎王基荐宁，文见宁传，于是安车蒲轮，备礼聘宁，会宁卒，拜其子邈郎中。

《魏志·管宁传》云：“宁字幼安，北海朱虚人也。正始二年，太仆陶丘一、永宁卫尉孟观、侍中孙邕、中书侍郎王基荐宁云云，于是特具安车蒲轮，束帛加璧聘焉。会宁卒，时年八十四，拜子邈郎中，后为博士。”

何晏上《论语集解》，邕与郑冲、曹羲、荀顗等共成之。

《论语集解序》云：“光禄大夫关内侯臣孙邕、光禄大夫臣郑冲、散骑常侍中领军安乡亭侯臣曹羲、侍中臣荀顗、尚书驸马都尉关内侯臣何晏上。”

及司马景王承皇太后令，奏帝芳归藩于齐，以避皇位，邕为光禄大夫、关内侯，共奏永宁宫，邕后遂无所见。

国朝嘉庆十一年，得其金印、方寸，文曰“建德亭侯”。

《魏志·齐王芳纪》注：“《魏书》曰：景王承皇太后令，与群臣共为奏永宁宫”，有“光禄大夫、关内侯臣邕”。

赞曰：孙邕不负死友，殉以遗囊，奉诏纳室，义形于色，所为志节之士也。及司马景王之行大事，虽名列奏牍而封拜无闻，殆耻居其功者。君子犹有取焉，传不见于《魏志》，千年之后，金印出土，予忝同族，因辑录事迹，补传以存家乘云。

（选自孙星衍撰《平津馆文稿》卷下，见《孙渊如诗文集》五，商务印书馆影印《四部丛刊》版）

山东阳信县知县玉君墓志铭

〔清〕王芑孙

余所识辇下藏书家，无过玉栋筠圃。尝为作《读易楼记》者也。

筠圃所藏书，于集部尤富。以是洞晓古今学术，与其授受源流，持论空一世。所与游，翁学士方纲、周编修永年、桂进士馥，天下不四三人。偶从他所见余诗，趣驾十五里访余，既而邀余襆被所谓读易楼者，剧谈穷日夜。其家所藏金石书画，往往多余题识。

顷之，君再出官山东，余亦南还七八年。

其子荣庆以通判试用河南，以书告君之丧，且以状来征铭。

按状：君字子隆，玉栋其名，筠圃其自号也。本襄平民家姚氏，有贻赠光禄大夫、福州将军良贵者，自太祖时编入内府，为正白旗汉军。

曾祖章奇，赠资政大夫、江宁布政使。祖五格，赠资政大夫。父福葆，沟渠河道监督，授中宪大夫。母贺，封恭人。娶夏，封孺人。子六，存者四：荣庆、桂庆、炳庆、炵庆。女一，适学生灵椿。

其卒，嘉庆四年六月三日，年五十五。以某月日葬某原。

君以乾隆庚寅举人拣选知县，发山东，补宁阳。故陆公燿方为按察使，荐调单县，中以事去。再补淄川，获要犯，引见，当迁，以亲老告。亲终，出补阳信。前后在山东几二十年，历署博兴、利津、章丘、乐陵，皆能其职。

君躯干修伟，博涉强记，无所不通。以旗人自晦为吏，故世不深知。而世所矜宠有名者，君亦不以屑意。

所著诗古文八卷、杂志二卷、《金石过眼录》五卷。他所诠次校定尚多。

性颇啬财，独奢于聚书，人亦以是靳之。尝过厂市，酬一书如其常值，弗与，再倍之，又弗与，君怒，拂衣登车去。夜不获寐，破晓，卒遣骑奴以三倍值驰取书归。其笃好若此。

余南还，再与君书，不报。荣庆之赴余也，书不详，第言悉倾所有，未审所谓，岂物理聚而思散，抑君身后官逋私责，有不可言者耶？惟君生平寡契，晚交得余，虽不言，意绪间一似重有托于余者，其忍不铭。

铭曰：嗟君好书，亦施于政。其在利津，义学兴盛。其去乐陵，县民遮境。救荒章丘，民鲜菜色。大吏闻之，颁下其式。再莅河滨，岁缮茭薪。经画终始，役不及民。始宰单父，匄妇道僵。往瘗其殣，遗婴卧旁。收哺以长，有蔼慈祥。傥来倏往，物运相循。书则往矣，泽有攸存。归安斯宅，利尔嗣人。

（选自王芑孙撰《渊雅堂全集·惕甫未定稿》卷十三，见刘世德著《红楼梦舒本研究》，第2页，社会科学文献出版社2018年版）

王芑孙（1755—1817），字念丰，号惕甫，长洲（今江苏苏州）人。乾隆举人，官华亭县教谕。后辞官归，任扬州乐仪书院山长。学问宏博，文章名震一时。富于藏书，自谦仅藏书万卷，藏于“沤波舫”“渊雅堂”“楞伽山房”中。著有《碑版广例》《楞伽山房集》《渊雅堂集》。

附一：《舒序本〈红楼梦〉》序①

〔清〕舒元炜

登高能赋，大都肖物为工；穷力追新，只是陈言务去。惜乎《红楼梦》之观止于八十回也。全册未窥，怅神龙之无尾；阙疑不少，隐斑豹之全身。然而以此始，以此终。知人尚论者，固当颠末之悉备；若夫观其文，观其窍，闲情偶适者，复何烂断之为嫌？矧乃篇篇鱼贯，幅幅蝉联。漫云用十而得五，业已有二于三分。从此合丰城之剑，完美无难；岂其探赤水之珠，虚无莫叩？爰夫谱华胄之兴衰，列名媛之动止，匠心独运，信手拈来，情生乎文，言立有体，风光居然细腻，波澜但欠老成，则是书之大略也。

董园子偕弟澹游方随计吏之暇，憩绍衣之堂。维时溽暑蒸，时雨霈。苔衣封壁，兼天乏问字之宾；蠹简生春，搜箧得卧游之具。迹其锦心绣口，联篇则柳絮团空；洎乎谲波诡云，四座亦冠缨索绝。处处淳于炙輠，行行安石碎金。□□断香零粉，忽寻声而获爨下之桐；虽多玄□□□，□□□□□□□□□□。筠圃主人瞿然谓客曰："客亦知升沉显晦之缘，离合悲欢之故，有如是书也夫？吾悟矣。二子其为我赞成之可矣。"于是摇毫掷简，口诵手批。就现在之五十三篇，特加雠校；借邻家之二十七卷，合付钞胥。核全函于斯部，数尚缺

---

① 编者按：《红楼梦》舒序本又称己酉本、脂舒本，舒元炜序本，简称舒序本或舒本，卷首有舒元炜的序及其弟舒元炳题《沁园春》词，故名。从序文中可知，筠圃（玉栋）与当廉使两人早年曾一起抄录了一部八十回的《石头记》，到乾隆五十四年初，当廉使已过世多年，抄本也残缺不全，只存留了五十三回。舒元炜（字董园）、舒元炳（字澹游）兄弟两人在"计吏之暇"借居于筠圃家。筠圃从邻家借来另一部八十回抄本，让舒氏兄弟据此来整理旧本。到了六月上旬，舒氏兄弟不仅据邻家抄本补抄了旧本缺失的二十七回，还据邻家抄本校改了旧本存留的五十三回，即"就现在之五十三篇，特加雠校"。主人筠圃很感动，便发了一通"自我失之，复自我得之"的感慨，舒氏兄弟遂分别作序作词，缀之卷首。

夫秦关；返故物于君家，璧已完乎赵舍。[1]

观其天室永丝萝之缔，宗功肃霜露之晨，乘朱轮者奚止十人，珥金貂者俨然七叶。庭前舞彩，膝下含饴。大母则宜仙宜佛，郎君乃如醉如痴。御潘岳之板舆，闲园暇日；承华歆之家法，密室朝仪。刘氏三姝，谢家群从。雅有荀香之癖，时移徐淑之书。林下风清，山中雪满。珠合于浦，星聚于堂。绛蜡筵前，分曹射覆；青绫帐里，索笑联唫。王茂宏之犊车，颇传悠谬；郑康成之家婢，绰有风华。耳目为之一新，富贵斯能不朽。至其指事类情，即物呈巧；皎皎灵台，空空妙伎。镕金刻木，则曼衍鱼龙；范水模山，则触地邱壑。俨昌黎之记画，杂曼倩之答宾。善戏谑兮，姑谋乐也。代白丁兮入地，褫墨吏兮燃犀。欢娱筵上，幻出清净道场；脂粉行中，参以风流裙屐。放屠刀而成佛，血溅夭桃；借冷眼以观时，风寒落叶。凡兹种种，吾欲云云，足以破闷怀，足以供清玩。

主人曰："自我失之，复自我得之。是书成而升沉显晦之必有缘，离合悲欢之必有故，吾滋悟矣！鹿鹿尘寰，茫茫大地。色空幻境，作者增好了之悲；哀乐中年，我亦堕酸辛之泪。昔曾聚于物之好，今仍得于力之强。然而黄垆回首，邈若山河；[2]燕市题襟，雨分新旧。辨酸咸于味外，公等询是妙人；感物理之无常，我亦曾经沧海。羊叔子岘首之嗟，于斯为盛；盖次公仰屋之叹，良不偶然。斗筲可饮千钟，且与醉花前之酒；黄粱熟于俄顷，姑乐游壶内之天。"客曰："善。"于是乎序。

乾隆五十四年，岁次屠维作噩，且月上浣，虎林董园氏舒元炜序并书于金台客舍。

（选自舒元炜序本《红楼梦》，见《古本小说丛刊》第一辑，第1601~1603页，中华书局1987年版）

---

① 原注：君先与当廉使并录者，此八十卷也。编者按：当廉使，周绍良先生考证为当保，满洲镶白旗人。乾隆四十四至四十七年，任直隶承德府知府；乾隆四十七年至五十年，任直隶热河道；乾隆五十年七月，被任命为河南按察使，旋即改任直隶按察使，十月得急病而亡。

② 原注：痛当廉使也。

舒元炜（生卒年不详），字董园，浙江杭州人。乾隆举人，此后屡试不第。曾寄寓玉栋之家，看读易楼藏书。玉栋出示所藏《红楼梦》抄本，舒元炜作了校勘，并写下骈文序言。元炳则题词一阕。乾隆六十年，舒元炜以举人大挑，得选任山东泗水县知县，这年玉栋在山东乐陵知县任上。嘉庆三年，元炜调新泰县，又调巨野县，这年玉栋在阳信县任上。

附二：沁园春

〔清〕舒元炳

贵族豪华，公子风流，绮罗争艳，叹眉尖常锁，空惊才艳。帐前微语，竟说姻缘。两美难并，一心谁属，幼小情亲意倍牵。尤堪羡，羡一家姊妹，个个能贤。

酒酣芍药横眠，更翠羽轻披分外鲜。看斑衣起舞，卿真善谑，倩妆复整，我亦生怜。裘可重缝，花能解语，觞政平持巧令宣。重展卷，恨未窥全豹，结想徒然。

澹游偶题

（选自舒元炜序本《红楼梦》，见《古本小说丛刊》第一辑，第1604页，中华书局1987年版）

舒元炳（生卒年不详），字澹游，浙江杭州人。舒元炜之弟，兄弟二人在玉栋处共同整理了《红楼梦》舒序本。

《钦定胜朝殉节诸臣录》三则

〔清〕舒赫德

通谥烈愍诸臣

临清参将柳毓融，博兴人，崇祯十五年与大兵战于临清，兵败死。

（选自《钦定胜朝殉节诸臣录》卷四，武英殿刊本）

通谥节愍诸臣

分守辽海道左参政顾颐，博兴人，天启元年大兵破辽阳，王化贞弃广宁逃，颐力屈，自经死。

（选自《钦定胜朝殉节诸臣录》卷六，武英殿刊本）

入祠职官

安肃训导张文浩，博兴人，崇祯十七年城失守，死之。

（选自《钦定胜朝殉节诸臣录》卷九，武英殿刊本）

舒赫德（1710—1777），字休如，一字伯雄、明亭，满洲正白旗。雍正间，由笔帖式授内阁中书，官至武英殿大学士、户部尚书。参与镇压山东寿张（今阳谷东南）人王伦领导的农民起义。卒谥文襄。

古为堂治家条规

〔清〕蔺裔青

一，主家。既主家，无论其辈之尊卑，年之长幼，凡一家之人，俱当听束约。不可分其权，亦不可制其肘。但责任甚重，负荷维艰。譬之一身，若心然，他人皆耳目手足也。视听持行因乎心，视听持行之合理与不合理，更因乎心。譬之一国，若君然，他人皆庶司百职也。钱谷兵刑系乎君，钱谷兵刑之得当与不得当，更系乎君。故治家之法，在公而明。“公”自《大学》“诚意正心”来，“明”自《大学》“格物致知”来。不公不明，欲家不败坏，得乎？然则其要如何？其要，用人、理财而已。用人，必自内而外。内之人，在夫义妇听，以劳为逸；外之人，在随才器使，欲威先恩。理财，当自源而流。开财源，在粪多力勤，地无旷土；节财流，在耕三余一，人无妄费。《论语》云“先劳无倦”，尤一言以蔽之矣。家业传自先世，遗诸后昆，泄泄沓沓，乃不孝不慈之大者。可不惧乎？

一，用人。子路问政。子曰：“先之，劳之。”请益，曰：“无倦。”斯言也，治家之道备矣。故起家之主，必须率作兴事。而于仆役辈，务使有规矩可循。尤要结以恩义，知其辛苦，随才器使，相机而动。善则有赏，过则有惩。庶几人知激厉，勿怠勿荒。切忌爱憎偏僻，是非颠倒，勤始惰终，朝三暮四。

一，理财。理财与用人互为表里，皆治家要务，其法散见于经书，难以枚举。然撮其要，则《孟子》“五亩之宅”“百亩之田”，与《王制》“量入为出”数语尽之。盖耕田树桑养鸡彘，事事经画，此开财之源也。三年耕必有一年之食，九年耕必有三年之食，此节财之流也。而《大学》“生众为疾，食寡用舒”八字，尤为二者兼备。理财无法，致使先业飘零，己身屈辱，后嗣式微，不孝不慈，苦先自受。否则贪财意外，取非其有，终亦必亡。保家之主，决不为此。可不惕哉！

一，养老。养老至重，而在用人理财之后者明乎。不能用人理财，必不能养老也。孟子言“制其田里，教之树畜，导其妻子，使养其老”，其此之谓乎？故少壮之衣或可薄，老者之衣必不可薄。少壮之食或可减，老者之食决不可减。而帛肉之源，则孟子树桑教畜两端尽之。然尤必先用人理财，使他务井井，家计宽然有余，然后能之。大抵天下事，皆互相表里，非一事自为一事也。

一，妇人。一家祖孙、父子、叔侄、兄弟、姑、姊妹，皆天亲，而妇人独异姓。然为五伦之一者，以其上奉祀事，中襄内治，下育后昆，所系至重也，家道乖多起于妇人。或者谓妇人难感，不知夫妇之间，其时最久，而其言易入。善教之，无论智愚，未有不日变而月化者。吾乡妇女，多不知书，岂能责以纤细？然大义不可不知。《易·家人卦·大象》曰："风自火出，家人，君子以言有物而行有恒。"其初九曰："闲有家，志未变也。"其上九曰："威如之吉，反身之谓也。"《孟子》亦曰："身不行道，不行于妻子。"此岂徒于妇人求之哉？修其身而已矣。身修而后妇人可教，亦身修而后能教妇人。古人观刑二女，曼乎尚已。下此而冀缺耨也，何以如宾相敬；梁鸿佣也，何以举案相庄。以及英雄之士，妇女或知兵；节义之臣，妇女能死义。即目前所号称起家者，其妇女大抵皆如情如理，治家有法。非形端表自正，盂圆水不方乎？不反求其本，而但为家人之嗃嗃，则弊成反目；但为妇子之嘻嘻，则害在狎亵。甚至借妻财以成家，而终身为其所制。且悖而入者，亦悖而出焉，是谁之咎哉？

一，子女。子女性情不一，要随其所近，矫其所偏。《朱子家训》云："子孙虽愚，经书不可不读。"自儿时教之读书，即当于圣贤道理中择其切近易晓者、有裨于立身行己者，旁引曲喻，与之讲究，不可徒求章句之学。将来无论功名成就，皆可以居家处事。女子稍聪慧，亦当读书明理。即不能，亦早晚讲说大义，使知内外男女、勤俭孝敬。庶几适人后，无父母遗罹，并坏败夫家，为我终身忧憾也。

一，仆役。《冏命》云："虽侍御仆从，罔非正人。"家中仆役，亦须用心术不坏者。至御之之方，前于用人已载。

一，祭祀。《王制》云："君子将营宫室，宗庙为先。"《家礼》云："先营祠堂于正寝之东。"故祭祀必立祠堂。即猝未能办，亦须择清净室安置神主。每逢四时常祭，或四代考妣忌辰，前三日举家素食，男子居宿于外，至日质明行事，以尽诚敬。丰俭得宜，大约计一年地之所出，用其数之抣焉可也。不则除墓地以为祭，用其所入。祭后饮福酒。主家或家中尊辈，并当于祖考之前，述说家法，及先世考妣之嘉言懿行，以为子孙男女劝。所用祭品，开列于后：鸡一只，鱼一尾，肉一方，藕一盘，竹笋一盘，馒头一盘，蒸黍一盘，蒸稷一盘，酒三盅，香三炷，焚白纸一端，春韭菜、青鱼，夏黄瓜、脍鱼，秋枣、梨、葡萄、苹果，冬稻米膏之属，随便置办。

一，嫁娶。嫁娶不可太奢，亦不可太俭。盖家道败落，多由于平日妄费，与治家无法。嫁娶乃数年或数十年始一行耳，素不节省，至行礼之时，偏思苟简了事，此之谓不知类也。

一，库房。古人云："冬制葛，夏制裘。"为其价廉而得便，不至临时失措也。制器具亦然。但或不以家计为心，则虽其物当前，其力亦足以办，而漠不关心，有熟视无睹者矣。或平日不能樽节，家无余财，则虽明知当豫备，而苦于无如何者矣。家器既制，又必建一库房，扫筑清净，纳家器其中。挂者、阁者、竖者、仆者，一室中可贮无数家器。又须画押点朱其上，以为款识。再用账簿，区其门数，记其数目。损缺则旁记，以待及时修补。主家者掌管键，因时启闭，时其燥湿，别其坚腐，防其虫蚀鼠啮。取之有常处，还之有常所。吩咐分明，交代清楚，不许家中仆婢胡乱出纳安放。庶几仿佛文中子"居家不废《周礼》"之意。

一，仓房。仓房多少，视乎田与粟之若干。然即田与粟有限，亦不可不立一仓。仓须坚筑，用砖铺地，再用新砖为大坑，或荆囤，或席折，量粟之多少、用之缓急，安置妥当。至糗糒之属，盛以罈甕，俱有宝盖，以防虫鼠。主家者掌其管钥，随时缄识。诸般谷种，各以小器贮其精好，不可吃用。而正仓之外，又要建余一仓，择年之中等，将所收之粟，区为三分，以其一入余一仓，而以其二入正仓，为饮食、衣服、祭祀、宾客、养老、延师、酬酢、往来之用。极力樽节，若预知不足，则早取蔬菜之属以济之。断不可取余一仓添助补。然则其余一如何？《诗》曰："职思其外。"即无凶年，保无有费意外之财者乎？况天灾流行，无平不陂。《王制》云："国无九年之蓄，曰不足；无六年之蓄，曰亟；无三年之蓄，曰国非其国也。"夫耕三不能余一，虽国且不可保，况士庶人家乎？

一，宾客。待客原无成式，视乎家之大小，分之尊卑，人之隆替，情之亲疏，往来之厚薄，难以豫定。但以目前论，虽肆筵设席，不外四盘五碗，腥素各半与腥强半而已。不可轻用抬碗。至如不速之客，或一盘，或二盘，以四盘为率，以四盘一碗为极。肴宜豫备，鱼肉鸡鸭卵之属俱要盐渍，菜蔬取诸园圃，切忌临时费财。饮用清酒，三伏丸曲，秋冬用黍米自造。烧酒间用，不可常。

一，房屋。房屋不在好，在合式，不在多，在有用。凡构一屋，必须合盘打算，使将来无妨碍。其旧屋宜修葺者，及时修葺之，不妨农事，不费大工。至太老病之屋，当乘便拆收，以俟另造。若补苴罅漏，终归无济，何异以新布帛缉鹑结衣乎？

一，门户。非同炊，便宜各开门户，以其便于启闭也。凡安门随宅所宜，八方俱可。若街北宅，以巽门坎房为主，其巽门坎房者，宅后有门，亦宜居坎地。宜四层房室，初二层稍高大，三层休太高大，四层极高大，方为合式。

一，园圃。古人场圃同地，以圃为场，自当以圃为主。须有垣墙，墙内筑小室，安置园丁。绕墙植桑、榆、花椒、香椿等树，菜蔬种葱、韭、芥、蒜，日用常食之物。甃井欲相其阴阳，观其流泉，便有高屋建瓴之势，不至多费工夫。井上宜栽柔桑、葡萄，以便夏月乘凉。

一，田禾。凡田禾耕种锄收，须自己通局。大约因天之时、乘地之便，粪多力勤，农夫克敏而已。暇时《齐民要术》《岁时记》《群芳谱》等书，尤不可不留意也。

一，牲畜。王㹀之法，昉自陶朱。且古人有饭牛牧羊、畜鸡养鱼而致富者矣。求汗血之马，先种苜蓿；调千里之骥，多植枸杞。原非幸而致也。夫养汧渭而蕃息，为乘田而茁壮。事无大小，存乎其人。

一，衣冠。寻常衣服，无论男女，俱宜用布。男子略仿古深衣之制，女子布裙，戒绮绣，冠履不可太趋时样，首饰但云铜而已。至四时礼服，决不可缺。如力不足，则时各备一领，男妇皆易衣而出可也。冠履勿太戾时好，首饰则假银、镀金之属耳。

一，食饮。饮食老病异粻，童子馂其余，外则举家均食可也。宜用平准之法，有年不太奢，则无年不至太俭。夏秋不太丰，则春冬不至太啬。沟浍皆盈，则涸可立待，其势然也。俗语云“细水常流”，又曰“常将有日思无日，莫待无时想有时”。此言最有味。

一，器用。日用器物，不取好看，但取浑朴。戒家人留心爱惜，不时检典数目。至行礼之所用，亦不尚藻饰，惟尚雅洁，但不可与常器同贮。凡既用之后，即便涤拭干净，安置另处可也。

一，读书。儿时读书，讲说字义，即便于圣贤道理中择其浅近易晓、有裨于处己接物、居家行事者，为之指点亲切。所谓“先入之言为主”也。蒙以养正，圣功不信然乎，但从功名起见，早取时艺而谆复之。而于书中大有用处，漠然不一动其心。将来成就，亦不过风云月露之学而已。尝见有终身读书，或乡国称为“名士”，而于“人情物理”四字，反不如田父野老，卒之败产亡家、百班窘辱，岂不可叹？

一，书库。贮书须有库，即书少，亦须有柜箱。大约经史子集，各从其类，以便检查。时其燥湿，谨其管钥，防其虫穿鼠啮，如是而已。勿轻借，以手泽存焉，且易沾污也。古人云：“清俸买来手自较，卖与借人为不孝。”

（选自蔺裔青撰《古为堂治家条规》，蔺熙元、蔺熙亨抄本）

蔺裔青（1757—1804），字宪苍，号理轩，博兴人。乾隆举人。有《秦台文录》《惇五堂诗集》。

蔺裔青行状

〔清〕蔺熙元 蔺熙亨

……[①]志读书，是年读《左传》一部，黄际飞《论文》一部。

己丑，年十三岁。仍从家祖学。是时弟子益进，成学者居其大半，府君常与之争先后焉。家祖与府君曰：“女务苦读书，以振家声。”府君敬佩之。是年读《周礼》《仪礼》二部。

庚寅，年十四岁。仍与客岁窗友同从家祖焉。春，忱邑尊招覆文童第七

① 编者按：前文阙失。

名。批云："古致历落，恢恢乎游刃有余。"东主之来拜家祖者，皆云："宜先生之不令世兄考也，一考即能列前茅矣，真可谓'后生可畏'矣。"是年读《公羊》《谷梁传》二部,《分续编》各半部。

辛丑，年十五岁。成学，从家祖者尚复不少，府君亦与焉。其奋力于学问可知。仲冬，娶家母马孺人，处士怀祖公女。季冬，尹邑尊招覆文童第□名，批云："连腕之妙，可与追摹大家。"考归，堂叔高祖恩贡生汝为弃世，时夜已分矣，府君知之，即时叩门泣哭之。其负性孝友如此。

壬辰，年十六岁。仍从家祖学，成学者亦与焉。作课之时，大半以府君之文列前矣。是年读正书之外，能博览诸子百家。

癸巳，年十七岁。家祖弃学业，专肆力于致产。拜庠生王凤临先生为师，同学者八九人，与府君争先后者不能及半。仲春，尹邑尊招覆文童第一名，批云："清新俊逸，兼擅范庾之长。"正覆数艺，并无纤毫驳杂处也，故拔之。夏，大宗师不取。时曾王父年已八十有八矣，曾王父与家祖曰："吾孙某将来岂但文学已哉？但仆老矣，不得见也。待某归，女不必发，乐之。"夜半，府君来，曾王父曰："女无不悦也。"府君曰："小孙未不悦也，恐大人年高，不悦也。"少息，即高声诵读。时宅东魏先生令众徒起曰："某今夜考归，未不悦于中，竟高声咿唔，女等可安眠乎？"

甲午，年十八岁。凤临先生归，又拜增生傅慎修先生为师。未入学时，尹邑尊请家祖暨府君至席间，公已赴府矣，其弟陪之。家祖问曰："父台有何事情？"陪者曰："家兄知年兄家贫，恐无师败志，将令公郎来署中，训童子二人，不时得与家兄讲解焉。"家祖以亲老、有师告辞，不谐，不得已令府君赴尹公官署焉。至公回署，家祖赴署谢情，又以亲老有师告之。公曰："老先生年将九旬，兼止一孙，思之，人情也。恐无师败志，家已有师，从之亦可也。"家祖即呼府君同至公前谢辞。府君作诗一首，皆云亲老不能定省之意。公遂允之。五月，曾王父捐馆，临违嘱府君曰："仆所挂者，女之读书矣。"府君泣曰："必继祖志。"冬，曹邑尊招覆文童第二名。府君性好施济。是岁，山东大饥，又丁王伦之变，人情多汹汹欲逃。府君堂叔伯将携眷走塞外，府君劝祖父挽留之。养其全家，虽仓无余粟，弗之计。

乙未，年十九岁。慎修先生辞馆，拜贡生郝丕显先生为课师。先生性严体庄，府君钦敬之如受业然。先生常语人曰：“某文行兼备，令人可畏。”夏，黄大宗师岁入第四名。

丙申，年二十岁。从举人王宅心先生游。同学皆丰富之家，日日嬉戏纷扰。府君恐无进益，常行野诵读，同学皆不知之。秋毕，家祖仍为先生谋馆。先生曰：“令公郎非近名师益友不可也。”家祖曰：“名师何在？”先生曰：“乐安举人钟西轩先生，可谓博学也，从之数年，当必上达矣。”

丁酉，年二十一岁。即欲往西轩先生家从之。闻先生为寿邑所聘，兼以家贫，不能远从之，故心甚不悦。遂在家独坐寒窗，日塾客岁功课。夏，钱大宗师科试一等七名。秋九月，长子生，即不孝熙元也。

戊戌，年二十二岁。往西轩先生家从之。同学优廪者居多。始作课，即一等第一矣，后大约皆冠军焉。夏，乐安邑尊李公阅乐育书院课，先生子婿李某以题祈文，后列书院首。邑尊大吹许之，以为非乐邑文也。询其实，知为府君作。于是乃敦请先生为书院山长，府君暨诸子同从焉。夏，姚宗师岁试超等一名，食廪饩。

己亥，年二十三岁。仍在书院，不第。山长称许，而邑尊更奖赏之。夏，姚宗师科试又超等一名。秋闱后，携文赴邑尊、山长观之。二先生俱云：“学力材识若此，吾知木天定当虚席矣。”乡试落第，乃知巨野县胡荐，批云：“矜贵简严，满拟入彀。呈荐再三，竟不获售。遗珠之慨，命也如何。惟精益求精，庚闱在迩，拭目望之。”

庚子，年二十四岁。在家设帐，从之十余人，大抵皆年长府君者，而诸生莫不钦敬之。秋，恩科不第。自思曰：“吾殆有师人之心，而用功稍解乎？”遂复有从师之心。

辛丑，年二十五岁。撤帐赴新城举人于伯顾先生家从之。同学之有声色者不少，始作课，即首拔矣。批云：“心细才雄，名不虚附。”先生曰：“今而后，女不必从倍回之例，止作一诗文为诸生犬子观之。”后诸生之不谕者，即令府君与之讲解焉，同人莫不敬服之。夏，程宗师岁试超等一名。

壬寅，年二十六岁。又设帐于家，客岁同学来从者居其大半。春，赵学院观风，超等一名。科试考古，取合属冠军。正场又超等一名。批云：“按章宅句，钧贯自然。诗清新俊逸，足称冠场，不愧考古首列。”

癸卯，年二十七岁。新城东主张亦典敦请。其家有《廿一史》，每日学规毕，即阅史书数十卷，虽寝食不暇及也。以致寝食失时，腹中遂得寒食之病，终身未能全愈。秋，赵宗师岁试超等一名。

甲辰，年二十八岁。临淄东主路由敬敦请，门生六名，生童各半。遂拜潍县进士韩公复先生为课师。先生才高学博，诗文大抵不足当其耳目，独与府君意同道合，甚加吹许。先生常语人曰："某将来之成就，正未可量也。"又曰："路某子弟之学问，当逐日步增。可谓善择良师矣。"夏，赵宗师科试超等一名。

乙巳，年二十九岁。临淄东主田玉华敦请，门生六名。入学三月，先王母偶得温症。而府君侍汤药、供饮食，衣不解带，目不交睫者数月。初不少假旁贷焉。又每夜焚香吁天，蕲以身代。而先王母之病即愈，愈后刻送《朱子家训》一千张。

丙午，年三十岁。临淄东主郭令仪敦请，门生八名。府君自上岁奉事先王母，躬亲侍供，心里胥竭，遂致亦染时症。病卧三月，才能复初。夏，赵宗师科试超等一名。

丁未，年三十一岁。又往旧东主路由敬家，门生八人，门外弟子盖三倍焉。斯时临邑之文风大振。夏，胡宗师岁试超等一名。批云："典雅庄重，覆卷文格开展，七律清妥，而书法并静秀绝伦。"

戊申，年三十二岁。高苑东主张心潜敦请，门生三人，拜甲午科举人李光地先生为课师。先生与东主至亲，每语诸子曰："贵老师文行兼美，女之福也。不第学问之博大教女，即制行之端方，亦教女也。女其善效之。"

己酉，年三十三岁。仍在客岁东主家。五月，次子生，即不孝熙亨也。秋，乡试中式举人第三十名。房披云："经籍纷纶，才思焕发，笔锐而坚，气清而炼。试帖及二三场，律法精严，书笥淹贯。揭晓时，备悉岁科试领批凡七，所谓'名下无虚士'也。春闱联步，跂予望之。"

庚戌，年三十四岁。即遂公车北上，场后携文赴主考冯、陈二先生观曰："联步南宫，当与贤台期之矣。恐不遇识者耳。"批云："落落自异，惜墨如金。"晓后乃竟见遗。归家奉养双亲，教训二子。

辛亥，年三十五岁。在家设帐，从者十三人。兼之奉养双亲，时家祖与先王母性颇严，府君能曲承其欢。偶有不谐，即长跪请罪焉。每语不孝曰：“事亲若曾子者，则可。”是年，丕显、西轩二先生弃世，匝月不诵读，服心丧三年。

壬子，年三十六岁。仍在家设帐，耑与及门摹举子业。又以春闱将近，昼夜与诸子相砥砺。

癸丑，年三十七岁。又遂公车北上。场后寄羽，请家祖暨先王母安，兼嘱不孝曰：“我已两试春闱，而进士尚遥遥莫必，甚非为儿辈法也。女在家代我奉事双亲，数月之间，为女是赖。仍望每日余闲，读旧书几篇，临字帖数行。勿效浮薄子弟，但作戏游也。古人云：‘少年不努力，老大徒伤悲。’女其戒之。”盖府君孝慈之心，无所不至矣。

甲寅，年三十八岁。又设帐于家，门生八人。

乙卯，年三十九岁。遂公车北上。

丙辰，年四十岁。又遂公车北上。

丁巳，年四十一岁。在家养亲，忽忆业师凤临先生弃世，二十余年未能归葬。府君即修征赙一启，以传门人，量力捐施。一时同人莫不踊跃，愿捐者百家。

戊午，四十二岁。设帐于家。时先王母年已七十有四矣，素有靡症。至八月十八日，丁先王母难。先是王母病阅数年，府君亲视起居，供饮食，衣不解带，寒暑靡间。嗣以先王母病笃，又每夜焚香吁天，蕲以身代。至先王母谢世，附身附棺，必诚必信。虽寒毡一席，而备物尽志，心力胥竭，面目黧黑。府君孝心纯笃，其天性然也。

己未，年四十三岁。在家闭户居丧，虽蔬菜不入内室。至十月朔，归窆先王母灵柩于祖茔之侧，哀毁骨立，备办丧葬，心血枯竭，一时竞称为“藺孝子”。

庚申，年四十四岁。仍欲在家守制，承家祖命，遂往蒲台东主刘立廷家，门生五人。书房宁静，东主温和，府君深爱之。府君平日乐作诗赋，自先王母谢世后，昼夜不时号泣，遂不复作。

辛酉，年四十五岁。客岁东主复留，门生八名。二月，服阕，又遂公车北上，不第。归与诸子奋力博览。是岁门生有食廪饩者，有拔贡生者，无非府君之作养也。

壬戌，年四十六岁。乐安吴邑尊敦请掌教乐育书院。府君以斯区为昔日诵读之处，兼之门人大约皆师友之子弟，故欲往。斯时，受业者十余人，门外弟子盖百余焉。无论大课、小课，诗文皆即日阅之。虽有事，亦秉灯观之而后安。

癸亥，年四十七岁。即欲归家养亲，因吴公深敬，且去家仅三十里，故留。府君学规，仍依前例，过于劳瘁，遂致有痰嗽之症，面身俱瘦。不孝等见府君之仪色，心甚悲痛。府君曰：“吾有一分力尽一分，有十分力尽十分，痰嗽小症，其奈我何？”

甲子，年四十八岁。念家祖年将八旬，己身素有微疾，遂敦辞东主，在家养亲保身。孰意用心过度，竟致殒身。正月初旬，夜间，前病复发，坐卧不宁。斯时不孝等惊惶失措，五内崩裂。扶侍竟夜，厥明聘医服药，数服而府君始稍稍得安。至二月初九日未时，陡闻府君大声呕吐，惊出扶持，逾时不止，汤药罔效。迁至酉戌，更无片语及家事为妻子计，惟以君恩未报、亲老未报，以及祖父未得赠封。自昏达旦，瞑目内视，痰气微喘。迄于初十日申时，遂凝然端坐而逝矣。出七后，聘端揆王世兄至墓点穴。先茔向申，遂以原向为主。厥后，不孝熙元夜梦府君呼曰：“女忘子午向乎？古人云：‘生不能邪，死而邪之，不愿也。’”不孝等忆府君夙昔即有此议，而今夜又以此警，遂复请端揆另择子向。但以狎小之区，地土难以合局，仍于先茔之前另立一午向。盖府君生前之立心必正，故死后之居处亦欲必正耳。

呜呼痛哉！府君生于乾隆二十二年丁丑正月初三日亥时，卒于嘉庆九年甲子二月初十日申时，享年四十八岁。配吾母马孺人，同邑处士怀祖公女，例赠孺人。子男二人。熙元，娶王氏，同邑太学生思凝公女。继娶王氏，同邑太学生殿选公女。本姓张氏，同邑拔贡生汝夔公孙女，处士维峰公女。选与峰系连襟，选无女，峰以女嗣之，故氏王。熙亨，聘马氏，同邑太学生宪祖公孙女，处士九如公女。子女二人。一适同邑庠生马善统男菘；一未字。孙女一人，未字。熙元出兹卜于嘉庆九年十月二十日午刻奉府君灵柩窆于庄西北先茔前子山午向之兆。不孝等苫块余息，略述梗概，语无伦次，挂漏滋多，要不敢以无当于实录者，概载之也。伏冀当代先生大人，俯赐采择，以光泉壤，不孝等感且不朽。

孤子蔺熙元、蔺熙亨泣血稽颡谨述。

赐进士出身例授文林郎候选知县年家眷同学弟隋维烈[1]顿首拜填讳。

（录自蔺熙元、蔺熙亨手稿）

蔺熙元（1777—？），博兴人，蔺裔青长子。

蔺熙亨（1789—？），博兴人，道光年间岁贡生。蔺裔青次子。

小清河考

〔清〕成瓘

胡朏明《禹贡锥指》云：宋南渡后，清河始有大、小之分。由华不注山东行章丘者，为小清河，是济水故道；由华不注山东北行济阳者，为大清河，是济水夺漯水故渠之道，前已具详之矣。元时运河初开，粮艘北来，过济宁，沿大清河过邹平，东北至利津入海，沿海以抵天津直沽口。有所派邹平纲船号数，《元史》犹载之。而小清则为运盐河，明永乐初盐河梗塞。成化二年，大参唐源洁分巡海右，议复博兴上至历城故渠。嘉靖中，大中丞袁时庵会诸有司开故道，由博兴至历城三百里，已而终涸。故甘一骥议云：东一支属乐安批验所，为小清河，通海沧高家港十一场之利。成化以后，十一场支河干涸，商旅不行，邳州改行淮盐，开归改行河东盐，乐安批验所于是革矣。泺水既不复东来，绣江水（即百脉水）过章丘城北山后，亦自为拖蓝河，北入大清，唯獭河至柳塘注小清故道。小清南邻浒山泺，天大雨，南山客水，奔腾灌注，河泺相联，为地方害。我朝初，獭河又能决万家口，东注于泺。康熙乙丑，水大溢，张大中丞欲经理之未果。钱大中丞来塞万家口，缘獭河筑大堤以束之，凡二年而后成，河势太曲，堤势太高，自河曲中视之，若河周行于城垣之上；河面又狭，不能多容，决则如建瓴，为虐滋甚。甲戌年，桑大中丞复开万家口、设滚

---

[1] 编者按：隋维烈，山东寿光人，清嘉庆元年进士及第，中第三甲三十七名。

水坝，遇山水暴发，则由万家口泄经流四五分入浒山泺；又于泺尾挑一清河沟，泄泺水之溢，注河之下流。自此以后，小清河之上游大势始定也。其下流之入高苑者，讦讼尤多，百姓至相械斗，官为悉心措置而后安。其争止在军张一坝，小时详闻之，第未到其地，不能无据而为之说。

（选自成瓘撰《篛园日札》，见任宝祯编《小清河历代文汇》，第115～116页，济南出版社2008年版）

成瓘（1763—1842），字肃中，号篛园，山东邹平人。嘉庆举人，九入礼部春闱终不第，遂放弃科举，专心著述。晚年手定《篛园日札》，对诸经籍史书，殚精研确，掇漏刊误，辨伪存真，颇多创见。嘉庆时续订《邹平县志》。道光时参与重修《济南府志》、续修《邹平县志》。著有《篛园医说》。

《乡园忆旧录》选

〔清〕王培荀

汉时诗有三家，齐鲁居其二，辕固无传。新城有辕固冢，俗讹为牛固，外祖家别墅在焉。荷荡三四百亩，岁收菱藕之利。余幼时游其处，见芦积如山，人家多结网，妇人孺子皆能驾舟，即所谓锦秋湖也。湖连博兴。于钦《齐乘》载锦秋亭，有诗云："霜风收绿锦，万顷水云秋。海气朝成市，山光晚对楼。舟车通北阙，图画入南洲。且食鲈鱼美，吾盟在白鸥。"渔洋《送兄礼吉归济南》诗云："锦秋湖边稻花凉，锦秋湖下鲈鱼香。"注："风景绝似江南，鲈鱼虽小，亦四腮。"《通志》："亭建博兴东南城，后移亭于奎山东脊，寻废。今建于故址东水中小洲上。"余自京师还，取道博兴，乘瓜皮船横波而渡，芦苇荷叶，夏初方盛，所谓"舟车通北阙"，当指此。新城非所经也。辕固果否葬此，尚俟确考。张历友[①]《锦秋湖竹枝》："新张芦席作船篷，镜里朱颜映水

① 编者按：张历友，名笃庆，号厚斋，字历友。康熙副贡。蒲松龄诗友。博极群书，而终身未仕。晚年居淄川西昆仑山下，因自号昆仑山人，著有《昆仑山房集》等。

红。湖上渔家三妇艳，藕花衫子藕花中。”“百里明霞映水天，蘸波荷叶自田田。人来半醉行归晚，红藕青菱载一船。”“鹈鹕飞尽鹭鸶飞，近水人家罢钓归。湖上雨来知不远，蒙头荷叶薜萝衣。”“蔚蓝天色照波清，舟入凉云更杳冥。七尺芦花三尺水，鸡鹊一一立寒洒汀。”

（选自王培荀撰《乡园忆旧录》卷四，清道光刊本）

王培荀（1783—1859），字景叔，号雪峤。道光举人，举孝廉方正，大挑一等，以知县分发四川，补荣县。回老家淄川后，主讲般阳书院。著有《寓蜀草》《乡园忆旧录》等。

映雪山房会课卷

〔清〕盖钰

虽有存焉者寡矣，曾晳嗜羊枣

存之寡也有由，可进观贤者之嗜矣。夫存何以寡？以其人多欲，不克寡欲也。维彼羊枣，非曾晳之所嗜乎？且人苟失其天良，则虽存心养性，无殊场师之养樲棘矣。乃若心放于外，已失其固有之良；而情有难忘，遂念其微物之珍。讵得曰欲为主而理为役？此心不胜其扰，而春华秋实之物，犹切观颐之想耶？养心莫善于寡欲，而人竟有多欲者，何哉？夫多欲，则贪心生焉。凡贪位之人，无非多欲之人。孰有如曾晳之不贪位、不多欲，而犹有嗜欲之萌芽也？未之有也。虽有存焉者寡矣。毗阴毗阳，赋畀原自各异，然即存焉者视之，则多欲皆内念之萌，如身置丛棘无殊矣；或贤或否，气质亦自不齐，然即存焉者观之，则多欲非外诱之私，如心为茅塞无间矣。虽有存焉者寡矣，此皆为人多欲之故耳。独是存焉者寡，以其多欲生于心。则凡欲之生于心者，近取诸身，何必不远取诸物哉？试思理义之悦心，深于刍豢；羹墙之悟道，别有咀含。可知养心之物，无以小害大，无以贱害贵近是。士君子赋物至此，未始不叹物之养口体者，不仅羊枣；而物之养心志者，何妨先言羊枣。惟然，则曾晳寡欲士也，非多欲士也。曷弗进观其嗜羊枣？为壶枣、为要枣，枣之类不齐，兹云羊枣，则不拘乎其类也，第即曾晳之所嗜者思之，当必有存意于羊枣者焉，而何论乎贱微也哉？为白枣、为酸枣，枣之性不一，兹云羊枣，则不泥于其性也，第即曾晳之所嗜者观之，知必有存心于羊枣者焉，亦奚拘乎甘苦也哉？要之羊枣也，非曾晳之所嗜乎？非曾晳其孰有如其所嗜乎？虽有所嗜焉者寡矣，曾子知之，故不忍食也。

赋得“细雨菊花天”得“花”字，五言六韵

料得东篱下，纷纷细雨斜。
菊应添碧露，天欲惜黄花。
薄润枝头滴，残霞羯鼓挝。
幽香归老圃，佳色尚含葩。
酝酿诚堪赏，芬芳未足夸。
逸人诗性发，美景有谁赊？

（录自盖钰手书墨迹）

《家言随记》选

刑名不易为

〔清〕王贤仪

馆博兴。检旧卷：有乡民死，家小康，无近亲，只妾生子，哺以守。民族利其产，劝嫁，不从。乃诳赴所亲，预鬻于人。中途妾觉，号且詈，投湖死。或鸣诸官，以妾无家，第杖民族，择其族善良抚育其子而结。噫！是当旌而罪民族者。死灰难然，余心耿耿焉，司是席者能勿疚心乎？刑名不易为也。

（选自王贤仪撰《家言随记》卷一，哈佛大学图书馆藏同治九年刻本）

锦秋湖

〔清〕王贤仪

锦秋湖界新城、长山、邹平、博兴境上，可二百余里。村沿堤住，以船往来。荷菱芦蒲莼鲈之属，颇为民利，而稻尤为上上田。村妇编蒲为扇，细软宜人。秋凫蔽天而来，弋之甚易。北人呼鲈为豸，初不为珍。渔洋山人咏湖诗极多。

（选自王贤仪撰《家言随记》卷三，哈佛大学图书馆藏同治九年刻本）

郑安国

〔清〕王钟霖

锦秋湖纳诸邑之水，近湖皆受水患。博兴少尉郑公，浙绍人。招绍农八姓来博，教兴水利，污莱变为膏腴。藕制粉，蒲制扇、制鞋、制绳、制团，四方以金易之。稻畦纵横，一切分割砻硙之治，皆依绍法。交秋，万凫蔽天，与鲈同贱。郑公殁，民立祠祀之，八姓附焉。八姓之后为博民，皆足衣食。兴利惠民，固不在位高卑也。

（选自王贤仪撰《家言随记》卷三，哈佛大学图书馆藏同治九年刻本）

王贤仪（？—1855），字麓樵，祖籍山阴（今浙江绍兴），随先人寄居历城（今济南），遂以历城为家。少年时弃儒习幕，曾在河北保定及山东青州、历城、武城等州县做师爷，还曾在山东曲阜、日照、邹平、博兴、潍县等地设馆教授生徒。著有《家言随记》。

王钟霖（1816—？），王贤仪之子，道光举人，官授长芦运判，官至蓟州盐运分使。著有《济南七十二名泉考》《黄雪香斋古文诗抄》等。

时文四则

〔清〕赵德毅

顾諟

溯商王之所顾，目若有专属焉。夫“顾”之云者，目有常在也，于所顾而以諟实之，岂非目有专属乎？传者意谓自来俯察仰观，圣王之所同也。乃若同此察，而所察若独有可凭；同此观，而所观若确有可据。一为称引及之，知观察之际，夫固念兹在兹，释兹在兹矣。则盍由《康诰》而征之《太甲》。在《太甲》之次篇，尝以视远相规矣，而当不惠之初，则惟以先王目之所视者示丕显之由，故口甫启而指归已定；在《太甲》之终篇，亦以惟亲相勖矣，而当作书之始，则尤以先王目之所亲者指懋昭之自，故辞未毕而色相已呈。其所云“諟”者，言乎其有专名也。其所云“顾諟”者，言乎其无旁瞩也。凡人之左顾而右盼者，其多游移而无主，而目之之游，主要皆由于心之无主也。若汤之不迩不殖，夫岂同于心之无主者乎？以故心之所寄，目与为寄，目之所凝，心与为凝。虽曰视本无方乎，而“顾諟”者，已若有有无方之方也。已凡人之顾后而瞻前者，其目更辗转而无常。而目之无常，要皆由于心之无常也。若汤之克宽克仁，又岂同于心之无常者乎？以故心之所向，以目留之。目之所留，以心永之。虽曰“諟”，本无象乎？而“顾諟”者，已如存无象之象也已。形骸之运以迹，而眸子之运以神，则所顾有惟精之意焉，而惟精之意矢以惟一，所顾安诸諟，而恍惚之见悉除。官刑之制在人，而义礼之制在己，则所顾有不贰之怀焉，而不贰之怀□以不迁，所以顾归于諟，而昧爽之神无间。圣敬之日跻也，以顾諟者跻之；人纪之肇修也，以顾諟者修之。本天锡之智勇以存天命，则顾乃命者，岂非顾乃德也哉？

（选自刘庚溪编次《小题合璧二集》，星榆书屋同治戊辰刊本）

吾与女

所与可自计也，即所与可共明焉。夫子之所以与赐者，在子固自知之矣，而犹恐赐未知其可与也，故为赐明之。若曰，曩者吾以孰愈询女，女岂不谓惟能愈者始为吾所与乎？乃今一□女言，觉女之见为可与者，所与无烦明证，而女之未见为可与者，所与亦堪共信，第恐共信而仍不自信，则吾心之所与者，转无以昭然大白于当前。回之知十，女之所推许也，而何以由回而言及于女，遂若谦让未遑乎？则取以相参，在女固自知女之为女矣，女之知二，女之所熟审也，而何以由女而较之于回，不止稍逊以筹乎？则举以相衡，在人亦共知女之为女矣。以女视女，方谓回有可与，而在女若无可与耳。然而女之可与、不可与，以女为断，正不容专以女为断也。知弟莫若师，则盍弗由女而还按之于吾。以人视女，人或谓女虽可与，而较回则不见可与耳。然而女之可与、不可与，以人之论为凭，仍当专以女之心为凭也。相赏自有真，则盍弗由人之于女而还念夫吾之于女。求之昼也尝责之，予之隋也尝规之，吾之所不与者，岂非女之所习见哉？兹何以闻女之观我观人，偏使怦怦有动也。大道本无私，人之不为吾所与者，吾初非刻以相绳，即女之独为吾所与者，吾亦非轻以相许。鉴观其不爽乎，则吾之与女固惟吾自喻之。参之鲁也吾喜其诚，雍之简也嘉其敬，吾之所乐与者，岂非女之所素知哉？兹何以闻女之知己知彼，更使吾殷殷相期也。英才多乐育，人之为吾所与者，人既已相征而明，即女之为吾所与者，女更宜相观而善解人，其可索乎？则吾之与女，更愿女自思之。好学而有进无止，吾前之所以与回也。举前之与回者而今用以与女，则中怀弥切。论境而告往知来，吾前之所以与女也。置前之与女者，而今更以与女，则期待何穷？然则吾之与女，非以女才之优也，非以女质之敏也，可与者，即在此“弗如”之一念矣。

（选自刘庚溪编次《小题合璧二集》，星榆书屋同治戊辰刊本）

弥高钻之

高穷于仰，仰继以钻焉。夫高曰弥高，则高非仰所能穷矣，而穷于仰者，不又尝继以钻乎？且天下求峻绝之境，则可以登跻者，皆其不徒研求者也。若乃因峻而始见其绝，因绝而益见其峻，登跻其无穷乎？研求转难已矣，如回之仰之也，回固谓道可以俯而察，即可以仰而观也。乃移一时而仰若无益也，则见其高焉。更移一时而仰若仍无益也，则见其弥高焉。有形之高，其高易量，无形之高，其高难量。回方谓高可以仰而至也，而正难以仰而至也已。有数之高，其高可升，无数之高，其高难升。回方谓高非因仰而增也，而转若因仰而增也已。弥高如是，回不几穷于仰乎？则是因高而易一方焉，以为无阶之可升者，未必无有间之可入也；则且因高而转一术焉，以为无径可达者，未必不有隙之可投也；则且因高而转一途也，以为致力于上而无可攀者，未必不致力于下而有可破也。意者其钻之乎？钻利用刚克，则必思剖之以大力，力以锐而能精，知及锋而试，攻理直同于攻木；钻利用柔克，则又思研之以小心，心以平而等入，知及时而用，如琢且继以如磨。然则其钻之也，固仰之之转计也。而不谓弥高之道，即弥坚之道乎？高既不可仰，坚岂有可钻乎？

（录自任树茂藏任道南抄本）

继之以怒

父而怒其子，由教之不行也。夫人未有轻怒其子者也，而怒由于不行，非势所必然者乎？且天下有不孝之子，断无不慈之父。慈者，爱也。怒于何有？乃情有所难忍，即气有所难平，于此而谓姑息以待之，而盛气之下，直若有不能待者矣。试即“教者以正不行”思之，父之望子者甚切，子而果遂其望，则畅然喜矣；而不行，则喜何由生也？而不惟不喜已也。父之导子者甚殷，子而果听其导，则欣然悦矣；而不行，则悦何由起也？而不惟不悦已也。盖继之以怒云，其始犹姑为之宽，而继则难为之宽矣。冀其能知，而安于不知，冀其能行，而安于不行，中情顿拂之余，觉不肖如此，食粟外无一长也。则因怒而征于色者，亦因怒而发于声矣。其初犹少为之谅，而继则难为之谅矣。望其有成，而难于有成，恐其或败，而终于必败，抑郁无聊之下，觉不才至斯，势必玷吾家声也。则因怒而呵叱及之者，亦因怒而鞭朴加之矣。未怒之先，在己亦未期其怒，而环顾同学之辈，人独优而子独拙，虽欲不怒而不得矣，爱之则必劳之矣。将怒之际，在人或曲解其怒，而环顾他人之子，人若此而子若彼，虽欲不怒而不能矣，劳之则转不爱之矣。怒之反夷，此势所必至也。

（录自任树茂藏任道南抄本）

赵德毅（1821—1885），字子健，博兴人。咸丰解元，任滨洲学政，主讲培风书院。士子经其陶冶，均有成就，博兴县光绪十九年举人栾凤书为其门出。

高忠烈公事略

〔清〕李元度

高公讳天爵字君宠，汉军镶白旗人，后以子其位任大学士时改隶镶黄旗。先世居铁岭。父尚义，随征松山、杏山及太原有功，予轻车都尉世职。

公少读书，善骑射，慷慨重义。顺治四年，由贡生除知高苑县，躬口甲，捕巨盗谢千等。博兴县为贼所陷，公夜率众驰救之，贼皆遁走[①]。迁知信阳州。以经略洪承畴荐，擢长沙知府。大兵进攻明桂王，公奉檄理军饷。闻父病，力请去官。

十六年，再授江西建昌府。先是，广昌山贼王昂、傅胜等聚众数千，踞羊石、滴水二砦为老巢，时出劫掠。砦势险峻，官军仰攻辄不利，因罢攻，招之降。王昂、傅胜佯就抚，仍伺隙煽乱，官军擒之，毙于狱。余贼益负固抗拒，

① 编者按：据《湖广通志》载，高天爵字君宠，其先为山东高密县人。父尚义，以从龙功世袭二等阿达哈哈番天爵。少负奇志，好读书，善骑射，挽强弩命中百步外，矢矢相属。年二十三即从征讨，所至有功。顺治初，由明经出为高苑令，数破强贼。尝夜拯博兴之陷，大捷，凯旋，诘旦而居民不知，邻邑咸倚为长城。

乃依山立栅困之。十八年夏，公与巡道张永祺等定计。乘风雨交作时，分布官军，直捣滴水砦。破之，进攻羊石砦，并截贼去路，斩馘千余，伤斃及墮崖死者无算；因赭山凿险以绝后患，生擒贼渠幸连升、周由义等及王昂之父王尚智，所掠丁口悉还其家。事闻，得优叙。在建昌最久，多善政。

康熙十三年，迁两淮盐运使。未行，耿精忠据福建叛，出兵攻建昌，或谓可亟去。公慨然曰："吾守此土十六年，虽受代，岂可遽去！当殉此城耳。"时城中将吏多阴从贼，公知事不可为，乃命其子奉母从间道出，自跨马率家僮数十人御贼万年桥，贼不能越。守将赵印已降贼，乘公力战时从后缚之，遂执以入闽。累诱降，皆不屈，系狱中越岁余。公与副将王进等谋遣千总徐得功出仙霞关，请大兵入闽，阴结死士为内应，谋泄被害，时十五年九月四日也。诏赠太仆卿，荫一子。三十五年，福建巡抚卞永誉请以公及福宁总兵吴万福、福州知府王之仪、邵武知府张瑞午、建宁同知喻三畏、邵武同知高举、侯官知县刘嘉猷、尤溪知县李埙、福州城守廖有功等合祀省城西门外，得旨允行。四十六年，子其佩官浙江温处道，为父请匾额，御书"荩臣义烈"，额其家祠。复请谥，特赐谥曰"忠烈"。雍正四年，长子其位官大学士、其佩官都统，同奏请谕祭；得旨："高天爵捐躯殉难，大节可嘉。高其位、高其佩乃现大学士、都统大臣，为父请恤，甚是。可加赠礼部尚书衔，追赐恤典。"七年，入祀昭忠祠。

（选自李元度撰《清先正事略》卷八，山东官印书局光绪刊本）

奎星阁碑序

〔清〕盖星阶

邑新南门外地形高耸，与城中县署遥相对，术家咸谓其地象文明，若建奎阁其上，主一邑人文蔚起，科第蝉联。予自咸丰庚申莅任是邦，观风考课，知庠序间多彬彬雅士，自我朝二百余年，十子掇巍科，置身通显者殊少，询诸绅耆，竞以前说相告。乃于甲子春初，诹吉鸠工立阁，塑奎像而祀之。规模甫成，丹青未竟，是年大比之期，中乡选者二人，武闱又中一人。次年乙丑，赴春官试，又联捷一人。余深幸士风自此可以日上，而堪舆之说之非无因也。乃重加黝垩，雕绘辉煌。工既竣，予适量移广元，行将别矣，因集多士而问之。曰："此地灵乎？抑人杰乎？"佥曰："地灵。""然则屏丹铅绝皋比，而仰赖神庥，以图幸中，能乎？"佥曰："不能。""然则人之不杰亦何地之能灵？而予窃有说焉：自古名山大泽，必有奇人伟士笃生其间。而名世托足之乡，其山川亦必秀美。盖人非地无以彰其厚，地非人无以泄其奇。此盖有莫之致而致者焉。今邑内诸生砥身励行，不染俗氛，头悬锥刺，矻矻穷年，经术文章，蔚然为一邑生色。则素所见之某山某水，亦必郁积磅礴，变而为至灵至奥之区。特假手于一时因其形势以扩充之，而其地遂名。是虽天定胜人乎，而实人定胜天矣。尤愿诸生争自濯磨，共期为经明行修之士。则自兹以后，方兴未艾，上以彰国家作人之化，下以副师友相勖之心，岂不懿哉？"

（选自曹绍樾、胡晋熙修，胡辑瑞纂《仪陇县志》卷六，光绪三十三年补刻本）

盖星阶（生卒年不详），字平三，蒲台盖家树（今属博兴县乔庄镇）人。道光进士，曾任四川广元、仁寿等县知县。咸丰十年知仪陇县。

附：留别士民（四首）

〔清〕盖星阶

五年三度别金城，打稻声中几送迎。
赋重谁知怜土瘠，官卑空自说心清。
那堪风鹤频年警，况复哀鸿匝野鸣。
蒿目时艰才更拙，释将巨任一身轻。

人杰况兼有地灵，鸠工建阁列遥屏。
城隅奎壁光初焕，炉内金丹焰正青。

谬许老僧能说法，欣逢多士足传经。
方州桃李成阴后，凤羽联翩贡紫庭。

汉南喜听凯歌遥，小丑跳梁气又骄。
安得群顽逢渤海，刚符七日掳杨幺。
民因役重劳初息，官为兵忙累渐消。
何事简书期过短，剑云深处马萧萧。

经年案牍只劳薪，两字头衔久佩绅。
刑有蒲鞭犹是辱，归余笠伞不为贫。
惭无实惠能滋物，每觉虚声不称人。
回首南图山色好，炎风暑雨促征尘。

（选自曹绍樾、胡晋熙修，胡辑瑞纂《仪陇县志》卷六，光绪三十三年补刻本）

新修南北郭碑序

〔清〕李敷荣

古者重门击柝，以御暴客，故修于掌固，职重夏官，坏于孟冬。典详《月令》。在内曰城，在外曰郭，又曰郛。郛之为言，孚也，唇齿交相孚也。仪，蕞尔邑，倚山为城，民之廛舍附城外者过半，通阛带阓，烟火相望。嘉庆初，教匪窜仪，城外一炬，可怜焦土。越数十年而始复其旧，盖保聚若斯之难也。咸丰十一年秋，蓝逆围营山城，匝月不解。仪故密迩，警报星驰，人心汹汹。议者将欲举城外民舍尽拆之。邑侯盖公曰："是非所以保吾民也。民保于城，城保于郭，邑无郭，盍修诸？"爰相南北形胜，扼上下要害之冲，鸠工甃石，昼夜兼营，功成不日。斯役方竣，而贼氛远飏矣。越二年冬，郭匪猝至，薄北关里许，势颇猖獗。时公调岳池，去，代者未及瓜而殁。孤城无主，此所谓危急存亡之秋也。卒之登陴一呼，群情响应，壮勇守内，团民捍外，表里联络，相为声援，乌合之众，望风退避。事平，吾父老咸相庆曰："城无恙矣，居无恙矣，四境之民悉无恙矣。不战而胜，伊谁之力？向使不为斯役，则附城庐舍举为灰烬，城亦何恃而不恐耶？"《书》曰："有备无患。"邑之无患，乃于公去后验之，斯其为备也豫矣。公自莅仪以来，除弊政、去烦苛、励人才、兴学校，救荒恤贫、凿井修池，凡有利于民者，靡不悉心为之。善政及人，已昭昭在耳目间。而是役也，保一邑之身家，全万民之性命。邑有泰山之安，城有金汤之固。一时之利，百世之功也。仪之民多公之功，思公之德，铭诸心兼寿诸石，将以计久远而垂无穷，岂特斯郭之不朽哉？谨序。

（选自曹绍樾、胡晋熙修，胡辑瑞纂《仪陇县志》卷六，光绪三十三年补刻本）

李敷荣（1801—1873），名朝选，号锦堂，四川仪陇人。道光末为岁贡生，同治九年参与编纂《仪陇县志》。好旅游，于县内城乡庙宇、祠堂、桥梁、知名墓塚之楹联牌匾、墓志多所撰书。

送邑宰盖公星阶调署岳池序

〔清〕蒋山

凡人在官时而令人悦，不如去官时而令人思。而久官其地远去而人思之，又不如暂官其地偶去而人亦思之。何也？小惠及人，人未始不悦，及其去也，殊不足以动其思。思之矣，必其莅任久、施泽多，官与民习而安之。一旦去不复返，故于其行也，依依若婴儿之离慈母然。至于历年无多，来且有日，人之瞻顾徘徊者若不忍其去，又若不及待其来，则其所以得民心者，乃不在寻常意计间矣。如我邑侯平三先生，可异焉。先生以名进士分发来川，凡三摄篆，循声卓卓。咸丰庚申秋，授仪邑令。既下车，俭以率下，廉不沽名，有古儒吏风。时方多事，赋役繁兴，有司争迎大吏意，唯恐不当。先生叹曰："甚哉州县之难也！不如令则难乎为上，如令则难乎为下。蕞尔邑，民力几何矣。公私交济，我当有以善处之。”卒议减，固请，乃报可。呜呼！此先生为民之苦衷，而我邑人鲜有谅之者矣。其他剔奸蠹、抑豪强，惠政之及吾民者未易更仆数撮其大要，尤莫如教士一端。古者道隆于上，以养以教，君与师常合焉。后世德薄，罕能兼擅，故设官因之。知县者，犹一邑之君也，而实统师道，苟非其人，以养民且不足，况其他乎？人才之不竞，大都坐此，闲尝与有心人言而悼之。仪邑地处偏隅，士鲜师承、渺闻见，故凡学成名显，取青紫如拾芥者，类皆鼓箧四方，不远千里以往。吁！何其难也。先生既来，诸生云集，竞执贽请业，惴惴惟不得入门下是惧。先生一以和颜接之，簿书之暇，辄理丹铅不辍。以文质者必反复评论，诲之若子弟然。退则且藻且斧，必无憾而后即安。其论文不域成见，大旨必根柢经术、宗法先民，承学之士如闻所未闻焉。尝读《汉书·循吏传》，载吴公治行第一，考其轶事无他，只荐贾生一人耳。夫荐一士即可为贤，如先生之教多士，其贤又当何如？继自今邑之士，必有蔚然而兴者矣。山以薄植，幸领己未乡荐，是科先生适预校士，得人称盛。山虽未出其门下，而先生待之甚亲，季弟炤近亦师事焉。山今岁赴春官试，不果，录旧稿呈先生训削。未卒业，闻先生有调署岳池之行，为怅惘者久之。夫以山之乍聆训诲，犹不能释然于怀，则诸生之常沐教泽者可知也，邑民之感被德化者可知也。推而极之，今日之去，人思之如是，他日之还，人爱之更可知也。他日之还，人爱之如是，后日之超迁复去，人思之而不能忘，亦无不可知也。先生行矣，而山若言之不足，又长言之者，非敢自以为言之文也，亦欲明邑之人思先生之心。序而送之，以慰先生之行，而又以晓邑人之未谅我先生者尔。

（选自曹绍樾、胡晋熙修，胡辑瑞纂《仪陇县志》卷六，光绪三十三年补刻本）

蒋山（1821—？），名天柱，字静轩，四川仪陇人。同治进士。先后担任仪陇金粟书院山长、安徽省太平县知县、江苏常州知府，做过曾国藩的幕僚，素有清正廉明的美誉。

附：送邑宰盖公星阶调署岳池（二首）

〔清〕蒋山

江山媚丽节清和，膏雨随车去更多。
知道使君行色好，甘棠阴里听农歌。

文章雅俗视胸襟，此事原来待赏音。
海上成连今已远，临风何处鼓瑶琴。

（选自曹绍樾、胡晋熙修，胡辑瑞纂《仪陇县志》卷六，光绪三十三年补刻本）

邑宰盖公星阶德政碑记

〔清〕陈以谟

州县为亲民之官,居是职者，必有学道爱人之心，乃能有宽猛相济之政。蔡忠襄有言：“官亲民乃有济于世。”斯言也，是殆有父母斯民之心，而不徒以循分尽职毕乃事也。仪邑僻处川省之北，地瘠民贫，其勤俭有唐魏遗意。赖贤司牧驯扰而化道之，故其治常易效。乾隆而前，官斯土者不可考已。近数十年间，或实任，或署理，类多贤声著闻。而其最，莫如山左盖平三先生。先生弱冠成进士，捧檄来川，始权垫江，继署冕宁，皆有惠政及人。其来仪邑也，下车之始，儒缓循默，若粥粥无能者。已而仪之人见其廉，则曰：“不愧好官矣。”已而仪之人见其才，则又曰：“好官难多得矣。”盖先生之为政也，一以实心行之。不立异，不沽名。惠必期于及民，而弊必去其太甚。惩吏役之贪残，抑滥衿之豪暴。固已风清茌苻、民安庐井矣。乃其间犹有不率教，而起“孰杀”之歌者，先生则以静镇之，以诚感之，卒能使顽者驯、桀者顺，恐恐然自耻其向化之不早焉。呜呼，是亦贤矣！且夫锄莠安良，廉有才者类能之，而造士或多未遑焉。先生公余之暇，手不释卷，简邑之俊髦者，课读试院，口讲指画，娓娓无倦容。每月课，遇诸生文不尽惬者，必斧削藻饰，期于完璧而后安。或自作一二艺，皆精深宏博，足为多士式。以故邑中二百年间，登春榜者一，近则两科联登者二，皆先生门下士。非栽培造就之深，而能若是乎？呜呼，是诚贤矣！今年夏，大吏廉其能，调补广元。去任日，邑之人如失慈父母，送者络绎数十里不绝。都人士因其去，思其德，将谋建亭于城外，而属谟为之序。以谟主讲金粟有年，亲炙既久，必能表扬盛德以垂不朽。谟辞以不文，不能谨撮其大略。而序之，俾邑之人见亭之设益念先生之德于不衰，且令后之官斯土者亦有所感发而兴起也。亭将成，因先以此记贻先生，未审有当先生否也。

（选自曹绍樾、胡晋熙修，胡辑瑞纂《仪陇县志》卷六，光绪三十三年补刻本）

陈以谟（生卒年不详），四川仪陇人。道光庚子科拔贡，侯铨复设教谕。

《百孝图》一则

〔清〕张之洞

董永卖身孝感天

——贷款葬生父甘为奴仆，良缘缔天孙幸脱羁绊

董永，后汉时千乘人也。当东汉末年，潘镇割据，盗贼纷起。永见本处地方不靖，难以安居，奉老父避难于湖北之德安。父不久得疾，医药不效，遂卒。永哀毁几致灭形，又以萍泊之身，行囊空乏，突遭大故，无计可施。当地有富室裴翁者，闻而怜之，贷以棺敛之资。及葬父毕，以无力偿贷款，请为翁家奴，不取佣钱，借抵贷款。翁许之。永遂卖身为裴姓家奴矣。一日，奉主人命，外出工作，中途忽逢一少妇，丰致绰约，前来攀谈。妇言：“妾本某姓妇，因不堪丈夫凌逼虐待，伺隙逃出，今尚无归宿地。郎尚无妇，视妾可当家

否？”永言：“不敢自专，须禀命主人。”妇笑曰：“痴郎，遂如此怕主人耶？既如此，依请与郎偕回。”永乃与同返裴家。翁为主婚，命成夫妻，并限织缣三百匹赎永身，方还自由。妇由是与永同居，日夜从事纺织，敏捷异常，非人可及，一月而所限缴之缣数已足。乃以与翁，永方得脱离奴籍。妇忽辞永欲去。永泣曰：“赎身之德，尚未有报，卿何见弃耶？”妇曰：“妾本织女，天帝怜郎孝，令妾下凡相助。今缘满当去。”言讫不见。湖北孝感县名本此。

（选自张之洞撰，郭昕、胡青译《白话百孝图》，第248~249页，民族出版社1993年版）

张之洞（1837—1909），字孝达，号香涛，直隶南皮（今属河北）人。同治探花，历官翰林院编修、山西巡抚、两江总督、军机大臣、粤汉川汉铁路大臣等。任内整顿吏治，严禁鸦片、筹划抗法，开办洋务，镇压反洋教运动和义和团运动。政治思想上，反对改良，主张谋富求强，开办洋务。有《张文襄公全集》。

《眼科集要》自序

〔清末民国〕魏儒正

盖闻黄帝、岐伯、越人、仲景四圣之心法列于经论，万古常昭。体乾坤好生之德，补造化不完之妙。采草木之精英，济君民之灾危。精其术者，大可升仙，小可寿世。然非学贯天人，焉能达乎奥旨；非智通神化，奚足洞乎玄机？余业数年，汪洋观海，蠡见莫测。辛卯仲秋，弟妹偶染目患，延医调治，服药罔效，变作旋螺。遍访名手，方多雷同，仓猝无计。即购眼科数种，朝夕展诵。稍有所得，按症投药，年余复明。虽见片长，尽属窃取，纵得薄技，亦凭历试经验，至今四十年矣。不揣固陋，拙著一编，直白无文，令读者一览无遗，毫无私秘。作初学之津梁，入门之捷径。欲求深造，再觏诸书，慎思明辨，而于眼科无大过矣。后之君子，知我罪我，听之而已。

时维民国九年桃月上浣，录于蒲姑西畔之松菊轩。

（选自魏儒正撰《眼科集要》，民国十年刊本）

魏儒正（1847—1929），字端溪，博兴人。魏氏中医眼科的创始人。好读书，精医术，于眼科尤独具心得，远近求诊者门常如市，一经诊治立著奇效。著有《眼科集要》。

《眼科集要》序

〔清末民国〕荆士峩

博兴魏端溪先生，普通医道，尤精眼科。昔未识面，大名已贯耳矣。民国六年春，因病目往谒。至则其门如市，男妇老幼纷列满堂，皆与我同病，呼吁求救者也。先生则和风扇物，遍予嘘植。或施以药，或授以方。着手成春，靡不奏效。余环视大骇，莫名钦佩。阅数年，大小儿复以眼疾踵其门。归携一书云，是先生所作，嘱余序之。余素不晓医，书中奥窔，门外汉何从窥测。吾乡宗伟堂，先生高足也，承学有素，深明师法，与共参校，略识大概。前卷系就先贤成方，采其纯正无疵、屡试屡效者，揭示后学。后卷乃先生探讨有年，经验深透，取平生独得之妙嘱奇方，公诸斯世。前之决择精严，一洗眼科障蔽，学者不迷目矣。后之宣奇泄秘，直将枕中鸿宝出为渡世慈航，蔼蔼然与物同春。所谓“婆心救世，佛手疗人”者，先生其庶几乎？夫金篦刮睛，后世非无长技，特患私诸一已，《广陵散》不传于世。借元化之妙术，为致富之奇书，目的在金钱，择肥而噬，其所愈者有几？且自私自利，非独医家然也。当时衮衮诸公，攫取权利，只顾身家，至于世界阴霾，暗无天日，彼则忍于坐视疾痛，漠不关心。闻先生风，读先生书，营私计利之徒其亦知所愧哉！是为序。

署甘肃宁夏府通判，截取县知事，己丑科举人桓台荆士峩拜撰。

民国十年嘉平月谷旦。

（选自魏儒正撰《眼科集要》，民国十年刊本）

荆士峩（生卒年不详），山东新城（今桓台）人。光绪举人，署甘肃宁夏府通判。

《眼科集要》叙

〔清末民国〕李焯

余少自闽省逾江浙北归，复往返于燕豫者二十余年，所交游或以文章膺上第，或从军旅致通显，余则落拓一官，与京洛友朋鱼雁仅通。光绪己卯，选授青州之博兴县教谕。下车以来，窃喜此邑人材众多，如张星槎汉东、魏端溪儒正诸人，傥得而友之，亦足张吾军，何必于冠盖中赋《伐木》赓嘤鸣哉？星槎工笔札书画、谙音律、好剑术，惜先一年卒，未见也。端溪英年高洁，杜门养亲，暇则读书，足不履城市，将于何时见之乎？岁壬午，中丞陈公征民夫疏高博一带之支脉沟，余从邑令督工，在乡晤端溪，问所业，以习眼科对，语不及他。乡老曰：是医学甚深，不止眼科也。夫世之专门眼科者，余数遇之，其艺未必工。端溪不专门而业精，盖平时荟萃群书之义深造，自得左右逢源，宜其应手奏效也。如邑侯王公符五之夫人目患、吴公贻甫之痢疾、龙公紫珊之痰喘、谢公伯符之虚劳，皆药到病除，余所亲见。是岂专门眼科者所能为？即以眼科论，端溪已超上乘禅矣。今编辑其所立经验之方与古方，分为四卷，嘉惠后学，公诸斯世，其用心为尤挚。噫！余别端溪久矣，行年七十有四，衰朽龙钟，不能跋涉一相访。询自博来者，称端溪已皤然一叟，其他所识邑人，亦零落如晨星。正如骆宾王《答博昌父老书》所谓“拱木多于故人”。抚今追昔，恍如春梦，良足悲也。邑南有韩作楸者，老于阅历，余向者病重，得其方药以生，虽其人已往，而医理之高妙，可相提而并论。愈以见博邑之多材也，余又何憾焉。

山东博兴县教谕升授登州府教授癸酉科举人邹平李焯拜撰。

（选自魏儒正撰《眼科集要》，民国十年刊本）

李焯（生卒年不详），山东邹平人。同治举人，光绪五年（1879）选授博兴县教谕。

《眼科集要》叙

〔清末民国〕舒耀南

余少从竹农夫子游，即耳熟端溪先生之名。及长而得识荆州、领其言论。瞻其丰采，朴诚中有洒脱之致。盖学问有得者，自不与凡俗同也。先生性高洁，好读书，少之时家徒四壁，意泊如也。壮年以后，经史子集而外，百氏医书，无所不窥。而欲眼科一门，尤深造有得。余少子天功，年十二龄，肄业县城高等小学，婴有目疾，辍学年余，医治罔效。岁辛酉携至济垣医院诊治，院中英人某老博士须发毵毵，年六十余，盖是科专家也。其言曰是名睟粒，最普通而难治，欧美医学家研究有年而无良方，治之亦不无小效，恐难铲除病根也。后如所言，余患之。友人鹤侪王君曰："和缓近在咫尺，子何忘却之乎？二十年前余曾患目疾甚剧，趋诣端溪先生，因病投药，应手而愈。今年近五旬而目不昏花，灯光之下犹能书蝇头细字，皆先生力也。"余闻言喜甚，且悔前此之念不及此也。因携往见先生，蒙赠丸散各一剂，如法服之，旬余全愈，后亦不复再发。嘻，善哉，技盖至此乎！良以其品性高洁，故才识清明，于博通群书之中，详说而反诸约。居安资深，左右逢源，故变化从心应手，奏效如此也。噫！中国医书之不良，为世诟病久矣。不谓欧美人研究多年而不得一当者，先生乃应手而愈。于此见中外医术之深浅，彼信口雌黄者，皆傍徨门外而未常入见其富美者也。黄伊之门，赖先生生色多矣。先生本其生平心得与经验良方，著书四卷。稿甫脱，纸贵一时。行将为二十世纪后普天下患目疾者辟一光明世界。佛灯普照，遐迩靡遗。其功德岂有量乎？余劝其速付诸梓也，故为之序，以弁篇首云。

山东省选授议员即用安徽县知事己酉科优贡博兴舒耀南镇衡谨序。

（选自魏儒正撰《眼科集要》，民国十年刊本）

舒耀南（生卒年不详），字镇衡，号愚谷，博兴人。宣统优贡生，即用安徽县知事，补用府经历，山东省选授议员，民国元年博兴县议会议长，民国十一年博兴县财政管理员。善为古文。

土不制水历年成患，风能鼓浪到处可危

〔清〕刘鹗

话说山东登州府东门外有一座大山，名叫蓬莱山。山上有个阁子，名叫蓬莱阁。这阁造得画栋飞云，珠帘卷雨，十分壮丽。西面看，城中人户，烟雨万家；东面看，海上波涛，峥嵘千里。所以城中人士往往于下午携尊挈酒在阁中住宿，准备次日天未明时，看海中出日，习以为常。这且不表。

却说那年有个游客，名叫老残。此人原姓铁，单名一个英字，号补残；因慕懒残和尚煨芋的故事[①]，遂取这“残”字做号。大家因他为人颇不讨厌，契重他的意思，都叫他老残，不知不觉，这“老残”二字便成了个别号了。他年纪不过三十多岁，原是江南人氏。当年也曾读过几句诗书，因八股文章做得不通，所以学也未曾进得一个，教书没人要他，学生意又嫌岁数大，不中用了。其先他的父亲原也是个三四品的官，因性情迂拙，不会要钱，所以做了二十年实缺，回家仍是卖了袍褂做的盘川。你想，可有余资给他儿子应用呢？这老残既无祖业可守，又无行当可做，自然“饥寒”二字渐渐的相逼来了。正在无可如何，可巧天不绝人，来了一个摇串铃的道士，说是曾受异人传授，能治百病，街上人找他治病，百治百效。所以这老残就拜他为师，学了几个口诀，从此也就摇个串铃，替人治病糊口去了，奔走江湖近二十年。

① 严薇青注：传说唐朝李泌读书衡岳寺时，与高僧明瓒禅师经常来往。明瓒性懒，僧徒叫他“懒残”。一夜，李泌听见他宣诵佛号，断定他是仙人谪降，即将离世，遂于深夜前往访问。懒残知其来意，让李泌坐下，从火中取出烧熟的芋头给他吃，并对他说：“不要多咀，好好去做十年宰相。”后来李泌果然做了唐德宗的宰相。

这年刚刚走到山东古千乘[①]地方，有个大户，姓黄，名叫瑞和[②]，害了一个奇病：浑身溃烂，每年总要溃几个窟窿，今年治好这个，明年别处又溃几个窟窿，经历多年，没有人能治得。这病每发都在夏天，一过秋分就不要紧了。

那年春天，刚刚老残走到此地，黄大户家管事的问他可有法子治这个病，他说："法子尽有，只是你们未必依我去做。今年权且略施小技，试试我的手段。若要此病永远不发，也没有什么难处，只须依着古人方法，那是百发百中的。别的病是神农、黄帝传下来的方法，只有此病是大禹传下来的方法。后来唐朝有个王景[③]得了这个传授，以后就没有人知道此方法了。今日奇缘，在下到也懂得些个。"于是黄大户家遂留老残住下替他治病。却说真也奇怪，这年虽然小有溃烂，却是一个窟窿也没有出过。为此，黄大户家甚为喜欢。

看看秋分已过，病势今年是不要紧的了。大家因为黄大户不出窟窿是十多年来没有的事，异常快活，就叫了个戏班子，唱了三天谢神的戏；又在西花厅上，搭了一座菊花假山，今日开筵，明朝设席，闹的十分畅快。

这日，老残吃过午饭，因多喝了两杯酒，觉得身子有些困倦，就跑到自己房里一张睡榻上躺下，歇息歇息。才闭了眼睛，看外边就走进两个人来：一个叫文章伯，一个叫德慧生。这两人本是老残的至友，一齐说道："这们长天大日的，老残，你蹲家里做甚？"老残连忙起身让坐，说："我因为这两天困于酒食，觉得怪腻的慌。"二人道："我们现在要往登州府去访蓬莱阁的胜景，因此特来约你。车子已替你雇了。你赶紧收拾行李，就此动身罢。"老残行李本不甚多，不过古书数卷，仪器几件，收检也极容易，顷刻之间便上了车。无非风餐露宿，不久便到了登州，就在蓬莱阁下觅了两间客房，大家住下，也就玩赏玩赏海市的虚情，蜃楼的幻相。

次日，老残向文、德二公说道："人人都说日出好看，我们今夜何妨不睡，看一看日出，何如？"二人说道："老兄有此清兴，弟等一定奉陪。"

秋天虽是昼夜停匀时候，究竟日出日入有蒙气传光，还觉得夜是短的。三

① 严薇青注：汉代郡名，相当于现在山东省博兴县西北一带地方。

② 严薇青注：借指黄河，下文"浑身溃烂"，影射黄河决口。

③ 严薇青注：东汉人，以治水出名。书中说王景是唐朝人，可能有意讽刺当时山东负责治黄的人，竟不知道王景是哪个朝代的人。

人开了两瓶酒，取出携来的肴馔，一面吃酒，一面谈心，不知不觉，那东方已渐渐发大光明了。其实离日出尚远，这就是蒙气传光的道理。三人又略谈片刻，德慧生道："此刻也差不多是时候了，我们何妨先到阁子上头去等呢？"文章伯说："耳边风声甚急，上头窗子太敞，恐怕寒冷，比不得这屋子里暖和，须多穿两件衣服上去。"

各人照样办了，又都带了千里镜，携了毯子，由后面扶梯曲折上去。到了阁子中间，靠窗一张桌子旁边坐下，朝东观看，只见海中白浪如山，一望无际，东北青烟数点，最近的是长山岛，再远便是大竹、大黑等岛了。那阁子旁边风声呼呼价响，仿佛阁子都要摇动似的。天上云气一片一片价叠起，只见北边有一片大云飞到中间，将原有的云压将下去，并将东边一片云挤的越过越紧，越紧越不能相让，情状甚为谲诡。过了些时，也就变成一片红光了。

慧生道："残兄，看此光景，今儿日出是看不着的了。"老残道："天风海水，能移我情，即是看不着日出，此行亦不为辜负。"章伯正在用远镜凝视，说道："你们看！东边有一丝黑影随波出没，定是一只轮船由此经过。"于是大家皆拿出远镜，对着观看。看了一刻，说道："是的，是的。你看，有极细一丝黑线在那天水交界的地方，那不就是船身吗？"大家看了一回，那轮船也就过去，看不见了。

慧生还拿远镜左右观视。正在凝神，忽然大叫："嗳呀，嗳呀！你瞧，那边一只帆船在那洪波巨浪之中，好不危险！"两人道："在什么地方？"慧生道："你望正东北瞧，那一片雪白浪花不是长山岛吗？在长山岛的这边，渐渐来得近了。"两人用远镜一看，都道："嗳呀，嗳呀！实在危险得极！幸而是向这边来，不过二三十里就可泊岸了。"

相隔不过一点钟之久，那船来得业已甚近。三人用远镜凝神细看，原来船身长有二十三四丈[①]，原是只很大的船。船主坐在舵楼之上，楼下四人专管转舵的事[②]。前后六枝桅杆，挂着六扇旧帆，又有两枝新桅，挂着一扇簇新的帆、

① 严薇青注：这里的船，比喻在清政府统治下的旧中国。"二十三四丈"，比喻当时全国所设行省数目。

② 严薇青注：管舵的四人，比喻当时军机大臣的人数。

一扇半新不旧的帆，算来这船便有八枝桅[①]了。船身吃载很重，想那舱里一定装的各项货物。船面上坐的人口，男男女女，不计其数，却无篷窗等件遮盖风日，同那天津到北京火车的三等客位一样。面上有北风吹着，身上有浪花溅着，又湿又寒，又饥又怕。看这船上的人都有民不聊生的气象。那八扇帆下，各有两人专管绳脚的事。船头及船帮上有许多的人，仿佛水手的打扮。

这船虽有二十三四丈长，却是破坏的地方不少：东边有一块，约有三丈长短[②]，已经破坏，浪花直灌进去；那旁，仍在东边，又有一块，约长一丈[③]，水波亦渐渐侵入；其余的地方，无一处没有伤痕。那八个管帆的却是认真的在那里管，只是各人管各人的帆，仿佛在八只船上似的，彼此不相关照。那水手只管在那坐船的男男女女队里乱窜[④]，不知所做何事。用远镜仔细看去，方知道他在那里搜他们男男女女所带的干粮，并剥那些人身上穿的衣服。

章伯看得亲切，不禁狂叫道："这些该死的奴才！你看，这船眼睁睁就要沉覆，他们不知想法敷演着早点泊岸，反在那里蹂躏好人，气死我了！"慧生道："章哥，不用着急，此船目下相距不过七八里路，等他泊岸的时候，我们上去劝劝他们便是。"

正在说话之间，忽见那船上杀了几个人，抛下海去，捩过舵来，又向东边去了。章伯气的两脚直跳，骂道："好好的一船人，无穷性命，无缘无故断送在这几个驾驶的人手里，岂不冤枉！"沉思了一下，又说道："好在我们山脚下有的是渔船，何不驾一只去，将那几个驾驶的人打死，换上几个？岂不救了一船人的性命？何等功德，何等痛快！"慧生道："这个办法虽然痛快，究竟未免卤莽，恐有未妥。请教残哥以为何如？"老残笑向章伯道："章哥此计甚妙，只是不知你带几营人去？"章伯愤道："残哥怎么也这们糊涂！此时人家正在性命交关，不过一时救急，自然是我们三个人去，那里有几营人来给你带去！"老残道："既然如此，他们船上驾驶的不下头二百人，我们三个人要去

① 严薇青注："八支桅"比喻当时全国各行省的总督人数。前文"新""旧"比喻总督倾向于守旧或维新的政治面貌。

② 严薇青注：比喻东三省。

③ 严薇青注：比喻山东。

④ 严薇青注：比喻1898年资产阶级改良主义的戊戌变法运动。

杀他，恐怕只会送死，不会成事罢！高明以为何如？”

章伯一想，理路却也不错，便道：“依你该怎么样？难道白白地看他们死吗？”老残道：“依我看来，驾驶的人并未曾错，只因两个缘故，所以把这船就弄的狼狈不堪了。怎么两个缘故呢？一则他们是走‘太平洋’的，只会过太平日子。若遇风平浪静的时候，他驾驶的情状亦有操纵自如之妙；不意今日遇见这大的风浪，所以都毛了手脚。二则他们未曾预备方针。平常晴天的时候，照着老法子去走，又有日月星辰可看，所以南北东西尚还不大很错，这就叫做‘靠天吃饭’。那知遇了这阴天，日月星辰都被云气遮了，所以他们就没了依傍。心里不是不想望好处去做，只是不知东南西北，所以越走越错。为今之计，依章兄法子，驾只渔艇，追将上去，他的船重，我们的船轻，一定追得上的。到了之后，送他一个罗盘，他有了方向，便会走了。再将这有风浪与无风浪时驾驶不同之处告知船主，他们依了我们的话，岂不立刻就登彼岸了吗？”慧生道：“老残所说极是，我们就赶紧照样办去。不然，这一船人实在可危的极！”

说着，三人就下了阁子，分付从人看守行李物件。那三人却俱是空身，带了一个最准的向盘，一个纪限仪，并几件行船要用的物件，下了山。山脚下有个船坞，都是渔船停泊之处。选了一只轻快渔船，挂起帆来，一直追向前去。幸喜本日刮的是北风，所以向东向西都是旁风，使帆很便当的。

一霎时，离大船已经不远了，三人仍拿远镜不住细看。及至离大船十余丈时，连船上人说话都听得见了。谁知道除那管船的人搜括众人外，又有一种人在那里高谈阔论的演说[①]，只听他说道：“你们各人均是出了船钱坐船的，况且这船也就是你们祖遗的公司产业，现在已被这几个驾驶人弄的破坏不堪，你们全家老幼性命都在船上，难道都在这里等死不成？就不想个法儿挽回挽回吗？真真该死奴才！该死奴才！”众人被他骂的直口无言。内中便有数人出来说道：“你这先生所说的，都是我们肺腑中欲说说不出的话，今日被先生唤醒，我们实在惭愧，感激的很！只是请教有什么法子呢？”那人便道：“你们知道现在是非钱不行的世界了，你们大家敛几个钱来，我们舍出自己的精神，拼着

---

① 严薇青注：比喻当时的救国志士。

几个人流血，替你们挣个万世安稳自由的基业，你们看好不好呢？”众人一齐拍掌称快。

章伯远远听见，对二人说道：“不想那船上竟有这等的英雄豪杰！早知如此，我们可以不必来了。”慧生道：“姑且将我们的帆落几叶下来，不必追上那船，看他是如何的举动。倘真有点道理，我们便可回去了。”老残道：“慧哥所说甚是。依愚见看来，这等人恐怕不是办事的人，只是用几句文明的辞头骗几个钱用用罢了！”

当时三人便将帆叶落小，缓缓的尾大船之后。只见那船上人敛了许多钱，交给演说的人，看他如何动手。谁知那演说的人，敛了许多钱去，找了一块众人伤害不着的地方，立住了脚，便高声叫道：“你们这些没血性的人，凉血种类的畜生，还不赶紧去打那个掌舵的吗？”又叫道：“你们还不去把这些管船的一个一个杀了吗？”那知就有那不懂事的少年，依着他去打掌舵的，也有去骂船主的，俱被那旁边人杀的杀了，抛弃下海的抛下海了。那个演说的人，又在高处大叫道：“你们为什么没有团体？若是全船人一齐动手，还怕打不过他们么？”那船上人，就有老年晓事的人，也高声叫道：“诸位切不可乱动！倘若这样做去，胜负未分，船先覆了！万万没有这个办法！”

慧生听得此语，向章伯道：“原来这里的英雄，只管自己敛钱，叫别人流血的。”老残道：“幸而尚有几个老成持重的人，不然，这船覆的更快了。”说着，三人便将帆叶抽满，顷刻便与大船相近。篙工用篙子钩住大船，三人便跳将上去，走至舵楼底下，深深的唱了一个喏，便将自己的向盘及纪限仪等项取出呈上。舵工看见，倒也和气，便问：“此物怎样用法？有何益处？”

正在议论，那知那下等水手里面，忽然起了咆哮，说道：“船主！船主！千万不可为这人所惑！他们用的是外国向盘，一定是洋鬼子差遣来的汉奸！他们是天主教！他们将这只大船已经卖与洋鬼子了，所以才有这个向盘。请船主赶紧将这三人绑去杀了，以除后患。倘与他们多说几句话，再用了他的向盘，就算收了洋鬼子的定钱，他就要来拿我们的船了！”谁知这一阵嘈嚷，满船的人俱为之震动。就是那演说的英雄豪杰，也在那里喊道：“这是卖船的汉奸！快杀，快杀！”

船主、舵工听了，俱犹疑不定。内中有一个舵工，是船主的叔叔，说道：

“你们来意甚善，只是众怒难犯，赶快去罢！”三人垂泪，赶忙回了小船。那知大船上人，余怒未息，看三人上了小船，忙用被浪打碎了的断桩破板打下船去。你想，一只小小渔船，怎禁得几百个人用力乱砸？顷刻之间，将那渔船打得粉碎，看着沉下海中去了。未知三人性命如何，且听下回分解。

话说老残在渔船上被众人砸得沉下海去，自知万无生理，只好闭着眼睛，听他怎样。觉得身体如落叶一般，飘飘荡荡，顷刻工夫沉了底了。只听耳边有人叫道：“先生，起来罢！先生，起来罢！天已黑了，饭厅上饭已摆好多时了。”老残慌忙睁开眼睛，愣了一愣道：“呀！原来是一梦！”

自从那日起，又过了几天，老残向管事的道：“现在天气渐寒，贵居停的病也不会再发，明年如有委用之处，再来效劳。目下鄙人要往济南府去看看大明湖的风景。”管事的再三挽留不住，只好当晚设酒饯行；封了一千两银子奉给老残，算是医生的酬劳。老残略道一声“谢谢”，也就收入箱笼，告辞动身上车去了。

（选自刘鹗著、严薇青校注、严民整理《老残游记》，第3~16页，齐鲁书社2024年版）

刘鹗（1857—1909），字铁云，别署鸿都百炼生，江苏丹徒（今镇江）人。早年科场不利，转而行医经商。光绪十四年（1888）起，先后入河南巡抚吴大澂、山东巡抚张曜幕府，帮办治黄工程，成绩显著，被保荐到总理各国事务衙门，以知府任用。著有天算著作《勾股天元草》《孤三角术》，治河著作《历代黄河变迁图考》《治河七说》《治河续说》，金石著作《铁云藏陶》《铁云藏龟》《铁云藏印》，小说《老残游记》。《铁云藏龟》是第一部甲骨文集录，奠定了后来甲骨文研究基础。

读书心得

〔清末民国〕任道南

唐韩文公《符读城南》诗云："文章岂不贵，经训乃菑畬。潢潦无根源，晁满夕已除。人不通古今，马牛而襟裾[1]。"盖世固有不通经术，而自命为文人者矣。蔡君漠长于政事，而言文章不谈政事；欧阳修长于文章，而谭政事不谭文章。盖各昧所长，而明所短耳。

岁次壬戌，重阳节前试毫，贝丘居士午斋涂。

（录自任道南手稿墨迹，见安君、卞涛主编《博兴文化大观·书画卷》，第310页，中国文史出版社2014年版）

任道南（1870—1942），字午斋，号贝丘居士，博兴人。光绪间优廪生，民国初年，任博兴师范讲习所教员，县议会议员，民国续修县志采访员。

祭安母陈太孺人文

〔清末民国〕张稼轩

中华民国十六年二月二十六日，乡眷姜来馨等谨以香楮庶馐致奠于清赠孺人安母陈太孺人之灵曰：

呜呼！孺人溘然长逝矣，岂被王母之邀耶？抑宝婺沈光，海屋不添筹耶？《礼》曰："邻有丧，舂不相，巷不歌。"每掩卷三叹，以为过情，今遇孺人之逝也，始知哀死之情，有发于不自禁者，古今人有同然焉。昨闻讣音，为之痛伤，拟抽管陈词，述其生平懿行，泪涔涔不能成文。然潜德无不发之光，实至有名归之应。兹乃滴泪和墨，覼缕志之，庶足见苦心人天不负、为善者家必昌

① 编者按：底本"人不通古今，马牛而襟裾"在"潢潦无根源"句前，据韩愈原诗改。

欤？且夫忠臣报国，勋著旂常；孝子承家，名留史策。士君子行诣卓越，固足信今而传后。即闺阁中之间有性情和淑、举止端方、行符《女则》十三、诣合《家人》六二者，顾可使没则已，焉忍其泯灭而不彰乎？

爰稽孺人，济水名门，颍川望族。幼遵姆训公宫之教克娴，长悉阃仪内则之文无忝。以冠军之女士，嫁拔萃之英贤。相其夫子，事彼高堂。历冬夏而温凊有加，孝妇咸称；警昧旦而倡随是谨，嘉耦无猜。亲操井臼粟米之维艰，虔奉烝尝荐蘋而致洁。属在妯娌，群推重焉；宜其室家，无间言也。而且裙布钗荆，铅华不事；鸳机燕翦，玉漏常催。春风拂面，长堤陌上之筐；秋月当头，频捣林间之杵。既克勤而克俭，亦无非而无仪。洵可谓不愧女宗、无惭妇道者矣。从来德备者自应福备，诣嘉者端合境嘉。孺人丈夫，子二、女一、孙四人，孙复生孙，瓜瓞绵衍而未艾，螽斯和集而呈祥。然家道殷实，子孙易于不才；食指攸蘩，用度时或见绌。而孺人则无虞此也。事前能定，裕后有方。裁成桂子，督法守于二难；培植桐孙，勖追踪于四友。饴弄玄曾，颐颔自乐；宽御臧获，指示咸宜。此固巾帼所罕见，而孺人更有世所难及者。旁支有缺，长男割爱于莲房；任恤无偏，弱女分甘于萱祀。推之仓箱余裕，周遍比邻；桑柘成春，惠施饿者何一。非孺人之光明正大，佐夫持家，所厚积而波及者哉？然德本自修，宜享鸿鳌之报；而变生不测，遽遭鹄寡之凶。夫伤先逝，人号未亡。泪洒城崩，几残生之不惜；魂惊石化，惧先业之中衰。于是顺便节哀，葬祭如礼。须以当门，位内兼之，正外孱焉。持户健妇，胜乎奇男。课工则精勤倍励，法乎敬姜；计费则节俭愈崇，仿诸德耀。家益兴而产益进，德弥卲而年弥高。方将宴设麻姑，恭祝天姥之寿；孰意诏下王母，竟成月姊之宾。懿德云遥，诚可痛也；母仪难再，讵不悲乎？馨等谊系葭莩，怅慈航于南海；筵设蘋藻，饯仙媛于西池。呜呼哀哉，尚飨。

癸卯科举人一等进士署理江苏省即用知县眷晚张稼轩拜撰。

清己酉科拔贡河南候补县知事世晚贾龙川顿首拜书。

清廪生历任勤学所长财政处长姻眷晚王毓檀顿首拜。

前署理诸城南信司兼海防厅长姻眷晚穆曰峤顿首拜。

（选自《博兴湾头镇安氏宗谱》，张店华东印刷社1936年承印本）

张稼轩（生卒年不详），里籍不详。癸卯科举人，恩赐进士，即用知县。

陈红圃

〔清末民国〕郭则沄

嘉善陈红圃观察知商州，与州同盖方泌协谋御寇，相持三年，屡奏大捷，由是得名，官至陕安道。其《筑寨歌》有云："劝筑寨，勤筑寨，筑寨成时贼自败。野无可掠壁垒坚，枵腹何能肆蜂趸。"是时倡行坚壁清野之策，卒赖以灭寇云。

（选自郭则沄撰《十朝诗乘》卷一三，1935年刊本）

郭则沄（1882—1946），字蛰云、养云、养洪，号啸麓，别号孑厂。祖籍福建侯官，生于浙江台州。光绪进士，官至浙江温处道、署理浙江提学使。入民国，交游至广。其人才华横溢，著述浩繁，多与诗词吟社雅集，为民国京津文坛核心人物之一，延续发展了侯官郭氏家族的家风、家学、家声，对民国旧体诗坛、词坛，尤其是天津地区的文学发展，贡献卓特。有《龙顾山房全集》等。

顾干卿八秩寿序①

王保泰

顾氏为博邑望族。明清两朝，奕叶蝉联，累代簪缨者，积德累仁之有素也。然则仁至者福厚，德大者寿昌，福寿双辉，兹非天之所以相吉人欤？恭维：

① 原注：民国三十二年正月撰。

士材翁字干卿。顾老先生者，孝友慈惠人也。父讳春元，字善长，儒林名士，聚徒教授，桃李满门；针灸入神，活人济世，杏林春风，望而知其为长者。母姚太孺人，系出名门，母仪昭昭。公则幼秉庭训，严守“四非”，言行式是乎郡县。德配毛孺人，乃名门淑女，四德皆备，钗荆裙布，鸡鸣戒旦，勗夫子以勤俭，襄理家政，恒见称于邻里。弟士栋，字华堂，和蔼宜人，才颇俊逸，胥称商界巨擘。公则性爽才敏，志抱凌云，意继先人簪缨，而鹏程未展。黄水大来，村落皆墟，生活维艰，计家寒素，切念双亲衰迈，甘旨难供。幼弟小弱，教养宜时，曾有家室而子女累累，筹维再三，仰事俯畜，责无旁代，际遇困人，不得不返经为权。于是，舍儒就商，计获赢余。仰事双亲，无虞甘旨之缺；俯育子女，得有衣食之经。以公鸿才，未拾青紫遁迹仕宦者，境遇使之然也。然而，不际时艰，难见我公之才；不有家微，难见我公之孝；友于慈惠，更为人之所难及。谋生关外，效季路之负米；忠信笃敬，言行见称于卖方。富商有千金之讬，委以面粉公司经理，否极泰来，获利赡家。三年有成，转念亲老，定省缺如，遂囊资归里。问寝视膳，婉容悦志。双亲不禄，则丧葬尽礼，建碑追远，曲尽子职，孝已大矣。爱弟则长枕大被，花萼重辉，友于敦笃，世鲜能及。子女盈室，教养周至，嫁娶宜时，慈爱极矣。亲朋里党，扶危济急，三族归仁，让屋而居，泽及侨民，惠云周矣。孝友慈惠，皆美德也。至矣尽矣，德莫大焉。大德者寿，非天之报善人欤？为善降祥，厥后昌大。公之长子龙光，次子峦光，克绍祖武。长孙灿章，精明强干，际国家之多事，则闻鸡起舞，投笔从戎，志在报国，勇于公义。曾任中央暂编第一师第一旅第一团第一营第一连连长、第二团团部教练。恩威并施，与士卒同甘苦，上下联为一气，战绩卓著。兼任第一团外交副官，交际有道。次孙焕章，弃文就武，勇冠三军，为国捐躯，闾里生辉。兹固秉于天者至正，亦公之教育有素也。三孙炳章，头角崭然，大器可卜。兰桂森森，瑞气盈庭，满门雍容。而公以八秩高寿，鹤发童颜，分甘娱目，熙熙暮年。值兹寅正二十九日，为公之诞辰，星辉南极，筹添东海，戚友关切，愿效华封之祝。祝曰：

公之德幽，公之善扬。公之品端，公之行方。孝友慈惠，当世无双。古有名言，为善必昌。天赐多嘏，八秩康强。碧落花瑞，瑶圃春长。斑衣竞舞，兰桂芬芳。文继南田，武绍辽阳。福泽流为醇醴，寿泉酿成金浆。三多应兮九如，亲朋临兮称觞。福寿蔚萃兮，山高水长。

（选自王保泰撰《覆瓿集》，王士鹤存手稿本）

王保泰（1887—1972），字岳东，博兴人。曾在博兴、唐邑多所学校任教，辛亥革命前后，积极参与、领导了博兴学生成立的宣传暴动大队。在博兴县立第五小学任校长期间，因掩护党的活动，被撤销校长职务。1939年至1957年，曾在博兴的相公堂村、范家村、卞家村、霍家村、顾家村任教。有《覆瓿集》（民国年间）、《随意录》手稿本传世。

祭郑叠青文①

王保泰

呜呼！郑公万山字叠青，世居博兴之东偏，村号东郑。其性浑厚，一生朴诚，魁梧奇伟，半生穷经，县师毕业，学界明星，璧合珠联，金石文声。与我交游，堪称忘形，事皆互助，力尽赤诚。党部公开，社教服膺。民十七纪，区长试应，拔擢高科，历任博兴，四五两区，颇著循声。回避本籍，调任齐东，莅彼五区，佥称贤能。山东主席，复榘韩公，为政严酷，摧残党政。公在兴福，领导革命，本欲推倒万恶军阀，立将寰宇洗清。起也偶然，未几而倾，大志未遂，省府不容。公则毅然出首，公然承应，胆识壮烈，谁能与竞。政府罢职不平，保举复任，乃洽舆情。迨区取消，退居躬耕。县府知哲，集贤选能，聘任教委，学界赞同，视察乡县，考绩精诚。初小发扬，应扩高等，鼓动五区父老，创办完全小学于利城；聘仆长校，父老欢迎，人材蔚起，青年颂德，教界歌功。政教多途，谁如我公！懿欤美哉！虑干育才，询可质诸幽冥！不幸而国运不齐，倭奴进兵，“七七”事变。公念力薄，隐居逃名，敌伪掳掠，杀雨血腥。公心至仁，胞与性成，村民有难，急往救拯，拼命救人，以为理应。及夫我军招展，公则领导民众，参奠县府，大权归正，老而愈壮，与民呼应。诚

① 原注：民卅年秋。

新民主主义国家之柱石，被压迫民族之救星。民年念九，闫坊会胜，数载渴别，一瞻芳容，气色暗淡，精神不凝，瘦了脸庞，低了音声。未会谈心，瞬别西东！别后暗想，长吾三龄，气概素健，强大音容，遽尔低落，定有微情！疑及肱初，会赴马郑，见其乡人，细询近踪，云现在家，适以染病；意欲探望，乱阻交通，志愿未果，噩耗又听。呜呼哀哉！人之一生，知己有几，如弟如兄，情投意洽，老而弥浓！似公体魄，较吾强健，似公精神，较吾丰盈。而花甲未周，竟一病而冥！呜呼哀哉！病也吾未视，丧也吾未送。天限南北，哀悲曷穷。敬致文奠，略慰公灵。呜呼哀哉！庶鉴愚诚！

（选自王保泰撰《覆瓿集》，王士鹤存手稿本）

先考府君行述①

王保泰

先府君讳道五，字达三，昆仲三人，世居博兴之相公堂。乃先大父讳思孟，字会津，公之三子也。两伯父系前大母赵太孺人所出，君则继祖妣霍太孺人所生。性刚正，心颖敏，体健强而活泼，大父母尤钟爱之，不幸而九岁失怙。霍太孺人承寒微之家，遗孤累累，艰衣啬食，坎坷颠连，严慈并笃，以教以养，俾至成人，困苦艰辛亦已极矣。又值清光绪间黄水频来，比年荒歉。年甫十九，兄弟析箸，分产无几，择劣而受。虽业不偿债，而绝未置念，坦然独立，置身农商。一无凭借，拮据支拄，艰苦异常。虽则艰苦食力，而英勇不挠，正气磅礴。耻因人热，亦绝不阿比于富豪，其天性之刚正有如此者。念经历之苦，穷脱困之源，故勤而有恒，俭而中礼，治家有道。素好诗书，延师教子。御下严明，恩威并示。而善体亲心，菽水甘旨要归于敬。吾母张孺人，尤能先姑意以承欢，佐君志以理家。生三子，吾居长，保衡次之，保惠又次之。生五女，殇二人。以如洗之家，老母待养，子女累坠，敬奉教养，嫁娶宜时，殷冀我辈之有造也。孰意我辈碌碌，不能承父之志，能不愧乎？然则吾

① 原注：民卅年七月廿一日述，不孝男王保泰。

父之处世也，任侠好义。际黄水泛滥，我村为泽，顾村民之淹没也，则鼓动甲长，倡导村众，不避豪强地主，张划地基，绕村筑堤，以杜水患而安村众。时际商船过境，突沉漩湾，踪影毫无。舟子泣曰："沉没我船，是绝我一家生命也。"吾父则曰："勿尔！我能腰绳没水，觅系若船，央众力曳，船可出矣。"乃入水移时，观者骇汗。多云下饱鱼腹。又顷，突出水面，猛招众曰："绳系好矣。"众喜，船果曳出，舟子大喜，并不询其名姓家乡也。又于某年炎暑，路经村湾，遥见水面泡沫屡起，疑有洗澡小儿淹没，遽跃入水，移时摸出两儿，咸腹澎澎而气绝，按摩逾时而复苏。遇有恃强凌弱者，辄抱不平，扶弱抑强，务得其平乃已。其质直好义，任侠济急多类此。韩文公曰："惟其仁尽所以义至。"殆即为吾府君颂欤？又好观古今忠孝节烈遗事，及年逾而立，家道小康，时常捐资，购买通俗小说。每遇闲暇，辄集村众，轮颂众听，隐规乡顽，以励风化。不十稔，村众以其公正也，则推选为首事。知众情难调，则变刚为柔，宽和待人。村事之应兴应革，力之所能及者，必归完善而后已。遇有纷争，则不激不随，中心排解，或两端执拗，则暗自捐资，秘息讼纠。乡人之蒙其惠而感戴者多矣。于民国三年，倡办乡校，奖诱后进。一时人才蔚起，升学高等，而同时毕业者六人。嗟乎！吾父一布衣耳，其勇于仁义也，万夫不能回；淡于私利也，千金可立捐。其事亲也孝，其处兄弟也让，其遇故旧也厚。交友以信，遇事有智，往来酬酢不拘故礼。不意年仅五十有五，民国十年九月九日，竟以时疫而长逝。呜呼哀哉！病仅二日，吾方游学青郡，闻耗奔来，亲视含殓。丧焉耳，葬焉耳。显养缺如，遗恨终天，悲哀曷及。呜呼哀哉，曷其有极！

（选自王保泰撰《覆瓿集》，王士鹤存手稿本）

《周钧亭书出师表》序

王云五

周钧亭先生，山东博兴人[①]。幼承家学，精研书法。金简玉碑，探秦汉之篆隶；银钩铁画，追钟王之奇姿。波磔宛转之诀，熟于毫端；颜柳欧褚之神，运诸腕底。学既深入妙悟，艺乃通乎道术。其人清介直朴，其书刚遒雄秀。吾侪于展览会中见其所书之《出师表》，仿颜公之笔法，写武侯之鸿文。文本正气凛冽，字亦风骨崚嶒。两美相谐，众口称善。乃共议印制成册，以广流传。昔陆放翁爱国《书愤》云："出师一表真名世，千载谁堪伯仲间。"郝伯常跋颜鲁公帖云："轮囷擅奇恣挥洒，瑰玮乃见烈士风。"武侯、颜公，俱当乱世而任艰难，贞忠人格，照耀古今。钧亭先生书此，又有深意在焉。则以供青年习楷书之矩矱，岂不懿欤？

（选自《周钧亭书出师表》，台湾商务印书馆1965年版）

王云五（1888—1979），原名云瑞，字岫庐，广东香山（今中山）人。辛亥革命后，曾任南京临时政府总统府秘书、北洋政府教育部教育司科长。1921年后任上海商务印书馆编译所所长、东方图书馆馆长、商务印书馆总经理。发明四角号码检字法，创立中外图书统一分类法，并主编《万有文库》，出版《丛书集成》。1946年起任国民党政府经济部部长、行政院副院长、财政部部长。1951年由香港去台湾，历任"总统府"国策顾问、"考试院"副院长、"行政院"副院长、台湾商务印书馆董事长。

① 编者按：周钧亭，号锦湖，博兴人，拜随张文轩、曹紫庭门下，1948年随国民党入台，曾任议会秘书。以善颜体闻名，曾为贾景德代笔人。收藏古籍碑拓甚多。

附：跋《锦湖临池图》

吕佛庭

临池半世笔成家，钗股漏痕法鲁公。

表写出师抒正气，应同鹏举齐高峰。

锦湖道长书《出师》二表既成，属画《临池图》，拟装其首代序，余画拙劣，何敢当也？

乙巳孟秋，佛庭。

（选自《周钧亭书出师表》，台湾商务印书馆1965年版）

吕佛庭（1911—2005），原名吕天赐，字佛庭，号半僧，河南泌阳人。北平美专毕业，所作上追唐宋，法吴道子、李公麟，兼习山水。擅水墨、专攻山水。1948年移居台湾。著有《中国书画源流》《中国画史评传》等。

《铁路经济原理》译者自序

李续勋

此书系英人爱克华士（W.M. Acworth）所著，为当代铁路名著之一。惜于西历一九二四年经过一度修正之后，翌年著者即已逝世，至今又已十稔，未尝修版，其间关于会计与统计之数字表式，不免稍感陈旧；然一切原则论，则固与日俱新，依然为今日铁路行政人员及铁路学者最佳之参考品也。

译者感于我国铁路创办已五十年，而关于铁路经济之论著尚鲜，故尝发愤先事介绍此类名著若干种，然后再参照本国情形有所论列，移译是书，不过此项工作之发端而已。著者之言曰：“在今铁路事业规模之大，已迥非缺乏学识之人所能掌理”，吾辈青年有志献身铁路事业者，敢不勉乎？

此书译稿自民国二十二年一月起，陆续刊登交通杂志。兹值刊登将毕，适杂志社同人有选辑丛书之议，拟将是书作为丛书之一，嘱为修正而印刊之。因取杂志分期登载之稿，修正一过，姑予付梓。惟此项翻译工作，悉行之于公余之暇，时间极不充裕；加以我国专门名词之未备，翻译尤感困难。其间未尽妥善之处，尚希读者赐予指正为幸。

翻译此书，屡承金士宣博士赐予指正及勖勉，并蒙赐序以资介绍，至深感激，附此志谢。

李续勋识于天津北宁铁路局，民国廿三年十二月卅一日。

（选自爱克华士著、李续勋译《铁路经济原理》，第5页，交通杂志社1935年版）

李续勋（1902—1990），字济安，博兴人。1930年毕业于北平交通大学，后在北宁铁路局工作，曾任《交通月刊》总编辑。参与纂修民国《重修博兴县志》。通晓英文、日文，翻译英人爱克华士《铁路经济原理》。曾任北京铁道学院副教授、兰州铁道学院教授。

李续勋译《铁路经济原理》序

金士宣

英国爱克华士所著《铁路经济原理》一书，考其内容，实系讨论铁路运价问题，对于铁路运输，行车，管理，组织，财政，以及国家政策等等，均未提及，故是书实可称为《铁路运价原理》。

铁路运价，实为铁路经济之最重要亦最困难之问题，爱氏于讨论铁路“资本”“用款”“进款”各章，均以应用于运价原理而研讨之。其于资本一章，则申叙铁路事业必需大宗资本，且所投资本，购置特种财产后，无论营业兴衰如何，不能变更而移作他用。其于用款三章，则分析铁路总务，工务，机务，车务，各项费用之性质，大部分耗费于维持铁路全部财产及运输之用，换言之，多系连合费用（Joint Cost），不能分摊于客货运输或某种货物运输。

以上各项原则，各国铁路经济专家大多赞同，关于连合费用一项，美国哈佛大学历伯莱教授（Professor Ripley），分析更为详确。爱氏讨论运价原理，以“按照货物担负能力核收运费”“Charging What the Traffic Will Bear”一说为中心，此说依爱氏判断，应为各国铁路（不论国有民有）制定运价（不论现在及将来）必须采用之基本原则。

爱氏以运输成本（Cost of Carriage）根本不能作为计算运价之标准，盖铁路费用既系连合性质，实无方法算出客货或某种货物之运输成本，且以铁路运价必须先行制定公布实行以后，运输成本方可约略估计而得之，尤可证明此说之不可行。爱氏又以里程运价（Equal Mileage）及分区制度（Zone system）两说，亦不能为制定运价之标准。

爱氏又进而推究英美两国铁路制定运价之历史（第七章），客运先于货运而来，而货运初属高等货物，铁路为发展货运起见，渐次减低运价，以吸收低等货物，其减价原因或因与水路或其他运输机关竞争，或因货物价值较低，担负能力薄弱，特将运价减低，而货运遂亦日渐发达。货物运价既不能过高，以致杀减其运输，亦不能低于额外费用，以致铁路受有亏损，必使介乎两者之间，按照其担负能力而定之。

爱氏对于此中心学说，研讨綦详，先解释其意义，次发阐其公平实用之程度，最后讨论应用此学说之方法——即货物分等及制定运价。

铁路制定运价，本有运输成本（Cost of Service）及运输价值（Value of Service）两说，爱氏对于前说认为绝不可行，而主张以后说为各国铁路（不论国有民有）必须采用（现在及将来）之基本标准，此点颇有补充之余地。

第一，铁路运价虽应按照货物担负能力，然亦视铁路运输之是否独占或有无竞争而转移。例如往昔美国地方尚未开辟，人口稀少，农工商业未兴之际，而铁路已布满全国，运输尚待发展，铁路竞争已甚激烈，各铁路运价，乃不得不根据招揽或发展货物之观念而制定之“Charging What Will Get or Develop the Traffic”。竞争有直接之运输竞争，又有间接之市场竞争，竞争愈激烈，运价亦愈减低，既不按照里程或成本核收运费，亦非按照货物担负能力，乃以竞取货物为目标。今日美国铁路虽由政府监督，取缔“断喉”之竞争，而执行评判运价之是否公平合理，然此项竞争之存在及其基本立场，固未稍改。英国兴筑铁路之时，地方工商业已极发达，路线较短，其始与运河竞争，运河卒为各铁路所收买，竞争并不激烈，故大多按照货物担负能力收费。

第二，运输成本虽属连合性质，不能分摊于各运输单位，然自成本会计及统计科学精益求精以后，运输成本之分析，亦日见精确，各项费用之分为连合及单独成本（Joint and Separable Costs），又可分为固定及变动成本（Constant and Variable Costs），寻常及额外运输之寻常及额外成本（Out of Pocket Cost），铁路资本公平报酬（Fair Return）之规定，营业进款水平线（General Rate Level）之调整，使与市场利息及物价互相呼应，则成本一说，固见有用，不可或少。

第三，铁路运价，固应依照经济原则而定，然亦应顾及社会与政治两方面之利益。例如德国铁路之以鼓励生产及提倡输出为目的，将运价减至最低限度，加拿大及澳州铁路之开发地方，繁殖人口，以及各国国有铁路之体念民生，保护国货，虽不斤斤于铁路成本，亦不着重于运输价值，故吾人研究铁路运价，未可专致意于经济原则也。

各国铁路经济名著，依敝人观察所得，似可包括左列各书：

（1）Hadley：Railroad Transportation　1885

（2）Johnson & Van Metre：Principles of Railroad Transportation　1921

（3）Johnson，Huebner & Wilson：Principles of Transportation　1928

（4）Ripley：Railroad Rates And Regulation　1912

（5）Acworth & Stephenson：Elements of Railway Economics　1924

（6）Colson：Railway Traffic And Rates　1910

以上六书，第一书有陈宗蕃译之《铁道运送论》，宣统元年邮传部印刷，系由日文转译。第三书有同学刘鼎新译注之《运输学》，民国二十二年北平立达书局出版。第五书有同学唐永权译之《铁路经济纲要》，民国二十三年北平晨报社出版，今复有同学李续勋续译《铁路经济原理》，于此可见我国铁路学者对于研究铁路科学兴趣之日渐浓厚，亦可证明中国铁路学界之日有进展，实为最好之现象。

李君毕业北平交大，成绩优异，超越群流，及派在北宁铁路服务，于公余之暇，复从事译著，其坚毅卓绝，深堪敬佩，尚希继续努力，为吾铁路学界放一异彩，幸甚望甚。

民国二十三年十二月二十八日，金士宣序于北平。

（选自爱克华士著、李续勋译《铁路经济原理》，第1~4页，交通杂志社1935年版）

金士宣（1900—1992），字子和，浙江东阳人。中国铁路运输学科的首创者和奠基人，构建了我国运输管理学科的完整体系。曾赴美留学，获美国宾夕法尼亚大学经济学硕士学位及博士学位。曾任北方交通大学副校长、教授，国家科学技术委员会综合运输组组员，中国铁道学会第一、二届理事会常务理事，交通大学校友会第一、二、三、四届理事会名誉会长。

交通部长俞大维氏访问记

李续勋

本年七月廿八日，本刊创刊号开始发行。出版之先，编者特往访交通部长俞大维氏，就最近交通情形及施政方针提出三项问题，承于政务百忙之中，赐予解答，良深感谢。惜以时间匆迫，创刊号排印不及，故移入本期发表。谨志其问答之辞如后：

一、问：现在交通路线修复及新建情形如何？

答：铁路——在本部主管事业中，以铁路修复工作最为繁重：（一）东北原有一万一千余公里，卅四年底接收时通车里程仅有二百八十余公里，赖员工努力，至本年四月间修复通车达三千二百公里，最近又仅余一千六百公里，现正继续抢修。（二）关内以陇海路篇界，大致分为华北、华南两区，此外西南西北另为一区。华北区在卅四年底通车里程共四千零七十余公里，嗣后该区铁路屡修屡毁，屡毁屡修，在材料极为缺乏之情况下，经员工奋勇抢修，尚能在卅五年内将胶济、平绥两大干线，计长一千二百余公里，完全修通，颇非易事。胶济于二月廿四日又复被阻，目前华北区通车里程，尚余三千八百公里左右，现仍继续抢修。华南为修复及整理区，如粤汉路在沦陷时，日人以破坏过剧，曾力图修复，而未能实现；接收后已于短期内赶修通车，现正逐段整理。浙赣路自三月至六月已修复诸暨至金华、株州至萍乡两段；南浔路现已全线修通。湘桂黔路于一二月间修复桂林至柳州及柳州至怀远二段，现衡桂段桂林以东，已通至灵川县之凉风桥站，八月内可通全州。至于新建路线，大部份在西南西北区，现照原拟五年铁路建设计划进行。目前可奉告者：（一）已在建筑中者有成渝、天兰、都筑等段；（二）在测量中者，有天成、隆筑、川汉、闽赣、赣粤及滇桂等路段。

公路——公路方面与铁路情形不同。在抗战时期，政府西迁，地形及材料供应情形，不许大规模建筑铁路，政府乃以极大努力，以重庆为中心，建设西南西北公路网，北达新疆，南通缅越，此乃我中华民族在抗战中之奇迹。至东南原有公路网，战时破坏虽大，但因日寇力量不能深入，各地尚有局部保存。胜利后主要工作，即在联系东南残余公路与战时建设之西南西北公路网，现已逐步完成。如上海杭州长沙一线，已勉可通车；厦门、福州、南昌一线，则正在积极兴修中。又本年新筑路线，已完成一千余公里。至华北公路情形与铁路同，现正在抢修阶段中。

水运——水运方面，战前沿海及内河航线，已次第恢复，现正从事增辟国际航线。至于船舶吨位增加尤速，胜利后原仅八万余吨，经政府及航商分别添购，业已增至八十余万吨，超过战前国有船舶吨位。惟添购者，多系他国战时剩余旧船，现正进行筹购新船。

空运——空运方面经设立民用航空局，以谋民航事业之加速发展。同时对于飞行安全特加注意，如改善机场，加强安全设备等，均已分别进行。至空运航线已自十余线增至四十余线，最近国际航线亦在逐渐增辟中。国际机场亦在筹建中，例如上海龙华机场已完成六千英尺之洋灰跑道，实为国内之最长者。

邮电——邮电方面，电信网之联系情形，大致与公路相同，最近且已恢复中美直接通话。至于邮政线路，则随水陆空运输线之进展，积极扩张，并已开办西北邮车。

交通事业以服务人民为要旨，目前各部门对此极为注意，如电信局设立服务台，邮政局设行动邮局，并尽量利用航空运送，以增加邮递速率，及路局新添专差送票等，凡足以增进一般民众及商旅之便利者，无不悉心研究，竭力以赴。

二、问：大部施政方针及其次序如何？

答：施政方针——本年国家施政方针，规定交通事业为："恢复交通，增强运输，并辅助工商业之发展以增加生产。"本部遵照此原则，并依据原有五年交通建设计划，审视环境之需要，分别轻重，在财力物力许可之范围内，促成路、电、邮、航各部门之综合运用，与协调发展，期与建国工作密切配合。

实施次序——其实施次序，第一步为迅速修通；第二步为恢复战前状态；第三步为达到现代化标准。例如粤汉路以加速度修通后，现已进入第二步工作，从事改善整理；京沪路大部份已恢复战前状态，现已有一部份踏上第三步，正向现代化之途迈进。其他各部门亦皆如是，如半年来邮政设施之趋向现代化，即其显著之例。

三、问：施政有无困难及其补救方法如何？

答：困难情形——目前交通事业之困难主要有三：（一）国内秩序尚未恢复；（二）器材缺乏，国内出产及储存极少，向外采购又限于财力，不能充分供应；（三）物价高涨，各单位经营成本激增，而收入不能比例提升，以致入不敷出。

补救方法——其补救方法：（一）经济使用现有设备——如设立铁路联运处，对于机车客货车作合理之调度，以提高其使用效率。（二）尽量修理旧有器材，加强修理能力——如平津各机厂，最近每月平均修理机车已达到三十余辆，客车二十余辆，货车三百七十余辆。（三）珍视外来材料，经济使用——因外汇有限，运货费时，故使用时力求撙节。

依据本人服务政府十余年来之经验，深觉我国产业落后，每办一事，所遭遇困难极多，端赖坚强之信心，克服困难。现在本部内外员工，均有打破万难，力求进步之决心，勉能以心补力之不足，以力补财之不足，近一年来交通各部门之所以得有寸进者，胥赖于此。

（选自《交通月刊》，一九四七年第一卷第二期）

旌表节孝张德母王孺人六帙荣庆序

〔民国〕柳扬清

盖尝论，自古以节义为难，而家徒四壁，俯仰无资，忍饥自守，矢志不移，尤难乎！其难矣若此，如吾博邑张节母王孺人者是也。孺人为同邑于家村王公省三之女，家世业农，朴素是习，幼即端庄，不烦母教，及笄适东谷村张公讳铭心字良田为室。张氏自玉生公由桓台兴旺村迁居于此，至公已七世矣，为邑望族，世有隐德。公祖父少林公，精岐黄之术。堂伯辅臣公，又以宿儒名医闻于世，并载邑乘，惜乏嗣，公长兄铭东继之，亦以医世其家。故张氏以良医仁术施诸乡邦，遐迩称颂，至今又乐道之。世泽绵延，宜其历久不替。公父字师五，耕读为业，家法严肃。公与仲兄铭西幼趋庭训，承袭家法，后虽家业式微，而先人之矩矱依然也。公性尤和易，勤而且俭，得孺人以为内助，既博高堂之欢，又敦友子之谊，家庭内外，秩秩如也。嗣与仲兄分炊，夫妇有如宾之敬。不意公年甫二十九岁，竟以疾卒。寡鹄之曲，谱及孺人矣。遗一子二女，子蓬瀛年十二岁，少女甫三龄。斯时也，孺人计决以殉之，惟念上有老母，下有子女，事畜之任，责无旁贷。及姑殁，丧葬如仪，哀礼俱尽。此后，家余薄田，饘粥不足，亲乏故旧，告贷无门。想其纺绩之余，砧杵之夜，霜清月白，刀寒尺冷，子女在侧，业责一身，艰哉苦哉，孺人何以为情哉？而孺人以了然之身，毅然之志，确然之守，拮据支持，忍饥以待。四壁孤灯，二女一子，共赖茕茕寡妇之身，为谋日日糊口之计，见者怜焉。迄今数十年以来，以教以养，俾子女成立，而孺人一生心力尽瘁于此矣。蓬瀛性朴实，耐勤劳，为聘鲍顾村捷三顾公之女，佳儿佳妇，承欢左右。现男孙二、女孙三，缉缉盈庭，欢笑一堂，门庭气象，为之一振。家亦丰裕，屋宇继起，田园渐增。虽无珠翠金紫，照耀厥躬，然孺人守贞抱节，苦尽甘来，得享晚景之乐，亦可少慰困苦之心矣。至孺人瑰节琦行，自足感发后人，激励末俗，标炳于人间，岂浮文饰词所能表其节义于万一也哉？邑人钦其苦节，已详列事实闻于上，蒙赐匾额，表厥宅里。今岁十月十九日为令孙同兴合卺良辰，众亲友景仰情深，拟于前一日制锦称觞，为孺人祝六帙之庆，而征序于余，辞不获已，乃不揣谫陋，质以序之。作彤管纪百忍之风，当兕觥效三呼之祝。

山东省立医学专门毕业，历任县商会主席，世谊柳扬清敬撰。

山东省立第四师范毕业，前县立高级教员，乡眷晚贾纯熙敬。

（选自贾纯熙手稿墨迹，见安君、卞涛主编《博兴文化大观·书画卷》，第147～150页，中国文史出版社2014年版）

柳扬清（生卒年不详），字文波，博兴人。毕业于山东省立医学专门学校。民国二十年博兴县商会主席，二十二年博兴县教育会账务分会主席。民国《续修博兴县志》名誉采访员。

致烈士家属的一封信①

王罗孝

杨学宋先生：

你们在八月的来信，我们已收到了。关于杨志山同志光荣牺牲的事情，因我们部队进行了整编，干部同志调动频繁，所以没有时间通知你们，这是值得我们检讨的。今将烈士杨志山同志光荣牺牲的详情述后：

杨志山同志自从进军大西南，就在我们营任卫生员工作，去年在卫训队毕业后，又回我们营工作。在一九五二年四月八日，我营奉命到云南省中甸县剿匪，于四月十二日在中甸县小中甸区博弄古村与匪展开了激烈的攻坚战，我军发现伤亡后，我们英勇顽强战斗。勇敢的杨志山同志不顾自己的一切，冒着敌人的射击，抢救伤员。同志们都说："志山同志，等一会再上去吧！"他毫不犹豫的说："我是共产党员，我是卫生员，我的任务是抢救伤员，我要完成党

① 编者按：杨志山，博兴人，中国共产党党员，中国人民解放军第二野战军四十二师一二六团卫生连护士长，在西南剿匪中于云南省中甸县小中甸区博弄古村牺牲。杨学宋，系烈士之父。

给我的任务，为革命、为人民除害。牺牲是无尚光荣的！”就这样，他在距敌二三十公尺处，以他敏捷的包扎技术，一连包了五个伤员。在包第六个伤员的时候，因离敌人太近了，他只怕伤员同志受苦，不顾一切的在包扎。这时，他为了革命事业，为了人民，竟然忘记了自己是在战场上！我们的好同志杨志山竟头部中弹而壮烈的为人民流尽了最后一滴鲜血！

当我们知道杨志山同志光荣牺牲时，我们每一个同志都更增加了对敌人的仇恨，我们大家都奋不顾身的上起刺刀，冲进了匪穴，将土匪全部消灭，给杨志山同志报了仇，给人民除了害。

杨志山同志牺牲后，我每一个同志都很难过，而失掉了一位战斗勇敢的革命战友，失掉了一个关心同志、爱护伤病员的好卫生员。我们曾在中甸县城内，与群众在一起开了追悼会，在会上同志们都表示今后要加速国防军的建设，早一天消灭帝国主义，来完成烈士同志的遗志！

杨志山同志牺牲、埋葬地点与时间：

牺牲在一九五二年四月十一日下午七时三十分钟，于云南省中甸县小中甸区博弄古村。安葬于中甸县小中甸村东南角三华里山下广场中，头向南，有烈士碑为记。

我们这封信到家后，请不必过于悲伤。要知道，志山同志是为人民、为祖国而光荣牺牲的，我们的全国人民是永远忘不了他的！他的肉体虽为人民而消逝了，但他那种忠心耿耿为人民服务的精神，是永远在人民心里面的。他的精神是永垂不朽的！

致以

革命敬礼。

（我们上级还有正式通知给博兴县政府。）

营　　长：王罗孝

政治教导员：王福成

公元一九五二年十月八日于中甸县小中甸村

（录自书信原件）

王罗孝（生卒年不详），籍贯不详，中国人民解放军二野六纵十八旅五十三团三营营长。

邑人文集

博兴历代文汇

任昉文录

《全梁文·任昉》

（选自《全梁文》卷四十一至卷四十四，见严可均校辑《全上古三代秦汉三国六朝文》，第3187～3206页，中华书局1958年版）

赋体[①]

俶征侣兮舣行舟，奉君命兮不俟驾。属轩轨之易循，值尧民之可化。惭孺雉之声朝，恶细鱼之在夜。奉玉检之陆离，待金罍之云舍。

静思堂秋竹应诏

静思堂，连洞房。临曲沼，夹修篁。竹宫丰丽于甘泉之右，竹殿弘敞于神嘉之傍。绿条发丹楹，翠叶映雕梁。入户扫文石，傍檐拂象床。常生偶兰桂，结实值鸳皇。逢性与之至道，偶斯文之在兹。欢柏梁之有赋，恨相如之异时。

封梁公诏

夫日月丽天，高明所以表德；山岳题地，柔博所以成功。故能庶物出而资始，河海振而不泄。二象贞观，代之者人。是以七辅四叔，致无为于轩昊；韦彭齐晋，靖衰乱于殷周。大司马攸纵自天，体兹齐圣。文洽九功，武苞七德。钦惟厥始，徽猷早树。诚著艰难，功参帷幕。锡赋开壤，式表厥庸。建武升历，边隙屡启。公释书辍讲，经营四方。司豫悬切，樊汉危殆。覆强寇于沔滨，僵胡马于邓汭。永元肇号，难结群丑。专威擅虐，毒被含灵。溥天惴

① 编者按：底本此文前选有《答陆倕感知己赋》，已见第86页《陆倕传》，不再重复录入。

惴，命悬晷刻。否终有期，神谟载挺。首建大策，惟新鼎祚。投袂勤王，沿流电举。鲁城云撤，夏汭露披。加湖群盗，一鼓殄拔；姑熟连旌，倏焉冰泮。取新垒其如拾芥，扑朱爵其犹扫尘。霆电外骇，省闼内倾。余丑纤蠹，蚳蝝必尽。援彼已溺，解此倒悬。涂欢里抃，自近及远。畿甸夷穆，方外肃宁。解兹虐网，被以宽政。积弊穷昏，一朝载廓。声教遐渐，无思不被。虽伊尹之执兹壹德，姬旦之光于四海，方斯蔑如也。昔吕望翼佐圣君，犹享四履之命；文侯立功平后，尚荷二弓之锡。况于盛德元勋，超迈自古。黔首惵惵，待以为命。救其已然，拯其方斫。式闾表墓，未或能比。而大辂渠门，辍而莫授；眷言前训，无忘终食。便宜敬升大典，式允群望。其进位相国、总百揆、扬州刺史、封十郡为梁公，备九锡之礼，加玺绂远游冠，位在诸王上，加相国绿綟绶，其骠骑大将军如故，依旧置梁百司。①

进梁公爵为王诏

嵩高惟岳，配天所以流称；大启南阳，霸德所以光阐。忠诚简帝，番君膺上爵之尊；勤劳王室，姬公增附庸之地。前王令典，布诸方策。长祚字氓，罔不由此。相国梁公，体兹上哲，齐圣广渊。文教内洽，武功外畅。推毂作藩，则威怀被于殊俗；治兵教战，则霆雷赫于万里。道丧时昏，谗邪孔炽。岂徒宗社如缀、神器莫主而已哉？至于兆庶歼亡，衣冠殄灭。余类残喘，指命崇朝。含生业业，投足无所。遂乃山川反覆，草木涂地。与夫仁被行苇之时，信及豚鱼之日，何其辽敻相去之远欤？公命师鞠旅，指景长骛。而本朝危切，樊邓遐远。凶徒盘据，水陆相望。爰自姑熟，届于夏首。严城劲卒，凭川为固。公沿汉浮江，电激风扫。舟徒水覆，地险云倾。藉兹义勇，前无强阵。拯危京邑，清我帝畿。扑既燎于原火，免将诛于比屋。悠悠兆庶，命不在天。茫茫六合，咸受其赐。匡俗正本，人不失职。仁信并行，礼乐同畅。伊、周未足方轨，桓、文远有惭德。而爵后藩牧，地终秦楚。非所以式酬光烈，允答元勋。

① 原注：《梁书·武帝纪上》。案：《任昉传》："梁台建，禅让文诰，多昉所具。"《丘迟传》："时劝进梁王及殊礼，皆迟文也。"《沈约传》："高祖命草其事，约乃出怀中诏书，并诸选置，高祖初无所改。"今据之，以禅让文诰编入昉集中。

实由公履谦为本，形于造次。嘉数未申，晦朔增伫。便宜崇斯礼秩，允副遐迩之望。可进梁公爵为王，以豫州之南谯、庐江，江州之寻阳，郢州之武昌、西阳，南徐州之南琅邪、南东海、晋陵，杨州之临海、永嘉十郡益梁国，并前为二十郡，其相国、扬州牧、骠骑大将军如故。

禅位诏

夫五德更始，三正迭兴。驭物资贤，登庸启圣。故帝迹所以代昌，王度所以改耀。革晦以明，由来尚矣。齐德沦微，危亡荐袭。隆昌凶虐，实违天地。永元昏暴，取紊人神。三光再沈，七庙如缀。鼎业几移，含识知泯。我高明之祚，眇焉将坠。永惟屯难，冰谷载怀。相国梁王，天诞睿哲，神纵灵武。德格玄祇，功均造物。止宗社之横流，反生人之涂炭。扶倾颓构之下，拯溺逝川之中。九区重缉，四维更纽。绝礼还纪，崩乐复张。文馆盈绅，戎亭息警。浃海寓以驰风，罄轮裳而禀朔。八表呈祥，五灵效祉。岂止鳞羽祯奇、云星瑞色而已哉。勋茂于百王，道昭乎万代。固以明配上天、光华日月者也。河岳表革命之符，图谶纪代终之运。乐推之心，幽显共积；歌颂之诚，华裔同著。昔水政既微，木德升绪。天之历数，实有所归。握镜璇枢，允集明哲。朕虽庸蔽，暗于大道。永鉴崇替，为日已久。敢忘列代之高义、人祇之至愿乎？今便敬禅于梁，即安姑熟，依唐虞晋宋故事。

梁武帝初封诸功臣诏

草昧权舆，事深缔构。康俗成务，义在庇民。自非群才并轨、文武宣翼，将何以启兹景祚、弘此帝图？或运筹帷帐、经启王业，或攻城略野、殉义忘生，或腹心爪牙、折冲御侮，忠勤茂德、夷险一致，并宜建国开宇，藩屏王室。山河之誓，永永无穷。

武帝追封永阳王诏

亡兄德履冲粹，识业深通。徽声善誉，风流籍甚。道长世短，清尘缅邈。感惟既往，永慕恸心。可追封永阳郡王。

追封丞相长沙王诏

夫褒崇名器，率由旧章。光昭德祀，永世作则。亡兄道被如仁，功深微管。悬诸日月，久而弥新。故能拯龟玉于已毁，道涸源于将塞。今理运惟新，贤戚并建。感惟永远，触目崩心。可追封长沙郡王。

追封衡阳王桂阳王诏

亡弟畅，风标秀物，器体淹弘。朱方之役，尽勤王事。策出无方，物惟不赏。亡弟融，业行清简，风度闲绰。蚤优名辈，夙广令闻。朕应天绍命，君临万寓。祚启郇滕，感兴鲁卫。事往运来，永怀伤切。畅可追封衡阳郡王，融可追封南阳郡王。

封临川安兴建安等五王诏①

神州帝城，冠冕列岳。渚宫樊邓，形胜是归。居中作卫，翼宣戎重。隆兹宠号，实允旧章。并非亲勿居，惟贤斯授。宏，朕之介弟，早富德誉。董一蕃政，缉是嘉庸。国礼家情，瞻寄隆重。秀，风颖俊迈，诚业标简。任居蕃翰，政以化成。伟，体韵淹穆，神宇凝正。经纶夷险，参赞王业。②

---

① 编者按：本文又作沈约作，《全梁文》卷二十六《沈约·二》有全文，后附。

② 原注：《艺文类聚》五十一。案，《文苑英华》四百四十四有全文，以为沈约作。

附：封授临川等五王诏（天监元年四月丙寅）

门下：神牧帝乡，冠冕列岳；渚宫樊邓，形胜是归。居中作卫，翌宣戎勋；隆兹宠号，实允旧章。并非亲勿居，惟贤斯授。西中郎将护军宏，朕之介弟，早宣德誉。董一藩政，缉是嘉庸。国礼家情，瞻寄隆重。使持节督南徐、兖二州诸军，北中郎将，南徐州刺史秀，风颖隽迈，识业标简。任居藩翰，政以化成。使持节都督雍、梁、南北秦四州诸军事，安北将军，宁蛮校尉，雍州刺史伟，体韵淹穆，神寓凝正。经纶夷雅，参赞王业。冠军右卫将军恢，神检外洽，渊量内湛。奉职钩陈，周卫以穆。使持节督荆、湘、益、宁、南北秦七州诸军事，安西将军，荆州刺史憺，秀识冲情，允文允武。经启王业，实有厥勤。并契阔绸缪，分形并气，处家尽其匪躬。朕承运迭兴，光宅四海。藩维广树，经朔攸属。出纳之宜，望实惟允。宏可使持节、散骑常侍、都督扬、南徐州诸军事、后将军、扬州刺史，封临川郡王。秀可进号征虏将军，余官如故，封安成郡王。伟可使持节、散骑常侍、都督雍、梁、荆、宁、南北秦六州、郢州之竟陵、司州之随郡诸军事、宁蛮校尉、雍州刺史，将军如故，封建安郡王。恢可侍中、前将军、领石头戍事、领兵景佐，封鄱阳郡王。憺可使持节、都督荆、湘、益、宁四州诸军事、平西将军、荆州刺史，封始兴郡王。食邑各二千户。①

（选自《全梁文》卷二十六，见严可均校辑《全上古三代秦汉三国六朝文》，第3104页，中华书局1958年版）

求荐士诏

夫进贤茂赏，蔽善明罚。前王盛则，咸必由之。朕纂统洪业，夤畏大宝。思求俊异，协赞雍熙。历听九工，物色舆皂。而白驹盈谷，苌楚未刈。所以临朝永叹，日旲伊伫。便可博询卿士，各举所知。将量才授能，擢以不次。庶同则哲之明，称朕急贤之旨。

① 原注：《文艺英华》四百四十四，又略见《艺文类聚》五十一，以为任昉作。

策梁公九锡文

二仪寂寞，由寒暑而代行；三才并用，资立人以为宝。故能流形品物，仰代天工。允兹元辅，应期挺秀。裁成天地之功，幽协神明之德。拨乱反正，济俗宁人。盛烈光于有道，大勋振于无外。虽伊陟之保乂王家，姬公之有此丕训，方之蔑如也。今将授公典策，其敬听朕命：上天不造，难钟皇室，元帝[①]以休明早崩，简文[②]以仁弱不嗣。高宗袭统，宸居弗永。虽夙夜劬劳，而隆平不洽。嗣君昏暴，书契弗睹。朝权国柄，委之群孽。剿戮忠贤，诛残台辅。含冤抱痛，噍类靡余。实繁非一，并专国命。嚬笑致灾，睚眦及祸。严科毒赋，载离比屋。溥天熬熬，置身无所。冤颈引决，道树相望。无近无远，号天靡告。公藉昏明之期，因兆人之愿。援帅圣后，翊成中兴。宗社之危已固，天人之望允塞。此实公纽我绝纲，大造皇家者也。永明季年，边隙大启。荆河连率，招引戎荒。江淮扰逼，势同履虎。公受言本朝，轻兵赴袭。縻以长算，制之环中。排危冒险，强柔递用。坦然一方，还成藩服。此又公之功也。在昔隆昌，洪基已谢。高宗虑深社稷，将行权道。公定策帷帐，激扬大节。废帝立王，谋猷深著。此又公之功也。建武阐业，厥猷虽远。戎狄内侵，凭陵关塞。司部危逼，沦陷指期。公治兵外讨，卷甲长骛，接距交绥，电激风扫，摧坚覆锐，咽水涂原，执俘象魏，献馘海渚，焚庐毁帐，号哭言归，此又公之功也。樊汉阽切，羽书续至；公星言鞠旅，禀命徂征，而军机戎统，事非己出，善策嘉谋，抑而莫允，邓城之役，胡马卒至，元帅潜及，不相告报，弃甲捐师，饵之虎口；公南收散卒，北御雕骑，全众方轨，案路徐归，拯我边危，重获安堵，此又公之功也。汉南回弱，咫尺勍寇，兵粮尽阙，器甲靡遗；公作藩爰始，因资靡托，整兵训卒，搜狩有序，俾我危城，翻为强镇，此又公之功也。永元纪号，瞻乌已及，虽废昏有典，而伊霍称难，公首建大策，爰立明圣，义逾邑纶，勋高代入，易乱以化，俾昏作明，此又公之功也。文王之风，虽被江

① 原注：《南史》作世祖。案：即武帝，此云元帝，当考。

② 原注：《南史》作世宗。案：即文惠太子。

汉，京邑蠢动，湮为洪流，句吴于越，巢幕匪喻；公投袂万里，事惟拯溺，义声所覃，无思不韪，此又公之功也。鲁城夏汭，梗据中流，乘山置垒，萦川自固；公御此乌集，陵兹地险，顿兵坐甲，寒往暑移，我行永久，士忘归愿，经以远图，御以长策，费无遗矢，战未穷兵，践华之固，相望俱拔，此又公之功也。惟此群凶，同恶相济，缘江负险，蚁聚加湖。水陆盘据，规援夏首，桴旝一临，应时褫溃，此又公之功也。奸孽震皇，复怀举斧，蓄兵九派，用拟勤王；公稜威直指，势逾风电，旌旆未临，全州稽服，此又公之功也。姑熟冲要，密迩京畿，凶徒炽聚，断塞津路，公偏师启涂，排方继及，兵威所震，望旗自骇，焚舟委壁，卷甲宵遁，此又公之功也。群竖猖狂，志在借一，豕突淮涘，武骑如云；公爰命英勇，因机骋锐，气冠版泉，势逾洹水，追奔逐北，奄有通津，熊耳比峻，未足云拟，睢水不流，曷其能及，此又公之功也。琅邪石首，襟带岨固，新垒东墉，金汤是埒，凭险作守，兵食兼资，风激电骇，莫不震叠，城复于隍，于是乎在，此又公之功也。独夫昏狠，凭城靡惧，鼓钟鞺鞳，傲若有余，狎是邪孽，忌斯冠冕，凶狡因之，将逞孥戮；公奇谟密运，盛略潜通。忠勇之徒，得申厥效，白旗宣室，未之或比，此又公之功也。公有拯亿兆之勋，重之以明德，爰初厉志，服道儒门，濯缨来仕，清猷映代，时运艰难，宗社危殆，昆冈已燎，玉石同焚，驱率貔貅，抑扬霆电，义等南巢，功齐牧野；若夫禹功寂寞，微管谁嗣，拯其将鱼，驱其被发，解兹乱网，理此棼丝，复礼衽席，反乐河海，永平故事，闻之者叹息，司隶旧章，见之者陨涕，请我民命，还之斗极，悯悯搢绅，重荷戴天之庆，哀哀黔首，复蒙履地之恩，德逾嵩岱，功邻造物，超哉邈矣，越无得而言焉。朕又闻之，畴庸命德，建侯作屏，咸用克固四维，永隆万叶，是以二南流化，九伯斯征，王道淳洽，刑措罔用，覆政弗兴，历兹永久，如毁既及，晋郑靡依。惟公经纶天地，宁济区夏，道冠乎伊稷，赏薄于桓文，岂所以宪章齐鲁，长辔宇宙？敬惟前烈，朕甚惧焉。今进授相国，改扬州刺史为牧，以豫州之梁郡、历阳，南徐州之义兴，扬州之淮南、宣城、吴、吴兴、会稽、新安、东阳十郡[①]封公为梁公，锡兹白土，苴以白茅，爰定尔邦，用建冢社。在昔旦奭，入居保佑，逮于毕毛，亦作

① 编者按：底本原文阙吴，据《梁书·武帝纪》补入。

卿士，任兼内外，礼实宜之。今命使持节兼太尉王亮、授相国扬州牧印绶、梁公玺绂，使持节兼司空王志授梁公茅士，金虎符第一至第五左，竹使符第一至第十左，相国位冠群后，任总百司，恒典彝数，宜与事革，其以相国总百揆，去录尚书之号，上所假节、侍中、貂蝉、中书监印，中外都督大司马印绶，建安公印策，骠骑大将军如故。又加公九锡，其敬听后命；以公礼律兼修，刑德备举，哀矜折狱，罔不用情，是用锡公大辂戎辂各一，玄牡二驷；公劳心稼穑，念在人天，丕崇本务，惟谷是宝，是用锡公衮冕之服，赤舄副焉；公镕钧所被，变风以雅，易俗陶民，载和邦国，是用锡公轩悬之乐，六佾之舞；公文德广覃，义声远洽，椎髻鞮首，夷歌请吏，是用锡公朱户以居；公扬清抑浊，官方有序，多士聿兴，《棫朴》流咏，是用锡公纳陛以登；公正色御下，以身轨物，式遏不虞，折冲惟远，是用锡公虎贲之士三百人；公威同夏日，志清奸宄，放命圮族，刑兹罔赦，是用锡公铁钺各一；公跨蹑嵩溟，陵厉区宇，譬诸日月，容光必至，是用锡公彤弓一，彤矢百，卢弓十，卢矢千；公永言惟孝，至感通神，恭严祀典，祭有余敬，是用锡公秬鬯一卣，圭瓒副焉。梁国置丞相以下，一遵旧式。钦哉！其敬循往策，祇服大礼，对扬天眷，用膺多福，以弘我太祖之休命。

禅位梁王策

咨尔梁王，惟昔邃古之载，肇有生人，皇雄大庭之辟，赫胥尊卢之后，斯并龙图鸟迹以前，恍忽杳冥之世，固无得而详焉。洎乎农轩炎皞之代，放勋重华之主，莫不以大道君万姓。公器御八弦，居之如执朽索，去之若捐重负。一驾汾阳，便有窅然之志；暂适箕岭，即动让王之心。故知戴黄屋，服玉玺，非所以示贵称尊；乘大辂，建旂旌，盖欲令归趣有地。是故忘己而字兆人，殉物而君四海。及于精华内竭，畚橇外劳，则抚兹归运，惟能是与；况兼乎笙管革文，威图启瑞，摄提夜朗，荧光昼发者哉？四百告终，有汉所以高揖；黄德既谢，魏氏所以乐推。爰及晋宋，亦弘斯典。我太祖握《河》受历，应符启运。二叶重光，三圣系轨。嗣君丧德，昏弃纪度，毁紊天纲，凋绝地纽，茫茫九域，剪为仇雠，溥天相顾，命悬晷刻，斫涉刳孕，于事已轻，求鸡征杖，曾何足譬？是以谷满川枯，山飞鬼哭，七庙已危，人神无主。惟王体兹上哲，明圣在躬，禀灵五纬，明并日月，彝伦攸序，则端冕而协邕熙，时难孔棘，则推锋而拯涂炭，功逾造物，德济苍生，泽无不渐，仁无不被，上达苍昊，下及川泉，文教与鹏翼齐举，武功与日车并运，固以幽显宅心，讴讼斯属，岂徒桴鼓播地，卿云丛天而已哉？至如昼睹争明，夜飞枉矢，土沴彗刺，日既星亡，除旧之徵必显，更姓之符允集；是以义师初践，芳露凝甘，仁风既被，素文自扰，北阙藁街之使，风车火徼之民，膜拜稽首，愿为臣妾，钟石毕变，事表于迁虞，蛟鱼并出，义彰于事夏。若夫长人御众，为之司牧，本同己于万物，乃因心于百姓，宝命无常主，帝王非一族；今仰祇乾象，俯借人愿，敬禅神器，授帝位于尔躬，大祚告穷，天禄永终。於戏！王允执其中，式遵前典，以副昊天之望，禋上祀而临亿兆，格文祖而膺大业，以传无疆之祚，岂不盛欤？

禅位梁王玺书

夫生者，天地之大德；人者，含生之通称。并首同本，未知所以异也。而禀灵造化，愚贤之情不一；托性五常，强柔之分或舛。群后靡一，争犯交兴。是故建君立长，用相司牧，非谓尊骄在上，以天下为私者也。兼以三正迭改，五运相迁，绿文赤字，徵河表洛，在昔勋华，深达兹义，眷求明哲，授以蒸人。迁虞事夏，本因心于百姓；殷化为周，实受命于苍昊。爰自汉魏，罔不率由；降及晋宋，亦遵斯典。我高皇所以格文祖而抚归运，畏上天而恭宝历者也。至于季世，祸乱荐臻，王度纷纠，奸回炽积，亿兆夷人，刀俎为命，已然之逼，若线之危，跼天蹐地，逃形无所，群凶挟煽，志逞残戮，将欲先殄衣冠，次移龟鼎，衡保周召，并列宵人，巢幕累卵，方此非切，自非英圣远图，仁为己任，则鸱枭厉吻，翦焉已及。惟王崇高则天，博厚仪地，镕铸六合，陶甄万有。锋驲交驰，振灵武以遐略；云雷方扇，鞠义旅以勤王。扬旍旆于远路，戮奸宄于魏阙。德冠往初，功无与二，弘济艰难，缉熙王道。怀柔万姓，经营四方，举直措枉，较如画一。待旦同乎殷后，日昃过于周文。风化肃穆，礼乐交畅，加以赦过宥罪，神武不杀，盛德昭于景纬，至义感于鬼神。若夫纳彼大麓，膺此归运，烈风不迷，乐推攸在。治五韪于已乱，重九鼎于既轻。自声教所及，车书所至，革面回首，讴吟德泽。九山灭祲，四渎安流，祥风扇起，淫雨静息。玄甲游于芳荃，素文驯于郊苑。跃九川于清汉，鸣六象于高冈。灵瑞杂沓，玄符昭著。至于星孛紫宫，水效孟月，飞鸿满野，长彗横天。取新之应既昭，革故之徵必显。加以天表秀特，轩状尧姿，君临之符，谅非一揆。《书》云："天鉴厥德，用集大命。"《诗》云："文王在上，于昭于天。"所以二仪乃眷，幽明允叶，岂惟宅是万邦，缉兹讴讼而已哉。朕是用拥璇沈首，属怀圣哲；昔水行告厌，我太祖既受命，代终在日，天禄云谢，亦以木德而传于梁，远寻前典，降惟近代，百辟遐迩，莫违朕心。今遣使持节、兼太保、侍中、中书监兼尚书令、汝南县开国侯亮、兼太尉、散骑常侍、中书令、新吴县开国侯志、奉皇帝玺绂，受终之礼，一依唐虞故事，王其陟兹元后，君临万方，式传洪烈，以答上天之休命。

为齐宣德皇后令

西诏至，帝宪章前代，敬禅神器于梁，明可临轩，遣使恭授玺绂，未亡人便归于别宫。

齐宣德皇后答梁王令

承固兹谦揖，未膺大典，敬复雅旨，良有怃然。夫至寂难原，言象所绝，教思有律，感通斯在。所以异人者神明，同人者用舍。王诞兹上睿，对越天行，德冠二仪，化周群动，生民以来，一人而已。但达节弘道，每濡迹于中庸；神照惟几，不抑心于钻仰。范宣既让，其下取则。况圣图睿范，歌思是归，廉约虽弘，庆赏遂替。诚贤者悦义，长难进之风；不肖者矜功，沮竭力之效。劝沮之间，所差已远。王何得不暂纡雅何，允答天人，使朕夜艾以安，早朝有预。今遣率兹百辟，申荐诚款，万致一涂，烦言可略。

宣德皇后敦劝梁王令

宣德皇后敬问具位，夫功在不赏，故庸勋之典盖阙，施侔造物，则谢德之途已寡也。要不得不强为之名，使荃宰有寄。公实天生德，齐圣广渊。不改参辰，而九星仰止；不易日月，而二仪贞观。在昔晦明，隐鳞戢翼。博通群籍，而让齿乎一卷之师；剑气凌云，而屈迹于万夫之下。辩折天口，而似不能言；文擅雕龙，而成辄削稿。爰在弱冠，首应弓旌。客游梁朝，则声华籍甚；荐名宰府，则延誉自高。隆昌季年，勤王始著，建武惟新，缔构斯在。功隆赏薄，嘉庸莫畴。一马之田，介山之志愈厉；六百之秩，大树之号斯存。及拥旄司部，代马不敢南牧；推毂樊邓，胡尘罕尝夕起。惟彼狡僮，穷凶极虐，衣冠泯绝，礼乐崩丧。既而鞠旅誓众，言谋王室。白羽一麾，黄鸟底定。甲既鳞下，车以瓦裂。致天之届，拱揖群后。丰功厚利，无得而称。是以祥光总至，休气四塞，五老游河，飞星入昴，元功茂勋，若斯之盛。而地狭乎四履，势卑乎九伯。帝有恧焉，辎轩萃止。今遣某位某甲等，率兹百辟，人致其诚，庶匪席之旨，不远而复。

又重敦劝梁王令

朕闻匹夫好仁，义在磨踵；君子行道，达斯兼济。未有尽器穷神，蕴徽章乎天植；高奠中樽，睹倾罍而弗极。惟王德冠往初，功无与二,四时等契，两曜齐明，拟度天行，取则乾健。而运距难季，道极百王，援义而起，一戎大定，罗山革草，罔不率从。用使商庭产蒸，周阙树梓，倾宫既散，鹿台靡蓄，盛德大业，巍巍若此。日者事岐之号，爰发帝言，殊物备礼，率由寡昧。虽复云竿载路，清跸启行，昭德报功，未臻其极。而高揖天休，远存克让，俾予未亡，与惭日昃。今遣率兹百辟，人致诚请，庶有感睿心，霈然降志。

为梁武帝集坟籍令

令：近灾起柏梁，遂延渠阁，青编素简，一同煨烬，缃囊缇帙，荡然无余。故以痛深秦末，悲甚汉季，求之天道，昭然有徵，岂不以昏嗣作孽，礼乐崩坏？及圣人有作，更俟兹辰，今虽百度草创，日不暇给，而下车所务，非此孰先？便宜选陈农之才，采河间之阙，怀铅握素，汗简杀青，依秘阁旧录，速加缮写，便施行。

为梁武帝断华侈令

令：夫在上化下，草偃风从，俗之浇淳，恒由此作。自永元失德，书契未纪，穷昏极悖，焉可胜言。既而璇室外构，倾宫内积，奇伎异服，单所未见，上慢下暴，淫侈竞驰，国命朝权，改移近习，贩官鬻爵，贿货公行。并甲第康衢，渐台广夏。长袖低昂，等和戎之锡；珍羞百品，同伐冰之家。愚人因之，浸以成俗，忏艳爽竞，夸丽相高。至乃市井之家，貂狐在御；工商之子，缇绣是袭。日入之次，夜艾未反，昧爽之朝，期之清旭。今圣明肇运，厉精惟始，虽曰缵戎，殆同创革。且淫费之后，继以兴师，巨桥鹿台，雕罄不一。孤忝荷宠任，务在澄清，思所以仰赞皇朝大帛之旨，俯厉微躬粗衰之义，解而更张，斫雕为朴，自非可以奉粢盛，修绂冕，习礼乐之容，缮甲兵之备，此外众费，一皆禁绝，御府中署，量宜罢省，掖廷备御妾之数，大予绝郑卫之音，仰度朝旨，暗同此意。其中有可以率先卿士，准的庶萌，菲食薄衣，请自孤始。加以群才并轨，九官咸事，若能人务退食，竟存约己，移风易俗，庶期月有成。昔毛玠在朝，士大夫不敢靡衣愉食，魏武叹曰："孤之法不如毛尚书。"孤虽德谢往贤，任重先达，实望多士，得其此心。外可详为条格，以时施行。

天监三年策秀才文

问秀才：朕长驱樊邓，直指商郊，因借时来，乘此历运，当扆永念，犹怀惭德。何者？百王之弊，齐季斯甚，衣冠礼乐，扫地无余，斫雕刓方，经纶草昧。采三王之礼，冠履粗分；因六代之乐，宫判始辨。而百度革创，仓廪未实。若终亩不税，则国用靡资；百姓不足，则恻隐深虑。每时入刍稿，岁课田租，愀然疚怀，如怜赤子。今欲使朕无满堂之念，民有家给之饶，渐登九年之畜，稍去关市之赋。子大夫当此三道，利用宾王，斯理何从，伫闻良说。

问：朕本自诸生，弱龄有志，闭户自精，开卷独得。九流七略，颇常观览，六艺百家，庶非墙面。虽一日万几，早朝晏罢，听览之暇，三余靡失。上之化下，草偃风从，惟此虚寡，弗能动俗。昔紫衣贱服，犹化齐风，长缨鄙好，且变邹俗。虽德惭往贤，业优前事，且夫搢绅道行，禄利然也。朕倾心骏骨，非惧真龙，辎軿青紫，如拾地芥。而惰游废业，十室而九，鸣鸟蔑闻，子衿不作，弘奖之路，斯既然矣，犹其寂寞，应有良规。

问：朕立谏鼓，设谤木，于兹三年矣，比虽辐凑阙下，多非政要，日伏青蒲，罕能切直。将齐季多讳，风流遂往，将谓朕空然慕古，虚受弗弘。然自君临万寓，介在民上，何尝以一言失旨，转徙朔方，睚眦有违，论输左校。而使直臣杜口，忠谠路绝，将恐弘长之道，别有未周。悉意以陈，极言无隐。

为齐竟陵王世子临会稽郡教

富室兼并，前史共蠹，大姓侵威，往哲攸嫉。而权豪之族，擅割林池，势富之家，专利山海，至乃水称峻。

吏部郎表

郎官之重，千金非譬。爰在前世，实光选造，清通为首，终遂弗居，深识为度，累荐无获，承乏摄官，顾知其望。方今皇明御宇，升长咸亨，泾渭搢绅，无谬衡石，抑扬庶品，亦自能官，顾己循涯，孰用祗荷，唯知死所，未识所报。

为齐明帝让宣城郡公第一表

臣鸾言：被台司召，以臣为侍中、中书监、骠骑大将军、开府仪同三司、杨州刺史、录尚书事，封宣城郡开国公，食邑三千户，加兵五千人。臣本庸才，智力浅短。太祖高皇帝笃犹子之爱，降家人之慈；世祖武皇帝情等布衣，寄深同气。武皇大渐，实奉话言，虽自见之明，庸近所蔽，愚夫一至，偶识量己，实不忍自固于缀衣之辰，拒违于玉几之侧，遂荷顾托，导扬末命，虽嗣君弃常，获罪宣德，王室不造，职臣之由。何者？亲则东牟，任惟博陆，徒怀子孟社稷之对，何救昌邑争臣之讥，四海之议，于何逃责？且陵土未干，训誓在耳，家国之事，一至于斯，非臣之尤，谁任其咎？将何以肃拜高寝，虔奉武园，悼心失图，泣血待旦，宁容复徼荣于家耻，宴安于国危？骠骑上将之元勋，神州仪刑之列岳，尚书古称司会，中书实管王言，且虚饰宠章，委成御侮，臣知不惬，物谁谓宜？但命轻鸿毛，责重山岳，存没同归，毁誉一贯，辞一官不减身累，增一职已黩朝经。便当自同体国，不为饰让。至于功均一匡，赏同千室，光宅近甸，奄有全邦，殒越为期，不敢闻命；亦愿曲留降鉴，即垂顺许，巨平之恳诚必固，永昌之丹慊获申，乃知君臣之道，绰有余裕，苟日易昭，敢守难夺，故可庶心弘议，酌己亲物者矣。不胜荷惧屏营之诚，谨附某官某甲奉表以闻，臣讳诚惶诚恐。

为范尚书让吏部封侯第一表

臣云言：被尚书召，以臣为散骑常侍、吏部尚书，封霄城县开国侯，食邑千户。奉命震惊，心颜无措。臣云顿首顿首，死罪死罪。臣素门凡流，轮翩无取，进谢中庸，退惭狂狷。固尝钻厉求学，而一经不治，篆刻为文，而三冬靡就。负书燕魏，空殚菽粟，蹑屩齐楚，徒失贫贱。既而分虎出守，以囊被见嗤。持斧作牧，以薏苡兴谤；赭衣为虏，见狱吏之尊。除名为民，知井臼之逸。百年上寿，既曰徒然，如其诚说，亦以过半。乱离斯瘼，欲以安归，闭门荒郊，再离寒暑。兼以东皋数亩，控带朝夕，关外一区，怅望钟阜。虽室无赵女，而门多好事，禄微赐金，而欢同娱老，折芰燔枯，此焉自足。陛下应期万世，接统千祀，三千景附，八百不谋。臣衅等离心，功惭同德，泥首在颜，舆榇未毁，缔构草昧，敢叨天功，狱讼讴歌，示民同志；而隆器大名，一朝总集，顾己反躬，何以臻此？正当以接闬白水，列宅旧丰，忘舍讲之尤，存诸公之闬费，俯拾青紫，岂待明经？臣云顿首顿首，死罪死罪。夫铨衡之重，关诸隆替，远惟则哲，在帝犹难，汉魏已降，达识继轨，雅俗所归，惟称许郭，拔十得五，尚曰比肩，其余得失未闻，偶察童幼，天机暂发，顾无足算，在魏则毛玠公方，居晋则山涛识量，以臣况之，一何辽落。齐季陵迟，官方淆乱，鸿都不纲，西园成市，金章有盈笥之谈，华貂深不足之叹。草创惟始，义存改作，恭己南面，责成斯在，岂宜妄加宠私，以乏王事？附蝉之饰，空成宠章，求之公私，授受交失。近世侯者，功绪参差，或足食关中，或成军河内，或制胜帷幄，或门人加亲，或与时抑扬，或隐若敌国，或策定禁中，或功成野战，或盛德如卓茂，或师道如桓荣，或四姓侍祠，已无足纪，五侯外戚，且非旧章。而臣之所附，惟在恩泽，既义异畴庸，实荣乖儒者，虽小人贪幸，岂独无心？臣本自诸生，家承素业，门无富贵，易农而仕，乃祖玄平，道风秀世，爰在中兴，仪刑多士，位裁元凯，任止牧伯，高祖少连，夙秉高尚，所富者义，所乏者时，薄宦东朝，谢病下邑。先志不忘，愚臣是庶。且去岁冬初，国学之老博士耳，今兹首夏，将亚冢司，虽千秋之一日九迁，荀爽之十旬远至，方之微臣，未为速达。臣虽无识，惟利是视，至于亏名损实，为国为身，知其不可，不敢妄冒。陛下不弃营菅蒯，爱同丝麻，傥平生之言，犹在听览，宿心素志，无复贰辞，矜臣所乞，特回宠命，则彝章载穆，微物知免。臣今在假，不容诣省，不任荷惧之至，谨奉表以闻，臣云诚惶以下。

为萧扬州荐士表

臣王言：臣闻求贤暂劳，垂拱永逸，方之疏壤，取类导川。伏惟陛下，道隐旒纩，信充符玺，六飞同尘，五让高世，白驹空谷，振鹭在庭，犹惧隐鳞卜祝，藏器屠保，物色关下，委裘河上，非取制于一狐，谅求味于兼采，五声倦响，九工是询，寝议庙堂，借听舆皂。臣位任隆重，义兼家邦，实欲使名实不违，徼幸路绝，势门上品，犹当格以清谈，英俊下僚，不可限以位貌。窃见秘书丞琅邪臣王暕，年二十一，字思晦，七叶重光，海内冠冕，神清气茂，允迪中和，叔宝理遣之谈，彦辅名教之乐，故以晖映先达，领袖后进，居无尘杂，家有赐书，辞赋清新，属言玄远，室迩人旷，物疏道亲，养素丘园，台阶虚位，庠序公朝，万夫倾望，岂徒荀令可想、李公不亡而已哉？前晋安郡侯官令东海王僧孺，年三十五，字僧孺，理尚栖约，思致恬敏，既笔耕为养，亦佣书成学，至乃集萤映雪，编蒲缉柳，先言往行，人物雅俗，甘泉遗仪，南宫故事，画地成图，低掌可述，岂直鼮鼠有必对之辩，竹书无落简之谬。暕坐镇雅俗，弘益已多；僧孺访对不休，质疑斯在。并东序之秘宝，瑚琏之茂器，诚言以人废，而才实世资。临表悚战，犹惧未允，不任下情云云。

为褚咨议蓁让代兄袭封表

臣蓁言：昨被司徒符，仰称诏旨，许臣兄贲所请，以臣袭封南康郡公。臣门籍勋荫，光锡土宇；臣贲世载承家，允膺长德，而深鉴止足，脱屣千乘，遂乃远谬推恩，近萃庸薄，能以国让，弘义有归，匹夫难夺，守以勿贰。昔武始迫家臣之策，陵阳感鲍生之言，张以诚请，丁为理屈。且先臣以大宗绝绪，命臣出纂傍统，禀承在昔，理绝终天，永惟情事，触目崩殒，若使贲高延陵之风，臣忘子臧之节，是废德举，岂曰能贤？陛下察其丹款，特赐停绝，不然，投身草泽，苟遂愚诚耳不胜丹慊之至，谨诣阙拜表以闻，臣诚惶诚恐以下：

一日被司徒符印，称诏旨许臣兄贲所请，以臣绍封南康郡公。臣世属启圣，运偶时来，尚德畴庸，先锡士宇。臣贲载世承家，兄居长德，而量已夙退，内事园蔬，以臣行达幽明，早酷荼苦，贲天伦契至，友爱淳深，非直引堉推温，故逃迹让位，鞠育提养，以及人次，事死让生，尚均脱屣，取信十室，本若錙铢。乃远谬推恩，近沾庸薄，能以国让，弘义有归，匹夫难夺，守以勿二。昔武始迫家臣之策，陵阳感鲍矛之言，张以诚请，丁为理屈。且大宗绝绪，命臣出纂傍统，禀承在昔，理绝终天，永怀情事，触感崩裂。伏惟陛下俯权孤门哀荣之重，爰夺臣贲一至之轻，察其丹款，特赐停绝，至公允穆，微臣克幸。

又表

近冒披款，庶蒙哀亮，奉被还诏，未垂矜允，伏读周遑，罔置心诚。臣本凡劣，身名不限，标一善不足以验风流，存一让不足以弘进止。若乃富埒千驷，贵有邦家，二者之来，不期而至，中人犹其趑趄，凡近固宜勉勖。直以门绪有归，长德无二，若使贲高延陵之风，臣忘子臧之节，是废德举，岂曰能贤？陛下留心孤门，特深追远，故臣穷必呼天，凭威咫尺，贲婴疾沈固，公私废礼，逢不世之恩，遂良已之志，确然难夺，有理存焉。臣既承先旨，出纂傍统，受命有资，反身何奉，叙心感悼，勉义迫躬。臣贲息霁，年将志学，礼及趋拜，且私门世适，二三攸序，若天眷无已，必降殊私，乞以臣霁奉膺珪社，伏愿陛下圣慈，曲垂矜慎，如蒙哀允，施重含育。

为范始兴作求立太宰碑表

臣云言：原夫存树风猷，没著徽烈，既绝故老之口，必资不刊之书。而藏诸名山，则陵谷迁贸；府之延阁，则青编落简。然则配天之迹，存乎泗水之上；素王之道，纪于沂川之侧。由是崇师之义，拟迹于西河；尊主之情，致之于尧禹。故精庐妄启，必穷镌勒之盛；君长一城，亦尽刊刻之美。况乎甄陶周召，孕育伊颜。故太宰竟陵文宣王臣某，与存与亡，则义刑社稷，严天配帝，则周公其人，体国端朝，出藩入守。进思必告之道，退无苟利之专。五教以伦，百揆时序。若夫一言一行，盛德之风，琴书艺业，述作之茂。道非兼济，事止乐善，亦无得而称焉。人之云亡，忽移岁序，鸱鸮东徙，松槚成行，六府臣僚，三藩士女，人蓄油素，家怀铅笔，瞻彼景山，徒然望慕。昔晋氏初禁立碑，魏舒之亡，亦从班列，而阮略既泯，故首冒严科。为之者竟免刑戮，致之者反蒙嘉叹。至于道被如仁，功参微管，本宜在常均之外，故太宰渊、丞相嶷，亲贤并轨，即为成规。乞依二公前例，赐许刊立。宁容使长想九原，樵苏罔识其禁；驻驆长陵，辎轩不知所适。臣里闾孤贱，才无可甄，值齐网之弘，弛宾客之禁，策名委质，忽焉二纪，虑先犬马，厚恩不答，而敝帷毁盖，未蓐蝼蚁，珠襦玉匣，遽饰幽泉。陛下弘奖名教，不隔微物，使臣得骏奔南浦，长号北陵，既曲逢前施，实仰觊后泽，傥验杜预山顶之言，庶存马骏必拜之感，临表悲惧，言不自宣，臣诚惶已下。

为皇太子求一日一入朝表

臣闻内竖告安，姬昌怡色；鸣鸡戒旦，周发冠履。或以凉燠之侯，晨昏异宜；膳羞之和，鼎饪殊节。一辰三朝，称情犹简；终日承颜，在理斯惬。且长寿之对，抚循无已，驰道未穷，顾怀不辍。岂直下动天至，固亦上结慈衷。自顷半旬乃朝，遂为通制，事逾信次，义乖晨省。一日万几，不敢三尘御省，每旦改宿，特乞一至寝门。

为王思远让侍中表

行则六尺之内，陪接天光；语则亲玺申命，诚信区宇。献可替否，出纳惟几。敷奏于金华之上，进让于玉堂之下。金迁七贵之茂，王粲二公之孙。虽复仲蔚孤绪，元卿末裔，不阶民誉，妄承典私者也。

为萧侍中拜袭封表

诏书拜臣袭封竟陵郡王。臣以凡庸，素乏才植。皇朝尚德，诏爵惟贤。遂复出修职贡，入颁卿士。但有道之守，海外重扃，蕃篱近甸，无劳击柝，仰阅旧章，俯增私感，报国承家，岂云万一。

为梁公请刊改律令表

臣闻淳源既远，天讨是因，画衣象服，以致刑厝，草缨艾韠，民不能犯。及淳德下衰，运距浇季。汤刑禹政，不足禁奸；九法三章，无以息讼。所以赭衣塞路，圄犴成市，凝脂已疏，秋荼非苦。奸吏为市，生杀并用，可谓恸哭，岂徒一绪？夫肖貌天地，禀灵川岳。受体爱敬，发肤为重。流矢影风，顾有忧色。而当妄加刳斫，金木为伍。且夫刻木不对，画地不入。畏避若是，而动贻非命。王道为亏，良在于此。法开二门，为政之蠹。生杀多绪，谁其适从？

奏请郊庙备六代乐

据魏王肃议，《周礼》，宾客皆作备乐，况天地宗庙，事之大者。周官以下，六律、六吕、五声、八音、六舞大合乐，致鬼神以和邦国。请依王肃祀祭郊庙备六代乐。

奏弹曹景宗

御史中丞臣任昉稽首言：臣闻将军死绥，咫步无却，顾望避敌，逗橈有刑。至乃赵母深识，乞不为坐，魏主著令，抵罪已轻。是知败军之将，身死家戮，爰自古昔，明罚斯在。臣昉顿首顿首，死罪死罪。窃寻獯狁侵轶，暂扰疆陲，王师薄伐，所向风靡。是以淮徐献捷，河兖凯归。东关无一战之劳，涂中罕千金之费。而司部悬隔，斜临寇境。故使狡虏凭陵，淹移岁月。故司州刺史蔡道恭，率厉义勇，奋不顾命，全城守死，自冬徂秋，犹有转战无穷，亟摧丑虏。方之居延，则陵降而恭守；比之疏勒，则耿存而蔡亡。若使郢部救兵，微接声援，则单于之首，久悬北阙，岂直受降可筑，涉安启土而已哉？实由郢州刺史臣景宗，受命致讨，不时言迈。故使蝟结蚁聚，水草有依。方复按甲盘桓，缓救资敌，遂令孤城穷守，力屈凶威。虽然，犹应固守三关，更谋进取。而退师延颈，自贻亏衄，疆场侵骇，职是之由，不有严刑，诛赏安置？景宗即主。臣谨案使持节、都督郢司二州诸军事、左将军郢州刺史湘西县开国侯臣景宗，擢自行间，遘兹多幸，指踪非拟，获兽何勤，赏茂通侯，荣高列将，负担裁弛，钟鼎遽列，和戎莫效，二八已陈，自顶至踵，功归造化，润草涂原，岂获自已。且道恭云逝，城守累旬，景宗之存，一朝弃甲。生曹死蔡，优劣若是，惟此人斯，有靦面目。昔汉光命将，坐知千里，魏武置法，案以从事。故能出必以律，锱铢无爽。伏惟圣武英挺，略不世出，料敌制变，万里无差，奉而行之，实弘庙算，惟此庸固，理绝言提。自逆胡纵逸，久患诸夏，圣朝乃顾，将一车书。愍彼司氓，致辱非所，早朝永叹，载怀矜恻。致兹亏丧，何所逃罪，宜正刑书，肃明典宪。臣谨以劾，请以见事免景宗所居官，下太常削爵土，收付廷尉法狱治罪。其军佐职僚，偏裨将帅，絓诸应及咎者，别摄治书侍御史随违续奏，臣谨奉白简以闻云云。

奏弹刘整

御史中丞臣任昉稽首言：臣闻马援奉嫂，不冠不入；泛毓字孤，家无常子。是以义士节夫，闻之有立，千载美谈，斯为称首。

臣昉顿首顿首，死罪死罪。谨案齐故西阳内史刘寅妻范诣台诉，列称出适刘氏，二十许年，刘氏丧亡，抚养孤弱。叔郎整常欲伤害，侵夺分前奴教子当伯，并已入众，又以钱婢姊妹弟温，仍留奴自使，伯又夺寅息逡婢绿草，私货得钱，并不分逡，寅第二庶息师利，去岁十月往整田上，经十二日，整便责范米六㪷哺食，米未展送，忽至户前，隔箔攘拳大骂，突进房中，屏风上取车帷准米去。二月九日夜，婢采音偷车栏夹杖龙牵，范问失物之意，整便打息逡，整及母并奴婢等六人，来至范屋中，高声大骂，婢采音举手查范臂，求摄检如诉状。

辄摄整亡父书使奴海蛤到台辩问，列称整亡父兴道，先为零陵郡，得奴婢四人，分财，以奴教子乞大息寅。亡寅后，第二弟整仍夺教子，云应入众，整便留自使，婢姊及弟各准钱五千文，不分逡。其奴当伯，先是众奴，整兄弟未分财之前，整兄寅以当伯贴钱七千，共众作田，寅罢西阳郡还，虽未别火食，寅以私钱七千赎当伯，仍使上广州去。后寅丧亡，整兄弟后分奴婢，唯余婢绿草入众，整复云寅未分财赎当伯，又应属众。整意贪得当伯，推绿草与逡，整规当伯还，拟欲自取，当伯遂经七年不返，整疑已死亡不回，更夺取婢绿草，货得钱七千，整兄弟及姊共分此钱，又不分逡。寅妻范云，当伯是亡夫私赎，应属息逡，当伯天监二年六月从广州还至，整复夺取，云应充众，准雇借上广州四年夫直，今在整处使。

进责整婢采音，刘整兄寅第二息师利，去年十月十二日，忽往整墅停住十二日，整就兄妻范求米六斗哺食，范未得还，整怒，仍自进范所，往屏风上取车帷为质，范送米六斗，整即纳受。范今年二月九日夜失车栏子夹杖龙牵等，范及息逡，道是采音所偷，整闻声仍打逡，范唤问“何意打我儿”，整母子尔时便同出中庭，隔箔与范相骂，婢采音及奴教子楚玉法志等四人，于时在整母子左右，整语采音：“其道汝偷车校具，汝何不进里骂之？”既进，争口，举手误查范臂，车栏夹杖龙牵，实非采音所偷。

进责寅妻范奴苟奴，列娘去二月九日夜失车栏夹杖龙牵，疑是整婢采音所偷，苟奴与郎逡往津阳门籴米，遇见采音在津阳门卖车烂龙牵，苟奴登时欲捉取，逡语苟奴：“已尔，不须复取。”苟奴隐僻，少时，伺视人买龙牵，售五千钱，苟奴仍随逡归宅，不见度钱。

并如采音、苟奴等列状，粗与范诉相应，重核当伯教子，列娘被夺，今在整处使，悉与海蛤列不异。以事诉法，令史潘僧尚议，整若辄略兄子逡分前婢货卖，及奴教子等私使，若无官令，辄收付近狱测治，诸所连逮绛应洗之源，委之狱官，悉以法制从事。如法所称，整即主。

臣谨案：新除中军参军臣刘整，闾阎阘茸，名教所绝。直以前代外戚，仕因纨绔，恶积衅稔，亲旧侧目。理绝通问，而妄肆丑辞；终夕不寐，而谬加大杖。薛包分财，取其老弱，高凤自秽，争讼寡嫂。未见孟尝之深心，唯教文通之伪迹。昔人睦亲，衣无常主，整之抚侄，食有故人。何其不能折契钟庾，而襜帷交质？人之无情，一何至此！实教义所不容，绅冕所共弃。

臣等参议，请以见事免整所除官，辄勒外收付廷尉法狱治罪，诸所连逮应洗之源，委之狱官，悉以法制从事。婢采音不款偷车龙牵，请付狱测实。其宗长及地界职司，初无纠举，及诸连逮请不足申尽，臣昉云云，诚惶诚恐以闻。①

① 编者按：底本此文后选有《奏弹萧颖达》《奏弹范缜》《朝堂讳谤议》三篇，分别见第83页《萧颖达传》、第84页《王亮传》、第81页《王慈传》，不再重复录入。

齐明帝谥议

穷神之迹，无继于成名；教思所宗，言归于有称。是以则天为大，义尽于翼善；武功受命，理贯于斯文。伏惟功高五让，道冠三极，爱敬始于扬名，孝飨终乎严配。寥廓大度，诞君人之符；闺庭小节，应轨物之训。历试允谐，纳揆时序，贻厥之寄，义均负图，榱栋惟新，压焉将及。于是承制宣德，定策公卿。登嗣后于西钟，反独夫于侯服。既而主幼时艰，仍离屯蹇。应当璧之祥，注息肩之愿。立德以长，绍开中兴。拟度天行，取则乾健。日昃罢朝，幽枉必达。官曹寂寞，囹犴空虚。虎门肆义，大足协律。岩廊有缙绅之谈，乡塾无横议之士。既富而教，弘此孝治。遂使家无荡子，野有栖亩。置天下于掌握，览八荒于户牖。宠微金穴之家，恩绝椒风之馆。天应民和，祥符总暨。故能上变云物，下漏深泉。若乃青丘丹陵之国，黄银紫玉之瑞。幽符远萃，询德报功。方将驰道日观，清宫鸣泽，为而不恃，高揖成功。百川所以朝宗，参辰于焉取正。岂所谓中衢均奠，悬衡共轨者欤！

到大司马记室笺

记室参军事任昉死罪死罪。伏承以今月令辰，肃膺典策，德显功高，光副四海，含生之伦，庇身有地。况昉受教君子，将二十年，咳唾为恩，眄睐成饰。小人怀惠，顾知死所，昔承嘉宴，属有绪言。提挈之旨，形乎善谑，岂谓多幸，斯言不渝。虽情谬先觉，而迹沦骄饵。汤沐具而非吊，大厦构而相贺。明公道冠二仪，勋超遂古，将使伊周奉轡，桓文扶毂，神功无纪，作物何称？府朝初建，俊贤翘首，惟此鱼目，唐突玙璠，顾己循涯，实知尘忝，千载一逢，再造难答。虽则殒越，且知非报。不胜荷戴屏营之情，谨诣厅奉白笺谢闻。昉死罪死罪。

为府僚劝进梁公笺

伏承嘉命显至，伫策明公，逡巡盛礼。斯实谦尊之旨，未穷远大之致，何者？嗣君弃常，自绝宗社，国命民生，剪为仇雠，折栋崩榱，压焉自及。卿士怀脯斫之痛，黔首惧比屋之诛。明公亮格天之功，拯水火之切。再躔日月，重缀参辰。反龟玉于涂泥，济斯民于坑岸。使夫匹妇童儿，羞言伊吕；乡校里塾，耻谈五霸。而位卑乎阿衡，地狭于曲阜，庆赏之道，尚其未洽。夫大宝公器，非要非距，至公至平，当任谁让？明公宜祇奉天人，允膺大礼，无使后予之歌，同彼胥怨，兼济之仁，翻为独善。①

又笺

近以朝命蕴策，冒奏丹诚，奉被还命。未蒙虚受，缙绅颙颙，深所未达。盖闻受金于府，通人之弘致；高蹈海隅，匹夫之小节。是以履乘石而周公不以为疑，增玉璜而太公不以为让。况世哲继轨，先德在民，经纶草昧，叹深微管。加以朱方之役，荆河是依，班师振旅，大造王室。虽复累茧救宋，重胝存楚，居今观古，曾何足云。而惑甚盗钟，功疑不赏，皇天后土，不胜其酷。是以玉马骏奔，表微子之去；金版出地，告龙逢之怨。明公据鞍辍哭，厉三军之志；独居掩涕，激义士之心。故能使海若登祇，罄图效祉，山戎孤竹，束马景从，伐罪吊民，一匡靖乱，匪叨天功，实勤濡足。且明公本自诸生，取乐名教，道风素论，坐镇雅俗，不习孙吴，遘兹神武，驱尽诛之氓，济必封之俗，龟玉不毁，谁之功欤？独为君子，将使伊周何地？某等不达通变，实有愚诚，不任悾款，悉心重谒。伏愿时膺典册，式副民望。

① 原注：《梁书·武帝纪上》，又见《艺文类聚》十四，以为任昉作。

为王金紫谢齐武帝示皇太子律序启

臣闻化澄上业，草缨垂典，教清中世，艾服惩刑。自礼失宗周，俗反炎汉，张冯导其迹，贾杜浚其流，仲舒之得情，孔子之博约，故以义该往哲，尽美前王。而年世浸远，篇牍讹误，朽编落简，见诬前淑，侮文擅议，取弊后昆。立不倚衡，遂均鸿毛之殒；伤足居忧，忘贻发肤之痛。岂所以临河永叹，合育最灵者也？伏惟陛下施博天地，泽深禹汤，温舒之策，优游虚授，卫展之议，宁失弗经，削秋荼之法，解凝脂之网。

奉答敕示七夕诗启

臣昉启，奉敕，并赐示七夕五韵。窃惟帝迹多绪，俯同不一，托情风什，希世罕工，虽汉在四世，魏称三祖，宁足以继想南风，克谐调露？性与天道，事绝称言，岂其多幸，亲逢旦暮。臣早奉龙潜，与贾马而入室；晚属天飞，比严徐而待诏。惟君知臣，见于讷言之旨；取求不疵，表于辩才之戏。谨辄牵率庸陋，式酬天奖，拙速虽效，蚩鄙已彰。临启惭恧，罔识所置。谨启。

为卞彬谢修卞忠贞墓启

臣彬启，伏见诏书并郑义泰宣敕，当赐修理臣亡高祖晋故骠骑大将军建兴忠贞公壶坟茔，臣门绪不昌，天道所昧，忠遘身危，孝积家祸，名教同悲，隐沦惆怅。而年世贸迁，孤裔沦塞，遂使碑表芜灭，丘树荒毁，狐兔成穴，童牧哀歌，感慨自哀，日月缠迫。陛下弘宣教义，非求效于方今；壶余烈不泯，固陈力于异世。但加等之渥，近阙于晋典，樵苏之刑，远流于皇代。臣亦何人，敢谢斯幸，不任悲荷之至，谨奉启事以闻，谨启。

启萧太傅固辞夺礼

昉启，近启归诉，庶谅穷款，奉被还旨，未垂哀察。悼心失图，泣血待旦。君于品庶，示均镕造，干禄祈荣，更为自拔，亏教废礼，岂关视听，所不忍言，具陈兹启。昉往从末宦，禄不代耕。饥寒无甘旨之资，限役废晨昏之半。膝下之欢，已同过隙；几筵之慕，几何可凭？且奠酹不亲，如在安寄，晨暮寂寥，阒若无主。所守既无别理，穷咽岂及多喻。明公功格区宇，感通有涂。若霈然降灵，赐寝严命。是知孝治所被，爰至无心。锡类所及，匪徒教义。不任崩迫之情，谨奉启事陈闻。谨启。

求为刘瓛立馆启

昔在魏中，爰及晋始，书贵虚玄，人悦陶纵。瑚琏废泗上之容，樽俎恣林下之适。春干秋羽，委旷而弗陈，西序东胶，寂寥而谁仰？所以金鸡忘晓，玉羊失驭，神器毁于獯戎，宝历迁于干越，岂不悲欤？刘瓛澡身浴德，修行明经。贱珪璧于光阴，竟松筠于岁晚。贫不陨获其心，穷不二三其操。而困无居止，浮寓亲游。垣栋倾钻，窐衢垫侧。有朋自远，无用栖凭，皆负笈担簦，栉风沐露。瓛之器学，无谢前修，辄欲与之周旋，开馆招屈。臣第西偏，官有闲地，北拒晋山，南望通邑，虽曰人境，实少浮喧，广轮裁盈数亩，布以施立黉塾，簿艺桑麻，粗创茨宇。①

与沈约书

范仆射遂不救疾！范侯淳孝睦友，在家必闻，直道正色，立朝斯著。一金之俸，必遍亲伦，钟庾之秩，散之故旧。佐命兴王，心力俱尽，谋猷忠允，谅诚匪躬。破产而字死友之孤，开门而延故人之殡。则惟其常，无得而称矣。器

---

① 编者按：底本此文后选有《与江革书》，已见第92页《江革传》，不再重复录入。

用车马，无改平生之凭，素论款对，不易布素之交。若斯人者，岂云易遇？昉将莅此邦，务在遄速。虽解驾流连，再贻款顾，将乖之际，不忍告别。无益离悲，只增今怅，永念平生，忽焉畴曩。追寻笑绪，皆成悲端。

吊乐永世书

永世孝友之至，发自天真；皎洁之操，曾非矫饰。意有所固，白刃不移；理有所托，淄渑自辨。余息惟存，视阴无几。终始之托，方寄祁侯。岂谓乐生，反先朝露。以理遣滞，鄙识未晓；以事寻悲，哀楚交至。宿草易滋，伤恨不灭，松价可拱，悲绪无穷。

为昭明太子答何胤书

得书，知便远追疏董，超然高蹈，虽朝旨殷勤，而轻棹已远，供饯莫申，瞻言增慨，善保嘉猷，比致音息，怀人望古，潸然久之。

为庾杲之与刘居士虬书

自别荆南，迄将二纪，杲之牵滞形有，推迁物役，丈人没志外身，超然独善。虽心路咫尺，而事阻山河。悠悠白云，依然有道，金凉伫运，想恒纳宜。冲明在襟，履候无爽，体道为用，蹈理则和。杲之牵缀疲朽，愧心已多。访德则山林窅然，观道则风云自远。岁暮之期，指涂衡岳，神虚气懋，无待怡和，江湖相望，安事行李。司徒竟陵王，懋于神者，言象所绝；接乎士者，遐迩所宗。钟石非礼乐之本，缨褐岂朝野之谓？想暗投之怀，不以形体为阻。一日通籍梁邸，亲奉话言，梦想清尘，为岁已积。以丈人非羔雁所荣，故息蒲币之典。胜寄冥运，谅有风期之迟。君王卜居郊郭，萦带川阜，显不绚功，晦不摽迹。从容乎人野之间，以穷二者之致。且弘护为心，广乎真俗，思闻系表，共剖众心。妙域筵山河，虚馆带川涘。实望贲然，少酬侧迟。昔东平乐善，旌君大于东阁；今王爱素，致吾子于西山。岂不盛欤！百龄飘骤，凝滞自物，千载一朝，为仁由己。且凌雪戒涂，非灭迹之郊；鸿钟在御，岂销声之道？己摽异人之迹，故有同物之劳。夫山水无情，应之以会，爱闲在我，触目萧条。衡岳何亲？钟岭何薄？想弘思有在，不俟繁言。[①]

《王文宪集》序

公讳俭，字仲宝，琅邪临沂人也。其先自秦至宋，国史家牒详焉。晋中兴以来，六世名德，海内冠冕，古语云："仁人之利，天道运行。"故吕虔归其佩刀，郭璞誓以淮水，若离蒯之止杀，吉骏之诚感，盖有助焉。公之生也，诞授命世，体三才之茂，践得二之机，信乃昴宿垂芒，德精降祉，有一于此，蔚为帝师。沉乃渊角殊祥，山庭异表。望衢罕窥其术，观海莫际其澜。宏览载籍，博游才义，若乃金版玉匮之书，海上名山之旨，沈郁澹雅之思，离坚合异之谈，莫不总制清衷，递为心极。斯固通人之所包，非虚明之绝境，不可穷者。其唯神用者乎！然检镜所归，人伦以表，云屋天构，匠者何自。咸洛不守，宪章中辍，贺生达礼之宗，蔡公儒林之亚，阙典未补，大备兹日。至若齿危发秃之老，含经味道之生，莫不北面人宗，自同资敬，性托夷远，少屏尘杂，自非可以弘奖风流，增益标胜，未尝留心。期岁而孤，叔父司空简穆公，早所器异，年始志学，家门礼训，皆折衷于公。孝友之性，岂伊桥梓，夷雅之体，无待韦弦。汝郁之幼挺淳至，黄琬之早标聪察，曾何足尚？年六岁，袭封豫宁侯，拜日，家人以公尚幼，弗之先告，既袭珪组，对扬王命，因便感咽，若不自胜。初宋明帝居蕃，与公母武康公主素不协，及即位，有诏废毁旧茔，投弃棺柩，公以死固请，誓不遵奉，表启酸切，义感人神。太宗闻而悲之，遂无以夺也。初拜秘书郎，迁太子舍人，以选尚公主，拜驸马都尉。元徽初，迁秘书丞。于是采公曾之中经，刊弘度之四部，依刘歆《七略》，更撰《七志》，盖尝赋诗云："稷契匡虞夏，伊吕翼商周。"自是始有应务之迹，生民属心矣。时司徒袁粲，有高世之度，脱落尘俗，见公弱龄，便望风推服，叹曰："衣冠礼乐在是矣。"时粲位亚台司，公年始弱冠，年势不侔，公与之抗礼，因赠粲

---

① 编者按：底本此文后选有《〈文章缘起〉序》，见第1124页《文章缘起》，不再重复录入。

诗，要以岁暮之期，申以止足之戒。粲答诗曰：“老夫亦何寄，之子照清襟。”服阕，拜司徒右长史，出为义兴太守。风化之美，奏课为最。还除给事黄门侍郎，旬日，迁尚书吏部郎参选。昔毛玠之公清，李重之识会，兼之者公也。俄迁侍中，以愍侯始终之职，固辞不拜，补太尉右长史。时圣武定业，肇基王命，寤寐风云，实资人杰。是以宸居膺列宿之表，图纬著王佐之符。俄迁左长史。齐台初建，以公为尚书右仆射，领吏部，时年二十八。宋末艰虞，百王浇季，礼紊旧宗，乐倾恒轨，自朝章国纪，典彝备物，奏议符策，文辞表记，素意所不蓄，前古所未行，皆取定俄顷，神无滞用。太祖受命，以佐命之功，封南昌县开国公，食邑二千户，建元二年，迁尚书左仆射，领选如故，自营部分司，卢钦兼掌，誉望所归，允集兹日。寻表解选，诏加侍中，又授太子詹事侍中，仆射如故，固辞侍中，改授散骑常侍，余如故。太祖崩，遗诏以公为侍中、尚书令、镇国将军。永明元年，进号卫将军。二年，以本官领丹阳尹。六辅殊风，五方异俗，公不谋声训，而楚夏移情，故能使解剑拜仇，归田息讼。前郡尹温太真、刘真长，或功铭鼎彝，或德标素尚，臭味风云，千载无爽，亲加吊祭，表荐孤遗，远协神期，用彰世祀。时简穆公薨，以抚养之恩，特深恒慕，表求解职，有诏不许。国学初兴，华夷慕义，经师人表，允资望实，复以本官领国子祭酒。三年，解丹阳尹，领太子少傅，余悉如故。挂服捐驹，前良取则；卧辙弃子，后予胥怨。皇太子不矜天姿，俯同人范，师友之义，穆若金兰。又领本州大中正，顷之解职。四年，以本号开府、仪同三司，余悉如故。谦光愈远，大典未申。六年，又申前命。七年，固辞选任，帝所重违，诏加中书监，犹参掌选事。长舆追专车之恨，公曾甘凤池之失，夫奔竞之涂，有自来矣。以难知之性，协易失之情，必使无讼，事深弘诱。公提衡惟允，一纪于兹，拔奇取异，兴微继绝。望侧阶而容贤，候景风而式典，春秋三十有八,七年五月三日，薨于建康官舍。皇朝轸恸，储铉伤情，有识衔悲，行路掩泣。岂直舂者不相、工女寝机而已哉？故以痛深衣冠，悲缠教义，岂非功深砥砺，道迈舟航，没世遗爱，古之益友？追赠太尉，侍中、中书监如故，给节，加羽葆鼓吹，增班剑六十人，谥曰文宪，礼也。公在物斯厚，居身以约，玩好绝于耳目，布素表于造次。室无姬姜，门多长者。立言必雅，未尝显其所长；持论从容，未尝言人所短。弘奖风流，许与气类，虽单门后进，必加善诱，勖以丹霄之价，弘以青冥之期。公铨品人伦，各尽其用，居厚者不矜其多，处薄者不怨其少，穷涯而反，盈量知归。皇朝以治定制礼，功成作乐，思我民誉，缉熙帝图，虽张曹争论于汉朝，荀挚竞爽于晋世，无以仰模渊旨，取则后昆。每荒服请罪，远夷慕义，宣威授指，实寄宏略，理积则神无忤往，事感则悦情斯来，无是己之心，事隔于容谄；罕爱憎之情，理绝于毁誉。造理常若可干，临事每不可夺，约己不以廉物，弘量不以容非，攻乎异端，归之正义。公生自华宗，世务简隔，至于军国远图，刑政大典，既道在廊庙，则理擅民宗。若乃明练庶务，鉴达治体，悬然天得，不谋成心，求之载籍，翰牍所未纪，讯之遗老，耳目所不接。至若文案自环，主者百数，皆深文为吏，积习成奸，蓄笔削之刑，怀轻重之意。公乘理照物，动必研几，当时嗟服，若有神道，岂非希世之隽民，瑚琏之宏器。昉行无异操，才无异能，得奉名节，迄将一纪。一言之誉，东陵侔于西山，一眄之荣，郑璞逾于周宝。士感知己，怀此何极，出入礼闱，朝夕旧馆，瞻栋宇而兴慕，抚身名而悼恩。公自幼及长，述作不倦，固以理穷言行，事该军国，岂直雕章缛采而已哉？若乃统体必善，缀赏无地，虽楚赵群才，汉魏众作，曾何足云，曾何足云！昉尝以笔札见知，思以薄技效德，是用缀缉遗文，永贻世范，为如干秩、如干卷，所撰《古今集记》《今书七志》，为一家言，不列于集，集录如左。

王贵嫔哀策文

游衣戒节，輴车命服。永去椒华，长辞嘉福。筲缄遗组，筵委尘鞠。将命启期，实惟嘉数。佩空响其何节，姆下当其谁傅。殡宫既毁，祖馈斯撤。爰命史臣，宣美来裔。坤载既厚，内德云助。轩五有弘，姬十斯豫。诞咨邦淑，选自良家。爰登六列，象服委蛇。青絇丹缋，辰文素纱。肃雍妇职，佥曰俞往。赞景望舒，方娠明两。心前轨庆，轩中增朗。与括不愆，朏魄无爽。式陪玺观，有事蚕宫。降舆访道，基我王风。宣礼撤豆，缉乐房中。居贵能降，在盈思冲。仁者必寿，彼苍者穹。如何不淑，万化齐终。荐车告途，殡穸既辨。黼翣璀以陆离，帷帐纷其舒卷。出桂宫而北行，经未央以西转。池绋顾而徐前，服马嘶而不践。霜霏微而初被，野空笼而始雕。促虞泉于薤露，抚悲翁于短箫。母以子贵，义弘前哲。申襄齐削以从疑，革麻缌之轻杀。达副君之夭至，赋白华之无缺。庶清庙之微微，非寿原之未翳。

丞相长沙宣武王碑

玉映蓝田，金铉之望已集；木秀邓林，轮辕之用先表。值戎寇贪惏，羁縻失道。凭陵雉堞，逼迫濠湟。都护之威既弛，副尉之策已谢。斧松晨析，易子朝餐。乞师援绝，飞书路阻。公内定不战之奇，外骋必胜之略。神功倏忽，有同拾遗。南下牧马，既寝折胶之术，北遁燕然，将空漠南之地，加以广平简惠，信赏必罚。增赀就赋，夷歌成章。

桓宣城碑

君器量高浚，神明披朗，商略雅俗，隐括真伪，擢奇取异，不轨常流，固以准的当时，拟议郭许矣。处身立朝，不峻功名，俯仰显默之际，优游可否之间，迹卑而道不污，身屈而志不屑矣。铭曰：

於穆我后，禀兹纯爽。虚豁高畅，萧条迈上。风任外舒，卓鉴内朗。神栖冲慎，形同俯仰。将登槐棘，宏振纲网。令仪早徂，德音永响。

抚军桂阳王墓志铭

於昭帝绪，擅美前王。绿图丹纪，金简玉筐。世载台鼎，地居鲁卫。沛易且传，楚诗将说。桐圭谁戏，某棠何憩。

刘先生夫人墓志铭

既称莱妇，亦曰鸿妻。复有令德，一与之齐。实佐君子，簪蒿杖藜。欣欣负戴，在冀之畦。居室有行，亟闻义让。禀训丹阳，弘风丞相。藉甚二门，风流远尚。肇允才淑，阃德斯谅。芜没郑乡，寂寥扬冢。参差孔树，毫末成拱。

暂起荒埏，长扃幽陇。夫贵妻尊，匪爵而重。

齐竟陵文宣王行状

祖太祖高皇帝，父世祖武皇帝，南徐州南兰陵郡县都乡中都里萧公，年三十五行状。公道亚生知，照邻几庶，孝始人伦，忠为令德，公实体之，非毁誉所至。天才博赡，学综该明。至若曲台之礼，九师之易，乐分龙赵，诗析齐韩，陈农所未究，河间所未辑，有一于此，罔不兼综者与。昔沛献访对于云台，东平齐声于杨史，淮南取贵于食时，陈思见称于七步，方斯蔑如也。初沈攸之，跋扈上流，称乱陕服，宋镇西晋熙王南中郎邵陵王并镇盆口，世祖毗赞两藩，而任总西戎，公时从在军，镇西府版宁朔将军军主，南中郎版补行参军，署法曹，于时景烛云火，风驰羽檄，谋出股肱，任切书记，迁左军邵陵王主簿记室参军。既允焚林之求，实兼仪形之寄，刀笔不足宣功，风体所以弘益。除邵陵王友，又为安南邵陵王长史。东夏形胜，关河重复，选众而举，敦悦斯在。除使持节、都督会稽、东阳、临海、永嘉、新安五都诸军事、辅国将军、会稽太守。太祖受命，广树藩屏，公以高昭武穆，惟戚惟贤，封闻喜县开国公，食邑千户，又奏课连最，进号冠军将军。越人之巫，睹正风而化俗；篁竹之酋，感义让而失险。邪叟忘其西吴，龙丘狭其东皋。会武穆皇后崩，公星言奔波，泣血千里，水浆不入于口者，至自禹穴，逮衣裳外除，心哀内疚，礼屈于厌降，事迫于权夺，而茹戚肌肤，沈痛创巨，故知钟鼓非乐云之本，缞粗非隆杀之要。改授征虏将军、丹阳尹，良家入徙，戚里内属，政非一轨，俗备五方。公内树宽明，外施简惠，神皋载穆，毂下以清。武皇帝嗣位，进封竟陵郡王，食邑加千户，复授使持节、都督南徐兖二州诸军事、镇北将军、南徐州刺史，迁使持节、侍中、都督南兖、徐，北兖、青、冀五州诸军事、征北将军、南兖州刺史。兖徐接壤，素渐河润，未及下车，仁声先洽，玉关靖柝，北门寝扃，朝旨以董司岳牧，敷兴邦教，方任虽重，比此为轻。徵护军将军、兼司徒，侍中如故，又授车骑将军、兼司徒，侍中如故，即授司徒，侍中又如故。上穆三能，下敷五典，辟玄闱以阐化，寝鸣钟以体国，翼亮孝治，缉熙中教，夺金耻讼，蹊田自默，不雕其朴，用晦其明，声之有伦，系公是赖。庠序肇兴，仪形国胄，师氏之选，允师人范，以本官领国子祭酒，固辞不拜。八座初启，以公补尚书令，式是敷奏，百揆时序。夫国家之道，互为公私，君亲之义，递为隐犯。公二极一致，爱敬同归，亮诚尽规，谋猷弘远矣。又授使持节、都督杨州诸军事、杨州刺史，本官悉如故。旧惟淮海，今则神牧，编户殷阜，萌俗繁滋，不言之化，若门到户说矣。顷之，解尚书令，改授中书监，余悉如故。献纳枢机，丝纶允缉。武皇晏驾，寄深负图。公仰惟国典，俯遵遗托，拊擗天伦，踊绝于地，居处之节，复如居武穆之忧。圣主嗣兴，地居旦奭，有诏策授太傅，领司徒，余悉如故。坐而论道，动以观德，地尊礼绝，亲贤莫贰。又诏加公入朝不趋，赞拜不名，剑履上殿。萧傅之贤，曹马之亲，兼之者公也。复以申威重道，增崇德统，进督南徐州诸军事，余悉如故。并奏疏累上，身殁让存，天不憖遗，梁岳颓峻，某年某月日薨，春秋三十有五。诏给温明秘器，敛以衮章，备九命之礼，遣大鸿胪监护丧事，朝夕奠祭，太官供给，礼也。故以恸极津门，感充长乐，岂徒舂人不相，倾廛罢肆而已哉？乃下诏曰："哀崇庸德，前王之令典，追远尊戚，沿情之所隆。故使持节都督杨州诸军事、中书监、太傅、领司徒、杨州刺史、竟陵王、新除进督南徐州，体睿履正，神监渊邈，道冠民宗，具瞻惟允。肇自弱龄，孝友光备，爰及赞契，协升景业，燮和台曜，五教克宣，敷奏朝端，百揆惟穆，寄重先顾，任均负图，谅以齐徽二南，同规往哲，方凭保祐，永翼雍熙，天不憖遗，奄见薨落，哀慕抽割，震动于厥心，今先远戒期，龟谋袭吉，茂崇嘉制，式弘风猷，可追崇假黄钺、侍中、都督中外诸军事、太宰、领大将军、扬州牧，绿綟绶，具九锡服命之礼，使持节、中书监、王如故，给九旒銮辂，黄屋左纛，辒辌车，前后部、羽葆鼓吹、挽歌二部，虎贲班剑百人，葬礼一依晋安平献王孚故事。公道识虚远，表里融通，渊然万顷，直上千仞。仆妾不睹其喜愠，近侍莫见其倾弛。他人之善，若己有之；民之不臧，公实贻耻。诱接恂恂，降以颜色，方于事上，好下规己。而廉于殖财，施人不倦，帝子储季，令行禁止，国网天宪，置诸掌握，未尝鞠人于轻刑，锢人于重议。人有不及，内恕诸己，非意相干，每为理屈。任天下之重，体生民之俊，华衮与缊绪同归，山藻与蓬茨俱逸。良田广宅，符仲长之言；邙山洛水，协应叟之志。丘园东国，锱铢轩冕，乃依林构宇，傍岩拓架。清猿与壶人争旦，缇幕与素濑交辉。置之虚室，人野何辨。

高人何点，蹑屩于钟阿；徵士刘虬，献书于衡岳。赠以古人之服，弘以度外之礼，屈以好事之风，申其趋王之意。乃知大春屈己于五王，君大降节于宪后，致之有由也。其卉木之奇，泉石之美，公所制《山居四时序》，言之已详。文皇帝养德东朝，同符作者，爰造九言，实该百行。导衿褵于未萌，申炯戒于兹日，非直旦暮千载，故乃万世一时也。命公注解，卫将军王俭缀而序之。山宇初构，超然独往，顾而言曰："死者可归，谁与入室？尚想前良，俾若神对。"乃命画工图之轩牖。既而缅属贤英，傍思才淑，匹妇之操，亦有取焉。有客游梁朝者，从容而进曰："未见好德，愚窃惑焉。"即命刊削，投杖不暇。公以为出言自口，骥騄不追，听受不谬，差以千里。所造箴铭，积成卷轴，门阶户席，寓物垂训。先是震于外寝，匠者以为不祥，将加治葺，公曰："此天谴也。无所改修，以记吾过。"且令戒惧不怠，从谏如顺流，虚己若不足。至于言穷药石，若味滋旨，信必由中，貌无外悦。贵而好礼，怡寄典坟，虽牵以物役，孜孜无怠。乃撰《四部要略》《净住子》，并勒成一家，悬诸日月。弘洙泗之风，阐迦维之化。大渐弥留，话言盈耳，黜殡之请，至诚恳恻，岂古人所谓立言于世，没而不朽者欤！易名之典，请遵前烈，谨状。

齐司空曲江公行状

公禀灵景宿，擅气中和。一匮初登，东岳之功可监；埏埴在器，瑚琏之姿先表。岂惟荆南有圣童之目，襄城著孔甫之称而已哉。故以羽仪宗家，冠盖后进，路叔之一日千里，北海之称美其治，方斯蔑如也。志学之年，遍治经记，登隆十载，网罗百氏，藻斫赡逸，蔚为词宗。延贾谊而升堂，携相如而入室。加以翰牍精辩，发言有章，持论从容，辞无矜尚。自河洛丘墟，历载二百，俾我逢掖，遂沦左衽，晋宋所以遗恨，祖宗是用顾怀。公自荷方任，志在克复，将欲使功遂之日，身退有所。爰乃卜宇金陵，萦带林壑，用辞聊城之赏，以为疏韩之馆，人谢运往，遂辍远图。

吊刘文范文

余与先生，虽年世相接，而荆吴数千，未尝膝行下风，禀承余论。岂直发愤当年，固亦恨深终古。然叔夜之叙黔娄，韩卓之慕巨卿，未必接光尘，承风彩。正复希向远理，长想千载。然其人自高。假使横经拥帚，日夜扫门，曾不睹千仞之一虑，万顷之涓滴，终于对面万古，莫能及门，故以此弭千载之恨。

文章缘起

（选自任昉撰、陈懋仁注、方熊补注《文章缘起》，见《钦定四库全书·集部九·诗文评类》）

陈懋仁（生卒年不详），字无功，别号藕居士，浙江嘉兴人。万历中由掾吏官泉州经历。好读书，老而不倦，尤喜摘抉隐义，网罗旧闻。如《文章缘起》《庶物异名疏》《异鱼赞注》《寿者传》《年号韵编》，皆考古者所宝。诗文有《石经堂集》《尘栖稿》，其诗耽为缕划，意致纤巧，佳者颇似皮陆。然性长厚，无露才扬己之意。著有《泉南杂记》《析酲漫录》。

方熊（生卒年不详），字望子，号香沙道人、黄虞外史，歙县人。

六经，素有歌、诗、诔、箴、铭之类，《尚书》“帝庸作歌”，《毛诗》三百篇，《左传》“叔向贻子产书”，鲁哀公《孔子诔》，孔悝《鼎铭》，虞人《箴》，此等自秦汉以来，圣君贤士沿著为文章名之始，故因暇录之，凡八十四题，聊以新好事者之目云尔。

【注】鲁庄公《诔县贲父》在哀公前。

【补注】马端临《经籍志》：《文章缘起》一卷。陈氏曰：“梁太常卿乐安任昉彦昇撰，但取秦汉以来，不及六经。”

圣人之经，不当与后世同录。

三言诗：晋散骑常侍夏侯湛所作。

【注】《国风·江有汜》，三言之属也。汉元鼎四年，马生渥洼水中，作《天马歌》，乃三言起。

四言诗：前汉楚王傅韦孟《谏楚夷王戊》诗。

【注】《诗家直说》："四言体，起于《康衢歌》。沧浪谓起于韦孟，误矣。"《诗纪》："按四言诗，三百五篇在前，而严云'起于韦孟'，盖其叙事布词，自为一体，汉魏以来，递相师法，故云'始于韦'。或又引《康衢》以为权舆。又乌知《康衢》之谣，非列子因《雅》《颂》而为之者邪？然明良《五子之歌》，载在《典谟》，可征也。"刘勰曰："四言正体，雅润为本。"李白曰："寄兴深微，五言不如四言。"王世贞曰："四言须本《风》《雅》，间及韦曹，然勿相杂也。"

五言诗：汉骑都尉李陵《与苏武诗》。

【注】《国风》"谁谓雀无角"，五言之属也。刘勰曰："《召南·行露》，始肇半章。孺子《沧浪》，亦有全曲。暇豫优歌，远见春秋；邪径童谣，近在成世。阅时取证，则五言久矣。"《诗品》："夏歌曰'郁陶乎予心'，楚谣曰'名余曰正则'，虽诗体未全，然是五言之滥觞也。逮汉李陵，始著五言之目矣。古诗眇邈，人世难详，推其支体，固自炎汉之制，非衰周之倡也。"

六言诗：汉大司农谷永作。

【注】《国风》"我姑酌彼金罍"，六言之属也。《文选注》董仲舒《琴歌》二句、乐府《满歌行》尾亦六言。

七言诗：汉武帝柏梁殿联句。

【注】《周颂》"学有缉熙于光明"，七言之属也。七言自《诗》《骚》外，《柏梁》以前，有《皇娥》《白帝子》《击壤》《箕山》《大道》《狄水》《获麟》《南山》《采葛妇》《成人》《易水》诸歌，俱七言。或曰始于《击壤》，或曰已肇《南山》，或曰起自《垓下》，然"兮""哉"类于助语，句体非全。惟少昊时《皇娥》《白帝》二歌、勾践时《河梁歌》，体具世远，非其始乎？但悉见之后人书中，似出述作之手，故自汉魏六朝，下及唐宋以来，迭相师法者，实祖《柏梁》也。

【补注】汉祖《大风歌》，汪洋自恣，不必三百篇遗音，实开汉一代气象，实为汉后诗开创。若武帝《瓠子》《秋风》《柏梁》诸作，从《湘累》脱化，有词人本色也。

九言诗：魏高贵乡公所作。

【注】《大雅》"泂酌彼行潦挹彼注兹"，《文章流别》谓九言之属，按《泂酌》三章，章五句。《夏书·五子之歌》"懔乎若朽索之驭六马"，九言也。

赋：楚大夫宋玉所作。

【注】司马相如曰："合綦组以成文，列锦绣而为质。一经一纬，一宫一商，此赋之迹也。赋家之心，包括宇宙，总览人物，斯乃得之于内，不可得而传。"勰曰："原夫登高之旨，盖睹物兴情。情以物兴，故义以明雅；物以情观，故词必巧丽。丽词雅义，符采相胜。如组织之品朱紫，画绘之著玄黄。文虽新而有质，色虽糅而有本。此立赋之大体也。"吴纳云："祝氏曰：扬子云云：'诗人之赋丽以则，词人之赋丽以淫。'夫骚人之赋与诗人之赋虽异，然犹有古诗之义，辞虽丽而义可则；词人之赋，则辞极丽而过于淫荡矣。盖诗人之赋，以其吟咏性情也。骚人之赋，有古诗之义者，亦其发于情也。其情不自知，而形于辞；其辞不自知，而合于理。情形于辞，故丽而可观；辞合于理，故则而可法。如或失于情，尚辞而不尚意，则无兴起之妙，而于则也何有，后代赋家之俳体是也。又或失于辞，尚理而不尚辞，则无歌咏之遗，而于丽也何有，后代赋家之文是也。是以三百五篇之《诗》、二十五篇之《骚》，无非发于情者，故其辞也丽，其理也则，而有赋、比、兴、风、雅、颂诸义。汉兴，赋家专取《诗》中'赋'之一义以为赋，又取《骚》中赡丽之辞以为辞。若情若理，有不暇及。故其为丽也，异乎《风》《骚》之丽，而则之与淫遂判矣。古今言赋，自《骚》之外，或以两汉为古，盖非魏晋已还所及。心乎古赋者，诚当祖《骚》而宗汉，去其所以淫而取其所以则，庶不失古赋之本义。"徐祯卿曰："桓谭学赋，扬子云令读赋千首，则善为之，盖所以广其资，亦得以参其变也。"

【补注】按，《诗》有六义，其二曰赋。所谓赋者，敷陈其事而直言之也。古者诸侯卿大夫交接邻国，揖让之时，必称《诗》以喻意，以别贤不肖而观盛衰。如晋公子重耳之秦，秦穆公飨之，赋《六月》；鲁文公如晋，晋襄公飨公，赋《菁菁者莪》；郑穆公与鲁文公宴于棐，子家赋《鸿雁》；鲁穆叔如晋，见中行献子，赋《圻父》之类，皆以吟咏性情，各从义类。春秋之后，聘问咏歌不行于列国，学《诗》之士逸在布衣，贤士大夫失志之赋作矣，屈子《楚辞》是也。赵人荀况游宦于楚，考其时在屈原之前，所作五赋，工巧深刻，纯用隐语，君子盖无取焉。两汉而下，独贾生以命世之才，俯就《骚》律，非一时诸人所及。它如相如长于叙事而或昧于情，扬雄长于说理而或略于辞。至于班固，辞理俱失。若是者何？凡以不发乎情耳。然《上林》《甘泉》，极其铺张，终归于讽谏，而风之义未泯；《两都》等赋，极其炫曜，终折以法度，而《雅》《颂》之义未泯；《长门》《自悼》等赋，缘情发义，托物兴词，咸有和平从容之意，而比兴之义未泯。故君子犹取焉，以其为古赋之流也。三国、两晋以及六朝再变而为俳，唐人又再变而为律，宋人又再变而为文。夫俳赋尚辞而失于情，故读之者无兴起之妙趣，不可以言则矣；文赋尚理而失于辞，故读之者无咏歌之遗音，不可以言丽矣。至于律赋，其变愈下。始于沈约四声八病之拘，中于徐庾隔句作对之陋，终于隋唐宋取士限韵之制，但以音律谐协、对偶精切为工，而情与辞皆置弗论。

歌：荆卿作《易水歌》。

【注】夏侯玄《辨乐论》："伏羲因时兴利，教民田渔，有《网罟之歌》。"《山海经》："帝俊作歌。歌，声永而导郁者也，猗吁抑扬永言谓之歌。"《史记》："歌者上如抗，下如队，曲如折，止如槁木，居中矩，句中钩，累累乎端如贯珠。故歌之为言也，长言之也。"

离骚：楚屈原所作。

【注】《史记》："离骚者，犹离忧也。屈平之作《离骚》，盖自怨生也。《国风》好色而不淫，《小雅》怨诽而不乱。若《离骚》者，可谓兼之。"蒋之翰称《离骚经》："若惊澜奋湍，郁闭而不得流；若长鲸苍虬，偃蹇而不得伸；若浑金璞玉，泥沙掩匿而不得用；若明星皓月，云汉蒙而不得出。"王世贞曰："骚辞所以总杂、重复、兴寄不一者，大抵忠臣怨夫恻怛深至，不暇致诠，故乱其叙，使同声者自寻，修郄者难摘耳。今若明白条易，便乖厥体。"

【补注】按，楚辞，诗之变也。《诗》无楚风，然江汉间皆为楚地，自文王化行南国，《汉广》《江有汜》诸诗则于二南，乃居十五国风之先。是《诗》虽无楚风，实为风首也。《风》《雅》既亡，乃有楚狂《凤兮》、孺子《沧浪》

之歌，发乎情，止乎礼义，与诗人六义不甚相远，但其辞稍变《诗》之本体，而以兮字为读，则楚声固已萌蘖于此矣。屈平后出，本《诗》义为骚，盖兼六义而赋之意居多。厥后宋玉继作，并号“楚辞”，自是辞赋家悉祖此体。故宋祁云“《离骚》为辞赋祖，后人为之，如至方不能加矩，至圆不能过规”，信哉斯言也。

诏：起秦时玺文《秦始皇传国玺》。

【注】《易》：“九五，涣汗其大号。”《穆天子传》：“乃发宪命，诏六师之人。”诏始此，特其辞未著耳。诏，告也。《释名》：“诏，照也。人暗不见事，则有所犯，以此照示，使昭然知所繇也。”按：秦汉诏辞，深纯尔雅。近代则尚偶俪，间用散文。真德秀曰：“当以《书》之诰、誓、命为祖。”吕祖谦曰：“散文深纯温厚为本，四六须下语浑全，不可尚新奇华而失大体。”慎曰：“《通典》：秦得蓝田白玉为玺，曰：‘受天之命，既寿永昌。’北齐制传国玺，鸟篆书文曰：‘受天之命，皇帝寿昌。’”《汉书注》：“卫宏曰：秦玺题是李斯书，其文曰：‘受命于天，既寿永昌。’”《十国纪年》：“晋开运末，北戎犯阙，少帝重贵，遣其子延煦献传国玺于辽，辽主讶其非真。”宋哲宗元符元年五月，咸阳民段义斸地得玉玺。蔡京及讲议玉玺官十三员奏曰：“‘皇帝寿昌’者，晋玺也。‘受命于天’者，后魏玺也。‘有德者昌’，唐玺也。‘惟德元昌’者，石晋玺也。则‘既寿永昌’者，秦玺可知。”蔡京辈小人媚上，不惮诬天矣，而况于欺人乎？纵使真是秦玺，亦无道之物，亡国之器，岂舜之五瑞、禹之玄圭乎？

【集补】按，刘勰云：“古者王言，若轩辕唐虞，同称为命。至三代，始兼诰誓而称之。今见于《书》者是也。秦并天下，改命曰制，令曰诏，于是诏兴焉。汉初定命四品，其三曰诏，后世因之。夫诏者，昭也，告也。古之诏辞皆用散文，故能深厚尔雅，感动乎人。六朝而下，文尚偶俪，而诏亦用之，然非独用于诏也。后代渐复古文，而专于四六，施之诏诰制敕表笺简启等类，则失之矣。然亦有用散文者，不可谓古法尽废也。”

策文：汉武帝封三王策文。

【注】《周礼》：“凡命诸侯及孤卿大夫，则策命之。”成王《顾命》曰：“御王册命。”此太史口陈于康王者。《释名》：“策书，教令于上，所以驱策

诸下也。”汉制，约敕封侯曰册。《说文》：“册，符命也。”字本作策。《独断》：“策者，简也。汉制，命令，其一曰策书，当是之时，惟用木简。”《文章明辨》云：“古者，策书施之臣下，后世则郊祀、祭享、称尊、加谥、寓哀之属，亦俱用之。今制，郊祀、立后、立储、封王、封妃及尊上徽号，皆用册，而玉金银铜之制，则有等差。”

【集补】汉制，命令：其一曰策书，长二尺，短者半之。其次一长一短，两编，下附篆书，以命诸侯王、三公，亦以诔谥。而三公以罪免，则一木两行，隶书而赐之，其长一尺。当是之时，惟用木简，故其字作“策”。至于唐人逮下之制有六，其三曰册，字始作“册”，盖以金玉为之。《说文》所谓“诸侯进受于王，象其札一长一短，中有二编之形”者是也。又按：古者施之臣下而已，后代文渐繁，其目凡十有一：一曰祝册，郊祀祭享用之；二曰玉册，上尊号用之；三曰立册，立帝、立后、立太子用之；四曰封册，封诸王用之；五曰哀册，迁梓宫及太子诸王大臣薨逝用之；六曰赠册，赠号、赠官用之；七曰谥册，上谥、赐谥用之；八曰赠谥册，赠官并赐谥用之；九曰祭册，赐大臣祭用之；十曰赐册，报赐臣下用之；十一曰免册，罢免大臣用之。

表：淮南王安《谏伐闽表》。

【注】下言于上曰表。表，明也。标著事绪，明告乎上也。诸葛亮《出师》、李密《陈情》、韩愈《佛骨》之类皆散文，后代始尚偶俪。

【集补】按，《字书》：“表者，标也，明也。”古者献言于君，皆称上书。汉定礼仪，乃有四品，其三曰表，但用以陈情而已。后世因之，其用浸广，于是有论谏，有请劝，有陈乞，有进献，有推荐，有庆贺，有慰安，有辞解，有陈谢，有讼理，有弹劾。所施既殊，故其辞亦异。至论其体，则汉晋多用散文，唐宋多用四六，而唐宋之体又自不同。唐人声律时有出入，而不失乎雄浑之风；宋人声律极其精切，而有得乎明畅之旨，盖各有所长也。然有唐宋人而为古体者，有唐人而为宋体者，此又不可不辨。宋人又有笏记，书词于笏以便宣奏，盖当时面表之词也。表文书于牍，则其词稍繁。笏记宣于廷，则其词务简。

让表：汉东平王苍上表让骠骑将军。

【注】《书》曰：“舜让于德，弗嗣。”勰曰：“汉末让表，以三为断。三

让公封，理周辞要。引义比事，必得其偶。”

上书：秦丞相李斯《上始皇书》。

【注】战国时君臣同书，如燕惠王与乐毅，毅报燕王之类是也。秦以后始为表奏焉。

【集补】按，《字书》：“书者，舒也，舒布其言而陈之简牍也。”古人敷奏谏说之辞，见于《尚书》、《春秋》内外传者详矣，然皆矢口陈言，不立篇目，故《伊训》《无逸》等篇，随意命名，莫协于一，然亦出自史臣之手。刘勰所谓“言笔未分”，此其时也。降及七国，未变古式，言事于王，皆称上书。秦汉而下，古制犹存。萧统《文选》欲其别于臣下之书也，故自为一类，而以“上书”称之。

书：汉太史令司马迁《报任少卿书》。

【注】《易·系辞》：“书不尽言，言不尽意。”勰曰：“书体宜条畅以任气，优游以怿怀，文明从容，亦心声之献酬也。若夫尊贵差序，则肃以节文。”

【集补】按，刘勰云：“书记之用广矣。考其杂名，古今多品，是故有书、奏记、启、简、状、疏、笺、札，而书记则其总称也。书者，舒也，舒布其言，陈之简牍也。记者，志也，谓进己志也。启，开也，开陈其意也；一云跪也，跪而陈之也。简者，略也，言陈其大略也，或曰手简，或曰小简，或曰尺牍，皆简略之称也。状之为言陈也，疏之为言布也。以上六者，秦汉以来，皆用于亲知往来问答之间也。

对贤良策：汉太史家令晁错。

【注】王通曰：“洋洋乎晁、董、公孙之对。”古言曰：“策莫盛于汉，汉策莫过于晁大夫。晁策就事为文，文简径明，畅事皆凿凿可行。贾太傅不及也。”

【集补】按，古者选士，询事考言而已，未有问之以策者也。汉文中年始策贤良，其后有司亦以策试士，盖欲观其博古通今，与夫剸剧解纷之识也。然对策存乎士子，而策问发于上人，尤必善为疑难。

上疏：汉中大夫东方朔。

【注】汉文帝止辇受疏。疏者，条其事而陈之，盖论谏之总名也。亦作去声。杜诗：“匡衡抗疏功名薄。”

启：晋吏部郎山涛作《选启》。

【注】《说文》："启，传信也。"服虔《通俗文》："官信曰启。"高宗云："启乃心，沃朕心。"庄周："款启寡闻之人。"款，空也；启，开也。如空之开，所见小也。

【补注】按，书、启、状、疏，亦以进御。独两汉无启，则以避景帝讳而置之也。启有古体俗体。世俗施于尊者，多用俪语以为恭，则启与状、疏，大抵皆俗体为多。

奏记：汉江都董仲舒《诣公孙弘奏记》。

【注】《说文》："奏，进也，进上之义。记，疏也，谓一一分别记之也。"

笺：汉护军班固《说东平王笺》。

【注】《诗注》："笺，或作牋表，识书也。笺记之为式，上窥乎表，下睨乎书。"

【补注】按，刘勰云："牋者，表也，识表其情也，字亦作'笺'。古者君臣同书，至东汉始用笺记，公府奏记，郡将奏笺。若班固之说广平，黄香之奏江夏，所称'郡将奏笺'者也。是时太子诸王大臣皆得称笺，后世专以上皇后、太子。于是天子称表，皇后、太子称笺，而其它不得用矣。"今制：奏事太子、诸王称启，而庆贺则皇后、太子仍并称笺云。

谢恩：汉丞相魏相《诣公车谢恩》。

【注】谢恩，亦表章之类。

令：淮南王《谢群公令》。

【注】《艺文志》："《书》者，古之号令于众，其言不立具，则听受。秦法：皇后、太子称令。令，命也。出命申禁，俾民从也。"《周书》："慎乃出令，令出惟行。"《风俗通》："时所制曰令，承宪履绳，不失律令。"《释名》："令，领也。理领之，使不相犯也。"

【补注】按，刘良云："令，即命也。七国之时并称曰令。秦法：皇后、太子称令。至汉王有《赦天下令》，淮南王有《谢群公令》，则诸侯王皆得称令。"

奏：汉枚乘奏书《谏吴王濞》。

【注】《书》曰敷奏，以言奏书之义也。

【补注】按，奏疏者，群臣论谏之总名也。奏御之文，其名不一。七国以前皆称上书。秦初，改书曰奏。汉定礼仪，则有四品：一曰章，以谢恩；二曰奏，以按劾；三曰表，以陈情；四曰议，以执异。然当时奏章，或上灾异，则非专以谢恩。至于奏事，亦称上疏，则非专以按劾也。又，按劾之奏，则称弹事。尤可以征弹劾为奏之一端也。又置八仪，密奏阴阳，皂囊封板，以防宣泄，谓之封事。而朝臣补外，天子使人受所欲言，乃有事下议者，并以书对。则汉之制，岂特四品而已哉？然自秦有天下，以及汉孝惠，未闻有以书言事者。至孝文开广言路，于是贾山言治乱之道，名曰至言，则四品之名，亦非叔孙通之所定明矣。魏晋以下，启独盛行。唐用表状，亦称书疏。宋人则监前制而损益之，故有札子，有状，有书，有表，有封事，而札子之用居多。盖本唐人榜子、录子之制，而更其名。上书章表，已列前编，其篇目有八：曰奏，奏者进也；曰疏，疏者布也，汉时诸王官属于其君，亦得称疏；曰对；曰启；曰状，状者陈也；曰札子，札者刺也；曰封事；曰弹事。论其文则皆以明允笃诚为本，辨析疏通为要。酌古御今，治繁总要，此其大体也。奏启入规而忌侈文，弹事明宪而戒善骂，此又所当知也。今制，论政事曰题，陈私情曰奏，皆谓之本，以及让官、谢恩之类，并用散文，间为俪语，亦同奏格。至于庆贺，虽用表辞，而首尾与奏同。唯史馆进书全用表式。然则当今进呈之目，唯表与本二者而已。

驳：汉侍中吾丘寿王《驳公孙弘禁民不得挟弓弩议》。

【注】汉兴，始立驳议。杂议不纯，故谓之驳。李光曰："驳，不以华藻为先。"《易》："乾为驳马。"马色不纯曰駮，与驳同。

论：汉王褒《四子讲德论》。

【注】荀子《礼论》《乐论》、庄周《齐物论》、慎子《十二论》，俱在褒前。论辨然否，辞忌枝碎，弥缝莫见其隙，敌人不知所乘，斯体要也。李充曰："论，贵于允理，不求支离。"

【集补】庄周，盖齐不齐之物论也。刘勰误引今注，非是。

按，《字书》云："论者，议也。"刘勰云："论，伦也。弥纶群言而研众理者也。其为体则辨正然否，穷有数，追无形，迹坚求通，钩深取极，乃百虑之筌蹄，万事之权衡也。至于条流，实有四品：陈政，则与议说合契；释经，则与传注参体；辨史，则与赞评齐行；诠文，则与序引其纪。此论之大体也。”萧统《文选》则分为三，设论居首，史论次之，论又次之。较诸勰说，差为未尽。惟设论，则勰所未及，而乃取《答客难》《答宾戏》《解嘲》三首以实之。夫文有答有解，已各自为一体，统不明言其体，而概谓之论，岂不谬哉！

议：汉韦玄成奏《罢郡国庙议》。

【注】李斯上秦皇罢封建议在前。《诗》“周爰谘谋”，谓遍于谘议也。《易·节象》：“君子以制数度，议德行。”《周书》：“议事以制，政乃弗违。”议贵节制，经典之体也。文以辨洁，不以繁缛，事以明核，不以深隐。

【补注】按，刘勰云：“议者，宜也。周爰谘谋，以审事宜也。昔管仲称轩辕有明台之议，则议之来远矣。至汉始立驳议。驳者，杂也。杂议不纯，故曰驳也。盖古者，国有大事，必集群臣而廷议之，若罢盐铁、击匈奴之类是也。厥后下公卿议，乃始撰辞，书之简牍以进，而学士偶有所见，又复私议于家。又有谥议，别为一体。”按，《礼记》曰：“先王谥以尊名，节以壹惠，故行出于己而名生于人，使夫善者劝而恶者惧也。”天子崩，则臣下制谥于南郊，明受之于天也。诸侯薨，则太子赴告于天子，明受之于君也。盖子不得议父，臣不得议君，故受之于天、于君。若卿大夫，则有司议而谥之。故周制，太史掌小丧赐谥，小史掌卿大夫之丧赐谥。秦废谥法，汉乃复之，然仅施于君侯，而公卿大夫皆不得与。唐制，太常博士掌王公以下拟谥。宋制，拟谥定于太常，覆于考功，集议于尚书省，其法渐密。故历代以来，有帝后谥议，臣僚美恶谥议。其体有四：曰谥议、改议、驳议、答驳议。今制虽设太常博士，然不掌谥议。大臣没，其家请谥，则礼部覆奏，或与或否，惟上所命。与则内阁拟四字以请而钦定之，皆得美名。初无恶谥以示惩戒，而谥议废矣。至于名臣处士，法不得谥，则门生故吏相与作议，而加私谥焉。其事起于东汉，至今相沿不绝，亦可见古法之不尽废于今也，故曰“私议”。

反骚：汉扬雄作。

【注】雄摭《骚》文而反之，投诸江流，以吊屈原，故曰《反骚》。徐祯卿曰：“雄反《骚》，论者多过之，原含忠陨郁，且复获谤，故为之赋《反骚》。”

弹文：晋冀州刺史王深《集杂弹文》。

【注】弹，纠劾也，绳愆纠缪之谓。省台，中宪之职也。

【补注】汉王尊劾丞相衡等奏，翟方进劾陈咸等奏，皆字挟风霜，倾邪顾而生惧，不自觉所劾之私。

荐：后汉云阳令朱云《荐伏湛》。

【注】荐，举也，进也，举其功能而进乎上也。

教：汉京兆尹王尊《出教告属县》。

【注】天垂文象人行事，谓之教。秦法，诸侯王称教。教，效也，言出而民效也。《白虎通》：“王者设教，承衰救敝，欲民反正道也。”

【补注】李周翰云：“教，示于人也。”秦法，王侯称教，而汉时大臣亦得用之，如《出教告属县》是也。故陈绎曾以为出教告众之辞。

封事：汉魏相《奏霍氏专权封事》。

【注】《汉官仪》：谏院凡章草皆皂囊封事，慎机密也。

【补注】又，蔡邕《陈七事封事》。

白事：汉孔融主簿作《白事书》。

【注】白，告语也。告明其事也。

移书：汉刘歆《移书让太常博士论左氏春秋》。

【注】勰曰：“刘歆之移太常，辞刚而义辨，文移之首也。”按，乔瑁诈三公，移书传驿州郡，说董卓罪恶。此在歆前。

【补注】按，公移者，诸司相移之词也，其名不一。唐世，凡下达上，其制有六，其二曰状，百官于其长亦为之；其五曰辞，庶人言为辞；其六曰牒，有品已上公文皆称牒。诸司自相质问，其义有三：一曰关，谓关通其事也；二曰刺，谓刺举之也；三曰移，谓移其事于他司也。宋制，宰执带三省枢密院出使者，移六部用札。六部移宰执带三省枢密院事出使者，及从官任使副，移六部用申状。六部相移用公牒。今制，上逮下者，曰照会，曰札付，曰案验，曰帖，曰故牒。下达上者，曰咨呈，曰案呈，曰呈，曰牒呈，曰申。诸司相移者，曰咨，曰牒，曰关。上下通用者，曰揭帖。

铭：秦始皇登会稽山刻石铭。

【注】不切而妙者，有武王诸铭。《考工记》：“量铭，古铭也。”勰曰：“帝轩刻舆几以弼违，大禹勤笋虡而招谏。成汤盘盂，著日新之规；武王户

席，题必戒之训。周公慎言于金人，仲尼革容于欹器。则先圣鉴戒，其来久矣。铭兼褒赞，体贵弘润。取事必核以辨，摛文必简而深。”

【补注】按，郑康成曰：“铭，名也。”刘勰曰：“观器而正名也。故曰‘作器能铭，可以为大夫矣’。考诸夏商鼎、彝、尊、卣、盘、匜之属，莫不有铭，而文多残缺。独汤盘见于《大学》，而《大戴礼》备载武王诸铭。其后作者浸繁，凡山川、宫室、门井之类，皆有铭词，盖不但施之器物而已。然要其体，不过有二：一曰警戒，二曰祝颂。”陆机曰：“铭贵博文而温润。”斯言得之矣。

箴：汉扬雄《九州百官箴》。

【注】箴者，规戒以御过者也。勰曰：“箴者，所以攻疾防患，喻箴石也。斯文之兴，盛于三代，夏商二箴，余句颇存。及周之辛甲，百官箴阙，惟《虞人箴》一篇，体义备焉。”

【补注】按，《说文》云：“箴者，试也。”盖医者以针石刺病，故有讽刺而救其失者，谓之箴。古有夏商二箴，见于《尚书大传解》及《吕氏春秋》，然余句虽存，而全文已缺。及周太史辛甲命百官箴王阙，而《虞人》一篇，备载于《左传》。于是扬雄仿而为之，大抵用韵语以垂警戒。

封禅书：汉文园令司马相如。

【注】《白虎通》：“王者始受命之时，改制应天，天下太平，功成封禅，以告太平也。”升封泰山者，增高也。下禅梁父之山，基广厚也。厥体备乎书中，非雕龙所可几及也。

【补注】相如《封禅书》，文几三千言，而前后贯串如一句。

赞：司马相如《荆轲赞》。

【注】赞，扬言以明事，而嗟叹以助辞也。四字为句，数韵成章，盖文约而寓褒贬也。又句可短长，惟韵不可失。真德秀曰：“赞颂体式相似，贵乎赡丽宏肆，而有雍容俯仰、顿挫起伏之态乃佳。”

【补注】按，《字书》：“赞，称美也。字本作讚。”昔汉司马相如初赞荆轲，后人祖之，著作甚众。唐时用以试士，则其为世所尚久矣。其体有三：一曰杂赞，意专褒美，若诸集所载人物、文章、书画诸赞是也；二曰哀赞，哀人之殁，而述德以赞之者是也；三曰史赞，词兼褒贬，若《史记索隐》、东汉、晋书诸赞是也。刘勰有言，“赞之为体，促而不旷，结言于四字之句，盘桓乎数韵之辞”，其颂家之细条乎？

颂：汉王褒作《圣主得贤臣颂》。

【注】《乐书》：“黄帝有《龙衮颂》。”颂，所以扬厉休功，而述美盛德者。勰曰：“帝喾臣咸墨为颂。颂惟典雅，辞必清铄。敷写似赋，而不入华侈之区；敬慎如铭，而异乎规戒之域。抑扬以发藻，汪洋以树义。唯纤巧曲致，与情而变，其体如斯。”

【补注】按，《诗》有六义，其六曰颂。颂，容也。美盛德之形容，以其成功告于神明者也。若商之《那》、周之《清庙》诸什，皆以告神，乃颂之正体也。至于《鲁颂·駉》《闷》等篇，则用以颂僖公，而颂之体变矣。后世所作，皆变体也。其词或用散文，或用韵语。

序：汉沛郡太守作《邓后序》。

【注】序起《诗大序》，序，所以序作者之意，谓其言次第有序也。《史通》云：“《书》列典谟，《诗》含比兴，若不先序其意，难以曲得其情。《汉书》言之，所起远矣。至孔子纂焉，上断于尧，下讫于秦，凡百篇，而为之序。”按，孔安国序《尚书》，未尝言孔子作。刘歆亦云：“识见浅陋，无所发明。”非孔子作甚明。

【补注】按，《尔雅》云：“序，绪也。字亦作叙。”言其善叙事理，次第有序，若丝之绪也。又谓之大序，则对小序而言也。其为体有二：一曰议论，二曰叙事。宋真氏尝分列于《正宗》之编，其叙事又有正、变二体。至唐柳氏有序略之名，其题稍变，而其文益简矣。又有名序、字序，则列于名字说。

引：琴操有《箜篌引》。

【注】卫女作《思归引》。《箜篌引》则朝鲜津卒霍里子高妻丽玉所作也。品秩先后，叙而推之，谓之引。

【补注】按，唐以前文章未有名引者。汉班固虽作《典引》，然实为符命之文，如杂著命题，各以己意耳，非以引为文之一体也。唐以后始有此体，大略如序，而稍为短简，盖序之滥觞也。

志录：扬雄作。

【注】志，识也。录，领也。《书》曰：“书用识哉。”谓录其过恶，以识

于册。古史世本，编以简册，领其名数，故曰录也。

【补注】按，《字书》云："志者，记也。字亦作誌。"其名起于《汉书》十志，后人因之，大抵记事之作也。纪事者，记志之别名，野史之流也。古者，史官掌记时事，而耳目所不逮，文士遇有见闻，随手纪录，以备史官采择，裨史籍之遗亡，故以纪事棐之，史失而求诸野，不赖是欤？

记：扬雄作《蜀记》。

【注】《禹贡》《顾命》，乃记之祖。记，所以叙事、识物，非尚议论。

【补注】记者，纪事之文，名昉于《学记》，厥后扬雄作《蜀记》。《文选》不列其类，刘勰不著其说，则知汉魏以前作者尚少，盛自唐始也。文以叙事为主，后人不知其体，顾以议论杂之，故陈师道云："韩退之作记，记其事。"今之记，乃论也。然《燕喜亭记》已涉议论，欧、苏以下，议论浸多。又有托物以寓意者，有首之以序，而以韵语为记者，有末系以诗歌者。

碑：汉惠帝《四皓碑》。

【注】《说楛》云："无怀氏太山刻石纪功。"此碑之始。惠帝《四皓碑》，为与臣下立碑之始。勰曰："标予盛德，必见清风之华；昭纪鸿懿，必见峻伟之烈，此碑之制也。"《抱朴子》云："宏邈淫艳，非碑诔之施。"

【补注】刘勰云："碑者，埤也。上古帝皇始号封禅，树石埤岳，故曰碑。周穆纪迹于弇山之石，秦始刻铭于峄山之巅，此碑之所从始也。"然考《士婚礼》"入门当碑揖"，注云："宫室有碑，以识日影，知蚤晚也。"《祭义》云："牲入丽于碑。"注云："古宗庙立碑系牲。"是知宫庙皆有碑，以为识影系牲之用，后人因于其上纪功德，则碑之所从来远矣。后汉以来，作者渐盛，故有山川之碑，有城池之碑，有宫室之碑，有桥道之碑，有坛井之碑，有神庙之碑，有家庙之碑，有古迹之碑，有土风之碑，有灾祥之碑，有功德之碑，有墓道之碑，有寺观之碑，有托物之碑，皆因庸器渐阙，而后为之。所谓"以石代金，同乎不朽"者也。故碑实铭器，铭实碑文，其序则传，其文则铭，此碑之体也。又，碑之体主于叙事，其后渐以议论杂之，则非矣。

按，《史记》载，秦刻石辞凡八篇：峄山、泰山、之罘、东观、碣石、会稽各一篇，琅邪台二篇。碑版，金石之祖也。

汤岩夫曰："碑者，悲也。此又纪前人之功德而思之，安得不悲？"

碣：晋潘尼作《潘黄门碣》。

【注】碣，特立石也。方曰碑，圆曰碣。其文如碑。

【补注】唐碣制，方趺圆首，五品以下官用之。而近世复有高广之等，则其制益密矣。古者碑之与碣本相通用，后世乃以官阶之故而别其名。其为文与碑相类，而有铭无铭，惟人所为，故其题有曰碣铭，有曰碣，有曰碣颂并序。至于专言碣而却有铭，或兼言铭而却无铭，则亦犹志铭之不可为典要也。铭与韵亦与志同。

诰：汉司隶从事冯衍作。

【注】成王封康叔，作《康诰》。《易》曰："后以施命诰四方。"诰，告也。训饬戒励之言也。《尔雅》曰："诰、誓，谨也。"古者上下有诰，《仲虺之诰》，下以诰上也；《大诰》《洛诰》之类，上以诰下也。今诰封赠五品以上，覃恩考绩之臣及大臣勋戚赠谥咸用之。词多溢美，殊乖诰下之体。朱子所谓"君谀其臣"，此代制王言者之过也。

【补注】按，《字书》云："诰者，告也。告上曰告，发下曰诰。"古者上下有诰，故下以告上，《仲虺之诰》是也；上以诰下，《大诰》《洛诰》之类是也。考于《书》可见矣。《周礼》："士师以五戒先后刑罚，其二曰诰，用之于会同，以谕众也。"秦废古法，正称制诰。汉武帝元狩六年，始复作之，然亦不以命官。唐世王言亦不称诰。至宋始以命庶官，而追赠大臣、贬谪有罪、赠封其祖父妻室，凡不宣于庭者，皆用之，故所作尤多。然考欧、苏、曾、王诸集，通谓之制，故称内制、外制，而诰实杂于其中，不复识别。盖当时王言之司，谓之两制，是制之一名，统诸诏命七者而言。若细分之，则制与诰亦自有别，故《文鉴》分类甚明，不相混杂，足以辨二体之异。惟唐无诰名，惟称制，其词有散文，有俪语。今制，命官不用制诰，至三载考绩，则用诰，以褒美五品以上官而赠封其亲，及赐大臣勋阶、赠谥，皆用之。六品以下则用敕命，其词皆兼二体。

誓：汉蔡邕作《艰誓》。

【注】《甘誓》："六事之人，予誓告汝。"《释名》："誓，制也。以拘制之也。"

【补注】勰曰："盟者，明也，祝告于神明，亦称曰誓，谓约信之辞也。"

三代盛时，初无诅盟，虽有要誓，结言则退而已。周衰，人鲜忠信，于是刑牲插血，要质鬼神，而盟繁兴。然俄而渝败者多矣。以其为文之一体也，故列之，夫盟誓之文，必序危机，奖忠孝，共存亡，戮心力，祈幽灵以取鉴，指九天以为正，感激以立诚，切至以敷词，此其所同也。然义存则克终，道废则渝始，存乎其人焉耳。

露布：汉贾洪为马超伐曹操作。

【注】露布者，露而不封，布诸视听者也。按《通典》："元魏克捷，欲天下闻知，乃书帛，建于漆竿上，名为露布。"《文章明辨》云："岂露布之初，告伐告捷，与檄通用，而后始专为奏捷云。"然二文世既不传，而后人所作皆用俪语，与表文无异，不知其体本然乎？抑源流之不同也。真德秀云："贵奋发雄壮，少粗无害。"

檄：汉丞相祭酒陈琳作《檄曹操文》。

【注】檄，二尺书。张仪从楚相饮，楚相亡璧，意仪盗之。既相秦，为文檄楚相曰："吾从汝饮，不盗汝璧。善守汝国，吾且盗汝城。"李克曰："檄不切厉则敌心陵，言不夸壮则军容弱。"

【补注】按，《释文》云："檄，军书也。"《说文》云："以木简为书，长尺二寸，用为号召。若以急，则插鸡羽而遣之，故谓之羽檄，言如羽之疾也。"古者用兵，誓师而已，至周乃有文告之辞，而檄之名则始见于战国，《史记》载张仪为檄告楚相是也。后人代有著作，而其词有散文，有俪体。俪语始于唐人，盖唐人之文皆然，不专为檄也。论其大体，则刘勰所称："植义扬词，务在刚健。或述此休明，或叙彼苛虐。指天时，审人事，算强弱，角权势。标蓍龟于前验，悬盘铭于已然。插羽以示信，不可使词缓；露板以宣众，不可使义隐。"此其要也，可谓尽之矣。其他报答谕告，亦并称檄，又州邦征吏，亦称为檄，盖取明举之义。

明文：汉泰山太守应劭作。

【注】明文者，昭然晓示也。

【补注】后世有大赦之法，于是为文以告四方，而赦文兴焉。又谓之德音，盖以赦为天子布德之音也。又，铁券文，《字书》云："券，约也，契也。"刘熙云："绻也，相约束缱绻以为限也。"史称汉高帝定天下，大封功臣，剖符作誓，丹书铁券，金匮石室，藏之宗庙，其誓词曰："使河如带，泰山如砺，国以永宁，爰及苗裔。"后代因此遂有铁券文。

乐府：古诗也。

【注】《汉书》："汉武帝立乐府。"按《乐书》："高祖过沛，歌《三侯之章》，令小儿歌之。高祖崩，令沛得以四时歌儛宗庙。"孝惠、文、景无所增更于乐府。故知乐府之立，不起于武帝，武帝第作《郊祀十九章》而已。且孝惠二年，已命夏侯宽为乐府令矣。秦始皇坑焚后，亦使博士为《仙真人诗》，及行所游天下，令乐人歌弦之，似亦乐府。第仙真之诗，非所以殷荐上帝而配祖考耳。世贞曰："拟古乐府，如郊庙房中，须极古雅，发以峭峻。《铙歌》诸曲，勿使可解，勿遂不可解，须斟酌浅深质文之间。汉魏之辞，务寻古色，《相和》《瑟曲》诸小调，系北朝者，勿使胜质；齐梁以后，勿使胜文。近事毋俗，近情毋纤，拙不露态，巧不露痕，宁近毋远，宁朴毋虚。有分格，有来委，有实境，一涉议论，便是鬼道。古乐府自郊庙宴会之外，不过一事之纪，一情之触，作而备太师之采云尔。拟者或舍调而取本意，或舍意而取本调，甚或舍意调而俱离之，姑仍旧题而创出。吾见六朝浸淫，以至四杰青莲，俱所不免，少陵乃能即事命题，此千古卓识也。"

【补注】按，《史记》："《十九章》，令侍中李延年次序其声，拜为协律都尉。通一经之士，不能独知其辞，皆集会五经家，相与共讲习读之，乃能通知其意，多尔雅之文。"

对问：宋玉《对楚王问》。

【注】《诗》云："对扬王休。"《书》曰："好问则裕。"盖对问者，载主客之辞，以著其意者也。

【补注】按，问对者，文人假托之辞，其名既殊，其实复异。故名实皆问者，屈平《天问》、江淹《邃古篇》之类是也。其它曰难、曰谕、曰答、曰应，又有不同，皆问对之类也。古者君臣朋友口相问对，其词可考。后人仿之，设词以见志，于是有应对之文，而反覆纵横，可以舒愤郁而通意虑。

传：汉东方朔作《非有先生传》。

【注】《博物志》："贤者著行曰传。传者，转也。纪载事迹以转示后来也。其式贵实，书毋泛论。"

【补注】按,《字书》云:“传者,传也。”自汉司马迁作《史记》,创为列传,而后世史家卒莫能易。或有隐德而弗彰,或有细人而可法,则皆为之作传,寓其意;而驰骋文墨者,间以滑稽之术杂焉,皆传体也。其品有四:一曰史传,二曰家传,三曰托传,四曰假传。

上章:孔融《上章谢大中大夫》。

【注】汉定礼仪有四,其一曰“章”。后汉论谏庆贺,间亦称章。《独断》曰:“章者,需头,称稽首上书,谢恩、陈情、诣阙,通者也。

解嘲:扬雄作。

【注】嘲,相调也。解释结滞,征事以对。

【补注】按,《字书》:“解者,释也。”与论、说、议、辨,盖相通焉。论、议既见,说、辨附此。

按,《字书》:“说,解也,述也。解释义理,而以己意述之也。”说,起于《说卦》。汉许慎作《说文》,亦祖其名以命篇。而魏晋以来作者少,独《曹植集》中有二首,而《文选》不载,故其体阙焉。要之,傅于经义而更出己见,纵横抑扬,以详赡为上,与论亦无大异。此外,又有《名说》《字说》,名虽同而所施实异。

按,《字书》云:“辨,判别也。其字从言或从刂。”近世魏校谓从刀,而古文不载。汉以前,初无作者,至唐,韩、柳乃始作焉。然其原,实出于孟、庄,盖本乎至当不易之理,而以反覆曲折之词发之。韩文《讳辨》一篇,全不直说破,尽是设疑,佯为两可之辞,而待人自释。此作辨之体裁,若直直判断,失学者更端之意矣。

训:汉丞相主簿繁钦《祠其先主训》。

【注】《书》曰:“伊尹乃明言烈祖之成德,以训于王。”训者,导也。顺理以迪之也。祠者,告祭于庙也。

辞:汉武帝《秋风辞》。

【注】感触事物,托于文章,谓之辞。

旨:后汉[1]崔骃作《达旨》。

---

① 编者按:底本作“汉后汉”,误。

【注】旨，美也，令也。达，简言取达意也。

劝进：魏尚书令荀攸《劝魏王进文》。

【注】上有让德弗嗣之真，下有钦崇勋业之实，劝而进之，斯两无恧。若宋彭城王义康所谓“谢述劝吾进，刘湛劝吾退，述亡湛存，所以得罪也”。

喻难：汉司马相如《喻巴蜀》，并《难蜀父老》文。

【注】喻，喻告以知上意也。难，难也。以己意难之，以讽天子也。

诫：后汉杜笃作《女诫》。

【注】《淮南子》有尧诫。诫，警也，慎也。《易》：“小惩而大诫。”《书》：“戒之用休。”《语》：“君子有三戒。”则戒者，箴规之别欤？

【补注】班昭作《女诫》七篇，散文也，文法警练详明。朱子《集注》因而效之。《缘起》载杜笃所作，岂以七言有韵耶？

吊文：贾谊《吊屈原文》。

【注】《左传》：“庄十一年秋，宋大水，公使吊焉。”《周礼》曰：“吊礼，哀祸灾遭水火也。”《诗》云：“神之吊矣。”吊，至也，神之至，犹言来格也。

【补注】古者，吊生曰唁，吊死曰吊。或骄贵而殒身，或狷忿而乖道，或有志而无时，或美才而兼累，后人追而慰之，并名曰吊。文滥觞于唐，故有《吊战场》《吊镈钟》之作。大抵彷佛《楚骚》，而切要恻怆，似稍不同。否则华过韵缓，化而为赋，其能逃乎夺伦之讥哉？

告：魏阮瑀为文帝作《舒告》。

【注】告，启也，报也，命也。又觉也，使觉悟知己意也。

【补注】又，告，飨神之辞。《周礼》设太祝之职，掌六祝之辞。考其大旨，实有六焉：一曰告，二曰修，三曰祈，四曰报，五曰辟，六曰谒。用以飨天地、山川、社稷、宗庙、五祀、群神。汉昭烈《祭告天地神祇文》。

传赞：汉刘歆作《列女传赞》。

【注】传，著事。赞，叙美也。

谒文：后汉别驾司马张超《谒孔子文》。

【注】谒，白也，访也，请见也。

祈文：后汉傅毅作《高阙祈文》。

【注】祈求重肃，修辞贵端。

祝文：董仲舒《祝日蚀文》。

【注】伊祈始蜡以祭八神，其辞曰：“土反其宅，水归其壑，昆虫毋作，草木归其宅。”此祝辞之祖。古者祝享史有册祝，载所以祝之之意。册祝，祝版之类也。《诗》云：“祝祭于祊，祀事孔明。”言甚备也。

行状：汉丞相仓曹傅胡幹作《杨元伯行状》。

【注】状者，貌也，类也。貌本类实，备史官之采，或乞铭志于作者之辞也。

【补注】先贤表谥，并有行状，盖具死者世系、名字、爵里、行治、寿年之详，或牒考功太常使议谥，或牒史馆请编录，或上作者乞墓志碑表之类，皆用之。而其文多出于门生故吏亲旧之手，以谓非此辈不能知也。其逸事状，但录其逸者，其所已载不必详焉。

哀策：汉乐安相李尤作《和帝哀策》。

【注】简其功德而哀之。《释名》：“哀，爱也。爱而思念之也。”

哀颂：汉会稽东郡尉张紘作《陶侯哀颂》。

【注】《说文》：“闵也。闵痛之形于声也。颂扬厥德，思以美之也。”

墓志：晋东阳太守殷仲文作《从弟墓志》。

【注】汉崔瑗作《张衡墓志铭》，洪适云：“所传墓志，皆汉人大隶。”此云始于晋日，盖丘中之刻，当其时未露见也。周必大云：“铭墓，三代已有之。”薛考功《钟鼎款识》十六卷，载唐开元四年，偃师耕者得比干墓铜盘，篆文云：“右林左泉，后冈前道，万世之灵，兹焉是宝。”然则铭墓三代时已有之矣。晋隐士赵逸曰：“生时中庸人耳，及死也，碑文墓志，必穷天地之大德，尽生民之能事。为君共尧舜连衡，为臣与伊皋等迹。牧民之臣，浮虎慕其清尘；执法之吏，埋轮谢其梗直。所谓生为盗跖，死为夷齐。妄言伤正，华辞损实。”又按，楚子囊议恭王谥曰：“先其善，不从其过。”《白虎通》以为人臣之义，莫不欲褒大其君之德。掩恶扬善，义固如是。然使后世有稽无征，何以为戒？构文宜少鉴于逸言。汤显祖云：“墓铭须夜为之。”其有感于逸言深矣。

【补注】按，志者，记也。铭者，名也。古之人有德善功烈可名于世，殁则后人为之铸器以铭，而俾传于无穷，若《蔡中郎集》所载《朱公叔鼎铭》是也。至汉，杜子夏始勒文埋墓侧，遂有墓志，后人因之。盖于葬时述其人世系、名字、爵里、行治、寿年、卒葬日月与其子孙之大略，勒石加盖，埋于圹前三尺之地，以为异时陵谷变迁之防，而谓之志铭。其用意深远，而于古意无害也。迨夫末流，乃有假手文士，以谓可以信今传后，而润饰太过者，亦往往有之。则其文虽同，而意斯异矣。至论其题，则有曰“墓志铭”，有志有铭者是也。曰“墓志铭并序”，有志有铭而又先有序者是也。然云“志铭”，而或有志无铭，或有铭无志者，则别体也。曰“墓志”，则有志而无铭。曰“墓铭”，则有铭而无志。然亦有单去志而却有铭，单去铭而却有志者；有题云志而却是铭，题云铭而却是志者，皆别体也。其未葬而权厝者，曰“权厝志”，曰“志某”；殡后葬而再志者，曰“续志”，曰“后志”；殁于他所而归葬者，曰“归祔志”；葬于他所而后迁者，曰“迁祔志”；刻于盖者，曰“盖石文”；刻于砖者，曰“墓砖志”，曰“墓砖铭”；书于木版者，曰“坟版文”，曰“墓版文”。又有葬志，曰“志文”，曰“坟记”，曰“圹志”，曰“圹铭”，曰“椁铭”，曰“埋铭”。其在释氏，则有曰“塔铭”，曰“塔记”。凡二十题。或有志无志，或有铭无铭，皆志铭之别题也。其为文，则有正变二体。正体惟叙事实，变体则因叙事而加议论焉。又有纯用“也”字为节段者，有虚作志文而铭内始叙事者，亦变体也。若夫铭之为体，则有三言、四言、七言、杂言、散文。有中用“兮”字者，有末用“兮”字者，有末用“也”字者。其用韵，有一句用韵者，有两句用韵者，有三句用韵者，有前用韵而末无韵者，有前无韵而末用韵者，有篇中既用韵而章内又各自用韵者，有隔句用韵者，有韵在语辞上者，有一字隔句重用自为韵者，有全不用韵者。其更韵，有两句一更者，有四句一更者，有数句一更者，有全篇不更者，皆杂见于作者之林也。

诔：汉武帝《公孙弘诔》。

【注】《周礼》：“大祝作六辞”，其六曰诔。《檀弓》：“鲁庄公诔县贲父”，士之有诔始此。《礼记》：“贱不诔贵，幼不诔长，礼也。唯天子称天以诔之。诸侯相诔，非礼也。”勰曰：“尼父卒，哀公作诔，观其慭遗之切，呜呼之叹。虽非睿作，古式存焉。至柳妻之诔惠子，则辞哀而韵长矣。诔之为体，盖选

言录行，传体而颂文，荣始而哀终。论其人也，暧乎若可觌；道其哀也，凄然如可伤。”挚虞曰：“唯诔无定制，故作者多异焉。”

悲文：蔡邕作《悲温舒文》。

【注】伤痛之文也，有声无泪曰悲。

祭文：后汉车骑郎杜笃作《祭延钟文》。

【注】礼祭以诚，止于告飨。《书》曰：“黩于祭祀，时谓弗钦。”言所以交鬼神之道，罔有过也。《檀弓》：“唯祭祀之礼，主人自尽焉耳。岂知神之所飨，亦以主人有斋敬之心也。”

【补注】按，祭文，奠亲友之辞也。古之祭祀，止于告飨。中世以还，兼赞言行，以寓哀痛之意，盖祝文之变也。其辞有散文，有韵语，有俪语，而韵语之中，又有散文、四言、六言、杂言、骚体、俪体之不同。善乎刘勰之说，曰：“祭奠之楷，宜恭且哀。若夫辞华而靡实，情郁而不宣，非工于此者也。”

哀辞：汉班固《梁氏哀辞》。

【注】挚虞曰：“哀词者，诔之流也。”勰曰：“情主于痛伤，辞穷乎爱惜。幼未成德，故誉止于察惠；弱不胜务，故悼加乎肤色。隐心而结文，则事惬；观文而属心，则体奢。奢体为辞，则虽丽不哀。必使情往会悲，文来引泣，乃为贵乎？”

挽词：魏光禄勋缪袭作。

【注】挽词者，悼往哀苦之意也。《古今注》：“《薤露》《蒿里》，并丧歌也。田横自杀，门人伤之，为之悲歌，言人命如薤上之露，易晞灭也。亦谓人死魂魄归乎蒿里。至孝武时，李延年分为二曲：《薤露》送王公贵人，《蒿里》送大夫庶人。使挽柩者歌之，世呼为挽歌。”按，《虞殡》《绋讴》，已见《左》《庄》，非始于横之门人。

七发：汉枚乘作。

【注】七，对问之别，为《楚骚·七谏》之流，后遂以七为文之一体。勰曰：“七窍所发，发乎嗜欲，始邪末正，所以戒膏梁子也。”

【补注】古人戒册，用九与七。屈子《九章》《九歌》，《孟子》《庄子》七篇命名。按，七者，文章之一体也。词虽八首，而问对凡七，故谓之七。

则七者，问对之别名，而《楚词·七谏》之流也。盖自枚乘而撰《七发》，而傅毅《七激》、张衡《七辨》、崔骃《七依》、崔瑗《七苏》、马融《七广》、曹植《七启》、王粲《七释》、张协《七命》、陆机《七征》、桓麟《七说》、左思《七讽》，相继有作。

离合诗：孔融作《四言离合诗》。

【注】字可折合而成文，故曰离合。

连珠：扬雄作。

《北史·李先传》："魏帝召先读韩子《连珠》二十二篇。"韩子，韩非子。书中有连语，先列其目，而后著其解，谓之连珠。据此，则连珠已兆韩非。其体辞丽而言约，不指说事情，必假喻以达其旨，合于古诗劝兴之义，历历如贯珠，易睹而可悦，故谓之连珠。①

篇：汉司马相如作《凡将篇》。

【注】篇者，积句成章，出情布事，明而遍也。

歌诗：汉枚乘作《丽人歌诗》。

【注】《书》曰"诗言志，歌永言。"马融曰："歌，所以长言诗之意也。"

遗命：晋散骑常侍江统作。

【注】汉郦炎作遗令，临殁顾命，所以托后事也。

图：汉河间相张衡作《玄图》。

【注】《易·系辞》："河出图，圣人则之。"《释名》："图，度也，尽其品度也。"

【补注】扬雄《太玄》十一篇，首、冲、错、测、攡、莹、数、文、捝、图、告。《汉书·艺文志》："《兵形势图》十八卷，《阴阳图》十卷，《技巧》三卷。"

势：汉济北相崔瑗作《草书势》。

【注】蔡邕作《篆势》云："扬波振击，龙跃乌震，延颈胁翼，势欲凌云。"又云："若行若飞，岐岐翾翾。远而望之，若鸿鹄群游，络驿迁延；迫而视之，湍际不可得见，指挥不可胜原。"

---

① 编者按：此段未明确标明属于"注"还是"补注"。

约：汉王褒作《僮约》。

【注】约，约束之也。如“沛公入关，以法三章约父老”之约。

【补注】按，《字书》：“约，束也。言语要结，戒令检束，皆是也。”乡约之类，亦当仿褒为之，庶不失古意。

述异记

（选自任昉撰《述异记》，见《钦定四库全书·子部十二·小说家类三·琐记之属》）

卷上

昔盘古氏之死也，头为四岳，目为日月，脂膏为江海，毛发为草木。秦汉间俗说：盘古氏头为东岳，腹为中岳，左臂为南岳，右臂为北岳，足为西岳。先儒说：盘古氏泣为江河，气为风，声为雷，目瞳为电。古说：盘古氏喜为晴，怒为阴。吴楚间说：盘古氏，夫妻阴阳之始也。今南海有盘古氏墓，亘三百余里，俗云后人追葬盘古之魂也。桂林有盘古氏庙，今人祝祀。

南海中盘古国，今人皆以盘古为姓。昉按：盘古氏，天地万物之祖也，然则生物始于盘古。

南海小虞山中有鬼母，能产天地鬼。一产十鬼，朝产之，暮食之。今苍梧有鬼姑神是也。虎头龙足，蟒目蛟眉①，今吴越间防风庙，土木作其形，龙首牛耳，连眉一目。

昔禹会涂山，执玉帛者万国。防风氏后至，禹诛之。其长三丈，其骨头专车。今南中民有姓防风氏，即其后也，皆长大。越俗，祭防风神，奏防风古乐，截竹长三尺，吹之如嗥，三人披发而舞。

轩辕之初立也，有蚩尤氏兄弟七十二人，铜头铁额，食铁石，轩辕诛之于涿鹿之野。蚩尤能作云雾，涿鹿今在冀州，有蚩尤神。俗云人身牛蹄，四目六

① 原注：蟒蛇目圆，蛟眉连生。

手，今冀州人掘地得髑髅如铜铁者，即蚩尤之骨也。今有蚩尤齿，长二寸，坚不可碎。秦汉间说，蚩尤氏耳鬓如剑戟，头有角，与轩辕斗，以角抵人，人不能向。今冀州有乐名“蚩尤戏”，其民两两三三，头戴牛角而相抵，汉造角抵戏，盖其遗制也。

太原村落间祭蚩尤神不用牛头，今冀州有蚩尤川，即涿鹿之野。汉武时，太原有蚩尤神昼见，龟足蛇首，首疫，其俗遂为立祠。

尧使鲧治洪水，不胜其任，遂诛鲧于羽山，化为黄能，入于羽泉。今会稽祭禹庙不用熊，曰：黄能即黄熊也。陆居曰熊，水居曰能。昉按：今江淮中有鲋名熊。熊，蛇之精，至冬化为雉，至夏复为蛇。今吴中不食雉，毒故也。扬州有蛇市，市人鬻珠玉而杂货鲛布，鲛人，即泉先也，又名泉客。

南海出鲛绡纱，泉先潜织，一名龙纱。其价百余金，以为服，入水不濡。

南海有龙绡宫，泉先织绡之处。绡有白如霜者。

郁林郡有珊瑚市、海先市。珊瑚树碧色，生海底，一株十枝，枝间无叶，大者高五六尺，至小者尺余。蛟人云：“海上有珊瑚宫。”汉元封二年，郁林郡献瑞珊瑚。

光武时南海献珊瑚妇人，帝命植于殿前，谓之女珊瑚。一旦柯叶甚茂，至灵帝时树死，咸以谓汉室将亡之征也。

凡珠，有龙珠，龙所吐者；蛇珠，蛇所吐者。南海俗谚云：“蛇珠千枚，不及玫瑰。”言蛇珠贱也[①]。越人谚云：“种千亩木奴，不如一龙珠。”

越俗，以珠为上宝，生女谓之珠娘，生男谓之珠儿，吴越间俗说“明珠一斛贵如玉”者。合浦有珠市。

昔炎帝女溺死东海中，化为精卫，其名自呼。每衔西山木石填东海，偶海燕而生子，生雌状如精卫，生雄如海燕。今东海精卫誓水处，曾溺于此川，誓不饮其水。一名鸟誓，一名冤禽，又名志鸟，俗呼帝女雀。

东海岛龙川，穆天子养八骏处也，岛中有草名龙刍，马食之，一日千里。古语云：“一株龙刍，化为龙驹。”

陶唐之世，越常国献千岁神龟，方三尺余，背上有文，科斗书，记开辟已

① 原注：玫瑰亦是美珠也。

来。帝命录之，谓之“龟历”，伏滔《述帝功德铭》曰：“胡书龟历之文。”

夏桀宫中有女子化为龙，不可近，俄而复为妇人，甚丽而食人，桀命为蛟妾，告桀吉凶。

桀时，泰山山走石泣。先儒说：“桀之将亡，泰山三日泣。”今泰山山石，远望之若人泣者是也。武王谓周公曰：桀为不道，走山泣石。尧为仁君，一日十瑞。

宫中刍化为禾，凤凰止于庭，神龙见于宫沼，历草生阶，宫禽五色，乌化白，神木生莲，萐蒲生厨。景星耀于天，甘露降于地。是为十瑞。

东海畔有孤竹焉，斩而复生，中有管。周武王时，孤竹之国献瑞笋一株。

空桑，生大野山中。为琴瑟之最者，空桑也。

周成王元年，贝多国人献舞雀，周公命返之。

南海中有轩辕丘，鸾自歌，凤自舞，古云：天帝乐也。

崆峒山中有尧碑、禹碣，皆籀文焉。伏滔《述帝功德铭》曰：“尧碑禹碣，历古不昧。”

会稽山有虞舜巡狩台，台下有望陵祠。帝舜南巡，葬于九疑，民思之，立祠曰“望陵祠”。

帝舜都郭门、古宫存焉。宫前有尧台舜馆，铭记古文，莫有识者。

湘水去岸三十里许，有相思宫、望帝台。昔舜南巡而葬于苍梧之野，尧之二女娥皇、女英追之不及，相与恸哭，泪下沾竹，竹文上为之斑斑然。

昔战国时，魏国苦秦之难，尝有民从征戍秦，久不返，妻思而卒，既葬，冢上生木，枝叶皆向夫所在而倾，因谓之“相思木”。今秦赵间有相思草，状如石竹而节节相续，一名断肠草，又名愁妇草，亦名霜草，人呼为“寡妇莎”，盖相思之流也。

淮南有懒妇鱼，俗云：昔杨氏家妇，为姑所溺而死，化为鱼焉。其脂膏可燃灯烛，以之照鸣琴博奕，则烂然有光。及照纺绩，则不复明矣。

水虺五百年化为蛟，蛟千年化为龙，龙五百年为角龙，千年为应龙。

沮、涣二水，波文皆若五色，彼人多文章，故一名缋水。

灌、淝之间离别亭，古送别处。汉、沔会流处岸上有石铭云：“下至水府三十一里。”皆传云李斯刻此石。

鹿千年化为苍，又五百年化为白，又五百年化为玄。汉成帝时，山中人得玄鹿，烹而视之，骨皆黑色。仙者说："玄鹿为脯，食之寿二千岁。"

余干县有白鹿，土人皆传千年矣。晋成帝遣捕，得铜牌在角后，书云："汉元鼎二年，临江所献白鹿。"

淮水中，黄雀至秋化为蛤，春复为黄雀，雀五百年化为蜃蛤。

梓树之精化为青羊，生百年而红，五百年而黄，又五百年而色苍，又五百年而色白。

龟千年生毛。龟寿五千年谓之神龟，万年曰灵龟。

海鱼千岁为剑鱼，一名琵琶，形如琵琶而善鸣，因以名焉。

汉中山有虎生角，道家云："虎千年则牙蜕而角生。"

汉宣城郡守封邵，一旦忽化为虎，食郡民。民呼之曰"封使君"，因去不复来，故时人语曰："无作封使君，生不治民死食民。"夫人无德而寿，则为虎。虎不食人，人化虎则食人，盖耻其类而恶之。

獍之为兽，状如虎豹而小，始生，还食其母。故曰"枭獍"。

济阳山，麻姑登仙处，俗说山上千年金鸡鸣、玉犬吠。

阖闾夫人墓中周回八里，别馆洞房，迤逦相属，漆灯照烂，如日月焉。尤异者，金蚕玉燕各千余双。

吴王夫差筑姑苏之台，三年乃成。周旋诘屈，横亘五里，崇饰土木，殚耗人力。宫妓数千人，上别立春宵宫，为长夜之饮，造千石酒钟。夫差作天池，池中造青龙舟，舟中盛陈妓乐，日与西施为水嬉。吴王于宫中作海灵馆、馆娃阁，铜沟玉槛，宫之楹槛皆珠玉饰之。

吴既灭越，栖勾践于会稽之上，地方千里。勾践得范蠡之谋，乃示民以耕桑，延四方之士，作台于外而馆贤士，今会稽山有越王台。今交州麻林，一名纻林，勾践种麻，将以弦弓。交州糠头山，勾践贮米于其上，舂积糠为山。今会稽之上，有越王铸剑洲、箭镞洲，往往有得古箭镞，盖古制也。

广州东界有大夫文种之墓，墓下有石为华表柱，石鹤一只。种，即越王勾践之谋臣也。

洞庭湖中有钓洲，昔范蠡乘扁舟至此，遇风，止钓于洲上，刻石记焉。有一陂，陂中有范蠡鱼，昔范蠡钓得大鱼烹食之，小者放于陂中。陂边有范蠡石床、石砚、钴鉧。范蠡宅在湖中，多桑纻英果，有海杏大如拳，苦菜、甘柚林。石壁上凿兵书十篇，菰葑川皆范蠡手植之。定陶有范蠡千斛鱼陂、木桃园、酸枣林。梧桐宫在句容县，传云吴别馆有楸梧成林焉。梧子可食。古乐府云“梧宫秋，吴王愁”是也。

阖闾墓中石铭云：“吴王之夜室也，呜呼！平吾君王，弃吾之邦，迁于重岗，维岗之阳，吾王之邦。”

今宜都有吴王射亭、木棠苑。木棠，果名，似梨而甜。宜都七里溪，吴王射堂，堂之柱础皆如伏龟。袁宏《宫赋》曰“海龟之础”是也。

苍颉墓在北海，呼为“藏书台”。周末发冢，得方玉石，上刻文八十字，当时莫识，遂藏之书府。至秦时李斯识八字，云：“上天作命，皇辟迭王。”至叔孙通识十二字。

濑乡石堂有老子篆书《道德经》五千字，蔡邕于其旁以隶书证之。

番禺有酸柿甜梅，李尤《果赋》：“生物赋偏，梅甜柿酸。”

汉章帝三年，子母笋生白虎殿前，时谓为孝竹，群臣献《孝竹颂》。

越多橘柚园。越人岁多橘税，谓“橙橘户”，《吴书》阚尚表请“除臣之橘籍”是也。

越中有王氏之橘园、胡氏之梅山、贺氏之瓜丘，吴中有陆家白莲、顾家斑竹，赵有韩氏之酸枣。

中山有楸户，掌楸木者。楸子为竹器。《汉书・货殖志》：“千年楸。”

邯郸有故宫基存焉，中有赵王之故园，梅李至冬而花，春得而食。

邺中铜驼乡，魏武帝陵下铜驼、石犬各二。古诗云：“石犬不可吠，铜驼徒尔为。”

一说香水在并州，其水香洁，浴之去病。吴故宫亦有香水溪，俗云“西施浴处”，人呼为“脂粉塘”，吴王宫人濯妆于此溪，上源至今馨香。古诗云：“安得香水泉，濯郎衣上尘。”俗说魏武帝陵中亦有泉谓之“香水”。

饶州俗传轩辕氏铸镜于湖边，今有轩辕磨镜石，石上常洁，不生蔓草。

桂林东南边海有裸川，桓谭《新论》云“呈衣冠于裸川”，海上有裸人乡。

丹阳大姑陵，陵下有石麟二枚，不知年代。传云秦汉间公卿墓，则以石麒麟镇之。

卢氏县有卢君古冢，冢旁柏二株，枝条荫茂二百余步，树文隐起，皆如龟甲，根劲如铜石。

卢府君墓在馆陶县南二十里，不知何代，铭曰“卢府君归真之室”。

庐陵郡有董氏之宅，前有董家祠。昔有董氏语其乡人曰：“吾当尽室作神。”及死，家人老幼皆卒。乡人往往见之，称“吾于地下作庐陵侯”。乡人因为立祠，能致风雨。

安定西陇道，其谷中有弹筝之声，行人过闻之，谓之“弹筝谷”。

粉水出房陵永清谷，取其水以渍粉，即鲜洁有异于常，谓之“粉水”。

汉水西山有九井，井中常出五色烟，高数丈。传云昔人有缒入，得数斛空青。

西海外有鹄国，人长七寸，日行千里，百兽不犯，惟畏海鹄，鹄见必吞之，在鹄腹中不死，鹄一举亦千里。

吐绶乌，其身大如鸜，五色，出巴东山中，毛色可爱。若天晴淑景，即吐绶长一尺，须臾还吞之，阴滞即不吐。

阳泉在天余山北，清流数十步，所涵草木，皆化为石，精明坚劲。其水所经之处，物皆渍为石。

却尘犀，海兽也。然其角辟尘，致之于座，尘埃不入。

羊山上有燃石，其色黄而文理疏，以水沃之，便如煎沸，其上可炊烹，稍冷即复以水沃之。

猰貐，兽中最大者，龙头、马尾、虎爪，长四百尺，善走，以人为食。遇有道君即隐藏，无道君即出食人。

辟寒香丹，丹国所出，汉武时入贡。每至大寒，于室焚之，暖气翕然自外而入，人皆减衣。

迷穀出招摇山，亦名鹊山，其树如穀，又如楮。其花四照，名曰“迷穀”，如佩之，令人不迷。

南康樗都县西，沿江有石室，名“梦口穴”。尝有船人遇一人，通身黄衣，担两笼黄瓜，求寄载过。至岸下，此人唾盘上，径下崖，直入石穴中。船主初甚忿之，见其人入石，始知异。视盘上唾，悉是金矣。

哙参养母至孝。曾有玄鹤为戎人所射，穷而归参，参收养疗治，疮愈放之。后鹤夜到门外，参秉烛视，鹤雌雄双至，各衔明月珠以置参家。

炎洲在南海中，上有风生兽，似豹，青色，大如狸。网取之，积薪数车，烧之不燃。铁锤锻头数十下乃死，以口向风，须臾便活。以石上菖蒲塞鼻，即真死。取其脑，和菊花服之，可寿五百岁。

南方有灾火山，四月生火，十二月火灭。火灭之后，草木皆生枝条，至火生，草木叶落，如中国寒时也。取此木以为薪，燃之不烬。以其皮绩之，为火浣布。

兰陵山有井，异鸟巢其中，金翅而身黑，此鸟见即大水。井不可窥，窥者盈岁辄死。

玉门西南有一国，国中有山石礌千枚，名为霹雳礌。从春雷而礌减，至秋礌尽，雷收复生，年年如此。

宣城盖山有舒姑泉，俗传有舒氏女与父析薪，女坐泉处，忽牵挽不动，父遽告家。及再至其地，惟见清泉湛然。其母曰：“女好音乐。”乃作弦歌，泉乃涌流。

捣衣山一名灵山，在琅琊郡。山南绝险，岩有方石，昔有神女于此捣衣。其石明莹，谓之玉女捣练砧。

斗乡西津有玉女冈，天当雨，辄先涌五色气于石间，俗谓“玉女披衣”。

嵰州去玉门三千里，地寒多雪，著木石之上，皆融而甘，可以为果。

八方之荒有石鼓，其径千里，撞之，其音即成雷也。天之申威于此。

秦始皇作石桥于海上，欲过海观日出处。有神人驱石去，不速，神人鞭之，皆流血。今石桥其色犹赤。

员峤山名还丘，东有云石，广五百里。有蚕长七寸，黑色，有鳞角，以霜雪覆之，然后作茧，长一尺，其色五采，织为文锦，入水不濡。

园客者，济阴人，貌美，邑人多欲妻之，客终不娶。常种五色香草，积十余年，服食其实。忽有五色蛾集香草上，客荐之以布，生华蚕焉。至蚕时，有一女自来助养蚕。以香草食之，得茧一百二十枚。茧大如瓮，每一茧，缫六七日丝方尽。缫讫，此女与客俱神仙去。

并州妒女泉，妇人不得艳妆彩服至其地，必兴云雨。一名是介推妹。

齐桓公北征孤竹，见人长尺，具衣冠，左祛而走于马前。管仲曰："此山之神也，名曰俞儿，霸王之君兴则见也。"

和州历阳沦为湖。昔有书生遇一老姥，姥待之厚。生谓姥曰："此县门石龟眼血出，此地当陷为湖。"姥后数往视之，门吏问姥，姥具答之。吏以朱点龟眼，姥见，遂走上北山，顾城遂陷焉。今湖中有明府鱼、奴鱼、婢鱼。

信安郡石室山，晋时，王质伐木至，见童子数人棋而歌，质因听之。童子以一物与质，如枣核，质含之，不觉饥。俄顷，童子谓曰："何不去？"质起，视斧柯烂尽。既归，无复时人。

螺亭在南康郡。昔有一女采螺为业，曾宿此亭。夜闻空中风雨声，乃见众螺张口而至，便乱啖其肉。明日惟有骨存焉，故号此亭为螺亭。

北方有七尺之枣，南方有三尺之梨，凡人不得见，或见而食之，即为地仙。

荀瓌，字叔伟，潜栖即妆。尝东游，憩江夏黄鹤楼上，望西南有物，飘然降自霄汉，俄顷已至，乃驾鹤之宾也。鹤止户侧，仙者就席，羽衣虹裳，宾主欢对。已而辞去，跨鹤腾空，眇然而灭。

晋安郡有一书生谢端，为性介洁，不染声色。尝于海岸观涛，得一大螺，大如一石米斛。割之，中有美女，曰："予天汉中白水素女，天帝矜卿纯正，令为君作妇。"端以为妖，呵责遣之，女叹息升云而去。

东阳郡永康县，吴时有人入山，逢大龟，担之。未至家，遇夜，揽舟于岸。见老桑呼龟曰："元绪，汝当死矣。"龟呼桑树曰："子明，无苦也，虽然尽南山之樵，不能溃我。"对曰："诸葛恪明敏，祸必及于予。"明日，其人将龟献吴主。命煮之，三日三夜不死。遂问诸葛恪，恪曰："此龟有精，须得多载老桑为薪，煮之立烂。"遂令以老桑斫之为薪，既燃即烂。

汉武帝幸甘泉长平阪，道中有虫，赤如肝，头目口齿悉具，人莫知也。时东方朔曰："此古秦狱地也，积忧所致。"上使按图，果秦狱地。朔曰："夫积忧者，得酒而解。"乃以虫置酒中，立消。

洞庭山有宫五门，东通林屋，西达峨眉，南接罗浮，北连岱岳。东有石楼，楼下两石，扣之清越，所谓神钲。昔有青童秉烛飙飞轮之车至此，其迹存焉。上有天帝坛山，山有金牛穴。吴孙权时令人掘金，金化为牛走上山，其迹存焉，故号为“金牛穴”。

范文，本日南奴也。为奴时，牧羊于涧中，得两鲤鱼，欲私食之。郎知诘之，文诈云：“将砺石还，非鱼也。”郎至鱼所，果见两石，文异之。石有铁，文因入山中，就治作两刀。因举刀向鄣，鄣即蕃中山地名也。咒曰：“鲤鱼变化治成刀，斫石鄣破者，是有神灵，文当治此国。”遂斫破之，众遂推为君。

宋武帝微时，伐荻于新洲，见一大蛇，长数丈，遂射之，伤。明日复往观之，闻杵臼声，觇见数青衣童子捣药。问其故，答曰：“我王为刘寄奴所射，今合药傅之。”帝曰：“何神也？”童子不答。帝叱之，皆散。收得药，人因名此草为“刘寄奴”。

西域有鼠国，大者如猪，中者如兔，小者如常鼠，头悉白。商贾有经过其国者，若不祈祀，则啮人衣裳。

周成王时，东夷送六角牛。

磅礴山去扶桑五万里，日所不及。其地甚寒，有桃树千围，万年一实。一说日本国有金桃，其实重一斤。

吴王阖闾葬于吴县，三月，有白虎居其上，号曰“虎丘”。

晋太康中，会稽县蟛蜞及羊皆化为鼠。蟛始变者，有毛而无肉，大食新稻。

周穆王时，天下连雨三月，穆王乃吹笛，其雨遂止。

汉武帝时，西方有日支国献活人草三茎，有人死者，将草覆面，即活之矣。

封微山中有怒毛兽，若不嗔，毛短三寸，若嗔，毛长三尺。

南金山有狮子禽，其毛黄赤而光鲜，耳小，若鸣时，地动石裂。

昆仑山有玉桃，光明洞澈而坚莹，须以玉井泉洗之，便软可食。

北方荒外有石湖，方十里，中有横公鱼，夜即化为人，刺之不入，煮之不死。若以乌梅二七个煮之即熟，可治邪病。

东海郡尉于台有杏一株，花杂五色六出，号“云仙人杏”。

晋时，晋陵薛愿家有虹饮其釜中，水须臾而竭，愿因以酒祝而益之，虹复饮尽，吐金满釜而去，愿家遂至大富。

顾渚山有报春鸟，春至即鸣，秋分亦鸣，似鶗鴂之类也。

龙肝瓜，长一尺，花红叶素，生于冰谷，所谓冰谷素叶之瓜。

越俗说，会稽山夏禹庙中有梅梁，忽一春而生枝叶。

汉成帝尝与赵飞燕游太液池，以沙棠木为舟。其木出昆仑山，人食其实，入水不溺。诗曰："安得沙棠木，刳以为舟船。"

巴东有真香茗，其花白色如蔷薇，煎服，令人不眠，能诵无忘。

伺潮鸡，潮水上则鸣。孙绰《望海赋》曰"石鸡清响而应潮"是也。

聚窟洲有返魂树，伐其根心，于玉釜中煮取汁，又熬之令可丸，名曰"惊精香"，或名"震灵丸"，或名"反生香"，或名"却死香"。死尸在地，闻气即活。

岑华山在西海之西，有蔓竹为箫管，吹之若群凤之鸣。

魏兴锡义山多生微蘅草，有风不偃，无风独摇。

黄金山有楠树，一年东边荣西边枯，后年西边荣东边枯。年年如此，张华云"交让树"也。

石勒尝佣于临水，为游军所囚。会有群鹿傍道，军人竞逐之，勒乃获免。俄而又见一老父，谓勒曰："向来群鹿者，我也。君应为列国主，故相救耳。"

大食王国。在西海中。有一方石，石上多树，干赤叶青。枝上总生小儿，长六七寸，见人皆笑，动其手足，头著树枝，使摘一枝，小儿便死。

獬豸者，一角之羊也，性知人有罪。皋陶治狱，其罪疑者，令羊触之。

取鸟之未生毛者，以丹和牛肉使吞，至长，羽毛皆赤。杀之，阴干，杵服，寿五百岁。

邓通以棹船为黄头郎，曰："土胜水，其色黄。"故刺船郎皆著黄帽。

汉元和元年，大雨，有一青龙堕于宫中。帝命烹之，赐群臣龙羹各一杯。故李尤《七命》曰"味兼龙羹"。

案消山有石楼树，吴太皇元年，郡吏伍曜于海际得之。枝茎紫色有光，南越谓之"石连理"也。

南海有明珠，即鲸鱼目瞳。鲸死而目皆无精，可以鉴，谓之"夜光"。

千年木精为青牛。

猿五百岁化为玃，玃千岁化为老人。

鹄生五百年而红，五百年而黄，又五百年而苍，又五百年而白，寿三千岁。

燕千年生胡髯。

虎鱼老者为蛟。

江中鱼化为蝗而食五谷者，百岁为鼠。

蛟羊似羊而无角，啖之毒。

古人说，羊一名胡髯郎，又名青鸟。

周穆王之犬，日走千里，食虎豹。

阖闾构水精宫，尤极珍怪，皆出自水府。

濑乡老子祠有紫石榴、红缥李，一李二色。

勾漏县有白橘、青椒、缥杏。

南中生子母竹，今之慈竹也。

汉章帝元年，上虞县献二蒂瓜，一实二蒂，及玉色橘。

赵王故城，俗呼为“麋鹿城”。

殷纣时，大龟生毛而兔生角，是甲兵将兴之兆。

梁孝王筑平台，台至今存，有蒹葭洲、凫藻洲、梳洗潭，中有望秦山，商人望乡之处。

贝宫夫人庙，在太一山下，云怀元王夫人也。庙即其基也。

当阳南有龙川、凤川，云汉武帝时八龙五凤常见于此。亦呼为“五凤州”。

魏文帝甄后陵，在邺中临漳东北，至今有甄后神。

卷下

周幽王时，牛化为虎，羊化为狼。洛南有避狼城，云幽王时群羊为狼，食人，故筑城避之。今洛中有狼村，是其处也。

关中有金鱼神，云周平二年，十旬不雨，遣祭天神，俄而生涌泉，金鱼跃出而雨降。

楚庄王时，宫人一旦化为野蛾飞去。

秦始皇帝至东海，海神捧珠献于帝前。今海畔有秦皇受珠台。

东海上有蒲台，秦始皇至此台下，萦蒲系马。蒲至今萦纡。

始皇二十六年，童谣云："阿房阿房亡始皇。"

古说雍州雨鱼，长八尺许。

先儒说，夏禹时，天雨金三日。古诗云"安得天雨金，使金贱如土"是也。

周成王时，咸阳雨金。今咸阳有雨金原。

王莽时，未央宫中雨五铢钱，既而至地，悉为龟儿。

汉世翁仲儒家贫力作，居渭川，一旦天雨金十斛于其家。

汉惠帝二年，宫中雨黄金、黑锡。

吕后三年，秦中天雨粟。

汉宣帝时，江淮饥馑，人相食，天雨谷三日，秦魏地奏亡谷二十顷。

汉武帝时，广阳县雨麦。

河间有雨铅城，汉世天雨铅锡于此。

周时咸阳雨钱，终日而绝。

秦二世元年，宫中雨金，既而顷刻皆化为石。

汉成帝末年，宫中雨一苍鹿，杀而食之，其味甚美。

大禹时，天雨稻。古诗云："安得天雨稻，饲我天下民。"

汉世，颍川民家雨金铢钱。

魏武帝末年，邺中雨五色石。

吴桓王时，金陵雨五谷于贫民家，富者则不雨。

魏时，河间王子元家，雨中有小儿八九枚，堕于庭前，长六七寸许。自言家在河东南，为风所飘而至于君庭。与之言，甚有所知，如史传所述。

魏世，河内冬雨枣。

耆旧说，周秦间河南雨酸枣，遂生野枣，今酸枣县是也。

魏文帝安阳殿前，天降朱李八枚，啖一枚，数日不食。今李种有安阳李，大而甘者，即其种也。

汉末，杨氏家园中产神柰三株。

武陵源在吴中，山无他木，尽生桃李，俗呼为桃李源。源上有石洞，洞中有乳水。世传秦末丧乱，吴中人于此避难，食桃李实者，皆得仙。

杜陵有金李，李大者谓之夏李，尤小者呼为鼠李。桃之大者为木桃，《诗》

云“投我以木桃”是也。

防陵定山有朱仲李园三十六所。潘岳《闲居赋》云“防陵朱仲之李”，李尤《果赋》云“三十六园朱李”是也。中山有缥李，大如拳者呼“仙李”。李尤《果赋》曰“如拳之李”，陆士衡《果赋》曰“中山之缥李”，又云“仙李缥而神李红”。

豫章之为木，生七年而后与众木有异。

汉武帝宝鼎二年，立豫章宫于昆明池中，作豫章水殿。

袁绍在冀州时，满市黄金而无斗粟。饿者相食。人为之语曰：“虎豹之口，不茹饥人。”刘备在荆州时，粟与金同价。

永嘉之乱，洛中饥荒。怀帝遣人观市，珠玉金银，阒委市中，而无粟麦。袁宏表云“田亩由是丘墟，都市化为珠玉”是也。

汉末大饥，江淮间童谣云：“太岳如市，人死如林。持金易粟，贵于黄金。”

洛中童谣曰：“虽有千黄金，无如我斗粟。斗粟自可饱，千金何所直。”

耆旧说：“桓灵之世，汝颍间桑麻为蒿莠，桃李不实，花而复落，落而复花，而官仓有朽粟。”

晋永嘉中，梁州雨七旬，麦化为飞蛾。

晋末，荆州久雨，粟化为蛊虫害民。《春秋》云“谷之飞为蛊”是也。中郎王义兴表奏曰：“臣闻尧生神禾，而晋有蛊粟，陛下自以圣德何如？”帝有惭色。

宋高祖之初年，当晋末饥馑之后，即位以来，江表二千余里，野粟生焉。

古说淮南诸山石生谷。袁安云：“石谷，药名，穗之尤小者。”汉世古谚曰：“虽有神药，不如少年。虽有珠玉，不如金钱。”

太原神釜冈中有神农尝药之鼎存焉。

咸阳山中有神农辨药处，一名神农原、药草山，山上紫阳观，世传神农于此辨百药，中有千年龙脑。

冀州鹄山，传龙千年则于山中蜕骨。今有龙冈，冈中出龙脑是也。

今药中有禹余粮者，世传昔禹治水，弃其所余粮于江中，生为药也。

仙药紫凤脑，千年髑髅是也。

龟甲香，即桂香之善者。

紫术香，一名红兰香，一名金桂香，亦名麝香草，出苍梧、桂林二郡界。今吴中有麝香草，似红兰而甚芳香。

南海山出千步香，佩之香闻于千步也。今海嵎有千步草，是其种也，叶似杜若而红碧间杂，贡籍曰："南郡贡千步香。"

日南有香市，商人交易诸香处。

汉雍仲子进南海香物，拜为涪阳尉，时谓之"香尉"。

日南有千亩林，名香出其中。

香洲在朱崖郡，洲中出诸异香，往往不知名焉。千年松香闻于十里，亦谓之十里香。

杏园洲在南海中，洲中多杏，海上人云仙人种杏处。汉时尝有人舟行遇风，泊此洲五六日，食杏，故免死，云洲中别有冬杏。

木兰川在浔阳江中，多木兰树。昔吴王阖闾植木兰于此，用构宫殿也。七里洲中有鲁班刻木兰为舟，舟至今在洲中。诗家云"木兰舟"，出于此。

天姥山南峰，昔鲁班刻木为鹤，一飞七百里，后放于北山西峰上。汉武帝使人往取之，遂飞上南峰。往往天将雨则翼翅动摇，若将飞奋。

鲁班刻石为《禹九州岛图》，今在洛城石室山。

东北岩海畔有大石龟，俗云鲁班所作。夏则入海，冬复止于山上。陆机诗云："石龟尚怀海，我宁忘故乡。"

上虞县有石驼步。水际谓之步。

瓜步在吴中，吴人卖瓜于江畔，因以名焉。

吴江中又有鱼步、龟步，湘中有灵妃步。昉按：吴楚间谓浦为步，语之讹耳。

公主山在华山中。汉末，王莽秉政，南阳公主避乱，奔入此峰学道。后得升仙，至今岭上有一双朱履。传云公主既于山中得道，驸马王咸追之不及，故留二履以示之。潘安仁有《公主峰记》。

晋永嘉乱，既已至江，诸公主不得随去。安阳公主、平城公主奔入两河界，悉为民家妻，常怏怏不悦，有故乡之思。村民感之，共筑一台以居之，谓之公主望乡之馆，至今岿然。王朗《怀旧赋》云："将军出塞之台，公主望乡之馆。”

汉成帝遣将军王溃戍边，及帝崩，王莽篡逆，溃与莽有隙，遂留不敢归，因逃入胡中。士卒相率筑台，为望乡之处。

曲阜县南十里有孔子春秋台。曲阜故城有颜回墓，墓上有石楠树二株，可三四十围，土人云颜回手植。

晋末群盗蜂起，义阳公主自洛中出奔至洛南，士卒二千余人留守不去，以卫京都。刘曜攻破之。主有殊色，曜将逼之，主手刃曜不中，遂自刃。曜奇其节，遣葬之，封义阳公主。邻民怜之，为立庙，今义阳神是也。

苻坚既为姚苌所杀于新平佛寺中，后寺主摩诃兰常梦坚曰："可为吾作宫。"既而，寺左右民家死疫相继，巫者常见坚怒曰："吾不宫，将尽杀新平民。"因共改寺为庙，遂无复灾疾。每年正月二日，民竞祀以太牢。新平寺今苻家神也。

今乌江长亭亭下有驻马塘，即当时乌江亭长舣舟待项羽处。

今阴陵故城九曲泽，泽中有项王村，即项籍迷失路处。项王失路于泽中，周回九曲，后人因以为泽名。

燕昭王为郭隗筑台，今在幽州燕王故城中，土人呼为贤士台，亦谓之招贤台。

汉武帝于湖中牧马处，至今野草皆有嚼啮之状，湖中呼为马泽。泽中有武帝弹棋方石，石上勒铭存焉。

葳蕤草，一名丽草，又呼为女草，江浙中呼娃草。美女曰"娃"，故以为名。

悬肠草，一名思子蔓，南中呼为离别草。

苔草谓之泽葵，又名重钱，亦呼为宣藓。南人呼为垢草。

萱草，一名紫萱，又呼为忘忧草，吴中书生呼为疗愁花。嵇中散《养生论》云："萱草忘忧。"

桂林有睡草，见之则令人睡，一名醉草，亦呼为懒妇箴。出《海南地记》。

楚中有宫人草，状如金萤而甚氛氲，花色红翠。俗说楚灵王时，宫人数千，皆多怨旷，有囚死于宫中者，葬之后墓上悉生此花。

舜草，今之孝草也。

席具草，一名塞路，生北方胡地。古诗云：“千里席具草。”

戎葵，本胡中葵，似葵而大者。

红兰花，一名大草。

寡草，特生而不丛。

洛阳有芝茜园，《汉官仪》云“染园出芝茜，供染御服”，是其处也。

红绶花，蔓生如绶，有文采，因名焉。

甘泉宫有木园，武帝时园也，今俗呼为仙草园。出《汉魏宫志》。

蓃园在定陵，《汉官仪》曰：“蓃园供染绿纹绶。”小蓝曰蓃。

芙蓉园在洛阳，汉家置之。

长沙定王故宫有蓼园，真定王故园也。

张骞苜蓿园，今在洛中。苜蓿，本胡中菜也，张骞始于西戎得之。

卫有淇园，出竹，在淇水之上。《诗》云“瞻彼淇澳，绿竹猗猗”是也。

梧桐园在吴宫，本吴王夫差旧园也，一名鸣琴川。

南中有枫子鬼，枫木之老者为人形，亦呼为灵枫焉。

后汉季子长为政，欲得囚情，以梧桐木为囚像，穿地为坎，卧木囚于其中，祝之，罪正者不动，冤者木囚动出。时以为精诚所应，子长时为大理卿。

汉武宴于未央宫，忽闻人语云：“老臣负自诉。”不见其形。良久，见梁上一老翁，长八九寸，面皱须白，柱杖偻步至前。帝问曰：“叟何姓名？所诉者何？”翁缘柱放杖，叩头不言。因仰视屋，俯视帝脚，忽不见。帝骇惧，问东方朔。朔曰：“其名为藻，兼水木之精也。陛下顷来频兴宫室，斩伐其居，故来诉耳。仰头看屋，而后视陛下脚者，愿陛下宫室足于此，不欲更造。”帝乃息役。后帝幸瓠子河，闻水底有弦歌之声，置肴膳芬芳于帝前。前梁上翁及数年少，绛衣素带佩缨，皆长八寸，一人最长，长尺余，凌波而出，衣不沾湿，或挟乐器。帝问之曰：“向所闻乐，是公等奏耶？”对曰：“臣前昧死归诉，蒙陛下息斤斧，得全其居，故相庆乐耳。”遂奏乐，献帝洞穴珠一枚，遂隐不见。帝问方朔：“何谓洞穴珠？”朔曰：“河底有一穴，深数百丈，中有赤蜯，蜯生此珠径寸，明耀绝世矣。”帝宝爱此珠，置于内库。

燕昭王种长春树，叶如莲花，树身似桂树。花随四时之色，春生碧花，春尽则落；夏生红花，夏末则凋；秋生白花，秋残则萎；冬生紫花，遇雪则谢。

故号为长春树。

澄水泉在沧州九视山。山下出泉，阔百余步，亦名流水渠。虽泛金石终不沈，故州人欲渡此泉，以瓦铁为船舫。

地生毛，京房以为人劳之应。北齐武成河清年中，徐州及长安地生毛，长七尺。时北筑长城，内筑三台，人苦劳役之应也。

神泉出高密琅琊郡，人或祷祈求之，则飞泉涌出，清冷而味甘，人或污之则便竭。

盐田在河东郡，有一大泽，泽中产盐，引水沃之则自成，号曰盐田。取之无尽，不沃则无也。又张掖有盐池，自然生盐，其盐多少，随月增减。

甜溪水，其味如蜜。东方朔得以献武帝，帝乃投于阴井中，井水遂甜而寒，洗浴则肌理柔滑。

日林国有神药数千种，其西南有石镜，方数百里，光明莹彻，可鉴五脏六腑，亦名仙人镜。国中人若有疾，辄照其形，遂知病起何脏腑，即采神药饵之，无不愈。其国人寿三千岁，亦有长生者。

列御寇，郑人，御风而行，常以立春日归于八荒，立秋日游于风穴。是风至则草木皆生，去则草木皆落，谓之离合风。

秦缪公时，陈仓人掘地得物，若羊非羊，似猪非猪。缪公道中逢二童子，云此名蝹[①]，在地中食死人脑，若以柏木穿其首则死。故今种柏在墓上，以防其害也。

辰州嵩溪有丹青树，枝叶直上笼云，下无枝条，上有五色叶，圆如华盖，故号丹青树，俗谓之五采树。今在辰阳县。

城阳县城南有尧母庆都墓。庙前一池鱼，头间有印文，谓之印颊鱼。若非祀者，捕而不得。

奇肱国，其国人机巧，能为飞车，从风远行。汤时，西风吹奇肱人乘车东至豫州界。后十年，而风复至，使遣归国，去玉门四万里。

东海有牛鱼，其形如牛。海人采捕，剥其皮悬之，潮水至则尾起，潮水落则尾伏。

---

① 原注：《史记》作猬。

顾渚山有檷子树，其木如玉色，渚人采之以为杖。

蛇檷一首两身者，名曰肥遗，西华山中有也，见则大旱。

南海有水虫名曰箸，蚌蛤之类也。其小蟹大如榆荚，箸开甲食，则蟹亦出食，箸合甲，蟹亦还入，为箸取食以终始，生死不相离。

西蜀石门山有树名曰桄榔，皮里出屑如面，用作饼，食之与面相似，因谓之桄榔面焉。

汉武帝元鼎元年，起招灵阁，有一神女留一玉钗与帝，帝以赐赵婕好。至昭帝元凤中，宫人见此钗光莹甚异，共谋欲碎之。明视钗匣，唯见白燕直升天去。后宫人常作玉钗，因名玉燕钗。

三国时，昆明国贡魏濑金鸟。鸟形如雀色，常翱翔海上，吐金屑如粟。至冬，此鸟即畏霜雪。魏帝乃起温室以处之，名曰辟寒台。故谓吐此金为辟寒金也。

汉末关中大乱，有发汉时宫人冢者，宫人犹活。既出，平复如故。魏郭后爱念之，录著宫人常置左右，问汉时宫中事，说之皆有次第。郭后崩，因哭泣过度，遂死。

周昭王时，涂修国献青凤、丹鹄，各一雌一雄。

吴郡鱼城，城下水中有石首鱼，至秋化为凫，凫项中尚有石。

南康郡有君山，高秀重叠，有类台榭，名曰女娲宫。有兽名格，似猩猩之形，自知吉凶。人无机爱之则可驯狎，欲执害之则去不来。

桂阳郡有银井，凿之转深。汉有村人焦先，于半道见三老人，遍身皓白，云："逐我太苦，今往他所。"先知是怪，以刀斫之。三翁各以杖受刀，忽不见。视其断杖是银，其井后遂不生银也。

儋耳郡明山有二石，如人形。云昔有兄弟二人，向海捕鱼，因化为石，因号兄弟石。

贞山在毗陵郡。梁时有村人韩文秀，见一鹿产一女子在地，遂收养之。及长，与凡女有异，遂为女冠。梁武帝为别立一观，号曰鹿娘。后死入棺，武帝致祭，开棺视之，但闻异香，不见骸骨，盖尸解也。遂葬棺于毗陵，因号其葬处为贞山。

江阴北有子英庙。子英即野人也，善入水捕鱼，得一赤鲤，将著家池中养之。后长径一丈，有角翅，谓子英曰：“我迎汝身，汝上我背。”遂升于天，为神仙，晋时人。

璅玮似小蚌，有一小蟹在腹中，为出求食，故淮海之人呼为蟹奴。

鹤髊刺髋，耳响则听远，眼赤则视远。大毛落，丛毛生，其色如雪。又云高脚踈节，则多跛也。若百六十年变止，不食生物，千六百年形定，饮而不食，与凤为群。

松有两鬣、三鬣、七鬣者，言如马鬣形也，言粒者非矣。

人间三十六洞天，知名者十耳。余二十六天出《九微志》，不行于世也。

鲤鱼满三百六十鳞，蛟龙辄率而飞去。一年置一神守之，则不能去矣，神则龟也。

王僧辨尝为荆南，得橘一蒂三十子，以献梁元帝。

吴太皇时，朱休之家犬歌曰：“言我不能歌，听我歌梅花。今年故复可，明年当奈何。”休遂杀其犬。明年，休家人并死。

哀牢夷，西蜀国名也。其先有妇人捕鱼水中，触沈木，育生男子十人。沈木为龙，出水上，九男惊走，一儿不去背，龙因舐之。后诸儿推为哀牢主。

涿光山下嚣水多鳛鳛之鱼，如鹊而十翼，捕之可以御火。

吴桓王时会稽生五色瓜。吴中有五色瓜，岁充贡献。

东南有桃都山，上有大树名曰桃都，枝相去三千里。上有天鸡，日初出照此木，天鸡则鸣，天下鸡皆随之鸣。

合涂国去王都七万里，人善服鸟兽，鸡犬皆使能言。

林屋洞有左神幽虚之天，即天后真君之便阙。中有白芝、紫泉，皆此洞所出。乃神仙之饮饵，非常人所能得之。

日南郡出果下牛，高三尺。汉乐浪郡有果下马，并高三尺。

庐陵有木客鸟，大如鹊，千百为群，不与众鸟相厕。俗云是古之木客化作。庐陵即今吉州也。

后魏孝昌年中有洛子渊，自云洛中人，戍于彭城。同营人樊元宝还，子渊附书至洛，书上题云：“宅在灵台，南延洛水。”既至洛，忽逢一老翁曰：“吾儿书也。”引入，门馆甚盛。呼坐命酒，酒至，色赤，甚香美。宝告退，老翁出送，但见高岸对水，无复人家。及还彭城，子渊已失。元宝与子渊同戍三年，不知是水神也。

彭城郡，古徐国也。昔徐君宫人生一大卵，弃于野。徐有犬，名后仓，衔归温之。卵开，内有一儿，有筋而无骨，后为徐君，号曰“偃王”，为政而行仁义。

相州栖霞谷，昔有桥、顺二子于此得仙，服飞龙一丸，十年不饥。故魏文诗曰：“西山有仙童，不饮亦不食。”即此也。

河间郡有圣姑祠，姓郝字女君。魏青龙二年四月十日，与邻女樵采于滱、深二水处。忽有数妇人从水而出，若今之青衣，至女君前曰：“东海使聘为妇，故遣相迎。”因敷茵于水上，请女君于上坐，青衣者侍侧，顺流而下。其家大小奔到岸侧，惟泣望而已。女君怡然曰：“今幸得为水仙，愿勿忧忆。”语讫风起而没于水。乡人因为立祠，又置东海公像于圣姑侧，呼为姑夫。

大翮山、小翮山在妫州。昔有王次仲，年少入学而家远，常先到。其师怪之，谓其不归，使人候之，又实归在其家。同学者常见仲捉一小木，长三尺余，至则著屋间，欲共取之，辄寻不见。及年弱冠，变苍颉旧书为隶书。秦始皇遣使征之，不至。始皇怒，槛车囚之赴国。路次化为大鸟，出车而飞去。至西山乃落二翮，一大一小，遂名其落处为大小翮山。妫州即今幽蓟之地。

利州义成郡葭萌县有玉女房，盖是一大石穴也。昔有玉女入此石穴，前有竹数茎，下有青石坛，每因风自扫此坛。玉女每遇明月夜即出于坛上，闲步徘徊，复入此房。

龙巢山下有丹水，水中有丹鱼。欲捕其鱼，伺鱼之浮出水，有赤光如火，网取，割其血涂足，可涉水如履平地。

宋武帝大明五年，广郡献白孔雀，以为中瑞。

秦惠王献五美女于蜀王，王遣五丁迎女，乃见大蛇入山穴中。五丁曳蛇，山崩。五女上山，皆化为石。

一说少室山有贝多树，与众木有异，一年三放花，其花白色香美。俗云汉世野人将子种于此。

武都丈夫化为女子，颜色美丽，盖山之精也。蜀王娶以为妻，无几物故，遂葬于成都郭中，以石镜一枚，长二丈，高五尺，同葬之。

衡州九疑山有舜庙，郡守至官常致敬修祀，则空中如有弦歌之声。一说九疑山隔湘江，跨苍梧野，连营道县界，九山相似，行者望之皆疑，因名曰九疑山。

汉惠帝七年夏，雷震南山，林木皆自火燃至根，其地悉皆燋黄。后其雨迅过，人就其间得龙骨一具。

晋世，颜含嫂病，须与蚺蛇胆疗之则愈。既不能得，含忧叹累日。忽有一童子持青囊授含，乃曰："真蛇胆也。"童子遂化为青鸟飞去。

阳羡县小吏吴龛，家在溪南。偶一日有掘头船过水，溪内忽见一五色浮石，龛遂取归，置于床头。至夜化为一女子，至曙仍是石。后复投于本溪。

南海中有鲛人室，水居如鱼，不废机织，其眼泣则出珠。晋木玄虚《海赋》云："天琛水怪，鲛人之室。"

兴安县水边有平石，其上有石栉、石履各一具。俗云越王渡溪，脱履堕栉于此。

荆州清溪秀壁诸山，山洞往往有乳窟，窟中多玉泉交流。中有白蝙蝠，大如鸦。按《仙经》云："蝙蝠一名仙鼠，千岁之后，体白如银，栖即倒悬，盖饮乳水而长生也。"

夜郎县者，西南远夷国名也。其先有女子浣纱，忽三节竹流入足间，闻其中有号声，剖竹视之，得一男，归而养之。及长，有武略，自立为夜郎侯，以竹为姓。汉武帝元鼎六年，征西南夷，改为牂牁郡。夜郎侯迎降，天子赐以玉印绶。后卒，夷獠咸以竹王非血气所生，众为立庙。今夜郎县有竹王神是也。

任昉资料汇编

诏任昉

〔南朝〕萧衍

聊为七夕诗五韵，殊未近咏歌，卿虽讷于言，而辩于才，可即制付使者。

（选自《全梁文》卷二，见严可均校辑《全上古三代秦汉三国六朝文》，第

2955～2956页，中华书局1958年版）

萧衍（464—549），字叔达，小字练儿，南兰陵（今江苏常州西北）人。南朝梁的建立者，公元502—549年在位。曾任齐雍州刺史，镇守襄阳。乘齐内乱，起兵东下建康，废齐和帝自立，国号“梁”，建元“天监”。统治初期，对宋齐以来的种种弊端有所纠正。在位四十八年，为南朝诸帝第一。晚期开始怠于政事，又沉溺于佛教。太清二年（548），“侯景之乱”爆发，被囚饿死于建康台城。谥武皇帝，庙号高祖。葬于修陵。

答任昉奏郊庙备六代乐

〔南朝〕萧衍

《隋书·音乐志》选本

周官分乐飨祀，虞书止鸣两悬，求之于古，无宫悬之议。何事人礼缛，事神礼简也？天子袭兖，而致敬不文，观天下之物，无可以称其德者，则以少为贵矣。大合乐者，是使六律与五声克谐，八音与万舞合节耳，岂谓致鬼神只用六代乐也？其后即言分乐序之，以祭以享，此乃晓然可明，肃则失其旨矣。推检载籍，初无郊禋宗庙。遍舞六代之文，唯《明堂位》曰：“禘祀周公于太庙，朱干玉戚，冕而舞《大武》，皮弁素帻，裼而舞《大夏》，纳夷蛮之乐于太庙，言广鲁于天下也。”夫祭尚于敬，无使乐繁礼黩。是以季氏逮暗而祭，继之以烛，有司跛倚，其为不敬大矣。他日祭，子路与焉，质明而始，晏朝而退。孔子闻之曰：“谁谓由也不知礼乎？”若依肃议，郊既有迎送之乐，又有登歌，各颂功德，遍以六代继之，出入方待乐终，此则乖于仲尼韪晏朝之意矣。

《通典》选本

案言大合乐者，是使六律与五声克谐，八音与舞蹈合节耳。岂谓致鬼神只用六代乐也？其后即言乃分乐而序之，以祭以享以祀，此则晓然已明，肃则失其旨矣？推检记载，初无宗庙郊禋遍舞之文，唯《明堂位》云：以禘礼祀周公于太庙，朱干玉戚，冕而舞《大武》，皮弁素帻，裼而舞《大夏》，纳夷蛮之乐于太庙，言广德于天下也。案所以舞《大武》《大夏》者，止欲备其文武二舞耳，非兼用六代也。夏以文受，周以武功，所以兼之，而不用《濩》者，《濩》，武舞也。周监于二代，质文乃备。纳蛮夷乐者，此明功德所须，盖止施禘祭，不及四时也。今四海之祭，而不遍舞者何？夫祭尚于敬，不欲使乐繁礼缛，故季氏逮暗而祭，日不足，继之以烛，虽有强力之容，肃敬之心，皆倦怠矣。有司跛倚以临祭，其为不敬大矣。他日祭，子路与焉，质明而始行事，晏朝而退。孔子闻之曰："谁谓由也而不知礼乎？"儒者知子颓宴享，犹舞六代，不知有司跛倚，不敬已大。若依肃议用六代乐者，郊既有迎神之乐，又有登歌，各颂功德，遍以六代继之，出入方待乐终。然后罢祭者，此则乖仲尼韪晏朝之旨。若三献礼毕，即便卒事，则无劳于遍舞也。

（选自《全梁文》卷六，见严可均校辑《全上古三代秦汉三国六朝文》，第2980～2981页，中华书局1958年版）

太常敬子任府君传

〔南朝〕王僧孺

耻一物之不知，惜寸阴之徒靡。下帷闭户，投斧悬梁。虽玄晏书淫，文胜经溢，康成之忽忘所往，公叔之颠坠硎岸，无以异也。若夫天才卓尔，动称绝妙。辞赋极其清深，笔记尤尽典实。若问金石，似注河海。少孺速而未工，长卿工而未速，孟坚辞不逮理，平子意不及文，孔璋伤于健，仲宣病于弱。其有集论尚书，穷文质之敏，驻马停信，极亹亹之功，莫尚于斯焉。君职等曹张，声高左陆。时乃高辟雪宫，广开云殿，秋窗春户，冬焕夏清，九酝斯浮，百羞并荐，云销月朗。聿兹游客，朋来旅见，辞人才子，辩圃学林，莫不含毫咀思，争高竞敏。乃整袂端襟，翰飞纸落，豪人贵仕，先达后进，莫不心服貌惭，神气将军。顾余不敏，厕夫君子之末，可称冥契，是为神交。二三君子，唯以从游日暮，亭号昭仁，庶子云咫尺，康成斯在。借此嘉言，将无绝乎千载。

（选自《全梁文》卷五十二，见严可均校辑《全上古三代秦汉三国六朝文》，第3250页，中华书局1958年版）

王僧孺（465—522），东海郯（即今山东郯城北）人。出身没落士族家庭，早年贫苦，佣书以养母。南齐后期，因为学识渊博和文才出众，被举荐出仕。梁时任御史中丞、尚书吏部郎等。后半生颇不得志。作品散佚，明人辑有《王左丞集》，收入《汉魏六朝百三名家集》。

《诗品》选

〔南朝〕钟嵘

梁卫将军范云 梁中书郎丘迟

范诗清便宛转，如流风回雪。丘诗点缀映媚，似落花依草。故当浅于江淹，而秀于任昉。

（选自钟嵘著，周振甫译注《诗品译注》，第108页，江苏教育出版社2006年版）

梁太常任昉

彦昇少年为诗不工，故世称沈诗任笔，昉深恨之。晚节爱好既笃，文亦遒变。善铨事理，拓体渊雅，得国士之风，故擢居中品。但昉既博物，动辄用事，所以诗不得奇。少年士子，效其如此，弊矣。

（选自钟嵘著、周振甫译注《诗品译注》，第110页，江苏教育出版社2006年版）

钟嵘（约468—约518），字仲伟，颍川长社（今河南长葛东）人。南齐时官至司徒行参军。入梁，历任中军临川王行参军和衡阳王、晋安王记室。梁武帝天监十二年（513）以后，仿汉代“九品论人，七略裁士”的著作先例，写成诗歌评论专著《诗品》。

感知己赋赠任昉

〔南朝〕陆倕

夜申旦而不寐，独匡坐而怨咨。命仆夫而夙驾，指南馆而为期。学穷书府，文究辞林。既耳闻而存口，又目见而登心。似临淄之借书，类东武之飞翰。轸工迟于长卿，逾巧速于王粲。固乃度平子而越孟坚，何论孔璋而与公幹？或欲涉其涯涘，求其界畔。则浩浩滉滉，彪彪沺沺。譬长铗于鞘中，若龙渊与蜀汉。济济冠盖，祁祁隽逸。有窃风以味道，咸交臂以屈膝；或望路以窥门，空升堂而入室。彼春兰及秋菊，尚无绝于众芳；矧重仁与袭义，信辽辽兮未央。言追意而不逮，辞欲书而复忘。窃仰高而希骥，忽脂车而秣马。既一顾之我隆，亦东壁之余假。似延州之如旧，同伯喈之倒屣。附苍蝇于骥尾，托明镜于朝光。谓虚无而为有，布籍甚于游杨。于是柔条飒其成劲，白露变而为霜。岁忽忽而遒尽，忧与爱兮未忘。聚落茎于虚室，听羁雀于枯杨。忳郁悒其谁语，独抚抱而增伤。托异人以蠲忧，类其文而愈疾。索黄琼之寄居，造安仁之狭室。车出门其已欢，无论衔杯与促膝。譬邹子之吟松，故未寒而能栗；徒纳壤以作高，陋吞舟而为罔。值墨子之爱兼，逢太丘之道广。陪九万以齐征，激三千而同上。识公沙于杵臼，拔孝相于无名。非夫人之为感，孰云感于余情。指北芒以作誓，期郁郁于佳城。

（选自《全梁文》卷五十三，见严可均校辑《全上古三代秦汉三国六朝文》，第3255页，中华书局1958年版）

陆倕（470—526），字佐公，吴郡吴县（今江苏苏州）人。南朝梁大臣，著名文学家，“竟陵八友”之一。年少勤学，善属文，幼为外祖张岱所异。齐时举本州秀才。起家议曹从事，梁时官至太常卿。梁武帝使作《新漏刻铭》《石阙铭》，冠绝当时。著有文集二十卷，行于世。

太常卿任昉墓志铭

〔南朝〕沈约

天才俊逸，文邪弘备。心为学府，辞同锦肆。含华振藻，郁焉高致。川溪望归，岩阿待阙。幽光忽断，穷镫黯灭。尔有令问，兰薰无绝。

（选自《全梁文》卷三十，见严可均校辑《全上古三代秦汉三国六朝文》，第3129页，中华书局1958年版）

沈约（441—513），字休文，吴兴武康（今浙江德清）人。“竟陵八友”之一。仕宋、齐二代，后助梁武帝登位，为尚书仆射，封建昌县侯，后官至尚书令，卒谥隐。与周颙等创“四声八病”之说，要求作诗区别、调和四声，避免八病，对古体诗向律诗的转变起了重要作用。其诗重藻饰，也有一些较为清新。因与谢朓、王融诸人之作，皆注重声律，时号“永明体”。曾据何承天、徐爰诸家的宋史旧本，稍加更益，撰成《宋书》。又有《四声谱》《齐纪》等，明人辑有《沈隐侯集》，收入《汉魏六朝百三名家集》。

《隋书·文学传》序（节选）

〔唐〕魏徵

暨永明、天监之际，太和、天保之间，洛阳、江左，文雅尤盛。于时作者，济阳江淹、吴郡沈约、乐安任昉、济阴温子昇、河间邢子才、巨鹿魏伯起等，并学穷书圃，思极人文，缛彩郁于云霞，逸响振于金石。英华秀发，波澜浩荡，笔有余力，词无竭源。

（选自魏徵等撰《隋书》卷七十六，见《二十五史·隋书》，第207页，上海古籍出版社、上海书店1986年版）

《新唐书·李守素传》（节选）

〔北宋〕宋祁

李守素者，赵州人。王世充平，召署天策府仓曹参军，通氏姓学，世号“肉谱”。虞世南与论人物，始言江左、山东，尚相酬对；至北地，则笑而不答，叹曰：“肉谱定可畏。”许敬宗曰：“仓曹此名，岂雅目邪？宜有以更之。”世南曰：“昔任彦昇通经，时称‘五经笥’，今以仓曹为‘人物志’，可乎？”时渭州刺史李淹亦明谱学，守素所论，惟淹能抗之。

（选自欧阳修、宋祁撰《新唐书》卷一百二，见《二十五史·新唐书》，第405页，上海古籍出版社、上海书店1986年版）

《述异记》后序

〔北宋〕佚名

夫述者，著撰之名，异者，未闻之事。然而简谍纷委百氏骈繁，始业文者患于少书，莫得以备见；务广览者失于精究，鲜克以周记。非夫博物君子、鸿儒硕彦，家藏逸典，日猎菁英，则何以诠次成书，以资后学。近阅梁世任昉《述异记》上下两卷，嘉其篡集，爱不能释。研玩之际，奇粹间出。辞典而有据，事怪而不俚，绰有条绪，焕然非诬。且异夫成式酉阳之编，但浮华而靡信；子横洞冥之志，多诞妄以不经。彼皆凭虚，此尽摭实。若造鬻珍之市，列金璧以交辉，如观作绘之坊，绚丹青而溢目，诚可以助缘情之绮靡，为摛翰之华苑者矣。惜其湮坠于世，人所罕见，因命工摹镂，以永流布，与我同志足以知彦昇之博识云尔。时皇宋庆历四祀中秋既望日序。

（选自任昉撰《述异记》，国家图书馆藏傅增湘校并跋明万历刻本）

《麈史·论文》（节选）

〔北宋〕王得臣

梁任昉集秦汉以来文章名之始，目曰《文章缘起》。自诗、赋、《离骚》，至于艺、约，八十五题，可谓博矣。既载相如《喻蜀》，不录扬雄剧、美；录《解嘲》，而不收韩非《说难》；取刘向《列女传》，而遗陈寿《三国志评》。至韩、柳、元结、孙樵，又作原，如《原道》《原性》之类；又作读，如《读仪礼》《读鹖冠》之类；又作书，如《书段太尉逸事》；讼，如《讼风伯》；订，如《订乐》等篇。呜呼！文之体可谓极矣，今略疏之，续彦昇之志也。

任昉以三言诗起晋夏侯湛，唐刘存以为始于“鹭于飞，醉言归”。任以颂起汉之王褒，刘以始于周公《时迈》。任以檄起汉陈琳《檄曹操》，刘以始于张仪《檄楚》。任以碑起于汉惠帝作《四皓碑》，刘以《管子》谓无怀氏封太山，刻石纪功为碑。任以铭起于始皇登会稽山，刘以为蔡邕《铭论》黄帝有巾几之铭其始也。若此者尚十余条，或讨其事名之因，或具成篇而论，虽有不同，然不害其多闻之益。

（选自王得臣撰《麈史》卷二，见《钦定四库全书·子部十·杂家类三·杂说之属》）

王得臣（1036—1116），字彦辅，号凤台子，安州安陆（今属湖北）人。嘉祐进士，历官至司农少卿。因目疾，以管勾崇禧观致仕。学问广博，以文学驰名当时。有《江夏辨疑》《凤台子和杜诗》《江夏古今纪咏集》《麈史》。

《文章缘起》跋

〔南宋〕洪适

右《文章缘起》一卷，梁新安太守任公书也。按《隋·经籍志》，公《文章缘始》一卷，有录无书。郡之为郡且千岁，守将不知几人，独公至今有名字，并城四十里，曰村，曰溪，皆以任著。旁有僧坊，亦借公为重，则遗爱在人，盖与古循吏比。后公六百年而适为州，尝欲会梓遗文，刻识木石，以慰邦人无穷之思，而不可得。三馆有集六卷，悉见萧氏、欧阳氏类书中，疑后人掇拾传著，于所传无益。独是书仅存。世所传墓志，皆汉人大隶。此云始于晋日，盖丘中之刻，当其时未露见也。洪适题。

（选自任昉撰、陈懋仁注、方熊补注《文章缘起》，见《钦定四库全书·集部九·诗文评类》）

南朝词人谓文章为笔

〔南宋〕陆游

南朝词人谓文为笔，故《沈约传》云："谢玄晖善为诗，任彦昇工于笔，约兼而有之。"又《庾肩吾传》，梁简文《与湘东王书》，论文章之弊曰："诗既若此，笔又如之。"又曰："谢朓、沈约之诗，任昉、陆倕之笔。"《任昉传》又有"沈诗""任笔"之语。老杜《寄贾至严武诗》云："贾笔论孤愤，严诗赋几篇。"杜牧之亦云："杜诗韩笔愁来读，似倩麻姑痒处抓。"亦袭南朝语尔。往时诸晁谓诗为诗笔，亦非也。

（选自陆游撰《老学庵笔记》，第117~118页，中华书局1979年版）

陆游（1125—1210），字务观，号放翁，越州山阴（今浙江绍兴）人。生逢北宋灭亡，少年时即深受家庭中爱国思想的熏陶。宋高宗时，参加礼部考试，因受秦桧排斥而仕途不畅。孝宗时赐进士出身。中年入蜀，投身军旅生活。嘉泰初入京，主持编修孝宗、光宗两朝《实录》，官至宝章阁待制。晚年退居家乡。创作诗歌今存九千多首，内容极为丰富。有《剑南诗稿》《渭南文集》《南唐书》《老学庵笔记》等。

梁新安太守任公祠堂记

〔南宋〕罗愿

任彦昇在南朝，以学问文章与沈约齐名，而行义过之。尤乐题品人物，有许、郭之鉴。凡经甄藻，必致闻达。故当时士友所宗，号曰任君，与汉三君为比，其见推仰如此。闻其风者，犹复慨然兴慕，况吾州常辱镇临，遗爱在焉。德政之思何时而斁？城北四十里有溪，旧号昉溪，其旁有村，号昉村，实皆以公得名。公梁天监中出守新安，常因行春，爱富资水，累日不返，即此地也。事见《图经》。与夫故老所传而乃以名斥之，此何理哉？昔郢州有亭名曰浩然，郑诚易之曰孟亭；商山有驿名阳城，元稹易之曰避贤驿，是特心所归重，故不忍斥其名尔。荆人之思羊祜也，屋室皆以门称，且易户曹为辞曹，则虽嫌名犹避之。如彦昇者，实吾州之羊祜也。以昉名地，有愧荆人多矣。唐大中九年，刺史卢公始改是溪曰任公溪，村曰任公村，乡闾习熟，其旧未能尽革。介其间有精舍，尚号昉寺。寺之建，莫详其始，中废日久。国朝祥符初，僧如泰请于州，即旧址起废以承旧额。元丰元年，县移文命易之揭号任公，遵大中之教也。其后相继增葺，寺寝以兴，为屋数百楹，其前为飞阁尤雄。凡所以隆其师安其徒者，种种悉备，顾独未知为公祠，其有待于后人邪？初，公之为始兴，捐俸以活饥人，而境无流民；给资以济孕妇，而俗无弃子。圭赋五取其一，余悉蠲贷，政绩固已异矣。其守是邦，计不减始兴时，而清省之政仅有传者。然观其寝调香之扰，捐采蜜之利，父老八十以上遣掾属访寒温，至于曳杖徒行，词讼就决于途，慈祥之风蔼然可想。比其亡也，止余桃花米二十斛，且戒家人毋以新安物还都。呜呼，何其贤哉！吾州之人百世祠之不为过也。本传称尝立祠城南，无复存矣。诚能即此遗躅，追而复之，少慰邦人之思，不亦善乎？他日以讽主僧行迪领可惟谨，归而相视，得屋于法堂之右。恢拓除治，稍加丹雘，为公像置其中，夙夕奉之，且议岁时致亨，可嘉也已。尝观《甘棠》三章，实美召伯之诗，思其所茇、所憩、所说。戒以勿伐、勿败、勿拜，盖怀想若人，思其甘棠。今此地亦云公旧游，而肖像俨然如侍燕坐、如接诲语，典型所寄，不犹愈于蔽芾之木乎？先是，行迪与其仲行遵议欲书公事迹，置之寺庭，使访古者有考焉，居士许君德准赞成其事，且愿施金刻石，因与教授俞君舜凯求文于予，许之。既而祠成，乃为论著本末以为之记，庶后人益知严奉永永不懈。若夫斥小而大，革敝以新，内外缮修之功，僧子忠为最，推原所自，不可略也。忠之后，静方继之，至行进而大成焉。进与迪、遵受业于方，视忠为祖云。

（选自程敏政编《新安文献志》卷十一，见《钦定四库全书·集部八·总集类》）

罗愿（1136—1184），字端良，号存斋，徽州新安（今安徽歙县）人。龙图阁学士罗汝楫之子。少时聪慧，乾道二年（1166）登进士第，知鄱阳，通判赣州。淳熙中知南剑州事，后迁知鄂州，有治绩。博学好古，文章高雅。有《尔雅翼》《新安志》《鄂州小集》。

《沧浪诗话》一则

〔南宋〕严羽

诗评 其四十八

任昉《哭范仆射诗》，二首中凡两用生字韵，三用情字韵。“夫子值狂生”“千龄万恨生”，犹是两义。“犹我故人情”“生死一交情”“欲以遣离情”，三情字皆用一意。《天厨禁脔》谓：平韵可重押，若或平或仄，则不可。彼但以《八仙歌》言之耳。何见之陋邪？诗话谓：东坡两“耳”韵，两“耳”义不同，故可重押。要之亦非也。

（选自严羽著、郭绍虞校释《沧浪诗话校释》，第201页，人民文学出版社1961年版）

严羽（生卒年不详），字丹丘，一字仪卿，自号沧浪逋客，世称严沧浪，福建邵武人。主要生活于宋理宗时期，度宗即位时仍在世。一生未曾出仕，大半隐居在家乡，与同宗严仁、严参齐名，号“三严”，其论诗推重汉魏盛唐，号召学古。所著《沧浪诗话》名重于世，被誉为宋、元、明、清四朝诗话第一人。

跋《任彦昇集》后

〔明〕吕兆禧

彦昇发迹齐朝，逮事梁祖，勋庸翰藻，与右率并驱，一时流誉北庭，为邢魏宗下，虽优劣互有诋非，要之胫颈不齐，修短各适。文辞具在，可与知者衡之。近槜李特裒沈文，不及任集，慕古者阙焉。爰搜载集，得诗若文七十有奇篇，次为六卷，庶使后之品二君子者有所质云。

万历庚寅季夏廿九日，河东吕兆禧跋。

（选自任昉撰《任彦昇集》，天津图书馆藏明万历十八年吕兆禧刻本）

吕兆禧（1573—1590），字锡侯，浙江海盐人。万历十六年（1588）年仅十五岁便考中秀才，但是次年未考中举人，年十八病疟死。有《吕锡侯笔》。

《文章缘起》题辞

〔明〕范应宾

文之行于世也，如江河之行地，流衍洄洑，无所不有。其倏而涸，倏而泛滥，莫知其然而然。说者谓水与气相生灭，生灭不在水；文与神相去住，去住不在文。顾经不敢拟，经亡矣；子史不能拟，子史亡矣。其他摩古摘辞，拙者刻鹄，工者助澜。由两汉而还，文之体未尝变，而文渐以靡。诗则《三百篇》变而骚，骚变而赋，赋变而乐府，而歌行，而律，而绝，日新月盛，互为用而各不相袭。此何以故，则安在斤斤沿体为？体者法也，所以法非体也。离法非法，合法亦非法。若离若合，政其妙处不传，而实未尝不传。《易》曰“拟议以成其变化”，不有体何以拟议？不知体之所从出，何以为体？而极之于无所不变。此任彦昇有《文章缘起》，而吾乡陈无功为之注，又为之续也。呜呼，污樽土鼓，见为鄙朴，折杨皇荂，下士欣然笑之。无功独究心于此，岂直彦昇功臣。兴起斯文，其为津筏大矣。无功嗜义笃古，工为诗，世必有共赏之者，不具论。长水范应宾识。

（选自任昉撰、陈懋仁注《文章缘起》，第1页，商务印书馆1937年版）

范应宾（生卒年不详），字光父，浙江秀水（今属嘉兴）人。万历进士，官工部主事。精于经学，名重一时。片言落楮，藏书家珍为球璧。

《文章缘起》原序

〔明末清初〕林古度

天地万物，皆有名号之所自始。名号立，其义乃彰。不尔，则天地无称谓，万物无本原矣。天地万物，惟文章为最贵，齐天地于古今，后万物而不朽者也。文章不知其名与义，何有于著作，何辨乎篇目？斯任敬子《文章缘起》所繇作焉。敬子八岁能文，王俭、沈约当时咸为推让。其家甚贫，惟聚书万余卷，著书十万言。武帝使学士贺纵辈勘其书目，官无者就其家取之。褚渊语其父曰："卿有令子，百不为多，一不为少。"当时人主之爱重、士类之交誉以为无双。乃千载下，复有槜李陈无功先生，枕典席坟，钩玄析理，著书六十种，聚书数万卷。海内名硕亡论识不识，咸推诩之，非止彦回之许敬子也。既注《缘起》，又续其所未尽，遂为文海大观。且夫"缘"者，循也，因也；"起"者，立也，作也。循其所因，立其所作，阐明古人之初心，引导今人之别识，灿然明世，启迪后学，讵止为敬子功臣？令子献可，三长独秉，多读父书，有谓其渊懿拔俗，喜为通志、成务之学者；有谓其兼精测象，多深湛之思者。此又过彦回所称于任父之有子也者。而诸孙楚楚，各擅藻摛，九方皋将旦暮遇之。则先生食报于子若孙，政尔未艾桥梓，著述行将有勘取官无者。此《缘起注》续其一也。崇祯壬午陬月福唐林古度撰。

（选自任昉撰、陈懋仁注、方熊补注《文章缘起》，方熊方氏侑静斋康熙三十三年刻本）

林古度（1580—1666），字茂之，号那子，别号乳山道士，福建福清人。诗文名重一时，但不求仕进，游学金陵，与曹学佺、王士禛友好。明亡后以遗民自居，时人称为"东南硕魁"。晚年穷困，双目失明，享寿八十七而卒。

《任中丞集》题词

〔明〕张溥

王僧孺之传任敬子也曰："少孺速而未工，长卿工而未速，孟坚辞不逮理，平子意不及文，孔璋伤于健，仲宣病于弱，集论尚书，穷文质之敏，驻马停信，极亹亹之功。"莫尚斯焉！异哉！贬前修而昂任君，其东海之溢美乎？江南文胜，古学日微，方轨词苑，代有名人，大抵采死翟之毛，抉焚象之齿，生意尽矣。居今之世，为今之言，违时抗往，则声华不立，投俗取妍，则尔雅中绝。求其俪体，行文无伤逸气者，江文通、任彦昇庶几近之，然后知僧孺所称，非尽谬也。彦昇在齐朝，纡意梅虫儿捷入中书，既委诚梁武，专典禅让，文诰谔谔之节，岂彼任哉？然服官清俭，儿妾食麦，卒于新安，浣衣敛体，有足多者。齐台初建，褚彦回、王仲宝首称，翊运身没，皆无余财。论人当日，其大者，死生去就尔，廉名非所难也。《昭明文选》载彦昇令表序状弹文，生平笔长，可悉推见，辎軿击轊，坐客恒满。有以夫？

娄东张溥题。

（选自任昉撰《任中丞集》，见张溥《汉魏六朝百三名家集》辑本）

张溥（1602—1641），字天如，太仓（今属江苏）人。崇祯进士，选翰林院庶吉士，未及授官而卒。一生著作颇丰，有《七录斋诗文合集》，编有《汉魏六朝百三名家集》。

《文章缘起》后序

〔清〕方熊

窃尝叹典型之存，幸书籍在兹也。使文献不征，虽圣人无如之何。然而载籍备于今日，则未能免嗜尚或异，是非不同，诚可叹也。忆奉教于乳山林丈人，式瞻其嗜书深癖，不啻口刍豢而身文绣。方其以梁任敬子《文章缘起》相授，喜欣欣见眉宇，谓文章源流，莫若是书。熊抄录成册，及读宋洪文惠题记“《缘起》一卷，《隋·经籍志》有录无书，尝欲刻识木石，慰邦人无穷之思”，则又叹贤者用心非止一时，必及百世而无已也。后数百年有陈参军为之注，好尚之同盖如此。敬子文惠皆千载上宦于徽，熊，徽产也，生千载下，夫岂无文惠所谓“无穷之思”哉？爰考郡乘，及《文艺志》，皆不载，好事藏书家询之，多不得见，岂非前之所云“是非嗜尚，有同有不同”也。参军注原制作之言，多取之常熟吴氏《文章辨体》，熊附录嘉兴沈氏《文体明辨》，间溢以己见，是书似于艺林不可少矣。盖昔贤用意，惟引其端，待来者竟其说，而其书愈佳。今则由参军之说而畅之耳，溯流寻源，殆备于是。敬子只在秦汉着眼，不及三代，今故于宋后篇目，如经义、题跋，皆不必续录。呜呼，文章之道大矣，一言以蔽之，曰古文者可措而行之者也。由敬子缘其名目而疏其体要，体要者，反古之道也，世不讲于此道久矣，乃取古人书，激扬叙列。如此，人不指为迂，鲜矣。同郡汪僎人浸潭石□匡余□，逮助剞劂之资，非空山足音耶？因□书。

时康熙三十三年甲戌长至日，黄虞外史方熊望子撰。

（选自任昉撰、陈懋仁注、方熊补注《文章缘起》，方熊方氏侑静斋康熙三十三年刻本）

叔向使诒子产书折诸

〔清〕张尚瑗

梁任昉集秦汉以来圣君贤士沿著为文章之始，名之曰《文章缘始》，书则起叔向诒子产书，箴则虞人之箴，诔则鲁哀公诔孔子，三者皆出《左传》。愚按，子产盖先寓书范宣子；《论语》：孔子有疾，子路请祷，引诔以对。又《檀弓》鲁庄公诔县贲父，诔已先著。或以其词脱简而不取，若子产之书，实先叔向而作，何彦昇以叔向遗子产始耶？然其分体裒录诗文，乃《昭明文选》之所自始。

（选自张尚瑗撰《左传折诸》卷二十，见《钦定四库全书·经部五·春秋类·三传折诸》）

张尚瑗（生卒年不详），字宏蘧，一字损持，江苏吴江人。康熙、进士，改庶吉士，散馆外补兴国县知县。工诗，多纪游之作，有《石里诗钞》。初从朱鹤龄游，讲春秋之学，著《三传折诸》四十四卷，《四库总目》并传于世。所谓“折诸”，取扬雄“群言淆乱，折诸圣”语意。

沈诗任笔

〔清〕王士禛

六朝人谓文为笔。齐梁间，江左有“沈诗任笔”之语，谓沈约之诗、任昉之文也。然余观彦昇之诗，实胜休文远甚，当时惟玄晖足相匹敌耳，休文不足道也。

（选自王士禛撰《分甘余话》卷二，见《王士禛全集》，第4977页，齐鲁书社2007年版）

《述异记》提要

〔清〕纪昀

臣等谨案：《述异记》二卷，旧本题梁任昉撰。昉字彦昇，乐安人。仕梁朝，官至新安太守。事迹具《梁书》本传。

此书《宋志》始著录，卷数与今本相符。晁公武《读书志》曰：“昉家藏书三万卷。天监中采辑先世之事，纂《新述异》，皆时所未闻，将以资后来属文之用，亦《博物志》之意。”《唐志》以为祖冲之所作，误也。案：《隋志》先有祖冲之《述异记》十卷，《唐志》盖沿其旧文，以为别自一书，则可；以为误题祖冲之，则史不误而公武反误矣。其书文颇冗杂，大抵剽剟诸小说而成。如开卷盘古氏一条，即采徐整《三五历记》。其余精卫诸条，则采《山海经》。图客诸条，则采《列仙传》。龟历诸条，则采《拾遗记》。老桑诸条，则采《异苑》。以及防风氏、蚩尤、夜郎王之类，皆非僻事，不得云世所未闻。其武陵源一条，则袭陶潜所记，而于桃外增李，移其地于吴中。《周礼》“孤竹之管”“空桑之琴瑟”二条，则附会竹生东海，空桑生大野山，尤为拙文陋识。考昉本传，称著《杂传》二百四十七卷，《地志》二百五十二卷，文章三十三卷，不及此书。且昉卒于梁武帝时，而下卷地生毛一条云，北齐武成河清年中。案河清元年壬午，当陈天嘉三年、周保定二年、后梁萧岿天保元年，距昉之卒久矣，昉安得而记之？其为后人依托，盖无疑义。姚宽《西溪丛语》谓潘岳《闲居赋》房陵朱仲之李句，李善注朱仲未详。此书中乃有其事，摭以补善注之逸。今考李善《闲居赋注》此句下引《荆州记》曰：房陵县有朱仲者，家有缥李，代所希有。并无未详之语。宽偶读误本，不知此书之剽《文选注》，反谓选注未见此书，舛误甚矣。考《太平广记》所引《述异记》，皆与此本相同，则其伪在宋以前。其中桃都天鸡事，温庭筠《鸡鸣埭歌》用之；燕昭王为郭隗筑台事，白居易《六帖》引之。则其书似出中唐前。蛇珠龙珠之谚乃剽窃《灌畦暇语》，则其书又似出中唐后。或后人杂采类书所引《述异记》，益以他书杂记，足成卷帙，亦如世所传张华《博物志》欤？

乾隆四十二年九月恭校上，总纂官臣纪昀、臣陆锡熊、臣孙士毅，总校官臣陆费墀。

（选自任昉撰《述异记》，见《钦定四库全书·子部十二·小说家类三·琐记之属》）

《文章缘起》提要

〔清〕纪昀

《文章缘起》一卷，旧本题梁任昉撰。考《隋书·经籍志》载任昉《文章始》一卷，称有录无书。是其书在隋已亡。《唐书·艺文志》载任昉《文章始》一卷，注曰张绩补，绩不知何许人。然在唐已补其亡，则唐无是书可知矣。宋人修《太平御览》，所引书一千六百九十种，挚虞《文章流别》、李充《翰林论》之类，无不备收，亦无此名。今检其所列，引据颇疏。如以表与让表分为二类，骚与反骚别立两体；《挽歌》云起缪袭，不知《薤露》之在前；《玉篇》云起凡将，不知《苍颉》之更古。崔骃《达旨》，即扬雄《解嘲》之类，而别立旨之一名；崔瑗《草书势》，乃论草书之笔势，而强标势之一目。皆不足据为典要。至于谢恩曰章,《文心雕龙》载有明释,乃直以“谢恩”两字为文章之名,尤属未协,疑为依托,并书末洪适一跋亦疑从《盘州集》中钞入。然王得臣为嘉祐中人,而所作《麈史》有曰:“梁任昉集秦汉以来文章名之始,目曰《文章缘起》。自诗、赋、离骚,至于艺、约,凡八十五题,可谓博矣。既载相如《喻蜀》,不录扬雄《剧秦》《美新》;录《解嘲》,而不收韩非《说难》;取刘向《列女传》,而遗陈寿《三国志评》。”又曰“任昉以三言诗起晋夏侯湛,唐刘存以为始‘鹭于飞,醉言归’。任以颂起汉之王褒,刘以始于周公《时迈》。任以檄起汉陈琳《檄曹操》,刘以始于张仪《檄楚》。任以碑起于汉惠帝作《四皓碑》,刘以管子谓无怀氏封太山,刻石纪功为碑。任以铭起于秦始皇登会稽山,刘以为蔡邕《铭论》黄帝有巾几之铭”云云。所说一一与此本合,知北宋已有此本,其殆张绩所补,后人误以为昉本书欤?

明陈懋仁尝为之注,国朝方熊更附益之。凡编中题注字者,皆懋仁语。题补注字者,皆熊所加。其注每条之下,蔓衍论文,多摭拾挚虞、李充、刘勰之言,而益以王世贞《艺苑卮言》之类,未为精要。于本书间有考证,而失于纠驳者尚多。议论亦往往纰缪。如谓枚乘《七发》源于《孟子》《庄子》之七篇,殊为附会。又谓乡约之类当仿王褒僮约为之,庶不失古意。不知僮约乃俳谐游戏之作,其文全载《太平御览》中。岂可以为乡约之式,尤为乖舛。以原本所有,姑附存之云尔。

乾隆四十六年九月恭校上。总纂官臣纪昀、臣陆锡熊、臣孙士毅,总校官臣陆费墀。

(选自任昉撰《文章缘起》,见《钦定四库全书·集部九·诗文评类》)

评柳宗元诗

〔清末民国〕宋育仁

柳州刺史、尚书礼部员外郎河东柳宗元,字子厚。五言整饰,其源盖出任彦昇。至其弛骋之作,则前无所祖,宋元诗派此滥觞焉。七言造怀自喻,饶费苦吟，俊逸生新，神伤刻露。要处之储韦以降，无愧一家之言。淮雅贞符，纯为文体，无复和音，虽精意求章，而丽则衰矣。铙歌鼓吹，犹存魏晋之遗。

（选自宋育仁撰《三唐诗品》卷二，考隽堂刊本）

宋育仁（1858—1931），字芸子，又字芸岩，晚号道复，四川富顺人。光绪十二年进士，授翰林检讨。清末出任英法意比四国使馆参赞。清亡不仕，卒谥文康。曾任四川国学院院长，监修《四川通志》。有《问琴阁丛书》等。

任华文录

《全唐文·任华》

（选自董诰等编《全唐文》卷三百七十六，第3816～3825页，中华书局1983年版）

任华（生卒年不详），青州乐安（今博兴）人。唐肃宗时任秘书省校书郎、监察御史等职，曾任桂州刺史参佐。性情耿介，狂放不羁，自称“野人”“逸人”，仕途不得志。与高适友善，与李白、杜甫、怀素也相交接，《全唐诗》卷二百六十一存其诗3首，《全唐文》卷三百七十六存其文24篇。

明堂赋

粤若稽古巨唐，千灵累圣，二叶重光。思文烈以宗祀，象天地之圆方。考遗训，建明堂。俯南端之赫赫，掇北极之锵锵。盘螭黝纠，捧神珠而高翥；游鹍翕习，仰层槛以回翔。星辰出纳于疏牖，虹蜺萦带于轩廊。远而望之，若扶桑吐日生高冈；近而察之，若丛云转盖陵昊苍。屹峥嵘以岑立，漫披离而翼张。其奥秘也。懿濞退槩，灵仙仿佛，肃枚枚以实实；窅眇清爽，日月来往，赫旷旷以煌煌。阶陛嶙峋而分据，栾栌磊落以相望。实造化之难测，非翰墨之所详。吾君正冠冕，垂衣裳，佩玉玺，腰干将，猛箴列，崇牙张。百揆时序，万国来王。敦行尚年，既在南而近夏；贵仁亲族，乃居东而曰阳。中主尊于太室，西导德于总章。务兢兢之孝理，匪晏晏之乐康。然后知向明之位正，随时之教盛。因方备色，乘五运以顺行；选士养贤，崇四学而敷令。岂直若斯而已哉？其宫十二以象辰，行水四周而为海。堂筵楣径，可以见乾坤之筹策；暑往寒来，可以知六九之变改。室也州之数，窗也卦之在。高得黄钟之实，柱悬列星之彩。毕千古之能事，终一人之不宰。至有虞之总期、夏后之太室，殷重屋以五，周太庙以七。伊数君之余制，各殊途而并逸。虽信美于当年，是无取于今日。别有清河绊鸟，长沙求贽，讨论公玉之图，错综伯喈之议。傥绣桷之有渐，庶青云之可致。

与庾中丞书

中丞阁下：公久在西掖，声华满路。一昨迁拜中宪，台阁生风。甚善甚善。华窃有所怪，请试言之。何者？华自去冬拜谒，偏承眷顾，幸辱以文章见许，以补衮相期，众君子闻之当信矣。华顷陪李太仆诣阙廷，公乃谓太仆曰：“任子文辞，可为卓绝，负冤已久，何不奏与太仆丞？”华也不才，皆非所望。然公之相待，何前紧而后慢若是耶？岂华才减于前日，而公之恩遇薄于兹辰？退思服念，良增叹惋耳。况华尝以三数赋笔奉呈，展手札云：“足下文格，由来高妙。今所寄者，尤更新奇。公言之次，敢忘推荐？”朝廷方以振举遗滞为务，在中丞今日得非公言之次乎？当公言之次，曾不闻以片言见及，公其意者岂欲弃前日之信乎？华本野人，常思渔钓寻常，杖策归乎旧山。非有机心，致斯扣击。但以今之后进，咸属望于公，公其留意焉？不然。后进何望矣？任华顿首。

与京尹杜中丞书

中丞阁下：仆常以为受人恩不易。何以言之？昔辟阳侯欲与朱建相知，建不与相见。无何，建母丧，家贫，假贷服具，而辟阳侯乃奉百金往祱焉。及辟阳侯遭谗而竟获免者，建之力也。其后淮南王以诸吕之故，诛辟阳侯，而建以曾往来，亦受其祸。是知相知之道，乃是祸福存亡之门，固不易耳。仆到京辇，常以孤介自处，终不能结金张之援，过卫霍之庐，苟或见招，辄以辞避。所以然者，以朱建自试。一昨不意，执事猥以文章见知，特于名公大臣，曲垂剪拂，由是以公为知已矣。亦尝造诣门馆，公相待甚厚，谈笑怡如，仆由是益知公懿德宏远，必能永保贞吉，而与人有终始之分。不然，何乃前日辄不自料，而有祈丐于公哉？若道不合，虽以王侯之贵，亲御车相迎，或以千金为寿，仆终不顾，肯策款段崎岖傍人门庭开强言乎？矧仆所求不多，公乃曰亦不易致。即当分减，然必若易致，则已自致矣，安能烦于公？且凡有济物之心，必能辍于已，方可以成济物之道。公乃曰分减，岂辍已之义哉？况自蒙见许，已经旬日，客舍倾听，寂寞无声。公岂事繁遗忘耶？当不至遗忘。以为间事耶？今明公位高望重，又居四方之地，若轻于信而薄于义，则四方无所取，惟公留意耳。任华顿首。

告辞京尹贾大夫书

大夫阁下：昔侯嬴邀信陵君车骑过屠门，而信陵为之执绥，此岂辱公子耶？乃所以成公子名耳。王生命廷尉结袜，廷尉俯偻从命无难色，此岂辱廷尉耶？亦以成廷尉之名耳。仆所邀明公枉车过陋巷者，岂徒欲成君之名而已哉？窃见天下有识之士，品藻当世人物，或以君之才望，美则美也，犹有所阙焉。其所阙者，在于恃才傲物耳。仆感君国士之遇，故以国士报君。其所以报者，欲浇君恃才傲物之过，而补君之阙。宜其允迪忠告，惠然来思。而乃踌躕数日不我顾，意者耻从卖醪博徒游者乎？观君似欲以富贵骄仆，乃不知仆欲以贫贱骄君，君何见之晚耶？抑又闻昔有躄者，耻为平原君家美人所笑，乃诣平原君请笑者头。平原君虽许之，终所不忍。居无何。宾客别去过半，平原君怪之。有一客对曰："以君不杀笑躄者，用君为爱色而贱士。"平原君大惊悔过，即日斩美人头，造躄者门谢焉。宾客由是复来。今君犹惜马蹄不顾我，况有请美人头者，岂复得哉？仆亦恐君之门客于是乎解体。仆解体者也，请从此辞。任华顿首。

上严大夫笺

逸人姓任名华，是曾作芸省校书郎者，辄敢长揖，俾三尺之童奉笺于御史大夫严公麾下：仆隐居岩壑，积有岁年。销宦情于浮云，掷世事于流水。今者辍鱼钓，诣旌麾。非求荣，非求利，非求名，非求媚。是将观俯仰，察浅深。何也？公若带骄贵之色，移夙昔之眷，自谓威足凌物，不能礼接于人，则公之浅深，于是见矣。公若务于招延，不隔卑贱，念半面之曩日，回亲眼于片时，则公之厚德，未易量也。惟执事少留意焉。且君子成人之美，仆忝士君子之末，岂不敢成公之美事乎？是将投公药石之言，疗公膏肓之疾，未知雅意欲闻之乎？必欲闻之，则当先之以卑辞，申之以喜色。则膏肓之疾，不劳扁鹊而自愈矣。公其善听之。何者？当今天下有讥谏之士，咸皆不减于先侍郎矣，然失在于倨，阙在于怒。且《易》曰："谦谦君子。卑以自牧。"《论语》曰："君子之道，忠恕而已矣。"公之顷者，似不务此道，非恐乖于君子，亦应招怒于时人。祸患之机，怨雠之府，岂在利剑相击，拔戟相撞。其亦在于辞色相干，拜揖失节。则潘安仁以孙季获罪，嵇叔夜为钟会所图，古来此类，盖非一也。公所明知之，又安可不以为深诫乎？必能遇士则诫于倨，抚下则宏以恕，是可以长守富贵而无忧危矣。成人之美，在此而已矣，念之哉？任华一野客耳，用华言亦唯命，不用华言亦唯命，明日当拂衣而去矣，不知其他。

送李侍御充汝州李中丞副使序

华州汝州，两京股肱郡也。朝廷以股肱之郡，非有股肱之才者，则不可造次任焉。是以命华州牧兼御史中丞李公，亟乘辕于汝。所以辍于华而急于汝者何？盖由华已致理，而汝久缺人。久缺者何？不易其迁故也。然则州有兵而刺史为之使，使不可以独理，爰命前监察御史李公为之副，清泗上朝周之路，绝汉东封汝之心。屹然长城，蕃我王室，亦在副贰之力也。且御史仲兄金吾将军，尝处中司之雄职，镇于上洛之要地。招我于芸阁之上，假我以柏台之荣，与华甚厚，同于骨肉，华见侍御，如见金吾。方将远别，值余有犬马之疾，不遂携酒灞岸，赋诗河梁，魂消暮云，心折秋草而已矣。汝颍自古颇多奇士，荀陈令族，岂无子孙，君其善待之，无忘推迁。至如公堂闲坐，对三十六峰，或青云半收，或新月初挂，当有佳句，时时寄来。

送王舍人归寿春侍奉序

太子舍人王良辅，时人睹之，呼为玉人。我心重之，有如琼枝。今陇西公，即舍人谭公之亲也。公尤哀而怜之，情义同于长兄，礼秩优于诸弟。夫如是，岂得为万里之别乎？盖以舍人急于倚门之期，切以趋庭之恋，若之何？因留之赠言。赠言伊何？莫过于勤孝。立身伊何？莫过于守正而已。秋天压溟海，白波走洞庭，后期何日，怅惘猿声。

送祖评事赴黔府李中丞使幕序

自武陵守拥旄分阃，有唐已来，李公一人而已。自非忠义特达，有文武才略者，曷以致兹？公以黔巫之地，西控微泸彭濮，东接桂林象郡，北渐巴峡，南驰沧溟。盖蛮夷犷俗，罕遵声教，必借于幕画而详延祖生。岂伊异人，即我府主陇西公之嘉客也。方将表于金阙而加之铁冠，适会有黔中之命，相继而至。夫天下之宝，当与天下共之。况黔中桂林，兄弟之国，又何间然哉？俾朝廷知黔中得人，与桂林得人何异？出饯何许，舜亭峨峨。凭槛窥鼋鼍之窟，酹酒滴鱼龙之背。金石丝竹，虽有秦声；青山白云，恨非吾土。华承命制序，因赠以言。不虑吾子以忠贞为本，又当指踪不选地，感恩不顾身死。见贤良则引而荐之，勿惮勿疑；见仇怨则报之以德，勿瑕勿疵。吾常以此为终身之宝，今以终身之宝赠君。以为何如也？

送杜正字暂赴江陵拜觐叔父序①

吾见骥子龆龀之时，爱其神清，知其才清，今果尔也。顷漂沦荆楚，既孤且贫，求食于谁？托身于谁？四海茫茫，未获所寄。及遇我陇西公，获所寄矣。公以故人之子，②怜而收之。去沟壑而寄乎南山，罢转蓬而荫于桃李。君子曰：陇西公在，正字为不孤已。今离叔父颇久，暂归阮家之巷。感知已厚恩，寻赴李膺之门。华与临别，抚其背曰：高门积庆，无忘乎聿修厥德；大名难继，宜其自彊不息。念哉！

送温司马进降诞方物序

昔者黄帝生于寿丘，文王生于岐阳，数千年间，以为盛美。况我明主感龙而生，如凤之鸣，黄河为之清，率土为之宁，岂寿丘岐阳足云哉？是以四方牧守，咸献方物。用贺南山之寿，长居北极之尊。今此邦使乎，谁膺慎择？则司马温皞其人也，皞相门子，温其如玉，五德备焉；坚其如金，百炼成焉。既出车彭彭，群公追饯于北郭草草亭。巃嵸群峰，叠出青石。逶迤秋水，下藏碧沙。对此为别，饮酒而已。

送宗判官归滑台序

大丈夫其谁不有四方志？则仆与宗衮，二年之间，会而离，离而会，经途所亘，凡三万里。何以言之？去年春会于京师，是时仆如桂林，衮如滑台。今年秋，乃不期而会于桂林。居无何，又归滑台，王事故也。舟车往返，岂止三万里乎？人生几何，而倏聚忽散；辽敻若此，抑知已难遇。亦复何辞？岁十有一月，二三子出饯于野，霜天如扫，低向朱崖。加以尖山万里，平地卓立。

---

① 编者按：杜正字，即杜甫子宗武，详见第1200页田雯《杜少陵子》。

② 编者按：任华有诗《寄杜拾遗》："任生与君别，别来已多时，何尝一日不相思？"

黑是铁色，锐如笔锋。复有阳江桂江，略军城而南走，喷入沧海，横浸三山。则中朝群公，岂知遐荒之外，有如是山水？山水既尔，人亦其然，衮乎对此，与我分手。忘我尚可，岂得忘此山水哉？

桂林送前使判官苏侍御归上都序

桂林，秦所置郡也。南临天池，东枕沧溟，西驰牂牁，北走洞庭，地方三千里，带甲数万卒，实五府一都会矣。连帅之任，朝廷难其人。往年命御史中丞张公，公号为称职，去年又命我以佐之。初张公受命之日，以为五岭荒服，不同于他邦，百蛮犷俗，不可以独理。乃荐武功苏浣，自秘书省校书郎除金吾掾摄监察御史以佐焉。浣在幕中，多所匡辅，洎张公家艰去职，浣统其留务。凛其正色，操持纪纲，而十州之地晏如也。洎我公至止，观其迹而美其政，将表请焉。浣辞以久辞坟墓，不见兄弟已六年，愿得生入武关，一到阙下足矣。公从之。或筵于西堂，或樽于东楼，或馔于亭皋，凡饮饯之盛，未有若此之绸缪者也。且予有善，公为扬之；予有功，公为叙之；予有患，公为排之；予有屈，公为伸之。亦何异脱骐骥于盐车，掷秋鹰于天畔。乃腾骋难料，击搏在即，亦足以快意矣。且尔兄吾兄也，尔身吾身也，虽万里为别，何别之哉？虽然，不能不怆恨。傥见二相国，当为深陈江岭安危之体焉。料子必见潘庶子，因登高把酒，南望千峰，白云离披，横在山畔，与我畴昔所见，岂有异乎？由是益令人思北归。

送姜司户赴宣州序

士莫不伸于知已，屈于不知已。顷姜生以调集不偶，薄言东归，乃告辞于吏部徐公。公素知其才，惜其去，竟不与之别。无何，授宣城掾，得不谓少伸于知已乎？秋天晚晴，碧色如扫，横度一鸟，时时行云，益令姜生有怀吴会。况还家有循陔之庆，趋府有牒辟之命哉？仆与斯人，曾未觏止。其友人姜正范与余善，邀余序之。范诚以我笔家流，则不知姜意以为何如也。

送李彝宰新都序

宗室后进有以学术辞藻著称者，彝也。少好学，通九流百家之言，善属文，颇有大节。去年制举不捷，无何，以书历抵二相国，论安边术。由是召试西掖，凡数十百人，彝与庄若讷高郢同入高等。何垂翅于制举，而奋翼于西掖哉。盖道之屈伸，命之通塞，各有时也。执政以彝大人在蜀，故授新都以荣之。彝岂不欲高步台省，时时与朝廷群公谈笑？所以俯就远县，盖为大人屈耳。秦云满天，倏聚忽散，与子分飞亦尔也。古人别远，贵于赠言。子昔为什邡令，盖鸣琴不下堂而理。今领新都，则异于彼焉。盖以庐井灰于焚爇之后，氓庶疮于刀箭之末。树立存育，洪惟艰哉。况奔冲填凑，昼夜风雨。诛求供应，旬晦山岳。其亲庶务，则宜戴星而出，戴星而入焉；其接宾客，则宜一沐三起，一饭三吐焉。此朋友之望也，如月照雪峰，花飞锦江，当有新诗时时复寄来。念之哉李生！

秦中奉送前涪城贺拔明府归蜀序

吾尝以忠孝礼义清慎，此六者士君子立身从政之道，而兼之者稀，涪城兼之矣。何以知之？尝纠余郡，又宰吾邑，每升其堂，以观其政。况不以编户遇我，而以国士待我，情愿交深，贯于金石。自我不见，于兹五年，长安相逢，如自天落，而喜可知也。公以时命未偶，驾言于归。南山岩岩，分我乡之南北；秦云日暮，类吾徒之聚散。况公之仲兄季弟，与余为忘年友，涪水春风，巴山秋月，靡游不同。久阻山阳之欢，又此河梁之别。二事交战，只醉我心。今紫微郎常公，朝廷之词伯，而公之旧也，君其请赋一诗，以大夸西蜀父老矣。

荐福寺后院送辛屿尉洛郊序

一昨渭北节度工部尚书臧公表荐辛屿尉洛郊，盖知屿事亲以孝闻，与朋友以信闻，于吏道以干闻。不然，非所闻也。秋七月，将之官，乃胥命于此寺后庭。盖所以破临歧之妄想，销操袂之烦恼也。僧院少客，苍苔满地，终南晓晴，洗然黛色。日暮饮罢，钟声傍山，赠言曰：“子之叔父以清白著称，历践台省，官至二千石。子其克己自励，无坠叔父之风。”

送李审秀才归湖南序

平西原之岁，陇西李审自湘东来。才甚清，气甚和，节甚奇，心甚高，仆是以恨相知晚也。秋九月，又言归于湘东，众君子出饯于北郭。碧峰巉巉，出于柏梢，有如虎牙，夹天而立。加以白日欲落，挂在岩半，横照滩水，月带微明。操袂于兹，挥袂于兹，恨无昆山片玉以相赠，赠君桂林之一枝。审再拜曰：“幸甚。”

重送李审却赴广州序

吁嗟乎！苍梧之片云，或随风而东，或随风而西。片云既如是，孤客亦如是。昨日李生言归湘东，今日李生将赴南海。昨日今日，岂有二李生乎？亦犹前日苏秦，与今日苏秦不殊耳。所以然者何耶？盖乘流则进，见机而作，明有志于四方，非凝滞于一途。其中或有不得已之事，亦不怪有也。昔孔某尝为东西南北之人，张仪亦为燕赵齐楚之客。其已乎！沧波远天，混和暮色，孤舟一去，曷日而旋归哉？

送标和尚归南岳便赴上都序

南岳有大比丘，其名曰道标。性聪惠颖悟，通于禅门，精于律仪，善于说法，该于儒术。是以禅师伯之，律师仰之，法师宗之，儒流服之。自登戒坛，凡四十余夏，致弟子弥漫于江岭间，不下万二千人。不然，安得前后连率，新旧岳牧，莫不向风稽首焉。属我中司陇西公方崇东流之法，化南越之俗。是以惠然杖锡，而公待之礼敬甚厚。前陇西公曰：“维摩经不云乎，法无往来，常不住故。金刚经不云乎，应无所住，而生其心。”每念双林树下，将归乎湘东郡；又忆王舍城中，当诣于汉北阙。公难违其意，怅然久之，乃命幕中乐安任华为之序。序云：

彼上人者，甚为稀有。方以般若为舟，而浮于洞庭；以大乘为车，而游于京师。皇帝深信释氏，必将延入内殿，问以秘藏。岂唯将相得归依之地，王侯发回向之心而已乎？王[①]曰：“如吾言焉。”

送虔上人归会稽觐省便游天台山序

图书所载名山，如天台者鲜矣。故老莱游于斯，应真游于斯，虔上人亦游于斯。老莱崇于孝者也，应真崇于道者也。二公之美，上人兼而有焉。上人缁侣之澄肇，词场之沈谢。读尽贝叶，能了于空；净如莲花，不著于水。不然，安得众君子礼敬若是焉？言归膝下，则孝名为戒；将游物外，而朗咏长川。岂徒荫长松以隐身，承瀑布以洗足。是将采掇灵药，搜访仙经，归献北堂，永同西母也。镜湖秋月，当见色空；稽山片云，能引诗兴。剡溪白鸟，知尔无机；云门疏钟，讶君来暮。岂不谓然耶？今朝赠别桂林花，洞庭白烟湿袈裟。上人与君各在天一涯。

送魏七秀才赴广州序

此邦词客往来，亦云多矣。其有论诗则为诗人，对酒则为酒徒。如魏秀才元稹者，不可多得。况尔兄殿中侍御史万成吾友，将为远别，岂同他人？江亭暮天，勿辞一醉。醉后解缆，则月照沧海，猿啼碧山，其奈尔何？

夏夜对雨饯李玕擢第还郑州序

今年东都秀才登第者，凡十数人，陇西李玕为之称首。且宗伯方以拔淹

---

① 原注：疑。

滞悯勤旧为务，而玗则年甫二十余，岂张公意耶？其如考旧文则上等，试文策又上等，欲以年少弃，可乎？不可也。朝廷由是翕然。谓张公之用心也，周选才也，当不胶柱于一途耳。夏五月，李玗将归于郑，我中司李公，惜明晨东郊之别，成此夜西园之会。桐叶滴其疏雨，竹枝鸣其夕风。夜酒既醉，俾我小为之序。

随求即得大自在陁罗尼神咒经序

我本师说教，务存饶益。会因启圣，方有激扬。则大梵怀悯念之心，如来演神妙之句。使无愿不满，有求则随。故此经标之，为其品题矣。

夫大自在者天之王，陁罗尼者咒之目。盖以凭神咒威力，同天王自在。且咒有八首，除八难也；经惟一轴，明一乘也。若听受讲诵，若书写带持，即是金刚之身，便作如来之眼。是知烦恼大海，本从妄想中生；业障高山，亦因觉悟而破。则颈边璎珞，衣中宝珠，未足比其珍矣。懿夫能摧他敌，不假韩信之登坛；能致甘雨，乃同传说之作相。此则有功于国矣。至若火坑成水，刀刃为尘，毒龙生慈，夜叉作礼。此则有功于人矣。及乎泥黎自苦，阿旁惊怪，人便生于天上，塔犹在于城南。此则有功于鬼矣。非我有九十九亿那由他诸佛同心同德，安乐天人，曷致于此矣。粤有雅和尚者，诞生中土，如从西域而来；不读外书，只说东流之法。丙午岁。访余于景城西岩之兰若，从容曰：“此咒有不可思议之力，竟无序述，谓之何哉？”华答曰：“唯然和尚，谨闻命矣。”将欲无垢之咒可验，净居之言足征。岂独施于信者，亦将悟彼疑者。若可信而不信，不应疑而疑，则三途之中，不出入此辈，略述少言耳。亦乃勉旃诸仁。

西方变画赞

离一切相，修诸善法。夫如是，乃得菩萨心。心所感者为应，夫如是，乃膺多福。道无上者归极，感罔极者报亲。在心佛在相，唯心与相，唇齿相依，二事同源，百行宗孝。蒋氏兄弟，惟孝也哉。前殿中侍御史蒋炼，炼弟前右拾遗镇，镇弟前无锡尉镝，镝弟前千牛锋，锋弟前协律郎锜等，泣血三年，哀过乎礼，愿西方上圣，永福先人。故尚书左丞赠太常卿汝南侯大祥敬画妙法莲华变一铺，惟此经开佛知见，授声闻记，如来秘藏，菩萨上缘。始发乎炼也伯仲之心，见乎法如来大士之相，终成乎太常无余之度。孝矣哉！太常盛德公才，师训天下，朝廷遂谦冲之德，后生兴禄士之叹。邦国殄瘁，元元安仰。华太常故吏也，侍御以华情之拳拳，见示经变。泣对灵相，祗感遗仁。侍御女弟润州长史京兆王宙妻，次前信州刺史高阳齐翻妻，季前拾遗东海徐闳妻，哀礼兼极，此道也古所难，况衰俗乎？敬为赞曰：大孝尊亲，其次用劳，其次用力。蒋氏之子，三者备极。诚哉孝德，匮竭精素。哀空上慈，乃缋灵相。光仪既备，景福随之。并无衡量。

任华资料汇编

《后村诗话》二则

〔南宋〕刘克庄

一

唐人皆宗李杜，虽退之崛强亦然。任华者，不知何人，有《杂言》二篇寄李杜，略云：“杜拾遗名甫第二才甚奇，昨日有人诵得数篇黄绢辞，借问果是杜二之所为。”又云“我闻当今李白”云云，又云：“任生知有君，君也知有任生未？”华于二公，杜旧识，李素昧，皆名呼之，或呼其行第，又高自称道云：“曾读却无限书，拙诗一句两句在人耳。”然二集皆无与华酬答之辞。华它作又不传，独此二篇见《又玄集》，往往以怪见取者。杜默欲与曼卿、永叔并称“三豪”，米元章自谓《宝晋集》胜《眉山集》，华亦杜米之流欤？

（选自刘克庄撰《后村诗话》卷四，见《钦定四库全书·集部九·诗文评类》）

二

《系浔阳狱上崔相三诗》末篇云：“纵为梦里相随去，不是襄王倾国人。”

此言迫胁而行，非其腹心上客。而或者注云：“此一首恐非上崔相者。”误矣。《送王屋山人魏万》五言云：“十三弄文史。”魏亦有《酬李翰林》一篇，见李集，云：“宣父敬项橐，林宗重黄生。”则魏之年甚少。亦可见谪仙忘年折节处。魏诗高自称道，与任华同，二人敢与李、杜倡酬，其胆不可及矣。

（选自刘克庄撰《后村诗话》卷五，见《钦定四库全书·集部九·诗文评类》）

刘克庄（1187—1269），初名灼，字潜夫，号后村居士，莆田（今属福建）人。以荫入仕，被理宗赐同进士出身，官至工部尚书兼侍读，以龙图阁学士致仕。卒谥文定。其人诗、文、词各体兼擅，尤以诗歌影响为大。有《后村先生大全集》。

草书枯涩

〔明〕杨慎

徐浩真书多渴笔，怀素草书多枯涩，在书法以为妙品。戴幼公《赠怀素诗》云：“忽为壮丽就枯涩，龙蛇盘腾兽屹立。”鲁收《怀素草书歌》：“连拂数行势不绝，藤悬槎蹙生奇节。”窦塈亦云：“殊形诡状不易说，中含枯燥尤惊绝。”任华云：“时复枯燥何缡褷，忽觉阴山突兀横翠微。”盖深知怀素之三昧者。姜白石云：“徐季海之渴笔，譬如绮筵之素馔，美人之淡妆。”倪思以痴重笔迹为墨猪，元班彦功之字，评者以为死猪肠，可以喻矣。

（选自杨慎撰《升庵集》卷六十三，见《钦定四库全书·集部六·别集类五·明》）

杨慎（1488—1559），字用修，号升庵，四川新都（今成都市新都区）人。明武宗正德六年（1511）状元及第，授官翰林修撰，参与编修《武宗实录》。世宗时为经筵讲官，以“大礼议”事件获罪，谪戍云南永昌。投荒三十余年，死于戍所。明穆宗时赠光禄寺少卿，明熹宗时追谥文宪。有《升庵集》。

《徐氏笔精》二则

〔明〕徐𤊹

任华长篇

盛唐任华《寄李白》《寄杜甫》《怀素草书歌》三长篇，信口狂叫，不遵纪律，亦是怪体。卢仝《饮茶》《月蚀》诗效之耳。

（选自徐𤊹撰《徐氏笔精》卷三，见《钦定四库全书·子部十·杂家类二·杂考之属》）

唐僧不戒酒

唐僧多不戒酒，余尝见有元人画《醉僧图》，僧可醉乎？任华《赠怀素上人》云："十杯五杯不解意，百杯已后始颠狂。"韦应物有《寄释子良史酒》云："秋山僧冷病，聊寄三五杯。应泻山瓢里，还寄此瓢来。"然则唐僧嗜酒者多矣，诗人不以为讳也。

（选自徐𤊹撰《徐氏笔精》卷五，见《钦定四库全书·子部十·杂家类二·杂考之属》）

徐𤊹（1570—1642），字惟起，号兴公，别号三山老叟、鳌峰居士等，闽县（今福建福州）人。一生无心入仕，摒弃科举，其诗以清新隽永见长，人称"兴公诗派"，与曹学佺同为闽中诗坛领袖。谙悉乡邦文献，三次参加修纂《福州府志》，著有《鳌峰集》《榕阴新检》《闽唐南雅》等。

汪司城诗序

〔清〕朱彝尊

曩因周布衣青士友汪君晋贤，既又识君哲昆周士令弟季青。季青方年少，结交皆老苍，品骘风雅，气足夺人，嗣是海内称诗者，相与订揽环结珮之好。予留京师，不相见久。比归，而季青通籍除北城兵马司指挥，尘沙之蓬勃，干谒之奔忙，判牍之繁冗，对簿诘察者率栗果之恶少年、黔面之逃丁、探丸之寇宄，意其无暇作诗人矣，而吟咏愈多。既而坐吏议归，则道途之作益多且工。其《过吴江盛泽诗》云："夜灯千匹练，秋雨半湖菱。"匪仅开宋元之窔奥，直欲造唐人之堂而哜其胾者也。昔襄阳孟六，杜子美称其清诗句句尽堪传，而王士源为作传，独赏其"微云澹河汉，疏雨滴梧桐"一联；任华倾倒李白，则爱"海风吹不断，江月照还空"两句。是诗之绝唱正不在多，惟赏音者举其一二而全集之堪传，作者可无怍矣。今之诗家，不事博览，专以宋杨陆为师，庸熟之语，令人作恶。季青昆友，各聚书万卷，分贮于楼。季青摭韩杜韵语以为诗材，正正奇奇各得其所宜，其诗之日进于格也已。

（选自朱彝尊撰《曝书亭集》卷三十九，见《钦定四库全书·集部七·别集类六·国朝》）

杜少陵子

〔清〕田雯

近人有以樊晃《杜工部小集序》证宗文无早夭之事，父殁后尚漂寓江陵。而不知宗武有官职，官盖正字，见《文苑英华》任华《送杜正字暂赴江陵拜觐叔父序》。序曰："吾见骥子龆龀之时，爱其神清，知其才清，今果尔也。顷漂沦荆楚，既孤且贫。求食于谁，托身于谁？四海茫茫，未获所寄。及遇我陇西公，获所寄矣。公以故人之子，怜而收之。去沟壑而寄乎南山，罢转蓬而荫于桃李。君子曰：陇西公在，正字为不孤矣。今离叔父颇久，暂归阮家之巷。感知己厚恩，寻赴李膺之门。华与临别，抚其背曰：‘高门积庆，无忘乎聿修厥德。大名难继，宜其自强不息。念哉！’”

按：叔父名观，行四，公诗“尔到江陵府”即其人也。陇西公不知何名，记之俟考。

（选自田雯撰《古欢堂集》卷二十二，见《钦定四库全书·集部七·别集类六·国朝》）

魏休庵文录

（选自魏林涛主编《博兴文化大观·魏休庵卷》，第5～63页，线装书局2019年版）

魏休庵（1533—1610），名基，谱名邦基，号休庵，又号三家村野人、方石居者、方石子、诗狂道士、迂叟、一笑叟，民间私谥天外逸人，博兴县兴福镇福旺村人。魏休庵出身田家，早年入泮，后弃去功名，归隐田园，以布衣终其一生。有文集《潦倒集》，收录文章52篇；诗集《醉梦吟》，收录序言1篇及各体诗歌320首。又有《散曲集》收录散曲249组。另有逸诗逸文若干。

潦倒集

《潦倒集》序

世谓文有三多：读多、做多、商量多也。予在东村数年，日劳瘁于农务，旧年书史，荒落已尽，不可谓之读多；有情兴亦漫尔说去，殊无文藻，又不可谓之做多；至于商量，则寂乎未之闻也。然则尚可以为文乎？故其所作皆潦倒语矣，斯不足录也。今予犹录之者，非不知自愧也，以其多吾平昔朋旧往复之词，而吾之愚情狂状，实寓乎其内。今老于远村，已无少年气，而朋旧落落，岁不一接。幸兹稿犹存，或一披之，昔年之情状，勃然复见。遂脱然失吾之老，而吾之朋旧，亦恍然抵掌挥袂于吾之几席畔也。孰谓吾之潦倒语为不足录矣乎？

万历元年正月既望方石居者书于云林深处。

与盖松亭书

仆侍左右，已逾数年。惟教是从，故至今不见绝于君子。夫君子之所与，必直必谅，而所绝则便辟善柔。仆果直谅乎哉？尝闻直者谅者之与人也，有过必言，有言必尽，且持正不阿而无所回挠，又不若仆之默默也。然则仆之不见绝于人，信乎以便辟善柔也，何在其为直与谅哉？夫便辟善柔，媚人者也，小人也；其不绝之者，甘媚者也，亦非君子也。嗟乎！与其默默而自处于小人，且使人甘媚而不得为君子，孰若持正不阿且使人得为君子也哉？斯言也仆固知之矣，然于执事，欲有所言，已及三年，而卒无一言。将惮执事之我怒耶？而友不相惮；抑疑执事之不我信耶？而友不相疑。亦尽吾言而已，求直与谅而已。其从其否，其与其绝，诚在执事。执事素所抱负、素所期望，岂非欲超出等夷、不拘故常者耶？是心也，以之自责则可，以之责人则刻，况于其不责善者乎？责其一事之未善而遂与之绝，施之常人且失之隘，况于其不可解者乎？绝其一时之未善而念之不置，施之常人尚必致怨，况于其不宿怨者乎？执事之于父子兄弟，诚非仆所知也。夫降才尔殊，自古皆然，而亦不相浼。故虽瞽瞍不能浼其子，盗跖不能浼其兄，亦不闻为子为兄者若执事也。夫避兄离母，尚累仲子之廉，况使父离弟避，独无累执事乎？如曰其离与避非我也，求无愧于心而已。向使执事离令郎，令郎亦曰我无愧于心，执事避令弟，令弟亦曰我无愧于心，然则有愧于心者谁欤？将责执事之离之避之者欤？无是理也。且无愧之语、无负于人、归咎于人之谓，不可语诸父子兄弟间也？不然，则罔极可谓之有极，天亲可谓之伪亲矣。方令尊在恙时，执事周旋保爱，无所不至，仆方慕之仰之，以为迥出寻常，岂意讵至于此？然则向日所为独非执事耶？如以令尊近有未善，遂不当以向日所为事之，则又甚惑。稽之书史，听之人言，考之我朝之法律，果有所谓“父若不慈，子当不孝”之语耶？况令尊致执事之怨，特以爱少耳，尚未至焚廪盖井也，顾至于父子不相见且至三年矣乎？仆闻灌花之喻，执事曾语心湖，又善于谕人者，不能自谕，何哉？如果激于劝执事者未尽其诚，又甚可笑。君子之制行，道所当尽，固不待劝，苟非其道，劝亦不从。况吾子职所不容已者，特以劝之不诚而故反之也耶？盖人言纵所当反，至情自不可遏，务遏至情以反人言，此诚旷古所未闻者。执事好异，不宜若此之愚也。且执事之志，将终令尊之世不与之相见耶？不知令尊百岁后，尚为之号泣、为之变服否？生不与之见，死而为之泣，生不致其养，死而为之服，亦非刚介之至也。执事之刚介，将忍至于不泣不服矣乎？呜呼，执事几四十，令尊几七十矣，日居膝下，犹当一喜一惧，况阻绝若此。仰惟勿成其过以贻后悔。

与张恒庵书

仆上年自别尊府，即登岱岳。冒风雾，履霜雪，栖迟山木间，亦两月余。与居者方士，所闻者黄白，所见者鼎炉丹灶。斯时也，岂无以仙方神术相授者？自顾微寒，未敢外望。况仙事渺茫，无可准凭，固不足信，亦不屑也。及回敝邑，责我狂肆者益众，曷敢不省？越年二月，即在小村不敢复出。尝忆平昔故人，赋性亦有偏处，未有若执事陷溺邪术若此者。且执事之烧炼欲何为耶？以之济家，此非济家之事。遍睹天下之富室，不耕贾则仕宦，非烧炼也。其烧炼者不破产即败德，君所知也。况背理欺人，乃穿窬之类，非素所望于执事者。总如道士称得点化者，卒亦重有奇祸。小则一身暴亡，大则举家焚溺。彼犹神其说，曰“尸解”，曰“拔宅”。可欺愚人，可欺君子耶？夫有过而不言，非友也；蹈水火而不救，非人也。执事此事，岂特过焉而已？自今不已，将有不胜其患，与蹈水火何异？故仆非言过也，救水火也。执事谅之。

与友人书

丈夫生天地间，如可以同，虽千载如一时，千里如共室，穷通死生如一致。如可以异，则一时而今古，一室而胡越，一事而君子小人冰炭寇仇。若彼其不侔也。故有旷古而相感者，亦有一日不能与之居而相戾者；有阻千里而相忆者，亦有一室反目而相忌者；有一贫一富一贵一贱一生一死而相友者，亦有比肩而相怨者。然则其同其异，其时其地其事咸不得而与也。况仆与二君，其时同，其事同，其地则数里耳。相感相忆而相友焉，则不待共室；如相戾相忌相怨焉，共室亦何益哉？昨君等命仆作课，仆何敢辞？第狂疾大作，自知此身终然不宜于世。因迸迹草茅，谢绝宾客。复自誓不帛衣不肉食，非药疾不用酒，非公事义举及身家大故不出村，纵不得已，亦不逾宿，非诗文伦理及稼圃家务不出口，纵有访问，亦不数句。若作课一事，欲期君等互相传送而改正焉，亦不废事。嗟乎，此仆勉焉以求同于二君者，若仆之迂阔如前所云，不知君等亦肯与仆同否？尚惟赐教。

与胡敬斋书

天地之生物，必付之以长以养之，一失其长，则病且死。故鸟之飞，兽之逸，鱼之潜，其长也，而皆赖以生。鸟折其翼、兽病其足而鱼出其潜，则烹。至于凡民亦然。故以力以巧以言以貌，又或以愚，亦其长也。力足以耕以工，巧足以贾以艺，言足以悦人，貌足以事人，愚又足矜于人，而亦赖以生。察之于市井，验之于道途，以及于穷岩幽壑，凡有生者，宁有外此者乎？故其生者，有一者也；其不贫者，有二有三者也；其富者，兼焉者也；其贫且死者，失焉者也。其常也。凡民也，其兼焉而贫且死者，其变也。其无一而亦富且贵者，其异也。求之吾身，仆不足道，吾君有一于此乎？无一于此而亦生，是以有长之众人，养无一长之病子也，又可不知其故？故上而君粟，下而交际，必有异长以致之。如昨所云，生气丧矣，所长去矣，是将折翼病足自浮以待烹也。夫受人之托，必终其事，食人之食，必死其事。君固终其事者，死事之说，概乎其未闻也。穷乡小民，终岁勤劳，且忍冻馁，而君宴然享其所入。所入不足，必破其家，或戕其性，流离痛楚，君所目睹。夫如是以养君者，欲其闭门高卧肥尔妻孥矣乎？尚有所望乎？有所望而不答，且受其养，将致其怨。今之不答其望，不顾其怨，又恐其破家戕性之不速者，不思故也，君将效之矣乎？为君患之。

与敬斋少湖书

昨到小村，适拙妻不在。苦茗烹熟，月已入户。数盏之后，情复凄然。凡我故人，宁有顾我者乎？兴以势阻，如此夜何？二君地则伊迩，不知亦有是兴否？是兴也，不在歌舞，不在酒肉，或及人情，或举世事，各吐怀抱，各出肺肝，穷日穷夜，曾不知疲。前数年是也，二君不记忆耶？仆又思之，则茫然惑，骇然惧，不得其故。何以相忆又何以相詈？何以相倚又何以相击？夫微忿而不忘，则近妇人；一德而不报，则真小人。皆不可望二君。二君相与以来，固未必无一忿，亦未必无一德。不望不报，已不应如妇人小人，况相詈相击，又妇人小人之尤者乎？呜呼，二君可愧死矣！穷居尚尔，一登仕途，将何望其相保？平居尚尔，一遇颠沛，将何望其相托？所可恕者，二君以醉故也，然醉于昨不醉于今。为今之计，莫若各任己罪，相好如初，然后觅晴川辈而谢之。不然，彼此容忍，莫出怨言，人一劝和，便当冰释。若夫相谤而不休，人劝而不从，当出人类，非仆之所知也。

送季勉归与敬斋书

当季勉来时，谋之者我，信之者敬斋，从而赞之者东田。自今论之，男而为之有室，虽至贫乏，岂有欲其子弟之远离？女而为之有家，虽至富室，岂有欲其女婿之并养？不知当时敬斋何所乐而信之，东田何所乐而赞之，我亦何所乐而妄议其间也？夫相与共为悖礼之谋，而相与乐为矫情之事，是必大有不获已者。如知其不获已，而使之获已焉，则情顺礼安之事，人孰不乐，而顾肯矫情悖礼也耶？呜呼，人固有为谋而不能忠、受托而不能终者，亦有欲进而不得前、欲退而不得后者；固有言而失之三四、事而失之迁就者，亦有义而难于直遂、欲而难于遏绝者。夫我已当其不能，季勉已当其不得，东田已当其失，敬斋请当其难。

答松亭等书

仆不肖，不能仰承来谕，诚为可愧。虽然，仆欲谁欺也耶？欲阳为枉屈、跃然奋往、谓功名可立就以欺人耶？欲自谓此学此才可以超出等夷、竦动当道而自欺耶？嗟乎，丈夫行己立身，自有长策。纵见怜悯，容复在学，亦人情秀才耳。不又甚可愧耶？况丧服未释，纵得侥幸，恐贻后悔。只此拜白，余容面谢。

与苏云山书

连日天变可畏，特未知何所兆耳。万一不测，惟执事是赖。数尺之躯，无用于天地间，已二十九年矣，今复何爱。当使忠义联心、权奸碎首，上而廊庙下而岩穴，有所依倚。不然，亦当落乱贼之胆，保宗祖之墓。凡我一方为皇明所覆育者，无或辱焉，以待清时。只此拜闻，敬希严命。

再与盖松亭书

昔人云，人之相知，贵相知心。非谓知其心之善恶邪正已也。凡人之能为与不能，人之欲为与不欲，人之得已与不得已，皆能遥度而逆料也。故虽有誉某于我者，我必曰某尚未及此也；有毁某于我者，我必曰某必不为此也。事虽未形，必曰某必为此，其不为盖有待也；行有不韪，必曰某不欲此，其为此非得已也。而为某者，卒亦鲜出其所料。夫何其知之至此乎真也？是不惟处之久见之熟也。君子友乎其人，则惟友可以尽言也。故凡心之所欲为，理之所当为，力之所能为，时之所可为与否，事无巨细，盖常相与商议故也。仆与执事，号相知久矣。今虽不能朝夕与商议也，事之细者不知可也，其巨者犹当与闻也。夫事尚有大于不葬其亲者乎？尚有大于不葬其亲至此其久者乎？是必大有不得已者，执事则未尝一语仆也。每欲一相问慰，且劝执事之举此也，多为事沮一也；亦自解曰，凡我之欲以告执事者，皆执事之素以教人者也。是以含默若此，亦不意执事之迁延若此也。昨者有客来，问执事不葬之故，茫然无以对，因自愧也。此而不知，恶在其为相知也？乞执事明以语仆，以解仆之惑，且使仆有以应客也。

与故人书

青齐之野，有丑妇焉。贫而勤，不知修饰。少适田郎，凡田家事，悉力任之过于夫。其田郎甚爱之，而丑妇亦无他念。一日之城郭，见游妓数人与王孙公子联语于芳堤之上，遂深慕之，而不自知其丑且贫也。于是弃田郎，离乡井。理发而澣衣，日趑趄于堤畔。冀人之一顾也，而卒不可得。或笑之曰："尔无悦人之容，又无悦人之饰，安敢望人之尔顾哉？"于是益亲井臼，佣于酒家。一岁而得帕，再岁而得衣，三岁而得裳。裳虽得而衣已旧帕已敝矣，将侍于堤畔，又恐夫人之不顾也。于是复佣于人，以图新帕，以图美衣。及得衣帕而裳又敝焉。如此者数十年，服饰卒不可具，田郎复厌其衰，竟死沟壑而不一遇。夫物之生也，莫不有命。其丑且贫，则其命也。幸而能勤，能得田郎，盖亦足矣。胡为乎为分外之望，至于老死而不悟耶？若而人者，五尺之童，无不笑且骂者，不知君子以为何如？

答故人书

辞王臣一事，芳泉以仆为听谗言，松亭以仆为欲自便，敬斋以仆为怪芳泉，皆非也。实以既不能习举业，则不能教举业弟子耳。诸公独不相信，而各见谕若彼，岂尽以此为不足信耶？夫功名人谁不慕？是有命焉，不可幸而致者。必欲逆吾命穷吾力而冀一幸致焉，不惟明智者笑之，造物者且大笑之矣。不见贾者与行客乎？一货之不利，一途之不通，必顾而之他。宁有坚贾乎不利之货、必由乎不通之途者乎？纵或有焉，则愈贾而愈贫，愈行而愈远。必丧心者之所为也，诸公将取之乎？夫今之举业，即仆不利之货不通之途也。况仆以久困之贫贾久病之行客，方无财以致不利之货，而且夺之以盗贼，灾之以水火；方无力以行不通之途，而复苦之以泥泞，沮之以虎狼。于此而不知夫他顾焉，其穷且死也不远矣。诸公必欲其穷而死耶？是故不利乎此不通乎此，而必欲坚贾乎此必由乎此，仆且谓之丧心，若夫不贾不由，而又欲教人贾之由之，其丧心为何如哉？诸公其谅之。

再与故人书

于敬斋而不一慰，于少湖而不一贺。仆何人斯，乃纵性薄情若此？然仆愧于向城，近有数事，虽欲一往，而此面终不能西北向，此足卒不能西北前也。二公其亦谅之。且仆之愧，不直向城已也。值此深秋，清夜耿耿，遐想平生可愧之事，千端万状，举集目前。抚膺顿足，怅然长叹者，亦累日矣。夫叹者何？男儿之生，贵有所成，纵无所成，犹贵有立志。仆之家已破矣，名已隳矣，无成甚矣，乃犹敝服垢面，阿依奉承，日趋于显者之侧，以希人之我怜不我谤也，不亦羞且难哉？迩者又为微利所弄，又大可恶。夫人莫重于父母，身即次之，而妻子乃在所缓。今父母往矣，得钱欲谁养耶？反役吾之身心，窥微利以饱妻子，颠倒实甚。况义利不容两重，所得几何，而所失滋大，大违平昔之心也。今几文钱拨置尽矣，所余粗粮，待还人后，自有措处。然后量吾力之勤惰，为衣食之厚薄。息吾应世之机，罢彼劳神之务，付此身于苍穹，质此心于白日，出与片云游，入与长风俱，惟遂吾志而已，饥饱死生不足虑也。所恨者不得朝夕领诸公之教而已，或赐片言以破茅塞，实幸。

示岱侄

提孤弱之师，履危亡之地，勍敌拥其前，铁骑蹑其后，内无数日之粮，外无一旅之救，走则无路，降则就死，为之将者将何如处？惟同心奋气，决战致死，庶可走敌而破危，因败以为功也。我之身家，危弱极矣，何以异此？嗟尔岱乎，我固望尔以破围，又惧尔之不奋气也。气而不奋，则俯首就擒也已。尔其知哉？尔其畏哉？

题书屋

既作丈夫，必须自作主张。主张不定，则贸贸焉莫知所向。故见少气者，便与之而奸软；见好事者，便与之而轻放；见志衰者，便与之而贪图；见心丧者，便与之而淫荡。夫济己之私而甘忍挫辱以为盛德，遂人之恶而初无可否以为重默，奸软也，其自坏而且坏人也为可愧。曲求人之短而毁谤之以为聪明，潜听人之恶而发扬之以为刚正，轻放也，其责人而忘自责也为大病。利人之财而谋之不倦，见人之物而爱之不忘，尽日谈论而不及经史，尽日奔走而无与纲常，贪图淫荡也，其心昧而不羞，神劳而无益也。且为不祥。故古之君子，惟明察而力行，斯理直而气健。不改之于富贵，不悔之于贫贱，不屈之于威武，不惑之于智辩。是以精白之心，可以质鬼神，而清苦之志，可以历霜雪；正大之业，可以对天地，而光明之行，可以并日月；贞一之操，可以寄百里而托六尺；刚毅之节，可以临死生而蹈斧钺。我亦挺立乎两间，奈何如此而已耶。

足哉亭记

野人筑室于林下，而覆之以茅。材则林间之朽枝，工则野人之自力。朴而约，隘而静。野人处其下，安而且幸，因名之曰“足哉”。

他日二客过其下而大笑。其一曰：“此亭可以风飘，可以雨坏，可一朝而成，可一夕而败，何名之‘足’为？”其一曰：“视子之亭，初无他物。一榻倚其西，而席损其半。一琴挂其东，而弦绝其五。砚无余墨，笔无纤毫，断简残编，鲜有完者。子之缩然其下也，囚首跣足，袒裼裸裎，而不知愧。我之来此也，日已夕矣，羹止于菜，饭止于菽，亦未见夫足者。以足名亭，只见其妄也已。”

野人曰：“噫，岂谓是哉？亦名吾志而已。如子之言，必若唐之九成、隋之仁寿、汉之长杨五柞、秦之祈年橐泉，而后‘足’以名耶？然若彼者，昔人盖已悲其为禾黍荆棘、丘墟陇亩矣。欲吾亭之宏丽坚固，不亦惑欤？如谓吾器用之不足，必若积湘纹之簟，以供吾之象榻；敛冰湖之丝，以供吾之龙琴；

竭云间之燃而索其轻烟，合中山之围而拔其霜颖，以供吾之挥洒；发金縢之玉轴，出石室之牙签，以供吾之披阅；夺子玉之琼弁，取春申之珠履，辇吴越之轻罗，载川蜀之文锦，以供吾之服饰；致殊方之龙凤，萃水陆之珍奇，复起易牙于九泉，以供吾之滋味。而后谓之‘足’耶？吾恐天下之物无穷极，虽贵如王公、富如晋楚，亦不能兼收而并得。以吾眇然之身，曾不百年于世，复贱且贫，乃欲求无穷之物以快吾心，夫心何足之有？盍亦于此而反观乎？当今之世，借草而寝者何限？抱膝而谣者何限？以荻画灰、挑灯夜录、冻馁道路者又何限？吾之得此，尚未足耶？噫，惟若此之不足，又不复求其足，此吾之所以足哉！”

二客沮然，别余而去。

题松柏

灵如椿，贵如桂，不可谓不贵也。椿长于治朝，足以为圣瑞，而枯朽于乱世；桂荣于九秋，独耻于众芳，而零落于岁寒。抱道之士，事于高尚，必明王圣主而后起，一有不善，不能一日立于朝，望望而去，懔乎不可留也，椿似之，而余谓其量不广；廉介之士，志于清苦，虽明王圣主，耻与众比而独立，世及乱亡，卒亦不能自免，桂似之，而余谓其智不长。独松与柏，炎如夏不能使之盛荣，寒如冬不能使之凋败，不待尧舜之世而后生，桀纣之世而遂朽也。譬之君子，招之不来，而麾之不去也；谄之不悦，而犯之不怒也；治足以庸，而乱足以容也。殆善处乎炎凉治乱之间者也。嗟乎，处今之世，舍尔其谁与居？

纪梦

嘉靖戊午，九月二日，来自西府，又七日即至书屋。园木槁于霜日，屋茅败于风雨。白英尽已凋谢，黄叶惟知自舞。奔走道路，既不胜其瘁苦，旋视园庐，又若尔其荒芜。人生至此，又何乐乎？夫人多自适，我实有愧，人多俟命，我实有罪。悲叹穷庐，魂神眊瞶。向午疲极，隐几而寐。见一男子，朱衣貌赤，从者数人，形状亦异。向我再拜，潸然出涕，同口告怜，长跪弗起。朱衣者曰："子亦瘁苦道途，胡为使我连岁驰驱而不得逸？子亦荒废园庐，胡为使我方寸茅塞而不得治？"余惊异曰："尔等为谁？其明告我。何以病尔？其明教我。"朱衣者曰："我承帝命，为尔任使。形影相依，实同生死。顾纵指示，以听于子。既使我向衣食，又使我向书史。方抚我以清白，又驰我于朱紫。道义之门，甫循循而欲进，人欲之途，且惶惶而未止。昼忙迫于乡闾，而夜奔走于宇宙。实憔悴我形躯，而复荆棘我居趾。如知子之惮烦，何忍我乎至此？"一人曰："不辨正邪，一使我视。我实有劳，且害尔事。"一人曰："不辨美恶，一使我听。我实有劳，且为尔病。"一人曰："使我谈论而不得闲，子实不如兜坚。"一人曰："使我扰攘而不得息，子实不如希夷。"杂陈乱辩，喧叫盈前。始而哀乞，继出怨言。又有伏地而啼饥，又有缩颈而号寒。我初甚惑，顷焉震怒。不告我名，奚知尔故？抚剑离席，叱之不去。我乃趋走，彼亦纵步。扯袖牵裳，恍然惊寤。心颤耳鸣，竦身炫目。日已西移，鬼无觅处。呜呼噫嘻，我知之矣：首者心神，乃化朱衣；从者数人，维我众体。尔既有患，胡不早启？而今而后，我为知己。饥寒者固难遂尔以暖饱，劳役者庶不使尔以非礼。于是取四勿箴言书之东壁。

方石说（并序）

野人疏放不检，大忤世俗。然嗜酒而漫游，或阔步于深山远水而冒风霜，或久坐于茂林丰草而犯寒暑，尤爱无人之境也。一日倦归，将憩于乔林之下，得方石。其大席如，其平砥如，其方截如，倚之复屏如，而藉之复榻如。因大爱焉，日吟咏其旁而偃仰其上。尝思古人有与木石居者，安所遇也，非若我之爱夫尔也。夫既爱夫尔矣，谓之不知尔也不可。既知尔不能去尔，非真与尔居者而何？遂号"方石居者"，而复漫为之说：

方石平矣而且正。一面而微高下则不平，大概而少偏亏则不正。不平其小德之出入乎？不正其大德之逾闲乎？

平而不正，是谓失之冉有，小节善而大体未也；正而不平，是谓失之季路，大体立而小节疏也。

平则棱起，方则角生，故可象也而亦可畏，有仁也而亦有勇，好人也而亦恶人，不茹也而亦不吐。

平而不棱，妇之仁哉。方而不角，寺之忠哉。

圆者常动，方者常静。静则逸，动则劳。惟好逸而恶劳，故舍圆而就方。

圆者或可转，方者不可移。故岩险无圆石，转而坠也；坡坂无圆块，流而去也；危主无佞臣，背而叛也；难友无匪交，弃而绝也。嗟嗟方石，将处岩险而独存，遇坡坂而独立也。主危而背叛，友难而弃绝，将望尔而知愧也。

圆者与物不忤，物多亲之。方者或忤于物，物多远之。不知圆之于物，微触则离，大触则去，宛转上下，求一与之合而不可得。方之于物，当其棱则忤，当其角则大忤，当其平而与之合，真与物不二哉！

舜当尧之平，而当其角者大风；禹益皋夔八元八恺当舜之平，而当其角者四凶；益当禹之平，而当其角者防风；伊尹莱朱乱臣十人当汤武之平，而当其角者桀纣。当其平则合，故都俞一堂而不厌；当其角则忤，故征诛千里而不容。

尧舜禹汤文武之世，能用其方于天下，故上下四傍，均齐方正，举天下而共成一方。其后周公虽能大用其方，不幸有兄弟以触其角。至于孔子，其方益无所容矣。故微服削迹，绝粮伐木，动与其棱角遇也。由求雍赐之徒，虽日与之游，而能与之合者，各得其一。其微具促，将如颜子之善合何哉？

为方之具，大备于周公。为方之法，大修于孔子。故达而在上，则当备周公之具。穷而在下，则当守孔子之法。舍周孔而求方，吾恐一失班输之矩，未有不削而偏者矣。

匠之为方，必睥睨之，绳墨之，刀锯之，锤凿之，磨荡之，盖亦劳矣。方石方石，将谓其天然乎？

人亦有言：方可为圆，圆不可为方。其人有不为而后可以有为，无所不为则亦安能有所为乎？

方而善于为圆，莫若伊尹。方而坏于为圆，莫若四皓。不能方者，则又何可胜道？

轮而方则不可行，椟而圆则不能立。处变而不知权，固犹方作轮也。处常而不知经，不犹圆作椟乎？

知欲圆，行欲方，尔其笃于行乎？体欲方，用欲圆，尔其适得体乎？

天圆而地方，光武遂子陵之高，子陵成光武之大也。盖圆而席方，卫青让长孺之贤，长孺失卫青之贵也。将子陵哉长孺哉石哉？

田子方不副乎其名，过于骄也。方孝孺不愧乎其姓，卒于正也。

棱角少而不失其方者，下惠之直道而行。棱角利而不过于方者，伯夷之不念旧恶。

桀纣之君，跻跖之盗，纯角者也，故无处而不触。冯道之污，张璁之滥，无角者也，故无往而不流。

王莽之谦恭，林甫之柔顺，外若圆而内则纯乎角。梁武折侯景，公孙见马援，外若方而圆则存乎内。

汉唐之党锢，方而不遇其时。蜀洛之攻击，方而错用其角。

巧言而令色，胁肩而谄笑，其于方乎何有？色厉而内荏，名刚而实欲，亦何有于方乎？

棱角之易玷，岂名节之难保，亦皎皎之易污，是故君子惟恐其觚不觚。

磨而不磷，惟圣为然，未至于圣而日投于沙石，又何其不自怜？

祢衡之恃才傲物，崔浩之沽直斗虏，挟其方以投物者也，故立见其败。子房之终始为韩，仁杰之俯事女主，藏其方而善用者也，故卒就其功。方乎方乎，固不可挟，亦不可露乎！

饧荡物

人之无正经者，俗呼为“饧荡物”。介庵封先生、桐轩张先生各为文以笑之，然二作余皆不及见。或曰介庵呼为“寻当物”，言是人也貌之可笑，如贵介公子，一旦贫乏，执先人之故物寻人而当之者。桐轩呼为“腥淡物”，言物之腥者知为腥，淡者知为淡，是人也，如物之腥者而又最淡最无味者也。余谓介庵所言，似得其容，桐轩所言，似得其意，二说未为尽当，若俗所呼是也。盖饧，柔物也，触之则黏，倾之则流，不能坚立者也。故人之见色而生淫者，亦谓之“饧人”，言其同流合污不振立也。荡，摇动也，如云之泊太空，萍之泛江海，无定向也。故人之浪游不经者，亦谓之“荡子”，言其妄行好动无张主也。夫谓之曰“饧”则直得其容，谓之曰“荡”则真得其意，而谓之物则鄙而贱之之辞，实兼二子之说也然。是物也，予日见之，故真知之，谁谓是说之不当者？

代人贺郑秀才序（两篇，外一篇）

郑子始十一二，其亲西泉等十数辈，率之及余家请曰：“之子甚聪慧，吾咸望其成也，惟先生教之，实幸！”余既重其亲之请，且喜其恂恂然，遂与之游者七八年矣。其志亦不甚惰，其业亦不甚荒。今岁春幸即入学，颇喜余不负西泉辈之请，亦喜郑子不负西泉辈之望也。而西泉辈复相与过余，乞余言以为郑子贺。余曰：“士之职分，固不止此，此不足以辱列位。且余长乎一日，教之则其常也，夫岂能为贺语？”已而请之益坚，余乃呼郑子而告之曰：“子识西泉辈之心乎？非有求于子，非有畏于子也。所以惓惓而致意于子者，其居则近，其势则亲，其心则爱子之谨而乐子之成也。夫权官显宦，天下岂少？往往取怨于其乡，实君子鄙之。吾复喜子之宜于乡也，子将何以答其爱乎？嗟乎，君子见人之爱己则益谨，小人见人之爱己则益肆。谨则足以保其爱，肆则适以致其侮。子其勉之。”郑子于是避席而谢，执礼愈恭。而西泉辈亦皆欢然，咸愿郑子之大就也。

又

郑子作秀才，乡人贺之者数百，而方石子与焉。酒半有揖郑子者曰：“郑子既作秀才矣，吾愿其刻苦读书，自此作举人作进士，皆如作秀才之易。”有揖其父者曰：“尔子已光尔门矣，他日更作显官，且有财以养尔也，实尔之福。”有揖其兄者曰：“尔弟既复其身，又免尔役，今后谁不敬尔弟，又谁不敬尔？”又有相语者曰：“郑氏善良者几世，尝见侵于横强，今官府且敬爱矣，其何横强之惧？”又有醉而攘臂者曰：“我与郑子最亲且厚，他日必能扶我于官。”方石子闻而大笑，因而告郑子曰：“语子者爱子者也，语子父望子者也，其语子兄则敬子，其相语则幸子，攘臂则赖子也。为吾子者，将领其爱、副其望、答其敬、且快意于其幸、肆志于其赖耶否耶？吾闻：君子强学而励行，乐善而循礼。读书则子业也，其爱固当领之。养亲敬兄则子职也，其望其敬，固当副之答之。若夫善良实吾之厚德，恬退实吾之善行，其无于所幸而快意，于所赖而肆志也哉。”郑子曰：“惟教是听。”遂与一醉而散。

（外一篇） 贺孙秀才序

孙生入学后，服士巾服，遍谒其族之长幼。族人大以为荣，欲贺焉，而且以告方石子。方石子曰：“此细事也，何足以荣孙生，又何以为孙生贺？不见耕与贾乎？耕数亩而获百斛，运数金而获十金，信可喜也。耕百亩而获百斛，运百金而获十金，斯不足喜也已。况耕千亩运千金，而所获亦止此，又何喜之有？夫读书之获功名，与耕之获谷贾之获利一也。孙生之入学也，如获十金百斛者然。尔遽以为可贺，不知孙生乃千亩之农、千金之贾，此特微有所获也。微有所获而遽贺，他如大有所获，而举乡试，复中会试，吾人将如之何？然此果不足贺耶？终无以致吾庆幸之私。曰必欲贺焉，又岂无辞？国家用人，专任科目，科目之外，未有自他途以进者。而入学则科目之途也，一失是途，虽经世之学，绝代之识，亦无以自用于天下。既入学矣，由此而举乡试中会试，以大试其学于当世，又谁能御之？是则可贺也已。”族人喜曰：“吾所见者，信目前之小荣，子所言者，诚他日之大幸。姑书之，吾日望之。”于是相与具礼而往。

贺马莲池省祭序（两篇）

世俗之论贫富不下十数，吾取其近理者盖有三。夫三者何？曰善恶，曰风土，曰勤惰奢俭也。何言乎？吾尝听诸市矣，有曰某氏祖有功，宗有德，其泽深，其惠远，故其后多富昌；某氏奸险邪佞，刻薄残忍，故其后多寒微。则善恶之谓也。有曰某地风气凝聚，水土厚深，故人富且久；某地风气涣散，水土薄恶，故人贫以速。则风土之谓也。有曰某也敏于经营，慎其费出，故其家已成；某也盘乐而不经，滥费而无节，故其产已破。则勤惰奢俭之谓也。夫世俗之论固若此。观乎我邑，岂祖先之未善耶，风土之不美耶，抑人之惰而奢耶？何其贫者众而富者鲜，贫之速者为尤众，富而久者为尤鲜耶？独马氏之富最久，及莲池而复倍于其旧。是其先人之善信与人殊，风土亦与人殊耶？故余谓莲池之富，勤俭之力居多。然则先人之善不足恃，风土之美不可必，所当自力者，惟有勤与俭耳。或曰莲池以援例获省祭矣，行将用于国家，有治民之责也，可守此而不知变耶？予曰：何为而不可？传曰：敏则有功，勤也；节用爱人，俭也。夫岂无益于政？予方以此为莲池羡。而索文以贺莲池者，复其伙计也，则此勤此俭固其所通用，固其所当服膺者也。吾何厌夫谆谆？

又

马莲池我邑大族，故西野君子也。少业儒且欲大就。西野即厌世矣，凡百家务，丛责一身，不得遂其初志。乃以读书责其二弟，自援例以复其身，非获已也。予久在东村，有客自城来，曰："莲池省祭归矣，我辈欲贺焉而未有辞也，奈何？"予曰："夫岂无辞，试言尔之意，而吾为书之。"客曰："我邑富室何限，终其身者十五，及其子者十三，及其孙者十才一耳。马氏富数世矣，及我莲池，方在孤幼，不数年而家产已三倍于旧，今复乃尔，先人大有光矣。"予曰："此其守家之善也。"又曰："我辈暖莲池之衣、饱莲池之食也久矣，今复乃尔，我之依倚宁有既耶？"予曰："莲池其厚于故旧矣。"又曰："乡人莫不惜莲池之才，而莫不欲莲池之贵，而今乃尔，乡之瞻仰不少遂耶？"予曰："莲池其宜于乡曲矣。夫善于守家，厚于故旧，宜于乡曲，所谓为己顺而祥，为人爱而公也。他日用于国家，以守家者而守职，以厚故旧者而厚士夫，以宜乡曲者而宜黎庶，又岂不裕如耶？此足以为莲池贺矣。"于是书以归之。

贺胡西泉义勇官序

西泉膺义勇官，余因贺者而告之曰：西泉君毋以是为不足荣，毋以是为不足虑。不见庶民乎？天下之至卑且贱者，然称为良民，亦足以为荣。能尽民事，亦不谓之易，况官职乎？盖名位虽有乎贵贱，而荣辱每系于称否。无愧于名，良民之号足以荣子孙；名焉不称，卿辅之位适以辱宗祖。西泉亦知此耶？且人固有欺世盗名者矣，君子谓之无耻。夫沐猴而冠之，彩绣以衣之，又美名以加之，则亦奚不可者？惟其本非人也，是以小儿亦不可欺。我邑之类此者可二三数耶？又有无知好名者矣，余尝譬之瞽者，亦知嗜佳果与美肉，及入筵也，则惟身之所近手之所扪者饮然尽之，而佳果美肉乃置之一无所动，不又甚可笑耶？好名而行背焉。何以异此？诚不若安常之为愈矣。今有人焉，才庸而行恶，而人略不之齿，一旦而膺某官，妇人小子亦笑骂之矣，又何乐夫取笑骂哉？今之被笑骂者，天下皆是也。幸而有美才如西泉，膺义勇官，其无愧于名而免笑骂也，诚为可贺。但余不能为赞颂语贺之者，又最所厚如某等，乃尔云云。

贺高刑曹序

韩昌黎之杂说，有所谓云龙者，余读之久矣，及今然后知其立说之广，不独谓国之君与臣也。大而卿相，次而方伯，远而府州县之长官，微而闾阎之家长，凡势之足以率人者，皆龙也。其部属、其下僚、其掾吏、其奴仆，凡职之在于事人者，皆云也。惟贤且才者，居率人之势，则事我者皆贤且盛。犹龙之灵，而云之兴也勃焉。不然，则云之散也忽焉，而龙亦失其灵矣。我邑之长官，素多贪酷而不恤其下；其为民者，且多刁风而好讼其上。以故为吏者日以凋散，而长官亦失其势，殆若蛇然。何幸我卢侯来长是邑，既贤且才，而六房若高子，即首出而事之。昌黎之言，至今其益验。云龙之盛，至今始见矣，不亦甚可贺耶？虽然，龙之嘘气成云，高子，卢侯之所嘘也，其无忘卢侯之德。又曰，云者，龙之所凭依，又愿高子之善厥周旋，使卢侯得以神其灵焉，则高子亦灵矣。

祭马西野文

嗟乎，西野岂不复见矣乎？西野少时，即怀高洁，不比于小人。前十数年，人尚朴实，俗尚淳笃，故西野之操，不见落落，而相与往复者甚众。其后俗益薄恶，人益欺诈，西野之迹始不出郭，而得时见者，朋友亲旧尚数十人。近而朋友亲旧又或有凉德者，西野始不逾阈三年矣，然而我辈尚或月一见焉以慰渴望。岂意浩然长逝一至于此？方其不出郭，不逾阈，君子而常避乎小人，高怀而徒生乎季世，我辈已为之悲焉。况今若此，当何以为情耶？嗟乎，西野果命耶？抑厌世之无可与，而避诸幽冥耶？为命耶，西野其安之矣。如厌世之无可与，吾闻幽明一理，焉知幽之鬼神，尽异于今之士夫，足慰西野之意耶？呜呼，立心如西野，制行如西野，使其得用于世，本诸疾恶之心，发其不平之气，将使豺狼屏迹，复有作奸肆虐者乎？意者天其夺我西野以逐幽冥之奸邪，亦未可知也。于西野而夺之速，慕义者咸痛惜焉，况我素蒙其爱者乎？呜呼，履西野之门庭，睹西野之孤幼，想西野之声容，念西野之遗命。徒陈鼎俎，空列壶觞，我何人斯，而不一泣？

祭马西野墓文

呜呼，西野尚有知耶？尚知我辈为某人？尚知我辈之来为吊尔耶？呜呼，自尔之葬，已岁余矣，我辈之迹，未尝一及于尔之墓，实为寡情。尔之魂亦未尝一接于我之梦寐，亦独何欤？抑尔之性鲠直犹生，高杜门之操不妄出耶？呜呼，生死虽成两途，幽冥尚期一心。我辈有过，人不及知者，正欲尔之识诸幽而教诸梦寐。尔之令嗣少有不经，我辈亦当竭其愚诚。尔之长嗣肖矣，保尔家矣。孔才笃实，亦不失其恭谨。孔作稍有乖方，颇致人言，今将谆谆语之，其从不从，是在孔作，又在尔之启诸九泉。呜呼西野，尔其听之。

代人祭崔九皋父文

人生莫如寿，公之生乃八十有一年；寿者难于富，公之富乃阡陇而相连；富者难于子，公之子复瓜瓞乎绵绵；子而难于肖，公之子且科甲而源源。人无五福，公得万全。虽未膺乎爵禄，已独乐夫田园。何厌世之速兮？竟莫之能留矣。凡识公之面者，谁不为之凄然。呜呼公兮，仆尚何言？当今之世，似公者难。庶可以驰神于八极，亦可以瞑目于九泉。荐我肴兮豆间，奠我酒兮樽前。睹公魂兮杳杳，出我涕兮涟涟。殆不殊夫风木，几无异夫终天。

祭顾夫人王氏文

几九十兮寿已长，抚孙子兮愿已偿。处尘世兮厌炎凉，复云汉兮何轻扬。不再睹兮慈祥，不再睹兮温良。几度兮羹墙，一尊兮酒浆，庶来享兮洋洋。

代人祭赵乌川文

呜呼，我君已不可起，我辈其谁从乎？邑人盖亦众矣，我君其谁同乎？其谁同君耳之聪君目之明乎，其谁同君之性之良君量之弘乎？甘贫贱而不仕，何羡夫相之贵将之雄乎；乐田园以自给，何羡夫财之富锦之荣乎？闻君之逝，道路莫不凄然，何况夫君之戚君之朋乎；我辈之来，院宇为之惨然，复见君之语君之容乎？尚能举我之觞知此酒之浓乎，尚能临我之俎知此肉之崇乎？我泪我情，其何穷乎！

代人祭王九老人文

呜呼，凡百有生，孰不欲富？寒饿流离，或啼号于道路；凡百有生，孰不欲逸？匍匐匆忙，或形悴而神疲。况富而未必寿，逸而未必久，乃嗣乃裔，未必于我乎世守。惟我公也，七十有九，已独享乎永年，高轩巨室，又若彼其云连，且承之者肖，创之者贤，谈笑从容，俯仰于其两间。呜呼公兮，不可见也。一尊酒兮，为公奠也。幸顾我兮，或无厌也。

论毛遂

君子之所养者深而所持者重，必不肯轻举而妄动。小人之立心也诡而临事也靡，又不能犯难而勇敢。然则何以论遂？愚谓之小人而小有才者。小有才而不得遂，故敢为大言以自荐；小人而幸于一逞，故遽以微劳而自矜。遂于是乎不足言矣。奈人不知此，或谓其志于为国，或谓其足以济事。果为国耶济事耶？非予之所知也。何者？为国者不顾身，其荣其辱其死其生悉所不计，必不悻悻于一胜而取名；济事者贵万全，一隅之得，一事之利，皆所不屑，必不矫强于一时而遗患。若毛遂者，果不计身之荣辱死生而处事之万全无弊者乎？盖其心不过汲汲于功名，而以不过人为耻。向使待之已如十九人焉，则亦十九人耳，固必不为脱颖之语，亦未必有按剑之事。惟不得与十九者比，始奋而自荐，荐而必欲实其言也。故按剑而历阶，岂遂之素志也哉？其志在于服十九人也。故歃血且未已也，而碌碌之言，遽形诸口而不容已。为国之心，又安在哉？且战国之君皆无甚相过者，不过籍甲兵之强弱以为胜负。而六国之势，又无可抗秦者，不过赖邻国之援否以为存亡。当是时，固不当责遂以南面而制秦，稍知时势者处之，亦知邻国之心不可失也。奈何一见楚王，又为“王之命悬于遂手”等语耶？夫求救于人而以此对之，是迫之也，焉有迫人而可以救我者乎？吾知从虽合矣，楚王之心，必不自堪。方且幸赵亡而死及遂矣，肯用力于救耶？是故信陵不夺晋鄙军，赵之存亡未可知也。济事之功，又安在哉？或曰说大人则藐之，况王已叱遂乎？愚谓孟子所谓，说之云耳，曾有求救于人而亦藐之之语耶？纵王叱遂，实遂之率尔致之。岂有以邻国臣子之从者，而可奋武于王者之庭以与之为敌耶？故卒使赵楚绝好，遂致之也。不是之虑，且谓人为因人成事，其颜盖亦厚矣。然则为遂计者，当如之何？曰其不知己也，即当去之，不宜食于门下，待临事而又自荐也。其至楚也，但告之以唇齿之义而动之以忠诚之心，楚王未必不从，不宜要一时之功以启隙也。其合从也，但自处以不伐，众人方且自愧，又不宜恃功以病人也。夫始而不明进退之义，继而不知深远之图，终而又无弘大之量，自始至终，无一可者，固曰小人而小有才者也。虽然，遂不足责也，遂，战国之豪侠徒尔，使其得闻君子之道，未必无可取，尚有宿儒君子而亦失之遂者？

竹头木屑

陶侃籍竹头木屑，史称其为综理微密，或赞其为砥柱中流是也。夫授我以重任，则一方之事咸集于我，而一方之费咸赖于我。事集于我而不知勤，将必有废事之忧。费赖于我而不知俭，将必有竭财之患。况清谈废事，实晋室之通弊。视金玉如粪壤者众矣，尚谁惜夫竹头木屑也哉？然君子曰：务其大者为大人，务其小者为小人。苟无害吾事，虽鸣琴而治不为惰，苟无害吾财，虽优恤下民不为奢。况于竹头木屑之微，而屑屑于蓄积也哉？或曰天下无弃物，虽竹头木屑，当委之道途欤？余曰：固可以代薪也，以之赐工人可也，以之自薪而省民费可也。又不然，尝会雪矣，以之赐寒民可也。况令人籍之矣，又令人掌之矣，亦既劳矣，究其所用，则曰布地而已。亦何贵夫费籍掌之劳以布雪湿之地也哉？

如老亭记

隆庆二年，始植柳于西崖之下，幸而生者三十有三。越二年，削其繁弱，断之以尺，复种于北圃之南。又二年，不意其大于臂高于屋矣。及是年春，欲亭于其下，乃艰于役而歉于食，小子在傍，且悯其饥而弱也，戏而遣之，又不意其能负壤于圃之西，抱石于途之北，以代吾之劳也。

四月之初，亭既成矣，方箕踞于其内，而小子欢跃，众树婆娑，若慰吾之劳而庆吾之成者。乃兴乃笑，乃歌乃谣，野人何幸而又得此乐耶？虽然，此柳之始，巨者甫如指，而细者甫如簪。吾子之生，弱者已十年，而长者已十二。如簪如指之柳，已至丛林，十二十年之子，已共劳役，独种树与生子者得无老乎？夫老不足惜，老于其地者，必精于其业。故老于庙廊，必精于谟猷；老于边陲，必精于行阵；老于江湖市井，必精于商贾；老于书窗翰院，必精于章句。身亲之于起居、耳接之于昼夜、目遇之于朝夕故也。吾所老之地在田园，则所精之业在农圃，耳接目遇而身亲之，欲不精此，得乎？然农圃之老，孔子且谓其不如矣，而吾敢谓遽如之乎？信不如矣。吾年甫四十，而已数年于此，更假数年，不精于吾之业，不无愧于老斯地乎？不可以称于人曰真老农真老圃乎？又岂特如之已乎？姑名吾亭曰“如老”，盖以冀吾之有所精，且以愧夫老其地不精其业者。

欲上隆庆皇帝

上言为振起士风事。

国家用人，每欲其忠诚而恐其欺诈，每爱其正直而恶其谀谄，每取其气节而弃其卑污。然所以培养其忠诚，鼓舞其正直，作兴其气节，实在朝廷。奈何今之取士，于进身之始，即导之为欺诈；于习学之先，即教之为谀谄；于考试之日，即使之为卑污。此所以忠臣义士不多见于天地间也。

夫草茅之士，不避寒暑，不舍昼夜，劳心于世故，而焦思乎简编，几年几月，始成文理，苟有一得，正欲假科第以达之九重。今也取士则以墨卷，进上则以程文，假托姓名，虚借文字。上之所睹，与士之所作，一语略不相干。上下蒙蔽，一至于此。遂使有志之士，大阻其陈悃之念也。非于进身之始，即导之为欺诈乎？

科第之设，非徒假之为取士之虚文，正欲一闻正言，以匡政治之不逮也。今之主考试者，出题惟尚逢迎，凡圣贤之格言正论近于规正时世者，一字亦不敢及。遂使天下之教子弟者，类取谄谀之语以为拟题。而为弟子者，间有稍出流俗一出规正之语，则师长责之以为乖方，同列目之以为狂妄。是幼学之所见所闻，悉非正人、悉无正语也。非于习学之先，即教之为谀谄乎？

古之于士，聘之以车马，加之以圭璧，犹有不肯至者，至卑辞以求之，枉身以见之，所以人知自重，而端方廉节之士，出乎其间。今之专任科目，已非古道。况进场之日，恐其怀携，乃使之散发跣足，与有罪同。是犹欲娶烈女，既欲其私奔，而复使之洗妆出饰也。所谓死不绝缨之士，肯弃巾履以希进取而若此乎？

夫恐其欺诈，恶其谀谄，弃其卑污，欺诈谀谄卑污之徒，犹遍天下。况导之教之使之，将何以为世哉？堂堂圣朝，相率为此大诬，乃相安焉，曾无一人言之者，虽草野刍荛之内不才若基者，尚望之以为非，焉知世无高蹈之士以此为愧，深藏而不出者乎？基为此言久矣，贱且贫不能自达京师，今闻□□□□践位之初，即求直言，大革弊政，今之弊政，岂大于此？伏乞革去乡会程文，禁其谄谀拟题，且复士之巾履而加之以礼，庶忠诚正直节义之士可接踵而至也。

果斋铭

胡君公勉，号敬斋，与先哲同，然性疑而少断，一日因予讥其不果，乃毅然曰："何不号吾'果斋'？以救吾偏，以励吾志，且以避夫先哲。"予遂为铭曰：

为阳必刚，为刚必明，必刚必明，闻斯可行。为阴必柔，为柔必暗，曰柔与暗，当断不断。吾缩吾往，勇哉大哉，不变不倚，强哉矫哉。义直干固，吾果之质，发强刚毅，吾果之极。月皎霜白，风驰日烈，山高水深，冰寒火热。贲育无勇，良平失智，吾果之极，能回天地。白刃可蹈，爵禄可逃，重于太山，轻于鸿毛。能决大疑，能排大难，能除大奸，能平大乱。片言折狱，永无宿诺，从政何有，乃由之果。长于知言，养于集义，塞乎天地，孟轲之气。为子必孝，为臣必忠，挺挺大节，为果之功。微生乞醯，申枨多欲，匪直匪刚，胡能永誉？如犹登木，如狐履冰，一事不遂，一业不精。刻印削印，又兴汉国，无可不可，又称圣德。长傲遂非，反果之过，忍心害理，反果之错。果于用世，谁云志坚，果于忘世，诚为性偏。无固无我，无意无必，当行则行，当已则已。不善当疑，为善当果，果斋疑斋，知我罪我。

崔县丞朝觐序

万历四年秋，崔公始以佐尹至博兴。不月余，县侯以忧去，公乃掌县事。又月余则治装入觐矣。夫觐，所以述职也。公之视政惟月余，月余已前，皆县侯主之。则是行也，实代县侯。然县侯之历是邑者，林侯以上年去，陈侯以是秋去，皆厚质君子，而颇驰于法，以故多有废事。而我邑之民，累灾于水旱，渐至于逋逃，且愈困而愈不法。夫承弊政之后，而当民困之秋，虽有善者，期月难保其可，三年未必其成也。公以月余之政，乃能明号令、剔奸残，数年之弊政，斩然一新，而一邑之废事渐尔兴举。为我公者，盖亦难矣。故邑之士庶，于公之视政也，皆惜其来之迟，于公之入觐也，皆祝其还之速。公其行乎哉，当有念公之苦心者，抑当有旌公之善政者。

与胡改甫书

改甫胡子入学，吾固知其贺者众矣。不知世俗则以为贺，而君子则以为忧。噫，迂叟何为出此言耶？迂叟久于畎亩，农事固其职也。然耘数亩田矣，体不勤而田已治。后耘十数亩，则无暇日矣。今至数十亩，则劳已甚矣。若复至百亩焉，将竭吾筋力而田且荒矣。是故田愈多而劳愈甚，责愈大而忧愈深。改甫前日之责，非入学耶？即我之数亩也。而今而后，乡试难于小试，会试难于乡试，而宦途又难于会试，我之十数亩、数十亩、百余亩相继至矣，吾子得以暇逸乎哉？故曰有终身之忧也。若安于世俗之见，以此自足，而不知其忧，则亦世俗人矣。我诚迂诚迂。

贺刘礼房序

势之所在，众必附之，利之所在，众必趋之。微其势，失其利，必疏之远之，又从而鄙贱之，若恐其浼己者。天下皆是也。姑以庆贺一事言之，其能致人之贺者，可不问而知其为高位，可不问而知其为富家。且未必其有大事也，一事微有可喜，则嚣嚣然喧动于闾里也。又未必其皆亲故也，虽其素不相识，亦悻悻然趋走乎远近也。凡若此者，藉其势，利其有，有所求也。又未必皆求之有所得也，纵求之而无所得，其可求者尚在也。故宁蜂屯蚁聚，甘心仆仆于其门而不知耻。若夫不能致人之贺者，亦可不问而知其为下位，知其为寒族也。且未必其皆小故也，未必其皆疏远也，未必求之无所得也。虽大有可庆，而邻里若无闻者。虽其素所亲，而远近若无知者。虽往返而有所得，知其无以继也。竟寂焉漠焉，至相遇而不肯致一揖，相注而不肯致一语者，其常也。亦有高位富家，事可贺而莫之贺及贺之鲜者，必其不近人情而为众所恶者。有下位寒族，微可贺而贺且众者，必其才德出众而为众所悦者。则异也，不可以常情也。刘子少从学于凤崖将十余年，学已成矣，而竟不得志，乃承父命，吏于礼房。非势与利之所在也，不惟邑人多贺之，乃师凤崖及师辈松野、杏园，而犹欲一贺者，岂附之耶？趋之耶？有所求耶？盖爱其德惜其才耳。为刘子者，果能益修其德，大就其才，他日一登宦途，则上下皆惜之爱之且敬之矣，不将有大可贺者耶？刘子其勉之。

贺韩社首序

天下，权而已矣。权有所归，则百僚之众统于一相，百万之卒统于一将。方其为将相也，可以呼，可以叱，可以赏，可以罚，可以生，可以死。惟所欲为而人莫敢谁何者，权所在也。相解其印，将夺其符，则亦人焉耳矣。虽学如孔孟，而富如陶猗，勇如奔育，而智如良平，揖人人亦揖之，侮人人亦侮之，求其呼叱人也不可得，况可以赏罚生死人与？是故无权而欲如有权，施诸一人且不可，况数人、数十人、数百人？施于一日且不可，况数月、数年、数十年哉？若夫南溪韩君，则大有可异矣。问其人则白衣也，问其家则贫氓也，无学无勇无智术也。其为香社首也，所率四百余众，又皆乡曲亲故所与齐肩者。进退指示，惟任其意，曾无一人有异志，亦无一人有异辞者，且将四十余年而终始如一日焉。今夫受天子明命为州县尹，不一二年往往以被讼落，虽贤守长亦未有若此其久而不变者，韩君果何修而致此耶？社友高继宗等欲为文以贺之，予始得以叩其详。盖韩君惟诚也、公也、兼有才也。夫诚则足以感人，公则足以服人，而才又足以率人。宜其所率如彼其众，而率众如彼其人也。君子不没人之善，予故表而出之，庶有权者见之，反而思之，将必有汗颜者。

代人祭徐氏母

气原坤顺，祥分岳光。其来也疑由于云汉，其归也岂念乎帝裳？其存也已怡颜于百顺，其没也将瞑目而永康。想其善相乎夫子，大孝于姑嫜。处众也姻睦，教子也义方。所谓其本固者其枝扬，其源深者其流长。宜尔后嗣绵绵乎蕃衍，宜尔赀产赫赫以隆昌。宜尔称誉昭昭乎闾里，宜尔冠裳济济于邑庠。宜尔福兮无际，宜尔寿兮无疆。何一厌夫尘世，而遽返乎穹苍？不再睹兮端庄，不再睹兮温良。不再睹兮淑静，不再睹兮慈祥。空想象兮羹墙，空杳霭兮幡幢。空荐设乎俎豆，空罗列夫壶觞。荔丹兮椒姜，桂酒兮兰浆。一拜兮泪下，一奠兮心伤。或不厌于冥冥，庶来享兮洋洋。

上巳檄文

节序潜催，烟景忽临三月；英雄易老，风流又减十年。喜云淡以风轻，爱千红而万紫。正可随花傍柳，何妨拾翠踏青。浴沂点也，彼独何人；修禊羲之，是诚在我。欲续游于水畔，须早会于桥边。吹洞箫以泛羽觞，坐鸥沙而眠犊草。濯足濯缨，任优游而竟日；携肴携酒，量有无以随时。速赴佳期，庶称同志。聊驰短檄，莫托空言。

祭马默斋文

呜呼维灵，有学有德。德可正俗，学堪匡国。竟老于家，天乎莫测。虽不得志，谈笑优游。冲然澹然，不怨不尤，不骄不矜，不怍不愧。众口嚣嚣，捧觞默默。春风满门，灿其桃李，何所依归，先生莫起。嗟予小子，今托晚眷，涕泪交流，莫知所奠。

井西亭铭

此亭在葛洪丹井西耶？非也，方石老圃之所栖也。方石平昔为井非一，学书学剑学琴学诗而及泉者惟此，故悦之筑室。夫江湖怀抱，流水行踪，家以四海，何区区乎井西井东？虽偶取乎仲子之食，将贻笑为子阳之宫。噫，凿井而饮，皇民皞皞；不饮常流，廉夫矫矫。坐而观天，所见虽少；汲而灌园，所获则饱。我畦可治，我木可风，我蔬可茹，我水可烹。饭蔬饮水，箪瓢屡空，其乐不改，为吾儒宗。记吾行年，五十有四，逝水难回，老之将至。喜源源于天伦，莫井井乎世事。覆之用轮，诚莫比于老彭；眠于水底，敢自附于四明。笑焉歌焉，计于此焉将终；信焉宿焉，何独爱夫长松山中？

贺王义庵八十四序

义庵王公八十四岁，野海、小泉、小斋、继庵诸君，咸欲贺之而谋于余。余曰："若此公者，真可贺哉。夫六十以上，皆可以寿称，至七十则以为稀，今加十有四年，则益稀也。况寿者未必康，未必富，未必有后，未必有德。故朝呻夕吟、残喘苟延者无以乐其寿，朝不谋夕、室如悬磬者无以养其寿，形影相吊、孑然独立者无以逸其寿，忘廉昧耻、行节不检者无以光其寿，是皆徒寿者也。惟此公也，容颜精力，饮食笑语，不减少年。赀利宅第，车马僮仆，望于一县。得秋亭以为子，则经营差役，百事无复累其心。秉谦和以为性，则乡党邻里，四方无不化其善。夫无恙以保其身，有财以养其老，有子以继其志，有德以孚于人，是四难也。以益稀之年，兼四难之事，屈指于我邑，接耳于邻县，如此公者复几人哉？是独得造化之良，夺山川之秀，实为我邑增色。其贺之也，余且以为晚矣。"野海诸君曰："诚若此，盍遂书之以为此公贺？"余重诸君之请，复异此公之寿，于是乎书。

代人祭徐凤台文

呜呼徐兄，不复起耶？自与兄别，时宁几耶？忽尔长终，天道僻耶？我泪我怀，其何已耶？想兄音容，念兄平日。孝于亲帏，友于兄弟。执信守谦，轻财重义。遇人之急，倾囊救济。与人一诺，必竭心力。自兄往矣，其谁能继？兄之令嗣，足为国器。耸壑昂霄，兄不目历。讣音所至，道路悲伤。在兄爱下，得无断肠。昔我先兄，与兄最善，先兄老疾，兄实壮健。先兄逝时，蒙兄赐奠，岂意瞬息，兄不复见。昔我拜兄，并马山途。昔兄顾我，载酒莲湖。以言以笑，载欢载娱。陈迹茫茫，尚忍言乎？我肴载豆，我酒盈壶。哀辞致奠，知兄听无？

贺盐司户曹李成林序

成林素为博邑望族，业儒十数年矣，每试连不得志于有司。尝自言曰：

“我先祖先君，皆游宦于外，诸兄亦列搢绅，我固不能碌碌无闻于世。然丈夫立身，不但一途，何用区区寻章摘句为哉？当自他途以进。要之不忝先人，不愧诸兄，有用于国，有济于时，斯已矣。”既而乙酉之秋，上官征掾于县，首得成林，悦其才也，遂以补盐司户曹，成林亦乐为之用。余任嵩者，素与成林独厚，乃喜而告余曰：“成林之志遂矣，将必有大用矣，是可以无贺耶？今将具礼约众以往，不知可序乎否？”余曰：“成林之才，已可敬矣。成林之志，又可嘉焉。观其欲不忝先人，孝也。欲有用于国，忠也。惟孝惟忠，他日当有大用，又可以掾格拘耶？是则可书，是则可贺也矣，余故乐是举也。”援笔以序之。

答王方斋书

基本田家子，少不揣分，且不安时，学书废业，肆口于诗词，纵情于山水，吟即忘倦，游即忘返，嗜酒放歌，不知有世事也。其后气日衰，心日息，索居村落，已十数年，惟知农作而已，未尝有所干谒。今以衰朽之躯，值兹旱荒之岁，力救饥寒，劳空皮骨，而诗书翰墨置如云外物矣。前蒙华翰下询，既惊且惭，深负樵云之过奖，益感执事之谦光。及拜瞻之际，复遇之以优理，接之以清谈，恍如入清虚之府而聆天真之玉屑。告别以来，未尝不梦驰乎左右也。佩怀雅爱，忽值新年，谨修鄙联，用伸谢□，诚不足用也，不可博一笑乎？

与张龙田书

“步出城东门，遥望江南路。前日风雪中，故人从此去。”童时诵此，视为漫常，初不知其工也。昨别龙田，此诗若自己出，始知去客恝然，而主者不能为情也。夫风雪岂可行时耶？况日已暮矣，复拉一老翁一孺子，耳无暖具，腹无饱食，而冲寒夜行若此。岂罪予负所托耶？鄙仆行检簿耶？抑悯仆之贫无以款客耶？亦清介自持，不欲烦扰人耶？不知在途受寒何似，至家复在何时？因便驰词，以谢为讯，幸赐清诲，以慰鄙怀。

别家文

经营计拙，垂白首以何为？游览心存，睹青山而浩往。欲高追吾向子，将远觅彼卢敖。上高峰而发啸歌，俯长流以涤尘垢。顿遗世事，岂无人心？亲旧疏之，妻子怨之，尚可以在此乎？精力疲矣，业冤厚矣，殆莫知所终也。千载来归，固难期华表之鹤；一宵冻死，岂可效纥干之雀？策青杖以出门，既快天地浩浩；拨白云而回首，不堪尘海茫茫。

醉梦吟

《醉梦吟》序

野人不知为诗，每每醉后则放歌于林下，但以畅吾怀，以寄吾傲。任情率意，初不计其工不工也。然性嗜酒，有酒则无日而不醉，无醉而不歌。歌竟则已，又无交朋质其是非，其不录而遗忘者盖不知其几。兹岁之冬，酒少事暇，因检其稿之存者集而录之。非欲以示人也，一则警吾之遇此穷途不知生理而疏放若此，一则喜吾之三家村内野人有此狂兴而不滓于流俗也。但所以言酒者十居六七，又多粗拙僻谬，往往皆醉梦时语，甚有不自知者。因自笑曰：昔人有云“春城有佳句，我醉堕渺茫”[①]；又云“清吟杂梦寐，得句旋已忘”。此渺茫之所得而匪佳，旋忘之仅存而匪清者也，故名之为《醉梦吟》。呵呵……

万历二年仲冬之望后方石居者魏基书。

---

① 编者按：此句出自苏轼《和陶归园田居》（其二），苏诗原作“春江有佳句，我醉堕渺莽”。

魏休庵资料汇编

桧叙

〔清〕魏士桧

始祖讳懋，世居博兴城迤南滩子庄东路北，陵墓在在可考。缘兵火频仍，故土难支，六世祖讳邦佐雁行南迁新邑于此，名三家村，至吾犹未敢离逊也。吾生命蹇，甫十岁，家弟当襁保中，吾父即白云帝乡矣。父讳丕哲，字仲昭，入泮，曾冠军焉。吾从祖读书方六七载，洎大清康熙十六年，而吾祖不禄。吾祖讳蕃，字椒硕，康熙辛丑之岁进士也①。忆夫讲诵余闲，曾面吾而嘱之曰："汝亦闻六世祖为天外逸人者乎？"应曰："未。"吾祖乃略言之曰："吾曾祖字休庵，讳邦基，号方石，即偕长兄佐而卜居于此者也，生于明嘉靖年间，越隆庆、万历三朝，享寿八秩乃终。城中绅衿扶鸾书方知其为天外逸人，不在八公中，免受劫数，至今父老犹有能道之者。吾家麟经，其遗泽也。试秀才时，文竣，赘《黄莺》二首，以犯规落末等。后二千石并邑宰禀白文宗许复，吾曾祖不为首肯。抵家，衣素袍，扶青藜杖挂椰瓢一，更有钱七文贯其衣带上焉，其行装之异有如此。游江南，突入王孙队伍。少年不为礼，反诘其长。吾曾祖曰：'素善抚琴。'索担一条，怀中出冰弦理其上，山水清音从十指流出，宛如《南熏》奏焉。问其操，乃手制《赏春》也。座中旋北面事之，固留不止，乃瓢饮七八而去，群不解其自何方来者，其举动惊人为何如。迨七年旋里，面目更益清奇，而带间之钞则一胶执状矣。不数月，一老人鹤发童颜、倔强古怪、甲子不知，经纪万教焉。荷担一，竹箱二，问吾曾祖于巨卿马君。卿曰：'吾师也，天晚愿为东道主。'老人担不肯释肩，卿引之入，抵书斋，又前山湖石三，老人目曰：'石分吉凶，此在二者之间。'卿大敬礼之。翌晨即望吾村而西矣。卿具酒二器来就饮，见老人乃以竹箱为坐处也。吾曾祖命卿坐，卿

① 编者按：此处有误。查地方志，魏蕃为博兴顺治朝最后一位岁贡生，非进士。而所谓"康熙辛丑"，应为康熙登基的顺治十八年，岁在辛丑。此年正月初七日，顺治帝崩，新帝登基，改明年为康熙元年。

捧壶不敢进一言。只听老人曰：‘老休，自南海别，于兹七年。吾遵沧溟而北，下见白浪河向中华流渡急迅，不四十年中国变为夷狄，恐不免也。’卿闻之，时铭心头，果验。其所交之人何如人也，前知若此，吾曾祖不可知乎？老人去后仅数天，吾曾祖以无病仙逝。然后知吾曾祖前日之去，殆期会此老于南海，此老今日之来，则邀游吾曾祖于天上者耶？此则汝之所未闻，亦方之人所不知。至于晚归而感匪人、雪纷而题冰壶、林下而鼓瑶琴，固世家所素闻，又何能枚举也？当日足哉亭、如老亭、井西亭、菊哉亭俱在村西堐上，今金雀犹在焉。诗词累部，憾为邑侯陈赚去，所余亲笔须，亦自可想见其为人。倘吾曾祖以在天之责，燕翼孙子，禋祀绵亘，其勿忘尔祖今日之惓惓也。”嗟乎，吾以白头未字，裹足南堐，偶批《方石集》，因想吾祖当年教命，几斗心血，只余徒然，不禁泪数行下。遂叙太祖之履历如祖所告者，伏望后之达人君子，不吝如椽，赐之瑶编，吾太祖自传不朽，而吾祖曾亲承道范，或尔与有光云，故志之。

康熙四十一年壬午孟夏四月中浣不才魏氏士桧顿首拜叙于续足哉亭下。

（选自魏林涛主编《博兴文化大观·魏休庵卷》，第356～357页，线装书局2019年版）

魏士桧（生卒年不详），博兴人。顺治十八年岁贡生魏蕃之孙。

休庵魏先生神道碑记

〔清末民国〕曹俊丞

流可漱，石可枕，衡门泌水可栖游，古贤士肥遯高蹈，理乱不知，似与民胞物与之说大相悬殊。继思，有道则见，无道则隐，哲人之知几。生不逢黄农虞夏，而乐箕山颍水风，非果也，隐居以求志也。吾邑方石先生其庶几乎？先生氏魏，讳邦基，字休庵，方石其号。清如夷，和如惠，文章得韩柳之髓，诗词含陶白之音，而超逸潇洒殆又过之。生当明季，卜居邑东南今福旺庄原名三家村，结茅庐数椽，琴书自乐。以周情与孔思，而安点瑟颜瓢，朝无暮炊，泊如也。斯其人为何如者？方其脱青衿、着黄冠，为方外游，有识者早已心窃异之。至诚则灵，理有固然，故殁后三百年来，朝野士庶问医问卜乩占者纷焉。同志如李君善良辈，感其德，钦其风，佥欲泐石墓道以志景行。余恐其惑于神仙之说，而忘先生为真儒、为逸民也，故叙如右。至生平芳踪，略具墓表中，不复赘。

晚学曹俊丞敬叙。

晚学李景唐、刘冠军、郭梦经、李恒山、王西洲、卢之塄、李宗参、韩宜德、耿秉璋、赵殿魁、杨遇春、韩树椿、卞文则、李思行、李守田、张宗孟、高肇均、李思道、于江声、李思廉、高毓墉、李善良、赵东岱、李云中、韩以坤、李思信、刘允兴、李思周、傅公密、王亦荣、李东潞、高凤岐、张信之、李思禄、韩其昇、李濬林、朱梦周、李毓尉、于江溪、李文彬、王殿臣、李鹤俸、傅崇俭、朱道周、高乐三、李来田、李春田、于江清、李文法、李友三、纪康年、李洪瑞、李洪宾、高登三、王景尹、傅宝忠敬立。

（选自魏林涛主编《博兴文化大观·魏休庵卷》，第364～365页，线装书局2019年版）

曹俊丞（生卒年不详），又名向彦，博兴县兴福镇兴福村人。光绪三十一年（1904）甲辰科庠生。

李士田《东游日记》

（选自国家图书馆藏光绪铅印本）

李士田（1869—1931），字经畬，号梦梨，博兴县店子镇利城村人。光绪十九年癸巳科举人，二十年（1894）甲午恩科进士，授内阁中书，改任知县，历任直隶涞水、高邑、元氏等县知县，所至操履清约，颇有声誉。进入民国后，擢筒任职。其人精通日语，好读东洋史志杂书。光绪三十三年（1907）秋，奉命去日本考察新政事宜，次年著有《东游日记》。

弁言

愚素好读东西洋史志杂书，颇亦留心时事。于日本风土政治，粗知梗概，常以未得目睹为憾。去秋交卸唐山署篆，奉命东游，考察所及，汇为日记，虽不免拉杂仓猝之嫌，然凡事于其所以然之故，何者于我适，何者于我不适，未尝不为精神之所注，弗敢标榜敷衍、自欺欺人。归国后缮呈上台，而友人纷纷索观，猝无以应，因付诸排印，以博同人一噱云。

光绪戊申春二月，古青州李士田自识。

日记

九月十一日，在天津客寓，奉到督宪咨文，游历东洋，考察新政事宜。窃维政教国势既殊，人情习惯亦异，漫然崇效，弗究异同，时地既乖，利弊斯反，惟审时而量地，在取长以补短。第时期有限，调查难详，爰本素知探其精要，形式从略，实业工艺及地方自治靡注意焉。日本刷印局长有言："游历官不可徒矜外观，当察其国之性质精神若何。"旨哉斯言。

十五日，领到筹款局垫借川资银两。

十六日，往提学司填写愿书。

十七日，禀辞各上宪，暂候船只。

二十日，登招商局新裕轮船，同行为唐山县钟令灵、威县孙令家声。

二十一日，早五时开轮，八时过大沽口，岸上土丘巍然，询悉为炮台旧趾，惘然久之。方今四国之协约既成，大局之危险弥甚，而我门户洞开，若不扩张兵备，力筹抵御，将何所恃以自保乎？

二十二日，早五时开轮，午后四时至登州洋面。前有山不甚高，置灯塔其上，洋房一所，守者在焉。舷左一小山壁立，询知名"才山"。相距不远为驼鸡岛，延长十余里，中有六村，以渔为业。舷右为黑山岛，中有五村，多在外经商。相连为庙岛，船舶辄避风于此，中有三村，数岛若断若续，与旅顺相直。又前为长山岛，斜长约二三十里，南段断分为二，约半里许，有天生石道通焉，内有十八村。岛面甚大，能容多数兵轮，山如城垣，船经其下，距登州城三十余里，亦重要地也。闻日人前于山上测量，插标涂灰，岛民惶惧。此等处所，我国素不注意，一旦落外人之手，则足扼我海道，制我要害。先时不图，后争已晚，此亟当派员调查驻轮防守者也。

八时至烟台停轮，街市沿山面海，延长如抱，无城郭，繁盛亚于天津。

二十三日，早四时开轮，子正入黑水洋，船少簸动。

二十四日，舟过成山，此甲午之役，日人袭陷威海后路，潜师登岸处也。用兵者，有险要而不知守，空后路而不知备，拥重兵而不知援，能勿败乎？

登船面望胶州、青岛诸山，戏嘘不禁。胶澳失而山东危，铁路成而山东亡。胶济铁路，乃我山东之一大纪念物也。铁路所经，即矿产所在，不惮曲折以赴之，原约铁路两旁三十里，后改为一旁三十里焉。路又分南北二线，相去数百里，山东之路矿，一网尽矣。是东西之路，既直贯中心，南北之界，又如此广远，此外尚有余地，复以津镇铁路经纬之，尚有几片干净土，不在德人势力范围内耶？权力随铁路而行，阳予我土地之虚名，阴攫我土地上之实权实利。列强之阴谋，大抵如是，又不独一德人、一山东已也。

二十五日，至上海。

二十八日，九时登日本博爱丸邮船，午后一时开行。

十月初一日，早五时至长崎。该岛四面环山，景色韶秀。街市楼舍，规模颇小。往来多妇女，赤足曳木屐，负小儿于背。游劝工场，执役亦皆女子。或言日本女多于男五倍，殆言亦过欤？

日本产煤，以九州为最多。煤分三种，不及中英煤质之佳。从前多由长崎出口，今改由门司矣。明治三十六年输出价一千九百二十万元，输入中国八百四万元。以我国煤矿富饶，或弃利于地，或委利于人，反不能足本国之用，年费巨款以购日煤，亦可慨已。

初二日，早，至门司，对岸为马关，甲午中东订约处也。自此台湾割矣，而辽东之还，较割地尤甚。俄人迫还辽东，意非为我，乃我方酬以东清铁路权而东三省危，酬法以滇越铁路权而云南危，德人强占胶州湾，并予以胶济铁路权而山东复危。且由是而旅顺租，大连借，威海随之，九龙随之，广州湾等处随之。海疆要害，相继而失，大势遂以岌岌。海天回首，未尝不令人神往于马关订约时也。

初四日，至神户，繁盛过于长崎，站岗警察甚少。游太神祠庙，有刻石二，为甲午获定远旗舰之纪念物。小屋养一马，亦甲午战利品也，睹之怆然。

自长崎至神户，两岸皆山，山多土质，青草遍布，小树丛杂。冬间天气和暖，青翠依然，独饶秀色。惟山势平衍，绝无中国之奇峰峭壁磅礴突兀之观。日人小而秀，或亦地理使然欤?

初五日，开轮。神户至横滨航路为太平洋，风浪素大，行者多换乘火车，因欲觇其海道情形，仍乘船行。

初八日，至横滨。雨，验病如前。到税关验行李，倾筐倒箧，狼籍满地，烟酒之禁尤严。此埠规模与神户等，华商自聚一街，名“唐人街”。坐火车二刻至东京，住神田区中国集贤旅馆。

初九日，小病。

初十日，早，至公使馆呈递咨文，公使以事忙未见，晤文牍课长林君，呈单开考察各处，请给绍介书。

十一日，游日比谷公园。

十二日，游东明馆劝工场，场内皆本国制造品，既便购买，亦可借资比较，无一外货搀入。日本国中，外货甚少，民间所用，类皆土产，故财利只有吸入之路，无溢出之虞，兵家所谓“先立于不败之地”也。

十三日，游上野公园，观油画《日俄奉天激战图》。一圆亭初入甚暗，路转渐高亦渐明。凭栏一望，微雪在地。日本自南，俄兵自北，前敌数百人，相遇于小村之旁。两兵既接，士卒勇进，或枪击，或剑搏。气球腾空，炮弹炸地，倒者、扶者、仰者、卧者，死伤纵横，形状历历。凝目远望，大队络绎而来，辽阳城隐约见之。直觉身临战场，作壁上观，几忘其为亭为画为光已。

十四日，游南明馆劝工场。午后，留学青州同乡开欢迎会，勖以留学当先立志，以勤求学问为目的，不可为异说所惑。

十五日，订定翻译为中央大学山西留学生于君继文。

十六日，早，再谒公使，仍未见，课长付给绍介书。午后，游九段劝工场。日本劝工场，到处皆有，实则市廛，不须官府经理也。

十七日，夜二时，地震，楼房动摇殊甚，约五六分钟，日人谓之强震。日本多火山，地时震，帝国大学设地震学研究之。

十八日，全国放假，偕同乡观日本下议院。日本立宪，虽云三权分立，大权实统于天皇，下议院不过为立法预算之协赞而已，非真有实权也。且有事则上下两院合一，为帝国议会。故下院无偏重之权，两院无党争之弊，立法深妙，可以师矣。

十九日，星期，山东同乡开欢迎会。留学宗旨尚正，无排满革命之谈。

方今留东学界，党派纷如，彼此攻击，辄至用武。夫党祸足以亡国，中国历史，自古为昭，即今朝鲜之以党争而亡，法国以党争屠杀者七八十年，国基至今不固，其他西洋党争史，可覆按也。近日，学者以为无政党不足促国家之进化，公然以党为美名，此但耳食英美两大政党之利，而未尝深究其害也。夫必有英美之文明之政体，而后可有两大政党，又必有文明之两大政党，而后可促国家之进化。否则，无英美之文明而有其党，鲜不乱矣；无文明之两大政党，而有不文明之多数乱党，靡不倾矣。君子群而不党，合群斯美矣。党派胡为哉?

二十日，早，至神田区东京外国语学校，干事长尺秀三郎言，校系专门，中学卒业，即可入校，以养成外交及商业人才为目的，分英、法、露、西、清、韩、伊、德八国语言，三年卒业，经外务部试验，乃授以职官，不售，仍可再试。复有夜班二百余人，专为商人而设。房舍不加，经费不加，一校收两校之功，是可仿行者也。方今外交之重要，为全国安危成败所关，我国似宜设专门学校，养成折冲专对之才，谓非当务之急乎?

二十一日，至神田区共立女子职工学校，各教室分绘画、刺绣、造花、编物、裁缝等科，裁缝最居多数，分门实习。有高等小学二年程度可以入校，习一艺二年卒业，两艺三年。每年售出品二万余元，规模不大，经费无多，此日本学校之所以多也。

二十二日，早，至早稻田大学校。校为大隈伯创立，建铜像为纪念焉。分三部一科，曰大学部、专门部、高等师范部，曰高等豫科。其大学部设政治经济学科、法学科、文学科、商科，其专门部设政治经济科、法律科，其师范部设国语汉文科、历史地理科、法制经济科、英语科，而豫科亦同。附设实业学校及早稻田中学校，中学校卒业入豫科，或入专门部，豫科三年入大学部。为留学生专设师范及普通两科，普通卒业，可入专门。全校六千一百人，留学生八百十余人。教长青柳笃恒曾游中国，颇善华语，谓近来中国学界，极有进步，但总宜讲求实际，不可徒尚虚名。然则我国学堂之弊，外人殆洞若观火矣。夫华人之聪明才智，何尝不逮日人？乃日人事事求诸实，而我事事求诸虚，所以形式同而精神异。谕旨“尚实”一言，尚宜切实奉行也。

二十三日，雨竟日，未能参观。

二十四日，早，至神田区高等商业学校，以养成商业人才、商业教员为目的，即帝国大学之豫科。豫科一年，升入帝国大学，又有本科及专攻科。观商品陈列室，各国物品甚多，借资研究。所列华物，只龙洋二枚而已。

日本教育以实业为重，学校以专门为多，全国实业学校四百七十余所，亦云盛矣。其高等大学，学皆分科，无非专门。即小学中学，虽属普通，然有二三年之程度，即可入相当之实业专门学校，以成就其营业之技能。故日人以实业立国，皆专门学校之功也。我国似宜多设专门学校，注重实业，庶几学皆有用，实效可期乎。

二十五日，早，至成城学校。校分中学科及高等学科，中学五年卒业，入高等科一年，可入陆军为士官候补生，及海军学校并各官立学校。如不愿入高等科，则可入各高等商业工艺专门学校。留学生三年卒业，不得入陆军，别设振武学校以处之。此校为儿玉大将所创立，建铜像焉。每年经费三万五千元，大半取资于学费，如有不数，由国家酌量补助之。历观各教室，见物理教员试验磁石与铁吸合之理——案堆碎磁石，以一铁尺吸之，攒集如猬，及两铁尺相并吸之，反粘合甚少，未解其理。又理化教员试验蒸馏水器——先以细玻璃管，用火曲其两端，贯以木塞。甲端承以圆玻璃瓶，瓶注水三分之一，瓶下蒸以火油；乙端承以长玻璃瓶，瓶注水十分之七，有细螺管盘旋其中，瓶上截有小孔，入皮管斜向下，出水处也。长瓶外另有一球瓶，注水满，以细皮管与长瓶接，火热汽生，由管入长瓶，注螺管，汽气由水底翻上，至出水管，水亦随之而出，球瓶之水遂被吸，汩汩而来，则为纯净之水。

观理化标本室，矿石、动物、人兽骨壳甚备，益人智识。学生均兵式体操，极为齐整。代理校长年七十余，殷殷导观，时久不怠。伊言明日为校友会，为全校友谊上之联络。其国复有恳亲会，均学生之父兄来会，调查学生之勤惰、行为之善恶、学业能否进步、教授能否合法。所授之功课，教员必报告焉。其法颇善，州县宜仿行之。又有讲演会，专请名人演说学理。又有旅行会，教员率学生出外游历，参观调查，无非借资实验，增长学问，亦足取已。

二十六日，星期，游上野动物园。狮头尾如猫而毛短，麟高腿长颈，前足甚高，形状单瘦，与世俗所传古书所载不同，确否未敢知也。

二十七日，早，至富士见小学校。校分寻常、高等两级，全国小学皆然。寻常科四年卒业，此四年谓之国民义务年限。儿童七岁，均须入学。否则，町村长督促之，或罚其父母，所谓"强迫教育"也。高等小学卒业，或二年或三四年。如入中学，二年已足，不入，亦听之。校长导观各教室，言教员教授理科，一依实物实地为要，所谓"百闻不如一见"也。经费由区役所筹拨，学校并不过问，盖收区民之税而共立者也。每区一二校、三四校不等，视财力及人数为之。

二十八日，早，至本乡区女子高等师范学校。学分四科，曰理科、文科、学科、技艺科，其大纲也。附设高等女学校、寻常小学校及幼稚园。师范卒业，为高等及小学校教员，以尽义务。男子师范亦然。校为官立，规模齐整，按岁数之大小，学年之浅深，分室而教，绝无参差不齐之弊。管理教授，俱有精神。各学均实地练习，以养成实在技能为目的。观师范化学染织实习，各就长案，以玻璃瓶煮水验色，自来水、瓦斯①通以铁管，左宜右有。观化学实习，见以玻璃小圆器，敷以白质料，置瓦斯上烧之，上釉绘彩，全恃化学药料，鲜艳精工，非窑业所能及。唱歌音节悠扬，教师和以风琴，清逸可听。

日本学校，无不有击剑柔道一课，虽女学校亦然。日俄之战，往往以搏战获奇捷，其用伟矣。我国学校，并未注意此点。试以蹋球竞走与击剑拳战相较，有用与无用判然矣。同一活动筋脉、发达体育，与其以有用之气力，费诸无用之事，除蒙学外，似不如添设击技一课，以期有用，尚武之精神乃振。

二十九日，早，至本乡区第一高等学校。此校为帝国大学豫科，分三部，第一部为法科文科，第二部为工科理科农科，第三部为医科，每科各有细目。须精通一二外国语言，方能入校。职官分教务部、庶务部、寮务部，有校长、

---

① 原注：瓦斯为用甚广，别有烧制瓦斯图说。

教授、助教授、书记等职，规模颇宏大。余科仅流览大概而已。

午后，游靖国神社。日人于殉难诸臣及有名人物，多立石像铜像，以资后人之瞻仰，其影响于人心甚大。戏剧感人之易，亦以实有其人、实演其事故也。中国于古今忠良节义，遗像不传，后人徒想像于史乘记载、父老传闻之间，无由睹其英风骏采。乡曲士庶，不读其书，且并其人亦不知焉。何由动其观感之心，而作忠义之气？无惑乎迷信佛教土偶者之日多，而崇拜儒教圣贤者之日少也。然则建像表功，不胜于一碑一碣之为哉？

游国光馆。其陈列皆日本古代军器，及他国旧式枪炮刀矛之属。其最注意者，在中日之战、日俄之战所获之战利品。大而俄人之大炮鱼雷，小而华官之牌伞翎顶，以及破碎烟筒马鞍，无不陈列以为光荣。日人之战胜而骄，器小易盈，于此可见。所难者，在我华人之不自愧厉耳。

十一月初一日，早，至府立职工学校。校为公立，有高等小学二年程度，得以考验入校。分建筑部、机械部，附设实习工场，曰铸造，曰木型[①]，曰家具，曰锻冶，曰仕上[②]。括言之，铁工木工而已。校长言此校以工场实习为重、学校为轻。观造家木工室，均以人力为之。木型实习室，有锯木直机：锯条直挂如环，上转以轮，以木就机，弯曲随意。有锯木圆机：大径尺，旁转以轮，木辟甚速。有刮木机：两旁有轮，内有轴含两刃，另一轴推木使前，轮转刃及，高者平，平者光，然须二次方能平匀。

观仕上室，镟铁机为多，凡铸成之机轮铁管，均至此镟之使光，零件则以人力修饰之。总机关为十马力蒸汽机，机旁一室，煮水蒸汽，由铁管注于总机，机轮以皮带联于梁上一大轮，大轮横贯以铁杆，杆长数丈，贯小轮十余，以皮带与各处作工之机轮互相联接。蒸汽冲动总机，机轮动则梁上之大轮及铁杆亦动，相牵相引，各室之机轮无不动矣。只十马力之汽机耳，需款有限，省工极多，此我国所亟宜兴办者矣。

观锻冶室，有锤铁机颇大，以汽机上下，能锤重大之物。其他锻以炉，锤以人，与我土法同。观铸造室，专镕铸大小机轮及器具。因欲究其造模及镕铸

---

① 原注：铸造之模型。

② 原注：完美之意。

之法，约订明午再往。

初二日，午正，再至府立职工学校，正在炽炭铸冶。炉圆而高，分三节，下节空，中上节填焦炭几满，生铁为碎段，倾炭中相杂，炉中节有通风铁管，远自汽机来，风盛火烈，铁镕成汁，流坠下节空炉。有泥封小孔，以铁杖通之，铁汁注于铁，置泥杖端，仍塞其孔。此炉颇小，每时间镕铁五十贯[1]。其铸造法先以沙与胶土为模，模皆两半，上下相合，外以木方或铁方束之，使不开动，倾入铁汁，移时器成。

初三日，早，至小石川女子大学校。校为捐金私立，大学分豫科、本科、研究科。豫科专以待高等或师范之入本科而程度不及者。本科分家政学、英文学、教育学、文学四科，每科细目中，又分必修、随意、选修三科。如欲深造，入研究科，入学费二元；修金三十三元；校费五元半；寄宿费分三等，一元至二元；饭食分二等，六元至九元；其他试验乐器，或一元，或半元。以养成贤良之道德、生活之艺能为目的，重实用也。

附设高等女学校，学科分修身、国语、英法语、历史、地理、数学、理科、家事、裁缝、图画、音乐、体操。

附属丰明小学校，分寻常、高等两科，大学教育学部生徒为教员，以资练习。寻常课目，为修身、国语、算术、体操、图画、唱歌、手工、裁缝，四年卒业。高等加日本历史、地理、理科，二年卒业。

附属丰明幼稚园，讲求保育法，科目为自然观察、游戏、音乐、谈话、手工，满三岁至六岁之儿童入焉。历观各教室，层级井然。四五岁之小儿，保母教之图画，居然成形，泥捏玩物，煅之以火，居然成物，心思所注，智巧生焉。他年艺成，自足糊口。所以民贫而能立，所关匪细细也。日本男女大小学校，莫不有工科、手工科，实地习练。虽以微细之物，亦无不刻意精工。始也基之于孩提，继也风行于全国，其究也工艺之发达，遂洋溢于海外，盖非一朝一夕之故矣。

初四日，星期，无可参观。

中国仿效东洋，倡兴女学，然其中异同之点，亦不可不研究焉。日本女多

---

① 原注：一贯合中国六斤而弱。

于男，若令坐食，则贫不能立，故工商役使，其用反多于男子。与中国之男主外女主内、男耕稼女纺织者不同。用则必教，故实业工艺之学，教育亦等于男子，与中国之专重母教者又不同。况中国妇女，以廉耻名节为重，与日本之风俗习惯，尤难一致。我国女学，似宜先兴家塾，自足养成贤良之道德，而流弊尚少，然后因势利导，则兴盛不难矣。

初六日，早，至北区官立高等工业学校。学科分机械、造船、舶用机关、应用化学、染色、窑业、酿造、冶金八科。窑业之七宝烧，先以铜丝为匡廓，杂采云母、琉璃、螺纹、贝锦为采色，以化学为作用。酿造乃造酒及酱油。冶金则锑铅二质，配合铸成。先以电镀镀为铜[①]，再镀金银色，非铜则金银不附丽也。镀铜浸之以硫，又成古铜色。成本无多，可得善价。日本多古铜色及紫铜器，非真也。又法以铁器煮以干醋，亦成紫铜色。染科印花压光，皆以汽机。染料三千余种，多由石炭中采取。至纺织、刷印、铁工、木工、铸工、锻工，学生皆亲手为之，直有工场之性质。中国留学生入校甚难。

商战之世，工艺为先。商战而工艺不兴，犹之兵战而枪械不备。外人置工艺于学问之中，中国置工艺于学问之外，斯人得挟其制造之所长，小而布纱器用，足以夺我利源；大而船车枪炮，足以侵我国土。学与不学之间，胜败所由判也。以中国出产之富饶、人心之智慧，果使锐意振兴，何独让步于人？顾学校重，工场尤重，盖学校之效虚而迟，工场之效实而速也。日本多以学校而兼工场，我何妨以工场而兼学校？提倡保护，全力经营，制造多，外货自少，枪炮精，兵力自强，岂徒商战之胜利云乎哉？

初七日，早，至日本桥区日本银行。庶务长川濑竞言外国交易，归正金银行，商民用款，有劝业银行、农工银行，存款有贮蓄银行、普通银行。[②]本银行专为国家而设，经理国家出入款项，其缘起为国家欲划一币制，故立此银行，予以发币特权，分布全国银行商店，而国家收其税，余利归股东，政府不取也。明治十五年，先后集股二千万元，发币不得逾本金之数。如逾此数，须另备现金。现积存金及资本共四千万元，股东年得利一分二厘。事之大者，为

---

① 原注：电镀法另有记。

② 原注：日本此等银行甚多，大抵商人自立。

公债权、收税权。国内公债，归其经理。如国家需款，承募集外债之命令，则分派外国各银行及支店代理而总其成。及还本给息，亦始终归一手经理。其代收地方税，亦有各支店及妥实银行经收，交于本银行，本行直接与大藏省清算。最要之事，为与各银行及社会交涉之期金，为本行一大利源。正副总裁各一人，系敕任。其下理事四人、监事四人，为股东公举，然非高等商业学校卒业，不能充选。此外政府派员数人，随时有稽查账簿事物之权。其组织之概略如此。

观办事室，分对换、营业、公债、案内各部，有条不紊。有销票室甚大，均白衣女子校对号码，百张为束，送机室，官监而毁之。观总汽机室，各处铁管，或通于墙，或通于地，水达楼巅，热蒸于室。地下层有金库十所，甲乙两库为精华所萃。铁门之内，复以铁棂。若墙若地若屋顶，均厚石砌成双层。设透墙入复有墙，透地入复有地，透屋顶入复有顶也。闻藏币铁柜，开闭以电，可谓严固之至矣。门外有铁轨，以便转运。库外有圆洞，转轮以通空气。有激水管以备火灾，设遇有警，汽轮激而水自地升，楼管开而水从天降矣。楼凡四层，凡阶室墙柱，无在非石，门窗梁槛，无在非铁，屋壁间或以釉砖砌之，楼舍千余间，不见一板一木，浑如铁石铸成，其雄伟坚洁，实为日本之杰构。国家发建筑费仅十五万元，亦可见其办事之实在也。

财政为立国之原。日本财政之有秩序，固在币制之划一，尤在无他国之货币搀入。设如我国之外币、外货，纷杂通行，恐将有覆亡之患。今者中国币制，亟须定划一之规，而外国货币，尤须颁定法律，严饬商会，一律禁用，乃可以理财政而复主权。至于金银本位，似当以本国所产为定，产金多则用金，产银多则用银。无金而用金，是自困也。法贵因地，利便为准，亦何必同人以为美乎？

初八日，早，至司法省，观地方民事裁判所。一圆台设长案如钩月，裁判长居中讯问，陪审、检事、书记列坐其旁。台下长案，为讼者及辩护士，其后木槛外为旁听所。裁判长问及，讼者起而对，有时辩护士代为陈说。时正问一钱债案。

观地方刑事裁判所。台下有木方栏，置犯人于内，问话则跪而言，否则坐。时问一命案，问毕，罪犯均加手铐，系以皮带，警察引之，出门以大帽蒙其首，盖养其廉耻云。

观控诉院及大审院，亦各分民事、刑事两院。其民事审讯法，与中国不殊，亦以供辞为准，至契据保证，亦我国之所重也。刑事由检事调查证据，先为秘密豫审，顾其人重要，非廉正之员，恐滋弊端。其证据非但命案之凶刀血衣、盗案之真赃原物也，即如众论之确凿，供词之疑窦，以及露外之形色，皆证据也，而仍归本于供词。细按之，与我大同小异。若被告逾限不到，即以原控之罪罪之，谓之阙席裁判。证据既确，虽狡不承认，亦可定案。讼费颇多，如纳税费、纸笔费、官吏勘验食宿费，皆有定律，由负者偿之。大审院有评议而无亲鞫，大抵辩士到案而已。日本辩护士，即西洋之律师，其业以得财为目的，势不能不颠倒是非，庇徇顾主，非法之尽善者也。

初九日，早，至巢鸭村巢鸭监狱。红墙四周，大门以铁为栅，进内有大空场，多铺石子，为其湿也。典狱导观各处，狱分五处，均楼房。形式如扇，中有圆台，一望而各室皆见。室清洁，例住十二人，被褥皆具，昼则工作，晚宿于此。无刑具，特铁门上锁而已。楼上有广场，每七日教师演说佛教，以化恶而向善。至取缔室，为寄信物之所。视病室、养病室、饭室悉具。饭以米麦合成，范以模，有大有小。有过则减其食，甚者置于黑屋数日。犯皆赭衣。死罪蓝衣，不令工作。现有犯一千零一人，西人谓之“野蛮监狱”，讥其多也。有工场六，木工、铁工、竹工、皮工、鞋工、刻工、漆工、裁缝、织布，无乎不备，大抵军衣、皮包、皮鞋、土布、伞柄、自行车、草帽、器具、麻绳之类。草帽緶料，以一种木，用机刮为韭叶薄条，柔韧不断。犯人各执一役，排案跪坐，警察监之。寝食暇役，均有定时，若非赭衣，直谓之工场可已。

夫观其管理之秩序，体恤教化之周至慈祥，自无不交口而赞文明，然窃有疑焉：夫监狱为惩创罪人而设，非为优养罪人而设，待罪人如此，待非罪人当更加矣。乃以观学生工徒，反不如是之优待。是因罪而转得福矣。不然，日本有一人犯罪三十六次者，有故意犯罪而避兵避债者，且有贫妇临产，故犯罪以图养活者。毋亦人民之程度不及，而法律之文明太过欤？立法者因乎时，量乎地，准乎其人，以定刑法轻重之宜，则庶乎流弊不滋，足以促社会之进化已。

初十日，早，至芝浦区芝浦制造所。有工场五，分组立、木模、锻冶、铸造、制礶、仕上、卷线七部。观木型部，凡铸物必先绘出图样，以木为型，然后埋之于地，培以配合之沙土，筑令坚实，起出木型而土模就，倾入铁汁而铸物成。亦有铁模者。铸成入仕上室，磨光、起线、钻孔、挖槽，莫不以机。起重机与滑车同理，铁架斜立，连以铁锁，末转以轮，千斤可上。锤铁机一人司机，一人钳铁，轻重在手，各随匠心。截铁机经寸铁板，利如切瓜。接线机去来划线，一丝不走。钻孔机一穿十余孔，大小如一。其造圆钉法，以造成丈余长铁杆十余条，入炉烧其端三四寸，取出入于机中，火电相引，机关凑合，已成圆钉形。另移一机关，钉断落地矣。其总机关为一百六十马力电动机，轮轴相错，大小相维，上下联络，四通八达。总轮一转，而五场七部一千八百人，莫不动手奋足，各治厥事，机关之用何其灵，功何其大也。因悟为政之道，用人之理，亦如是焉。否则大小悬绝，上下阂隔，情愫不通，有压制而无维系，亦何怪运掉不灵、机关阻滞也耶？

太西机器盛行，制造日精，东洋仿效，成迹昭然，独我国尚如阙如，工艺制造之不兴，由有然矣。当此汽机盛行之时代，徒欲以一手一足之力，竞争于优胜劣败之场，人一能而已百，人十能而已千，器物之美恶既殊，价值之贵贱亦异，卒至外货充塞，土物尽夺，商民坐困，势莫能支。是故中国欲图富强，非先兴工艺不可。欲兴工艺，非注意机器，并自行制造不可。今观此场所造汽机器件，全以生铁为材料，非昂贵难致之物，机件皆镕铁铸成，依样仿造，亦非难能之工。若北洋先设一工场，购机仿造，官民合资，当亦非难成之事。北洋开风气之先，此后由小而大，由近及远，不数年机器通行，工场林立，富强之基于是乎在，论世者能不推北洋为首功乎？

十一日，星期，至劝业银行。是日照例不治事，与庶务长谈借款之概要。大抵田产、森林、蚕业、制造、纺绩、砖瓦，及一切手艺皆可借，惟开矿等事不借，因成败未可必也。凡有团体者可借，会社可恃者可借，然须抵当。政府欲设农工学校亦可借，利息七分，不必抵当。村庄结团体欲改良田地者，亦不必抵当，倘借而不还，可将其地售之。此借法也。每年照所借之数匀摊，拨还本利，以五十年为限，定期偿还，以五年为限。此还法也。至劝估之法，量其地之肥瘠以定价，准其租之多少以出息。中国振兴实业，则劝业银行，实为便利农工之机关。然钱债视为细故，坑欠习为固然，此社会之不敢附股，亦银行家所望而却步者。是宜扶植债权，严定法律，则银行立而实业兴矣。

十二日，早，至东京府市役所。日本地方制度，农多处为郡，郡之下有町有村。商多处为市，市之下有区或无区。全国三十余市，其大者为大阪、西京、东京。东京市分十五区，市役所则市自治之总机关也，受东京府之统辖，市长由市会公举三人，待天皇敕定。其下课长课员，由市长委用与市会公举。至市会之会长，由议员公举。议员由商民公举，自三十人至六十人。有市参事会，由市长、助役、名誉职三者合成，为市行政之关键。如市会有不当之议决，参事会得停止之，令其再议，仍不合，请府参事会裁决。治事分内记课、土木课、水道课、会计课、庶务课、劝业课、卫生课、教育课、调度课。凡市内之工程及常年经费，会议预算，交区役所，按数征收之。历观各室，有化学验水室，凡水，试验无毒，始准民食。瓶有水红黄色，皆验之有毒者。至显微镜室，镜下一小玻璃片，熟视无物，及俯镜窥之，极小红虫甚多，盖水中所生而人不见也。然不得谓凡水皆然也。

日本若市若郡若府若县，无不有议会，公举绅民为之长，即无不有参事会以监制之，而以官为之长。是议事者绅民，而主事者仍官。官力既无专恣之害，绅权亦无偏重之弊，故政平而事理，此日本立法之妙用。近时中国之谈自治者，误为自专，直不受官长之管辖焉。此治乱所关，不可不详加研究者矣。

日本地方之议会，其所议大抵公益及筹款之事，至官长行政之范围，裁判之权限，丝毫不得侵越。即国民选举，亦只有选举议员之制，初无选举官吏之权。敕任、奏任、判任，事属用人行政，国民不得预也，是均不可误会者矣。

十三日，早，至本乡区帝国大学。规模宏大，为全国精华所萃，最称完善。学科分法科、工科、医科、文科、理科、农科，农科重实验，地不能容，另建农科大学于青山。每科分细目十余课，每课有讲堂一二所，或三四所。观工科建筑陈列室，层楼杰阁，铁道长桥，以及水道街衢，盐田磁窑，无不以木以泥，制为模型，以资研习。机械陈列室，或全机，或半部，或一机一件，模型悉备，令机关易于窥测也。造船室，船型甚多，然皆旧式，无轮船新制，不知何意。造兵室，有机械水雷，形圆有数孔。鱼雷身长头锐，中段运以机。有一速射炮，前有铁挡板，为弹穿透而炮未伤，然则挡板宜研究矣。一图画室，泥塑男子皆赤身，或一手一足，或一头一臂，供于台而悬于壁，学生对案而摹绘之，盖无处不征实云。

日本学校功课，无不以实地练习为要素，不独理工学科为然。且小学大学，无不有学生之制造品，亦不独工业学校为然。夫实业为日本全国之命脉，而实习为学校唯一之精神。英国学制，取实利主义，而日本效之。故学皆实学，事皆实事，而无一涉于虚者。以观我国之学堂，虽日讲科学，大抵只谈空理，弗讲实事，与从前八股之空虚无用，其弊正等。日本以学科为实业之根基，中国以学堂为功名之媒介，宗旨既殊，效果亦异。天下事惟实者有用，果使士有实学，人有实业，临民者有实政，办事者有实心，然而不收实效者，未之有也。

十四日，早，再至帝国大学。观医科。此科细目，分解剖学、生理学、医化学、病理及病理解剖学、药物学、内科学、外科学、整形外科学、产科及妇科学、小儿科学、眼科学、皮肤病霉毒学、精神病学、卫生学、法医学、耳鼻咽喉科学、齿学、药学。独无脉理科学，彼盖以绳听胸胁之动气，与切脉同理。然以耳听脉，似尚不如以手切脉之切实。观标本室。凡人之肢体脏腑及骨壳，小儿自胚胎以迄长成，或分或合，或全或半，皆贮以玻璃瓶，浸以药水，供人研究。窃尝考究其理，中医重内治，西医重解剖。解剖之学，非于其肌肤筋膜，脏胃形骸，历历试验，其事无从着手，犹之针灸家必明穴道也。至内治之学，古人于脏腑脉络，固已无微不烛，无须此剖心析肺以为实验，非西详而中略也。外治者研究于外，内治者研究于内，道不同耳。

窃尝究中国医学之精微，参天地而通神明。解剖之学，实居古学之一派，近世医传浸衰，论者遂盛称西医之神奇，痛诋中国医学之无用。不知发而不中，乃技之未精，岂得以今医之不良，而诬我古学？所可恨者，市井之徒，目未睹《内径》《素问》之书，耳未闻五运、六气之谈，药性之温凉不知，尺寸之浮沉不辨，辄即妄施方药，以人命为得财之孤注，生人被害比比矣。夫生死所关，惟医为重，学问之道，惟医为难。日本学校设有专科，我国亦宜力挽颓风，饬各州县先设医学研究所，招集举贡生员之素通医道及外科有祖传者，注意研究，专讲中国医理。并附设治病所，以资实习。其不堪造就者斥退，优者给以文凭，始准行医，否则弗许。以后再行设学精求，民生庶可廖乎。

十五日，早，至铁道厅。技师工学士某言此厅为全国铁路之总机关，直辖于递信省，分总务部、建设部、工务部、运输部、计理部。又铁路调查所有工场六处，建设八处，各有分局办事，本厅监督而指挥之。全国铁路约四千陌路[1]，会社私设路约四分之一。并言中国留学铁路，人数不多，皆不足任大事。然则欲兴铁路，而不造就铁路人才，终于借材异地，不亦失乎？虽然，日本学校，学工者实习为工，学农者实习为农，所学皆其所用。国家用人，学工者仍用为工，学农者仍用为农，所用皆其所学。中国盖两失之。夫学问之有用无用，人才盛衰之所由分；人才之用与不用，国家强弱之所由判也。

夫铁路交通之利，固尽人知之，而其弊亦大，则在有权无权之间耳。路权操于己，弱国用之而可强；路权操于人，弱国用之而益弱。是宜筹款自筑，力保路权。中国虽贫，以本省之财，筑本省之路，当无不游刃有余，特风气不开耳。果使提倡有道，经理得人，民不疑畏，令如流水矣。以日本之地小民贫，且胜路款，况中国哉？

十六日，早，至新桥铁路工场，铁道厅附属之一也。技师导观各处，有发电室，电机二具，昼用作工，夜用燃灯，其费甚省。有木作室、旋盘室、仕上室、弹机室[2]、锻冶室、铸物室、零件修理室、电车修理室，小机用电，大机用汽。场中规模不大，技师言此场最旧，系逐渐扩充者。官立工场六处，惟鹰取、长野、大宫最为完全，若小仓、神户及此场，均不如也。

我国近来修筑铁路，无省无之，而铁路工场，盖寥寥焉，讵不曰无款兴办也。然购人材料，独非款欤？且亦何妨从小处着手，而逐渐扩充耶？不然中国之铁路无尽，岂长此购诸外人而已乎？夫天下无不能办之事，在乎办事之人，与办事人之心。既多自造之铁路，即须多设自造料件之工场。不但塞绝大之漏卮，并可杜外人之觊觎，岂特利用云乎哉？

十七日，早，至农商务省，秘书官片小义胜导观各室。大臣之下，事各分局，局有长，局各分课，课有长，惟秘书课、文书课、会计课，直辖于大臣。有参事官，掌有关法律之事。曰农务局，凡农产课、畜产课、农政课、耕地整理课、蚕丝课等属焉。曰商工局，凡商事课、保险课、会社课、工务课、权度课等属焉。又矿山局、山林局、水产局，此外有博览会事务局。有商品陈列馆，西洋及本国磁器甚多，可见其精神之所注。所列华磁，无一佳者。若茶、

① 原注：每二陌路半合日本一里，日本一里约中国六里。

② 原注：有齿之物。

若烟、若酒、若画、若绣，无不陈列以供研究云。

日本全国学校，固注重实业，即以最上级之衙署，亦必有实地之讲习试验，以为改良社会之提倡，而不徒以案牍空文为号召。是以朝野上下，咸归纳于实业之一途。且日人办事精细，条分缕析，权限分明，无牵掣推诿之弊，上下实事求是。此国之所以强也，岂有异术哉？

十八日，星期，午后，赴留学生刘君之约，归路已晚。时为日本岁暮，各商竞为福引[①]以售货，满街灯彩，鼓乐相杂，颇为热闹。

日本仿效欧美，改朔易服，为西人笑。今悉其官府工商，以西历度岁，至乡僻农民，仍多用中历，盖非此则耕种节气不能合宜，故朝野一年两度岁也。可见变法贵因地因时，不可一味仿效，转多纷扰也。

日本服制，虽云改从西式，其实除军人、官吏及在他国之人外，大抵仍服和服，宽袖圆领，短衣长裙，穿草履，曳木屐。妇女不裤，露腿赤足，司空见惯，不为耻也。学生亦半东半西，未能齐一。非和服之便于西服也，自来习惯之力，强于法律，虽各国之宪法，亦无不以习惯为立法之大原。盖习惯者，地理、人情、宗教、政治渐积之所成，亦即人心从远向背之所系，若不详加研究，强事更张，流弊实大，服式其末焉者也。故变法当自研究习惯始。

十九日，冬至日。八时，至东京府。府事分部而理，部各分课，均午前九时入署办公，午后四时回家。有议事堂，议员五十七人，每开议，知事必亲临焉。观度量衡检定所，其度大于中国裁尺五分；量圆形，以黍校之，准则烙印；衡大小不一，自毫厘以至百磅。导者试玻璃管印字法，有圆筒机一具，中间伸一横筒，端曲而向上，上一圆孔，内盛细沙，以瓦形镂空字铜板，放于筒上，取一玻璃管放于铜板上，以手抑机柄，空气吹细沙，透过镂空之铜板，则管上字迹分明。凡民间所用度量衡，必经所检定，钤印纳税，然后准用，以昭划一。

二十日，早，至文部省。因次官出外旅行，未得参观，旋至刷印局。大概分三部，一部皆印报纸章程之类，其排板法，先一机以瓦斯镕铅于小池，轮转铅下，铸成小长片，以女工刮之。又一机制法甚巧，入小铅片印成单字，再

① 原注：价三角给一票，如彩票然。

将单字排成文理，以厚纸浸湿覆其上，压以机而成纸模，略具瓦形，将纸模立于铁板中，灌以铅汁，遂成铅板。其刷印机皆横轴，一轴上粘铅板，下与色油轴相磨擦，则色着于板。一轴进纸，递与铅板相缠绕，则字印于纸，旋转而纸出，有一铜网承之，下有铁板去来，使铜网反而承纸，覆而放纸，毫不错乱。一大机轴卷长纸，纸入于轴，上下互转，可印两面，为机之最速者。一部制造色油，名制肉课。一室配合颜料分两，一室调合油色，然后以锅煮之成胶形，再以机两轴对磨，研之使细，不粘不脱，然后敷之于轴，入机用之。一部皆印银币邮票之类。最精细之工，必以铜板石印，铜板雕刻精细，亦以机为之，浸于电池，成红色，可以耐久。

二十一日，早，至神田区警察署。署隶于警视厅，警视厅惟东京有之，其他府县均有警察署，受府县知事之统辖，东京凡二十三处。署有署长，其下有部长[①]。有高等警视部，司法律之事，凡有结社演说，必亲到监察，如其说不正，禁令停止。警部长须精通内外法律，以考验选充。警察须中学卒业，或学力相等，亦以考验拔取，再学习三月而后用之。其薪饷之多寡，准其所事之难易焉。日本凡上自官吏之俸、教员之脩、军人之饷，下逮工役之资，莫不称其事之大小繁简以为差等，绝无无功食禄、功多禄薄之弊。故人各勤奋，而款无虚縻。署长室有警察日表，比较今去年窃盗及罪犯之多少。有报告日表，一日之事，必报告警视厅。有站岗一览表，巡查部长以警察站岗之勤惰，日报于署长。日人办事精详，立法严密，盖无事无地不然也。

夫日本警察，为我国所艳称，过誉者且谓有“夜不闭户、路不拾遗”之风。然以愚所见闻，其街道之清洁，往来之秩序，兵数之众多、精壮齐整，均不能过我北洋。尤可异者，窃盗多有，掏摸盛行。谓有之而不及知，是警察无智识，谓知之而不能除，是警察无能力，二者必居一于是。顾其警察皆具普通之学识，解法律之大意，以及官长执行之真实，电话消息之灵通。我国事属创始，诚未能概及。然实心实力，策励而步趋之，岂真难及也哉？

二十二日，早，至北丰岛郡王子村制绒株式会社。此工场为集股私立，社长言羊毛皆购自中国，专作军衣洋服之用。洗毛机接连三池，以羊毛入第一

① 原注：如中国什长。

池，涤其秽污，至二池成黄色，第三池则白如雪矣。洗净后入机压之弹之，机轴递转，由粗而细，终且成绒，渐归于槽，由槽端入一立筒，由筒上出而成粗条，下入一机，往来相牵，递缠于轴，渐引渐长，愈转愈细，而纷纷之线出矣。巧哉机乎！线既成以机洗之，以机染之，束为小捆，此单线也。其断线以机接之，其制甚巧且速。有捻线室颇大，以两三线合并，先成粗线，经机三次压转，则细如洋纱，束为大捆，此捻线也。其织布机宽丈余，均铁轮汽机，线穗入于机，以机弹之，去来甚速，一女子手理其线而已。织成后有上糊机，面糊敷于一轴，毛布卷于一轴，两轴近相擦，上糊后再洗令白。有刮绒机，刮布起绒，取其暖也。有裁绒机，取其齐也。有洗绒机，洗以池，压以轴，速其干也。工场机器甚多，大抵女子任之。夫以一弱女子之力，一手之劳，可抵数人数十人之用，无怪其价廉物美而利厚也。中国振兴工艺，舍机器无争胜之具。或且以多用机器，恐夺贫民之食，不知机器之为用，奇妙巧捷，几于疑鬼疑神，其所作之工，迥非人力所能为。人所不能而机器能之，安所谓夺民食？况机器行则工场多，工场多则贫民且多谋食之路，患特患机器之不兴耳。

午后，观王子村丰王制纸所。事务长言此业乃一人之私产，成本十万元，工八十人，事务五人。然观规模甚小，非实言也。其造纸原料，为一种树皮。原披成条，洗去其泥，入锅煮之，如上下未匀，再入一筒锅旋转煮之，以木筒升于楼上，入池有机切之洗之，流入第二池，再切再洗后入楼下一池煮之，又入一池搅合之。由池内铁管，将纸汁吸至楼上制纸机。机以布为托，汁流于布，遂以成纸。转过一大圆筒，纸已烘干，再前则卷于轴矣。纸之厚薄，视其汁之浓淡。其纸名半纸，类中国竹纸而不逮，然常用甚多，价值亦廉，近且行于中国。我国纸料本佳，不自讲求，恶劣日甚，致洋纸充斥于内地。近来土产之利，无一物不见夺于外货，此为民贫之一大原因，倘犹不亟图改良，则商民困穷，宁有底止耶？①

二十三日，午后，至神田区区役所。上辖于市役所，下与商民直接。凡地方之事务税项，皆归其经理征收。区长一人，由市参事会公议认定。办事分七课，曰庶务挂、兵事挂、卫生挂、户籍挂、会计挂、税计挂、水道挂。挂各

---

① 原注：制纸法另有记。

有长，并助任四人，书记三人，各项经费每年由市役所预算决定，不能额外滥取。如有临时特别要需，则报告市役所，以款济之。如无存金，市长请政府补助之，亦不能随意加征。所收之税，解交于市役所。至于郡有郡役所，町村有町村役场，亦皆经理财政赋税之处也。

日本赋税，有国税以供国用，税目曰地租、关税、所得税、营业税、酒造税、酒精及酒精含有饮料税、麦酒税、酱油税、砂糖消费税、矿产及矿区税、骨牌税、银行税、取引所税、登录税、印纸税、狩猎税、水产税、吨税。有府县税以供府县之用，税目曰地租割、户数割、营业割、家屋税、杂种税。又有市町村税以供地方自治之用，税目曰直接国府县税、附加税、段别割。名目繁多，此其大较也。每年由国会、府县会、市町村会预算，按数征收，市町村长送告知书于花户。国税设税务署经理，以日本银行为外府。府县税以农工银行为外府，市町村税则交于区役所及町村役场。逾限则督促之，或罚以金，甚则差押其家产。其税烦重苛碎，取求层叠，几于无事无物不税，且无事无物不重税焉。战时复增加，或倍之。以视我国之轻徭薄赋，殆若霄壤。顾其所以重而能胜者，则以实业工艺之发达，人人有生活之计，加以衣食节俭，谋生亦易故也。若在中国，则有不得援以为例者矣。

二十四日，早，至南丰岛郡，观淀桥净水池，所谓“自来水”也。先是东京之水，浑浊不堪，后引多摩川之水以供饮料，地距十三日里，由地中铁管，流至场隅水道。先入沉澄池，以沉其泥淤，凡三大池。再流入滤池，池分三横格，凡十八，池铺沙五寸，沙始粗，以次而细，水过亦以渐而清。另有预备池，以便沙陈易换。池必居高，低则易浊；水必纡流，直则难清。最后入净水池，始为完全之净水。池在地中，总分二道，其一分布于各处水管。惟本乡区地势较高，水难自达，用蒸汽大唧筒四台，激之使高而贯注焉。现每年经费六十万元，所收税一百六十万元，既便民且利国，计亦善矣。夫天下之大利，多在人生日用之需，不在珍奇贵重之品，故用愈多者利愈宏。我国于一水一火，往往视为不甚爱惜之物，若电灯、自来水，辄为外人所建设，既吸吾利，且益吾害，非胜算也。

二十五日，星期。学堂工场，皆放年假。往观凿自涌泉井机器，订约学习，给以酬金。

二十六日，偕友人往千叶县。该处为日本自治之模范，县知事接待甚殷。至山中一大村，观其自治规则。村有长，有村会，村长即会长，有事公议，村长担行，有酬劳，无薪水，视村中年得利益之多少以为报。有学堂一所，皆村中子弟，学生亲手种植，以为功课，今得利已敷经费矣。

二十七日，为日本除日。门外植松竹，檐挂稻草，所悬皆圆纸灯，足见民贫而俗俭。

二十八日，为元旦日。新衣拜年，不异华俗。人多布服，衣绸者鲜。军人官吏则毛衣。虽高爵上位，亦只乘人力车，马车则仅见也。

至本乡座观剧。西洋人演催眠术，理颇深邃。一少女对面立，西人抚其肩臂，点其额，倒地而眠。移卧于床，西人以手往来抚之，女乃背曲膝跪，渐起渐高，悬空不坠。久之，西人手渐低，女亦渐下，仍承以床。移而植立，抚之如始，女似觉，然不能动。西人拍掌警之，女一跃而醒。购阅其书，此术原于心理学，并关人身自然磁气，两相感合。然不信之则不验也，其要在暗示。催眠后能使人自吐实言，或千里见其家事，凡术者指示，无不服从。西医用以治病，偻者伸，盲者明，多有奇验。然奸盗之事，层见迭出，非术之正也。

二十九日，早，至丰多摩郡下户塚村学习凿井法。农田之利，莫大于灌溉，水车铲辘，殊嫌费重而力苦，久思研究一便利之法，令井水自能涌上，无须人力。又必费钱无多，方能通行。然调查日人开井之法，既秘而不传，河中吸水之器，又不适于井。苦心思索，卒无要领。及东游日本，刻意访求，久乃得之，因纳金学习焉。夫以求之数年而不得者，一旦如愿以偿，快何如之。从此推广盛行，利农便民，此行为不虚矣。

十二月初一日，仍至下户塚村学习凿井。

初二日，复往习凿井。其法先以木杆为架，就地挖一小坑，灌以水，两人以铁杆捣之，水减再加。凿及丈余，即用淘泥器吸出其泥。再凿再淘，铁杆不及，接以竹批。如欲凿井九丈，深至二丈余，则倒下二丈四尺之粗竹管，高于地尺许。竹管下端先以棕颠倒束之，使水勿漏，四围以土填实，其上围以木筒。复以细铁杆入竹管中再凿，并用胶土和水频频灌之，固其四壁，以防泥沙之倾淤。如下有流沙，可多下竹管一条，或铁管亦可。凿下愈深，水泉愈旺。泉旺则力大，故水能自上也。此井吸饮灌溉，民用甚便。若嫌其流细，可加粗水管，其流自大。且一田多开几井，费亦无多。约举有数便焉：深九丈之井，二人之力，三日可成，时速而工省，其便一；所费只一粗竹管，料简而费少，其便二；贫民亦能有井，事可通行，其便三；井愈深，泉愈甘，苦水可易甜水，其便四；无须马力及人力，昼夜不息，其便五；沙深无倾覆之患，其便六；大旱无水竭之虑，其便七；无淹毙人命之事，其便八。其机械分石、土、沙三部，现购全机两组，另唧筒一组，归教农民，以开风气，或亦农事之一助欤?

初三日，早，至越中岛水产讲习所。为农商务省所设，专讲渔业。分本科、远洋捞渔科，本科分渔捞、制造[①]、养植[②]三课，渔捞如欲深造，可入远洋捞渔科，制造、养植如欲深造，可入研究科。又有现业科，期短可以应用。学课皆实事习练，等于工场，政府日讨国人而教之，渔业之发达，不亦宜乎?

午后，至越中岛工业试验所。亦农商务省所附设，分四部，曰分析[③]，曰化学工业[④]，曰窑业，曰色染业。中以窑业为最重。其法先以两立轮石碾，将石压碎，以机捣之，以布罗之。其土以石碾碾之，入池澄之，粗者沉于下，细者流入一木池，池数格，往复流，出口则甚细。然后与石汁搀合搅之，复以布过之，其汁入一机。以布为格，渍去其水，遂成泥板。复以碾压其水气，使劲软合度，为小块备用。然后置于圆式铜板，镟为薄片。再置于模型之上，旋转数周，以小刀界划之，盘盂遂成。其圆正敏速，远飞人力所能及。干后敷釉绘彩，入窑烧之。窑以砖成，或圆或方。圆者为二层，磁器盛于沙盆，层垒罗列，将门闭封，有三炉炽炭于外，旁有一孔，隔以玻璃，以觇火候。

日本磁器，本不及中国磁质之佳，日政府竭力改良，实地烧制，其胎地则取法中国，其彩画则摹拟西洋，花样翻新，精益求精，目今磁器输出，异常发达。中国则洋磁充斥，坐令环球著名之土产，反以泥粗工率，有江河日下之势。然果使地方官谕禁而教导之，成效必可立致，岂真难能之事哉?

初五日，至浅草区警察署。署长言浅草区为最繁盛之地，人口十五六万，

---

① 原注：礶诘。

② 原注：鱼苗。

③ 原注：矿物金属之类。

④ 原注：漆器、石碱、油蜡之类。

事务繁杂，每月平均计算，窃盗案十二起，获贼一百二十人，每日违警罪犯平均九十余人，现拘监之犯七十余，殊觉骇人听闻。日本废除刑杖，减轻法律，以步趋西人之文明，又虑人民之不守范围也，立严密之法以绳之。然无刑则民不畏，法密则人易犯。今观其窃盗犯罪之多，法律虽文明，其如人民之野蛮何？所幸国小易治，防范易周，否则弊害不可胜言矣。

初六日，至王子村农商务省农务试验场。分种艺、园艺、农艺、化学、土性、制茶、烟草、病理、昆虫养畜九部，实行试验。取本国土二十余种，于分析室化分之，含何种质素，宜何种肥料，及肥料之成迹，与配合之宜，制造之法，研究而比较之。害稼之虫，治防之法，无弗究焉。要旨在以研究所得之成迹与方法，报告于社会，令农民改良。特其土地硗薄，除宜稻外，五谷烟草，生长薄小。以视中国之土沃产丰，殆难比拟。其所制肥料，似与我国亦不甚相宜。何则？其肥料类以含有磷酸之土石，与热烈之药水，配合而成，性质燥热。日本土地多凉，凉则寒，寒则不长，施以燥热之肥料，正以救其土性之偏。土性温和，生长自茂。若施于我国北方之土地，恐无所益。且其价昂贵，不适于用。观日人多用中国豆饼为肥料，可以见矣。总之，土质既殊，理法皆异，研究农务者所宜辨也。

初七日，至王子村蚕业讲习所。所长言学生虽讲学问，实重实习，分养蚕、缫丝二部。观标本室，凡饲蚕之法，病蚕之形，茧丝之美恶，及植桑之道，害桑之虫，各为图样模型以研究之。询以治桑虫法，言钻孔灌以酒精，外熏以火，虫即醉死。缫丝皆女子，有土机汽机。据称，各国之丝，以中国为最佳，此盖关于水土，非可强致。然日本精心研究，丝业蒸蒸日上，中国弗知讲求，以绝大利源，日形衰退。一研究一不研究之间，所图顾不重哉？我国盍亦注意于兹乎？

初八日，至浅草区，观油画《日俄海军激战图》。海天苍茫，波浪无际，日俄军舰各为雁形阵，相持对击。另有日舰数只，袭击其后，鱼雷炮艇，夹攻其前，俄舰中雷受炮，或倾侧，或半沉，阵形未乱，阵势已颓。此战为俄人之失计，日本国势，四面受敌，疆域延长，尤难兼顾，俄舰队若不直趋海参威，声东击西，多方以误，伺瑕抵隙，飘忽突攻，日舰将奔救之不暇，何至对马陷伏，罹聚歼之祸哉？

初九日，游上野博物馆，及绘画展览会。

初十日，奉到公使咨文。拟出外考察，顺路至长崎回国。午后至陆军士官学校，未得参观。

日本国小人少，非行征兵之制，不能得多数之兵卒，并立于列强战争之世，与中国之情势不同。究其强弱之点，不在兵之征不征，而在将之学不学。自来兵之强弱视乎将，其军将日造就于学问之中，曾无不学之将领，介乎其内。而学者又皆有充兵之义务，分布于行伍之间。国民教育，且薰陶于儿童之日，此其兵之程度所以高，将之韬略所以富，而众志固结，兵势之所以强也。

十一日，山东留学同乡开会送别，并观日兵演操。

窃观日本之强，强在兵多；中国之弱，弱在兵少。日本君臣，精神全注于武备，汲汲惟恐不及。而中国论者，方引普之胜法，日之胜俄，归功于小学之说，以为非小学普及，举不足以强国，视兵备反非所急。不知此乃治本之缓图，非救时应变之要策。日本征兵之制，无人不自小学而来，故小学最为重要。我国地广人众，征兵之制，一时既未易举行，则小学之人，非必即充兵之人，自与日本之事势不同。况学堂收效，为期亦迟。以列强之虎视鲸吞，恐亦有迫不及待之势。日本大隈伯之言曰：中国欲图自强，非先注意扩张武备不可。当此强权时代，兵强者国强，兵弱者国弱，不待智者而知。今各国增加军备，恐后争先。我国亦宜力求均势，勉筹饷项，挟全力以制械练兵。并多设海陆军学堂，以造就将才。使兵力足以胜世界最强之国，夫谁敢侮予者？一面改良教育，务求实学，则国势强而人才亦出，乃不失先后缓急之宜。否则兵力薄弱，终不免受制于人也。

十二日，晚五时，至新桥上火车。大雪，泥深没趾。

十三日，早七时，至西京。繁盛亚于东京。地多水田，沟渠四达，夹道多菉竹。乡民房屋低小，无大村落。八时，过大阪。九时，至神户，往观中华会馆，内华商设学堂一所。

十四日，谒见中国领事长公，请给大阪府绍介书。遂乘电车至大阪，谒府知事，转绍介纺织工场，遂往观焉。工场适放假，流览大概，作工均汽机，盖集股所设也。游商品陈列会。

中国自古以农立国，男耕女织，为吾民之两大生计。自洋布洋纺盛行，妇女纺织无利。从前一人纺织，可养数人，今且自养亦不足焉，是吾民已不啻去生计之半，安得不日即于贫。今者洋纱充斥，较洋布尤甚，亟须设法挽回。先设纺纱工场，官商合股，分派各州县招集，其事当不甚难。且各州县工艺局，与其购机织布，不如购机纺纱。平其价以抵制洋线，盈亏可以不计。虽上有所损，而利犹在吾民。行之既广，庶几利源可复，是所望于有提倡之责者。

中国商务，以神户为最盛。兹据商人言，中日原系通商，今无所谓通矣。彼货能往，我货不能来，不过为彼转运而已。近来华商且纷纷倒闭矣，询其原因，言日商多集股为公司会社，财力既厚，政府复补助以益其援，奖励以鼓其气。尤要在重税外货，土货出口，减免其税。商人有利，货安得不往？中国则反是，商人既无公司会社之厚力，复无保护之实策。况外货税轻，而土货之税反重。及至日本，更为重税所苦。商人无利，货安得能来？目下势已岌岌，若再不设法挽救，不数年商人且绝迹矣，通商云乎哉？

十五日，登日本宏济丸，午前十时开轮。我国招商轮船，不亚于日本，曾无一船至东洋，收运输之利，抑独何哉？

十七日，早八时，至长崎。再游劝工场。十时，开轮，出口后阴风怒发，浪及船顶。夜间闻船边机轮，每每停响。

十八日，风浪愈大，船势倾侧，翻笼倒箧，人卧不能食饮者一日夜，但幸未呕吐耳。

十九日，早九时，至吴淞口，船始平，风势犹未息也。午后，安抵上海，遇雨。

二十日，登江新轮船，溯江而上，借览长江风景、沿途名胜。二十一日，至南通州，经镇江、南京、芜湖，过大通、安庆、九江。二十四日，至汉口，雨。二十五日，换火车行。雨甚，盖无日不在风浪雨雪中也。行李颇多，亲手搬运，尤为困难。

往返计百有余日，考察所及，随笔登记，修辞未暇，忌讳罔知，幸鉴谅焉。

夫日本疆域狭小，土地硗薄，物产稀少，人民贫苦。以及教化礼义之文明，人心风俗之良厚，均不及我中国。独其发达工艺，讲求武备，学校之以实利为主义，皆彼之所长，而我之所短，当取以为师者。至于彼则国小易治，我则地大无垠，则又立法行政，不可一概置论者矣。

附录

博兴历代文汇

论周公庙“薄姑”腹甲卜辞

李学勤

2016年，台北的故宫博物院与陕西省文物交流中心合作，在台北故宫博物院主办“秦文化特展”，并出版《嬴秦溯源：秦文化特展》①图录。这次展览内容非常丰富，其中列为001号展品的，是一片有字龟甲，图录称之为“‘蒲姑’刻辞卜甲”，图版及说明见图录第28~31页。这片卜甲由于关系周初薄姑史事②，有特别重要的研究价值，系2004年陕西省考古研究院的发掘品，出土于岐山周公庙庙王村灰坑，编号H1⑰：89（图一）。

我细读《嬴秦溯源》图录，感觉卜甲图版尚有不够明晰之处，幸有北京大学董珊教授所撰说明中的释文得以参照，于是向他请教。承他盛意，给我看了卜甲摹本及有关资料，使我对这片卜甲能有进一步了解，实在应该感谢。现将一些陋见写在这里，聊供大家讨论批评。

图一 董珊先生摹本

① 蔡庆良、张志光主编：《嬴秦溯源：秦文化特展》，台北故宫博物院，2016年。

② “薄姑”之名，各种文献有不同写法，详见李沈阳：《蒲姑研究：历史与未来》，收入李象润等：《滨州历史与民俗文化论坛》，黄河出版社，2009年。本文用“薄姑”，依《史记·周本纪》。

岐山周公庙遗址所出西周甲骨文，在学术界已经声闻遐迩。据陕西省考古研究院种建荣先生说，该遗址已“在五个地点发掘出土卜甲与卜骨近万片，其中有刻辞的达八百余片，已辨识的文字约二千五百字，内容丰富，主要包括人名、地名、事件等，成为目前中国出土西周甲骨文字最多的遗址”[①]。不过这些有字甲骨大多断碎，“几乎均为残辞”，我过去曾经指出，这是因为周人甲骨用《周礼》所谓“方兆”，钻凿形方而深，又密集成排，故而容易裂碎[②]。像我们这里研究的卜甲，已经算是相当大片的了。

这片卜甲残长8.1、宽6.6厘米，现存腹甲的右尾甲全部，连有右后甲和左尾甲各一小部分。反面可见五处钻凿，都已灼过成兆,兆枝均朝内，即指向腹甲中央的“千里路”。卜辞都刻在相关的兆近旁，由文字走向知道，当契刻时腹甲是横着放置的，这些特点皆与我们讨论过的周原任家村腹甲相同[③]。

卜甲上共刻有三条卜辞，我们不知道孰先孰后，姑且依在甲面位置自内而外、自下而上为序。第一辞即有“薄姑”的一辞，位于右尾甲两处卜兆中靠内一兆的侧旁。第二辞“才□台……”云云，位于右尾甲两兆靠外一兆的上方，环绕着卜兆。第三辞则位于右后甲残存三兆的旁边，作“丽……”云云。这三条卜辞都符合卜辞守兆的原则，没有殷商卜辞有时离兆较远的现象，也从不用刻线表示与兆的联系。

下面先依契刻的原行款，将第一辞试作隶写：

王其乎[illegible]
□甫刂姑來
叀于復
甫刂姑甶亡处

然后在图录释文基础上，作简要的解释。

首行“王”字竖笔下部扩空，最下横笔两端翘起，与商周之际金文多见的写法相似[④]。这一辞是卜周王的行事，据种建荣先生云，庙王村H1所出卜辞大

---

① 种建荣:《从出土甲骨文论周公庙遗址性质》，台北《故宫文物月刊》总第356期，2012年。

② 李学勤:《再论周原任家村腹甲卜辞》，见《周原》第1辑，三秦出版社，2013年。

③ 同上。殷墟四盘磨出土的周人类型卜骨，契刻时也是横置的。

④ 容庚:《金文编》第18~19页，中华书局，1985年。

都以周公为卜主，惟有这一片的卜主为王。辞云“王乎”，“乎”读为“呼”，义为召唤。

“𢈘”字如何隶定，可以进一步论证，但其下部是从“僕”的，应无疑问[①]。字在此当即读为“僕”，系职官之称，而第二行第一字是该职官人名，可惜这个名字模糊不清。按《周礼·夏官》有大僕一职，身份较高，“掌正王之服位，出入王之大命”，卜辞中周王召唤的僕某可能同之类似。

薄姑在辞中作“𠜂姑”，“姑”字“女”旁在右方，与周成王初的𡎖方鼎（《殷周金文集成》2739）有异。这表明该国族的名称在当时即有不一样的写法。

第二行末的“来”字，中间作一横笔，形同成王初的沬司徒送簋（《集成》4059）。大家熟悉，簋铭该字陈梦家先生曾释作“朿”[②]，现在据这片卜辞上下文看，是不对的，仍以释“来”为是。

“来吏”可以有两种释读，一是作“来使”，意为派来使人；又一是作“来事”，意即前来服事。前者只涉及使人的派遣，后者则为国族的降顺，举动要大得多。西周早期的中方鼎（《集成》2785）云：“兹褔人入事，锡于武王作臣”，自国族而言是“入事”，自王朝而言就可以说“来事”。在这两种释读中，我个人是倾向前者的，因为如果是薄姑举国入事周王，卜辞的内容恐怕要隆重得多。

卜辞第三行“于復”，“于”意为往。方鼎“惟周公于征伐东夷丰伯、薄姑”，陈梦家先生引《诗·棫樸》郑玄笺训“于”为“往”，有很精彩的论证[③]。“復”义即回报，“于復”是前往回报[④]。薄姑有使人前来，故周王命人去薄姑回报，所派之人便是“僕□”。

第四行末“由”读为“思”，即通“斯”字，及“处”读为“咎”，都是不用解说的。

这样，我们依照考释，重写这一卜辞于下：

---

① 同上，第158页。

② 陈梦家：《西周铜器断代》（上册）第11页，中华书局，2004年。

③ 同上，第18页。

④ 卜甲“復”字下是否另有一字不清，种建荣文及图录释文均疑为“召”字。按“召”可读为“诏”，《说文》“告也”。

王其呼僕

□，薄姑来

使，于復

薄姑，斯亡咎。

下面再将第二、三辞试写出来。第二辞是：

才（在）台𠂤（师），癸卯卜，又（有）尚（赏？）……

“又尚”下尚有字迹，看不清楚。第三辞是：

丽（骊），大戠（捷）

《说文》“骊，马深黑色”，这是为战车选用马匹的卜辞。这两条卜辞虽和第一辞没有直接关系，但由于占卜时间不远，不难从之看出第一辞也卜于战争正在进行的时期。

从这里，我们可以试推“薄姑”卜甲的占卜时代。了解有关文献的都知道，《左传》昭公九年载，武王克商，建立王朝，薄姑已在周的东土之列。到武王逝世，成王继位，薄姑就起来叛周，而且据《尚书大传》是策动武庚起事的祸首。这样看来，薄姑遣使来周，时间要比之更早一些，最可能是在武王伐商的过程之间，这应该是周公庙这件珍奇卜甲的时代。

希望周公庙甲骨早日全部发表，这对有关历史的探究将有重要帮助。

（选自《文博》，2017年第2期）

孙武故里之争

牛万政

关于孙武故里何处，在20世纪80年代之前即有“惠民”和“博兴”两种说法，但都是在写到孙武的名字时，在其后括号加注为今山东惠民或今山东博兴，未见专门文章论及。较早考证孙武故里的文章为1988年《东岳论丛》第6期发表的《孙武里籍考辩》，主张“博兴说”。此后，惠民县和广饶县相继召开关于孙武故里的论证会并投资兴建“孙子故园”等纪念设施，孙武故里之争日益热烈。

目前，关于孙武故里主要有“惠民说”“广饶说”“博兴说”。三说所依据的文献资料基本相同，即都依据了《新唐书·宰相世系表》《古今姓氏书辩证》和《元和姓纂》。

《新唐书·宰相世系表》写道：“齐田完，字敬仲，四世孙桓子无宇。无宇二子：恒、书。书字子占，齐大夫，伐莒有功，景公赐姓孙氏，食采于乐安。生凭，字起宗，齐卿。凭生武，字长卿，以田鲍四族谋为乱，奔吴，为将军。”宋人邓名世在《古今姓氏书辩证》中作了基本相同的记载，只是把“恒”字写作“常”。

这就是说，孙武祖父田书因伐莒有功，被齐景公赐姓孙氏，并被封在乐安。又据孙武从无田武之说，可知乐安即孙武的祖籍。清代经学家孙星衍（清阳湖人）在《孙子十家注·序》中也说：“吾家出乐安，真孙子之后。”

然而，自孙书受封到《新唐书》问世，经过了漫长的历史时期。随着时间的推移，乐安这一地名也多有废置和变迁。今天见于历史文献记载而又属齐地范围的乐安地名就有乐安国、乐安郡、乐安县、乐安亭、乐安州等。那么，欧阳、邓氏所指的乐安是何时何地之乐安，它的地理位置在今天的什么地方呢？考证者得出了截然不同的结论。

1.惠民说

诸多史料证明，今惠民县与齐国乐安没有沿革关系。持“惠民说”者认为，现存史料中没有发现先秦乐安这一地名。欧阳修编撰《新唐书》依据了《元和姓纂》，从《元和姓纂》的编写体例看，乐安是指唐代的乐安，而不是指春秋时代齐国的地名。《新唐书》和《古今姓氏书辩证》取材于《元和姓纂》，其所载“食采于乐安”，当然也是指唐代乐安。而唐代乐安郡治在今惠民县。

从该主张看，仅仅靠推论，证据缺乏，因此，值得商榷。

虽然《新唐书》没有直接注明乐安是何时之乐安，但也并不是没有轨迹可循。

书中记载孙氏食采之地有三处：孙书“食采于乐安”；“孙氏，出自姬姓，卫康叔八世孙武公和生公子惠孙。惠孙生耳，为上卿，食采于戚”；孙武“三子：驰、明、敌。明食采于富春，自是世为富春人。”“戚”“乐安”“富春”这三处食采之地中，“戚”只见于春秋时期，为春秋时地名。“富春”，据《中国地名大辞典》载：“吴越称富春，秦置富春县。晋避郑太后讳，改春为阳。”唐时仍称为富阳。《新唐书》称“富春”而不称“富阳”。可见《新唐书》所载“食采于乐安”也必然指的是先秦地名，而决不会是唐代的地名。

惠民说者认为，欧阳修编撰《新唐书》依据的是《元和姓纂》，而《元和姓纂》中的乐安是指唐代的乐安郡。不能否认，《新唐书》依据了《元和姓纂》，但它记述孙武的家世比《元和姓纂》详细得多。我们不妨对《元和姓纂》作一番考析，看看它指的乐安是何时地名。

唐元和初，林宝受宰相李吉甫之嘱，编撰《元和姓纂》，并于元和七年（812）成书。有人说“成书之时确有一个世人皆知的乐安，即乐安郡”。这是不符合史实的。唐乐安郡初置于天宝元年（742），16年后即乾元元年（758）复改称棣州。又54年后《元和姓纂》问世。要说成书时有世人皆知的地名的话，应该是棣州，而决不是已经撤销了半个多世纪的唐乐安郡。林宝如用当时地名，也应该用棣州，而不应该用乐安郡。因此，《元和姓纂》所指乐安也决非唐代乐安郡。

其次，从《元和姓纂》的编写体例看，《元和姓纂》完本已亡佚，现据岑仲勉四校本摘录“孙氏”于下：

“乐安，汉有宾硕”。“晋有孙頵，避地于魏，故属乐安，因家焉”。“吴郡富春，坚、策、权”。“唐尚书左承孙彦高，广陵（人），云权后”。“富阳”，“唐浙州刺史也”。“曾孙处约，唐中书侍郎”。“生侹、俊、儆、佺”。“侹，延州刺史富春男”。

所列《元和姓纂》的这段文字中，每个地名和人物的时代属性区别的很清楚，没有一条前后混淆、文理错乱。如“乐安，汉有宾硕”，汉有乐安县（即今博兴县）。唐一度设过乐安县和乐安郡，但这里指的是汉代人，用的当然也是他们生活年代的地名汉乐安。“富阳，唐浙州刺史也”，这是指的唐代人，所以用的是唐代地名“富阳”。又如“吴郡富春，坚、策、权”，这是指汉至三国的富春县。倘若《元和姓纂》叙及前人郡望时用上唐代的名称，那就得写成“余杭富阳，坚、策、权”，而不作“吴郡富春”。因为孙坚时代的“吴郡富春”，在唐代是属于余杭郡的富阳县。让我们再考析一下“晋有孙頵，避地于魏，故属乐安，因家焉”的记叙。据《新唐书·宰相世系表》“孙氏”条载：“旃字子之，太原太守。二子：炎、历。炎字叔然，魏秘书监。生倰，字仲觚，太官令，生道恭，字雅逊，晋长秋卿。二子：頵、芳。頵字士若。芳中书令。……頵避地河朔，居武邑武遂”。《全唐文》卷三一三孙逖《宋州司马先府君墓志铭》也有类似的记载。“武邑武遂”，汉置武遂县，属河间国，后魏仍为武遂县，属武邑郡，北齐省入武强县，唐就更没有武遂县了。这里用的也不是唐代地名。晋孙頵避居河朔（泛指地名，黄河以北的地方）的武邑武遂（属魏地），《元和姓纂》说他“故属乐安，因家焉”，是因为祖籍是乐安。那么他因袭之乐安是哪里呢？从《新唐书》孙武家世的记载看，孙頵乃孙炎的曾孙。陈寿《三国志》、《中文大辞典》、《辞海》、《山东通志》、历代《博兴县志》均载孙炎字叔然，三国魏乐安（今滨州博兴）人。据此可以说，孙頵因袭之乐安，是其曾祖孙炎所居之乐安。这与《新唐书》《元和姓纂》联系起来看，也不失为一条重要的佐证。不管怎样，晋人孙頵因袭祖籍，是不会因袭到唐代的乐安郡去的！分辨至此，也不难断定，《元和姓纂》所指之乐安，也决非唐代的乐安郡。

以祖籍为爵秩之名是古代封爵的通例之一。历史上孙武后裔的受封情况，也为我们考定孙书食采之乐安提供了依据。

《新唐书·宰相世系表》和《新唐书·孙处约传》均载：高宗（650—683）封宰相孙处约（亦名茂道）之子孙俊为乐安子。这在唐设乐安郡（742）之前。由此也可以肯定，孙书食邑之乐安不是指唐代乐安郡。

《新唐书·宰相世系表》中虽有孙偓之兄孙储被封为乐安郡侯的记载，但也并不能说明是以唐代的乐安郡封，因为孙偓曾被封为乐安县侯，故孙偓孙储兄弟不会以两个祖籍封爵。孙储受封之乐安郡只能指汉、三国魏时包括乐安县的乐安郡（治所在高青），唐代的乐安郡不辖乐安县。另《新唐书·宰相世系表》载有孙处约之子孙侹被封为富春男，因为孙武的儿子居吴国富春，富春是先秦地名，不是唐代地名。

至此，孙书食采之乐安的时间属性已经很清楚了，它既不是唐代乐安，更不是唐代以后的乐安，而是春秋齐乐安。

持“惠民说”者自身就有些矛盾之处，在许多文章中写道：“孙武，齐国乐安人”。在其后括号加注为“今山东惠民县人”，齐乐安与唐乐安混用，难圆其说。

2.广饶说

持“广饶说”者推测孙书“食采”之乐安是一广袤地面。这一地面的主体在今广饶县，根据主要有三：一是据《资治通鉴》记载，周赧王三十一年（前284），楚王派淖齿去齐国，对齐湣王讲了如下几句话：“千乘、博昌之间，方数百里，雨血沾衣，知之乎？”这是说燕国联军和齐军在临淄西北的千乘、博昌之间数百里的地面上，进行了一次大规模的激烈战斗，结果齐军大败，“雨血沾衣”。千乘地面在今高青县，汉设有千乘县；博昌地面在今博兴县，汉设有博昌县，这里值得注意的是未提及乐安地面。由此推断，千乘、博昌之间没有乐安，齐乐安当在今广饶县。二是据《春秋》记载，庄公九年（前685）八月庚申，鲁与“齐师战于乾时”。杜注：“乾时，齐地，时水在乐安界，歧流，旱则竭涸，故曰乾时”。对照《水经注》有关记载可知，时水入博兴县东南境后即西东流向，其主要流区在今广饶县境，而杜预恰恰是以“乐安”作为时水径流的主要地区，因而乐安地面应在今广饶县境。三是广饶县在历史上称乐安时间最长，达千年之久。

该说认为孙书食采乐安是先秦齐乐安，但所依据的史料都不能证明先秦乐安在今广饶县。

（1）从广饶县的建置沿革看。《读史方舆纪要》卷三十五“乐安”条载：“府北九十里，西至博兴县三十里，汉置广饶县，属齐郡。后汉属齐国。晋宋因之。后魏仍属齐郡。隋移千乘县治此，以广饶县省入属青州。唐武德二年于县治置乘州，八年州废，县属青州，宋因之。金改为乐安县。”在“广饶城”条云：“县东北二十里，汉置县于此。后汉至晋宋皆曰广饶。《水经注·淄水》：又东北经广饶故城南是也。隋县废，改置千乘县。金人又改置乐安县于今治，初非汉时之千乘乐安矣。就是说：广饶故城在今县（按明乐安县）城东北20里。即汉代的广饶县治。后汉至晋宋这里都为广饶县。《水经注·淄水》：又东北流经广饶故城南。就是这个广饶城。隋代废广饶县在这里置千乘县，金代又在此改千乘为乐安县。但却不是汉代隶属于千乘郡的那个乐安县。验广饶县草桥故城址，位于今县城20里许，与《读史方舆纪要》《水经注·淄水》记载的广饶、千乘故址位置相吻合。这就说明，广饶称乐安只是金代以后的事，而在金代之前，则为广饶、千乘之地，今广饶草桥故址实属广饶、千乘之故址。明嘉靖《山东通志》亦说："(明)乐安县。(在)周，(为)广饶地，属齐。秦属齐郡。"所以，今广饶县在周代即称广饶，而不称乐安。广饶县与齐乐安毫无瓜葛。

(2)从《资治通鉴》记载看。楚将淖齿对齐湣王说："千乘、博昌之间，方数百里，雨血沾衣，知之乎？"这里没有提到乐安地面，由此认定，千乘、博昌之间没有乐安，因此乐安主体地面在今广饶。这样的推断未免太草率。恰恰相反，这段话证明了乐安就在千乘、博昌之间。今天的博兴县境在汉魏及以前设有博昌与乐安，出土文物已证实先秦博昌的存在。博昌在今天的博兴县东部的湖滨镇寨郝村南，乐安就在今天的博兴县城。千乘(今淄博高青)在西，博昌在东，乐安居中。说"千乘、博昌之间，雨血沾衣"，而省略乐安不提，合乎对话的一般常理。如果我们今天说高青、广饶之间方数百里，还非要说成高青、博兴、广饶之间方数百里吗？这样岂不是画蛇添足了吗？因此，《资治通鉴》的这段记载，证明了先秦乐安在博兴而不在广饶。

(3)该说用《春秋》记载的"乾时之战"及杜预的注作为依据支持自己的主张，但也有未仔细考证之弊。众多史料说明，乾时是时水上游的支流，位于今天的桓台县与博兴县之间。具体考证见下文"博兴说"。

至于"广饶县在历史上称乐安的时间最长，长达千年之久"，就更不能作为孙武故里为今广饶县的依据了，因为广饶称乐安只是金代以后的事了。

3.博兴说

专门著文论证早于惠民和广饶说，但没有利用行政和舆论手段召开论证会和作造势宣传。尽管如此，从现存已发现的史料看，该说的根据更为充分、可靠一些。即使是"惠民说"和"广饶说"的主要论据，如果详加推敲，也会反过来证明"博兴说"为是。博兴说的主要根据有：

(1)汉乐安与齐乐安具有沿革关系。由于春秋战国和秦代无地记传世，齐乐安的历史地理位置，尚无直接的佐证。有明确记载的乐安建置在西汉时期。据《汉书·地理志》载：西汉置乐安县为青州千乘郡辖十五县之一。《读史方舆纪要》"博昌"条载："县南二十里，汉县治此。今县则汉乐安县城也。"

意思是说，汉博昌城在今博兴县城南20里，现在的博兴县城就是汉代的乐安县城。该条接着写道：“本属千乘郡，后汉属乐安国。晋省，唐初复置乐安县。武德八年（625）省入博昌，仍移治乐安城。”康熙六十年《博兴县志》卷一载：“按《水经注》云，济水西来，过乐安故城南，过博昌、过利县东至广饶。又考骆宾王《与博昌父老书》云，闻博昌移县就乐安故城，廨宇邑居，咸徙其地。博昌故城在今博兴东南同光寺，利县又在博昌之东南（此误，应为东北），所谓利城是也。据此则今之博兴应是当年乐安之地。数千年间，兴废迭更，离合靡一，姑记所可知者，其有愆忘俟之后来。”以上文献记载表明，乐安县自西汉至唐代，在博兴延续了八百余年之久，现在的博兴县城就是汉代的乐安县城所在。

汉乐安在今博兴无疑，那么汉乐安与齐乐安有什么联系呢？

春秋—战国—秦—汉。这一时期，制度、建置、地名多有因袭。叶圭绶在《续山东考古录》中说：“汉县大约因秦之旧，但秦无地志，径据汉志。”汉承秦制，已是千古定论。而秦只有15年的历史，且秦的郡县制也并非独创，而不少是承袭战国制度而来（参见王国维《秦郡考》；韩连琪《春秋战国时期郡县制及其演变》，载《文史哲》1986年第5期）。据司马光《资治通鉴》，春秋时已有博昌邑之设。又《秦始皇陵西侧赵背户村秦刑徒墓》（载《文物》1982年第3期）所附出土瓦片影印件上，有“博昌居此（赀）用里不更余”“博昌去疾”等文字，证实博昌为先秦齐邑可信。新的考古发现也提供了有力佐证。1995年春，西安市北郊相家巷村民在农田发现大批秦封泥。2000年5月，文博专家周晓路教授与北京古陶文明博物馆馆长路东之将已经公布的相家巷出土秦封泥及其他秦封泥研究汇集成《秦封泥》一书出版。该专著考证确认有“博昌县丞”“乐安县丞”二方秦方泥。博昌和乐安，秦为邻县史有明载，则乐安县当为古乐安邑衍化而来。

（2）从《元和姓纂》的编写体例看，记载孙武之后的地名时，都是用的他们生活年代的地名，而不是唐代地名。孙武后裔汉乐安有孙宾、孙硕，三国魏乐安（今滨州博兴）有孙炎，孙炎曾孙孙頠虽避居武邑武遂，但因袭祖籍属乐安人，孙頠后世孙孙逖祖籍乐安，也“盖因齐大夫之后”。《全唐文》卷三一三《宋州司马府君墓志铭》载：“（孙逖）魏郡武水人也，故属乐安，盖因齐大夫之后，晋长秋卿道恭，有子颉，避地河朔，后世居焉。颉后世孙，魏光禄大夫惠蔚，为本朝大儒。”这里的记载与《新唐书》和《元和姓纂》的记载相吻合，这些记载明确地说明了两点，一是言明了齐乐安的存在，二是汉乐安与齐乐安确有承继关系。因此，汉代的乐安县（今滨州博兴）就是孙书的食采之地。

（3）《春秋左传》载：庄公九年，“八月庚申及齐师战于乾时，吾师败绩”。晋杜预注：“乾时，齐地。时水在乐安界，歧流旱则竭涸，故曰乾时。”《辞海》“时水”条写道：时水。古水名。《周礼·职方》：幽州，“其侵淄时”。一名耏水，一作如水。上游即今发源山东淄博市临淄西南的乌河。自临淄西北以下，古分二支：一支西流经今桓台县境西北入济水。旱时干涸，故又称干（乾）时。《左传·庄公九年》“师及齐师战于乾时”，即此。《水经注》称为时水支津：久湮。一支北流折东略循今小清河合淄水入海，即《水经注》时水干（乾）流。《汉书·地理志》分时、如二水，时水即《水经注》时水干（乾）流折而东流部分，如水即今乌河上游及《水经注》中时水支津：盖其时自今淄博市临淄西北北流一段曾经淤断。查清康熙六十年《博兴县志》卷一载：“乌河。在城南五里亦为之耏，春秋襄公三年，齐晋盟于耏是也。以其源歧浅多涸亦谓之乾时。春秋庄公九年与齐侯战于乾时是也，亦谓之时水，又谓之如水，以其色黑又谓之黑水，土人因名乌河。其源出临淄西南二十五里矮槐树，今有矮槐树亭。平地出水，昔人以为伏淄所发，云西北经黄山，北经愚公山，又曲而经杜山泥河入焉（即古澅水），又北经临淄城北系水入焉，又北至博兴南汇于麻大泊（湖）入小清河。”新编《临淄区志》载：“乌河。又名时水，古称乾水、耏水等，发源于辛店西矮槐树村……全长60千米，在本区内流经孙娄、路山、朱台，高阳、召口五乡……由六天务村西出临淄境，经桓台县，在博兴湾头入小清河。”这些记载告诉我们，乾时是特指时水在临淄西北以下分出的西流的一支。向西北出临淄、桓台，再西北入博兴县境麻大湖。杜预说的乐安的位置正与今天的博兴县相合。乾时为春秋水名，杜预将一水一地之名联用印证，说明乐安也极有可能是先秦地名。否则，《春秋左传》所载之“乾时”这一地名及位置，就言之无本了。孙武故里广饶说者曾用“乾时”证明这一乐安在广饶草桥，实是考证有误。

民国《重修博兴县志》记载："赵马村南有冢，极巍峨，传为将死乾时之战者。"赵马村属博兴县兴福镇，位于博兴县南境与淄博市临淄区交界处，与史料记载的乾时之战的位置相一致。

（4）实地考察，今博兴县城南约里许，有古乐安城旧址，南去小清河（古济水）2里许，东南20里即为古博昌城旧址，与历代文献记载的位置相符。验之实迹，今博兴县城西墙内侧，汉代瓦片裸露。南城墙外侧，曾出土了战国豆等文物。如再循址发掘，定会有更多的汉代及先秦遗物被发现。这不失为博兴城即古乐安故城的有力证据。

以上考析充分说明：孙书食采齐乐安就是今天的博兴县，博兴县就是兵圣孙武的里籍所在。

（选自牛万政《孙武与〈孙子兵法〉》，见政协博兴县委员会编著《博兴文史集粹》上册，第70～76页，黄河出版社2013年版）

姚玉栋考略

刘世德

第一节　筠圃是谁?

筠圃何许人也?

《红楼梦》舒本卷首载有舒元炜的序文。舒元炜在序文中称《红楼梦》舒本的藏主为"筠圃主人"。但他并没有透露此人的姓氏和名字。

这位叫作"筠圃"的人是谁呢?

他就是姚玉栋。

姚玉栋，或称玉栋，满洲正白旗人。姚是他的汉姓。同治《临邑县志》就直称他的姓名为"姚玉栋"。同样，他的长子的名字就叫作姚荣誉。

他是乾隆时期一位著名的藏书家。

第二节 啬于财而奢于聚书

“啬于财而奢于聚书”，此语采自王芑孙《山东阳信县知县玉君墓志铭》（下文简称《墓志铭》）[1]，是对姚玉栋的为人的一种评价。

王芑孙是姚玉栋的好友。在姚玉栋逝世后，王芑孙为他撰写了《墓志铭》，全文如下：

余所识辇下藏书家，无过玉栋筠圃。尝为作《读易楼记》者也。

筠圃所藏书，于集部尤富。以是洞晓古今学术，与其授受源流，持论空一世。所与游，翁学士方纲、周编修永年、桂进士馥，天下不四三人。偶从他所见余诗，趣驾十五里访余，既而邀余襆被所谓读易楼者，剧谈穷日夜。其家所藏金石书画，往往多余题识。

顷之，君再出官山东，余亦南还七八年。其子荣庆以通判试用河南，以书告君之丧，且以状来征铭。

按状：君字子隆，玉栋其名，筠圃其自号也。本襄平民家姚氏，有貤赠光禄大夫、福州将军良贵者，自太祖时编入内府，为正白旗汉军。

曾祖章奇，赠资政大夫、江宁布政使。祖五格，赠资政大夫。父福，沟渠河道监督，授中宪大夫。母贺，封恭人。娶夏，封孺人。子六，存者四：荣庆、桂庆、炳庆、烙庆。女一，适学生灵椿。

其卒，嘉庆四年六月三日，年五十五。以某月日葬某原。

君以乾隆庚寅举人拣选知县，发山东，补宁阳。故陆公耀方为按察使，荐调单县，中以事去。再补淄川，获要犯，引见，当迁，以亲老告。亲终，出补阳信。前后在山东几二十年，历署博兴、利津、章丘、乐陵，皆能其职。

君躯干修伟，博涉强记，无所不通。以旗人自晦为吏，故世不深知。而世所矜宠有名者，君亦不以屑意。

所著诗古文八卷、杂志二卷、《金石过眼录》五卷。他所诠次校定尚多。

性颇啬财，独奢于聚书，人亦以是靳之。尝过厂市，酬一书如其常值，弗与，再倍之，又弗与，君怒，拂衣登车去。夜不获寐，破晓，卒遣骑奴以

---

①《渊雅堂全集》“剔甫未定稿”卷十三。

三倍值驰取书归。其笃好若此。

余南还，再与君书，不报。荣庆之赴余也，书不详，第言悉倾所有，未审所谓，岂物理聚而思散，抑君身后官逋私责，有不可言者耶？惟君生平寡契，晚交得余，虽不言，意绪间一似重有托于余者，其忍不铭？

铭曰：嗟君好书，亦施于政。其在利津，义学兴盛。其去乐陵，县民遮境。救荒章丘，民鲜菜色。大吏闻之，颁下其式。再莅河滨，岁缮茭薪。经画终始，役不及民。始宰单父，丐妇道僵。往瘗其殣，遗婴卧旁。收哺以长，有蔼慈祥。傥来倏往，物运相循。书则往矣，泽有攸存。归安斯宅，利尔嗣人。

从《墓志铭》的记述可知：

（1）姚玉栋字子隆，号筠圃。

（2）他的上世本是襄平（今辽宁省辽阳市）民家，姓姚，后编入内务府正白旗汉军。

（3）姚玉栋的世系，列表如下：

章奇 — 五格 — 福葆 — 玉栋 —
- 荣庆[1]
- 桂庆
- 炳庆
- 炵庆
- （二子殇；一女，名不详）

（4）姚玉栋的生卒年月：卒于嘉庆四年（1799）六月三日，享年五十五岁。以此逆推，可知他生于乾隆十年（1745）。

（5）他是京城著名的藏书家。

（6）与王芑孙、翁方纲、周永年、桂馥等人交游。

（7）他是乾隆三十五年（1770）庚寅举人出身。

（8）他在山东做官，出任多地知县，前后将近二十年之久。《墓志铭》先后提到他的任职地点共有八地：宁阳、单县、淄川、阳信、博兴、利津、章丘、乐陵。

① “荣庆”乃是谱名，后改名“荣誉”。

（9）单县之任，系出于山东按察使陆耀的荐调。

（10）著有诗古文八卷、杂志二卷、《金石过眼录》五卷。

此外，关于姚玉栋的生平事迹，还可以补充、说明的有以下五点。

第一，他是正白旗春岱管领下汉军，见于山东巡抚国泰乾隆四十五年八月初九日奏折①。

第二，他号筠圃，一作“云浦”。见于道光《济南府志》卷三十。

第三，在乾隆五十七年（1792）六月，姚玉栋与友人等（文宁、王又亮、陶涣悦、洪亮吉、胡翔云、罗聘、周厚辕、宋鸣琦、吴嵩梁、姚思勤、卢锡埰、陆元铉、张道渥、曹锡龄、刘锡五、何道生、徐准）十七人有积水潭之游，王芑孙虽未参加，却撰写《积水潭游记》一文记其事②。

第四，姚玉栋曾于乾隆六十年（1795）任临邑知县。

第五，在任山东阳信知县期间，姚玉栋曾邀请好友王芑孙来游阳信，王芑孙因故未能成行。此事见于王芑孙怀人组诗中的《玉筠圃大令》：

君家藏书甲辇毂，岂伊藏之实能读。
读书无伴苦相求，襆被留君读易楼。
楼前乍种梧桐树，匆匆出宰山东去。
归舟未得远相寻，半道留书写我心。

在第四句之下注云：“壬子，君邀余为读书之伴，时时被君家。”壬子即乾隆五十七年（1792）。第八句之下注云：“君有书邀余迂道过其所宰之阳信县。余以舟程触热，方虑闸阻，不果赴约。”③

第三节 辇下藏书家

“辇下藏书家”，出自王芑孙《墓志铭》的首句。这显示了姚玉栋作为藏书家的知名度和重要性

李玉章、黄正雨《中国藏书家通典》介绍姚玉栋说：

喜图籍，字少年时开始，收书无一日停止。对破书乱简及世上流传不广

---

① 中国第一历史档案馆：《宫中朱批奏折》。

②《渊雅堂全集》“惕甫未定稿”卷六。

③《渊雅堂全集》“编年诗稿”卷十四。

之书遍加搜罗。

听说某地有善本书，虽千里之外必得之方后已。曾得王士祯、黄叔琳家藏善本数种，插架益富，收藏集部图书为多。建藏书楼“读易楼”，王艺孙作有《读易楼记》，称他为“辇下藏书家’。法式善、翁方纲均登楼观其藏书，翁方纲题有《筠圃读易楼图诗》相赠。法式善也题有《咏筠圃》云“南有天一阁，北有读易楼”。藏书印有“读易楼藏书记”“子隆”“筠圃”等。藏书散佚后，法式善又写有题诗云：“阁尚巍然存，楼今为墟丘。”

著有《诗古文》8卷。[①]

末句“著有《诗古文》8卷”，应去掉那个书名号。因为“诗古文”三字非是书名。

《清稗类钞》也记载了姚玉栋的轶事：

玉筠圃藏书于读易楼。法时帆祭酒式善，字开文，蒙古正黄旗人。尝有赠玉筠圃句云：“一官赢得十车书。”筠圃，名栋，字子隆，乾隆庚寅举人，官山东临邑知县，聪强嗜学，自少小以至宦游，舟车风雨，无一日暂废。尝过厂市，酬一书，如其常值，弗与，因倍之；再倍仍弗与，拂衣登车去。夜不获寐，晓遣骑奴以三倍值取之归。所藏边仲子诗册，即王文简所订之《睡足轩诗》也，前有徐东痴手记及文简跋，东痴墨书，文简朱书。读易楼翁覃溪题诗于原册，后复摹二本，以一赠时帆。时帆题诗有云：“梧桐院落疏疏雨，石墨香分读易楼。”读易楼者，筠圃藏书处也。王惕甫为作《读易楼记》，称其于书无所不读。其插架不著标题，造次抽检，未尝辄误，非专治一经、治一艺者可比。惕甫询之，则曰：“吾能目识之也。”

筠圃既于书无所不好，闻一书在某所，虽千里必宛转得之而后已，于是沈编坠帙，渝墨败纸，世所灭没不经见者，往往都在读易楼。故凡函幅之小大厚薄，潢治之精确敝好，一经涉目，便能记之。[②]

《清稗类钞》的记载实际上袭自王芑孙《墓志铭》及《读易楼记》。《读易楼记》说：

---

①《中国藏书家通典》，中国国际文化出版社，2016年。

②《清稗类钞》“鉴赏类”之二。

吾友玉栋筠圃于今辇下为藏书家。读易楼，其所贮书处也。乃者作图示余，属为之记。

筠圃于书无所不读，自其少小，以逮宦游，舟车风雨，无一日暂废。闲闻一书在某所，虽千百里，必宛转得之而后已。于是沈编坠帙，渝墨败纸，世所灭没不经见者，往往都来读易楼中。于凡函幅之小大厚薄，潢治之精确敝好，涉目便记。造次抽检，未尝辄误。予过楼中，怪其插架不著标题，曰："吾能目识之也。"其好之之勤，而读之之遍，如此非专专治一艺、名一经者也。……[①]

王芑孙《渊雅堂全集》"编年诗稿"卷九有《晋太康瓦莂诗》，诗前有小序云："……吾友汉军玉栋筠圃拓其文，装界为册，以示余，而属余题其后。"

姚玉栋去世后，其所藏书尽归长子姚荣誉继承。《中国藏书家通典》在介绍姚玉栋之后，又接着介绍姚荣誉说：

子姚荣誉，字子誉，号梦鱼，别号小圃，别署东海松柏心道人，官河南鲁山知县，继承父遗书，亦能守其藏书，另建有"得月簃"，有藏书印曰"长白姚氏子誉""得月簃秘籍""水圃""荣誉族名荣庆""曾治老聃黄歇故里""长白姚氏读易楼珍藏男荣誉得月簃世宝"等。刻有《得月簃丛书》10种。

第四节　宦游山东二十年

王芑孙在《墓志铭》中介绍说，姚玉栋在山东做官，前后将近二十年之久。

姚玉栋做的都是地方官——知县。

姚玉栋在山东各地出任知县，王芑孙在铭文中是分作前后两段加以叙述的。

前段所述是"补宁阳……调单县……补淄川……补阳信"：

a.宁阳—b.单县—c.淄川—d.阳信

后段所述，则是"历署博兴、利津、章丘、乐陵"：

e.博兴—f.利津—g.章丘—h.乐陵

---

①《渊雅堂全集》"剔甫未定稿"卷六。

前后两段叙述，地名毫不重复。

地名虽不重复，次序却有疑问。前段所述，井井有条；后段所述，则稍嫌紊乱。

另外，还遗漏了一处：

j.临邑

可知姚玉栋总共在山东做过九地的知县。

现暂以a、b、c、d、e、f、g、h、j作为此九地知县的临时代号，分别依次考列于下：

a.宁阳知县
b.单县知县
c.淄川知县
d.阳信知县
e.博兴知县
f.利津知县
g.章邱知县
h.乐陵知县
j.临邑知县

但依据我的考察，此表并不能真实反映姚玉栋在山东做官年月的顺序。

姚玉栋在山东做官年月的真实的顺序，应如下表所示：

1	e.博兴知县
2	a.宁阳知县
3	b.单县知县
4	c.淄川知县
5	g.章邱知县
6	f.利津知县
7	h.乐陵知县
8	j.临邑知县
9	d.阳信知县

1.博兴知县

姚玉栋宦游山东的第一站是博兴。

他出任博兴知县，见于王芑孙《墓志铭》，但没有说明任职的年份。

然而山东巡抚国泰乾隆四十五年八月初九日奏折提及此事，记录了具体的时间。

国泰奏折中有“（玉栋）于四十三年闰六月十六日到省，曾委署博兴县知县”之语（下文将具引奏折全文）。故知其初任知县之时在乾隆四十三年（1778）。

查民国《重修博兴县志》卷八“清职官表·知县”，乾隆间并无姚玉栋之名。在此前后之知县有周薰（三十九年）、燕增元（四十三年）、黄瑄（五十年）三人。

问题在于，姚玉栋始任此职是在燕增元之前，还是在燕增元之后？

《重修博兴县志》卷十二“宦绩”有燕增元小传，其中说：

燕增元，河南陕州人，乾隆丁丑进士，四十三年任知县。廉介爱民，煦煦如慈父母。民歌其俭，有“夫人种菜，相公着布”之谣。

郡守李涛初不喜，诮之曰：“何瘦也？”增元答曰：“面虽枯，心常自适。”守问：“何所适？”曰：“增元莅官五年，与民初无龃龉，以此自适。”守因仰思曰：“吾判狱数十，惟汝县无来郡者。”遂优礼之，亲书匾文以赠曰：“民其允怀。”

四十七年大水，抚臣委某道勘灾，曰：“水仅尺耳，奚谓灾？”增元骤步水中，深及其胸，曰：“尺水能如此乎？”道曰：“休矣，燕君出，勿以致溺。贤官重吾辜。”遂白抚臣，请缓赋。

增元去后，民为立祠以祀。

小传中明言燕增元于乾隆四十三年任博兴县知县，四十七年大水时仍在位，又自谓“莅官五年”，可见姚玉栋的任期必是在燕增元之前，而不可能在燕增元之后。

国泰奏折在“曾委署博兴县知县”一语之后又紧接着说：“嗣奏署宁阳县知县”。从“嗣”字可知，姚玉栋委署博兴知县仅仅是短期的、暂时的。

2. 宁阳知县

姚玉栋宦游山东的第二站是宁阳。

他出任宁阳知县，见于王芑孙《墓志铭》，亦见于光绪《宁阳县志》。

但光绪《宁阳县志》于卷三“皇朝秩官表一”仅录姚玉栋之名，而未注明他具体的任职年份，并将他和严象琳二人的供职年份划于乾隆三十三年（1768）的郭撰和四十五年（1780）的孙祥凤之间。

据王苣孙《墓志铭》说：

君以乾隆庚寅举人拣选知县，发山东，补宁阳。故陆公耀方为按察使，荐调单县，中以事去。

姚玉栋乃“庚寅举人”，而庚寅为乾隆三十五年（1770）。故他出任宁阳知县必在中举之后的乾隆三十五年至四十五年（孙祥凤任期）之间。

据山东巡抚国泰乾隆四十五年（1780）八月初九日奏折说：

查有宁阳县知县玉栋……于四十三年闰六月十六日到省，曾委署博兴县知县，嗣奏署宁阳县知县，乾隆四十四年正月二十四日奉文准署任事。

可知姚玉栋宁阳知县之任始于乾隆四十四年（1779）正月。

3.单县知县

姚玉栋宦游山东的第三站是单县。

他出任单县知县，见于王苣孙所撰《墓志铭》，亦见于民国《续修单县志》。

依王苣孙所撰《墓志铭》，姚玉栋先任宁阳知县，后任单县知县。“职官”而据民国《续修单县志》卷五“职官·知县”：

（乾隆）四十六年，玉栋，满洲正白旗人，举人。

乾隆四十五年八月初九日，山东巡抚国泰有奏折，全文如下：

山东巡抚臣国泰跪奏，为要缺需员拣选奏调事：

窃照单县知县万在衡经臣奏请升署德州知州，仰蒙俞允，所遗单县员缺，系沿河繁、疲、难兼三要缺，例应在外拣员调补，臣与藩、臬两司于通省知县内详加拣选，非本任要缺，即人地未宜，一时实难得合例堪调之员。惟查有宁阳县知县玉栋，现年三十四岁，系正白旗春岱管领下汉军，由举人于乾隆四十三年五月初四日拣选引见，奉旨发往山东，以知县委用，于四十三年闰六月十六日到省，曾委署博兴县知县，嗣奏署宁阳县知县，乾隆四十四年正月二十四日奉文准署任事，扣满年限，已经题请实授。查该员才具明干，办事勤能，以之调补单县知县，实能胜任。惟该员历俸未满三年，与调补之例稍有未符，但人地相需，例得援例奏请，合无仰恳圣恩，准将玉栋调补单县知县，于地方实有裨益。如蒙俞允，所遗宁阳县员缺，系调补所遗，例得以试用人员补用。查有试用知县孙祥凤，现年四十八岁，浙江归安县举人，拣选知县，充补四库全书处眷录期满，议叙一等，签掣山东，引见，着发往试用，于乾隆四十四年二月二十二日到东。查该员才情明白，办事实心，前经委署馆陶县知县，并无贻误，已逾一年，试用期满，以之试署宁阳县知县，自堪胜任。照例俟试看期满，另请实授。

再，玉栋系以现任知县拣调知县，孙祥凤系以试用知县请署知县，均衔缺相当，毋庸送部引见。

又，玉栋参罚案件，除已参未准部覆者例不计算外，现在罚俸住俸案件仅止五案。该员系办差之员，本年正月初一、十五两次恭逢恩旨，例得查销。现在汇册咨部。又，孙祥凤并无参罚事件。合并陈明。为此，谨会同河东总河臣李奉翰恭折具奏，伏祈皇上睿鉴。谨奏。

乾隆四十五年八月初九日。

此奏折涉及姚玉栋之事有六：

（1）姚玉栋系正白旗春岱管领下汉军。

（2）姚玉栋于乾隆四十五年（1780）为“现任”宁阳知县。

（3）乾隆四十三年（1778）闰六月，姚玉栋曾一度委署博兴知县，旋于次年正月署任宁阳知县。由此可见，王芑孙《墓志铭》所记姚玉栋在山东任各地知县的顺序有误，其间遗漏了他首任博兴知县之事。

（4）国泰说，姚玉栋于乾隆四十五年为三十四岁。按：王芑孙所撰《墓志铭》曰：“其卒，嘉庆四年六月三日，年五十五。”以此推算，则姚玉栋于乾隆四十五年应为三十五岁。这与国泰所说不合

（5）王芑孙所撰《墓志铭》曾说，“故陆公燿方为按察使，荐调单县”。此说不确。“荐调单县”之人，非山东按察使，而应是山东巡抚。国泰此奏折可证。误指陆的原因，也可能是源自姚玉栋本人或其家属的猜测，王芑孙只不过是以讹传讹罢了。

王芑孙在《墓志铭》的铭文中曾举例称赞姚玉栋在单县知县任内的作为：

始宰单父，丐妇道僵。往瘗其殣，遗婴卧旁。收哺以长，有蔼慈祥。

4.淄川知县

姚玉栋宦游山东的第四站是淄川。

他出任淄川知县，见于王芑孙所撰《墓志铭》，亦见于道光《济南府志》。

道光《济南府志》卷三十“秩官八·淄川·知县”：

玉栋，满洲正白旗人，举人，四十九年任。

淄川是著名小说家蒲松龄的故乡。而姚玉栋既是曹雪芹《红楼梦》的喜爱者，也是蒲松龄《聊斋志异》的喜爱者。在淄川任职期间，他从蒲松龄裔孙手中获得《聊斋志异》佚稿四十二篇。后来，他的儿子姚荣誉把这四十二篇佚稿，以“聊斋志异拾遗”为题，刻进了他的《得月簃丛书》。

姚玉栋在淄川的前任是孙功烈，“四十七年任”。他的后任是王世腾，“五十三年任”。

从王世腾的始任年份来看，姚玉栋应于五十三年（1788）卸任。实际上不然。因为他于五十年（1785）至山东济南府章丘县赴任知县了。因此，姚玉栋淄川知县之任，应止于乾隆五十年。

5.章丘知县

姚玉栋宦游山东的第五站是章丘。

他出任章丘知县，见于王芑孙所撰《墓志铭》，亦见于道光《济南府志》、道光《章丘县志》。

上文已指出，他“于五十年（1785）至山东济南府章丘县赴任知县了”。

道光《济南府志》卷三十“秩官八·国朝·章丘知县·乾隆”：

玉栋，字云浦，满洲正白旗人，五十年任，有传。

这里向我们透露了姚玉栋的表字。不知是“筠圃”的谐音，还是“筠圃”乃“云浦”的谐音？我猜想是先有“筠圃”，后有“云浦”。

他的前任是萧学慎，“五十年任”。

他的后任是杨楷，“五十一年任”。

由此处的记载看来，姚玉栋的任期是乾隆五十年（1785）至五十一年（1786），前后约一年的光景。

在道光《济南府志》卷三十八“宦迹六·章丘知县”，还有关于姚玉栋的记载：

玉栋，字云浦，满洲正白旗人。乾隆五十年知章丘县，勤政惠民。五十一年，岁大饥，赈济有策，全活者无数，咸感戴之。

这两处的记载再一次证明了他的章丘知县任期，是从乾隆五十年到五十一年。

道光《章丘县志》卷七“职官表·乾隆”：

玉栋，满洲正白旗人，五十年任，有传。

其记载，除了“字云浦”三字之外，与道光《济南府志》卷三十的“秩官表”完全一样；其小传，也与道光《济南府志》卷三十八的“宦迹”毫无二致。

在章丘期间，姚玉栋曾有“救荒”的善政。王芑孙所撰《墓志铭》的铭文记述了这件事：

救荒章丘，民鲜菜色。大吏闻之，颁下其式。

6.利津知县

姚玉栋宦游山东的第六站是利津，第七站在乐陵。

他出任利津知县，见于王芑孙所撰《墓志铭》：“历署……利津……”铭文中还说：

嗟君好书，亦施于政。其在利津，义学兴盛。

言之凿凿。

但咸丰《武定府志》卷十八“职官”、光绪《利津县志》卷三“职官表”、民国《利津县续志》卷五“职官表”均失载姚玉栋之名，原因不详。

7.乐陵知县

姚玉栋宦游山东的第七站是乐陵。

他出任乐陵知县，见于王芑孙所撰《墓志铭》：“历署……乐陵，皆能其职。”铭文中并说：

其去乐陵，县民遮境。

同样是言之凿凿。

但咸丰《武定府志》卷十七“职官·乐陵知县”失载姚玉栋之名，原因亦不详。

那么，姚玉栋出任利津知县和乐陵知县的时间能不能可得而知呢？

上文已指出，姚玉栋章丘知县的任期是乾隆五十年（1785）至五十一年（1786），下文将指出，他临邑知县的任期是乾隆六十年（1795），阳信知县的任期是嘉庆元年（1796）至三年（1798）。不难看出，从五十一年至六十年是一个空白期。

而乾隆五十四年（1789）夏，姚玉栋在京。舒元炜与弟元炳客居其家，主持抄补《红楼梦》残本之事[①]。

上文也已指出，乾隆五十七年（1792），姚玉栋在京，曾几次邀请王芑孙夜宿其家，为读书之伴。

这证明了，姚玉栋于乾隆五十一年（1786）至五十七年（1792）期间，闲居在京。

而姚玉栋又于乾隆六十年（1795）出任临邑知县，于嘉庆元年（1796）出任阳信知县。

因此，他出任利津知县、乐陵知县的时间极可能是在乾隆五十八年（1793）、五十九年（1794）。依据王芑孙所撰《墓志铭》的记述，是先提利津，后提乐陵，故不妨大胆断定，姚玉栋的利津之任在乐陵之前。

8.临邑知县

姚玉栋宦游山东的第八站是临邑。

他出任临邑知县，不见于王芑孙所撰《墓志铭》，而见于道光《济南府志》、同治《临邑县志》。

有的文章曾把“临邑”误记为同音的“临沂”。

道光《济南府志》卷三十二“秩官十·临邑知县”：

玉栋，姓姚氏，字筠圃，汉军人，庚寅举人。

道光《济南府志》没有注明姚玉栋任职临邑知县的年份。

他的前任是朱嵩，“二十六年任”。他的后任是王天秀，“三十年任”。由此可知，姚玉栋的任期在乾隆二十六年（1761）至三十年（1765）之间。

姚玉栋任临邑知县，又见于同治《临邑县志》卷七“职官志·知县”：

姚玉栋，汉军人，举人，乾隆间任。

同治《临邑县志》同样没有注明具体年份，只说他是“乾隆间任”，而没有说在哪一年。这有两种可能性。

可能性之一：编纂府志和县志的人士均不知晓姚玉栋任职起始和终止的年

---

① 参阅舒元炜序文。

份，也没有从有关档案记载中查到他的任职年份，而只查出是在乾隆之时，所以使用了一个含混的说法（“乾隆间任”）。

可能性之二：在《临邑县志》中，姚玉栋名列乾隆时期知县之末位。而他的前任知县程华是“乾隆六十年署任”，他的后任知县王定恒是“嘉庆三年署任”。可知他的任期起于乾隆六十年，止于嘉庆三年。

比较起来，可能性之一的概率不大。

这从该县志职官表的排列顺序可以看出端倪。兹依次列举《临邑县志》所载乾隆间知县的名单于下：

关　键：乾隆五年任。

吴儒清：乾隆十七年任。

蔡应彪：乾隆二十年任。

瑺　泰：乾隆二十二年任。

冀国勋：乾隆二十四年署任。

徐名道：乾隆二十四年署任。

李华钟：乾隆间任。

许天成：乾隆二十四年署任。

朱必埙：乾隆二十五年任。

朱　嵩：乾隆二十六年任。

王天秀：乾隆三十年任。

董朱英：乾隆三十年任。

汤　桂：乾隆三十四年任。

陈洛书：乾隆三十四年任。

孙　续：乾隆三十九年任。

孙　理：乾隆三十九年署任。

史集梧：乾隆四十二年署任。

李汝堂：乾隆四十三年任。

梅云驹：乾隆四十四年署任。

温　颖：乾隆四十八年兼理。

嵇承群：乾隆四十八年署任。

乾隆六十年（1795）任临邑知县。

嘉庆元年（1796）任阳信知县。

嘉庆四年（1799）六月三日卒，年五十五。

（选自刘世德著《红楼梦舒本研究》，第1～16页，社会科学文献出版社2018年版）

后 记

寒来暑往，秋收冬藏。经过一年紧张而有序地搜罗、整理、考证，《博兴历代诗汇》的姊妹篇——《博兴历代文汇》作为博兴史上第一部文章总集，终于完稿，即将付梓。

博兴县政协历来重视文史工作，对博兴历史文化进行挖掘、整理、研究，一直是政协文史工作的重中之重。在《博兴历代诗汇》的编纂过程中，我们接触到了与博兴有关的未经整理、出版的地方文献，内心深感遗憾。于是，随着2023年11月《博兴历代诗汇》定稿，《博兴历代文汇》的编纂工作被提上日程，并明确为新一年政协文史工作重点加以推进。

如今，《博兴历代文汇》编纂完成，根据文章来源，分属“经史钩沉”“兵圣韬略”“志乘选录”“案牍探赜”“金石辑佚”“缀锦集腋”“邑人文集”七个单元板块，分门辑录了散见于历代史籍、文集、笔记、类书、史论、方志、文书、宗谱、小说、法帖、绘画中，与博兴、博兴人有关的文章、诏敕、奏议、政论，以及甲骨文、钟鼎文、碑文、墓志铭、题记、游记等，一百二十多万字，以第一手资料全面真实地反映了博兴历代文坛面貌、历史风貌。相信该书的出版，能够为广大读者提供进一步了解博兴自然风光、人文底蕴、民众风貌的窗口，提供进一步挖掘、整理、研究博兴历史文化的台阶。

乡贤张清华先生一直关心家乡文化事业的发展，历年来在博兴众多文史书籍的编纂出版过程中给予大量指导性建议，不遗余力地宣传博兴文化。本书的编纂得到了张清华先生自始至终的关注、关心、帮助，在此谨致谢忱。

本书的编纂，得到了各方社会贤达慨然提供的大量一手资料、珍本珍藏等，极大丰富了我们的选编内容，在此一并致谢。

由于编者学力所限，编辑过程中难免挂一漏万，别有遗珠，唯愿以此抛砖引玉，企望方家不吝指正。

编者

2024年12月